ŒUVRES COMPLÈTES

DE N. BOILEAU

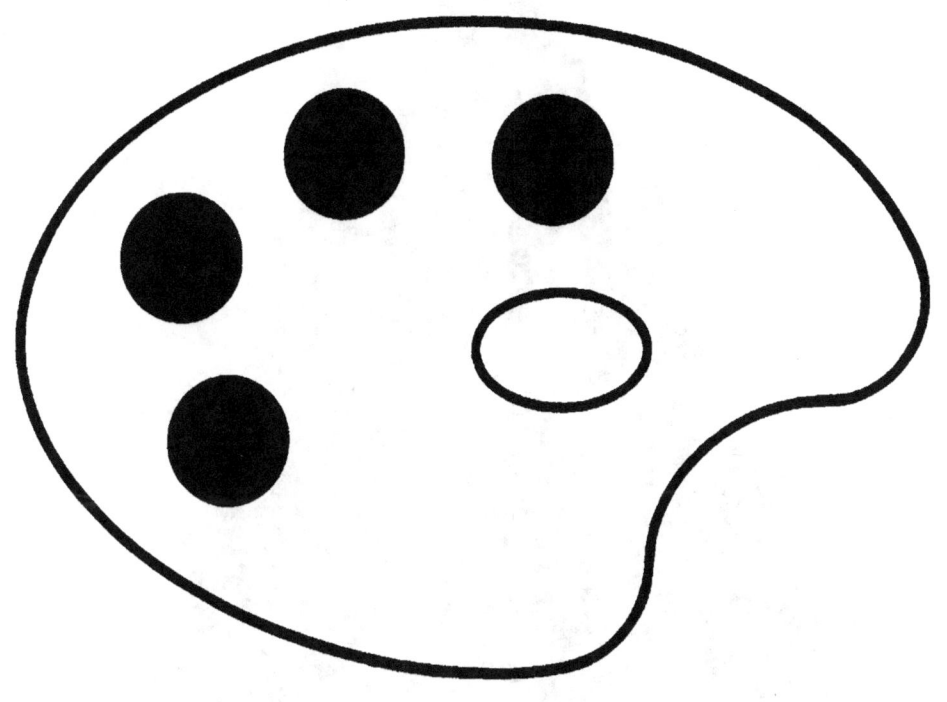

Original en couleur
NF Z 43-120-8

N. BOILEAU-DESPRÉAUX

Né en 1636. Mort en 1711.

ŒUVRES COMPLÈTES

DE

N. BOILEAU

PRÉCÉDÉES

DE LA VIE DE L'AUTEUR

D'APRÈS DES DOCUMENTS NOUVEAUX ET INÉDITS

PAR M. ÉDOUARD FOURNIER

NOUVELLE ÉDITION

Illustrée, par M. Émile BAYARD, de magnifiques dessins coloriés

ET SUIVIE DU BOLÆANA, DE M. DE LOSME DE MONCHESNAY

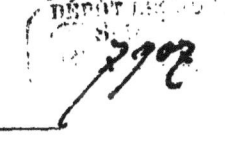

PARIS

LAPLACE, SANCHEZ ET Cⁱᵉ, ÉDITEURS

3, RUE SÉGUIER, 3

1873

INTRODUCTION

VIE DE BOILEAU

D'APRÈS DES DOCUMENTS NOUVEAUX ET INÉDITS

I

Chez Boileau, le poëte et l'homme sont assez distincts. L'un se raconte par ses œuvres, l'autre échappe davantage, à cause de ces œuvres mêmes, dont il gardait l'esprit sans le caractère.

Une fois écrites, dès qu'il en était un peu isolé et désarmé, elles ne lui laissaient de leurs violences, de leurs personnalités agressives, qu'une franchise d'honnêteté un peu brusque, mais tempérée par la bonne humeur, par des mœurs douces, presque candides, et par ces habitudes avenantes, ces façons accessibles, qui mettaient une dissemblance absolue entre le poëte dans son livre, et l'homme chez lui.

Puisque l'autre se révélera plus loin, c'est celui-ci surtout qu'il nous faut faire voir, aussi complet, aussi vivant que possible, sans rien oublier de ce qui s'agita autour de sa vie, bien plus que dans sa vie même, et vint se refléter ensuite sur ses œuvres pour en passionner la sincérité.

Chez les satiriques bien plus que chez tout autre, la connaissance des entours est nécessaire, et le cadre importe au tableau.

Il semble que leur vie, toute d'attention et d'échos, se passe en des coins sonores, où s'engouffrent, se répètent et se doublent tous les bruits.

Il faut donc bien savoir où, de quelle façon ils vécurent, dans quel monde, et comment tous ces bruits purent venir jusqu'à eux pour rebondir avec eux en cris de colère et de justice.

Le premier coin où nous trouvons Boileau, à Paris, dans la Cité, fut vraiment prédestiné. On peut dire que, pour l'esprit, ce fut l'*angulus ridet* dont parle Horace.

Rien n'en reste plus. Une partie avait disparu sous les agrandissements du Palais, le pétrole de la Commune a passé sur le reste.

Il est heureusement encore facile de le reconstruire.

II

Vous souvient-il de l'élégante arcade en style Renaissance, enjolivée des chiffres de Diane de Poitiers, qui enjambait cette petite rue de Nazareth, par laquelle au xvii⁰ siècle M. le premier président, sortant de son hôtel de la rue de Jérusalem, le même où nous avons vu la Préfecture de Police, se rendait dans la cour du Palais et à la Sainte-Chapelle?

C'est dans l'appartement du premier étage, « la première chambre », comme on disait, de la maison attenant à la partie droite de l'arcade, et faisant l'angle des deux rues dont on vient de lire les noms, que Voltaire naquit en 1694, chez son père, maître Arouet, qui, par son titre de payeur des épices à la Chambre des Comptes, avait droit à ce logis; et c'est dans la maison de la rue de Jérusalem, qui se trouvait juste en face, que cinquante-huit ans auparavant, le 1ᵉʳ novembre 1636, Boileau était venu au monde [1].

III

Boileau! Voltaire! ces noms-là pourraient suffire à la gloire de ce coin de Paris. Ce n'est pourtant pas tout. L'histoire de l'esprit y a d'autres droits, d'autres titres encore.

Le logis natal de Boileau, cette maison qu'il aimait à faire voir et que Brossette [2] se plaît à nous montrer si exactement, d'après lui, « dans la petite ruelle de l'enclos du Palais, en revenant de l'hôtel de M. le président, au quai des Orfèvres », le pauvre vieux gîte, si modeste, si calme d'apparence, avait préludé à cette naissance du poëte dont les vers firent tant de bruit, par l'éclosion d'une œuvre tout aussi retentissante et plus guerroyante encore.

Avant de voir naître le grand satirique, elle avait été le berceau d'une grande satire.

Là, dans la chambre même où Boileau naquit quarante-trois ans après, s'était forgée et aiguisée la *Ménippée*, en secret, silencieusement, avec d'autant moins de bruit qu'elle en devait faire davantage, une fois lancée.

De là, bien armée de pointes et d'ailes, on l'avait vue, sans savoir d'où elle partait, aller

---

1. Labat, *Hôtel de la Présidence*, etc., 1844, in-8, p. 25.
2. *Mémoires de Brossette sur Boileau* dans la correspondance publiée par Laverdet, p. 580.

s'abattre comme une grêle de dards fins et aigus sur le taureau de la Ligue, et le harceler, l'affoler de ses piqûres, jusqu'à ce que le combattant dont elle aidait le combat, Henri IV, vint le prendre aux cornes, et, tout saignant déjà, le jeta par terre.

Les ouvriers de cette arme acérée et secrète étaient, on ne l'apprit que bien plus tard : le chanoine de Rouen, Pierre Le Roy, dont le mince libelle, *la Vertu du Catholicon d'Espagne*, avait été le premier germe de cette œuvre qui devait être bientôt une satire-légion ; Nicolas Rapin, homme d'esprit et de savoir, aussi expert à la poésie latine que vif et alerte à la prose française ; Jean Passerat, ce malin borgne, aux spirituelles clairvoyances, qui, faiseur de chansons, quoique professeur de grec au Collége royal, se chargea des couplets dont l'esprit fut à cette satire ce que la pointe est à la flèche ; Florent Chrestien, ancien maître du jeune roi de Navarre, et par là très-expert à dire en quel esprit il fallait forger l'œuvre pour la mettre à l'unisson des idées du prince ; Pierre Pithou, sérieux, convaincu, et d'un patriotisme d'autant plus ferme, où se retrempaient aux heures de défaillance les autres esprits, que leur vivacité même aurait pu rendre prompts à la fatigue et au découragement ; enfin Jacques Gillot, conseiller-clerc au Parlement de Paris, et en même temps chanoine de la Sainte-Chapelle, qui cumulait encore avec ces deux titres ceux du savant et de l'homme d'esprit.

La *Ménippée* ne l'eut pas seulement pour collaborateur, mais pour hôte. La chambre où elle prit un corps et s'acheva, après une première ébauche à Tours, était la sienne ; elle dépendait du logis auquel, en qualité de chanoine de la Sainte-Chapelle, il avait droit.

Longtemps, solitaire et silencieux, il y survécut à l'élaboration de l'œuvre bruyante, qui s'était faite là en si aimable et spirituelle compagnie.

Après avoir perdu successivement tous ceux qui y avaient pris part : Pierre Le Roy d'abord, qui retourné à Rouen n'en revint plus, puis Florent Chrestien, puis Pierre Pithou, puis Rapin, et enfin Passerat, il resta triste dans sa maison déserte. Jusqu'en 1619 il y attendit la mort, qui devait l'envoyer rejoindre ses amis partis trop tôt.

Quand l'heure en fut venue, on l'emporta sans grande pompe dans les caveaux de la Sainte-Chapelle, commune sépulture des chanoines ; et les deux frères Tardieu, ses neveux, prirent possession de sa prébende. Elle se composait du logis de la rue de Jérusalem où nous venons d'assister à l'enfantement de la *Ménippée*, et de la maison voisine dont l'entrée était sur le quai au coin de la rue de Harlay.

Le plus jeune des deux frères qui était chanoine, comme Gillot, occupa tout naturellement la demeure de son oncle. L'aîné, Jacques Tardieu, qui tenait à la magistrature et que nous retrouverons plus tard lieutenant criminel, s'établit dans l'autre maison.

Se trouvant isolé dans un logis si vaste, le nouveau chanoine souhaita bientôt de n'y plus rester seul. Bien que les règlements de la Sainte-Chapelle le lui défendissent, il admit des locataires dans la maison canoniale.

En 1634, comme le principal appartement, « la première chambre », se trouvait à louer, maître Gilles Boileau, greffier du conseil de grand'chambre, vint s'y installer.

Il quittait la rue Quincampoix, où depuis quatorze ans il avait successivement occupé deux maisons différentes. En prenant à loyer le logis du chanoine, il se rapprochait du siége du Parlement.

C'était un homme de belle mine, volontiers dameret, de mœurs douces, d'une bonne réputation comme vie et capacité [1], mais toutefois d'assez peu de sens.

Malgré son âge, quarante-six ans au moins, sa tête déjà grisonnante, et dix enfants, qu'il avait eus de Charlotte Brochard, sa première femme, ne s'était-il pas avisé, il y avait de cela quatre ans, de se laisser prendre aux jolis yeux d'une fille de procureur, Anne de Niellé, sa jeune voisine de la rue Quincampoix, et de l'épouser en grande hâte !

Il y avait eu un très-vif émoi autour de ce mariage.

Les uns, les parents surtout, s'en étaient plaints comme d'une mésalliance : la fille d'un petit procureur n'étant pas digne, suivant eux, d'entrer dans la famille des Boileau, l'une des plus anciennes, l'une des plus nobles de la robe [2]; et ne pouvant que la faire déroger [3].

Les autres s'étaient contentés d'en rire et d'en médire sur tous les tons : ils trouvaient à la fois scandaleux et plaisant qu'une fille de dix-neuf ans — c'était l'âge d'Anne de Niellé — épousât, sept mois seulement après la mort de la première femme, un homme veuf, qui avait quarante-six ans, et, sur dix enfants du premier lit, huit tout vivants, « tout grouillants »; dont les deux aînés, Jérôme et Nicolas, presque du même âge que leur jeune belle-mère, avaient pu signer au contrat [4], et dont le plus jeune était une petite fille de quatorze mois.

Le Greffier, en venant quatre ans après chez le chanoine, n'avait pas traîné à sa suite toute cette famille. La tête de la jeune belle-mère n'aurait pu y tenir, et la maison canoniale, l'eussent-ils eue tout entière, au lieu de n'en occuper qu'un appartement, n'y aurait pas suffi.

Jérôme, l'aîné des enfants, chez qui, plus tard, nous trouverons longtemps notre poëte, vivait déjà hors du logis paternel, en grand garçon de vingt-deux ans, qui avait pris ses licences d'avocat. Celui qui venait ensuite, et qui, comme lui, avait signé au second mariage de leur père, Nicolas était mort, en 1631, à dix-huit ans, étant déjà clerc au Palais.

Quant à la fille aînée, Anne, qui resta une des autorités de la famille, et comme telle hérita du journal olographe de son père, à peine avait-elle eu dix-huit ans qu'on s'était hâté de la marier; elle avait épousé Jean Dongois, procureur au Parlement et greffier de la Chambre de l'Édit, le 24 janvier 1633, une année tout juste avant que la famille eût déménagé de la rue Quincampoix, pour se rapprocher du Palais.

Il ne restait ainsi du premier mariage, pour encombrer le nouveau logis où Gilles Boileau venait s'installer, que la moitié des enfants qui en étaient nés, c'est-à-dire cinq :

---

1. Desmaiseaux, *La vie de Boileau-Despréaux*, 1712, in-12, p. 9.
2. Miraulmont, *Mémoires sur l'origine du Parlement*, 1612, in-fol., p. 38 et 226.
3. Sur ces plaintes de la famille, qui après ce second mariage tint à distance Gilles Boileau qu'elle trouvait mésallié, voyez Berriat St-Prix, *Œuvres de Boileau*, t. III, p. 475.
4. Jal, *Dictionnaire critique*, p. 236.

quatre filles, Marguerite, Catherine, Marie, Charlotte; et un fils, Pierre, que nous retrouverons plus tard sous le nom de Boileau-Puymorin.

C'était encore trop pour la belle-mère, qui, toute bonne personne qu'elle fût, s'accommodait assez mal de cette marmaille qui n'était pas à elle.

On garda Marguerite, qui avait quinze ans et était l'aînée, pour prendre soin de la petite Charlotte qui n'en avait que cinq, et, comme Anne qui avait épousé Dongois, on la destina au mariage.

Les deux autres, Catherine et Marie, durent être religieuses. Ce fut décidé de bonne heure et exécuté de même. L'année suivante, lorsqu'elle eut ses quinze ans, Catherine partit pour le couvent de Pontoise, d'où elle ne devait plus sortir; et trois ans après, quand elle fut aussi en âge, Marie alla l'y rejoindre pour n'en pas sortir davantage.

Les vides faits ainsi dans la progéniture du premier mariage purent sembler un peu brusques, mais ils n'étaient pas inutiles. Le second, auquel il fallait sa place, devait bien vite les combler et au delà.

Quand elle quitta la rue Quincampoix, la nouvelle épouse avait déjà donné trois nouveaux enfants à M. Boileau : Gilles, que nous verrons longtemps passer dans la vie de son frère; Geneviève, qui fut de toutes ses sœurs celle que Boileau paraît avoir aimée le mieux; et Élisabeth, qui mourut presque à l'arrivée de la famille dans le nouveau logis.

Cette mort n'y parut guère; cinq mois après, une naissance nouvelle en consolait. Comme c'était la première dans la nouvelle demeure, le Greffier voulut que ses hôtes, les frères Tardieu, en eussent l'étrenne et la fête. L'aîné, le magistrat, fut prié d'être parrain, et le nouveau né reçut son nom. Il s'appela Jacques Boileau, devint doyen de Sens, chanoine de la Sainte-Chapelle, et sut mêler une assez curieuse célébrité à celle bien plus haute et bien plus étendue de son frère.

L'année suivante, autre naissance encore. A cette époque, en effet, la fécondité ne se marchandait pas dans les familles. Ici, nous en sommes au quinzième enfant; en d'autres on dépassait ce nombre. Un beau-frère du greffier Boileau eut par exemple dix-neuf enfants, et un de ses neveux seize [1].

La naissance nouvelle est celle qui nous importe le plus.

Le fils qui naquit au Greffier, le jour de la Toussaint 1636, et qui reçut le nom de Nicolas, en souvenir du frère mort cinq ans auparavant, fut Nicolas Boileau, notre poëte.

IV

La vie du petit Nicolas commença par un deuil, et le plus triste, le plus irréparable de tous ceux qui peuvent frapper l'enfance.

---

[1]. Berriat St-Prix, *Œuvres de Boileau*, t. III, p. 436. *V.* aussi, sur le grand nombre des enfants dans les familles au XVII siècle, *Jacques de Sainte-Beuve, docteur de Sorbonne*, 1865, in-8, p. 42.

Le 30 mai 1638, lorsqu'il n'avait qu'un an et quatre mois, sa mère mourut, deux semaines après avoir donné le jour à un dernier enfant, une fille, qui ne lui survécut que trois ans.

Cette perte, dont il n'avait pu avoir conscience, fut une douleur, un regret persistant dans la vie de Boileau. A voir comment, plus tard, il conseillait aux autres de pleurer leur mère, on devine comment il eût pleuré la sienne.

Son ami Brossette fut frappé du même coup en 1700, et voici ce que Boileau, bien vieux déjà, lui écrivit sur son affliction [1] :

« Je la conçois telle qu'elle doit estre, quoique je n'en aye jamais esprouvé une pareille, ma mère, comme mes vers vous l'ont vraisemblablement appris, estant morte que je n'estois encore qu'au berceau [2]. Tout ce que j'ay à vous conseiller, c'est de vous saouler de larmes. Je ne saurois approuver cette orgueilleuse indolence des Stoïciens, qui rejettent follement ces secours innocents que la nature envoie aux affligés : je veux dire les cris et les pleurs. Ne point pleurer la mort d'une mère ne s'appelle pas de la fermeté et du courage, cela s'appelle de la dureté et de la barbarie. Il y a bien de la différence entre se désespérer et se plaindre. Le désespoir brave Dieu, mais la plainte lui demande des consolations. »

N'y a-t-il pas ici comme le contre-coup d'une vraie douleur, restée d'autant plus vive qu'elle n'a pu s'épancher, et, comme il dit : « se saouler de larmes » ?

Si, chez Boileau, le cœur de l'homme resta frappé par la mort de sa mère, l'œuvre du poëte le fut aussi. Sainte-Beuve l'a fort bien fait remarquer : on y suit partout l'absence des femmes, mère, épouse ou amante, et comme les absentes ont tort, de ce que les femmes manquèrent dans la vie de Boileau et n'y laissèrent rien de leur bonté, de leur amour, de leur charme, il ne put écrire sur elles qu'une satire.

« On peut dire, écrit Sainte-Beuve[3], que la *Satire des Femmes* de Boileau est bien l'œuvre d'un célibataire valétudinaire, orphelin en naissant, à qui jamais sa mère n'avait souri et que personne n'avait jamais dédommagé, depuis, de ces tendresses absentes d'une mère. »

Personne ! Il n'y eut, en effet, personne qui prît de lui les premiers soins, lorsqu'après la mort de sa mère on dut l'emporter de la maison, où il n'était qu'une gêne, et le laisser presque à l'abandon, en la petite métairie que le père possédait à Crosnes ! Qui veilla sur lui, à cet âge où le caractère prend toutes les empreintes, se fait gai avec les gens aimables, ou chagrin avec les gens moroses ? « Une domestique ignorante, dure, impérieuse » ; une vieille servante qui, ainsi qu'il arrive si souvent, ne songea qu'à dominer l'enfant pour prendre sa revanche de la domination que le père avait sur elle [4].

---

1. *Lettre* à Brossette, du 5 février 1700.
2. *V.* l'épitaphe qu'il fit pour sa mère. *Poésies diverses,* art. IX. C'est à tort qu'on lit en note qu'elle mourut en 1637, à vingt-trois ans. Sa mort est de 1638, à vingt-sept ans. Dans l'*Épître X*, il a aussi un souvenir filial :
     Dès le berceau perdant une fort jeune mère...
3. *Port-Royal.* Édit. in-18, t. V, p. 501.
4. *Bolæana,* art. LIX.

La maison de Crosnes où il passa, sous cette garde, de si dures années existe encore en face de l'église du village.

Un petit jardin y attenait alors, ainsi que deux « préaux » étalant leur verdure de chaque côté du logis. Le petit Nicolas s'y ébattait aux heures trop rares où sa vieille gardienne le laissait jouer. Il en conserva dans sa famille le surnom de « Despréaux » qu'il devait rendre immortel.

Quand il eut grandi, on le ramena dans la maison natale pour qu'il pût y prendre des habitudes moins agrestes.

Une fois apprivoisé, quoique toujours un peu taciturne et sauvage, ce qu'il resta jusqu'à plus de vingt ans[1], on le mit au collége d'Harcourt.

Il n'avait guère que sept ans, âge bien délicat encore pour supporter les sévérités fort rudes alors du collége, et l'insuffisance de son régime. Les haricots de Montaigu, l'un des colléges voisins, sont restés célèbres; ceux du collége d'Harcourt ne devaient pas l'être beaucoup moins. A cette nourriture, où le haricot de chaque jour ne se relevait guère que par les crudités de la salade quotidienne, il contracta la maladie que tant d'enfants malingres y gagnent[2].

A dix ans et demi ou onze ans au plus, il dut être opéré : « Il achevait sa quatrième, dit De Boze[3], lorsqu'il fut attaqué de la pierre; il fallut le tailler, et l'opération, quoique faite en apparence avec beaucoup de succès, lui laissa pour tout le reste de sa vie une très-grande incommodité ».

De là lui serait venue cette impossibilité de se marier, dont Louis Racine a parlé d'une façon si discrète : « Tous ceux, dit-il, qui l'ont connu un peu familièrement, savent qu'il n'avait jamais songé au mariage et n'en ignorent pas la raison[4]; » mais que Pradon, au contraire, lui reprocha si brutalement, à propos de sa *Satire* contre les femmes :

> Il est vrai que, privé des dons de la nature,
> Le Ciel ne te forma que pour leur faire injure[5].

Nous verrons bientôt que Boileau, qui sur ce point savait mieux que personne à quoi s'en tenir, ne croyait pas lui-même, autant qu'on le pense, à son infirmité.

Maintenant, il n'est qu'écolier. Guéri plus ou moins, on le remet dans les classes; c'est là que nous devons encore le suivre.

Ce qui lui était arrivé avec le régime du collége d'Harcourt n'était pas fait pour qu'on dût l'y remettre. On le changea donc : c'est au collége de Beauvais qu'il alla terminer ses études.

---

1. *Bolæana*, art. III.
2. Le Roy d'Étioles, *Études sur la gravelle*, 1857, in-8.
3. *Éloge de Boileau-Despréaux à l'Académie des Inscriptions et Belles-Lettres*, in-4, p. 2.
4. *Mémoires* sur la vie de Jean Racine, 1747, in-12, p. 116.
5. Ce qu'on vient de lire relègue parmi les contes absurdes l'histoire du dindon et de sa maladroite attaque contre le petit Boileau; l'opération suffit bien. On trouvera ce conte dans le livre de *l'Esprit*, par Helvétius, Disc. III, ch. Ier, note 1, et dans le *Choix des anciens Mercures*, t. LXXXV, p. 69.

Il y passa, lui-même l'avouait, les nuits et les jours à lire des poésies et des romans. Il se tua à rimer de mauvais vers sur de plus détestables modèles : et tout cela malgré M. Sévin, son régent de troisième, qui l'admirait tout en le punissant ; malgré son maître de théologie qui l'excommuniait d'avance ; malgré le terrible M. de La Place, son régent de rhétorique ; et, qui plus est, en dépit de la cloche du collége, dont le bruit sous la fenêtre même de sa cellule troublait à chaque instant l'apprenti rimeur qui commençait, sans crier gare, par une tragédie, et sa tragédie par la mort de trois géants[1].

Tragédies et romans n'étaient pas toutefois sa passion unique. La vocation satirique le travaillait déjà, et, de ce côté, il n'allait qu'aux bonnes et pures sources. Nous avons sur ce point le témoignage de Gabriel Guéret, écolier, comme lui, au collége de Beauvais, mais plus jeune, et d'autant plus curieux de ce que faisaient et disaient « les grands » des hautes classes, parmi lesquels se distinguait Boileau : « Si la satire lui plaît tant, écrivit-il plus tard[2], il n'y a pas lieu de s'en étonner. Je l'ai vu, lorsqu'il était encore écolier, ne parler que des satires d'Horace, de Juvénal et de Perse. Il n'avait autre chose à la bouche ».

De l'étude d'Horace et de Juvénal passa-t-il déjà à des essais d'imitation? Ébaucha-t-il déjà quelques satires? Sans sortir du collége, la matière ne lui eût pas manqué.

Le régent La Place eût, par exemple, suffi pour toute une satire par son pédantisme solennel et sonore, son emphase à propos de tout, ses grands mots pour les plus petites choses.

Il ne disait pas à un écolier : « Prends garde, je vais te tirer les oreilles ! » — on sait que c'était dans les usages scolaires de ce temps-là ; — mais bien : « Petit fripon, tu seras la première victime que j'immolerai à ma sévérité[3] ».

Il mettait du style jusque dans ses quittances. Un jour Boileau s'étant acquitté entre ses mains de ce qu'il devait pour la classe, il lui fit ce *récépissé* doctoral : « Je soussigné reconnois que Nicolas Boileau, mon disciple, m'a délivré la somme de douze écus, pour toute rétribution de mes labeurs[4] ».

Il se croyait pour la latinité d'une force à défier tous les académiciens, notamment le fameux d'Ablancourt, dont les traductions étaient célèbres alors, non pour la fidélité peut-être, mais pour l'élégance, qui en faisait, suivant le mot du temps, de « belles infidèles ». Or, notre régent se targuait d'être un traducteur plus exact et bien plus élégant surtout.

Vous allez voir comment il s'y prenait, pour cela, par un exemple que donne Boileau lui-même, et dont il riait encore sur ses vieux jours.

---

1. *Bolœana*, art. LIX. — On croyait qu'il avait fait une tragédie d'*Ajax*, mais rien ne vint le prouver : « Avez-vous jamais ouy dire, écrivait, le 21 octobre 1732, Mathieu Marais, dans une de ses lettres *inédites* au président Bouhier, que Despréaux ait fait dans sa jeunesse une tragédie d'Ajax? Pour moy, je tiens cela pour fable, et n'en vis nul vestige, ny dans ses commentateurs, ny dans ses conversations. Cependant, c'est à l'Académie que cela a été dit, et M. Crébillon m'a cité comme sçachant le fait qu'en vérité je ne sais point. Cela entre nous. »
2. *La Promenade de St-Cloud*, dans les *Mémoires* de Bruys, t. III, p. 182-183.
3. Œuvres de Boileau. Édit. St-Marc, t. III, p. 300. Note de Brossette.
4. Lettre de J.-B. Rousseau à Brossette, 13 août 1717.

Il s'agissait de ce passage du *Pro Milone* que M. de La Place faisait traduire à ses rhétoriciens : « *Obduruerat et percalluerat Respublica;* la République s'était endurcie et était devenue comme insensible ». Le mot *percalluerat* embarrassait les élèves, et le régent, en se rengorgeant, souriait de leur embarras. « Il nous fit attendre quelque temps son explication, dit Boileau [1], et enfin, ayant défié plusieurs fois Messieurs de l'Académie, et surtout M. d'Ablancourt, à qui il en voulait, de venir traduire ce mot : « *Percallere*, dit-il grave« ment, vient du *cal* et du durillon que les hommes contractent aux piés »; et de là il conclut qu'il fallait traduire : *obduruerat et percalluerat Respublica* : La République s'étoit endurcie et avoit contracté un durillon ».

M. de La Place ne devint pas moins, avec tous ses ridicules de paroles, de traduction, etc., recteur de l'Université de Paris. La nouvelle de sa nomination le surprit au milieu de sa classe, et les élèves le virent alors arpenter à grands pas la salle, en se répétant dans son plus beau latin, et comme déjà drapé de son nouveau titre : « *Ibo ! ambulabo per totam civitatem cum chirothecis violaceis et zonâ violaceâ.* — J'irai et je me promènerai par toute la ville avec des gants violets et une ceinture violette [2] ».

Boileau était là, on le voit, à très-bonne école pour saisir sur le fait des ridicules et se dresser à la satire.

V

Sorti du collége, il se mit à étudier le droit, et, pour s'y mieux rompre par la pratique, il entra dans l'étude de son père. Confiné tout le jour au fond de ce greffe obscur, il reprit l'air taciturne qui parfois l'avait quitté aux leçons si sérieusement comiques du régent La Place. Enfant, il avait dormi au collège sur le latin ; jeune homme, il ne se réveilla pas, au logis paternel, sur la jurisprudence. Il ne parut guère avoir changé d'ennui. Il bâilla sur le grimoire comme aux leçons de M. Sévin quand il ne lui parlait pas de poésie, et de M. La Place quand il n'était pas ridicule.

Si l'on en croit même certaine anecdote racontée par d'Alembert, il lui arriva plus d'une fois de dormir sous la dictée de son père ou de M. Dongois, son beau-frère.

Le pauvre garçon pourtant se faisait violence et rongeait son frein du mieux qu'il pouvait.

La crainte qu'il avait de son père l'empêchait de regimber jusqu'à la poésie. Il cachait même si bien sa manie, il émoussait, il éteignait avec tant d'adresse, sous une apparente apathie, la pointe déjà mordante de son génie et de sa verve, que M. Gilles Boileau, loin de

---

[1]. Boileau: *Réflexion IX sur Longin.*
[2]. Lettre de Brossette à J.-B. Rousseau, 13 septembre 1717.

deviner le satirique à venir, disait, en lui frappant sur la joue : « Pour Colin, c'est un bon garçon qui ne dira jamais de mal de personne [1] ».

Bon père autant que mauvais prophète, le greffier s'endormait dans cette confiance, et ne s'inquiétait pour l'avenir que de la conduite de ses autres fils, Gilles et Jacques : « Gillot est un glorieux, disait-il, Jacot un débauché ».

Je ne sais s'il s'abusait encore, surtout pour Jacot, qui, plus tard, devint chanoine ; mais je suis sûr que, s'il eût su combien il se trompait sur le compte de ce sournois de Nicolas, il en eût bien gémi après sa mort.

Si l'esprit tardait un peu à s'éveiller chez Boileau, c'est que le milieu assez monotone où se passait sa vie n'était guère fait que pour le laisser dans la somnolence. Il y manquait de ce frottement d'où jaillissent les étincelles. Le père, trop occupé le jour, et trop fatigué le soir de l'affairement de la journée, ne pouvait pas être assez avec ses enfants pour leur former l'esprit par le contact du sien. Ce fut dommage, car il l'avait cultivé, et plus de l'homme du monde que de l'homme de robe. Dans sa jeunesse, M. Gilles Boileau avait presque été de la Cour. En 1612, sur l'acte de naissance de Jérôme, son premier enfant, il s'était qualifié « l'un des cent gentilshommes de la Chambre du Roy » [2]. Plus tard, pendant dix ans au moins, il avait dirigé toutes les affaires de M. d'Alméras, l'un des hommes les mieux en Cour. Il lui était resté de ce temps des habitudes de dameret qui tranchaient un peu avec sa robe de greffier.

Il était, par exemple, un des seuls au Palais qui eussent gardé la moustache à la mode du temps de Louis XIII, et qui se la fissent friser « à la Royale ».

Un jour d'hiver, Nicolas, encore tout enfant, vit le barbier qui passait au fer cette belle moustache de M. Boileau.

Quand il fut seul, il voulut en faire autant ; il prit avec la pincette un charbon tout rouge dans le feu, et se l'appliqua sur la joue. Le charbon y resta, jusqu'à ce qu'on vint aux cris de l'enfant qui n'osait l'arracher, et se laissait brûler la joue pour ne pas se brûler les doigts. Il en garda toute sa vie une marque très-visible [3].

M. Boileau, en son temps d'homme de Cour, avait été des fêtes et des spectacles. La Comédie italienne, où il ne manquait pas, car c'était, à cause de la reine-mère Marie de Médicis, le plaisir à la mode, lui avait laissé de ses farces quelques gais souvenirs, dont il amusait ses enfants quand il avait un peu le temps de les faire rire. C'est à l'une de ces réminiscences de son père que Nicolas, dont il nous semble voir l'attention éveillée pendant que le conteur parlait, dut le sujet de sa fable de l'*Huître et des Plaideurs* [4].

Au besoin — et ce lui était encore un reste de son temps de gentilhomme — le Greffier

---

1. Le mot est authentique, De Boze le cite dans son *Éloge de Boileau*, et Louis XIV, qui s'en était beaucoup amusé, se le fit dire par le poëte lui-même. V. *Bolœana*, art. III.
2. A. Jal, *Dictionnaire critique*, p. 237.
3. *Notes* de Brossette, dans sa *Correspondance* publiée par Laverdet, p. 562.
4. *Œuvres* de Boileau, édit. St-Marc, t. I, p. 284, note. — Après avoir été mise en action dans la farce italienne, cette fable avait été traduite en vers latins par Pierre Trichet dans ses *Epigrammata*, 1635, in-12, p. 48.

Boileau savait être homme d'action et de vigueur. Il le fit voir dans une circonstance dont fut encore frappé l'esprit du petit Nicolas, et qui nous valut un de ses vers les plus célèbres.

Un débiteur de grande importance avait été appréhendé au corps, sur requête de son créancier, pour une somme de dix mille écus, et, par la connivence chèrement payée d'un procureur, s'était échappé. Cette évasion compromettait singulièrement le Greffier et un conseiller, M. Coquelay, chargé de l'exécution des affaires sommaires, qui l'un et l'autre auraient dû veiller à ce qu'elle ne pût avoir lieu, et qui se trouvaient par là presque responsables de la perte qu'elle faisait subir au créancier. Déjà M. Coquelay parlait de désintéresser celui-ci en donnant pour sa part la moitié de la somme, quand M. Boileau prit une résolution bien autrement virile.

A force de recherches, il sut dans quelle auberge le débiteur évadé avait pris gîte, en attendant qu'il pût quitter Paris.

Sans perdre un instant, le Greffier et son fils aîné Jérôme, qu'il avait pour premier clerc et successeur désigné, endossèrent leur soutane de cérémonie, se drapèrent dans leur manteau de serge de Rome, et se rendirent en cet appareil à l'auberge du débiteur réfractaire.

Il avait déjà le pied dans l'étrier pour partir au galop. Le Greffier lui mit bravement la main au collet, et, malgré sa résistance, aidé de son fils et de la foule, qui savait encore, en ce temps-là, prêter main forte aux représentants de la loi, il ramena son prisonnier dans la geôle du Châtelet, d'où il n'eût pas bougé sans la complicité du misérable procureur[1].

Pour celui-ci, qui par une nouvelle ruse put échapper à la justice, tant il en connaissait bien les détours à force d'y perdre les autres, c'est Boileau qui se chargea du châtiment.

Son vers :

J'appelle un chat un chat, et Rollet un fripon,

en fut le stigmate, la marque au fer rouge.

Ce Rollet était le procureur dont il s'agit!

Boileau vit beaucoup trop de ces gens-là chez son père pour prendre goût à la chicane. Devenu avocat — le Greffier l'avait exigé — ils l'en dégoûtèrent tout à fait, en l'obligeant à les fréquenter et à voir de plus près leurs pratiques.

A sa première cause, il en aurait pu prendre un sur le fait, la main dans le sac, c'est le mot, car c'est en des sacs qu'ils mettaient, comme on sait, toutes leurs pièces. Il eut à voir ceux du procureur chargé avec lui de l'affaire. La nausée le prit au premier, et il les rendit tous en objectant je ne sais quel prétexte pour se dégager de la cause.

Le procureur, qui savait les irrégularités de sa procédure, crut qu'il les avait éventées, et ne se dégageait que pour ne pas s'y compromettre. Il prit pour du génie de chicane

---

1. *Notes* de Brossette dans sa *Correspondance*, p. 539.

ce qui n'en était que le dégoût, et s'en alla répéter de tous côtés que ce jeune avocat irait loin[1].

Il n'alla pas plus loin que la salle des Pas perdus, la grand'salle, comme on disait. Sa verve s'y mit en éveil en faisant rire les clercs[2] et en amusant les jeunes avocats avec le ridicule des anciens, qu'il imitait à merveille. Il n'était allé les entendre que pour les contrefaire[3].

De là, moins pour de nouvelles études que pour une curiosité nouvelle, il émigra en Sorbonne. Du droit qu'il suivait pour s'amuser, il passa à la théologie pour en rire. « La chicane, dit de Boze, n'avait fait que changer d'habit ». Aussi ne chercha-t-il plus dans cette voie d'autres épreuves. « Devenu, poursuit le même écrivain, maître absolu de son sort par la mort de son père, il se livra tout entier à son génie poétique ».

VI

Cette mort du digne Greffier arriva en 1657.

Despréaux avait vingt et un ans, âge d'émancipation légale s'il en fut. Il en profita vite; il jeta aussitôt le masque. Vrai Brutus de la satire, dédaignant, quoi qu'en pût penser sa famille, le greffe, ses entraves, ses ennuis, il saisit à pleine main l'arme qu'il n'avait encore fait qu'essayer, et ses premiers censeurs en sentirent les premiers coups : c'étaient ses frères.

Tout en se raillant d'eux, il ne les quitta pas.

A peine son père mort, désertant la maison natale, voisine de la Présidence, il s'alla installer, avec Gilles et Jacques, dans la cour du Palais, chez Jérôme leur aîné, héritier à ce titre du greffe paternel.

Ce logis de Jérôme, que les constructions récentes ont fait disparaître, se trouvait en face de la Sainte-Chapelle. La chambre que Despréaux y obtint était plus que modeste : c'était une sorte de réduit sur les toits, une façon de guérite au-dessus du grenier où il pouvait à peine tenir seul.

Quelque triste et malséant que fût ce réduit pour un poëte qui s'émancipe et prend ses aises, Despréaux dut s'en contenter. Il était le plus jeune de la famille, et l'on sait quelle est la loi commune : le plus bas en degré de descendance est toujours le plus haut niché dans la maison. Jacques était au séminaire. Gilles, leur aîné, logeait au-dessous de notre poète, c'est-à-dire au quatrième étage, dans une mansarde qu'il lui laissa en quittant la maison.

---

1. De Boze, *Éloge de Boileau*.
2. D'Alembert, *Histoire des membres de l'Académie française*, t. III, p. 25.
3. *Œuvres de Boileau*. Édit. St-Marc, t. I, p. 148.

« Je suis descendu au grenier[1] ! » dit Nicolas, joyeux, en venant s'y installer.

Il était temps. Ce ne fut pas, en effet, avant 1662 ; — nous verrons plus loin que Gilles resta jusqu'à ce moment chez Jérôme. — Nicolas avait vingt-six ans. Se contenter d'un grenier à cet âge, et qui plus est en être heureux, c'est être au moins modeste en fait de bien-être. Nicolas, comme la plupart des jeunes bourgeois de son temps, se satisfaisait de peu.

Il n'avait pas eu, du reste, beaucoup d'autres bonheurs en cette maison de son frère.

Ce n'est pas qu'il s'y déplût.

Avant même que son logement s'y fût amélioré, il ne semble pas qu'il y ait jamais éprouvé de graves ennuis. Les plaisirs qu'y prenait son esprit, tout d'observation et de raillerie, y compensaient pour lui les gênes matérielles.

Là plus que partout il trouvait à exercer sa verve, à faire apprentissage de malice.

Son observation, volontiers casanière, se complut toujours, on le sait, au milieu des ridicules d'intérieur, des petits travers d'intimité ; son esprit, un peu bourgeois, aimait, pour ainsi parler, les comédies du coin du feu : or, comme si le hasard eût voulu le servir à souhait dans l'intérêt de ses goûts et de ses œuvres, un de ces petits drames domestiques était chaque jour en scène dans la maison du greffier Jérôme Boileau.

L'action, souvent très-vive, y était à toute heure desservie par des originaux à caractères différents et toujours posés au naturel.

C'était d'abord la belle-sœur, madame Jérôme, dont il fut l'hôte si longtemps, et que, même lorsqu'il eut quitté la maison, il eut toujours sous les yeux, au moment surtout où lui fut venue l'idée d'écrire la *Satire des Femmes*.

Cumulant tous les ridicules, tous les travers de l'espèce, la Greffière résumait, en elle seule, la série presque entière des portraits qu'il avait à peindre. Il n'eut donc pour écrire qu'à s'inspirer d'elle et à la prendre sur le fait de chacune de ses journées grondeuses et tracassières.

C'est madame Jérôme Boileau qui posait lorsqu'il nous fit entendre avec tout son bruit

. . . . la revêche bizarre,
Qui sans cesse, d'un ton par la colère aigri,
Gronde, choque, dément, contredit son mari ;

ou bien encore lorsqu'il nous montre « dolentes et geignantes »

. . . . ces douces ménades,
Qui dans leurs vains chagrins, sans mal toujours malades,

---

1. Cette particularité depuis longtemps connue se trouve avec quelques détails de plus dans les *Notes* de Brossette, dans la *Correspondance* publiée par Laverdet, p. 550. — C'est sans doute à cette première habitation de Boileau que Bonnecorse fait allusion, quand il dit au chant 1er de sa détestable satire du *Lutrigot* :

Une maison étroite et dont l'architecture
Semble choquer en tout et l'art et la nature,
Et qui paraît de loin plus haute qu'une tour,
Était de Lutrigot (*Boileau*) l'ordinaire séjour.

> Se font des mois entiers, sur un lit effronté,
> Traiter d'une visible et parfaite santé;
> Et douze fois par jour, dans leur molle indolence,
> Aux yeux de leurs maris tombent en défaillance.

Madame Jérôme ne tombait jamais dans ces fantaisies de malade imaginaire sans faire venir le médecin de son choix, Claude Perrault[1]. Autre original, autre portrait. On sait comment Despréaux traita toujours ce médecin-architecte.

Il entrait un peu de rancune dans son fait. S'il le malmena, ce n'est pas seulement pour l'avoir vu complaisant à tous les caprices de maladie de sa belle-sœur, et complice ainsi des exigences qu'elle imposait à son mari par la tyrannie de ses pamoisons et le despotisme de ses attaques de nerfs. Il avait souffert des soins de ce médecin, à la science trop universelle, qui ne pratiquait son art que distrait par d'autres études; et il le payait — n'était-ce pas juste? — avec quelques bonnes épigrammes des visites dont il s'était trouvé si mal.

Le frère, Perrault l'académicien, lui reprocha ces attaques. Il y voyait une ingratitude. Boileau lui prouva que ce n'était qu'une revanche : coup de plume pour coup de lancette.

M. Perrault ne l'avait soigné que deux fois en trois ans : la première en simple consultant, dont les soins, par bonheur, n'avaient pas encore été trop directs; mais la seconde, hélas! avec plus d'application. Boileau va nous dire lui-même ce qui en résulta.

Après quelques mots sur les précédentes visites de Perrault que lui avait imposé « une parente chez qui, dit-il, je logeais », et dans laquelle vous reconnaissez madame Jérôme, qu'il n'osait pas — elle vivait encore — désigner autrement, il ajoute : « Trois ans après, cette même parente me l'amena de nouveau et me força de le consulter sur une difficulté de respirer que j'avais alors, et que j'ai encore. Il me tâta le pouls et me trouva la fièvre, que sûrement je n'avais point. Cependant il me conseilla de me faire saigner du pied, remède assez bizarre pour l'asthme dont j'étais menacé. Je fus toutefois assez fou pour faire son ordonnance dès le soir même. Ce qui arriva de cela, c'est que ma difficulté de respirer ne diminua point, et que dès le lendemain, ayant marché mal à propos, le pied m'enfla de telle sorte que j'en fus trois semaines dans le lit. C'est là toute la cure qu'il m'a faite, que je prie Dieu de lui pardonner dans l'autre monde[2] ».

Un médecin qui vous saigne du pied, et vous rend boiteux pour vous guérir d'un mal de poitrine, ne méritait pas moins qu'une épigramme, il faut en convenir.

Revenons à « la parente », sa chère cliente, à la belle-sœur, madame Jérôme. Elle n'avait pas que ses deux petits travers de mégère grondeuse et de malade à volonté.

Comme la plupart des furies domestiques, elle avait l'esprit de son tempérament. A l'aigreur constante de son caractère elle joignait le singulier talent d'inventer des noms ridicules, et de se faire un vocabulaire de plaisanteries triviales, qu'elle débitait sur chaque personne, clients, amis, parents qui fréquentaient la maison.

---

1. *Œuvres de Boileau*, édit. Saint-Marc, t. I, p. 191, note de Brossette.
2. *Ibid.*, t. III, p. 220 : *Première réflexion sur Longin*.

Despréaux l'entendait tous les jours, et c'est sous le feu de ces boutades qu'il ajouta une touche au portrait de la femme revêche,

> Qui dans tous ses discours par quolibets s'exprime,
> A toujours dans la bouche un proverbe, une rime,
> Et d'un roulement d'yeux aussitôt applaudit
> Au mot aigrement doux qu'au hasard elle dit.

Racine savait par Boileau la plupart des saillies de la belle-sœur. Quand il donna à sa comtesse des *Plaideurs* les titres de comtesse de *Pimbêche, Orbêche, etc.*, il les empruntait à madame Jérôme qui, la première, en avait accommodé une cliente, et dont le vocabulaire burlesque, commencé dans l'étude de son père, le procureur au Parlement, Honoré Bayen, s'était grossi et complété dans celle du Greffier, son mari.

Nul valet, comme bien vous pensez, ne pouvait faire long séjour dans la maison que gouvernait pareille mégère. Aussi était-ce chaque jour de nouveaux changements, des visages nouveaux.

Boileau, qui n'était pas assez maître pour pouvoir s'en plaindre, se dédommageait en grondant. Plus tard dans sa satire il écrivit :

> Croit-elle en ses valets voir quelque complaisance,
> Réputés criminels, les voilà tous chassés,
> Et chez elle à l'instant par d'autres remplacés.
> Son mari, qu'une affaire appelle dans la ville,
> Et qui chez lui, sortant, a tout laissé tranquille,
> Se trouve assez surpris, rentrant dans la maison,
> De voir que le portier lui demande son nom ;
> Et que, parmi les gens changés en son absence,
> Il cherche vainement quelqu'un de connaissance.

La belle-sœur n'était pas morte, quand parut la série des types pour laquelle, sans le savoir, elle avait posé sous tant de vilains aspects. Quoique bien vieille, elle aurait eu bec et ongles pour s'en venger, si elle s'était seulement douté qu'elle y figurait en quelque chose. Mais on ne se reconnaît que dans les portraits flattés. Boileau, qui le savait, lança donc sa satire; et, preuve certaine qu'elle ne s'y était pas reconnue, la vieille madame Jérôme ne se réveilla pas pour donner un coup de griffe.

VII

Boileau n'eut pas comme ressource d'observation que cette chère belle-sœur, qui était à elle seule toute une galerie d'études. Sans sortir du logis de la cour du Palais, il trouvait encore à peindre.

Chaque fois, par exemple, qu'il eut à parler de la rage du jeu et de ses suites funestes, ramené par un souvenir plus poignant, il pensa à son frère Jérôme, joueur aussi effréné que Galet.

Gilles le servit mieux encore, mais pour d'autres esquisses. Vain, « glorieux », comme l'avait prédit son père, — excellent prophète cette fois, — il s'était mêlé d'écrire, et cela bien avant que Nicolas, son cadet de plus de cinq ans, fût même en âge d'y songer.

Il traduisait du latin et du grec; mais très-remuant, volontiers homme de cabale, il se piquait surtout de malice et d'habileté dans l'épigramme. La veine était là dans cette famille, surtout chez les enfants du second mariage; l'abbé Jacques, le second des trois frères, s'y livrait aussi, mais avec bien moins d'esprit que Nicolas, et même que Gilles. Il y était plus ridicule qu'adroit : aussi Sainte-Beuve[1], examinant les facultés pareilles, mais à des degrés divers, de cette lignée satirique, a-t-il dit : « Gilles est l'*ébauche*, Boileau est l'*œuvre*, Jacques est la *charge* ».

Gilles, à force de se remuer bien plus que d'écrire, et porté par une de ces cabales que les gens d'intrigue savent toujours faire agir à leur profit, parvint à l'Académie en 1659, et se crut dès lors, pour toujours, exclusivement le grand homme de la maison.

Quand donc « le petit garçon », ainsi qu'il l'appelait, ce pauvre Nicolas, qui devait être pourtant le seul vrai poëte de la famille, hasarda ses premières rimes, maître Gilles le trouva bien osé. Blessé dans sa vanité de poëte, ses prétentions d'académicien, sa dignité de grand frère, il n'en parlait qu'avec une méprisante amertume : « Comment, ce petit drôle se mêle de faire des vers! » disait-il de très-haut en déguisant sa jalousie sous le dédain.

Il fit plus, ou plutôt bien pis; il s'en railla hautement en compagnie de Chapelain et de Cotin, qui l'avaient patronné à l'Académie et qui, vers ce temps-là, à cause de lui, hantaient la maison du Greffier.

Dès lors, Nicolas se vit chaque soir en butte, sous le regard narquois de sa belle-sœur et le sourire discret de son grand frère, aux avis protecteurs, aux conseils méprisants des deux rimeurs en renom.

Ménage se mit aussi de la partie. La première fois que Nicolas, qui, malgré sa timidité casanière, tâchait peu à peu de se produire dans les cercles où s'essayaient les talents et s'ébauchaient les renommées : l'académie de l'abbé d'Aubignac[2], l'hôtel de Rambouillet, parvint à se faufiler jusqu'à celui-ci, le plus redoutable, mais aussi le plus utile si l'on y réussissait, il y trouva, pour lui barrer le passage, Ménage, Cotin et Chapelain ameutés par le frère Gilles, et prêts à le dégoûter des velléités de concurrence qu'il voulait faire à la muse de cet aîné jaloux.

Aux timides lectures qu'il hasarda, ils n'eurent que persiflages hautains ou aigres

---

1. *Causeries du Lundi*, t. VI, p. 408.
2. Sur cette académie qui se tenait à l'Hôtel Matignon, et dont l'abbé eût voulu que le roi fît une seconde Académie française, V. les *Mémoires* de Sallengre, t. I, p. 34, et en tête du *Dictionnaire* de Richelet, 1728, in-fol., la *Bibliothèque de Richelet*, par Aubert, p. 66. — La preuve de la fréquentation de Boileau à cette académie et de ses rapports avec l'abbé d'Aubignac se trouvera plus loin, p. 224, art. XXVII des *Poésies diverses*.

conseils¹! Il n'en fallait pas tant pour que « le petit garçon » se sentît plus que jamais je ne sais quelle envie de grandir vraiment poëte, et surtout poëte de satire.

C'est en réalité de ce moment que, gardant à ses censeurs une rancune implacable, il commença de s'aiguiser l'esprit et de s'armer en guerre pour leur rendre avec sûreté, d'abord en plaisanteries débitées dans le monde, ou autour du pilier de la grand'salle, puis en épigrammes et en satires, tous les coups de leur férule pédante et discourtoise. Gilles lui-même eut sa part de satire.

Nicolas lui reconnaissait de l'esprit, de l'agrément, une certaine verve de beau langage, et il y prenait la plus louable émulation d'être lui-même homme d'esprit et de bien dire². Pour Gilles, au contraire, il n'y avait dans ce qu'essayait son jeune frère, dans ses progrès bien vite accentués, et que d'avance on voyait monter encore, que des occasions de jalousie.

« Ah! disait Boileau, c'est un agréable poëte, un parleur charmant, mais ce n'est pas un frère³ ».

On le disait aussi par le monde. La manière dont Gilles, qu'on appelait « Boileau le rentier » parce qu'il avait été longtemps « payeur des rentes à l'Hôtel de ville », se conduisait avec Nicolas avait été remarquée, et l'on chuchotait assez aigrement ce que Linière dit un jour tout haut dans cette épigramme :

> Vous demandez pour quelle affaire
> Boileau le rentier, aujourd'hui,
> En veut à Despréaux son frère :
> C'est qu'il fait des vers mieux que lui.

Quand il écrivit sa première satire, Nicolas ne put s'empêcher d'avoir sur tout cela un peu trop de mémoire. Il lui fut impossible de ne pas se souvenir que c'est à son aîné, en quête d'une de ces pensions dont Chapelain était le dispensateur, qu'il devait d'avoir été livré sans défense, pour quelques plaisanteries et quelques épigrammes, aux sarcasmes et à la revanche rancunière du vieux poëte. Il écrivit donc :

> Moi, je ne saurais pas, pour un injuste gain,
> Aller, bas et rampant, fléchir sous Chapelain ;
> Cependant, pour fléchir ce rimeur tutélaire,
> Le frère en un besoin va renier son frère⁴.

---

1. *Histoire de l'Académie française* par Pélisson et l'abbé D'Olivet, édit. Ch. Livet, t. II, p. 160.
2. V. plus bas, p. 211, épigramme IV.
3. *Id., ibid.*
4. Personne jusqu'ici ne s'était demandé quel était « l'injuste gain » dont parle Boileau, et que Gilles pouvait obtenir en se faisant le flatteur de Chapelain. Nous l'avons trouvé en découvrant qu'il avait eu une des pensions d'hommes de lettres, qui ne se donnaient que par la protection de celui-ci, tout-puissant près de Colbert. Dans le *Journal des Bienfaits du Roi*, manuscrit de la Bibliothèque nationale, nous trouvons (t. II, fol. 153) sur la liste du 30 octobre 1665, pour une somme de 1,200 livres, le nom de « Boileau ». M. Mesnard dans sa notice sur Racine, en tête de son édition des Œuvres, t. I, p. 57, a cru que c'était le satirique. C'est son aîné, que seul on appelait Boileau, tandis que le nom de l'autre était invariablement Despréaux. Celui-ci n'eut d'ailleurs que quatre ans après, en 1669, une

b

Le trait lancé, il ne dissimula pas le but qu'il avait visé : « Despréaux, dit Gabriel Guéret après avoir cité ces vers[1], en fait partout le commentaire, et chacun sait maintenant que c'est de Gilles Boileau qu'il entend parler ».

Plus tard, s'étant réconcilié avec Gilles, ces vers acerbes disparurent des satires.

Il est curieux que deux frères si peu amis eussent habité de longues années la même maison, l'un au-dessus de l'autre, avec la continuelle appréhension de ces rencontres à la porte et dans l'escalier qui sont d'un tel ennui et font faire de telles grimaces à ceux qui s'y exposent.

Si Despréaux en souffrit, il y gagna aussi. Plus casanier que son frère, il se trouvait presque toujours au logis quand celui-ci était dehors; les visites alors montaient jusque chez lui : les unes plus ou moins fâcheuses, les autres agréables, mais toutes intéressantes pour un curieux de cette force.

C'est ainsi qu'un jour, bien jeune encore, il put faire son aumône d'écolier à la pauvre Claudine Colletet que Gilles avait fort courtisée avant son veuvage, mais à laquelle il refusa même sa porte lorsque, n'ayant plus son mari l'académicien pour la faire vivre et lui rimer ses vers, elle fut tombée de l'état de muse à celui de mendiante[2].

C'est peut-être de cette visite de Claudine, où le petit Nicolas fut seul charitable, que le souvenir du nom de Colletet lui resta toujours dans l'esprit avec l'idée de mendicité.

Une autre fois, c'est à lui-même qu'une de ces visites qui se trompaient de porte, ou faute de mieux faisaient halte dans son grenier, profita d'une façon singulière.

En 1662, Gilles avait aidé à la réception de Furetière à l'Académie, et Furetière avait eu hâte de venir l'en remercier. Lui aussi il ne trouva au logis que Nicolas, qui, tenant seul à seul un homme célèbre surtout dans la satire et l'épigramme, ne voulut pas manquer l'occasion de le tâter sur ses propres essais. Il lui lut sa première satire que depuis deux ans il faisait et refaisait sans cesse.

Furetière y applaudit fort, la déclara meilleure que les siennes — ce qui n'était peut-être pas sincère, mais était vrai — et l'encouragea à la publier dans quelque recueil, avec tant d'instances flatteuses, que Boileau lâcha la main et peu après se laissa imprimer tout vif.

Gilles n'était pas, on l'a vu, fort bien traité dans cette satire. Il est donc assez piquant de savoir qu'on n'en dut la publication qu'à une visite de remercîment qui lui était destinée, et qu'il manqua.

---

pension portée tout d'abord à 2,000 livres. — V. plus bas, p. 51, une note de la satire IX, qui prouvera combien il tenait à faire voir qu'il n'avait été pensionné qu'assez tard, et directement par le roi lui-même, sans entremise ni protection.

1. La *Promenade de Saint-Cloud*, dans les Mémoires de Bruys, t. II, p. 188.
2. *Notes* de Brossette, dans *la Correspondance* publiée par Laverdet, p. 542.

VIII

Vous voyez que, sans sortir du logis fraternel, le satirique avait pu beaucoup connaître, beaucoup voir, beaucoup apprendre.

C'est surtout pour l'étude de ses principaux portraits qu'il s'y était trouvé à merveille. Il les y avait esquissés presque tous en face des originaux qu'il n'avait pas besoin d'aller chercher, mais qui venaient et posaient d'eux-mêmes.

Pour les autres, il ne lui fallut guère plus d'efforts. Les modèles n'étaient pas loin non plus; sans dépasser les limites de la cour du Palais, il pouvait aussi les prendre sur le fait de leur originalité, et les peindre.

Sur le quai des Orfévres, dans la maison attenant à celle où était né Boileau, et qui, comme elle, nous l'avons dit, faisait partie de la prébende de Gillot le chanoine, logeait, nous l'avons dit aussi, l'aîné des frères Tardieu, promu en 1661 au grade de lieutenant criminel et le même que nous avons vu en 1635 parrain de Jacques Boileau.

C'était un magistrat fameux par ses concussions et son avarice; c'était l'avare de Molière, réalisé, complété, doublé même : car, plus heureux qu'Harpagon, il avait trouvé dans la fille du ministre calviniste, Jérémie Ferrier, une compagne digne de lui[1].

Chaque époux renchérissant sur l'autre en bassesse, en rapacité, en ladrerie, on peut dire qu'il n'y avait jamais eu ménage mieux assorti. Une seule pensée y dominait, une seule émulation s'y agitait : l'avarice.

Despréaux, mieux que personne, connaissait ce couple. Tout enfant, il avait entendu conter aux longues veillées de famille ce qu'en disaient les commères du voisinage. Il avait connu les deux maigres servantes, qui, lorsqu'à son entrée en ménage madame Tardieu réforma ce qu'elle appelait le train somptueux et prodigue de son mari :

. . . . largement souffletées,
Avaient à coups de pied descendu les montées[2].

Plus d'une fois, se mêlant aux gamins de son âge, il avait poursuivi de ses huées Desbordes, leur vieux valet, toujours accoutré de la même casaque rouge.

Peut-être même n'avait-il pas mieux respecté au passage la personne de Jacques Tardieu,

. . . . tout poudreux, tout souillé,
Couvert d'un vieux chapeau de cordon dépouillé,

---

1. Nous avons, dans une conférence sur l'*Avare* faite à la Gaîté, le 24 avril 1870, montré comment, en bien des points, Jacques Tardieu, que Molière connaissait par les indications de Boileau, avait posé pour Harpagon. V. l'*Écho des Lectures et Conférences*, 21 mai 1870, p. 128-129.

2. Ces vers et ceux qui suivent sont dans la satire X, où nous complétons par quelques notes ce que nous disons ici sur les époux Tardieu.

Et de sa robe enfin de pièces rajeunie,
A pied, dans les ruisseaux traînant l'ignominie.

Impitoyable, comme l'est un enfant, il avait déjà dû sentir dans son cerveau, où la malice préparait la satire, quelque chose comme le germe des vers qui sont un si vivant portrait de la digne épouse du lieutenant criminel, cette effroyable duègne d'un accoutrement plus hideux qu'elle-même[1]. Que de fois il avait dû rire avec ses frères

> . . . . de son jupon bigarré de latin
> Qu'ensemble composaient trois thèses de satin,
> Présent qu'en un procès, pour certain privilége,
> Firent à son mari des régents de collége ;
> Et qui, sur cette jupe, à maint rieur encor
> Derrière elle faisait lire *Argumentabor*.

Il avait étudié sous tous ses aspects, suivi dans toutes ses phases, l'existence du couple misérable ; aussi, après l'assassinat des époux Tardieu par les frères Touchet, sut-il, mieux que personne, tracer leur lamentable histoire.

Rentré dans la cour du Palais, il se trouvait en face, et, pour ainsi dire, dans la familiarité de ses autres types. Le perruquier Didier Lamour, un des personnages du *Lutrin*, habitait avec Anne Dubuisson, « sa perruquière, » vis-à-vis de la maison de Jérôme Boileau. Le plat à barbe et le carquois, servant d'enseigne et d'armes parlantes à l'héroïque barbier, se voyaient sous le perron de la Sainte-Chapelle. Au-dessous, et formant amphithéâtre, s'ouvrait l'échoppe savante de Barbin :

> . . . . Sur le perron antique,
> Où sans cesse étalant bons ou mauvais écrits
> Il vendait aux passants les auteurs à tout prix.

Maintes fois il avait pu y voir, comme dans une scène des *Femmes savantes*, Cassagne et Cotin, La Serre et Chapelain s'y escrimant « seul à seul ». C'est aussi dans ce voisinage que tous les héros de l'épopée comique : Claude Auvry, le trésorier ; Jacques Barrin de la Galissonnière, le grand chantre ; Guéronet, dont il fit le « prudent Gilotin » ; Sidrac, le chevecier ; Brontin, le sous-marguillier ; et Boirude, le « puissant porte-croix », vivaient, s'agitaient sous le regard de Boileau et se drapaient pour la satire.

Du haut de sa guérite, sur les toits, son Parnasse aérien, Nicolas guettait au passage tous ces hommes d'église.

A chaque grande fête, il suivait d'un complaisant sourire la pompe dévote de leurs processions, dont le long défilé allait de la Sainte-Chapelle vers le Marché-Neuf « aux paisibles

---

[1]. La première victime de cette mégère du quai des Orfévres était son mari. Écoutez plutôt Gui-Patin dans sa lettre du 25 août 1860 : « Le lieutenant criminel est ici fort malade ; sa femme, qui est une mégère, l'a battu et enfermé dans la cave : c'est une diablesse pire que la femme de Pilate. Elle est fille de Jérémie Ferrier, jadis ministre de Nîmes révolté. »

bourgeois » pour revenir et s'arrêter dans la cour du Mai, qui devait son nom à cet arbre annuel de la Basoche, sous lequel il devait, plus tard, faire asseoir la Discorde.

IX

Au milieu de ce monde, tout à la fois comique et grave, qui s'agitait dans le quartier du Palais pour les menus plaisirs de sa malice, Despréaux avait pourtant su distinguer une personne en qui son esprit ne trouva rien à reprendre et que son cœur put aimer.

C'était Marie Ponchet, qu'on appelait dans le monde mademoiselle de Brétouville, « fille très-spirituelle » au dire de Brossette, et nièce d'un chanoine de la Sainte-Chapelle.

Despréaux, tout jeune homme encore, l'avait connue chez Jérôme, son frère, dont elle venait en voisine visiter souvent la femme.

Séduit par les charmes et la finesse de son esprit, plus encore que par le bon air et les grâces de sa personne, il s'était peu à peu laissé entraîner à ces pensées d'amour dont sa plus célèbre satire devait trop le faire croire incapable.

Amant adroit, il s'était glissé, pour mieux parvenir jusqu'à la nièce, dans l'intimité de l'oncle.

Afin même de satisfaire aux goûts du vieux chanoine et de justifier, pour ainsi dire, son assiduité chez lui, il avait consenti, malgré sa répugnance et ses récents ennuis, à reprendre les études sur la théologie que nous lui avons vu quitter si gaiement.

Il était retourné sur les bancs de Sorbonne pour s'y faire redire une seconde fois ce qu'il avait mis tant de joie à désapprendre.

L'amour le voulait ainsi.

L'esprit du pauvre Nicolas se mettait à la torture pour satisfaire aux désirs de son cœur. Si chaque soir, en effet, il n'eût pas rapporté de l'entretien des casuistes quelques arguments nouveaux, le chanoine n'eût peut-être pas dormi en l'écoutant, et l'apprenti docteur n'eût pas goûté, auprès de la nièce, les instants de délicieux loisirs que lui valait le bienheureux somme.

L'été on allait aux champs, et il s'en désolait. C'est à Saint-Prix, auprès de Saint-Denis, que le chanoine emmenait sa nièce, tandis que Boileau devait rester à Paris, ou bien s'en aller passer les dimanches dans la petite « maison de bouteille » que sa famille possédait au pied de Montmartre, à Clignancourt, assez mauvais gîte qui n'était guère fait pour le dédommager par le bien-être de tout ce qu'il avait d'ennuis. Il y fit ses premiers vers dont le sujet vous dira les incommodités du lieu : c'est une énigme contre « la puce[1] ».

Un jour, ne pouvant tenir à l'absence de la personne qu'il aimait, il résolut de l'aller voir à travers champs. Il loua un cheval et partit. Sa monture, qui était de l'espèce de Rossinante,

---

1. V. plus bas, p. 224, art. xxv.

faillit le laisser en route, et il n'arriva fort tard chez la belle que pour être assez mal reçu. Mademoiselle de Brétouville, sans être prude, ne permettait pas qu'on vînt la voir, par surprise, sans être invité, ni même annoncé.

Triste expédition, comme vous voyez. Boileau en pleura presque, en attendant qu'il pût en rire.

Quelques jours après, il écrivait, sur le ton le plus gai, une relation de son voyage, à la façon de Chapelle, moitié prose, moitié vers. Il la lut à La Fontaine, qui n'y trouva que quatre bons vers : une épigramme contre le pauvre cheval qui n'avait que trop rappelé à son cavalier la monture de Don Quichotte.

Boileau garda ces quatre vers [2] et brûla le reste. Quelques autres avaient surnagé dans sa mémoire, qu'il répétait volontiers, tout en les trouvant détestables. C'était un souvenir d'amour, et le cœur les avait imposés à l'esprit, quoiqu'ils n'y fussent guère pour rien ni l'un ni l'autre. « Quand je mourrai, disait-il, en riant de la mauvaise pointe qui s'y trouve, je les laisserai à M. de Benserade. Ils lui appartiennent de droit, du moins pour le style ».

On en jugera, les voici :

> J'ai beau m'en aller à Saint-Prit :
> Ce saint, qui de tous maux guérit,
> Ne saurait me guérir de mon amour extrême.
> Philis, il le faut avouer,
> Si vous ne prenez soin de me guérir vous-même,
> Je ne sais plus du tout à quel saint me vouer.

L'amour dont c'étaient là les récréations innocentes, cette passion éclose dans la prébende d'un chanoine, et bercée à ses plus douces heures de causeries poétiques ou de pensées de théologie, se termina d'une façon digne de ces candeurs. Ce ne fut pourtant pas par un mariage.

Le vieux chanoine mourut, et Marie de Brétouville se trouva pour ainsi dire orpheline.

Pauvre abandonnée, le cloître devenait son seul asile. Elle s'y résolut, malgré la douleur de Despréaux, aussi désolé qu'elle et presque aussi dénué. Si les 12,000 écus, en effet, dont, pour sa part, il avait hérité de son père, pouvaient lui suffire sans qu'il eût d'emploi ni de profession, ils étaient insuffisants pour un ménage comme devait l'être le sien, c'est-à-dire obligé à faire une certaine figure dans le monde.

Marie se fit donc religieuse. Elle entra dans un couvent du faubourg Saint-Germain.

Par un dernier élan de sympathie, Boileau fut tenté de faire comme elle ; sa résolution fut même tout d'abord si décidée, si forte, qu'il en fit confidence à son amie.

Mademoiselle de Brétouville, aussi touchée que ravie d'une telle marque d'amour, lui conseilla de se faire pourvoir en cour de Rome du prieuré simple de Saint-Paterne, au diocèse de Beauvais, que son oncle avait possédé comme bénéfice, et qui se trouvait devenu vacant par sa mort, malgré les prétentions de l'évêque de Beauvais qui en était le collateur.

2. V. plus bas, p. 221, art. XXVI.

Despréaux se laissa persuader : après d'assez longues démarches, il parvint à se faire pourvoir; puis il en resta là. Une fois en possession du bénéfice et en pleine jouissance des revenus, il oublia le reste, ou plutôt il en eut peur. Des vœux à prononcer, l'habit ecclésiastique à revêtir, tout cela l'effraya.

Son amour, qui commençait à s'éteindre par l'absence, ne fut malheureusement pas assez fort pour venir en aide à sa foi et réchauffer ses résolutions : il resta donc laïc tout en percevant des revenus d'église.

M. de Lamoignon lui fit remarquer plus tard ce que cette conduite avait de peu régulier, et il l'engagea pour la sûreté de sa conscience : ou à se démettre du bénéfice, ou, ce qui légaliserait ses droits sur les revenus, à entrer définitivement dans les ordres.

A cette dernière proposition, Despréaux fut pris d'une si belle peur, qu'il rendit, sans plus attendre, son prieuré à l'évêque de Beauvais.

C'était une première pénitence qu'il s'imposait pour le monde; il s'en imposa une autre pour l'Église, et ce fut une bonne action : il supputa tout ce qu'il avait retiré du prieuré, depuis le temps assez long qu'il en jouissait, et, avec la somme qu'il se fit ainsi, il acquitta ce qui restait à payer de la dot de mademoiselle de Brétouville.

L'affaire s'ébruita, quoiqu'il n'en eût rien dit, et on lui en tint grand compte, d'autant qu'il passait pour avare. D'Alembert, qui l'avait sue, ainsi que bien d'autres détails sur Boileau, par le médecin Falconnet, son grand ami, ne manqua pas d'en faire un des traits de son *Éloge* du poëte :

« Despréaux, dit-il[1], qu'on accusait d'être avare, ne voulut rien garder des revenus d'un bénéfice qu'il avait possédé pendant huit ans, et dont il n'avait pas acquitté les devoirs. Ce sacrifice, ajoute-t-il, est, il est vrai, autant un trait de scrupule que de désintéressement; mais un avare n'aurait pas des scrupules pareils ».

Par cet acte de haute conscience, qui ne nous étonne pas de la part de Boileau, dont l'esprit ne fut si droit et le goût si sain que parce qu'il avait toutes les probités du cœur, il se donna l'autorité nécessaire pour dire leur fait aux coureurs de biens d'Église, aux accapareurs de bénéfices qui, sans vergogne, entassaient ainsi revenus sur revenus, et souvent ne s'engraissaient de cet abus qu'après avoir été les premiers à le déplorer, quand il ne profitait qu'aux autres.

L'abbé de Dangeau était de ces censeurs, revenus de leurs censures, pour faire encore pis que ceux qu'ils avaient censurés. Boileau, qui lui avait vu faire cette évolution, lui en dit un jour franchement son avis dans un entretien qu'a rapporté Boursault[2].

« Le voyant accumuler tant de bénéfices l'un sur l'autre, il alla luy rendre visite, et luy dit :

« Monsieur l'abbé, qu'est devenu ce temps de candeur et d'innocence, où vous
« trouviez la multiplicité des bénéfices si dangereuse?

---

1. Éloges des membres de l'*Académie française*, t. III, p. 174.
2. Lettres de Boursault, t. II, p. 132.

« — Monsieur Despréaux, luy répondit-il, si vous saviez combien cela est bon pour
« vivre !

« — Je ne doute point, répondit M. Despréaux, que cela ne soit fort bon pour vivre ;
« mais pour mourir, monsieur l'abbé, pour mourir ! »

A ce compte, Boileau put, lui, mourir tranquille. Il avait fait plus que n'exigeait la conscience la plus rigoriste : il avait restitué, et sa restitution avait été un bienfait.

Il fut, ce bienfait, le dernier, mais non le seul souvenir du poëte pour son amour.

Souvent il avait cherché à revoir celle qu'il avait tant chérie ; il s'était plu à errer autour des murs du couvent où elle était recluse.

Un jour même qu'il en revenait, passant par le Jardin du Roi, il se prit à rêver, et, insensiblement, à composer cette aimable chanson, que Lambert mit plus tard en musique et qui se termine par ces vers encore célèbres :

> Mon cœur, vous soupirez au nom de l'infidèle,
> Avez-vous oublié que vous ne l'aimez plus ? [1]

Pauvre Boileau, c'est qu'il l'aimait encore. Ces jolis vers et la bonne action que j'ai rappelée tout à l'heure suffiront pour le prouver à ceux mêmes qui prétendent que Boileau eut un cœur froid et obstinément insensible.

X

Ses ennemis furent pour beaucoup dans l'opinion qu'on avait de son insensibilité et même de son impuissance à aimer. Nous avons vu la méchante allusion de Pradon ; Boyer s'en permettait de pareilles. A l'entendre, le mot seul d'amour le faisait fuir.

Quand il lut à l'Académie, au milieu de l'ennui général, ses *Caractères de l'Amour*, Boyer en attribua l'insuccès à Boileau, qui, voyant le sujet, avait aussitôt organisé une cabale : « Au seul nom, dit-il, de l'amour, le censeur jaloux, impatient et malin, se révolta et entraîna une partie de l'assemblée ».

Boileau ne réclama jamais contre ces sottises, qu'il savait aussi fausses que niaises. Il avait aimé, mais toujours avec si peu de bonheur, et même d'espoir, qu'il n'en parlait pas. Les contes qu'on faisait de son insensibilité lui semblaient même peut-être préférables à ce qu'on aurait dit si l'on avait su la vérité sur ses amours toujours malheureux.

Vous venez de voir toute la malechance de celui qu'il avait eu pour Marie de Brétouville.

Auparavant, encore bien jeune, au sortir des classes, il avait aimé sa nièce, Anne Dongois, dont il n'était l'aîné que de quelques mois [2]. Elle tomba malade, un charlatan fut

---

1. V. plus bas, p. 217, art. III.
2. V. *Œuvres de Boileau*, édit. Berriat Saint-Prix, t. III, p. 459-460.

appelé : elle se serait sauvée de la maladie, elle ne se sauva pas du médecin ; elle mourut. On trouvera plus loin [1] le sonnet touchant du pauvre Nicolas. C'étaient presque ses premiers vers. Il les devait bien à ce premier amour [2].

La jolie et spirituelle Mlle de Marsilly [3], qui devint la marquise de Villette, le toucha au cœur beaucoup plus tard, mais sans qu'il en souffrit trop : un amour qui a senti tout d'abord qu'il ne devait pas espérer n'a pas de désespoir.

Ce fut du platonisme pur dont il fit longtemps après confidence à l'aimable marquise, un jour qu'il avait reçu d'elle un petit billet de souvenir : « Pensez-vous, lui répondit-il, qu'un homme qui eut autrefois pour vous, sans que vous en eussiez rien su, et du temps que vous n'étiez encore que Mlle de Marsilly, des sentiments qui allaient bien au delà de l'estime et de la simple admiration, puisse recevoir de vous une lettre pleine de douceurs, sans que ces sentiments se renouvellent ? »

Entre cet amour tout d'imagination et celui tout de tendresse qu'il avait eu pour Mlle de Brétouville en était passé un autre plus roturier et plus banal, qui l'eût mené par la galanterie à un sot mariage, si un petit malheur, qui cette fois fut le salut, ne l'eût arrêté à temps.

Boileau s'était laissé prendre aux beaux yeux d'une jolie personne, dont nous n'avons appris le nom que bien longtemps après avoir su l'aventure [4].

C'était Mlle Cramoisy, la fille du libraire, plus fameux que riche, de la rue Saint-Jacques. On crut que Nicolas, fils de l'illustre greffier M. Boileau, serait un bon parti, et l'on se laissa courtiser, tout en donnant à un rival de plus sûres espérances, et peut-être mieux encore. Boileau, qui s'en aperçut, rompit net, en jurant de se venger, ce qu'il fit par sa dixième satire. Pour une coquette, il attaqua toutes les femmes ! L'anecdote était souvent racontée par un de ses amis, le marquis de La Caunelaye, qui la donnait pour très-authentique. Elle vint ainsi jusqu'à Desforges-Maillard, qui en fit dans une lettre au président Bouhier le petit récit qu'on va lire [5] :

« Despréaux avait pour maîtresse et recherchait en mariage Mlle C... Il fut informé qu'elle voyait fréquemment un mousquetaire. Le poëte piqué jusqu'au vif, parce qu'il s'en croyait aimé, résolut sur-le-champ de ne se marier de sa vie, jugeant par son aventure que toutes les femmes étaient infidèles. C'est dans cet esprit qu'il avance, dans sa dixième satire, que Paris ne possédait dans son sein que trois honnêtes femmes. Quoi qu'il en soit, il renonça à Mlle C... et lui envoya seulement pour adieu ces quatre vers :

---

1. P. 218, n° VII des *Poésies diverses*.
2. Ils furent publiés d'après quelque copie qui courut, dans les *Délices de la poésie galante*..... Ribou, 1663, in-12, p. 176, et dans les *Sentiments d'amour tirés de poëtes*..... par Corbinelli, 1665, in-12, t. II, p. 142, sans que Despréaux qui, d'ailleurs, n'était pas nommé, paraisse l'avoir jamais su. V. sa Lettre à Brossette, 24 nov. 1707.
3. V. sur elle, Lettres de Boursault, t. III, p. 309.
4. Nous ne l'avons appris que par la *Bibliothèque française*, 1742, in-12, t. XXV, p. 125.
5. Elle parut en 1741 dans les *Amusements du cœur et de l'esprit*, t. XI, p. 550. — D'Alembert, *Histoire des membres de l'Académie française*, t. III, p. 164, a répété l'anecdote sans émettre le moindre doute.

> Pensant à notre mariage,
> Nous nous trompions très-lourdement ;
> Vous me croyiez très-opulent,
> Et je vous croyais sage.

« Mlle C... fit cette réponse, ou le mousquetaire la fit sous le nom de sa maîtresse :

> Pour un fat je n'étais pas née,
> J'ai du cœur et de la vertu ;
> Je ne t'aurais pas fait c....
> Et c'est ta destinée. »

XI

L'amour, malgré tout ce que nous venons de dire, ne fut guère en somme, dans le cœur de Boileau, qu'un sentiment de passage et trop peu chanceux chaque fois pour qu'il dût tenir à le prolonger ou à le renouveler sans fin. L'amitié y occupa une bien autre place, s'y posa sur une bien autre base ! Ce fut, chez lui, le vrai sentiment solide et immuable.

Dès le premier jour, par exemple, qu'il connut Racine, Despréaux l'aima, et ce fut pour toute la vie. Molière, La Fontaine, Chapelle, ses autres amis, le trouvèrent de même d'un commerce toujours sûr, toujours fidèle.

Le point de départ de ces liaisons fut singulier. Comment Boileau connut-il Racine, qui lui fit connaître après La Fontaine et Molière ? Comment s'amorça la première relation que tant d'autres, et de si étroites, devaient suivre ? Par une critique. On avait fait lire à Racine une lettre où Boileau traitait avec assez de sévérité l'ode qu'il avait faite, pour coup d'essai. Il voulut avoir le cœur net de cette rigueur, où il flairait de bons conseils. Il alla droit à son critique. Dès les premiers mots ils s'entendirent. Ce qui aurait peut-être pu commencer par une déclaration de guerre finit par une déclaration d'amitié.

L'amitié une fois liée, les quatre amis ne se quittèrent plus. Molière, plus occupé par son triple travail d'auteur, de comédien, de directeur, manquait seul assez souvent.

Les trois autres étaient toujours ensemble, se faisant partout un lieu d'observation, d'étude et d'entretien, ne dédaignant pas même le cabaret.

N'est-ce pas là qu'avec Furetière et Linière ils ébauchèrent de compagnie la scène parodiée du *Cid*, où Chapelain est si comiquement décoiffé et bafoué ? N'est-ce pas là encore, chez la veuve Bervin, au *Mouton du Marché Saint-Jean*, qu'ils dressèrent le plan de la comédie des *Plaideurs*, à laquelle ensuite, pour la mise en œuvre, l'esprit de Racine devait si merveilleusement suffire ?

Même quand il se fut calmé et fut devenu dévot, Racine, quoi qu'il en eût, ne put renier ce temps de gaieté et de verve, où il était le meneur de plaisir, « le boute-en-train » ; il s'échappait à parler encore jusque dans ses lettres de ces bonnes journées, si longues que la nuit y passait, « où il faisait le loup avec La Fontaine et les autres loups ses compères, le temps où le cabaret le voyait plus d'une fois le jour ».

Quelquefois il poussait les parties un peu loin, « un peu plus fort que jeu », comme on disait : témoin cette soirée où, de complicité avec Félix, un autre de leurs amis, qui fut plus tard premier chirurgien du roi, il feignit de conduire Boileau chez une parente, et le mena réellement chez une demoiselle dont les allures plus que galamment hardies firent déguerpir le pauvret tout effarouché [1].

L'indécence, en effet, le choquait, non qu'il fût d'humeur prude et « bégueule », mais comme dissonance de goût.

C'est, on peut le dire, le seul satirique qui n'ait rien eu du satyre.

Saint-Évremond en fit très-justement la remarque : « Y a-t-il quelque ancien, a-t-il dit [2], qu'on lise avec plus de plaisir ? Cependant, peut-on porter plus loin que lui la discrétion et la retenue ? Sa muse, toujours honnête, a su poursuivre le vice et le condamner, comme la vertu le condamne elle-même, par sa lumière, par son éclat ». Il ne lui reproche en cela qu'une seule tache : ce qu'il a dit sur la Neveu ; or, il n'y a que deux vers !

Boileau s'en reprochait une autre : son plaidoyer pour le *Joconde* de La Fontaine. « Il m'a témoigné, dit Brossette [3], le regret d'avoir employé sa plume à défendre des ouvrages de cette nature. » Mais, ajoute-t-il, « il était bien jeune alors ».

C'était en effet à l'époque dont nous parlions, quand La Fontaine, Racine et lui vivaient dans une familiarité de chaque jour. Ils se suivaient même en voyage. La Fontaine s'en allait-il, selon sa coutume de tous les ans, à Château-Thierry, quand on était en septembre, Racine se mettait de la partie et Boileau avec lui [4]. C'est ainsi qu'il connut un coin de la province. Il en rapporta un de ses plus étonnants types, le gentilhomme campagnard et beau parleur de la satire du *Repas*.

Ce personnage était le lieutenant général de Château-Thierry. Despréaux, un jour que ses amis étaient pris ailleurs, avait été invité par lui à dîner. Il put ainsi l'écouter sans distraction.

On voit, par sa satire, qu'il ne perdit pas un mot du monologue, dont ce pédant de campagne encombra l'entretien : « L'officier de robe, dit Brossette, d'accord pour cette anecdote avec Louis Racine, jugea de tout en maître. Il dit qu'il n'aimait point ce «Voiture», qu'à la vérité « le Corneille » lui faisait plaisir quelquefois, mais que partout il était passionné pour le beau langage. Et puis il disait en s'applaudissant de son bon goût : « Avouez, mon-« sieur, que le jugement sert bien dans « la lecture ».

De retour à Paris, quand on se retrouvait avec Molière, qui lui-même n'avait que trop connu ces ridicules de la province, on se hâtait d'en secouer la rouille, et pour ainsi dire de s'en débarbouiller.

---

1. *Notes* de Brossette dans *la Correspondance* publiée par Laverdet, p. 505.
2. *Œuvres de Saint-Évremond*, t. VI, p. 164.
3. *Notes*, p. 523.
4. *Vie de La Fontaine* par Tréron, *opuscules*, t. I, p. 294.

La Fontaine nous a dit en quelles conversations à plein courant d'esprit, de raison et de goût, ils se retrempaient alors et se purifiaient.

Au début de sa *Psyché*, il met en scène le groupe en donnant à chacun le demi-masque d'un pseudonyme qui le cache à peine : Molière est *Gélaste*, l'homme du rire (γελως); Boileau est *Ariste*, que la sagesse et la raison font le meilleur (αριστος); Racine, par une allusion délicate à son nom, devient *Acanthe*, le *mollis acanthus*, plante élégante et souple, mais non pas sans épines, comme l'était en effet l'esprit du poëte des *Plaideurs*; enfin, La Fontaine connoissant les goûts multiples, qui lui ont fait dire « diversité est ma devise », se donne à lui-même le nom de *Polyphile*, l'ami (φιλος) de beaucoup de choses (πολλα).

Ensuite, il raconte comment ils se réunissaient, sans parti pris de doctrine, mais par manière d'amusement sérieux et pour se faire de toutes les choses de l'esprit et du goût, ramenées et surprises au hasard de l'entretien, une sorte de partie de plaisir.

« Quatre amis, dit-il, dont la connoissance avoit commencé par le Parnasse, lièrent une espèce de société que j'appellerois académie si leur nombre eût été plus grand et qu'ils eussent autant regardé les Muses que le plaisir.

« La première chose qu'ils firent, ce fut de bannir d'entre eux les conversations réglées, et tout ce qui sent la conférence académique. Quand ils se trouvoient ensemble, et qu'ils avoient bien parlé de leurs divertissements, si le hasard les faisoit tomber sur quelque point de sciences ou de belles-lettres, ils profitoient de l'occasion ; c'étoit toutefois sans s'arrêter trop longtemps à une même matière, voltigeant de propos en autre, comme des abeilles qui rencontreroient en leur chemin diverses sortes de fleurs. L'envie, la malignité, ni la cabale n'avoient de voix parmi eux. Ils adoroient les ouvrages des anciens, ne refusoient point à ceux des modernes les louanges qui leur sont dues, parloient des leurs avec modestie et se donnoient des avis sincères lorsque quelqu'un d'entre eux tomboit dans la maladie du siècle et faisoit un livre, ce qui arrivoit rarement. »

De tout cela, de ces conversations au tour si simple et si aisé, qui, sans règles elles-mêmes, sembloient si peu faites pour en imposer une, sortit pourtant ce qui, dans ce siècle du goût, à cette époque du grand et du beau dans les lettres, fut la règle et la loi : l'*Art poétique*.

M. Nisard ne s'y est pas trompé dans son *Histoire de la Littérature française*[1]. Le poëme de Boileau, quelque estime qu'il eût pour le poëte, lui parut être plus que la doctrine et la formule d'un seul esprit. Il y vit, non une flamme isolée, mais un foyer où d'autres esprits rayonnaient autour de celui qui, par le genre de son talent, par l'autorité de sa raison, dont on sent que l'influence, quoique partagée, fut souveraine, mérita d'être, au nom de tous, l'interprète et le porte-parole.

« L'*Art poétique*, dit-il, pensant aux réunions dont nous venons de parler, est quelque chose de plus que l'ouvrage d'un homme supérieur. C'est la déclaration de foi littéraire d'un

---

1. T. II, p. 364.

grand siècle. Les doctrines en avaient été débattues entre les grands poëtes de ce siècle, Molière, Racine, La Fontaine, Boileau, dans des entretiens dont il est demeuré des traditions. »

XII

Boileau était, après Racine qui avait trois ans de moins que lui, le plus jeune du groupe, ce qui ne l'empêchait pas d'en être réellement le directeur, le président. De qui venaient les conseils les plus sûrs et le plus vite suivis, tant la raison les imposait? de lui. Qui détourna Racine de la facilité désolante, de la fluidité de versification par laquelle son génie menaçait de s'écouler? lui. Qui apprit à ce poëte trop bien doué l'art de faire difficilement des vers faciles? lui encore. Et Molière faiblissant sous le poids du travail et de la maladie, qui le releva? Qui le fit croire en ses forces? Qui l'éloigna de la farce en prose, où il se laissait trop aller après l'*École des femmes?* Qui, enfin, lui montra sa voie ardue, mais glorieuse, vers l'art d'où sortirent **Tartuffe**, le **Misanthrope**, les **Femmes savantes?** Boileau encore, Boileau toujours.

Il était le véritable maître, le vrai directeur de ses amis. Il fallait aussi qu'il fût leur hôte. Il le fut.

Malheureusement, pour les recevoir d'une façon digne et aisée, pour les mettre à même de converser à leurs heures, en toute liberté d'esprit, il se trouvait fort mal chez son frère Jérôme.

Il n'avait guère plus d'amis que Socrate, mais son grenier ne valait pas l'étroit réduit du philosophe : la petite académie à quatre n'aurait pas même pu y tenir. Dès la première réunion, d'ailleurs, l'humeur grondeuse de la belle-sœur les eût fait fuir.

Il le comprit : prenant l'avance sur les ennuis que causeraient à ses hôtes l'exiguïté de son gîte et les cris de la dame du lieu, il loua un petit appartement à l'entrée du faubourg Saint-Germain, dans la rue du Colombier, qui s'est depuis confondue avec la rue Jacob [1].

Quelle prudence! ou plutôt quelle peur du bruit! Il mettait la Seine et plusieurs quartiers de Paris entre sa tapageuse belle-sœur et la chambre paisible où, au milieu de ses quatre amis, tout à leurs pensées, et ne cherchant qu'eux-mêmes, l'esprit devait seul faire son bruit, et la raison avoir la voix haute.

Ils s'assemblaient trois fois la semaine pour souper gaiement et à l'occasion se lire ce qu'ils avaient fait dans l'intervalle d'une soirée à l'autre. C'était un pique-nique double : chacun apportait son écot pour le festin, son œuvre pour la lecture. Il était rare qu'il n'y eût pas chaque fois quelque satire ou quelque fable en ébauche; quelques scènes de comédie ou

---

[1]. Dans le *Parnasse français*, p. 112, Titon du Tillet, le seul à qui l'on doive ce détail, dit positivement : rue du Colombier; on a donc eu tort de dire depuis partout : rue du Vieux-Colombier.

de tragédie à essayer. Là se trouvait toujours un patient pour trois juges, aussi sévères que s'ils ne devaient pas un instant après être les patients à leur tour.

A la façon d'écouter et de juger, on aurait pu deviner les caractères : Despréaux, brusque, tranchant, allait par coups de boutoir, mais avec franchise et loyauté; Racine avait l'attention discrète d'un malin qui guette le défaut de l'armure pour y faire entrer l'aiguillon d'une épigramme; Molière, quoiqu'il semblât perdu dans sa rêverie contemplative, écoutait à merveille, et le faisait bien voir par les mots qu'il lançait de temps à autre comme des éclairs du fond d'un nuage ; La Fontaine somnolait, et, comme bien des juges, ne se réveillait que pour la sentence; mais lui, du moins à la façon dont il jugeait, on voyait bien qu'il avait tout entendu. Son somme n'était qu'une contenance.

Quoique Chapelle fût souvent de la partie, et que d'ordinaire, partout où il allait, il lui fallût moins le parfum des choses de l'esprit que l'odeur d'un bon repas, on faisait assez maigre chère dans ces soupers de la rue du Colombier, plutôt de littérature que de gourmandise.

Despréaux n'avait pas prétendu ériger son réduit en succursale de l'ordre des Coteaux; loin de là. C'était chez lui comme ce fut plus tard chez mademoiselle Quinault, rue d'Anjou-Dauphine, aux fameux soupers de la société du « Bout-du-Banc » : l'écritoire servait de plat du milieu, c'était comme la coupe des libations circulant de main en main dans les repas antiques. Le souper était fini quand elle disparaissait.

Alors, par ordre de Boileau, l'on apportait et l'on plaçait au milieu de la table dégarnie, un large in-folio : *la Pucelle*, de Chapelain.

Ouvert sous les yeux des convives, ce livre y devait rester, non pas — et vous le pensez ainsi — comme le code du bon goût, l'évangile poétique, mais comme le livre maudit, au contraire, l'œuvre de pénitence.

Les statuts de la réunion le voulaient ainsi : à chaque faute grave que commettait un convive contre le goût, on le condamnait à lire vingt vers de Chapelain, « le froid, sec, dur et rude auteur ». C'était la peine du talion appliquée dans sa plus directe rigueur. « L'arrêt qui forçait à lire la page entière, dit Louis Racine, était assimilé à un arrêt de mort ! »

Quelquefois, pour leurs mystifications, les quatre amis, Racine et Boileau surtout, ne s'en tenaient pas aux œuvres; ils se prenaient aussi à la personne de Chapelain.

Voici une des farces qu'ils lui jouèrent. On l'a connue par Sainte-Beuve qui, en ayant trouvé le récit dans un manuscrit de Brossette que possède M. Feuillet de Conches, s'empressa de le donner, « comme n'étant pas encore entré, dit-il, dans les livres imprimés ».

Il y aurait témérité à vous en faire le conte après le charmant causeur du Lundi. Nous allons donc lui laisser la parole :

« Un jour, dit-il[1], Racine, qui était aisément malin quand il s'en mêlait, eut l'idée de faire l'excellente niche de mener Boileau en visite chez Chapelain, logé rue des Cinq-Diamants, quartier des Lombards. Racine avait eu à se louer d'abord de Chapelain pour ses

1. *Causeries du Lundi*, t. VI, p. 502-503.

premières odes, et avait reçu de lui des encouragements. Usant donc de l'accès qu'il avait auprès du docte personnage, il lui conduisit le satirique qui déjà l'avait pris à partie sur ses vers, et il le présenta en qualité de bailli de Chevreuse, lequel, se trouvant à Paris, avait voulu connaître un homme de cette importance.

« Chapelain ne soupçonna rien du déguisement; mais à un moment de la visite, le bailli, qu'on avait donné comme un amateur de littérature, ayant amené la conversation sur la comédie, Chapelain, en véritable érudit qu'il était, se déclara pour les comédies italiennes, et se mit à les exalter au préjudice de Molière. Boileau ne se tint pas; Racine avait beau lui faire des signes, le prétendu bailli prenait feu et allait se déceler dans sa candeur. Il fallut que son interlocuteur se hâtât de lever la séance.

« En sortant, ils rencontrèrent l'abbé Cotin sur l'escalier, mais qui ne reconnut pas le bailli. Telles furent les premières espiègleries de Boileau et ses premières irrévérences. Le tout, quand on en fait, est de les bien placer. »

Avec Chapelain, elles étaient de bonne guerre, car il n'y avait pas lâcheté à l'attaque : il était puissant et pouvait se venger.

Molière, qui était la prudence, comme Boileau était la raison, le lui faisait souvent observer, « disant, écrit Cizeron Rival, d'après une note de Brossette[1], que Chapelain était en grande considération dans le monde, et particulièrement aimé de M. Colbert, et que, par conséquent, ses railleries outrées pourraient lui faire des affaires auprès de ce ministre et du Roi même. Ces réflexions trop sérieuses ayant mis notre poëte en mauvaise humeur : « Ho! le Roi et M. Colbert feront ce qu'il leur plaira, dit-il brusquement; mais à moins que « le Roi ne m'ordonne expressément de trouver bons les vers de Chapelain, je soutiendrai « toujours qu'un homme, après avoir fait *la Pucelle*, mérite d'être pendu. » Molière se mit à rire de cette saillie, et l'employa ensuite fort à propos dans le *Misanthrope* (acte III, scène dernière) :

> « Hors qu'un commandement exprès du Roi ne vienne
> De trouver bons ses vers dont on se met en peine;
> Je soutiendrai toujours, morbleu ! qu'ils sont mauvais,
> Et qu'un homme est pendable après les avoir faits. »

Quand Boileau disait plus tard[2] qu'Alceste, pour la partie de son rôle qui s'attaque aux mauvais vers, c'était lui-même, et cela de l'aveu de Molière, « qui le lui avait souvent confessé, » il avait donc raison, et ne surfaisait pas ce que sa rude franchise avait eu d'influence sur l'œuvre de son ami.

Il aurait pu ajouter que, comme Alceste, il s'était fait de fâcheuses affaires avec cette franchise.

Molière avait dit vrai : Chapelain pouvait se venger; et il se vengea. Quoique Colbert eût Boileau en considération, surtout à cause de son Épître au Roi, où, sous sa propre inspiration et par antagonisme contre Louvois, l'homme de guerre, il avait si bien vanté, en 1669,

---

1. *Récréations littéraires*, p. 25.
2. Lettre de Boileau au marquis de Mimeure, 4 août 1706.

les bienfaits de la Paix; quoiqu'à cette occasion même il eût de grand cœur ratifié le brevet de la pension dont Louis XIV avait gratifié le poëte en y ajoutant le privilége le plus étendu pour la publication de ses œuvres; il ne put résister aux instances de Chapelain, le sommant, dans l'intérêt des lettres insultées en sa toute-puissante personne, de retirer ce privilége aux *Satires* qui l'outrageaient.

Deux ans après, Boileau en était dépouillé, et il ne pouvait qu'à grand'peine le ressaisir au bout de trois autres années, par un nouveau coup de faveur. Nous n'avons pas l'ordonnance de suppression; mais, ce qui vaut mieux, la lettre par laquelle Chapelain en remercie le ministre nous est parvenue.

Dans cette lettre du 4 avril 1671, que jusqu'à présent pas un des biographes du satirique n'a citée, Chapelain[1] rend grâce à Colbert de ce qu'il a appris par Perrault, « sur la rupture qu'il lui a plu faire du sceau de ce privilége des *Satires* de Despréaux..... Il était, en effet, ajoute-t-il, injurieux à Sa Majesté et à vous, Monseigneur, de voir déchirer par des pasquinades, autorisées de son sacré sceau, même des gens de bien; et des plumes accréditées, toutes dévouées à son service et obligées par ses royales faveurs à mettre leur vie pour la défense de ses moindres intérêts ».

Le coup était rude, excessif; mais Boileau ne pouvait guère s'en plaindre. On ne faisait que lui rendre ainsi la monnaie de ses propres actes. N'avait-il pas, trois ans auparavant, obtenu contre une pièce, où Boursault prenait la revanche de ses *Satires*, un arrêt de suppression tout aussi leste, et mérité ainsi que Pradon lui reprochât d'empêcher, après l'attaque, la réplique des poëtes attaqués[1] ?

Le 28 octobre 1668, lorsque la petite comédie, la *Critique des satires de M. Boileau*, se trouvait affichée pour le soir et à la porte du théâtre du Marais, ordre était arrivé de ne pas la jouer, en vertu d'un arrêt du Parlement, que l'huissier Piliault avait, ce sont les propres termes de l'acte, « signifié aux comédiens du Roy du théâtre du Marais, en parlant pour eux tous, à trois d'iceux, nommez Verneuil, Chamesté (Champmeslé) et Rosimont, trouvés à la porte du parterre de leur théâtre, vieille rue du Temple[2] ».

Boileau, lorsqu'il critiquait, le faisait avec une telle franchise de goût, une telle loyauté de bon sens, qu'en toute candeur il croyait ne pas attaquer. Il s'étonnait donc qu'on se fâchât. Il était si sûr d'avoir raison que l'idée qu'on pût lui riposter, et qu'on en eût même le droit, ne lui venait pas.

Le nombre de ses ennemis le surprenait toujours. Candidat à l'Académie, il ne comprit rien à la cabale qui, pendant plusieurs années, lui en barra l'entrée. Quand il fut enfin reçu, en 1684, c'est à peine s'il devina pourquoi l'abbé de La Chambre, qui répondit à son *Discours*, en qualité de Directeur, lui rappelait le temps où, chez Conrart, les gens de lettres, qui se réunissaient, faisaient échange de lectures avec une attention toujours bienveillante

---

1. Elle n'a paru que dans la *Revue rétrospective*, 2º série, t. XII, p. 478.
2. *Nouvelles Remarques*, p. 71-72.
3. Nous avons publié *in-extenso*, d'après une affiche de la collection Delamarre, le texte de cet arrêt, dans les notes de la *Valise de Molière*, p. 80-82.

et sans critique : « Au lieu, — disait sévèrement l'abbé au récipiendaire qui ne comprenait pas, ou trouvait d'une bénignité bien sotte les gens dont on lui parlait — au lieu d'insulter aux faiblesses inséparablement attachées à l'humanité, et encore plus à la profession des lettres humaines,..... l'on se faisait une loi expresse de cacher les défauts de son prochain, de les étouffer dans le sein de la Compagnie, d'en dérober la connaissance aux étrangers, sans s'étudier à en régaler ceux du dehors, ou à en divertir le public par de sanglantes railleries, aux dépens des particuliers et de ses plus chers amis [1] ».

L'Académie, où dès l'entrée on lui faisait ainsi, à mots à peine couverts, une si directe semonce, n'avait été longtemps inaccessible à Boileau que par la cabale de ses victimes : Chapelain, Cotin, Boyer, Quinault, etc. Il dut attendre qu'ils fussent morts, comme Chapelain et Cotin, ou calmés comme Quinault, qui finit par devenir son ami.

Alors même, la porte ne se hâtait pas de s'ouvrir. D'autres la lui barraient; car, les anciens ennemis tombés, il s'en était fait de nouveaux, de plus jeunes, tels que Fontenelle qui, sans être encore de l'Académie française, y avait déjà de l'influence par ses menées, par l'influence du monde qu'il voyait, par le nom de son oncle le grand Corneille, et par le *Mercure Galant*, où son autre oncle Thomas Corneille et lui étaient tout-puissants.

L'attaque de Racine et de Boileau contre l'une de ses premières œuvres, la tragédie d'*Aspar*, l'avait rendu irréconciliable. Il eut toujours sur le cœur la chanson avec laquelle ils en avaient salué la chute, et dont les plus malins couplets l'avaient reconduit jusqu'à Rouen, où cet insuccès l'obligeait de retourner.

Adieu, lui faisaient dire ces couplets, en s'éloignant de Paris :

Adieu, ville peu courtoise,
Où je crus être adoré.
Aspar est désespéré :
Le poulailler de Pontoise
Me doit ramener demain
Voir ma famille bourgeoise;
Me doit ramener demain,
Un bâton blanc à la main.

Mon aventure est étrange !
On m'adorait à Rouen ;
Dans le *Mercure Galant*
J'avais plus d'esprit qu'un ange :
Cependant je pars demain
Sans argent et sans louange ;
Cependant je pars demain,
Un bâton blanc à la main [2].

Ce qui exaspérait Fontenelle, c'est qu'il croyait que Boileau et Racine, non contents d'avoir fait les couplets, avaient payé des chanteurs des rues pour les lui hurler aux oreilles

---

[1]. *Recueil des harangues prononcées par MM. de l'Académie française*, 1698, in-4°, p. 453-454.
[2]. Trublet, *Mémoires* sur Fontenelle, p. 219.

et l'en poursuivre tout le long du chemin. Il était de cela si persuadé qu'il le fit croire à tout le monde, et que d'Alembert, à qui il l'avait conté, écrivait bien longtemps après, avec une certaine conviction [1] : « Il courut contre le philosophe (Fontenelle) une chanson plaisante, quoique très-injuste, faite par ces deux grands poëtes. On assure qu'ils couvrirent la route de Rouen, où Fontenelle était retourné, de chanteurs qui braillaient et vendaient cette chanson, et celui de qui nous tenons ce fait ajoute que c'est un des procédés que Fontenelle pardonnait le moins à Racine et à Despréaux ».

Celui-ci, par les retards que la cabale de Fontenelle, du *Mercure*, et de tout ce qu'on appelait le parti normand, lui fit subir à la porte de l'Académie, sut ce que peut coûter une chanson.

Pour une satire il en coûtait, il en cuisait parfois encore davantage. Je ne sais si Boileau reçut jamais, comme on l'a dit, quelque « volée de bois vert » ; mais je suis sûr qu'il en fut très-souvent menacé, et qu'en ce temps-là, pour pareilles affaires, les menaces n'étaient guère sans effet.

« *Tu penses*, lui avait dit Pradon :

Tu penses toujours battre et tu seras battu. »

Pinchesne lui avait montré, dans la perspective de ses *Satires*, « des braves »

Qui, la canne à la main, pourraient bien réprimer
Sa trop grande fureur de mordre et de rimer.

Vingt fois M. de Montausier, dont Boileau attaquait les amis, entre autres Ménage, avait parlé très-haut de bâton en parlant de lui.

Qu'en résulta-t-il ? Le nuage que tout cela annonçait et grossissait creva-t-il en grêle de coups ? On l'a dit, je le répète, notamment à l'époque de la querelle des deux *Phèdres*, celle de Racine et celle de Pradon, quand il y eut entre les partisans de l'un et de l'autre poëte un si violent échange de sonnets venimeux [2].

Le duc de Nevers, piqué le plus au vif, comme partisan de Pradon, aurait alors fait exécuter la menace que tant de gens faisaient depuis si longtemps gronder, et ce serait ainsi avec raison que Sanlecque, ajoutant un sonnet à tous les autres, aurait pu dire :

Dans un coin de Paris, Boileau, tremblant et blême,
Fut hier bien frotté, quoiqu'il n'en dise rien.

Nous ne croyons pas un mot de tout cela : trop d'amis puissants, parmi lesquels il suffira de nommer Condé, qui offrit à Boileau son hôtel pour refuge, protégeaient alors le poëte, pour qu'on eût osé en venir avec lui à ces extrémités brutales.

---

1. *Histoire des membres de l'Académie française*, t. III, p. 139.
2. *Lettres galantes* de Mme Du Noyer, t. VI, p. 97.

M. de Nevers, d'ailleurs, redevint l'ami de Boileau. Deux ans après, il n'avait pour lui qu'estime et louanges, dans une lettre dont parle Bussy [1]. Ce n'est pas à un homme qu'il eût fait si honteusement châtier, qu'il aurait si vite accordé ses éloges et son estime.

A l'époque des premières attaques, au moment des *Satires* du début, pareille vengeance eût été plus possible. Aussi le bruit courut-il déjà que quelqu'un se l'était donnée contre Boileau, tout jeune encore, isolé, et sans autre défense que ses morsures.

On fit même sur le fait dont auraient alors souffert ses épaules un virelai sanglant, *la Bastonnade, satire contre Boileau*, qui n'a pas, je crois, été encore imprimée et dont il sera bon de dire et de citer quelque chose [2] :

« Il est dédié à Mgr le duc de Montausier » ; ce qui n'étonne pas quand on sait, comme nous le disions tout à l'heure, que M. le duc, en ce temps-là, ne manquait jamais d'associer le mot bâton au nom de Boileau, qui n'en fut pas moins plus tard un des hommes qu'il aima et estima le plus.

Dans le virelai, Boileau n'est pas seul pris à partie. Un de ses aînés, Boileau-Puymorin, qui avait neuf ans de plus que lui, attrape au passage plus d'une éclaboussure. Il avait pris à la cour de Gaston, dont tout jeune il avait fait partie, des habitudes de débauche et de bouffonnerie, qui avaient un peu déteint sur son jeune frère, du moins pour le côté bouffon ; car, nous le répétons, Despréaux ne mordit jamais à la débauche. Un des plaisirs de Puymorin était de se faire inviter dans les compagnies, et là, au dessert, d'amuser les convives en imitant l'orgue avec son nez [3], en contrefaisant les gens connus, ou en récitant des farces.

Pour ce dernier talent et pour l'autre, celui de contrefaire les gens, Despréaux fut son élève. Lui aussi, ne craignons pas de le dire au risque de le déranger un peu dans l'immuable gravité qu'on lui a faite, et qui est trop devenue sa seule pose aux yeux du public, lui aussi il aimait à aller bouffonner par le monde, à tourner les gens en grotesque, ce qu'au dire de Louis Racine il faisait même admirablement [4], et à réciter des choses plaisantes.

Ce n'est que par ces récitations dans les sociétés que son *Lutrin* fut connu d'abord, et même beaucoup plus qu'il n'aurait voulu, à cause des noms qu'il n'y déguisait pas, comme il le fit plus tard. Son *Dialogue des Héros de Roman* ne fut aussi qu'une de ces pièces de récitation comique : longtemps il n'exista que dans sa mémoire, pour être dit dans les cercles. Sans quelques amis qui le forcèrent presque à l'écrire, il se serait perdu [5].

La première réputation du sévère Despréaux, du grave, de l'inflexible législateur du Parnasse, fut donc, répétons-le franchement, celle d'un amuseur de société.

Ses ennemis ne se firent pas faute de le lui dire sur tous les tons.

---

1. Lettre de Bussy-Rabutin, du 1er avril 1679.
2. Nous l'avons trouvé à la Bibliothèque nationale, dans les mss de l'abbé Nicaise, t. I, p. 260.
3. *Chansonnier Maurepas* (Mss de la Bibliothèque), t. III, p. 101.
4. *Mémoires* sur la vie de Racine, 1re édit., p. 48-49.
5. *Notes* de Brossette dans la *Correspondance* publiée par Laverdet, p. 525.

Coras, dans la lettre qu'il lui écrivit comme riposte à son attaque de la neuvième satire[1], eut grand soin de ne le traiter que comme un faiseur de farces : « Jouez et bouffonnez tant qu'il vous plaira, lui dit-il : par exemple, j'assisteray avec plaisir à la représentation de vos jeux et de vos bouffonneries; mais n'attendez pas que je m'expose à la honte d'ajouter un acteur à votre troupe, ny que je me prive du contentement d'estre le spectateur de vos comédies et de vos farces. »

Cotin, dans sa *Satire des satires*, ne le prit pas plus haut ni plus sérieusement. Il ne parla de lui que comme d'un coureur de repas, payant au dessert son écot par une farce, et il ajouta pour Puymorin :

> Son Turlupin l'assiste, et, *jouant de son nez,*
> Chez le sot campagnard gagne de bons dîners.

C'est dans la *Bastonnade* qu'ils furent surtout malmenés l'un et l'autre comme de vrais bouffons de cabaret, fort connus aux *Carneaux*, à la *Pomme de pin* ou à la *Galère* :

> Pour un prix juste et modique
> Le Despréaux se trafique,
> Et l'on donne du Boileau
> En feste et dans un cadeau
> Comme une pièce comique.....
> Le jeune godelureau,
> Sortant de la scolastique,
> Vient donner dans son panneau,
> Et mène droit aux *Carneaux*
> Puymorin et Despréaux.

Celui-ci est ensuite pris à part, et, comme eût dit Rabelais, « pourtrait et sur le vif ». Ce n'est qu'une caricature, mais où l'on peut, je crois, l'y reconnaître un peu frêle et maladif comme il le fut presque toujours, et plus encore dans sa jeunesse. Il n'est là dans cette misérable charge que :

> Ce vilain petit noireau
> Avec sa figure oblique...
> Ce visage de blaireau...
> Et son regard diabolique...
> Son épaule de chameau
> Et ses jambes de fuseau.

Voilà l'homme; voici maintenant le poëte, tel d'abord qu'il se prône lui-même :

> Il est le grand et l'unique,
> Il a tiré le rideau,

---

1. Cette lettre très-curieuse, qu'on a eu tort de publier ces dernières années comme *inédite*, se trouve dans les *Remarques* de Joly sur Bayle, t. II, p. 444-448, au mot *Coras*. Aucun biographe de Boileau n'en a parlé.

Porté partout le flambeau,
Et remis tout au niveau.
Il fut savant au berceau ;
Au premier coup de pinceau
Il sut faire un grand tableau,
Et dans sa main le marteau
Taille comme le ciseau.

Or, que serait-il réellement ? Écoutons le virelai :

Pour un grand poëme épique
Il n'a ni sens ni cerveau...
Il n'entend rien au lyrique ;
Mais, s'attrapant au créneau,
Il s'attaque au satirique
Où tout paraît bon et beau...
Sur une vieille rubrique,
Dont il arrache un lambeau,
Il vous plâtre et vous fabrique
Des vers à la mosaïque.

Que lui en adviendra-t-il ? Ici le bout du bâton « du fléau », comme dit le virelai, se fait voir :

Mais ma muse prophétique,
Qui connaît dans l'écliptique
Son heure périodique
Et son jour climatérique,
Lui dit et lui pronostique
Que sa fin sera tragique ;
Qu'il mourra d'un coup de fléau,
Et trouvera son tombeau
Dans la fange du ruisseau.

« Viste un cotret, une trique,
« Que j'assomme ce critique ! »
Ainsi d'un ton emphatique
Dit, en troussant son chapeau,
Et la main sur le couteau,
Le chevalier M.....
Que l'on dit être le fléau
De ce malheureux Boileau.

Il y a de la verve, du mordant, de l'emporte-pièce dans ce virelai dont nous avons, il est vrai, cité le meilleur. Il n'en faudrait pas beaucoup de cette veine et de cet entrain pour prouver que Bussy n'avait pas tout à fait raison quand il a dit[1] que « Boileau fût heureux de n'avoir que de faibles ennemis ».

Quelques-uns avaient de bonnes dents et s'en servaient bien.

Qu'advint-il pour lui de la prédiction du virelai ? quel était ce chevalier M... qui l'y

[1]. Lettre du 16 février 1675.

menace d'un air si fanfaron? Serait-ce par hasard le rival que lui préféra Mlle Cramoisy? On le croirait presque, en voyant qu'il est donné ici comme la bête noire, « le fléau » du pauvre poëte. Le rosser après lui avoir pris sa maîtresse serait assez mousquetaire!

En somme, bien des points de cette satire resteront des énigmes, même le nom de son auteur. On a dit que c'était Chapelain[1]. Je ne le crois pas; mais, si ce n'est lui, c'est quelqu'un de son groupe, qui aura voulu venger le vieux poëte des mystifications et des attaques venues du logis de la rue du Colombier, où nous sommes ainsi ramenés tout naturellement.

XIII

La réunion des quatre amis dans la petite chambre de Boileau se continua pendant quelques années, mais non pas toutefois jusqu'au temps où ces digressions nous ont conduit.

Au commencement de 1663, l'amitié y était dans sa primeur, et par conséquent dans toute sa force. C'est alors que Boileau y donna pour étrennes à Molière ses *stances* sur l'*École des femmes*[2] alors toute nouvelle et que frondaient ces gens, immortels comme l'envie, qui ne veulent pas voir le mérite de peur de l'applaudir, mais qui voient le succès pour en être jaloux.

Boileau avait les confidences du grand comique pour ses œuvres à venir. Il sut qu'il voulait refaire en comédie sa farce du *Fagoteux*, et il l'y aida. Du portrait qu'il lui fit, et qu'il lui mima, du perruquier Lamour en son ménage, avec son fouet d'une main et sa bouteille de l'autre, sortit tout armé, bâtonnant et se grisant de même, le fagoteux devenu le Sganarelle du *Médecin malgré lui.*

La scène où Martine gourmande son ivrogne de mari avait été prise sur le fait, par Despréaux lui-même, dans l'échoppe du barbier, un matin que Didier Lamour, encore un peu gris de la veille, lui rajustait sa perruque d'une main avinée et sous le feu roulant des reproches « d'Anne, sa perruquière ».

Jusqu'à la fin de 1665 rien ne désunit les quatre amis, rien ne relâcha le lien de leur intimité; mais à cette époque Racine ayant déserté le théâtre de Molière avec sa tragédie d'*Alexandre* qu'on commençait à y jouer, pour la porter à l'Hôtel de Bourgogne, que dès lors il ne quitta plus, il s'ensuivit entre Molière et lui une brouille, que Titon du Tillet appelle ingénument « un petit froid ».

Tout « petit » que fût ce « froid », qui en réalité fut très-vif, la société des quatre n'y survécut pas.

On se sépara pour d'autres distractions, pour d'autres compagnies.

---

1. V. le *Courrier de Pluton*, 1718, in-12, et le *Bulletin du Bibliophile*, décembre 1859, p. 836.
2. V. plus loin, p. 218, art. VIII.

Molière se donna plus que jamais aux soins de son théâtre, et par surcroît aux soucis de son ménage, dont la lune de miel, alors en son plein, devint bientôt la lune d'absinthe, comme dirait Zadig. La Fontaine se mit plus que jamais à la poursuite des jolies filles, dont il disait : « une grisette est un trésor ». Racine, « acoquiné » au théâtre de l'Hôtel de Bourgogne, moins pour ses pièces encore que pour les actrices qui les jouaient, passa de la du Parc à la Champmeslé, c'est-à-dire d'un lien à un autre ; quant à Boileau, il monta vers des sociétés un peu plus relevées que celles qu'il avait vues jusque-là avec Puymorin, en dehors du cercle de ses trois amis.

Il n'abandonna pas cependant Racine, même en ses hantises chez les comédiens. Il fut souvent des parties fines chez la Champmeslé où, pour être moins à la gêne avec la femme, Racine grisait de vin de Champagne le mari, qui se consolait avec la servante. Certaine épigramme [1], dont Boileau rougit plus tard, n'a pas d'autre origine que ces relations au moins étranges, pour des gens qui devaient bientôt devenir si graves et si sages.

C'est, dit Jean-Baptiste Rousseau [2], parlant de ces quelques vers où Boileau n'avait fait qu'arranger une plaisanterie de son ami, « c'est un bon mot de M. Racine au comédien Champmeslé dans le temps qu'il fréquentait sa maison ». Il ajoute : « M. Despréaux n'a point donné cette épigramme au public, pour ne point donner prise aux censeurs trop scrupuleux, parce que, me disait-il, un ouvrage sérieux peut bien plaire aux libertins, mais un ouvrage trop libre ne plaira jamais aux personnes sévères ».

C'est bien Boileau devenu lui-même, tel que devait le faire le sérieux de son esprit plus mûr, tel que devaient le former des sociétés aux habitudes plus sûres, aux mœurs moins mêlées que celles où jusqu'alors il s'était un peu égaré.

Nous l'avons vu à l'hôtel de Rambouillet, qui touchait à sa fin, quand lui-même commençait. Il n'y fit que passer, pour laisser toute la place à ceux qu'il devait combattre, et qui par leur pédantesque et dédaigneux accueil avaient achevé de se faire de lui un ennemi. Il y gagna de les mieux connaître et de se mieux sentir : « Je serai honnête homme, s'était-il dit, et ne les craindrai pas ». C'est ce qu'il fut, et c'est ce qu'il fit.

Une autre maison l'attira et le retint davantage : celle de Mme du Plessis-Guénégaud qui habitait alors l'hôtel de Nevers, dont la Monnaie occupe la place. Il y venait avec Racine, dès le temps de ses premières satires, lorsque son ami en était lui-même à ses premières tragédies.

M. de Pomponne, revenant d'exil, tomba, un beau soir, chez Mme de Guénégaud au moment où chacun des deux poëtes s'y préparait à faire la lecture d'essai d'un de ses ouvrages en ébauche. Il ne s'en plaignit pas : il se sentit ainsi mieux revenu de prime-saut au vrai cœur de Paris.

« Je trouvai là, s'empressa-t-il d'écrire à M. d'Andilly [3], pour lui rendre compte de cette bonne soirée, Mme et Mlle de Sévigné, Mme de Feuquières et Mme de La Fayette ; M. de La

---

1. V. plus bas, p. 211.
2. Lettre à Brossette, du 15 octobre 1715.
3. Lettre de M. de Pomponne, 4 février 1665, dans les *Mémoires* de Coulanges, p. 471-472.

Rochefoucauld, MM. de Sens, de Saintes et de Léon ; MM. d'Avaux, de Barillon, de Châtillon, de Caumartin et quelques autres, et sur le tout Boileau, que vous connaissez, qui y était venu réciter de ses satires qui me parurent admirables, et Racine qui y récita aussi trois actes et demi d'une *comédie* de Porus contre Alexandre, qui est assurément d'une grande beauté ».

Boileau qui ne se serait pas produit de lui-même en ces hauts lieux, tant il était d'abord farouche aux bonnes sociétés, mais que Racine, alors plus mondain, y produisait malgré lui, fut reçu, grâce à son ami, chez le prince de Condé dont, on l'a vu, la protection ne lui fut pas inutile, et chez le prince de Conti.

Il allait aussi à l'hôtel de Lesdiguières, quoique ce fût bien loin, car c'était près de l'Arsenal. Mais le désir d'y converser quelques instants avec le cardinal de Retz, retiré là chez sa nièce, et toujours alerte d'esprit s'il était perclus du corps, ne le faisait pas regarder à la distance.

« Il lui a donné son *Lutrin* », écrit Mme de Sévigné, le 9 mars 1692, et d'ici l'on voit l'amusement du guerroyant abbé de la Fronde, au récit de ces combats de chantres et de chanoines, où d'ailleurs il était lui-même pour quelque chose. L'épisode du prélat, foudroyant de sa bénédiction son ennemi le chantre, n'était-il pas un vieux souvenir de cette rencontre sur le Pont-Neuf, où il avait fait tomber Condé à genoux sous le coup de foudre d'une bénédiction pareille !

La maison que préférait Boileau et où on l'aimait le mieux était celle de M. de Lamoignon. Soit à Paris, soit à Baville, pendant les vacances, il était toujours sûr d'être reçu à bras ouverts par le Président, qui ne donnait pas une fête sans qu'il en fît partie, et qui, dès que Boileau arrivait, semblait abdiquer de lui-même. Le tour de l'esprit était venu : Boileau devenait président, mais sans gravité, permettant tout, même les petits jeux.

A ce propos, nous allons laisser Brossette vous dire l'histoire d'une énigme ou plutôt d'un *rébus* qui n'est pas encore sorti, je crois, de ses *Mémoires* manuscrits, pour entrer dans la biographie de Boileau, quoiqu'il y ait eu la plus grande part :

« M. Despréaux, dit-il, m'a raconté qu'étant à Baville, chez M. le premier président de Lamoignon, avec M. de La Rochefoucauld et M. de La Chapelle, un jour M. le prince de Condé et M. le duc son fils, qui étaient dans le goût des *rébus*, écrivirent à M. de La Rochefoucauld et lui proposèrent quelques *rébus* à expliquer. Il s'en tira comme il put, avec le secours de la compagnie. Il voulut répondre dans le même style, et M. Despréaux, pour rendre l'explication plus difficile, proposa de leur envoyer un *rébus* en vers:

« Voici celui qu'il fit exprès pour ce dessein :

> Il n'est sphinx, aiguisant ses griffes
> Et retournant vos logogriphes,
> Qui pût décider *in quibus* (en quoi),
> Princes, l'on vous croit plus habiles :
> A briser murs et forcer villes,
> Ou bien à faire des *rébus*.

« Quand ces vers furent faits, il fut question de les mettre en rébus, c'est-à-dire d'en expliquer les mots ou les syllabes par des figures sensibles et connues. M. de La Chapelle [1] savait un peu dessiner, et chacun de ces messieurs travailla à ce grave sujet suivant son génie et ses lumières.

« Pour exprimer les deux premiers mots : *il n'est*, ils peignirent une *isle* qui naît ou qui sort d'un œuf ; cela signifiait *isle naît;* c'est-à-dire *il n'est.*

« Le mot *sphinx* était représenté par l'animal qui porte ce nom.

« *Aiguisant.* Pour ce mot ils mirent un aiguiseur qui aiguise.

« *Ses.* Pour exprimer *ses*, ils mirent des *ceps* de vigne.

« *Griffes.* Ils mirent des *griffes.*

« *Et retournant.* Pour ces deux mots, ils peignirent un R attaché à une roue qui était représentée tournante ; cela signifiait R *tournant*, c'est-à-dire *et retournant.*

« *Vos.* Le château de Veaux.

« *Lo.* La ville de Saint-Lô.

« *Go.* Le portrait du commandeur de Gaux, qui était fort connu d'eux.

« *Griphes.* Par des griffes.

« *Qui pût.* Le mot *qui* sur une charogne.

« *Décider.* La première syllabe par un *dé* à jouer ; les deux autres par la syllabe *der* mise six fois : *cider.*

« *Quibus.* Par des pièces de monnaie que le peuple appelle du *quibus.*

« *Princes.* Le portrait de M. le prince et de M. le duc.

« *L'on.* C'est à propos de ce mot que M. Despréaux m'a raconté la plaisanterie dont il s'agit ; car, pour exprimer *l'on*, ces messieurs peignirent les dix gros volumes du roman de Cyrus les uns sur les autres, ce qui faisait un ouvrage fort *long*, et pour se moquer en même temps de la grosseur de ces volumes, qui sont des billots, et de la longueur du roman.

« *Vous croit.* On avait aussi écrit le mot *vous* en croissant :

voUS

pour signifier *vous croit.*

« Et ainsi du reste. »

Hâtons-nous de dire que ces sortes d'amusements n'étaient pas choses d'habitude chez M. de Lamoignon. « C'étaient là jeux de princes ». Lorsque Condé et son fils n'en troublaient pas la gravité par leurs envois d'*énigmes* ou de *rébus*, on était beaucoup plus sérieux dans cette maison.

Il y venait des gens, tels que Bourdaloue et plusieurs autres révérends pères, dont la présence n'eût pas permis qu'on fût si frivole. Une chanson au dessert, voilà tout au plus ce qu'ils toléraient ; encore Bourdaloue fut-il scandalisé de celle qu'à Baville Despréaux chanta devant lui. Avec ces révérends, l'entretien tournait tout de suite au grave et presque toujours dans la dispute [2].

---

1. Henri Bessé de La Chapelle, petit-neveu de Boileau, qui le chargeait volontiers de ses affaires, et lui écrivit en conséquence plusieurs lettres qu'on trouvera dans la *Correspondance*. Il était conseiller au Parlement de Metz, et devint secrétaire de M. de Pontchartrain.
2. V. p. 217, art. IV.

VIE DE BOILEAU.

Boileau s'y montrait fort ardent. Beaucoup de jésuites étaient de ses amis, mais il n'aimait pas en général leur société. Une de ses épigrammes, qu'on a eu tort de ne pas encore recueillir dans ses Œuvres, nous dira ce qu'il en pensait [1]. Elle fut faite à propos des *Maximes de l'Éloquence*, où le P. Rapin avait parlé du talent de l'orateur et de celui du comédien :

> Pardonnez-nous, Père Rapin,
> Si, courant après l'Éloquence,
> Nous ne suivons pas le chemin
> Qu'a marqué votre Révérence
> Dans un livre que vend Barbin.
> Mais apprenez, en récompense,
> Que vos « lois de théâtre » ont un meilleur destin,
> Et voici la raison de cette différence :
> Vous êtes Jésuite et des plus anciens,
> Or ces messieurs, sans médisance,
> Sont méchants orateurs et grands comédiens.

Dans la dispute, il ne leur cachait pas sa préférence pour leurs plus intimes ennemis, le jansénisme et Pascal. Il y allait même plus bravement que Racine, et malgré cela il passait pour moins janséniste que lui, tant il est vrai qu'en disant franchement ce qu'on pense on se dénonce moins qu'en ayant l'air de cacher sa pensée !

« M. Despréaux, écrit Brossette, dans une partie encore inédite de ses *Mémoires*[2], m'a dit qu'à la cour M. Racine passait pour janséniste, et que lui, quoiqu'il le fût pour le moins autant que M. Racine, et qu'il l'avouât publiquement, sans façon et sans mystère, n'était pas regardé comme tel. M. Racine s'en étonnait, et M. Despréaux lui disait quelquefois : « C'est « parce que je ne m'en cache pas, et que vous en faites un mystère ».

Non certes, il ne s'en cachait pas ! Nous allons bien le voir dans une dispute qu'il eut, et cela justement chez M. de Lamoignon, où nous sommes, avec un jésuite qui accompagnait le P. Bourdaloue. Racine s'y trouvait aussi [3], mais il fut si muet, que Mᵐᵉ de Sévigné, qui a fait, d'après Corbinelli, un des témoins, le plus charmant récit de cette curieuse querelle, ne le nomme même pas. C'est Boileau qui eut toute l'éloquence, tout le courage :

« On parla, dit-elle [4], des ouvrages des anciens et des modernes; Despréaux soutint les anciens à la réserve d'un seul moderne qui surpassait, à son goût, et les vieux et les nouveaux. Le compagnon de Bourdaloue, qui faisait l'entendu, et qui s'était attaché à Despréaux et à Corbinelli, lui demanda quel était donc ce livre si distingué dans son esprit?

« Despréaux ne voulut pas le nommer; Corbinelli lui dit : « Monsieur, je vous conjure de « me le dire, afin que je le lise toute la nuit ». Despréaux lui répondit en riant : « Ah! Monsieur, « vous l'avez lu plus d'une fois, j'en suis assuré ». Le jésuite reprend avec un air dédaigneux, un *cotale riso amaro*, et presse Despréaux de nommer cet auteur si merveilleux. Despréaux

---

1. Elle se trouve dans les manuscrits de M. de Trallage à l'Arsenal.
2. *Recueil ms* de *Brossette*, à la Bibliothèque nationale, p. 92.
3. Lettre de Corbinelli à Bussy, 6 janvier 1690.
4. Lettre de Madame de Sévigné à sa fille, 15 janvier 1690.

lui dit : « Mon Père, ne me pressez point ». Le Père continue. Enfin Despréaux le prend par le bras, et le serrant bien fort, lui dit : « Mon Père, vous le voulez : eh bien! morbleu, « c'est Pascal. — Pascal, dit le Père, *tout rouge, tout étonné*, Pascal est beau autant que « le faux peut l'être. — Le faux! reprit Despréaux, le faux! Sachez qu'il est aussi vrai « qu'il est inimitable; on vient de le traduire en trois langues ». Le Père répond : « Il n'en « est pas plus vrai ». Despréaux s'échauffe, et criant comme un fou : « Quoi, mon Père! « direz-vous qu'un des vôtres n'ait pas fait imprimer dans un de ses livres qu'*un chrétien* « *n'est pas obligé d'aimer Dieu?* Osez-vous dire que cela est faux? — Monsieur, dit le « Père en fureur, il faut distinguer. — Distinguer! dit Despréaux, distinguer! morbleu! « distinguer! Distinguer si nous sommes obligés d'aimer Dieu! » Et prenant Corbinelli par le bras, il s'enfuit au bout de la chambre, puis revenant et courant comme un forcené, il ne voulut jamais se rapprocher du Père, et s'en alla rejoindre la compagnie, qui était demeurée dans la salle où l'on mange. Ici finit l'histoire, le rideau tombe ».

Voilà bien Despréaux tout entier avec ses fougues de sincérité, cette passion, cette ardeur que, faute de les avoir mises dans l'amour, il plaça si haut, si éloquemment dans le bon sens, et dans la foi!

Son *Épître XII* à l'abbé Renaudot, qu'il n'écrivit que cinq ans après, afin que les jésuites qui faisaient un crime à Arnauld d'avoir défendu ses œuvres, malgré ce qu'ils appelaient leur futilité, vissent bien qu'un poëte peut au besoin être sérieux, éloquent même dans les choses de religion; sa fameuse épître sur l'*Amour de Dieu* était déjà en germe dans cet entretien de 1690. Elle continuait la sainte guerre si bien engagée, au nom de Pascal, par cette vigoureuse sortie contre d'incorrigibles casuistes qui, même lorsqu'il s'agissait de Dieu, disaient : « Distinguons! »

Rien n'exaspérait tant Boileau : « Il ne faut donc plus dire le *Pater!* » s'écriait-il dans une conversation qu'il eut un jour avec Mathieu Marais[1].

Non-seulement il continua de le réciter; mais il en fit, dans cette épître même, la plus admirable paraphrase. « Cet amour de Dieu les embarrasse bien fort », disait-il encore à Marais, en pensant aux jésuites qui, en effet, le faisaient attaquer de tous côtés, surtout dans leur Journal de Trévoux.

Il leur répondit par une épigramme[2] où, retrouvant toute sa fougue, il les menaça de reprendre contre eux le fouet de Juvénal et les verges d'Horace, qu'ils lui reprochaient d'avoir jadis impitoyablement maniés.

La riposte des R. P. ne se fit pas attendre, et fut même assez fine :

Les journalistes de Trévoux,
Illustre héros du Parnasse,
N'ont point cru vous mettre en courroux,
Ni ranimer en vous la satirique audace

---

1. *Journal et Mémoires* de Math. Marais, publiés par Lescure, t. I, p. 22.
2. V. plus loin, p. 215, n° 36.

VIE DE BOILEAU.

>   Dont par le grand Arnauld vous vous croyez absous.
>   Ils vous blâment si peu d'avoir suivi la trace
>   De ces grands hommes qu'avec grâce
>   Vous traduisez en plus d'un lieu,
>   Que, pour l'amour de vous, ils voudraient bien qu'Horace
>   Eût parlé de l'amour de Dieu[1].

L'épigramme est d'un joli tour, mais elle ne fit rien contre l'*Épître* de Boileau, qui ne reste pas moins excellente en bien des parties, et l'une des meilleures œuvres de son déclin.

Il y avait mis ce qui avait été la dernière lumière de ce déclin, la dernière force, la consolation suprême de sa vieillesse : la foi !

XIV

En 1679, il avait perdu son frère Jérôme, dont, malgré les criailleries de la belle-sœur, il était resté l'ami, et, qui plus est, l'hôte assidu, le locataire fidèle, à l'exception des trois ou quatre années où nous l'avons vu dans le petit logis de la rue du Colombier.

Cette mort pouvait le faire retomber dans une solitude encore plus maussade que celle où il avait vécu jusque-là. Il en eut peur ; sans aller bien loin, sans quitter la cour du Palais, il prit gîte chez son neveu Dongois.

Celui-ci n'était que de fort peu d'années plus jeune que lui. Il était, en effet, le fils aîné d'Anne, la grande sœur de Boileau, dont nous avons vu le mariage, un an juste avant qu'il naquît.

C'était un personnage que M. Dongois, ou du moins qui voulait à tout prix passer pour tel, par les grands airs qu'il se donnait en se rengorgeant dans son titre de « Greffier en chef du Parlement ».

Boileau, qui ne l'en aimait que mieux, tout ridicule bien constitué étant une bonne fortune pour son esprit railleur, ne l'appelle jamais, avec une sorte d'ironie, que M. Dongois, « mon illustre neveu » ; et Voltaire, qui tout jeune avait hanté sa maison, a dit de lui avec sa justesse d'expression ordinaire dans son épître à Despréaux :

>   Chez ton neveu Dongois je passai mon enfance,
>   Bon bourgeois qui se crut un homme d'importance.

Cette « importance » de M. Dongois « l'illustre neveu » fut d'abord, nous venons de le dire, un amusement pour Boileau ; mais en se prolongeant et se gourmant davantage encore, elle ne lui devint bientôt qu'une comédie monotone et maussade, où des égards qui voulaient être empressés, et dont sa position de célibataire assez bien renté pouvait facilement lui

---

1. *Heures perdues et divertissantes* du chevalier de ***, 1716, in-12, p. 171.

faire comprendre l'intérêt, ne compensaient pas suffisamment les grands airs et le ton glacial.

Le froid le prit dans cette maison où l'intimité même se faisait solennelle, et l'ennui ne tarda pas à venir. Par malheur, il n'était plus alors de force à pouvoir le fuir et à changer.

Depuis l'âge de vingt-cinq ans, il était tourmenté par un asthme qui, loin de guérir jamais, finit par dégénérer en une complète extinction de voix; l'autre maladie, pour laquelle, tout enfant, nous lui avons vu subir une opération malheureuse, le torturait aussi par intervalles. Il eut de très-bonne heure l'ouïe fort dure, ce qui, compliqué de la faiblesse de voix que lui avait donnée son asthme, le rendait presque sourd-muet; enfin, il n'était pas de saisons où ces accidents de santé, qui s'attaquent toujours aux complexions débiles, ne vinssent ajouter quelque malaise aux infirmités qui lui étaient ordinaires et pour ainsi dire de fondation.

Sa correspondance s'en ressent. Elle n'est, en bien des parties, qu'une longue plainte. A chaque lettre nouvelle qu'on trouve de lui, c'est une nouvelle maladie qu'on lui découvre.

Un petit billet qu'il écrivit en novembre 1683, lorsqu'il n'avait encore que quarante-sept ans, à M. de Gaignières, a été ainsi trouvé dernièrement. Qu'y écrit-il ? qu'il souffre, et d'un mal qu'on ne lui connaissait pas encore. La lettre commence par « maladie » et finit par « cataplasme ».

Comme elle n'a jamais été recueillie dans ses œuvres et est presque *inédite*, nous la donnerons ici [1] :

« Je crois que ma maladie survivra à celle de M. de Puymorin, qui n'a plus la fièvre, grâce au quinquina qu'il a pris à mes instantes sollicitations. Pour moi, j'ay toujours le genou malade. Je vous prie donc de me pardonner, si je vous demande quelques jours pour achever ce que vous souhaités. Vous ne sauriés croire quelle mauvaise compagnie c'est que la douleur, quand on travaille aux choses d'esprit. Il n'y a qu'une conversation comme la vostre qui la puisse faire oublier. Je l'éprouvai bien le dernier jour chés vous, et je voy bien que c'est le meilleur cataplasme que j'y puisse mettre ; mais on ne le trouve pas quand on veut ».

Ce qui, dans cette vie de malaise, lui était presque aussi pénible que le mal, c'est la gêne qu'il y trouvait pour toutes ses relations ; ce sont les retards qui en résultaient pour ses travaux commencés et pour les promesses qu'il avait pu faire. Il était en tout l'exactitude même, ayant, suivant Louis Racine, l'habitude de dire : « Je ne me fais jamais attendre, parce que j'ai remarqué que les défauts d'un homme se présentent toujours aux yeux de celui qui l'attend ».

On juge par là de ses ennuis, de ses impatiences, lorsque le mal l'obligeait à être en retard, et le mettait dans la nécessité de s'excuser.

Il le faisait toujours avec bonne grâce, et souvent avec beaucoup d'esprit. Ayant par exemple, un jour qu'il avait tardé pour une réponse, non-seulement des excuses à offrir,

---

1. Elle n'a paru que dans le *Bulletin du Bibliophile*, février 1870, p. 53-54.

mais un service à demander par la même lettre, voici comment il la termina : « C'est bien le temps de demander des grâces, lorsque je n'ai besoin que de pardon. J'aimerais autant ces deux Suisses déserteurs, à qui le roi venait d'accorder la vie, et qui lui demandaient pour boire en courant après lui [1] ».

La gaieté, comme on voit, lui restait malgré tout, mais elle n'était plus guère qu'intermittente. Le fond de sa vie, minée par le mal, était le chagrin.

Ne songea-t-il pas alors qu'un bon ménage eût mieux valu que son existence chez les autres ? En pensant aux soins dont une compagne aimante et dévouée entoure la vieillesse et les souffrances d'un mari, ne revint-il pas un peu de ses préventions contre les femmes et le mariage ? Je le croirais. Quand Brossette se maria, il semble, à lire la lettre où il lui en fit ses compliments, qu'il n'eût peut-être pas été trop éloigné alors de suivre son exemple : « A mon avis, lui écrivit-il, vous ne pouvez rien faire d'aussi judicieux. Quoique j'aie composé, *animi gratia*, une satire contre les méchantes femmes, je suis pourtant du sentiment d'Alcippe et je tiens, comme lui :

.... Que, pour être heureux sous ce joug salutaire,
Tout dépend, en un mot, du bon choix qu'on sait faire.

« Il ne faut point prendre les poëtes à la lettre : aujourd'hui, c'est chez eux la fête du célibat; demain, c'est la fête du mariage. »

Comme il était dans ces bonnes dispositions, survint un événement qui lui remit malheureusement en mémoire tous ses griefs contre ce qu'il allait presque vanter; toutes ses plaintes passées contre les ménages, leurs ennuis, leurs tracas, leurs gênes.

La fille de Dongois se maria avec M. Gilbert des Voisins, homme de haute robe. Ce mariage qui comblait tous les vœux du Greffier, qui satisfaisait à toutes les prétentions de son importance, à tous les espoirs de sa vanité, ne fut qu'un fléau, une calamité pour le poëte vieux garçon.

La noce à peine finie, en effet, le jeune ménage vint s'établir dans la maison de la cour du Palais. Tout le logis en fut envahi, encombré; Boileau dut déguerpir. Il lui fallut céder sa chambre et son lit.

C'est au cloître Notre-Dame, chez un vieil ami de sa famille, l'abbé Émery Dreux, sous-chantre et chanoine de la Métropole, qu'il alla s'établir.

Dès le mois d'octobre 1683, peu de jours après les noces de sa petite-nièce, nous le trouvons au cloître, déjà souffrant du malaise dont il dit quelques mots dans son billet à Gaignières.

Une lettre que lui écrit Maucroix parle de cette nouvelle installation. On en douterait toutefois; car en même temps, chose singulière, nous le retrouvons toujours aussi dans la maison du Greffier. C'est que le neveu Dongois était un habile homme, qui savait se débar-

---

1. Cizeron Rival, *Récréations littéraires*, p. 197.

rasser d'une main et retenir de l'autre. Il avait cru prudent de ne pas éloigner tout à fait l'oncle Despréaux qui, déjà sur l'âge, maladif, célibataire et riche, était une vraie pâture d'héritier.

XV

Nous venons de dire que Boileau était riche. Quelle était au juste sa fortune? La réponse n'est pas facile. Il vécut largement, fut toujours assez à l'aise pour ne jamais prendre un sou du produit de ses œuvres [1], et pour faire beaucoup de bien autour de lui, comme on le verra plus loin : voilà ce qu'on sait de plus sûr.

Les douze mille écus de patrimoine, qu'il avait eus de la succession de son père, furent le plus clair de son avoir. Les bienfaits du roi firent le reste. Il eut un petit bien du côté de Villeneuve-le-Roi, dont un certain André Rattier, qui en était détenteur, payait assez mal les arrérages [2]; il avait aussi une rente, mais très-minime, sur l'Hôtel de ville de Paris [3].

Ce qui lui était le plus profitable, grâce à l'ami Brossette, c'est un placement qu'il avait fait du tiers de l'héritage de son père sur les rentes viagères de la ville de Lyon. Tous les autres perdirent, lui ne perdit rien. Quand ces sortes de rentes furent retranchées par une des mesures arbitraires qui coûtaient si peu au pouvoir de ce temps-là, Brossette, qui était en grand crédit près de M. de Villeroy, gouverneur de Lyon, obtint que Boileau ne souffrirait pas de retranchement. La rente, diminuée d'un quart pour tous les autres, lui fut maintenue entière ; et comme elle avait été créée sur un pied très-haut, il en résulta pour lui une affaire excellente [4].

Quant au roi, il le combla. Boileau, nous l'avons vu, n'avait été pensionné qu'assez tard ; mais sa pension fut tout d'abord importante. Ce n'est pas tout, c'est même la moindre partie des générosités de Louis XIV pour lui. Au mois d'octobre 1677, il fut nommé, avec Racine, historiographe du roi, et en cette qualité il toucha, pour commencer, deux mille écus de pension [5], puis plus tard mille pistoles [6].

Pourquoi cette augmentation, dont le chiffre élevé faisait vraiment de Boileau et de son ami « les fermiers généraux de l'Hélicon », suivant la prétentieuse expression du duc de Nevers [7] ? Était-ce parce que leur tâche s'était augmentée dans une proportion pareille ? Rien n'est moins sûr, à notre grand regret.

1. Louis Racine, p. 57.
2. V. une lettre de Boileau à son frère l'abbé, aux *Manuscrits* de la Bibliothèque nationale, n° 12, 762, p. 189.
3. *Catalogue des autographes* vendus le 25 mai 1852, p. 25.
4. Lettre de Brossette à J.-B. Rousseau, 18 nov. 1729.
5. Lettre de Mme de Sévigné à Bussy, 13 octobre 1677.
6. *Journal* de Dangeau, 27 avril 1688.
7. Épître à Bourdelot dans le chansonnier Maurepas, t. IV, p. 495.

Quand Saint-Simon dit, dans une note sur le *Journal* de Dangeau [1], que Racine et Boileau ne travaillèrent jamais bien sérieusement comme historiographes, il a quelque peu raison, surtout pour Boileau. Lorsque Pradon, dans certaine épître [2], met en vers certain mot d'un commis des finances qui, chargé de les payer de leurs appointements d'historiographes, prétendait être le seul qui eût vu de leur écriture, il n'a peut-être pas tout à fait tort.

Il rappelle à Boileau quelques-uns de ces Anciens dont il est si épris : Plutarque, Salluste, etc.; puis il ajoute :

> J'espère que ta prose aura leurs agréments;
> Bonne ou non, reçois-en de bons appointements.
> C'est ce que dit un jour un commis des finances :
> « Nous n'avons encor vu rien d'eux que leurs quittances.
> « Que ce qu'ils ont écrit soit bien ou mal conçu,
> « Ils écrivent du moins fort bien un : « J'ai reçu. »

Avec toutes ces sommes, Boileau, qui n'était pas prodigue, pouvait faire des économies qui compensaient pour ses héritiers ce que ses placements à rente viagère leur avait fait perdre de sa fortune. L'ardeur que mettait Dongois à ne le lâcher que d'une main, à le surveiller toujours, à le garder chez lui à sa table, quand faute de place il ne pouvait le retenir pour le logement, s'explique ainsi de reste. Il était aux petits soins pour le cher oncle, et plus encore pour le cher héritage : il veillait à tout ce qui pouvait le grossir.

C'est lui qui, lorsque les ordonnances de payement tardaient un peu pour les pensions, s'empressait de les rappeler au ministre : « M. Despréaux, écrit-il par exemple à M. de Pontchartrain, en lui adressant quelques pièces que celui-ci lui a demandées, M. Despréaux, qui me voit écrire ce billet, me charge de vous faire souvenir des ordonnances pour M. Racine et pour lui, dont vous me fîtes l'honneur de m'escrire pendant le voyage du roy [3]. »

En hiver, on gardait au coin du feu l'oncle Despréaux; en été, on l'emmenait à la campagne, du côté de Mantes, à cette jolie maison du village d'Hautile dont M. Dongois était seigneur, et qui, si l'on en juge par la description que le poëte en a donnée dans la sixième épître, était un des séjours qui lui plaisait le mieux.

Il l'aimait d'enfance; car, ce qu'on n'a pas dit, il y était venu bien avant que M. Dongois y fût maître, chez sa tante maternelle Mme Le Marchand, dont le second mari possédait pendant la Fronde cette petite seigneurie [4].

C'est cette même tante qui devint la doyenne de la famille. Elle était née sous Henri IV; en 1698, quand elle mourut, elle avait quatre-vingt-quinze ans, et n'en était ni plus fière ni plus heureuse : « J'allai, dit Boileau, rappelant une visite qu'il lui avait faite peu auparavant [5], j'allai voir une de mes tantes qui se mourait, âgée de quatre-vingt-quatorze ans :

---

1. 15 mars 1699.
2. Pradon, *Nouvelles Remarques*, 1635, in-8°, p. 4 et 21.
3. *Catalogue des autographes*, de M. Gauthier Lachapelle, p. 54.
4. Berriat Saint-Prix, *Œuvres de Boileau*, t. III, p. 446, n° 1666.
5. Cizeron Rival, p. 100.

elle m'a dit, en femme très-sensée : « Quand je serai morte, souvenez-vous de moi ; mais « ne souhaités pas de vivre aussi longtemps ».

Il n'avait lui-même que soixante-deux ans alors, mais déjà peut-être en pensait-il autant. Sa vie chez Dongois n'était pas faite pour lui donner d'autres idées. Le neveu, la nièce, les petits-neveux, les petites-nièces, tout le monde était maître de lui, excepté lui. A peine grondait-il quelquefois, et encore ce n'était qu'en vers. Sa muse recevait seule les confidences de ses plaintes.

Voici l'une des plus amères :

> Je vieillis et ne puis regarder sans effroi
> Ces neveux affamés dont l'importun visage
> De mes biens à mes yeux fait déjà le partage.
> Je crois déjà les voir au moment annoncé
> Qu'à la fin sans retour leur cher oncle est passé,
> Sur quelques pleurs forcés qu'ils auront soin qu'on voie,
> Se faire consoler du sujet de leur joie.

Quoi qu'il dise ici de ses neveux, il restait chez Dongois. Il s'y obstinait par routine casanière, en dépit des ennuis, des tracas qui n'y prenaient jamais fin, et, qui pis est, ne faisaient qu'y croître.

Mme Gilbert des Voisins avait eu successivement deux fils qui, grandissant dans la maison, étaient bientôt devenus de vrais enfants terribles pour l'oncle Despréaux. Leur tapage devint tel, qu'il en décampa ou à peu près. Il fit enfin effort sur lui-même et sur ses habitudes de dépendance.

Pour avoir où se retirer, s'il s'exilait tout à fait de ce logis turbulent, il acheta une maison à Auteuil, par acte du 10 août 1685, moyennant huit mille livres.

XVI

Les premiers soins de la propriété, les embarras d'un déménagement si ennuyeux, écrit-il à Brossette, « pour un homme de lettres qui a des livres, des bijoux et des tableaux »; les réparations à faire exécuter, les embellissements qui furent considérables, particulièrement pour le jardin [1], les relations avec les ouvriers, toutes émotions nouvelles pour lui, suffirent quelque temps à le distraire.

Quand tout fut fini, comme il allait jouir enfin de son bonheur et entrer pour ainsi dire en pleines fonctions de propriétaire, la maladie revint. Son extinction de voix, la plus cruelle des infirmités dont il souffrit, reparut. Obligé si vite de quitter la retraite qu'il commençait

[1]. *Notes de Brossette*, dans la *Correspondance* publiée par Laverdet, p. 506.

à se créer et qu'il n'avait eu que le temps de rêver délicieuse, il partit pour les eaux de Bourbon. Il se hâta d'y guérir et revint incurable.

Quels ennuis l'attendaient au retour! Jamais son existence n'avait été plus perplexe. Devait-il se confiner tout à fait à Auteuil, continuer à vivre chez Dongois, ou demeurer définitivement au Cloître? Que lui fallait-il faire? Personne ne le savait moins que lui. Dans ce doute pénible, il ne put qu'écrire à Racine, toujours son meilleur ami :

« Je ne sais pas trop le parti que je prendrai à Paris. Tous mes livres sont à Auteuil, où je ne puis plus aller désormais les hivers. J'ai résolu de prendre un logement pour moi seul. Je suis las, franchement, d'entendre le tintamarre des nourrices et des servantes; je n'ai qu'une chambre et point de meubles au Cloître. Tout ceci soit dit entre nous; mais, cependant, je vous prie de me mander votre avis. N'ayant pas de voix, il me faut du moins de la tranquillité. Je suis las de me sacrifier au plaisir et à la commodité d'autrui. Il n'est pas vrai que je ne puisse bien vivre et tenir seul mon ménage; ceux qui le croient se trompent grossièrement. D'ailleurs, je prétends désormais mener un genre de vie dont tout le monde ne s'accommodera pas. J'avais pris des mesures que j'aurais exécutées si ma voix ne s'était pas éteinte. Dieu ne l'a pas voulu : j'ai honte de moi-même, et je rougis des larmes que je répands en vous écrivant ces derniers mots. »

Cette lettre est navrante; on y sent toutes les douleurs du malade chez qui les infirmités du corps font presque défaillir l'esprit.

Boileau se révèle là tout entier; car il y est bien aussi toujours « le meilleur homme du monde », comme Racine ne cessait de l'écrire à son fils aîné, n'ayant griffes et dents que pour ses satires, et, suivant le mot de madame de Sévigné, méchant en vers, bonhomme en prose.

« Ce n'est point, lui écrivait Pontchartrain, le 7 décembre 1699, dans un billet charmant, qu'on a trop oublié pour le faire bien connaître; ce n'est point ce génie sublime, cet auteur des satires que je prise et que j'aime le plus en vous : c'est cette candeur et cette simplicité heureuse que vous avez su joindre à tout l'esprit imaginable, et qui vous fait aimer de vos ennemis mêmes. »

S'il était quelque peu morose, ce n'était que par l'excès des souffrances; il se repentait d'ailleurs, il pleurait d'être ainsi, nous venons de le voir, et ces larmes suivant de près ce qu'il avait dit de ses sacrifices pour autrui prouvaient qu'il était prêt à se sacrifier encore.

En effet, il fut trop faible pour prendre une résolution et s'affranchir absolument de la tutelle des Dongois. Six ans après cette lettre, il venait encore loger chez eux : « Je vous écris ceci de chez M. Dongois », écrit-il, par exemple, à Racine, le 18 juin 1693. L'adroit Greffier n'avait donc pas lâché l'oncle, sa proie! Boileau, cependant, il faut le dire, lui appartenait moins. Il avait pris à Auteuil, par l'influence de la propriété, des habitudes d'indépendance. Pour y rester, pour être libre, il préférait, par les froids les plus rudes de l'hiver, cette demeure des champs au logis de la cour du Palais.

Il y avait d'ailleurs un ménage complet avec ce qu'on appelait un recommandable « domestique », pour désigner l'ensemble des gens de service.

C'était d'abord Jean Benoît, tout à la fois valet de chambre et cocher; car Boileau était assez riche pour se permettre le luxe d'une voiture à lui. Il pouvait écrire au père Bouhours qu'il invitait à dîner : « Mandez-moi ce soir ou demain au matin à quelle heure vous voudrez que je vous envoie mon carrosse[1] »; et l'exact Brossette, rendant compte d'une visite qu'il lui avait faite et qu'il faillit manquer, avait pu mettre dans ses *Notes*, le 21 octobre 1702 : « Ce matin, à 9 heures, j'allois à Auteuil voir M. Despréaux, mais je l'ay rencontré par delà Chaillot qui venoit à Paris dans son carrosse[2] ».

Jean Benoît, cocher et valet de chambre, était le serviteur le plus étourdi qu'on eût jamais vu. Le double service dont il était chargé n'aboutissait qu'à lui faire avoir deux fois plus de distractions qu'un autre. C'est lui qui garda « très-poétiquement » douze jours entiers, dans la poche de son justaucorps, une lettre adressée à son maître. Le petit laquais Athis l'aidait dans son service, mais surtout dans ses étourderies. Il abusait, lui, de ce qu'il était chez un homme faisant des livres pour passer ses journées à lire. Quand un volume manquait, Boileau disait : « Cherchez dans les poches de mon petit laquais ». Il lui tira un jour assez vigoureusement les oreilles pour l'avoir trouvé lisant le *Diable boiteux*[3].

Élisabeth-Marie Sernin était la gouvernante de Boileau; elle le servit jusqu'à sa mort. C'est d'elle qu'Hamilton parle, quand il lui écrit dans une lettre moitié prose, moitié vers :

> Vous devez pour un temps et quitter le sublime
> Et vous arracher à Babet.

Je ne sais quelles étaient ses qualités de ménage; mais il est certain que la maison de Boileau, tenue par Babet, n'était ni d'un ordre ni d'une propreté exemplaires. La faute en venait peut-être du poëte, qui n'avait jamais été en cela d'un rigorisme même suffisant. Il allait quelquefois dans Paris avec une toilette qui pouvait le faire prendre pour un pauvre. Il le savait et en riait plutôt que de se corriger.

« Despréaux, dit Maucroix[4], est souvent assez négligé et mal vêtu. Un gueux lui demandant l'aumône : « Ah! ah! monsieur, répondit Despréaux, vous m'avez prévenu, je voulais « vous la demander ».

Sa maison d'Auteuil se ressentait de ce sans-gêne de propreté. L'abbé Legendre, qui l'y vint voir, en fit la remarque[5]. Les ornements n'y manquaient pas. Tous les satiriques et les misanthropes : Timon, Ménippe, Lucilius, Horace, Perse, Juvénal, Régnier, y étaient représentés en d'assez bonnes toiles appendues à une vieille tapisserie de Bergame. La reine Christine de Suède resplendissait au-dessus de la cheminée, dans un tableau d'une grande beauté, « un portrait vivant ». Le satirique l'avait placée là, face à face avec Juvénal et Perse, parce

---

1. Cette lettre au père Bouhours a paru pour la première fois dans l'histoire de la *Querelle des Anciens et des Modernes*, par H. Rigaud, 1856, in-8°, p. 229, 230.
2. *Notes* de Brossette, p. 530.
3. Lettre de J.-B. Rousseau à Brossette, 25 mars 1716.
4. *Œuvres diverses*, 1854, in-12, t. II, p. 184.
5. *Mémoires*, 1863, in-8°, p. 172.

que, disait-il, elle avait été « la femme la plus médisante de son siècle ». Il voulait des épigrammes, même en peinture.

Jusque-là tout est bien ; l'absence de propreté met le correctif : « L'appartement du poëte, dit l'abbé, était d'un négligé cynique ». Heureusement qu'il ajoute : « La salle à recevoir le monde était un peu plus arrangée ».

La vraie toilette de la maison était ailleurs : « Le jardin, dit-il encore, sans être peigné, ne laissait pas d'être agréable. La vue en est charmante ». C'est Antoine Riquié, le jardinier immortel de la onzième épître,

<blockquote>Antoine, gouverneur de mon jardin d'Auteuil,</blockquote>

qui en prenait soin.

Ce brave homme était un serviteur immeuble ; on eût dit qu'il faisait partie de la propriété. Boileau l'avait trouvé dans la maison en l'achetant, et il l'y laissa quand il la revendit à M. Leverrier.

Entouré de ce petit monde, qui, s'il ne faisait pas toujours bien, faisait de son mieux, le vieux poëte vivait aussi doucement et goûtait autant de repos que ses souffrances pouvaient lui en laisser.

Elles se renouvelaient et s'aggravaient malheureusement par plus d'un ennui.

La conscience de sa faiblesse, qui l'obligeait à ne pas être, comme Racine, à la suite du roi dans ses campagnes, et à négliger ainsi l'un des premiers devoirs de leur charge d'historiographes, lui était surtout pénible.

Racine l'en consolait de son mieux par des bulletins presque quotidiens sur tout ce qui se passait à l'armée, et Boileau avait le regret de ne pouvoir lui répondre que par d'autres bulletins bien plus tristes, ceux de sa santé.

De temps à autre, il y mêlait des nouvelles sur ce qu'il était alors en train de composer, sur ses épigrammes, ses satires ébauchées, etc. ; et c'est encore en parlant de ces choses qu'il se réveillait, se retrouvait le mieux. Une des lettres qu'il lui écrivit ainsi, en 1692, au moment où il s'occupait de la *Satire des Femmes*, a échappé à tous les éditeurs. Comme elle est curieuse et assez courte, elle ne déplaira pas ici [1]. Nous la donnons avec son orthographe :

« A Auteuil, 6 octobre 1692.

« Vostre lettre du 3 m'a causé un vif plaisir, et l'agréable nouvele de vostre santé a chassé tous les chagrins de ma solitude. Ma *Satire des Femmes* est loin d'être achevée ; j'y ai travaillé fort assidûment pendant huit jours, et je croi que, lorsque j'auray tout rassemblé, il y aura bien cent vers nouveaux d'ajoutés. Mais, présentement, je ne fais point de vers, et ma fougue poétique est passée presque aussi viste qu'elle est venue. J'amasseray ce qu'il y a de faict sur l'histoire de la Lieutenante [2], et je vous l'envoiray ces jours prochains avec un ou

---

1. Cette lettre n'a été publiée que par M. le marquis de la Rochefoucauld-Liancourt, dans les *Études morales et littéraires de Racine*, 1856, in-8°, 2ᵉ partie, p. 178.
2. La femme de Jacques Tardieu. Voy. plus bas, *Satire X*.

deux autres morceaux. C'est un ouvrage qui me coûte beaucoup de temps et de fatigues, et vous sçavez combien il est difficile de rentrer dans une idée une fois qu'on en est sorti.

« Adieu, monsieur, je vous embrasse de tout mon cœur. Je vous demande pardon de vous escrire si à la haste et de ne pas m'estendre sur l'action de M. de Lorges qui est très-grande et très-belle. Mais je peux vous escrire par le prochain ordinaire, surtout pour vous remercier de toutes les peines que vous vous estes données pour nostre misérable maison. Je n'y vois plus clair, et suys forcé de terminer brusquement en vous embrassant de nouveau. Jusques à demain.

« Despréaux. »

Vous avez lu à la fin de cette lettre bien courte pourtant : « Je n'y vois plus clair ». C'était encore une des infirmités du pauvre homme. Sa vue, des plus faibles, ne pouvait supporter que le travail de quelques instants. Il était presque aveugle, et encore plus sourd. Toute visite chez le roi lui était devenue pour cela impossible. Racine y suppléa encore. Il fit pour tous deux leurs affaires d'historiographes : « Il y a plusieurs années, écrit, le 6 mai 1699, leur commun ami Vuillart[1], que M. Despréaux n'a paru à la cour, à cause de sa surdité. C'est M. Racine qui le déchargeait, et se chargeait de tout pour lui ».

Boileau n'y perdait rien, loin de là : Racine, bien plus courtisan, menait tout à merveille, tandis que lui, avec sa franchise, se mettait à chaque visite en danger de gâter leurs affaires par quelque maladresse.

Une des plus grosses est celle qu'il commit le jour où il fut assez étourdi — c'est le mot — pour prononcer le nom de Scarron devant le roi, et cela où? chez Mme de Maintenon! chez l'ancienne veuve du poëte cul-de-jatte!

Il convenait très-sincèrement qu'il avait, ce jour-là, eu la langue un peu trop longue; mais il n'en racontait pas moins très-volontiers l'anecdote. La voici d'après le récit qu'il en fit à Mathieu Marais, et qui n'a point encore pris place dans sa biographie, avec des détails venant de lui-même[2] :

« A propos de Scarron, dit-il, un jour le roi se bottant pour aller à la chasse, nous étions, M. Racine et moi et quelques courtisans, chez Mme de Maintenon. Le roi me demanda qui avait le premier introduit la comédie en France ; je lui dis qu'il ne fallait point compter de bonnes comédies avant Molière, et qu'avant ce temps-là on n'avait vu que quelques méchantes comédies de Scarron.

« Le roi fut embarrassé ; il fut quelque temps sans répondre. Je m'aperçus bien que j'avais dit une sottise ; mais le mot était lâché. Le duc de Chevreuse me dit : « A quoi « pensez-vous! » Le roi me dit : « C'est-à-dire que Boileau n'estime que ce qu'a fait Molière.

« — Non, sire, il n'y a que lui qui ait fait quelque chose de bon en comédie. »

---

1. Cette lettre n'a paru que dans la dernière édition de *Port-Royal*, de Sainte-Beuve, t. VI, p. 260.
2. Il se trouve dans un manuscrit, *Recueil des Mémoires touchant les ouvrages de Boileau Despréaux*, appartenant à M. Feuillet de Conches. Il est d'autant plus utile de donner le fait, d'après Boileau lui-même, se l'attribuant en toute franchise, que d'ordinaire c'est à Racine qu'il est attribué, et qu'on va même jusqu'à dire, comme Saint-Simon, par exemple (t. II, p. 272), que sa disgrâce vint de là !

« Je n'allai pas comme un sot réparer ma bévue, et dire que Scarron avait fait quelques comédies passables. Le roi se botta, alla à la chasse ; les courtisans me reprochèrent ce que j'avais dit, et je ne leur fis que répondre que j'étais homme, et qu'il fallait bien qu'il échappât quelque chose de temps en temps à quoi l'on ne pensait point ».

C'est après de pareilles expéditions en cour qu'Auteuil devait lui être cher ! C'est après de tels faux pas qu'il devait se retrouver heureux sur le sol uni et sans ornières de ses fraîches allées.

Il avait la coquetterie de son jardin, les jours surtout où il s'égayait, se parait encore par quelque « embellie » de printemps : « Je serais bien aise, écrivait-il à M. de Lamoignon, que vous le vissiez dans tout son éclat, c'est-à-dire avec un soleil de mai ou de juin ». Il s'étonnait qu'on n'en fût pas comme lui émerveillé, épris : « Je suis bien fâché, écrivait-il à un autre ami [1], que vous ne soyez pas encore habitué à Auteuil, où *ipsi te fontes, ipsa hæc arbusta vocabant*, c'est-à-dire où mes deux puits et mes abricotiers vous appelaient ».

Il soignait lui-même ses espaliers, dont les pêchers étaient les plus beaux qu'on pût voir ; il répétait à Antoine les préceptes qu'il tenait de La Quintinie en personne, pour la greffe et pour l'émondage.

L'été venu, il faisait avec Antoine, sa servante et le petit laquais, la cueillette de ses fruits, dont les plus beaux, mis en de jolis paniers, étaient envoyés aux amis. Mme de Caylus en eut souvent sa part.

XVII

Racine, resté plus mondain, malgré sa dévotion, ne comprenait pas cette vie champêtre. Ce qui l'étonnait surtout, c'était de voir que Boileau n'était heureux que là, dans ce prétendu désert, où parfois, grâce à son hospitalité accessible, avenante pour tous, il y avait presque cohue d'amis ou de « connaissances » les plus mêlées et venues de partout.

« Il est heureux comme un roi, écrivait-il, dans sa solitude ou plutôt dans son hôtellerie d'Auteuil. Je l'appelle ainsi parce qu'il n'y a point de jour qu'il n'y ait quelque nouvel écot, et souvent deux ou trois qui ne se connaissent pas trop les uns les autres. Il est heureux de s'accommoder ainsi de tout le monde. Pour moi, j'aurais cent fois vendu la maison ».

Par ces visites, ces continuelles allées et venues de toutes sortes de gens chez lui, Boileau, dans son logis d'Auteuil, était au fait de ce qui se passait à Paris comme s'il eût été encore mêlé à sa vie, à son mouvement, à ses affaires. Il savait des premiers quels nouveaux livres avaient paru, quelles nouvelles fortunes s'étaient faites, mais plus souvent aussi quelles misères nouvelles étaient à secourir, et presque toujours, hélas ! dans le monde des lettres.

C'est là qu'il s'empressait avant tout. Sa charité pour ceux qui tâchaient de vivre de leur

---

[1]. Il n'a paru qu'un fragment de cette lettre dans le *Philologue* de Gail, t. VI, 116, et ce fragment n'a jamais été recueilli dans les *Œuvres*.

plume et ne faisaient qu'en mourir était inépuisable, et prenait toutes les formes. Quand Vuillart dit du « cher Despréaux », comme il l'appelle : « Il était fort naturel et fort sincère... droit d'esprit et de cœur, plein d'équité »; puis ajoute : « et généreux ami », il ne fait que répéter le plus vrai des éloges.

Ce n'est même pas seulement pour ses amis, mais pour des inconnus, qui plus est, pour des ennemis, qu'il se montrait généreux, secourable : « La vue d'un homme de lettres qui était dans le besoin, dit de Boze, lui faisait tant de peine qu'il ne pouvait s'empêcher de prêter de l'argent, même à Linière, qui souvent allait du même pas, au premier endroit du voisinage, faire une chanson contre son créancier ».

Il avait d'adorables délicatesses de bienfaisance. Il apprit un jour que le pauvre Cassandre ne recevait rien de son libraire parce que sa traduction de la *Poétique* d'Aristote ne se vendait pas. Elle était des plus faibles, et Boileau le savait mieux que personne. Eh bien ! par charité, il dit qu'elle était bonne, et même il l'imprima dans la préface de son *Longin*. Il n'en fallut pas davantage. Sur cette recommandation, la *Poétique* se vendit; le libraire paya Cassandre, qui cette fois encore ne mourut pas de faim. Ce ne fut que pour un temps, la misère revint; mais Boileau se trouva encore là avec un autre ami : « Sans Maucroix et Despréaux, écrivait Richelet [1], Cassandre serait à l'hôpital ».

On sait ce qu'il fit pour Corneille mourant. Il ne restait pas un écu chez le pauvre grand homme, et l'échéance de sa pension était encore bien loin. Boileau le sut, courut à Versailles, où d'ordinaire il n'allait qu'à contre-cœur et presque à reculons; il vit le roi, et revint avec la promesse que deux cents louis seraient envoyés au poëte : ce qui fut fait dès le soir même [2].

Pour Patru, que traquaient d'impitoyables créanciers, il y alla de sa propre bourse. Il lui racheta ses meubles et ses livres déjà saisis, et les lui laissa jusqu'à sa mort, en usufruit, par acte devant notaire.

Cette bonne action était connue [3], mais elle a gagné encore par la preuve qui en a été récemment découverte [4]. A l'inventaire dressé chez Patru, après sa mort, était annexée une pièce toute de sa main avec cette désignation : « Inventaire des livres et des meubles que M. Despréaux a achetés des créanciers de M. Patru, sa vie durant, par contrat ».

Cette pièce est datée du 7 janvier 1671, et Patru ne mourut que le 16 janvier 1681. Il put donc jouir pendant dix ans du bienfait de Boileau.

Où celui-ci n'avait pas à être secourable, il trouvait, tant le besoin de rendre service lui était naturel, le moyen d'être obligeant. Sans lui, La Fontaine n'eût peut-être pas tiré un écu de ses fables. C'est Boileau qui lui dénicha un libraire, et qui en obtint le plus d'argent qu'il put. Malheureusement ce fut peu de chose, et la bonne affaire qu'il voulait pour l'auteur se trouva avoir été faite pour le marchand.

1. *Les plus belles lettres françoises*, t. I, p. 226.
2. Niceron, *Mémoires de littérature*, t. XV, p. 365.
3. V. plus loin, p. 213, n° XV.
4. Jal, *Dictionnaire critique*, p. 945.

VIE DE BOILEAU.

C'était Thierry, qui d'abord cependant n'y voulait pas entendre : « Je l'en pressai, dit Boileau[1], et ce fut à ma considération qu'il donna quelque argent. Il y a gagné des sommes infinies ».

Pour Racine, il s'entremettait aussi surtout pendant ses absences; il faisait régler ses affaires par Dongois, et lui-même, faute de mieux, corrigeait les épreuves des nouvelles éditions de ses pièces, auxquelles par dévotion il lui répugnait de revenir.

XVIII

Ainsi Boileau passait sa vie, toujours bon, toujours serviable, toujours accessible aussi. Encore un peu, tant il l'avait su faire aisément et largement hospitalière, sa maison d'Auteuil eût été ouverte au public.

Il l'aimait. Suivant lui c'était le vrai, le seul maître, surtout pour les choses de l'esprit. Il n'y reconnaissait que sa loi.

Dans la préface de son édition de 1701, la dernière qu'il donna, il avait dit : « Qu'un ouvrage qui n'est pas du goût du public n'est jamais un bon ouvrage ». Un de ses amis, que nous retrouverons bien souvent plus loin avec ses commentaires, commentés par Boileau, l'abbé Guéton, mit en marge de son exemplaire : « Quoique cette pensée paraisse outrée, elle est pourtant vraie si par le public on entend les connaisseurs. — Et les non connaisseurs, » écrivit Boileau sous la note, d'un trait de plume vigoureux et convaincu.

C'était bien toute sa pensée. Il la développa un jour à Brossette à propos de cette même note de l'abbé Guéton : « Ce qu'on appelle le public, lui dit-il[2], est composé de ces deux sortes de gens-là, des connaisseurs et des non connaisseurs. Car il arrive souvent que les connaisseurs approuvent un ouvrage ou un endroit d'ouvrage qui n'est pas ensuite goûté, ni approuvé du public. Cela est arrivé quelquefois à Molière, à M. Racine et à moi. Nous étions persuadés que certaines scènes ou de certains traits feraient un grand effet sur le théâtre; et cependant ces mêmes endroits ne frappaient pas toujours le public. Nous étions pourtant connaisseurs. »

Ce n'est pas la première fois que Boileau affirmait sa pensée sur ce sujet. Nous en trouvons l'expression avec d'autres curieuses idées sur la critique dans une lettre à Racine de 1695, fort curieuse à lire sous tous les rapports, et dont nous allons publier tout le texte d'autant plus volontiers qu'elle ne figure dans aucune des éditions du poëte, même les plus complètes[3].

« Comme je n'avais point eu de vos nouvelles, Monsieur, je me suis engagé à une autre

---

1. Conversation de Boileau avec Marais, le 3 décembre 1703, d'après le *Recueil* manuscrit de M. Feuillet de Conches.
2. Cizeron Rival, *Récréations littéraires*, p. 94-95.
3. Elle ne se trouve que dans le *Recueil des lettres familières de Boileau et de Brossette*, t. III, p. 83.

partie que celle que vous m'avez proposée. Pour les épigrammes, il n'y a plus de mesures à garder, puisque, grâce à l'indiscrétion ou plutôt à l'envie de me faire valoir de notre illustre ami, elles sont maintenant dans les mains de tout le monde. D'ailleurs on n'y fait plus à présent que des critiques que je ne sens point, et qui sont par conséquent fort mauvaises. Car, à quoi je reconnais une bonne critique, c'est quand je la sens, et qu'elle m'attaque par l'endroit dont je me défais. C'est alors que je songe tout de bon à me corriger, regardant celui qui me l'a faite comme un excellent connaisseur et tel que le censeur que je propose dans mon *Art poétique*, en ces termes :

Faites choix d'un censeur[1], etc.

« Du reste, je m'inquiète peu de toutes ces frivoles objections, qui sont d'ordinaire contre les bons ouvrages naissants. Cela ne dure guère, et l'on est tout étonné souvent que l'endroit que l'on condamnait devînt le plus estimé. Cela est arrivé sur les deux vers de ma *Satire des Femmes* :

Et tous les lieux communs de morale lubrique
Que Lully réchauffa des sons de sa musique,

contre lesquels on se déchaîna d'abord, et qui passent aujourd'hui pour les meilleurs de la pièce. Il en arrivera de même, croyez-moi, du mot *lubricité*, dans mon épigramme sur le livre des *Flagellans*, car je ne crois pas avoir fait quatre vers plus sonores que ceux-ci :

Et ne saurait souffrir la fausse piété[2].....

« Cependant, M. de Termes[3] ne s'accommode pas, dites-vous, du mot de *lubricité*. Eh bien ! qu'il en cherche un autre. Mais moi, pourquoi ôterais-je un mot qui est dans tous les dictionnaires au rang des mots les plus usités ? Où en seroit-on, si l'on voulait contenter tout le monde ? *Quid dem? quid non dem? renuis tu quod jubet alter.*

« Tout le monde juge et personne ne sait juger. Il en est de même que de la manière de lire. Il n'y a personne qui ne croie lire admirablement, et il n'y a presque pas de bons lecteurs.

« Je suis votre très-humble serviteur,
« Despréaux.

« Paris, 1695. »

Cela nous a ramenés au Boileau sévère, au Boileau sérieux, qui n'était pas du tout le Boileau d'Auteuil.

Quand madame Racine y venait avec ses enfants, il ne se souvenait plus de son âge : il allait en leur vive et espiègle compagnie s'ébattre dans le bois, et, au retour, il se faisait encore leur camarade de jeux. Il jouait aux quilles ! Nous dirons plus, il y était joueur très-

---

1. Voy., plus loin, le chant I de l'*Art poétique*.
2. Voy., plus haut, p. 216, n° 38.
3. Voy. son éloge dans l'épître XI. — Il avait la primeur de toutes les œuvres de Boileau. Voy. une lettre de J.-B. Rousseau à Duché, du 19 novembre 1696.

adroit. « Je l'ai vu souvent, dit Louis Racine, abattre les neuf quilles d'un seul coup. « Il « faut avouer, disait-il alors, que j'ai deux grands talents aussi utiles l'un que l'autre à la « société, l'un de bien jouer aux quilles, l'autre de bien faire des vers. »

La partie finie, venait la collation, sous la tonnelle où les fameuses pêches d'Auteuil, le laitage préparé par Babet, faisaient si belle mine.

Parfois aussi, les délicieux jambons et les fromages exquis, expédiés de Lyon par l'ami Brossette, donnaient à ces repas impromptus certain air de succulence.

Boileau en renvoyait tout l'honneur au brave Lyonnais :

« Balzac seul, monsieur, lui écrivait-il un jour, pourrait égaler la grosseur de vos fromages par la hauteur de ses hyperboles. Il nous aurait dit que ces fromages avaient été faits du lait de la chèvre céleste ou de celui de la vache Io; que votre jambon était un membre détaché du sanglier d'Erymanthe, etc., etc. ».

Ainsi Boileau savait encore être gai, en action, en paroles et en écrits. L'air d'Auteuil lui était si bon, si salutaire !

S'il ne ranimait pas son corps, il ravivait au moins son esprit; il en entretenait la verdeur. Celui de Paris le tuait, au contraire.

Il fallut pourtant y revenir. Les infirmités l'y forcèrent. Pour suivre les consultations d'Helvétius, « le médecin hollandois, » pour se livrer aux expériences d'un art douteux, Boileau quitta l'air salubre qui seul faisait sa vie, qui était sa dernière garantie de santé.

Cette fois, il n'alla pas s'établir chez Dongois. La vie champêtre l'avait émancipé. Il s'y était déshabitué de toute dépendance, de toute servitude domestique. Il fit ménage à part.

XIX

Le cloître Notre-Dame, qui avait remplacé dans ses préférences casanières sa chère cour du Palais, fut encore le coin solitaire et béni où il se retira; mais non plus toutefois dans le même logis, chez le même hôte qu'auparavant. Il quitta la maison de l'abbé Dreux pour celle de son ami l'abbé Lenoir, qui était mieux située et dans un air meilleur.

C'est en 1699, bien peu de temps après avoir perdu le plus ancien, le plus fidèle de ses amis, Racine, qu'il prit le parti de ce déplacement, qu'il alla s'installer dans ce logis nouveau que l'amitié, hélas! ne viendrait pas charmer.

Le 9 juillet, il était aux prises avec l'embarras de ses meubles.

« Il est, écrit Vuillart, occupé d'un déménagement. Il quitte le logis du cloître Notre-Dame, où il était près du puits, pour un autre qui a vue sur le jardin du Terrain. »

Son embarras ne dura guère : ses meubles n'étaient pas très-encombrants, et il ne fallait pas grands soins pour les transporter. Il en avait assez peu, et tous étaient anciens, du temps au moins de sa grand'mère. Le luxe de son père, quand il était des « cent gentilshommes du Roy », semblait s'y retrouver.

Lui-même les a décrits dans une déclaration qu'il dut, comme tout le monde, faire à un certain moment, devant le commissaire :

« Je déclare, pour satisfaire à l'ordonnance du Roy, que j'ay un lict à pentes de velours rouge galonné et passementé d'argent, et dont les rideaux sont de toiles d'or, tout cela très-antique, aussi bien que les six chaizes qui en sont l'accompagnement, et qui sont aussi galonnées de la même manière.

« Je déclare qu'outre cela, j'ay encore un canapé et deux fauteuils de brocart d'or, moins vieux que le lict, mais pourtant très-anciens, et dont les bois sont dorés.

« Boileau-Despréaux [1]. »

Pour savoir quel était le logis où Boileau se transportait avec ce mobilier antique et où il devait mourir, nous sommes forcés de nous en tenir à la prosaïque description que le notaire Arouet [2] en dressa dans les premières lignes du testament de Boileau. Or, que nous apprend la prose du tabellion? que la chambre du vieux poëte était au premier étage et prenait jour sur une terrasse qui donnait elle-même sur l'eau.

C'est là, dans une alcôve, qui ne rappelait guère celle où il endormit le prélat du Lutrin, que Despréaux languit les dernières années de sa vie, ayant à peine, vers la fin, assez de force pour se traîner jusqu'à la terrasse voisine, où il se ranimait un peu aux brises de la Seine : « La vieillesse m'accable de tous côtés, écrit-il à Brossette, le 7 janvier 1709 : l'ouïe me manque, ma vue s'éteint ; je n'ai plus de jambes, je ne saurais plus monter ni descendre qu'appuyé sur le bras d'autrui ; enfin, je ne suis plus rien de ce que j'étais, et, pour comble de misère, il me reste un malheureux souvenir de ce que j'ai été ».

Il n'avait plus assez de force pour quitter Paris à l'approche du printemps et s'en aller encore respirer ce bon air d'Auteuil qu'il avait tant aimé. Il dut renoncer à sa chère retraite, même pour des haltes d'un jour ou deux.

C'est alors qu'un de ses amis, le financier Leverrier, enthousiaste de tout ce qu'il avait fait, curieux de tout ce qui lui avait appartenu, eut la cruauté d'abuser de l'état où il le voyait et de la bonté qu'il lui avait toujours connue : il lui demanda sa maison, et, après un premier refus, il fut assez impitoyable dans son caprice pour insister. Boileau résista encore, mais, à la troisième prière, il céda.

Leurré par les belles paroles de M. Leverrier, qui lui disait : « Vous serez toûjours maître à Auteuil, je veux même que vous y gardiez votre chambre »; il vendit sa chère maison. Mais il en eut la mort dans l'âme. Une fois dépossédé, il se prit à l'aimer plus que lorsqu'il y était maître.

Un jour, n'y tenant plus, il voulut la revoir. Il prit le coche d'Auteuil, et, le cœur tout palpitant, mit pied à terre devant sa porte.

---

1. Ce curieux billet, qui se trouve dans les papiers du commissaire Delamarre à la Bibliothèque, n'a été publié que dans la *Revue contemporaine*, 30 novembre 1856, p. 311.

2. C'est, en effet, le père de Voltaire qui était notaire de Boileau, son ancien voisin, et qui rédigea l'acte de ses dernières volontés. Voy. Desnoiresterres, la *Jeunesse de Voltaire*, p. 13.

Quand il a franchi le seuil, que voit-il? Tout est changé, tout est remué; le berceau même qu'il aimait tant a disparu. Il appelle Antoine :

« Qu'est devenu mon berceau? lui dit-il.

— Je l'ai abattu par ordre de M. Leverrier », répondit-il les larmes aux yeux.

Ce fut la dernière sortie du pauvre vieux poëte. Il languit encore quelque temps, et enfin, au mois de mars 1711, une hydropisie de poitrine qui s'était jointe à ses autres infirmités l'enleva.

On l'enterra à la Sainte-Chapelle, sa paroisse natale et le champ clos des héros de son épopée du *Lutrin*.

Il l'avait voulu ainsi dans son testament. Quand on exécuta cette dernière volonté, il se trouva que, par un jeu singulier du hasard, sa tombe fut placée juste au-dessous de ce lutrin qu'il avait si comiquement chanté.

Ses héritiers, les Dongois en tête, se partagèrent sa fortune suivant les parts que le testament avait faites à chacun.

Les deux fidèles serviteurs, Jean Benoît et Babet, qui n'avaient pas quitté le poëte à ses derniers moments, furent aussi appelés au partage de l'héritage. Benoît eut les habits de son maître avec 6,000 liv., et Babet 4,000 liv.

Comme c'était une dot assez rondelette, l'idée leur vint de se marier, pour ne faire qu'un seul lot de leurs deux parts; ou, plutôt encore, le désir qu'ils en avaient depuis longtemps ne fit que s'émanciper à la mort du maître. Lorsque ce grand ennemi du mariage ne fut plus là pour leur imposer son célibat systématique, ils se sentirent libres et en profitèrent.

Quant au jardinier Antoine, le plus célèbre et le moins récompensé de ses vieux serviteurs, il servit longtemps encore tous les maîtres qui se succédèrent dans la maison d'Auteuil.

Il avait quatre-vingt-quinze ans[1] lorsqu'il mourut, le 3 octobre 1749, sans avoir cessé un jour de vanter les bontés de M. Boileau. Il pleurait rien qu'à prononcer son nom, et il s'indignait bien fort, lorsqu'on prétendait devant lui que cet excellent homme avait fait métier de médire en vers pendant presque tout le temps de sa vie.

ÉDOUARD FOURNIER.

1. Catalogue manuscrit de la Bibliothèque de l'abbé Goujet, t. III, p. 533.

PRÉFACES DE BOILEAU

I. PRÉFACE

POUR LES ÉDITIONS DE 1666 A 1674

LE LIBRAIRE AU LECTEUR

Ces satires, dont on fait part au public, n'auraient jamais couru le hasard de l'impression, si l'on eût laissé faire leur auteur. Quelques applaudissements qu'un assez grand nombre de personnes amoureuses de ces sortes d'ouvrages ait donnés aux siens, sa modestie lui persuadait que, de les faire imprimer, ce serait augmenter le nombre des méchants livres, qu'il blâme en tant de rencontres, et se rendre par là digne lui-même, en quelque façon, d'avoir place dans ses satires. C'est ce qui lui a fait souffrir fort longtemps, avec une patience qui tient quelque chose de l'héroïque dans un auteur, les mauvaises copies qui ont couru de ses ouvrages, sans être tenté pour cela de les faire mettre sous la presse. Mais enfin toute sa constance l'a abandonné à la vue de cette monstrueuse édition [1] qui en a paru depuis peu. Sa tendresse de père s'est réveillée à l'aspect de ses enfants ainsi défigurés et mis en pièces, surtout lorsqu'il les a vus accompagnés de cette prose fade et insipide que tout le sel de ses vers ne pourrait pas relever : je veux dire de ce JUGEMENT SUR LES SCIENCES [2], qu'on a cousu si peu judicieusement à la fin de son livre. Il a eu peur que ses satires n'achevassent de se gâter en une si méchante compagnie : et il a cru enfin que, puisqu'un ouvrage, tôt ou tard, doit passer par les mains de l'imprimeur, il valait mieux subir le joug de bonne grâce, et faire de lui-même ce qu'on avait déjà fait malgré lui. Joint que ce galant homme, qui a pris le soin de la première édition, y a mêlé les noms de quelques personnes que l'auteur honore, et devant qui il est bien aise de se justifier. Toutes ces considérations, dis-je, l'ont obligé à me confier les véritables originaux de ses pièces, augmentées encore de deux autres [1], pour lesquelles il appréhendait le même sort. Mais en même temps il m'a laissé la charge de faire ses excuses aux auteurs qui pourront être choqués de la liberté qu'il s'est donnée de parler de leurs ouvrages en quelques endroits de ses écrits. Il les prie donc de considérer que le Parnasse fut de tout temps un pays de liberté ; que le plus habile y est tous les jours exposé à la censure du plus ignorant ; que le sentiment d'un seul homme ne fait point de loi ; et qu'au pis aller, s'ils se persuadent qu'il ait fait du tort à leurs ouvrages, ils s'en peuvent venger sur les siens, dont il leur abandonne jusqu'aux points et aux virgules. Que si cela ne les satisfait pas encore, il leur conseille d'avoir recours à cette bienheureuse tranquillité des grands hommes comme eux, qui ne manquent jamais de se consoler d'une semblable disgrâce par quelque exemple fameux, pris des plus célèbres auteurs de l'antiquité, dont ils se font l'application tout seuls. En un mot, il les supplie de faire réflexion que, si leurs ouvrages sont mauvais, ils méritent d'être censurés ; et que, s'ils sont bons, tout ce

---

1. Publiée à Rouen en 1665.
2. Petit discours de Saint-Évremont, qui se trouve joint aux œuvres de Despréaux dans l'édition de 1665.

---

1. Les satires III et V, qui paraissaient alors pour la première fois.

qu'on dira contre eux ne les fera pas trouver mauvais. Au reste, comme la malignité de ses ennemis s'efforce depuis peu de donner un sens coupable à ses pensées même les plus innocentes, il prie les honnêtes gens de ne se pas laisser surprendre aux subtilités raffinées de ces petits esprits qui ne savent se venger que par des voies lâches, et qui lui veulent souvent faire un crime affreux d'une élégance poétique.

J'ai charge encore d'avertir ceux qui voudront faire des satires contre les satires, de ne se point cacher. Je leur réponds que l'auteur ne les citera point devant d'autre tribunal que celui des Muses : parce que, si ce sont des injures grossières, les beurrières lui en feront raison ; et, si c'est une raillerie délicate, il n'est pas assez ignorant dans les lois pour ne pas savoir qu'il doit porter la peine du talion. Qu'ils écrivent donc librement : comme ils contribueront sans doute à rendre l'auteur plus illustre, ils feront le profit du libraire ; et cela me regarde. Quelque intérêt pourtant que j'y trouve, je leur conseille d'attendre quelque temps, et de laisser mûrir leur mauvaise humeur. On ne fait rien qui vaille dans la colère. Vous avez beau vomir des injures sales et odieuses, cela marque la bassesse de votre âme, sans rabaisser la gloire de celui que vous attaquez ; et le lecteur qui est de sang-froid n'épouse point les sottes passions d'un rimeur emporté. Il y aurait aussi plusieurs choses à dire touchant le reproche qu'on fait à l'auteur d'avoir pris ses pensées dans Juvénal et dans Horace : mais, tout bien considéré, il trouve l'objection si honorable pour lui, qu'il croirait se faire tort d'y répondre.

II. PRÉFACE

POUR L'ÉDITION DE 1674, IN-4

AU LECTEUR

J'avais médité une assez longue préface, où, suivant la coutume reçue parmi les écrivains de ce temps, j'espérais rendre un compte fort exact de mes ouvrages, et justifier les libertés que j'y ai prises ; mais, depuis, j'ai fait réflexion que ces sortes d'avant-propos ne servaient ordinairement qu'à mettre en jour la vanité de l'auteur, et, au lieu d'excuser ses fautes, fournissaient souvent de nouvelles armes contre lui. D'ailleurs je ne crois pas mes ouvrages assez bons pour mériter des éloges, ni assez criminels pour avoir besoin d'apologie. Je ne me louerai donc ici, ni ne me justifierai de rien. Le lecteur saura seulement que je lui donne une édition de mes satires plus correcte que les précédentes, deux épîtres nouvelles[1], l'*Art poétique* en vers, et quatre chants du *Lutrin*[2]. J'y ai ajouté aussi la traduction du *Traité* que le rhéteur Longin a composé *du Sublime ou du merveilleux dans le discours*. J'ai fait originairement cette traduction pour m'instruire, plutôt que dans le dessein de la donner au public ; mais j'ai cru qu'on ne serait pas fâché de la voir ici à la suite de la Poétique, avec laquelle ce traité a quelque rapport, et où j'ai même inséré plusieurs préceptes qui en sont tirés. J'avais dessein d'y joindre aussi quelques dialogues en prose que j'ai composés ; mais des considérations particulières m'en ont empêché. J'espère en donner quelque jour un volume à part. Voilà tout ce que j'ai à dire au lecteur. Encore ne sais-je si je ne lui en ai point déjà trop dit, et si, en ce peu de paroles, je ne suis point tombé dans le défaut que je voulais éviter.

III. PRÉFACE

POUR L'ÉDITION DE 1674, IN-12

AU LECTEUR

Je m'imagine que le public me fait la justice de croire que je n'aurais pas beaucoup de peine à répondre aux livres qu'on a publiés contre moi ; mais j'ai naturellement une espèce d'aversion pour ces longues apologies qui se font en faveur de bagatelles aussi bagatelles que sont mes ouvrages. Et d'ailleurs ayant attaqué, comme j'ai fait, de gaieté de cœur, plusieurs écrivains célèbres, je serais bien injuste si je trouvais mauvais qu'on m'attaquât à mon tour. Ajoutez que, si les objections qu'on me fait sont bonnes, il est raisonnable qu'elles passent pour telles ; et, si elles sont mauvaises, il se trouvera assez de lecteurs sensés pour redresser les petits esprits qui s'en pourraient laisser surprendre. Je ne répondrai donc rien à tout ce

---

1. Les épîtres II et III.
2. Les deux derniers ne parurent qu'en 1683.

qu'on a dit, ni à tout ce qu'on a écrit contre moi; et, si je n'ai pas donné aux auteurs de bonnes règles de poésie, j'espère leur donner par là une leçon assez belle de modération. Bien loin de leur rendre injures pour injures, ils trouveront bon que je les remercie ici du soin qu'ils prennent de publier que ma Poétique est une traduction de la Poétique d'Horace; car, puisque dans mon ouvrage, qui est d'onze cents vers, il n'y en a pas plus de cinquante ou soixante tout au plus imités d'Horace, ils ne peuvent pas faire un plus bel éloge du reste qu'en le supposant traduit de ce grand poëte, et je m'étonne après cela qu'ils osent combattre les règles que j'y débite. Pour Vida[2], dont ils m'accusent d'avoir pris aussi quelque chose, mes amis savent bien que je ne l'ai jamais lu, et j'en puis faire tel serment qu'on voudra, sans craindre de blesser ma conscience.

IV. PRÉFACE

POUR LES ÉDITIONS DE 1683 ET 1694

Voici une édition de mes ouvrages beaucoup plus exacte que les précédentes, qui ont toutes été assez peu correctes. J'y ai joint cinq épîtres nouvelles[3] que j'avais composées longtemps avant que d'être engagé dans le glorieux emploi[3] qui m'a tiré du métier de la poésie. Elles sont du même style que mes autres écrits, et j'ose me flatter qu'elles ne leur feront point de tort : mais c'est au lecteur à en juger, et je n'emploierai point ici ma préface, non plus que dans mes autres éditions, à le gagner par des flatteries, ou à le prévenir par des raisons dont il doit s'aviser de lui-même. Je me contenterai de l'avertir d'une chose dont il est bon qu'on soit instruit : c'est qu'en attaquant dans mes satires les défauts de quantité d'écrivains de notre siècle, je n'ai pas prétendu pour cela ôter à ces écrivains le mérite et les bonnes qualités qu'ils peuvent avoir d'ailleurs. Je n'ai pas prétendu, dis-je, que Chapelain, par exemple, quoique assez méchant poëte, n'ait pas fait autrefois, je ne sais comment, une assez belle ode[4]; et qu'il n'y ait point d'esprit ni d'agrément dans les ouvrages de M. Quinault, quoique éloignés de la perfection de Virgile. J'ajouterai même, sur ce dernier, que, dans le temps où j'écrivis contre lui, nous étions tous deux fort jeunes, et qu'il n'avait pas fait alors beaucoup d'ouvrages[1] qui lui ont dans la suite acquis une juste réputation. Je veux bien aussi avouer qu'il y a du génie dans les écrits de Saint-Amant, de Brébœuf, de Scudéri, et de plusieurs autres que j'ai critiqués, et qui sont en effet d'ailleurs, aussi bien que moi, très-dignes de critique. En un mot, avec la même sincérité que j'ai raillé ce qu'ils ont de blâmable, je suis prêt à convenir de ce qu'ils peuvent avoir d'excellent. Voilà, ce me semble, leur rendre justice, et faire bien voir que ce n'est point un esprit d'envie et de médisance qui m'a fait écrire contre eux.

Pour revenir à mon édition, outre mon remercîment à l'Académie et quelques épigrammes que j'y ai jointes, j'ai aussi ajouté au poëme du Lutrin deux chants nouveaux qui en font la conclusion. Ils ne sont pas, à mon avis, plus mauvais que les quatre autres chants, et je me persuade qu'ils consoleront aisément les lecteurs de quelques vers que j'ai retranchés à l'épisode de l'Horlogère[2], qui m'avait toujours paru un peu trop long. Il serait inutile maintenant, etc.[3].

AVERTISSEMENT

PLACÉ DANS L'ÉDITION DE 1694

A LA SUITE DE LA PRÉFACE

AU LECTEUR

J'ai laissé ici la même préface qui était dans les deux éditions précédentes, à cause de la justice que j'y rends à beaucoup d'auteurs que j'ai attaqués. Je croyais avoir assez fait connaître, par cette démarche, où personne ne m'obligeait, que ce n'est point un esprit de ma-

---

1. Marc-Jérôme Vida, né à Crémone en 1470, a composé un *Art poétique* en vers latins. Il mourut évêque d'Albe en 1566.
2. Les épîtres v, vi, vii, viii et ix.
3. Boileau et Racine avaient été nommés historiographes du roi en 1677.
4. Adressée au cardinal de Richelieu.

1. Quinault n'était encore connu que par quelques mauvaises tragédies, lorsque Boileau le nomma dans ses satires.
2. Dans toutes les éditions antérieures à celle de 1701, l'héroïne du chant ii du *Lutrin* était une horlogère; Boileau y substitua plus tard une perruquière.
3. Boileau mit depuis le reste de cette préface devant *le Lutrin*.

lignité qui m'a fait écrire contre ces auteurs, et que j'ai été plutôt sincère à leur égard que médisant. M. Perrault, néanmoins, n'en a pas jugé de la sorte. Ce galant homme, au bout de près de vingt-cinq ans qu'il y a que mes satires ont été imprimées la première fois, est venu tout à coup, et dans le temps qu'il se disait de mes amis, réveiller des querelles entièrement oubliées, et me faire sur mes ouvrages un procès que mes ennemis ne me faisaient plus. Il a compté pour rien les bonnes raisons que j'ai mises en rimes pour montrer qu'il n'y a point de médisance à se moquer des méchants écrits; et, sans prendre la peine de réfuter ces raisons, a jugé à propos de me traiter dans un livre[1], en termes assez peu obscurs, de médisant, d'envieux, de calomniateur, d'homme qui n'a songé qu'à établir sa réputation sur la ruine de celle des autres. Et cela fondé principalement sur ce que j'ai dit, dans mes satires, que Chapelain avait fait des vers durs, et qu'on était à l'aise aux sermons de l'abbé Cotin.

Ce sont, en effet, les deux grands crimes qu'il me reproche, jusqu'à vouloir me faire comprendre que je ne dois jamais espérer de rémission du mal que j'ai causé, en donnant par là occasion à la postérité de croire que, sous le règne de Louis le Grand, il y a eu en France un poëte ennuyeux et un prédicateur assez peu suivi. Le plaisant de l'affaire est que, dans le livre qu'il fait pour justifier notre siècle de cette étrange calomnie, il avoue lui-même que Chapelain est un poëte très-peu divertissant, et si dur dans ses expressions, qu'il n'est pas possible de le lire. Il ne convient pas ainsi du désert qui était aux prédications de l'abbé Cotin. Au contraire, il assure qu'il a été fort pressé à un des sermons de cet abbé; mais en même temps il nous apprend cette jolie particularité de la vie d'un si grand prédicateur, que sans ce sermon, où heureusement quelques-uns de ses juges se trouvèrent, la justice, sur la requête de ses parents, lui allait donner un curateur comme à un imbécile. C'est ainsi que M. Perrault sait défendre ses amis, et mettre en usage les leçons de cette belle rhétorique moderne inconnue aux anciens, où vraisemblablement il a appris à dire ce qu'il ne faut point dire. Mais je parle assez de la justesse d'esprit de M. Perrault dans mes Réflexions critiques sur Longin, et il est bon d'y renvoyer les lecteurs.

1. Le *Parallèle des anciens et des modernes*.

Tout ce que j'ai ici à leur dire, c'est que je leur donne dans cette nouvelle édition, outre mes anciens ouvrages exactement revus, ma *Satire contre les femmes*, l'*Ode sur Namur*, quelques *Épigrammes*, et mes *Réflexions critiques sur Longin*. Ces réflexions, que j'ai composées à l'occasion des *Dialogues* de M. Perrault, se sont multipliées sous ma main beaucoup plus que je ne croyais, et sont cause que j'ai divisé mon livre en deux volumes. J'ai mis à la fin du second volume les traductions latines qu'ont faites de mon ode les deux plus célèbres professeurs en éloquence de l'Université : je veux dire M. Lenglet et M. Rollin. Ces traductions ont été généralement admirées, et ils m'ont fait en cela tous deux d'autant plus d'honneur, qu'ils savent bien que c'est la seule lecture de mon ouvrage qui les a excités à entreprendre ce travail. J'ai aussi joint à ces traductions quatre épigrammes latines que le révérend père Fraguier[1], jésuite, a faites contre le Zoïle moderne. Il y en a deux qui sont imitées d'une des miennes. On ne peut rien voir de plus poli ni de plus élégant que ces quatre épigrammes, et il semble que Catulle y soit ressuscité pour venger Catulle : j'espère donc que le public me saura quelque gré du présent que je lui en fais.

Au reste, dans le temps que cette nouvelle édition de mes ouvrages allait voir le jour, le révérend père de la Landelle[2], autre célèbre jésuite, m'a apporté une traduction latine qu'il a aussi faite de mon ode, et cette traduction m'a paru si belle, que je n'ai pu résister à la tentation d'en enrichir encore mon livre, où on la trouvera avec les deux autres.

V. PRÉFACE
POUR L'ÉDITION DE 1701 [3]

Comme c'est ici vraisemblablement la dernière édition de mes ouvrages que je reverrai,

1. Claude-François Fraguier, de l'Académie des belles-lettres et de l'Académie française, mort le 13 mai 1728.
2. Connu depuis sous le nom de Saint-Remi.
3. On trouva parmi les papiers de Boileau, à sa mort, un grand nombre de *notes manuscrites* d'un de ses amis, l'abbé Guéton, écrites à la suite de cette préface de 1701, en vue sans doute d'une nouvelle édition. Boileau les avait lui-même revues et corrigées par des annotations nouvelles, que nous reproduisons, chacune à sa place, ce que n'a pas fait Laverdet, lorsqu'il les donna pour la première fois à la suite de la *Correspondance entre Boileau Despréaux et Brossette*, 1858, in-8, p. 470-498. (ED. F.)

et qu'il n'y a pas d'apparence qu'âgé comme je suis de plus de soixante-trois ans, et accablé de beaucoup d'infirmités, ma course puisse être encore fort longue, le public trouvera bon que je prenne congé de lui dans les formes, et que je le remercie de la bonté qu'il a eue d'acheter tant de fois des ouvrages si peu dignes de son admiration. Je ne saurais attribuer un si heureux succès qu'au soin que j'ai pris de me conformer toujours à ses sentiments, et d'attraper, autant qu'il m'a été possible, son goût en toutes choses. C'est effectivement à quoi il me semble que les écrivains ne sauraient trop s'étudier. Un ouvrage a beau être approuvé d'un petit nombre de connaisseurs, s'il n'est plein d'un certain agrément et d'un certain sel propre à piquer le goût général des hommes, il ne passera jamais pour un bon ouvrage, et il faudra à la fin que les connaisseurs eux-mêmes avouent qu'ils se sont trompés en lui donnant leur approbation.

Que si on me demande ce que c'est que cet agrément et ce sel, je répondrai que c'est un je ne sais quoi qu'on peut beaucoup mieux sentir que dire. A mon avis, néanmoins, il consiste principalement à ne jamais présenter au lecteur que des pensées vraies et des expressions justes. L'esprit de l'homme est naturellement plein d'un nombre infini d'idées confuses du vrai, que souvent il n'entrevoit qu'à demi; et rien ne lui est plus agréable que lorsqu'on lui offre quelqu'une de ces idées bien éclaircie et mise dans un beau jour. Qu'est-ce qu'une pensée neuve, brillante, extraordinaire? Ce n'est point, comme se le persuadent les ignorants, une pensée que personne n'a jamais eue, ni dû avoir: c'est, au contraire, une pensée qui a dû venir à tout le monde, et que quelqu'un s'avise le premier d'exprimer. Un bon mot n'est bon mot qu'en ce qu'il dit une chose que chacun pensait, et qu'il la dit d'une manière vive, fine et nouvelle. Considérons, par exemple, cette réplique si fameuse de Louis douzième à ceux de ses ministres qui lui conseillaient de faire punir plusieurs personnes qui, sous le règne précédent, et lorsqu'il n'était encore que duc d'Orléans, avaient pris à tâche de le desservir. « Un « roi de France, leur répondit-il, ne venge point « les injures d'un duc d'Orléans. » D'où vient que ce mot frappe d'abord? N'est-il pas aisé de voir que c'est parce qu'il présente aux yeux une vérité que tout le monde sent, et qu'il dit mieux que tous les plus beaux discours de morale, « qu'un grand prince, lorsqu'il est une « fois sur le trône, ne doit plus agir par des « mouvements particuliers, ni avoir d'autre vue « que la gloire et le bien général de son État? »

Veut-on voir, au contraire, combien une pensée fausse est froide et puérile? Je ne saurais rapporter un exemple qui le fasse mieux sentir que deux vers du poëte Théophile, dans sa tragédie intitulée *Pyrame et Thisbé*, lorsque cette malheureuse amante ayant ramassé le poignard encore tout sanglant dont Pyrame s'était tué, elle querelle ainsi ce poignard :

Ah! voici le poignard qui du sang de son maître
S'est souillé lâchement. Il en rougit, le traître !
Acte v, scène dernière.

Toutes les glaces du Nord ensemble ne sont pas, à mon sens, plus froides que cette pensée. Quelle extravagance, bon Dieu! de vouloir que la rougeur du sang dont est teint le poignard d'un homme qui vient de s'en tuer lui-même soit un effet de la honte qu'a ce poignard de l'avoir tué! Voici encore une pensée qui n'est pas moins fausse, ni par conséquent moins froide. Elle est de Benserade, dans ses Métamorphoses en rondeaux, où, parlant du déluge envoyé par les dieux pour châtier l'insolence de l'homme, il s'exprime ainsi:

Dieu lava bien la tête à son image.

Peut-on, à propos d'une si grande chose que le déluge, dire rien de plus petit ni de plus ridicule que ce quolibet, dont la pensée est d'autant plus fausse en toutes manières, que le dieu dont il s'agit en cet endroit c'est Jupiter, qui n'a jamais passé chez les païens pour avoir fait l'homme à son image, l'homme dans la Fable étant, comme tout le monde sait, l'ouvrage de Prométhée?

Puisque une pensée n'est belle qu'en ce qu'elle est vraie, et que l'effet infaillible du vrai, quand il est bien énoncé, c'est de frapper les hommes, il s'ensuit que ce qui ne frappe point les hommes n'est ni beau ni vrai, ou qu'il est mal énoncé, et que, par conséquent, un ouvrage qui n'est point goûté du public est un très-méchant ouvrage. Le gros des hommes peut bien, durant quelque temps, prendre le faux pour le vrai, et admirer de méchantes choses; mais il n'est pas possible qu'à la longue une bonne chose ne lui plaise; et je défie tous les auteurs les plus mécontents du public de citer un bon livre que le public ait jamais rebuté, à moins qu'ils ne mettent en ce rang leurs écrits, de la bonté desquels eux seuls sont persuadés. J'avoue néanmoins, et on ne le saurait nier, que, quelquefois, lorsque d'excellents ouvrages viennent à paraître, la cabale et l'envie trouvent moyen de les rabaisser et d'en rendre en apparence le succès douteux : mais cela ne dure guère ; et il en arrive de ces ouvrages comme d'un morceau de bois qu'on enfonce dans l'eau avec la main : il demeure au fond tant qu'on l'y retient ; mais bientôt, la main venant à se lasser, il se relève et gagne le dessus. Je pourrais dire un nombre infini de pareilles choses sur ce sujet, et ce serait la matière d'un gros livre : mais en voilà assez, ce me semble, pour marquer au public ma reconnaissance et la bonne idée que j'ai de son goût et de ses jugements.

Parlons maintenant de mon édition nouvelle. C'est la plus correcte qui ait encore paru : et non-seulement je l'ai revue avec beaucoup de soin, mais j'y ai retouché de nouveau plusieurs endroits de mes ouvrages ; car je ne suis point de ces auteurs fuyant la peine, qui ne se croient plus obligés de rien raccommoder à leurs écrits, dès qu'ils les ont une fois donnés au public. Ils allèguent, pour excuser leur paresse, qu'ils auraient peur, en les remaniant, de les affaiblir, et de leur ôter cet air libre et facile qui fait, disent-ils, un des plus grands charmes du discours : mais leur excuse, à mon avis, est très-mauvaise. Ce sont les ouvrages faits à la hâte et, comme on dit, au courant de la plume, qui sont ordinairement secs, durs et forcés. Un ouvrage ne doit point paraître trop travaillé, mais il ne saurait être trop travaillé ; et c'est souvent le travail même qui, en le polissant, lui donne cette facilité tant vantée qui charme le lecteur. Il y a bien de la différence entre des vers faciles et des vers facilement faits. Les écrits de Virgile, quoique extraordinairement travaillés, sont bien plus naturels que ceux de Lucain, qui écrivait, dit-on, avec une rapidité prodigieuse. C'est ordinairement la peine que s'est donnée un auteur à limer et à perfectionner ses écrits qui fait que le lecteur n'a point de peine en les lisant. Voiture, qui paraît aisé, travaillait extrêmement ses ouvrages. On ne voit que des gens qui font aisément des choses médiocres ; mais des gens qui en fassent même difficilement de fort bonnes, on en trouve très-peu.

Je n'ai donc point de regret d'avoir encore employé quelques-unes de mes veilles à rectifier mes écrits dans cette nouvelle édition, qui est, pour ainsi dire, mon édition favorite : aussi y ai-je mis mon nom, que je m'étais abstenu de mettre à toutes les autres. J'en avais ainsi usé par pure modestie ; mais aujourd'hui que mes ouvrages sont entre les mains de tout le monde, il m'a paru que cette modestie pourrait avoir quelque chose d'affecté. D'ailleurs j'ai été bien aise, en le mettant à la tête de mon livre, de faire voir par là quels sont précisément les ouvrages que j'avoue, et d'arrêter, s'il est possible, le cours d'un nombre infini de méchantes pièces qu'on répand partout sous mon nom, et principalement dans les provinces et dans les pays étrangers. J'ai même, pour mieux prévenir cet inconvénient, fait mettre au commencement de ce volume une liste exacte et détaillée de tous mes écrits ; et on la trouvera immédiatement après cette préface. Voilà de quoi il est bon que le lecteur soit instruit.

Il ne reste plus présentement qu'à lui dire quels sont les ouvrages dont j'ai augmenté ce volume. Le plus considérable est une onzième satire que j'ai tout récemment composée, et qu'on trouvera à la suite des dix précédentes. Elle est adressée à M. de Valincour, mon illustre associé à l'histoire. J'y traite du vrai et du faux honneur ; et je l'ai composée avec le même soin que tous mes autres écrits. Je ne saurais pourtant dire si elle est bonne ou mauvaise ; car je ne l'ai encore communiquée qu'à deux ou trois de mes plus intimes amis, à qui même je n'ai fait que la réciter fort vite, dans la peur qu'il ne lui arrivât ce qui est arrivé à quelques autres de mes pièces, que j'ai vues devenir publiques avant même que je le eusse mises sur le papier ; plusieurs personnes à qui je les avais dites plus d'une fois les ayant retenues par cœur et en ayant donné des copies. C'est donc au public à m'apprendre ce que je dois penser de cet ouvrage, ainsi que de plusieurs autres petites pièces de poésie qu'on trouvera dans cette nouvelle édition, et qu'on y a mêlées parmi les épigrammes qui y étaient déjà. Ce sont toutes bagatelles que j'ai la plupart composées dans ma première jeunesse, mais que j'ai un peu rajustées pour les rendre plus supportables au lecteur. J'y ai fait aussi ajouter deux nouvelles lettres ; l'une que j'écrivis à M. Perrault, et où je badine avec lui sur notre démêlé poétique, presque aussitôt éteint qu'allumé ; l'autre est un remercîment à monsieur le comte d'Éricéyra, au sujet de la Traduction de mon Art poétique faite par lui en vers portugais, qu'il a eu la bonté de m'envoyer de Lisbonne, avec une lettre et des vers français de sa composition, où il me donne des louanges très-délicates, et auxquelles il ne manque que d'être appliquées à un meilleur sujet. J'aurais bien voulu pouvoir m'acquitter de la parole que je lui donne à la fin de ce remerciment, de faire imprimer cette excellente traduction à la suite de mes poésies ; mais malheureusement un de mes amis[1], à qui je l'avais prêtée, m'en a égaré le premier chant ; et j'ai eu la mauvaise honte de n'oser récrire à Lisbonne pour en avoir une autre copie. Ce sont là à peu près tous les ouvrages de ma façon, bons ou méchants, dont on trouvera ici mon livre augmenté. Mais une chose qui sera sûrement agréable au public, c'est le présent que je lui fais, dans ce même livre, de la lettre que le célèbre M. Arnauld a écrite à M. Perrault à propos de ma dixième satire, et où, comme je l'ai dit dans l'Épître à mes vers, il fait en quelque sorte mon apologie. J'ai mis cette lettre la dernière de tout le volume, afin qu'on la trouvât plus aisément. Je ne doute point que beaucoup de gens ne m'accusent de témérité d'avoir osé associer à mes écrits l'ouvrage d'un si excellent homme, et j'avoue que leur accusation est bien fondée ; mais le moyen de résister à la tentation de montrer à toute la terre, comme je le montre en effet par l'impression de cette lettre, que ce grand personnage me faisait l'honneur de m'estimer, et avait la bonté *meas esse aliquid putare nugas !*

Au reste, comme, malgré une apologie si authentique, et malgré les bonnes raisons que j'ai vingt fois alléguées en vers et en prose, il y a encore des gens qui traitent de médisance les railleries que j'ai faites de quantité d'auteurs modernes, et qui publient qu'en attaquant les défauts de ces auteurs je n'ai pas rendu justice à leurs bonnes qualités, je veux bien, pour les convaincre du contraire, répéter encore ici les mêmes paroles que j'ai dites sur cela dans la préface de mes deux éditions précédentes. Les voici :

« Il est bon que le lecteur soit averti d'une « chose : c'est qu'en attaquant, etc...[2] »

Après cela, si on m'accuse encore de médisance, je ne sais point de lecteur qui n'en doive aussi être accusé, puisqu'il n'y en a point qui ne dise librement son avis des écrits qu'on fait imprimer, et qui ne se croie en plein droit de le faire du consentement même de ceux qui les mettent au jour. En effet, qu'est-ce que mettre un ouvrage au jour ? N'est-ce pas en quelque sorte dire au public : Jugez-moi. Pourquoi donc trouver mauvais qu'on nous juge ? Mais j'ai mis tout ce raisonnement en rimes dans ma neuvième satire, et il suffit d'y renvoyer mes censeurs.

ŒUVRES DE M. DESPRÉAUX[1]

SELON L'ORDRE QU'ELLES SONT ICI IMPRIMÉES ET L'ANNÉE OU IL LES A PUBLIÉES

PIÈCES.	ANNÉES.
Discours au Roi	1665
SATIRE I	1658
— II	1663
— III	1663
— IV	1663
— V	1663
— VI	1661
— VII	1662
— VIII	1667
— IX	1666
— X	1692
— XI	1700
ÉPÎTRE I	1667
— II	1669
— III	1670
— IV	1672
— V	1675
— VI	1675
— VII	1677
— VIII	1677
— IX	1678
— X	1693
— XI	1694
— XII	1695
Art poétique	1672
Le Lutrin	1673
Ode sur Namur	1692
Vers sur la Macarise	1656
Sonnet sur une parente	1652
Stances sur l'École des Femmes	1662
Arrêt burlesque	1675
Discours sur la satire	1666
Lettre à M. de Vivonne	1676
Remerciment à l'Académie	1684
Les Héros de Romans	1664
Réflexions sur Longin	1694
Dissertation contre M. le Clerc	1710
Traduction de Longin	1674
Lettre à M. le comte d'Ericeyra	1704
Épigrammes faites en divers temps.	

---

1. L'abbé Régnier Desmarais, secrétaire de l'Académie française.
2. Lisez dans la préface des éditions de 1683 et 1694 jusqu'à ces mots : *Pour revenir à mon édition.*

1. S'il faut en croire l'éditeur de 1713, ce catalogue fut composé par Boileau lui-même.

Voilà au vrai, *dit M. Despréaux dans un écrit que l'on a trouvé après sa mort,* tous les ouvrages que j'ai faits : car, pour tous les autres ouvrages qu'on m'attribue, et qu'on s'opiniâtre de mettre dans les éditions étrangères, il n'y a que des ridicules qui m'en puissent soupçonner l'auteur. Dans ce rang on doit mettre une satire très-fade contre les frais des enterrements; une autre encore plus plate contre le mariage, qui commence par ce vers :

On veut me marier, et je n'en ferai rien ;

celle contre les jésuites, et quantité d'autres aussi impertinentes. J'avoue pourtant que, dans la parodie des vers du *Cid,* faite sur la perruque de Chapelain, qu'on m'attribue encore, il y a quelques traits qui nous échappèrent à M. Racine et à moi, dans un repas que nous fîmes chez Furetière, auteur du Dictionnaire, mais dont nous n'écrivîmes jamais rien ni l'un ni l'autre; de sorte que c'est Furetière qui est proprement le vrai et l'unique auteur de cette parodie, comme il ne s'en cachait pas lui-même.

ŒUVRES COMPLÈTES

DE N. BOILEAU

DISCOURS AU ROI[1]

1665

Jeune et vaillant héros, dont la haute sagesse
N'est point le fruit tardif d'une lente vieillesse,
Et qui seul, sans ministre[2], à l'exemple des Dieux,
Soutiens tout par toi-même et vois tout par tes yeux,
Grand roi, si jusqu'ici, par un trait de prudence,
J'ai demeuré pour toi dans un humble silence,
Ce n'est pas que mon cœur, vainement suspendu,
Balance pour t'offrir un encens qui t'est dû :
Mais je sais peu louer ; et ma muse tremblante
Fuit d'un si grand fardeau la charge trop pesante,
Et, dans ce haut éclat où tu te viens offrir,
Touchant à tes lauriers, craindrait de les flétrir.
Ainsi, sans m'aveugler d'une vaine manie,
Je mesure mon vol à mon faible génie :
Plus sage en mon respect que ces hardis mortels
Qui d'un indigne encens profanent tes autels ;
Qui, dans ce champ d'honneur, où le gain les amène,
Osent chanter ton nom, sans force et sans haleine ;
Et qui vont tous les jours, d'une importune voix,
T'ennuyer du récit de tes propres exploits.

L'un, en style pompeux habillant une églogue[3],
De ses rares vertus te fait un long prologue,

---

1. Quoique cette pièce soit placée avant toutes les autres, elle n'a pourtant pas été faite la première. L'auteur la composa au commencement de l'année 1665, et il avait déjà fait cinq satires. La même année, ce *Discours* fut inséré dans un recueil de poésies, avant que l'auteur eût eu le temps de le corriger. Il le fit imprimer lui-même, l'année suivante, 1666, avec les sept premières satires.

2. A cet endroit, l'abbé Guéton — dont nous avons annoncé, à la fin de notre *Introduction*, le commentaire réfuté ou complété par Boileau lui-même — avait fait une note sur Richelieu et Mazarin, tour à tour souverains de leur maître. Boileau mit en marge : « Il ne faut parler que du cardinal de Richelieu, parce que, le cardinal Mazarin gouvernant un Roy mineur, il n'est pas surprenant qu'il fust si puissant pendant la minorité du Prince. » (Éd. F.)

3. Charpentier avait publié, en 1663, un dialogue en vers fort pompeux, intitulé : *Louis, églogue royale*.

Et mêle, en se vantant soi-même à tout propos,
Les louanges d'un fat à celles d'un héros.
　L'autre, en vain se lassant à polir une rime,
Et reprenant vingt fois le rabot et la lime,
Grand et nouvel effort d'un esprit sans pareil!
Dans la fin d'un sonnet te compare au soleil[1].
　Sur le haut Hélicon leur veine méprisée
Fut toujours des neuf Sœurs la fable et la risée.
Calliope jamais ne daigna leur parler,
Et Pégase pour eux refuse de voler.
Cependant à les voir, enflés de tant d'audace,
Te promettre en leur nom les faveurs du Parnasse,
On dirait qu'ils ont seuls l'oreille d'Apollon,
Qu'ils disposent de tout dans le sacré vallon :
C'est à leurs doctes mains, si l'on veut les en croire,
Que Phébus a commis tout le soin de ta gloire;
Et ton nom, du midi jusqu'à l'ourse vanté,
Ne devra qu'à leurs vers son immortalité.
Mais plutôt, sans ce nom dont la vive lumière
Donne un lustre éclatant à leur veine grossière,
Ils verraient leurs écrits, honte de l'univers,
Pourrir dans la poussière à la merci des vers.
A l'ombre de ton nom ils trouvent leur asile,
Comme on voit dans les champs un arbrisseau débile,
Qui, sans l'heureux appui qui le tient attaché,
Languirait tristement sur la terre couché.
　Ce n'est pas que ma plume, injuste et téméraire,
Veuille blâmer en eux le dessein de te plaire;
Et, parmi tant d'auteurs, je veux bien l'avouer,
Apollon en connaît qui te peuvent louer.
Oui, je sais qu'entre ceux qui t'adressent leurs veilles,
Parmi les Pelletiers[2] on compte des Corneilles.
Mais je ne puis souffrir qu'un esprit de travers,
Qui, pour rimer des mots, pense faire des vers,
Se donne en te louant une gêne inutile :
Pour chanter un Auguste, il faut être un Virgile;
Et j'approuve les soins du monarque guerrier[3]
Qui ne pouvait souffrir qu'un artisan grossier
Entreprît de tracer, d'une main criminelle,
Un portrait réservé pour le pinceau d'Apelle.
　Moi donc, qui connais peu Phébus et ses douceurs,

---

1. L'abbé Guéton écrit ici : « Il seroit bon d'avoir le sonnet dont il parle. » Boileau écrit aussitôt en marge : « Il estoit de Chapelain, mais il n'a jamais esté imprimé qu'en feuille volante. Je ne crois pas qu'on le puisse trouver. » (Ed. F.)

2. « Qui estoit, demande en note l'abbé Guéton, ce Pelletier, mis pour tous les poëtes du commun? » Boileau répond à la marge : « C'estoit un très-méchant poëte, qui faisoit tous les jours un sonnet. On l'appeloit Du Pelletier; ses œuvres ont été imprimées, mais il seroit bien difficile de les trouver. » Il couroit le cachet pour donner des leçons de français aux étrangers, mais sa principale occupation était de savoir où se publioit un volume de vers pour faire aussitôt un sonnet à l'auteur, afin d'obtenir un exemplaire, et de voir son sonnet en tête du volume, parmi les pièces liminaires. (Ed. F.)

3. Alexandre le Grand.

Qui suis nouveau sevré sur le mont des neuf Sœurs,
Attendant que pour toi l'âge ait mûri ma muse,
Sur de moindres sujets je l'exerce et l'amuse :
Et, tandis que ton bras, des peuples redouté,
Va, la foudre à la main, rétablir l'équité,
Et retient les méchants par la peur des supplices,
Moi, la plume à la main, je gourmande les vices ;
Et, gardant pour moi-même une juste rigueur,
Je confie au papier les secrets de mon cœur.
Ainsi, dès qu'une fois ma verve se réveille,
Comme on voit au printemps la diligente abeille
Qui du butin des fleurs va composer son miel,
Des sottises du temps je compose mon fiel :
Je vais de toutes parts où me guide ma veine,
Sans tenir en marchant une route certaine ;
Et, sans gêner ma plume en ce libre métier,
Je la laisse au hasard courir sur le papier.

Le mal est qu'en rimant ma muse, un peu légère,
Nomme tout par son nom[1], et ne saurait rien taire.
C'est là ce qui fait peur aux esprits de ce temps,
Qui, tout blancs au dehors, sont tout noirs au dedans :
Ils tremblent qu'un censeur, que sa verve encourage,
Ne vienne en ses écrits démasquer leur visage,
Et, fouillant dans leurs mœurs en toute liberté,
N'aille du fond du puits tirer la vérité[2].
Tous ces gens, éperdus au seul nom de satire,
Font d'abord le procès à quiconque ose rire :
Ce sont eux que l'on voit, d'un discours insensé,
Publier dans Paris que tout est renversé,
Au moindre bruit qui court qu'un auteur les menace
De jouer des bigots la trompeuse grimace.
Pour eux un tel ouvrage est un monstre odieux ;
C'est offenser les lois, c'est s'attaquer aux cieux :
Mais, bien que d'un faux zèle ils masquent leur faiblesse,
Chacun voit qu'en effet la vérité les blesse.
En vain d'un lâche orgueil leur esprit revêtu
Se couvre du manteau d'une austère vertu ;
Leur cœur, qui se connaît, et qui fuit la lumière,
S'il se moque de Dieu, craint Tartufe[3] et Molière[4].

---

1. Cette franchise, dont se vante ici Boileau, cette intrépidité à nommer, par leur nom, ceux qu'il flagelle, fut blâmée même de ceux qui l'aimaient. Mademoiselle de Lamoignon ne le lui pardonna jamais. Son cœur de chrétienne en souffrait trop. La Bruyère lui donna son avis à sa manière dans ce passage des *Caractères* : « Un homme né François et chrétien se sent contraint dans la satire. » Boileau, à partir de ce moment, se contraignit. Dans sa 10ᵉ satire, qui parut après les *Caractères*, il ne nomma plus personne. La Bruyère ne manqua pas de le faire remarquer dans la *préface* de son *Discours à l'Académie*. C'était en effet un triomphe pour lui. (ED. F.)

2. Démocrite disait que la vérité était dans le fond d'un puits, et que personne ne l'en avait encore pu tirer. (BOIL.)

3. En 1664, Molière composa son *Tartufe* ; mais la cabale des faux dévots porta le roi à défendre la représentation de cette comédie : et cette défense subsista jusqu'en l'année 1669.

4. Molière et Boileau étaient alors dans une étroite intimité. (V. l'*Introduction*.) Après l'*École des femmes*, en

Mais pourquoi sur ce point sans raison m'écarter ?
Grand roi, c'est mon défaut, je ne saurais flatter :
Je ne sais point au ciel placer un ridicule,
D'un nain faire un Atlas, ou d'un lâche un Hercule ;
Et, sans cesse en esclave à la suite des grands,
A des dieux sans vertu prodiguer mon encens.
On ne me verra point, d'une veine forcée,
Même pour te louer déguiser ma pensée ;
Et, quelque grand que soit ton pouvoir souverain,
Si mon cœur en ces vers ne parlait par ma main,
Il n'est espoir de biens, ni raison, ni maxime,
Qui pût en ta faveur m'arracher une rime.
Mais lorsque je te vois, d'une si noble ardeur,
T'appliquer sans relâche aux soins de ta grandeur,
Faire honte à ces rois que le travail étonne,
Et qui sont accablés du faix de leur couronne ;
Quand je vois ta sagesse, en ses justes projets,
D'une heureuse abondance enrichir tes sujets,
Fouler aux pieds l'orgueil et du Tage et du Tibre [1].
Nous faire de la mer une campagne libre [2],
Et, tes braves guerriers secondant ton grand cœur,
Rendre à l'aigle éperdu sa première vigueur ;
La France sous tes lois maîtriser la Fortune,
Et nos vaisseaux, domptant l'un et l'autre Neptune,
Nous aller chercher l'or, malgré l'onde et le vent,
Aux lieux où le soleil le forme en se levant [3] :
Alors, sans consulter si Phébus l'en avoue,
Ma muse tout en feu me prévient et te loue.
Mais bientôt la raison arrivant au secours
Vient d'un si beau projet interrompre le cours,
Et me fait concevoir, quelque ardeur qui m'emporte,
Que je n'ai ni le ton, ni la voix assez forte.
Aussitôt je m'effraye, et mon esprit troublé
Laisse là le fardeau dont il est accablé ;
Et, sans passer plus loin, finissant mon ouvrage,
Comme un pilote en mer, qu'épouvante l'orage,
Dès que le bord paraît, sans songer où je suis,
Je me sauve à la nage, et j'aborde où je puis.

1664, Boileau avait défendu son ami contre les jaloux ; l'année d'après, dans le *Discours au Roy*, il essayait de le défendre même contre le roi. (Ed. F.)

1. Le roi se fit faire satisfaction, dans ce temps-là, des deux insultes faites à ses ambassadeurs : à Rome, par des Corses de la garde du pape, et à Londres, par l'ambassadeur d'Espagne.

2. Allusion à la victoire remportée, en 1665, par le duc de Beaufort sur les corsaires de l'Afrique.

3. En l'année 1669, le roi établit la Compagnie des Indes orientales, à laquelle il accorda de grands privilèges ; il fournit des sommes considérables, et prêta des vaisseaux pour le premier embarquement.

SATIRES

DISCOURS SUR LA SATIRE
1668

Quand je donnai pour la première fois mes satires au public, je m'étais bien préparé au tumulte que l'impression de mon livre a excité sur le Parnasse. Je savais que la nation des poëtes, et surtout des mauvais poëtes[1], est une nation farouche qui prend feu aisément, et que ces esprits avides de louanges ne digéreraient pas facilement une raillerie, quelque douce qu'elle pût être. Aussi oserai-je dire, à mon avantage, que j'ai regardé avec des yeux assez stoïques les libelles diffamatoires qu'on a publiés contre moi. Quelques calomnies dont on ait voulu me noircir, quelques faux bruits qu'on ait semés de ma personne, j'ai pardonné sans peine ces petites vengeances au déplaisir d'un auteur irrité qui se voyait attaqué par l'endroit le plus sensible d'un poëte, je veux dire par ses ouvrages.

Mais j'avoue que j'ai été un peu surpris du chagrin bizarre de certains lecteurs[2] qui, au lieu de se divertir d'une querelle du Parnasse dont ils pouvaient être spectateurs indifférents, ont mieux aimé prendre parti et s'affliger avec les ridicules, que de se réjouir avec les honnêtes gens. C'est pour les consoler que j'ai composé ma neuvième satire, où je pense avoir montré assez clairement que, sans blesser l'État ni sa conscience, on peut trouver de méchants vers méchants, et s'ennuyer de plein droit à la lecture d'un sot livre. Mais puisque ces messieurs ont parlé de la liberté que je me suis donnée de nommer, comme d'un attentat inouï et sans exemple, et que des exemples ne se peuvent pas mettre en rimes, il est bon d'en dire ici un mot, pour les instruire d'une chose qu'eux seuls veulent ignorer, et leur faire voir qu'en comparaison de tous mes confrères les satiriques j'ai été un poëte fort retenu.

---

[1]. Ceci regarde particulièrement Cotin, qui avait publié une satire contre l'auteur. (BOIL.)
[2]. Le duc de Montausier.

Et pour commencer par Lucilius, inventeur de la satire, quelle liberté, ou plutôt quelle licence ne s'est-il point donnée dans ses ouvrages? Ce n'était point seulement des poëtes et des auteurs qu'il attaquait : c'étaient des gens de la première qualité de Rome; c'étaient des personnes consulaires. Cependant Scipion et Lélius ne jugèrent pas ce poëte, tout déterminé rieur qu'il était, indigne de leur amitié : et vraisemblablement, dans les occasions, ils ne lui refusèrent pas leurs conseils sur ses écrits, non plus qu'à Térence. Ils ne s'avisèrent point de prendre le parti de Lupus et de Métellus, qu'il avait joués dans ses satires; et ils ne crurent pas lui donner rien du leur en lui abandonnant tous les ridicules de la république :

> Num Lælius, et qui
> Duxit ab oppressa meritum Carthagine nomen,
> Ingenio offensi, aut læso doluere Metello,
> Famosisque Lupo cooperto versibus?
> HORAT. sat. I, lib. II.

En effet, Lucilius n'épargnait ni petits ni grands; et souvent des nobles et des patriciens il descendait jusqu'à la lie du peuple :

> Primores populi arripuit, populumque tributim.
> *Ibid.*

On me dira que Lucilius vivait dans une république où ces sortes de libertés peuvent être permises. Voyons donc Horace, qui vivait sous un empereur, dans les commencements d'une monarchie, où il est bien plus dangereux de rire qu'en un autre temps. Qui ne nomme-t-il point dans ses satires? et Fabius le grand causeur, et Tigellius le fantasque, et Nasidiénus le ridicule, et Nomentanus le débauché, et tout ce qui vient au bout de sa plume. On répondra que ce sont des noms supposés. Oh! la belle réponse! Comme si ceux qu'il attaque n'étaient pas des gens connus d'ailleurs : comme si l'on ne savait pas que Fabius était un chevalier romain qui avait composé un livre de droit; que Tigellius fut en son temps un musicien chéri d'Auguste; que Nasidiénus Rufus était un ridicule célèbre dans

Rome; que Cassius Nomentanus était un des plus fameux débauchés de l'Italie. Certainement il faut que ceux qui parlent de la sorte aient fort peu lu les anciens, et ne soient pas fort instruits des affaires de la cour d'Auguste. Horace ne se contente pas d'appeler les gens par leurs noms; il a si peur qu'on ne les méconnaisse, qu'il a soin de rapporter jusqu'à leur surnom, jusqu'au métier qu'ils faisaient, jusqu'aux charges qu'ils avaient exercées. Voyez, par exemple, comme il parle d'Aufidius Luscus, préteur de Fondi :

> Fundos, Aufidio Lusco prætore, libenter
> Linquimus, insani ridentes præmia scribæ,
> Prætextam, et latum clavum, etc.
> Sat. v, lib. I.

« Nous abandonnâmes, dit-il, avec joie le bourg « de Fondi, dont était préteur un certain Aufidius « Luscus; mais ce ne fut pas sans avoir bien ri de « la folie de ce préteur, auparavant commis, qui « faisait le sénateur et l'homme de qualité. »

Peut-on désigner un homme plus précisément, et les circonstances seules ne suffisaient-elles pas pour le faire reconnaître? On me dira peut-être qu'Aufidius était mort alors : mais Horace parle là d'un voyage fait depuis peu. Et puis, comment mes censeurs répondront-ils à cet autre passage :

> Turgidus Alpinus jugulat dum Memnona, dumque
> Diffingit Rheni luteum caput, hæc ego ludo.
> Sat. x, lib. I.

« Pendant, dit Horace, que ce poëte enflé d'Al-« pinus égorge Memnon dans son poëme, et s'em-« bourbe dans la description du Rhin, je me joue « en ces satires. »

Alpinus vivait donc du temps qu'Horace se jouait en ces satires; et si Alpinus en cet endroit est un nom supposé, l'auteur du poëme de Memnon pouvait-il s'y méconnaître? Horace, dira-t-on, vivait sous le règne du plus poli de tous les empereurs : mais vivons-nous sous un règne moins poli? et veut-on qu'un prince qui a tant de qualités communes avec Auguste soit moins dégoûté que lui des méchants livres, et plus rigoureux envers ceux qui les blâment!

Examinons pourtant Perse, qui écrivait sous le règne de Néron. Il ne raille pas simplement les ouvrages des poëtes de son temps : il attaque les vers de Néron même. Car enfin tout le monde sait, et toute la cour de Néron le savait, que ces quatre vers, *Torva Mimalloneis*, etc., dont Perse fait une raillerie si amère dans sa première satire, étaient des vers de Néron. Cependant on ne remarque point que Néron, tout Néron qu'il était, ait fait punir Perse; et ce tyran, ennemi de la raison et amoureux, comme on sait, de ses ouvrages, fut assez galant homme pour entendre raillerie sur ses vers, et ne crut pas que l'empereur, en cette occasion, dût prendre les intérêts du poëte.

Pour Juvénal, qui florissait sous Trajan, il est un peu plus respectueux envers les grands seigneurs de son siècle. Il se contente de répandre l'amertume de ses satires sur ceux du règne précédent : mais, à l'égard des auteurs, il ne les va point chercher hors de son siècle. A peine est-il entré en matière, que le voilà de mauvaise humeur contre tous les écrivains de son temps. Demandez à Juvénal ce qui l'oblige de prendre la plume. C'est qu'il est las d'entendre et la *Théséide* de Codrus, et l'*Oreste* de celui-ci, et le *Téléphe* de cet autre, et tous les poëtes enfin, comme il dit ailleurs, qui récitaient leurs vers au mois d'août, *ex augusto recitantes mense poetas*. Tant il est vrai que le droit de blâmer les auteurs est un droit ancien, passé en coutume parmi tous les satiriques, et souffert dans tous les siècles!

Que s'il faut en venir des anciens aux modernes, Régnier, qui est presque notre seul poëte satirique, a été véritablement un peu plus discret que les autres. Cela n'empêche pas néanmoins qu'il ne parle hardiment de Gallet, ce célèbre joueur *qui assignait ses créanciers sur sept et quatorze*; et du sieur de Provins, *qui avait changé son balandran*[1] *en manteau court*; et du Cousin, *qui abandonnait sa maison de peur de la réparer*; et de Pierre du Puis, et de plusieurs autres.

Que répondront à cela mes censeurs? Pour peu qu'on les presse, ils chasseront de la république des lettres tous les poëtes satiriques, comme autant de perturbateurs du repos public. Mais que diront-ils de Virgile, le sage, le discret Virgile, qui, dans une églogue[2] où il n'est pas question de satire, tourne d'un seul vers deux poëtes de son temps en ridicule?

> Qui Bavium non odit, amet tua carmina, Mævi,

dit un berger satirique, dans cette églogue. Et qu'on ne me dise point que Bavius et Mævius en cet endroit sont des noms supposés, puisque ce serait donner un trop cruel démenti au docte Servius, qui assure positivement le contraire. En un mot, qu'ordonneront mes censeurs de Catulle, de Martial et de tous les poëtes de l'antiquité, qui n'en ont pas usé avec plus de discrétion que Virgile? Que penseront-ils de Voiture, qui n'a point fait conscience de rire aux dépens du célèbre Neuf-Germain, quoique également recommandable par l'antiquité de sa barbe et par la nouveauté de sa poésie? Le banniront-ils du Parnasse, lui et tous les poëtes de l'antiquité, pour établir la sûreté des sots et des ridicules? Si cela est, je me consolerai aisément de mon exil; il y aura du plaisir à être relégué en si bonne compagnie. Raillerie à part, ces messieurs veulent-ils être plus sages que Scipion et Lélius, plus délicats qu'Auguste, plus

1. Casaque de campagne. (Boil.)
2. Eglog. III, v. 90.

Damon, ce grand auteur dont la muse fertile...
Sat. 1.

cruels que Néron? Mais eux qui sont si rigoureux envers les critiques, d'où vient cette clémence qu'ils affectent pour les méchants auteurs? Je vois bien ce qui les afflige : ils ne veulent pas être détrompés. Il leur fâche d'avoir admiré sérieusement des ouvrages que mes satires exposent à la risée de tout le monde, et de se voir condamnés à oublier dans leur vieillesse ces mêmes vers qu'ils ont autrefois appris par cœur comme des chefs-d'œuvre de l'art. Je les plains sans doute : mais quel remède? Faudra-t-il, pour s'accommoder à leur goût particulier, renoncer au sens commun?

Faudra-t-il applaudir indifféremment à toutes les impertinences qu'un ridicule aura répandues sur le papier? Et au lieu qu'en certains pays [1] on condamnait les méchants poëtes à effacer leurs écrits avec la langue, les livres deviendront-ils désormais un asile inviolable où toutes les sottises auront droit de bourgeoisie, où l'on n'osera toucher sans profanation?

J'aurais bien d'autres choses à dire sur ce sujet : mais comme j'ai déjà traité de cette matière dans ma neuvième satire, il est bon d'y renvoyer le lecteur.

SATIRE I

1660

Damon, ce grand auteur dont la muse fertile [2]
Amusa si longtemps et la cour et la ville;
Mais qui, n'étant vêtu que de simple bureau [3],
Passe l'été sans linge, et l'hiver sans manteau;
Et de qui le corps sec et la mine affamée
N'en sont pas mieux refaits pour tant de renommée;
Las de perdre en rimant et sa peine et son bien,
D'emprunter en tous lieux, et de ne gagner rien,
Sans habits, sans argent, ne sachant plus que faire,
Vient de s'enfuir, chargé de sa seule misère;
Et, bien loin des sergents, des clercs et du palais,
Va chercher un repos qu'il ne trouva jamais;
Sans attendre qu'ici la justice ennemie
L'enferme en un cachot le reste de sa vie,
Ou que d'un bonnet vert le salutaire affront [4]
Flétrisse les lauriers qui lui couvrent le front.
Mais le jour qu'il partit, plus défait et plus blême
Que n'est un pénitent sur la fin du carême,
La colère dans l'âme et le feu dans les yeux,
Il distilla sa rage en ces tristes adieux :
Puisqu'en ce lieu, jadis aux muses si commode,
Le mérite et l'esprit ne sont plus à la mode;

---

1. Dans le temple qui est aujourd'hui l'abbaye d'Ainay, à Lyon. (BOIL.)
   Palleat ut.....
   Lugdunensem rhetor dicturus ad aram.
   JUVÉNAL, sat. I, v. 43.

2. « Qui est Damon? » demande l'abbé Guéton. Réponse de Boileau en marge : « Il est un peu chimérique (inventé). Toutefois j'ay eu quelque veue à Cassandre, celui qui a traduit la *Rhétorique* d'Aristote. » C'était un pauvre diable, capable de tout, excepté de vivre, fantasque et grondeur, à effrayer la fortune si elle fût venue, ce qu'elle ne fît pas. Il acheva plusieurs traductions que Du Ryer n'avait pu finir, et écrivit celle dont parle Boileau. (ED. F.)

3. Sorte de *bure*, étoffe grossière.

4. Du temps que cette satire fut faite, un débiteur insolvable pouvait sortir de prison en faisant cession, c'est-à-dire en souffrant qu'on lui mît, en pleine rue, un bonnet vert sur la tête. (BOIL.)

Qu'un poëte, dit-il, s'y voit maudit de Dieu,
Et qu'ici la vertu n'a plus ni feu ni lieu;
Allons du moins chercher quelque antre ou quelque roche
D'où jamais ni l'huissier ni le sergent n'approche;
Et, sans lasser le ciel par des vœux impuissants,
Mettons-nous à l'abri des injures du temps,
Tandis que, libre encor malgré les destinées,
Mon corps n'est point courbé sous le faix des années,
Qu'on ne voit point mes pas sous l'âge chanceler,
Et qu'il reste à la Parque encor de quoi filer :
C'est là dans mon malheur le seul conseil à suivre.
Que George [1] vive ici, puisque George y sait vivre,
Qu'un million comptant, par ses fourbes acquis,
De clerc, jadis laquais, a fait comte et marquis :
Que Jaquin vive ici, dont l'adresse funeste
A plus causé de maux que la guerre et la peste;
Qui de ses revenus écrits par alphabet
Peut fournir aisément un Calepin complet [2].
Qu'il règne dans ces lieux; il a droit de s'y plaire.
Mais moi, vivre à Paris ! Eh ! qu'y voudrais-je faire ?
Je ne sais ni tromper, ni feindre, ni mentir;
Et, quand je le pourrais, je n'y puis consentir.
Je ne sais point en lâche essuyer les outrages
D'un faquin orgueilleux qui vous tient à ses gages,
De mes sonnets flatteurs lasser tout l'univers,
Et vendre au plus offrant mon encens et mes vers :
Pour un si bas emploi ma muse est trop altière.
Je suis rustique et fier, et j'ai l'âme grossière :
Je ne puis rien nommer, si ce n'est par son nom;
J'appelle un chat un chat, et Rolet un fripon [3].
De servir un amant, je n'en ai pas l'adresse;
J'ignore ce grand art qui gagne une maîtresse;
Et je suis, à Paris, triste, pauvre et reclus,
Ainsi qu'un corps sans âme ou devenu perclus.

Mais pourquoi, dira-t-on, cette vertu sauvage
Qui court à l'hôpital, et n'est plus en usage?
La richesse permet une juste fierté;
Mais il faut être souple avec la pauvreté :
C'est par là qu'un auteur que presse l'indigence
Peut des astres malins corriger l'influence,

---

1. Sur ce nom de George et sur celui de Jaquin, qui vient peu après, l'abbé Guéton fit ses questions ordinaires, pour savoir s'il n'y avait pas là des personnalités. Boileau répondit pour le premier : « George est là un mot inventé, et n'a point de rapport à M. Gorge, qui n'avait pas dix ans quand je fis cette satire, et qui a depuis été un de mes meilleurs amis. » Il était son voisin à Auteuil. Pour Jaquin, voici sa note : « Je l'ay mis au hazard. On l'a voulu depuis imputer à M. Jacquin, homme célèbre dans la finance, et qui a rendu de grands services à l'État; mais je n'ai jamais pensé à lui. » (ED. F.)

2. Dictionnaire volumineux composé par Ambroise Calepino, né à Bergame en 1435.

3. Charles Rolet était un procureur fort décrié. Le président de Lamoignon, pour désigner un fripon insigne, disait : C'est un Rolet. Celui dont il s'agit ici fut condamné dans la suite à faire amende honorable, et banni à perpétuité.

SATIRE I.

Et que le sort burlesque, en ce siècle de fer,
D'un pédant, quand il veut, sait faire un duc et pair[1].
Ainsi de la vertu la fortune se joue :
Tel aujourd'hui triomphe au plus haut de sa roue,
Qu'on verrait, de couleurs bizarrement orné,
Conduire le carrosse où l'on le voit traîné,
Si dans les droits du roi sa funeste science
Par deux ou trois avis n'eût ravagé la France.
Je sais qu'un juste effroi l'éloignant de ces lieux
L'a fait pour quelques mois disparaître à nos yeux ;
Mais en vain pour un temps une taxe l'exile[2] :
On le verra bientôt, pompeux en cette ville,
Marcher encor chargé des dépouilles d'autrui
Et jouir du ciel même irrité contre lui ;
Tandis que Colletet, crotté jusqu'à l'échine[3],
S'en va chercher son pain de cuisine en cuisine[4],
Savant en ce métier, si cher aux beaux esprits,
Dont Montmaur autrefois fit leçon dans Paris[5].

Il est vrai que du roi la bonté secourable[6]
Jette enfin sur la muse un regard favorable,
Et, réparant du sort l'aveuglement fatal,
Va tirer désormais Phébus de l'hôpital.
On doit tout espérer d'un monarque si juste :
Mais, sans un Mécénas, à quoi sert un Auguste ?
Et fait comme je suis, au siècle d'aujourd'hui,
Qui voudra s'abaisser à me servir d'appui ?
Et puis, comment percer cette foule effroyable
De rimeurs affamés dont le nombre l'accable ;
Qui, dès que sa main s'ouvre, y courent les premiers,
Et ravissent un bien qu'on devait aux derniers ;

---

1. Louis Barbier, abbé de la Rivière, d'abord régent au collège du Plessis, puis aumônier de Gaston, duc d'Orléans, fut fait évêque de Langres, duc et pair, en 1665. — Boileau convenait volontiers qu'il avait pensé ici à l'abbé de la Rivière ; mais comme l'abbé Guéton y croyait voir aussi une allusion à M. de Montausier, il mit en marge auprès de sa note : « Je n'ay jamais pensé à M. de Montausier, homme de très-grand mérite, et de très-grande qualité, et qui ne conviendroit point du tout à mon vers, où j'ai voulu exprimer la pensée de Juvénal : *Fies de rhetore Consul.* » (ED. F.)

2. L'abbé Guéton voulut voir ici une allusion à la chambre de justice qui avait taxé les partisans, sans les corriger, car ils revinrent bientôt plus riches et plus insolents que jamais. Il fit à ce sujet une note que Boileau mit à néant par cette autre : « Ma satire étoit faite plus de six ans avant la chambre de justice. »

3. C'est de François Colletet qu'il s'agit ici. Son père, Guillaume Colletet, mort dès l'année 1659, avait été remplacé à l'Académie française par Gilles Boileau.

4. Jamais Boileau ne vit mieux que pour ces vers ce qu'il en coûte d'embarras à faire de la personnalité satirique. D'abord il n'avait mis qu'une initiale, un C et des points. Plusieurs qui s'y reconnurent crièrent, et il dut préciser : il écrivit Colletet. On lui fit observer qu'ils étaient un peu parents et c'était vrai, Berriat-Saint-Prix l'a prouvé dans son édition, t. IV, p. 456. On ajouta que Colletet, s'il était pauvre, ne mendiait pas : « Le bonhomme, dit G. Guéret, dans *la Promenade de Saint-Cloud*, avait assez de sa cuisine pour vivre ; et d'ailleurs, il était trop timide pour faire le métier de parasite. » Boileau se rendit, et mit à la place Pelletier, que nous avons déjà trouvé dans le *Discours au Roi*. Nouveaux cris : on lui représenta, Richelet entre autres, que « personne n'étoit moins parasite, » et qu'en dehors des leçons qu'il donnait en ville « il vivoit en reclus. » Boileau alors revint à Colletet. Il était dit que son vers resterait une injustice. (ED. F.)

5. Pierre de Montmaur, parasite célèbre, né dans la Marche, fut successivement charlatan à Avignon, avocat et poëte à Paris, et professeur de langue grecque au Collège Royal.

6. En ce temps-là le roi, à la sollicitation de monsieur Colbert, donna plusieurs pensions aux gens de lettres dans le royaume et dans les pays étrangers. Ces gratifications commencèrent en 1663.

Comme on voit les frelons, troupe lâche et stérile,
Aller piller le miel que l'abeille distille?
Cessons donc d'aspirer à ce prix tant vanté
Que donne la faveur à l'importunité.
Saint-Amant n'eut du ciel que sa veine en partage :
L'habit qu'il eut sur lui fut son seul héritage,
Un lit et deux placets[1] composaient tout son bien ;
Ou, pour en mieux parler, Saint-Amant n'avait rien[2].
Mais quoi ! las de traîner une vie importune,
Il engagea ce rien pour chercher la fortune,
Et, tout chargé de vers qu'il devait mettre au jour,
Conduit d'un vain espoir, il parut à la cour.
Qu'arriva-t-il enfin de sa muse abusée?
Il en revint couvert de honte et de risée[3] ;
Et la fièvre, au retour terminant son destin,
Fit par avance en lui ce qu'aurait fait la faim.
Un poëte à la cour fut jadis à la mode ;
Mais des fous aujourd'hui c'est le plus incommode :
Et l'esprit le plus beau, l'auteur le plus poli,
N'y parviendra jamais au sort de l'Angeli[4].
   Faut-il donc désormais jouer un nouveau rôle?
Dois-je, las d'Apollon, recourir à Barthole[5] ?
Et, feuilletant Louet allongé par Brodeau,
D'une robe à longs plis balayer le barreau?
Mais à ce seul penser je sens que je m'égare.
Moi ! que j'aille crier dans ce pays barbare,
Où l'on voit tous les jours l'innocence aux abois
Errer dans les détours d'un dédale de lois,
Et, dans l'amas confus des chicanes énormes,
Ce qui fut blanc au fond rendu noir par les formes ;
Où Patru gagne moins qu'Huot et le Mazier[6],
Et dont les Cicérons se font chez Pé-Fournier[7] !

---

1. Le *placet* était un tabouret bas et large.
2. Marc-Antoine-Gérard de Saint-Amant, l'un des poëtes les plus originaux du temps de Louis XIII et de la jeunesse de Louis XIV, M. Philarète Chasles l'a mis avec raison parmi « les victimes » les plus injustement sacrifiées par Boileau, et a commencé pour lui une réhabilitation vengeresse, que l'édition de ses *Œuvres*, dans la bibliothèque Jannet, a continuée et complétée. Son ode, *la Solitude*, est fort belle, son *Moïse sauvé* a des parties remarquables, et la verve déborde dans ses *Cabarets*, sa *Rome ridicule*, etc. (Ed. F.)
3. Il s'y était présenté avec un poëme de *la Lune*, où il louait surtout Sa Majesté de ce qu'elle savait parfaitement nager.
4. L'abbé Guéton avait mis à ce mot une bonne note que voici : « L'Angely, un plaisant qui eut quelque temps la vogue à la cour pour ses bons mots. Les libéralités de Louis XIV l'y firent même paroître en si bon équipage, qu'on le nommoit le marquis d'Angely. » Boileau ne trouva rien à corriger, pas même le nom de Louis XIV. C'est en effet ce roi, et non son père, comme l'a cru à tort M. V. Hugo dans *Marion Delorme*, qui eut l'Angely à son service. Boileau se contenta d'ajouter : « C'estoit un fou de profession assez plaisant, que M. le Prince avoit amené des Pays-Bas, et qu'il avoit donné au Roy. Il gagnoit beaucoup d'argent, et tous les gens de son quartier luy donnoient pareille qu'ils craignoient ses bons mots. » Il finit par être chassé de la cour pour ses méchancetés : mais il s'en moqua ; elles lui avaient fait des rentes. (Ed. F.)
5. Barthole, Louet, Brodeau, jurisconsultes et arrêtistes fameux.
6. L'abbé Guéton pensa qu'il s'agissait là de deux greffiers et l'écrivit. Boileau mit à la place : « Avocats, grands gueuliers, c'est ainsi qu'on les appeloit, et estimés mal honnestes. Il y a eu aussi un greffier, nommé Le Mazier, mais il passoit pour un fort honneste homme. » (Ed. F.)
7. Pierre Fournier, procureur au parlement, signait P. *Fournier*, pour se distinguer de quelques-uns de ses confrères qui portaient le même nom : on ne l'appela plus que *Pé-Fournier*.

SATIRE I.

Avant qu'un tel dessein m'entre dans la pensée,
On pourra voir la Seine à la Saint-Jean glacée,
Arnauld à Charenton devenir huguenot[1]
Saint-Sorlin janséniste, et Saint-Pavin bigot[2].
   Quittons donc pour jamais une ville importune
Où l'honneur a toujours guerre avec la fortune;
Où le vice orgueilleux s'érige en souverain,
Et va la mitre en tête et la crosse à la main;
Où la science, triste, affreuse, délaissée,
Est partout des bons lieux comme infâme chassée;
Où le seul art en vogue est l'art de bien voler;
Où tout me choque enfin, où... Je n'ose parler.
Et quel homme si froid ne serait plein de bile
A l'aspect odieux des mœurs de cette ville?
Qui pourrait les souffrir? et qui, pour les blâmer,
Malgré muse et Phébus n'apprendrait à rimer?
Non, non; sur ce sujet pour écrire avec grâce,
Il ne faut point monter au sommet du Parnasse,
Et, sans aller rêver dans le double vallon,
La colère suffit, et vaut un Apollon.
   Tout beau, dira quelqu'un, vous entrez en furie.
A quoi bon ces grands mots? doucement, je vous prie :
Ou bien montez en chaire; et là, comme un docteur,
Allez de vos sermons endormir l'auditeur :
C'est là que bien ou mal on a droit de tout dire.
   Ainsi parle un esprit qu'irrite la satire,
Qui contre ses défauts croit être en sûreté
En raillant d'un censeur la triste austérité;
Qui fait l'homme intrépide, et, tremblant de faiblesse,
Attend pour croire en Dieu que la fièvre le presse;
Et, toujours dans l'orage au ciel levant les mains,
Dès que l'air est calmé, rit des faibles humains.
Car, de penser alors qu'un Dieu tourne le monde
Et règle les ressorts de la machine ronde,
Ou qu'il est une vie au delà du trépas,
C'est là, tout haut du moins, ce qu'il n'avouera pas.
   Pour moi qu'en santé même un autre monde étonne,
Qui crois l'âme immortelle et que c'est Dieu qui tonne,
Il vaut mieux pour jamais me bannir de ce lieu :
Je me retire donc. Adieu, Paris, adieu.

---

1. Antoine Arnauld, qu'on appelait le grand Arnauld, a publié plusieurs ouvrages éloquents contre les calvinistes.

2. Jean Desmarets de Saint-Sorlin a écrit contre les religieuses de Port-Royal. — Sanguin de Saint-Pavin était connu par le déréglement de ses mœurs.

SATIRE II

1664

A MOLIÈRE

Rare et fameux esprit, dont la fertile veine
Ignore en écrivant le travail et la peine ;
Pour qui tient Apollon tous ses trésors ouverts,
Et qui sais à quel coin se marquent les bons vers,
Dans les combats d'esprit, savant maître d'escrime,
Enseigne-moi, Molière, où tu trouves la rime.
On dirait, quand tu veux, qu'elle te vient chercher :
Jamais au bout du vers on ne te voit broncher ;
Et, sans qu'un long détour t'arrête ou t'embarrasse,
A peine as-tu parlé, qu'elle-même s'y place.
Mais moi, qu'un vain caprice, une bizarre humeur,
Pour mes péchés, je crois, fit devenir rimeur,
Dans ce rude métier où mon esprit se tue,
En vain, pour la trouver, je travaille et je sue.
Souvent j'ai beau rêver du matin jusqu'au soir ;
Quand je veux dire blanc, la quinteuse dit noir.
Si je veux d'un galant dépeindre la figure [1],
Ma plume pour rimer trouve l'abbé de Pure [2] ;
Si je pense exprimer un auteur sans défaut,
La raison dit Virgile, et la rime Quinault [3] :
Enfin, quoi que je fasse ou que je veuille faire,
La bizarre toujours vient m'offrir le contraire.
De rage quelquefois, ne pouvant la trouver,
Triste, las et confus, je cesse d'y rêver ;
Et, maudissant vingt fois le démon qui m'inspire,
Je fais mille serments de ne jamais écrire.
Mais, quand j'ai bien maudit et muses et Phébus,
Je la vois qui paraît quand je n'y pense plus.
Aussitôt, malgré moi, tout mon feu se rallume :
Je reprends sur-le-champ le papier et la plume,
Et, de mes vains serments perdant le souvenir,
J'attends de vers en vers qu'elle daigne venir.
Encor si pour rimer, dans sa verve indiscrète,
Ma muse au moins souffrait une froide épithète,

---

1. Ce trait était d'abord dirigé contre Ménage.
2. Michel de Pure naquit à Lyon, au commencement du dix-septième siècle. Il a traduit Quintilien ; l'Histoire des Indes, du P. Maffée ; l'Histoire Africaine, de Bigaro ; et la Vie de Léon X, de Paul Jove.

3. Philippe Quinault, auteur de plusieurs tragédies et de nombreux opéras. Il fut reçu à l'Académie en 1670 et mourut en 1688. V. l'*Introduction*, à propos de la haine du satirique pour Quinault, et de quelques autres de ses injustices. (ED. F.)

SATIRE II.

Je ferais comme un autre ; et, sans chercher si loin,
J'aurais toujours des mots pour les coudre au besoin :
Si je louais Philis *en miracles féconde*,
Je trouverais bientôt, *à nulle autre seconde ;*
Si je voulais vanter un objet *non pareil*,
Je mettrais à l'instant, *plus beau que le soleil.*
Enfin, parlant toujours d'*astres* et de *merveilles*,
De *chefs-d'œuvre des cieux*, de *beautés sans pareilles*,
Avec tous ces beaux mots, souvent mis au hasard,
Je pourrais aisément, sans génie et sans art,
Et transposant cent fois et le nom et le verbe,
Dans mes vers recousus mettre en pièces Malherbe[1].
Mais mon esprit, tremblant sur le choix de ses mots,
N'en dira jamais un, s'il ne tombe à propos,
Et ne saurait souffrir qu'une phrase insipide
Vienne à la fin d'un vers remplir la place vide :
Ainsi, recommençant un ouvrage vingt fois,
Si j'écris quatre mots, j'en effacerai trois.

Maudit soit le premier dont la verve insensée
Dans les bornes d'un vers renferma sa pensée,
Et, donnant à ses mots une étroite prison,
Voulut avec la rime enchaîner la raison !
Sans ce métier fatal au repos de ma vie,
Mes jours pleins de loisir couleraient sans envie.
Je n'aurais qu'à chanter, rire, boire d'autant,
Et, comme un gras chanoine, à mon aise et content,
Passer tranquillement, sans souci, sans affaire,
La nuit à bien dormir et le jour à rien faire.
Mon cœur exempt de soins, libre de passion,
Sait donner une borne à son ambition ;
Et, fuyant des grandeurs la présence importune,
Je ne vais point au Louvre adorer la fortune :
Et je serais heureux, si, pour me consumer,
Un destin envieux ne m'avait fait rimer.

Mais, depuis le moment que cette frénésie
De ses noires vapeurs troubla ma fantaisie,
Et qu'un démon jaloux de mon contentement
M'inspira le dessein d'écrire poliment,
Tous les jours, malgré moi, cloué sur un ouvrage,
Retouchant un endroit, effaçant une page,
Enfin passant ma vie en ce triste métier,
J'envie, en écrivant, le sort de Pelletier.

Bienheureux Scudéri[2], dont la fertile plume
Peut tous les mois sans peine enfanter un volume !

---

1. François de Malherbe, le père de la poésie française, naquit à Caen vers l'an 1555.
2. Georges de Scudéri, auteur d'un grand nombre de pièces de théâtre, du poëme d'*Alaric*, et de plusieurs romans. Cependant *Cyrus* et *Clélie*, imprimés sous son nom, appartiennent à Madeleine Scudéri, sa sœur.

Tes écrits, il est vrai, sans art et languissants,
Semblent être formés en dépit du bon sens :
Mais ils trouvent pourtant, quoi qu'on en puisse dire,
Un marchand pour les vendre et des sots pour les lire;
Et quand la rime enfin se trouve au bout des vers,
Qu'importe que le reste y soit mis de travers?
Malheureux mille fois celui dont la manie
Veut aux règles de l'art asservir son génie !
Un sot, en écrivant, fait tout avec plaisir;
Il n'a point en ses vers l'embarras de choisir;
Et, toujours amoureux de ce qu'il vient d'écrire,
Ravi d'étonnement, en soi-même il s'admire.
Mais un esprit sublime en vain veut s'élever
A ce degré parfait qu'il tâche de trouver;
Et, toujours mécontent de ce qu'il vient de faire,
Il plaît à tout le monde et ne saurait se plaire.
Et tel, dont en tous lieux chacun vante l'esprit,
Voudrait pour son repos n'avoir jamais écrit.

 Toi donc, qui vois les maux où ma muse s'abîme,
De grâce, enseigne-moi l'art de trouver la rime;
Ou, puisqu'enfin tes soins y seraient superflus,
Molière, enseigne-moi l'art de ne rimer plus.

SATIRE III

1665

Quel sujet inconnu vous trouble et vous altère?
D'où vous vient aujourd'hui cet air sombre et sévère,
Et ce visage enfin plus pâle qu'un rentier
A l'aspect d'un arrêt qui retranche un quartier [1] !
Qu'est devenu ce teint dont la couleur fleurie
Semblait d'ortolans seuls et de bisques nourrie,
Où la joie en son lustre attirait les regards,
Et le vin en rubis brillait de toutes parts?
Qui vous a pu plonger dans cette humeur chagrine?
A-t-on par quelque édit réformé la cuisine?
Ou quelque longue pluie, inondant vos vallons,
A-t-elle fait couler vos vins et vos melons?

---

1. Les rentes sur l'Hôtel de ville venaient d'éprouver une réduction qui donna lieu à l'épigramme suivante :

De nos restes, pour nos péchés,
Si les quartiers sont retranchés,
Pourquoi s'en émouvoir la bile ?
Nous n'aurons qu'à changer de lieu :

Nous allions à l'Hôtel de ville,
Et nous irons à l'Hôtel-Dieu.
   Le chevalier d'ACEILLY.

Boileau aurait pu avoir lui-même alors la triste mine dont il parle. Une partie de sa fortune était en rentes sur la ville. V. l'*Introduction*. (ED. F.)

Un valet le portait, marchant à pas comptés,
Comme un recteur suivi des quatre facultés.
Sat. III.

Répondez donc enfin, ou bien je me retire.
— Ah! de grâce, un moment, souffrez que je respire;
Je sors de chez un fat, qui, pour m'empoisonner,
Je pense, exprès chez lui m'a forcé de dîner.
Je l'avais bien prévu. Depuis près d'une année,
J'éludais tous les jours sa poursuite obstinée.
Mais hier il m'aborde, et, me serrant la main :
— Ah! monsieur, m'a-t-il dit, je vous attends demain.
N'y manquez pas au moins. J'ai quatorze bouteilles
D'un vin vieux.... Boucingo [1] n'en a point de pareilles;
Et je gagerais bien que, chez le commandeur [2],
Villandri [3] priserait sa sève et sa verdeur.
Molière avec Tartufe y doit jouer son rôle [4];
Et Lambert [5], qui plus est, m'a donné sa parole.
C'est tout dire, en un mot, et vous le connaissez. —
Quoi! Lambert? — Oui, Lambert : à demain. — C'est assez.
 Ce matin donc, séduit par sa vaine promesse,
J'y cours midi sonnant, au sortir de la messe.
A peine étais-je entré, que, ravi de me voir,
Mon homme, en m'embrassant, m'est venu recevoir;
Et montrant à mes yeux une allégresse entière :
— Nous n'avons, m'a-t-il dit, ni Lambert ni Molière;
Mais, puisque je vous vois, je me tiens trop content.
Vous êtes un brave homme : entrez; on vous attend.
 A ces mots, mais trop tard, reconnaissant ma faute,
Je le suis en tremblant dans une chambre haute,
Où, malgré les volets, le soleil irrité
Formait un poêle ardent au milieu de l'été.
Le couvert était mis dans ce lieu de plaisance,
Où j'ai trouvé d'abord, pour toute connaissance,
Deux nobles campagnards, grands lecteurs de romans,
Qui m'ont dit tout Cyrus [6] dans leurs longs compliments.
J'enrageais. Cependant on apporte un potage.
Un coq y paraissait en pompeux équipage,
Qui, changeant sur ce plat et d'état et de nom,
Par tous les conviés s'est appelé chapon.

---

1. Boileau, dans une note de l'édition de 1713, l'appelle « illustre marchand de vin ». Sa maison était rue Bourtibourg. Il était « un des anciens marchands de vin privilégiés, suivant la cour ». Une de ses petites-filles épousa en 1680 M. de la Vieux-Ville, et la signature de Colbert se trouve au contrat à côté de celle de Boussingault. (Jal, *Dict. crit.*, p. 276.) La qualité d'*illustre* est ainsi justifiée, mais n'en garde pas moins une certaine ironie. (Éd. F.)

2. Jacques de Souvré, *commandeur* de Saint-Jean de Latran, et ensuite grand-prieur de France, était fils du maréchal de Souvré, gouverneur de Louis XIII, et oncle de madame de Louvois.

3. Gentilhomme de la chambre du roi, fils de Balthazar le Breton, seigneur de Villandri. A propos de ce marquis, dont le nom était renommé longtemps dans la gourmandise, car Rabelais cite un de ses ancêtres parmi les « francs beuveurs », Boileau compléta par quelques mots une note de l'abbé Guéton : « Homme de bonne qualité, écrivait-il, mais qui fréquentoit fort les bonnes tables, et qui combloit de flatteries ceux qui lui donnoient à manger. » (Éd. F.)

4. La comédie du *Tartufe* avait été défendue en ce temps-là, et tout le monde voulait avoir Molière pour la lui entendre réciter. (Boil.)

5. Lambert, fameux musicien, qui promettait à tout le monde et manquait presque toujours de parole, mourut, en 1696, à l'âge de quatre-vingt-sept ans. Il avait marié sa fille à Lulli.

6. Roman de mademoiselle de Scudéri, en 10 volumes.

Deux assiettes suivaient, dont l'une était ornée
D'une langue en ragoût de persil couronnée ;
L'autre, d'un godiveau tout brûlé par dehors,
Dont un beurre gluant inondait tous les bords.
On s'assied : mais d'abord notre troupe serrée
Tenait à peine autour d'une table carrée,
Où chacun malgré soi, l'un sur l'autre porté,
Faisait un tour à gauche, et mangeait de côté.
Jugez en cet état si je pouvais me plaire,
Moi qui ne compte rien ni le vin ni la chère,
Si l'on n'est plus au large assis en un festin,
Qu'aux sermons de Cassagne ou de l'abbé Cotin [1].
Notre hôte cependant s'adressant à la troupe :
— Que vous semble, a-t-il dit, du goût de cette soupe ?
Sentez-vous le citron dont on a mis le jus
Avec des jaunes d'œufs mêlés dans du verjus ?
Ma foi, vive Mignot et tout ce qu'il apprête [2] !
Les cheveux cependant me dressaient à la tête :
Car Mignot, c'est tout dire ; et dans le monde entier
Jamais empoisonneur ne sut mieux son métier [3].
J'approuvais tout pourtant de la mine et du geste,
Pensant qu'au moins le vin dût réparer le reste.
Pour m'en éclaircir donc, j'en demande : et d'abord
Un laquais effronté m'apporte un rouge-bord
D'un auvernat [4] fumeux, qui, mêlé de lignage,
Se vendait chez Crenet [5] pour vin de l'Ermitage [6],
Et qui, rouge et vermeil, mais fade et doucereux,
N'avait rien qu'un goût plat et qu'un déboire affreux.
A peine ai-je senti cette liqueur traîtresse,
Que de ces vins mêlés j'ai reconnu l'adresse.
Toutefois avec l'eau que j'y mets à foison
J'espérais adoucir la force du poison.
Mais, qui l'aurait pensé? pour comble de disgrâce,
Par le chaud qu'il faisait nous n'avions point de glace.

1. Mauvais prédicateurs morts vers la fin du dix-septième siècle. Le premier a traduit les *Dialogues de l'orateur* de Cicéron et les OEuvres de Salluste. Le dernier a été joué dans *les Femmes savantes*, sous le nom de Trissotin.

2. Jacques Mignot, pâtissier-traiteur, rue de la Harpe, vis-à-vis la rue Percée, avait la charge de maître-queux de la maison du roi, et celle d'écuyer de la bouche de la reine. Il se crut blessé dans son honneur et obligé de porter plainte ; mais les magistrats refusèrent de l'entendre en lui disant que l'injure dont il se plaignait n'était qu'une plaisanterie et qu'il en devait rire le premier. Pour se venger, il fit imprimer, à ses frais, une satire de l'abbé Cotin contre Boileau, et la répandit dans le public avec ses biscuits, auxquels elle servait d'enveloppe, et qui dès lors eurent une vogue prodigieuse. Boileau en donnait souvent le divertissement à ses amis.

3. Boileau met ici Mignot en concurrence avec un de ses confrères du quartier de l'Université, le maître de « l'Écu d'argent », qui excellait pour la soupe au verjus et aux jaunes d'œufs. Chez l'artiste en ces sortes de potages, elle eût été parfaite ; chez Mignot elle ne peut être qu'exécrable : de là l'effroi du gourmet ; il n'aura qu'une horrible contrefaçon. (ED. F.)

4. Vin fort rouge, des environs d'Orléans, que les cabaretiers mélangeaient habituellement avec le lignage, moins fort en couleur, pour en faire des vins clairets et rosés. — Au mot *lignage*, l'abbé Guéton ne sut quelle note placer, il laissa un blanc. Boileau le remplit en écrivant : « Autre gros vin d'Orléans. » Il en est parlé dans l'*Hercule Guépin* de Rouzeau. (ED. F.)

5. Fameux marchand de vins, qui tenait le cabaret de *la Pomme de Pin*, déjà cité dans Rabelais, Villon et Régnier.

6. Coteau du Dauphiné, situé sur le Rhône, et réputé pour ses bons vins.

Point de glace, bon Dieu! dans le fort de l'été [1] !
Au mois de juin! Pour moi, j'étais si transporté,
Que donnant de fureur tout le festin au diable,
Je me suis vu vingt fois prêt à quitter la table;
Et, dût-on m'appeler et fantasque et bourru,
J'allais sortir enfin quand le rôt a paru.

 Sur un lièvre flanqué de six poulets étiques
S'élevaient trois lapins, animaux domestiques,
Qui, dès leur tendre enfance élevés dans Paris,
Sentaient encor le chou dont ils furent nourris.
Autour de cet amas de viandes entassées
Régnait un long cordon d'alouettes pressées [2],
Et sur les bords du plat six pigeons étalés
Présentaient pour renfort leurs squelettes brûlés.
A côté de ce plat paraissaient deux salades,
L'une de pourpier jaune, et l'autre d'herbes fades,
Dont l'huile de fort loin saisissait l'odorat,
Et nageait dans des flots de vinaigre rosat.
Tous mes sots, à l'instant changeant de contenance,
Ont loué du festin la superbe ordonnance,
Tandis que mon faquin, qui se voyait priser,
Avec un ris moqueur les priait d'excuser.
Surtout certain hâbleur, à la gueule affamée,
Qui vint à ce festin conduit par la fumée,
Et qui s'est dit profès dans l'ordre des Coteaux [3],
A fait en bien mangeant l'éloge des morceaux.
Je riais de le voir avec sa mine étique,
Son rabat jadis blanc et sa perruque antique,
En lapin de garenne ériger nos clapiers [4],
Et nos pigeons cauchois [5] en superbes ramiers;
Et, pour flatter notre hôte, observant son visage,
Composer sur ses yeux son geste et son langage;
Quand notre hôte charmé, m'avisant sur ce point:
— Qu'avez-vous donc, dit-il, que vous ne mangez point?
Je vous trouve aujourd'hui l'âme toute inquiète,

---

1. On n'a commencé, en France, à boire à la glace que vers le milieu du dix-septième siècle. Cet usage était cependant connu des anciens Romains.

2. On critiqua beaucoup ces alouettes en plein été. Boursault s'en moqua dans une pièce, qui était sa revanche contre Boileau, la Satire des satires, 1669, in-12, p. 14, scène III. Les admirateurs mêmes du poëte pensèrent qu'il s'était trompé. L'abbé Guéton avança qu'il en convenait : « L'auteur a dit à ses amis... qu'il avoit manqué contre la saison. » Boileau soutint qu'il ne s'était pas démenti, et que ces alouettes servies en été, lorsqu'elles sont étiques, n'étaient qu'une critique de plus contre la sottise de ce dîner. Loin d'admettre la correction que l'abbé lui faisait faire, il écrivit en note à la suite : « Je n'ay jamais dit cela. Il y a autant d'alouettes en esté qu'en hyver, mais on n'en sert guère parcequ'elles sont fort sèches et fort maigres, aussi bien que les moineaux. » (ED. F.)

3. Les Coteaux. Ce nom fut donné à trois grands seigneurs, tenant table, qui étaient partagés sur l'estime qu'on devait faire des vins des coteaux qui sont aux environs de Reims. Ils avaient chacun leurs partisans. (BOIL.) Suivant Boileau, ces trois seigneurs étaient le commandeur de Souvré, le duc de Mortemar et le marquis de Silleri. Ménage prétend qu'on appela les coteaux des délicats qui ne voulaient du vin que d'un certain coteau. C'étaient, suivant lui, MM. Laval, marquis de Bois-Dauphin ; la Trémouille, comte d'Olonne; Mornal, abbé de Villarceaux, et Brûlart, comte du Broussin.

4. Lapins domestiques.

5. Du pays de Caux en Normandie.

Et les morceaux entiers restent sur votre assiette.
Aimez-vous la muscade? on en a mis partout [1].
Ah! monsieur, ces poulets sont d'un merveilleux goût!
Ces pigeons sont dodus ; mangez, sur ma parole.
J'aime à voir aux lapins cette chair blanche et molle.
Ma foi tout est passable, il le faut confesser,
Et Mignot aujourd'hui s'est voulu surpasser.
Quand on parle de sauce, il faut qu'on y raffine ;
Pour moi, j'aime surtout que le poivre y domine :
J'en suis fourni, Dieu sait! et j'ai tout Pelletier
Roulé dans mon office en cornets de papier.
A tous ces beaux discours j'étais comme une pierre,
Ou comme la statue est au Festin de Pierre [2];
Et, sans dire un seul mot, j'avalais au hasard
Quelque aile de poulet dont j'arrachais le lard.
    Cependant mon hâbleur, avec une voix haute,
Porte à mes campagnards la santé de notre hôte,
Qui tous deux pleins de joie, en jetant un grand cri,
Avec un rouge-bord acceptent son défi.
Un si galant exploit réveillant tout le monde,
On a porté partout des verres à la ronde,
Où les doigts des laquais, dans la crasse tracés,
Témoignaient par écrit qu'on les avait rincés ;
Quand un des conviés, d'un ton mélancolique,
Lamentant tristement une chanson bachique,
Tous mes sots à la fois ravis de l'écouter,
Détonnant de concert, se mettent à chanter.
La musique sans doute était rare et charmante !
L'un traîne en longs fredons une voix glapissante ;
Et l'autre, l'appuyant de son aigre fausset,
Semble un violon faux qui jure sous l'archet.
    Sur ce point un jambon d'assez maigre apparence
Arrive sous le nom de jambon de Mayence.
Un valet le portait, marchant à pas comptés,
Comme un recteur suivi des quatre facultés [3].
Deux marmitons crasseux, revêtus de serviettes,
Lui servaient de massiers et portaient deux assiettes,
L'une de champignons avec des ris de veau,
Et l'autre de pois verts qui se noyaient dans l'eau.

---

1. Nouveau détail, qui met ce repas hors du goût et de la mode. La muscade avait été en faveur au XVIe siècle, mais on n'en voulait plus; l'amphitryon n'est que plus ridicule de dire : « On en a mis partout. » On lit dans le *Ducatiana*, t. 1, p. 6 : « Le goût de la muscade avait passé, après avoir dominé cent cinquante ans plus ou moins. » (ED. F.)

2. On a toujours cru qu'il s'agissait ici du *Festin de Pierre* de Molière. L'abbé Guéton le pensait, comme tout le monde, et l'écrivit. Boileau le détrompa par cette note : « J'avois faict ma satire longtemps avant que Molière eût faict le Festin de Pierre, et c'est à celle que jouoient les comédiens Italiens que j'ay regardé, et qui estoit alors fort fameuse. » La pièce des Italiens s'appelait *Il convitato di pietra*, et le succès en avait commencé en 1657. (ED. F.)

3. L'université faisait alors quatre processions par année, à la tête desquelles marchait le recteur, précédé de bedeaux ou massiers, et suivi des quatre facultés : les Arts, la Médecine, le Droit et la Théologie.

Un spectacle si beau surprenant l'assemblée,
Chez tous les conviés la joie est redoublée ;
Et la troupe, à l'instant cessant de fredonner,
D'un ton gravement fou s'est mise à raisonner.
Le vin au plus muet fournissant des paroles,
Chacun a débité ses maximes frivoles,
Réglé les intérêts de chaque potentat,
Corrigé la police et réformé l'État ;
Puis, de là s'embarquant dans la nouvelle guerre,
A vaincu la Hollande ou battu l'Angleterre.
  Enfin, laissant en paix tous ces peuples divers,
De propos en propos on a parlé de vers.
Là, tous mes sots, enflés d'une nouvelle audace,
Ont jugé des auteurs en maîtres du Parnasse.
Mais notre hôte surtout, pour la justesse et l'art,
Élevait jusqu'au ciel Théophile et Ronsard [1],
Quand un des campagnards, relevant sa moustache
Et son feutre [2] à grands poils ombragé d'un panache,
Impose à tous silence, et, d'un ton de docteur :
— Morbleu ! dit-il, la Serre est un charmant auteur [3].
Ses vers sont d'un beau style, et sa prose est coulante.
La Pucelle [4] est encore une œuvre bien galante,
Et je ne sais pourquoi je bâille en la lisant.
Le Pays [5], sans mentir, est un bouffon plaisant :
Mais je ne trouve rien de beau dans ce Voiture.
Ma foi, le jugement sert bien dans la lecture.
A mon gré, le Corneille [6] est joli quelquefois.
En vérité, pour moi, j'aime le beau français.
Je ne sais pas pourquoi l'on vante l'Alexandre [7] ;
Ce n'est qu'un glorieux qui ne dit rien de tendre.
Les héros chez Quinault parlent bien autrement,
Et jusqu'à je vous hais, tout s'y dit tendrement.
On dit qu'on l'a drapé dans certaine satire [8] ;
Qu'un jeune homme... — Ah ! je sais ce que vous voulez dire,
A répondu notre hôte : Un auteur sans défaut,
« La raison dit Virgile, et la rime Quinault. »

---

1. Théophile Viaud et Ronsard. Ces deux poëtes jouissaient d'une grande célébrité avant Boileau.
2. *Feutre* s'employait quelquefois alors comme synonyme de *chapeau*.
3. Jean Puget de la Serre, mort en 1665, a fait quelques tragédies en prose.
4. Jean Chapelain, de l'Académie française, est l'auteur de *la Pucelle* ou *la France délivrée*, poëme héroïque en vingt-quatre chants. Il demeura trente ans à composer ou à promettre cet ouvrage, qui parut enfin en 1655. Toute la France l'attendait avec beaucoup d'impatience, sur la réputation que Chapelain s'était faite par son ode au cardinal de Richelieu ; mais l'impression en fut l'écueil. Il serait difficile de trouver rien de plus ennuyeux que la lecture de *la Pucelle*, dont les vers sont durs, forcés, et pleins de transpositions monstrueuses.
5. René le Pays, sieur du Plessis-Villeneuve, né à Nantes en 1636, directeur général des gabelles de Dauphiné et de Provence, avait publié en 1664, sous le titre d'*Amitiés, Amours et Amourettes*, un recueil de lettres et de poésies.
6. Boileau, à ce nom de Corneille, écrit un détail curieux. L'abbé Guéton avait mis « prince du théâtre françois » ; il ajoute : « que les comédiens, dans leurs affiches, appellent le grand Corneille. » (Ép. F.)
7. Tragédie de Racine.
8. Dans la précédente, vers 19 et 20.

— Justement. A mon gré, la pièce est assez plate.
Et puis, blâmer Quinault! Avez-vous vu l'Astrate [1]?
C'est là ce qu'on appelle un ouvrage achevé;
Surtout l'anneau royal me semble bien trouvé [2].
Son sujet est conduit d'une belle manière,
Et chaque acte, en sa pièce, est une pièce entière.
Je ne puis plus souffrir ce que les autres font.
 — Il est vrai que Quinault est un esprit profond,
A repris certain fat, qu'à sa mine discrète
Et son maintien jaloux j'ai reconnu poëte;
Mais il en est pourtant qui le pourraient valoir.
— Ma foi, ce n'est pas vous qui nous le ferez voir,
A dit mon campagnard avec une voix claire,
Et déjà tout bouillant de vin et de colère.
 — Peut-être, a dit l'auteur pâlissant de courroux :
Mais vous, pour en parler, vous y connaissez-vous?
— Mieux que vous mille fois, dit le noble en furie.
— Vous? mon Dieu! mêlez-vous de boire, je vous prie,
A l'auteur sur-le-champ aigrement reparti.
— Je suis donc un sot, moi? vous en avez menti,
Reprend le campagnard; et, sans plus de langage,
Lui jette pour défi son assiette au visage.
L'autre esquive le coup; et, l'assiette volant
S'en va frapper le mur, et revient en roulant.
A cet affront l'auteur, se levant de la table,
Lance à mon campagnard un regard effroyable;
Et, chacun vainement se ruant entre deux,
Nos braves s'accrochant se prennent aux cheveux.
Aussitôt sous leurs pieds les tables renversées
Font voir un long débris de bouteilles cassées;
En vain à lever tout les valets sont fort prompts,
Et les ruisseaux de vin coulent aux environs.
 Enfin, pour arrêter cette lutte barbare,
De nouveau l'on s'efforce, on crie, on les sépare;
Et, leur première ardeur passant en un moment,
On a parlé de paix et d'accommodement.
Mais, tandis qu'à l'envi tout le monde y conspire,
J'ai gagné doucement la porte sans rien dire,
Avec un bon serment que, si, pour l'avenir,
En pareille cohue on peut me retenir,
Je consens de bon cœur, pour punir ma folie,

---

1. Autre tragédie de Quinault.
2. L'*Anneau royal* fait le sujet de la scène III et IV de l'acte troisième d'*Astrate*. *Élise*, héritière du royaume de Tyr, donne à *Agénor*, son parent, un anneau, qui était la marque de la dignité royale, pour le remettre à *Astrate*, qui est aimé de la reine, et qu'elle veut faire roi en l'épousant. Mais Agénor, qui avait été nommé par le père de la reine pour être son époux, ne consent point à se dessaisir de l'*Anneau royal*; et comme il veut se servir de l'autorité souveraine que lui donne ce précieux anneau pour faire arrêter son rival, il est lui-même mis en prison par ordre de la reine.

Que tous les vins pour moi deviennent vins de Brie;
Qu'à Paris le gibier manque tous les hivers,
Et qu'à peine au mois d'août l'on mange des pois verts.

SATIRE IV

1664

A L'ABBÉ LE VAYER[1]

D'où vient, cher Le Vayer, que l'homme le moins sage
Croit toujours seul avoir la sagesse en partage,
Et qu'il n'est point de fou qui, par belles raisons,
Ne loge son voisin aux Petites-Maisons[2]?
  Un pédant, enivré de sa vaine science,
Tout hérissé de grec, tout bouffi d'arrogance,
Et qui, de mille auteurs retenus mot pour mot,
Dans sa tête entassés, n'a souvent fait qu'un sot,
Croit qu'un livre fait tout, et que, sans Aristote,
La raison ne voit goutte et le bon sens radote.
  D'autre part un galant, de qui tout le métier
Est de courir le jour de quartier en quartier,
Et d'aller, à l'abri d'une perruque blonde,
De ses froides douceurs fatiguer le beau monde,
Condamne la science; et, blâmant tout écrit,
Croit qu'en lui l'ignorance est un titre d'esprit;
Que c'est des gens de cour le plus beau privilège,
Et renvoie un savant dans le fond d'un collège.
  Un bigot orgueilleux, qui, dans sa vanité,
Croit duper jusqu'à Dieu par son zèle affecté,
Couvrant tous ses défauts d'une sainte apparence,
Damne tous les humains de sa pleine puissance.
  Un libertin d'ailleurs, qui, sans âme et sans foi,
Se fait de son plaisir une suprême loi,
Tient que ces vieux propos de démons et de flammes
Sont bons pour étonner des enfants et des femmes;
Que c'est s'embarrasser de soucis superflus,
Et qu'enfin tout dévot a le cerveau perclus.
  En un mot, qui voudrait épuiser ces matières,
Peignant de tant d'esprit les diverses manières,

---

1. L'abbé Guéton demande qui « il étoit ». Boileau répond : « M. l'abbé Le Vayer estoit fils du fameux auteur M. La Motte Le Vayer. Il a traduit en françois *Florus*. » Il mourut peu après que cette satire lui eût été dédiée. Molière, qui était aussi de ses amis, adressa au père, pour le consoler, un fort beau sonnet. (Ed. F.)

2. On appelait ainsi l'hôpital des fous, qu'on y tenait renfermés dans de petites cellules séparées.

Il compterait plutôt combien, dans un printemps,
Guenaud [1] et l'antimoine ont fait mourir de gens,
Et combien la Neveu [2], devant son mariage,
A de fois au public vendu son pucelage.
  Mais, sans errer en vain dans ces vagues propos,
Et pour rimer ici ma pensée en deux mots,
N'en déplaise à ces fous nommés sages de Grèce,
En ce monde il n'est point de parfaite sagesse :
Tous les hommes sont fous, et, malgré tous leurs soins,
Ne diffèrent entre eux que du plus ou du moins.
  Comme on voit qu'en un bois que cent routes séparent,
Les voyageurs sans guide assez souvent s'égarent,
L'un à droit, l'autre à gauche, et, courant vainement,
La même erreur les fait errer diversement :
Chacun suit dans le monde une route incertaine,
Selon que son erreur le joue et le promène ;
Et tel y fait l'habile et nous traite de fous,
Qui sous le nom de sage est le plus fou de tous.
Mais, quoi que sur ce point la satire publie,
Chacun veut en sagesse ériger sa folie ;
Et se laissant régler à son esprit tortu,
De ses propres défauts se fait une vertu.
Ainsi, cela soit dit pour qui veut se connaître,
Le plus sage est celui qui ne pense point l'être,
Qui, toujours pour un autre enclin vers la douceur,
Se regarde soi-même en sévère censeur,
Rend à tous ses défauts une exacte justice,
Et fait sans se flatter le procès à son vice.
Mais chacun pour soi-même est toujours indulgent.
  Un avare, idolâtre et fou de son argent,
Rencontrant la disette au sein de l'abondance,
Appelle sa folie une rare prudence,
Et met toute sa gloire et son souverain bien
A grossir un trésor qui ne lui sert de rien.
Plus il le voit accru, moins il en sait l'usage.
Sans mentir, l'avarice est une étrange rage,
Dira cet autre fou non moins privé de sens,
Qui jette, furieux, son bien à tous venants,
Et dont l'âme inquiète, à soi-même importune,
Se fait un embarras de sa bonne fortune.
Qui des deux en effet est le plus aveuglé?
  L'un et l'autre, à mon sens, ont le cerveau troublé
Répondra chez Frédoc [3] ce marquis sage et prude,

---

1. Médecin de la reine.
2. « C'estoit, dit une note de Boileau, une courtisane fameuse du temps de Louis XIII que M. le duc d'Orléans, frère du roy, promenoit quelquefois la nuit toute nue dans Paris. » Elle était morte quand parut cette satire. (Ed. F.)
3. Frédoc tenait, place du Palais-Royal, une maison de jeu alors très-fréquentée.

SATIRE IV.

Et qui sans cesse au jeu, dont il fait son étude,
Attendant son destin d'un quatorze ou d'un sept,
Voit sa vie ou sa mort sortir de son cornet.
Que si d'un sort fâcheux la maligne inconstance
Vient par un coup fatal faire tourner la chance,
Vous le verrez bientôt, les cheveux hérissés,
Et les yeux vers le ciel de fureur élancés,
Ainsi qu'un possédé que le prêtre exorcise,
Fêter dans ses serments tous les saints de l'Église.
Qu'on le lie; ou je crains, à son air furieux,
Que ce nouveau Titan n'escalade les cieux.
  Mais laissons-le plutôt en proie à son caprice.
Sa folie, aussi bien, lui tient lieu de supplice.
Il est d'autres erreurs dont l'aimable poison
D'un charme bien plus doux enivre la raison :
L'esprit dans ce nectar heureusement s'oublie.
  Chapelain veut rimer, et c'est là sa folie [1].
Mais, bien que ses durs vers, d'épithètes enflés,
Soient des moindres grimauds chez Ménage sifflés,
Lui-même il s'applaudit, et, d'un esprit tranquille,
Prend le pas au Parnasse au-dessus de Virgile.
Que ferait-il, hélas! si quelque audacieux
Allait pour son malheur lui dessiller les yeux,
Lui faisant voir ses vers et sans force et sans grâces
Montés sur deux grands mots, comme sur deux échasses,
Ses termes sans raison l'un de l'autre écartés,
Et ses froids ornements à la ligne plantés?
Qu'il maudirait le jour où son âme insensée
Perdit l'heureuse erreur qui charmait sa pensée!
  Jadis certain bigot, d'ailleurs homme sensé,
D'un mal assez bizarre eut le cerveau blessé,
S'imaginant sans cesse, en sa douce manie,
Des esprits bienheureux entendre l'harmonie.
Enfin un médecin fort expert en son art
Le guérit par adresse, ou plutôt par hasard;
Mais voulant de ses soins exiger le salaire :
— Moi, vous payer? lui dit le bigot en colère,
Vous dont l'art infernal, par des secrets maudits,
En me tirant d'erreur m'ôte du paradis!
  J'approuve son courroux; car, puisqu'il faut le dire,
Souvent de tous nos maux la raison est le pire.
C'est elle qui, farouche au milieu des plaisirs,
D'un remords importun vient brider nos désirs.
La fâcheuse a pour nous des rigueurs sans pareilles;
C'est un pédant qu'on a sans cesse à ses oreilles,

---

1. Voyez la note 4 de la page 27.

Qui toujours nous gourmande, et, loin de nous toucher,
Souvent, comme Joli ¹, perd son temps à prêcher.
En vain certains rêveurs nous l'habillent en reine,
Veulent sur tous nos sens la rendre souveraine,
Et, s'en formant en terre une divinité,
Pensent aller par elle à la félicité :
C'est elle, disent-ils, qui nous montre à bien vivre.
Ces discours, il est vrai, sont fort beaux dans un livre;
Je les estime fort : mais je trouve en effet
Que le plus fou souvent est le plus satisfait.

SATIRE V

1663

AU MARQUIS DE DANGEAU ²

La noblesse, Dangeau, n'est pas une chimère,
Quand, sous l'étroite loi d'une vertu sévère,
Un homme issu d'un sang fécond en demi-dieux
Suit, comme toi, la trace où marchaient ses aïeux.
Mais je ne puis souffrir qu'un fat, dont la mollesse
N'a rien pour s'appuyer qu'une vaine noblesse,
Se pare insolemment du mérite d'autrui,
Et me vante un honneur qui ne vient pas de lui.
Je veux que la valeur de ses aïeux antiques
Ait fourni de matière aux plus vieilles chroniques,
Et que l'un des Capets, pour honorer leur nom,
Ait de trois fleurs de lis doté leur écusson ³,
Que sert ce vain amas d'une inutile gloire,

---

1. Prédicateur célèbre de cette époque. Il était alors curé de Saint-Nicolas des Champs ; il fut ensuite nommé à l'évêché de Saint-Pol de Léon, et bientôt après à celui d'Agen. Ses prônes ont été souvent réimprimés.
2. Philippe de Courcillon, marquis de Dangeau, remplaça Scudéri à l'Académie française, en 1668, et le marquis de l'Hôpital, en 1704, à l'Académie des sciences. Son *Journal* publié en extraits par Voltaire, mesdames de Genlis et de Satory, Lémontey, P. Lacroix, etc., a paru enfin complet, avec des notes de Saint-Simon, en 19 vol., par les soins de MM. L. Dussieux et Soulié. — On s'étonna un peu que Boileau eût adressé cette satire sur la noblesse à un homme, M. de Dangeau, qui n'en avait pas une des plus anciennes et surtout des mieux fondées, et dont La Bruyère — qui l'appela *Pamphile* — put dire plus tard : « Un Pamphile veut être grand, il croit l'être, il ne l'est pas, il est d'après un Grand. »

L'abbé Guéton en fut surpris, comme tout le monde, et demanda, par une note, si Boileau n'avait pas eu, pour cette dédicace de sa satire, « quelque raison particulière. » Boileau fit, en marge, cette très-curieuse réponse : « J'avois dessein d'abord de la dédier à M. de La Rochefoucauld, que j'avois l'honneur de connoître ; mais il me parut que ce nom de trop de syllabes gasteroit mes vers, et ainsi je me déterminai à M. Dangeau, dont le nom n'est que de deux syllabes, et que je connoissois aussi. » (Ed. F.)
3. Philippe-Auguste, ayant été renversé de son cheval à la bataille de Bouvines, Déodat, ou Dieu-Donné d'Estaing, contribua puissamment à tirer le roi du danger qu'il courait, et sauva même son *escu*. Le brave chevalier demanda et obtint, pour prix de ce service, l'honneur d'ajouter une troisième fleur de lis aux deux que portait déjà l'écusson de la maison d'Estaing.

Si, de tant de héros célèbres dans l'histoire,
Il ne peut rien offrir aux yeux de l'univers
Que de vieux parchemins qu'ont épargnés les vers;
Si, tout sorti qu'il est d'une source divine,
Son cœur dément en lui sa superbe origine,
Et, n'ayant rien de grand qu'une sotte fierté,
S'endort dans une lâche et molle oisiveté?
Cependant, à le voir avec tant d'arrogance
Vanter le faux éclat de sa haute naissance,
On dirait que le ciel est soumis à sa loi,
Et que Dieu l'a pétri d'autre limon que moi.
Enivré de lui-même, il croit, dans sa folie,
Qu'il faut que devant lui d'abord tout s'humilie.
Aujourd'hui toutefois, sans trop le ménager,
Sur ce ton un peu haut je vais l'interroger.

Dites-moi, grand héros, esprit rare et sublime,
Entre tant d'animaux, qui sont ceux qu'on estime?
On fait cas d'un coursier qui, fier et plein de cœur,
Fait paraître en courant sa bouillante vigueur;
Qui jamais ne se lasse, et qui dans la carrière
S'est couvert mille fois d'une noble poussière:
Mais la postérité d'Alfane et de Bayard [1],
Quand ce n'est qu'une rosse, est vendue au hasard,
Sans respect des aïeux dont elle est descendue,
Et va porter la malle ou tirer la charrue;
Pourquoi donc voulez-vous que, par un sot abus,
Chacun respecte en vous un honneur qui n'est plus?
On ne m'éblouit point d'une apparence vaine :
La vertu d'un cœur noble est la marque certaine.
Si vous êtes sorti de ces héros fameux,
Montrez-nous cette ardeur qu'on vit briller en eux,
Ce zèle pour l'honneur, cette horreur pour le vice.
Respectez-vous les lois? fuyez-vous l'injustice?
Savez-vous pour la gloire oublier le repos,
Et dormir en plein champ le harnois sur le dos?
Je vous connais pour noble à ces illustres marques.
Alors soyez issu des plus fameux monarques,
Venez de mille aïeux; et, si ce n'est assez,
Feuilletez à loisir tous les siècles passés :
Voyez de quel guerrier il vous plaît de descendre;
Choisissez de César, d'Achille ou d'Alexandre :
En vain un faux censeur voudrait vous démentir,
Et si vous n'en sortez vous en devez sortir.
Mais, fussiez-vous issu d'Hercule en droite ligne,
Si vous ne faites voir qu'une bassesse indigne,

---

[1]. Chevaux célèbres dans nos vieux romans.

Ce long amas d'aïeux que vous diffamez tous
Sont autant de témoins qui parlent contre vous,
Et tout ce grand éclat de leur gloire ternie
Ne sert plus que de jour à votre ignominie.
En vain, tout fier d'un sang que vous déshonorez,
Vous dormez à l'abri de ces noms révérés,
En vain vous vous couvrez des vertus de vos pères :
Ce ne sont à mes yeux que de vaines chimères ;
Je ne vois rien en vous qu'un lâche, un imposteur,
Un traître, un scélérat, un perfide, un menteur,
Un fou dont les accès vont jusqu'à la furie,
Et d'un tronc fort illustre une branche pourrie.
   Je m'emporte peut-être, et ma muse en fureur
Verse dans ses discours trop de fiel et d'aigreur :
Il faut avec les grands un peu de retenue.
Eh bien! Je m'adoucis. Votre race est connue,
Depuis quand? répondez. Depuis mille ans entiers,
Et vous pouvez fournir deux fois seize quartiers.
C'est beaucoup. Mais enfin les preuves en sont claires :
Tous les livres sont pleins des titres de vos pères ;
Leurs noms sont échappés du naufrage des temps.
Mais qui m'assurera qu'en ce long cercle d'ans,
A leurs fameux époux vos aïeules fidèles
Aux douceurs des galants furent toujours rebelles?
Et comment savez-vous si quelque audacieux
N'a point interrompu le cours de vos aïeux,
Et si leur sang tout pur, ainsi que leur noblesse,
Est passé jusqu'à vous de Lucrèce en Lucrèce?
   Que maudit soit le jour où cette vanité
Vint ici de nos mœurs souiller la pureté!
Dans les temps bienheureux du monde en son enfance
Chacun mettait sa gloire en sa seule innocence ;
Chacun vivait content, et sous d'égales lois
Le mérite y faisait la noblesse et les rois ;
Et, sans chercher l'appui d'une naissance illustre,
Un héros de soi-même empruntait tout son lustre.
Mais enfin par le temps le mérite avili
Vit l'honneur en roture et le vice ennobli ;
Et l'orgueil, d'un faux titre appuyant sa faiblesse,
Maîtrisa les humains sous le nom de noblesse.
De là vinrent en foule et marquis et barons :
Chacun pour ses vertus n'offrit plus que des noms.
Aussitôt maint esprit fécond en rêveries
Inventa le blason avec les armoiries ;
De ses termes obscurs fit un langage à part ;
Composa tous ces mots de cimier et d'écart,
De pal, de contrepal, de lambel et de fasce,

SATIRE V.

Et tout ce que Segoing[1] dans son Mercure entasse.
Une vaine folie enivrant la raison,
L'honneur triste et honteux ne fut plus de saison.
Alors, pour soutenir son rang et sa naissance,
Il fallut étaler le luxe et la dépense;
Il fallut habiter un superbe palais,
Faire par les couleurs distinguer ses valets;
Et, traînant en tous lieux de pompeux équipages,
Le duc et le marquis se reconnut aux pages.

Bientôt, pour subsister, la noblesse sans bien
Trouva l'art d'emprunter et de ne rendre rien;
Et, bravant des sergents la timide cohorte,
Laissa le créancier se morfondre à sa porte :
Mais, pour comble, à la fin le marquis en prison
Sous le faix des procès vit tomber sa maison.
Alors le noble altier, pressé de l'indigence,
Humblement du faquin rechercha l'alliance,
Avec lui trafiquant d'un nom si précieux,
Par un lâche contrat vendit tous ses aïeux;
Et, corrigeant ainsi la fortune ennemie,
Rétablit son honneur à force d'infamie.

Car, si l'éclat de l'or ne relève le sang,
En vain l'on fait briller la splendeur de son rang;
L'amour de vos aïeux passe en vous pour manie,
Et chacun pour parent vous fuit et vous renie.
Mais quand un homme est riche, il vaut toujours son prix;
Et, l'eût-on vu porter la mandille[2] à Paris,
N'eût-il de son vrai nom ni titre ni mémoire,
D'Hozier[3] lui trouvera cent aïeux dans l'histoire.

Toi donc qui, de mérite et d'honneur revêtu,
Des écueils de la cour as sauvé ta vertu,
Dangeau, qui, dans le rang où notre roi t'appelle,
Le vois, toujours orné d'une gloire nouvelle,
Et plus brillant par soi que par l'éclat des lis,
Dédaigner tous ces rois dans la pourpre amollis;
Fuir d'un honteux loisir la douceur importune;
A ses sages conseils asservir la fortune;
Et, de tout son bonheur ne devant rien qu'à soi,
Montrer à l'univers ce que c'est qu'être roi :
Si tu veux te couvrir d'un éclat légitime,
Va par mille beaux faits mériter son estime;
Sers un si noble maître, et fais voir qu'aujourd'hui
Ton prince a des sujets qui sont dignes de lui.

---

1. Charles Segoing, avocat, auteur du *Trésor héraldique* ou *Mercure armorial*, publié en 1657.
2. Petite casaque que portaient encore les laquais à cette époque.
3. Pierre d'Hozier, généalogiste de la maison du roi, juge-général des armes et blasons de France.

SATIRE VI

1660

Qui frappe l'air, bon Dieu! de ces lugubres cris?
Est-ce donc pour veiller qu'on se couche à Paris?
Et quel fâcheux démon, durant les nuits entières,
Rassemble ici les chats de toutes les gouttières?
J'ai beau sauter du lit, plein de trouble et d'effroi,
Je pense qu'avec eux tout l'enfer est chez moi :
L'un miaule en grondant comme un tigre en furie[1],
L'autre roule sa voix comme un enfant qui crie.
Ce n'est pas tout encor : les souris et les rats
Semblent, pour m'éveiller, s'entendre avec les chats,
Plus importuns pour moi, durant la nuit obscure,
Que jamais, en plein jour, ne fut l'abbé de Pure[2].

Tout conspire à la fois à troubler mon repos,
Et je me plains ici du moindre de mes maux;
Car à peine les coqs, commençant leur ramage,
Auront de cris aigus frappé le voisinage,
Qu'un affreux serrurier, laborieux Vulcain,
Qu'éveillera bientôt l'ardente soif du gain,
Avec un fer maudit, qu'à grand bruit il apprête,
De cent coups de marteau me va fendre la tête.
J'entends déjà partout les charrettes courir,
Les maçons travailler, les boutiques s'ouvrir :
Tandis que dans les airs mille cloches émues
D'un funèbre concert font retentir les nues;
Et, se mêlant au bruit de la grêle et des vents,
Pour honorer les morts font mourir les vivants.

Encor je bénirais la bonté souveraine,
Si le ciel à ces maux avait borné ma peine.
Mais si seul en mon lit je peste avec raison,
C'est encor pis vingt fois en quittant la maison :
En quelque endroit que j'aille, il faut fendre la presse
D'un peuple d'importuns qui fourmillent sans cesse.
L'un me heurte d'un ais dont je suis tout froissé;
Je vois d'un autre coup mon chapeau renversé.
Là d'un enterrement la funèbre ordonnance
D'un pas lugubre et lent vers l'église s'avance;

---

1. Pradon, dans ses *Nouvelles Remarques sur tous les ouvrages du sieur D...* (Despréaux), fait ici une observation qui ne manque pas de justesse : « M. D... a-t-il entendu miauler les tigres, puisqu'il dit qu'un chat miaule comme un tigre en furie? » (Éd. F.)

2. Voyez les notes de la satire II.

Et plus loin des laquais[1], l'un l'autre s'agaçants,
Font aboyer les chiens et jurer les passants.
Des paveurs en ce lieu me bouchent le passage.
Là je trouve une croix de funeste présage[2] ;
Et des couvreurs grimpés au toit d'une maison
En font pleuvoir l'ardoise et la tuile à foison.
Là sur une charrette une poutre branlante
Vient menaçant de loin la foule qu'elle augmente ;
Six chevaux attelés à ce fardeau pesant
Ont peine à l'émouvoir sur le pavé glissant.
D'un carrosse en tournant il accroche une roue,
Et du choc le renverse en un grand tas de boue,
Quand un autre à l'instant s'efforçant de passer
Dans le même embarras se vient embarrasser.
Vingt carrosses bientôt arrivant à la file
Y sont en moins de rien suivis de plus de mille ;
Et, pour surcroît de maux, un sort malencontreux
Conduit en cet endroit un grand troupeau de bœufs.
Chacun prétend passer : l'un mugit, l'autre jure ;
Des mulets en sonnant augmentent le murmure.
Aussitôt cent chevaux dans la foule appelés
De l'embarras qui croît ferment les défilés,
Et partout des passants enchaînant les brigades
Au milieu de la paix font voir les barricades[3] ;
On n'entend que des cris poussés confusément :
Dieu pour s'y faire ouïr tonnerait vainement.
Moi donc, qui dois souvent en certain lieu me rendre
Le jour déjà baissant, et qui suis las d'attendre,
Ne sachant plus tantôt à quel saint me vouer,
Je me mets au hasard de me faire rouer.
Je saute vingt ruisseaux, j'esquive, je me pousse :
Guénaud[4] sur son cheval en passant m'éclabousse :
Et, n'osant plus paraître en l'état où je suis,
Sans songer où je vais, je me sauve où je puis.
Tandis que dans un coin en grondant je m'essuie,
Souvent, pour m'achever, il survient une pluie :
On dirait que le ciel, qui se fond tout en eau,

1. Les laquais étaient alors très-nombreux et très-insolents. Les seigneurs s'en faisaient une garde, à qui rien ne manquait, même l'épée. Une de leurs bandes ayant tué M. de Tilladet, en 1654, dans une échauffourée, tout port d'armes leur fut interdit. V. *Lettre* de Gui Patin, 20 janv. 1654. (Ed. F.)
2. Boileau avait vu, dans son enfance, de ces croix pendues à une corde qui descendait du toit où les couvreurs faisaient des réparations, mais plus tard, cet avertissement aux passants se simplifia. A la suite d'une note de l'abbé Guéton, à ce sujet, il écrivit : « On ne met plus maintenant qu'une latte sans la croiser. » L'usage s'en est longtemps conservé à Paris. Brossette fut fort embarrassé, pour son commentaire, de cette croix, dont les couvreurs de Lyon, son pays, ne se servaient sans doute pas. Il en écrivit à Boileau qui lui répondit ce qu'on lira dans sa lettre du 5 mai 1709. (Ed. F.)
3. Allusion aux troubles de la Fronde, en 1648.
4. Il en a déjà été parlé dans la ive satire, à propos de l'antimoine dont il était le grand prôneur. Pendant que tous ses confrères se contentaient d'une mule pour faire leurs visites, il allait, lui, à cheval : c'est le trait que Boileau lui décoche. Molière dans l'*Amour médecin* (acte ii, sc. 3) donne la même monture à son Desfonandrès, et ce détail prouverait que c'est Guénaud. (Ed. F.)

Veuille inonder ces lieux d'un déluge nouveau.
Pour traverser la rue, au milieu de l'orage,
Un ais sur deux pavés forme un étroit passage ;
Le plus hardi laquais n'y marche qu'en tremblant :
Il faut pourtant passer sur ce pont chancelant,
Et les nombreux torrents qui tombent des gouttières,
Grossissant les ruisseaux, en ont fait des rivières.
J'y passe en trébuchant ; mais, malgré l'embarras,
La frayeur de la nuit précipite mes pas.
Car, sitôt que du soir les ombres pacifiques
D'un double cadenas font fermer les boutiques ;
Que, retiré chez lui, le paisible marchand
Va revoir ses billets et compter son argent ;
Que dans le Marché-Neuf[1] tout est calme et tranquille,
Les voleurs à l'instant s'emparent de la ville.
Le bois le plus funeste et le moins fréquenté
Est, au prix de Paris, un lieu de sûreté.
Malheur donc à celui qu'une affaire imprévue
Engage un peu trop tard au détour d'une rue !
Bientôt quatre bandits lui serrant les côtés :
La bourse !... Il faut se rendre ; ou bien non, résistez,
Afin que votre mort, de tragique mémoire,
Des massacres fameux aille grossir l'histoire.
Pour moi, fermant ma porte et cédant au sommeil,
Tous les jours je me couche avecque le soleil :
Mais en ma chambre à peine ai-je éteint la lumière,
Qu'il ne m'est plus permis de fermer la paupière.
Des filous effrontés, d'un coup de pistolet,
Ébranlent ma fenêtre, et percent mon volet ;
J'entends crier partout : Au meurtre ! On m'assassine[2] !
Ou : le feu vient de prendre à la maison voisine.
Tremblant et demi-mort, je me lève à ce bruit,
Et souvent sans pourpoint je cours toute la nuit.
Car le feu, dont la flamme en ondes se déploie,
Fait de notre quartier une seconde Troie,
Où maint Grec affamé, maint avide Argien,
Au travers des charbons va piller le Troyen.
Enfin sous mille crocs la maison abîmée
Entraîne aussi le feu qui se perd en fumée.
Je me retire donc, encor pâle d'effroi :
Mais le jour est venu quand je rentre chez moi.
Je fais pour reposer un effort inutile :

---

1. C'était une petite place, aujourd'hui disparue, entre le pont Saint-Michel et celui de la Cité. Boileau, qui habitait la cour de la Sainte-Chapelle, en parle presque en voisin. (Ed. F.)

2. Ce tableau de Paris la nuit, en 1660, n'est pas exagéré. Boileau put mettre ici en note : « On volait alors beaucoup dans les rues. » Les désordres cessèrent quand M. de La Reynie, pour qui l'on créa la lieutenance de police, entra en charge, et lorsqu'il eut organisé aussitôt, avec d'assez pauvres lanternes, le premier éclairage de la ville. Ce ne fut que sept ans après cette satire. (Ed. F.)

Ce n'est qu'à prix d'argent qu'on dort en cette ville.
Il faudrait, dans l'enclos d'un vaste logement,
Avoir loin de la rue un autre appartement.
 Paris est pour un riche un pays de cocagne;
Sans sortir de la ville, il trouve la campagne :
Il peut dans son jardin, tout peuplé d'arbres verts,
Recéler le printemps au milieu des hivers ;
Et, foulant le parfum de ses plantes fleuries,
Aller entretenir ses douces rêveries.
Mais moi, grâce au destin, qui n'ai ni feu ni lieu,
Je me loge où je puis, et comme il plaît à Dieu.

SATIRE VII

1665

Muse, changeons de style, et quittons la satire;
C'est un méchant métier que celui de médire ;
A l'auteur qui l'embrasse il est toujours fatal :
Le mal qu'on dit d'autrui ne produit que du mal.
Maint poëte, aveuglé d'une telle manie,
En courant à l'honneur, trouve l'ignominie ;
Et tel mot, pour avoir réjoui le lecteur,
A coûté bien souvent des larmes à l'auteur.
 Un éloge ennuyeux, un froid panégyrique,
Peut pourrir à son aise au fond d'une boutique,
Ne craint point du public les jugements divers,
Et n'a pour ennemis que la poudre et les vers :
Mais un auteur malin, qui rit et qui fait rire,
Qu'on blâme en le lisant, et pourtant qu'on veut lire,
Dans ses plaisants accès qui se croit tout permis,
De ses propres rieurs se fait des ennemis.
Un discours trop sincère aisément nous outrage :
Chacun dans ce miroir pense voir son visage;
Et tel, en vous lisant, admire chaque trait,
Qui dans le fond de l'âme et vous craint et vous hait.
 Muse, c'est donc en vain que la main vous démange :
S'il faut rimer ici, rimons quelque louange,
Et cherchons un héros, parmi cet univers,
Digne de notre encens et digne de nos vers.
Mais à ce grand effort en vain je vous anime :
Je ne puis pour louer rencontrer une rime ;
Dès que j'y veux rêver, ma veine est aux abois.
J'ai beau frotter mon front; j'ai beau mordre mes doigts,
Je ne puis arracher du creux de ma cervelle

Que des vers plus forcés que ceux de la Pucelle[1].
Je pense être à la gêne; et, pour un tel dessein,
La plume et le papier résistent à ma main.
Mais, quand il faut railler, j'ai ce que je souhaite.
Alors, certes, alors je me connais poëte:
Phébus, dès que je parle, est prêt à m'exaucer;
Les mots viennent sans peine, et courent se placer.
Faut-il peindre un fripon fameux dans cette ville,
Ma main, sans que j'y rêve, écrira Raumaville[2].
Faut-il d'un sot parfait montrer l'original,
Ma plume au bout du vers d'abord trouve Sofal[3]:
Je sens que mon esprit travaille de génie.
Faut-il d'un froid rimeur dépeindre la manie,
Mes vers, comme un torrent, coulent sur le papier;
Je rencontre à la fois Perrin et Pelletier,
Bonnecorse, Pradon, Colletet, Titreville[4];
Et, pour un que je veux, j'en trouve plus de mille.
Aussitôt je triomphe et ma muse en secret
S'estime et s'applaudit du beau coup qu'elle a fait.
C'est en vain qu'au milieu de ma fureur extrême
Je me fais quelquefois des leçons à moi-même;
En vain je veux au moins faire grâce à quelqu'un:
Ma plume aurait regret d'en épargner aucun;
Et, sitôt qu'une fois la verve me domine,
Tout ce qui s'offre à moi passe par l'étamine.
Le mérite pourtant m'est toujours précieux:
Mais tout fat me déplaît et me blesse les yeux;
Je le poursuis partout, comme un chien fait sa proie,
Et ne le sens jamais qu'aussitôt je n'aboie.
Enfin, sans perdre temps en de si vains propos,
Je sais coudre une rime au bout de quelques mots.
Souvent j'habille en vers une maligne prose.
C'est par là que je vaux, si je vaux quelque chose.

---

1. Poëme héroïque de Chapelain, dont tous les vers semblent être faits en dépit de Minerve. (Boil.)

2. Il arriva, pour ce nom supposé, qui n'est que l'altération d'un nom véritable, quelque chose de singulier. Il ne s'en faut que d'une lettre qu'il soit le vrai. Dans une édition, par erreur ou malice de l'imprimeur, cette lettre fut mise, et la faute d'impression se trouva être la vérité. Boileau en convint. « Dans l'édition de 1674, écrivit l'abbé Guéton dans ses notes, il y a Saumaville, savoir si cela signifie quelqu'un. » Boileau répondit franchement : « Saumaville étoit un libraire très-décrié. Je l'avois d'abord déguisé sous le nom de Raumaville, on mit Saumaville, et c'est ainsi qu'il s'appeloit. » Il n'y avait qu'une petite différence d'orthographe : le nom s'écrivait Sommaville. Le libraire qui le portait était fort connu au Palais, suivant Chevillier, « pour les historiettes et romans, dont il faisoit grand négoce. » J.-B. Rousseau, dans ses Remarques sur le commentaire de Brossette, dit à propos de Sommaville : « Je n'ai point su ce qui avait donné lieu à M. Despréaux de le nommer si injurieusement. » (Ed. F.

3. C'est Henri Sauval, à qui l'on doit le curieux ouvrage des *Antiquités de Paris*, qui ne parut que longtemps après sa mort, en 1724. Auparavant il ne fut connu que comme avocat, et « précieux ». Somaize à ce titre l'a mis dans son *Dictionnaire*. Son style, par le peu qu'on en pouvait connaître alors, se ressentait de ses fréquentations: « Parfois, dit Chapelain dans son *Mémoire* à Colbert sur quelques gens de lettres, parfois il l'enfle, pour l'orner en des endroits où la simplicité est surtout requise. » Boileau qui n'aimait que cette simplicité, pouvait donc, sans trop se tromper, mettre Sauval parmi les « sots parfaits ». (Ed. F.

4. Poëtes décriés. (Boil.) — L'abbé Perrin, qui, suivant l'expression de Voltaire, *croyait faire des vers*, a donné une traduction en vers de l'*Énéide*. — Pradon eut la sottise de se croire un instant l'égal de Racine. — Sur Pelletier et Colletet, voyez les notes antérieures. Bonnecorse a fait le *Lutrigot*, parodie du *Lutrin*. Le dernier est tout à fait oublié.

Ainsi, soit que bientôt, par une dure loi,
La mort d'un vol affreux vienne fondre sur moi,
Soit que le ciel me garde un cours long et tranquille
A Rome ou dans Paris, aux champs ou dans la ville,
Dût ma muse par là choquer tout l'univers,
Riche, gueux, triste ou gai, je veux faire des vers[1].

Pauvre esprit, dira-t-on, que je plains ta folie!
Modère ces bouillons de ta mélancolie[2];
Et garde qu'un de ceux que tu penses blâmer
N'éteigne dans ton sang cette ardeur de rimer.

Eh quoi! lorsque autrefois Horace, après Lucile[3],
Exhalait en bons mots les vapeurs de sa bile,
Et, vengeant la vertu par des traits éclatants,
Allait ôter le masque aux vices de son temps;
Ou bien quand Juvénal, de sa mordante plume
Faisant couler des flots de fiel et d'amertume,
Gourmandait en courroux tout le peuple latin,
L'un ou l'autre fit-il une tragique fin?
Et que craindre, après tout, d'une fureur si vaine?
Personne ne connaît ni mon nom ni ma veine.
On ne voit point mes vers, à l'envi de Montreuil[4],
Grossir impunément les feuillets d'un recueil.
A peine quelquefois je me force à les lire,
Pour plaire à quelque ami que charme la satire,
Qui me flatte peut-être, et, d'un air imposteur,
Rit tout haut de l'ouvrage et tout bas de l'auteur.
Enfin, c'est mon plaisir; je veux me satisfaire:
Je ne puis bien parler, et ne saurais me taire;
Et, dès qu'un mot plaisant vient luire à mon esprit,
Je n'ai point de repos qu'il ne soit en écrit:
Je ne résiste point au torrent qui m'entraîne.

Mais c'est assez parlé; prenons un peu d'haleine:
Ma main, pour cette fois, commence à se lasser.
Finissons. Mais demain, muse, à recommencer.

---

1. Boileau avait mis d'abord :

Riche, gueux, ou content, je veux faire des vers.

Desmarets, dans sa *Défense du poëme héroïque*, fit observer qu'il eût fallu, avant *content*, un mot qui, comme *triste*, fît opposition. Il proposa le vers :

Riche, gueux, triste ou gai, etc.

Boileau le prit pour ses éditions suivantes. Pradon ne manqua pas de constater le fait, dans ses *Nouvelles remarques*, p. 44, en criant au plagiat. Mieux eût valu reconnaître la bonne grâce du poëte et son empressement à se corriger, comme il l'a dit lui-même au reste en parlant de ses ennemis, dans son *épître à Racine* :

Je sais sur leurs avis corriger mes erreurs. (Ed. F.)

2. Pour comprendre cette image, il faut se rappeler que mélancolie se prenait alors pour *bile*, *humeur noire*, et non dans le sens plus doux qu'on lui a donné. (Ed. F.)

3. Caius Lucilius, grand-oncle de Pompée, et le plus ancien des satiriques romains.

4. L'abbé Mathieu de Montreuil, mort en 1692, chez son ami M. de Cosnac, évêque de Valence, était resté si peu connu en 1701, que l'abbé Guéton mit en marge après son nom : « Qui? » Voici la réponse de Boileau : « Montreuil estoit un poëte assés célèbre, qui dominoit dans les recueils des Poésies choisies. Il a faict même d'assés bonnes choses. » Le reproche qui se trouve dans ces deux vers, sur l'empressement de Montreuil à remplir les recueils de ses vers, est juste. Richelet le confirme : « Les recueils de poésies de Sercy, dit-il, en semblent en effet un peu trop pleins. » *Les plus belles Lettres françoises*, 1708, in-12, t. 1, p. 55. Il faut ajouter que Montreuil y mettait de la modestie : il ne signait que de son initiale M. — Beaucoup de ses vers ont été pour cela, dans ces derniers temps, attribués à Molière. (Ed. F.)

SATIRE VIII[1]

1667

A M. M*** (MOREL)
DOCTEUR EN SORBONNE [2]

De tous les animaux qui s'élèvent dans l'air,
Qui marchent sur la terre, ou nagent dans la mer,
De Paris au Pérou, du Japon jusqu'à Rome,
Le plus sot animal, à mon avis, c'est l'homme.
   Quoi! dira-t-on d'abord, un ver, une fourmi,
Un insecte rampant qui ne vit qu'à demi,
Un taureau qui rumine, une chèvre qui broute,
Ont l'esprit mieux tourné que n'a l'homme? Oui sans doute.
Ce discours te surprend, docteur, je l'aperçoi.
L'homme de la nature est le chef et le roi :
Bois, prés, champs, animaux, tout est pour son usage,
Et lui seul a, dis-tu, la raison en partage.
Il est vrai, de tout temps la raison fut son lot :
Mais de là je conclus que l'homme est le plus sot.
   Ces propos, diras-tu, sont bons dans la satire,
Pour égayer d'abord un lecteur qui veut rire ;
Mais il faut les prouver, en forme. — J'y consens.
Réponds-moi donc, docteur, et mets-toi sur les bancs.
Qu'est-ce que la sagesse? Une égalité d'âme
Que rien ne peut troubler, qu'aucun désir n'enflamme ;
Qui marche en ses conseils à pas plus mesurés
Qu'un doyen au Palais ne monte les degrés.
Or cette égalité dont se forme le sage,
Qui jamais moins que l'homme en a connu l'usage?
La fourmi tous les ans, traversant les guérets,
Grossit ses magasins des trésors de Cérès ;
Et dès que l'aquilon, ramenant la froidure,
Vient de ses noirs frimas attrister la nature,
Cet animal, tapi dans son obscurité,
Jouit, l'hiver, des biens conquis durant l'été.

---

1. Cette satire est tout à fait dans le goût de Perse, et marque un philosophe chagrin qui ne peut plus souffrir les vices des hommes. — Elle fut publiée séparément, en 1668, et eut la même année trois éditions : la première in-4, la seconde in-8 de 14 pages, la troisième in-12 de 15 p. Ce succès faisait dire par Boileau à Brossette : « De toutes mes satires, c'est celle-ci qui a été le plus achetée et le plus connue du public, quand elle a commencé à paroître. De là, on peut induire que le style de Perse seroit plus au goût du public. » *Mém. mss.* de Brossette sur Boileau, à la Biblioth. nat. (ED. F.)

2. Claude Morel, doyen de la faculté de théologie, et chanoine théologal de Paris, était surnommé *la Mâchoire d'âne*, parce qu'il avait la mâchoire fort grande et fort avancée.

L'or même à la laideur donne un teint de beauté.
Sat. VIII

Mais on ne la voit point, d'une humeur inconstante,
Paresseuse au printemps, en hiver diligente,
Affronter en plein champ les fureurs de janvier,
Ou demeurer oisive au retour du bélier.
Mais l'homme, sans arrêt dans sa course insensée,
Voltige incessamment de pensée en pensée :
Son cœur, toujours flottant entre mille embarras,
Ne sait ni ce qu'il veut ni ce qu'il ne veut pas.
Ce qu'un jour il abhorre, en l'autre il le souhaite.
Moi j'irais épouser une femme coquette !
J'irais, par ma constance aux affronts endurci,
Me mettre au rang des saints qu'a célébrés Bussi [1] !
Assez de sots sans moi feront parler la ville,
Disait, le mois passé, ce marquis indocile,
Qui, depuis quinze jours, dans le piége arrêté,
Entre les bons maris pour exemple cité,
Croit que Dieu, tout exprès, d'une côte nouvelle
A tiré pour lui seul une femme fidèle.

Voilà l'homme en effet : il va du blanc au noir ;
Il condamne au matin ses sentiments du soir :
Importun à tout autre, à soi-même incommode,
Il change à tous moments d'esprit comme de mode :
Il tourne au moindre vent, il tombe au moindre choc,
Aujourd'hui dans un casque et demain dans un froc.

Cependant à le voir, plein de vapeurs légères,
Soi-même se bercer de ses propres chimères,
Lui seul de la nature est la base et l'appui,
Et le dixième ciel ne tourne que pour lui.
De tous les animaux il est, dit-il, le maître. —
Qui pourrait le nier ? poursuis-tu. — Moi, peut-être.
Mais, sans examiner si vers les antres sourds
L'ours a peur du passant ou le passant de l'ours ;
Et si, sur un édit des pâtres de Nubie,
Les lions de Barca videraient la Lybie ;
Ce maître prétendu qui leur donne des lois,
Ce roi des animaux, combien a-t-il de rois !
L'ambition, l'amour, l'avarice, la haine,
Tiennent comme un forçat son esprit à la chaîne.

---

1. Allusion au petit volume in-16, ayant le titre, *Prières*, sur le dos de sa riche reliure, en maroquin-citron, dans lequel Bussy-Rabutin avait fait représenter sur du vélin blanc, par des miniatures qui sont des chefs-d'œuvre, les dames galantes de la Cour et leurs maris, ceux-ci avec des noms de saints, celles-là avec des noms de saintes. Le conseiller d'État Foucault, grand bibliophile du siècle dernier, le posséda, après Bussy, sans qu'on sache comment il lui parvint : « Il avoit, dit Marais parlant de sa mort, à la date du 7 février 1721, dans son *Journal*, le bréviaire ou calendrier original, où Bussy avoit fait peindre tous les cocus de la Cour, avec un hymne pour chacun. C'est ce livre, dont Boileau a dit, etc. » Un an avant sa mort, Foucault s'était défait de ses curiosités, par vente ou autrement. Le petit livre dont nous parlons avait alors été donné — peut-être rendu — à la fille de Bussy, avec cette mention sur le 3ᵉ feuillet, qui la porte encore : « Le deuxième avril 1720, j'ay remis ces heures à madame la marquise de Montataire, fille de M. le comte de Bussy-Rabutin. FOUCAULT. » — Le volume passa ensuite à M. de La Vallière, puis, de main en main, chez le marquis de L..., mort récemment. Il a été vendu 11,000 francs à sa vente, le 13 janvier 1872. (ED. F.)

Le sommeil sur ses yeux commence à s'épancher :
— Debout, dit l'avarice, il est temps de marcher !
— Hé ! laissez-moi. — Debout ! — Un moment. — Tu répliques ?
— A peine le soleil fait ouvrir les boutiques.
— N'importe, lève-toi. — Pourquoi faire après tout ?
— Pour courir l'Océan de l'un à l'autre bout,
Chercher jusqu'au Japon la porcelaine et l'ambre,
Rapporter de Goa[1] le poivre et le gingembre.
— Mais j'ai des biens en foule et je puis m'en passer.
— On n'en peut trop avoir, et pour en amasser
Il ne faut épargner ni crime ni parjure ;
Il faut souffrir la faim et coucher sur la dure :
Eût-on plus de trésors que n'en perdit Galet[2],
N'avoir en sa maison ni meubles, ni valet ;
Parmi les tas de blé vivre de seigle et d'orge ;
De peur de perdre un liard, souffrir qu'on vous égorge.
— Et pourquoi cette épargne enfin ? — L'ignores-tu ?
Afin qu'un héritier, bien nourri, bien vêtu,
Profitant d'un trésor en tes mains inutile,
De son train quelque jour embarrasse la ville.
Que faire ? il faut partir : les matelots sont prêts.

Ou, si pour l'entraîner l'argent manque d'attraits,
Bientôt l'ambition et toute son escorte
Dans le sein du repos vient le prendre à main-forte,
L'envoie en furieux, au milieu des hasards,
Se faire estropier sur les pas des Césars ;
Et, cherchant sur la brèche une mort indiscrète,
De sa folle valeur embellir la gazette[3].

Tout beau, dira quelqu'un, raillez plus à propos ;
Ce vice fut toujours la vertu des héros.
Quoi donc, à votre avis, fut-ce un fou qu'Alexandre ?
— Qui ? cet écervelé qui mit l'Asie en cendre !
Ce fougueux l'Angeli[4], qui, de sang altéré,
Maître du monde entier, s'y trouvait trop serré ?
L'enragé qu'il était, né roi d'une province
Qu'il pouvait gouverner en bon et sage prince,
S'en alla follement, et pensant être dieu,
Courir comme un bandit qui n'a ni feu ni lieu ;
Et, traînant avec soi les horreurs de la guerre,
De sa vaste folie emplir toute la terre :

1. Ville des Portugais dans les Indes orientales (Boil.)
2. C'était un joueur qui fut célèbre par ses gains, puis par sa perte finale, sous Henri IV et sous Louis XIII. Régnier l'avait déjà nommé dans sa XIVᵉ satire. C'est lui qui commença, en 1624, dans la rue Saint-Antoine, la construction du bel hôtel, vendu dix ans après au duc de Sully, dont il a gardé le nom. Brossette et tous les autres commentateurs de Boileau se sont trompés sur son compte ; on n'a su la vérité que par Tallemant des Réaux, et son habile annotateur M. Paulin-Paris. V. t. VII des *Historiettes*, p. 404-105. (Ed. F.)

3. Pradon (*Remarques*, p. 46) n'a pas tout à fait tort de s'indigner de ce passage, assez étonnant de la part d'un homme qui devait chanter les campagnes du roi, et s'en faire ensuite l'historiographe : « Que dira-t-on, écrit-il, de ces beaux vers... contre ceux qui meurent sur la brèche pour le service de leur prince et de leur patrie ? » (Ed. F.

4. Il en est parlé dans la première satire. (Boil.)

SATIRE VIII.

Heureux si de son temps, pour cent bonnes raisons,
La Macédoine eût eu des Petites-Maisons [1] ;
Et qu'un sage tuteur l'eût en cette demeure,
Par avis de parents, enfermé de bonne heure !
Mais, sans nous égarer dans ces digressions,
Traiter, comme Senault, toutes les passions [2],
Et, les distribuant par classes et par titres,
Dogmatiser en vers et rimer par chapitres,
Laissons-en discourir la Chambre et Coeffeteau,
Et voyons l'homme enfin par l'endroit le plus beau.

Lui seul, vivant, dit-on, dans l'enceinte des villes,
Fait voir d'honnêtes mœurs, des coutumes civiles,
Se fait des gouverneurs, des magistrats, des rois,
Observe une police, obéit à des lois.

Il est vrai. Mais pourtant sans lois et sans police,
Sans craindre archers, prévôt, ni suppôt de justice,
Voit-on les loups brigands, comme nous inhumains,
Pour détrousser les loups courir les grands chemins ?
Jamais, pour s'agrandir, vit-on dans sa manie
Un tigre en factions partager l'Hyrcanie [3] ?
L'ours a-t-il dans les bois la guerre avec les ours ?
Le vautour dans les airs fond-il sur les vautours ?
A-t-on vu quelquefois dans les plaines d'Afrique,
Déchirant à l'envi leur propre république,
« Lions contre lions, parents contre parents [4],
« Combattre follement pour le choix des tyrans ? »
L'animal le plus fier qu'enfante la nature
Dans un autre animal respecte sa figure ;
De sa rage avec lui modère les accès ;
Vit sans bruit, sans débats, sans noise, sans procès.
Un aigle, sur un champ prétendant droit d'aubaine [5],
Ne fait point appeler un aigle à la huitaine ;
Jamais contre un renard chicanant un poulet
Un renard de son sac n'alla charger Rolet [6] ;
Jamais la biche en rut n'a, pour fait d'impuissance,
Traîné du fond des bois un cerf à l'audience ;
Et jamais juge, entre eux ordonnant le congrès [7],
De ce burlesque mot n'a sali ses arrêts.
On ne connaît chez eux ni placets ni requêtes,

---

1. C'est un hôpital de Paris, où l'on enferme les fous. (Boil.) — Il occupait les bâtiments construits en 1557, pour la Maladrerie de l'abbaye Saint-Germain, au coin de la rue de la Chaise et de la rue de Sèvres. L'hospice des Ménages y fut établi en 1801. On l'a démoli il y a deux ans. (Ed. F.)
2. Senault, la Chambre et Coeffeteau, ont tous trois fait chacun un *Traité des passions*. (Boil.)
3. Province de Perse, sur les bords de la mer Caspienne. (Boil.)
4. Parodie. Il y a dans le Cinna : *Romains contre Romains*, etc. (Boil.) — Acte I, scène 3.
5. C'est un droit qu'a le roi de succéder aux biens des étrangers qui meurent en France, et qui n'y sont point naturalisés. (Boil.)
6. Voyez une des notes de la première satire.
7. Épreuve honteuse et immorale à laquelle était assujetti le mari accusé d'impuissance. — Cet usage fut aboli sur le plaidoyer de M. le président de Lamoignon, alors avocat général. (Boil.)

Ni haut ni bas conseil, ni chambre des enquêtes.
Chacun l'un avec l'autre en toute sûreté
Vit sous les pures lois de la sainte équité.
L'homme seul, l'homme seul, en sa fureur extrême,
Met un brutal honneur à s'égorger soi-même.
C'était peu que sa main, conduite par l'enfer,
Eût pétri le salpêtre, eût aiguisé le fer :
Il fallait que sa rage, à l'univers funeste,
Allât encor des lois embrouiller un Digeste;
Cherchât, pour l'obscurcir, des gloses, des docteurs ;
Accablât l'équité sous des monceaux d'auteurs;
Et, pour comble de maux, apportât dans la France
Des harangueurs du temps l'ennuyeuse éloquence.
   Doucement, diras-tu : que sert de s'emporter?
L'homme a ses passions, on n'en saurait douter;
Il a comme la mer ses flots et ses caprices :
Mais ses moindres vertus balancent tous ses vices.
N'est-ce pas l'homme enfin dont l'art audacieux
Dans le tour d'un compas a mesuré les cieux;
Dont la vaste science, embrassant toutes choses,
A fouillé la nature, en a percé les causes?
Les animaux ont-ils des universités?
Voit-on fleurir chez eux les quatre facultés [1]?
Y voit-on des savants en droit, en médecine,
Endosser l'écarlate et se fourrer d'hermine?
   Non, sans doute ; et jamais chez eux un médecin
N'empoisonna les bois de son art assassin.
Jamais docteur, armé d'un argument frivole,
Ne s'enroua chez eux sur les bancs d'une école.
Mais, sans chercher au fond si notre esprit déçu
Sait rien de ce qu'il sait, s'il a jamais rien su,
Toi-même, réponds-moi : Dans le siècle où nous sommes,
Est-ce au pied du savoir qu'on mesure les hommes?
   — Veux-tu voir tous les grands à ta porte courir?
Dit un père à son fils dont le poil va fleurir :
Prends-moi le bon parti; laisse-là tous les livres.
Cent francs au denier cinq combien font-ils? — Vingt livres.
— C'est bien dit. Va, tu sais tout ce qu'il faut savoir.
Que de biens, que d'honneurs sur toi s'en vont pleuvoir!
Exerce-toi, mon fils, dans ces hautes sciences;
Prends, au lieu d'un Platon, le Guidon des finances [2] :
Sache quelle province enrichit les traitants,
Combien le sel au roi peut fournir tous les ans.

---

1. L'université est composée de quatre facultés, qui sont : les Arts, la Théologie, le Droit, et la Médecine. Les docteurs portent, dans les jours de cérémonie, des robes rouges fourrées d'hermine. (BOIL.)

2. Livre qui traite des finances. (BOIL.) — Le titre de cet ouvrage, en 2 vol. in-8, qu'Hennequin publia, sans le nommer, en 1631, est : *Le Guidon général des finances*. (ED. F.)

Endurcis-toi le cœur : sois arabe, corsaire,
Injuste, violent, sans foi, double, faussaire.
Ne va point sottement faire le généreux :
Engraisse-toi, mon fils, du suc des malheureux ;
Et, trompant de Colbert[1] la prudence importune,
Va par tes cruautés mériter la fortune.
Aussitôt tu verras poëtes, orateurs,
Rhéteurs, grammairiens, astronomes, docteurs,
Dégrader les héros pour te mettre en leurs places,
De tes titres pompeux enfler leurs dédicaces,
Te prouver à toi-même, en grec, hébreu, latin,
Que tu sais de leur art et le fort et le fin.
Quiconque est riche est tout : sans sagesse il est sage ;
Il a, sans rien savoir, la science en partage ;
Il a l'esprit, le cœur, le mérite, le rang,
La vertu, la valeur, la dignité, le sang ;
Il est aimé des grands, il est chéri des belles :
Jamais surintendant ne trouva de cruelles[2].
L'or, même à la laideur, donne un teint de beauté[3] :
Mais tout devient affreux avec la pauvreté.

    C'est ainsi qu'à son fils un usurier habile
Trace vers la richesse une route facile :
Et souvent tel y vient, qui sait, pour tout secret,
Cinq et quatre font neuf, ôtez deux, reste sept.
Après cela, docteur, va pâlir sur la Bible ;
Va marquer les écueils de cette mer terrible ;
Perce la sainte horreur de ce livre divin ;
Confonds dans un ouvrage et Luther et Calvin[4] ;
Débrouille des vieux temps les querelles célèbres ;
Éclaircis des rabbins les savantes ténèbres ;
Afin qu'en ta vieillesse un livre en maroquin
Aille offrir ton travail à quelque heureux faquin,
Qui, pour digne loyer de la Bible éclaircie,
Te paye en l'acceptant d'un : « Je vous remercie. »
Ou, si ton cœur aspire à des honneurs plus grands,
Quitte là le bonnet, la Sorbonne et les bancs ;
Et, prenant désormais un emploi salutaire,
Mets-toi chez un banquier ou bien chez un notaire :

---

1. « C'est le seul ministre des finances qui ait conservé son emploi jusqu'à sa mort, arrivée en 1683. »
2. Il s'agit ici de Fouquet, à qui l'on attribua tant de bonnes fortunes. Mademoiselle de La Vallière avait elle-même, disait-on, été compromise, et la chute du trop heureux surintendant n'eût été qu'une vengeance de Louis XIV. La cassette, remplie de billets, trouvée à Saint-Mandé, après son arrestation, fit parler sur bien des femmes de la Cour ; mais il n'y en eut qu'une qui ne put se sauver, c'est mademoiselle de Manneville, fille d'honneur de la reine mère. « La seule convaincue, dit madame de La Fayette, fut Manneville. Elle fut chassée de la cour et se retira dans un couvent. » (ED. F.)
3. Boileau avait mis d'abord :

L'or même à Pellisson donne un teint de beauté.

Paul Pellisson-Fontanier, né à Castres en Languedoc, était d'une laideur telle, qu'on disait de lui qu'il abusait de la permission que les hommes ont d'être laids. Il mourut en 1692, membre de l'Académie, dont il avait écrit l'histoire.
4. Chefs de la religion réformée, morts, le premier en 1546, le dernier en 1564.

Laisse là saint Thomas s'accorder avec Scot[1],
Et conclus avec moi qu'un docteur n'est qu'un sot.
  Un docteur! diras-tu. Parlez de vous, poëte :
C'est pousser un peu loin votre muse indiscrète.
Mais, sans perdre en discours le temps hors de saison,
L'homme, venez au fait, n'a-t-il pas la raison?
N'est-ce pas son flambeau, son pilote fidèle?
  Oui. Mais de quoi lui sert que sa voix le rappelle,
Si, sur la foi des vents tout prêt à s'embarquer,
Il ne voit point d'écueil qu'il ne l'aille choquer?
Et que sert à Cotin[2] la raison qui lui crie :
N'écris plus, guéris-toi d'une vaine furie;
Si tous ces vains conseils, loin de la réprimer,
Ne font qu'accroître en lui la fureur de rimer?
Tous les jours de ses vers, qu'à grand bruit il récite,
Il met chez lui voisins, parents, amis; en fuite;
Car, lorsque son démon commence à l'agiter,
Tout, jusqu'à sa servante, est prêt à déserter.
Un âne, pour le moins, instruit par la nature,
A l'instinct qui le guide obéit sans murmure;
Ne va point follement de sa bizarre voix
Défier aux chansons les oiseaux dans les bois :
Sans avoir la raison, il marche sur sa route.
L'homme seul, qu'elle éclaire, en plein jour ne voit goutte;
Réglé par ses avis, fait tout à contre-temps,
Et, dans tout ce qu'il fait, n'a ni raison ni sens.
Tout lui plaît et déplaît, tout le choque et l'oblige;
Sans raison il est gai, sans raison il s'afflige;
Son esprit au hasard aime, évite, poursuit,
Défait, refait, augmente, ôte, élève, détruit.
Et voit-on, comme lui, les ours ni les panthère
S'effrayer sottement de leurs propres chimères;
Plus de douze attroupés craindre le nombre impair[3],
Ou croire qu'un corbeau les menace dans l'air?
Jamais l'homme, dis-moi, vit-il la bête folle
Sacrifier à l'homme, adorer son idole;
Lui venir, comme au dieu des saisons et des vents,
Demander à genoux la pluie ou le beau temps?
Non; mais cent fois la bête a vu l'homme hypocondre[4]
Adorer le métal que lui-même il fit fondre;
A vu dans un pays les timides mortels
Trembler aux pieds d'un singe assis sur leurs autels;

---

1. Jean Duns, chef des Scotistes, opposé aux Thomistes, fut longtemps appelé Scot (*Scotus*), parce qu'on le croyait Écossais. Il vivait dans le quatorzième siècle.

2. Il avait écrit contre moi et contre Molière. Ce qui donna occasion à Molière de faire *les Femmes savantes*, et d'y tourner Cotin en ridicule. (BOIL.)

3. Bien des gens croient que, lorsqu'on se trouve treize à table, il y a toujours dans l'année un des treize qui meurt; et qu'un corbeau aperçu dans l'air présage quelque chose de sinistre. (BOIL.)

4. Desmarets et Pradon firent une grande querelle à Boileau pour ce mot *hypocondre*, au lieu d'*hypocondriaque*.

Que dit-il, quand il voit, avec la mort en trousse,
Courir chez un malade un assassin en housse ?

Sat. VIII.

SATIRE VIII.

Et sur les bords du Nil les peuples imbéciles,
L'encensoir à la main, chercher les crocodiles.
 Mais pourquoi, diras-tu, cet exemple odieux?
Que peut servir ici l'Égypte et ses faux dieux?
Quoi! me prouverez-vous par ce discours profane
Que l'homme, qu'un docteur, est au-dessous d'un âne?
Un âne, le jouet de tous les animaux,
Un stupide animal, sujet à mille maux;
Dont le nom seul en soi comprend une satire!
 — Oui, d'un âne : et qu'a-t-il qui nous excite à rire?
Nous nous moquons de lui : mais s'il pouvait un jour,
Docteur, sur nos défauts s'exprimer à son tour;
Si, pour nous réformer, le ciel prudent et sage
De la parole enfin lui permettait l'usage;
Qu'il pût dire tout haut ce qu'il se dit tout bas;
Ah! docteur, entre nous, que ne dirait-il pas!
Et que peut-il penser lorsque dans une rue,
Au milieu de Paris, il promène sa vue;
Qu'il voit de toutes parts les hommes bigarrés,
Les uns gris, les uns noirs, les autres chamarrés?
Que dit-il, quand il voit, avec la mort en trousse,
Courir chez un malade un assassin en housse[1];
Qu'il trouve de pédants un escadron fourré,
Suivi par un recteur de bedeaux entouré;
Ou qu'il voit la justice, en grosse compagnie,
Mener tuer un homme avec cérémonie?
Que pense-t-il de nous, lorsque sur le midi
Un hasard au palais le conduit un jeudi[2] :
Lorsqu'il entend de loin, d'une gueule infernale,
La chicane en fureur mugir dans la grand'salle?
Que dit-il, quand il voit les juges, les huissiers,
Les clercs, les procureurs, les sergents, les greffiers?
Oh! que si l'âne alors, à bon droit misanthrope,
Pouvait trouver la voix qu'il eut au temps d'Ésope;
De tous côtés, docteur, voyant les hommes fous,
Qu'il dirait de bon cœur, sans en être jaloux,
Content de ses chardons et secouant la tête :
Ma foi, non plus que nous, l'homme n'est qu'une bête[3]!

Il ne se rendit pas, et l'Académie longtemps perplexe finit par lui donner raison. En 1702, il communiqua cette grave nouvelle à Brossette qui se hâta d'écrire dans ses notes :
« M. Despréaux m'a dit que, depuis cinq ou six mois, l'Académie a décidé que le mot hypocondre, en ce sens, étoit bon françois. » (ED. F.)

1. C'est-à-dire à cheval. C'est encore une allusion à Guénaud et à sa monture.
2. C'est le jour des grandes audiences. (BOIL.)
3. La comparaison, si peu favorable à l'homme, qui se trouve établie dans cette satire, entre *lui* et les animaux, avait peut-être été inspirée à Boileau par quelques passages de la petite comédie de Montfleury, *les Bêtes raisonnables*, jouée sept ans auparavant, entre autres celui-ci de la scène 5 :

... Chacun des animaux
N'a jamais, pour le plus, qu'un seul de ces défauts;
Mais, s'il m'en souvient bien, les hommes, ce me semble,
Ont, pour le plus souvent, tous les vices ensemble :
Tel est larron, cruel, traître, fou, babillard,
Rusé, méchant, fougueux, fourbe, badin, paillard;
Tel autre est orgueilleux, imposteur, homicide;
Tel autre cauteleux, et flatteur, et timide;
Tel autre médisant et fait le fanfaron;
Tel autre est imposteur, incommode, bizarre;
Tel autre est téméraire, important, fat, avare,
Sans compter tous les sots, dont je ne parle pas. (ED. F.)

SATIRE IX[1]

1667

A SON ESPRIT

C'est à vous, mon Esprit, à qui je veux parler[2] ;
Vous avez des défauts que je ne puis celer :
Assez et trop longtemps ma lâche complaisance
De vos jeux criminels a nourri l'insolence ;
Mais, puisque vous poussez ma patience à bout,
Une fois en ma vie il faut vous dire tout.
   On croirait, à vous voir dans vos libres caprices
Discourir en Caton des vertus et des vices,
Décider du mérite et du prix des auteurs,
Et faire impunément la leçon aux docteurs,
Qu'étant seul à couvert des traits de la satire
Vous avez tout pouvoir de parler et d'écrire.
Mais moi, qui dans le fond sais bien ce que j'en crois,
Qui compte tous les jours vos défauts par mes doigts,
Je ris, quand je vous vois, si faible et si stérile,
Prendre sur vous le soin de réformer la ville,
Dans vos discours chagrins plus aigre et plus mordant
Qu'une femme en furie, ou Gauthier en plaidant[3].
   Mais répondez un peu. Quelle verve indiscrète
Sans l'aveu des neuf Sœurs vous a rendu poëte?
Sentiez-vous, dites-moi, ces violents transports
Qui d'un esprit divin font mouvoir les ressorts?
Qui vous a pu souffler une si folle audace?
Phébus a-t-il pour vous aplani le Parnasse?

---

1. Cette satire est entièrement dans le goût d'Horace, et d'un homme qui se fait son procès à soi-même, pour le faire à tous les autres. (Boil.)

2. « C'est à vous... à qui » a toujours paru bien peu grammatical. On a excusé Boileau en disant que Molière s'était exprimé de même dans l'*Amour médecin* : « Puis-je au moins croire que ce soit *à vous, à qui* je doive la pensée, etc. » Acte III, sc. 6. C'était, paraît-il, au XVIIe siècle, une locution toute parisienne. (Ed. F.)

3. Avocat célèbre et très-mordant. (Boil.) — On l'appelait Gauthier-la-Gueule. Il n'était mort que depuis peu, âgé de soixante-seize ans, quand Boileau le rappelait ainsi. V. sur lui une lettre de Gui-Patin à Spon, du 17 sept. 1666, lendemain de sa mort. Il s'était rendu surtout célèbre par ses plaidoiries impitoyables contre le cardinal de Richelieu et ses héritiers dans la grande affaire du duc d'Aiguillon et de sa femme, si curieusement parodiée par Laffemas, le *Procès burlesque*, etc., 1649, in-4. Une autre de ses plaidoiries, dans la longue contestation pour le prieuré de la Charité-sur-Loire, au mois d'août 1646, était restée fameuse au Palais. Racine s'en inspira pour celle de l'Intimé dans *les Plaideurs*. Il y prit entre autres choses la mémorable citation : *Victrix causa Diis*, etc. V. *Les plaidoyers de M. Gauthier, avocat au Parlement*, Paris, 1659, t. II, 2e plaidoyer. Il croyait sa renommée faite pour toujours par cette publication. « Ce Gauthier, écrit Tallemant (Historiette des *Avocats*), dit que, pour se rendre immortel, il veut faire imprimer deux cents de ses plaidoyers. » Il n'en parut que deux volumes, qui ont moins fait pour son immortalité que le vers de Boileau. Il excellait dans l'argutie serrée et brayante. « Il a, dit encore Tallemant, quelque chose de bon, quand il ne plaide qu'en procureur. » (Ed. F.)

......Plus aigre et plus mordant
Qu'une femme en furie, ou Gautier en plaidant.

SATIRE IX.

Et ne savez-vous pas que, sur ce mont sacré,
Qui ne vole au sommet tombe au plus bas degré;
Et qu'à moins d'être au rang d'Horace ou de Voiture [1],
On rampe dans la fange avec l'abbé de Pure [2]?
  Que si tous mes efforts ne peuvent réprimer
Cet ascendant malin qui vous force à rimer,
Sans perdre en vains discours tout le fruit de vos veilles,
Osez chanter du roi les augustes merveilles :
Là, mettant à profit vos caprices divers,
Vous verrez tous les ans fructifier vos vers [3];
Et par l'espoir du gain votre muse animée
Vendrait au poids de l'or une once de fumée.
Mais en vain, direz-vous, je pense vous tenter
Par l'éclat d'un fardeau trop pesant à porter :
Tout chantre ne peut pas, sur le ton d'un Orphée,
Entonner en grands vers la Discorde étouffée;
Peindre Bellone en feu tonnant de toutes parts,
Et le Belge effrayé fuyant sur ses remparts [4].
Sur un ton si hardi, sans être téméraire,
Racan pourrait chanter, au défaut d'un Homère [5];
Mais pour Cotin et moi, qui rimons au hasard,
Que l'amour de blâmer fit poëtes par art [6],
Quoique un tas de grimauds vante notre éloquence,
Le plus sûr est pour nous de garder le silence.
Un poëme insipide et sottement flatteur
Déshonore à la fois le héros et l'auteur :
Enfin de tels projets passent notre faiblesse.
  Ainsi parle un esprit languissant de mollesse,
Qui, sous l'humble dehors d'un respect affecté,
Cache le noir venin de sa malignité.
Mais, dussiez-vous en l'air voir vos ailes fondues,
Ne valait-il pas mieux vous perdre dans les nues,
Que d'aller sans raison, d'un style peu chrétien,

---

1. Vincent Voiture, qui mourut vers le milieu du dix-septième siècle, a laissé un recueil de lettres, et diverses poésies. Ceux qui ont fait un crime à Boileau de l'avoir mis au même rang qu'Horace ne se sont pas assez souvenus que Voiture est un des premiers qui aient écrit purement notre langue.
2. Voyez une des notes de la satire II.
3. Ici l'abbé Guéton avait mis en note : « Le roi donna une pension au sieur Despréaux et le chargea d'écrire l'histoire de son règne. » Le poète riposta vite en marge par cette autre note : « Je n'avois en ce temps-là aucune pension du Roy, et je ne prétendois pas mesme jamais en avoir, comme je le remarque dans cette satire mesme à propos des cris que faisoit Cotin contre moi. Voici les vers :

Et par ces cris enfin que sauroit-il produire :
Interdire à mes vers, dont peut-être il fait cas,
L'entrée aux pensions, où je ne prétends pas. » (Ed. F.)

4. Cette satire a été faite dans le temps que le roi prit Lille en Flandre, et plusieurs autres villes. (Boil.)

5. Honorat de Beuil, marquis de Racan, fut l'élève et l'ami de Malherbe. Il mourut en 1670.
6. Cotin s'était en effet exercé dans l'art de « blâmer », et contre Boileau lui-même. Furieux de ce que, dans la satire du repas, celui-ci avait donné à croire qu'on n'était pas plus serré à ses sermons qu'à ceux de l'abbé Cassagne, il avait lancé une diatribe en vers : Despréaux ou la Satire des satires, dont le pâtissier Mignot, qui voulait se venger d'avoir été traité d'empoisonneur par Boileau, s'était fait le colporteur, en donnant à ses gâteaux les exemplaires de la satire vengeresse pour enveloppes. Elle devint ainsi tellement rare, que si le P. Niceron ne l'eût reproduite dans ses Mémoires, t. xxiv, p. 225, on ne la connaîtrait pas. Ce n'était pas assez pour Cotin. Il publia bientôt un nouveau pamphlet, en prose cette fois et beaucoup plus long, il avait 64 pages, sous ce titre : La Critique désintéressée sur les satires du temps. Despréaux y est nommé Desvipereaux. Nous aurons à en reparler. (Ed. F.)

Faire insulte en rimant à qui ne vous dit rien,
Et du bruit dangereux d'un livre téméraire
A vos propres périls enrichir le libraire?
  Vous vous flattez peut-être, en votre vanité,
D'aller comme un Horace à l'immortalité;
Et déjà vous croyez dans vos rimes obscures
Aux Saumaises futurs préparer des tortures [1].
Mais combien d'écrivains, d'abord si bien reçus,
Sont de ce fol espoir honteusement déçus!
Combien, pour quelques mois, ont vu fleurir leur livre,
Dont les vers en paquet se vendent à la livre!
Vous pourrez voir, un temps, vos écrits estimés
Courir de main en main par la ville semés;
Puis de là, tout poudreux, ignorés sur la terre,
Suivre chez l'épicier Neuf-Germain [2] et la Serre [3];
Ou, de trente feuillets réduits peut-être à neuf,
Parer, demi-rongés, les rebords du Pont-Neuf [4].
Le bel honneur pour vous, en voyant vos ouvrages
Occuper le loisir des laquais et des pages,
Et souvent, dans un coin renvoyés à l'écart,
Servir de second tome aux airs du Savoyard [5]!
  Mais je veux que le sort, par un heureux caprice,
Fasse de vos écrits prospérer la malice,
Et qu'enfin votre livre aille, au gré de vos vœux,
Faire siffler Cotin chez nos derniers neveux :
Que vous sert-il qu'un jour l'avenir vous estime,
Si vos vers aujourd'hui vous tiennent lieu de crime,
Et ne produisent rien, pour fruit de leurs bons mots,
Que l'effroi du public et la haine des sots?
Quel démon vous irrite et vous porte à médire?
Un livre vous déplaît: qui vous force à le lire?
Laissez mourir un fat dans son obscurité :
Un auteur ne peut-il pourrir en sûreté?
Le Jonas inconnu sèche dans la poussière ;
Le David imprimé n'a point vu la lumière ;
Le Moïse commence à moisir par les bords.
Quel mal cela fait-il [6]? Ceux qui sont morts sont morts :

---

1. Saumaise, célèbre commentateur. (Boil.) — Il mourut en 1653. Parmi ses nombreux ouvrages, on remarque l'apologie de Charles Ier.
2. Auteur extravagant. (Boil.)
3. Auteur peu estimé. (Boil.)
4. Où l'on vend d'ordinaire les livres de rebut. (Boil.)
5. Chantre du Pont-Neuf. (Boil.) — Il se nommait Philipot et il était aveugle. Il courait de temps en temps la province pour faire connaître son répertoire. D'Assoucy l'y rencontra. V. ses Aventures, t. 1, p. 249. Il se faisait appeler « le capitaine Savoyard » sur le titre du Recueil général de ses chansons qui en vingt ans, de 1645 à 1665, eut quatre éditions plus ou moins renouvelées et augmentées chez Jean Promé et chez sa veuve. M. A. Percheron a fait réimprimer en 1862, in-12, celle de 1665, d'après l'exemplaire de l'Arsenal. (Ed. F.)
6. Ces trois poëmes avaient été faits, le Jonas par Coras, le David par Las Fargues, et le Moïse par Saint-Amand. (Boil.) — A propos du vers sur ce dernier poëme, Pradon (Remarques, p. 52) écrit : « Méchant jeu de mots, Moïse et moisir, et indigne d'un grand poëte. » J'avoue que je ne l'y avais pas remarqué, mais les yeux de l'envie voient où d'autres n'ont rien à voir. (Ed. F.)

Le tombeau contre vous ne peut-il les défendre?
Et qu'ont fait tant d'auteurs, pour remuer leur cendre?
Que vous ont fait Perrin, Bardin, Pradon, Hainaut [1],
Colletet, Pelletier, Titreville, Quinault,
Dont les noms en cent lieux, placés comme en leurs niches,
Vont de vos vers malins remplir les hémistiches?
Ce qu'ils font vous ennuie. O le plaisant détour !
Ils ont bien ennuyé le roi, toute la cour,
Sans que le moindre édit ait, pour punir leur crime,
Retranché les auteurs ou supprimé la rime.
Écrive qui voudra : chacun à ce métier
Peut perdre impunément de l'encre et du papier;
Un roman, sans blesser les lois ni la coutume,
Peut conduire un héros au dixième volume [2].
De là vient que Paris voit chez lui de tout temps
Les auteurs à grands flots déborder tous les ans;
Et n'a point de portail où, jusques aux corniches,
Tous les piliers ne soient enveloppés d'affiches.
Vous seul, plus dégoûté, sans pouvoir et sans nom,
Viendrez régler les droits et l'État d'Apollon !
Mais vous, qui raffinez sur les écrits des autres,
De quel œil pensez-vous qu'on regarde les vôtres ?
Il n'est rien en ce temps à couvert de vos coups :
Mais savez-vous aussi comme on parle de vous ?
Gardez-vous, dira l'un, de cet esprit critique :
On ne sait bien souvent quelle mouche le pique.
Mais c'est un jeune fou qui se croit tout permis [3],
Et qui pour un bon mot va perdre vingt amis.
Il ne pardonne pas aux vers de la Pucelle,
Et croit régler le monde au gré de sa cervelle.
Jamais dans le barreau trouva-t-il rien de bon?
Peut-on si bien prêcher qu'il ne dorme au sermon?
Mais lui, qui fait ici le régent du Parnasse,
N'est qu'un gueux revêtu des dépouilles d'Horace [4].
Avant lui Juvénal avait dit en latin
Qu'on est assis à l'aise aux sermons de Cotin;
L'un et l'autre avant lui s'étaient plaints de la rime,
Et c'est aussi sur eux qu'il rejette son crime :
Il cherche à se couvrir de ces noms glorieux.
J'ai peu lu ces auteurs : mais tout n'irait que mieux,

---

1. Haynaut, ou plutôt Hesnaut, mourut en 1682. Au nombre de ses poésies se trouvent plusieurs sonnets parmi lesquels on distingue celui contre Colbert et celui de l'*Avorton*.

2. Les romans de *Cyrus*, de *Clélie*, et de *Pharamond*, sont chacun de dix volumes. (BOIL.)

3. Boileau, né en 1636, n'avait que trente et un ans, à la date de cette satire. Il était donc encore jeune, com-paré surtout à Cotin, qui, né en 1604, avait par conséquent plus du double de son âge. L'abbé, comme on le verra plus loin, le traitait lui-même de « jeune homme ». (ED. F.)

4. Saint-Pavin reprochait à l'auteur qu'il n'était riche que des dépouilles d'Horace, de Juvénal et de Régnier. (BOIL.) — Cotin lui avait aussi prodigué ce reproche, dans sa *Satire*, et dans la *Critique désintéressée*. (ED. F.)

Quand de ces médisants l'engeance tout entière
Irait, la tête en bas, rimer dans la rivière [1].

Voilà comme on vous traite : et le monde effrayé
Vous regarde déjà comme un homme noyé.
En vain quelque rieur, prenant votre défense,
Veut faire au moins, de grâce, adoucir la sentence.
Rien n'apaise un lecteur toujours tremblant d'effroi,
Qui voit peindre en autrui ce qu'il remarque en soi.
Vous ferez-vous toujours des affaires nouvelles,
Et faudra-t-il sans cesse essuyer des querelles?
N'entendrai-je qu'auteurs se plaindre et murmurer?
Jusqu'à quand vos fureurs doivent-elles durer?
Répondez, mon Esprit, ce n'est plus raillerie :
Dites.... Mais, direz-vous, pourquoi cette furie?
Quoi ! pour un maigre auteur que je glose en passant,
Est-ce un crime, après tout, et si noir et si grand?
Et qui, voyant un fat s'applaudir d'un ouvrage
Où la droite raison trébuche à chaque page,
Ne s'écrie aussitôt : L'impertinent auteur!
L'ennuyeux écrivain! le maudit traducteur!
A quoi bon mettre au jour tous ces discours frivoles,
Et ces riens enfermés dans de grandes paroles?
Est-ce donc là médire, ou parler franchement?
Non, non; la médisance y va plus doucement.
Si l'on vient à chercher pour quel secret mystère
Alidor à ses frais bâtit un monastère :
Alidor! dit un fourbe, il est de mes amis,
Je l'ai connu laquais avant qu'il fût commis [2].

---

1. C'est là qu'un des plus rudes ennemis de Boileau, M. de Montausier, eût voulu en effet qu'il allât rimer. Voltaire, dans son *épître à Boileau*, a mis en vers un autre mot de ce duc, très-satirique lui-même, contre l'auteur des satires :

Je veux t'écrire un mot sur tes sots ennemis...
Qui voudraient, pour loyer de tes rimes sincères,
Couronné de lauriers t'envoyer aux galères.

Montausier ne tarissait pas contre Boileau. En voici une preuve nouvelle, par une anecdote des *Mémoires* inédits de *Philibert Delamarre*, fol. 164, aux Mss. de la Biblioth. Nat. : « M. de Basville reconduisant M. le duc de Montausier qui étoit venu voir M. le premier président (Lamoignon) son père, et ayant vu M. Boileau sur le degré, se mit à en faire l'éloge. M. de Montausier, l'ayant laissé achever, lui dit : « Je m'étonne, monsieur, que vous, qui « êtes fils d'un père qui châtieroit un crocheteur s'il avoit « dit des injures à un autre, vous souffriez qu'un médisant « public entre chez vous, qui mériteroit des coups de bâ-« ton. » Sa colère venoit de ce que Boileau avoit fait des vers contre Ménage, pour lequel M. de Montausier a de l'amitié. » Ils étaient en effet au mieux. Ménage, en 1652, avait dédié au duc ses *poemata*, et, ce qui est à remarquer ici, il y avait, dans l'épître préliminaire, loué surtout cet ennemi des satires, de celles vives et âcres, « vividæ et acres, » qu'il avait faites lui-même dans sa jeunesse!

Le duc n'en aurait-il voulu à Boileau que par concurrence et jalousie de métier? (ED. F.)

2. L'abbé Guéton, ayant mis en note que ce passage regardait un certain M. Pinet qui avait fait bâtir, près des Chartreux, la maison de l'*Institution* des pères de l'Oratoire, Boileau fit en marge la rectification suivante : « Ces vers n'ont point été faits pour taxer M. Pinet, et regardent plutôt un M. Dalibert, fameux maltôtier qui avoit esté effectivement laquais. » Ce Dalibert avait eu déjà, et sous ce même nom d'Alidor, dont la première partie rappelait le sien, sa part de satire dans la 10ᵉ épigramme de Furetière : *D'un coquin insolent dans sa fortune* :

Tandis qu'Alidor fut laquais,
Il fut soumis, humble et docile;
Mais quand il eut fait force acquêts.
Il fut rogue, altier, difficile;
On l'eût pris pour un roitelet,
Tant l'orgueil le fit méconnoître;
Je vois bien que d'un bon valet
On ne sauroit faire un bon maître.

— Les deux vers qui suivent dans Boileau, sur l'homme aux dévotes restitutions, peuvent seuls s'appliquer à M. Pinet. Une note des Mss. de Brossette l'affirme. On y apprend, ce que Louis Racine a dit aussi dans ses *Mémoires*, que la maison de l'Institution fondée par cet ancien fripon était, à cause de son origine, appelée maison de la *Restitution*. (ED. F.)

SATIRE IX.

C'est un homme d'honneur, de piété profonde,
Et qui veut rendre à Dieu ce qu'il a pris au monde.
 Voilà jouer d'adresse, et médire avec art ;
Et c'est avec respect enfoncer le poignard.
Un esprit né sans fard, sans basse complaisance,
Fuit ce ton radouci que prend la médisance.
Mais de blâmer des vers ou durs ou languissants,
De choquer un auteur qui choque le bon sens,
De railler d'un plaisant qui ne sait pas nous plaire,
C'est ce que tout lecteur eut toujours droit de faire.
 Tous les jours à la cour un sot de qualité [1]
Peut juger de travers avec impunité ;
A Malherbe, à Racan préférer Théophile,
Et le clinquant du Tasse à tout l'or de Virgile.
Un clerc, pour quinze sous, sans craindre le holà,
Peut aller au parterre attaquer Attila [2] ;
Et si le roi des Huns ne lui charme l'oreille,
Traiter de visigoths tous les vers de Corneille.
 Il n'est valet d'auteur, ni copiste, à Paris,
Qui, la balance en main, ne pèse les écrits.
Dès que l'impression fait éclore un poëte,
Il est esclave né de quiconque l'achète :
Il se soumet lui-même aux caprices d'autrui,
Et ses écrits tout seuls doivent parler pour lui.
Un auteur à genoux, dans une humble préface,
Au lecteur qu'il ennuie a beau demander grâce ;
Il ne gagnera rien sur ce juge irrité,
Qui lui fait son procès de pleine autorité.
Et je serai le seul qui ne pourrai rien dire !
On sera ridicule, et je n'oserai rire !
Et qu'ont produit mes vers de si pernicieux,
Pour armer contre moi tant d'auteurs furieux ?
Loin de les décrier, je les ai fait paraître :
Et souvent, sans ces vers qui les ont fait connaître,
Leur talent dans l'oubli demeurerait caché :
Et qui saurait sans moi que Cotin a prêché ?
La satire ne sert qu'à rendre un fat illustre :
C'est une ombre au tableau qui lui donne du lustre.
En le blâmant enfin, j'ai dit ce que j'en croi ;
Et tel qui m'en reprend en pense autant que moi.
 Il a tort, dira l'un, pourquoi faut-il qu'il nomme ?
Attaquer Chapelain ! ah ! c'est un si bon homme !

---

1. Un homme de qualité fit un jour ce beau jugement en ma présence. (BOIL.)
2. Cette tragédie de Corneille avait été représentée, le 4 mars 1667, au moment même où Boileau écrivait sa satire, qui parut la même année. C'est Molière qui l'avait jouée sur son théâtre, au Palais-Royal, où, depuis le succès des *Précieuses ridicules*, le prix du parterre avait été porté de dix sous à quinze, et celui des autres places doublé. (ED. F.)

Balzac en fait l'éloge en cent endroits divers [1].
Il est vrai, s'il m'eût cru, qu'il n'eût point fait de vers.
Il se tue à rimer : que n'écrit-il en prose [2];
Voilà ce que l'on dit. Et que dis-je autre chose?
En blâmant ses écrits, ai-je d'un style affreux
Distillé sur sa vie un venin dangereux?
Ma muse, en l'attaquant, charitable et discrète,
Sait de l'homme d'honneur distinguer le poëte.
Qu'on vante en lui la foi, l'honneur, la probité;
Qu'on prise sa candeur et sa civilité;
Qu'il soit doux, complaisant, officieux, sincère :
On le veut, j'y souscris et suis prêt à me taire.
Mais que pour un modèle on montre ses écrits;
Qu'il soit le mieux renté de tous les beaux esprits [3];
Comme roi des auteurs qu'on l'élève à l'empire :
Ma bile alors s'échauffe, et je brûle d'écrire;
Et, s'il ne m'est permis de le dire au papier,
J'irai creuser la terre, et, comme ce barbier,
Faire dire aux roseaux par un nouvel organe :
Midas, le roi Midas, a des oreilles d'âne.
Quel tort lui fais-je enfin? Ai-je par un écrit
Pétrifié sa veine et glacé son esprit?
Quand un livre au Palais se vend et se débite,
Que chacun par ses yeux juge de son mérite,
Que Bilaine [4] l'étale au deuxième pilier,
Le dégoût d'un censeur peut-il le décrier?
En vain contre le Cid un ministre se ligue [5];
Tout Paris pour Chimène a les yeux de Rodrigue.
L'Académie en corps a beau le censurer :
Le public révolté s'obstine à l'admirer.
Mais, lorsque Chapelain met une œuvre en lumière,
Chaque lecteur d'abord lui devient un Linière [6].
En vain il a reçu l'encens de mille auteurs;
Son livre en paraissant dément tous ses flatteurs.
Ainsi, sans m'accuser, quand tout Paris le joue,
Qu'il s'en prenne à ses vers que Phébus désavoue;
Qu'il s'en prenne à sa muse allemande en françois.
Mais laissons Chapelain pour la dernière fois.
   La satire, dit-on, est un métier funeste,
Qui plaît à quelques gens, et choque tout le reste.

---

1. Toute une partie des *Lettres* de Balzac, imprimée par les Elzévirs, est adressée à Chapelain, dont l'éloge n'y est épargné dans aucune. (ED. F.)

2. La prose de Chapelain est en effet excellente. Sa traduction, trop peu connue, du *Guzman d'Alpharache* complet est un chef-d'œuvre comme verdeur de style. (ED. F.)

3. Chapelain avait, de divers endroits, 8,000 livres de pension. (BOIL.) — En y comprenant ses jetons d'académicien, il n'avait pas moins. Le roi lui donnait trois mille livres par an, et M. de Longueville quatre mille, comme descendant de Dunois, pour l'encourager à finir le poëme de la *Pucelle*, qu'il terminait d'autant moins vite. (ED. F.)

4. Libraire du Palais. (BOIL.)

5. Voyez l'*Histoire de l'Académie*, par Pellisson. (BOIL.)

6. Auteur qui a écrit contre Chapelain. (BOIL.)

SATIRE IX.

La suite en est à craindre : en ce hardi métier
La peur plus d'une fois fit repentir Régnier [1].
Quittez ces vains plaisirs dont l'appât vous abuse :
A de plus doux emplois occupez votre muse ;
Et laissez à Feuillet [2] réformer l'univers.

Et sur quoi donc faut-il que s'exercent mes vers ?
Irai-je dans une ode, en phrases de Malherbe,
Troubler dans ses roseaux le Danube superbe ;
Délivrer de Sion le peuple gémissant,
Faire trembler Memphis ou pâlir le croissant ;
Et, passant du Jourdain les ondes alarmées,
Cueillir, mal à propos, *les palmes idumées ?*
Viendrai-je en une églogue, entouré de troupeaux,
Au milieu de Paris enfler mes chalumeaux,
Et, dans mon cabinet, assis au pied des hêtres,
Faire dire aux échos des sottises champêtres ?
Faudra-t-il, de sang-froid, et sans être amoureux,
Pour quelque Iris en l'air faire le langoureux,
Lui prodiguer les noms de soleil et d'aurore,
Et toujours bien mangeant mourir par métaphore ?
Je laisse aux doucereux ce langage affété
Où s'endort un esprit de mollesse hébété.

La satire, en leçons, en nouveautés fertile,
Sait seule assaisonner le plaisant et l'utile,
Et, d'un vers qu'elle épure aux rayons du bon sens,
Détromper les esprits des erreurs de leur temps.
Elle seule, bravant l'orgueil et l'injustice,
Va jusque sous le dais faire pâlir le vice ;
Et souvent sans rien craindre, à l'aide d'un bon mot,
Va venger la raison des attentats d'un sot.
C'est ainsi que Lucile [3], appuyé de Lélie [4],
Fit justice en son temps des Cotins d'Italie,
Et qu'Horace, jetant le sel à pleines mains,
Se jouait aux dépens des Pelletiers romains.
C'est elle qui, m'ouvrant le chemin qu'il faut suivre,
M'inspira dès quinze ans la haine d'un sot livre ;
Et sur ce mont fameux où j'osai la chercher,
Fortifia mes pas et m'apprit à marcher.
C'est pour elle, en un mot, que j'ai fait vœu d'écrire.

Toutefois, s'il le faut, je veux bien m'en dédire,
Et, pour calmer enfin tous ces flots d'ennemis,
Réparer en mes vers les maux qu'ils ont commis.

---

[1]. Mathurin Régnier, le premier qui ait fait des satires en France, était neveu de l'abbé Des Portes. On prétend que Régnier, dès sa première jeunesse, ayant fait paraître beaucoup de penchant pour la satire, les vers qu'il faisait contre diverses personnes lui attirèrent beaucoup d'ennemis, et obligèrent son père à l'en châtier plus d'une fois. Régnier naquit à Chartres, en 1573, et mourut à Rouen, en 1613.

[2]. Fameux prédicateur et chanoine de Saint-Cloud. (B.)

[3]. Poëte latin satirique. (BOIL.) — Ses *Fragments* ont été recueillis et commentés par François Douza.

[4]. Consul romain. (BOIL.)

Puisque vous le voulez, je vais changer de style.
Je le déclare donc : Quinault est un Virgile ;
Pradon comme un soleil en nos ans a paru ;
Pelletier écrit mieux qu'Ablancourt [1] ni Patru [2] ;
Cotin, à ses sermons traînant toute la terre,
Fend les flots d'auditeurs pour aller à sa chaire ;
Sofal est le phénix des esprits relevés ;
Perrin [3].... Bon, mon Esprit ! courage ! poursuivez.
Mais ne voyez-vous pas que leur troupe en furie
Va prendre encor ces vers pour une raillerie ?
Et Dieu sait aussitôt que d'auteurs en courroux,
Que de rimeurs blessés s'en vont fondre sur vous !
Vous les verrez bientôt, féconds en impostures,
Amasser contre vous des volumes d'injures ;
Traiter en vos écrits chaque vers d'attentat,
Et d'un mot innocent faire un crime d'État [4].
Vous aurez beau vanter le roi dans vos ouvrages,
Et de ce nom sacré sanctifier vos pages ;
Qui méprise Cotin n'estime point son roi,
Et n'a, selon Cotin, ni Dieu, ni foi, ni loi.
 Mais quoi ! répondrez-vous, Cotin nous peut-il nuire ?
Et par ses cris enfin que saurait-il produire ?
Interdire à mes vers, dont peut-être il fait cas,
L'entrée aux pensions où je ne prétends pas ?
Non, pour louer un roi que tout l'univers loue,
Ma langue n'attend point que l'argent la dénoue ;
Et, sans espérer rien de mes faibles écrits,
L'honneur de le louer m'est un trop digne prix.
On me verra toujours, sage dans mes caprices,
De ce même pinceau dont j'ai noirci les vices,
Et peint du nom d'auteur tant de sots revêtus,
Lui marquer mon respect et tracer ses vertus.
Je vous crois ; mais pourtant on crie, on vous menace.
Je crains peu, direz-vous, les braves du Parnasse.
Hé ! mon Dieu ! craignez tout d'un auteur en courroux,
Qui peut... — Quoi ? — Je m'entends. — Mais encor ? — Taisez-vous.

---

1. Nicolas Perrot d'Ablancourt a traduit *Thucydide*, *Xénophon*, *Lucien*, les *Commentaires de César*, *Tacite*, et quelques discours de *Cicéron*. Il était de l'Académie française, et mourut en 1664.
2. Célèbre avocat au parlement de Paris, dont on a recueilli les plaidoyers.
3. Auteurs médiocres dont il est déjà question dans la satire VII. (Boil.)
4. Cotin, dans un de ses écrits, m'accusait d'être criminel de lèse-majesté divine et humaine. (Boil.) — C'est dans la *Critique désintéressée sur les satires du temps*, qu'il l'accusait ainsi : « Et quel peut-être, disait-il, l'effet de la satire d'un jeune homme que d'ériger partout des autels à la débauche, par le décry de la raison et de la justice, par la profanation du trône ? » (Ed. F.)

Je les aime encor mieux qu'une bigote altière....
Act. 1.

SATIRE X
1693

AU LECTEUR

Voici enfin la satire qu'on me demande depuis si longtemps. Si j'ai tant tardé à la mettre au jour, c'est que j'ai été bien aise qu'elle ne parût qu'avec la nouvelle édition qu'on faisait de mon livre, où je voulais qu'elle fût insérée. Plusieurs de mes amis, à qui je l'ai lue, en ont parlé dans le monde avec de grands éloges, et ont publié que c'était la meilleure de mes satires. Ils ne m'ont pas en cela fait plaisir. Je connais le public : je sais que naturellement il se révolte contre ces louanges outrées qu'on donne aux ouvrages avant qu'ils aient paru, et que la plupart des lecteurs ne lisent ce qu'on leur a élevé si haut qu'avec un dessein formé de le rabaisser.

Je déclare donc que je ne veux point profiter de ces discours avantageux : et non-seulement je laisse au public son jugement libre, mais je donne plein pouvoir à tous ceux qui ont tant critiqué mon ode sur Namur, d'exercer aussi contre ma satire toute la rigueur de leur critique. J'espère qu'ils le feront avec le même succès; et je puis les assurer que tous leurs discours ne m'obligeront point à rompre l'espèce de vœu que j'ai fait de ne jamais défendre mes ouvrages, tant qu'on n'en attaquera que les mots et les syllabes. Je saurai fort bien soutenir contre ces censeurs Homère, Horace, Virgile, et tous ces autres grands personnages dont j'admire les écrits : mais pour mes écrits, que je n'admire point, c'est à ceux qui les approuveront à trouver des raisons pour les défendre. C'est tout l'avis que j'ai à donner ici au lecteur.

La bienséance néanmoins voudrait, ce me semble, que je fisse quelque excuse au beau sexe de la liberté que je me suis donnée de peindre ses vices : mais, au fond, toutes les peintures que je fais dans ma satire sont si générales, que, bien loin d'appréhender que les femmes s'en offensent, c'est sur leur approbation et sur leur curiosité que je fonde la plus grande espérance du succès de mon ouvrage. Une chose au moins dont je suis certain qu'elles me loueront, c'est d'avoir trouvé moyen, dans une matière aussi délicate qu'est celle que j'y traite, de ne pas laisser échapper un seul mot qui pût le moins du monde blesser la pudeur. J'espère donc que j'obtiendrai aisément ma grâce, et qu'elles ne seront pas plus choquées des prédications que je fais contre leurs défauts dans cette satire, que des satires que les prédicateurs font tous les jours en chaire contre ces mêmes défauts.

LES FEMMES

Enfin bornant le cours de tes galanteries [1],
Alcippe, il est donc vrai, dans peu tu te maries :
Sur l'argent, c'est tout dire, on est déjà d'accord ;
Ton beau-père futur vide son coffre-fort ;
Et déjà le notaire a, d'un style énergique,
Griffonné de ton joug l'instrument authentique [2].
C'est bien fait. Il est temps de fixer tes désirs.
Ainsi que ses chagrins l'hymen a ses plaisirs :

---

1. Les critiques commencèrent vite pour cette satire : elles l'entreprirent dès son premier vers. Racine le trouvait d'une construction qui n'était pas assez nette, et Maucroix, à qui il l'avait signalé dans une lettre, en avait proposé un autre que Boileau n'accepta pas. J.-B. Rousseau fit la même critique, et proposa aussi une variante. « M. Racine, écrivit-il (*Lettres*, édit. 1750, t. II, p. 184), n'est pas le seul qui ait été blessé de ce début. Beaucoup de personnes ont critiqué le gérondif bornant, qui fait tout l'embarras de la phrase, et qui paroît surtout au commencement d'un ouvrage. Je crois que le vers auroit marché plus légèrement, en mettant :

Enfin désabusé de tes galanteries,
Alcippe, etc... »   (Ed. F.)

2. *Instrument*, en style de pratique, veut dire toutes sortes de contrats. (Boil.)

Quelle joie, en effet, quelle douceur extrême,
De se voir caressé d'une épouse qu'on aime !
De s'entendre appeler *petit cœur*, ou *mon bon* [1] !
De voir autour de soi croître dans sa maison,
Sous les paisibles lois d'une agréable mère,
De petits citoyens dont on croit être père !
Quel charme, au moindre mal qui nous vient menacer,
De la voir aussitôt accourir, s'empresser,
S'effrayer d'un péril qui n'a point d'apparence,
Et souvent de douleur se pâmer par avance !
Car tu ne seras point de ces jaloux affreux,
Habiles à se rendre inquiets, malheureux,
Qui, tandis qu'une épouse à leurs yeux se désole,
Pensent toujours qu'un autre en secret la console.

Mais quoi ! je vois déjà que ce discours t'aigrit.
Charmé de Juvénal [2], et plein de son esprit,
Venez-vous, diras-tu, dans une pièce outrée,
Comme lui nous chanter que, « dès le temps de Rhée [3],
La chasteté déjà, la rougeur sur le front,
Avait chez les humains reçu plus d'un affront ;
Qu'on vit avec le fer naître les injustices,
L'impiété, l'orgueil et tous les autres vices :
Mais que la bonne foi dans l'amour conjugal
N'alla point jusqu'au temps du troisième métal [4] ? »
Ces mots ont dans sa bouche une emphase admirable :
Mais, je vous dirai, moi, sans alléguer la Fable,
Que si, sous Adam même et loin avant Noé,
Le vice audacieux, des hommes avoué,
A la triste innocence en tous lieux fit la guerre,
Il demeura pourtant de l'honneur sur la terre :
Qu'aux temps les plus féconds en Phrynés, en Laïs [5],
Plus d'une Pénélope [6] honora son pays ;
Et que même aujourd'hui, sur ce fameux modèle,
On peut trouver encor quelque femme fidèle.

Sans doute, et dans Paris, si je sais bien compter,
Il en est jusqu'à trois [7] que je pourrais citer.

---

1. Ici, nouvelle critique de J.-B. Rousseau, mais seulement de détails, et tempérée d'éloges pour le reste : « *Petit cœur*, ou *mon bon*. Cette manière de parler, bourgeoise à l'excès, ne répond pas à la noblesse du reste de cette satire, que le célèbre Bayle appelle le chef-d'œuvre de l'auteur, et qui en effet est écrite avec autant d'art et de force qu'aucun de ses ouvrages. Il était aisé de substituer à la place :

...Petit cœur, ou mon fils,
De voir autour de soi croître dans son logis, etc.

La rime n'auroit pas été si riche à l'œil, mais elle est plus belle à l'oreille, et l'expression n'a rien de bas. » J'ignore si Boileau connut la variante ; en tout cas, il la refusa. Il tenait à son vers, et à ces mots : *petit cœur*, etc., qui étaient ceux dont se servait madame Colbert pour parler à son mari. Il n'était pas fâché de prendre ces expressions si bourgeoises à la femme d'un ministre, fort accusé de bourgeoisie excessive. (Ed. F.)

2. Juvénal a fait une satire contre les femmes. (Boil.)
3. L'un des noms de Cybèle, fille du Ciel et de la Terre, et femme de Saturne.
4. Paroles du commencement de la satire de Juvénal. (Boil.)
5. Phryné, courtisane d'Athènes. — Laïs, courtisane de Corinthe. (Boil.)
6. Femme d'Ulysse, célèbre par sa fidélité à son époux.
7. Ceci est dit figurément. (Boil.) — Il ajoutait quelquefois en riant : « A la rigueur on en trouverait peut-être davantage. »

Ton épouse dans peu sera la quatrième :
Je le veux croire ainsi. Mais, la chasteté même
Sous ce beau nom d'épouse entrât-elle chez toi,
De retour d'un voyage, en arrivant, crois-moi,
Fais toujours du logis avertir la maîtresse.
Tel partit tout baigné des pleurs de sa Lucrèce,
Qui, faute d'avoir pris ce soin judicieux,
Trouva... tu sais[1] ? — Je sais que d'un conte odieux
Vous avez comme moi sali votre mémoire.
Mais laissons là, dis-tu, Joconde et son histoire :
Du projet d'un hymen déjà fort avancé,
Devant vous aujourd'hui criminel dénoncé,
Et mis sur la sellette aux pieds de la critique,
Je vois bien tout de bon qu'il faut que je m'explique.
   Jeune autrefois par vous dans le monde conduit,
J'ai trop bien profité pour n'être pas instruit
A quels discours malins le mariage expose :
Je sais que c'est un texte où chacun fait sa glose ;
Que de maris trompés tout rit dans l'univers,
Épigrammes, chansons, rondeaux, fables en vers,
Satire, comédie ; et, sur cette matière,
J'ai vu tout ce qu'ont fait la Fontaine et Molière ;
J'ai lu tout ce qu'ont dit Villon et Saint-Gelais[2],
Arioste, Marot, Boccace, Rabelais ;
Et tous ces vieux recueils de satires naïves[3],
Des malices du sexe immortelles archives.
Mais, tout bien balancé, j'ai pourtant reconnu
Que de ces contes vains le monde entretenu
N'en a pas de l'hymen moins vu fleurir l'usage ;
Que sous ce joug moqué tout à la fin s'engage ;
Qu'à ce commun filet les railleurs mêmes pris[4]
Ont été très-souvent de commodes maris[5] ;
Et que, pour être heureux sous ce joug salutaire,
Tout dépend, en un mot, du bon choix qu'on sait faire.
Enfin il faut ici parler de bonne foi :
Je vieillis, et ne puis regarder sans effroi
Ces neveux affamés dont l'importun visage
De mon bien à mes yeux fait déjà le partage.
Je crois déjà les voir, au moment annoncé
Qu'à la fin sans retour leur cher oncle est passé,

---

1. Allusion à l'histoire de Joconde, mise en vers par La Fontaine.
2. Poëtes français du quinzième siècle. Le véritable nom du premier était Corbueil. Il fit plus de bruit encore par ses friponneries que par ses poésies.
3. Les Contes de la reine de Navarre, etc. (BOIL.)
4. Boileau reprend ici, probablement sans le savoir, l'image qui termine tous les chapitres du vieux et charmant livre, les Quinze Joyes du mariage. Pour chaque mari, dont le chapitre a raconté « la Joye », on lit invariablement : « Ainsy est enclos dans la nasse. » (ED. F.)
5. Dans les notes *mss.* qu'écrivait Brossette au jour le jour, presque sous la dictée de l'auteur, on lit pour ce vers, à la date du 2 nov. 1702 : « M. Despréaux désigne ici La Fontaine qui, après avoir raillé en mille endroits de ses ouvrages sur la galanterie et l'infidélité des femmes, n'a pas laissé de se marier. » (ED. F.)

Sur quelques pleurs forcés qu'ils auront soin qu'on voie,
Se faire consoler du sujet de leur joie.
Je me fais un plaisir, à ne vous rien celer,
De pouvoir, moi vivant, dans peu les désoler,
Et, trompant un espoir pour eux si plein de charmes,
Arracher de leurs yeux de véritables larmes.
Vous dirai-je encor plus ? Soit faiblesse ou raison,
Je suis las de me voir le soir en ma maison
Seul avec des valets, souvent voleurs et traîtres,
Et toujours à coup sûr ennemis de leurs maîtres;
Je ne me couche point qu'aussitôt dans mon lit
Un souvenir fâcheux n'apporte à mon esprit
Ces histoires de morts lamentables, tragiques [1],
Dont Paris tous les ans peut grossir ses chroniques.
Dépouillons-nous ici d'une vaine fierté.
Nous naissons, nous vivons pour la société ;
A nous-mêmes livrés dans une solitude,
Notre bonheur bientôt fait notre inquiétude ;
Et, si durant un jour notre premier aïeul,
Plus riche d'une côte, avait vécu tout seul,
Je doute, en sa demeure alors si fortunée,
S'il n'eût point prié Dieu d'abréger la journée.
N'allons donc point ici réformer l'univers,
Ni par de vains discours et de frivoles vers
Étalant au public notre misanthropie,
Censurer le lien le plus doux de la vie.
Laissons là, croyez-moi, le monde tel qu'il est.
L'hyménée est un joug, et c'est ce qui m'en plaît :
L'homme, en ses passions toujours errant sans guide,
A besoin qu'on lui mette et le mors et la bride ;
Son pouvoir malheureux ne sert qu'à le gêner ;
Et, pour le rendre libre, il le faut enchaîner.
C'est ainsi que souvent la main de Dieu l'assiste.

Ha ! bon ! voilà parler en docte janséniste,
Alcippe ; et, sur ce point si savamment touché,
Desmâres [2] dans Saint-Roch [3] n'aurait pas mieux prêché.
Mais c'est trop t'insulter : quittons la raillerie ;
Parlons sans hyperbole et sans plaisanterie.
Tu viens de mettre ici l'hymen en son beau jour :
Entends donc, et permets que je prêche à mon tour.

L'épouse que tu prends, sans tache en sa conduite,
Aux vertus, m'a-t-on dit, dans Port-Royal [4] instruite,

---

1. Blandin et du Rosset ont composé ces histoires. (Bou.) — Nous ajouterons que l'un d'eux, du Rosset, donna à Paris une édition du petit livre, cité tout à l'heure, les *Quinze Joyes du mariage*. (Ed. F.)
2. Célèbre prédicateur. (Boil.)
3. Paroisse de Paris. (Boil.)
4. Maison religieuse où la plupart des filles de condition étaient élevées. Elle fut persécutée et supprimée comme janséniste, en 1710.

Aux lois de son devoir règle tous ses désirs.
Mais qui peut t'assurer qu'invincible aux plaisirs,
Chez toi, dans une vie ouverte à la licence,
Elle conservera sa première innocence?
Par toi-même bientôt conduite à l'Opéra [1],
De quel air penses-tu que ta sainte verra
D'un spectacle enchanteur la pompe harmonieuse,
Ces danses, ces héros à voix luxurieuse;
Entendra ces discours sur l'amour seul roulants,
Ces doucereux Renauds, ces insensés Rolands,
Saura d'eux qu'à l'amour, comme au seul Dieu suprême,
On doit immoler tout, jusqu'à la vertu même [2];
Qu'on ne saurait trop tôt se laisser enflammer;
Qu'on n'a reçu du ciel un cœur que pour aimer;
Et tous ces lieux communs de morale lubrique
Que Lulli [3] réchauffa des sons de sa musique?
Mais de quels mouvements, dans son cœur excités,
Sentira-t-elle alors tous ses sens agités!
Je ne te réponds pas qu'au retour, moins timide,
Digne écolière enfin d'Angélique et d'Armide,
Elle n'aille à l'instant, pleine de ces doux sons,
Avec quelque Médor pratiquer ces leçons [4].

Supposons toutefois qu'encor fidèle et pure
Sa vertu de ce choc revienne sans blessure.
Bientôt de ce grand monde où tu vas l'entraîner,
Au milieu des écueils qui vont l'environner,
Crois-tu que, toujours ferme aux bords du précipice,
Elle pourra marcher sans que le pied lui glisse;
Que, toujours insensible aux discours enchanteurs
D'un idolâtre amas de jeunes séducteurs,
Sa sagesse jamais ne deviendra folie?
D'abord tu la verras, ainsi que dans Clélie,
Recevant ses amants sous le doux nom d'amis [5],
S'en tenir avec eux aux petits soins [6] permis;
Puis bientôt en grande eau sur le fleuve de Tendre
Naviguer à souhait, tout dire et tout entendre.
Et ne présume pas que Vénus, ou Satan,
Souffre qu'elle en demeure aux termes du roman:

---

1. « Bientôt » est le mot juste, car il était de mode à Paris, au XVIIe siècle, pour les jeunes mariés d'un certain monde, d'aller en loge à l'opéra, le vendredi qui suivait leurs noces. Le vendredi, comme on sait, était « le beau jour ». (Ed. F.)

2. Maxime fort ordinaire dans les opéras de Quinault. (Boil.)

3. Jean-Baptiste Lulli, né à Florence en 1633, quitta sa patrie de bonne heure, et vint s'établir à Paris où il mourut en 1687.

4. Voyez les opéras de Quinault, intitulés *Roland* et *Armide*. (Boil.) — Il aurait pu citer aussi l'opéra d'*Atys*, dans lequel (acte III, sc. 2) Idas et Doris chantent ensemble ces honnêtes maximes :

    Dans l'empire amoureux
  Le devoir n'a pas de puissance;
      L'amour dispense
  Les rivaux d'être généreux.
Il faut souvent, pour devenir heureux,
Qu'il en coûte un peu d'innocence. (Ed. F.)

5. Roman de *Clélie*, et autres romans de mademoiselle de Scudéri. (Boil.)

6. *Petits Soins* est un des villages du pays de *Tendre*. Voyez *Clélie*, première partie.

Dans le crime il suffit qu'une fois on débute ;
Une chute toujours attire une autre chute.
L'honneur est comme une île escarpée et sans bords :
On n'y peut plus rentrer dès qu'on en est dehors.
Peut-être avant deux ans, ardente à te déplaire,
Éprise d'un cadet[1], ivre d'un mousquetaire,
Nous la verrons hanter les plus honteux brelans,
Donner chez la Cornu[2] rendez-vous aux galants ;
De Phèdre dédaignant la pudeur enfantine,
Suivre à front découvert Z[3].... et Messaline[4] ;
Compter pour grands exploits vingt hommes ruinés,
Blessés, battus pour elle, et quatre assassinés :
Trop heureux si, toujours femme désordonnée,
Sans mesure et sans règle au vice abandonnée,
Par cent traits d'impudence aisés à ramasser,
Elle t'acquiert au moins un droit pour la chasser !
Mais que deviendras-tu si, folle en son caprice,
N'aimant que le scandale et l'éclat dans le vice,
Bien moins pour son plaisir que pour t'inquiéter,
Au fond peu vicieuse, elle aime à coqueter ?
Entre nous, verras-tu d'un esprit bien tranquille
Chez ta femme aborder et la cour et la ville ?
Hormis toi, tout chez toi rencontre un doux accueil :
L'un est payé d'un mot et l'autre d'un coup d'œil.
Ce n'est que pour toi seul qu'elle est fière et chagrine :
Aux autres elle est douce, agréable, badine ;
C'est pour eux qu'elle étale et l'or et le brocard,
Que chez toi se prodigue et le rouge et le fard,
Et qu'une main savante, avec tant d'artifice,
Bâtit de ses cheveux le galant édifice.
Dans sa chambre, crois-moi, n'entre point tout le jour.
Si tu veux posséder ta Lucrèce[5] à ton tour,
Attends, discret mari, que la belle en cornette
Le soir ait étalé son teint sur la toilette[6],
Et dans quatre mouchoirs, de sa beauté salis,
Envoie au blanchisseur ses roses et ses lis.
Alors tu peux entrer : mais, sage en sa présence,
Ne va pas murmurer de sa folle dépense.

---

1. *Cadet* est ici pour jeune officier. Ce mot servait alors à désigner les puînés de famille noble.
2. Une infâme, dont le nom était alors connu de tout le monde. (Boil.)
3. J.-B. Rousseau trouva ici encore à reprendre. « Je ne sais pourquoi, dit-il (*Lettres*, t. II, p. 185), l'auteur, au lieu d'estropier son vers par un nom en blanc, qui peut d'ailleurs donner lieu à de malignes interprétations, ne s'est pas avisé de mettre *Julie et Messaline*, qui sont deux noms anciens, et qui contrastent fort bien avec celui de Phèdre. » (Ed. F.)

4. Messaline, femme de l'empereur Claude, est fameuse par ses débordements.
5. Jeune Romaine célèbre par sa chasteté.
6. Une satire en prose, qui doit être de trente ou quarante ans plus ancienne que celle-ci, avait dit presque textuellement la même chose : « Précieuses à la mode... quelquefois les petites boîtes de vostre cabinet vous fournissent une beauté empruntée qui ne passe point avec vous dans vostre lict, et que vous laissez le soir sur la toilette. » *L'ombre de Lustucru apparue aux Précieuses*, s. l. n. d., in-4. (Ed. F.)

Tout, hormis toi, chez toi rencontre un doux accueil.
Act. I.

SATIRE X.

D'abord, l'argent en main, paye vite et comptant.
Mais non, fais mine un peu d'en être mécontent.
Pour la voir aussitôt, de douleur oppressée,
Déplorer sa vertu si mal récompensée.
Un mari ne veut pas fournir à ses besoins !
Jamais femme, après tout, a-t-elle coûté moins ?
A cinq cents louis d'or tout au plus, chaque année,
Sa dépense en habits n'est-elle pas bornée ?
Que répondre ? Je vois qu'à de si justes cris,
Toi-même convaincu, déjà tu t'attendris,
Tout prêt à la laisser, pourvu qu'elle s'apaise,
Dans ton coffre, à pleins sacs, puiser tout à son aise.
 A quoi bon, en effet, t'alarmer de si peu ?
Eh ! que serait-ce donc si le démon du jeu
Versant dans son esprit sa ruineuse rage,
Tous les jours, mis par elle à deux doigts du naufrage,
Tu voyais tous tes biens, au sort abandonnés,
Devenir le butin d'un pique[1] ou d'un sonnez[2] ?
Le doux charme pour toi de voir, chaque journée,
De nobles champions ta femme environnée,
Sur une table longue et façonnée exprès,
D'un tournoi de bassette[3] ordonner les apprêts !
Ou, si par un arrêt la grossière police
D'un jeu si nécessaire interdit l'exercice[4],
Ouvrir sur cette table un champ au lansquenet,
Ou promener trois dés chassés de son cornet :
Puis sur une autre table, avec un air plus sombre,
S'en aller méditer une vole au jeu d'hombre ;
S'écrier sur un as mal à propos jeté ;
Se plaindre d'un gâno[5] qu'on n'a point écouté ?
Ou, querellant tout bas le ciel qu'elle regarde,
A la bête gémir d'un roi venu sans garde !
Chez elle, en ces emplois, l'aube du lendemain
Souvent la trouve encor les cartes à la main :
Alors, pour se coucher les quittant, non sans peine,
Elle plaint le malheur de la nature humaine,
Qui veut qu'en un sommeil, où tout s'ensevelit,
Tant d'heures sans jouer se consument au lit.
Toutefois en partant la troupe la console,
Et d'un prochain retour chacun donne parole.
 C'est ainsi qu'une femme en doux amusements

---

1. Terme du jeu de piquet. (BOIL.)
2. Terme du jeu de trictrac. (BOIL.)
3. *Bassette, lansquenet, hombre*, noms de différents jeux de cartes successivement introduits en France par les Italiens.
4. La police, en effet, prenait souvent des mesures contre les maisons de jeu particulières, surtout lorsqu'on y jouait la *bassette*, le *hocca*, le *pharaon*. V. la *Correspond.*
administrat. de Louis XIV, t. II, p. 568, 571, 591. — Les femmes qui donnaient à jouer, que La Bruyère appela si bien « femmes brelandières », étaient mises à l'amende. *Id.*, p. 601. — On fit plus : en 1712, on chassa de Paris tous ceux qui allaient chez les particuliers tailler au pharaon (*Journal* de Dangeau, 26 janvier 1712).
5. Terme du jeu d'hombre. (BOIL.)

Sait du temps qui s'envole employer les moments ;
C'est ainsi que souvent par une forcenée
Une triste famille, à l'hôpital traînée,
Voit ses biens en décret sur tous les murs écrits
De sa déroute illustre effrayer tout Paris.
  Mais que plutôt son jeu mille fois te ruine,
Que si la famélique et honteuse lésine
Venant mal à propos la saisir au collet,
Elle te réduisait à vivre sans valet,
Comme ce magistrat[1] de hideuse mémoire
Dont je veux bien ici te crayonner l'histoire.
Dans la robe on vantait son illustre maison.
Il était plein d'esprit, de sens et de raison ;
Seulement pour l'argent un peu trop de faiblesse
De ces vertus en lui ravalait la noblesse.
Sa table toutefois, sans superfluité,
N'avait rien que d'honnête en sa frugalité :
Chez lui deux bons chevaux, de pareille encolure,
Trouvaient dans l'écurie une pleine pâture,
Et du foin, que leur bouche au râtelier laissait.
De surcroît une mule[2] encor se nourrissait.
Mais cette soif de l'or qui le brûlait dans l'âme
Le fit enfin songer à choisir une femme,
Et l'honneur dans ce choix ne fut point regardé.
Vers son triste penchant son naturel guidé
Le fit, dans une avare et sordide famille,
Chercher un monstre affreux sous l'habit d'une fille ;
Et, sans trop s'enquérir d'où la laide venait[3],
Il sut, ce fut assez, l'argent qu'on lui donnait.
Rien ne le rebuta : ni sa vue éraillée[4],
Ni sa masse de chair bizarrement taillée ;
Et trois cent mille francs avec elle obtenus
La firent à ses yeux plus belle que Vénus.
Il l'épouse ; et bientôt son hôtesse nouvelle,
Le prêchant, lui fit voir qu'il était, au prix d'elle,
Un vrai dissipateur, un parfait débauché.
Lui-même le sentit, reconnut son péché,
Se confessa prodigue, et, plein de repentance,
Offrit sur ses avis de régler sa dépense.
Aussitôt de chez eux tout rôti disparut,
Le pain bis, renfermé, d'une moitié décrut :

---

1. Le lieutenant criminel Tardieu. (Boil.) — Jacques Tardieu, neveu de Jacques Gillot, l'un des principaux auteurs de la *Satire Ménippée*, épousa Marie Ferrier, fille d'un ministre protestant qui depuis abjura le calvinisme. Ces deux époux furent aussi fameux par leur avarice que par leur fin tragique.

2. Avant l'usage des carrosses, la mule était la monture ordinaire des magistrats : le lieutenant criminel était obligé d'accompagner les criminels jusqu'à l'échafaud.

3. Jeune, elle n'était pas si laide, suivant Tallemant qui l'avait connue : « Elle étoit bien faitte, dit-il, et elle jouoit bien du luth. » (*Historiettes*, t. III, p. 484. (Ed. F.)

4. C'est la petite vérole qui l'avait défigurée. (Ed. F.

Les deux chevaux, la mule, au marché s'envolèrent :
Deux grands laquais, à jeun, sur le soir s'en allèrent ;
De ces coquins déjà l'on se trouvait lassé,
Et, pour n'en plus revoir, le reste fut chassé.
Deux servantes déjà, largement souffletées,
Avaient à coups de pied descendu les montées ;
Et, se voyant enfin hors de ce triste lieu,
Dans la rue en avaient rendu grâces à Dieu.
Un vieux valet restait, seul chéri de son maître,
Que toujours il servit, et qu'il avait vu naître,
Et qui de quelque somme amassée au bon temps
Vivait encor chez eux, partie à ses dépens.
Sa vue embarrassait ; il fallut s'en défaire :
Il fut de la maison chassé comme un corsaire.
Voilà nos deux époux sans valets, sans enfants,
Tout seuls dans leur logis libres et triomphants[1].
Alors on ne mit plus de borne à la lésine :
On condamna la cave, on ferma la cuisine ;
Pour ne s'en point servir aux plus rigoureux mois,
Dans le fond d'un grenier on séquestra le bois.
L'un et l'autre dès lors vécut à l'aventure
Des présents qu'à l'abri de la magistrature
Le mari quelquefois des plaideurs extorquait[2],
Ou de ce que la femme aux voisins escroquait[3].
 Mais, pour bien mettre ici leur crasse en tout son lustre,
Il faut voir du logis sortir ce couple illustre ;
Il faut voir le mari tout poudreux, tout souillé,
Couvert d'un vieux chapeau de cordon dépouillé,
Et de sa robe, en vain de pièces rajeunie,
A pied dans les ruisseaux traînant l'ignominie.
Mais qui pourrait compter le nombre de haillons,
De pièces, de lambeaux, de sales guenillons,
De chiffons ramassés dans la plus noire ordure,
Dont la femme aux bons jours composait sa parure ?
Décrirai-je ses bas en trente endroits percés,
Ses souliers grimaçants vingt fois rapetassés,
Ses coiffes d'où pendait au bout d'une ficelle
Un vieux masque[4] pelé presque aussi hideux qu'elle ?
Peindrai-je son jupon bigarré de latin,

---

1. Ils n'étaient pas seuls, la mère de la femme, aussi avare qu'elle, vivait avec eux : « Sa mère, dit Tallemant, son mari et elle n'ont pour tout valet qu'un cocher : le carrosse est si méchant, et les chevaux aussy, qu'ils ne peuvent aller ; la mère donne l'avoine elle-même ; ils ne mangent pas leur saoul. Elles vont elles-mêmes à la porte. Une fois que quelqu'un leur estoit allé faire visite, elles le prièrent de leur prêter son laquais, pour mener les chevaux à la rivière, car le cocher avoit pris congé. » (Éd. F.)

2. Citons encore ici Tallemant : « Le mary... disne toujours au cabaret, aux despens de ceux qui ont affaire de luy... il n'y a pas un plus grand voleur au monde. » (Éd. F.)

3. « Elle alla avec son mary souper chez leur serrurier. »

4. La plupart des femmes portaient alors un masque de velours noir lorsqu'elles sortaient. (Boil.) — « Il n'y a rien, dit Tallemant, d'aussy ridicule que de la voir avec une robe de velours pelé, faitte comme on les portoit il y

Qu'ensemble composaient trois thèses de satin :
Présent qu'en un procès sur certain privilége
Firent à son mari les régents d'un collége ;
Et qui, sur cette jupe, à maint rieur encor
Derrière elle faisait dire ARGUMENTABOR ?
  Mais peut-être j'invente une fable frivole.
Démens donc tout Paris, qui, prenant la parole,
Sur ce sujet encor de bons témoins pourvu,
Tout prêt à le prouver, te dira : Je l'ai vu ;
Vingt ans j'ai vu ce couple, uni d'un même vice,
A tous mes habitants montrer que l'avarice
Peut faire dans les biens trouver la pauvreté,
Et nous réduire à pis que la mendicité.
Des voleurs, qui chez eux pleins d'espérance entrèrent[1],
De cette triste vie enfin les délivrèrent :
Digne et funeste fruit du nœud le plus affreux
Dont l'hymen ait jamais uni deux malheureux !
  Ce récit passe un peu l'ordinaire mesure :
Mais un exemple enfin si digne de censure
Peut-il dans la satire occuper moins de mots ?
Chacun sait son métier. Suivons notre propos.
Nouveau prédicateur aujourd'hui, je l'avoue,
Écolier ou plutôt singe de Bourdaloue[2],
Je me plais à remplir mes sermons de portraits.
En voilà déjà trois peints d'assez heureux traits :
La femme sans honneur, la coquette et l'avare.
Il faut y joindre encor la revêche bizarre,
Qui sans cesse, d'un ton par la colère aigri,
Gronde, choque, dément, contredit un mari.
Il n'est point de repos ni de paix avec elle :
Son mariage n'est qu'une longue querelle.
Laisse-t-elle un moment respirer son époux,
Ses valets sont d'abord l'objet de son courroux :
Et sur le ton grondeur lorsqu'elle les harangue,
Il faut voir de quels mots elle enrichit la langue :
Ma plume ici, traçant ces mots par alphabet,
Pourrait d'un nouveau tome augmenter Richelet[3].
  Tu crains peu d'essuyer cette étrange furie :
En trop bon lieu, dis-tu, ton épouse nourrie
Jamais de tels discours ne te rendra martyr.
Mais, eût-elle sucé la raison dans Saint-Cyr[4],

---

a vingt ans, un collet de même ange, des rubans couleur de feu repassez, et de vieilles mouches toutes effilochées. » (ED. F.)

1. Le lieutenant criminel et sa femme furent assassinés, dans leur maison, le 24 août 1665.

2. Le père Louis Bourdaloue, Jésuite, a été le plus grand prédicateur qui ait paru en France pendant le XVIIe siècle. Il a été aussi le premier qui ait mis des portraits ou des caractères dans ses sermons. Il était d'une famille considérable de Bourges, où il naquit en 1632. Il mourut à Paris dans la maison professe des Jésuites en 1704.

3. Auteur qui a donné un dictionnaire français. (BOIL.)

4. Célèbre maison près de Versailles où l'on élève un grand nombre de jeunes demoiselles. (BOIL.) — Elle fut fondée en 1686 par madame de Maintenon.

SATIRE X.

Crois-tu que d'une fille humble, honnête, charmante,
L'hymen n'ait jamais fait de femme extravagante?
Combien n'a-t-on point vu de belles aux doux yeux,
Avant le mariage anges si gracieux,
Tout à coup se changeant en bourgeoises sauvages,
Vrais démons, apporter l'enfer dans leurs ménages,
Et, découvrant l'orgueil de leurs rudes esprits,
Sous leur fontange [1] altière asservir leurs maris!
   Et puis, quelque douceur dont brille ton épouse,
Penses-tu, si jamais elle devient jalouse,
Que son âme livrée à ses tristes soupçons
De la raison encore écoute les leçons?
Alors, Alcippe, alors, tu verras de ses œuvres :
Résous-toi, pauvre époux, à vivre de couleuvres ;
A la voir tous les jours, dans ses fougueux accès,
A ton geste, à ton rire intenter un procès ;
Souvent, de ta maison gardant les avenues,
Les cheveux hérissés, t'attendre au coin des rues ;
Te trouver en des lieux de vingt portes fermés,
Et, partout où tu vas, dans ses yeux enflammés
T'offrir non pas d'Isis la tranquille Euménide [2],
Mais la vraie Alecto [3] peinte dans l'Énéide,
Un tison à la main, chez le roi Latinus,
Soufflant sa rage au sein d'Amate et de Turnus [4].
   Mais quoi! je chausse ici le cothurne tragique.
Reprenons au plus tôt le brodequin comique,
Et d'objets moins affreux songeons à te parler.
Dis-moi donc, laissant là cette folle hurler,
T'accommodes-tu mieux de ces douces Ménades [5]
Qui, dans leurs vains chagrins, sans mal toujours malades,
Se font, des mois entiers, sur un lit effronté,
Traiter d'une visible et parfaite santé ;
Et douze fois par jour, dans leur molle indolence,
Aux yeux de leurs maris tombent en défaillance?
Quel sujet, dira l'un, peut donc si fréquemment
Mettre ainsi cette belle au bord du monument?
La Parque, ravissant ou son fils ou sa fille,
A-t-elle moissonné l'espoir de sa famille?
Non : il est question de réduire un mari
A chasser un valet dans la maison chéri,

---

1. C'est un nœud de ruban que les femmes mettent sur le devant de la tête pour attacher leur coiffure. (Boil.)

2. Furie dans l'opéra d'*Isis*, qui demeure presque toujours à ne rien faire. (Boil.)

3. Brossette raconte dans ses notes *mss.* ce que Boileau lui avait dit à propos de ce vers, et de l'aventure qui le lui avait inspiré : « Un jour, M. Tancrède, autrefois chirurgien de Monsieur, et à présent contrôleur de sa maison, donnoit la collation dans un appartement reculé de la maison de Monsieur à Saint-Cloud, à M. Marchand, pourvoyeur de la maison de Madame, à mademoiselle Lefroy et à M. Despréaux. Lorsqu'ils y pensoient le moins, la femme de M. Marchand parut, qui fit un vacarme horrible et dérangea toute la feste. » (Ed. F.)

4. Une des furies (Boil.)

5. Bacchantes. (Boil.) — On donnait ce nom aux femmes qui célébraient les *orgies* de Bacchus.

Et qui, parce qu'il plaît, a trop su lui déplaire ;
Ou de rompre un voyage utile et nécessaire,
Mais qui la priverait huit jours de ses plaisirs,
Et qui, loin d'un galant, objet de ses désirs...
Oh ! que, pour la punir de cette comédie,
Ne lui vois-je une vraie et triste maladie !
Mais ne nous fâchons point. Peut-être avant deux jours,
Courtois et Deniau [1], mandés à son secours,
Digne ouvrage de l'art dont Hippocrate traite,
Lui sauront bien ôter cette santé d'athlète ;
Pour consumer l'honneur qui fait son embonpoint,
Lui donner sagement le mal qu'elle n'a point ;
Et, fuyant de Fagon [2] les maximes énormes,
Au tombeau mérité la mettre dans les formes.
Dieu veuille avoir son âme et nous délivrer d'eux !
Pour moi, grand ennemi de leur art hasardeux,
Je ne puis cette fois que je ne les excuse.
Mais à quels vains discours est-ce que je m'amuse ?
Il faut, sur des sujets plus grands, plus curieux,
Attacher de ce pas ton esprit et tes yeux.

 Qui s'offrira d'abord ? Bon, c'est cette savante
Qu'estime Roberval, et que Sauveur fréquente [3].
D'où vient qu'elle a l'œil trouble et le teint si terni ?
C'est que sur le calcul, dit-on, de Cassini [4],
Un astrolabe en main, elle a dans sa gouttière
A suivre Jupiter [5] passé la nuit entière.
Gardons de la troubler. Sa science, je crois,
Aura pour s'occuper ce jour plus d'un emploi :
D'un nouveau microscope on doit, en sa présence,
Tantôt chez Dalancé [6] faire l'expérience ;
Puis d'une femme morte avec son embryon
Il faut chez du Verney [7] voir la dissection.
Rien n'échappe aux regards de notre curieuse.

 Mais qui vient sur ses pas ? C'est une précieuse,
Reste de ces esprits jadis si renommés
Que d'un coup de son art Molière a diffamés [8].
De tous leurs sentiments cette noble héritière
Maintient encore ici leur secte façonnière [9].

---

1. Médecins de Paris. (Boil.)
2. Premier médecin du roi. (Boil.)
3. Illustres mathématiciens. (Boil.) — Joseph Sauveur fut choisi pour enseigner les mathématiques au roi d'Espagne Philippe V et au prince Eugène.
4. Fameux astronome. (Boil.)
5. Une des sept planètes. (Boil.)
6. Chez qui on faisait beaucoup d'expériences de physique. (Boil.)
7. Médecin du roi connu pour être très-savant dans l'anatomie. (Boil.)
8. Voyez la comédie des *Précieuses*. (Boil.)

9. Le mot *façonnière* était alors à la mode, comme on le voit dans les *Entretiens d'Ariste et d'Eugène*, p. 113. On l'appliquait à toutes les extravagances de préciosité, de pédantisme ou de modes. Une comédie, jouée l'année même que parut cette satire, 1693, *la Fontange*, ou les *Façonnières*, s'attaquait surtout aux maniaques de toilette « façonnières, intrigantes, ou coquettes, entêtées des nouvelles modes, outrées dans leurs manières, et pleines d'affectation dans leurs ajustements. » En 1716, l'abbé Bordelon fit un petit volume sur une société, sans doute imaginaire, où, tout au rebours de ces folles, on se fût paré avec simplicité, et instruit avec amusement ; c'était

C'est chez elle toujours que les fades auteurs
S'en vont se consoler du mépris des lecteurs.
Elle y reçoit leur plainte, et sa docte demeure
Aux Perrins, aux Coras, est ouverte à toute heure.
Là du faux bel esprit se tiennent les bureaux :
Là tous les vers sont bons, pourvu qu'ils soient nouveaux.
Au mauvais goût public la belle y fait la guerre ;
Plaint Pradon opprimé des sifflets du parterre ;
Rit des vains amateurs du grec et du latin ;
Dans la balance met Aristote et Cotin ;
Puis, d'une main encor plus fine et plus habile,
Pèse sans passion Chapelain et Virgile ;
Remarque en ce dernier beaucoup de pauvretés,
Mais pourtant confessant qu'il a quelques beautés ;
Ne trouve en Chapelain, quoi qu'ait dit la satire,
Autre défaut, sinon qu'on ne le saurait lire ;
Et, pour faire goûter son livre à l'univers,
Croit qu'il faudrait en prose y mettre tous les vers.
— A quoi bon m'étaler cette bizarre école
De mauvais sens, dis-tu, prêché par une folle ?
De livres et d'écrits bourgeois admirateur,
Vais-je épouser ici quelque apprentie auteur?
Savez-vous que l'épouse avec qui je me lie
Compte entre ses parents des princes d'Italie ;
Sort d'aïeux dont les noms...? — Je t'entends et je vois
D'où vient que tu t'es fait secrétaire du roi :
Il fallait de ce titre appuyer ta naissance.
Cependant, t'avouerai-je ici mon insolence ?
Si quelque objet pareil chez moi, deçà les monts,
Pour m'épouser entrait avec tous ces grands noms,
Le sourcil rehaussé d'orgueilleuses chimères,
Je lui dirais bientôt : Je connais tous vos pères ;
Je sais qu'ils ont brillé dans ce fameux combat
Où sous l'un des Valois Enghien sauva l'État,
D'Hozier n'en convient pas ; mais, quoi qu'il en puisse être,
Je ne suis point si sot que d'épouser mon maître.
Ainsi donc, au plus tôt délogeant de ces lieux,
Allez, princesse ; allez avec tous vos aïeux,
Sur le pompeux débris des lances espagnoles,
Coucher, si vous voulez, aux champs de Cérisoles [1] ;
Ma maison ni mon lit ne sont point faits pour vous.
J'admire, poursuis-tu, votre noble courroux.
Souvenez-vous pourtant que ma famille illustre
De l'assistance au sceau [2] ne tire point son lustre ;

---

suivant le titre même du volume, *la Coterie des anti-fa-* *nières.* (Ed. F.)

1. Combat de Cérisoles, gagné sur les Espagnols le 4 avril 1544, par le duc d'Enghien en Italie. (Bou.)

2. Une des principales fonctions des secrétaires du roi était d'assister au sceau dans les chancelleries.

Et que, né dans Paris de magistrats connus,
Je ne suis point ici de ces nouveaux venus,
De ces nobles sans nom, que, par plus d'une voie,
La province souvent en guêtres nous envoie.
Mais, eussé-je comme eux des meuniers pour parents,
Mon épouse vînt-elle encor d'aïeux plus grands,
On ne la verrait point, vantant son origine,
A son triste mari reprocher la farine.
Son cœur, toujours nourri dans la dévotion,
De trop bonne heure apprit l'humiliation :
Et, pour vous détromper de la pensée étrange
Que l'hymen aujourd'hui la corrompe et la change,
Sachez qu'en notre accord elle a, pour premier point,
Exigé qu'un époux ne la contraindrait point
A traîner après elle un pompeux équipage,
Ni surtout de souffrir, par un profane usage,
Qu'à l'église jamais, devant le Dieu jaloux,
Un fastueux carreau soit vu sous ses genoux.
Telle est l'humble vertu qui, dans son âme empreinte...
  Je le vois bien, tu vas épouser une sainte ;
Et dans tout ce grand zèle il n'est rien d'affecté.
Sais-tu bien cependant, sous cette humilité,
L'orgueil que quelquefois nous cache une bigote,
Alcippe, et connais-tu la nation dévote?
Il te faut de ce pas en tracer quelques traits,
Et par ce grand portrait finir tous mes portraits.
  A Paris, à la cour, on trouve, je l'avoue,
Des femmes dont le zèle est digne qu'on le loue,
Qui s'occupent du bien, en tout temps, en tout lieu.
J'en sais une, chérie et du monde et de Dieu,
Humble dans les grandeurs, sage dans la fortune,
Qui gémit, comme Esther, de sa gloire importune,
Que le vice lui-même est contraint d'estimer,
Et que sur ce tableau d'abord tu vas nommer [1].
Mais pour quelques vertus si pures, si sincères,
Combien y trouve-t-on d'impudentes faussaires,
Qui, sous un vain dehors d'austère piété,
De leurs crimes secrets cherchent l'impunité,
Et couvrent de Dieu même, empreint sur leur visage,
De leurs honteux plaisirs l'affreux libertinage !

1. Madame de Maintenon. — Boileau, en la comparant à Esther, rappelle heureusement la tragédie que Racine avait faite sur son invitation, et qui ne la représentait que trop elle-même obligée de laisser persécuter les protestants ses anciens frères en religion, comme Esther, près d'Assuérus, avait dû voir longtemps, sans se plaindre, la persécution des Juifs. On n'a pas assez compris quelle était la pensée de madame de Maintenon quand elle inspira la pièce de Racine. Celui-ci avait l'œil sur cette satire de Boileau, et il fut pour quelque chose dans les vers consacrés à la marquise : « Elle mérite bien, écrivit-il à son ami, le 30 mai 1693, au moment même où il l'achevait, que vous fassiez d'elle une mention honorable qui la distingue de tout son sexe, comme en effet elle en est distinguée de toute manière. » (ED. F.)

Le printemps dans sa fleur sur son visage est peint.
Sat. V.

N'attends pas qu'à tes yeux j'aille ici l'étaler ;
Il vaut mieux le souffrir que de le dévoiler.
De leurs galants exploits les Bussis, les Brantômes
Pourraient avec plaisir te compiler des tomes :
Mais pour moi, dont le front trop aisément rougit,
Ma bouche a déjà peur de t'en avoir trop dit.
Rien n'égale en fureur, en monstrueux caprices,
Une fausse vertu qui s'abandonne aux vices.
De ces femmes pourtant l'hypocrite noirceur
Au moins pour un mari garde quelque douceur.
Je les aime encor mieux qu'une bigote altière,
Qui, dans son fol orgueil, aveugle et sans lumière,
A peine sur le seuil de la dévotion,
Pense atteindre au sommet de la perfection ;
Qui du soin qu'elle prend de me gêner sans cesse
Va quatre fois par mois se vanter à confesse;
Et, les yeux vers le ciel, pour se le faire ouvrir,
Offre à Dieu les tourments qu'elle me fait souffrir.
Sur cent pieux devoirs aux saints elle est égale :
Elle lit Rodriguez [1], fait l'oraison mentale,
Va pour les malheureux quêter dans les maisons,
Hante les hôpitaux, visite les prisons,
Tous les jours à l'église entend jusqu'à six messes :
Mais de combattre en elle et dompter ses faiblesses,
Sur le fard, sur le jeu, vaincre sa passion,
Mettre un frein à son luxe, à son ambition,
Et soumettre l'orgueil de son esprit rebelle,
C'est ce qu'en vain le ciel voudrait exiger d'elle.
Et peut-il, dira-t-elle, en effet l'exiger?
Elle a son directeur, c'est à lui d'en juger :
Il faut, sans différer, savoir ce qu'il en pense.
Bon ! vers nous à propos je le vois qui s'avance.
Qu'il paraît bien nourri ! Quel vermillon ! quel teint !
Le printemps dans sa fleur sur son visage est peint.
Cependant, à l'entendre, il se soutient à peine;
Il eut encore hier la fièvre et la migraine :
Et, sans les prompts secours qu'on prit soin d'apporter,
Il serait sur son lit peut-être à trembloter.
Mais de tous les mortels, grâce aux dévotes âmes,
Nul n'est si bien soigné qu'un directeur de femmes.
Quelque léger dégoût vient-il le travailler,
Une froide vapeur le fait-elle bâiller,
Un escadron coiffé d'abord court à son aide :
L'une chauffe un bouillon, l'autre apprête un remède;
Chez lui sirops exquis, ratafias vantés,

---

1. Jésuite espagnol, auteur du *Traité de la perfection chrétienne*, traduit en français par l'abbé Régnier-Desmarest.

Confitures surtout, volent de tous côtés :
Car de tous mets sucrés, secs, en pâte, ou liquides.
Les estomacs dévots toujours furent avides :
Le premier massepain pour eux, je crois, se fit.
Et le premier citron à Rouen fut confit [1].

 Notre docteur bientôt va lever tous ses doutes ;
Du paradis pour elle il aplanit les routes,
Et, loin sur ses défauts de la mortifier,
Lui-même prend le soin de la justifier.
« Pourquoi vous alarmer d'une vaine censure ?
Du rouge qu'on vous voit on s'étonne, on murmure :
Mais a-t-on, dira-t-il, sujet de s'étonner ?
Est-ce qu'à faire peur on veut vous condamner ?
Aux usages reçus il faut qu'on s'accommode :
Une femme surtout doit tribut à la mode.
L'orgueil brille, dit-on, sur vos pompeux habits ;
L'œil à peine soutient l'éclat de vos rubis :
Dieu veut-il qu'on étale un luxe si profane ?
Oui, lorsqu'à l'étaler notre rang nous condamne.
Mais ce grand jeu, chez vous comment l'autoriser ?
Le jeu fut de tout temps permis pour s'amuser ;
On ne peut pas toujours travailler, prier, lire :
Il vaut mieux s'occuper à jouer qu'à médire.
Le plus grand jeu joué dans cette intention
Peut même devenir une bonne action :
Tout est sanctifié par une âme pieuse.
Vous êtes, poursuit-on, avide, ambitieuse ;
Sans cesse vous brûlez de voir tous vos parents
Engloutir à la cour charges, dignités, rangs.
Votre bon naturel en cela pour eux brille :
Dieu ne nous défend point d'aimer notre famille.
D'ailleurs tous vos parents sont sages, vertueux :
Il est bon d'empêcher ces emplois fastueux
D'être donnés peut-être à des âmes mondaines,
Éprises du néant des vanités humaines.
Laissez là, croyez-moi, gronder les indévots,
Et sur votre salut demeurez en repos. »
 Sur tous ces points douteux c'est ainsi qu'il prononce.
Alors, croyant d'un ange entendre la réponse,
Sa dévote s'incline, et, calmant son esprit,
A cet ordre d'en haut sans réplique souscrit.
Ainsi, pleine d'erreurs qu'elle croit légitimes,
Sa tranquille vertu conserve tous ses crimes ;
Dans un cœur tous les jours nourri du sacrement
Maintient la vanité, l'orgueil, l'entêtement,

---

1. Les plus exquis citrons confits se font à Rouen. (Boil.)

SATIRE X.

Et croit que devant Dieu ses fréquents sacriléges
Sont pour entrer au ciel d'assurés priviléges.
Voilà le digne fruit des soins de son docteur.
Encore est-ce beaucoup si, ce guide imposteur
Par les chemins fleuris d'un charmant quiétisme [1]
Tout à coup l'amenant au vrai molinosisme,
Il ne lui fait bientôt, aidé de Lucifer,
Goûter en paradis les plaisirs de l'enfer.
Mais dans ce doux état, molle, délicieuse,
La hais-tu plus, dis-moi, que cette bilieuse
Qui, follement outrée en sa sévérité,
Baptisant son chagrin du nom de piété,
Dans sa charité fausse où l'amour-propre abonde,
Croit que c'est aimer Dieu que haïr tout le monde.
Il n'est rien où d'abord son soupçon attaché
Ne présume du crime et ne trouve un péché.
Pour une fille honnête et pleine d'innocence,
Croit-elle en ses valets voir quelque complaisance :
Réputés criminels, les voilà tous chassés,
Et chez elle à l'instant par d'autres remplacés.
Son mari, qu'une affaire appelle dans la ville,
Et qui chez lui sortant a tout laissé tranquille,
Se trouve assez surpris, rentrant dans la maison,
De voir que le portier lui demande son nom ;
Et que parmi ses gens, changés en son absence,
Il cherche vainement quelqu'un de connaissance.

Fort bien ! le trait est bon ! Dans les femmes, dis-tu,
Enfin vous n'approuvez ni vice ni vertu.
Voilà le sexe peint d'une noble manière :
Et Théophraste même, aidé de la Bruyère [2],
Ne m'en pourrait pas faire un plus riche tableau.
C'est assez : il est temps de quitter le pinceau ;
Vous avez désormais épuisé la satire.

Épuisé, cher Alcippe ! Ah ! tu me ferais rire !
Sur ce vaste sujet si j'allais tout tracer,
Tu verrais sous ma main des tomes s'amasser.
Dans le sexe j'ai peint la piété caustique :
Et que serait-ce donc si, censeur plus tragique,
J'allais t'y faire voir l'athéisme établi,
Et, non moins que l'honneur, le ciel mis en oubli ;
Si j'allais t'y montrer plus d'une Capanée [3]

---

[1]. Il reste à peine le souvenir de cette inintelligible dispute du *Quiétisme*, à laquelle les noms de Bossuet et de Fénelon donnèrent seuls une importance qu'elle ne méritait pas. Miguel Molinos, qui introduisit le quiétisme à Rome, fut condamné par l'Inquisition à une prison perpétuelle.

[2]. La Bruyère a traduit les *Caractères de Théophraste*, et a fait ceux de son siècle. (BOIL.) — Jean de la Bruyère mourut d'apoplexie en 1696. Il était âgé de cinquante-sept ans.

[3]. C'est-à-dire une athée, car Capanée était un des sept chefs de l'armée qui mit le siège devant Thèbes, et que Jupiter, disent les poëtes, foudroya à cause de son impiété.

Pour souveraine loi mettant la destinée,
Du tonnerre dans l'air bravant les vains carreaux,
Et nous parlant de Dieu du ton de Des-Barreaux[1] ?
   Mais, sans aller chercher cette femme infernale,
T'ai-je encor peint, dis-moi, la fantasque inégale
Qui, m'aimant le matin, souvent me hait le soir ?
T'ai-je peint la maligne, aux yeux faux, au cœur noir ?
T'ai-je encore exprimé la brusque impertinente ?
T'ai-je tracé la vieille à morgue dominante,
Qui veut, vingt ans encore après le sacrement,
Exiger d'un mari les respects d'un amant ?
T'ai-je fait voir de joie une belle animée
Qui souvent, d'un repas sortant tout enfumée,
Fait, même à ses amants, trop faibles d'estomac,
Redouter ses baisers pleins d'ail et de tabac ?
T'ai-je encore décrit la dame brelandière
Qui des joueurs chez soi se fait cabaretière[2],
Et souffre des affronts que ne souffrirait pas
L'hôtesse d'une auberge à dix sous par repas[3] ?
Ai-je offert à tes yeux ces tristes Tisiphones,
Ces monstres pleins d'un fiel que n'ont point les lionnes,
Qui, prenant en dégoût les fruits nés de leur flanc,
S'irritent sans raison contre leur propre sang ;
Toujours en des fureurs que les plaintes aigrissent,
Battent dans leurs enfants l'époux qu'elles haïssent,
Et font de leur maison, digne de Phalaris[4],
Un séjour de douleurs, de larmes et de cris ?
Enfin t'ai-je dépeint la superstitieuse,
La pédante au ton fier, la bourgeoise ennuyeuse,
Celle qui de son chat fait son seul entretien,
Celle qui toujours parle et ne dit jamais rien ?
Il en est des milliers ; mais ma bouche enfin lasse
Des trois quarts pour le moins veut bien te faire grâce.
   J'entends : c'est pousser loin la modération,
Ah ! finissez, dis-tu, la déclamation.
Pensez-vous qu'ébloui de vos vaines paroles
J'ignore qu'en effet tous ces discours frivoles
Ne sont qu'un badinage, un simple jeu d'esprit

---

1. On dit qu'il se convertit avant que de mourir. (BOIL.) — Jacques de Vallée, seigneur Des-Barreaux, né à Paris, 1602, mourut à Chalon-sur-Saône en 1674. On le regarde généralement comme l'auteur du fameux sonnet :
Grand Dieu, tes jugements sont remplis d'équité, etc.

2. Il y a des femmes qui donnent à souper aux joueurs, de peur de ne les plus revoir, s'ils sortaient de leur maison. (BOIL.) — V. une des notes ci-dessus où nous avons cité l'expression de « dame brelandière » déjà employée par La Bruyère. La malheureuse madame Mazel, dont l'assassinat fit si grand bruit en 1690, rue des Maçons, était une de ces femmes du monde qui tenaient tripot. C'est pour lui voler sa bourse de jeu que Berry, son laquais, la tua. (ED. F.)

3. « Les tables d'auberge » à ce prix plus que modique existaient alors. Il est vrai qu'il n'y en avait pas au-dessous. « On mange à dix sols, dit le Livre commode des adresses pour 1692, p. 90 : au Heaume, rue du Foin ; au Paon, rue Bourgiabbé ; au Gaillardbois, rue de l'Échelle ; au gros Chapelet, rue des Cordiers. » (ED. F.)

4. Tyran en Sicile très-cruel. (BOIL.)

D'un censeur dans le fond qui folâtre et qui rit,
Plein du même projet qui vous vint dans la tête
Quand vous plaçâtes l'homme au-dessous de la bête ?
Mais enfin vous et moi c'est assez badiner,
Il est temps de conclure ; et, pour tout terminer,
Je ne dirai qu'un mot. La fille qui m'enchante,
Noble, sage, modeste, humble, honnête, touchante,
N'a pas un des défauts que vous m'avez fait voir.
Si, par un sort pourtant qu'on ne peut concevoir,
La belle, tout à coup rendue insociable,
D'ange, ce sont vos mots, se transformait en diable,
Vous me verriez bientôt, sans me désespérer,
Lui dire : Eh bien ! madame, il faut nous séparer ;
Nous ne sommes pas faits, je le vois, l'un pour l'autre.
Mon bien se monte à tant : tenez, voilà le vôtre.
Partez : délivrons-nous d'un mutuel souci.
  Alcippe, tu crois donc qu'on se sépare ainsi ?
Pour sortir de chez toi sur cette offre offensante,
As-tu donc oublié qu'il faut qu'elle y consente ?
Et crois-tu qu'aisément elle puisse quitter
Le savoureux plaisir de t'y persécuter?
Bientôt son procureur, pour elle usant sa plume,
De ses prétentions va t'offrir un volume :
Car, grâce au droit reçu chez les Parisiens,
Gens de douce nature et maris bons chrétiens,
Dans ses prétentions une femme est sans borne.
Alcippe, à ce discours je te trouve un peu morne.
Des arbitres, dis-tu, pourront nous accorder.
Des arbitres !... Tu crois l'empêcher de plaider !
Sur ton chagrin déjà contente d'elle-même,
Ce n'est point tous ses droits, c'est le procès qu'elle aime.
Pour elle un bout d'arpent qu'il faudra disputer
Vaut mieux qu'un fief entier acquis sans contester.
Point de procès si vieux qui ne se rajeunisse ;
Avec elle il n'est point de droit qui s'éclaircisse.
Et sur l'art de former un nouvel embarras
Devant elle Rolet mettrait pavillon bas.
Crois-moi, pour la fléchir trouve enfin quelque voie,
Ou je ne réponds pas dans peu qu'on ne te voie
Sous le faix des procès abattu, consterné,
Triste, à pied, sans laquais, maigre, sec, ruiné,
Vingt fois dans ton malheur résolu de te pendre,
Et, pour comble de maux, réduit à la reprendre.

SATIRE XI

1698

A M. DE VALINCOUR[1]

Oui, l'honneur, Valincour, est chéri dans le monde :
Chacun, pour l'exalter, en paroles abonde ;
A s'en voir revêtu chacun met son bonheur ;
Et tout crie ici-bas : L'honneur ! vive l'honneur !
    Entendons discourir, sur les bancs des galères,
Ce forçat abhorré même de ses confrères ;
Il plaint, par un arrêt injustement donné,
L'honneur en sa personne à ramer condamné[2].
En un mot, parcourons et la mer et la terre ;
Interrogeons marchands, financiers, gens de guerre,
Courtisans, magistrats : chez eux, si je les croi,
L'intérêt ne peut rien, l'honneur seul fait la loi.
Cependant, lorsqu'aux yeux leur portant la lanterne[3],
J'examine au grand jour l'esprit qui les gouverne,
Je n'aperçois partout que folle ambition,
Faiblesse, iniquité, fourbe, corruption,
Que ridicule orgueil de soi-même idolâtre.
Le monde, à mon avis, est comme un grand théâtre,
Où chacun en public, l'un par l'autre abusé,
Souvent à ce qu'il est joue un rôle opposé.
Tous les jours on y voit, orné d'un faux visage,
Impudemment le fou représenter le sage ;
L'ignorant s'ériger en savant fastueux,
Et le plus vil faquin trancher du vertueux.
Mais, quelque fol espoir dont leur orgueil les berce,
Bientôt on les connaît, et la vérité perce.
On a beau se farder aux yeux de l'univers :
A la fin sur quelqu'un de nos vices couverts
Le public malin jette un œil inévitable ;
Et bientôt la censure, au regard formidable,
Sait, le crayon en main, marquer nos endroits faux,
Et nous développer avec tous nos défauts.

---

1. Boileau parle de M. de Valincour dans la préface de 1701. (Voyez cette préface.)

2. On veut que Boileau ait eu en vue ici une anecdote du duc d'Ossone qui, visitant les galériens, à Naples, ne les trouva tous — à les en croire — que des gens d'honneur persécutés. V. une note des *Galanteries du duc d'Ossone*, dans le *Théâtre des XIVe et XVIe siècles*, p. 376. (Ed. F.

3. Allusion au mot de Diogène le Cynique, qui portait une lanterne en plein jour, et qui disait qu'il cherchait un homme. (Boil.)

Du mensonge toujours le vrai demeure maître.
Pour paraître honnête homme, en un mot, il faut l'être :
Et jamais, quoi qu'il fasse, un mortel ici-bas
Ne peut aux yeux du monde être ce qu'il n'est pas.
En vain ce misanthrope, aux yeux tristes et sombres,
Veut, par un air riant, en éclaircir les ombres :
Le ris sur son visage est en mauvaise humeur;
L'agrément fuit ses traits, ses caresses font peur;
Ses mots les plus flatteurs paraissent des rudesses,
Et la vanité brille en toutes ses bassesses [1].
Le naturel toujours sort et sait se montrer :
Vainement on l'arrête, ou le force à rentrer;
Il rompt tout, perce tout, et trouve enfin passage.
    Mais loin de mon projet je sens que je m'engage.
Revenons de ce pas à mon texte égaré.
L'honneur partout, disais-je, est du monde admiré :
Mais l'honneur, en effet, qu'il faut que l'on admire,
Quel est-il, Valincour? pourras-tu me le dire?
L'ambitieux le met souvent à tout brûler;
L'avare, à voir chez lui le Pactole rouler [2];
Un faux brave, à vanter sa prouesse frivole;
Un vrai fourbe, à jamais ne garder sa parole;
Ce poëte, à noircir d'insipides papiers;
Ce marquis, à savoir frauder ses créanciers;
Un libertin, à rompre et jeûnes et carême;
Un fou perdu d'honneur, à braver l'honneur même.
L'un d'eux a-t-il raison? Qui pourrait le penser?
Qu'est-ce donc que l'honneur que tout doit embrasser?
Est-ce de voir, dis-moi, vanter notre éloquence;
D'exceller en courage, en adresse, en prudence;
De voir à notre aspect tout trembler sous les cieux;
De posséder enfin mille dons précieux?
Mais, avec tous ces dons de l'esprit et de l'âme,
Un roi même souvent peut n'être qu'un infâme,
Qu'un Hérode, un Tibère effroyable à nommer.
Où donc est cet honneur qui seul doit nous charmer?

---

1. J.-B. Rousseau avait écrit à Brossette qu'il était question, ici, du premier président du Harlay (*Lettres*, t. II, p. 185). Brossette, qui le savait de reste, lui compléta le renseignement dans sa réponse, le 13 sept. 1717 : « Je connois si bien l'original de ce portrait, dit-il, que c'est moi qui suis la cause indirecte que l'auteur le fit. Tandis qu'il travailloit à cette satire XI, je le voyois tous les jours, et il me la récitoit à mesure qu'il avançoit l'ouvrage : ce qui lui donna lieu de dire que j'étois le parrain de sa satire. C'étoit à la fin de l'année 1698. Un des principaux seigneurs de la cour, qui est encore vivant M. le maréchal de Villeroy, fut indisposé d'une chute qu'il fit à Fontainebleau, étant à la chasse avec le roi. Quand il fut en pleine convalescence, le magistrat que vous savez vint en robe le féliciter un matin dans son lit : et, au lieu de lui faire un compliment, il se jeta à genoux devant le lit, et se prosterna baisant les mains du convalescent, avec de grandes démonstrations de sensibilité. Comme je faisois régulièrement ma cour à ce seigneur, j'étois présent à cette aventure, dont le même jour je fis le récit à M. Despréaux. Le lendemain, sans m'avertir de rien, il me récita le portrait dont il s'agit, avec les vers qui précèdent, et je me souviens qu'il appuya fort sur le dernier vers :

Et la vanité brille, etc.   (ÉD. F.)

2. Fleuve de Lydie, où l'on trouve de l'or, ainsi que dans plusieurs autres fleuves. (BOIL.)

Quoi qu'en ses beaux discours Saint-Évremont nous prône [1].
Aujourd'hui j'en croirai Sénèque avant Pétrone.

Dans le monde il n'est rien de beau que l'équité :
Sans elle la valeur, la force, la bonté,
Et toutes les vertus dont s'éblouit la terre,
Ne sont que faux brillants et que morceaux de verre.
Un injuste guerrier, terreur de l'univers [2],
Qui, sans sujet, courant chez cent peuples divers,
S'en va tout ravager jusqu'aux rives du Gange,
N'est qu'un plus grand voleur que du Tertre et Saint-Ange [3].
Du premier des Césars on vante les exploits ;
Mais dans quel tribunal, jugé suivant les lois,
Eût-il pu disculper son injuste manie?
Qu'on livre son pareil en France à la Reynie [4].
Dans trois jours nous verrons le phénix des guerriers
Laisser sur l'échafaud sa tête et ses lauriers.
C'est d'un roi [5] que l'on tient cette maxime auguste,
Que jamais on n'est grand qu'autant que l'on est juste.
Rassemblez à la fois Mithridate et Sylla ;
Joignez-y Tamerlan, Genséric, Attila,
Tous ces fiers conquérants, rois, princes, capitaines,
Sont moins grands à mes yeux que ce bourgeois d'Athènes [6]
Qui sut, pour tous exploits, doux, modéré, frugal,
Toujours vers la justice aller d'un pas égal.

Oui, la justice en nous est la vertu qui brille :
Il faut de ses couleurs qu'ici-bas tout s'habille ;
Dans un mortel chéri tout injuste qu'il est,
C'est quelque air d'équité qui séduit et qui plaît.
A cet unique appas l'âme est vraiment sensible :
Même aux yeux de l'injuste un injuste est horrible,
Et tel qui n'admet point la probité chez lui
Souvent à la rigueur l'exige chez autrui.
Disons plus : il n'est point d'âme livrée au vice
Où l'on ne trouve encor des traces de justice.
Chacun de l'équité ne fait pas son flambeau ;
Tout n'est pas Caumartin, Bignon, ni d'Aguesseau [7] :

---

1. Saint-Évremont a fait une dissertation dans laquelle il donne la préférence à Pétrone sur Sénèque (Boil.) — Charles Murquetel ou Marguastel, de Saint-Denis, seigneur de Saint-Évremont, naquit à Saint-Denis le Guast, près de Coutances, en 1613. mourut à Londres en 1704, et fut enterré dans l'abbaye de Westminster, parmi les rois d'Angleterre. Ses œuvres ont été recueillies en trois volumes in-4.

2. Alexandre. (Boil.)

3. Fameux voleurs de grands chemins. (Boil.) — L'un, Dutertre, était plutôt un escroc de brelan, et l'autre, Saint-Ange, un spadassin. Ils furent d'ailleurs roués vifs tous les deux : Dutertre, pour s'être mis à voler en plein Cours-la-Reine, une fois qu'il n'avait pas assez volé au jeu ; et Saint-Ange, pour avoir tué son valet. Si on lui fit si rude justice, ce fut moins pour ce coup que pour bien d'autres commis auparavant. Ce qui le perdit surtout, c'est le rapt de mademoiselle de Sainte-Croix, qu'il enleva du couvent des Filles-Dieu pour le compte de M. de Charmoye ; puis son mariage avec la marquise de Marolles, que ne lui pardonna jamais l'oncle de celle-ci, M. de Villars. Il ne se trouva bien vengé de ce neveu forcé que lorsqu'il l'eut vu bel et bien roué en grève. On peut lire, sur tout cela, les *Mémoires* de d'Ormesson, t. I, p. 470, les *Historiettes* de Tallemant, 3ᵉ édit., t. vi, p. 410, 414, 416. et la *Corresp.* de Boileau avec Brossette, édit. Laverdet, p. 508-511. (Ed. F.)

4. Célèbre lieutenant général de police à Paris. (Boil.)

5. Agésilas, roi de Sparte. (Boil.)

6. Socrate. (Boil.)

7. Magistrats célèbres par leurs talents et leurs vertus

SATIRE XI.

Mais jusqu'en ces pays où tout vit de pillage,
Chez l'Arabe et le Scythe, elle est de quelque usage;
Et du butin acquis en violant les lois,
C'est elle entre eux qui fait le partage et le choix.
    Mais allons voir le vrai jusqu'en sa source même.
Un dévot aux yeux creux et d'abstinence blême,
S'il n'a point le cœur juste, est affreux devant Dieu.
L'Évangile au chrétien ne dit en aucun lieu :
Sois dévot; elle[1] dit : Sois doux, simple, équitable.
Car d'un dévot souvent au chrétien véritable
La distance est deux fois plus longue, à mon avis,
Que du pôle antarctique au détroit de Davis[2].
Encor par ce dévot ne crois pas que j'entende
Tartuffe, ou Molinos[3] et sa mystique bande :
J'entends un faux chrétien, mal instruit, mal guidé,
Et qui, de l'Évangile en vain persuadé,
N'en a jamais conçu l'esprit ni la justice;
Un chrétien qui s'en sert pour disculper le vice;
Qui toujours près des grands, qu'il prend soin d'abuser,
Sur leurs faibles honteux sait les autoriser,
Et croit pouvoir au ciel, par ses folles maximes,
Avec le sacrement faire entrer tous les crimes.
Des faux dévots pour moi voilà le vrai héros.
    Mais, pour borner enfin tout ce vague propos,
Concluons qu'ici-bas le seul honneur solide,
C'est de prendre toujours la vérité pour guide;
De regarder en tout la raison et la loi;
D'être doux pour tout autre et rigoureux pour soi;
D'accomplir tout le bien que le ciel nous inspire;
Et d'être juste enfin : ce mot seul veut tout dire.
Je doute que le flot des vulgaires humains
A ce discours pourtant donne aisément les mains;
Et, pour t'en dire ici la raison historique,
Souffre que je l'habille en fable allégorique.
    Sous le bon roi Saturne, ami de la douceur,
L'Honneur, cher Valincour, et l'Équité sa sœur,
De leurs sages conseils éclairant tout le monde,
Régnaient, chéris du ciel, dans une paix profonde.
Tout vivait en commun sous ce couple adoré :
Aucun n'avait d'enclos ni de champ séparé.
La vertu n'était point sujette à l'ostracisme[4],
Ni ne s'appelait point alors un ****[5].

---

1. Le mot *Évangile* était alors des deux genres.
2. Détroit sous le pôle arctique, près de la Nouvelle-Zemble. (BOIL.) — Ce détroit prit le nom de Jean Davis, navigateur anglais, qui, en 1585, tenta le premier de passer de la mer du Nord dans celle du Groenland.
3. Sur Molinos, voyez la satire précédente.
4. Loi par laquelle les Athéniens avaient droit de reléguer tel de leurs citoyens qu'ils voulaient. (BOIL.)
5. Brossette a cru que Boileau avait sous-entendu ici le mot *jansénisme*.

L'Honneur, beau par soi-même et sans vains ornements,
N'étalait point aux yeux l'or ni les diamants,
Et, jamais ne sortant de ses devoirs austères,
Maintenait de sa sœur les règles salutaires.
Mais une fois au ciel par les dieux appelé,
Il demeura longtemps au séjour étoilé.
 Un fourbe cependant, assez haut de corsage,
Et qui lui ressemblait de geste et de visage,
Prend son temps, et partout ce hardi suborneur
S'en va chez les humains crier qu'il est l'Honneur ;
Qu'il arrive du ciel, et que, voulant lui-même
Seul porter désormais le faix du diadème,
De lui seul il prétend qu'on reçoive la loi.
A ces discours trompeurs le monde ajoute foi.
L'innocente Équité, honteusement bannie,
Trouve à peine un désert où fuir l'ignominie.
Aussitôt sur un trône éclatant de rubis
L'imposteur monte, orné de superbes habits.
La Hauteur, le Dédain, l'Audace, l'environnent ;
Et le Luxe et l'Orgueil de leurs mains le couronnent.
Tout fier il montre alors un front plus sourcilleux :
Et le Mien et le Tien, deux frères pointilleux,
Par son ordre amenant les procès et la guerre,
En tous lieux de ce pas vont partager la terre ;
En tous lieux, sous les noms de *bon droit* et de *tort*,
Vont chez elle établir le seul droit du plus fort.
Le nouveau roi triomphe, et, sur ce droit inique,
Bâtit de vaines lois un code fantastique ;
Avant tout aux mortels prescrit de se venger ;
L'un l'autre au moindre affront les force à s'égorger,
Et dans leur âme, en vain de remords combattue,
Trace en lettres de sang ces deux mots : Meurs ou Tue.
Alors, ce fut alors, sous ce vrai Jupiter,
Qu'on vit naître ici-bas le noir siècle de fer.
Le frère au même instant s'arma contre le frère ;
Le fils trempa ses mains dans le sang de son père ;
La soif de commander enfanta les tyrans,
Du Tanaïs au Nil porta les conquérants [1] ;
L'ambition passa pour la vertu sublime ;
Le crime heureux fut juste et cessa d'être crime :
On ne vit plus que haine et que division,
Qu'envie, effroi, tumulte, horreur, confusion.
 Le véritable Honneur sur la voûte céleste
Est enfin averti de ce trouble funeste.
Il part sans différer, et, descendu des cieux,

---

1. Le Tanaïs est un fleuve du pays des Scythes. (Boil.)

SATIRE XII.

Va partout se montrer dans les terrestres lieux :
Mais il n'y fait plus voir qu'un visage incommode ;
On n'y peut plus souffrir ses vertus hors de mode ;
Et lui-même, traité de fourbe et d'imposteur,
Est contraint de ramper aux pieds du séducteur.
Enfin, las d'essuyer outrage sur outrage,
Il livre les humains à leur triste esclavage ;
S'en va trouver sa sœur, et, dès ce même jour,
Avec elle s'envole au céleste séjour.
Depuis, toujours ici riche de leur ruine,
Sur les tristes mortels le faux Honneur domine,
Gouverne tout, fait tout, dans ce bas univers ;
Et peut-être est-ce lui qui m'a dicté ces vers.
Mais, en fût-il l'auteur, je conclus de sa fable
Que ce n'est qu'en Dieu seul qu'est l'honneur véritable.

SATIRE XII

1705

AVERTISSEMENT

Quelque heureux succès qu'aient eu mes ouvrages, j'avais résolu, depuis leur dernière édition, de ne plus rien donner au public ; et quoiqu'à mes heures perdues, il y a environ cinq ans[1], j'eusse encore fait contre l'*équivoque* une satire que tous ceux à qui je l'ai communiquée ne jugeaient pas inférieure à mes autres écrits, bien loin de la publier, je la tenais soigneusement cachée et je ne croyais pas que, moi vivant, elle dût jamais voir le jour. Ainsi donc, aussi soigneux désormais de me faire oublier que j'avais été autrefois curieux de faire parler de moi, je jouissais, à mes infirmités près, d'une assez grande tranquillité, lorsque tout d'un coup j'ai appris qu'on débitait dans le monde, sous mon nom, quantité de méchants écrits, et entre autres une pièce en vers contre les jésuites[2], également odieuse et insipide, où l'on me faisait, en mon propre nom, dire à toute leur société les injures les plus atroces et les plus grossières[3]. J'avoue que cela m'a donné un très-grand chagrin ; car, bien que tous les gens sensés aient connu sans peine que la pièce n'était point de moi, et qu'il n'y ait que de très-petits esprits qui aient présumé que j'en pouvais être l'auteur, la vérité est pourtant que je n'ai pas regardé comme un médiocre affront de me voir soupçonné, même par des ridicules, d'avoir fait un ouvrage aussi ridicule.

J'ai donc cherché les moyens les plus propres pour me laver de cette infamie ; et, tout bien considéré, je n'ai point trouvé de meilleur expédient que de faire imprimer ma satire contre l'ÉQUIVOQUE : parce qu'en la lisant, les moins éclairés, même de ces petits esprits, ouvriraient peut-être les yeux, et verraient manifestement le peu de rapport qu'il

---

1. En 1705. (BOIL.) — La satire XII devait paraître, en 1710, dans une édition que préparait Boileau, presque *in extremis*. La cabale fit tant qu'elle n'y figura pas, à cause de certaines attaques. Elle parut l'année suivante, après la mort de l'auteur, mais à part et à l'étranger. En 1713, elle fut jointe aux *œuvres*, dans une édition qui ne fut pas faite non plus en France : c'est celle de H. Scholte, à Amsterdam, 2 vol. in-8. Suivant Math. Marais (*Lettre à madame de Mérigniac*, mars 1711), Boileau se serait donné la satisfaction de la faire imprimer lui-même, mais à neuf exemplaires seulement « confiés à ses amis ». (ED. F.)

2. Elle est intitulée *Réponse générale aux RR. PP. Jésuites*, et fait partie du pamphlet *Boileau aux prises avec les Jésuites*.

3. Les Jésuites, avant cette déclaration de Boileau, en avaient exigé une non moins formelle, que le P. Thoulier, un des leurs, plus célèbre ensuite sous le nom d'abbé d'Olivet, avait été chargé de lui demander. Il la donna, mais très-fâché, comme on le voit par sa réponse, le 13 août 1709 : « Je vous avoue, mon très-révérend père, que je suis fort scandalisé qu'il me faille une attestation par écrit pour désabuser le public, et surtout d'aussi bons connaisseurs que les révérends pères Jésuites, que j'aie fait un ouvrage aussi impertinent que la fade épître en vers, dont vous parlez. » (ED. F.)

y a de mon style, même en l'âge où je suis, au style bas et rampant de l'auteur de ce pitoyable écrit. Ajoutez à cela que je pouvais mettre à la tête de ma satire, en la donnant au public, un avertissement en manière de préface, où je me justifierais pleinement, et tirerais tout le monde d'erreur. C'est ce que je fais aujourd'hui; et j'espère que le peu que je viens de dire produira l'effet que je me suis proposé. Il ne me reste donc plus maintenant qu'à parler de la satire pour laquelle est fait ce discours.

Je l'ai composée par le caprice du monde le plus bizarre, et par une espèce de dépit et de colère poétique, s'il faut ainsi dire, qui me saisit à l'occasion de ce que je vais raconter. Je me promenais dans mon jardin à Auteuil, et rêvais en marchant à un poëme que je voulais faire contre les mauvais critiques de notre siècle. J'en avais même déjà composé quelques vers dont j'étais assez content. Mais, voulant continuer, je m'aperçus qu'il y avait dans ces vers une équivoque de langue; et, m'étant sur-le-champ mis en devoir de la corriger, je n'en pus jamais venir à bout. Cela m'irrita de telle manière, qu'au lieu de m'appliquer davantage à réformer cette équivoque, et de poursuivre mon poëme contre les faux critiques, la folle pensée me vint de faire contre l'équivoque même une satire qui pût me venger de tous les chagrins qu'elle m'a causés depuis que je me mêle d'écrire. Je vis bien que je ne rencontrerais pas de médiocres difficultés à mettre en vers un sujet si sec, et même il s'en présenta d'abord une qui m'arrêta tout court : ce fut de savoir duquel des deux genres, masculin ou féminin, je ferais le mot d'*équivoque*, beaucoup d'habiles écrivains, ainsi que la remarque Vaugelas, le faisant masculin. Je me déterminai pourtant assez vite au féminin, comme au plus usité des deux : et, bien loin que cela empêchât l'exécution de mon projet, je crus que ce ne serait pas une méchante plaisanterie de commencer ma satire par cette difficulté même. C'est ainsi que je m'engageai dans la composition de cet ouvrage. Je croyais d'abord faire tout au plus cinquante ou soixante vers; mais ensuite les pensées me venant en foule, et les choses que j'avais à reprocher à l'équivoque se multipliant à mes yeux, j'ai poussé ces vers jusqu'à près de trois cent cinquante.

C'est au public maintenant à voir si j'ai bien ou mal réussi. Je n'emploierai point ici, non plus que dans les préfaces de mes autres écrits, mon adresse et ma rhétorique à le prévenir en ma faveur. Tout ce que je puis lui dire, c'est que j'ai travaillé cette pièce avec le même soin que toutes mes autres poésies. Une chose pourtant dont il est bon que les jésuites soient avertis, c'est qu'en attaquant l'équivoque je n'ai pas pris ce mot dans toute l'étroite rigueur de sa signification grammaticale : le mot d'équivoque, en ce sens-là, ne voulant dire qu'une ambiguïté de paroles; mais que je l'ai pris comme le prend ordinairement le commun des hommes, pour toutes sortes d'ambiguïtés de sens, de pensées, d'expression, et enfin pour tous ces abus et toutes ces méprises de l'esprit humain qui font qu'il prend souvent une chose pour une autre. Et c'est dans ce sens que j'ai dit que l'idolâtrie avait pris naissance de l'équivoque; les hommes, à mon avis, ne pouvant pas s'équivoquer plus lourdement que de prendre des pierres, de l'or et du cuivre, pour Dieu. J'ajouterai à cela que la Providence divine, ainsi que je l'établis clairement dans ma satire, n'ayant permis chez eux cet horrible aveuglement qu'en punition de ce que leur premier père avait prêté l'oreille aux promesses du démon. J'ai pu conclure infailliblement que l'idolâtrie est un fruit, ou, pour mieux dire, un véritable enfant de l'équivoque. Je ne vois donc pas qu'on me puisse faire sur cela aucune bonne critique, et surtout ma satire étant un pur jeu d'esprit, où il serait ridicule d'exiger une précision géométrique de pensées et de paroles.

Mais il y a une autre objection plus importante et plus considérable qu'on me fera peut-être, au sujet des propositions de morale relâchée que j'attaque dans la dernière partie de mon ouvrage; car, ces propositions ayant été, à ce qu'on prétend avancées par quantité de théologiens, même célèbres, la moquerie que j'en fais peut, dira-t-on, diffamer en quelque sorte ces théologiens, et causer ainsi une espèce de scandale dans l'Église. A cela je réponds, premièrement, qu'il n'y a aucune des propositions que j'attaque qui n'ait été plus d'une fois condamnée par toute l'Église, et tout récemment encore par deux des plus grands papes qui aient depuis longtemps rempli le Saint Siége. Je dis en second lieu qu'à l'exemple de ces célèbres vicaires de Jésus-Christ, je n'ai point nommé les auteurs de ces propositions, ni aucun de ces théologiens dont on dit que je puis causer la diffamation, et contre lesquels même j'avoue que ne puis rien décider, puisque je n'ai point lu ni ne suis d'humeur à lire leurs écrits : ce qui serait pourtant absolument nécessaire pour prononcer sur les accusations que l'on forme contre eux, leurs accusateurs pouvant les avoir mal entendus et s'être trompés dans l'intelligence des passages où ils prétendent que sont ces erreurs dont ils les accusent. Je soutiens en troisième lieu qu'il est contre la droite raison de penser que je puisse exciter quelque scandale dans l'Église, en traitant de ridicules des propositions rejetées de toute l'Église, et plus dignes encore, par leur absurdité, d'être sifflées de tous les fidèles, que réfutées sérieusement. C'est ce que je me crois obligé de dire pour me justifier. Que si, après cela, il se trouve encore quelques théologiens qui se figurent qu'en décriant ces propositions j'ai eu en vue de les décrier eux-mêmes, je déclare que cette fausse idée qu'ils ont de moi ne saurait venir que des mauvais artifices de l'équivoque, qui, pour se venger des injures que je lui lis dans ma pièce, s'efforce d'intéresser dans sa cause ces théologiens, 'en me faisant penser ce que je n'ai pas pensé et dire ce que je n'ai point dit.

Voilà, ce me semble, bien des paroles, et peut-être trop de paroles employées pour justifier un aussi peu considérable ouvrage qu'est la satire qu'on va voir. Avant néanmoins que de finir, je ne crois pas me pouvoir dispenser d'apprendre aux lecteurs qu'en attaquant, comme je fais dans ma satire, ces erreurs, je ne me suis point flé à mes seules lumières, mais qu'ainsi que je l'ai pratiqué il y a environ dix ans, à l'égard de mon épître de l'Amour de Dieu, j'ai non-seulement consulté sur mon ouvrage tout ce que je connais de plus habiles docteurs, mais que je l'ai donné à examiner au prélat de l'Église qui, par l'étendue de ses connaissances et par l'éminence de sa dignité, est le plus capable et le plus en droit de me prescrire ce que je dois penser sur ces matières : je veux dire M. le cardinal de Noailles, mon archevêque. J'ajouterai que ce pieux et savant cardinal a eu trois semaines ma satire entre les mains, et qu'à mes instantes prières, après l'avoir lue et relue plus d'une fois, il me l'a enfin rendue en me comblant d'éloges, et m'a assuré qu'il n'y avait trouvé à redire qu'un seul mot, que j'ai corrigé sur-le-champ, et sur lequel je lui ai donné une entière satisfaction. Je me flatte donc qu'avec une approbation si authentique, si sûre et si glorieuse, je puis marcher la tête levée, et dire hardiment des critiques qu'on pourra faire désormais contre la doctrine de mon ouvrage, que ce ne sauraient être que de vaines subtilités d'un tas de misérables sophistes, formés dans l'école du mensonge, et aussi affidés amis de l'équivoque qu'opiniâtres ennemis de Dieu, du bon sens et de la vérité.

SUR L'ÉQUIVOQUE [1]

Du langage français bizarre hermaphrodite,
De quel genre te faire, équivoque maudite,
Ou maudit? car sans peine aux rimeurs hasardeux
L'usage encor, je crois, laisse le choix des deux [2].
Tu ne me réponds rien. Sors d'ici, fourbe insigne,
Mâle aussi dangereux que femelle maligne,
Qui crois rendre innocents les discours imposteurs;
Tourment des écrivains, juste effroi des lecteurs;
Par qui de mots confus sans cesse embarrassée,
Ma plume, en écrivant, cherche en vain ma pensée.
Laisse-moi; va charmer de tes vains agréments
Les yeux faux et gâtés de tes louches amants;
Et ne viens point ici de ton ombre grossière
Envelopper mon style ami de la lumière.
Tu sais bien que jamais chez toi, dans mes discours,
Je n'ai d'un faux brillant emprunté le secours:
Fuis donc. Mais non, demeure; un démon qui m'inspire
Veut qu'encore une utile et dernière satire,
De ce pas en mon livre exprimant tes noirceurs,
Se vienne, en nombre pair, joindre à ses onze sœurs;
Et je sens que ta vue échauffe mon audace.
Viens, approche : voyons, malgré l'âge et sa glace,

---

1. L'équivoque se prend ici par Boileau pour tous les abus et toutes les méprises de l'esprit humain, qui nous font prendre souvent une chose pour une autre. C'est ainsi qu'il s'exprime dans le Discours précédent. Au lieu que les casuistes, suivant le P. Daniel, appellent équivoque toute proposition qui a plusieurs sens, et que l'on fait en prévoyant que la personne qui nous écoute la prendra dans un sens différent de celui que nous y donnons dans notre esprit. — Cette satire ne regarde donc nullement l'équivoque dont il s'agit dans les écoles. L'auteur lui-même déclare que c'est un pur jeu d'esprit.

2. Le genre de ce mot est fixé aujourd'hui : *Équivoque* est du féminin.

Si ma muse aujourd'hui, sortant de sa langueur,
Pourra trouver encore un reste de vigueur.
　　Mais où tend, dira-t-on, ce projet fantastique?
Ne vaudrait-il pas mieux, dans mes vers, moins caustique,
Répandre de tes jeux le sel divertissant,
Que d'aller contre toi, sur ce ton menaçant,
Pousser jusqu'à l'excès ma critique boutade?
　　Je ferais mieux, j'entends, d'imiter Benserade[1].
C'est par lui qu'autrefois, mise en ton plus beau jour,
Tu sus, trompant les yeux du peuple et de la cour,
Leur faire, à la faveur de tes bluettes folles,
Goûter comme bons mots tes quolibets frivoles.
Mais ce n'est plus le temps : le public détrompé
D'un pareil enjouement ne se sent plus frappé.
Tes bons mots autrefois délices des ruelles,
Approuvés chez les grands, applaudis chez les belles,
Hors de mode aujourd'hui chez nos plus froids badins,
Sont des collets montés et des vertugadins[2].
Le lecteur ne sait plus admirer dans Voiture
De ton froid jeu de mots l'insipide figure.
C'est à regret qu'on voit cet auteur si charmant,
Et pour mille beaux traits vanté si justement,
Chez toi toujours cherchant quelque finesse aiguë,
Présenter au lecteur sa pensée ambiguë,
Et souvent du faux sens d'un proverbe affecté
Faire de son discours la piquante beauté.
　　Mais laissons là le tort qu'à ses brillants ouvrages
Fit le plat agrément de tes vains badinages.
Parlons des maux sans fin que ton sens de travers,
Source de toute erreur, sema dans l'univers :
Et pour les contempler jusque dans leur naissance,
Dès le temps nouveau-né, quand la toute-puissance
D'un mot forma le ciel, l'air, la terre et les flots,
N'est-ce pas toi, voyant le monde à peine éclos,
Qui, par l'éclat trompeur d'une funeste pomme
Et tes mots ambigus, fis croire au premier homme
Qu'il allait, en goûtant de ce morceau fatal,
Comblé de tout savoir, à Dieu se rendre égal?
Il en fit sur-le-champ la folle expérience.
Mais tout ce qu'il acquit de nouvelle science

---

1. Les vers à équivoques avaient, en effet, été pour beaucoup dans le succès de Benserade et de ses *rondeaux* : « Il s'étoit, dit Furetière, en ses *factum* (1088, in-12, 2ᵉ part., p. 19), érigé en galant dans la vieille cour, par des chansonnettes et des vers de ballet qui lui avoient acquis quelque réputation, pendant le règne du mauvais goût, des *équivoques* et des pointes... » (ÉD. F.)

2. Anciens ajustements de femme. — « Collet monté, » qui ne se dit aujourd'hui que pour excès de pruderie, se disait alors, comme on le voit ici, et comme on en trouve un autre exemple dans les *Femmes savantes* (acte II, sc. 7), pour chose passée de mode : « Dites-moi, lit-on aussi dans les *Vérités satyriques* de l'abbé de Villiers, p. 113. s'il n'est pas aujourd'hui aussi hors de mode d'avoir des égards pour sa femme que de porter un collet monté ou une fraise. » (ÉD. F.)

Fut que, triste et honteux de voir sa nudité,
Il sut qu'il n'était plus, grâce à sa vanité,
Qu'un chétif animal pétri d'un peu de terre,
A qui la faim, la soif, partout faisaient la guerre,
Et qui, courant toujours de malheur en malheur,
A la mort arrivait enfin par la douleur.
Oui, de tes noirs complots et de ta triste rage
Le genre humain perdu fut le premier ouvrage :
Et, bien que l'homme alors parût si rabaissé,
Par toi contre le ciel un orgueil insensé
Armant de ses neveux la gigantesque engeance,
Dieu résolut enfin, terrible en sa vengeance,
D'abîmer sous les eaux tous ces audacieux.
Mais avant qu'il lâchât les écluses des cieux,
Par un fils de Noé fatalement sauvée,
Tu fus, comme serpent, dans l'arche conservée.
Et d'abord poursuivant tes projets suspendus,
Chez les mortels restants encor tout éperdus,
De nouveau tu semas tes captieux mensonges,
Et remplis leurs esprits de fables et de songes.
Tes voiles offusquant leurs yeux de toutes parts,
Dieu disparut lui-même à leurs troubles regards.
Alors tout ne fut plus que stupide ignorance,
Qu'impiété sans borne en son extravagance :
Puis, de cent dogmes faux la superstition
Répandant l'idolâtre et folle illusion,
Sur la terre en tout lieu disposée à les suivre,
L'art se tailla des dieux d'or, d'argent et de cuivre ;
Et l'artisan lui-même, humblement prosterné
Aux pieds du vain métal par sa main façonné,
Lui demanda les biens, la santé, la sagesse.
Le monde fut rempli de dieux de toute espèce :
On vit le peuple fou qui du Nil boit les eaux
Adorer les serpents, les poissons, les oiseaux ;
Aux chiens, aux chats, aux boucs, offrir des sacrifices ;
Conjurer l'ail, l'oignon, d'être à ses vœux propices ;
Et croire follement maîtres de ses destins
Ces dieux nés du fumier porté dans ses jardins.
   Bientôt te signalant par mille faux miracles,
Ce fut toi qui partout fis parler les oracles :
C'est par ton double sens dans leurs discours jeté
Qu'ils surent, en mentant, dire la vérité,
Et sans crainte, rendant leurs réponses normandes [1],
Des peuples et des rois engloutir les offrandes.

---

1. Les Normands étaient jadis accusés de peu de sincérité ; et répondre en Normand était une expression devenue proverbiale, pour dire que l'on répond d'une manière équivoque.

Ainsi, loin du vrai jour par toi toujours conduit,
L'homme ne sortit plus de son épaisse nuit.
Pour mieux tromper ses yeux, ton adroit artifice
Fit à chaque vertu prendre le nom d'un vice ;
Et par toi, de splendeur faussement revêtu,
Chaque vice emprunta le nom d'une vertu.
Par toi l'humilité devint une bassesse ;
La candeur se nomma grossièreté, rudesse ;
Au contraire, l'aveugle et folle ambition
S'appela des grands cœurs la belle passion ;
Du nom de fierté noble on orna l'impudence,
Et la fourbe passa pour exquise prudence :
L'audace brilla seule aux yeux de l'univers ;
Et pour vraiment héros, chez les hommes pervers,
On ne reconnut plus qu'usurpateurs iniques,
Que tyranniques rois censés grands politiques,
Qu'infâmes scélérats à la gloire aspirants,
Et voleurs revêtus du nom de conquérants.

Mais à quoi s'attacha ta savante malice ?
Ce fut surtout à faire ignorer la justice.
Dans les plus claires lois ton ambiguïté
Répandant son adroite et fine obscurité,
Aux yeux embarrassés des juges les plus sages
Tout sens devint douteux, tout mot eut deux visages ;
Plus on crut pénétrer, moins on fut éclairci,
Le texte fut souvent par la glose obscurci :
Et, pour comble de maux, à tes raisons frivoles
L'éloquence prêtant l'ornement des paroles,
Tous les jours accablé sous leur commun effort,
Le vrai passa pour faux et le bon droit eut tort.
Voilà comme, déchu de sa grandeur première,
Concluons[1], l'homme enfin perdit toute lumière,
Et, par tes yeux trompeurs se figurant tout voir,
Ne vit, ne sut plus rien, ne put plus rien savoir.

De la raison pourtant, par le vrai Dieu guidée,
Il resta quelque trace encor dans la Judée.
Chez les hommes ailleurs sous ton joug gémissants
Vainement on chercha la vertu, le droit sens :
Car qu'est-ce, loin de Dieu, que l'humaine sagesse ?
Et Socrate, l'honneur de la profane Grèce,
Qu'était-il en effet, de près examiné,
Qu'un mortel par lui-même au seul mal entraîné[2],

---

1. L'abbé d'Artigny (*Mémoires*, t. vii, p. 387) dit assez justement :
« Ce *concluons* ne dit rien du tout ; car il semble amener la fin de la satire, et l'on n'est pas encore à la moitié. » (ÉD. F.)

2. Au lieu de ce vers, l'auteur avait mis celui-ci :
Qu'un mortel, comme un autre, au mal déterminé.
Et c'est le vers que M. le cardinal de Noailles lui fit changer. Voyez le discours qui précède cette satire. (BOIL.

Et, malgré la vertu dont il faisait parade,
Très-équivoque ami du jeune Alcibiade?
Oui, j'ose hardiment l'affirmer contre toi,
Dans le monde idolâtre, asservi sous ta loi.
Par l'humaine raison de clarté dépourvue
L'humble et vraie équité fut à peine entrevue :
Et, par un sage altier, au seul faste attaché,
Le bien même accompli souvent fut un péché.
    Pour tirer l'homme enfin de ce désordre extrême,
Il fallut qu'ici-bas Dieu, fait homme lui-même,
Vînt du sein lumineux de l'éternel séjour
De tes dogmes trompeurs dissiper le faux jour.
A l'aspect de ce Dieu les démons disparurent ;
Dans Delphes, dans Délos, tes oracles se turent :
Tout marqua, tout sentit sa venue en ces lieux ;
L'estropié marcha, l'aveugle ouvrit les yeux.
Mais bientôt contre lui ton audace rebelle,
Chez la nation même à son culte fidèle[1],
De tous côtés arma tes nombreux sectateurs.
Prêtres, pharisiens, rois, pontifes, docteurs.
C'est par eux que l'on vit la vérité suprême
De mensonge et d'erreur accusée elle-même,
Au tribunal humain le Dieu du ciel traîné,
Et l'auteur de la vie à mourir condamné.
Ta fureur toutefois à ce coup fut déçue,
Et pour toi ton audace eut une triste issue.
Dans la nuit du tombeau ce Dieu précipité
Se releva soudain tout brillant de clarté ;
Et partout sa doctrine en peu de temps portée
Fut du Gange, et du Nil, et du Tage écoutée ;
Des superbes autels à leur gloire dressés
Tes ridicules dieux tombèrent renversés ;
On vit en mille endroits leurs honteuses statues
Pour le plus bas usage utilement fondues,
Et gémir vainement Mars, Jupiter, Vénus,
Urnes, vases, trépieds, vils meubles devenus.
Sans succomber pourtant tu soutins cet orage,
Et, sur l'idolâtrie enfin perdant courage,
Pour embarrasser l'homme en des nœuds plus subtils.
Tu courus chez Satan brouiller de nouveaux fils.
    Alors, pour seconder ta triste frénésie,
Arriva de l'enfer ta fille l'Hérésie.
Ce monstre, dès l'enfance à ton école instruit,
De tes leçons bientôt te fit goûter le fruit.

---

1. Boileau abuse beaucoup du mot *chez* dans cette satire. Un avocat de province, M. de Nantes, le remarqua dans la critique rimée qu'il en fit, dès qu'elle parut :

Que deviendront ces *chez* que Vaugelas censure?
Chez toi, *chez* soi, *chez* eux, *chez* Satan, *chez* les grands,
Douze fois pour le moins reviennent sur les rangs
Faire assez mauvaise figure. (Ep, F.)

Par lui l'erreur toujours finement apprêtée,
Sortant pleine d'attraits de sa bouche empestée,
De son mortel poison tout courut s'abreuver,
Et l'Église elle-même eut peine à s'en sauver.
Elle-même deux fois, presque toute arienne,
Sentit chez soi trembler la vérité chrétienne,
Lorsque attaquant le Verbe et sa divinité,
D'une syllabe impie un saint mot augmenté [1]
Remplit tous les esprits d'aigreurs si meurtrières,
Et fit de sang chrétien couler tant de rivières.
Le fidèle, au milieu de ces troubles confus,
Quelque temps égaré, ne se reconnut plus ;
Et dans plus d'un aveugle et ténébreux concile
Le mensonge parut vainqueur de l'Évangile.
   Mais à quoi bon ici du profond des enfers,
Nouvel historien de tant de maux soufferts,
Rappeler Arius, Valentin et Pélage [2],
Et tous ces fiers démons que toujours d'âge en âge
Dieu, pour faire éclaircir à fond ses vérités,
A permis qu'aux chrétiens l'enfer ait suscités ?
Laissons hurler là-bas tous ces damnés antiques,
Et bornons nos regards aux troubles fanatiques
Que ton horrible fille ici sut émouvoir,
Quand Luther et Calvin, remplis de ton savoir,
Et soi-disant choisis pour réformer l'Église,
Vinrent du célibat affranchir la prêtrise,
Et, des vœux les plus saints blâmant l'austérité,
Aux moines las du joug rendre la liberté.
Alors n'admettant plus d'autorité visible,
Chacun fut de la foi censé juge infaillible ;
Et, sans être approuvé par le clergé romain,
Tout protestant fut pape, une Bible à la main.
De cette erreur dans peu naquirent plus de sectes
Qu'en automne on ne voit de bourdonnants insectes
Fondre sur les raisins nouvellement mûris,
Ou qu'en toutes saisons sur les murs, à Paris,
On ne voit affichés de recueils d'amourettes,
De vers, de contes bleus [3], de frivoles sornettes,
Souvent peu recherchés du public nonchalant,
Mais vantés à coup sûr du Mercure galant.

---

1. Les Ariens niaient la consubstantialité du Verbe ; et des mots ὁμοούσιος τῷ πατρί, qui signifient *consubstantiel, de même substance que le Père*, ils avaient fait ὁμοιούσιος τῷ πατρί, *qui est de substance semblable* à celle du Père. L'hérésie des Ariens provenait donc de la diphthongue ει, rejetée par les orthodoxes.

2. Sectaires des premiers siècles de l'Église.

3. On les appelait ainsi à cause de la couleur du papier qui leur servait de couverture. C'était l'habit ordinaire de toutes les petites pièces volantes, qu'on nommait aussi pour cela *bleuets*, puis *bluets*, d'où l'on a fait *bluette* pour désigner un ouvrage sans importance. V. pour le mot *bleuet*, dans ce sens, les *Poésies* du P. Ducerceau, t. I, p. 312, et les *Réflexions* du sieur Pepinocourt, 1696, in-12, p. 2 et 20. (Ed. F.)

Ce ne fut plus partout que fous anabaptistes,
Qu'orgueilleux puritains, qu'exécrables déistes;
Le plus vil artisan eut ses dogmes à soi,
Et chaque chrétien fut de différente loi.
La discorde, au milieu de ces sectes altières,
En tout lieu cependant déploya ses bannières;
Et ta fille, au secours des vains raisonnements
Appelant le ravage et les embrasements,
Fit, en plus d'un pays, aux villes désolées,
Sous l'herbe en vain chercher leurs églises brûlées.
L'Europe fut un champ de massacre et d'horreur :
Et l'orthodoxe même, aveugle en sa fureur,
De tes dogmes trompeurs nourrissant son idée,
Oublia la douceur aux chrétiens commandée;
Et crut, pour venger Dieu de ses fiers ennemis,
Tout ce que Dieu défend légitime et permis.
Au signal tout à coup donné pour le carnage,
Dans les villes, partout, théâtres de leur rage,
Cent mille faux zélés, le fer en main courants,
Allèrent attaquer leurs amis, leurs parents,
Et, sans distinction, dans tout sein hérétique
Pleins de joie enfoncer un poignard catholique,
Car quel lion, quel tigre égale en cruauté
Une injuste fureur qu'arme la piété?

Ces fureurs, jusqu'ici du vain peuple admirées,
Étaient pourtant toujours de l'Église abhorrées;
Et, dans ton grand crédit pour te bien conserver,
Il fallait que le ciel parût les approuver[1] :
Ce chef-d'œuvre devait couronner ton adresse.
Pour y parvenir donc, ton active souplesse,
Dans l'école abusant tes grossiers écrivains,
Fit croire à leurs esprits ridiculement vains
Qu'un sentiment impie, injuste, abominable,
Par deux ou trois d'entre eux réputé soutenable,
Prenait chez eux un sceau de probabilité
Qui même contre Dieu lui donnait sûreté;
Et qu'un chrétien pouvait, rempli de confiance,
Même en le condamnant, le suivre en conscience.

C'est sur ce beau principe, admis si follement,
Qu'aussitôt tu posas l'énorme fondement
De la plus dangereuse et terrible morale
Que Lucifer, assis dans sa chaire infernale,

---

[1] Ici encore l'abbé d'Artigny (*Mémoires*, t. vii, p. 389) fait une judicieuse remarque : « Ce vers, dit-il, et les soixante qui suivent, paroissent l'endroit le mieux travaillé de tout l'ouvrage. Le poëte n'y attaque plus des morts ni des vivants. C'est, comme il le dit, le chef-d'œuvre de l'adresse et de la souplesse de l'équivoque. Son démon l'a bien servi. Ses vers y sont plus châtiés, et soutiennent l'attention des lecteurs peut-être déjà fatigués par la longueur des précédents. » (Ed. F.)

Vomissant contre Dieu ses monstrueux sermons,
Ait jamais enseignée aux novices démons.
Soudain, au grand honneur de l'école païenne,
On entendit prêcher dans l'église chrétienne
Que sous le joug du vice un pécheur abattu
Pouvait, sans aimer Dieu ni même la vertu,
Par la seule frayeur au sacrement unie,
Admis au ciel, jouir de la gloire infinie;
Et que, les clés en mains, sur ce seul passe-port,
Saint Pierre à tous venants devait ouvrir d'abord.
    Ainsi, pour éviter l'éternelle misère
Le vrai zèle aux chrétiens n'étant plus nécessaire,
Tu sus, dirigeant bien sur eux l'intention,
De tout crime laver la coupable action.
Bientôt, se parjurer cessa d'être un parjure;
L'argent à tout denier se prêta sans usure:
Sans simonie, on put, contre un bien temporel,
Hardiment échanger un bien spirituel;
Du soin d'aider le pauvre on dispensa l'avare;
Et même chez les rois le superflu fut rare.
C'est alors qu'on trouva, pour sortir d'embarras,
L'art de mentir tout haut en disant vrai tout bas:
C'est alors qu'on apprit qu'avec un peu d'adresse
Sans crime un prêtre peut vendre trois fois sa messe,
Pourvu que, laissant là son salut à l'écart,
Lui-même en la disant n'y prenne aucune part:
C'est alors que l'on sut qu'on peut pour une pomme,
Sans blesser la justice, assassiner un homme:
Assassiner! ah! non, je parle improprement;
Mais que, prêt à la perdre, on peut innocemment,
Surtout ne la pouvant sauver d'une autre sorte,
Massacrer le voleur qui fuit et qui l'emporte.
Enfin ce fut alors que, sans se corriger,
Tout pécheur... Mais où vais-je aujourd'hui m'engager?
Veux-je d'un pape illustre [1], armé contre tes crimes,
A tes yeux mettre ici toute la bulle en rimes;
Exprimer tes détours burlesquement pieux,
Pour disculper l'impur, le gourmand, l'envieux;
Tes subtils faux-fuyants pour sauver la mollesse,
Le larcin, le duel, le luxe, la paresse;
En un mot, faire voir à fond développés
Tous ces dogmes affreux d'anathème frappés,
Que, sans peur débitant tes distinctions folles,
L'erreur encor pourtant maintient dans tes écoles?
Mais sur ce seul projet soudain puis-je ignorer

---

1. Innocent XI, qui condamna les cinq propositions extraites ou prétendues extraites de Jansénius.

SATIRE XII.

A quels nombreux combats il faut me préparer?
J'entends déjà d'ici tes docteurs frénétiques
Hautement me compter au rang des hérétiques,
M'appeler scélérat, traître, fourbe, imposteur,
Froid plaisant, faux bouffon, vrai calomniateur :
De Pascal, de Wendrok [1], copiste misérable ;
Et, pour tout dire enfin, janséniste exécrable.
J'aurai beau condamner, en tous sens expliqués,
Les cinq dogmes fameux par ta main fabriqués,
Blâmer de tes docteurs la morale risible :
C'est, selon eux, prêcher un calvinisme horrible ;
C'est nier qu'ici-bas par l'amour appelé
Dieu pour tous les humains voulut être immolé.

Prévenons tout ce bruit : trop tard, dans le naufrage,
Confus on se repent d'avoir bravé l'orage.
Halte-là donc, ma plume. Et toi, sors de ces lieux,
Monstre, à qui, par un trait des plus capricieux,
Aujourd'hui terminant ma course satirique,
J'ai prêté dans mes vers une âme allégorique.
Fuis, va chercher ailleurs tes patrons bien-aimés,
Dans ces pays par toi rendus si renommés,
Où l'Orne épand ses eaux, et que la Sarthe arrose [2] ;
Ou, si plus sûrement tu veux gagner ta cause,
Porte-la dans Trévoux [3], à ce beau tribunal
Où de nouveaux Midas un sénat monacal,
Tous les mois, appuyé de ta sœur l'ignorance,
Pour juger Apollon tient, dit-on, sa séance.

---

1. C'est sous ce nom que Nicole publia sa traduction latine des *Provinciales*.
2. Rivières qui passent par la Normandie. (BOIL.)
3. Les Jésuites de Paris publiaient tous les mois à Trévoux, petite ville près de Lyon, sur les bords de la Saône, un journal intitulé *Mémoires pour l'histoire des sciences et des beaux-arts*. Boileau prétend que ces journalistes s'érigent en dictateurs de la république des lettres, et condamnent ou maltraitent tous les auteurs qui se distinguent par leur savoir et par leur mérite.

FIN DES SATIRES.

EPITRES

ÉPITRE I[1]

1669

AVERTISSEMENT[2]

Je m'étais persuadé que la fable de l'huître, que j'avais mise à la fin de cette épître au roi, pourrait y délasser agréablement les lecteurs, qu'un sublime trop sérieux peut enfin fatiguer, joint que la correction que j'y avais mise semblait me mettre à couvert d'une faute dont je faisais voir que je m'apercevais le premier : mais j'avoue qu'il y a eu des personnes de bon sens qui ne l'ont pas approuvée[3]. J'ai néanmoins balancé longtemps si je l'ôterais, parce qu'il y en avait plusieurs qui la louaient avec autant d'excès que les autres la blâmaient; mais enfin je me suis rendu à l'autorité d'un prince[4] non moins considérable par les lumières de son esprit que par le nombre de ses victoires[5]. Comme il m'a déclaré franchement que cette fable, quoique très-bien contée, ne lui semblait pas digne du reste de l'ouvrage, je n'ai point résisté; j'ai mis une nouvelle fin[6] à ma pièce, et je n'ai pas cru, pour une vingtaine de vers, devoir me brouiller avec le premier capitaine de notre siècle. Au reste, je suis bien aise d'avertir le lecteur qu'il y a quantité de pièces impertinentes qu'on s'efforce de faire courir sous mon nom, et, entre autres, une satire contre les maltôtes ecclésiastiques[7]. Je ne crains pas que les habiles gens m'attribuent toutes ces pièces, parce que mon style, bon ou mauvais, est aisé à reconnaître; mais comme le nombre des sots est grand, et qu'ils pourraient aisément s'y méprendre, il est bon de leur faire savoir que, hors les onze pièces qui sont dans ce livre, il n'y a rien de moi entre les mains du public, ni imprimé ni en manuscrit.

AU ROI

Grand roi, c'est vainement qu'abjurant la satire
Pour toi seul désormais j'avais fait vœu d'écrire.
Dès que je prends la plume, Apollon éperdu
Semble me dire : Arrête, insensé; que fais-tu ?

---

1. Cette épître fut présentée au roi, par madame de Thiange, un an environ après la signature du traité d'Aix-la-Chapelle.
2. Cet avertissement fut mis en 1672 à la date de la seconde édition de la première épître.
3. C'est sans nul doute le succès des fables de La Fontaine, dont les six premiers livres avaient paru cette même année 1669, qui avait mis Boileau en émulation, et lui avait fait écrire cette fable, dont une scène d'ancienne comédie italienne, que lui avait racontée son père, avait fourni le sujet. La Fontaine le traita aussi, mais dix ans plus tard. Sa fable de l'*Huître et les Plaideurs* ne parut qu'en 1679, dans son IXe livre. (ED. F.)
4. Condé.
5. Suivant Pradon (*Nouv. Remarques*, p. 57), Condé n'aurait pas été seul à trouver cette fable mauvaise : « Il ne sera pas hors de propos, dit-il, d'insérer icy un petit couplet de chanson qui fut fait sur l'huistre, qui mortifia beaucoup M. D..., et qui réjouit tout Paris. Le voicy :

Dans ta belle Épistre,
Où le Roi sert de titre,
D..., tu le vois :
L'huistre à l'écaille
N'est rien qui vaille.
Je te connois,
Tu feras mieux une autre fois. » (ED. F.)

6. Les quarante derniers vers.
7. On attribue cette pièce au P. Louis Sanlecque, chanoine de Sainte-Geneviève, et prieur de Garnai, près de Dreux. Cependant elle ne se trouve pas dans le recueil de ses œuvres.

Sais-tu dans quels périls aujourd'hui tu t'engages ?
Cette mer où tu cours est célèbre en naufrages.
 Ce n'est pas qu'aisément, comme un autre, à ton char
Je ne pusse attacher Alexandre et César;
Qu'aisément je ne pusse, en quelque ode insipide,
T'exalter aux dépens et de Mars et d'Alcide ;
Te livrer le Bosphore, et, d'un vers incivil,
Proposer au sultan de te céder le Nil :
Mais, pour te bien louer, une raison sévère
Me dit qu'il faut sortir de la route vulgaire ;
Qu'après avoir joué tant d'auteurs différents,
Phébus même aurait peur s'il entrait sur les rangs ;
Que par des vers tout neufs, avoués du Parnasse,
Il faut de mes dégoûts justifier l'audace ;
Et, si ma muse enfin n'est égale à mon roi,
Que je prête aux Cotins des armes contre moi.
 Est-ce là cet auteur, l'effroi de la Pucelle,
Qui devait des bons vers nous tracer le modèle,
Ce censeur, diront-ils, qui nous réformait tous ?
Quoi ! ce critique affreux n'en sait pas plus que nous ?
N'avons-nous pas cent fois, en faveur de la France,
Comme lui dans nos vers pris Memphis et Byzance,
Sur les bords de l'Euphrate abattu le turban,
Et coupé, pour rimer, les cèdres du Liban ?
De quel front aujourd'hui vient-il, sur nos brisées,
Se revêtir encor de nos phrases usées ?
 Que répondrais-je alors ? Honteux et rebuté,
J'aurais beau me complaire en ma propre beauté,
Et, de mes tristes vers admirateur unique,
Plaindre, en les relisant, l'ignorance publique :
Quelque orgueil en secret dont s'aveugle un auteur,
Il est fâcheux, grand roi, de se voir sans lecteur,
Et d'aller, du récit de ta gloire immortelle,
Habiller chez Francœur[1] le sucre et la cannelle[2].
Ainsi, craignant toujours un funeste accident,
J'imite de Conrart[3] le silence prudent :
Je laisse aux plus hardis l'honneur de la carrière,
Et regarde le champ, assis sur la barrière.

---

1. Fameux épicier. (BOIL.) — Son véritable nom était Claude Julienne, et sa demeure était dans la rue Saint-Honoré, devant la Croix du Trahoir, à l'enseigne du Franc-Cœur. Ce surnom avait été donné à un de ses ancêtres par Henri III, dont il était le fruitier.

2. Déjà, dans la satire III, et dans la satire IX, Boileau s'était égayé sur les vers des mauvais poëtes dont le destin est de finir chez l'épicier. On trouva que c'était trop d'en rire une troisième fois. Pradon (*Nouv. Remarques*, p. 52) ne manqua pas cette critique : « Voilà, dit-il, le bien aimé épicier, qui est en jeu, et qu'il répète en cent endroits, quoy qu'il ait pris cette pensée et chez les latins et chez nos vieux poëtes françois, comme dans Ronsard, écrivant à Jacques Grévin. » Dans l'*Épitre* de Ronsard à Grévin, on lit en effet, à propos de mauvais vers :

Ils ne servent de rien qu'à donner des habits
A la canelle, au sucre, au gingembre et au riz. (ED. F.)

3. Fameux académicien qui n'a jamais rien écrit. (BOIL.) — Valentin Conrart, né en 1603, mort en 1675, peut être regardé comme l'un des fondateurs de l'Académie française. Son cabinet servit, pour ainsi dire, de berceau à cette grande institution.

Malgré moi toutefois un mouvement secret
Vient flatter mon esprit, qui se tait à regret.
Quoi! dis-je tout chagrin, dans ma verve infertile,
Des vertus de mon roi spectateur inutile,
Faudra-t-il sur la gloire attendre à m'exercer
Que ma tremblante voix commence à se glacer?
Dans un si beau projet, si ma muse rebelle
N'ose le suivre aux champs de Lille et de Bruxelle,
Sans le chercher aux bords de l'Escaut et du Rhin,
La paix l'offre à mes yeux plus calme et plus serein.
Oui, grand roi, laissons là les siéges, les batailles :
Qu'un autre aille en rimant renverser des murailles;
Et souvent, sur tes pas marchant sans ton aveu,
S'aille couvrir de sang, de poussière et de feu.
A quoi bon, d'une muse au carnage animée,
Échauffer ta valeur, déjà trop allumée?
Jouissons à loisir du fruit de tes bienfaits,
Et ne nous lassons point des douceurs de la paix.
 Pourquoi ces éléphants, ces armes, ce bagage,
Et ces vaisseaux tout prêts à quitter le rivage?
Disait au roi Pyrrhus un sage confident [1],
Conseiller très-sensé d'un roi très-imprudent.
— Je vais, lui dit ce prince, à Rome où l'on m'appelle. —
Quoi faire? — L'assiéger. — L'entreprise est fort belle,
Et digne seulement d'Alexandre ou de vous :
Mais, Rome prise enfin, seigneur, où courons-nous? —
Du reste des Latins la conquête est facile. —
Sans doute, on les peut vaincre : est-ce tout? — La Sicile
De là nous tend les bras, et bientôt sans effort
Syracuse reçoit nos vaisseaux dans son port.
— Bornez-vous là vos pas? — Dès que nous l'aurons prise,
Il ne faut qu'un bon vent, et Carthage est conquise.
Les chemins sont ouverts, qui peut nous arrêter?
— Je vous entends, seigneur, nous allons tout dompter :
Nous allons traverser les sables de Libye,
Asservir en passant l'Égypte, l'Arabie,
Courir delà le Gange en de nouveaux pays,
Faire trembler le Scythe aux bords du Tanaïs,
Et ranger sous nos lois tout ce vaste hémisphère.
Mais, de retour enfin, que prétendez-vous faire?
— Alors, cher Cinéas, victorieux, contents,
Nous pourrons rire à l'aise, et prendre du bon temps.
— Eh! seigneur, dès ce jour, sans sortir de l'Épire,
Du matin jusqu'au soir qui vous défend de rire?
 Le conseil était sage et facile à goûter :

---

1. Ce dialogue entre Pyrrhus et Cinéas est tiré de Plutarque, dans la vie de Pyrrhus.

Pyrrhus vivait heureux, s'il eût pu l'écouter.
Mais à l'ambition opposer la prudence,
C'est aux prélats de cour prêcher la résidence.
  Ce n'est pas que mon cœur, du travail ennemi,
Approuve un fainéant sur le trône endormi :
Mais, quelques vains lauriers que promette la guerre,
On peut être héros sans ravager la terre.
Il est plus d'une gloire. En vain aux conquérants
L'erreur, parmi les rois, donne les premiers rangs ;
Entre les grands héros ce sont les plus vulgaires.
Chaque siècle est fécond en heureux téméraires ;
Chaque climat produit des favoris de Mars ;
La Seine a des Bourbons, le Tibre a des Césars :
On a vu mille fois des fanges Méotides
Sortir des conquérants goths, vandales, gépides :
Mais un roi, vraiment roi, qui, sage en ses projets,
Sache en un calme heureux maintenir ses sujets,
Qui du bonheur public ait cimenté sa gloire,
Il faut, pour le trouver, courir toute l'histoire.
La terre compte peu de ces rois bienfaisants ;
Le ciel à les former se prépare longtemps.
Tel fut cet empereur [1] sous qui Rome adorée
Vit renaître les jours de Saturne et de Rhée ;
Qui rendit de son joug l'univers amoureux ;
Qu'on n'alla jamais voir sans revenir heureux ;
Qui soupirait le soir, si sa main fortunée
N'avait par ses bienfaits signalé la journée.
Le cours ne fut pas long d'un empire si doux.
  Mais où cherché-je ailleurs ce qu'on trouve chez nous ?
Grand roi, sans recourir aux histoires antiques,
Ne t'avons-nous pas vu dans les plaines belgiques,
Quand l'ennemi vaincu, désertant ses remparts,
Au-devant de ton joug courait de toutes parts,
Toi-même te borner au fort de ta victoire,
Et chercher dans la paix [2] une plus juste gloire ?
Ce sont là les exploits que tu dois avouer ;
Et c'est par là, grand roi, que je te veux louer.
Assez d'autres, sans moi, d'un style moins timide,
Suivront au champ de Mars ton courage rapide,
Iront de ta valeur effrayer l'univers,
Et camper devant Dôle au milieu des hivers [3].

---

1. Titus. (Boil.) — Il ne régna que deux ans, deux mois et vingt jours.

2. La paix de 1668. (Boil.) — Mademoiselle de Scudéry avait déjà célébré, sur le même ton, la modération que le roi avait mise, en signant cette paix d'Aix-la-Chapelle. Elle disait en finissant :

  Quand on peut lancer le tonnerre,
  Qu'il est beau de se retenir !

Il faut ajouter, pour être juste, que la triple alliance conclue entre la Hollande, l'Angleterre et la Suède, contre Louis XIV, fut pour beaucoup dans ce qu'on ne croit dû qu'à sa modération. C'est lui-même qui, devant la menace de cette alliance, proposa la paix. (Ed. F.)

3. Le roi venait de conquérir la Franche-Comté en plein hiver. (Boil.) — Ici encore les vers de mademoiselle

Pour moi, loin des combats, sur un ton moins terrible,
Je dirai les exploits de ton règne paisible :
Je peindrai les plaisirs en foule renaissants [1],
Les oppresseurs du peuple à leur tour gémissants [2].
On verra par quels soins ta sage prévoyance
Au fort de la famine entretint l'abondance [3] :
On verra les abus par ta main réformés [4],
La licence et l'orgueil en tous lieux réprimés [5] ;
Du débris des traitants ton épargne grossie [6] ;
Des subsides affreux la rigueur adoucie [7] ;
Le soldat, dans la paix, sage et laborieux [8] ;
Nos artisans grossiers rendus industrieux [9],
Et nos voisins frustrés de ces tributs serviles
Que payait à leur art le luxe de nos villes [10].
Tantôt je tracerai tes pompeux bâtiments,
Du loisir d'un héros nobles amusements.
J'entends déjà frémir les deux mers étonnées
De voir leurs flots unis au pied des Pyrénées [11].
Déjà de tous côtés la chicane aux abois
S'enfuit au seul aspect de tes nouvelles lois [12].
Oh! que ta main par là va sauver de pupilles !
Que de savants plaideurs désormais inutiles !

de Scudéry avaient devancé ceux de Boileau. Elle y disait, à propos des héros anciens :

Ils suivaient le printemps comme les hirondelles.
La victoire, en hiver, pour eux n'avait point d'ailes.
Mais, malgré les frimas, la neige et les glaçons,
Louis est un héros de toutes les saisons. (ED. F.)

1. Allusion aux fêtes de la jeunesse du roi : le carrousel de 1662, qui a laissé un souvenir dans le nom d'une des places de Paris, et les fêtes de Versailles, en 1664, où Molière fit jouer la *Princesse d'Élide*, et les premiers actes de *Tartufe*. (ED. F.)

2. Il doit être ici question de Fouquet, dont l'arrestation et le procès avaient fait tant de bruit, et qui, depuis le mois d'octobre 1664, était enfermé à Pignerol. (ED. F.)

3. En 1662, l'année même du carrousel, la misère avait été grande pendant l'hiver, et avait fait beaucoup crier contre les plaisirs du roi. L'abbé de Saint-Pierre, qui plus tard opposait encore cette famine du peuple au luxe royal, oublia d'ajouter que le roi avait songé à tout, et trouvé de l'argent pour le peuple et pour lui. C'est ce que Boileau indique ici, en rapprochant des « plaisirs renaissants » l'abondance entretenue « au fort de la famine ». C'est aussi ce que montra Voltaire : « Si, dit-il (*Siècle de Louis XIV*, ch. 25), les plaisirs magnifiques de cette cour avaient insulté à la misère du peuple, ils n'eussent été qu'odieux ; mais le même homme, qui avait donné ces fêtes, avait donné du pain au peuple dans la disette de 1662. Il avait fait venir des grains... dont il fit des dons aux pauvres familles à la porte du Louvre. » (ED. F.)

4. L'abus des duels fut un de ceux qui furent le plus rigoureusement réformés. La Monnoie en fit un poëme, « le Duel aboli, » et on en frappa une médaille avec ces mots à l'exergue : *Singularis certaminum furor coercitus*, 1662. (ED. F.)

5. Plusieurs édits pour réformer le luxe. (BOIL.) — Il aurait pu ajouter, comme répression de l'orgueil, la déclaration de 1665, qui établissait les *Grands Jours* à Clermont pour juger les criminels de la noblesse ; et aussi la recherche des faux nobles qui se faisait en 1668 avec la plus grande rigueur. Notre poëte le savait d'autant mieux qu'un de ses frères, greffier de la grand'chambre, dirigeait les poursuites. (ED. F.)

6. La chambre de justice établie en 1661, pour reconnaître les malversations commises par les traitants.

7. Les tailles furent diminuées de quatre millions. (BOIL.) — Ici l'on n'est pas d'accord : Boileau dit quatre millions, Brossette dit six, mais Voltaire trois seulement. Nous pensons que le chiffre de Boileau, qui tient le milieu, doit être le vrai. (ED. F.)

8. Les soldats employés aux travaux publics. (BOIL.)

9. Établissement des manufactures des Gobelins, des points de France et des glaces. (BOIL.)

10. Ce vers et le précédent faisaient l'admiration de La Fontaine, ce qui rendait Boileau très-fier : « Je me souviens, écrit-il à Maucroix, le 29 avril 1695, que M. de La Fontaine m'a dit plus d'une fois que les deux vers de mes ouvrages qu'il estimoit davantage, c'étoient ceux où je loue le roi d'avoir établi la manufacture des points de France, à la place des points de Venise. » Maucroix lui répondit, le 23 mai, qu'il connaissait cette admiration de La Fontaine, et qu'il n'y était peut-être pas étranger, lui ayant le premier fait remarquer les deux vers. (ED. F.)

11. Le canal de Languedoc. (BOIL.)

12. L'ordonnance de 1667. (BOIL.) — Cette ordonnance contre la procédure civile fit beaucoup de bruit, mais très-favorable, excepté chez les juges, procureurs, greffiers, huissiers, etc., qui crièrent fort. C'est au milieu de ces criailleries comiques que Racine fit sa comédie des *Plaideurs*, qui, jouée en 1668, se trouve avoir été ainsi, — ce que personne n'a remarqué — une pièce de circonstance. (ED. F.)

ÉPITRE I.

Qui ne sent point l'effet de tes soins généreux ?
L'univers sous ton règne a-t-il des malheureux ?
Est-il quelque vertu, dans les glaces de l'Ourse,
Ni dans ces lieux brûlés où le jour prend sa source,
Dont la triste indigence ose encore approcher,
Et qu'en foule tes dons d'abord n'aillent chercher [1] ?
C'est par toi qu'on va voir les Muses enrichies,
De leur longue disette à jamais affranchies.
Grand roi, poursuis toujours, assure leur repos.
Sans elles un héros n'est pas longtemps héros :
Bientôt, quoi qu'il ait fait, la mort, d'une ombre noire,
Enveloppe avec lui son nom et son histoire.
En vain, pour s'exempter de l'oubli du cercueil,
Achille mit vingt fois tout Ilion en deuil,
En vain, malgré les vents, aux bords de l'Hespérie
Énée enfin porta ses dieux et sa patrie :
Sans le secours des vers, leurs noms tant publiés
Seraient depuis mille ans avec eux oubliés.
Non, à quelques hauts faits que ton destin t'appelle,
Sans le secours soigneux d'une muse fidèle
Pour t'immortaliser tu fais de vains efforts.
Apollon te la doit : ouvre-lui tes trésors.
En poëtes fameux rends nos climats fertiles :
Un Auguste aisément peut faire des Virgiles.
Que d'illustres témoins de ta vaste bonté
Vont pour toi déposer à la postérité !
   Pour moi qui, sur ton nom déjà brûlant d'écrire,
Sens au bout de ma plume expirer la satire,
Je n'ose de mes vers vanter ici le prix :
Toutefois, si quelqu'un de mes faibles écrits
Des ans injurieux peut éviter l'outrage,
Peut-être pour ta gloire aura-t-il son usage.
Et comme tes exploits, étonnant les lecteurs,
Seront à peine crus sur la foi des auteurs,
Si quelque esprit malin les veut traiter de fables,
On dira quelque jour, pour les rendre croyables :
Boileau, qui, dans ses vers pleins de sincérité,
Jadis à tout son siècle a dit la vérité,
Qui mit à tout blâmer son étude et sa gloire,
A pourtant de ce roi parlé comme l'histoire [2].

---

1. Le roi, en 1663, donna des pensions à beaucoup de gens de lettres de toute l'Europe. (Boil.)

2. Les quarante derniers vers de cette épître commencèrent la fortune de Boileau. Louis XIV, après les lui avoir entendu réciter, le combla d'éloges et de faveurs, et lui adressa ce mot heureux : « Je vous louerais davantage si vous ne m'aviez pas tant loué. »

ÉPITRE II

1669

A L'ABBÉ DES ROCHES[1]

A quoi bon réveiller mes muses endormies,
Pour tracer aux auteurs des règles ennemies!
Penses-tu qu'aucun d'eux veuille subir mes lois,
Ni suivre une raison qui parle par ma voix?
O le plaisant docteur, qui, sur les pas d'Horace,
Vient prêcher, diront-ils, la réforme au Parnasse[2]!
Nos écrits sont mauvais; les siens valent-ils mieux?
J'entends déjà d'ici Linière furieux
Qui m'appelle au combat sans prendre un plus long terme.
De l'encre, du papier! dit-il : qu'on nous enferme!
Voyons qui de nous deux, plus aisé dans ses vers,
Aura plus tôt rempli la page et le revers!
Moi donc, qui suis peu fait à ce genre d'escrime,
Je le laisse tout seul verser rime sur rime,
Et, souvent de dépit contre moi s'exerçant,
Punir de mes défauts le papier innocent.
Mais toi, qui ne crains point qu'un rimeur te noircisse,
Que fais-tu cependant seul en ton bénéfice?
Attends-tu qu'un fermier, payant, quoique un peu tard,
De ton bien pour le moins daigne te faire part?
Vas-tu, grand défenseur des droits de ton église,
De tes moines mutins réprimer l'entreprise?
Crois-moi, dût Auzanet[3] t'assurer du succès,
Abbé, n'entreprends point même un juste procès.
N'imite point ces fous dont la sotte avarice
Va de ses revenus engraisser la justice;
Qui, toujours assignant, et toujours assignés,
Souvent demeurent gueux, de vingt procès gagnés.
Soutenons bien nos droits : sot est celui qui donne.
C'est ainsi devers Caen que tout Normand raisonne :

---

1. Jean-François-Armand Fumée, abbé des Roches, descendait d'Adam Fumée, premier médecin de Charles VII, et mourut en 1711, âgé d'environ soixante et quinze ans.

2. L'avocat Gabriel Guéret prit, je crois, occasion de ce vers, où Boileau parle à l'abbé Des Roches de « la réforme au Parnasse, » pour lui dédier, presque au même moment, son petit livre, *le Parnasse réformé* (1669, in-12). (ED. F.)

3. Fameux avocat au parlement de Paris. Il mourut en 1693, âgé de 82 ans. — L'abbé Des Roches avait, pour deux ou trois abbayes dont il était *commendataire*, dans le midi, d'assez gros procès avec les moines. C'est sans doute pour les régler qu'il se trouvait alors à Rome, comme on le voit par l'épître-dédicace du *Parnasse réformé*. (ED. F.)

Ce sont là les leçons dont un père manceau
Instruit son fils novice au sortir du berceau.
Mais pour toi, qui, nourri bien en deçà de l'Oise,
As sucé la vertu picarde et champenoise[1],
Non, non, tu n'iras point, ardent bénéficier,
Faire enrouer pour toi Corbin ni Le Mazier[2].
Toutefois, si jamais quelque ardeur bilieuse
Allumait dans ton cœur l'humeur litigieuse,
Consulte-moi d'abord, et, pour la réprimer,
Retiens bien la leçon que je te vais rimer.
 Un jour, dit un auteur, n'importe en quel chapitre,
Deux voyageurs à jeun rencontrèrent une huître.
Tous deux la contestaient, lorsque dans leur chemin
La justice passa, la balance à la main[3].
Devant elle à grand bruit ils expliquent la chose ;
Tous deux avec dépens veulent gagner leur cause.
La justice, pesant ce droit litigieux,
Demande l'huître, l'ouvre et l'avale à leurs yeux ;
Et par ce bel arrêt terminant la bataille :
Tenez, voilà, dit-elle, à chacun une écaille.
Des sottises d'autrui nous vivons au Palais.
Messieurs, l'huître était bonne. Adieu. Vivez en paix[4].

ÉPITRE III

1673

A M. ARNAULD[5]

DOCTEUR DE SORBONNE

Oui, sans peine, aux travers des sophismes de Claude[6],
Arnauld, des novateurs tu découvres la fraude,
Et romps de leurs erreurs les filets captieux.
Mais que sert que ta main leur dessille les yeux,
Si toujours dans leur âme une pudeur rebelle,
Près d'embrasser l'Église, au prêche les rappelle ?

---

1. Cette vertu était la franchise.
2. Deux autres avocats. (Boil.) — Jacques Corbin plaida sa première cause à quatorze ans, et ne plaida pas mal pour son âge.
3. Cette « balance à la main » devra bien la gêner tout à l'heure quand il lui faudra rendre à « chacun une écaille ». (Ed. F.)
4. Boileau ne fit cette seconde épître que pour conserver sa fable rejetée de la première. Même là, elle ne trouva pas grâce, et il en tint rigueur au genre tout entier. Ce doit être par rancune, pour la punir de l'avoir si mal servi, qu'il ne dit pas un mot de la fable dans son *Art poétique*. (Ed. F.)
5. Antoine Arnauld, docteur de Sorbonne, que son érudition et ses disgrâces ont rendu fameux, naquit à Paris le 6 février 1612, et mourut à Bruxelles le 8 août 1694.
6. Il était alors occupé à écrire contre le sieur Claude, ministre de l'Église réformée à Charenton. (Boil.)

Non, ne crois pas que Claude, habile à se tromper,
Soit insensible aux traits dont tu le sais frapper;
Mais un démon l'arrête, et, quand ta voix l'attire,
Lui dit : Si tu te rends, sais-tu ce qu'on va dire?
Dans son heureux retour lui montre un faux malheur.
Lui peint de Charenton [1] l'hérétique douleur;
Et, balançant Dieu même en son âme flottante,
Fait mourir dans son cœur la vérité naissante.
Des superbes mortels le plus affreux lien,
N'en doutons point, Arnauld, c'est la honte du bien.
Des plus nobles vertus cette adroite ennemie
Peint l'honneur à nos yeux des traits de l'infamie,
Asservit nos esprits sous un joug rigoureux,
Et nous rend l'un de l'autre esclaves malheureux.
Par elle la vertu devient lâche et timide.
Vois-tu ce libertin en public intrépide,
Qui prêche contre un Dieu que dans son âme il croit?
Il irait embrasser la vérité qu'il voit :
Mais de ses faux amis il craint la raillerie,
Et ne brave ainsi Dieu que par poltronnerie [2].
   C'est là de tous nos maux le fatal fondement.
Des jugements d'autrui nous tremblons follement;
Et, chacun l'un de l'autre adorant les caprices,
Nous cherchons hors de nous nos vertus et nos vices.
Misérables jouets de notre vanité,
Faisons au moins l'aveu de notre infirmité.
A quoi bon, quand la fièvre en nos artères brûle,
Faire de notre mal un secret ridicule?
Le feu sort de vos yeux pétillants et troublés,
Votre pouls inégal marche à pas redoublés [3];
Quelle fausse pudeur à feindre vous oblige?
Qu'avez-vous?—Je n'ai rien.—Mais...—Je n'ai rien, vous dis-je,
Répondra ce malade à se taire obstiné.
Mais cependant voilà tout son corps gangrené;
Et la fièvre, demain se rendant la plus forte,
Un bénitier aux pieds, va l'étendre à la porte :
Prévenons sagement un si juste malheur.
Le jour fatal est proche et vient comme un voleur.
Avant qu'à nos erreurs le ciel nous abandonne,
Profitons de l'instant que de grâce il nous donne.
Hâtons-nous; le temps fuit, et nous traîne avec soi :

---

1. Lieu près de Paris, où les protestants avaient un temple pour l'exercice de leur religion, avant la révocation de l'édit de Nantes.

2. Il est très-probable qu'il s'agit ici de Des Barreaux qui, après avoir été longtemps le chef des libertins — libres penseurs de l'époque — était mort, cette même année 1673, en pénitent, après avoir fait le fameux sonnet, connu de tout le monde. (ED. F.)

3. Pradon lui-même (Nouv. remarques, p. 59) admire ce passage. « Cette description de la fièvre est belle, dit-il; « mais, ajoute-t-il avec un correctif qui ne manque pas de justesse, il la répète dans l'épître XI. » (ED. F.)

Le moment où je parle est déjà loin de moi[1].
  Mais quoi ! toujours la honte en esclaves nous lie !
Oui, c'est toi qui nous perds, ridicule folie :
C'est toi qui fis tomber le premier malheureux,
Le jour que, d'un faux bien sottement amoureux,
Et n'osant soupçonner sa femme d'imposture,
Au démon, par pudeur, il vendit la nature.
Hélas ! avant ce jour qui perdit ses neveux,
Tous les plaisirs couraient au-devant de ses vœux.
La faim aux animaux ne faisait point la guerre :
Le blé, pour se donner, sans peine ouvrant la terre,
N'attendait point qu'un bœuf pressé de l'aiguillon
Traçât à pas tardifs un pénible sillon :
La vigne offrait partout des grappes toujours pleines.
Et des ruisseaux de lait serpentaient dans les plaines.
Mais dès ce jour Adam, déchu de son état,
D'un tribut de douleur paya son attentat.
Il fallut qu'au travail son corps rendu docile
Forçât la terre avare à devenir fertile.
Le chardon importun hérissa les guérets ;
Le serpent venimeux rampa dans les forêts ;
La canicule en feu désola les campagnes ;
L'aquilon en fureur gronda sur les montagnes.
Alors, pour se couvrir durant l'âpre saison,
Il fallut aux brebis dérober leur toison.
La peste en même temps, la guerre et la famine.
Des malheureux humains jurèrent la ruine.
  Mais aucun de ces maux n'égala les rigueurs
Que la mauvaise honte exerça dans les cœurs.
De ce nid à l'instant sortirent tous les vices.
L'avare, des premiers en proie à ses caprices,
Dans un infâme gain mettant l'honnêteté,
Pour toute honte alors compta la pauvreté.
L'honneur et la vertu n'osèrent plus paraître ;
La piété chercha les déserts et le cloître.
Depuis on n'a point vu de cœur si détaché
Qui par quelque lien ne tînt à ce péché.
Triste et funeste effet du premier de nos crimes !
Moi-même, Arnauld, ici, qui te prêche en ces rimes,
Plus qu'aucun des mortels par la honte abattu,
En vain j'arme contre elle une faible vertu.
Ainsi toujours douteux, chancelant et volage,
A peine du limon où le vice m'engage
J'arrache un pied timide et sors en m'agitant,
Que l'autre m'y reporte et s'embourbe à l'instant.

---
1. Perse, sat. v. (Boil.)

Car si, comme aujourd'hui, quelque rayon de zèle
Allume dans mon cœur une clarté nouvelle,
Soudain, aux yeux d'autrui s'il faut la confirmer,
D'un geste, d'un regard, je me sens alarmer;
Et, même sur ces vers que je te viens d'écrire,
Je tremble en ce moment de ce que l'on va dire.

ÉPITRE IV

1672

AVERTISSEMENT[1]

Je ne sais si les rangs de ceux qui passèrent le Rhin à la nage devant Tholus sont fort exactement gardés dans le poëme que je donne au public; et je n'en voudrais pas être garant, parce que franchement je n'y étais pas, et que je n'en suis encore que fort médiocrement instruit. Je viens même d'apprendre en ce moment que M. de Soubise[2], dont je ne parle point, est un de ceux qui s'y est le plus signalé. Je m'imagine qu'il en est ainsi de beaucoup d'autres, et j'espère de leur faire justice dans une autre édition. Tout ce que je sais, c'est que ceux dont je fais mention ont passé des premiers. Je ne me déclare donc caution que de l'histoire du fleuve en colère, que j'ai apprise d'une de ses naïades, qui s'est réfugiée dans la Seine. J'aurais bien pu parler aussi de la fameuse rencontre qui suivit le passage : mais je la réserve pour un poëme à part. C'est là que j'espère rendre aux mânes de M. de Longueville[3] l'honneur que tous les écrivains lui doivent, et que je peindrai cette victoire qui fut arrosée du plus illustre sang de l'univers; il faut un peu reprendre haleine pour cela.

AU ROI

En vain pour te louer ma muse toujours prête
Vingt fois de la Hollande a tenté la conquête :
Ce pays, où cent murs n'ont pu te résister,
Grand roi, n'est pas en vers si facile à dompter.
Des villes que tu prends les noms durs et barbares
N'offrent de toutes parts que syllabes bizarres;
Et, l'oreille effrayée, il faut, depuis l'Issel[4],
Pour trouver un beau mot, courir jusqu'au Tessel[5].
Oui, partout de son nom chaque place munie
Tient bon contre le vers, en détruit l'harmonie.
Et qui peut sans frémir aborder Woërden[6]?
Quel vers ne tomberait au seul nom de Heusden[7]?

---

1. Imprimé en 1672 à la tête de l'épître IV.
2. François de Rohan, prince de Soubise, passa le Rhin à la nage à la tête des gendarmes de la garde dont il était capitaine-lieutenant. Il mourut dans sa quatre-vingt-unième année.
3. Charles Paris de Longueville entra d'abord dans l'état ecclésiastique, qu'il ne tarda pas à quitter pour suivre la carrière des armes. Il périt en 1672 au passage du Rhin, au moment où il allait être élu roi de Pologne.
4. Rivière des Pays-Bas, qui se jette dans le Zuiderzée, après avoir reçu les eaux du Rhin par le canal de Drusus.
5. Petite île à l'embouchure du Zuiderzée, et à dix-huit lieues d'Amsterdam.
6. Ville de Hollande, sur le Rhin.
7. *Heusden* est près de la Meuse.

Louis, les animant du feu de son courage,
Se plaint de sa grandeur qui l'attache au rivage.

ÉPITRE IV.

Quelle Muse à rimer en tous lieux disposée
Oserait approcher des bords du Zuiderzée[1]?
Comment en vers heureux assiéger Doësbourg,
Zutphen, Wageninghen, Harderwic, Knotzembourg[2]?
Il n'est fort, entre ceux que tu prends par centaines,
Qui ne puisse arrêter un rimeur six semaines :
Et partout sur le Whal, ainsi que sur le Leck[3],
Le vers est en déroute, et le poëte à sec[4].

Encor si tes exploits, moins grands et moins rapides,
Laissaient prendre courage à nos muses timides,
Peut-être avec le temps, à force d'y rêver,
Par quelque coup de l'art nous pourrions nous sauver.
Mais, dès qu'on veut tenter cette vaste carrière,
Pégase s'effarouche et recule en arrière :
Mon Apollon s'étonne ; et Nimègue[5] est à toi,
Que ma muse est encore au camp devant Orsoi[6].

Aujourd'hui toutefois mon zèle m'encourage :
Il faut au moins du Rhin tenter l'heureux passage.
Un trop juste devoir veut que nous l'essayions.
Muses, pour le tracer cherchez tous vos crayons ;
Car, puisque en cet exploit tout paraît incroyable,
Que la vérité pure y ressemble à la fable,
De tous vos ornements vous pouvez l'égayer.
Venez donc, et surtout gardez bien d'ennuyer :
Vous savez des grands vers les disgrâces tragiques ;
Et souvent on ennuie en termes magnifiques.

Au pied du mont Adule[7], entre mille roseaux,
Le Rhin tranquille et fier du progrès de ses eaux,
Appuyé d'une main sur son urne penchante,
Dormait au bruit flatteur de son onde naissante :
Lorsqu'un cri, tout à coup suivi de mille cris,
Vient d'un calme si doux retirer ses esprits.
Il se trouble, il regarde, et partout sur ses rives
Il voit fuir à grands pas ses naïades craintives,
Qui toutes accourant vers leur humide roi,
Par un récit affreux redoublent son effroi.
Il apprend qu'un héros, conduit par la victoire,
A de ses bords fameux flétri l'antique gloire ;
Que Rheinberg et Wesel[8], terrassés en deux jours,

---

1. Le Zuiderzée, ou mer du Sud, est un grand golfe situé entre les provinces de Frise, d'Over-Issel, de Gueldre et de Hollande.
2. Villes de Hollande.
3. Deux branches du Rhin, qui se mêlent avec la Meuse.
4. Dans une dissertation que publia le *Mercure* (sept. 1745), on chicana Boileau sur ces deux vers et sur quelques autres de la même épître : « Je demande, y est-il dit, ce que c'est qu'un vers en déroute, et comment un poète est à sec sur le Whal et sur le Leck, qui sont deux bras du Rhin fort profonds. » (Ed. F.)
5. Ville considérable, capitale du duché de Gueldre. Elle fut prise le 9 juillet 1672, par M. de Turenne, après six jours de siège. La paix générale y fut conclue en 1678-1679.
6. Ville du duché de Clèves.
7. Montagne d'où le Rhin prend sa source. (Boil.) Le mont Saint-Gothard, que les anciens appelaient *Adula*.
8. Villes sur le Rhin.

D'un joug déjà prochain menacent tout son cours.
Nous l'avons vu, dit l'une, affronter la tempête
De cent foudres d'airain tournés contre sa tête.
Il marche vers Tholus[1], et tes flots en courroux
Au prix de sa fureur sont tranquilles et doux.
Il a de Jupiter la taille et le visage ;
Et depuis ce Romain dont l'insolent passage
Sur un pont en deux jours[2] trompa tous tes efforts.
Jamais rien de si grand n'a paru sur tes bords.

   Le Rhin tremble et frémit à ces tristes nouvelles :
Le feu sort à travers ses humides prunelles.
C'est donc trop peu, dit-il, que l'Escaut en deux mois[3]
Ait appris à couler sous de nouvelles lois ;
Et de mille remparts mon onde environnée
De ces fleuves sans nom suivra la destinée !
Ah ! périssent mes eaux ! ou par d'illustres coups
Montrons qui doit céder des mortels ou de nous.

   A ces mots, essuyant sa barbe limoneuse,
Il prend d'un vieux guerrier la figure poudreuse.
Son front cicatrisé rend son air furieux ;
Et l'ardeur du combat étincelle en ses yeux.
En ce moment il part ; et, couvert d'une nue,
Du fameux fort de Schenck prend la route connue.
Là, contemplant son cours, il voit de toutes parts
Ses pâles défenseurs par la frayeur épars :
Il voit cent bataillons qui, loin de se défendre,
Attendent sur des murs l'ennemi pour se rendre.
Confus, il les aborde ; et renforçant sa voix :
Grands arbitres, dit-il, des querelles des rois,
Est-ce ainsi que votre âme, aux périls aguerrie,
Soutient sur ces remparts l'honneur et la patrie[4] ?
Votre ennemi superbe, en cet instant fameux,
Du Rhin, près de Tholus, fend les flots écumeux :
Du moins en vous montrant sur la rive opposée
N'oseriez-vous saisir une victoire aisée ?
Allez, vils combattants, inutiles soldats ;
Laissez là ces mousquets trop pesants pour vos bras ;
Et, la faux à la main, parmi vos marécages,
Allez couper vos joncs et presser vos laitages[5] ;

---

1. Ou Tolhuys, village sur le Rhin, au-dessous du fort de Schenck. C'est là que s'effectua le passage du fleuve, le 1er juin 1672.
2. Jules César. (Boil.) — Il passa deux fois le Rhin pour aller châtier les peuples d'Allemagne qui avaient envoyé du secours aux Gaulois.
3. En 1657, Louis XIV avait conquis la Flandre espagnole qu'arrose l'Escaut.
4. Il y avait sur les drapeaux des Hollandais : *Pro honore et patria*. (Boil.)

5. « Et la faux à la main... pour presser vos laitages », parut toujours quelque chose de bien gênant. On le fit remarquer à Boileau, on lui proposa de mettre, à la place du premier hémistiche : « et loin des champs de Mars » ; il trouva qu'une platitude ne valait pas mieux qu'un contre-sens, et ne corrigea rien. « Non-seulement, répétait-il à propos de ce passage, je n'ai pu venir à bout de dire mieux, mais je n'ai pu dire autrement. » (Ed. F.)

ÉPITRE IV.

Où, gardant les seuls bords qui vous peuvent couvrir,
Avec moi, de ce pas, venez vaincre ou mourir.
 Ce discours d'un guerrier que la colère enflamme
Ressuscite l'honneur déjà mort en leur âme ;
Et, leurs cœurs s'allumant d'un reste de chaleur,
La honte fait en eux l'effet de la valeur.
Ils marchent droit au fleuve, où Louis en personne,
Déjà prêt à passer, instruit, dispose, ordonne.
Par son ordre Gramont¹ le premier dans les flots
S'avance, soutenu des regards du héros ;
Son coursier, écumant sous son maître intrépide,
Nage tout orgueilleux de la main qui le guide.
Revel² le suit de près : sous ce chef redouté
Marche des cuirassiers l'escadron indompté.
Mais déjà devant eux une chaleur guerrière
Emporte loin du bord le bouillant Lesdiguière³,
Vivonne⁴, Nantouillet⁵, et Coislin, et Salart :
Chacun d'eux au péril veut la première part ;
Vendôme⁶, que soutient l'orgueil de sa naissance.
Au même instant dans l'onde impatient s'élance :
La Salle, Béringhen, Nogent, d'Ambre, Cavois,
Fendent les flots tremblants sous un si noble poids.
Louis, les animant du feu de son courage,
Se plaint de sa grandeur qui l'attache au rivage⁷.
Par ses soins cependant trente légers vaisseaux⁸
D'un tranchant aviron déjà coupent les eaux :
Cent guerriers s'y jetant signalent leur audace.
Le Rhin les voit d'un œil qui porte la menace ;
Il s'avance en courroux, le plomb vole à l'instant,
Et pleut de toutes parts sur l'escadron flottant.
Du salpêtre en fureur l'air s'échauffe et s'allume,
Et des coups redoublés tout le rivage fume.
Déjà du plomb mortel plus d'un brave est atteint :
Sous les fougueux coursiers l'onde écume et se plaint.
De tant de coups affreux la tempête orageuse
Tient un temps sur les eaux la fortune douteuse ;
Mais Louis d'un regard sait bientôt la fixer :
Le destin à ses yeux n'oserait balancer.

---

1. Monsieur le comte de Guiche. (BOIL.)
2. Le marquis de Revel, frère du comte de Broglie, reçut trois coups d'épée dans l'action qui suivit le passage du Rhin.
3. Monsieur le comte de Saux. (BOIL.)
4. Depuis maréchal de France.
5. Le chevalier de Nantouillet, ami particulier de l'auteur, ainsi que M. de Vivonne.
6. Depuis grand prieur de France. Il n'avait que dix-sept ans alors, et prit à l'ennemi un drapeau et un étendard.
7. Ce vers, tant cité encore, fut bien moqué des étrangers. L'anglais Prior fut celui qui s'en moqua le mieux par le meilleur trait de son poëme sur la bataille d'Hochstedt : « Il n'y a de bon, dit Voltaire (22ᵉ *lettre sur les Anglais*), que cette apostrophe à Boileau :

Satirique flatteur, toi qui pris tant de peine
Pour dire que Louis n'a point passé le Rhin.
(*To say how Louis did not pass the Rhin.*) » (ÉD. F.)

8. Le roi, quand il passa le Rhin, fit amener un très-grand nombre de bateaux de cuivre, qu'on avait été plus de deux mois à construire, et sur un desquels même M. le Prince et M. le Duc passèrent. (BOIL.) — L'inventeur de ces bateaux ou pontons de cuivre se nommait Martinet.

Bientôt avec Gramont courent Mars et Bellone;
Le Rhin à leur aspect d'épouvante frissonne :
Quand, pour nouvelle alarme à ces esprits glacés,
Un bruit s'épand qu'Enghien et Condé sont passés [1];
Condé, dont le seul nom fait tomber les murailles,
Force les escadrons et gagne les batailles;
Enghien, de son hymen le seul et digne fruit,
Par lui dès son enfance à la victoire instruit.
L'ennemi renversé fuit et gagne la plaine :
Le dieu lui-même cède au torrent qui l'entraîne;
Et seul, désespéré, pleurant ses vains efforts,
Abandonne à Louis la victoire et ses bords.
Du fleuve ainsi dompté la déroute éclatante
A Wurts [2] jusqu'en son camp va porter l'épouvante :
Wurts, l'espoir du pays, et l'appui de ses murs,
Wurts... Ah! quel nom, grand roi, quel Hector que ce Wurts!
Sans ce terrible nom, mal né pour les oreilles,
Que j'allais à tes yeux étaler de merveilles!
Bientôt on eût vu Schenck, dans mes vers emporté,
De ses fameux remparts démentir la fierté [3] :
Bientôt... Mais Wurts s'oppose à l'ardeur qui m'anime.
Finissons, il est temps : aussi bien si la rime
Allait mal à propos m'engager dans Arnheim [4],
Je ne sais pour sortir de porte qu'Hildesheim [5].

Oh! que le ciel soigneux de notre poésie,
Grand roi, ne nous fit-il plus voisins de l'Asie!
Bientôt victorieux de cent peuples altiers,
Tu nous aurais fourni des rimes à milliers.
Il n'est plaine en ces lieux si sèche et si stérile
Qui ne soit en beaux mots partout riche et fertile.
Là plus d'un bourg fameux par son antique nom
Vient offrir à l'oreille un agréable son.
Quel plaisir de te suivre aux rives du Scamandre;
D'y trouver d'Ilion la poétique cendre;
De juger si les Grecs, qui brisèrent ses tours,
Firent plus en dix ans que Louis en dix jours!
Mais pourquoi sans raison désespérer ma veine?
Est-il dans l'univers de plage si lointaine
Où ta valeur, grand roi, ne te puisse porter,
Et ne m'offre bientôt des exploits à chanter?

---

1. Louis de Bourbon, prince de Condé, fut un des plus grands capitaines de l'Europe, et mourut le 11 décembre 1686. — Henri-Jules de Bourbon, duc d'Enghien, son fils, mourut le 1ᵉʳ avril 1709.
2. Commandant de l'armée ennemie. (BOIL.)
3. Ce fort passait, dans le pays, pour imprenable.
4. Ville du duché de Gueldre.
5. Petite ville de l'électorat de Trèves. — « Arnheim est en Hollande, dit l'auteur de l'article du *Mercure* cité tout à l'heure, Hildesheim est au milieu de l'Allemagne. Comment donc se peut-il faire qu'on ne puisse se retirer d'Arnheim que par Hildesheim? Le plaisir d'entasser des mots durs et barbares et de jeter du ridicule sur la langue hollandaise est-il si grand? cette ironie est-elle si vive qu'elle puisse excuser une erreur si considérable? » (ÉD. F.)

Non, non, ne faisons plus de plaintes inutiles :
Puisque ainsi dans deux mois tu prends quarante villes,
Assuré des beaux vers dont ton bras me répond,
Je t'attends en deux ans aux bords de l'Hellespont [1].

ÉPITRE V

1674

A M. DE GUILLERAGUES [2]

Esprit né pour la cour, et maître en l'art de plaire,
Guilleragues, qui sais et parler et te taire,
Apprends-moi si je dois ou me taire ou parler.
Faut-il dans la satire encor me signaler,
Et, dans ce champ fécond en plaisantes malices,
Faire encore aux auteurs redouter mes caprices?
Jadis, non sans tumulte, on m'y vit éclater,
Quand mon esprit plus jeune, et prompt à s'irriter,
Aspirait moins au nom de discret et de sage ;
Que mes cheveux plus noirs ombrageaient mon visage :
Maintenant, que le temps a mûri mes désirs,
Que mon âge, amoureux de plus sages plaisirs,
Bientôt s'en va frapper à son neuvième lustre [3].
J'aime mieux mon repos qu'un embarras illustre.
Que d'une égale ardeur mille auteurs animés
Aiguisent contre moi leurs traits envenimés ;
Que tout, jusqu'à Pinchêne [4], et m'insulte et m'accable :
Aujourd'hui vieux lion je suis doux et traitable ;

---

1. Toute l'épître et en particulier le dernier vers subirent bien des critiques. Le bruit courut que Bussy-Rabutin, l'ayant lue, donna pour rime « à l'Hellespont » de la rodomontade finale le refrain *Tarare pon pon!* Boileau répondit qu'il se vengerait par une satire contre le comte, et Bussy jura que, s'il s'y risquait, il aurait affaire à lui : « J'ai toujours, écrivit-il, le 25 avril 1693, au P. Rapin, fort estimé l'action de Vardes, qui, sachant qu'un homme comme Despréaux avoit écrit quelque chose contre lui, lui fit couper le nez. » L'affaire s'arrangea grâce au comte de Limoges qui vit Boileau, et grâce aussi à certaines indiscrétions que surprit celui-ci sur le véritable satirique de son épître. Bussy put donc écrire, le 13 mai suivant, au P. Rapin, dans une lettre qui est restée *inédite* : « Boileau a cherché la vérité et a trouvé que c'étoit un nommé Linière, qui, après avoir déchiré son épître, ajoutoit que je la trouvois fort mauvaise. » Le 25 du même mois, Boileau écrivit à Bussy pour s'excuser de ces malentendus. Quant à Linière, c'est lui qui paya les pots cassés de l'affaire. Nous ne tarderons pas à voir comment. (ED. F.)

2. D'abord premier président à la cour des Aides à Bordeaux, puis secrétaire de la chambre et du cabinet du roi ; il fut ensuite nommé à l'ambassade de Constantinople. Il s'y rendit en 1679, et mourut d'apoplexie quelques années après.

3. A la quarante et unième année. (BOIL.)

4. Étienne Martin, sieur de Pinchêne, neveu de Voiture, était un fort mauvais poëte. (BOIL.) — Il n'y a rien dans les poésies, dont Pinchesne publia en 1672 un volume in-4°, qui semble avoir trait à Boileau ni à ses vers, pour le louer ou le critiquer. Cependant, comme Pinchesne était bien vu chez M. de Montausier, à qui fut dédié son volume, et que c'était alors la maison de Paris où l'on disait le plus de mal du satirique, il est probable qu'il ne l'y épargnait pas. Boileau dut le savoir. Son coup de plume, que d'autres vont suivre, fut la réponse aux coups de langue de Pinchesne. (ED. F.)

Je n'arme point contre eux mes ongles émoussés.
Ainsi que mes beaux jours mes chagrins sont passés :
Je ne sens plus l'aigreur de ma bile première,
Et laisse aux froids rimeurs une libre carrière.

    Ainsi donc, philosophe à la raison soumis,
Mes défauts désormais sont mes seuls ennemis :
C'est l'erreur que je fuis, c'est la vertu que j'aime.
Je songe à me connaître, et me cherche en moi-même.
C'est là l'unique étude où je veux m'attacher.
Que, l'astrolabe en main, un autre aille chercher
Si le soleil est fixe ou tourne sur son axe,
Si Saturne à nos yeux peut faire un parallaxe;
Que Rohaut [1] vainement sèche pour concevoir
Comment, tout étant plein, tout a pu se mouvoir;
Ou que Bernier [2] compose et le sec et l'humide
Des corps ronds et crochus errants parmi le vide :
Pour moi, sur cette mer qu'ici-bas nous courons,
Je songe à me pourvoir d'esquif et d'avirons,
A régler mes désirs, à prévenir l'orage,
Et sauver, s'il se peut, ma raison du naufrage.

    C'est au repos d'esprit que nous aspirons tous :
Mais ce repos heureux se doit chercher en nous.
Un fou rempli d'erreurs, que le trouble accompagne,
Et malade à la ville, ainsi qu'à la campagne,
En vain monte à cheval pour tromper son ennui :
Le chagrin monte en croupe et galope avec lui.
Que crois-tu qu'Alexandre, en ravageant la terre,
Cherche parmi l'horreur, le tumulte et la guerre?
Possédé d'un ennui qu'il ne saurait dompter,
Il craint d'être à soi-même et songe à s'éviter.
C'est là ce qui l'emporte aux lieux où naît l'aurore,
Où le Perse est brûlé de l'astre qu'il adore.

    De nos propres malheurs auteurs infortunés,
Nous sommes loin de nous à toute heure entraînés.
A quoi bon ravir l'or au sein du nouveau monde?
Le bonheur tant cherché sur la terre et sur l'onde
Est ici, comme aux lieux où mûrit le coco,
Et se trouve à Paris de même qu'à Cusco [3] :
On ne le tire point des veines du Potose [4].
Qui vit content de rien possède toute chose.
Mais, sans cesse ignorants de nos propres besoins,
Nous demandons au ciel ce qu'il nous faut le moins.
Oh! que si, cet hiver, un rhume salutaire,
Guérissant de tous maux mon avare beau-père,

---

1. Fameux cartésien, mort à Paris, en 1675. (Coll.)
2. Célèbre voyageur, docteur en médecine, qui a composé un Abrégé de la philosophie de Gassendi. (Boil.)
3. Ville du Pérou. (Boil.)
4. Potosi, montagne où sont les mines d'argent les plus riches de l'Amérique. (Boil.)

ÉPITRE V.

Pouvait, bien confessé, l'étendre en un cercueil,
Et remplir sa maison d'un agréable deuil !
Que mon âme, en ce jour de joie et d'opulence,
D'un superbe convoi plaindrait peu la dépense !
Disait le mois passé, doux, honnête et soumis,
L'héritier affamé de ce riche commis
Qui, pour lui préparer cette douce journée,
Tourmenta quarante ans sa vie infortunée.
La mort vient de saisir le vieillard catarrheux :
Voilà son gendre riche ; en est-il plus heureux ?
Tout fier du faux éclat de sa vaine richesse,
Déjà nouveau seigneur il vante sa noblesse.
Quoique fils de meunier, encor blanc du moulin,
Il est prêt à fournir ses titres en vélin.
En mille vains projets à toute heure il s'égare :
Le voilà fou, superbe, impertinent, bizarre,
Rêveur, sombre, inquiet, à soi-même ennuyeux.
Il vivrait plus content, si, comme ses aïeux,
Dans un habit conforme à sa vraie origine,
Sur le mulet encor il chargeait la farine.
 Mais ce discours n'est pas pour le peuple ignorant,
Que le faste éblouit d'un bonheur apparent.
L'argent, l'argent, dit-on ; sans lui tout est stérile :
La vertu sans l'argent n'est qu'un meuble inutile.
L'argent en honnête homme érige un scélérat ;
L'argent seul au palais peut faire un magistrat.
Qu'importe qu'en tous lieux on me traite d'infâme ?
Dit ce fourbe sans foi, sans honneur et sans âme ;
Dans mon coffre, tout plein de rares qualités,
J'ai cent mille vertus en louis bien comptés.
Est-il quelque talent que l'argent ne me donne ?
C'est ainsi qu'en son cœur ce financier raisonne.
Mais pour moi, que l'éclat ne saurait décevoir,
Qui mets au rang des biens l'esprit et le savoir,
J'estime autant Patru[1], même dans l'indigence,
Qu'un commis engraissé des malheurs de la France.
Non que je sois du goût de ce sage[2] insensé
Qui, d'un argent commode esclave embarrassé,
Jeta tout dans la mer pour crier : Je suis libre.
De la droite raison je sens mieux l'équilibre :
Mais je tiens qu'ici-bas, sans faire tant d'apprêts,
La vertu se contente et vit à peu de frais.
Pourquoi donc s'égarer en des projets si vagues ?
 Ce que j'avance ici, crois-moi, cher Guilleragues,
Ton ami dès l'enfance ainsi l'a pratiqué.

---

[1]. Fameux avocat, et un des bons grammairiens de notre siècle. (Boil.) — Déjà nommé, sat. I, v. 123.

[2]. Aristippe fit cette action : et Diogène conseilla à Cratès, philosophe cynique, de faire la même chose. (Boil.)

Mon père, soixante ans au travail appliqué,
En mourant me laissa, pour rouler et pour vivre,
Un revenu léger ¹ et son exemple à suivre.
Mais bientôt amoureux d'un plus noble métier,
Fils, frère, oncle, cousin, beau-frère de greffier ²,
Pouvant charger mon bras d'une utile liasse,
J'allai loin du Palais errer sur le Parnasse.
La famille en pâlit, et vit en frémissant
Dans la poudre du greffe un poëte naissant :
On vit avec horreur une muse effrénée
Dormir chez un greffier la grasse matinée.
Dès lors à la richesse il fallut renoncer :
Ne pouvant l'acquérir, j'appris à m'en passer;
Et surtout redoutant la basse servitude,
La libre vérité fut toute mon étude.
Dans ce métier, funeste à qui veut s'enrichir,
Qui l'eût cru que pour moi le sort dût se fléchir ?
Mais du plus grand des rois la bonté sans limite,
Toujours prête à courir au-devant du mérite,
Crut voir dans ma franchise un mérite inconnu,
Et d'abord de ses dons enfla mon revenu.
La brigue ni l'envie à mon bonheur contraires,
Ni les cris douloureux de mes vains adversaires,
Ne purent dans leur course arrêter ses bienfaits.
C'en est trop : mon bonheur a passé mes souhaits.
Qu'à son gré désormais la Fortune me joue,
On me verra dormir au branle de sa roue.
Si quelque soin encore agite mon repos,
C'est l'ardeur de louer un si fameux héros.
Ce soin ambitieux me tirant par l'oreille,
La nuit, lorsque je dors, en sursaut me réveille ;
Me dit que ces bienfaits, dont j'ose me vanter,
Par des vers immortels ont dû se mériter.
C'est là le seul chagrin qui trouble encor mon âme.
Mais si, dans le beau feu du zèle qui m'enflamme,
Par un ouvrage enfin des critiques vainqueur,
Je puis sur ce sujet satisfaire mon cœur,
Guilleragues, plains-toi de mon humeur légère.
Si jamais, entraîné d'une ardeur étrangère,
Ou d'un vil intérêt reconnaissant la loi,
Je cherche mon bonheur autre part que chez moi.

---

1. V. l'*Introduction* pour tout ce qui regarde la fortune de Boileau.
2. *Fils* de Gilles Boileau, greffier du conseil de la grand'-chambre; *frère* de Jérôme Boileau, qui exerça la même charge: *oncle* de Dongois, greffier de l'audience de la grand'chambre; *cousin* du même Dongois, qui épousa une cousine germaine du poëte; *beau-frère* de Charles Langlois, greffier à la chambre de l'Édit. et de Joachim Poyvinet, greffier à la chambre des requêtes. M. Berriat Saint-Prix, dans le t. III de son excellente édition, a rectifié, actes en main, pour la parenté de Boileau, toutes les erreurs de Brossette. Nous avons ici, et dans notre *Introduction*, tenu compte de ses rectifications. (Éd. F.)

ÉPITRE VI

1667

A M. DE LAMOIGNON
AVOCAT GÉNÉRAL [1]

Oui, Lamoignon, je fuis les chagrins de la ville,
Et contre eux la campagne est mon unique asile.
Du lieu qui m'y retient veux-tu voir le tableau?
C'est un petit village [2], ou plutôt un hameau,
Bâti sur le penchant d'un long rang de collines,
D'où l'œil s'égare au loin dans les plaines voisines.
La Seine, au pied des monts que son flot vient laver,
Voit du sein de ses eaux vingt îles s'élever,
Qui, partageant son cours en diverses manières,
D'une rivière seule y forment vingt rivières.
Tous ses bords sont couverts de saules non plantés,
Et de noyers souvent du passant insultés.
Le village au-dessus forme un amphithéâtre :
L'habitant ne connaît ni la chaux ni le plâtre ;
Et dans le roc, qui cède et se coupe aisément,
Chacun sait de sa main creuser son logement [3].
La maison du seigneur, seule un peu plus ornée,
Se présente au dehors de murs environnée.
Le soleil en naissant la regarde d'abord,
Et le mont la défend des outrages du nord.
 C'est là, cher Lamoignon, que mon esprit tranquille
Met à profit les jours que la Parque me file.
Ici dans un vallon bornant tous mes désirs,
J'achète à peu de frais de solides plaisirs.
Tantôt, un livre en main, errant dans les prairies,
J'occupe ma raison d'utiles rêveries :
Tantôt, cherchant la fin d'un vers que je construi,
Je trouve au coin d'un bois le mot qui m'avait fui ;

---

1. Chrétien-François de Lamoignon, depuis président à mortier, fils de Guillaume de Lamoignon, premier président du parlement de Paris. (BOIL.) — Il mourut en 1709, à soixante-cinq ans, et eut pour petit-fils le vertueux Malesherbes.

2. Hautile, petite seigneurie près de la Roche-Guyon, appartenante à mon neveu, l'illustre M. Dongois, greffier en chef du parlement. (BOIL.). — Il a été souvent parlé dans notre *Introduction* de Dongois chez qui Boileau logea longtemps. L'épithète d'*illustre* qu'il lui donna dans cette note de l'édition de 1713, lorsqu'il avait quitté sa maison, nous paraît un peu ironique. Elle est d'accord avec ces vers de Voltaire dans son *Épitre à Boileau* :

 Chez ton neveu Dongois je passai mon enfance,
 Bon bourgeois, qui se crut un homme d'importance.

3. L'église a été, comme le reste, creusée dans cette craie, que Boileau prend pour du rocher. Une inscription, à moitié effacée pendant la révolution, nous apprend que ce travail se fit aux frais de Dongois et de sa femme, seigneurs du lieu. Haute-Ile n'est qu'un hameau de 172 habitants, dans l'arrondissement de Mantes, canton de Magny. (ED. F.)

Quelquefois, aux appas d'un hameçon perfide,
J'amorce en badinant le poisson trop avide ;
Ou d'un plomb qui suit l'œil, et part avec l'éclair,
Je vais faire la guerre aux habitants de l'air.
Une table au retour, propre et non magnifique,
Nous présente un repas agréable et rustique :
Là, sans s'assujettir aux dogmes du Broussain [1],
Tout ce qu'on boit est bon, tout ce qu'on mange est sain :
La maison le fournit, la fermière l'ordonne,
Et mieux que Bergerat [2] l'appétit l'assaisonne.
O fortuné séjour ! ô champs aimés des cieux !
Que, pour jamais foulant vos prés délicieux,
Ne puis-je ici fixer ma course vagabonde,
Et connu de vous seuls oublier tout le monde !
Mais à peine, du sein de vos vallons chéris
Arraché malgré moi, je rentre dans Paris,
Qu'en tous lieux les chagrins m'attendent au passage.
Un cousin, abusant d'un fâcheux parentage,
Veut qu'encor tout poudreux, et sans me débotter,
Chez vingt juges pour lui j'aille solliciter :
Il faut voir de ce pas les plus considérables ;
L'un demeure au Marais, et l'autre aux Incurables.
Je reçois vingt avis qui me glacent d'effroi :
Hier, dit-on, de vous on parla chez le roi,
Et d'attentat horrible on traita la satire. —
Et le roi, que dit-il ? — Le roi se prit à rire.
Contre vos derniers vers on est fort en courroux ;
Pradon a mis au jour un livre contre vous ;
Et chez le chapelier du coin de notre place,
Autour d'un caudebec [3] j'en ai lu la préface [4].
L'autre jour sur un mot la cour vous condamna ;
Le bruit court qu'avant-hier on vous assassina [5] ;
Un écrit scandaleux sous votre nom se donne ;
D'un Pasquin [6] qu'on a fait, au Louvre on vous soupçonne.

---

1. René Brûlart, comte du Broussain, fils de Louis Brûlart et de Madeleine Colbert, était, suivant Ménage, un des *Coteaux*. (Voyez une note sur la satire III.)
2. Fameux traiteur. (Boil.)
3. Sorte de chapeaux de laine, qui se font à Caudebec en Normandie. (Boil.) — Quoique ce fût une industrie huguenote, tous les cardinaux romains s'y fournissaient de barrettes. La révocation de l'édit de Nantes la força d'émigrer. Elle s'établit à Wandsworth en Angleterre, où les cardinaux lui continuèrent leur clientèle. (Ed. F.)
4. Brossette se trompa à propos de cette préface. Malgré les indications de Boileau, il ne sut ce que c'était. Pradon ne s'y méprit pas : elle était de lui. « Tout le monde, dit-il dans ses *Nouvelles Remarques*, p. 60, n'a pas douté que M. D... vouloit désigner par là la préface de cette *Phèdre* qui fut jouée à l'hôtel Guénégaud, qui au

goût des plus fins parut assez pleine de sel, et qui servoit de réponse à la satire qu'il avoit déjà faite, et lue à des personnes du premier rang. Ainsi le public saura qui a esté l'agresseur. » Dans ces mêmes *Nouvelles Remarques* il critiqua Boileau pour le vers où il avait mis d'abord : « A l'entour d'un castor ; » il fallait « autour », lui dit-il. Boileau corrigea et, en corrigeant, ajouta une malice. Il est plaisant que la *préface* du normand Pradon serve d'enveloppe à un caudebec, chapeau normand. (Ed. F.)
5. Il s'agissait de coups de bâton, dont, suivant l'abbé Tallemant, on avait assommé Boileau, derrière l'hôtel de Condé. On verra qu'il se vengea de cet odieux mensonge. Sur Boileau et les coups de bâton, qui le menacèrent toujours plus qu'ils ne l'atteignirent, V. l'*Introduction*. (Ed. F.)
6. On appelait alors *pasquin* ce que nous avons depuis nommé *pamphlet*.

ÉPITRE VI.

— Moi? — Vous : on nous l'a dit dans le Palais-Royal[1].
Douze ans sont écoulés depuis le jour fatal
Qu'un libraire, imprimant les essais de ma plume,
Donna, pour mon malheur, un trop heureux volume.
Toujours, depuis ce temps, en proie aux sots discours,
Contre eux la vérité m'est un faible secours.
Vient-il de la province une satire fade,
D'un plaisant du pays insipide boutade?
Pour la faire courir, on dit qu'elle est de moi :
Et le sot campagnard le croit de bonne foi.
J'ai beau prendre à témoin et la cour et la ville :
Non; à d'autres, dit-il : on connaît votre style.
Combien de temps ces vers vous ont-ils bien coûté?
— Ils ne sont point de moi, monsieur, en vérité :
Peut-on m'attribuer ces sottises étranges?
— Ah! monsieur, vos mépris vous servent de louanges[2].
Ainsi, de cent chagrins dans Paris accablé,
Juge si, toujours triste, interrompu, troublé,
Lamoignon, j'ai le temps de courtiser les Muses!
Le monde cependant se rit de mes excuses,
Croit que, pour m'inspirer sur chaque événement,
Apollon doit venir au premier mandement.
Un bruit court que le roi va tout réduire en poudre,
Et dans Valencienne[3] est entré comme un foudre;
Que Cambrai[4], des Français l'épouvantable écueil,
A vu tomber enfin ses murs et son orgueil;
Que devant Saint-Omer, Nassau, par sa défaite,
De Philippe vainqueur[5] rend la gloire complète.
Dieu sait comme les vers chez vous s'en vont couler!
Dit d'abord un ami qui veut me cajoler;
Et, dans ce temps guerrier, si fécond en Achilles,
Croit que l'on fait les vers comme l'on prend les villes.
Mais moi, dont le génie est mort en ce moment,
Je ne sais que répondre à ce vain compliment;
Et, justement confus de mon peu d'abondance,
Je me fais un chagrin du bonheur de la France.
Qu'heureux est le mortel qui, du monde ignoré,
Vit content de soi-même en un coin retiré;
Que l'amour de ce rien qu'on nomme renommée
N'a jamais enivré d'une vaine fumée;
Qui de sa liberté forme tout son plaisir,

---

1. Allusion aux nouvellistes qui s'assemblent dans le jardin de ce palais. (Boil.)
2. Pradon (*Nouv. Remarques*, p. 71) ne voit là qu'un « compliment de la place Maubert. » Il a raison. On le trouve dans une chanson poissarde, attribuée à Malherbe et que chantait Gauthier Garguille. V. notre *Théâtre français au XVI° et au XVII° siècle*, p. 471, note. (Ed. F.)
3. Valenciennes fut prise par le roi en personne, le 17 mars 1677.
4. Le 17 avril suivant, après vingt jours de siège, Louis XIV se rendit maître de la ville et de la citadelle de Cambrai.
5. La bataille de Cassel, gagnée par Monsieur, Philippe de France, frère unique du roi, en 1677. (Boil.)

Et ne rend qu'à lui seul compte de son loisir !
Il n'a point à souffrir d'affronts ni d'injustices,
Et du peuple inconstant il brave les caprices.
Mais nous autres faiseurs de livres et d'écrits,
Sur les bords du Permesse aux louanges nourris,
Nous ne saurions briser nos fers et nos entraves,
Du lecteur dédaigneux honorables esclaves.
Du rang où notre esprit une fois s'est fait voir,
Sans un fâcheux éclat nous ne saurions déchoir.
Le public, enrichi du tribut de nos veilles,
Croit qu'on doit ajouter merveilles sur merveilles.
Au comble parvenus, il veut que nous croissions :
Il veut en vieillissant que nous rajeunissions.
Cependant tout décroît : et moi-même à qui l'âge
D'aucune ride encor n'a flétri le visage,
Déjà moins plein de feu, pour animer ma voix
J'ai besoin du silence et de l'ombre des bois :
Ma muse, qui se plaît dans leurs routes perdues,
Ne saurait plus marcher sur le pavé des rues.
Ce n'est que dans ces bois, propres à m'exciter,
Qu'Apollon quelquefois daigne encor m'écouter.
 Ne demande donc plus par quelle humeur sauvage
Tout l'été, loin de toi, demeurant au village,
J'y passe obstinément les ardeurs du Lion [1],
Et montre pour Paris si peu de passion.
C'est à toi, Lamoignon, que le rang, la naissance,
Le mérite éclatant et la haute éloquence,
Appellent dans Paris aux sublimes emplois,
Qu'il sied bien d'y veiller pour le maintien des lois.
Tu dois là tous tes soins au bien de ta patrie :
Tu ne t'en peux bannir que l'orphelin ne crie,
Que l'oppresseur ne montre un front audacieux ;
Et Thémis pour voir clair a besoin de tes yeux.
Mais pour moi, de Paris citoyen inhabile,
Qui ne lui puis fournir qu'un rêveur inutile,
Il me faut du repos, des prés et des forêts.
Laisse-moi donc ici, sous leurs ombrages frais,
Attendre que septembre ait ramené l'automne,
Et que Cérès contente ait fait place à Pomone.
Quand Bacchus comblera de ses nouveaux bienfaits
Le vendangeur ravi de ployer sous le faix,
Aussitôt ton ami, redoutant moins la ville,
T'ira joindre à Paris, pour s'enfuir à Bâville [2].
Là, dans le seul loisir que Thémis t'a laissé,

---

1. Le mois de juillet, pendant lequel le soleil est dans le signe du Lion.
2. Maison de campagne de M. de Lamoignon. (Boil.)
— C'était une seigneurie considérable, à neuf lieues de Paris, du côté de Châtres et d'Étampes.

Le Vicomte indigné sortait au second acte.

ÉPITRE VII.

Tu me verras souvent à te suivre empressé ;
Pour monter à cheval rappelant mon audace,
Apprenti cavalier galoper sur ta trace.
Tantôt sur l'herbe assis, au pied de ces coteaux
Où Polycrène [1] épand ses libérales eaux,
Lamoignon, nous irons, libres d'inquiétude,
Discourir des vertus dont tu fais ton étude ;
Chercher quels sont les biens véritables ou faux ;
Si l'honnête homme en soi doit souffrir des défauts ;
Quel chemin le plus droit à la gloire nous guide,
Ou la vaste science, ou la vertu solide.
C'est ainsi que chez toi tu sauras m'attacher.
Heureux si les fâcheux, prompts à nous y chercher,
N'y viennent point semer l'ennuyeuse tristesse !
Car, dans ce grand concours d'hommes de toute espèce,
Que sans cesse à Bâville attire le devoir,
Au lieu de quatre amis qu'on attendait le soir,
Quelquefois de fâcheux arrivent trois volées,
Qui du parc à l'instant assiégent les allées.
Alors sauve qui peut : et quatre fois heureux
Qui sait pour s'échapper quelque antre ignoré d'eux !

ÉPITRE VII [2]

1677

A RACINE

Que tu sais bien, Racine, à l'aide d'un acteur,
Émouvoir, étonner, ravir un spectateur !
Jamais Iphigénie, en Aulide immolée [3],
N'a coûté tant de pleurs à la Grèce assemblée,

---

1. Fontaine à une demi-lieue de Bâville, ainsi nommée par feu M. le président de Lamoignon. (BOIL.) — Dans le pays, on l'appelle tout bonnement la Rachée. C'est à cette source que Sainte-Beuve adressa, en 1843, lorsqu'il se réconciliait avec les classiques, son idylle : *La fontaine de Boileau*. (ÉD. F.)

2. Voici comment Brossette, dans les notes dont le ms. existe à la Bibliothèque nationale, raconte l'origine de cette septième épître, avec quelques particularités, que son commentaire imprimé n'a pas reproduites : « L'épitre VIIe a été faite en l'année 1677, au sujet de la tragédie de *Phèdre* de M. Racine, que la cabale de M. de Vendôme, et de M. de Bouillon voulut mettre au-dessous de la *Phèdre* de Pradon. La tragédie de M. Racine fut représentée pour la première fois le vendredi, premier jour de l'année 1677, par les comédiens de l'hôtel de Bourgogne. Le dimanche suivant, ceux de la troupe du roi lui opposèrent la *Phèdre* de Pradon. M. Despréaux avoit conseillé à M. Racine de ne pas faire représenter sa tragédie dans le même temps que Pradon devoit faire jouer la sienne, et de la réserver pour un autre temps, afin de ne pas entrer en concurrence avec Pradon. Mais la Champmeslé qui savoit déjà son rôle, et qui vouloit gagner de l'argent, obligea M. Racine à donner sa pièce. Cette épitre, ajoute Brossette, est en général contre les envieux du mérite d'autrui. M. Despréaux fait voir quel profit on doit tirer de la jalousie de ses ennemis. Plutarque a fait un traité sur le même sujet. » (ÉD. F.)

3. La première représentation de l'*Iphigénie* de Racine avait eu lieu au commencement de l'année 1674.

Que dans l'heureux spectacle à nos yeux étalé
En a fait, sous son nom, verser la Champmeslé ¹.
Ne crois pas toutefois, par tes savants ouvrages,
Entraînant tous les cœurs, gagner tous les suffrages.
Sitôt que d'Apollon un génie inspiré
Trouve loin du vulgaire un chemin ignoré,
En cent lieux contre lui les cabales s'amassent;
Ses rivaux obscurcis autour de lui croassent;
Et son trop de lumière, importunant les yeux,
De ses propres amis lui fait des envieux.
La mort seule ici-bas, en terminant sa vie,
Peut calmer sur son nom l'injustice et l'envie;
Faire au poids du bon sens peser tous ses écrits.
Et donner à ses vers leur légitime prix.

Avant qu'un peu de terre obtenu par prière
Pour jamais sous la tombe eut enfermé Molière ²,
Mille de ses beaux traits, aujourd'hui si vantés,
Furent des sots esprits à nos yeux rebutés.
L'ignorance et l'erreur à ses naissantes pièces
En habits de marquis, en robes de comtesses,
Venaient pour diffamer son chef-d'œuvre nouveau,
Et secouaient la tête à l'endroit le plus beau.
Le commandeur voulait la scène plus exacte;
Le vicomte indigné sortait au second acte :
L'un, défenseur zélé des bigots mis en jeu,
Pour prix de ses bons mots le condamnait au feu;
L'autre, fougueux marquis, lui déclarant la guerre,
Voulait venger la cour immolée au parterre.
Mais, sitôt que d'un trait de ses fatales mains
La Parque l'eut rayé du nombre des humains,
On reconnut le prix de sa muse éclipsée.
L'aimable comédie, avec lui terrassée,
En vain d'un coup si rude espéra revenir,
Et sur ses brodequins ne put plus se tenir.
Tel fut chez nous le sort du théâtre comique.

Toi donc qui, t'élevant sur la scène tragique,
Suis les pas de Sophocle, et, seul de tant d'esprits,
De Corneille vieilli sais consoler Paris ³,
Cesse de t'étonner si l'envie animée,
Attachant à ton nom sa rouille envenimée,
La calomnie en main, quelquefois te poursuit.

---

1. Célèbre actrice. Racine avait pris soin de la former. Elle mourut au mois de juillet 1698, à Auteuil, près de Paris, où elle était allée prendre l'air. Pendant sa dernière maladie elle renonça au théâtre en présence du curé de Saint-Sulpice. Elle fut enterrée à Saint-Sulpice, sa paroisse. Champmeslé, son mari, qui était aussi comédien, mourut subitement en 1701, en sortant du cabaret.

2. J.-B. Poquelin de Molière, mort à Paris le 17 février 1673, à l'âge de cinquante-trois ans, faillit être privé des honneurs de la sépulture.

3. Corneille avait fait représenter, en 1674, *Suréna*, que l'*Iphigénie* de Racine jouée au même moment avait tout à fait éclipsée. Ce fut la dernière pièce de Corneille. Il avait soixante-onze ans, en 1677. (Éd. F.)

ÉPITRE VII.

En cela comme en tout, le ciel qui nous conduit,
Racine, fait briller sa profonde sagesse.
Le mérite en repos s'endort dans la paresse;
Mais par les envieux un génie excité
Au comble de son art est mille fois monté :
Plus on veut l'affaiblir, plus il croît et s'élance,
Au Cid persécuté Cinna doit sa naissance;
Et peut-être ta plume aux censeurs de Pyrrhus [1]
Doit les plus nobles traits dont tu peignis Burrhus.
    Moi-même, dont la gloire ici moins répandue
Des pâles envieux ne blesse point la vue,
Mais qu'une humeur trop libre, un esprit peu soumis
De bonne heure a pourvu d'utiles ennemis,
Je dois plus à leur haine, il faut que je l'avoue,
Qu'au faible et vain talent dont la France me loue.
Leur venin, qui sur moi brûle de s'épancher,
Tous les jours en marchant m'empêche de broncher.
Je songe, à chaque trait que ma plume hasarde,
Que d'un œil dangereux leur troupe me regarde.
Je sais sur leurs avis corriger mes erreurs,
Et je mets à profit leurs malignes fureurs.
Sitôt que sur un vice ils pensent me confondre,
C'est en me guérissant que je sais leur répondre :
Et plus en criminel ils pensent m'ériger,
Plus, croissant en vertu, je songe à me venger.
    Imite mon exemple; et lorsqu'une cabale,
Un flot de vains auteurs follement te ravale,
Profite de leur haine et de leur mauvais sens,
Ris du bruit passager de leurs cris impuissants.
Que peut contre tes vers une ignorance vaine ?
Le Parnasse français, ennobli par ta veine,
Contre tous ces complots saura te maintenir,
Et soulever pour toi l'équitable avenir.
Eh ! qui, voyant un jour la douleur vertueuse
De Phèdre [2] malgré soi perfide, incestueuse,
D'un si noble travail justement étonné,
Ne bénira d'abord le siècle fortuné
Qui, rendu plus fameux par tes illustres veilles,
Vit naître sous ta main ces pompeuses merveilles?
    Cependant laisse ici gronder quelques censeurs
Qu'aigrissent de tes vers les charmantes douceurs.
Et qu'importe à nos vers que Perrin [3] les admire,
Que l'auteur du Jonas [4] s'empresse pour les lire;

---

1. L'avocat Subligny avait fait représenter, le 10 mai 1668, sa *Folle Querelle*, parodie d'*Andromaque*, où le rôle de Pyrrhus n'était pas épargné.
2. V. la première note sur cette épître.
3. Il a traduit l'*Énéide*, et a fait le premier opéra qui ait paru en France. (Bou..)
4. Jacques de Coras.

Qu'ils charment de Senlis le poëte idiot [1],
Ou le sec traducteur du français d'Amyot [2] :
Pourvu qu'avec éclat leurs rimes débitées
Soient du peuple, des grands, des provinces goûtées ;
Pourvu qu'ils puissent plaire au plus puissant des rois ;
Qu'à Chantilly Condé les souffre quelquefois ;
Qu'Enghien en soit touché ; que Colbert et Vivonne,
Que la Rochefoucauld [3], Marsillac et Pomponne,
Et mille autres qu'ici je ne puis faire entrer,
A leurs traits délicats se laissent pénétrer ?
Et plût au ciel encor, pour couronner l'ouvrage,
Que Montausier [4] voulût leur donner son suffrage [5].
C'est à de tels lecteurs que j'offre mes écrits.
Mais pour un tas grossier de frivoles esprits,
Admirateurs zélés de toute œuvre insipide,
Que, non loin de la place où Brioché [6] préside,
Sans chercher dans les vers ni cadence ni son,
Il s'en aille admirer le savoir de Pradon !

ÉPITRE VIII

1675 [7]

AU ROI

Grand roi, cesse de vaincre ou je cesse d'écrire.
Tu sais bien que mon style est né pour la satire ;
Mais mon esprit, contraint de la désavouer,
Sous ton règne étonnant ne veut plus que louer.

---

1. Linière. (Boil.) — V. la dernière note de l'épître IV.
2. L'abbé Tallemant. Sa traduction des *Hommes illustres* de Plutarque ne servit qu'à faire ressortir le mérite de celle d'Amyot.
3. François VI, duc de la Rochefoucauld, auteur des *Maximes morales* et des *Mémoires sur la régence d'Anne d'Autriche*. — Pour les autres personnages nommés ici, voyez les notes sur l'épître IV.
4. Charles de Saint-Maur, duc de Montausier, épousa la célèbre Julie d'Angennes, demoiselle de Rambouillet, et mourut en 1690, à l'âge de quatre-vingts ans.
5. Nous avons vu que M. de Montausier n'était pas des amis de Boileau, et qu'il menait même contre lui la cabale dont faisait partie Pinchêne. L'espèce d'avance que lui fait ici le poëte, avec une courtoisie intéressée, ne le trouva pas insensible. Boileau obtint dès lors ce « suffrage » qui lui semblait si flatteur, et qui était en effet d'une grande autorité à la cour. (Ed. F.)
6. Fameux joueur de marionnettes. (Boil.) — Son vrai nom était Datelin. Il avait son petit théâtre sur le quai, près de l'endroit où nous avons encore vu l'abreuvoir du Pont-Neuf, en face la rue Guénégaud. Le théâtre des comédiens du roi — ancienne troupe de Molière — qui joua la *Phèdre* de Pradon, se trouvait vis-à-vis, rue Mazarine, n'ayant entre lui et les marionnettes de Brioché que la longueur de la rue Guénégaud. Ce théâtre, construit en 1670, par le marquis de Sourdéac pour l'Opéra, et occupé deux ans après par la troupe du roi, à qui Lulli venait de prendre la salle du Palais-Royal, a fait place de nos jours à la maison n° 42 de la rue Mazarine, et à son voisin le passage du Pont-Neuf, où il en reste quelques vestiges, notamment, à droite, l'entrée des acteurs. (Ed. F.)
7. Cette épître fut composée en 1675, mais elle ne parut que l'année suivante, et voici pourquoi : en 1675, la fin de la campagne ne fut pas heureuse pour la France. M. de Turenne fut tué d'un coup de canon, le 27 juillet ; nos troupes furent obligées de repasser le Rhin, et de revenir en Alsace. Le maréchal de Créqui perdit la bataille de Saverne ; et s'étant réfugié dans Trèves, la ville fut rendue malgré lui par capitulation, et il fut fait prisonnier de guerre. Tous ces revers obligèrent Boileau à ne point faire paraître alors son épître, et à attendre les succès de la campagne suivante.

ÉPITRE VIII.

Tantôt, dans les ardeurs de ce zèle incommode,
Je songe à mesurer les syllabes d'une ode ;
Tantôt d'une Énéide auteur ambitieux,
Je m'en forme déjà le plan audacieux :
Ainsi, toujours flatté d'une douce manie,
Je sens de jour en jour dépérir mon génie ;
Et mes vers, en ce style ennuyeux, sans appas,
Déshonorent ma plume, et ne t'honorent pas.
   Encor si ta valeur, à tout vaincre obstinée,
Nous laissait pour le moins respirer une année,
Peut-être mon esprit, prompt à ressusciter,
Du temps qu'il a perdu saurait se racquitter.
Sur ses nombreux défauts, merveilleux à décrire,
Le siècle m'offre encor plus d'un bon mot à dire.
Mais à peine Dinant et Limbourg sont forcés,
Qu'il faut chanter Bouchain et Condé terrassés ;
Ton courage, affamé de péril et de gloire,
Court d'exploits en exploits, de victoire en victoire.
Souvent ce qu'un seul jour te voit exécuter
Nous laisse pour un an d'actions à conter.
   Que si quelquefois, las de forcer des murailles,
Le soin de tes sujets te rappelle à Versailles,
Tu viens m'embarrasser de mille autres vertus ;
Te voyant de plus près, je t'admire encor plus.
Dans les nobles douceurs d'un séjour plein de charmes,
Tu n'es pas moins héros qu'au milieu des alarmes :
De ton trône agrandi portant seul tout le faix,
Tu cultives les arts ; tu répands les bienfaits ;
Tu sais récompenser jusqu'aux muses critiques.
Ah ! crois-moi, c'en est trop. Nous autres satiriques,
Propres à relever les sottises du temps,
Nous sommes un peu nés pour être mécontents :
Notre muse, souvent paresseuse et stérile,
A besoin, pour marcher, de colère et de bile.
Notre style languit dans un remerciment ;
Mais, grand roi, nous savons nous plaindre élégamment.
   Oh ! que si je vivais sous les règnes sinistres
De ces rois nés valets de leurs propres ministres[1],
Et qui, jamais en main ne prenant le timon,
Aux exploits de leur temps ne prêtaient que leur nom ;
Que, sans les fatiguer d'une louange vaine,
Aisément les bons mots couleraient de ma veine !
Mais toujours sous ton règne il faut se récrier :
Toujours les yeux au ciel, il faut remercier.

---

1. Allusion aux derniers rois de la première race, qui se laissèrent dépouiller de leur autorité par leurs maires du palais.

Sans cesse à t'admirer ma critique forcée
N'a plus en écrivant de maligne pensée ;
Et mes chagrins, sans fiel et presque évanouis,
Font grâce à tout le siècle en faveur de Louis.
En tous lieux cependant la Pharsale approuvée[1],
Sans crainte de mes vers, va la tête levée ;
La licence partout règne dans les écrits :
Déjà le mauvais sens, reprenant ses esprits,
Songe à nous redonner des poëmes épiques[2],
S'empare des discours mêmes académiques.
Perrin a de ses vers obtenu le pardon ;
Et la scène française est en proie à Pradon.
Et moi, sur ce sujet loin d'exercer ma plume,
J'amasse de tes faits le pénible volume[3] :
Et ma muse, occupée à cet unique emploi,
Ne regarde, n'entend, ne connaît plus que toi[4].
    Tu le sais bien pourtant, cette ardeur empressée
N'est point en moi l'effet d'une âme intéressée.
Avant que tes bienfaits courussent me chercher,
Mon zèle impatient ne se pouvait cacher :
Je n'admirais que toi[5]. Le plaisir de le dire
Vint m'apprendre à louer au sein de la satire ;
Et depuis que tes dons sont venus m'accabler,
Loin de sentir mes vers avec eux redoubler,
Quelquefois, le dirai-je ? un remords légitime,
Au fort de mon ardeur, vient refroidir ma rime.
Il me semble, grand roi, dans mes nouveaux écrits,
Que mon encens payé n'est plus du même prix.
J'ai peur que l'univers, qui sait ma récompense,
N'impute mes transports à ma reconnaissance ;
Et que par tes présents mon vers décrédité
N'ait moins de poids pour toi dans la postérité.
    Toutefois je sais vaincre un remords qui te blesse.
Si tout ce qui reçoit des fruits de ta largesse
A peindre tes exploits ne doit point s'engager,
Qui d'un si juste soin se pourra donc charger ?
Ah ! plutôt de nos sons redoublons l'harmonie :
Le zèle à mon esprit tiendra lieu de génie.
Horace, tant de fois dans mes vers imité,
De vapeurs en son temps comme moi tourmenté,

---

1. La *Pharsale* de Brébeuf. (Boil.)
2. *Childebrand* et *Charlemagne*, poëmes qui n'ont point réussi. (Boil.)
3. Il paraît que Boileau s'occupait déjà des travaux attachés à la charge d'historiographe du roi, qui ne lui fut donnée pourtant qu'en 1677.
4. Ce que Boileau dit ici de ses travaux pour l'histoire du Roi, commencés dès 1675, est d'accord avec ce que dit l'abbé Choisy au commencement de ses *Mémoires*, écrits en 1690 : « Ils ont, écrit-il à propos de Racine et de Boileau, qui se partageaient déjà cette tâche d'historiographe, ils ont en main les Mémoires les plus secrets, et ils y travaillent depuis quinze ans. » (Ed. F.)
5. Boileau ne fut en effet pensionné par Louis XIV qu'en 1671, plus de dix ans après son *Discours au Roi*, et deux ans après sa première épître. Pour cette pension, qui fut de deux mille livres, et pour les autres bienfaits du roi en sa faveur, V. notre *Introduction*. (Ed. F.)

Pour amortir le feu de sa rate indocile,
Dans l'encre quelquefois sut égayer sa bile :
Mais de la même main qui peignit Tullius[1],
Qui d'affronts immortels couvrit Tigellius[2],
Il sut fléchir Glycère, il sut vanter Auguste,
Et marquer sur la lyre une cadence juste.
Suivons les pas fameux d'un si noble écrivain.
A ces mots, quelquefois prenant la lyre en main ;
Au récit que pour toi je suis près d'entreprendre,
Je crois voir les rochers accourir pour m'entendre,
Et déjà mon vers coule à flots précipités,
Quand j'entends le lecteur qui me crie : Arrêtez !
Horace eut cent talents ; mais la nature avare
Ne vous a rien donné qu'un peu d'humeur bizarre :
Vous passez en audace et Perse et Juvénal ;
Mais sur le ton flatteur Pinchêne est votre égal[3].
A ce discours, grand roi, que pourrai-je répondre ?
Je me sens sur ce point trop facile à confondre ;
Et, sans trop relever des reproches si vrais,
Je m'arrête à l'instant, j'admire, et je me tais.

ÉPITRE IX

1675

AU MARQUIS DE SEIGNELAI[4]

Dangereux ennemi de tout mauvais flatteur,
Seignelai, c'est en vain qu'un ridicule auteur,
Prêt à porter ton nom de l'Èbre[5] jusqu'au Gange[6],
Croit te prendre aux filets d'une sotte louange.
Aussitôt ton esprit, prompt à se révolter,
S'échappe, et rompt le piége où l'on veut l'arrêter.
Il n'en est pas ainsi de ces esprits frivoles
Que tout flatteur endort au son de ses paroles ;
Qui, dans un vain sonnet placés au rang des dieux,
Se plaisent à fouler l'Olympe radieux,
Et, fiers du haut étage où la Serre[7] les loge,

---

1. Sénateur romain. César l'exclut du sénat, mais il y entra après sa mort. (BOIL.)
2. Fameux musicien fort chéri d'Auguste. (BOIL.)
3. Pinchêne venait de faire imprimer un livre ayant pour titre : *les Éloges du Roi, des Princes et Princesses de son sang, et de toute sa cour.*
4. Jean-Baptiste Colbert, ministre et secrétaire d'État, mort en 1690, fils de Jean-Baptiste Colbert, ministre et secrétaire d'État. (BOIL.) — Le marquis de Seignelai mourut à trente-neuf ans. Il avait succédé au grand Colbert, son père, dans le ministère de la marine.
5. Rivière d'Espagne. (BOIL.)
6. Rivière des Indes. (BOIL.)
7. La Serre, écrivain médiocre et fade panégyriste.

Avalent sans dégoût le plus grossier éloge.
Tu ne te repais point d'encens à si bas prix.
Non que tu sois pourtant de ces rudes esprits
Qui regimbent toujours, quelque main qui les flatte :
Tu souffres la louange adroite et délicate,
Dont la trop forte odeur n'ébranle point les sens.
Mais un auteur, novice à répandre l'encens,
Souvent à son héros, dans un bizarre ouvrage,
Donne de l'encensoir au travers du visage :
Va louer Monterey[1], d'Oudenarde forcé,
Ou vante aux Électeurs Turenne repoussé[2].
Tout éloge imposteur blesse une âme sincère.
Si, pour faire sa cour à ton illustre père,
Seignelai, quelque auteur, d'un faux zèle emporté,
Au lieu de peindre en lui la noble activité,
La solide vertu, la vaste intelligence,
Le zèle pour son roi, l'ardeur, la vigilance,
La constante équité, l'amour pour les beaux-arts,
Lui donnait les vertus d'Alexandre ou de Mars,
Et, pouvant justement l'égaler à Mécène,
Le comparait au fils de Pélée[3] ou d'Alcmène[4],
Ses yeux, d'un tel discours faiblement éblouis,
Bientôt dans ce tableau reconnaîtraient Louis,
Et, glaçant d'un regard la muse et le poëte,
Imposeraient silence à sa verve indiscrète.
　Un cœur noble est content de ce qu'il trouve en lui,
Et ne s'applaudit point des qualités d'autrui.
Que me sert en effet qu'un admirateur fade
Vante mon embonpoint, si je me sens malade ;
Si dans cet instant même un feu séditieux
Fait bouillonner mon sang et petiller mes yeux ?
Rien n'est beau que le vrai : le vrai seul est aimable ;
Il doit régner partout, et même dans la fable :
De toute fiction l'adroite fausseté
Ne tend qu'à faire aux yeux briller la vérité.
　Sais-tu pourquoi mes vers sont lus dans les provinces,
Sont recherchés du peuple, et reçus chez les princes ?
Ce n'est pas que leurs sons, agréables, nombreux,
Soient toujours à l'oreille également heureux ;
Qu'en plus d'un lieu le sens n'y gêne la mesure,
Et qu'un mot quelquefois n'y brave la césure :

---

1. Après la bataille de Senef gagnée par le prince de Condé, les alliés voulurent effacer la honte de leur défaite par la prise de quelques-unes de nos villes. Le comte de Monterey, gouverneur des Pays-Bas pour l'Espagne, et général de l'armée espagnole, assiégea Oudenarde. Mais le prince de Condé marcha contre lui, et l'obligea de lever le siège avec beaucoup de précipitation, le 12 septembre 1674.

2. Ce vers, ainsi que le précédent, est une contre-vérité. Celui-ci désigne la bataille de Turckeim en Alsace gagnée par M. de Turenne contre les Allemands, le 5 janvier 1675.

3. Achille. (Boil.)
4. Hercule. (Boil.)

ÉPITRE IX.

Mais c'est qu'en eux le vrai, du mensonge vainqueur,
Partout se montre aux yeux, et va saisir le cœur ;
Que le bien et le mal y sont prisés au juste ;
Que jamais un faquin n'y tint un rang auguste ;
Et que mon cœur, toujours conduisant mon esprit,
Ne dit rien aux lecteurs, qu'à soi-même il n'ait dit.
Ma pensée au grand jour partout s'offre et s'expose ;
Et mon vers, bien ou mal, dit toujours quelque chose.
C'est par là quelquefois que ma rime surprend :
C'est là ce que n'ont point Jonas ni Childebrand [1],
Ni tous ces vains amas de frivoles sornettes,
Montre, Miroir d'amour, Amitiés, Amourettes [2],
Dont le titre souvent est l'unique soutien,
Et qui, parlant beaucoup, ne disent jamais rien.

Mais peut-être, enivré des vapeurs de ma muse,
Moi-même en ma faveur, Seignelai, je m'abuse.
Cessons de nous flatter. Il n'est esprit si droit
Qui ne soit imposteur et faux par quelque endroit :
Sans cesse on prend le masque, et, quittant la nature,
On craint de se montrer sous sa propre figure.
Par là le plus sincère assez souvent déplaît.
Rarement un esprit ose être ce qu'il est.
Vois-tu cet importun que tout le monde évite ;
Cet homme à toujours fuir, qui jamais ne vous quitte ?
Il n'est pas sans esprit : mais, né triste et pesant,
Il veut être folâtre, évaporé, plaisant ;
Il s'est fait de sa joie une loi nécessaire,
Et ne déplaît enfin que pour vouloir trop plaire.
La simplicité plaît sans étude et sans art.
Tout charme en un enfant dont la langue sans fard,
A peine du filet encor débarrassée,
Sait d'un air innocent bégayer sa pensée.
Le faux est toujours fade, ennuyeux, languissant :
Mais la nature est vraie, et d'abord on la sent ;
C'est elle seule en tout qu'on admire et qu'on aime.
Un esprit né chagrin plaît par son chagrin même.
Chacun pris dans son air est agréable en soi ;
Ce n'est que l'air d'autrui qui peut déplaire en moi.

Ce marquis était né doux, commode, agréable :
On vantait en tous lieux son ignorance aimable.
Mais, depuis quelques mois devenu grand docteur,
Il a pris un faux air, une sotte hauteur :
Il ne veut plus parler que de rime et de prose ;

---

1. Jacques Coras est l'auteur du premier de ces deux mauvais poëmes. *Childebrand* est l'ouvrage d'un sieur de Sainte-Garde. Boileau ne s'acharne contre Coras et son poëme, déjà égratigné par lui dans la satire IX, que pour se venger d'une réponse très-amère, que le poëte, piqué au vif, lui avait écrite après la première attaque. V. notre *Introduction*. (Ed. F.)

2. Ouvrages de Bonecorse, Perrault, René-le-Pays, etc.

Des auteurs décriés il prend en main la cause ;
Il rit du mauvais goût de tant d'hommes divers.
Et va voir l'opéra seulement pour les vers.
Voulant se redresser, soi-même on s'estropie,
Et d'un original on fait une copie.
L'ignorance vaut mieux qu'un savoir affecté.
Rien n'est beau, je reviens, que par la vérité :
C'est par elle qu'on plaît, et qu'on peut longtemps plaire.
L'esprit lasse aisément, si le cœur n'est sincère.
En vain par sa grimace un bouffon odieux
A table nous fait rire, et divertit nos yeux :
Ses bons mots ont besoin de farine et de plâtre.
Prenez-le tête à tête, ôtez-lui son théâtre ;
Ce n'est plus qu'un cœur bas, un coquin ténébreux :
Son visage essuyé n'a plus rien que d'affreux.
J'aime un esprit aisé qui se montre, qui s'ouvre,
Et qui plaît d'autant plus, que plus il se découvre.
Mais la seule vertu peut souffrir la clarté :
Le vice, toujours sombre, aime l'obscurité ;
Pour paraître au grand jour il faut qu'il se déguise :
C'est lui qui de nos mœurs a banni la franchise.

 Jadis l'homme vivait au travail occupé,
Et, ne trompant jamais, n'était jamais trompé :
On ne connaissait point la ruse et l'imposture ;
Le Normand même alors ignorait le parjure :
Aucun rhéteur encore, arrangeant le discours,
N'avait d'un art menteur enseigné les détours.
Mais sitôt qu'aux humains, faciles à séduire,
L'abondance eut donné le loisir de se nuire,
La mollesse amena la fausse vanité.
Chacun chercha pour plaire un visage emprunté :
Pour éblouir les yeux la fortune arrogante
Affecta d'étaler une pompe insolente ;
L'or éclata partout sur les riches habits ;
On polit l'émeraude, on tailla le rubis ;
Et la laine et la soie, en cent façons nouvelles,
Apprirent à quitter leurs couleurs naturelles.
La trop courte beauté monta sur des patins :
La coquette tendit ses lacs tous les matins ;
Et, mettant la céruse et le plâtre en usage,
Composa de sa main les fleurs de son visage.
L'ardeur de s'enrichir chassa la bonne foi :
Le courtisan n'eut plus de sentiment à soi.
Tout ne fut plus que fard, qu'erreur, que tromperie :
On vit partout régner la basse flatterie.
Le Parnasse surtout, fécond en imposteurs,
Diffama le papier par ses propos menteurs.

De là vint cet amas d'ouvrages mercenaires,
Stances, odes, sonnets, épîtres liminaires,
Où toujours le héros passe pour sans pareil
Et, fût-il louche et borgne, est réputé soleil [1].
  Ne crois pas toutefois, sur ce discours bizarre,
Que, d'un frivole encens malignement avare,
J'en veuille sans raison frustrer tout l'univers.
La louange agréable est l'âme des beaux vers :
Mais je tiens, comme toi, qu'il faut qu'elle soit vraie,
Et que son tour adroit n'ait rien qui nous effraie.
Alors, comme j'ai dit, tu la sais écouter,
Et sans crainte à tes yeux on pourrait t'exalter.
Mais sans t'aller chercher des vertus dans les nues,
Il faudrait peindre en toi des vérités connues;
Décrire ton esprit ami de la raison;
Ton ardeur pour ton roi, puisée en ta maison;
A servir ses desseins ta vigilance heureuse,
Ta probité sincère, utile, officieuse.
Tel, qui hait à se voir peint en de faux portraits,
Sans chagrin voit tracer ses véritables traits.
Condé même, Condé [2], ce héros formidable,
Et, non moins qu'aux Flamands, aux flatteurs redoutable,
Ne s'offenserait pas si quelque adroit pinceau
Traçait de ses exploits le fidèle tableau;
Et, dans Senef [3] en feu contemplant sa peinture,
Ne désavoûrait pas Malherbe ni Voiture :
Mais malheur au poëte insipide, odieux,
Qui viendrait le glacer d'un éloge ennuyeux !
Il aurait beau crier : « Premier prince du monde !
« Courage sans pareil, lumière sans seconde [4] ! »
Ses vers, jetés d'abord sans tourner le feuillet,
Iraient dans l'antichambre amuser Pacolet [5].

---

1. Ce trait va droit à une flagornerie de Ménage pour le surintendant des finances, Abel Servien, dont, quoiqu'il fût borgne, il fait dire par le Daphnis de son églogue de *Christine* :

Le grand, l'illustre Abel, cet esprit sans pareil,
Plus clair, plus pénétrant que les traits du Soleil...
Qui de prince aujourd'hui dispense le trésor,
Nous promet en ces lieux les jours du siècle d'or. (ED. F.)

2. Louis de Bourbon, prince de Condé, mort en 1686. (BOIL.)

3. Combat fameux de monseigneur le Prince. (BOIL.) — Gagné le 11 août 1674, contre les Allemands, les Espagnols et les Hollandais, au nombre de plus de soixante mille hommes commandés par le prince d'Orange.

4. Commencement du poëme de *Charlemagne*. (BOIL.) — Ce poëme, de Louis le Laboureur, était dédié au prince de Condé.

5. Fameux valet de pied de monsieur le Prince. (BOIL.)

ÉPITRE X

1695

PRÉFACE[1]

Je ne sais si les trois nouvelles épîtres que je donne ici au public auront beaucoup d'approbateurs : mais je sais bien que mes censeurs y trouveront abondamment de quoi exercer leur critique ; car tout y est extrêmement hasardé. Dans le premier de ces trois ouvrages, sous prétexte de faire le procès à mes derniers vers, je fais moi-même mon éloge, et n'oublie rien de ce qui peut être dit à mon avantage ; dans le second, je m'entretiens avec mon jardinier de choses très-basses et très-petites ; et dans le troisième, je décide hautement du plus grand et du plus important point de la religion, je veux dire de l'amour de Dieu. J'ouvre donc un beau champ à ces censeurs pour attaquer en moi et le poëte orgueilleux, et le villageois grossier, et le théologien téméraire. Quelque fortes pourtant que soient leurs attaques, je doute qu'elles ébranlent la ferme résolution que j'ai prise il y a longtemps de ne rien répondre, au moins sur le ton sérieux, à tout ce qu'ils écriront contre moi.

A quoi bon en effet perdre inutilement du papier ? Si mes épîtres sont mauvaises, tout ce que je dirai ne les fera pas trouver bonnes ; et si elles sont bonnes, tout ce qu'ils diront ne les fera pas trouver mauvaises. Le public n'est pas un juge qu'on puisse corriger, ni qui se règle par les passions d'autrui. Tout ce bruit, tous ces écrits qui se font ordinairement contre des ouvrages où l'on court, ne servent qu'à y faire encore plus courir, et à en mieux marquer le mérite. Il est de l'essence d'un bon livre d'avoir des censeurs : et la plus grande disgrâce qui puisse arriver à un écrit qu'on met au jour, ce n'est pas que beaucoup de gens en disent du mal, c'est que personne n'en dise rien.

Je me garderai donc bien de trouver mauvais qu'on attaque mes trois épîtres. Ce qu'il y a de certain, c'est que je les ai fort travaillées, et principalement celle de l'amour de Dieu, que j'ai retouchée plus d'une fois, et où j'avoue que j'ai employé tout le peu que je puis avoir d'esprit et de lumières. J'avais dessein d'abord de la donner toute seule, les deux autres me paraissant trop frivoles pour être présentées au grand jour de l'impression avec un ouvrage si sérieux : mais des amis très-sensés m'ont fait comprendre que ces deux épîtres, quoique dans le style enjoué, étaient pourtant des épîtres morales, où il n'était rien enseigné que de vertueux ; qu'ainsi étant liées avec l'autre, bien loin de lui nuire, elles pourraient même faire une diversité agréable ; et que d'ailleurs beaucoup d'honnêtes gens souhaitant de les avoir toutes trois ensemble, je ne pouvais pas avec bienséance me dispenser de leur donner une si légère satisfaction. Je me suis rendu à ce sentiment, et on les trouvera rassemblées ici dans un même cahier. Cependant, comme il y a des gens de piété qui peut-être ne se soucieront guère de lire les entretiens que je puis avoir avec mon jardinier et avec mes vers, il est bon de les avertir qu'il y a ordre de leur distribuer à part la dernière, savoir celle qui traite de l'amour de Dieu ; et que non-seulement je ne trouverai pas étrange qu'ils ne lisent que celle-là, mais que je me sens quelquefois moi-même en des dispositions d'esprit où je voudrais de bon cœur n'avoir de ma vie composé que ce seul ouvrage, qui vraisemblablement sera la dernière pièce de poésie qu'on aura de moi, mon génie pour les vers commençant à s'épuiser, et mes emplois historiques ne me laissant guère le temps de m'appliquer à chercher et à ramasser des rimes.

Voilà ce que j'avais à dire aux lecteurs. Avant, néanmoins, que de finir cette préface, il ne sera pas hors de propos, ce me semble, de rassurer des personnes timides, qui, n'ayant pas une fort grande idée de ma capacité en matière de théologie, douteront peut-être que tout ce que j'avance en mon épître soit fort infaillible, et appréhenderont qu'en voulant les conduire je ne les égare. Afin donc qu'elles marchent sûrement, je leur dirai, vanité à part, que j'ai lu plusieurs fois cette épître à un fort grand nombre de docteurs de Sorbonne, de pères de l'Oratoire et de jésuites très-célèbres, qui tous y ont applaudi, et en ont trouvé la doctrine très-saine et très-pure ; que beaucoup de prélats illustres à qui je l'ai récitée en ont jugé comme eux ; que monseigneur l'évêque de Meaux[1], c'est-à-dire une des plus grandes lumières qui aient éclairé l'Église dans les derniers siècles, a eu

---

1. Cette préface, écrite en 1697, parut l'année suivante en tête de l'édition des trois dernières épîtres, publiées chez Thierry, avec le titre *Épîtres nouvelles*. Elles forment un in-4° de 15 feuilles. Le privilége porte la date du 23 octobre. Elles furent réimprimées la même année dans le format in-12 afin de pouvoir être jointes à l'édition de 1694, qu'elles complétaient. (ÉD. F.)

1. Jacques-Bénigne Bossuet. (BOIL.)

longtemps mon ouvrage entre les mains; et qu'après l'avoir lu et relu plusieurs fois, il m'a non-seulement donné son approbation, mais a trouvé bon que je publiasse à tout le monde qu'il me la donnait : enfin que, pour mettre le comble à ma gloire, ce saint archevêque[1], dans le diocèse duquel j'ai le bonheur de me trouver, ce grand prélat, dis-je, aussi éminent en doctrine et en vertus qu'en dignité et en naissance, que le plus grand roi de l'univers, par un choix visiblement inspiré du ciel, a donné à la ville capitale de son royaume, pour assurer l'innocence et pour détruire l'erreur; monseigneur l'archevêque de Paris, en un mot, a bien daigné aussi examiner soigneusement mon épître, et a eu même la bonté de me donner sur plus d'un endroit des conseils que j'ai suivis, et m'a enfin accordé aussi son approbation, avec des éloges dont je suis également ravi et confus.

[2] Au reste, comme il y a des gens qui ont publié que mon épître n'était qu'une vaine déclamation qui n'attaquait rien de réel, ni qu'aucun homme eût jamais avancé, je veux bien, pour l'intérêt de la vérité, mettre ici la proposition que j'y combats, dans la langue et dans les termes qu'on la soutient en plus d'une école. La voici : « Attritio ex gehenna « metu sufficit, etiam sine ullâ Dei dilectione, et « sine ullo ad Deum offensum respectu; quia talis « honesta et supernaturalis est[3]. » C'est cette proposition que j'attaque et que je soutiens fausse, abominable, et plus contraire à la vraie religion que le luthéranisme ni le calvinisme. Cependant je ne crois pas qu'on puisse nier qu'on ne l'ait encore soutenue depuis peu, et qu'on ne l'ait même insérée dans quelques catéchismes en des mots fort approchants des termes latins que je viens de rapporter.

A MES VERS

J'ai beau vous arrêter, ma remontrance est vaine;
Allez, partez, mes Vers, dernier fruit de ma veine
C'est trop languir chez moi dans un obscur séjour :
La prison vous déplaît, vous cherchez le grand jour;
Et déjà chez Barbin[4], ambitieux libelles,
Vous brûlez d'étaler vos feuilles criminelles.
Vains et faibles enfants dans ma vieillesse nés!
Vous croyez, sur les pas de vos heureux aînés,
Voir bientôt vos bons mots, passant du peuple aux princes,
Charmer également la ville et les provinces,
Et, par le prompt effet d'un sel réjouissant,
Devenir quelquefois proverbes en naissant.
Mais perdez cette erreur dont l'appât vous amorce.
Le temps n'est plus, mes Vers, où ma muse en sa force,
Du Parnasse français formant les nourrissons,
De ses riches couleurs habillait ses leçons,
Quand mon esprit, poussé d'un courroux légitime,
Vint devant la raison plaider contre la rime;
A tout le genre humain sut faire le procès,
Et s'attaqua soi-même avec tant de succès.

---

1. Louis-Antoine de Noailles, cardinal, archevêque de Paris. (BOIL.)
2. Ce dernier alinéa a été substitué en 1701 à celui-ci, qui, en 1695, terminait cette préface :
« Je croyais n'avoir plus rien à dire au lecteur; mais, « dans le temps même que cette préface était sous presse, « on m'a apporté une misérable épître en vers, que quelque « impertinent a fait imprimer, et qu'on veut faire passer « pour mon ouvrage sur l'amour de Dieu. Je suis donc « obligé d'ajouter cet article, afin d'avertir que je n'ai « fait d'épître sur l'amour de Dieu que celle qui se trouve « ici; l'autre étant une pièce fausse et incomplète, composée de quelques vers qu'on m'a dérobés et de plusieurs qu'on m'a ridiculement prêtés, aussi bien que les notes téméraires qui y sont. »
3. L'attrition produite par l'appréhension des peines de l'enfer est louable, surnaturelle, et par conséquent suffisante, quoique dégagée de tout amour de Dieu et exempte de la crainte de ce Dieu qu'on a offensé.
4. Libraire du Palais. (BOIL.) — Il joue un grand rôle dans le *Lutrin*.

Alors il n'était point de lecteur si sauvage
Qui ne se déridât en lisant mon ouvrage,
Et qui, pour s'égayer, souvent, dans ses discours,
D'un mot pris en mes vers n'empruntât le secours.
 Mais aujourd'hui qu'enfin la vieillesse venue,
Sous mes faux [1] cheveux blonds déjà toute chenue,
A jeté sur ma tête, avec ses doigts pesants,
Onze lustres complets, surchargés de trois ans,
Cessez de présumer dans vos folles pensées,
Mes Vers, de voir en foule à vos rimes glacées
Courir, l'argent en main, les lecteurs empressés.
Nos beaux jours sont finis, nos honneurs sont passés.
Dans peu vous allez voir vos froides rêveries
Du public exciter les justes moqueries,
Et leur auteur, jadis à Régnier préféré,
A Pinchêne, à Linière, à Perrin, comparé.
Vous aurez beau crier : « O vieillesse ennemie!
« N'a-t-il donc tant vécu que pour cette infamie [2]? »
Vous n'entendrez partout qu'injurieux brocards
Et sur vous et sur lui fondre de toutes parts.
 Que veut-il? dira-t-on; quelle fougue indiscrète
Ramène sur les rangs encor ce vain athlète?
Quels pitoyables vers! quel style languissant!
Malheureux, laisse en paix ton cheval vieillissant,
De peur que tout à coup, efflanqué, sans haleine,
Il ne laisse en tombant son maître sur l'arène.
Ainsi s'expliqueront nos censeurs sourcilleux,
Et bientôt vous verrez mille auteurs pointilleux,
Pièce à pièce épluchant vos sons et vos paroles,
Interdire chez vous l'entrée aux hyperboles;
Traiter tout noble mot de terme hasardeux,
Et dans tous vos discours, comme monstres hideux,
Huer la métaphore et la métonymie,
Grands mots que Pradon croit des termes de chimie [3];
Vous soutenir qu'un lit ne peut être effronté [4];

---

1. L'auteur avait pris la perruque. (Boil.) — On se moqua un peu de ce qu'il eût osé le dire en vers. D'Alembert en fit des gorges chaudes dans une facétie qu'il envoya à Voltaire. Celui-ci ne fut pas de son avis : « Vous frondez la perruque de Boileau, lui écrivit-il (8 octobre 1760), vous avez la tête bien près du bonnet. S'il avait fait une épître à sa perruque, bon; mais il en parle en un demi-vers, pour exprimer en passant une chose difficile à dire dans une épître morale et utile. » (Ed. F.)

2. Vers du *Cid*. (Boil.)

3. Il revient ici, pour en rire encore, sur « le savoir de Pradon », dont il s'est déjà moqué à la fin de la 7e épître. Cette fois, il fait allusion à l'un de ses traits d'ignorance les plus grossiers. Le prince de Conti, venant de voir une de ses pièces, lui avait fait remarquer qu'une ville, mise par lui en Europe, était en Asie : « Je prie Votre Altesse de m'excuser, avait répondu le poëte, je ne sais pas trop bien la *chronologie*. » (Ed. F.)

4. Terme de la dixième satire. (Boil.) — Les ennemis de Boileau avaient trouvé que cette expression de la satire X, appliquée à une fausse malade, était trop forte. Le prince de Conti, qui ne lui était pas hostile, avait, avec raison, été du même avis. Suivant lui, les mots *lit effronté* ne se trouvaient pas là avec le sens qu'ils doivent avoir. Il lui fut rendu par Fontanes dans la traduction célèbre, et longtemps attribuée à Thomas, qu'il fit des vers où Juvénal a peint si énergiquement une nuit de Messaline :

Noble Britannicus, *sur un lit effronté*
Elle étale à leurs yeux les flancs qui t'ont porté. (Ed. F.)

ÉPITRE X.

Que nommer la luxure est une impureté[1].
En vain contre ce flot d'aversion publique
Vous tiendrez quelque temps ferme sur la boutique ;
Vous irez à la fin, honteusement exclus,
Trouver au magasin Pyrame et Régulus[2],
Ou couvrir chez Thierry, d'une feuille encor neuve,
Les méditations de Busée et d'Hayneuve ;
Puis, en tristes lambeaux semés dans les marchés,
Souffrir tous les affronts au Jonas reprochés.
  Mais quoi ! de ces discours bravant la vaine attaque,
Déjà, comme les vers de Cinna, d'Andromaque,
Vous croyez à grands pas chez la postérité
Courir, marqués au coin de l'immortalité !
Eh bien ! contentez donc l'orgueil qui vous enivre ;
Montrez-vous, j'y consens : mais du moins dans mon livre
Commencez par vous joindre à mes premiers écrits.
C'est là qu'à la faveur de vos frères chéris,
Peut-être enfin soufferts comme enfants de ma plume,
Vous pourrez vous sauver, épars dans le volume[3].
Que si même un beau jour le lecteur gracieux,
Amorcé par mon nom, sur vous tourne les yeux,
Pour m'en récompenser, mes Vers, avec usure,
De votre auteur alors faites-lui la peinture :
Et surtout prenez soin d'effacer bien les traits
Dont tant de peintres faux ont flétri mes portraits.
Déposez hardiment qu'au fond cet homme horrible,
Ce censeur qu'ils ont peint si noir et si terrible,
Fut un esprit doux, simple, ami de l'équité,
Qui, cherchant dans ses vers la seule vérité,
Fit, sans être malin, ses plus grandes malices,
Et qu'enfin sa candeur seule a fait tous ses vices.
Dites que, harcelé par les plus vils rimeurs,
Jamais, blessant leurs vers, il n'effleura leurs mœurs :
Libre dans ses discours, mais pourtant toujours sage,
Assez faible de corps, assez doux de visage,
Ni petit, ni trop grand, très-peu voluptueux,
Ami de la vertu plutôt que vertueux.
  Que si quelqu'un, mes Vers, alors vous importune,
Pour savoir mes parents, ma vie et ma fortune,
Contez-lui qu'allié d'assez hauts magistrats,

---

1. Perrault, dans la préface de son *Apologie des femmes*, critique de la satire X, avait dit en effet que certains passages de cette pièce : « Des héros à voix luxurieuses, des morales lubriques... ne peuvent se présenter à l'esprit sans y faire des images dont la pudeur est offensée. » (ÉD. F.)
2. Pièces de théâtre de Pradon. (BOIL.)
3. Les satires de Boileau avaient été d'autant plus attaquées, que la plupart avaient paru séparément en pièces volantes : la *huitième* avait été publiée, par exemple, en un petit in-12 de 15 p., chez Thierry et chez Bilaine, en 1662 ; la *neuvième*, la même année et chez les mêmes libraires, avec 16 p. de texte et 5 de préface ; et la *dixième*, qui rencontra le plus d'ennemis, en 1694, sous les trois formats successifs : in-4°, pet. in-8, et in-12. Réunies dans le volume, comme dans un fort, elles se soutenaient l'une l'autre, et faisaient mieux face à l'ennemi. (ÉD. F.)

Fils d'un père greffier, né d'aïeux avocats ;
Dès le berceau perdant une fort jeune mère,
Réduit seize ans après à pleurer mon vieux père,
J'allai d'un pas hardi, par moi-même guidé,
Et de mon seul génie en marchant secondé,
Studieux amateur et de Perse et d'Horace,
Assez près de Régnier m'asseoir sur le Parnasse [1] ;
Que, par un coup du sort au grand jour amené,
Et des bords du Permesse à la cour entraîné,
Je sus, prenant l'essor par des routes nouvelles,
Élever assez haut mes poétiques ailes ;
Que ce roi, dont le nom fait trembler tant de rois,
Voulut bien que ma main crayonnât ses exploits ;
Que plus d'un grand m'aima jusques à la tendresse ;
Que ma vue à Colbert inspirait l'allégresse ;
Qu'aujourd'hui même encor, de deux sens affaibli [2],
Retiré de la cour, et non mis en oubli,
Plus d'un héros, épris des fruits de mon étude,
Vient quelquefois chez moi [3] goûter la solitude.
    Mais des heureux regards de mon astre étonnant
Marquez bien cet effet encor plus surprenant,
Qui dans mon souvenir aura toujours sa place :
Que de tant d'écrivains de l'école d'Ignace [4]
Étant, comme je suis, ami si déclaré,
Ce docteur toutefois si craint, si révéré,
Qui contre eux de sa plume épuisa l'énergie,
Arnauld, le grand Arnauld, fit mon apologie [5].
Sur mon tombeau futur, mes Vers, pour l'énoncer,
Courez en lettres d'or de ce pas vous placer :
Allez, jusqu'où l'aurore en naissant voit l'Hydaspe [6],
Chercher, pour l'y graver, le plus précieux jaspe.
Surtout à mes rivaux sachez bien l'étaler.
    Mais je vous retiens trop. C'est assez vous parler.
Déjà, plein du beau feu qui pour vous le transporte,
Barbin impatient chez moi frappe à la porte :
Il vient pour vous chercher. C'est lui : j'entends sa voix.
Adieu, mes Vers, adieu pour la dernière fois.

---

1. Mathurin Régnier précéda Boileau dans le genre satirique. Il était né à Chartres le 21 décembre 1573, et mourut à Rouen le 21 octobre 1613.
2. De la vue et de l'ouïe.
3. A Auteuil. (Boil.)
4. Ignace de Loyola, gentilhomme biscaïen, fonda l'ordre des Jésuites en 1540. La France a vu se former dans le sein de cet ordre un grand nombre d'écrivains distingués.
5. M. Arnauld a fait une dissertation où il me justifie contre mes censeurs. (Boil.) — Cette dissertation est en forme de lettre à Perrault, pour répondre aux attaques de son *Apologie des femmes*. (Ed. F.)
6. Fleuve des Indes. (Boil.)

Laborieux valet du plus commode maître
liv. II.

ÉPITRE XI

1695

A MON JARDINIER [1]

Laborieux valet du plus commode maître
Qui pour te rendre heureux ici-bas pouvait naître,
Antoine, gouverneur de mon jardin d'Auteuil,
Qui diriges chez moi l'if et le chèvrefeuil [2],
Et sur mes espaliers, industrieux génie,
Sais si bien exercer l'art de la Quintinie [3];
Oh! que de mon esprit triste et mal ordonné,
Ainsi que de ce champ par toi si bien orné,
Ne puis-je faire ôter les ronces, les épines,
Et des défauts sans nombre arracher les racines!
   Mais parle : raisonnons. Quand, du matin au soir,
Chez moi, poussant la bêche ou portant l'arrosoir,
Tu fais d'un sable aride une terre fertile,
Et rends tout mon jardin à tes lois si docile,
Que dis-tu de m'y voir rêveur, capricieux,
Tantôt baissant le front, tantôt levant les yeux,
De paroles dans l'air par élans envolées
Effrayer les oiseaux perchés dans mes allées?
Ne soupçonnes-tu point qu'agité du démon,
Ainsi que ce cousin [4] des quatre fils Aimon
Dont tu lis quelquefois la merveilleuse histoire [5],
Je rumine en marchant quelque endroit du grimoire?
Mais non : tu te souviens qu'au village on t'a dit
Que ton maître est nommé pour coucher par écrit
Les faits d'un roi plus grand en sagesse, en vaillance,
Que Charlemagne aidé des douze pairs de France.

---

1. Il se nommait Antoine Riquié ou Riquet. Il mourut très-vieux, longtemps après Boileau. V. l'Introduction.

2. Voltaire plaisante un peu sur ce vers dans son *Épître à Boileau* :

Je vis le jardinier de ta maison d'Auteuil
Qui, chez toi, pour rimer planta le chèvrefeuil.

Ce dernier mot, que nous écrivons aujourd'hui *chèvrefeuille*, semble en effet avoir été altéré ici dans son orthographe, à cause de la rime. Il faut cependant faire observer, contre l'observation de Voltaire, que du temps de Boileau le mot s'écrivait comme il l'a écrit. Chez madame de Sévigné, par exemple, il ne figure jamais autrement. Il se rapproche mieux ainsi d'ailleurs de sa première forme, *chèvrefoil*. (ÉD. F.)

3. Célèbre directeur des jardins du Roi. (BOIL.)

4. Maugis. (BOIL.) — Cet enchanteur joue un grand rôle dans la *merveilleuse Histoire des quatre fils Aymon*.

5. Cette grande épopée de la Bibliothèque bleue, dont la popularité n'a pas cessé dans les provinces, n'est que la reproduction en prose moderne d'une chanson de geste de 7,000 vers dont un manuscrit existe à la Bibliothèque nationale, n° 7,183. (ÉD. F.)

Tu crois qu'il y travaille, et qu'au long de ce mur
Peut-être en ce moment il prend Mons et Namur.
 Que penserais-tu donc, si l'on t'allait apprendre
Que ce grand chroniqueur des gestes d'Alexandre,
Aujourd'hui méditant un projet tout nouveau,
S'agite, se démène, et s'use le cerveau,
Pour te faire à toi-même, en rimes insensées,
Un bizarre portrait de ses folles pensées?
Mon maître, dirais-tu, passe pour un docteur,
Et parle quelquefois mieux qu'un prédicateur :
Sous ces arbres pourtant, de si vaines sornettes
Il n'irait point troubler la paix de ces fauvettes,
S'il lui fallait toujours, comme moi, s'exercer,
Labourer, couper, tondre, aplanir, palisser;
Et, dans l'eau de ces puits sans relâche tirée,
De ce sable étancher la soif démesurée.
 Antoine, de nous deux tu crois donc, je le voi,
Que le plus occupé dans ce jardin, c'est toi?
Oh! que tu changerais d'avis et de langage,
Si deux jours seulement, libre du jardinage,
Tout à coup devenu poëte et bel esprit,
Tu t'allais engager à polir un écrit
Qui dit, sans s'avilir, les plus petites choses;
Fît des plus secs chardons des œillets et des roses,
Et sût, même aux discours de la rusticité,
Donner de l'élégance et de la dignité;
Un ouvrage, en un mot, qui, juste en tous ses termes,
Sût plaire à d'Aguesseau [1], sût satisfaire Termes [2];
Sût, dis-je, contenter, en paraissant au jour,
Ce qu'ont d'esprits plus fins et la ville et la cour!
Bientôt de ce travail revenu sec et pâle,
Et le teint plus jauni que de vingt ans de hâle,
Tu dirais, reprenant ta pelle et ton râteau :
J'aime mieux mettre encor cent arpents au niveau,
Que d'aller follement, égaré dans les nues,
Me lasser à chercher des visions cornues,
Et, pour lier des mots si mal s'entr'accordants,
Prendre dans ce jardin la lune avec les dents.
Approche donc et viens; qu'un paresseux t'apprenne,
Antoine, ce que c'est que fatigue et que peine.
L'homme, ici-bas toujours inquiet et gêné,
Est, dans le repos même, au travail condamné.
La fatigue l'y suit. C'est en vain qu'aux poëtes
Les neuf trompeuses Sœurs dans leurs douces retraites

---

1. Alors avocat général, plus tard procureur général et enfin chancelier de France en 1717.

2. Roger de Pardaillan de Gondrin, marquis de Termes.

ÉPITRE XI.

Promettent du repos sous leurs ombrages frais :
Dans ces tranquilles bois pour eux plantés exprès,
La cadence aussitôt, la rime, la césure,
La riche expression, la nombreuse mesure,
Sorcières dont l'amour sait d'abord les charmer,
De fatigues sans fin viennent les consumer.
Sans cesse poursuivant ces fugitives fées [1],
On voit sous les lauriers haleter les Orphées.
Leur esprit toutefois se plaît dans son tourment,
Et se fait de sa peine un noble amusement.
Mais je ne trouve point de fatigue si rude
Que l'ennuyeux loisir d'un mortel sans étude,
Qui, jamais ne sortant de sa stupidité,
Soutient, dans les langueurs de son oisiveté,
D'une lâche indolence esclave volontaire,
Le pénible fardeau de n'avoir rien à faire.
Vainement offusqué de ses pensers épais,
Loin du trouble et du bruit il croit trouver la paix :
Dans le calme odieux de sa sombre paresse,
Tous les honteux plaisirs, enfants de la mollesse,
Usurpant sur son âme un absolu pouvoir,
De monstrueux désirs le viennent émouvoir,
Irritent de ses sens la fureur endormie,
Et le font le jouet de leur triste infamie.
Puis sur leurs pas soudain arrivent les remords,
Et bientôt avec eux tous les fléaux du corps :
La pierre, la colique et les gouttes cruelles;
Guenaud, Rainsant, Brayer [2], presque aussi tristes qu'elles,
Chez l'indigne mortel courent tous s'assembler,
De travaux douloureux le viennent accabler;
Sur le duvet d'un lit, théâtre de ses gênes,
Lui font scier des rocs, lui font fendre des chênes,
Et le mettent au point d'envier ton emploi.
Reconnais donc, Antoine, et conclus avec moi
Que la pauvreté mâle, active et vigilante,
Est, parmi les travaux, moins lasse et plus contente
Que la richesse oisive au sein des voluptés.

   Je te vais sur cela prouver deux vérités :
L'une, que le travail, aux hommes nécessaire,
Fait leur félicité plutôt que leur misère;
Et l'autre, qu'il n'est point de coupable en repos.
C'est ce qu'il faut ici montrer en peu de mots.
Suis-moi donc. Mais je vois, sur ce début de prône,
Que ta bouche déjà s'ouvre large d'une aune,
Et que, les yeux fermés, tu baisses le menton.

---

[1]. Les Muses. (Boil.)   2. Fameux médecins. (Boil.)

Ma foi, le plus sûr est de finir ce sermon.
Aussi bien j'aperçois ces melons qui t'attendent,
Et ces fleurs qui là-bas entre elles se demandent
S'il est fête au village, et pour quel saint nouveau
On les laisse aujourd'hui si longtemps manquer d'eau.

ÉPITRE XII [1]

1705

A L'ABBÉ RENAUDOT [2]

Docte abbé [3], tu dis vrai ; l'homme, au crime attaché,
En vain, sans aimer Dieu, croit sortir du péché.
Toutefois, n'en déplaise aux transports frénétiques
Du fougueux moine auteur des troubles germaniques [4],
Des tourments de l'enfer la salutaire peur
N'est pas toujours l'effet d'une noire vapeur
Qui, de remords sans fruit agitant le coupable,
Aux yeux de Dieu le rende encor plus haïssable.
Cette utile frayeur, propre à nous pénétrer,
Vient souvent de la grâce en nous prête d'entrer,
Qui veut dans notre cœur se rendre la plus forte,
Et, pour se faire ouvrir, déjà frappe à la porte.
Si le pécheur, poussé de ce saint mouvement,
Reconnaissant son crime, aspire au sacrement,
Souvent Dieu tout à coup d'un vrai zèle l'enflamme :
Le Saint-Esprit revient habiter dans son âme,

---

1. La lettre de Boileau à Brossette, du 15 nov. 1709, explique pourquoi et comment fut faite cette épître, pendant le carême de 1695. On y voit que Boileau n'avait voulu que développer en vers certains arguments, qui l'avaient rendu fameux, « en de fréquentes disputes soutenues... pour la défense du vrai amour de Dieu, contre beaucoup de mauvais théologiens. » Une autre raison encore l'y avait poussé. Bayle en a dit un mot, mais Cizeron Rival, dans ses *Récréations littéraires*, p. 75, l'explique mieux, d'après Boileau lui-même, parlant à Brossette. La lettre d'Arnauld à Perrault, pour défendre la *Satire des femmes*, avait surpris venant d'un tel homme. On s'était étonné qu'un si pieux docteur se mêlât de juger des vers, piété et poésie ne pouvant aller ensemble. Boileau fit son épître pour prouver qu'elles peuvent non-seulement s'accorder, mais se prêter des forces. (ÉD. F.)

2. Eusèbe Renaudot, prieur de Froslay en Bretagne, et de Saint-Christophe de Châteaufort, près de Versailles, mourut à Paris le 1ᵉʳ septembre 1720, âgé de soixante-quatorze ans. Il possédait à fond dix-sept langues, et les parlait presque toutes avec facilité.

3. L'abbé avait été de ceux qui avaient connu l'épître avant sa publication. Bossuet, qu'elle intéressait au plus haut point, car il fit lui-même un *Traité de l'amour de Dieu* publié après sa mort, l'avait mené à Auteuil entendre une des lectures que Boileau se plaisait à faire de « cet hymne céleste de l'Amour de Dieu, » comme Bossuet appelait cette épître. Le jardinier Riquié l'avait entendue comme tout le monde, et, la voyant si fort admirée, il l'admirait fort. On sait, par une de ses réponses au P. Bouhours, qu'il la préférait même à celle qui lui est dédiée. (ÉD. F.)

4. Luther. (BOIL.)

Y convertit enfin les ténèbres en jour,
Et la crainte servile en filial amour.
C'est ainsi que souvent la sagesse suprême
Pour chasser le démon se sert du démon même.

Mais lorsqu'en sa malice un pécheur obstiné,
Des horreurs de l'enfer vainement étonné,
Loin d'aimer, humble fils, son véritable père,
Craint et regarde Dieu comme un tyran sévère,
Au bien qu'il nous promet ne trouve aucun appas,
Et souhaite en son cœur que ce Dieu ne soit pas :
En vain, la peur sur lui remportant la victoire,
Aux pieds d'un prêtre il court décharger sa mémoire ;
Vil esclave toujours sous le joug du péché,
Au démon qu'il redoute il demeure attaché.
L'amour, essentiel à notre pénitence,
Doit être l'heureux fruit de notre repentance.
Non, quoi que l'ignorance enseigne sur ce point,
Dieu ne fait jamais grâce à qui ne l'aime point.
A le chercher la peur nous dispose et nous aide :
Mais il ne vient jamais, que l'amour ne succède.
Cessez de m'opposer vos discours imposteurs,
Confesseurs insensés, ignorants séducteurs,
Qui, pleins des vains propos que l'erreur vous débite,
Vous figurez qu'en vous un pouvoir sans limite
Justifie à coup sûr tout pécheur alarmé,
Et que sans aimer Dieu l'on peut en être aimé.

Quoi donc! cher Renaudot, un chrétien effroyable,
Qui jamais, servant Dieu, n'eut d'objet que le diable,
Pourra, marchant toujours dans des sentiers maudits,
Par des formalités gagner le paradis!
Et parmi les élus, dans la gloire éternelle,
Pour quelques sacrements reçus sans aucun zèle,
Dieu fera voir aux yeux des saints épouvantés
Son ennemi mortel assis à ses côtés !
Peut-on se figurer de si folles chimères?
On voit pourtant, on voit des docteurs même austères
Qui, les semant partout, s'en vont pieusement
De toute piété saper le fondement ;
Qui, le cœur infecté d'erreurs si criminelles,
Se disent hautement les purs, les vrais fidèles ;
Traitant d'abord d'impie et d'hérétique affreux
Quiconque ose pour Dieu se déclarer contre eux.
De leur audace en vain les vrais chrétiens gémissent :
Prêts à la repousser, les plus hardis mollissent,
Et, voyant contre Dieu le diable accrédité,
N'osent qu'en bégayant prêcher la vérité.
Mollirons-nous aussi ? Non ; sans peur, sur ta trace,

Docte abbé, de ce pas j'irai leur dire en face :
Ouvrez les yeux enfin, aveugles dangereux ;
Oui, je vous le soutiens, il serait moins affreux
De ne point reconnaître un Dieu maître du monde,
Et qui règle à son gré le ciel, la terre et l'onde,
Qu'en avouant qu'il est et qu'il sut tout former,
D'oser dire qu'on peut lui plaire sans l'aimer.
Un si bas, si honteux, si faux christianisme
Ne vaut pas des Platons l'éclairé paganisme ;
Et chérir les vrais biens, sans en savoir l'auteur,
Vaut mieux que, sans l'aimer, connaître un créateur.
Expliquons-nous pourtant. Par cette ardeur si sainte,
Que je veux qu'en un cœur amène enfin la crainte,
Je n'entends pas ici ce doux saisissement,
Ces transports pleins de joie et de ravissement
Qui font des bienheureux la juste récompense,
Et qu'un cœur rarement goûte ici par avance.
Dans nous l'amour de Dieu, fécond en saints désirs,
N'y produit pas toujours de sensibles plaisirs.
Souvent le cœur qui l'a ne le sait pas lui-même :
Tel craint de n'aimer pas, qui sincèrement aime ;
Et tel croit au contraire être brûlant d'ardeur,
Qui n'eut jamais pour Dieu que glace et que froideur.
C'est ainsi quelquefois qu'un indolent mystique [1],
Au milieu des péchés tranquille fanatique,
Du plus parfait amour pense avoir l'heureux don,
Et croit posséder Dieu dans les bras du démon.
 Voulez-vous donc savoir si la foi dans votre âme
Allume les ardeurs d'une sincère flamme ?
Consultez-vous vous-même. A ses règles soumis,
Pardonnez-vous sans peine à tous vos ennemis ?
Combattez-vous vos sens ? domptez-vous vos faiblesses ?
Dieu dans le pauvre est-il l'objet de vos largesses ?
Enfin dans tous ses points pratiquez-vous sa loi ?
— Oui, dites-vous. — Allez, vous l'aimez, croyez-moi [2].
Qui fait exactement ce que ma loi commande
A pour moi, dit ce Dieu, l'amour que je demande.
Faites-le donc ; et, sûr qu'il nous veut sauver tous,
Ne vous alarmez point pour quelques vains dégoûts
Qu'en sa ferveur souvent la plus sainte âme éprouve :

---

1. Quiétistes, dont les erreurs ont été condamnées par les papes Innocent XI et Innocent XII. (BOIL.)
2. Ce vers et les sept qui suivent n'avaient pas, ce qui surprend, été approuvés par Racine. Le P. La Chaise, à qui Boileau fit entendre toute l'épître, voulut au contraire qu'il les lui relût jusqu'à trois fois. On sait tout cela par une lettre de Boileau à Racine, du mois d'octobre 1697. Voltaire fut cette fois, contre Racine, de l'avis du Jésuite.

Après avoir parlé, dans son article « Amour de Dieu » du *Dictionnaire philosophique*, de la question du *quiétisme*, il dit : « Ce qu'on a écrit de plus sensé sur cette controverse mystique se trouve peut-être dans la satire de Boileau sur l'amour de Dieu, quoique ce ne soit pas assurément son meilleur ouvrage :

« Qui fait exactement ce que ma loi commande
« A pour moi, » dit Dieu, « l'amour que je demande. » (ED. F.)

ÉPITRE XII.

Marchez, courez à lui : qui le cherche le trouve ;
Et plus de votre cœur il paraît s'écarter,
Plus par vos actions songez à l'arrêter.
Mais ne soutenez point cet horrible blasphème,
Qu'un sacrement reçu, qu'un prêtre, que Dieu même,
Quoi que vos faux docteurs osent vous avancer,
De l'amour qu'on lui doit puissent vous dispenser.
   Mais s'il faut qu'avant tout, dans une âme chrétienne,
Diront ces grands docteurs, l'amour de Dieu survienne,
Puisque ce seul amour suffit pour nous sauver,
De quoi le sacrement viendra-t-il nous laver?
Sa vertu n'est donc plus qu'une vertu frivole?
Oh! le bel argument digne de leur école !
Quoi! dans l'amour divin en nos cœurs allumé,
Le vœu du sacrement n'est-il pas renfermé?
Un païen converti, qui croit un Dieu suprême,
Peut-il être chrétien qu'il n'aspire au baptême,
Ni le chrétien en pleurs être vraiment touché,
Qu'il ne veuille à l'église avouer son péché?
Du funeste esclavage où le démon nous traîne,
C'est le sacrement seul qui peut rompre la chaîne :
Aussi l'amour d'abord y court avidement;
Mais lui-même il en est l'âme et le fondement.
Lorsqu'un pécheur, ému d'une humble repentance,
Par les degrés prescrits court à la pénitence,
S'il n'y peut parvenir, Dieu sait les supposer.
Le seul amour manquant ne peut point s'excuser :
C'est par lui que dans nous la grâce fructifie;
C'est lui qui nous ranime et qui nous vivifie ;
Pour nous rejoindre à Dieu, lui seul est le lien ;
Et sans lui, foi, vertus, sacrements, tout n'est rien.
   A ces discours pressants que saurait-on répondre ?
Mais approchez; je veux encor mieux vous confondre,
Docteurs. Dites-moi donc : quand nous sommes absous,
Le Saint-Esprit est-il ou n'est-il pas en nous?
S'il est en nous, peut-il, n'étant qu'amour lui-même,
Ne nous échauffer point de son amour suprême ?
Et s'il n'est pas en nous, Satan toujours vainqueur
Ne demeure-t-il pas maître de notre cœur?
Avouez donc qu'il faut qu'en nous l'amour renaisse :
Et n'allez point, pour fuir la raison qui vous presse,
Donner le nom d'amour au trouble inanimé
Qu'au cœur d'un criminel la peur seule a formé.
L'ardeur qui justifie et que Dieu nous envoie,
Quoique ici-bas souvent inquiète et sans joie,
Est pourtant cette ardeur, ce même feu d'amour,
Dont brûle un bienheureux en l'éternel séjour.

Dans le fatal instant qui borne notre vie,
Il faut que de ce feu notre âme soit remplie ;
Et Dieu, sourd à nos cris s'il ne l'y trouve pas,
Ne l'y rallume plus après notre trépas.
Rendez-vous donc enfin à ces clairs syllogismes ;
Et ne prétendez plus, par vos confus sophismes,
Pouvoir encore aux yeux du fidèle éclairé
Cacher l'amour de Dieu, dans l'école égaré.
Apprenez que la gloire où le ciel nous appelle
Un jour des vrais enfants doit couronner le zèle,
Et non les froids remords d'un esclave craintif,
Où crut voir Abéli[1] quelque amour négatif.
Mais quoi ! j'entends déjà plus d'un fier scolastique
Qui, me voyant ici, sur ce ton dogmatique,
En vers audacieux traiter ces points sacrés,
Curieux, me demande où j'ai pris mes degrés ;
Et si, pour m'éclairer sur ces sombres matières,
Deux cents auteurs extraits m'ont prêté leurs lumières.
Non. Mais pour décider que l'homme, qu'un chrétien
Est obligé d'aimer l'unique auteur du bien,
Le Dieu qui le nourrit, le Dieu qui le fit naître,
Qui nous vint par sa mort donner un second être,
Faut-il avoir reçu le bonnet doctoral,
Avoir extrait Gamache, Isambert et du Val[2] ?
Dieu dans son livre saint, sans chercher d'autre ouvrage,
Ne l'a-t-il pas écrit lui-même à chaque page ?
De vains docteurs encore, ô prodige honteux !
Oseront nous en faire un problème douteux ;
Viendront traiter d'erreur digne de l'anathème
L'indispensable loi d'aimer Dieu pour lui-même,
Et, par un dogme faux dans nos jours enfanté,
Des devoirs du chrétien rayer la charité !
Si j'allais consulter chez eux le moins sévère,
Et lui disais : Un fils doit-il aimer son père ?
— Ah ! peut-on en douter ? dirait-il brusquement.
Et quand je leur demande en ce même moment :
L'homme, ouvrage d'un Dieu seul bon et seul aimable,
Doit-il aimer ce Dieu, son père véritable ?
Leur plus rigide auteur n'ose le décider,
Et craint, en l'affirmant, de se trop hasarder[3] !
Je ne m'en puis défendre ; il faut que je t'écrive

---

1. Auteur de *la Moëlle théologique*, qui soutint la fausse attrition par les raisons réfutées dans cette épître. (BOIL.) Nous le retrouverons dans *le Lutrin*.
2. Ces trois docteurs de Sorbonne vivaient dans le dix-septième siècle.
3. Il s'agit ici de M. Burluguay, docteur de Sorbonne, et curé des Troux, près de Port-Royal des Champs, qui n'osa un jour répondre précisément à M. Boileau lui demandant si l'on était obligé d'aimer Dieu, et n'hésita point quand on lui demanda ensuite si un fils devait aimer son père. La peine que ce docteur eut à répondre ne venait point de son ignorance, mais de la crainte de s'embarrasser.

La figure bizarre, et pourtant assez vive,
Que je sus l'autre jour employer dans son lieu,
Et qui déconcerta ces ennemis de Dieu.
Au sujet d'un écrit qu'on nous venait de lire,
Un d'entre eux m'insulta sur ce que j'osai dire [1]
Qu'il faut, pour être absous d'un crime confessé,
Avoir pour Dieu du moins un amour commencé.
Ce dogme, me dit-il, est un pur calvinisme.
O ciel! me voilà donc dans l'erreur, dans le schisme,
Et partant réprouvé! Mais, poursuivis-je alors,
Quand Dieu viendra juger les vivants et les morts,
Et des humbles agneaux, objets de sa tendresse,
Séparera des boucs la troupe pécheresse,
A tous il nous dira, sévère ou gracieux,
Ce qui nous fit impurs ou justes à ses yeux.
Selon vous donc, à moi réprouvé, bouc infâme :
« Va brûler, dira-t-il, en l'éternelle flamme,
Malheureux qui soutins que l'homme dût m'aimer,
Et qui, sur ce sujet trop prompt à déclamer,
Prétendis qu'il fallait, pour fléchir ma justice,
Que le pécheur, touché de l'horreur de son vice,
De quelque ardeur pour moi sentît les mouvements,
Et gardât le premier de mes commandements [2]! »
Dieu, si je vous en crois, me tiendra ce langage;
Mais à vous, tendre agneau, son plus cher héritage,
Orthodoxe ennemi d'un dogme si blâmé :
« Venez, vous dira-t-il, venez, mon bien-aimé;
Vous qui, dans les détours de vos raisons subtiles,
Embarrassant les mots d'un des plus saints conciles [3],
Avez délivré l'homme, ô l'utile docteur!
De l'importun fardeau d'aimer son créateur;
Entrez au ciel : venez, comblé de mes louanges,
Du besoin d'aimer Dieu désabuser les anges! »
   A de tels mots, si Dieu pouvait les prononcer,
Pour moi je répondrais, je crois, sans l'offenser :
Oh! que pour vous mon cœur, moins dur et moins farouche,
Seigneur, n'a-t-il, hélas! parlé comme ma bouche!
Ce serait ma réponse à ce Dieu fulminant.
Mais vous, de ses douceurs objet fort surprenant,
Je ne sais pas comment, ferme en votre doctrine,
Des ironiques mots de sa bouche divine
Vous pourriez, sans rougeur et sans confusion,
Soutenir l'amertume et la dérision.

---

[1]. D'après un petit pamphlet publié en 1706, *Boileau aux prises avec les jésuites*, ce serait le P. Cheminais, auteur du livre mystique, en 2 vol., *Sentiments de piété*, 1690, in-12. (Éd. F.)

[2]. Cette prosopopée de la fin fut aussi très-applaudie par le P. Lachaise, au dire de Boileau dans sa lettre à Racine. (Éd. F.)

[3]. Le concile de Trente. (Boil.)

L'audace du docteur, par ce discours frappée.
Demeura sans réplique à ma prosopopée.
Il sortit tout à coup, et, murmurant tout bas
Quelques termes d'aigreur que je n'entendis pas,
S'en alla chez Binsfeld, ou chez Basile Ponce [1],
Sur l'heure à mes raisons chercher une réponse.

1. Deux défenseurs de la fausse attrition. Le premier était chanoine de Trèves et docteur en théologie, l'autre était de l'ordre de Saint-Augustin. (BOIL.)

FIN DES ÉPITRES.

L'ART POÉTIQUE

L'ART POÉTIQUE
1669-1674

CHANT PREMIER

C'est en vain qu'au Parnasse un téméraire auteur
Pense de l'art des vers atteindre la hauteur :
S'il ne sent point du ciel l'influence secrète,
Si son astre en naissant ne l'a formé poëte,
Dans son génie étroit il est toujours captif ;
Pour lui Phébus est sourd, et Pégase est rétif.

O vous donc, qui, brûlant d'une ardeur périlleuse,
Courez du bel esprit la carrière épineuse,
N'allez pas sur des vers sans fruit vous consumer,
Ni prendre pour génie un amour de rimer :
Craignez d'un vain plaisir les trompeuses amorces,
Et consultez longtemps votre esprit et vos forces.

La nature, fertile en esprits excellents,
Sait entre les auteurs partager les talents :
L'un peut tracer en vers une amoureuse flamme ;
L'autre d'un trait plaisant aiguiser l'épigramme :
Malherbe d'un héros peut vanter les exploits ;
Racan, chanter Philis, les bergers et les bois.
Mais souvent un esprit qui se flatte et qui s'aime
Méconnaît son génie, et s'ignore soi-même :
Ainsi tel[2], autrefois, qu'on vit avec Faret[3]
Charbonner de ses vers les murs d'un cabaret,

---

1. Perrault, dans sa *Lettre* à Boileau en réponse à son *Discours sur l'ode*, critique ce titre comme trop absolu, et pas assez modeste : « Ne vous apercevez-vous pas, monsieur, lui dit-il (art. VIII), des airs que vous vous donnez, en supposant que tout le monde doit avoir devant les yeux votre Art poétique, que vous appelez absolument, et comme par excellence, l'Art poétique... » (ÉD. F.)

2. Saint-Amand, auteur du *Moïse sauvé*. (BOIL.) — V. une note de la satire I.

3. Faret, auteur du livre intitulé *l'Honnête Homme*, et ami de Saint-Amand. (BOIL.) — Faret ne haïssait pas « la bonne chère et le divertissement, » dit Pélisson, dans la *notice* qu'il lui a consacrée, comme membre de l'Académie française, à laquelle il appartient dès l'origine ; mais sa réputation d'ivrogne ne lui vint réellement que de son nom qui avait le malheur de rimer trop bien à *cabaret*. Boileau en use ici, Saint-Amand en avait usé bien mieux. Faret le lui pardonna, comme on le voit par la préface qu'il mit au devant des *Œuvres* de son ami :

S'en va mal à propos d'une voix insolente
Chanter du peuple hébreu la fuite triomphante,
Et, poursuivant Moïse au travers des déserts,
Court avec Pharaon se noyer dans les mers.

   Quelque sujet qu'on traite, ou plaisant, ou sublime,
Que toujours le bon sens s'accorde avec la rime :
L'un l'autre vainement ils semblent se haïr;
La rime est une esclave, et ne doit qu'obéir.
Lorsqu'à la bien chercher d'abord on s'évertue,
L'esprit à la trouver aisément s'habitue;
Au joug de la raison sans peine elle fléchit,
Et, loin de la gêner, la sert et l'enrichit.
Mais lorsqu'on la néglige, elle devient rebelle;
Et pour la rattraper le sens court après elle.
Aimez donc la raison : que toujours vos écrits
Empruntent d'elle seule et leur lustre et leur prix.

   La plupart, emportés d'une fougue insensée,
Toujours loin du droit sens vont chercher leur pensée :
Ils croiraient s'abaisser, dans leurs vers monstrueux,
S'ils pensaient ce qu'un autre a pu penser comme eux.
Évitons ces excès : laissons à l'Italie
De tous ces faux brillants l'éclatante folie.
Tout doit tendre au bon sens : mais, pour y parvenir,
Le chemin est glissant et pénible à tenir;
Pour peu qu'on s'en écarte, aussitôt on se noie.
La raison pour marcher n'a souvent qu'une voie.

   Un auteur quelquefois, trop plein de son objet,
Jamais sans l'épuiser n'abandonne un sujet.
S'il rencontre un palais, il m'en dépeint la face;
Il me promène après de terrasse en terrasse :
Ici s'offre un perron; là règne un corridor;
Là ce balcon s'enferme en un balustre d'or.
Il compte des plafonds les ronds et les ovales;
Ce ne sont que festons, ce ne sont qu'astragales[1].
Je saute vingt feuillets pour en trouver la fin,
Et je me sauve à peine au travers du jardin.
Fuyez de ces auteurs l'abondance stérile,
Et ne vous chargez point d'un détail inutile.
Tout ce qu'on dit de trop est fade et rebutant :
L'esprit rassasié le rejette à l'instant.
Qui ne sait se borner ne sut jamais écrire.

« Et combien, dit-il, qu'il m'ait fait passer pour vieux et grand beuveur, dans ses vers, avec la même injustice qu'on a escrit dans tous les cabarets le nom de Chaudière, qu'on dit qui ne beut jamais que de l'eau, si est-ce que pour me venger agréablement de ces injures, je prendrois plaisir à publier qu'il a toutes les vertus, qui accompagnent la générosité. » (ED. F.)

1. Ce vers, sauf la variante du dernier mot, est l'un des 12,000 du poëme d'*Alaric* par Scudéry :

Ce ne sont que festons, ce ne sont que couronnes.

Il se trouve au livre III, dans la description, en cinq cents vers pour le moins, du palais où le magicien Rigilde a fait transporter Alaric par des démons. (ED. F.)

L'ART POÉTIQUE.

Souvent la peur d'un mal nous conduit dans un pire :
Un vers était trop faible, et vous le rendez dur ;
J'évite d'être long, et je deviens obscur.
L'un n'est point trop fardé, mais sa muse est trop nue ;
L'autre a peur de ramper ; il se perd dans la nue.
Voulez-vous du public mériter les amours ?
Sans cesse en écrivant variez vos discours.
Un style trop égal et toujours uniforme
En vain brille à nos yeux ; il faut qu'il nous endorme.
On lit peu ces auteurs, nés pour nous ennuyer,
Qui toujours sur un ton semblent psalmodier.
Heureux qui, dans ses vers, sait d'une voix légère
Passer du grave au doux, du plaisant au sévère !
Son livre, aimé du ciel et chéri des lecteurs,
Est souvent chez Barbin entouré d'acheteurs.
Quoi que vous écriviez, évitez la bassesse :
Le style le moins noble a pourtant sa noblesse.
Au mépris du bon sens, le burlesque effronté [1]
Trompa les yeux d'abord, plut par sa nouveauté :
On ne vit plus en vers que pointes triviales ;
Le Parnasse parla le langage des halles :
La licence à rimer alors n'eut plus de frein ;
Apollon travesti devint un Tabarin [2].
Cette contagion infecta les provinces,
Du clerc et du bourgeois passa jusques aux princes ;
Le plus mauvais plaisant eut ses approbateurs ;
Et, jusqu'à d'Assouci [3], tout trouva des lecteurs.
Mais de ce style enfin la cour désabusée
Dédaigna de ces vers l'extravagance aisée,
Distingua le naïf du plat et du bouffon,
Et laissa la province admirer le Typhon [4].
Que ce style jamais ne souille votre ouvrage.
Imitons de Marot l'élégant badinage,
Et laissons le burlesque aux plaisants du Pont-Neuf [5].
Mais n'allez point aussi, sur les pas de Brébeuf,
Même en une Pharsale, entasser sur les rives
« De morts et de mourants cent montagnes plaintives [6]. »
Prenez mieux votre ton. Soyez simple avec art,

---

1. Le style burlesque fut extrêmement en vogue, depuis le commencement du dernier siècle jusque vers 1660, qu'il tomba. (Boil.) — Il avait mis d'abord, pour premier hémistiche : « Sous l'appui de Scarron. » Il fit le changement qui est resté, lorsqu'il devint dangereux de nommer le premier mari de madame de Maintenon. Le souvenir dédaigneux qui se trouve un peu plus loin pour le *Typhon* lui parut un trait suffisamment hardi. (Ed. F.)

2. Bouffon, valet de Mondor, charlatan célèbre au commencement du dix-septième siècle. V. sa notice dans le *Théâtre français au XVIe et au XVIIe siècle*, Paris, Laplace, 1872, gr. in-8, p. 223.

3. Pitoyable auteur qui a composé l'*Ovide en belle humeur*. (Boil.)

4. Ou *la Gigantomachie*, poëme burlesque de Scarron dans lequel il décrit la guerre des géants contre les dieux.

5. Les vendeurs de mithridate et les joueurs de marionnettes se mettent depuis longtemps sur le Pont-Neuf. (Boil.)

6. Vers de Brébeuf, dans sa traduction de la *Pharsale*. liv. VII.

Sublime sans orgueil, agréable sans fard.
N'offrez rien au lecteur que ce qui peut lui plaire.
Ayez pour la cadence une oreille sévère :
Que toujours dans vos vers le sens coupant les mots
Suspende l'hémistiche, en marque le repos.
Gardez qu'une voyelle à courir trop hâtée
Ne soit d'une voyelle en son chemin heurtée.
Il est un heureux choix de mots harmonieux ;
Fuyez des mauvais sons le concours odieux :
Le vers le mieux rempli, la plus noble pensée,
Ne peut plaire à l'esprit quand l'oreille est blessée.
Durant les premiers ans du Parnasse françois,
Le caprice tout seul faisait toutes les lois.
La rime, au bout des mots assemblés sans mesure,
Tenait lieu d'ornements, de nombre et de césure.
Villon sut le premier, dans ces siècles grossiers,
Débrouiller l'art confus de nos vieux romanciers [1].
Marot, bientôt après, fit fleurir les ballades,
Tourna des triolets, rima des mascarades,
A des refrains réglés asservit les rondeaux,
Et montra pour rimer des chemins tout nouveaux.
Ronsard, qui le suivit, par une autre méthode,
Réglant tout, brouilla tout, fit un art à sa mode,
Et toutefois longtemps eut un heureux destin.
Mais sa muse, en français parlant grec et latin,
Vit dans l'âge suivant, par un retour grotesque,
Tomber de ses grands mots le faste pédantesque [2].
Ce poëte orgueilleux, trébuché de si haut,
Rendit plus retenus Desportes [3] et Bertaut [4].
Enfin Malherbe vint, et, le premier en France,
Fit sentir dans les vers une juste cadence ;
D'un mot mis en sa place enseigna le pouvoir,
Et réduisit la muse aux règles du devoir.
Par ce sage écrivain la langue réparée
N'offrit plus rien de rude à l'oreille épurée.
Les stances avec grâce apprirent à tomber,
Et le vers sur le vers n'osa plus enjamber.
Tout reconnut ses lois ; et ce guide fidèle
Aux auteurs de ce temps sert encor de modèle.
Marchez donc sur ses pas ; aimez sa pureté,

---

1. La plupart de nos plus anciens romans français sont en vers confus, et sans ordre, comme le Roman de la Rose, et plusieurs autres. (BOIL.)

2. Pradon (*Nouv. Remarques*, p. 87) trouve beaucoup trop maltraité, ici, Ronsard « qui, dit-il, fut nommé le prince des poëtes françois, dont le génie fut si élevé, pour qui les rois et les peuples eurent tant d'admiration. » Cette fois, il a raison. (ED. F.)

3. Philippe Desportes, abbé de Tiron, lecteur de la chambre du roi, conseiller d'État, surnommé, pour la douceur et la facilité de ses vers, le Tibulle français, était né à Chartres. Il mourut à Paris en 1606, la même année que naquit le grand Corneille.

4. Jean Bertaut, évêque de Séez, naquit à Caen, patrie de Malherbe. Il mourut en 1611, après avoir contribué à la conversion d'Henri IV.

Et de son tour heureux imitez la clarté.
Si le sens de vos vers tarde à se faire entendre,
Mon esprit aussitôt commence à se détendre ;
Et, de vos vains discours prompt à se détacher,
Ne suit point un auteur qu'il faut toujours chercher.
　　Il est certains esprits dont les sombres pensées
Sont d'un nuage épais toujours embarrassées ;
Le jour de la raison ne le saurait percer.
Avant donc que d'écrire, apprenez à penser.
Selon que notre idée est plus ou moins obscure,
L'expression la suit, ou moins nette, ou plus pure.
Ce que l'on conçoit bien s'énonce clairement,
Et les mots pour le dire arrivent aisément.
　　Surtout qu'en vos écrits la langue révérée
Dans vos plus grands excès vous soit toujours sacrée.
En vain vous me frappez d'un son mélodieux,
Si le terme est impropre, ou le tour vicieux :
Mon esprit n'admet point un pompeux barbarisme,
Ni d'un vers ampoulé l'orgueilleux solécisme.
Sans la langue, en un mot, l'auteur le plus divin
Est toujours, quoi qu'il fasse, un méchant écrivain.
　　Travaillez à loisir, quelque ordre qui vous presse [1],
Et ne vous piquez point d'une folle vitesse :
Un style si rapide, et qui court en rimant,
Marque moins trop d'esprit que peu de jugement.
J'aime mieux un ruisseau qui, sur la molle arène,
Dans un pré plein de fleurs lentement se promène,
Qu'un torrent débordé qui, d'un cours orageux,
Roule, plein de gravier, sur un terrain fangeux.
Hâtez-vous lentement ; et, sans perdre courage,
Vingt fois sur le métier remettez votre ouvrage :
Polissez-le sans cesse et le repolissez ;
Ajoutez quelquefois, et souvent effacez.
　　C'est peu qu'en un ouvrage où les fautes fourmillent
Des traits d'esprit semés de temps en temps pétillent ;
Il faut que chaque chose y soit mise en son lieu :
Que le début, la fin, répondent au milieu ;
Que d'un art délicat les pièces assorties
N'y forment qu'un seul tout de diverses parties ;
Que jamais du sujet le discours s'écartant
N'aille chercher trop loin quelque mot éclatant.
　　Craignez-vous pour vos vers la censure publique?
Soyez-vous à vous-même un sévère critique :
L'ignorance toujours est prête à s'admirer.
　　Faites-vous des amis prompts à vous censurer ;

---

[1]. Scudéri disait toujours, pour s'excuser de travailler si vite, qu'il avait ordre de finir. (BOIL.)

Qu'ils soient de vos écrits des confidents sincères,
Et de tous vos défauts les zélés adversaires [1] :
Dépouillez devant eux l'arrogance d'auteur.
Mais sachez de l'ami discerner le flatteur :
Tel vous semble applaudir, qui vous raille et vous joue.
Aimez qu'on vous conseille, et non pas qu'on vous loue.

Un flatteur aussitôt cherche à se récrier :
Chaque vers qu'il entend le fait extasier.
Tout est charmant, divin; aucun mot ne le blesse :
Il trépigne de joie, il pleure de tendresse;
Il vous comble partout d'éloges fastueux.
La vérité n'a point cet air impétueux.

Un sage ami, toujours rigoureux, inflexible,
Sur vos fautes jamais ne vous laisse paisible [2] :
Il ne pardonne point les endroits négligés,
Il renvoie en leur lieu les vers mal arrangés,
Il réprime des mots l'ambitieuse emphase;
Ici le sens le choque, et plus loin c'est la phrase.
Votre construction semble un peu s'obscurcir :
Ce terme est équivoque, il le faut éclaircir.
C'est ainsi que vous parle un ami véritable.
Mais souvent sur ses vers un auteur intraitable
A les protéger tous se croit intéressé,
Et d'abord prend en main le droit de l'offensé.
De ce vers, direz-vous, l'expression est basse.
— Ah ! monsieur, pour ce vers je vous demande grâce,
Répondra-t-il d'abord. — Ce mot me semble froid;
Je le retrancherais. — C'est le plus bel endroit ! —
Ce tour ne me plaît pas. — Tout le monde l'admire.
Ainsi, toujours constant à ne se point dédire,
Qu'un mot dans son ouvrage ait paru vous blesser,
C'est un titre chez lui pour ne point l'effacer.
Cependant, à l'entendre, il chérit la critique :
Vous avez sur ses vers un pouvoir despotique.
Mais tout ce beau discours dont il vient vous flatter
N'est rien qu'un piége adroit pour vous les réciter [3].
Aussitôt il vous quitte; et, content de sa muse,
S'en va chercher ailleurs quelque fat qu'il abuse :

---

1. Boileau fait certainement allusion ici aux réunions de sa petite chambre de la rue du Colombier, où Racine, La Fontaine, Molière et lui, se lisaient mutuellement leurs œuvres, en se conseillant et se corrigeant de la façon la plus franche (V. l'*Introduction*). La Fontaine, au début de son poëme de *Psyché*, parle aussi de ces entretiens, où les amis, s'occupant de tous les ouvrages d'esprit anciens ou modernes, « parloient des leurs avec modestie, et se donnoient des avis sincères. » (ED. F.)

2. Il s'agit ici de Patru qui fut le grand réviseur de l'*Art poétique*. Il avait d'abord dissuadé Boileau de cette rude entreprise, puis il l'y encouragea, en voyant de quel pas vigoureux et sûr il y marchait. L'ouvrage fini, il le repassa tout entier lui-même, la plume à la main : « M. Patru, c'est-à-dire le *Quintilius* de notre siècle, revit exactement ma poétique, » écrit Boileau, le 3 juillet 1703, dans un passage d'une lettre à Brossette, qu'on n'a pas assez remarqué. (ED. F.)

3. « Quinault n'a voulu se raccommoder avec moi, disait Boileau, que pour me parler de ses vers, et il ne me parle jamais des miens. »

Car souvent il en trouve. Ainsi qu'en sots auteurs,
Notre siècle est fertile en sots admirateurs;
Et, sans ceux que fournit la ville et la province,
Il en est chez le duc, il en est chez le prince.
L'ouvrage le plus plat a, chez les courtisans,
De tout temps rencontré de zélés partisans;
Et, pour finir enfin par un trait de satire,
Un sot trouve toujours un plus sot qui l'admire.

CHANT II

Telle qu'une bergère, au plus beau jour de fête,
De superbes rubis ne charge point sa tête,
Et, sans mêler à l'or l'éclat des diamants,
Cueille en un champ voisin ses plus beaux ornements :
Telle, aimable en son air, mais humble dans son style,
Doit éclater sans pompe une élégante idylle.
Son tour simple et naïf n'a rien de fastueux,
Et n'aime point l'orgueil d'un vers présomptueux.
Il faut que sa douceur flatte, chatouille, éveille,
Et jamais de grands mots n'épouvante l'oreille.
  Mais souvent dans ce style un rimeur aux abois
Jette là, de dépit, la flûte et le hautbois;
Et follement pompeux dans sa verve indiscrète,
Au milieu d'une églogue entonne la trompette.
De peur de l'écouter, Pan fuit dans les roseaux;
Et les nymphes d'effroi se cachent sous les eaux.
  Au contraire, cet autre, abject en son langage,
Fait parler ses bergers comme on parle au village.
Ses vers plats et grossiers, dépouillés d'agrément,
Toujours baisent la terre, et rampent tristement :
On dirait que Ronsard, sur ses pipeaux rustiques,
Vient encor fredonner ses idylles gothiques,
Et changer, sans respect de l'oreille et du son,
Lycidas en Pierrot, et Philis en Toinon [1].
  Entre ces deux excès la route est difficile.
Suivez, pour la trouver, Théocrite et Virgile :
Que leurs tendres écrits, par les Grâces dictés,
Ne quittent point vos mains, jour et nuit feuilletés.
Seuls, dans leurs doctes vers, ils pourront vous apprendre
Par quel art sans bassesse un auteur peut descendre;

---

[1]. Ronsard, dans ses églogues, appelle Henri II *Henriot*, Charles IX *Carlin*, Catherine de Médicis *Catin*, etc.

Chanter Flore, les champs, Pomone, les vergers.
Au combat de la flûte animer deux bergers ;
Des plaisirs de l'amour vanter la douce amorce ;
Changer Narcisse en fleur, couvrir Daphné d'écorce ;
Et par quel art encor l'églogue quelquefois
Rend dignes d'un consul la campagne et les bois[1].
Telle est de ce poëme et la force et la grâce.

D'un ton un peu plus haut, mais pourtant sans audace,
La plaintive élégie, en longs habits de deuil,
Sait, les cheveux épars, gémir sur un cercueil.
Elle peint des amants la joie et la tristesse ;
Flatte, menace, irrite, apaise une maîtresse ;
Mais, pour bien exprimer ces caprices heureux,
C'est peu d'être poëte, il faut être amoureux.
Je hais ces vains auteurs dont la muse forcée
M'entretient de ses feux, toujours froide et glacée ;
Qui s'affligent par art, et, fous de sens rassis,
S'érigent, pour rimer, en amoureux transis.
Leurs transports les plus doux ne sont que phrases vaines :
Il ne savent jamais que se charger de chaînes,
Que bénir leur martyre, adorer leur prison,
Et faire quereller les sens et la raison.
Ce n'était pas jadis sur ce ton ridicule
Qu'Amour dictait les vers que soupirait Tibulle ;
Ou que, du tendre Ovide animant les doux sons,
Il donnait de son art les charmantes leçons.
Il faut que le cœur seul parle dans l'élégie.

L'ode, avec plus d'éclat et non moins d'énergie,
Élevant jusqu'au ciel son vol ambitieux,
Entretient dans ses vers commerce avec les dieux.
Aux athlètes dans Pise[2] elle ouvre la barrière,
Chante un vainqueur poudreux au bout de la carrière ;
Mène Achille sanglant aux bords du Simoïs,
Ou fait fléchir l'Escaut sous le joug de Louis.
Tantôt, comme une abeille ardente à son ouvrage,
Elle s'en va de fleurs dépouiller le rivage :
Elle peint les festins, les danses et les ris ;
Vante un baiser cueilli sur les lèvres d'Iris,
Qui mollement résiste, et, par un doux caprice,
Quelquefois le refuse, afin qu'on le ravisse.
Son style impétueux souvent marche au hasard :
Chez elle un beau désordre est un effet de l'art.

Loin ces rimeurs craintifs dont l'esprit flegmatique
Garde dans ses fureurs un ordre didactique ;

---

1. Virg. *Egl.* iv. (Boil.)
2. Pise, en Élide, où l'on célébrait les jeux Olympiques. (Boil.)

Qui, chantant d'un héros les progrès éclatants,
Maigres historiens, suivront l'ordre des temps.
Ils n'osent un moment perdre un sujet de vue :
Pour prendre Dôle, il faut que Lille soit rendue [1],
Et que leur vers, exact ainsi que Mézerai [2],
Ait déjà fait tomber les remparts de Courtrai :
Apollon de son feu leur fut toujours avare.

On dit, à ce propos, qu'un jour ce dieu bizarre,
Voulant pousser à bout tous les rimeurs françois,
Inventa du sonnet les rigoureuses lois ;
Voulut qu'en deux quatrains de mesure pareille
La rime avec deux sons frappât huit fois l'oreille ;
Et qu'ensuite six vers, artistement rangés,
Fussent en deux tercets par le sens partagés.
Surtout de ce poëme il bannit la licence ;
Lui-même en mesura le nombre et la cadence ;
Défendit qu'un vers faible y pût jamais entrer,
Ni qu'un mot déjà mis osât s'y remontrer.
Du reste il l'enrichit d'une beauté suprême :
Un sonnet sans défaut vaut seul un long poëme [3].
Mais en vain mille auteurs y pensent arriver,
Et cet heureux phénix est encore à trouver.
A peine dans Gombaut, Maynard et Malleville [4],
En peut-on admirer deux ou trois entre mille :
Le reste, aussi peu lu que ceux de Pelletier,
N'a fait de chez Sercy [5] qu'un saut chez l'épicier.
Pour enfermer son sens dans la borne prescrite,
La mesure est toujours trop longue ou trop petite.

L'épigramme, plus libre en son tour plus borné,
N'est souvent qu'un bon mot de deux rimes orné.
Jadis de nos auteurs les pointes ignorées
Furent de l'Italie en nos vers attirées.
Le vulgaire, ébloui de leur faux agrément,
A ce nouvel appât courut avidement.
La faveur du public excitant leur audace,
Leur nombre impétueux inonda le Parnasse :
Le madrigal d'abord en fut enveloppé ;
Le sonnet orgueilleux lui-même en fut frappé ;

---

1. Lille et Courtrai furent pris en 1667, et Dôle en 1668.

2. François Eudes ajouta à son nom celui de *Mézeray*, petit hameau de la Basse-Normandie, pour se distinguer de ses frères. Son *Histoire de l'origine des Français*, et son *Abrégé chronologique de l'Histoire de France*, lui donnent une place honorable parmi nos historiens. Il était de l'Académie, et mourut en 1683.

3. Bonnecorse, dans son *Lutrigot*, reproche à Boileau d'avoir donné des préceptes sur des genres de poésies, qu'il n'avait point pratiqués lui-même. Pradon lui fait le même reproche : « Monsieur D..., dit-il (*Nouv. Remarques*, p. 90), n'a jamais osé taster de ces sortes d'ouvrages, dont il nous donne de si beaux préceptes. Il n'a même jamais osé entreprendre un petit sonnet. » La méchanceté ici se complique d'une erreur. Boileau, on le verra plus loin, avait fait des sonnets, il avait même commencé par là. Le soin qu'il prenait à ne les pas publier était un nouvel hommage pour le genre, si difficile et si vénéré, dont il ne les trouvait pas assez dignes. (ÉD. F.)

4. Trois célèbres académiciens du dix-septième siècle.

5. Libraire du Palais. (BOIL.)

La tragédie en fit ses plus chères délices;
L'élégie en orna ses douloureux caprices;
Un héros sur la scène eut soin de s'en parer,
Et sans pointe un amant n'osa plus soupirer.
On vit tous les bergers, dans leurs plaintes nouvelles,
Fidèles à la pointe encor plus qu'à leurs belles:
Chaque mot eut toujours deux visages divers;
La prose la reçut aussi bien que les vers;
L'avocat au palais en hérissa son style,
Et le docteur[1] en chaire en sema l'Évangile.

La raison outragée enfin ouvrit les yeux,
La chassa pour jamais des discours sérieux,
Et, dans tous ses écrits la déclarant infâme,
Par grâce lui laissa l'entrée en l'épigramme,
Pourvu que sa finesse, éclatant à propos,
Roulât sur la pensée et non pas sur les mots.
Ainsi de toutes parts les désordres cessèrent.
Toutefois à la cour les turlupins[2] restèrent,
Insipides plaisants, bouffons infortunés,
D'un jeu de mots grossier partisans surannés.
Ce n'est pas quelquefois qu'une muse un peu fine
Sur un mot, en passant, ne joue et ne badine,
Et d'un sens détourné n'abuse avec succès:
Mais fuyez sur ce point un ridicule excès;
Et n'allez pas toujours d'une pointe frivole
Aiguiser par la queue une épigramme folle.

Tout poëme est brillant de sa propre beauté.
Le rondeau, né gaulois, a la naïveté;
La ballade, asservie à ses vieilles maximes,
Souvent doit tout son lustre au caprice des rimes[3];
Le madrigal, plus simple et plus noble en son tour,
Respire la douceur, la tendresse et l'amour.

L'ardeur de se montrer, et non pas de médire,
Arma la Vérité du vers de la satire.
Lucile le premier osa la faire voir,
Aux vices des Romains présenta le miroir,
Vengea l'humble vertu de la richesse altière,
Et l'honnête homme à pied du faquin en litière.
Horace à cette aigreur mêla son enjouement:

---

1. Le petit père André, augustin. (Boil.)
2. Turlupin est le nom d'un comédien de Paris, qui divertissait le peuple par des jeux de mots qu'on a appelés *Turlupinades*. Ses imitateurs ont été nommés *Turlupins*. Il était le plaisant de la farce dans la troupe des comédiens de l'hôtel de Bourgogne, du temps que Bellerose en était le chef. V. sa notice dans le *Théâtre français au XVIe et au XVIIe siècle*, Paris, Laplace, 1872, gr. in-8, p. 284.
3. Boileau ne doit citer le genre de la ballade qui sentait « son vieux temps », comme dit Molière dans les *Femmes savantes*, que parce que La Fontaine s'y exerçait encore. Il en avait surtout fait une sur *Escobar*, qui eut un grand succès, quoiqu'elle ne courût qu'en copies. Richelet en donna quelques vers dans son dictionnaire. Elle fut enfin publiée à la suite de la *Satire de l'Équivoque*, Cologne, 1716, mais ne passa dans les œuvres qu'après avoir été donnée, plus d'un siècle après, comme *Inédite*, dans le *Journal de Paris*, 21 avril 1815. (Ed. F.)

On ne fut plus ni fat ni sot impunément ;
Et malheur à tout nom, qui, propre à la censure,
Put entrer dans un vers sans rompre la mesure !
 Perse, en ses vers obscurs, mais serrés et pressants,
Affecta d'enfermer moins de mots que de sens.
 Juvénal, élevé dans les cris de l'école,
Poussa jusqu'à l'excès sa mordante hyperbole.
Ses ouvrages, tout pleins d'affreuses vérités,
Étincellent pourtant de sublimes beautés :
Soit que sur un écrit arrivé de Caprée [1]
Il brise de Séjan la statue adorée ;
Soit qu'il fasse au conseil courir les sénateurs [2],
D'un tyran soupçonneux pâles adulateurs ;
Ou que, poussant à bout la luxure latine,
Aux portefaix de Rome il vende Messaline [3].
Ses écrits pleins de feu partout brillent aux yeux.
 De ces maîtres savants disciple ingénieux,
Régnier seul parmi nous, formé sur leurs modèles,
Dans son vieux style encore a des grâces nouvelles.
Heureux, si ses discours, craints du chaste lecteur,
Ne se sentaient des lieux où fréquentait l'auteur ;
Et si, du son hardi de ses rimes cyniques,
Il n'alarmait souvent les oreilles pudiques !
 Le latin, dans les mots, brave l'honnêteté :
Mais le lecteur français veut être respecté ;
Du moindre sens impur la liberté l'outrage,
Si la pudeur des mots n'en adoucit l'image.
Je veux dans la satire un esprit de candeur,
Et fuis un effronté qui prêche la pudeur.
 D'un trait de ce poëme, en bons mots si fertile,
Le Français né malin forma le vaudeville ;
Agréable, indiscret, qui, conduit par le chant,
Passe de bouche en bouche, et s'accroît en marchant.
La liberté française en ses vers se déploie :
Cet enfant du plaisir veut naître dans la joie.
Toutefois n'allez pas, goguenard dangereux,
Faire Dieu le sujet d'un badinage affreux :
A la fin tous ces jeux, que l'athéisme élève,
Conduisent tristement le plaisant à la Grève [4].
Il faut, même en chansons, du bon sens et de l'art ;
Mais pourtant on a vu le vin et le hasard
Inspirer quelquefois une muse grossière,

---

1. Satire X. (Boil.)
2. Satire IV. (Boil.)
3. Satire VI. (Boil.)
4. Quelques années avant la publication de ce poëme, un jeune homme, nommé Petit, fut surpris faisant imprimer des chansons impies et libertines de sa façon. On lui fit son procès, et il fut condamné à être pendu et brûlé, malgré les puissantes sollicitations qu'on fit agir en sa faveur.

Et fournir, sans génie, un couplet à Linière¹.
Mais, pour un vain bonheur qui vous a fait rimer,
Gardez qu'un sot orgueil ne vous vienne enfumer.
Souvent l'auteur altier de quelque chansonnette
Au même instant prend droit de se croire poëte :
Il ne dormira plus qu'il n'ait fait un sonnet;
Il met tous les matins six impromptus au net.
Encore est-ce un miracle, en ses vagues furies,
Si bientôt, imprimant ses sottes rêveries,
Il ne se fait graver au-devant du recueil,
Couronné de lauriers par la main de Nanteuil².

CHANT III

Il n'est point de serpent, ni de monstre odieux,
Qui, par l'art imité, ne puisse plaire aux yeux :
D'un pinceau délicat l'artifice agréable
Du plus affreux objet fait un objet aimable.
Ainsi, pour nous charmer, la tragédie en pleurs
D'Œdipe tout sanglant fit parler les douleurs³,
D'Oreste parricide exprima les alarmes,
Et, pour nous divertir, nous arracha des larmes.
Vous donc qui, d'un beau feu pour le théâtre épris,
Venez en vers pompeux y disputer le prix,
Voulez-vous sur la scène étaler des ouvrages
Où tout Paris en foule apporte ses suffrages,
Et qui, toujours plus beaux, plus ils sont regardés,
Soient au bout de vingt ans encor redemandés?
Que dans tous vos discours la passion émue
Aille chercher le cœur, l'échauffe et le remue.
Si d'un beau mouvement l'agréable fureur
Souvent ne nous remplit d'une douce terreur,
Ou n'excite en notre âme une pitié charmante,
En vain vous étalez une scène savante :
Vos froids raisonnements ne feront qu'attiédir
Un spectateur toujours paresseux d'applaudir,
Et qui, des vains efforts de votre rhétorique
Justement fatigué, s'endort ou vous critique⁴.

---

1. Boileau n'avait d'abord mis que l'initiale du nom, qui, à la rime surtout, se devinait si bien. C'était une malice pour que tout le monde nommât celui qu'il n'avait pas nommé. Pradon (*Nouv. Remarques*, p. 92) y vit de la peur : « M. D..., écrit-il, sans être lui-même plus brave, n'a pas osé mettre le nom d'un homme qui lui avait bien fait sentir la gentillesse de son génie, et dont il craignait les couplets, et qui le menaça un jour si joliment de le faire expirer sous le couplet. » (Ed. F.)

2. Fameux graveur. (Boil.)

3. Sophocle. (Boil.)

4. C'est à la tragédie d'*Othon*, l'une des dernières

Le secret est d'abord de plaire et de toucher :
Inventez des ressorts qui puissent m'attacher.

Que dès les premiers vers l'action préparée
Sans peine du sujet aplanisse l'entrée.
Je me ris d'un acteur qui, lent à s'exprimer,
De ce qu'il veut d'abord ne sait pas m'informer ;
Et qui, débrouillant mal une pénible intrigue,
D'un divertissement me fait une fatigue.
J'aimerais mieux encor qu'il déclinât son nom[1],
Et dît : Je suis Oreste, ou bien Agamemnon,
Que d'aller, par un tas de confuses merveilles,
Sans rien dire à l'esprit, étourdir les oreilles :
Le sujet n'est jamais assez tôt expliqué.

Que le lieu de la scène y soit fixe et marqué.
Un rimeur, sans péril, delà les Pyrénées[2],
Sur la scène en un jour renferme des années :
Là souvent le héros d'un spectacle grossier[3],
Enfant au premier acte, est barbon au dernier.
Mais nous, que la raison à ses règles engage,
Nous voulons qu'avec art l'action se ménage ;
Qu'en un lieu, qu'en un jour, un seul fait accompli
Tienne jusqu'à la fin le théâtre rempli.

Jamais au spectateur n'offrez rien d'incroyable :
Le vrai peut quelquefois n'être pas vraisemblable.
Une merveille absurde est pour moi sans appas :
L'esprit n'est point ému de ce qu'il ne croit pas.
Ce qu'on ne doit point voir, qu'un récit nous l'expose.
Les yeux en le voyant saisiraient mieux la chose ;
Mais il est des objets que l'art judicieux
Doit offrir à l'oreille et reculer des yeux.

Que le trouble toujours croissant de scène en scène,
A son comble arrivé, se débrouille sans peine.
L'esprit ne se sent point plus vivement frappé,
Que lorsqu'en un sujet d'intrigue enveloppé,
D'un secret tout à coup la vérité connue
Change tout, donne à tout une face imprévue.

La tragédie, informe et grossière en naissant,
N'était qu'un simple chœur, où chacun, en dansant,
Et du dieu des raisins entonnant les louanges,
S'efforçait d'attirer de fertiles vendanges.

---

bonnes pièces de Corneille, que s'adressaient ces vers contre le trop de raisonnement et de politique au théâtre. Celle-là en est pleine. Boileau l'avait saisie dans sa nouveauté. Elle fut jouée en 1664, époque où il s'essayait déjà à son poëme. Il convenait lui-même de l'allusion. « M. Despréaux, lit-on dans le Bolœana de Montchesnay (art. 107), ne se cachait point d'avoir attaqué directement Othon dans ces quatre vers. » (Ed. F.)

1. Il y a de pareils exemples dans Euripide. (Boil.)

2. Voyez Lope de Véga et Caldéron.

3. Ici Boileau ne fait que traduire un passage de Cervantes. On lit dans Don Quichotte, qu'il connaissait bien, et citait souvent, comme on le verra par plusieurs endroits de ses lettres : « Est-il rien de plus choquant que de voir un enfant au maillot dans la première scène du premier acte, paraître avec de la barbe au menton dès la seconde ? » (Ed. F.)

Là, le vin et la joie éveillant les esprits,
Du plus habile chantre un bouc était le prix.

Thespis fut le premier qui, barbouillé de lie,
Promena par les bourgs[1] cette heureuse folie;
Et, d'acteurs mal ornés chargeant un tombereau,
Amusa les passants d'un spectacle nouveau.

Eschyle dans le chœur jeta les personnages,
D'un masque plus honnête habilla les visages,
Sur les ais d'un théâtre en public exhaussé
Fit paraître l'acteur d'un brodequin chaussé[2].

Sophocle enfin, donnant l'essor à son génie,
Accrut encor la pompe, augmenta l'harmonie,
Intéressa le cœur dans toute l'action,
Des vers trop raboteux polit l'expression,
Lui donna chez les Grecs cette hauteur divine[3]
Où jamais n'atteignit la faiblesse latine.

Chez nos dévots aïeux le théâtre abhorré
Fut longtemps dans la France un plaisir ignoré.
De pèlerins, dit-on, une troupe grossière[4]
En public à Paris y monta la première;
Et, sottement zélée en sa simplicité,
Joua les Saints, la Vierge, et Dieu, par piété.
Le savoir, à la fin, dissipant l'ignorance,
Fit voir de ce projet la dévote imprudence.
On chassa ces docteurs prêchant sans mission;
On vit renaître Hector, Andromaque, Ilion[5];
Seulement, les acteurs laissant le masque antique[6],
Le violon tint lieu de chœur[7] et de musique.

Bientôt l'amour, fertile en tendres sentiments,
S'empara du théâtre, ainsi que des romans.
De cette passion la sensible peinture
Est, pour aller au cœur, la route la plus sûre.
Peignez donc, j'y consens, les héros amoureux :
Mais ne m'en formez pas des bergers doucereux.
Qu'Achille aime autrement que Tyrcis et Philène;
N'allez pas d'un Cyrus nous faire un Artamène[8];

---

1. Les bourgs de l'Attique. (Boil.) — Thespis vivait cinq cents ans environ avant Jésus-Christ.
2. Eschyle, qui vivait un siècle après Thespis, eut, dans sa vieillesse, Sophocle pour rival. On a souvent comparé Corneille et Racine à ces deux poëtes.
3. Voyez *Quintilien*, liv. X, chap. 1ᵉʳ. (Boil.) — Cette citation, faite par Boileau, est fautive. Quintilien, dans le passage qu'il indique, ne parle pas de la faiblesse du théâtre tragique chez les Latins. Il en exalte au contraire l'excellence. C'est la comédie qu'il trouve faible et boiteuse à Rome. « In comœdia claudicamus, » dit-il. Boileau s'imagina qu'il avait lu « in tragœdia. » Le peu qui nous reste de tragédies romaines, comparé avec ce que nous avons de comédies de même provenance : le répertoire de Plaute et celui de Térence, justifiait presque chez lui cette erreur de mémoire. (Ed. F.)
4. Leurs pièces sont imprimées. (Boil.)
5. Ce ne fut que sous Louis XIII que la tragédie commença à prendre une bonne forme en France. (Boil.)
6. Ce masque antique s'appliquait sur le visage de l'acteur, et représentait le personnage que l'on introduisait sur la scène. (Boil.)
7. *Esther* et *Athalie* ont montré combien on a perdu en supprimant les chœurs et la musique. (Boil.)
8. *Artamène*, ou le *grand Cyrus*, roman de mademoiselle de Scudéri. *Artamène* est le nom supposé donné à Cyrus dans les voyages qu'on lui fait entreprendre. Mais le caractère de ce prince n'est pas mieux conservé que son nom.

Et que l'amour, souvent de remords combattu,
Paraisse une faiblesse et non une vertu.

Des héros de roman fuyez les petitesses :
Toutefois aux grands cœurs donnez quelques faiblesses.
Achille déplairait, moins bouillant et moins prompt :
J'aime à lui voir verser des pleurs pour un affront.
A ces petits défauts marqués dans sa peinture,
L'esprit avec plaisir reconnaît la nature.
Qu'il soit sur ce modèle en vos écrits tracé :
Qu'Agamemnon soit fier, superbe, intéressé ;
Que pour ses dieux Énée ait un respect austère.
Conservez à chacun son propre caractère.
Des siècles, des pays, étudiez les mœurs :
Les climats font souvent les diverses humeurs.

Gardez donc de donner, ainsi que dans Clélie,
L'air ni l'esprit français à l'antique Italie,
Et, sous des noms romains faisant notre portrait,
Peindre Caton galant et Brutus dameret [1].
Dans un roman frivole aisément tout s'excuse ;
C'est assez qu'en courant la fiction amuse ;
Trop de rigueur alors serait hors de saison :
Mais la scène demande une exacte raison ;
L'étroite bienséance y veut être gardée.

D'un nouveau personnage inventez-vous l'idée ?
Qu'en tout avec soi-même il se montre d'accord,
Et qu'il soit jusqu'au bout tel qu'on l'a vu d'abord.
Souvent, sans y penser, un écrivain qui s'aime
Forme tous ses héros semblables à soi-même :
Tout a l'humeur gasconne en un auteur gascon ;
Calprenède et Juba [2] parlent du même ton.

La nature est en nous plus diverse et plus sage ;
Chaque passion parle un différent langage :
La colère est superbe, et veut des mots altiers ;
L'abattement s'explique en des termes moins fiers.

Que devant Troie en flamme Hécube désolée
Ne vienne pas pousser une plainte ampoulée,
Ni sans raison décrire en quels affreux pays [3]
Par sept bouches l'Euxin reçoit le Tanaïs.
Tous ces pompeux amas d'expressions frivoles
Sont d'un déclamateur amoureux des paroles.
Il faut dans la douleur que vous vous abaissiez :

---

1. L'épithète donnée ici au Brutus de la *Clélie* n'est pas exagérée. On lit en effet dans le célèbre roman (2ᵉ part., p. 161) comment ce fondateur de la république romaine, qui nous semble dans l'histoire si rude et si farouche, connaissait « parfaitement toutes les délicatesses de l'amour, » et (p. 107) comment « il étoit doux, civil, complaisant, agréable. « Boileau nous dira le reste dans son dialogue, *les Héros de romans,* où il ne fait que développer ce qu'il dit ici. (ED. F.)

2. Héros de la *Cléopâtre*. (BOIL.) — Roman de la Calprenède, qui vivait au milieu du dix-septième siècle.

3. Sénèque le Tragique. (*Troade*, sc. 1.) (BOIL.)

Pour me tirer des pleurs, il faut que vous pleuriez.
Ces grands mots dont alors l'acteur emplit sa bouche
Ne partent point d'un cœur que sa misère touche.
  Le théâtre, fertile en censeurs pointilleux,
Chez nous pour se produire est un champ périlleux.
Un auteur n'y fait pas de faciles conquêtes ;
Il trouve à le siffler des bouches toujours prêtes :
Chacun le peut traiter de fat et d'ignorant,
C'est un droit qu'à la porte on achète en entrant.
Il faut qu'en cent façons, pour plaire, il se replie ;
Que tantôt il s'élève et tantôt s'humilie ;
Qu'en nobles sentiments il soit partout fécond ;
Qu'il soit aisé, solide, agréable, profond ;
Que de traits surprenants sans cesse il nous réveille,
Qu'il coure dans ses vers de merveille en merveille,
Et que tout ce qu'il dit, facile à retenir,
De son ouvrage en nous laisse un long souvenir.
Ainsi la tragédie agit, marche et s'explique.
  D'un air plus grand encor la poésie épique,
Dans le vaste récit d'une longue action,
Se soutient par la fable et vit de fiction.
Là pour nous enchanter tout est mis en usage ;
Tout prend un corps, une âme, un esprit, un visage.
Chaque vertu devient une divinité :
Minerve est la prudence, et Vénus la beauté ;
Ce n'est plus la vapeur qui produit le tonnerre,
C'est Jupiter armé pour effrayer la terre ;
Un orage terrible aux yeux des matelots,
C'est Neptune en courroux qui gourmande les flots.
Écho n'est plus un son qui dans l'air retentisse,
C'est une nymphe en pleurs qui se plaint de Narcisse.
Ainsi, dans cet amas de nobles fictions,
Le poëte s'égaie en mille inventions,
Orne, élève, embellit, agrandit toutes choses,
Et trouve sous sa main des fleurs toujours écloses.
Qu'Énée et ses vaisseaux, par le vent écartés [1],
Soient aux bords africains d'un orage emportés,
Ce n'est qu'une aventure ordinaire et commune,
Qu'un coup peu surprenant des traits de la fortune :
Mais que Junon, constante en son aversion,
Poursuive sur les flots les restes d'Ilion ;
Qu'Éole, en sa faveur, les chassant d'Italie,
Ouvre aux vents mutinés les prisons d'Éolie ;
Que Neptune en courroux, s'élevant sur la mer,
D'un mot calme les flots, mette la paix dans l'air,

---

1. Voyez l'*Énéide*, liv. I, v. 50-151.

Délivre les vaisseaux, des sirtes les arrache :
C'est là ce qui surprend, frappe, saisit, attache.
Sans tous ces ornements, le vers tombe en langueur ;
La poésie est morte [1] ou rampe sans vigueur ;
Le poëte n'est plus qu'un orateur timide,
Qu'un froid historien d'une fable insipide.

 C'est donc bien vainement que nos auteurs déçus,
Bannissant de leurs vers ces ornements reçus,
Pensent faire agir Dieu, ses saints et ses prophètes,
Comme ces dieux éclos du cerveau des poëtes ;
Mettent à chaque pas le lecteur en enfer ;
N'offrent rien qu'Astaroth, Belzébuth, Lucifer.
De la foi d'un chrétien les mystères terribles
D'ornements égayés ne sont point susceptibles
L'Évangile à l'esprit n'offre de tous côtés
Que pénitence à faire et tourments mérités ;
Et de vos fictions le mélange coupable
Même à ses vérités donne l'air de la Fable.
Et quel objet enfin à présenter aux yeux,
Que le diable [2] toujours hurlant contre les cieux,
Qui de votre héros veut rabaisser la gloire,
Et souvent avec Dieu balance la victoire !

 Le Tasse, dira-t-on, l'a fait avec succès.
Je ne veux point ici lui faire son procès :
Mais, quoi que notre siècle à sa gloire publie,
Il n'eût point de son livre illustré l'Italie,
Si son sage héros, toujours en oraison,
N'eût fait que mettre enfin Satan à la raison ;
Et si Renaud, Argant, Tancrède et sa maîtresse,
N'eussent de son sujet égayé la tristesse.

 Ce n'est pas que j'approuve, en un sujet chrétien,
Un auteur follement idolâtre et païen :
Mais, dans une profane et riante peinture,
De n'oser de la Fable employer la figure ;
De chasser les tritons de l'empire des eaux ;
D'ôter à Pan sa flûte, aux Parques leurs ciseaux ;
D'empêcher que Caron, dans la fatale barque,
Ainsi que le berger ne passe le monarque :
C'est d'un scrupule vain s'alarmer sottement,
Et vouloir aux lecteurs plaire sans agrément.
Bientôt ils défendront de peindre la Prudence,
De donner à Thémis ni bandeau ni balance ;
De figurer aux yeux la Guerre au front d'airain,

---

[1]. L'auteur avait en vue Saint-Sorlin des Marets, qui a écrit contre la Fable. (Boil.)
[2]. Voyez le Tasse. (Boil.) — V. l'*Introduction*, pour quelques particularités nouvelles, sur les raisons dont Boileau justifiait son peu d'admiration pour le Tasse. (Ed. F.)

Ou le Temps qui s'enfuit une horloge à la main ;
Et partout des discours, comme une idolâtrie,
Dans leur faux zèle iront chasser l'allégorie.
Laissons-les s'applaudir de leur pieuse erreur :
Mais, pour nous, bannissons une vaine terreur;
Et, fabuleux chrétiens, n'allons point dans nos songes
Du Dieu de vérité faire un dieu de mensonges.
 La Fable offre à l'esprit mille agréments divers :
Là, tous les noms heureux semblent nés pour les vers;
Ulysse, Agamemnon, Oreste, Idoménée,
Hélène, Ménélas, Pâris, Hector, Énée.
Oh ! le plaisant projet d'un poëte ignorant,
Qui de tant de héros va choisir Childebrand¹ !
D'un seul nom quelquefois le son dur ou bizarre
Rend un poëme entier ou burlesque ou barbare.
 Voulez-vous longtemps plaire et jamais ne lasser ?
Faites choix d'un héros propre à m'intéresser,
En valeur éclatant, en vertus magnifique ;
Qu'en lui, jusqu'aux défauts, tout se montre héroïque :
Que ses faits surprenants soient dignes d'être ouïs ;
Qu'il soit tel que César, Alexandre ou Louis ;
Non tel que Polynice² et son perfide frère.
On s'ennuie aux exploits d'un conquérant vulgaire.
N'offrez point un sujet d'incidents trop chargé.
Le seul courroux d'Achille, avec art ménagé,
Remplit abondamment une Iliade entière :
Souvent trop d'abondance appauvrit la matière.
 Soyez vif et pressé dans vos narrations ;
Soyez riche et pompeux dans vos descriptions.
C'est là qu'il faut des vers étaler l'élégance :
N'y présentez jamais de basse circonstance.
N'imitez pas ce fou³, qui, décrivant les mers,
Et peignant, au milieu de leurs flots entr'ouverts,
L'Hébreu sauvé du joug de ses injustes maîtres,
Met, pour le voir passer, les poissons aux fenêtres⁴.
Peint le petit enfant qui va, saute, revient,
Et joyeux à sa mère offre un caillou qu'il tient.
Sur de trop vains objets c'est arrêter la vue.
 Donnez à votre ouvrage une juste étendue.
Que le début soit simple et n'ait rien d'affecté.
N'allez pas dès l'abord, sur Pégase monté,

---

1. *Childebrand, ou les Sarrasins chassés de France*, est un poëme héroïque de Jacques Carel, sieur de Sainte-Garde, qui n'en publia que les quatre premiers livres, en 1666 et 1670.
2. Polynice et Étéocle, frères ennemis, auteurs de la guerre de Thèbes. (Voyez *la Thébaïde* de Stace.) (BOIL.)
3. Saint-Amand. (BOIL.)

4. Les poissons ébahis les regardent passer.
   Moïse sauvé. — (BOIL.)
Ce vers est pris textuellement dans la 5ᵉ partie du *Moïse sauvé*. Ceux que Boileau intercale dans les siens sur « le petit enfant, etc , » sont un peu arrangés, mais ne sont pas moins ridicules. (ED. F.)

L'ART POÉTIQUE.

Crier à vos lecteurs d'une voix de tonnerre :
« Je chante le vainqueur des vainqueurs de la terre [1]. »
Que produira l'auteur après tous ces grands cris ?
La montagne en travail enfante une souris.
Oh ! que j'aime bien mieux cet auteur plein d'adresse,
Qui, sans faire d'abord de si haute promesse,
Me dit d'un ton aisé, doux, simple, harmonieux :
« Je chante les combats et cet homme pieux [2],
« Qui, des bords phrygiens conduit dans l'Ausonie,
« Le premier aborda les champs de Lavinie. »
Sa muse en arrivant ne met pas tout en feu,
Et, pour donner beaucoup, ne nous promet que peu.
Bientôt vous la verrez, prodiguant les miracles,
Du destin des Latins prononcer les oracles ;
De Styx et d'Achéron peindre les noirs torrents,
Et déjà les Césars dans l'Élysée errants.

De figures sans nombre égayez votre ouvrage ;
Que tout y fasse aux yeux une riante image :
On peut être à la fois et pompeux et plaisant ;
Et je hais un sublime ennuyeux et pesant.
J'aime mieux Arioste et ses fables comiques,
Que ces auteurs toujours froids et mélancoliques,
Qui dans leur sombre humeur se croiraient faire affront,
Si les Grâces jamais leur déridaient le front.

On dirait que pour plaire, instruit par la nature,
Homère ait à Vénus [3] dérobé sa ceinture.
Son livre est d'agréments un fertile trésor :
Tout ce qu'il a touché se convertit en or ;
Tout reçoit dans ses mains une nouvelle grâce ;
Partout il divertit et jamais il ne lasse.
Une heureuse chaleur anime ses discours :
Il ne s'égare point en de trop longs détours.
Sans garder dans ses vers un ordre méthodique,
Son sujet de soi-même et s'arrange et s'explique ;
Tout, sans faire d'apprêts, s'y prépare aisément ;
Chaque vers, chaque mot court à l'événement.
Aimez donc ses écrits, mais d'un amour sincère :
C'est avoir profité que de savoir s'y plaire.

Un poëme excellent, où tout marche et se suit,
N'est pas de ces travaux qu'un caprice produit :
Il veut du temps, des soins ; et ce pénible ouvrage

---

1. *Alaric*, poëme de Scudéri, liv. I. (BOIL.) — S'il retient volontiers contre ce poëme, c'est que, publié en 1654, et par conséquent tout nouveau encore au moment où il travaillait à son *Art poétique*, il était gêné par le tapage qu'en faisait Scudéri. Il ne refusait pas toute espèce de talent à ce poëte. Ces deux vers du même poëme d'*Alaric* :

Il n'est rien de si doux pour des cœurs pleins de gloire
Que la paisible nuit qui suit une victoire,

lui paraissaient beaux. Il est vrai qu'après les avoir admirés, il ne manquait pas de dire : « Je suis étonné qu'ils soient de lui ». (ED. F.)
2. *Énéid.*, liv. I.
3. *Iliad.*, liv. XIV.

Jamais d'un écolier ne fut l'apprentissage.
Mais souvent parmi nous un poëte sans art,
Qu'un beau feu quelquefois échauffa par hasard[1],
Enflant d'un vain orgueil son esprit chimérique,
Fièrement prend en main la trompette héroïque :
Sa muse déréglée, en ses vers vagabonds,
Ne s'élève jamais que par sauts et par bonds :
Et son feu, dépourvu de sens et de lecture,
S'éteint à chaque pas, faute de nourriture.
Mais en vain le public, prompt à le mépriser,
De son mérite faux le veut désabuser ;
Lui-même, applaudissant à son maigre génie,
Se donne par ses mains l'encens qu'on lui dénie :
Virgile, au prix de lui, n'a point d'invention ;
Homère n'entend point la noble fiction.
Si contre cet arrêt le siècle se rebelle,
A la postérité d'abord il en appelle :
Mais attendant qu'ici le bon sens de retour
Ramène triomphants ses ouvrages au jour,
Leurs tas au magasin, cachés à la lumière,
Combattent tristement les vers et la poussière[2].
Laissons-les donc entre eux s'escrimer en repos.
Et, sans nous égarer, suivons notre propos.

 Des succès fortunés du spectacle tragique
Dans Athènes naquit la comédie antique.
Là le Grec, né moqueur, par mille jeux plaisants,
Distilla le venin de ses traits médisants.
Aux accès insolents d'une bouffonne joie
La sagesse, l'esprit, l'honneur, furent en proie.
On vit par le public un poëte avoué
S'enrichir aux dépens du mérite joué ;
Et Socrate par lui, dans un chœur de nuées[3],
D'un vil amas de peuple attirer les huées.
Enfin de la licence on arrêta le cours :
Le magistrat des lois emprunta le secours ;
Et, rendant par édit les poëtes plus sages,
Défendit de marquer les noms et les visages.
Le théâtre perdit son antique fureur ;
La comédie apprit à rire sans aigreur,
Sans fiel et sans venin sut instruire et reprendre,

---

1. Boileau fait ici allusion à Desmarets. Ce poëte avait fait quelques ouvrages, dans lesquels il y avait du feu et de l'imagination : *Les Amours du compas et de la règle, et ceux du soleil et de l'ombre*. La comédie des *Visionnaires* a été un de ses plus remarquables ouvrages. Cette pièce a été réimprimée dans le Théâtre français au XVIe et au XVIIe siècle, publié par les éditeurs Laplace, Sanchez et Cie. (Ed. F.)

2. Desmarets se reconnut, lui et ses œuvres, dans ce passage, et y fut très-sensible. Il regimba surtout contre ce qui s'y trouve à propos de son *Clovis*, dont il niait l'insuccès. Il demanda (*Défense du poëme héroïque*, p. 101 « si le poëme, dont on a vu cinq diverses éditions de Paris, d'Avignon et de Hollande, est *caché à la lumière*, *rongé de vers* ». (Ed. F.)

3. *Les Nuées*, comédie d'Aristophane. (Boil.)

Et plut innocemment dans les vers de Ménandre[1].
Chacun, peint avec art dans ce nouveau miroir,
S'y vit avec plaisir, ou crut ne s'y point voir :
L'avare, des premiers, rit du tableau fidèle
D'un avare souvent tracé sur son modèle ;
Et mille fois un fat, finement exprimé,
Méconnut le portrait sur lui-même formé.

Que la nature donc soit votre étude unique,
Auteurs qui prétendez aux honneurs du comique.
Quiconque voit bien l'homme, et d'un esprit profond,
De tant de cœurs cachés a pénétré le fond ;
Qui sait bien ce que c'est qu'un prodigue, un avare,
Un honnête homme, un fat, un jaloux, un bizarre,
Sur une scène heureuse il peut les étaler,
Et les faire à nos yeux vivre, agir et parler.
Présentez-en partout les images naïves ;
Que chacun y soit peint des couleurs les plus vives.
La nature, féconde en bizarres portraits,
Dans chaque âme est marquée à de différents traits ;
Un geste la découvre, un rien la fait paraître :
Mais tout esprit n'a pas des yeux pour la connaître.

Le temps, qui change tout, change aussi nos humeurs :
Chaque âge a ses plaisirs, son esprit et ses mœurs.
Un jeune homme, toujours bouillant dans ses caprices,
Est prompt à recevoir l'impression des vices ;
Est vain dans ses discours, volage en ses désirs,
Rétif à la censure et fou dans les plaisirs.
L'âge viril, plus mûr, inspire un air plus sage ;
Se pousse auprès des grands, s'intrigue, se ménage ;
Contre les coups du sort songe à se maintenir,
Et loin dans le présent regarde l'avenir.
La vieillesse chagrine incessamment amasse ;
Garde, non pas pour soi, les trésors qu'elle entasse ;
Marche en tous ses desseins d'un pas lent et glacé,
Toujours plaint le présent et vante le passé ;
Inhabile aux plaisirs dont la jeunesse abuse,
Blâme en eux les douceurs que l'âge lui refuse.

Ne faites point parler vos acteurs au hasard,
Un vieillard en jeune homme, un jeune homme en vieillard.
Étudiez la cour et connaissez la ville ;
L'une et l'autre est toujours en modèles fertile.
C'est par là que Molière, illustrant ses écrits,
Peut-être de son art eût remporté le prix,
Si, moins ami du peuple, en ses doctes peintures
Il n'eût pas fait souvent grimacer ses figures,

---

[1]. Ménandre était contemporain d'Alexandre le Grand.

Quitté, pour le bouffon, l'agréable et le fin,
Et sans honte à Térence allié Tabarin;
Dans ce sac ridicule où Scapin [1] s'enveloppe [2]
Je ne reconnais plus l'auteur du Misanthrope.

Le comique, ennemi des soupirs et des pleurs,
N'admet point en ses vers de tragiques douleurs;
Mais son emploi n'est pas d'aller, dans une place,
De mots sales et bas charmer la populace :
Il faut que ses acteurs badinent noblement;
Que son nœud bien formé se dénoue aisément;
Que l'action, marchant où la raison la guide,
Ne se perde jamais dans une scène vide;
Que son style humble et doux se relève à propos;
Que ses discours, partout fertiles en bons mots,
Soient pleins de passions finement maniées,
Et les scènes toujours l'une à l'autre liées.
Aux dépens du bon sens gardez de plaisanter :
Jamais de la nature il ne faut s'écarter.
Contemplez de quel air un père dans Térence [3]
Vient d'un fils amoureux gourmander l'imprudence;
De quel air cet amant écoute ses leçons,
Et court chez sa maîtresse oublier ces chansons.
Ce n'est pas un portrait, une image semblable;
C'est un amant, un fils, un père véritable.

J'aime sur le théâtre un agréable auteur
Qui, sans se diffamer aux yeux du spectateur,
Plaît par la raison seule et jamais ne la choque;
Mais pour un faux plaisant, à grossière équivoque,
Qui, pour me divertir, n'a que la saleté,
Qu'il s'en aille, s'il veut, sur deux tréteaux monté,

---

1. Comédie de Molière. (Boil.) — Pradon (*Nouv. Remarques*, p. 35), rapprochant cette critique contre Molière des éloges de la satire II, la trouve bien peu brave : « Après un si grand éloge, est-il mort ? il le berne dans son *Art poétique*. » Pradon n'a peut-être pas tort. Il est certain que ce coup de pointe de Boileau contre son ami Molière, un an à peine après sa mort — elle est de 1673, et l'*Art poétique* est de 1674 — ne peut que sembler un peu prompt. On se pose aussi trop naturellement cette question : Molière vivant, se le fût-il permis? Nous n'examinerons pas si la critique de Boileau est juste, de peur d'être entraîné trop loin, nous ferons seulement remarquer la malice de son rapprochement entre Scapin et Tabarin : c'est justement à celui-ci que Molière avait emprunté l'idée du sac, dont il lui fait un si vif reproche. V. dans le *Théâtre français au XVIe et au XVIIe siècle*, p. 232, la seconde farce Tabarinique. (Ed. F.)

2. Faut-il dire « s'enveloppe » ou « l'enveloppe », comme cela semblerait plus logique, puisque Scapin ne s'enveloppe point du sac, mais y enveloppe au contraire Géronte, dont on pense que Molière jouait le rôle? Grande question, que l'on croyait avoir été posée seulement de nos jours par Daunou, mais qui l'avait été déjà au XVIIIe siècle, presque du temps même de Boileau. Jolly (*Remarques sur Bayle*, t. II, p. 634) rappelle que Leclerc s'en était occupé. Comme Daunou fit plus tard, il avait adopté la variante « l'enveloppe », et l'avait consacrée par une correction sur son exemplaire. Brossette l'apprit, et, voyant là une atteinte au texte sacré dont il s'était fait le gardien, il écrivit à Leclerc pour maintenir sa version. Leclerc tint bon pour la sienne, alléguant ce que lui avait dit dans sa première jeunesse un homme « qui avoit du bon sens ». Le mot était dur pour Brossette, et pour tous ceux qui étaient de l'opinion contraire. C'est cependant celle-ci que Jolly, juge de la question, adopta. Il garda « Scapin s'enveloppe », parce que, dit-il, Scapin est le principal personnage. J'ajouterai que, quoi qu'il en dise, la variante qu'il repoussait était préférée, dès 1710. Dans un manuscrit, daté de cette année-là (*Biblioth. de l'Arsenal*, n° 77 bis, in-8), une pièce intitulée : *Blâme et louange de Molière*, dit :

Dans le sac ridicule où Scapin l'enveloppe.   Ed. F.

3. Voyez Simon, dans l'*Andrienne*; et Déméa, dans les *Adelphes*. (Boil.)

Amusant le Pont-Neuf de ses sornettes fades,
Aux laquais assemblés jouer ses mascarades [1].

CHANT IV

Dans Florence jadis vivait un médecin [2],
Savant hâbleur, dit-on, et célèbre assassin.
Lui seul y fit longtemps la publique misère :
Là le fils orphelin lui redemande un père ;
Ici le frère pleure un frère empoisonné :
L'un meurt vide de sang, l'autre plein de séné :
Le rhume à son aspect se change en pleurésie,
Et par lui la migraine est bientôt frénésie.
Il quitte enfin la ville, en tous lieux détesté.
De tous ses amis morts un seul ami resté
Le mène en sa maison de superbe structure :
C'était un riche abbé, fou de l'architecture.
Le médecin d'abord semble né dans cet art,
Déjà de bâtiments parle comme Mansard [3] :
D'un salon qu'on élève il condamne la face ;
Au vestibule obscur il marque une autre place ;
Approuve l'escalier tourné d'autre façon.
Son ami le conçoit, et mande son maçon :
Le maçon vient, écoute, approuve, et se corrige.
Enfin, pour abréger un si plaisant prodige,
Notre assassin renonce à son art inhumain ;
Et désormais, la règle et l'équerre à la main,
Laissant de Galien la science suspecte,
De méchant médecin devient bon architecte.

Son exemple est pour nous un précepte excellent :
Soyez plutôt maçon, si c'est votre talent,
Ouvrier estimé dans un art nécessaire,
Qu'écrivain du commun et poëte vulgaire.

1. Boileau disait qu'il avait eu en vue ici un théâtre de charlatans, qui, dans son enfance, tenait ses tréteaux près du quai, à la porte de Nesle, sur l'emplacement où fut bâti, en 1662, le collège Mazarin, aujourd'hui l'Institut. C'est au principal personnage de ce théâtre en plein vent qu'une *Mazarinade* de 1649, *Lettre de Polichinelle à Jules Mazarin*, faisait dire :

    Je suis Polichinelle
    Qui fait la sentinelle
    A la porte de Nesle.   (Ed. F.)

2. « ... Il y a un médecin à Paris, nommé M. Perrault, très-grand ennemi de la santé et du bon sens, mais en récompense fort grand ami de M. Quinault. Un mouvement de pitié pour son pays, ou plutôt le peu de gain qu'il faisait dans son métier, lui en fait à la fin embrasser un autre. Il a lu Vitruve, il a fréquenté M. le Vau et M. Ratabon, et s'est enfin jeté dans l'architecture, où l'on prétend qu'en peu d'années il a autant élevé de mauvais bâtiments qu'étant médecin il avait ruiné de bonnes santés. Ce nouvel architecte m'a pris en haine sur le peu d'estime que je faisais des ouvrages de son cher Quinault. Sur cela il s'est déchaîné contre moi dans le monde : je l'ai souffert quelque temps avec assez de modération : mais enfin la bile satirique n'a pu se contenir, si bien que, dans le quatrième chant de ma poétique, à quelque temps de là, j'ai inséré la métamorphose d'un médecin en architecte ». (BOIL. *Lettre au maréchal de Vivonne...* 1676.)

3. Célèbre architecte. Il mourut en 1666, âgé de soixante-neuf ans.

Il est dans tout autre art des degrés différents :
On peut avec honneur remplir les seconds rangs ;
Mais, dans l'art dangereux de rimer et d'écrire,
Il n'est point de degrés du médiocre au pire ;
Qui dit froid écrivain dit détestable auteur.
Boyer[1] est à Pinchêne[2] égal pour le lecteur ;
On ne lit guère plus Rampale et Ménardière[3],
Que Maignon[4], du Souhait[5], Corbin[6] et la Morlière[7].
Un fou du moins fait rire, et peut nous égayer :
Mais un froid écrivain ne sait rien qu'ennuyer.
J'aime mieux Bergerac[8] et sa burlesque audace,
Que ces vers où Motin[9] se morfond et nous glace.

Ne vous enivrez point des éloges flatteurs
Qu'un amas quelquefois de vains admirateurs
Vous donne en ces réduits[10], prompts à crier : Merveille !
Tel écrit[11] récité se soutint à l'oreille,
Qui, dans l'impression au grand jour se montrant,
Ne soutient pas des yeux le regard pénétrant.
On sait de cent auteurs l'aventure tragique ;
Et Gombaut[12] tant loué garde encor la boutique.

Écoutez tout le monde, assidu consultant :
Un fat quelquefois ouvre un avis important.
Quelques vers toutefois qu'Apollon vous inspire,
En tous lieux aussitôt ne courez pas les lire :
Gardez-vous d'imiter ce rimeur furieux[13],
Qui, de ses vains écrits lecteur harmonieux,
Aborde en récitant quiconque le salue,
Et poursuit de ses vers les passants dans la rue.
Il n'est temple si saint, des anges respecté[14],

---

1. Auteur médiocre. (BOIL.)
2. Pinchêne a déjà été nommé dans l'épître VIII.
3. Rampale et la Ménardière vivaient au milieu du dix-septième siècle.
4. Maignon a composé un poëme fort long, intitulé l'*Encyclopédie*. (BOIL.) — Il avait été de l'illustre théâtre, avec Molière, dont il resta toujours l'ami, et qui joua plusieurs de ses tragédies : *Josaphat*, *Séjanus*, etc. Il fut assassiné sur le Pont-Neuf, en 1662, par l'amant de sa femme, comme nous l'avons dernièrement appris en parcourant les papiers de la Bastille qui sont à la Bibliothèque de l'Arsenal. (ED. F.)
5. Du Souhait avait traduit l'*Iliade* en prose. (BOIL.)
6. Corbin avait traduit la *Bible* mot à mot. (BOIL.)
7. La Morlière, méchant poëte. (BOIL.)
8. Cyrano de Bergerac, auteur du *Voyage dans la lune*. (BOIL.)
9. Pierre Motin, poëte berrichon, mort en 1615, contemporain et ami de Régnier, a laissé quelques poésies, imprimées dans les recueils du temps. Plusieurs, entre autres Baillet (*Jugem. des savants*, t. VIII, p. 44), prétendirent, à cause de la ressemblance des noms, que Motin cachait ici Cotin. Boileau s'en expliqua nettement à Ménage : c'est bien Motin qu'il visait pour se venger de l'ennui de ses vers (*Menagiana*, t. II, p. 26). (ED. F.)

10. Le mot *réduit* se disait alors, comme *ruelle*, pour un endroit de conversation et de lecture. Corneille (*Excuse à Ariste*), parlant des suffrages du monde, dit :

Et mon ambition, pour faire plus de bruit,
Ne les va pas quêter de réduit en réduit. (ED. F.)

11. Chapelain. (BOIL.)
12. Jean Ogier de Gombaut, de l'Académie française, a fait plusieurs ouvrages complètement oubliés aujourd'hui. Il mourut en 1666.
13. L'abbé Guéton avait mis en note à cet endroit : « Cela pourroit s'appliquer à un M. Martinet, ayde des cérémonies, et conviendroit assez à Santeul de Saint-Victor, s'il n'avoit écrit en latin ». Boileau riposta par cette contre-note : « Ce n'est ni l'un ni l'autre dont j'ay voulu parler, mais de Du Perrier, fameux faiseur de vers latins dont il importunoit tout le monde ». L'abbé ne dut pas moins maintenir la fin de sa remarque : Il dut toujours lui sembler étrange, comme à nous, qu'un faiseur de vers latins fût appelé « rimeur ». Ce Du Perrier était de Provence, et neveu de celui à qui Malherbe adressa les fameuses *stances*.
14. Il récita de ses vers à l'auteur malgré lui, dans une église. (BOIL.)

Qui soit contre sa muse un lieu de sûreté.
Je vous l'ai déjà dit : aimez qu'on vous censure,
Et, souple à la raison, corrigez sans murmure.
Mais ne vous rendez pas dès qu'un sot vous reprend.

Souvent dans son orgueil un subtil ignorant
Par d'injustes dégoûts combat toute une pièce,
Blâme des plus beaux vers la noble hardiesse.
On a beau réfuter ses vains raisonnements;
Son esprit se complaît dans ses faux jugements;
Et sa faible raison, de clarté dépourvue,
Pense que rien n'échappe à sa débile vue.
Ses conseils sont à craindre; et si vous les croyez,
Pensant fuir un écueil, souvent vous vous noyez.

Faites choix d'un censeur solide et salutaire [1]
Que la raison conduise et le savoir éclaire,
Et dont le crayon sûr d'abord aille chercher
L'endroit que l'on sent faible, et qu'on se veut cacher.
Lui seul éclaircira vos doutes ridicules,
De votre esprit tremblant lèvera les scrupules.
C'est lui qui vous dira par quel transport heureux
Quelquefois dans sa course un esprit vigoureux,
Trop resserré par l'art, sort des règles prescrites,
Et de l'art même apprend à franchir leurs limites.
Mais ce parfait censeur se trouve rarement.
Tel excelle à rimer qui juge sottement :
Tel s'est fait par ses vers distinguer dans la ville,
Qui jamais de Lucain n'a distingué Virgile [2].

Auteurs, prêtez l'oreille à mes instructions.
Voulez-vous faire aimer vos riches fictions ?
Qu'en savantes leçons votre muse fertile
Partout joigne au plaisant le solide et l'utile.
Un lecteur sage fuit un vain amusement,
Et veut mettre à profit son divertissement.

Que votre âme et vos mœurs, peintes dans vos ouvrages,
N'offrent jamais de vous que de nobles images.
Je ne puis estimer ces dangereux auteurs
Qui de l'honneur, en vers, infâmes déserteurs,
Trahissant la vertu sur un papier coupable,
Aux yeux de leurs lecteurs rendent le vice aimable [3].

---

1. Ceci est un nouvel hommage à Patru, et à ses bons conseils pour cet *Art poétique*. V. une note du chant I*er*.
2. Il n'est pas douteux que Boileau pense ici à Corneille. Dans le *Huetiana*, p. 177, Huet, parlant de la préférence des poëtes de son temps pour ceux de Rome, dit : « J'ai ouï de mes oreilles avec étonnement P. Corneille la donner à Lucain sur Virgile ». Il répète la même chose dans les *Origines de Caen* (ch. 29), en ajoutant que Corneille mettait dans cet aveu « quelque peine et quelque honte ». (Ed. F.)

3. Il est incontestable que Boileau, malgré l'amitié qui l'unissait à La Fontaine, a voulu faire ici allusion au scandale de ses *Contes*, dont la troisième partie paraissait en 1671, au moment même où il travaillait le plus à son poëme. Sa critique ne voulait être qu'un avertissement, et ne fut pas, comme quelques-uns l'ont cru, une dénonciation. Ses *Contes* ne furent poursuivis par M. de la Reynie que bien plus tard, en 1686, après leur édition définitive, publiés en Hollande, avec deux parties nouvelles. (Ed. F.)

Je ne suis pas pourtant de ces tristes esprits
Qui, bannissant l'amour de tous chastes écrits,
D'un si riche ornement veulent priver la scène,
Traitent d'empoisonneurs et Rodrigue et Chimène [1].
L'amour le moins honnête exprimé chastement
N'excite point en nous de honteux mouvement.
Didon a beau gémir et m'étaler ses charmes ;
Je condamne sa faute en partageant ses larmes.
Un auteur vertueux, dans ses vers innocents,
Ne corrompt point le cœur en chatouillant les sens ;
Son feu n'allume point de criminelle flamme.
Aimez donc la vertu, nourrissez-en votre âme :
En vain l'esprit est plein d'une noble vigueur ;
Le vers se sent toujours des bassesses du cœur.

    Fuyez surtout, fuyez ces basses jalousies,
Des vulgaires esprits malignes frénésies.
Un sublime écrivain n'en peut être infecté ;
C'est un vice qui suit la médiocrité [2].
Du mérite éclatant cette sombre rivale
Contre lui chez les grands incessamment cabale,
Et, sur les pieds en vain tâchant de se hausser,
Pour s'égaler à lui cherche à le rabaisser.
Ne descendons jamais dans ces lâches intrigues :
N'allons point à l'honneur par de honteuses brigues.

    Que les vers ne soient pas votre éternel emploi.
Cultivez vos amis, soyez homme de foi :
C'est peu d'être agréable et charmant dans un livre ;
Il faut savoir encore et converser et vivre.

    Travaillez pour la gloire, et qu'un sordide gain
Ne soit jamais l'objet d'un illustre écrivain.
Je sais qu'un noble esprit peut, sans honte et sans crime,
Tirer de son travail un tribut légitime [3] ;
Mais je ne puis souffrir ces auteurs renommés,
Qui, dégoûtés de gloire et d'argent affamés,
Mettent leur Apollon aux gages d'un libraire,
Et font d'un art divin un métier mercenaire.

    Avant que la raison, s'expliquant par la voix,
Eût instruit les humains, eût enseigné des lois,
Tous les hommes suivaient la grossière nature,
Dispersés dans les bois, couraient à la pâture :

---

1. Voyez le *Traité de la Comédie* par Nicole.
2. Racine, qui avait eu à souffrir de l'hostilité jalouse de l'espèce de gens dont parlent ces vers, admira ce qu'ils ont de vrai. Boileau étant revenu sur cette triste engeance dans une de ses lettres, il lui répondit (3 juin 1692) : « Ce que vous dites des esprits médiocres est fort vrai, et m'a frappé il y a longtemps, dans votre poétique ». (Ed. F.)
3. Boileau était d'autant mieux venu à crier contre les auteurs mercenaires, qu'il n'avait lui-même jamais rien touché comme prix de ses vers. (V. l'*Introduction*.) « Il m'a assuré, dit Louis Racine dans les *Mémoires* sur la vie de son père (1747, in-12, p. 57), que jamais libraire ne lui avoit payé un seul de ses ouvrages, ce qui l'avoit rendu hardi à railler dans son *Art poétique* les auteurs qui mettent leur Apollon aux gages d'un libraire, et qu'il n'avoit fait les deux vers : *Je sais qu'un noble esprit*, etc., que pour consoler mon père, qui avoit tiré quelque profit de l'impression de ses tragédies ».

La force tenait lieu de droit et d'équité ;
Le meurtre s'exerçait avec impunité.
Mais du discours enfin l'harmonieuse adresse
De ces sauvages mœurs adoucit la rudesse,
Rassembla les humains dans les forêts épars,
Enferma les cités de murs et de remparts,
De l'aspect du supplice effraya l'insolence,
Et sous l'appui des lois mit la faible innocence.
Cet ordre fut, dit-on, le fruit des premiers vers.
De là sont nés ces bruits reçus dans l'univers,
Qu'aux accents dont Orphée emplit les monts de Thrace,
Les tigres amollis dépouillaient leur audace ;
Qu'aux accords d'Amphion les pierres se mouvaient,
Et sur les murs thébains en ordre s'élevaient.
L'harmonie en naissant produisit ces miracles.
Depuis, le ciel en vers fit parler les oracles ;
Du sein d'un prêtre ému d'une divine horreur,
Apollon par des vers exhala sa fureur.
Bientôt, ressuscitant les héros des vieux âges,
Homère aux grands exploits anima les courages.
Hésiode[1] à son tour, par d'utiles leçons,
Des champs trop paresseux vint hâter les moissons.
En mille écrits fameux la sagesse tracée
Fut, à l'aide des vers, aux mortels annoncée,
Et partout des esprits ses préceptes vainqueurs,
Introduits par l'oreille, entrèrent dans les cœurs.
Pour tant d'heureux bienfaits les Muses révérées
Furent d'un juste encens dans la Grèce honorées ;
Et leur art, attirant le culte des mortels,
A sa gloire en cent lieux vit dresser des autels.
Mais enfin, l'indigence amenant la bassesse,
Le Parnasse oublia sa première noblesse.
Un vil amour du gain, infectant les esprits,
De mensonges grossiers souilla tous les écrits ;
Et partout, enfantant mille ouvrages frivoles,
Trafiqua du discours et vendit les paroles.

 Ne vous flétrissez point par un vice si bas.
Si l'or seul a pour vous d'invincibles appas,
Fuyez ces lieux charmants qu'arrose le Permesse :
Ce n'est point sur ses bords qu'habite la richesse.
Aux plus savants auteurs, comme aux plus grands guerriers,
Apollon ne promet qu'un nom et des lauriers.
 Mais quoi ! dans la disette une muse affamée
Ne peut pas, dira-t-on, subsister de fumée ;

---

1. Poëte grec, né à Cumes en Éolide, et contemporain d'Homère. Il est l'auteur d'un poëme sur l'agriculture, que Virgile a imité et surpassé dans ses *Géorgiques*.

Un auteur qui, pressé d'un besoin importun,
Le soir entend crier ses entrailles à jeun,
Goûte peu d'Hélicon les douces promenades :
Horace a bu son soûl quand il voit les Ménades ;
Et, libre du souci qui trouble Colletet [1],
N'attend pas pour dîner le succès d'un sonnet.
  Il est vrai : mais enfin cette affreuse disgrâce
Rarement parmi nous afflige le Parnasse.
Et que craindre en ce siècle, où toujours les beaux-arts
D'un astre favorable éprouvent les regards,
Où d'un prince éclairé la sage prévoyance
Fait partout au mérite ignorer l'indigence ?
  Muses, dictez sa gloire à tous vos nourrissons :
Son nom vaut mieux pour eux que toutes vos leçons.
Que Corneille, pour lui, rallumant son audace,
Soit encor le Corneille et du Cid et d'Horace :
Que Racine, enfantant des miracles nouveaux,
De ses héros sur lui forme tous les tableaux :
Que de son nom, chanté par la bouche des belles,
Benserade en tous lieux amuse les ruelles :
Que Segrais [2] dans l'églogue en charme les forêts ;
Que pour lui l'épigramme aiguise tous ses traits.
Mais quel heureux auteur, dans une autre Énéide,
Aux bords du Rhin tremblant conduira cet Alcide ?
Quelle savante lyre au bruit de ses exploits
Fera marcher encor les rochers et les bois,
Chantera le Batave, éperdu dans l'orage,
Soi-même se noyant pour sortir du naufrage,
Dira les bataillons sous Mastricht enterrés,
Dans ces affreux assauts du soleil éclairés ?
  Mais, tandis que je parle, une gloire nouvelle
Vers ce vainqueur rapide aux Alpes vous appelle.
Déjà Dôle et Salins [3] sous le joug ont ployé ;
Besançon fume encor sur son roc foudroyé.
Où sont ces grands guerriers dont les fatales ligues
Devaient à ce torrent opposer tant de digues ?
Est-ce encor en fuyant qu'ils pensent l'arrêter,
Fiers du honteux honneur d'avoir su l'éviter ?
Que de remparts détruits ! que de villes forcées !
Que de moissons de gloire en courant amassées !
  Auteurs, pour les chanter redoublez vos transports :
Le sujet ne veut pas de vulgaires efforts.

---

1. Voyez la note sur Colletet dans la satire v.
2. Segrais s'est particulièrement distingué par des églogues, et par un poëme pastoral sous le titre d'*Athis*, dans lesquels il a parfaitement exprimé cette douce et ingénieuse simplicité qui fait le principal caractère de l'églogue. Jean Renaud de Segrais, de l'Académie française, mourut à Caen, sa patrie, le 25 mars 1701.
3. Places de la Franche-Comté prises en plein hiver. (Boil.)

Pour moi, qui, jusqu'ici nourri dans la satire,
N'ose encor manier la trompette et la lyre,
Vous me verrez pourtant, dans ce champ glorieux,
Vous animer du moins de la voix et des yeux ;
Vous offrir ces leçons que ma muse au Parnasse
Rapporta, jeune encor, du commerce d'Horace ;
Seconder votre ardeur, échauffer vos esprits,
Et vous montrer de loin la couronne et le prix.
Mais aussi pardonnez, si, plein de ce beau zèle,
De tous vos pas fameux observateur fidèle,
Quelquefois du bon or je sépare le faux,
Et des auteurs grossiers j'attaque les défauts :
Censeur un peu fâcheux, mais souvent nécessaire,
Plus enclin à blâmer que savant à bien faire.

FIN DE L'ART POÉTIQUE.

LE LUTRIN

POËME HÉROI-COMIQUE

AU LECTEUR
1674

Je ne ferai point ici comme Arioste[1], qui, quelquefois sur le point de débiter la fable du monde la plus absurde, la garantit vraie d'une vérité reconnue, et de l'appui même de l'autorité de l'archevêque Turpin[2]. Pour moi, je déclare franchement que tout le poëme du Lutrin n'est qu'une pure fiction, et que tout y est inventé, jusqu'au nom même du lieu où l'action se passe. Je l'ai appelé Pourges[3], du nom d'une petite chapelle qui était autrefois proche Montlhéry. C'est pourquoi le lecteur ne doit pas s'étonner que, pour y arriver de Bourgogne, la Nuit prenne le chemin de Paris et de Montlhéry.

C'est une assez bizarre occasion qui a donné lieu à ce poëme. Il n'y a pas longtemps que, dans une assemblée où j'étais, la conversation tomba sur le poëme héroïque. Chacun en parla suivant ses lumières. A l'égard de moi, comme on m'en eut demandé mon avis, je soutins ce que j'ai avancé dans ma poétique, qu'un poëme héroïque, pour être excellent, devait être chargé de peu de matière et que c'était à l'invention à la soutenir et à l'étendre. La chose fut fort contestée. On s'échauffa beaucoup; mais, après bien des raisons alléguées pour et contre, il arriva ce qui arrive ordinairement en toutes ces sortes de disputes : je veux dire qu'on ne se persuada point l'un l'autre, et que chacun demeura ferme dans son opinion. La chaleur de la dispute étant passée, on parla d'autre chose, et on se mit à rire de la manière dont on s'était échauffé sur une question aussi peu importante

1. On dirait aujourd'hui l'*Arioste*.
2. Turpin, Tulpin, ou Tilpin, moine de Saint-Denis, puis archevêque de Reims, mourut sur la fin du huitième siècle. Le roman qui porte son nom paraît n'avoir été composé que sur la fin du onzième.
3. Bourges.

que celle-là. On moralisa fort sur la folie des hommes qui passent presque toute leur vie à faire sérieusement de très-grandes bagatelles, et qui se font souvent une affaire considérable d'une chose indifférente. A propos de cela, un provincial raconta un démêlé fameux, qui était arrivé autrefois dans une petite église de sa province, entre le trésorier et le chantre, qui sont les deux premières dignités de cette église, pour savoir si un lutrin serait placé à un endroit ou à un autre. La chose fut trouvée plaisante. Sur cela un des savants de l'assemblée, qui ne pouvait pas oublier sitôt la dispute, me demanda si moi, qui voulais si peu de matière pour un poëme héroïque, j'entreprendrais d'en faire un sur un démêlé aussi peu chargé d'incidents que celui de cette église. J'eus plus tôt dit: Pourquoi non? que je n'eus fait réflexion sur ce qu'il me demandait. Cela fit faire un éclat de rire à la compagnie, et je ne pus m'empêcher de rire comme les autres, ne pensant pas, en effet, moi-même que je dusse jamais me mettre en état de tenir parole. Néanmoins, le soir, me trouvant de loisir, je rêvai à la chose, et ayant imaginé en général la plaisanterie que le lecteur va voir, j'en fis vingt vers que je montrai à mes amis. Ce commencement les réjouit assez. Le plaisir que je vis qu'ils y prenaient m'en fit faire encore vingt autres : ainsi, de vingt vers en vingt vers, j'ai poussé enfin l'ouvrage à près de neuf cents[1]. Voilà toute l'histoire de la bagatelle que je donne au public. J'aurais bien voulu la lui donner achevée; mais des raisons très-secrètes, dont le lecteur trouvera bon que je ne l'instruise pas, m'en ont empêché[2]. Je

1. Boileau n'avait fait encore que les quatre premiers chants. Aujourd'hui son poëme a plus de douze cents vers.
2. Desmarets ne se méprit pas sur « ces raisons qu'alléguait Boileau, sans les dire : « L'auteur, écrit-il (*Défense du poëme héroïque*, p. 117), trouvera bon qu'on croie que ces seules raisons *très-secrètes* sont qu'il n'a pu achever cet ouvrage ». C'était vrai. Le commentaire de Brossette ne put que répéter, plus tard, ce qu'avait deviné Desmarets, et cette fois d'après un aveu de Boileau

ne me serais pourtant pas pressé de le donner imparfait, comme il est, n'eût été les misérables fragments qui en ont couru [1]. C'est un burlesque nouveau, dont je me suis avisé en notre langue : car, au lieu que, dans l'autre burlesque, Didon et Énée parlaient comme des harengères et des crocheteurs, dans celui-ci, une horlogère et un horloger parlent comme Didon et Énée. Je ne sais donc si mon poëme aura les qualités propres à satisfaire un lecteur; mais j'ose me flatter qu'il aura au moins l'agrément de la nouveauté, puisque je ne pense pas qu'il y ait d'ouvrage de cette nature en notre langue, la *Défaite des bouts-rimés* de Sarasin étant plutôt une pure allégorie qu'un poëme comme celui-ci.

AU LECTEUR
1701

Il serait inutile maintenant de nier que le poëme suivant a été composé à l'occasion d'un différend assez léger, qui s'émut, dans une des plus célèbres églises de Paris, entre le trésorier et le chantre. Mais c'est tout ce qu'il y a de vrai. Le reste, depuis le commencement jusqu'à la fin, est une pure fiction; et tous les personnages y sont non-seulement inventés, mais j'ai eu soin même de les faire d'un caractère directement opposé au caractère de ceux qui desservent cette église, dont la plupart, et principalement les chanoines, sont tous gens, non-seulement d'une fort grande probité, mais de beaucoup d'esprit, et entre lesquels il y en a tel à qui je demanderais aussi volontiers son sentiment sur mes ouvrages, qu'à beaucoup de messieurs de l'Académie. Il ne faut donc pas s'étonner si personne n'a été offensé de l'impression de ce poëme, puisqu'il n'y a en effet personne qui y soit véritablement attaqué. Un prodigue ne s'avise guère de s'offenser de voir rire d'un avare, ni un dévot de voir tourner en ridicule un libertin. Je ne dirai point comment je fus engagé à travailler à cette bagatelle sur une espèce de défi qui me fut fait en riant par feu M. le premier président de Lamoignon, qui est celui que j'y peins sous le nom d'Ariste. Ce détail, à mon avis, n'est pas fort nécessaire. Mais je croirais me faire un trop grand tort, si je laissais échapper cette occasion d'apprendre à ceux qui l'ignorent, que ce grand personnage, durant sa vie, m'a honoré de son amitié. Je commençai à le connaître dans le temps que mes satires faisaient le plus de bruit; et l'accès obligeant qu'il me donna dans son illustre maison fit avantageusement mon apologie contre ceux qui voulaient m'accuser alors de libertinage et de mauvaises mœurs. C'était un homme d'un savoir étonnant et passionné admirateur de tous les bons livres de l'antiquité, et c'est ce qui lui fit plus aisément souffrir mes ouvrages, où il crut entrevoir quelque goût des anciens. Comme sa piété était sincère, elle était aussi fort gaie, et n'avait rien d'embarrassant. Il ne s'effraya point du nom de satire que portaient ces ouvrages, où il ne vit en effet que des vers et des auteurs attaqués. Il me loua même plusieurs fois d'avoir purgé, pour ainsi dire, ce genre de poésie de la saleté qui lui avait été jusqu'alors comme affectée. J'eus donc le bonheur de ne lui être pas désagréable. Il m'appela à tous ses plaisirs et à tous ses divertissements, c'est-à-dire à ses lectures et à ses promenades. Il me favorisa même quelquefois de sa plus étroite confidence, et me fit voir à fond son âme entière. Et que n'y vis-je point! Quel trésor surprenant de probité et de justice! Quel fonds inépuisable de piété et de zèle! Bien que sa vertu jetât un fort grand éclat au dehors, c'était tout autre chose au dedans; et on voyait bien qu'il avait soin d'en tempérer les rayons, pour ne pas blesser les yeux d'un siècle aussi corrompu que le nôtre. Je fus sincèrement épris de tant de qualités admirables; et, s'il eut beaucoup de bonne volonté pour moi, j'eus aussi pour lui une très-forte attache. Les soins que je lui rendis ne furent mêlés d'aucune raison d'intérêt mercenaire; et je songeai bien plus à profiter de sa conversation que de son crédit. Il mourut dans le temps que cette amitié était en son plus haut point; et le souvenir de sa perte m'afflige encore tous les jours. Pourquoi faut-il que des hommes si dignes de vivre soient sitôt enlevés du monde, tandis que des misérables et des gens de rien arrivent à une extrême vieillesse! Je ne m'étendrai pas davantage sur un sujet si triste; car je sens bien que si je continuais à en parler, je ne pourrais m'empêcher de mouiller peut-être de larmes la préface d'un ouvrage de pure plaisanterie.

---

lui-même, comme on le voit par une lettre de Brossette à J.-B. Rousseau (13 sept. 1717). (Ed. F.)

[1]. Ces *fragments* avaient été imprimés en 1673, c'est-à-dire un an auparavant, à la suite de la *Réponse au Pain bénit* du sieur de Marigny. Le vrai titre est *Fragments sur le Lutrin*. Ils n'occupent que 8 pages. Aucun éditeur de Boileau ne les a cités, tant les exemplaires — nous en possédons un — sont rares. Ils avaient été publiés, d'après des copies prises au vol, dans les réunions où Boileau faisait lecture de son poëme, et rien n'y était caché de ce qu'alors il ne cachait pas. Tous les vrais noms s'y trouvent, tels qu'il les disait, sans déguisement, dans ces indiscrétions à huis clos. C'est pour détruire l'effet de scandale produit par ces *Fragments*, qu'il n'appelle « misérables » que parce qu'ils sont d'une vérité trop indiscrète, que la publication de son poëme fut prématurément décidée. Elle devait, avec tous les travestissements qu'il y sut mettre, égarer l'opinion sur la voie qu'ils avaient trop franchement ouverte. Plus tard, quand il put tout avouer publiquement et démentir par sa préface de 1701 celle de 1674, on vit bien que le texte des « misérables fragments » avait, du premier coup, été le véritable. (Ed. F.)

ARGUMENT

Le trésorier remplit la première dignité du chapitre dont il est ici parlé, et il officie avec toutes les marques de l'épiscopat. Le chantre remplit la seconde dignité. Il y avait autrefois dans le chœur, à la place de celui-ci, un énorme pupitre ou lutrin, qui le couvrait presque tout entier. Il le fit ôter. Le trésorier voulut le faire remettre. De là arriva une dispute, qui fait le sujet de ce poëme.

CHANT PREMIER

Je chante les combats, et ce prélat terrible[1]
Qui, par ses longs travaux et sa force invincible,
Dans une illustre église exerçant son grand cœur,
Fit placer à la fin un lutrin dans le chœur.
C'est en vain que le chantre[2], abusant d'un faux titre,
Deux fois l'en fit ôter par les mains du chapitre :
Ce prélat, sur le banc de son rival altier
Deux fois le reportant, l'en couvrit tout entier.
   Muse, redis-moi donc quelle ardeur de vengeance
De ces hommes sacrés rompit l'intelligence,
Et troubla si longtemps deux célèbres rivaux :
Tant de fiel entre-t-il dans l'âme des dévots !
   Et toi, fameux héros[3], dont la sage entremise
De ce schisme naissant débarrassa l'Église,
Viens d'un regard heureux animer mon projet,
Et garde-toi de rire en ce grave sujet.
   Parmi les doux plaisirs d'une paix fraternelle
Paris voyait fleurir son antique chapelle :
Ses chanoines vermeils et brillants de santé
S'engraissaient d'une longue et sainte oisiveté :
Sans sortir de leurs lits, plus doux que leurs hermines,
Ces pieux fainéants faisaient chanter matines,
Veillaient à bien dîner, et laissaient en leur lieu
A des chantres gagés le soin de louer Dieu ;
Quand la Discorde, encor toute noire de crimes,
Sortant des Cordeliers pour aller aux Minimes[4],
Avec cet air hideux qui fait frémir la Paix,
S'arrêta près d'un arbre au pied de son palais.
Là, d'un œil attentif contemplant son empire,
A l'aspect du tumulte elle-même s'admire.
Elle y voit par le coche et d'Évreux et du Mans
Accourir à grands flots ses fidèles Normands :

---

1. Claude Auvry, ancien évêque de Coutances, était alors trésorier de la Sainte-Chapelle. Il avait été camérier (officier de chambre) du cardinal Mazarin.
2. Jacques Barrin, fils de M. la Galissonnière, maître des requêtes.
3. M. le Premier Président de Lamoignon. (Boil.) — Dans les *Fragments*, il était nommé. On y lit : « Illustre La Moygnon, » ce qui vaut mieux que « fameux héros », un magistrat, qui arrange un débat, n'étant pas un héros. (Ed. F.)
4. Il y eut de grandes brouilleries dans ces deux convents à l'occasion de quelques supérieurs qu'on y voulait élire. (Boil.)

Tel le fougueux prélat, que ce songe épouvante....

Lutrin Ch. 1

Elle y voit aborder le marquis, la comtesse,
Le bourgeois, le manant, le clergé, la noblesse;
Et partout des plaideurs les escadrons épars
Faire autour de Thémis flotter ses étendards.
Mais une église seule à ses yeux immobile
Garde au sein du tumulte une assiette tranquille :
Elle seule la brave; elle seule aux procès
De ses paisibles murs veut défendre l'accès.
La Discorde, à l'aspect d'un calme qui l'offense,
Fait siffler ses serpents, s'excite à la vengeance :
Sa bouche se remplit d'un poison odieux,
Et de longs traits de feu lui sortent par les yeux.
« Quoi! dit-elle d'un ton qui fit trembler les vitres,
J'aurais pu jusqu'ici brouiller tous les chapitres,
Diviser Cordeliers, Carmes et Célestins;
J'aurais fait soutenir un siége aux Augustins[1];
Et cette église seule, à mes ordres rebelle,
Nourrira dans son sein une paix éternelle!
Suis-je donc la Discorde? et parmi les mortels
Qui voudra désormais encenser mes autels[2]? »
A ces mots, d'un bonnet couvrant sa tête énorme,
Elle prend d'un vieux chantre et la taille et la forme;
Elle peint de bourgeons son visage guerrier,
Et s'en va de ce pas trouver le trésorier.
Dans le réduit obscur d'une alcôve enfoncée
S'élève un lit de plume à grands frais amassée :
Quatre rideaux pompeux, par un double contour,
En défendent l'entrée à la clarté du jour.
Là, parmi les douceurs d'un tranquille silence,
Règne sur le duvet une heureuse indolence :

---

1. De deux en deux ans, les Augustins du grand couvent de Paris nommaient en chapitre trois de leurs religieux bacheliers pour faire leur licence en Sorbonne. Il y avait trois places fondées pour cela. En 1658, le P. Célestin Villiers, prieur de ce couvent, voulant favoriser quelques bacheliers, en fit nommer neuf pour les trois licences suivantes. Ceux qui s'en virent exclus par cette élection prématurée se pourvurent au Parlement, qui ordonna que l'on ferait une autre nomination, en présence de MM. de Catinat et de Savouse, conseillers de la Cour, et de M⁰ Janart, substitut du procureur général. Les religieux ayant refusé d'obéir, la Cour fut obligée d'employer la force pour faire exécuter son arrêt. On manda tous les archers, qui, après avoir investi le couvent, essayèrent d'enfoncer les portes. Mais ils n'en purent venir à bout, parce que les religieux, prévoyant ce qui devait arriver, les avaient fait murer par derrière, et avaient fait provision de cailloux et de toutes sortes d'armes. Les archers tentèrent d'autres voies : les uns montèrent sur les toits des maisons voisines pour entrer dans le couvent, tandis que les autres travaillaient à faire une ouverture dans la muraille du jardin. Les Augustins s'étant mis en défense sonnèrent le tocsin, et commencèrent à tirer d'en bas sur les assiégeants. Ceux-ci, postés plus avantageusement qu'eux et couverts par les cheminées, tirèrent à leur tour sur les moines, dont deux furent tués et deux blessés. Cependant, la brèche étant faite, les religieux eurent la témérité d'y porter le Saint-Sacrement, espérant arrêter par là les assiégeants. Mais, comme ils virent que cette ressource était inutile et qu'on ne laissait pas de tirer sur eux, ils demandèrent à capituler, et l'on donna des otages de part et d'autre. Le principal article de la capitulation fut que les assiégés auraient la vie sauve, moyennant quoi ils abandonnèrent la brèche, et livrèrent leurs portes. Les commissaires du Parlement étant entrés firent arrêter onze de ces religieux, qui furent menés en prison à la Conciergerie. Ce fut le 23 août 1658. Le cardinal Mazarin, qui n'aimait pas le Parlement, fit mettre les religieux en liberté, par ordre du roi, après 27 jours de prison. Ils furent mis dans les carrosses du roi et menés en triomphe dans leur couvent, au milieu des gardes françaises rangées en haie depuis la Conciergerie jusques aux Augustins. Leurs confrères allèrent les recevoir en procession, ayant des palmes à la main. Ils sonnèrent toutes leurs cloches, et chantèrent le Te Deum en actions de grâces.

2. Virg., liv. I, v. 52. (Boil.)

C'est là que le prélat, muni d'un déjeuner,
Dormant d'un léger somme, attendait le dîner.
La jeunesse en sa fleur brille sur son visage :
Son menton sur son sein descend à double étage ;
Et son corps, ramassé dans sa courte grosseur,
Fait gémir les coussins sous sa molle épaisseur.
 La déesse en entrant, qui voit la nappe mise [1],
Admire un si bel ordre et reconnaît l'Église ;
Et, marchant à grands pas vers le lieu du repos,
Au prélat sommeillant elle adresse ces mots :
« Tu dors, prélat, tu dors, et là-haut à ta place
Le chantre aux yeux du chœur étale son audace,
Chante les *oremus*, fait des processions,
Et répand à grands flots les bénédictions [2] !
Tu dors ! Attends-tu donc que, sans bulle et sans titre,
Il te ravisse encor le rochet et la mitre ?
Sors de ce lit oiseux qui te tient attaché,
Et renonce au repos, ou bien à l'évêché [3]. »
 Elle dit ; et, du vent de sa bouche profane,
Lui souffle avec ces mots l'ardeur de la chicane.
Le prélat se réveille, et, plein d'émotion,
Lui donne toutefois la bénédiction [4].
Tel qu'on voit un taureau qu'une guêpe en furie
A piqué dans les flancs aux dépens de sa vie,
Le superbe animal, agité de tourments,
Exhale sa douleur en longs mugissements :
Tel le fougueux prélat, que ce songe épouvante,
Querelle, en se levant, et laquais et servante,
Et, d'un juste courroux rallumant sa vigueur,
Même avant le dîner parle d'aller au chœur.
Le prudent Gilotin [5], son aumônier fidèle,
En vain par ses conseils sagement le rappelle ;

---

1. On a reproché à Boileau la tournure de ce vers, qui blesse en effet la syntaxe, par l'interposition de mots incidents entre le substantif et son relatif. Il avait écrit d'abord, comme on le voit dans les *Fragments* :

La déesse, en entrant, trouve la nappe mise,
Admire un si bel ordre, etc.

Nous ne comprenons pas pourquoi il ne s'en tint pas à ce premier texte, tout aussi expressif et plus grammatical. (Ed. F.)

2. Ici, comme pour beaucoup d'autres détails de son poëme, Boileau invente, afin de mieux établir sans doute la rivalité du trésorier et du chantre. Celui-ci, quoi qu'en ait dit Brossette, n'avait pas le droit de donner les bénédictions. C'était le privilège du trésorier, surtout si, comme Claude Auvry, il avait été évêque. Le chanoine Morand, dans sa curieuse *Histoire de la Sainte-Chapelle*, 1790, in-4°, p. 110, donne sur ce point un démenti formel à Brossette. Il faut voir aussi ce que dit Félibien, *Histoire de Paris*, t. 2, p. 301, sur les attributions du chantre. (Ed. F.)

3. C'est-à-dire au droit d'officier pontificalement aux grandes fêtes de l'année, droit qui avait été accordé par l'antipape Benoît XIII au trésorier, dans la personne de Hugues Boileau, confesseur du roi Charles V, et l'un des ancêtres de notre poëte.

4. Le trésorier Auvry, bien qu'il n'eût plus rien de son évêché de Coutances, l'ayant permuté, en 1658, pour un bénéfice simple, qu'il cumula dès lors avec son office de la Sainte-Chapelle, se faisait plus que jamais appeler M. de Coutances, et plus que jamais aussi bénissait. Boileau parle de cette pieuse manie à Racine dans sa lettre du 21 juillet 1687, à propos du trésorier d'une autre Sainte-Chapelle, qu'il avait rencontré à Bourbon : « Il est, dit-il, homme de beaucoup d'esprit, et, s'il n'a pas la main si prompte à répandre les bénédictions que M. de Coutances, il a, en revanche, beaucoup plus de lettres et de solidité. » (Ed. F.)

5. Son véritable nom était Guironet. Le trésorier lui donna dans la suite la cure de la Sainte-Chapelle.

Lui montre le péril; que midi va sonner;
Qu'il va faire, s'il sort, refroidir le dîner.

« Quelle fureur, dit-il, quel aveugle caprice,
Quand le dîner est prêt, vous appelle à l'office?
De votre dignité soutenez mieux l'éclat :
Est-ce pour travailler que vous êtes prélat?
A quoi bon ce dégoût et ce zèle inutile?
Est-il donc pour jeûner quatre-temps ou vigile?
Reprenez vos esprits, et souvenez-vous bien
Qu'un dîner réchauffé ne valut jamais rien. »

Ainsi dit Gilotin, et ce ministre sage
Sur table, au même instant, fait servir le potage.
Le prélat voit la soupe, et, plein d'un saint respect,
Demeure quelque temps muet à cet aspect.
Il cède, dîne enfin; mais toujours plus farouche,
Les morceaux, trop hâtés, se pressent dans sa bouche.
Gilotin en gémit, et, sortant de fureur,
Chez tous ses partisans va semer la terreur[1].

On voit courir chez lui leurs troupes éperdues,
Comme l'on voit marcher les bataillons de grues[2],
Quand le Pygmée[3] altier, redoublant ses efforts,
De l'Hèbre[4] ou du Strymon[5] vient d'occuper les bords.
A l'aspect imprévu de leur foule agréable,
Le prélat radouci veut se lever de table :
La couleur lui renaît, sa voix change de ton;
Il fait par Gilotin rapporter un jambon.
Lui-même le premier, pour honorer la troupe,
D'un vin pur et vermeil il fait remplir sa coupe;
Il l'avale d'un trait; et, chacun l'imitant,
La cruche au large ventre est vide en un instant.
Sitôt que du nectar la troupe est abreuvée,
On dessert; et soudain, la nappe étant levée,
Le prélat, d'une voix conforme à son malheur,
Leur confie en ces mots sa trop juste douleur :

« Illustres compagnons de mes longues fatigues,
Qui m'avez soutenu par vos pieuses ligues,
Et par qui, maître enfin d'un chapitre insensé,
Seul à MAGNIFICAT je me vois encensé,
Souffrirez-vous toujours qu'un orgueilleux m'outrage;
Que le chantre à vos yeux détruise votre ouvrage,

---

1. Brossette prétend que ces partisans du trésorier, qui formaient avec lui de *pieuses ligues* contre le chantre et les autres chanoines, étaient les chantres subalternes. Berriat Saint-Prix a prouvé qu'il n'y avait jamais eu rien de pareil à la Sainte-Chapelle, que les chanoines, s'ils avaient eu parti à prendre, se seraient plutôt déclarés pour le prélat, et qu'enfin, dans tout cela encore, il n'y avait qu'une invention de Boileau. (ED. F.)

2. HOMÈRE, *Iliad.*, liv. III, v. 6. (BOIL.)
3. Les Pygmées n'avaient, suivant la Fable, qu'une coudée de haut; et Pline raconte que ce peuple *altier* était en guerre continuelle avec les grues, qui le chassèrent de la ville de Gérania.
4. Fleuve de Thrace. (BOIL.)
5. Fleuve de l'ancienne Thrace, et depuis la Macédoine. (BOIL.)

Usurpe tous mes droits, et, s'égalant à moi,
Donne à votre lutrin et le ton et la loi?
Ce matin même encor, ce n'est point un mensonge,
Une divinité me l'a fait voir en songe;
L'insolent, s'emparant du fruit de mes travaux,
A prononcé pour moi le BENEDICAT VOS!
Oui, pour mieux m'égorger, il prend mes propres armes. »
  Le prélat à ces mots verse un torrent de larmes.
Il veut, mais vainement, poursuivre son discours;
Ses sanglots redoublés en arrêtent le cours.
Le zélé Gilotin, qui prend part à sa gloire,
Pour lui rendre la voix fait apporter à boire;
Quand Sidrac[1], à qui l'âge allonge le chemin,
Arrive dans la chambre, un bâton à la main.
Ce vieillard dans le chœur a déjà vu quatre âges:
Il sait de tous les temps les différents usages;
Et son rare savoir, de simple marguillier[2],
L'éleva par degrés au rang de chevecier[3].
A l'aspect du prélat qui tombe en défaillance,
Il devine son mal, il se ride, il s'avance,
Et d'un ton paternel réprimant ses douleurs:
  « Laisse au chantre, dit-il, la tristesse et les pleurs,
Prélat; et, pour sauver tes droits et ton empire,
Écoute seulement ce que le ciel m'inspire.
Vers cet endroit du chœur où le chantre orgueilleux
Montre, assis à ta gauche, un front si sourcilleux;
Sur ce rang d'ais serrés qui forment sa clôture,
Fut jadis un lutrin d'inégale structure,
Dont les flancs élargis, de leur vaste contour,
Ombrageaient pleinement tous les lieux d'alentour.
Derrière ce lutrin, ainsi qu'au fond d'un antre,
A peine sur son banc on discernait le chantre;
Tandis qu'à l'autre banc le prélat radieux,
Découvert au grand jour, attirait tous les yeux.
Mais un démon, fatal à cette ample machine,
Soit qu'une main la nuit eût hâté sa ruine,
Soit qu'ainsi de tout temps l'ordonnât le destin,
Fit tomber à nos yeux le pupitre un matin.
J'eus beau prendre le ciel et le chantre à partie;
Il fallut l'emporter dans notre sacristie,
Où depuis trente hivers, sans gloire enseveli,
Il languit tout poudreux dans un honteux oubli.
Entends-moi donc, prélat. Dès que l'ombre tranquille

---

1. « *Sidrac* est le vrai nom d'un vieux chapelain-clerc de la Sainte-Chapelle, c'est-à-dire un chantre-musicien, dont la voix était une taille fort belle : son personnage n'est point feint. » (*Lettre de l'abbé Boileau à Brossette,* 12 février 1703.)
2. C'est celui qui a soin des reliques. (BOIL.)
3. C'est celui qui a soin des chapes et de la cire. (BOIL.)

Viendra d'un crêpe noir envelopper la ville,
Il faut que trois de nous, sans tumulte et sans bruit,
Partent à la faveur de la naissante nuit,
Et, du lutrin rompu réunissant la masse,
Aillent d'un zèle adroit le remettre en sa place.
Si le chantre demain ose le renverser,
Alors de cent arrêts tu le peux terrasser.
Pour soutenir tes droits, que le ciel autorise,
Abîme tout plutôt : c'est l'esprit de l'Église.
C'est par là qu'un prélat signale sa vigueur.
Ne borne pas ta gloire à prier dans un chœur :
Ces vertus dans Aleth[1] peuvent être en usage ;
Mais dans Paris, plaidons : c'est là notre partage[2].
Tes bénédictions dans le trouble croissant,
Tu pourras les répandre et par vingt et par cent,
Et, pour braver le chantre en son orgueil extrême,
Les répandre à ses yeux, et le bénir lui-même. »
  Ce discours aussitôt frappe tous les esprits ;
Et le prélat charmé l'approuve par des cris.
Il veut que, sur-le-champ, dans la troupe on choisisse
Les trois que Dieu destine à ce pieux office :
Mais chacun prétend part à cet illustre emploi.
« Le sort, dit le prélat, vous servira de loi[3] :
Que l'on tire au billet ceux que l'on doit élire. »
  Il dit ; on obéit, on se presse d'écrire.
Aussitôt trente noms, sur le papier tracés,
Sont au fond d'un bonnet par billets entassés.
Pour tirer ces billets avec moins d'artifice,
Guillaume, enfant de chœur, prête sa main novice :
Son front nouveau tondu, symbole de candeur,
Rougit, en approchant, d'une honnête pudeur.
Cependant le prélat, l'œil au ciel, la main nue,
Bénit trois fois les noms, et trois fois les remue.
Il tourne le bonnet : l'enfant tire, et Brontin[4]
Est le premier des noms qu'apporte le destin[5].
Le prélat en conçoit un favorable augure,
Et ce nom dans la troupe excite un doux murmure.
On se tait ; et bientôt on voit paraître au jour
Le nom, le fameux nom du perruquier l'Amour[6].

---

1. Ville du Bas-Languedoc, dont Nicolas Pavillon était alors évêque. Étienne Pavillon, l'un de nos poètes les plus aimables, était neveu de ce prélat.
2. Ici Boileau dit vrai : le clergé de la Sainte-Chapelle était en perpétuel état de procès. Morand cite une affaire litigieuse presque à chaque page de son *Histoire*, et il en oublie. François I*er*, dont il rappelle à ce sujet (p. 185) une Charte de 1520, avait déjà reproché à ces prêtres processifs d'être plus souvent à la porte des juges et aux pieds des tribunaux qu'à l'office et aux autels. (Ed. F.)

3. Homère, *Iliad.*, liv. VII, v. 171. (Boil.)
4. Son vrai nom était Frontin. Il était prêtre du diocèse de Chartres, et sous-marguillier de la Sainte-Chapelle.
5. Il est nommé de son vrai nom dans les *Fragments*. C'est à lui et à Syreude (Boirude), qui viendra tout à l'heure, que le Chantre donna assignation par devant messieurs des Requêtes du Palais, « pour que défense leur fût faite de ne plus mettre de pulpitre devant sa place à peine de cent livres d'amende. » (Ed. F.)
6. Molière a peint le caractère de cet homme dans son

Ce nouvel Adonis, à la blonde crinière,
Est l'unique soutien d'Anne sa perruquière[1].
Ils s'adorent l'un l'autre ; et ce couple charmant
S'unit longtemps, dit-on, avant le sacrement :
Mais, depuis trois moissons[2], à leur saint assemblage
L'official a joint le nom de mariage.
Ce perruquier superbe est l'effroi du quartier[3],
Et son courage est peint sur son visage altier.
Un des noms reste encore, et le prélat, par grâce,
Une dernière fois les brouille et les ressasse.
Chacun croit que son nom est le dernier des trois.
Mais que ne dis-tu point, ô puissant porte-croix,
Boirude[4], sacristain, cher appui de ton maître,
Lorsqu'aux yeux du prélat tu vis ton nom paraître !
On dit que ton front jaune, et ton teint sans couleur,
Perdit en ce moment son antique pâleur ;
Et que ton corps goutteux, plein d'une ardeur guerrière,
Pour sauter au plancher fit deux pas en arrière.
Chacun bénit tout haut l'arbitre des humains,
Qui remet leur bon droit en de si bonnes mains.
Aussitôt on se lève ; et l'assemblée en foule,
Avec un bruit confus, par les portes s'écoule.
  Le prélat, resté seul, calme un peu son dépit,
Et jusques au souper se couche et s'assoupit.

CHANT II

Cependant cet oiseau qui prône les merveilles,
Ce monstre composé de bouches et d'oreilles[5],
Qui, sans cesse volant de climats en climats,
Dit partout ce qu'il sait et ce qu'il ne sait pas ;
La Renommée enfin, cette prompte courrière,
Va d'un mortel effroi glacer la perruquière ;

Médecin malgré lui, à la fin de la première scène, sur ce que M. Despréaux lui en avait dit. (BOIL.) — Didier l'Amour avait sa boutique dans la cour du Palais, sous l'escalier de la Sainte-Chapelle.

1. Anne Dubuisson que Didier Lamour, veuf en premières noces d'Anna Géronard, avait épousée le 29 octobre 1658. Ils ne quittèrent pas la cour du Palais. Didier Lamour y mourut le 1er mai 1697, et sa femme le 30 mars suivant. (ED. F.)

2. C'est *neuf* qu'il eût fallu dire puisqu'ils étaient mariés depuis 1658, et que l'affaire du *lutrin* se passa en 1667.

3. Il exerçait une sorte de police dans la cour du Palais : armé d'un long fouet, il en chassait impitoyablement les enfants et les chiens qui venaient y faire du bruit. Mais son courage n'avait pas toujours été renfermé dans une enceinte aussi bornée. Pendant les troubles de Paris, le peuple ayant mis le feu aux portes de l'hôtel de ville, l'intrépide Didier se fit jour à travers la populace, et tira de l'hôtel de ville deux ou trois de ses amis, qui y étaient en danger.

4. François Syreude, sous-marguillier, ou sacristain de la Sainte-Chapelle, portait ordinairement la croix ou la bannière aux processions. Il fut, dans la suite, vicaire de la Sainte-Chapelle.

5. *Énéid.*, liv. IV, v. 173.

Il sort au même instant, il se met à leur tête.
Le Lutrin, Ch. II.

Lui dit que son époux, d'un faux zèle conduit,
Pour placer un lutrin doit veiller cette nuit.
　A ce triste récit, tremblante, désolée,
Elle accourt, l'œil en feu, la tête échevelée,
Et trop sûre d'un mal qu'on pense lui celer :
　« Oses-tu bien encor, traître, dissimuler[1]?
Dit-elle ; et ni la foi que ta main m'a donnée,
Ni nos embrassements qu'a suivis l'hyménée,
Ni ton épouse enfin toute prête à périr,
Ne sauraient donc t'ôter cette ardeur de courir !
Perfide ! si du moins, à ton devoir fidèle,
Tu veillais pour orner quelque tête nouvelle[2]!
L'espoir d'un juste gain, consolant ma langueur,
Pourrait de ton absence adoucir la longueur.
Mais quel zèle indiscret, quelle aveugle entreprise
Arme aujourd'hui ton bras en faveur d'une église ?
Où vas-tu, cher époux ? est-ce que tu me fuis ?
As-tu donc oublié tant de si douces nuits ?
Quoi ! d'un œil sans pitié vois-tu couler mes larmes ?
Au nom de nos baisers, jadis si pleins de charmes,
Si mon cœur, de tous temps facile à tes désirs,
N'a jamais d'un moment différé tes plaisirs ;
Si, pour te prodiguer mes plus tendres caresses,
Je n'ai point exigé ni serments, ni promesses,
Si toi seul à mon lit enfin eus toujours part,
Diffère au moins d'un jour ce funeste départ. »
　En achevant ces mots, cette amante enflammée
Sur un placet voisin tombe demi-pâmée.
Son époux s'en émeut, et son cœur éperdu
Entre deux passions demeure suspendu ;
Mais enfin rappelant son audace première :
　« Ma femme, lui dit-il d'une voix douce et fière,
Je ne veux point nier les solides bienfaits
Dont ton amour prodigue a comblé mes souhaits ;
Et le Rhin de ses flots ira grossir la Loire,
Avant que tes faveurs sortent de ma mémoire.
Mais ne présume pas qu'en te donnant ma foi
L'hymen m'ait pour jamais asservi sous ta loi :
Si le ciel en mes mains eût mis ma destinée,
Nous aurions fui tous deux le joug de l'hyménée ;
Et, sans nous opposer ces devoirs prétendus,
Nous goûterions encor des plaisirs défendus.

---

1. *Énéid.*, v. 305. (BOIL.)

2. Saint-Marc, dans son édition, a critiqué ce vers et le précédent. Peut-être eût-il préféré, comme nous, ceux que Boileau avait faits d'abord, et qui ne se trouvent que dans les *Fragments*, qu'il ne connaissait pas, et où personne ne les a repris :

Oh ! si ta main du moins, sous un rasoir fidèle,
Alloit faire tomber quelque barbe nouvelle,
L'espoir du gain pourroit consoler mon ennui... (ÉD. F.)

Cesse donc à mes yeux d'étaler un vain titre ;
Ne m'ôte pas l'honneur d'élever un pupitre ;
Et toi-même, donnant un frein à tes désirs,
Raffermis ma vertu qu'ébranlent tes soupirs.
Que te dirai-je enfin ? c'est le ciel qui m'appelle.
Une église, un prélat m'engage en sa querelle.
Il faut partir : j'y cours. Dissipe tes douleurs,
Et ne me trouble plus par ces indignes pleurs. »
. Il la quitte à ces mots. Son amante effarée
Demeure le teint pâle, et la vue égarée :
La force l'abandonne ; et sa bouche, trois fois
Voulant le rappeler, ne trouve plus de voix [1].
Elle fuit ; et, de pleurs inondant son visage,
Seule pour s'enfermer monte au cinquième étage ;
Mais, d'un bouge prochain accourant à ce bruit,
Sa servante Alizon la rattrape et la suit [2].

 Les ombres cependant, sur la ville épandues,
Du faîte des maisons descendent dans les rues [3] :
Le souper hors du chœur chasse les chapelains,
Et de chantres buvants les cabarets sont pleins.
Le redouté Brontin, que son devoir éveille,
Sort à l'instant, chargé d'une triple bouteille
D'un vin dont Gilotin, qui savait tout prévoir,
Au sortir du conseil eut soin de le pourvoir.
L'odeur d'un jus si doux lui rend le faix moins rude :
Il est bientôt suivi du sacristain Boirude ;
Et tous deux, de ce pas, s'en vont avec chaleur
Du trop lent perruquier réveiller la valeur.
« Partons, lui dit Brontin : déjà le jour plus sombre,
Dans les eaux s'éteignant, va faire place à l'ombre.
D'où vient ce noir chagrin que je lis dans tes yeux ?
Quoi ! le pardon sonnant [4] te retrouve en ces lieux ?
Où donc est ce grand cœur dont tantôt l'allégresse
Semblait du jour trop long accuser la paresse ?
Marche, et suis-nous du moins où l'honneur nous attend. »
 Le perruquier honteux rougit en l'écoutant.

---

1. Dans les deux premières éditions de 1674 et 1675, la voix, qui lui manquait ici, ne lui manquait pas assez. Elle disait tout d'une haleine plus de trente vers, où se continuait la parodie du discours de Didon à Énée. L'abbé Guéton, qui les trouvait fort originaux, demanda dans une note pourquoi Boileau les avait retranchés. Il répondit en marge : « L'épisode était trop long, et il y avoit quelque chose tendant à la saleté ; c'est ce qui me l'a fait retrancher. » A l'origine, il avait été plus long encore. Il s'y trouvait, par exemple, ces deux vers, conservés par les *Fragments*, p. 17, et que nous avons été surpris de ne pas voir dans la première édition :

Je l'ai reçu tout nu, sans argent, sans pratique.
J'ai de mon seul crédit soutenu sa boutique. (Éd. F.)

2. Bonnecorse, au chant X du *Lutrigot*, résume assez comiquement en deux vers l'épisode du discours de la Perruquière, renouvelé de l'*Énéide*, avec l'intervention de la servante :

Anne qui se pendoit sans sa chère Alizon,
Et qui dit en hurlant tout ce qu'a dit Didon. (Éd. F.)

3. Virg. *Églog.* I, v. 84. (Boil.)
4. C'étaient les trois coups de cloche par lesquels on avertissait le peuple de réciter l'*Angelus*. Cet avertissement se faisait le matin, à midi, et le soir. On l'appelait indifféremment *Angelus*, à cause de la prière qu'on dit ; et *Pardon*, à cause des indulgences qui y sont attachées.

Aussitôt de longs clous il prend une poignée :
Sur son épaule il charge une lourde coignée ;
Et derrière son dos, qui tremble sous le poids,
Il attache une scie en forme de carquois :
Il sort au même instant, il se met à leur tête.
A suivre ce grand chef l'un et l'autre s'apprête :
Leur cœur semble allumé d'un zèle tout nouveau ;
Brontin tient un maillet, et Boirude un marteau.
La lune, qui du ciel voit leur démarche altière,
Retire en leur faveur sa paisible lumière.
La Discorde en sourit, et, les suivant des yeux,
De joie, en les voyant, pousse un cri dans les cieux.
L'air, qui gémit du cri de l'horrible déesse,
Va jusque dans Cîteaux[1] réveiller la Mollesse[2].
C'est là qu'en un dortoir elle fait son séjour ;
Les Plaisirs nonchalants folâtrent à l'entour :
L'un pétrit dans un coin l'embonpoint des chanoines ;
L'autre broie en riant le vermillon des moines :
La Volupté la sert avec des yeux dévots,
Et toujours le Sommeil lui verse des pavots.
Ce soir, plus que jamais, en vain il les redouble.
La Mollesse à ce bruit se réveille, se trouble ;
Quand la Nuit, qui déjà va tout envelopper,
D'un funeste récit vient encor la frapper,
Lui conte du prélat l'entreprise nouvelle :
Au pied des murs sacrés d'une sainte chapelle.
Elle a vu trois guerriers, ennemis de la paix,
Marcher à la faveur de ses voiles épais :
La Discorde en ces lieux menace de s'accroître ;
Demain avec l'aurore un lutrin va paraître,
Qui doit y soulever un peuple de mutins.
Ainsi le ciel l'écrit au livre des destins.
A ce triste discours, qu'un long soupir achève,
La Mollesse, en pleurant, sur un bras se relève,
Ouvre un œil languissant, et, d'une faible voix,
Laisse tomber ces mots qu'elle interrompt vingt fois :
« O Nuit ! que m'as-tu dit ? quel démon sur la terre
Souffle dans tous les cœurs la fatigue et la guerre ?
Hélas ! qu'est devenu ce temps, cet heureux temps,
Où les rois s'honoraient du nom de fainéants,

---

1. Fameuse abbaye de l'ordre de saint Bernard, située en Bourgogne. Les religieux de Cîteaux n'avaient pas encore embrassé la réforme établie dans quelques maisons de leur ordre.
2. Les dénonciations ne pouvaient pas manquer contre l'audace de Boileau assez osé pour s'attaquer à l'illustre abbaye. « La mollesse au milieu de Cîteaux, s'écrie Bonnecorse dans une note du *Lutrigot*, il n'épargne pas les ordres les plus célèbres ! » Au couvent même on ne se fâcha pas, et la seule vengeance fut une petite malice, dont Boileau se tira bien : « Ayant passé à Cîteaux, écrit d'Alembert, il y fut fort bien reçu par les habitants de cette riche abbaye, qui lui firent voir tout leur couvent. L'un d'eux le pria de leur montrer le lieu où logeait la mollesse, comme il l'avait dit dans son *Lutrin*. « Montrez-la-moi vous-mêmes, mes pères, leur répondit-il. « car c'est vous qui la tenez cachée avec grand soin. » (ED. F.)

S'endormaient sur le trône, et, me servant sans honte,
Laissaient leur sceptre aux mains ou d'un maire ou d'un comte[1]?
Aucun soin n'approchait de leur paisible cour :
On reposait la nuit, on dormait tout le jour.
Seulement au printemps, quand Flore dans les plaines
Faisait taire des vents les bruyantes haleines,
Quatre bœufs attelés, d'un pas tranquille et lent,
Promenaient dans Paris le monarque indolent.
Ce doux siècle n'est plus. Le ciel impitoyable
A placé sur le trône un prince infatigable.
Il brave mes douceurs, il est sourd à ma voix :
Tous les jours il m'éveille au bruit de ses exploits.
Rien ne peut arrêter sa vigilante audace :
L'été n'a point de feux, l'hiver n'a point de glace.
J'entends à son seul nom tous mes sujets frémir.
En vain deux fois la paix a voulu l'endormir;
Loin de moi son courage, entraîné par la gloire,
Ne se plaît qu'à courir de victoire en victoire.
Je me fatiguerais à te tracer le cours
Des outrages cruels qu'il me fait tous les jours.
Je croyais, loin des lieux d'où ce prince m'exile,
Que l'Église du moins m'assurait un asile ;
Mais en vain j'espérais y régner sans effroi :
Moines, abbés, prieurs, tout s'arme contre moi.
Par mon exil honteux la Trappe[2] est ennoblie,
J'ai vu dans Saint-Denis la réforme établie;
Le Carme, le Feuillant, s'endurcit aux travaux.
Et la règle déjà se remet dans Clairvaux.
Cîteaux dormait encore, et la Sainte-Chapelle
Conservait du vieux temps l'oisiveté fidèle :
Et voici qu'un lutrin, prêt à tout renverser,
D'un séjour si chéri vient encor me chasser !
O toi ! de mon repos compagne aimable et sombre,
A de si noirs forfaits prêteras-tu ton ombre ?
Ah ! Nuit, si tant de fois, dans les bras de l'amour,
Je t'admis aux plaisirs que je cachais au jour,
Du moins ne permets pas.... » La Mollesse oppressée
Dans sa bouche à ce mot sent sa langue glacée ;
Et, lasse de parler, succombant sous l'effort,
Soupire, étend les bras, ferme l'œil et s'endort.

---

1. Sous les rois de la première race, le maire du Palais, *major Palatii*, était le premier officier de la couronne; le comte du Palais, *comes Palatii*, était le second.

2. Abbaye de saint Bernard, dans laquelle l'abbé Armand Bouthillier de Rancé a mis la réforme. (Bou.)

Dans la main de Bonrude il éteint la lumière.
Le Lutin. Ch III

CHANT III

Mais la Nuit aussitôt de ses ailes affreuses
Couvre des Bourguignons les campagnes vineuses,
Revole vers Paris, et, hâtant son retour,
Déjà de Montlhéri [1] voit la fameuse tour.
Ses murs, dont le sommet se dérobe à la vue,
Sur la cime d'un roc s'allongent dans la nue,
Et, présentant de loin leur objet ennuyeux,
Du passant qui le fuit semblent suivre les yeux.
Mille oiseaux effrayants, mille corbeaux funèbres,
De ces murs désertés habitent les ténèbres.
Là, depuis trente hivers, un hibou retiré
Trouvait contre le jour un refuge assuré.
Des désastres fameux ce messager fidèle
Sait toujours des malheurs la première nouvelle,
Et, tout prêt d'en semer le présage odieux,
Il attendait la nuit dans ces sauvages lieux.
Aux cris qu'à son abord vers le ciel il envoie,
Il rend tous ses voisins attristés de sa joie.
La plaintive Progné de douleur en frémit,
Et, dans les bois prochains, Philomèle en gémit.
« Suis-moi, » lui dit la Nuit. L'oiseau plein d'allégresse
Reconnaît à ce ton la voix de sa maîtresse.
Il la suit : et tous deux, d'un cours précipité,
De Paris à l'instant abordent la cité.
Là, s'élançant d'un vol que le vent favorise
Ils montent au sommet de la fatale église.
La Nuit baisse la vue, et, du haut du clocher,
Observe les guerriers, les regarde marcher.
Elle voit le barbier qui, d'une main légère,
Tient un verre de vin qui rit dans la fougère [2],
Et chacun, tour à tour s'inondant de ce jus,
Célébrer, en buvant, Gilotin et Bacchus.
« Ils triomphent ! dit-elle ; et leur âme abusée
Se promet dans mon ombre une victoire aisée :
Mais allons : il est temps qu'ils connaissent la Nuit. »

---

1. Tour très-haute, à six lieues de Paris, sur le chemin d'Orléans. (Boil.)

2. On appelait *verres de fougère*, ceux dans la composition desquels il entre du sel tiré de la cendre de fougère. On se sert ordinairement de cette cendre, parce que la fougère est une plante fort commune, et que ses cendres contiennent beaucoup de sel alcali. Ce sel, mêlé avec du sable qu'on fait fondre par un feu violent, fournit la matière du verre.

A ces mots, regardant le hibou qui la suit,
Elle perce les murs de la voûte sacrée ;
Jusqu'en la sacristie elle s'ouvre une entrée ;
Et, dans le ventre creux du pupitre fatal,
Va placer de ce pas le sinistre animal.
 Mais les trois champions, pleins de vin et d'audace,
Du Palais cependant passent la grande place ;
Et, suivant de Bacchus les auspices sacrés,
De l'auguste chapelle ils montent les degrés.
Ils atteignaient déjà le superbe portique
Où Ribou[1] le libraire, au fond de sa boutique,
Sous vingt fidèles clefs garde et tient en dépôt
L'amas toujours entier des écrits de Haynaut[2],
Quand Boirude, qui voit que le péril approche,
Les arrête, et, tirant un fusil de sa poche,
Des veines d'un caillou[3], qu'il frappe au même instant,
Il fait jaillir un feu qui petille en sortant,
Et bientôt, au brasier d'une mèche enflammée,
Montre, à l'aide du soufre, une cire allumée.
Cet astre tremblotant, dont le jour les conduit,
Est pour eux un soleil au milieu de la nuit.
Le temple à sa faveur est ouvert par Boirude :
Ils passent de la nef la vaste solitude,
Et dans la sacristie entrant, non sans terreur,
En percent jusqu'au fond la ténébreuse horreur.
 C'est là que du lutrin gît la machine énorme :
La troupe quelque temps en admire la forme.
Mais le barbier, qui tient les moments précieux :
« Ce spectacle n'est pas pour amuser nos yeux,
Dit-il : le temps est cher, portons-le dans le temple ;
C'est là qu'il faut demain qu'un prélat le contemple. »
Et d'un bras, à ces mots, qui peut tout ébranler,
Lui-même, se courbant, s'apprête à le rouler.
Mais à peine il le touche, ô prodige incroyable[4] !
Que du pupitre sort une voix effroyable.
Brontin en est ému ; le sacristain pâlit :

---

1. La boutique de Ribou était tout au haut du troisième perron de la Sainte-Chapelle, vis-à-vis la porte. Les livres qu'il a publiés portent ainsi son adresse : « Jean Ribou, au Palais sur le Grand Perron, devant la Sainte-Chapelle, à l'image Saint-Louis. » Brossette a dit que la *Satire des Satires*, dirigée par Boursault contre notre poëte, avait paru chez lui, et que Boileau lui en gardait rancune. C'est une erreur. Cette pièce parut chez Toussaint Quinet. Ce sont d'autres ouvrages de Boursault qui furent publiés par Ribou. (Ed. F.)

2. Boileau avait mis d'abord *Boursault*, puis, s'étant réconcilié avec lui, il écrivit *Perrault*, pour ne pas changer de rime ; là encore une réconciliation ayant eu lieu, et un autre nom, avec la même consonnance, lui deve-nant nécessaire, il mit celui de *Haynault* ou *Hesnault*. Ce fut à tous égards une erreur et une injustice : les écrits de Hesnault, qui se réduisent à un petit volume d'*OEuvres diverses* publiées en 1670, ne sont ni assez gros, ni assez nombreux pour former un « amas » ; ils ne parurent pas chez Ribou, mais chez Barbin ; et il s'y trouve des parties excellentes, que Boileau lui-même admirait. D'Alembert rappelle, d'après La Monnoie, un de ses mots sur ce poëte : Hesnault, suivant lui, était de ceux qui tournaient le mieux un vers. (Ed. F.)

3. Virg. *Géorg.*, liv. I, v. 135: et *Énéid.*, liv. I, v. 178. (Boil.)

4. *Énéid.*, liv. III, v. 39. (Boil.)

Le perruquier commence à regretter son lit.
Dans son hardi projet toutefois il s'obstine,
Lorsque des flancs poudreux de la vaste machine
L'oiseau sort en courroux, et, d'un cri menaçant.
Achève d'étonner le barbier frémissant :
De ses ailes dans l'air secouant la poussière,
Dans la main de Boirude il éteint la lumière.
Les guerriers à ce coup demeurent confondus;
Ils regagnent la nef, de frayeur éperdus :
Sous leurs corps tremblotants leurs genoux s'affaiblissent ;
D'une subite horreur leurs cheveux se hérissent;
Et bientôt, au travers des ombres de la nuit,
Le timide escadron se dissipe et s'enfuit.
  Ainsi lorsqu'en un coin, qui leur tient lieu d'asile,
D'écoliers libertins une troupe indocile,
Loin des yeux du préfet au travail assidu,
Va tenir quelquefois un brelan défendu ;
Si du veillant Argus la figure effrayante
Dans l'ardeur du plaisir à leurs yeux se présente,
Le jeu cesse à l'instant, l'asile est déserté,
Et tout fuit à grands pas le tyran redouté.
  La Discorde, qui voit leur honteuse disgrâce,
Dans les airs cependant tonne, éclate, menace,
Et, malgré la frayeur dont leurs cœurs sont glacés,
S'apprête à réunir ses soldats dispersés.
Aussitôt de Sidrac elle emprunte l'image :
Elle ride son front, allonge son visage,
Sur un bâton noueux laisse courber son corps,
Dont la chicane semble animer les ressorts,
Prend un cierge en sa main, et, d'une voix cassée,
Vient ainsi gourmander la troupe terrassée :
  « Lâches, où fuyez-vous? quelle peur vous abat?
Aux cris d'un vil oiseau vous cédez sans combat!
Où sont ces beaux discours jadis si pleins d'audace?
Craignez-vous d'un hibou l'impuissante grimace ?
Que feriez-vous, hélas! si quelque exploit nouveau
Chaque jour, comme moi, vous traînait au barreau ;
S'il fallait, sans amis, briguant une audience,
D'un magistrat glacé soutenir la présence,
Ou, d'un nouveau procès hardi solliciteur,
Aborder, sans argent, un clerc de rapporteur?
Croyez-moi, mes enfants, je vous parle à bon titre :
J'ai moi seul autrefois plaidé tout un chapitre ;
Et le barreau n'a point de monstres si hagards
Dont mon œil n'ait cent fois soutenu les regards.
Tous les jours sans trembler j'assiégeais leurs passages,
L'Église était alors fertile en grands courages :

Le moindre d'entre nous, sans argent, sans appui[1],
Eût plaidé le prélat, et le chantre avec lui.
Le monde, de qui l'âge avance les ruines,
Ne peut plus enfanter de ces âmes divines :
Mais que vos cœurs, du moins, imitant leurs vertus,
De l'aspect d'un hibou ne soient pas abattus.
Songez quel déshonneur va souiller votre gloire,
Quand le chantre demain entendra sa victoire.
Vous verrez tous les jours le chanoine insolent,
Au seul mot de hibou, vous sourire en parlant.
Votre âme, à ce penser, de colère murmure ;
Allez donc de ce pas en prévenir l'injure ;
Méritez les lauriers qui vous sont réservés,
Et ressouvenez-vous quel prélat vous servez.
Mais déjà la fureur dans vos yeux étincelle :
Marchez, courez, volez où l'honneur vous appelle.
Que le prélat, surpris d'un changement si prompt,
Apprenne la vengeance aussitôt que l'affront. »

En achevant ces mots, la déesse guerrière
De son pied trace en l'air un sillon de lumière,
Rend aux trois champions leur intrépidité,
Et les laisse tout pleins de sa divinité.
C'est ainsi, grand Condé, qu'en ce combat célèbre[2]
Où ton bras fit trembler le Rhin, l'Escaut et l'Èbre,
Lorsqu'aux plaines de Lens nos bataillons poussés
Furent presque à tes yeux ouverts et renversés,
Ta valeur, arrêtant les troupes fugitives,
Rallia d'un regard leurs cohortes craintives,
Répandit dans leurs rangs ton esprit belliqueux,
Et força la victoire à te suivre avec eux.

La colère à l'instant succédant à la crainte,
Ils rallument le feu de leur bougie éteinte.
Ils rentrent ; l'oiseau sort : l'escadron raffermi
Rit du honteux départ d'un si faible ennemi.
Aussitôt dans le chœur la machine emportée
Est sur le banc du chantre à grand bruit remontée.
Ses ais demi-pourris, que l'âge a relâchés,
Sont à coups de maillet unis et rapprochés.
Sous les coups redoublés tous les bancs retentissent :
Les murs en sont émus, les voûtes en mugissent,
Et l'orgue même en pousse un long gémissement.

Que fais-tu, chantre, hélas ! dans ce triste moment ?
Tu dors d'un profond somme, et ton cœur sans alarmes
Ne sait pas qu'on bâtit l'instrument de tes larmes ?

---

1. *Iliad.*, liv. 1, *Discours de Nestor.* (Boil.)
2. En 1649. (Boil.) — La bataille de Lens, gagnée par M. le Prince contre les Espagnols et les Allemands se donna le 10 août 1648.

La voilà donc, Girot, cette hydre épouvantable
Le Lutrin ch. II

Oh! que si quelque bruit, par un heureux réveil,
T'annonçait du lutrin le funeste appareil;
Avant que de souffrir qu'on en posât la masse,
Tu viendrais en apôtre expirer dans ta place,
Et, martyr glorieux d'un point d'honneur nouveau,
Offrir ton corps aux clous et ta tête au marteau.
Mais déjà sur ton banc la machine enclavée
Est, durant ton sommeil, à ta honte élevée :
Le sacristain achève en deux coups de rabot,
Et le pupitre enfin tourne sur son pivot.

CHANT IV

Les cloches dans les airs, de leurs voix argentines,
Appelaient à grand bruit les chantres à matines,
Quand leur chef[1], agité d'un sommeil effrayant,
Encor tout en sueur, se réveille en criant.
Aux élans redoublés de sa voix douloureuse,
Tous ses valets tremblants quittent la plume oiseuse :
Le vigilant Girot[2] court à lui le premier.
C'est d'un maître si saint le plus digne officier;
La porte dans le chœur à sa garde est commise :
Valet souple au logis, fier huissier à l'église.

« Quel chagrin, lui dit-il, trouble votre sommeil?
Quoi! voulez-vous au chœur prévenir le soleil?
Ah! dormez; et laissez à des chantres vulgaires
Le soin d'aller sitôt mériter leurs salaires. »

« Ami, lui dit le chantre encor pâle d'horreur,
N'insulte point, de grâce, à ma juste terreur :
Mêle plutôt ici tes soupirs à mes plaintes,
Et tremble, en écoutant le sujet de mes craintes.
Pour la seconde fois un sommeil gracieux
Avait sous ses pavots appesanti mes yeux,
Quand, l'esprit enivré d'une douce fumée,
J'ai cru remplir au chœur ma place accoutumée.
Là, triomphant aux yeux des chantres impuissants,
Je bénissais le peuple, et j'avalais l'encens,
Lorsque du fond caché de notre sacristie,
Une épaisse nuée à grands flots est sortie,
Qui, s'ouvrant à mes yeux, dans son bleuâtre éclat

---

1. Le chantre. (BOIL.)
2. Brunet. Il était fâché que l'auteur ne l'eût pas désigné par son véritable nom.

M'a fait voir un serpent conduit par le prélat.
Du corps de ce dragon, plein de soufre et de nitre,
Une tête sortait en forme de pupitre,
Dont le triangle affreux, tout hérissé de crins,
Surpassait en grosseur nos plus épais lutrins.
Animé par son guide, en sifflant il s'avance :
Contre moi sur mon banc je le vois qui s'élance.
J'ai crié, mais en vain : et, fuyant sa fureur,
Je me suis réveillé plein de trouble et d'horreur. »
 Le chantre, s'arrêtant à cet endroit funeste,
A ses yeux effrayés laisse dire le reste.
Girot en vain l'assure, et, riant de sa peur,
Nomme sa vision l'effet d'une vapeur :
Le désolé vieillard, qui hait la raillerie,
Lui défend de parler, sort du lit en furie.
On apporte à l'instant ses somptueux habits,
Où sur l'ouate molle éclate le tabis.
D'une longue soutane il endosse la moire,
Prend ses gants violets, les marques de sa gloire,
Et saisit, en pleurant, ce rochet qu'autrefois
Le prélat trop jaloux lui rogna de trois doigts [1].
Aussitôt, d'un bonnet ornant sa tête grise,
Déjà l'aumusse en main il marche vers l'église,
Et, hâtant de ses ans l'importune langueur,
Court, vole, et, le premier, arrive dans le chœur.

 O toi qui, sur ces bords qu'une eau dormante mouille [2],
Vis combattre autrefois le rat et la grenouille ;
Qui, par les traits hardis d'un bizarre pinceau,
Mis l'Italie en feu pour la perte d'un seau [3] ;
Muse, prête à ma bouche une voix plus sauvage,
Pour chanter le dépit, la colère, la rage,
Que le chantre sentit allumer dans son sang
A l'aspect du pupitre élevé sur son banc.
D'abord pâle et muet, de colère immobile,
A force de douleur, il demeura tranquille :
Mais sa voix, s'échappant aux travers des sanglots,
Dans sa bouche à la fin fit passage à ces mots :
 « La voilà donc, Girot, cette hydre épouvantable
Que m'a fait voir un songe, hélas ! trop véritable !
Je le vois ce dragon tout prêt à m'égorger,

---

1. Ce passage parut à l'abbé Guéton d'une vérité douteuse. Il mit en note : « Quand et comment ? » Boileau répliqua sur la marge : « Cela est vrai. Mais quand et comment c'est ce qu'il faut demander à MM. de la Sainte-Chapelle. » Brossette n'en prit pas la peine. Il n'écrivit pas moins en note, avec son aplomb ordinaire : « Le trésorier... obtint un arrêt du Parlement... qui condamna le chantre à porter un rochet plus court. » Morand alla aux preuves, ce que sa qualité de chanoine lui rendait facile, et, après les plus minutieuses recherches, il dut conclure dans son *Histoire*, p. 116, par ces mots formels : « On ne connoit pas cet arrêt. » (ÉD. F.)
2. Homère a fait *la Guerre des Rats et des Grenouilles*. (BOIL.)
3. *La Secchia rapita*, poëme italien. (BOIL.) — D'Alexandre Tassoni, natif de Modène, et qui mourut en la même ville en 1635.

Ce pupitre fatal qui me doit ombrager !
Prélat, que t'ai-je fait ? quelle rage envieuse
Rend pour me tourmenter ton âme ingénieuse ?
Quoi ! même dans ton lit, cruel, entre deux draps,
Ta profane fureur ne se repose pas !
O ciel ! quoi ! sur mon banc une honteuse masse
Désormais me va faire un cachot de ma place !
Inconnu dans l'église, ignoré dans ce lieu,
Je ne pourrai donc plus être vu que de Dieu !
Ah ! plutôt qu'un moment cet affront m'obscurcisse,
Renonçons à l'autel, abandonnons l'office ;
Et, sans lasser le ciel par des chants superflus,
Ne voyons plus un chœur où l'on ne nous voit plus.
Sortons... Mais cependant mon ennemi tranquille
Jouira sur son banc de ma rage inutile,
Et verra dans le chœur le pupitre exhaussé
Tourner sur le pivot où sa main l'a placé !
Non, s'il n'est abattu, je ne saurais plus vivre.
A moi, Girot, je veux que mon bras m'en délivre.
Périssons, s'il le faut : mais de ses ais brisés
Entraînons, en mourant, les restes divisés. »

 A ces mots, d'une main par la rage affermie,
Il saisissait déjà la machine ennemie,
Lorsqu'en ce sacré lieu, par un heureux hasard,
Entrent Jean le choriste, et le sonneur Girard[1],
Deux Manceaux renommés, en qui l'expérience
Pour les procès est jointe à la vaste science.
L'un et l'autre aussitôt prend part à son affront ;
Toutefois, condamnant un mouvement trop prompt :
« Du lutrin, disent-ils, abattons la machine :
Mais ne nous chargeons pas tout seuls de sa ruine ;
Et que tantôt, aux yeux du chapitre assemblé,
Il soit sous trente mains en plein jour accablé. »

 Ces mots des mains du chantre arrachent le pupitre.
« J'y consens, leur dit-il, assemblons le chapitre.
Allez donc de ce pas, par de saints hurlements,
Vous-mêmes appeler les chanoines dormants.
Partez. » Mais ce discours les surprend et les glace.
« Nous ! qu'en ce vain projet, pleins d'une folle audace,
Nous allions, dit Girard, la nuit nous engager !
De notre complaisance osez-vous l'exiger ?
Hé ! seigneur, quand nos cris pourraient, du fond des rues,
De leurs appartements percer les avenues,
Réveiller ces valets autour d'eux étendus,

---

1. Il se noya dans la Seine, victime du pari qu'il avait fait de la passer neuf fois de suite à la nage. Boileau, encore écolier, l'avait vu monter, une bouteille à la main, sur les rebords du toit de la Sainte-Chapelle, et là, en présence de la multitude effrayée, vider d'un trait cette bouteille.

De leur sacré repos ministres assidus,
Et pénétrer des lits au bruit inaccessibles,
Pensez-vous, au moment que les ombres paisibles
A ces lits enchanteurs ont su les attacher,
Que la voix d'un mortel les en puisse arracher[1]?
Deux chantres feront-ils, dans l'ardeur de vous plaire,
Ce que depuis trente ans six cloches n'ont pu faire? »
 « Ah! je vois bien où tend tout ce discours trompeur,
Reprend le chaud vieillard : le prélat vous fait peur.
Je vous ai vus cent fois, sous sa main bénissante,
Courber servilement une épaule tremblante.
Eh bien! allez; sous lui fléchissez les genoux :
Je saurai réveiller les chanoines sans vous.
Viens, Girot, seul ami qui me reste fidèle :
Prenons du saint jeudi la bruyante crécelle[2].
Suis-moi. Qu'à son lever le soleil aujourd'hui
Trouve tout le chapitre éveillé devant lui. »
 Il dit. Du fond poudreux d'une armoire sacrée
Par les mains de Girot la crécelle est tirée.
Ils sortent à l'instant, et, par d'heureux efforts,
Du lugubre instrument font crier les ressorts.
Pour augmenter l'effroi, la discorde infernale
Monte dans le Palais, entre dans la grand'salle,
Et du fond de cet antre, au travers de la nuit,
Fait sortir le démon du tumulte et du bruit.
Le quartier alarmé n'a plus d'yeux qui sommeillent;
Déjà de toutes parts les chanoines s'éveillent :
L'un croit que le tonnerre est tombé sur les toits,
Et que l'église brûle une seconde fois[3];
L'autre, encore agité de vapeurs plus funèbres,
Pense être au jeudi saint, croit que l'on dit ténèbres;
Et déjà tout confus, tenant midi sonné,
En soi-même frémit de n'avoir point dîné.
 Ainsi, lorsque tout prêt à briser cent murailles
Louis, la foudre en main, abandonnant Versailles,
Au retour du soleil et des zéphyrs nouveaux,
Fait dans les champs de Mars déployer ses drapeaux;
Au seul bruit répandu de sa marche étonnante,
Le Danube s'émeut, le Tage s'épouvante,
Bruxelle attend le coup qui la doit foudroyer.

---

1. Ce vers et les deux précédents sont remplacés par ceux-ci dans les *Fragments*, p. 19 :

Et pouvez-vous penser, quand ces dormeurs paisibles
De la teste une fois pressent leur oreiller,
Que la voix d'un mortel puisse les réveiller ? (Ed. F.)

2. Instrument dont on se sert le jeudi saint, au lieu de cloches. (Boil.)

3. Le toit de la Sainte-Chapelle fut brûlé en 1618. (Boil.) — « Ce fut, lisons-nous dans les notes mss. de Brossette, en 1630, selon Lemaire. M. Despréaux s'est trompé, et a confondu l'embrasement de la Sainte-Chapelle avec celui de la Grande Salle du Palais qui fut brûlée en l'année 1618. Le feu fut mis au clocher de la Sainte-Chapelle par des plombiers qui y travaillaient, et qui laissèrent du feu dans une grande poële de fer, propre à jeter le plomb fondu sur le sable, pour faire des tables de plomb. » (Ed. F.)

Et le Batave encore est prêt à se noyer.
  Mais en vain dans leurs lits un juste effroi les presse,
Aucun ne laisse encor la plume enchanteresse.
Pour les en arracher Girot s'inquiétant
Va crier qu'au chapitre un repas les attend.
Ce mot dans tous les cœurs répand la vigilance :
Tout s'ébranle, tout sort, tout marche en diligence.
Ils courent au chapitre, et aucun se pressant
Flatte d'un doux espoir son appétit naissant.
Mais, ô d'un déjeuner vaine et frivole attente !
A peine ils sont assis, que, d'une voix dolente,
Le chantre désolé, lamentant son malheur,
Fait mourir l'appétit et naître la douleur.
Le seul chanoine Évrard[1], d'abstinence incapable,
Ose encor proposer qu'on apporte la table.
Mais il a beau presser, aucun ne lui répond :
Quand, le premier rompant ce silence profond,
Alain tousse, et se lève[2]; Alain, ce savant homme,
Qui de Bauni[3] vingt fois a lu toute la Somme,
Qui possède Abéli, qui sait tout Raconis[4],
Et même entend, dit-on, le latin d'A-Kempis[5].
  « N'en doutez point, leur dit ce savant canoniste,
Ce coup part, j'en suis sûr, d'une main janséniste[6].
Mes yeux en sont témoins : j'ai vu moi-même hier
Entrer chez le prélat le chapelain Garnier[7].
Arnauld, cet hérétique ardent à nous détruire,
Par ce ministre adroit tente de le séduire[8].
Sans doute il aura lu dans son Saint-Augustin
Qu'autrefois saint Louis érigea ce lutrin[9];
Il va nous inonder des torrents de sa plume.

---

1. Berriat Saint-Prix, dans son édition (t. III, p. 487), met en doute qu'il soit ici question de l'abbé Danse, comme l'a dit Brossette. Il allègue, à cet effet, les relations de cet abbé avec la famille de Boileau. Ce que celui-ci avait dit avec de minutieux détails, à J.-B. Rousseau et à Brossette, ne rend pas malgré cela le doute possible. V. leurs *Lettres* du 13 août et du 13 sept. 1717. (Ed. F.)

2. Tout le monde reconnaît le chanoine Aubry. Nous voyons dans le *Ménagiana* (t. III, p. 17) que ce « fameux moliniste » se trouve ici, « sur tous les autres, marqué avec des traits bien désignants... M Aubri n'a jamais parlé qu'il n'ait toussé deux ou trois fois ». Dans les *Fragments*, il est appelé Aubert, ce qui se rapproche bien d'*Aubri*. « On est si aveuglé, sur ce qui vous regarde, dit encore le *Ménagiana*, que M. Aubri lut plusieurs fois le *Lutrin* sans s'y reconnaître ». (Ed. F.)

3. Jésuite, auteur d'un livre intitulé : *la Somme des péchés que l'on peut commettre dans tous les états*, publié en 1634.

4. Abra de Raconis, évêque de Lavaur, a fait imprimer un grand nombre de volumes. Il était doué d'une extrême facilité, et à l'âge de dix-neuf ans il professait la philosophie au collège des Grassins.

5. Thomas A-Kempis, chanoine régulier, passe communément pour être l'auteur du livre *de Imitatione Christi*.

6. L'abbé Aubry, dont les lectures nous ont déjà dit les opinions, se déclare ici ouvertement ce qu'il était, furieux moliniste. C'est un peu pour cela que Boileau s'en est pris à lui. Quoiqu'il se dise impartial dans la querelle, et « tout au plus *molino-janséniste* », comme on le voit par sa lettre à Brossette du 4 nov. 1703, le jansénisme était son fait, sa préférence, sinon sa passion (V. l'*Introduction*). Sainte-Beuve (*Port-Royal*, t. v, p. 499) ne voudrait pour preuve de cette prédilection platonique, mais certaine, que tous ces noms anti-jansénistes Bauny, Abély, Raconis enchassés dans le Lutrin et auxquels il « se prend désormais, dit-il, autant et plus qu'aux méchants poètes ». (Ed. F.)

7. Louis le Fournier, ou Fournier, chapelain perpétuel de la Sainte-Chapelle. Il est nommé en toutes lettres dans les *Fragments*, p. 19. (Ed. F.)

8. Ses liaisons avec Arnauld le faisaient regarder comme un janséniste par le chanoine Aubry.

9. Le savant Alain fait ici un terrible anachronisme : saint Augustin vivait huit siècles avant saint Louis.

Il faut, pour lui répondre, ouvrir plus d'un volume.
Consultons sur ce point quelque auteur signalé ;
Voyons si des lutrins Bauni n'a point parlé :
Étudions enfin, il en est temps encore ;
Et, pour ce grand projet, tantôt, dès que l'aurore
Rallumera le jour dans l'onde enseveli,
Que chacun prenne en main le moelleux Abéli[1]. »
　　Ce conseil imprévu de nouveau les étonne :
Surtout le gras Évrard d'épouvante en frissonne.
« Moi, dit-il, qu'à mon âge, écolier tout nouveau,
J'aille pour un lutrin me troubler le cerveau !
O le plaisant conseil ! Non, non, songeons à vivre :
Va maigrir, si tu veux, et sécher sur un livre.
Pour moi, je lis la Bible autant que l'Alcoran :
Je sais ce qu'un fermier nous doit rendre par an ;
Sur quelle vigne à Reims nous avons hypothèque[2] :
Vingt muids rangés chez moi font ma bibliothèque.
En plaçant un pupitre on croit nous rabaisser :
Mon bras seul, sans latin, saura le renverser.
Que m'importe qu'Arnauld me condamne ou m'approuve ;
J'abats ce qui me nuit partout où je le trouve :
C'est là mon sentiment. A quoi bon tant d'apprêts ?
Du reste, déjeunons, messieurs, et buvons frais. »
　　Ce discours, que soutient l'embonpoint du visage,
Rétablit l'appétit, réchauffe le courage :
Mais le chantre surtout en paraît rassuré.
« Oui, dit-il, le pupitre a déjà trop duré.
Allons sur sa ruine assurer ma vengeance :
Donnons à ce grand œuvre une heure d'abstinence ;
Et qu'au retour tantôt un ample déjeuner
Longtemps nous tienne à table et s'unisse au dîner. »
　　Aussitôt il se lève, et la troupe fidèle
Par ces mots attirants sent redoubler son zèle.
Ils marchent droit au chœur d'un pas audacieux,
Et bientôt le lutrin se fait voir à leurs yeux.
A ce terrible objet aucun d'eux ne consulte :
Sur l'ennemi commun ils fondent en tumulte ;
Ils sapent le pivot, qui se défend en vain ;
Chacun sur lui d'un coup veut honorer sa main.
Enfin sous tant d'efforts la machine succombe,
Et son corps entr'ouvert chancelle, éclate et tombe.
Tel sur les monts glacés des farouches Gélons[3]
Tombe un chêne battu des voisins aquilons ;

---

1. Fameux auteur, qui a fait la *Mouelle Théologique* (*Medulla Theologica*.) (Boil.)
2. L'abbaye de Saint-Nicaise de Reims était unie au chapitre de la Sainte-Chapelle, et chaque chanoine avait droit à un muid de vin.
3. Peuples de Sarmatie, voisins du Borysthène. (Boil.)

Il lance au Sacristain le tome épouvantable.

Le Lutrin, ch. V

Ou tel, abandonné de ses poutres usées,
Fond enfin un vieux toit sous ses tuiles brisées.
La masse est emportée, et ses ais arrachés
Sont aux yeux des mortels chez le chantre cachés.

CHANT V [1]

L'aurore cependant, d'un juste effroi troublée,
Des chanoines levés voit la troupe assemblée,
Et contemple longtemps, avec des yeux confus,
Ces visages fleuris qu'elle n'a jamais vus.
Chez Sidrac aussitôt Brontin, d'un pied fidèle,
Du pupitre abattu va porter la nouvelle.
Le vieillard de ses soins bénit l'heureux succès,
Et sur un bois détruit bâtit mille procès.
L'espoir d'un doux tumulte échauffant son courage,
Il ne sent plus le poids ni les glaces de l'âge,
Et chez le trésorier, de ce pas, à grand bruit,
Vient étaler au jour les crimes de la nuit.
Au récit imprévu de l'horrible insolence,
Le prélat hors du lit impétueux s'élance.
Vainement d'un breuvage à deux mains apporté
Gilotin avant tout le veut voir humecté :
Il veut partir à jeun. Il se peigne, il s'apprête ;
L'ivoire trop hâté deux fois rompt sur sa tête,
Et deux fois de sa main le buis tombe en morceaux :
Tel Hercule filant rompait tous les fuseaux.
Il sort demi-paré. Mais déjà sur sa porte
Il voit de saints guerriers une ardente cohorte,
Qui tous, remplis pour lui d'une égale vigueur,
Sont prêts, pour le servir, à déserter le chœur.
Mais le vieillard condamne un projet inutile.
« Nos destins sont, dit-il, écrits chez la Sibylle :
Son antre n'est pas loin ; allons la consulter,
Et subissons la loi qu'elle nous va dicter. »
Il dit : à ce conseil, où la raison domine,
Sur ses pas au barreau la troupe s'achemine,
Et bientôt, dans le temple, entend, non sans frémir,
De l'antre redouté les soupiraux gémir.

[1]. Ce chant et le suivant furent publiés en 1683, neuf ans après les premiers. Le combat des chantres et des chanoines, lu à Colbert au lit de mort, égaya ses derniers instants.

Entre ces vieux appuis dont l'affreuse grand'salle
Soutient l'énorme poids de sa voûte infernale,
Est un pilier fameux¹, des plaideurs respecté,
Et toujours de Normands à midi fréquenté.
Là, sur des tas poudreux de sacs et de pratique,
Hurle tous les matins une Sibylle étique :
On l'appelle Chicane ; et ce monstre odieux
Jamais pour l'équité n'eut d'oreilles ni d'yeux.
La Disette au teint blême, et la triste Famine,
Les Chagrins dévorants, et l'infâme Ruine,
Enfants infortunés de ses raffinements,
Troublent l'air d'alentour de longs gémissements.
Sans cesse feuilletant les lois et la coutume,
Pour consumer autrui, le monstre se consume ;
Et, dévorant maisons, palais, châteaux entiers,
Rend pour des monceaux d'or de vains tas de papiers.
Sous le coupable effort de sa noire insolence,
Thémis a vu cent fois chanceler sa balance.
Incessamment il va de détour en détour :
Comme un hibou, souvent il se dérobe au jour :
Tantôt, les yeux en feu, c'est un lion superbe ;
Tantôt, humble serpent, il se glisse sous l'herbe.
En vain, pour le dompter, le plus juste des rois
Fit régler le chaos des ténébreuses lois :
Ses griffes, vainement par Pussort² accourcies,
Se rallongent déjà, toujours d'encre noircies ;
Et ses ruses, perçant et digues et remparts,
Par cent brèches déjà rentrent de toutes parts.
  Le vieillard humblement l'aborde et le salue ;
Et faisant, avant tout, briller l'or à sa vue :
« Reine des longs procès, dit-il, dont le savoir
Rend la force inutile et les loix sans pouvoir,
Toi pour qui dans le Mans le laboureur moissonne,
Pour qui naissent à Caen tous les fruits de l'automne,
Si, dès mes premiers ans, heurtant tous les mortels,
L'encre a toujours pour moi coulé sur tes autels,
Daigne encor me connaître en ma saison dernière.
D'un prélat qui t'implore exauce la prière.
Un rival orgueilleux, de ma gloire offensé,
A détruit le lutrin par nos mains redressé.
Épuise en sa faveur ta science fatale :

---

1. Le pilier des consultations. (BOIL.) — « C'est, lisons-nous dans les notes mss de Brossette, le pilier des consultations, qui est le premier pilier de la grand'salle du côté de la Chapelle. Vis-à-vis de ce pilier, à côté de la Chapelle, est la chambre des consultations. Autrefois, le second pilier étoit le lieu du rendez-vous des beaux esprits, devant la boutique de Bilaine le libraire ».

2. Monsieur Pussort, conseiller d'État, est celui qui a le plus contribué à faire le Code. (BOIL.) — Par le *Code*, Boileau entend ici les ordonnances de 1667 et 1670, sur les procédures civile et criminelle. V. une *note* de la 1ʳᵉ épître.

LE LUTRIN.

Du Digeste et du Code ouvre-nous le dédale ;
Et montre-nous cet art, connu de tes amis,
Qui, dans ses propres lois, embarrasse Thémis. »
  La Sibylle, à ces mots, déjà hors d'elle-même,
Fait lire sa fureur sur son visage blême,
Et, pleine du démon qui la vient oppresser,
Par ces mots étonnants tâche à le repousser :
  « Chantres, ne craignez plus une audace insensée.
Je vois, je vois au chœur la masse replacée :
Mais il faut des combats. Tel est l'arrêt du sort.
Et surtout évitez un dangereux accord. »
  Là bornant son discours, encor toute écumante,
Elle souffle aux guerriers l'esprit qui la tourmente,
Et dans leurs cœurs brûlants de la soif de plaider
Verse l'amour de nuire et la peur de céder.
  Pour tracer à loisir une longue requête,
A retourner chez soi leur brigade s'apprête.
Sous leurs pas diligents le chemin disparaît,
Et le pilier, loin d'eux, déjà baisse et décroît[1].
  Loin du bruit cependant les chanoines à table
Immolent trente mets à leur faim indomptable.
Leur appétit fougueux, par l'objet excité,
Parcourt tous les recoins d'un monstrueux pâté ;
Par le sel irritant la soif est allumée ;
Lorsque d'un pied léger la prompte Renommée,
Semant partout l'effroi, vient au chantre éperdu
Conter l'affreux détail de l'oracle rendu.
Il se lève, enflammé de muscat et de bile,
Et prétend à son tour consulter la Sibylle.
Évrard a beau gémir du repas déserté,
Lui-même est au barreau par le nombre emporté.
Par les détours étroits d'une barrière oblique,
Ils gagnent les degrés et le perron antique
Où sans cesse, étalant bons et méchants écrits,
Barbin vend aux passants des auteurs à tout prix[2].
  Là le chantre à grand bruit arrive et se fait place,
Dans le fatal instant que, d'une égale audace,
Le prélat et sa troupe, à pas tumultueux,
Descendaient du Palais l'escalier tortueux.
L'un et l'autre rival, s'arrêtant au passage,
Se mesure des yeux, s'observe, s'envisage ;

---

1. « Qui croirait, dit J.-B. Rousseau (*Lettre* à Brossette du 13 août 1717), que l'original de deux aussi beaux vers se trouvât dans *la Pucelle ?* Le voici, livre V :
    .. Chinon baisse et décroît,
  S'éloigne, se blanchit, s'efface et disparoît ».
Pourquoi Boileau, qui, dans tout ce poëme, n'a que des idées de parodie, n'aurait-il pas voulu parodier ici les vers de Chapelain ? Il n'est point, en tout cas, parvenu à les rendre ridicules. Ils sont beaux. (Ed. F.)
  2. Barbin se piquait de savoir vendre des livres, quoique méchants. (Boil.)

Une égale fureur anime leurs esprits :
Tels deux fougueux taureaux [1], de jalousie épris,
Auprès d'une génisse, au front large et superbe,
Oubliant tous les jours le pâturage et l'herbe,
A l'aspect l'un de l'autre embrasés, furieux,
Déjà le front baissé, se menacent des yeux.
Mais Évrard, en passant coudoyé par Boirude,
Ne sait point contenir son aigre inquiétude :
Il entre chez Barbin, et, d'un bras irrité,
Saisissant du Cyrus un volume écarté,
Il lance au sacristain le tome épouvantable.
Boirude fuit le coup : le volume effroyable
Lui rase le visage, et, droit dans l'estomac,
Va frapper en sifflant l'infortuné Sidrac.
Le vieillard, accablé de l'horrible Artamène [2],
Tombe aux pieds du prélat, sans pouls et sans haleine ;
Sa troupe le croit mort, et chacun empressé
Se croit frappé du coup dont il le voit blessé.
Aussitôt contre Évrard vingt champions s'élancent ;
Pour soutenir leur choc les chanoines s'avancent.
La Discorde triomphe, et du combat fatal
Par un cri donne en l'air l'effroyable signal.

   Chez le libraire absent tout entre, tout se mêle :
Les livres sur Évrard fondent comme la grêle
Qui, dans un grand jardin, à coups impétueux,
Abat l'honneur naissant des rameaux fructueux.
Chacun s'arme au hasard du livre qu'il rencontre :
L'un tient le Nœud d'Amour [3], l'autre en saisit la Montre [4] ;
L'un prend le seul Jonas qu'on ait vu relié ;
L'autre un Tasse français [5] en naissant oublié.
L'élève de Barbin, commis à la boutique,
Veut en vain s'opposer à leur fureur gothique ;
Les volumes, sans choix à la tête jetés,
Sur le perron poudreux volent de tous côtés.
Là, près d'un Guarini [6] Térence tombe à terre ;
Là, Xénophon dans l'air heurte contre un la Serre [7].
Oh ! que d'écrits obscurs, de livres ignorés,
Furent en ce grand jour de la poudre tirés !
Vous en fûtes tirés, Alméfinde et Simandre [8] :

---

1. Virgile, *Géorg.*, liv. III, v. 21. (Boil.)
2. Il faut, pour bien comprendre, se souvenir que *Cyrus* et *Artamène* sont le même ouvrage. Le roman de mademoiselle de Scudéry, dont les volumes servent ici de projectiles, a pour titre : *Artamène ou le Grand Cyrus*. (Ed. F.)
3. Petit poëme de l'abbé Régnier-Desmarais, secrétaire de l'Académie française.
4. De Bonnecorse. (Boil.) — Ce sont là de bien petits volumes pour servir d'armes : la *Montre* est une très-mince plaquette, le *Nœud d'amour* aussi. L'artillerie des in-folios viendra tout à l'heure. (Ed. F.)
5. Traduction de le Clerc. (Boil.) — Il ne publia que les cinq premiers chants de la *Jérusalem délivrée*.
6. Guarini est l'auteur du *Pastor fido*. Il naquit à Ferrare en 1537.
7. Il a été déjà question de lui dans la satire III.
8. *Alméfinde* traduit de l'italien de Luc Asserino par d'Audiguier neveu, aidé par Malleville, 1646, in-8°. (Ed. F.)

Et toi, rebut du peuple, inconnu Caloandre[1],
Dans ton repos, dit-on, saisi par Gaillerbois[2],
Tu vis le jour alors pour la première fois.
Chaque coup sur la chair laisse une meurtrissure :
Déjà plus d'un guerrier se plaint d'une blessure.
D'un le Vayer[3] épais Giraut est renversé :
Marineau[4], d'un Brébeuf à l'épaule blessé,
En sent par tout le bras une douleur amère,
Et maudit la Pharsale aux provinces si chère.
D'un Pinchêne in-quarto[5] Dodillon étourdi
A longtemps le teint pâle et le cœur affadi.
Au plus fort du combat, le chapelain Garagne,
Vers le sommet du front atteint d'un Charlemagne[6],
(Des vers de ce poëme effet prodigieux !)
Tout prêt à s'endormir, bâille et ferme les yeux.
A plus d'un combattant la Clélie[7] est fatale :
Girou dix fois par elle éclate et se signale[8].
Mais tout cède aux efforts du chanoine Fabri.
Ce guerrier, dans l'église aux querelles nourri,
Est robuste de corps, terrible de visage,
Et de l'eau dans son vin n'a jamais su l'usage.
Il terrasse lui seul et Guibert et Grasset,
Et Gorillon la basse, et Grandin le fausset ;
Et Gerbais l'agréable, et Guérin l'insipide.
    Des chantres désormais la brigade timide
S'écarte, et du Palais regagne les chemins.
Telle, à l'aspect d'un loup, terreur des champs voisins,
Fuit d'agneaux effrayés une troupe bêlante :
Ou tels devant Achille, aux campagnes du Xanthe,
Les Troyens se sauvaient à l'abri de leurs tours ;
Quand Brontin à Boirude adresse ce discours :
    « Illustre porte-croix, par qui notre bannière
N'a jamais en marchant fait un pas en arrière,
Un chanoine lui seul, triomphant du prélat,
Du rochet à nos yeux ternira-t-il l'éclat ?
Non, non : pour te couvrir de sa main redoutable[9],
Accepte de mon corps l'épaisseur favorable.

---

1. Roman italien traduit par Scudéry. (Boil.) — L'auteur de ce roman, *Il Caloandro fedele*, qui a fourni à Th. Corneille le sujet de son *Timocrate*, se nommait Ambrosio Marini. La traduction de Scudéry, en 3 volumes in-8°, est de 1668 ; le comte de Caylus en fit une nouvelle, qui avait le même nombre de volumes, en 1740. (Ed. F.)

2. Pierre Tardieu, sieur de Gaillerbois, avait été chanoine de la Sainte-Chapelle ; il était frère du lieutenant criminel Tardieu, fameux par son avarice et par sa fin tragique. Voyez la satire x.

3. François de la Mothe le Vayer, mort en 1672, à l'âge de quatre-vingt-cinq ans, était père de l'abbé le Vayer, à qui Boileau a adressé sa IV⁰ satire. Ses œuvres ont été recueillies en trois volumes *in-folio*.

4. Marineau et Dodillon avaient été chantres de la Sainte-Chapelle. Giraut et Garagne sont deux personnages supposés.

5. Les *Poésies mêlées* du sieur de Pinchesne, dédiées à Mgr le duc de Montausier, 1673, in-4°.

6. Voyez les notes sur les épîtres VIII et IX.

7. Roman de mademoiselle de Scudéry.

8. La *Clélie*, histoire romaine dont la publication se prolongea de 1654 à 1661, n'a pas moins, en effet, de 10 vol. pet in-8°. (Ed. F.)

9. *Iliade*, liv. VIII, v. 267. (Boil.)

Viens ; et, sous ce rempart, à ce guerrier hautain
Fais voler ce Quinault qui me reste à la main. »
A ces mots, il lui tend le doux et tendre ouvrage.
Le sacristain, bouillant de zèle et de courage,
Le prend, se cache, approche, et, droit entre les yeux,
Frappe du noble écrit l'athlète audacieux.
Mais c'est pour l'ébranler une faible tempête ;
Le livre sans vigueur mollit contre sa tête.
Le chanoine les voit, de colère embrasé :
« Attendez, leur dit-il, couple lâche et rusé,
Et jugez si ma main, aux grands exploits novice,
Lance à mes ennemis un livre qui mollisse. »
 A ces mots, il saisit un vieil Infortiat [1],
Grossi des visions d'Accurse et d'Alciat [2],
Inutile ramas de gothique écriture,
Dont quatre ais mal unis formaient la couverture,
Entourée à demi d'un vieux parchemin noir,
Où pendait à trois clous un reste de fermoir.
Sur l'ais qui le soutient auprès d'un Avicenne [3],
Deux des plus forts mortels l'ébranleraient à peine :
Le chanoine pourtant l'enlève sans effort,
Et, sur le couple pâle et déjà demi-mort,
Fait tomber à deux mains l'effroyable tonnerre.
Les guerriers, de ce coup, vont mesurer la terre,
Et, du bois et des clous meurtris et déchirés,
Longtemps, loin du perron, roulent sur les degrés.
 Au spectacle étonnant de leur chute imprévue,
Le prélat pousse un cri qui pénètre la nue.
Il maudit dans son cœur le démon des combats,
Et de l'horreur du coup il recule six pas.
Mais bientôt, rappelant son antique prouesse,
Il tire du manteau sa dextre vengeresse ;
Il part, et, de ses doigts saintement allongés,
Bénit tous les passants, en deux files rangés.
Il sait que l'ennemi, que ce coup va surprendre,
Désormais sur ses pieds ne l'oserait attendre,
Et déjà voit pour lui tout le peuple en courroux
Crier aux combattants : « Profanes, à genoux ! »
Le chantre, qui de loin voit approcher l'orage,
Dans son cœur éperdu cherche en vain du courage :

---

1. Livre de droit, d'une grosseur énorme. (Boil.) — Le vers de Corneille dans le *Menteur* (acte I, sc. 6),

Le Digeste nouveau, le vieux, l'*Infortiat*,

l'avait déjà fait connaître en dehors des écoles. Son nom lui vient, suivant Savigny (*Hist. du Droit romain pendant le Moyen Age*, t. III, p. 307), de ce qu'il est le complément du premier Digeste, *Digestum vetus*, qui, lorsque cette partie nouvelle, c'est-à-dire plus récemment découverte, lui fut adjointe, se trouva augmenté, renforcé (*infortiatum*) de quatorze livres. (Ed. F.)

2. Glossateurs et jurisconsultes célèbres, nés tous deux en Italie, et qui vivaient, le premier dans le douzième siècle, le second au commencement du seizième.

3. Auteur arabe. (Boil.) — Il a écrit sur la médecine, et ses œuvres forment un volume in-folio.

Mais plutôt, Toi qui fis ce merveilleux ouvrage
Le Lutrin, Ch. XI

Sa fierté l'abandonne, il tremble, il cède, il fuit.
Le long des sacrés murs sa brigade le suit :
Tout s'écarte à l'instant, mais aucun n'en réchappe ;
Partout le doigt vainqueur les suit et les rattrape.
Évrard seul, en un coin prudemment retiré,
Se croyait à couvert de l'insulte sacré [1] ;
Mais le prélat vers lui fait une marche adroite :
Il l'observe de l'œil, et, tirant vers la droite,
Tout d'un coup tourne à gauche, et, d'un bras fortuné,
Bénit subitement le guerrier consterné [2].
Le chanoine, surpris de la foudre mortelle,
Se dresse et lève en vain une tête rebelle ;
Sur ses genoux tremblants il tombe à cet aspect,
Et donne à la frayeur ce qu'il doit au respect.

Dans le temple aussitôt le prélat plein de gloire
Va goûter les doux fruits de sa sainte victoire ;
Et de leur vain projet les chanoines punis
S'en retournent chez eux éperdus et bénis.

CHANT VI

Tandis que tout conspire à la guerre sacrée,
La Piété sincère, aux Alpes [3] retirée,
Du fond de son désert entend les tristes cris
De ses sujets cachés dans les murs de Paris.
Elle quitte à l'instant sa retraite divine :
La Foi, d'un pas certain, devant elle chemine ;
L'Espérance au front gai l'appuie et la conduit ;
Et, la bourse à la main, la Charité la suit.

---

1. Les puristes de l'école de Bonnecorse et de Pradon crièrent fort contre *insulte* mis ainsi au masculin. Ignoraient-ils que dans le style noble, que Boileau affecte ici de parodier, ce mot n'avait pas alors d'autre genre, témoin ce passage de l'*Attila* de Corneille (acte II, sc. 1) :

Mais je veux qu'Attila pressé d'un autre amour
Endure un *tel insulte* au milieu de sa cour.   (Ed. F.)

2. Brossette a voulu voir, dans ce passage sur les bénédictions, une imitation du poëme de la *Secchia*, où le nonce triomphe aussi en bénissant. Il allait ainsi contre ce qu'il tenait de Boileau lui-même, sur la véritable origine de l'épisode. C'était un souvenir du cardinal de Retz, que Boileau su de longue date, et que la publication des *Mémoires* du cardinal devait plus tard confirmer (V. l'*Édit.* Champollion, t. III, p. 231-232). « Le cardinal, qui n'était alors que coadjuteur, faisoit un jour la procession avec son clergé, quand M. le Prince, avec qui il étoit brouillé, vint à passer. Il descendit de son carrosse à la vue de la procession. M. le coadjuteur s'arrêta, et se tournant brusquement de son côté affecta de lui donner une grande bénédiction... ». Voilà ce que dit Cizeron-Rival dans ses *Récréations littéraires*, p. 94, d'après les papiers de Brossette, qu'il avait en main. Il ajoute que celui-ci avait appris de Boileau lui-même l'anecdote, et l'usage qu'il en avait fait. Pourquoi n'en dit-il rien dans ses notes ? (Ed. F.)

3. La Grande-Chartreuse. (Boil.) — Située à quatre lieues de Grenoble. C'est là que saint Bruno, dans le onzième siècle, construisit un oratoire et jeta les fondements de son ordre.

Vers Paris elle vole, et, d'une audace sainte,
Vient aux pieds de Thémis proférer cette plainte :
« Vierge, effroi des méchants, appui de mes autels,
Qui, la balance en main, règles tous les mortels,
Ne viendrai-je jamais en tes bras salutaires
Que pousser des soupirs et pleurer mes misères ?
Ce n'est donc pas assez qu'au mépris de tes lois
L'Hypocrisie ait pris et mon nom et ma voix ;
Que, sous ce nom sacré, partout ses mains avares
Cherchent à me ravir crosses, mitres, tiares :
Faudra-t-il voir encor cent monstres furieux
Ravager mes États usurpés à tes yeux ?
Dans les temps orageux de mon naissant empire,
Au sortir du baptême on courait au martyre :
Chacun, plein de mon nom, ne respirait que moi :
Le fidèle, attentif aux règles de sa loi,
Fuyant des vanités la dangereuse amorce,
Aux honneurs appelé, n'y montait que par force :
Ces cœurs, que les bourreaux ne faisaient point frémir,
A l'offre d'une mitre étaient prêts à gémir ;
Et, sans peur des travaux, sur mes traces divines
Couraient chercher le ciel au travers des épines :
Mais, depuis que l'Église eut, aux yeux des mortels,
De son sang en tous lieux cimenté ses autels,
Le calme dangereux succédant aux orages,
Une lâche tiédeur s'empara des courages :
De leur zèle brûlant l'ardeur se ralentit ;
Sous le joug des péchés leur foi s'appesantit :
Le moine secoua le cilice et la haire ;
Le chanoine indolent apprit à ne rien faire ;
Le prélat, par la brigue aux honneurs parvenu,
Ne sut plus qu'abuser d'un ample revenu,
Et pour toutes vertus fit, au dos d'un carrosse,
A côté d'une mitre armorier sa crosse.
L'Ambition partout chassa l'Humilité,
Dans la crasse du froc logea la Vanité :
Alors de tous les cœurs l'union fut détruite.
Dans mes cloîtres sacrés la Discorde introduite
Y bâtit de mon bien ses plus sûrs arsenaux,
Traîna tous mes sujets au pied des tribunaux.
En vain à ses fureurs j'opposai mes prières ;
L'insolente, à mes yeux, marcha sous mes bannières.
Pour comble de misère, un tas de faux docteurs
Vint flatter les péchés de discours imposteurs ;
Infectant les esprits d'exécrables maximes,
Voulut faire à Dieu même approuver tous les crimes.
Une servile peur tint lieu de charité ;

Le besoin d'aimer Dieu passa pour nouveauté ;
Et chacun à mes pieds, conservant sa malice,
N'apporta de vertu que l'aveu de son vice.
   « Pour éviter l'affront de ces noirs attentats,
Je vins chercher le calme au séjour des frimas,
Sur ces monts entourés d'une éternelle glace,
Où jamais au printemps les hivers n'ont fait place.
Mais, jusque dans la nuit de mes sacrés déserts,
Le bruit de mes malheurs fait retentir les airs.
Aujourd'hui même encore une voix trop fidèle
M'a d'un triste désastre apporté la nouvelle :
J'apprends que, dans ce temple où le plus saint des rois [1]
Consacra tout le fruit de ses pieux exploits,
Et signala pour moi sa pompeuse largesse,
L'implacable Discorde et l'infâme Mollesse,
Foulant aux pieds les lois, l'honneur et le devoir,
Usurpent en mon nom le souverain pouvoir.
Souffriras-tu, ma sœur, une action si noire?
Quoi! ce temple à ta porte, élevé pour ma gloire,
Où jadis des humains j'attirais tous les vœux,
Sera de leurs combats le théâtre honteux!
Non, non, il faut enfin que ma vengeance éclate :
Assez et trop longtemps l'impunité les flatte.
Prends ton glaive, et, fondant sur ces audacieux,
Viens aux yeux des mortels justifier les cieux. »
   Ainsi parle à sa sœur cette vierge enflammée :
La grâce est dans ses yeux d'un feu pur allumée.
Thémis sans différer lui promet son secours,
La flatte, la rassure et lui tient ce discours :
   « Chère et divine sœur, dont les mains secourables
Ont tant de fois séché les pleurs des misérables,
Pourquoi toi-même, en proie à tes vives douleurs,
Cherches-tu sans raison à grossir tes malheurs?
En vain de tes sujets l'ardeur est ralentie :
D'un ciment éternel ton Église est bâtie ;
Et jamais de l'enfer les noirs frémissements
N'en s'auraient ébranler les fermes fondements.
Au milieu des combats, des troubles, des querelles,
Ton nom encor chéri vit au sein des fidèles.
Crois-moi : dans ce lieu même où l'on veut t'opprimer,
Le trouble qui t'étonne est facile à calmer;
Et, pour y rappeler la paix tant désirée,
Je vais t'ouvrir, ma sœur, une route assurée.
Prête-moi donc l'oreille, et retiens tes soupirs.
   « Vers ce temple fameux, si cher à tes désirs,

---

[1]. Saint Louis, fondateur de la Sainte-Chapelle. (Boil.)— Elle fut consacrée en 1248.

Où le ciel fut pour toi si prodigue en miracles,
Non loin de ce palais où je rends mes oracles,
Est un vaste séjour des mortels révéré,
Et de clients soumis à toute heure entouré[1].
Là, sous le faix pompeux de ma pourpre honorable,
Veille au soin de ma gloire un homme incomparable[2] :
Ariste, dont le Ciel et Louis ont fait choix
Pour régler ma balance et dispenser mes lois.
Par lui dans le barreau sur mon trône affermie,
Je vois hurler en vain la chicane ennemie :
Par lui la vérité ne craint plus l'imposteur,
Et l'orphelin n'est plus dévoré du tuteur.
Mais pourquoi vainement t'en retracer l'image ?
Tu le connais assez : Ariste est ton ouvrage.
C'est toi qui le formas dès ses plus jeunes ans :
Son mérite sans tache est un de tes présents.
Tes divines leçons, avec le lait sucées,
Allumèrent l'ardeur de ses nobles pensées.
Ainsi son cœur, pour toi brûlant d'un si beau feu,
N'en fit point dans le monde un lâche désaveu ;
Et son zèle hardi, toujours prêt à paraître,
N'alla point se cacher dans les ombres d'un cloître.
Va le trouver, ma sœur : à ton auguste nom,
Tout s'ouvrira d'abord en sa sainte maison.
Ton visage est connu de sa noble famille ;
Tout y garde tes lois, enfants, sœur, femme, fille.
Tes yeux d'un seul regard sauront le pénétrer ;
Et, pour obtenir tout, tu n'as qu'à te montrer. »
  Là s'arrête Thémis. La Piété charmée
Sent renaître la joie en son âme calmée.
Elle court chez Ariste ; et s'offrant à ses yeux :
« Que me sert, lui dit-elle, Ariste, qu'en tous lieux
Tu signales pour moi ton zèle et ton courage,
Si la Discorde impie à ta porte m'outrage ?
Deux puissants ennemis, par elle envenimés,
Dans ces murs, autrefois si saints, si renommés,
A mes sacrés autels font un profane insulte ;
Remplissent tout d'effroi, de trouble et de tumulte.
De leur crime à leurs yeux va-t'en peindre l'horreur :
Sauve-moi, sauve-les de leur propre fureur. »
  Elle sort à ces mots. Le héros en prière
Demeure tout couvert de feux et de lumière.

---

1. C'est l'hôtel de la Présidence, construit presque en entier par les soins du président de Verdun en 1622, et devenu plus tard la préfecture de police. Il n'en subsiste plus rien. L'incendie de 1871, par les gens de la Commune, a détruit ce qui avait survécu aux démolitions de 1859. (Éd. F.)

2. M. de Lamoignon, premier président. (Boil.) — C'est de lui que Louis XIV a dit : « Si j'avais connu un « plus homme de bien et un plus digne sujet, je l'aurais « choisi ».

De la céleste fille il reconnaît l'éclat,
Et mande au même instant le chantre et le prélat.
Muse, c'est à ce coup que mon esprit timide
Dans sa course élevée a besoin qu'on le guide,
Pour chanter par quels soins, par quels nobles travaux,
Un mortel sut fléchir ces superbes rivaux.
   Mais plutôt, toi qui fis ce merveilleux ouvrage,
Ariste, c'est à toi d'en instruire notre âge.
Seul, tu peux révéler par quel art tout-puissant
Tu rendis tout à coup le chantre obéissant.
Tu sais par quel conseil rassemblant le chapitre,
Lui-même de sa main reporta le pupitre;
Et comment le prélat, de ses respects content,
Le fit du banc fatal enlever à l'instant [1].
Parle donc : c'est à toi d'éclaircir ces merveilles.
Il me suffit, pour moi, d'avoir su par mes veilles
Jusqu'au sixième chant pousser ma fiction,
Et fait d'un vain pupitre un second Ilion.
Finissons. Aussi bien, quelque ardeur qui m'inspire,
Quand je songe au héros qui me reste à décrire,
Qu'il faut parler de toi, mon esprit éperdu
Demeure sans parole, interdit, confondu.
   Ariste, c'est ainsi qu'en ce sénat illustre
Où Thémis par tes soins reprend son premier lustre,
Quand, la première fois, un athlète nouveau
Vient combattre en champ clos aux joutes du barreau,
Souvent, sans y penser, ton auguste présence
Troublant par trop d'éclat sa timide éloquence,

---

1. Le débat est clos, c'est donc le moment d'en faire le résumé. Le chanoine Morand l'a dressé de la façon la plus complète et la plus claire dans son *Histoire de la Sainte-Chapelle*. Nous le lui empruntons : « Le mercredi 1 août 1667, dit-il, messire Barin, chanoine de la Sainte-Chapelle, fit entendre à la Compagnie que, le dimanche (31 juillet) précédent, il avoit trouvé devant sa place un pulpitre fort élevé, qu'il disoit être une nouveauté; qu'il n'y en avoit point eu depuis seize ans qu'il avoit l'honneur d'être chantre ; que ce pupitre, dont il n'avoit nul besoin, l'empêchoit de voir le chœur, et d'avoir l'œil sur les chantres. Il estimoit que c'étoit une marque d'injure faite à sa personne, ce pourquoi il l'avoit fait ôter le lundi premier jour du mois, et avoit donné assignation aux sieurs Cyreult et Frontin, prêtres et sous-marguilliers, par-devant Messieurs des Requêtes du Palais, pour que défenses leur soient faites de ne plus mettre de pulpitre devant sa place, à peine de cent livres d'amende. Sur quoi, acte donné au sieur chantre, requête et signification du trésorier, prenant fait et cause pour les sous-marguilliers ; députations et représentations au trésorier, de la part des chanoines, pour l'engager à ne point plaider et à terminer à l'amiable ; réponse du trésorier, soutenant qu'ayant fait mettre le pulpitre, selon le droit qu'il en avoit, il ne pouvoit se soumettre à un arbitrage ; vues pacifiques de M. le premier président, s'offrant pour médiateur, et de faire remettre le pulpitre, et de s'en rapporter à lui du surplus ; résistance du chantre. Il demande du temps, il sollicite ses confrères, les conjure de ne pas l'abandonner et de ne pas souffrir qu'il soit obligé de revoir en place l'objet qui faisoit son tourment ; il fait valoir son grand âge, ses longs services, son zèle et son assiduité. La Compagnie le console de son mieux, députe trois chanoines à M. le président, pour le prier de prononcer sur *tous les chefs de contestation qui la divisoient*, et d'assoupir les différends qui en pourroient naître : c'étoit demander l'impossible. Aussi, ce sage magistrat satisfait de la déférence des chanoines, et ne pouvant pourvoir à tout, fit entendre au trésorier que le pupitre n'ayant été mis anciennement en place que pour la commodité du chantre, il n'étoit pas convenable de l'y faire replacer s'il déplaisoit à M. Barin. Néanmoins, pour accorder quelque satisfaction au trésorier, il témoigna le désir de voir le lendemain, premier septembre, le pupitre en place, lorsqu'il iroit à la messe, et engagea le chantre à l'y faire remettre. Ses intentions furent secondées de part et d'autre : dès le même jour, le pupitre fut remis à sa place, et y resta pendant matines et la grand'messe du lendemain, après laquelle le trésorier le fit ôter ». On le mit dans la sacristie, où, après la mort de Boileau, on le voyait encore avec son gros pivot de bois, abandonné dans un coin, et couvert de poussière. (Ed. F.)

Le nouveau Cicéron, tremblant, décoloré,
Cherche en vain son discours, sur sa langue égaré :
En vain, pour gagner temps, dans ses transes affreuses,
Traîne d'un dernier mot les syllabes honteuses ;
Il hésite, il bégaye, et le triste orateur
Demeure enfin muet aux yeux du spectateur.

FIN DU LUTRIN

ODES

DISCOURS SUR L'ODE

L'ode suivante a été composée à l'occasion de ces étranges dialogues[1] qui ont paru depuis quelque temps, où tous les plus grands écrivains de l'antiquité sont traités d'esprits médiocres, de gens à être mis en parallèle avec les Chapelains et avec les Cotins, et où, voulant faire honneur à notre siècle, on l'a en quelque sorte diffamé, en faisant voir qu'il s'y trouve des hommes capables d'écrire des choses si peu sensées. Pindare y est des plus maltraités[2]. Comme les beautés de ce poëte sont extrêmement renfermées dans sa langue, l'auteur de ces dialogues, qui vraisemblablement ne sait point de grec, et qui n'a lu Pindare que dans des traductions latines défectueuses, a pris pour galimatias tout ce que la faiblesse de ses lumières ne lui permettait pas de comprendre. Il a surtout traité de ridicules ces endroits merveilleux où le poëte, pour marquer un esprit entièrement hors de soi, rompt quelquefois de dessein formé la suite de son discours, et, afin de mieux entrer dans la raison, sort, s'il faut ainsi parler, de la raison même, évitant avec grand soin cet ordre méthodique et ces exactes liaisons de sens qui ôteraient l'âme à la poésie lyrique. Le censeur dont je parle n'a pas pris garde qu'en attaquant ces nobles hardiesses de Pindare, il donnait lieu de croire qu'il n'a jamais conçu le sublime des psaumes de David, où, s'il est permis de parler de ces saints cantiques à propos de choses si profanes, il y a beaucoup de ces sens rompus, qui servent même quelquefois à en faire sentir la divinité. Ce critique, selon toutes les apparences, n'est pas fort convaincu du précepte que j'ai avancé dans mon art poétique, à propos de l'ode :

Son style impétueux souvent marche au hasard :
Chez elle un beau désordre est un effet de l'art.

Ce précepte effectivement, qui donne pour règle de ne point garder quelquefois de règles, est un mystère de l'art, qu'il n'est pas aisé de faire entendre à un homme sans aucun goût, qui croit que la Clélie et nos opéras sont les modèles du genre sublime ; qui trouve Térence fade, Virgile froid, Homère de mauvais sens, et qu'une espèce de bizarrerie d'esprit rend insensible à tout ce qui frappe ordinairement les hommes. Mais ce n'est pas ici le lieu de lui montrer ses erreurs. On le fera peut-être plus à propos un de ces jours dans quelque autre ouvrage[1].

Pour revenir à Pindare, il ne serait pas difficile d'en faire sentir les beautés à des gens qui se seraient un peu familiarisé le grec ; mais comme cette langue est aujourd'hui assez ignorée de la plupart des hommes, et qu'il n'est pas possible de leur faire voir Pindare dans Pindare même, j'ai cru que je ne pouvais mieux justifier ce grand poëte, qu'en tâchant de faire une ode en français à sa manière[2], c'est à-dire pleine de mouvements et de transports, où l'esprit parût plutôt entraîné du démon de la poésie, que guidé par la raison. C'est le but que je me suis proposé dans l'ode qu'on va voir. J'ai pris pour sujet la prise de Namur, comme la plus grande action de guerre qui se soit faite de nos jours, et comme la matière la plus propre à échauffer l'imagination d'un poëte. J'y ai jeté, autant que j'ai pu, la magnificence des mots, et, à l'exemple des anciens poëtes dithyrambiques, j'y ai employé les figures les plus audacieuses, jusqu'à y faire un astre de la plume blanche que le roi porte ordinairement à son chapeau, et qui est en effet comme une espèce de comète fatale à nos ennemis, qui se jugent perdus dès qu'ils l'aperçoivent. Voilà le dessein de cet ouvrage. Je ne réponds pas d'y avoir réussi, et je ne sais si le public, accoutumé aux sages emportements de Malherbe, s'accommodera de ces saillies et de ces excès pindariques. Mais, supposé que j'y aie échoué, je m'en consolerai du moins par le commencement de cette fameuse ode latine d'Horace : *Pindarum quisquis studet æmulari*[3], etc., où Horace donne assez à entendre que, s'il eût voulu lui-même s'élever à la hauteur de Pindare, il se serait cru en grand hasard de tomber.

Au reste, comme parmi les épigrammes qui sont imprimées à la suite de cette ode on trouvera encore une autre petite ode[4] de ma façon, que je n'avais point jusqu'ici insérée dans mes écrits, je suis bien aise, pour ne me point brouiller avec les Anglais d'aujourd'hui, de faire

---

1. *Parallèle des anciens et des modernes*, en forme de dialogue. (BOIL.) — Ouvrage de Perrault, en quatre volumes, dont trois seulement avaient paru quand Boileau composa son ode. Le quatrième ne fut publié que trois ans après, en 1696.
2. Il est vrai que Pindare est assez maltraité dans les *Dialogues* de Perrault. Écoutons ce que disent le chevalier et l'abbé (t. III, p. 180) : « — LE CHEVALIER. Passons à la poésie lyrique.
— L'ABBÉ. Le plus célèbre de tous les Grecs, en ce genre, est Pindare. Il faut qu'il soit bien sublime, puisque personne n'y peut atteindre : soit pour l'imiter, comme dit Horace, soit pour l'entendre, comme dit Jean Denoist, un de ses plus excellents interprètes, etc. ». (ÉD. F.)

1. Voyez les *Réflexions critiques* sur Longin.
2. Ici, Perrault, dans sa *Lettre en réponse au discours sur l'ode*, put dire, non sans beaucoup de raison, que l'espèce de justification en action que Boileau tentait ainsi pour Pindare ne vaudrait rien d'aucune façon : « Pour convaincre le public, dit-il, des beautés de Pindare, vous prenez le parti de composer une ode à la manière de ce grand poëte ; mais vous n'avancez rien par là. Si votre Ode est excellente, qui empêchera de dire qu'elle n'est point à la manière de Pindare, comme on l'effet elle n'y est point du tout..... et si elle n'est pas bonne, comme plusieurs gens l'assurent, vous aurez fait tort à Pindare en disant que votre ode ressemble aux siennes et qu'elle est faite sur le même modèle ». (ÉD. F.)
3. Lib. IV, od. II.
4. Nous l'avons placée immédiatement après celle sur la prise de Namur.

ici ressouvenir le lecteur que les Anglais que j'attaque dans ce petit poëme, qui est un ouvrage de ma première jeunesse, ce sont les Anglais du temps de Cromwell.

J'ai joint aussi à ces épigrammes un arrêt burlesque donné au Parnasse, que j'ai composé autrefois, afin de prévenir un arrêt très-sérieux, que l'université songeait à obtenir du parlement, contre ceux qui enseigneraient dans les écoles de philosophie d'autres principes que ceux d'Aristote. La plaisanterie y descend un peu bas, et est toute dans les termes de la pratique; mais il fallait qu'elle fût ainsi pour faire son effet, qui fut très-heureux, et obligea, pour ainsi dire, l'université à supprimer la requête qu'elle allait présenter.

Ridiculum acri
Fortius ac melius magnas plerumque secat res [1].

ODE
SUR LA PRISE DE NAMUR [2]

Quelle docte et sainte ivresse
Aujourd'hui me fait la loi!
Chastes nymphes du Permesse,
N'est-ce pas vous que je vois?
Accourez, troupe savante;
Des sons que ma lyre enfante
Ces arbres sont réjouis.
Marquez-en bien la cadence;
Et vous, vents, faites silence:
Je vais parler de Louis.

Dans ses chansons immortelles,
Comme un aigle audacieux,
Pindare, étendant ses ailes,
Fuit loin des vulgaires yeux.
Mais, ô ma fidèle lyre!
Si, dans l'ardeur qui m'inspire,
Tu peux suivre mes transports,
Les chênes des monts [3] de Thrace
N'ont rien ouï que n'efface
La douceur de tes accords.

Est-ce Apollon et Neptune,
Qui, sur ces rocs sourcilleux,
Ont, compagnons de fortune [4],
Bâti ces murs orgueilleux?
De leur enceinte fameuse
La Sambre, unie à la Meuse,
Défend le fatal abord;
Et, par cent bouches horribles,
L'airain sur ces monts terribles
Vomit le fer et la mort.

Dix mille vaillants Alcides,
Les bordant de toutes parts,

D'éclairs au loin homicides
Font pétiller leurs remparts;
Et, dans son sein infidèle,
Partout la terre y recèle
Un feu prêt à s'élancer,
Qui, soudain perçant son gouffre,
Ouvre un sépulcre de soufre
A quiconque ose avancer.

Namur, devant tes murailles
Jadis la Grèce eût, vingt ans,
Sans fruit vu les funérailles
De ses plus fiers combattants.
Quelle effroyable puissance
Aujourd'hui pourtant s'avance,
Prête à foudroyer tes monts!
Quel bruit, quel feu l'environne!
C'est Jupiter en personne,
Ou c'est le vainqueur de Mons [1].

N'en doute point, c'est lui-même:
Tout brille en lui, tout est roi.
Dans Bruxelles Nassau blême [2]
Commence à trembler pour toi.
En vain il voit le Batave,
Désormais docile esclave,
Rangé sous ses étendards:
En vain au lion belgique
Il voit l'aigle germanique
Uni sous les léopards.

Plein de la frayeur nouvelle
Dont ses sens sont agités,
A son secours il appelle
Les peuples les plus vantés:
Ceux-là viennent du rivage
Où s'enorgueillit le Tage
De l'or qui roule en ses eaux;
Ceux-ci, des champs où la neige
Des marais de la Norvége
Neuf mois couvre les roseaux.

Mais qui fait enfler la Sambre?
Sous les Jumeaux effrayés [3],
Des froids torrents de décembre
Les champs partout sont noyés.
Cérès s'enfuit éplorée
De voir en proie à Borée
Ses guérets d'épis chargés;
Et, sous les urnes fangeuses
Des Hyades orageuses,
Tous ses trésors submergés [4].

---

1. Horat., lib. I, sat. x, v. 14.
2. Cette ode fut composée en 1693, un an environ après la prise de Namur. (Voyez la lettre de Boileau à Racine, du 4 juin 1693.)
3. Hémus, Rhodope et Pangée. (Boil.)
4. Ils s'étaient loués à Laomédon, pour rebâtir les murs de Troie. (Boil.)

1. Mons était tombé au pouvoir du Roi l'année précédente.
2. Guillaume de Nassau, prince d'Orange et roi d'Angleterre.
3. Le siége se fit au mois de juin, et il tomba durant ce temps-là de furieuses pluies. (Boil.)
4. C'est à propos de cette strophe, hérissée de tant d'inversions, que Fénelon a dû écrire dans sa *Lettre sur l'éloquence*, art. v : « J'avoue qu'il ne faut point introduire tout à coup dans notre langue un grand nombre de ces inversions; on n'y est point accoutumé : elles paraissent dures et pleines d'obscurité. L'ode pindarique de M. Despréaux n'est pas exempte, ce me semble, de cette imperfection ». (Ed. F.)

ODE SUR LA PRISE DE NAMUR.

Déployez toutes vos rages,
Princes, vents, peuples, frimas;
Ramassez tous vos nuages,
Rassemblez tous vos soldats :
Malgré vous, Namur en poudre
S'en va tomber sous la foudre
Qui dompta Lille, Courtrai,
Gand la superbe Espagnole,
Saint-Omer, Besançon, Dôle,
Ypres, Maëstricht et Cambrai.

Mes présages s'accomplissent :
Il commence à chanceler;
Sous les coups qui retentissent
Ses murs s'en vont s'écrouler.
Mars en feu, qui les domine,
Souffle à grand bruit leur ruine;
Et les bombes, dans les airs
Allant chercher le tonnerre,
Semblent, tombant sur la terre,
Vouloir s'ouvrir les enfers.

Accourez, Nassau, Bavière[1],
De ces murs l'unique espoir :
A couvert d'une rivière,
Venez, vous pouvez tout voir.
Considérez ces approches :
Voyez grimper sur ces roches
Ces athlètes belliqueux;
Et dans les eaux, dans la flamme,
Louis, à tout donnant l'âme,
Marcher, courir avec eux.

Contemplez dans la tempête
Qui sort de ces boulevards,
La plume[2], qui sur sa tête
Attire tous les regards.
A cet astre[3] redoutable
Toujours un sort favorable
S'attache dans les combats;
Et toujours avec la gloire
Mars amenant la victoire
Vole, et le suit à grands pas.

Grands défenseurs de l'Espagne,
Montrez-vous, il en est temps.
Courage, vers la Méhagne[4],
Voilà vos drapeaux flottants.
Jamais ses ondes craintives
N'ont vu sur leurs faibles rives
Tant de guerriers s'amasser.
Courez donc : qui vous retarde?
Tout l'univers vous regarde :
N'osez-vous la traverser?

Loin de fermer le passage
A vos nombreux bataillons,
Luxembourg a du rivage
Reculé ses pavillons[1].
Quoi! leur seul aspect vous glace!
Où sont ces chefs pleins d'audace,
Jadis si prompts à marcher,
Qui devaient de la Tamise
Et de la Drave[2] soumise,
Jusqu'à Paris nous chercher?

Cependant l'effroi redouble
Sur les remparts de Namur :
Son gouverneur, qui se trouble,
S'enfuit sous son dernier mur.
Déjà jusques à ses portes
Je vois monter nos cohortes,
La flamme et le fer en main,
Et sur les monceaux de piques,
De corps morts, de rocs, de briques,
S'ouvrir un large chemin.

C'en est fait : je viens d'entendre
Sur ces rochers éperdus
Battre un signal pour se rendre.
Le feu cesse : ils sont rendus.
Dépouillez votre arrogance,
Fiers ennemis de la France;
Et désormais gracieux[3],
Allez à Liége, à Bruxelles,
Porter les humbles nouvelles
De Namur pris à vos yeux.

Pour moi, que Phébus anime
De ses transports les plus doux,
Rempli de ce dieu sublime,
Je vais, plus hardi que vous,
Montrer que, sur le Parnasse,
Des bois fréquentés d'Horace
Ma muse dans son déclin
Sait encor les avenues,
Et des sources inconnues
A l'auteur du Saint-Paulin[4].

---

1. Maximilien II, duc de Bavière.
2. Le roi porte toujours à l'armée une plume blanche sur son chapeau. (BOIL.)
3. HOMÈRE, *Iliad.* XIX, v. 299, où il dit que l'aigrette d'Achille étincelait comme un astre. (BOIL.)
4. Rivière près de Namur. (BOIL.)

1. L'éloge du maréchal de Luxembourg est ici bien timide, puisqu'il n'y est représenté que reculant. Boileau en fut cependant embarrassé et crut devoir le dire à Racine (lettre du 9 juin 1693), tant il savait le maître « chatouilleux sur les gens qu'on associait à ses louanges ». D'Alembert (notes de l'*Éloge de Boileau*) trouve qu'une meilleure raison d'hésiter pour cette strophe, et de la supprimer, eût été qu'elle est faible et peu digne du poëte; « mais, ajoute-t-il, ce motif aurait dû eu faire disparaître beaucoup d'autres, plus mauvaises encore ». (ÉD. F.)
2. Rivière qui passe à Belgrade, en Hongrie. (BOIL.)
3. « *Gracieux*, dit Voltaire, à ce mot dans son *Dict. philosoph.*, est un terme qui manquait à notre langue; on le doit à Ménage..... Il veut dire plus qu'agréable; il indique l'envie de plaire..... Boileau, dans son *Ode sur Namur*, semble l'avoir employé d'une façon impropre, pour signifier moins fier, abaissé, modeste ». (ÉD. F.)
4. Poëme héroïque de M. Perrault. (BOIL.)

ODE

SUR UN BRUIT QUI COURUT, EN 1656,
QUE CROMWELL ET LES ANGLAIS ALLAIENT
FAIRE LA GUERRE A LA FRANCE [1].

Quoi! ce peuple aveugle en son crime,
Qui, prenant son roi pour victime,
Fit du trône un théâtre affreux,
Pense-t-il que le ciel, complice
D'un si funeste sacrifice,
N'a pour lui ni foudres ni feux?

Déjà sa flotte à pleines voiles,
Malgré les vents et les étoiles,
Veut maîtriser tout l'univers,
Et croit que l'Europe étonnée
A son audace forcenée
Va céder l'empire des mers.

Arme-toi, France; prends la foudre.
C'est à toi de réduire en poudre
Ces sanglants ennemis des lois.
Suis la victoire qui t'appelle,
Et va sur ce peuple rebelle
Venger la querelle des rois.

O que la mer dans les deux mondes
Va voir de morts parmi ses ondes,
Flotter à la merci du sort!
Déjà Neptune plein de joie
Regarde en foule à cette proie
Courir les baleines du Nord.

Jadis on vit ces parricides,
Aidés de nos soldats perfides,
De sang inonder nos guérets;
Faire des déserts de nos villes,
Et dans nos campagnes fertiles
Brûler jusqu'aux joncs des marais.

Mais bientôt, malgré leurs furies,
Dans ces campagnes refleuries
Leur sang coulant à gros bouillons
Paya l'usure de nos peines;
Et leurs corps pourris dans nos plaines
N'ont fait qu'engraisser nos sillons [1].

---

1. Je n'avais que dix-huit ans quand je fis cette ode ; mais je l'ai raccommodée. (BOIL.) — Il avait de dix-neuf à vingt ans, puisque l'ode est de 1656, et qu'il naquit, lui, en 1636. C'est pour faire plaisir à son ami La Fontaine, en quête de vers pour le *Recueil de poésies diverses*, dédié par lui, en 1671, au prince de Conti, que Boileau se décida à laisser publier cette ode pour la première fois, et non encore raccommodée. Elle y parut dans le tome III, p. 28-39, avec ce titre : *A la France, pendant les derniers troubles d'Angleterre*. Nous l'avons donnée ici, non telle qu'elle parut dans les éditions anciennes, mais telle qu'elle est dans le *Recueil*, c'est-à-dire avec une strophe de plus, la quatrième, et des changements considérables dans la cinquième et la sixième. (ÉD. F.)

1. Voici les deux dernières strophes d'après les éditions ordinaires :

> Jadis on vit ces parricides,
> Aidés de nos soldats perfides,
> Chez nous, au comble de l'orgueil,
> Briser les plus fortes murailles;
> Et, par le gain de vingt batailles,
> Mettre tous les peuples en deuil.
>
> Mais bientôt le ciel en colère,
> Par les mains d'une humble bergère,
> Renversant tous leurs bataillons,
> Borna leur succès et nos peines :
> Et leurs corps pourris dans nos plaines
> N'ont fait qu'engraisser nos sillons.

FIN DES ODES.

ÉPIGRAMMES

I

A CLIMÈNE[1].

Tout me fait peine,
Et depuis un jour
Je crois, Climène,
Que j'ai de l'amour.
Cette nouvelle
Vous met en courroux !...
Tout beau, cruelle ;
Ce n'est pas pour vous.

II

A UNE DEMOISELLE[2].

Pensant à notre mariage,
Nous nous trompions très-lourdement :
Vous me croyiez fort opulent,
Et je vous croyais sage[3].

III

De six amants contents et non jaloux,
Qui tour à tour servaient madame Claude,
Le moins volage était Jean son époux :
Un jour pourtant, d'humeur un peu trop chaude,
Serrait de près sa servante aux yeux doux,
Lorsqu'un des six lui dit : Que faites-vous ?
Le jeu n'est sûr avec cette ribaude.
Ah ! voulez-vous, Jean-Jean, nous gâter tous[4] ?

IV

SUR GILLES BOILEAU,
Frère aîné de l'auteur[1].

De mon frère, il est vrai, les écrits sont vantés ;
Il a cent belles qualités :
Mais il n'a point pour moi d'affection sincère.
En lui je trouve un excellent auteur,
Un poëte agréable, un très-bon orateur :
Mais je n'y trouve point de frère.

V

CONTRE SAINT-SORLIN.

Dans le palais, hier, Bilain[2]
Voulait gager contre Ménage
Qu'il était faux que Saint-Sorlin
Contre Arnauld eût fait un ouvrage.
Il en a fait, j'en sais le temps,
Dit un des plus fameux libraires.
Attendez... C'est depuis vingt ans.
On en tira cent exemplaires.
— C'est beaucoup, dis-je en m'approchant ;
La pièce n'est pas si publique.
— Il faut compter, dit le marchand ;
Tout est encor dans ma boutique.

VI

SUR L'AGÉSILAS DE P. CORNEILLE.

J'ai vu l'Agésilas,
Hélas !

---

1. Cette Climène est d'imagination une « Iris en l'air » ; Boileau en convient. « A l'égard de l'épigramme à Climène, écrit-il à Brossette (15 juillet 1702), c'est un ouvrage de ma première jeunesse, un caprice imaginé pour dire quelque chose de nouveau ». (Ed. F.)
2. Cette épigramme et l'anecdote qui l'a fait naître sont tirées d'une lettre de Desforges-Maillard au président Bouhier, insérée dans les Amusements du cœur et de l'esprit, t. XI, p. 350.
3. Louis Racine, Mémoires, p. 115-116, ne croit pas que cette épigramme soit de Boileau, mais pour des raisons qui ne sont pas convaincantes. V. l'Introduction. (Ed. F.)
4. Pour cette épigramme, dont Racine donna le mot final, et qui a trait à Champmeslé, sa femme et sa servante. V. l'Introduction. (Ed. F.)

1. Dans les papiers de Brossette, le titre de cette épigramme est écrit ainsi de la main de Boileau : Épigramme sur un frère aîné que j'avois, qui estoit de l'Académie françoise, et avec qui j'estois brouillé. Sur cette brouille de Gilles et de Nicolas, V. l'Introduction. (Ed. F.)
2. Bilain était un avocat célèbre autour duquel on faisait cercle au Palais, près du fameux pilier. Boileau, dans son dialogue des Héros de roman, l'avait mis parmi les avocats braillards. On lui fit remarquer que c'était une injustice ; il le remplaça par Huot. (Ed. F.)

VII

SUR L'ATTILA DU MÊME.

Après l'Agésilas,
Hélas !
Mais après l'Attila,
Holà[1] !

VIII

A MONSIEUR RACINE.

Racine, plains ma destinée!
C'est demain la triste journée
Où le prophète Desmarets,
Armé de cette même foudre
Qui mit le Port-Royal en poudre,
Va me percer de mille traits[2].
C'en est fait! mon heure est venue.
Non que ma muse, soutenue
De tes judicieux avis,
N'ait assez de quoi le confondre :
Mais, cher ami, pour lui répondre,
Hélas! il faut lire Clovis[3].

IX

CONTRE LINIÈRE.

Linière apporte de Senlis[4]
Tous les mois trois couplets impies.
A quiconque en veut dans Paris
Il en présente des copies :
Mais ses couplets, tout pleins d'ennui,
Seront brûlés, même avant lui.

X

SUR UNE SATIRE TRÈS-MAUVAISE

Que l'abbé Cotin avait faite, et qu'il faisait courir sous mon nom.

En vain par mille et mille outrages
Mes ennemis, dans leurs ouvrages,
Ont cru me rendre affreux aux yeux de l'univers,
Cotin, pour décrier mon style,
A pris un chemin plus facile :
C'est de m'attribuer ses vers.

XI

CONTRE LE MÊME.

A quoi bon tant d'efforts, de larmes et de cris,
Cotin, pour faire ôter ton nom de mes ouvrages?
Si tu veux du public éviter les outrages,
Fais effacer ton nom de tes propres écrits.

XII

CONTRE UN ATHÉE[1].

Alidor, assis[2] dans sa chaise,
Médisant du ciel à son aise,
Peut bien médire aussi de moi.
Je ris de ses discours frivoles :
On sait fort bien que ses paroles
Ne sont pas articles de foi.

XIII

VERS EN STYLE DE CHAPELAIN,

Pour mettre à la fin de son poëme de la Pucelle.

Maudit soit l'auteur dur, dont l'âpre et rude verve,
Son cerveau tenaillant, rima malgré Minerve;
Et de son lourd marteau martelant le bon sens,
A fait de méchants vers douze fois douze cents[3]!

XIV

VERS, DE MÊME STYLE, A METTRE EN CHANT.

Droits et roides rochers, dont peu tendre est la cime,
De mon flamboyant cœur l'âpre état vous savez.
Savez aussi, durs bois, par les hivers lavés, [me.
Qu'holocauste est mon cœur pour un front magnani-

---

1. Chapelain se méprit sur le sens de ces deux épigrammes, et, qui pis est, Corneille s'y méprit lui-même : « il les tourna à son avantage, comme si l'auteur avoit voulu dire que la première excitoit parfaitement la pitié et que l'autre étoit le *nec plus ultrà* de la tragédie. (*Bolæana*, art. xxiv.) » Voltaire, dans son commentaire d'*Agésilas* (préface), trouve que Boileau eut tort de faire imprimer le mot sur cette pièce; « mais, ajoute-t-il, il n'eut pas tort de le dire ». (Éd. F.)

2. Il s'agit de la *Défense du poëme héroïque*, cet ouvrage que nous avons plusieurs fois cité, dans lequel Desmarets Saint-Sorlin défend moins le genre dont il se fait le champion, qu'il n'attaque Boileau, qui avait le tort de ne pas admirer son épopée de *Clovis*. Cette *défense* parut en 1674, ce qui nous donne la date de l'épigramme. (Éd. F.)

3. Poëme de Desmarets, ennuyeux à la mort. (Boil.) — Brossette fait remarquer qu'en plusieurs éditions le mot « ennuyeux » est remplacé par celui d' « envieux », et trouve, avec raison, que cette faute d'impression, s'appliquant à une œuvre de Desmarets, n'est pas un contre-sens. (Éd. F.)

4. Linières, qui était de Paris, avait une maison de campagne à Senlis, où il passait presque tout son temps à aiguiser des couplets athées. Dans l'épître VII, Boileau l'appelle déjà « le poëte idiot de Senlis ». (Éd. F.)

1. Saint-Pavin.

2. Il était tellement goutteux, qu'il ne pouvait marcher. (Boil.) — Cette épigramme de Boileau est une réponse au sonnet satirique par lequel Saint-Pavin avait lui-même répondu à certaine allusion de la première satire contre son incrédulité. Ce sonnet, qui se trouve dans l'édition que Saint-Marc a donnée des *Poésies de Saint-Pavin*, p. 58, était plus fin que l'attaque; et l'épigramme qui y répondit ne le valut pas. Il se termine par ce tercet :

En vérité je lui pardonne :
S'il n'eût mal parlé de personne,
On n'eût jamais parlé de luy.   (Éd. F.)

3. *La Pucelle* a douze livres, chacun de douze cents vers. (Boil.) — Qu'aurait donc dit Boileau s'il avait su que ce n'est pas douze chants, mais vingt-quatre, de douze cents vers chacun, que Chapelain avait écrits! Les douze premiers furent seuls publiés ; le reste existe en manuscrit original à la Bibliothèque de la rue de Richelieu. M. Taschereau en publia des *fragments* dans sa *Revue rétrospective*. Voltaire parle, dans la première note de sa *Pucelle*, de ces vingt-quatre chants, et ajoute que si Chapelain n'en donna que la moitié, « c'est par discrétion ». C'est plutôt par peur. Lorsqu'il eut vu l'accueil fait au commencement, il craignit de livrer la fin. (Éd. F.)

XV
LE DÉBITEUR RECONNAISSANT.

Je l'assistai dans l'indigence[1];
Il ne me rendit jamais rien.
Mais, quoiqu'il me dût tout son bien,
Sans peine il souffrait ma présence :
Oh! la rare reconnaissance!

XVI
PARODIE DE QUELQUES VERS DE CHAPELLE.

Tout grand ivrogne du Marais
Fait des vers que l'on ne lit guère;
Il les croit pourtant fort bien faits,
Et quand il cherche à les mieux faire,
Il les fait encor plus mauvais[2].

XVII
A MM. PRADON ET BONNECORSE,
Qui firent en même temps paraître contre moi chacun un volume d'injures.

Venez, Pradon et Bonnecorse,
Grands écrivains de même force,
De vos vers recevoir le prix;
Venez prendre dans mes écrits
La place que vos noms demandent.
Linière et Perrin vous attendent[3].

XVIII
SUR LA FONTAINE DE BOURBON[4].

Oui, vous pouvez chasser l'humeur apoplectique,
Rendre le mouvement au corps paralytique,
Et guérir tous les maux les plus invétérés :
Mais quand je lis ces vers par votre onde inspirés,
Il me paraît, admirable fontaine,
Que vous n'eûtes jamais la vertu d'Hippocrène.

XIX
SUR LA MANIÈRE DE RÉCITER DU POËTE S***[1].

Quand j'aperçois sous ce portique
Ce moine au regard fanatique,
Lisant ses vers audacieux,
Faits pour les habitants des cieux[2],
Ouvrir une bouche effroyable,
S'agiter, se tordre les mains,
Il me semble en lui voir le diable
Que Dieu force à louer les saints.

XX
IMITÉE DE CELLE DE MARTIAL,
Qui commence par : *Nuper erat medicus*, etc.[3]

Paul, ce grand médecin, l'effroi de son quartier,
Qui causa plus de maux que la peste et la guerre,
Est curé maintenant et met les gens en terre :
Il n'a point changé de métier.

XXI
A MONSIEUR PERRAULT,
Sur les livres qu'il a faits contre les anciens.

Pour quelque vain discours sottement avancé
Contre Homère, Platon, Cicéron ou Virgile,
Caligula partout fut traité d'insensé,
Néron de furieux, Adrien d'imbécile[4].
Vous donc qui, dans la même erreur,
Avec plus d'ignorance et non moins de fureur,
Attaquez ces héros de la Grèce et de Rome,
Perrault, fussiez-vous empereur,
Comment voulez-vous qu'on vous nomme?

XXII
SUR LE MÊME SUJET.

D'où vient que Cicéron, Platon, Virgile, Homère,
Et tous ces grands auteurs que l'univers révère,

---

1. *Epigr.* XXXII. Le célèbre M. Patru, pressé par un créancier impitoyable, était sur le point de voir vendre ses livres, la plus agréable et presque la seule chose qui lui restait. Boileau le tira de cette fâcheuse extrémité en lui portant une somme beaucoup plus considérable que celle pour laquelle il était résolu de les donner ; il voulut même que M. Patru gardât sa bibliothèque comme auparavant, et qu'elle ne vînt à lui qu'en survivance. Il déboursa environ quatre mille livres, et il n'avait encore les successions qu'il a recueillies dans la suite. Cette épigramme n'a été faite qu'après la mort de M. Patru, arrivée en janvier 1681.
2. Cette épigramme, qu'on a eu tort d'attribuer à d'autres qu'à Boileau, se trouve sous son nom dans les *Mss* de Brossette. Ce n'est, du reste, qu'une parodie, vers pour vers, de cette boutade de Chapelle sur lui-même :

Tout bon paresseux du Marais
Fait des vers qui ne coûtent guère,
Pour moy, c'est ainsi que j'en fais ;
Et si je les voulois mieux faire,
Je les ferais bien plus mauvais. (ÉD. F.)

3. Cette épigramme est une riposte, comme le dit son titre, aux attaques de Pradon et de Bonnecorse contre Boileau : l'un, dans ses *Nouvelles Remarques*, publiées en 1685 ; l'autre, dans son mauvais poëme du *Lutrigot*, qui parut peu de mois après. (ÉD. F.)
4. On connaît maintenant l'origine de cette épigramme ; on l'a sue par le *post-scriptum* d'une lettre de Boileau à Racine, dont M. Renouard possédait, de la main du fils aîné de Racine, une copie qui fut achetée et publiée avec plusieurs autres par M. Laverdet. Cette lettre est du 19 mai 1687. Boileau y parle, à la fin, de La Bruyère, qui lui a fait visite, et le *post-scriptum* ajoute : « Nous parlions quelquefois de vers, et il ne m'en parle pas sottement. Il m'en lut l'autre jour un assez grand nombre de très-méchants, qui ont esté faicts l'année passée dans Bourbon même, à l'occasion de Bourbon. Il me parut aussi dégoûté de ces vers que moi, et pour vous montrer que je ne suis encore guéri de rien, c'est que je ne pus m'empescher de faire sur-le-champ, à propos de ces misérables vers, cette épigramme, que j'adresse à la fontaine même de Bourbon ». (ÉD. F.)

1. Santeuil.
2. Il a fait des hymnes latines à la louange des saints. (BOIL.)
3. Lib. I, épig. XLVIII.
4. On sait par Suétone que Caligula voulait faire détruire les œuvres d'Homère et de Virgile ; et par Dion Cassius, qu'Adrien avait le mauvais goût de préférer à Homère le poëte Antimachus, très-inconnu aujourd'hui ; mais personne n'a dit que Néron donnât dans le même travers de faux jugement. Il en avait tant d'autres que Boileau a cru pouvoir y ajouter celui-là sans invraisemblance : On ne prête qu'aux riches. (ÉD. F.)

Traduits dans vos écrits nous paraissent si sots?
Perrault, c'est qu'en prêtant à ces esprits sublimes,
Vos façons de parler, vos bassesses, vos rimes,
  Vous les faites tous des Perraults.

XXIII

A MONSIEUR PERRAULT.

Le bruit court que Bacchus, Junon, Jupiter, Mars,
  Apollon, le dieu des beaux-arts;
Les Ris même, les Jeux, les Grâces et leur mère,
Et tous les dieux enfants d'Homère,
  Résolus de venger leur père[1],
Jettent déjà sur vous de dangereux regards.
Perrault, craignez enfin quelque triste aventure:
Comment soutiendrez-vous un choc si violent?
  Il est vrai, Visé[2] vous assure
  Que vous avez pour vous Mercure;
  Mais c'est le *Mercure galant*.

XXIV

AU MÊME.

Ton oncle, dis-tu, l'assassin[3]
M'a guéri d'une maladie:
La preuve qu'il ne fut jamais mon médecin,
  C'est que je suis encor en vie.

XXV

A UN MÉDECIN.

Oui, j'ai dit dans mes vers[4] qu'un célèbre assassin,
Laissant de Galien la science infertile,
D'ignorant médecin devint maçon habile:
Mais de parler de vous je n'eus jamais dessein,
  Perrault; ma muse est trop correcte.
Vous êtes, je l'avoue, ignorant médecin,
  Mais non pas habile architecte.

XXVI

SUR CE QU'ON AVAIT LU A L'ACADÉMIE DES VERS CONTRE HOMÈRE ET VIRGILE[5].

Clio vint l'autre jour se plaindre au dieu des vers
  Qu'en certain lieu de l'univers
On traitait d'auteurs froids, de poëtes stériles,
  Les Homères et les Virgiles.
Cela ne saurait être; on s'est moqué de vous,
  Reprit Apollon en courroux:
Où peut-on avoir dit une telle infamie?
Est-ce chez les Hurons, chez les Topinambous?
— C'est à Paris. — C'est donc dans l'hôpital des fous?
— Non : c'est au Louvre, en pleine Académie.

XXVII

MÊME SUJET.

J'ai traité de Topinambous
  Tous ces beaux censeurs, je l'avoue,
Qui, de l'antiquité si follement jaloux,   [loue;
Aiment tout ce qu'on hait, blâment tout ce qu'on
  Et l'Académie, entre nous,
  Souffrant chez soi de si grands fous,
  Me semble un peu Topinamboue.

XXVIII

MÊME SUJET.

Ne blâmez pas Perrault de condamner Homère.
  Virgile, Aristote, Platon:
  Il a pour lui monsieur son frère,
G.... N.... Lavau[1], Caligula, Néron,
  Et le gros Charpentier, dit-on.

XXIX

PARODIE BURLESQUE DE LA PREMIÈRE ODE DE PINDARE

A la louange de M. Perrault[2].

Malgré son fatras obscur,
Souvent Brébeuf étincelle;
Un vers noble, quoique dur,
Peut s'offrir dans la Pucelle.
Mais, ô ma lyre fidèle,
Si du parfait ennuyeux
Tu veux trouver le modèle,
Ne cherche point dans les cieux

---

1. Brossette ayant fait remarquer à J.-B. Rousseau les trois rimes féminines qui se suivent, et y croyant voir une faute, Rousseau lui répondit (13 août 1717) : « Les trois rimes féminines de suite ne sont point une faute dans cet endroit, non plus que dans une infinité d'autres de Voiture, de Sarazin, de Chapelle et de La Fontaine, où cette licence fait un effet très-agréable à l'oreille ». (Ed. F.)
2. Auteur du *Mercure galant*.
3. C'est « ton frère » qu'il eût fallu mettre; car c'est le frère et non l'oncle de Perrault qui était médecin. Boileau aura craint que l'épigramme ne fût ainsi trop transparente. Perrault lui avait reproché, dans sa *Lettre en réponse au Discours sur l'ode*, art. 12, d'avoir payé les soins de ce frère en l'attaquant, ainsi que lui : « Il vous a, dit-il, tiré de deux dangereuses maladies avec des soins et une application inconcevables, et on sait de quelle sorte vous avez reconnu ces soins, en le maltraitant dans vos satires ». (Ed. F.)
4. Voyez le commencement du chant IV de l'*Art poétique*.
5. Ces vers, dont parle Boileau, étaient le poëme de Perrault :

Le Siècle de Louis le Grand, qui fut lu, en effet, par son auteur, à l'Académie, le 27 janvier 1687, dans la séance solennelle tenue pour célébrer la convalescence du roi, après la grande opération : « Tous ceux qui composaient cette illustre assemblée, dit Perrault lui-même (*Parallèle des anciens*, etc., préface), en parurent assez contents, hors deux ou trois amateurs outrés de l'antiquité, qui témoignèrent en être fort offensés ». Boileau était de ces deux ou trois, et c'est par cette épigramme qu'il commença à « témoigner » sa colère. Le prince de Conti trouvait qu'il n'en avait pas fait de meilleure. Racine, au contraire, préférait celle qui précède. (Ed. F.)
1. Il se pourrait que M. l'abbé Gallois, que Boileau aura craint de nommer, à cause de sa haute position au collége de France et à l'Académie des sciences; N... est sans doute possible le duc de Nevers, dont l'*avertissement* de l'épître VII nous a dit les démêlés avec Boileau et Racine. L'abbé Lavau était un académicien de la faveur, une créature académique de Colbert. (Ed. F.)
2. J'avais résolu de parodier l'ode; mais dans ce temps-là nous nous raccommodâmes M. Perrault, et moi. Ainsi il n'y eut que ce couplet de fait. (Boil.)

D'astre au soleil préférable ;
Ni dans la foule innombrable
De tant d'écrivains divers,
Chez Coignard[1] rongés des vers,
Un poëte comparable
A l'auteur inimitable
De Peau d'Ane mis en vers[2].

XXX
SUR LA RÉCONCILIATION DE L'AUTEUR ET DE PERRAULT.

Tout le trouble poétique
A Paris s'en va cesser ;
Perrault l'antipindarique,
Et Despréaux l'homérique,
Consentent de s'embrasser.
Quelque aigreur qui les anime,
Quand malgré l'emportement
Comme eux l'un l'autre on s'estime,
L'accord se fait aisément.
Mon embarras est comment
On pourra finir la guerre
De Pradon et du parterre.

XXXI
CONTRE BOYER ET LA CHAPELLE.

J'approuve que chez vous, messieurs, on examine
Qui du pompeux Corneille ou du tendre Racine
Excita dans Paris plus d'applaudissements :
   Mais recherchez en même temps
   (La question n'est pas moins belle)
Qui du fade Boyer ou du sec La Chapelle
   Excita plus de sifflements[3].

XXXII
SUR UNE HARANGUE D'UN MAGISTRAT,
Dans laquelle les procureurs étaient fort maltraités.

Lorsque, dans ce sénat à qui tout rend hommage,
Vous haranguez en vieux langage,
   Paul, j'aime à vous voir, en fureur,
   Gronder maint et maint procureur ;

Car leurs chicanes sans pareilles
Méritent bien ce traitement :
Mais que vous ont fait nos oreilles
Pour les traiter si rudement ?

XXXIII
ÉPITAPHE.

Ci-gît, justement regretté,
   Un savant homme sans science,
   Un gentilhomme sans naissance,
Un très-bon homme sans bonté[1].

XXXIV
SUR UN PORTRAIT DE L'AUTEUR[2].

Ne cherchez point comment s'appelle
L'écrivain peint dans ce tableau :
A l'air dont il regarde et montre la Pucelle,
Qui ne reconnaîtrait Boileau ?

XXXV
POUR METTRE AU BAS D'UNE MÉCHANTE GRAVURE QU'ON A FAITE DE MOI.

Du poëte Boileau tu vois ici l'image.
— Quoi ! c'est là, diras-tu, ce critique achevé !
D'où vient le noir chagrin qu'on lit sur son visage ?
   — C'est de se voir si mal gravé.

XXXVI
AUX RÉVÉRENDS PÈRES DE ***[3],
Qui m'avaient attaqué dans leurs écrits.

Mes révérends Pères en Dieu,
   Et mes confrères en satire,
Dans vos écrits en plus d'un lieu,
Je vois qu'à mes dépens vous affectez de rire :
Mais ne craignez-vous point que, pour rire de vous,
Relisant Juvénal, refeuilletant Horace,
Je ne ranime encor ma satirique audace !
   Grands Aristarques de Trévoux,

---

1. Libraire de M. Perrault.
2. M. Perrault, dans ce temps-là, avait rimé le conte de Peau d'Ane. (Boil.)
3. Il n'y a pas à douter, quoi qu'en aient dit St-Surlin et Berriat Saint-Prix, que cette épigramme est de Boileau. Une lettre de Brossette à Louis Racine (1er mars 1741) et la réponse de celui-ci (20 mars) le prouvent de reste. Nous la donnons, d'après le texte de Brossette, dans sa lettre. Un passage du Segraisiana, p. 214, qui n'a été cité par personne, peut aussi servir de preuve. Il y est dit que Boileau fit ces vers par dépit contre La Chapelle, « qui ne l'avoit pas loué dans une harangue qu'il avoit prononcée », et l'on regrette que Boyer eût été compris dans cette petite vengeance : « Le pauvre M. Boyer n'a jamais offensé personne ; il a fait des pièces qui ont été jouées dans leur temps, et il étoit assez bon académicien ». Boileau, s'il n'eût atteint que ce pauvre diable, auroit avoué l'épigramme ; mais, comme elle s'attaquait en même temps à La Chapelle, qui était secrétaire des commandements du prince de Conti, il n'eut garde de la publier. (Ed. F.)

1. D'Alembert, dans les notes de son Éloge de Boileau, se demande à qui pouvait convenir cette épitaphe en épigramme et ne le trouve pas. C'était pourtant facile à savoir. Dans les Lettres de J.-B. Rousseau, publiées en 1730, c'est-à-dire bien avant cet Éloge, on lisait (Lettre du 13 août 1717) : « C'est l'épitaphe de M. de Gourville, qui est parfaitement représenté dans ces quatre vers. Il ne sçavoit rien et parloit de tout avec esprit ; il étoit de basse naissance et avoit des manières fort nobles ; il faisoit accueil à tout le monde et n'aimoit personne ». L. Racine, dans les Mémoires sur la vie de son père (1747, in-12, p. 124), l'avait aussi déjà nommé. L'attribution est donc incontestable. Ce qui la confirme, c'est que, dans les papiers de Brossette, revus par Boileau, celui-ci a écrit de sa main sur le titre du quatrain : Gourville. (Ed. F.)
2. C'est celui que Brossette avait fait peindre par Santerre, en 1699, et dont il avait orné son cabinet à Lyon. Boileau lui envoya cette épigramme, dans sa lettre du 25 mars de la même année, pour y servir d'inscription. (Ed. F.)
3. Trévoux.

N'allez point de nouveau faire courir aux armes
Un athlète tout prêt à prendre son congé,
Qui, par vos traits malins au combat rengagé,
Peut encor aux rieurs faire verser des larmes.
Apprenez un mot de Régnier,
Notre célèbre devancier :
« Corsaires attaquant corsaires
Ne font pas, dit-il, leurs affaires[1]. »

XXXVII

AUX MÊMES,

Sur mon épître de l'*Amour de Dieu*.

Non, pour montrer que Dieu veut être aimé de nous,
Je n'ai rien emprunté de Perse ni d'Horace,
Et je n'ai point suivi Juvénal à la trace : [vous,
Car, bien qu'en leurs écrits ces auteurs, mieux que
Attaquent les erreurs dont nos âmes sont ivres,
La nécessité d'aimer Dieu
Ne s'y trouve jamais prêchée en aucun lieu,
Mes Pères, non plus qu'en vos livres[2].

XXXVIII

AUX MÊMES,

Sur le livre des *Flagellants*, composé par mon frère le docteur en Sorbonne.

Non, le livre des *Flagellants*
N'a jamais condamné, lisez-le bien, mes Pères,
Ces rigidités salutaires
Que pour ravir le ciel, saintement violents,
Exercent sur leur corps tant de chrétiens austères.
Il blâme seulement cet abus odieux
D'étaler et d'offrir aux yeux
Ce que leur doit toujours cacher la bienséance ;
Et combat vivement la fausse piété,
Qui, sous couleur d'éteindre en nous la volupté,
Par l'austérité même et par la pénitence,
Sait allumer le feu de la lubricité.

XXXIX

L'AMATEUR D'HORLOGES.

Sans cesse autour de six pendules,
De deux montres, de trois cadrans,
Lubin, depuis trente et quatre ans,
Occupe ses soins ridicules :
Mais à ce métier, s'il vous plaît,

A-t-il acquis quelque science ?
Sans doute ; et c'est l'homme de France
Qui sait le mieux l'heure qu'il est[1].

XL[2]

Qui ne hait pas tes vers, ridicule Mauroy,
Pourrait bien pour sa peine aimer ceux de Fourcroi.

XLI

ÉPITAPHE DU PÈRE BOUHOURS.

Ci-gît un bel esprit qui n'eut rien de terrestre ;
Il donnait un tour fin à ce qu'il écrivait.
La médisance ajoute qu'il servait
Le monde et le ciel par semestre[3].

XLII

A M. DE LAMOIGNON, CONTRE CHAPELAIN.

Chapelain vous renonce, et se met en courroux
De ce qu'on me connaît chez vous.
Vous avez beau faire merveilles :
Eussiez-vous, Lamoignon, enflé son revenu,
Vous n'aurez point de part à ses pénibles veilles.
Oh ! qu'il eût été bon pour le bien des oreilles
Que Longueville m'eût connu[4].

---

1. Vers de Régnier. (Boil.)
2. Voici le vrai titre de cette épigramme, tel que le donne (p. 457) M. Laverdet, *Correspondance entre Boileau et Brossette*, d'après les *Mémoires* de celui-ci : *Response aux R. P. de Trévoux, qui avoient mis, dans une épigramme contre moi, que la raison pourquoy j'ay si mal réussi dans mon Epître de l'Amour de Dieu, c'est qu'IL N'A RIEN TROUVÉ DANS HORACE, DANS PERSE NI DANS JUVÉNAL, SUR CE SUJET, QU'IL PUT DÉROBER*. (Éd. F.)

1. La lettre de Boileau à Brossette, du 5 mars 1705, nous dit comment fut faite cette épigramme, un soir à Auteuil, avec une vieille plaisanterie que Boileau se souvint d'avoir dite vingt ans auparavant. Sa règle pour ce genre, comme il l'écrit dans cette même lettre, était : « Qu'avant tout, pour faire une bonne épigramme, il falloit dire en conversation le mot qu'on y vouloit mettre à la fin et voir s'il frapperoit ». J.-B. Rousseau (*Lettre* du 13 août 1717) raconte que Boileau ayant lu ces vers à un ami, — qui, sans doute, n'est autre que lui, — cet ami en retourna, sur-le-champ, la fin de la manière suivante :

Mais à ce métier qui lui plaît,
Loin d'acquérir quelque science,
C'est peut-être l'homme de France
Qui sait le moins l'heure qu'il est.

« C'est, ajoute Rousseau, qu'il est difficile que tant d'horloges se rapportent juste les unes aux autres ». Boileau nous apprend aussi, dans sa lettre, que l'amateur en question était un de ses parents, M. Targas, secrétaire du Roi. On a su, par le *Dict. crit.* de M. Jal, p. 715, que la fille de ce Targas avait épousé le frère aîné de La Bruyère, qui se trouvait être ainsi un peu parent de Boileau. (Éd. F.)
2. Rapportée par Brossette, dans ses notes sur la satire III.
3. Cette épigramme-épitaphe sur le P. Bouhours, mort en 1702, que nous ne donnons qu'avec toutes réserves, est attribuée à notre poëte dans le curieux pamphlet : *Boileau aux prises avec les Jésuites et des éclaircissements sur les œuvres de ce poète*, Cologne, 1796, in-8°. Elle n'a jamais été recueillie. (Éd. F.)
4. On doit se connaître cette épigramme à M. Monmerqué, qui la trouva dans les *Portefeuilles* de Tallemant des Réaux, achetés par lui en 1825, et l'ajouta dans son édition des *Historiettes*, à la fin du chapitre CXLVIII : CHAPELAIN, en la faisant précéder de cette note explicative de Tallemant : « Chapelain fit dire au premier préskient que c'estoit une chose indigne de luy de souffrir qu'un homme comme des Préaux fust reçu dans sa maison. Le premier président respondit qu'il s'entremettroit volontiers pour faire une bonne paix entre eux. Sur cette belle démarche de Chapelain, des Préaux fit cette épigramme ». Pour en comprendre le trait final, il faut se rappeler que M. de Longueville, comme nous l'avons dit dans une note précédente, pensionnait grassement Chapelain, qui, sans cette pension, n'eût pas fait son poëme. Voltaire savait ce détail : « C'étoit, écrit-il, le 7 mars 1760 à d'Argental... c'étoit un bon temps... que celui de Chapelain, à qui la maison de Longueville donnait annuellement douze mille livres tournois pour sa *Pucelle* ». (Éd. F.)

FIN DES ÉPIGRAMMES.

POÉSIES DIVERSES

I

CHANSON A BOIRE,

Que j'ai faite au sortir de mon cours de philosophie,
à l'âge de dix-sept ans.

Philosophes rêveurs, qui pensez tout savoir,
Ennemis de Bacchus, rentrez dans le devoir :
    Vos esprits s'en font trop accroire.
Allez, vieux fous, allez apprendre à boire.
    On est savant quand on boit bien :
    Qui ne sait boire ne sait rien.

S'il faut rire ou chanter au milieu d'un festin,
Un docteur est alors au bout de son latin :
    Un goinfre en a toute la gloire.
Allez, vieux fous, etc... [1].

II

AUTRE.

Soupirez jour et nuit sans manger et sans boire,
    Ne songez qu'à souffrir ;
Aimez, aimez vos maux, et mettez votre gloire
    A n'en jamais guérir.
    Cependant nous rirons
    Avecque la bouteille,
    Et dessous la treille
    Nous la chérirons.

Si, sans vous soulager, une aimable cruelle
    Vous retient en prison,
Allez aux durs rochers, aussi sensibles qu'elle,
    En demander raison.
    Cependant nous rirons, etc...

III

VERS A METTRE EN CHANT [2].

Voici les lieux charmants où mon âme ravie
    Passait à contempler Sylvie

1. Cette chanson se trouve dans les *Mss* de Brossette, avec le titre que nous lui donnons ici et qui n'a jamais été copié exactement. (Éd. F.)
2. Sur l'origine de ces vers amoureux, V. l'*Introduction*.

Ces tranquilles moments si doucement perdus.
Que je l'aimais alors, que je la trouvais belle !
Mon cœur, vous soupirez au nom de l'infidèle :
Avez-vous oublié que vous ne l'aimez plus ?

C'est ici que souvent errant dans les prairies,
    Ma main des fleurs les plus chéries
Lui faisait des présents si tendrement reçus.
Que je l'aimais alors ! etc...

IV

CHANSON A' BOIRE,

Faite à Bâville, où était le père Bourdaloue [1].

Que Bâville me semble aimable,
Quand des magistrats le plus grand
Permet que Bacchus à sa table
Soit notre premier président ! •

Trois muses, en habit de ville [2],
Y président à ses côtés :
Et ses arrêts par Arbouville [3]
Sont à plein verre exécutés.

Si Bourdaloue un peu sévère
Nous dit : Craignez la volupté !
Escobar, lui dit-on, mon Père,
Nous la permet pour la santé [4].

Contre ce docteur authentique
Si du jeûne il prend l'intérêt,
Bacchus le déclare hérétique,
Et janséniste qui pis est.

1. Voyez la lettre à Brossette, du 15 juillet 1702.
2. Boileau avait mis d'abord :

    Chalucet, Hélyot, la Ville.

C'est ainsi que se nommaient ces trois muses.
3. Gentilhomme, parent de monsieur le premier Président. (Boil.)
4. Ce couplet, tel qu'il est ici, d'après Brossette, ne fait pas bien suite aux autres, qui ne chantent que l'ivresse, tandis qu'il célèbre la volupté. Le président Bouhier, dans une lettre *inédite* à Marais (1er août 1730), en donne une variante plus logique, c'est-à-dire plus conséquente avec ce qui précède et suit :

    Si Bourdaloue, un peu sévère,
    Dit que *c'est trop de volupté*,
    Escobar lui répond : Mon Père,
    On le permet pour la santé. (Éd. F.)

V

STANCES [1].

Oui, j'ai juré cent fois de mourir votre amant,
Et si les dieux, témoins de ma flamme fidèle,
Vous avaient faite, Iris, aussi douce que belle,
Je vous aimais assez pour garder mon serment.

Mais je crois que le ciel, à mes maux secourable,
Pour éteindre en mon âme une éternelle ardeur,
Accrut toujours en vous votre extrême froideur,
Et, par pitié pour moi, vous fit impitoyable.

Certes, quand je vous vis en vous rendant les armes
Je pensais que le sort m'eût mis au rang des dieux,
Et je crus, à juger par l'éclat de vos charmes,
Votre cœur pour le moins aussi doux que vos yeux.

Mais, au lieu des faveurs où j'osais bien prétendre,
J'appris qu'un cœur, Iris, qui cédait à vos coups,
En soupirant pour vous ne devait en attendre
Que le triste plaisir de soupirer pour vous.

D'abord, dans les ardeurs d'une flamme ennemie,
Je ne vis que la mort qui me pût secourir,
Et, dans mon désespoir, l'espoir seul de mourir
Servit en ce moment à me rendre la vie.

Mais enfin mon dépit surpassa ma constance :
Je rompis mes liens, je forçai ma prison ;
Et mon cœur, irrité de sa longue souffrance,
Dans l'excès de son mal trouva sa guérison.

Depuis, mon âme, Iris, que vous avez charmée,
N'a plus formé pour vous de désirs superflus;
Et je me tiens heureux de vous avoir aimée,
Pour avoir le plaisir de ne vous aimer plus.

Conservez donc toujours cette humeur inflexible
Dont l'heureuse rigueur m'a su tirer des fers;
Le ciel, dont la bonté vous a faite insensible,
A peut-être par là sauvé tout l'univers.

Je sais que mille amants font gloire de vous suivre,
Et ne condamne pas leur amour ni leur choix :
Mais, pour n'être point las de vivre sous vos lois,
Il faut, cruelle, il faut être bien las de vivre.

VI

SONNET SUR UNE DE MES PARENTES

Qui mourut toute jeune entre les mains d'un charlatan [2].
(1655).

Nourri dès le berceau près de la jeune Orante,
Et non moins par le cœur que par le sang lié,

A ses jeux innocents enfant associé,
Je goûtais les douceurs d'une amitié charmante :

Quand un faux Esculape, à cervelle ignorante,
A la fin d'un long mal vainement pallié,
Rompant de ses beaux jours le fil trop délié,
Pour jamais me ravit mon aimable parente.

Oh ! qu'un si rude coup me fit verser de pleurs !
Bientôt, la plume en main, signalant mes douleurs,
Je demandai raison d'un acte si perfide.

Oui, j'en fis dès quinze ans ma plainte à l'univers :
Et l'ardeur de venger ce barbare homicide
Fut le premier démon qui m'inspira des vers.

VII

MÊME SUJET.

Parmi les doux transports d'une amitié fidèle,
Je voyais près d'Iris couler mes heureux jours;
Iris que j'aime encore, et que j'aimai toujours,
Brûlait des mêmes feux dont je brûlais pour elle :

Quand, par l'ordre du ciel, une fièvre cruelle
M'enleva cet objet de mes tendres amours;
Et, de tous mes plaisirs interrompant le cours,
Me laissa de regrets une suite éternelle.

Ah ! qu'un si rude coup étonna mes esprits !
Que je versai de pleurs, que je poussai de cris !
De combien de douleurs ma douleur fut suivie !

Iris, tu fus alors moins à plaindre que moi :
Et, bien qu'un triste sort t'ait fait perdre la vie,
Hélas ! en te perdant j'ai perdu plus que toi [1].

VIII

STANCES A M. MOLIÈRE,

Sur sa comédie de *l'École des femmes* [2], que plusieurs gens frondaient.

En vain mille jaloux esprits,
Molière, osent avec mépris
Censurer ton plus bel ouvrage :
Sa charmante naïveté
S'en va pour jamais, d'âge en âge,
Divertir la postérité.

---

1. Cette pièce, que Berriat Saint-Prix publia le premier dans son édition, a été revue par nous, d'après la copie qui se trouve sous ce titre : « Stances du sieur Despréaux », aux *Mss* de la Bibliothèque nationale, n° 12,801, fol. 5), V°. Nous renvoyons, pour l'amour dont il y est parlé, à notre *Introduction*. (Éd. F.)
2. Voyez la lettre à Brossette, du 15 juillet 1702, et l'*Introduction*.

1. V. la lettre à Brossette, du 24 novembre 1707. Boileau s'étonne que ce sonnet, fait « presque à la sortie du collége », ait pu tomber entre les mains de Brossette : « Je ne le donnai à personne », dit-il. Les copies en couraient pourtant; nous en avons vu une à l'Arsenal, dans les papiers de M. de Tralage. Le sonnet y est signé « Boileau le jeune ». On le distinguait ainsi de Gilles, son aîné, qui, on le sait, faisait aussi des vers. (Éd. F.)
2. Cette pièce fut représentée, pour la première fois, le 26 décembre 1662 ; cinq jours après, le 1er janvier, Boileau envoya ces stances à Molière. Elles furent publiées trois ans plus tard, sans nom d'auteur, dans le recueil de Jean Ribou, les *Délices de la poésie galante*, 1666, in-12, 1re *partie*, p. 95-96. Nous les donnons dans l'ordre où elles y parurent, en rétablissant la seconde, supprimée par Boileau, Brossette et Saint-Marc dans leurs éditions. (Éd. F.)

Tant que l'univers durera,
Avecque plaisir on dira
Que, quoi qu'une femme complote,
Un mari ne doit dire mot,
Et qu'assez souvent la plus sotte
Est habile pour faire un sot.

Ta muse avec utilité
Dit plaisamment la vérité.
Chacun profite à ton école :
Tout en est beau, tout en est bon ;
Et ta plus burlesque parole
Est souvent un docte sermon.

Que tu ris agréablement !
Que tu badines savamment !
Celui qui sut vaincre Numance [1],
Qui mit Carthage sous sa loi,
Jadis, sous le nom de Térence,
Sut-il mieux badiner que toi ?

Laisse gronder tes envieux :
Ils ont beau crier en tous lieux
Qu'en vain tu charmes le vulgaire ;
Que tes vers n'ont rien de plaisant :
Si tu savais un peu moins plaire,
Tu ne leur déplairais pas tant.

IX

ÉPITAPHE DE LA MÈRE DE L'AUTEUR [2].

Épouse d'un mari doux, simple, officieux,
Par la même douceur je sus [3] plaire à ses yeux :
Nous ne sûmes jamais ni railler ni médire.
Passant, ne t'enquiers point si de cette bonté
    Tous mes enfants ont hérité ;
Lis seulement ces vers, et garde-toi d'écrire.

X

Vers pour mettre au bas du portrait de mon père [4], greffier de la grand'chambre du parlement de Paris.

Ce greffier doux et pacifique
De ses enfants au sang critique
N'eut point le talent redouté ;
Mais, fameux par sa probité,
Reste de l'or du siècle antique,
Sa conduite, dans le Palais
Partout pour exemple citée,
Mieux que leur plume si vantée,
Fit la satire des Rolets [5].

1. Scipion. (BOIL.)
2. Elle mourut en 1637, à l'âge de vingt-trois ans. V. l'*Introduction*.
3. C'est elle qui parle. (BOIL.)
4. Il mourut en 1657, âgé de soixante-treize ans.
5. Le portrait pour lequel Boileau fit ces vers avait été gravé par Nanteuil, en 1653, l'année qui suivit la mort de l'original. Il porte le n° 43 de l'*Œuvre* de Nanteuil, dans le *Peintre-graveur français*, de Rob. Dumesnil, t. IV. Au bas se trouvent deux distiques, que Brossette attribue à l'abbé Boileau, mais qui peuvent être tout aussi bien de son frère, notre poëte, alors frais émoulu des classes, et, ce

XI

SUR MON PORTRAIT

M. Le Verrier, mon illustre ami, ayant fait graver mon portrait par Drevet, le célèbre graveur, fit mettre au bas de ce portrait quatre vers de sa façon, où il me fait ainsi parler :

Au joug de la raison asservissant la rime,
Et, même en imitant, toujours original,
J'ai su dans mes écrits, docte, enjoué, sublime,
Rassembler en moi Perse, Horace et Juvénal.

A QUOI J'AI RÉPONDU PAR CES HUIT VERS [1] :

Oui, Le Verrier, c'est là mon fidèle portrait ;
    Et le graveur, en chaque trait,
A su très-finement tracer sur mon visage
De tout faux bel esprit l'ennemi redouté :
Mais dans les vers pompeux qu'au bas de cet ouvrage
Tu me fais prononcer avec tant de fierté,
    D'un ami de la vérité
    Qui peut reconnaître l'image [2] ?

XII

Sur le buste de marbre qu'a fait de moi M. Girardon [3], premier sculpteur du roi.

Grâce au Phidias de notre âge,
Me voilà sûr de vivre autant que l'univers ;
Et ne connût-on plus ni mon nom ni mes vers,
Dans ce marbre fameux taillé sur mon visage,
De Girardon toujours on vantera l'ouvrage.

XIII

Vers pour mettre au bas du portrait de Tavernier, le célèbre voyageur [4].

De Paris à Delhi [5], du couchant à l'aurore,
Ce fameux voyageur courut plus d'une fois :
De l'Inde et de l'Hydaspe [6] il fréquenta les rois ;
Et sur les bords du Gange on le révère encore.
En tout lieu sa vertu fut son plus sûr appui ;

qu'il fut toujours, très-fort en vers latins. Les voici ; on verra, par les derniers, que Nanteuil était un ami de Boileau.

   Desine fiera tuum, proles numerosa, parentem,
     Quem rapuit votis fors inimica tuis.
   Ecce tibi audaci scalpro magis œre perennem
     Simula naturœ reddit amica manus.   (ÉD. F.)

1. Ces deux petites pièces dont Boileau raconte l'histoire dans sa lettre du 6 mars 1705, à Brossette, se trouvent dans les *Ana* de celui-ci, avec les titres qu'elles ont ici et qu'on n'avait pas encore reproduits complètement. (ÉD. F.)
2. Ce portrait avait été peint, en 1704, par de Troy. Le 5 février 1705, comme on le voit, à cette date, par une lettre de Brossette, il était déjà gravé. Rigaud en peignait un autre au même moment, que Drevet grava aussi, mais plus tard, en 1706. C'est celui qui a été le plus souvent reproduit. Peinture et gravure avaient été faites aux frais de M. J.-J. Coustard, conseiller au Parlement. (ÉD. F.)
3. François Girardon, sculpteur célèbre, né à Troyes en 1628, mort à Paris le 1er septembre 1715, le même jour que Louis XIV.
4. Né à Paris en 1703, il mourut à Moscou dans sa quatre-vingt-quatrième année. Il entreprenait alors, pour la septième fois, le voyage des Indes.
5. Ville du royaume des Indes. (BOIL.)
6. Fleuves du même pays. (BOIL.)

Et, bien qu'en nos climats de retour aujourd'hui
En foule à nos yeux il présente
Les plus rares trésors que le soleil enfante [1],
Il n'a rien apporté de si rare que lui.

XIV

Vers faits pour mettre au bas d'un portrait de monseigneur le duc du Maine, alors encore enfant, et dont Madame de ...., avait fait imprimer à ses dépens, par galanterie, un petit volume de lettres, au-devant desquels il était peint en Apollon, une couronne de lauriers sur la tête [2].

Quel est cet Apollon nouveau,
Qui, presque au sortir du berceau,
Vient régner sur notre Parnasse?
Qu'il est brillant! qu'il a de grâce!
Du plus grand des Héros je reconnais le Fils :
Il est déjà tout plein de l'Esprit de son Père;
Et le feu des yeux de sa Mère
A passé jusqu'en ses Écrits.

XV

Autres pour mettre sous le buste du roi, fait par M. Girardon, l'année que les Allemands prirent Belgrade [3].

C'est ce roi si fameux dans la paix, dans la guerre,
Qui seul fait à son gré le destin de la terre.
Tout reconnaît ses lois, ou brigue son appui.
De ses nombreux combats le Rhin frémit encore :
Et l'Europe en cent lieux a vu fuir devant lui
Tous ces héros si fiers, que l'on voit aujourd'hui
Faire fuir l'Ottoman au delà du Bosphore.

XVI

Autres pour mettre au bas du portrait de mademoiselle de Lamoignon.

Aux sublimes vertus nourrie en sa famille,
    Cette admirable et sainte fille
En tous lieux signala son humble piété;
Jusqu'aux climats [4] où naît et finit la clarté
Fit ressentir l'effet de ses soins secourables;
Et, jour et nuit pour Dieu pleine d'activité,
Consuma son repos, ses biens et sa santé,
A soulager les maux de tous les misérables.

XVII

Autres pour mettre au bas du portrait de M. Hamon [1], médecin de Port-Royal.

Tout brillant de savoir, d'esprit et d'éloquence,
Il courut au désert chercher l'obscurité;
Aux pauvres consacra ses biens et sa science;
Et, trente ans dans le jeûne et dans l'obscurité,
    Fit son unique volupté
    Des travaux de la pénitence.

XVIII

Autres pour mettre au bas du portrait de M. Racine.

Du théâtre français l'honneur et la merveille,
Il sut ressusciter Sophocle en ses écrits;
Et, dans l'art d'enchanter les cœurs et les esprits,
Surpasser Euripide et balancer Corneille.

XIX

Autres pour mettre sous le portrait de M. de La Bruyère, au-devant de son livre des Caractères du temps.

Tout esprit orgueilleux qui s'aime
Par mes leçons [2] se voit guéri,
Et dans mon livre si chéri
Apprend à se haïr soi-même.

XX

ÉPITAPHE D'ARNAULD [3].

Au pied de cet autel de structure grossière,
Gît sans pompe, enfermé dans une vile bière,
Le plus savant mortel qui jamais ait écrit:
Arnauld, qui, sur la grâce instruit par Jésus-Christ,
Combattant pour l'Église, a dans l'Église même
Souffert plus d'un outrage et plus d'un anathème.
Plein du feu qu'en son cœur souffla l'Esprit divin,
Il terrassa Pélage, il foudroya Calvin;
De tous les faux docteurs confondit la morale;
Mais, pour fruit de son zèle, on l'a vu rebuté,
En cent lieux opprimé par leur noire cabale,
Errant, pauvre, banni, proscrit, persécuté.
Et même par sa mort leur fureur mal éteinte
N'aurait jamais laissé ses cendres en repos,

---

1. Il était revenu des Indes avec près de trois millions en pierreries. (BOIL.)
2. Ces vers, dont nous donnons le titre complet, d'après les *Mss* de Brossette, se trouvent au bas du portrait du duc du Maine, fils de Louis XIV et de Madame de Montespan, en tête du petit volume in-4° : *Œuvres diverses d'un auteur de sept ans*, que Mme de Maintenon, gouvernante du prince, avait fait imprimer, en 1677, à l'imprimerie royale, selon Nodier. Il n'en fut tiré que sept ou huit exemplaires. qui n'ont même pas tous le portrait. Nodier (*Mélanges d'une petite bibliothèque*, p. 328) a raison d'attribuer l'épître dédicatoire à Racine, mais il a tort de dire que les vers pour le portrait sont aussi de lui. (ÉD. F.)
3. Ce buste en bas-relief se trouvait au milieu d'un médaillon qui fut présenté par le sculpteur, le 3 septembre 1687, à l'Hôtel de ville de Troyes, sa ville natale. A la fin d'une lettre du 31 août, par laquelle il en faisait hommage et que Grosley nous a conservé (*Éphémérides*, t. II, p. 231-233), Girardon parle ainsi de ceux qui avaient fait les inscriptions et la gravure du médaillon ; on verra que les vers de Boileau étaient protégés par celle-ci : « Deux de mes amis ont secondé mon zèle dans cette entreprise : M. Leclerc a gravé le médaillon avec ses accompagnements, M. Boileau Despréaux m'a donné sept vers de sa composition, pour mettre dans l'estampe en place de l'inscription latine qui accompagne le médaillon. J'ai fait voir ces vers au Roi, qui les a fort approuvés. C'est M. Racine qui a fait, à ma prière, l'inscription latine ». (ÉD. F.)
4. Mademoiselle de Lamoignon, sœur du premier Président, faisait tenir de l'argent à beaucoup de missionnaires, jusque dans les Indes orientales et occidentales. (BOIL.)

1. Jean Hamon, célèbre médecin de la Faculté de Paris, s'était retiré à Port-Royal, s'employant au service des pauvres malades de la campagne. Il mourut à l'âge de 69 ans, en 1687. Il avait pris soin particulièrement des études de Racine, à Port-Royal, et, par reconnaissance, ce dernier voulut être enterré à Port-Royal, aux pieds de M. Hamon.
2. C'est lui qui parle. (BOIL.)
3. Mort à La Haye, le 8 août 1694, à l'âge de 82 ans, et enterré à Bruxelles. Son cœur fut apporté à Port-Royal, à la fin de 1694.

si Dieu lui-même ici de son ouaille sainte
A ces loups dévorants n'avait caché les os [1].

XXI

ÉPITAPHE DU CŒUR DE M. ARNAULD
traduite du latin de M. Santeuil [2].

Chassé, quoique vainqueur, du sein de sa patrie,
Il revint habiter une maison chérie,
Cet arbitre des mœurs, par qui la vérité
Triompha du mensonge et de l'impiété.
Au port, et dans le sein d'une terre sacrée,
Il goûte après l'orage une paix assurée.
Qu'en des lieux inconnus le sort injurieux
Cache du corps d'Arnauld les restes précieux.
Ici l'Amour divin, sur ses rapides ailes,
Lui-même a transporté les dépouilles mortelles
De ce cœur, que l'exil n'a jamais détaché
Des saints lieux dont Arnauld fut d'abord arraché.

XXII

Vers pour être mis sous l'estampe de M. Arnauld [3].

Savoir à fond toute la loi,
Éclaircir la morale et soutenir la foi,
Renverser Calvin et Pélage,
Remettre au jour toute l'antiquité,
Être humble dans la gloire et calme dans l'orage,
Ne parler et n'agir que par la vérité,
C'est ce qu'a fait celui dont vous voyez l'image.

XXIII

Vers pour le portrait de P. d'Hozier [4].

C'est ce fameux d'Hozier, d'un mérite sans prix,
Dont le vaste savoir et les rares écrits

Des illustres maisons ont publié la gloire.
Ses talents surprendront tous les âges suivants :
Il rendit tous les morts vivants dans sa mémoire,
Et ne mourra jamais dans celle des vivants.

XXIV

A MADAME L'INTENDANTE DE.....
Sur le portrait du P. Bourdaloue, qu'elle m'avait envoyé [1].

Du plus grand orateur dont la chaire se vante
M'envoyer le portrait, jeune et sage Intendante,
C'est me faire un présent qui vaut mille présents.
J'ai connu Bourdaloue, et dès mes jeunes ans
Je fis de ses sermons mes plus chères délices.
Mais lui, de son côté, lisant mes vains caprices,
Des censeurs de Trévoux n'eut point pour moi les yeux
Ma franchise surtout gagna sa bienveillance.
Enfin, après Arnauld, ce fut l'illustre en France
Que j'admirai le plus et qui m'aima le mieux.

XXV

ÉNIGME.

Du repos des humains implacable ennemie [2],
J'ai rendu mille amants envieux de mon sort.
Je me repais de sang, et je trouve ma vie
Dans les bras de celui qui recherche ma mort.

XXVI

QUATRAIN.
Sur un portrait de Rossinante, cheval de don Quichotte.

Tel fut ce roi des bons chevaux,
Rossinante, la fleur des coursiers d'Ibérie,
Qui, trottant jour et nuit et par monts et par vaux,
Galopa, dit l'histoire, une fois en sa vie.

XXVII

Vers pour mettre au bas de la Macarise de l'abbé d'Aubignac [3].

Lâches partisans d'Épicure,
Qui, brûlant d'une flamme impure,
Du portique fameux [4] fuyez l'austérité,

---

1. Cette épitaphe parut d'abord à la suite de la Satyre sur l'équivoque, Cologne, 1718, in-12, p. 21. Une des notes mss de Brossette nous explique pourquoi Boileau n'avait pas voulu qu'elle fût publiée de son vivant : « Il m'a dit... avec mystère... qu'il avait fait une épitaphe pour M. Arnauld, mais qu'elle étoit si forte et si marquée, qu'il ne vouloit point qu'elle parût avant sa mort, de peur que les jésuites ne lui fissent des affaires fâcheuses à ce sujet...... Il n'a conservé aucun ménagement ni aucun égard : il a servi le grand Arnauld comme il a cru que cet illustre et vigoureux ami le méritait... ». (ED. F.)
2. C'est aussi à la suite de la Satyre de l'équivoque, p. 47 et dernière, que parut cette épitaphe. Les vers de Santeuil, dont elle est la traduction, l'y précédent avec ce titre : Sur le cœur de M. Arnauld, transporté à Port-Royal-des-Champs. Les voici :

    Ad sanctas rediit sedes rejectus et exul,
    Hostis triumphato ; tot tempestatibus actus
    Hoc portu in placido, hac sacra tellure quiescit
    Arnaldus, veri defensor et arbiter æqui.
    Illius ossa memor sibi vindicet extera tellus,
    Hic cælestis amor rapidis Cor transtulit alis,
    Cor nunquam avulsum, nec amatis sedibus exul. (ED. F.)

3. Ces vers, qui n'ont jamais été recueillis dans les œuvres de Boileau, font partie d'une plaquette très-rare : Recueil des plus belles pièces qui ont été composées en prose et en vers, en latin et en français, par différents auteurs, à la gloire de feu M. Arnauld, docteur en Sorbonne. Le cinquième novembre 1694 ; in-4° de 7 feuilles. (ED. F.)
4. Berriat Saint-Prix a, le premier, réuni ce sixain aux œuvres de Boileau. D'après une note autographe qu'il trouva dans les papiers du fils de d'Hozier, il avait été fait en décembre 1660, peu de jours après la mort du célèbre héraldiste, pour être mis au-dessous de la gravure de son portrait. Il n'était pas complètement inconnu. Avant Berriat Saint-Prix, Auguis en avait donné les quatre derniers vers dans les Révélations indiscrètes du XVIIIe siècle, 1814, in-18, p. 502. (ED. F.)

---

1. Nous donnons ces vers tels qu'ils se trouvent dans les notes mss de Brossette. Jusqu'ici on les avait publiés comme étant adressés à « une présidante » que l'on croyait être madame de Lamoignon. Nous n'avons pu découvrir quelle est la « jeune et sage intendante » qui les reçut en échange du portrait. (ED. F.)
2. Une puce. (BOIL.) — Il fit cette énigme à dix-sept ans. Ce sont ses premiers vers. V. sa lettre à Brossette, du 29 septembre 1730.
3. Voici le titre complet de cet ouvrage : Macarise, reine des Isles fortunées, histoire allégorique contenant la philosophie morale des stoïciens, sous le voile de plusieurs aventures en forme de roman. 1664, in-8°, 2 vol. Le reste, qui devait aller jusqu'à six volumes, ne parut pas, à cause de l'insuccès du commencement. L'abbé n'écrivit même que les sommaires du dernier volume. Tallemant (t. VII, p. 251) a raconté comment tous ceux qui étaient de la société de l'abbé d'Aubignac durent, à l'ancienne mode, « luy donner des vers pour mettre au devant de son livre ». Boileau, qui le fréquentait, fut obligé de s'exécuter comme les autres ; mais il eut le bon esprit d'être en retard, et ses vers ne parurent pas en tête de la Macarise. V. sa lettre à Brossette du 9 avril 1702. (ED. F.)
4. L'école de Zénon. (BOIL.)

Souffrez qu'enfin la raison vous éclaire.
Ce roman plein de vérité
Dans la vertu la plus sévère
Vous peut faire aujourd'hui trouver la volupté.

XXVIII
SUR LE COMTE DE GRAMMONT[1].

Fait d'un plus pur limon, Grammont à son printemps
N'a point vu succéder l'hiver de la vieillesse ;
La cour le voit encor, brillant, plein de noblesse,
    Dire les plus fins mots du temps,
Effacer ses rivaux auprès d'une maîtresse.
Sa course n'est au fond qu'une longue jeunesse,
Qu'il a déjà poussée à deux fois quarante ans.

XXIX
SUR LE MÊME[2].

    Ci-gît un héros de ce temps,
Fameux par ses exploits et d'amour et de guerre,
    Dont l'hiver était un printemps.
    Admiré de toute la terre,
Grammont qui, célébré par les vers éclatants
    Du Catulle de l'Angleterre[3],
Mourut jeune à cent quarante ans.

XXX
LE BUCHERON ET LA MORT,
FABLE D'ÉSOPE.

Le dos chargé de bois et le corps tout en eau,
Un pauvre bûcheron, dans l'extrême vieillesse,
Marchait en haletant de peine et de détresse.
Enfin, las de souffrir, jetant là son fardeau,
Plutôt que de s'en voir accablé de nouveau,
Il souhaita la Mort, et cent fois il l'appelle.
La Mort vint à la fin : Que veux-tu? cria-t-elle.
— Qui ! moi ! dit-il alors, prompt à se corriger :
    Que tu m'aides à me charger.

XXXI
IMPROMPTU SUR LA PRISE DE MONS.
A MADAME *** [4].

Mons était, dit-on, pucelle
Qu'un roi gardait avec le plus grand soin.

Louis le Grand en eut besoin ;
Mons se rendit : vous auriez fait comme elle.

XXXII
SONNET IMPROMPTU SUR COLBERT[1].

Ministre sans pareil du plus grand roi du monde,
Qui, sans cesse veillant au repos des François,
Fais régner les vertus, et refleurir les lois,
Et qui rends en beaux arts la France si féconde ;

Le commerce, établi sur la terre et sur l'onde,
Le Batave à l'abri des fureurs de l'Anglois,
Et Byzance tremblant au bruit de nos exploits,
Prouvent de tes conseils la force sans seconde.

En vain mille envieux, qu'offense ta vertu,
En voyant à ses pieds leur orgueil abattu,
De tes fameux projets veulent souiller la gloire ;

L'univers, qui les sait, n'a qu'à les publier ;
Contre tes ennemis laisse parler l'histoire :
C'est au ciel qui te guide à te justifier.

XXXIII
SUR HOMÈRE.

Ἦιδον μὲν ἐγών· ἐχάρασσε δὲ δῖος Ὅμηρος[2].
Cantabam quidem ego : scribebat autem divus Homerus.

Quand la dernière fois, dans le sacré vallon,
La troupe des neuf Sœurs, par l'ordre d'Apollon,
Lut l'Iliade et l'Odyssée ;
Chacune à le louer se montrant empressée :
Apprenez un secret qu'ignore l'univers,
    Leur dit alors le dieu des vers ;
Jadis avec Homère, aux rives du Permesse,
Dans ce bois de lauriers où seul il me suivait,
Je les fis toutes deux, plein d'une douce ivresse.
Je chantais : Homère écrivait.

XXXIV
SUR LES TUILERIES.

Agréable jardin, où les Zéphyrs et Flore
Se trouvent tous les jours au lever de l'Aurore ;
Lieux charmants qui pouvez, dans vos sombres ré-
Des plus tristes amants adoucir les ennuis, [duits,

---

1. V. sur ces vers la lettre que Boileau écrivit à Hamilton, le 8 février 1705, le jour même qu'il les avait faits. (Ép. F.)
2. Cette petite pièce, qui n'est guère, mais avec plus d'agrément et de trait, qu'une répétition de la précédente, n'a jamais paru dans les Œuvres de Boileau. Elle est même presque inédite. Elle n'a, en effet, croyons-nous, été publiée que dans la Correspondance littéraire du 10 novembre 1860, p. 9, d'après la copie que M. Ludovic Lalanne en avait trouvée dans un manuscrit de la collection Guignières à la Bibliothèque nationale. (Ép. F.)
3. M. Ludovic Lalanne pense qu'il s'agit ici de Saint-Évremond ; nous pencherions bien plutôt pour Hamilton, qui, non-seulement écrivit les Mémoires du comte de Grammont, mais le célèbre souvent en de jolis vers, très- « catulliens ». (Ép. F.)
4. Attribué à Boileau, dans le Ménagiana, édition de la Monnaye.

1. Boileau fit ce sonnet dans une société, par émulation contre son frère aîné, qui en avait écrit un sur le même sujet, et dont La Fontaine, qui était là, disait grand bien. Il jura qu'il ferait mieux et sur-le-champ. Il réussit, de l'avis de tout le monde, même de La Fontaine. Cizeron Rival, qui raconte l'anecdote dans ses Récréations littéraires, n'a donné que les six derniers vers du sonnet, et ce sont, d'après lui, les seuls qu'on en ait aussi publiés dans les récentes éditions de Boileau. Les autres, c'est-à-dire les huit premiers, que nous réunissons pour la première fois à ses œuvres, ont été trouvés par M. Monmerqué dans les Portefeuilles de Tallemant Des Réaux et publiés à la fin des Historiettes. Tallemant avait mis en note auprès du titre du sonnet : « On ne l'a pas donné, j'ai voulu l'avoir pour l'histoire ». (Ép. F.)
2. Vers grecs de l'Anthologie. (Boil.) — Voyez la lettre de Boileau à Brossette, du 2 août 1703.

Cessez de rappeler, dans mon âme insensée,
De mon premier bonheur la gloire enfin passée.
Ce fut, je m'en souviens, dans cet antique bois
Que Philis m'apparut pour la première fois.
C'est ici que souvent, dissipant mes alarmes,
Elle arrêtait d'un mot mes soupirs et mes larmes ;
Et que, me regardant d'un œil si gracieux,
Elle m'offrait le ciel ouvert dans ses beaux yeux.
Aujourd'hui cependant, injustes que vous êtes,
Je sais qu'à mes rivaux vous prêtez vos retraites,
Et qu'avec elle assis sur vos tapis de fleurs,
Ils triomphent, contents de mes vaines douleurs.
Allez, jardins dressés par une main fatale,
Tristes enfants de l'art du malheureux Dédale :
Vos bois, jadis pour moi si charmants et si beaux,
Ne sont plus qu'un désert, refuge des corbeaux,
Qu'un séjour infernal, où cent mille vipères,
Tous les jours, en naissant, assassinent leurs mères.

FRAGMENT
D'UN PROLOGUE D'OPÉRA

AVERTISSEMENT AU LECTEUR

Madame de M***[1] et madame de T***[2] sa sœur, lasses des opéras de Quinault, proposèrent au roi d'en faire faire un par M. Racine, qui s'engagea assez légèrement à leur donner cette satisfaction, ne songeant pas dans ce moment-là à une chose dont il était plusieurs fois convenu avec moi : qu'on ne peut jamais faire un bon opéra, parce que la musique ne saurait narrer, que les passions n'y peuvent être peintes dans toute l'étendue qu'elles demandent ; que d'ailleurs elle ne saurait souvent mettre en chant les expressions vraiment sublimes et courageuses. C'est ce que je lui représentai, quand il me déclara son engagement, et il m'avoua que j'avais raison ; mais il était trop avancé pour reculer. Il commença dès lors un opéra dont le sujet était la chute de Phaéton. Il en fit même quelques vers qu'il récita au roi, qui en parut content ; mais comme M. Racine n'entreprenait cet ouvrage qu'à regret, il me témoigna résolument qu'il ne l'achèverait point que je n'y travaillasse avec lui, et me déclara avant tout qu'il fallait que j'en composasse le prologue. J'eus beau lui représenter mon peu de talent en ces sortes d'ouvrages, et que je n'avais jamais fait de vers d'amourettes ; il persista dans sa résolution, et me dit qu'il me le ferait ordonner par le roi. Je songeai donc en moi-même à voir de quoi je serais capable, en cas que je fusse absolument obligé de travailler à un ouvrage si opposé à mon génie et à mon inclination. Ainsi, pour m'essayer, je tragai, sans en rien dire à personne, non pas même à M. Racine, le canevas d'un prologue, et j'en composai une première scène. Le sujet de cette scène était une dispute de la Poésie et de la Musique, qui se querellaient sur l'excellence de leur art, et étaient enfin toutes prêtes à se séparer, lorsque tout à coup la déesse des ac-

1. Montespan.
2. Thianges.

cords, je veux dire l'Harmonie, descendait du ciel avec tous ses charmes et tous ses agréments, et les réconciliait. Elle devait dire ensuite la raison qui la faisait venir sur la terre, qui n'était autre que de divertir le prince de l'univers le plus digne d'être servi, et à qui elle devait le plus, puisque c'était lui qui la maintenait dans la France, où elle régnait en toutes choses. Elle ajoutait ensuite que, pour empêcher que quelque audacieux ne vînt troubler, en s'élevant contre un si grand prince, la gloire dont elle jouissait avec lui, elle voulait que dès aujourd'hui même, sans perdre de temps, on représentât sur la scène la chute de l'ambitieux Phaéton. Aussitôt tous les poëtes et tous les musiciens, par son ordre, se retiraient et s'allaient habiller. Voilà le sujet de mon prologue, auquel je travaillai trois ou quatre jours avec un assez grand dégoût, tandis que M. Racine de son côté, avec non moins de dégoût, continuait à disposer le plan de son opéra, sur lequel je lui prodiguais mes conseils. Nous étions occupés à ce misérable travail, dont je ne sais si nous nous serions bien tirés, lorsque tout à coup un heureux incident nous tira d'affaire. L'incident fut que M. Quinault s'étant présenté au roi les larmes aux yeux, et lui ayant remontré l'affront qu'il allait recevoir s'il ne travaillait plus au divertissement de Sa Majesté, le roi, touché de compassion, déclara franchement aux dames dont j'ai parlé qu'il ne pouvait se résoudre à lui donner ce déplaisir : SIC NOS SERVAVIT APOLLO. Nous retournâmes donc, M. Racine et moi, à notre premier emploi, et il ne fut plus mention de notre opéra, dont il ne resta que quelques vers de M. Racine, qu'on n'a point trouvés dans ses papiers après sa mort, et que vraisemblablement il avait supprimés par délicatesse de conscience, à cause qu'il y était parlé d'amour. Pour moi, comme il n'était point question d'amourette dans la scène que j'avais composée, non-seulement je n'ai pas jugé à propos de la supprimer, mais je la donne ici au public, persuadé qu'elle fera plaisir aux lecteurs, qui ne seront peut-être pas fâchés de voir de quelle manière je m'y étais pris pour adoucir l'amertume et la force de ma poésie satirique, et pour me jeter dans le style doucereux. C'est de quoi ils pourront juger par le fragment que je leur présente ici, et que je leur présente avec d'autant plus de confiance, qu'étant fort court, s'il ne les divertit, il ne leur laissera pas du moins le temps de s'ennuyer.

PROLOGUE

LA POÉSIE, LA MUSIQUE.

LA POÉSIE.
Quoi ! par de vains accords et des sons impuissants,
Vous croyez exprimer tout ce que je sais dire ?
LA MUSIQUE.
Aux doux transports qu'Apollon vous inspire
Je crois pouvoir mêler la douceur de mes chants.
LA POÉSIE.
Oui, vous pouvez, au bord d'une fontaine,
Avec moi soupirer une amoureuse peine,
Faire gémir Thyrsis, faire plaindre Climène.
Mais, quand je fais parler les héros et les dieux,
 Vos chants audacieux

Ne me sauraient prêter qu'une cadence vaine :
Quittez ce soin ambitieux.
LA MUSIQUE.
Je sais l'art d'embellir vos plus rares merveilles.
LA POÉSIE.
On ne veut plus alors entendre votre voix.
LA MUSIQUE.
Pour entendre mes sons, les rochers et les bois
Ont jadis trouvé des oreilles.
LA POÉSIE.
Ah! c'en est trop, ma sœur, il faut nous séparer.
Je vais me retirer :
Nous allons voir sans moi ce que vous saurez faire.
LA MUSIQUE.
Je saurai divertir et plaire ;
Et mes chants moins forcés n'en seront que plus doux.
LA POÉSIE.
Eh bien! ma sœur, séparons-nous.
LA MUSIQUE.
Séparons-nous.
LA POÉSIE.
Séparons-nous.
CHŒUR DES POÈTES ET DES MUSICIENS.
Séparons-nous, séparons-nous.
LA POÉSIE.
Mais quelle puissance inconnue
Malgré moi m'arrête en ces lieux?
LA MUSIQUE.
Quelle divinité sort du sein de la nue?
LA POÉSIE.
Quels chants mélodieux
Font retentir ici leur douceur infinie?
LA MUSIQUE.
Ah! c'est la divine Harmonie
Qui descend des cieux!
LA POÉSIE.
Qu'elle étale à nos yeux
De grâces naturelles!
LA MUSIQUE.
Quel bonheur imprévu la fait ici revoir!
LA POÉSIE ET LA MUSIQUE.
Oublions nos querelles :
Il faut nous accorder pour la bien recevoir.
CHŒUR DES POÈTES ET DES MUSICIENS.
Oublions nos querelles :
Il faut nous accorder pour la bien recevoir.

CHAPELAIN DÉCOIFFÉ [1]

PARODIE

DES QUATRE DERNIÈRES SCÈNES DE L'ACTE I
ET DE LA SECONDE DE L'ACTE II DU CID.

SCÈNE I
LA SERRE, CHAPELAIN.

LA SERRE.
Enfin, vous l'emportez! et la faveur du roi
Vous accable de dons qui n'étaient dus qu'à moi.
On voit rouler chez vous tout l'or de la Castille.
CHAPELAIN.
Les trois fois mille francs qu'il met dans ma famille
Témoignent mon mérite, et font connaître assez
Qu'on ne hait pas mes vers pour être un peu forcés.
LA SERRE.   [sommes ;
Pour grands que sont les rois, ils sont ce que nous
Ils se trompent en vers comme les autres hommes :
Et ce choix sert de preuve à tous les courtisans,
Qu'à de méchants auteurs ils font de beaux présents.
CHAPELAIN.
Ne parlons point du choix dont votre esprit s'irrite :
La cabale l'a fait plutôt que le mérite,
Vous choisissant, peut être on eût pu mieux choisir :
Mais le roi m'a trouvé plus propre à son désir.
A l'honneur qu'il m'a fait ajoutez-en un autre.
Unissons désormais ma cabale à la vôtre [queux,
J'ai mes prôneurs aussi, quoiqu'un peu moins fri-
Depuis que mes sonnets ont détrompé les gens.
Si vous me célébrez, je dirai que La Serre
Volume sur volume incessamment desserre :
Je parlerai de vous avec monsieur Colbert ;
Et vous éprouverez si mon amitié sert.
Ma nièce même en vous peut rencontrer un gendre.
LA SERRE.
A de plus hauts partis Philipote peut prétendre!
Et le nouvel éclat de cette pension
Lui doit bien mettre au cœur une autre ambition!
Exerce nos rimeurs, et vante notre prince ;
Va te faire admirer chez les gens de province ;
Fais marcher en tous lieux les rimeurs sous ta loi ;
Sois des flatteurs l'amour et des railleurs l'effroi :
Joins à ces qualités celle d'une âme vaine,
Montre-leur comme il faut endurcir une veine,
Au métier de Phébus bander tous les ressorts,
Endosser nuit et jour un rouge justaucorps [2],

---

1. * Cette parodie fut faite en 1664, époque à laquelle le Roi avait commencé à donner des pensions aux gens de lettres. Chapelain en eut une de trois mille livres, et Cassaigne une moins considérable. La Serre n'en put point obtenir. Il est parlé de ces trois auteurs en plusieurs endroits de ce livre.
2. Quand Chapelain était chez lui, il portait toujours un justaucorps rouge en guise de robe de chambre. (L'auteur de la *Parodie* fait ici allusion à ce que Chapelain avait été archer.)

* Voyez la lettre de Boileau à Brossette, du 10 décembre 1701 ; et le *Mégiana*, tome I, page 146. (Édit. de 1714.)

Pour avoir de l'encens donner une bataille,
Ne laisser de sa bourse échapper une maille :
Surtout sers-leur d'exemple, et ressouviens-toi bien
De leur former un style aussi dur que le tien.
CHAPELAIN.
Pour s'instruire d'exemple, en dépit de Linière,
Ils liront seulement ma Jeanne tout entière.
Là, dans un long tissu d'amples narrations,
Ils verront comme il faut berner les nations,
Duper, d'un grave ton, gens de robe et d'armée,
Et sur l'erreur des sots bâtir sa renommée.
LA SERRE.
L'exemple de La Serre a bien plus de pouvoir !
Un auteur dans ton livre apprend mal son devoir.
Et qu'a fait après tout ce grand nombre de pages,
Que ne puisse égaler un de mes cent ouvrages ?
Si tu fus grand flatteur, je le suis aujourd'hui ;
Et ce bras de la presse est le plus ferme appui.
Bilaine et de Sercy sans moi seraient des drilles ;
Mon nom seul au Palais nourrit trente familles ; [moi,
Les marchands fermeraient leurs boutiques sans
Et s'ils ne m'avaient plus ils n'auraient plus d'emploi.
Chaque heure, chaque instant fait sortir de ma plume
Cahiers dessus cahiers, volume sur volume.
Mon valet écrivant ce que j'aurais dicté
Ferait un livre entier, marchant à mon côté ;
Et loin de ces durs vers qu'à mon style on préfère,
Il deviendrait auteur en me regardant faire.
CHAPELAIN.
Tu me parles en vain de ce que je connoi ;
Je t'ai vu rimailler et traduire sous moi.
Si j'ai traduit Guzman, si j'ai fait sa préface,
Ton galimatias a bien rempli ma place.
Enfin pour épargner ces discours superflus,
Si je suis grand flatteur, tu l'es et tu le fus.
Tu vois bien cependant qu'en cette concurrence
Un monarque entre nous met de la différence.
LA SERRE.
Ce que je méritais, tu me l'as emporté.
CHAPELAIN.
Qui l'a gagné sur toi l'avait mieux mérité.
LA SERRE.
Qui sait mieux composer en est bien le plus digne.
CHAPELAIN.
En être refusé n'en est pas un bon signe.
LA SERRE.
Tu l'as gagné par brigue étant vieux courtisan.
CHAPELAIN.
L'éclat de mes grands vers fut mon seul partisan.
LA SERRE.
Parlons-en mieux : le roi fait honneur à ton âge.
CHAPELAIN.
Le roi, quand il en fait, le mesure à l'ouvrage.
LA SERRE.
Et par là je devais emporter ces ducats.
CHAPELAIN.
Qui ne les obtient point ne les mérite pas.
LA SERRE.
Ne les mérite pas, moi ?

CHAPELAIN.
Toi.
LA SERRE.
Ton insolence,
Téméraire vieillard, aura sa récompense.
(*Il lui arrache sa perruque.*)
CHAPELAIN.
Achève, et prends ma tête après un tel affront,
Le premier dont ma muse a vu rougir son front.
LA SERRE.
Et que penses-tu faire avec tant de faiblesse ?
CHAPELAIN.
O dieu ! mon Apollon en ce besoin me laisse !
LA SERRE.
Ta perruque est à moi ; mais tu serais trop vain,
Si ce sale trophée avait souillé ma main.
Adieu ; fais lire au peuple, en dépit de Linière,
De tes fameux travaux l'histoire tout entière :
D'un insolent discours ce juste châtiment
Ne lui servira pas d'un petit ornement.
CHAPELAIN.
Rends-moi donc ma perruque.
LA SERRE.
Elle est trop malhonnête.
De tes lauriers sacrés va te couvrir la tête.
CHAPELAIN.
Rends la calotte, au moins !
LA SERRE.
Va, va, tes cheveux d'ours
Ne pourraient sur ta tête encor durer trois jours.

SCÈNE II
CHAPELAIN.
O rage ! ô désespoir ! ô perruque ma mie !
N'as-tu donc tant vécu que pour cette infamie ?
N'as-tu trompé l'espoir de tant de perruquiers,
Que pour voir en un jour flétrir tant de lauriers ?
Nouvelle pension fatale à ma calotte !
Précipice élevé qui te jette en la crotte !
Cruel ressouvenir de tes honneurs passés,
Services de vingt ans, en un jour effacés !
Faut-il de ton vieux poil voir triompher La Serre,
Et te mettre crottée, ou te laisser à terre ?
La Serre, sois d'un roi maintenant régalé :
Ce haut rang n'admet pas un poète pelé ;
Et ton jaloux orgueil, par cet affront insigne,
Malgré le choix du roi, m'en a su rendre indigne.
Et toi, de mes travaux glorieux instrument,
Mais d'un esprit de glace inutile ornement,
Plume jadis vantée, et qui dans cette offense
M'as servi de parade et non pas de défense,
Va, quitte désormais le dernier des humains ;
Passe, pour me venger, en de meilleures mains.
Si Cassaigne a du cœur, et s'il est mon ouvrage,
Voici l'occasion de montrer son courage ;
Son esprit est le mien, et le mortel affront
Qui tombe sur mon chef rejaillit sur son front.

SCÈNE III

CHAPELAIN, CASSAIGNE.

CHAPELAIN.
Cassaigne, as-tu du cœur?
CASSAIGNE.
                    Tout autre que mon maître
L'éprouverait sur l'heure.
                    CHAPELAIN.
                            Ah! c'est comme il faut être.
Digne ressentiment à ma douleur bien doux!
Je reconnais ma verve à ce noble courroux.
Ma jeunesse revit en cette ardeur si prompte.
Mon disciple, mon fils, viens réparer ma honte :
Viens me venger.
    CASSAIGNE.
        De quoi?
            CHAPELAIN.
                    D'un affront si cruel,
Qu'à l'honneur de tous deux il porte un coup mortel :
D'une insulte... Le traître eût payé la perruque
Un quart d'écu du moins, sans mon âge caduque.
Ma plume, que mes doigts ne peuvent soutenir,
Je la remets aux tiens pour écrire et punir.
Va contre un insolent faire un bon gros ouvrage.
C'est dedans l'encre seul qu'on lave un tel outrage :
Rime ou crève. Au surplus, pour ne te point flatter,
Je te donne à combattre un homme à redouter;
Je l'ai vu tout poudreux au milieu des libraires,
Se faire un beau rempart de deux mille exemplaires.
                CASSAIGNE.
Son nom? C'est perdre temps en discours superflus.
                CHAPELAIN.
Donc pour te dire encor quelque chose de plus;
Plus enflé que Boyer[1], plus bruyant qu'un tonnerre,
C'est...
            CASSAIGNE.
        De grâce, achevez.
                CHAPELAIN.
                    Le terrible La Serre.
                CASSAIGNE.
Le...
            CHAPELAIN.
    Ne réplique point, je connais ton fatras;
Combats sur ma parole, et tu l'emporteras.
Donnant pour des cheveux ma Pucelle en échange,
J'en vais chercher; barbouille, écris, rime et nous
                            [venge.

SCÈNE IV

CASSAIGNE.

Percé jusques au fond du cœur
D'une insulte imprévue aussi bien que mortelle,
Misérable vengeur d'une sotte querelle,

D'un avare écrivain chétif imitateur,
Je demeure stérile, et ma veine abattue
    Inutilement sue.
Si près de voir couronner mon ardeur,
    O la peine cruelle !
En cet affront La Serre est le tondeur,
Et le tondu, père de la Pucelle!

Que je sens de rudes combats!
Comme ma pension, mon honneur me tourmente!
Il faut faire un poëme ou bien perdre une rente :
L'un échauffe mon cœur, l'autre retient mon bras.
Réduit au triste choix ou de trahir mon maître,
        Ou d'aller à Bicêtre ;
Des deux côtés mon mal est infini.
    O la peine cruelle !
Faut-il laisser un La Serre impuni?
Faut-il venger l'auteur de la Pucelle?

Auteur, perruque, honneur, argent,
Impitoyable loi, cruelle tyrannie,
Je vois gloire perdue, ou pension finie.
D'un côté je suis lâche, et de l'autre indigent.
Cher et chétif espoir d'une veine flatteuse,
        Et tout ensemble gueuse,
Noir instrument, unique gagne-pain,
    Et ma seule ressource,
M'es-tu donné pour venger Chapelain?
M'es-tu donné pour me couper la bourse?

Il vaut mieux courir chez Conrart ;
Il peut me conserver ma gloire et ma finance,
Mettant ces deux rivaux en bonne intelligence.
On sait comme en traités excelle ce vieillard.
S'il n'en vient pas à bout, que Sapho la pucelle[1]
        Vide notre querelle.
Si pas un d'eux ne me veut secourir,
        Et si l'on me ballotte,
Cherchons La Serre, et sans tant discourir
Traitons du moins et payons la calotte.

Traiter sans tirer ma raison!
Rechercher un marché si funeste à ma gloire!
Souffrir que Chapelain impute à ma mémoire
D'avoir mal soutenu l'honneur de sa toison!
Respecter un vieux poil, dont mon âme égarée
        Voit la perte assurée!
N'écoutons plus ce dessein négligent,
    Qui passerait pour crime.
Allons, ma main, du moins sauvons l'argent,
Puisque aussi bien il faut perdre l'estime.

Oui, mon esprit s'était déçu.
Autant que mon honneur, mon intérêt me presse :
Que je meure en rimant ou meure de détresse,
J'aurai mon style dur comme je l'ai reçu.
Je m'accuse déjà de trop de négligence.
        Courons à la vengeance :

---

1. Claude Boyer, d'Alby, poëte médiocre, reçu à l'Académie en 1667.

1. Mademoiselle de Scudéri.

Et tout honteux d'avoir tant de froideur,
Rimons à tire d'aile,
Puisqu'aujourd'hui La Serre est le tondeur,
Et le tondu, père de la Pucelle.

SCÈNE V

CASSAIGNE, LA SERRE.

CASSAIGNE.

A moi, La Serre, un mot.

LA SERRE.

Parle.

CASSAIGNE.

Ote-moi d'un doute :
Connais-tu Chapelain ?

LA SERRE.

Oui.

CASSAIGNE.

Parlons bas ; écoute :
Sais-tu que ce vieillard fut la même vertu,
Et l'effroi des lecteurs de son temps ? le sais-tu ?

LA SERRE.

Peut-être.

CASSAIGNE.

La froideur qu'en mon style je porte,
Sais-tu que je la tiens de lui seul ?

LA SERRE.

Que m'importe ?

CASSAIGNE.

A quatre vers d'ici je te le fais savoir.

LA SERRE.

Jeune présomptueux !

CASSAIGNE.

Parle sans t'émouvoir.
Je suis jeune, il est vrai, mais aux âmes bien nées
La rime n'attend pas le nombre des années.

LA SERRE.

Mais t'attaquer à moi ! qui t'a rendu si vain,
Toi qu'on ne vit jamais une plume à la main ?

CASSAIGNE.

Mes pareils avec toi sont dignes de combattre ;
Et pour leur coup d'essai veulent des Henri quatre [1].

LA SERRE.

Sais-tu bien qui je suis ?

CASSAIGNE.

Oui : tout autre que moi
En comptant tes écrits pourrait trembler d'effroi.
Mille et mille papiers dont ta table est couverte
Semblent porter écrit le destin de ma perte.
J'attaque en téméraire un gigantesque auteur ;
Mais j'aurai trop de force, ayant assez de cœur.
Je veux venger mon maître, et ta plume indomptable,
Pour ne se point lasser, n'est point infatigable.

LA SERRE.

Ce Phébus, qui paraît au discours que tu tiens,

[1]. Allusion au poème que Cassaigne a fait, intitulé : *Henri IV*, où ce roi est introduit donnant des instructions à Louis XIV, pour bien régner.

Souvent par tes écrits se découvrit aux miens ;
Et te voyant encor tout frais sorti de classe,
Je disais : Chapelain lui laissera sa place.
Je sais ta pension, et suis ravi de voir
Que ces bons mouvements excitent ton devoir ;
Qu'ils te font sans raison mettre rime sur rime,
Étayer d'un pédant l'agonisante estime ;
Et que, voulant pour singe un écolier parfait,
Il ne se trompait point au choix qu'il avait fait.
Mais je sens que pour toi ma pitié s'intéresse ;
J'admire ton audace et je plains ta jeunesse :
Ne cherche point à faire un coup d'essai fatal ;
Dispense un vieux routier d'un combat inégal.
Trop peu de gain pour moi suivrait cette victoire :
A moins d'un gros volume, on compose sans gloire ;
Et j'aurai le regret de voir que tout Paris
Te croirait accablé du poids de mes écrits.

CASSAIGNE.

D'une indigne pitié ton orgueil s'accompagne.
Qui pèle Chapelain craint de tondre Cassaigne !

LA SERRE.

Retire-toi d'ici.

CASSAIGNE.

Hâtons-nous de rimer.

LA SERRE.

Es-tu si près d'écrire ?

CASSAIGNE.

Es-tu las d'imprimer ?

LA SERRE.

Viens, tu fais ton devoir. L'écolier est un traître,
Qui souffre sans cheveux la tête de son maître.

LA MÉTAMORPHOSE

DE LA

PERRUQUE DE CHAPELAIN EN COMÈTE

La plaisanterie que l'on va voir est une suite de la parodie précédente. Elle fut imaginée par les mêmes auteurs, à l'occasion de la comète qui parut à la fin de l'année 1664. Ils étaient à table chez M. Hessein, frère de l'illustre madame de la Sablière.

On feignait que Chapelain, ayant été décoiffé par La Serre, avait laissé sa perruque à calotte dans le ruisseau, où La Serre l'avait jetée.

Dans un ruisseau bourbeux la calotte enfoncée,
Parmi de vieux chiffons allait être entassée,
Quand Phébus l'aperçut ; et du plus haut des airs
Jetant sur les railleurs un regard de travers :
Quoi ! dit-il, je verrai cette antique calotte
D'un sale chiffonnier remplir l'indigne hotte !

Ici devait être la description de cette fameuse perruque,

> Qui, de tous ses travaux la compagne fidèle,
> A vu naître Guzman et mourir la Pucelle;
> Et qui, de front en front passant à ses neveux,
> Devait avoir plus d'ans qu'elle n'eut de cheveux.

Enfin Apollon changeait cette perruque en comète. Je veux, disait ce Dieu, que tous ceux qui naîtront sous ce nouvel astre soient poëtes,

> Et qu'ils fassent des vers, même en dépit de moi.

Furetière, l'un des auteurs de la pièce, remarqua pourtant que cette métamorphose manquait de justesse en un point : c'est, dit-il, que les comètes ont des cheveux, et que la perruque de Chapelain est si usée qu'elle n'en a plus. Cette badinerie n'a jamais été achevée.

Chapelain souffrit, dit-on, avec beaucoup de patience, les satires que l'on fit contre sa perruque. On lui a attribué l'épigramme suivante, qui n'est pas de lui :

> Railleurs, en vain vous m'insultez,
> Et la pièce vous emportez ;
> En vain vous découvrez ma nuque :
> J'aime mieux la condition
> D'être défroqué de perruque,
> Que défroqué de pension.

VERS LATINS

In novum Causidicum, rustici lictoris filium[1].

Dum puer iste fero natus lictore perorat,
Et clamat medio, stante parente, foro;
Quæris quid sileat circumfusa undique turba?
Non stupet ob natum, sed timet illa patrem.

In Marullum, versibus phaleucis antea malè laudatum[2].

Nostri quid placeant minus phaleuci,
Jamdudum tacitus, Marulle, quæro,
Quum nec sint stolidi, nec infaceti,
Nec pingui nimium fluant Minervâ.
Tuas sed celebrant, Marulle, laudes :
O versus stolidos et infacetos !

SATIRA[3]

Quid numeris iterum me balbutire latinis,
Longe Alpes citra natum de patre Sicambro,
Musa, jubes? Istuc puero mihi profuit olim,
Verba mihi sævo nuper dictata magistro
Quum pedibus certis conclusa referre docebas.
Utile tunc Smetium manibus sordescere nostris
Et mihi sæpe udo volvendus pollice Textor
Præbuit adsutis contexere carmina pannis.
Sic Maro, sic Flaccus, sic nostro sæpe Tibullus
Carmine disjecti, vano pueriliter ore
Bullatas nugas sese stupuêre loquentes...

---

1. Voyez la lettre de Boileau à Brossette du 9 avril 1702.
2. Voyez la même lettre. — C'est de cette épigramme que date la liaison intime de Racine avec Boileau.
3. Voyez la lettre à Brossette du 6 octobre 1701.

FIN DES POÉSIES DIVERSES.

PIÈCES DIVERSES

DISSERTATION
CRITIQUE
SUR L'AVENTURE DE JOCONDE
RACONTÉE PAR L'ARIOSTE, PAR LA FONTAINE ET PAR BOUILLON.

A M. FRANÇOIS LA MOTTE LE VAYER DE BOUTIGNY.

Monsieur,

Votre gageure est sans doute fort plaisante, et j'ai ri de tout mon cœur de la bonne foi avec laquelle votre ami soutient une opinion aussi peu raisonnable que la sienne. Mais cela ne m'a point du tout surpris : ce n'est pas d'aujourd'hui que les plus méchants ouvrages ont trouvé de sincères protecteurs, et que des opiniâtres ont entrepris de combattre la raison à force ouverte. Et, pour ne vous point citer ici d'exemples du commun, il n'est pas que vous n'ayez ouï parler du goût bizarre de cet empereur[1] qui préféra les écrits d'un je ne sais quel poëte aux ouvrages d'Homère, et qui ne voulait pas que tous les hommes ensemble, pendant près de vingt siècles, eussent eu le sens commun.

Le sentiment de votre ami[2] a quelque chose d'aussi monstrueux. Et certainement quand je songe à la chaleur avec laquelle il va, le livre à la main, défendre la Joconde de M. Bouillon, il me semble voir Marfise, dans l'Arioste, puisque Arioste il y a, qui veut faire confesser à tous les chevaliers que cette vieille qu'elle a en croupe est un chef-d'œuvre de beauté. Quoi qu'il en soit, s'il n'y prend garde, son opiniâtreté lui coûtera un peu cher; et quelque mauvais passetemps qu'il y ait pour lui à perdre cent pistoles, je le plains encore plus de la perte qu'il va faire de sa réputation dans l'esprit des habiles gens.

Il a raison de dire qu'il n'y a point de comparaison entre les deux ouvrages dont vous êtes en dispute, puisqu'il n'y a point de comparaison entre un conte plaisant et une narration froide, entre une invention fleurie et enjouée et une traduction sèche et triste. Voilà en effet la proportion qui est entre ces deux ouvrages. M. de La Fontaine a pris, à la vérité, son sujet dans l'Arioste; mais en même temps il s'est rendu maître de sa matière : ce n'est point une copie qu'il ait tirée un trait après l'autre sur l'original; c'est un original qu'il a formé sur l'idée que l'Arioste lui a fournie. C'est ainsi que Virgile a imité Homère; Térence, Ménandre; et le Tasse, Virgile. Au contraire, on peut dire de M. Bouillon que c'est un valet timide, qui n'oserait faire un pas sans le congé de son maître, et qui ne le quitte jamais que quand il ne le peut plus suivre. C'est un traducteur maigre et décharné : les belles fleurs que l'Arioste lui fournit deviennent sèches entre ses mains; et, à tout moment quittant le français pour s'attacher à l'italien, il n'est ni italien ni français.

Voilà, à mon avis, ce qu'on doit penser sur ces deux pièces. Mais je passe plus avant, et je soutiens que non-seulement la nouvelle de M. de La Fontaine est infiniment meilleure que celle de ce monsieur, mais qu'elle est même plus agréablement contée que celle de l'Arioste. C'est beaucoup dire, sans doute; et je vois bien que, par là, je vais m'attirer sur les bras tous les amateurs de ce poëte. C'est pourquoi vous trouverez bon que je n'avance pas cette opinion sans l'appuyer de quelques raisons.

Premièrement, je ne vois pas par quelle licence poétique l'Arioste a pu, dans un poëme héroïque et sérieux, mêler une fable et un conte de vieille, pour ainsi dire, aussi burlesque qu'est l'histoire de Joconde. « Je sais bien, dit un poëte, grand cri-« tique[4], qu'il y a beaucoup de choses permises

---

1. Caligula. (Voyez Suétone, *Vie de Caligula*, § 34.)
2. Saint-Gilles, qui avait parié pour la *Joconde* de Bouillon.

1. Horat., *de Arte poet.*, v. 9-13 :
   Pictoribus atque poetis
   Quidlibet audendi semper fuit æqua potestas, etc.

« aux poëtes et aux peintres; qu'ils peuvent quel-
« quefois donner carrière à leur imagination, et
« qu'il ne faut pas toujours les resserrer dans la
« raison étroite et rigoureuse. Bien loin de leur vou-
« loir ravir ce privilége, je le leur accorde pour eux,
« et je le demande pour moi. Ce n'est pas à dire
« toutefois qu'il leur soit permis pour cela de con-
« fondre toutes choses, de renfermer dans un
« même corps mille espèces différentes, aussi con-
« fuses que les rêveries d'un malade; de mêler
« ensemble des choses incompatibles; d'accoupler
« les oiseaux avec les serpents, les tigres avec les
« agneaux ». Comme vous voyez, monsieur, ce
poëte avait fait le procès à l'Arioste plus de mille
ans avant que l'Arioste eût écrit. En effet, ce corps
composé de mille espèces différentes, n'est-ce pas
proprement l'image du poëme de *Roland le furieux* ? Qu'y a-t-il de plus grave et de plus héroïque que certains endroits de ce poëme? Qu'y a-t-il
de plus bas et de plus bouffon que d'autres? Et,
sans chercher si loin, peut-on rien voir de moins
sérieux que l'histoire de Joconde et d'Astolfe ?
Les aventures de Buscon et de Lazarille ont-elles
quelque chose de plus extravagant? Sans mentir,
une telle bassesse est bien éloignée du goût de
l'antiquité : et qu'aurait-on dit de Virgile, bon
Dieu! si, à la descente d'Énée en Italie, il lui
avait fait conter par un hôtelier l'histoire de Peau-
d'Ane, ou les contes de ma Mère-l'Oie? je dis les
contes de ma Mère-l'Oie, car l'histoire de Joconde
n'est guère d'un autre rang. Que si Homère a été
blâmé dans son Odyssée, qui est pourtant un ouvrage tout comique, comme l'a remarqué Aristote;
si, dis-je, il a été repris par de fort habiles critiques pour avoir mêlé dans cet ouvrage l'histoire des compagnons d'Ulysse changés en pourceaux, comme étant indigne de la majesté de son
sujet; que diraient ces critiques, s'ils voyaient
celle de Joconde dans un poëme héroïque? N'auraient-ils pas raison de s'écrier que, si cela est
reçu, le bon sens ne doit plus avoir de juridiction sur les ouvrages d'esprit, et qu'il ne faut
plus parler d'art ni de règle? Ainsi, monsieur,
quelque bonne que soit d'ailleurs la Joconde de
l'Arioste, il faut tomber d'accord qu'elle n'est pas
en son lieu.

Mais examinons un peu cette histoire en elle-
même. Sans mentir, j'ai de la peine à souffrir le
sérieux avec lequel l'Arioste écrit un conte si bouffon. Vous diriez que non-seulement c'est une histoire très-véritable, mais que c'est une chose très-
noble et très-héroïque qu'il va raconter; et certes,
s'il voulait décrire les exploits d'un Alexandre ou
d'un Charlemagne, il ne débuterait pas plus gravement :

    Astolfo, re de' Longobardi, quello
    A cui lasciò il fratel monaco il regno,
    Fu nella gioviuezza sua si bello,
    Che mai poch' altri giunsero a quel segno

    N'avria a fatica un tal fatto a pennello
    Apello, o Zeusi, o se v'è alcun più degno[1].

Le bon messer Ludovico ne se souvenait pas, ou
plutôt ne se souciait pas du précepte de son Horace,

    Versibus exponi tragicis res comica non vult[2].

Cependant il est certain que ce précepte est fondé
sur la pure raison; et que, comme il n'y a rien de
plus froid que de conter une chose grande en style
bas, aussi n'y a-t-il rien de plus ridicule que de raconter une histoire comique et absurde en termes
graves et sérieux, à moins que ce sérieux ne soit
affecté tout exprès pour rendre la chose encore plus
burlesque. Le secret donc, en contant une chose
absurde, est de s'énoncer d'une telle manière, que
vous fassiez concevoir au lecteur que vous ne croyez
pas vous-même la chose que vous lui contez; car
alors il aide lui-même à se décevoir, et ne songe
qu'à rire de la plaisanterie agréable d'un auteur
qui se joue et ne lui parle pas tout de bon. Et cela
est si véritable, qu'on dit même assez souvent des
choses qui choquent directement la raison, et qui
ne laissent pas néanmoins de passer, à cause qu'elles excitent à rire. Telle est cette hyperbole d'un
ancien poëte comique, pour se moquer d'un homme
qui avait une terre d'une fort petite étendue : « Il
« possédait, dit ce poëte, une terre à la campagne,
« qui n'était pas plus grande qu'une épître de La-
« cédémonien. » Y a-t-il rien, ajoute un autre rhéteur, de plus absurde que cette pensée? Cependant
elle ne laisse pas de passer pour vraisemblable,
parce qu'elle excite à rire. Et n'est-ce pas, en effet,
ce qui a rendu si agréables certaines lettres de Voiture, comme celle du Brochet et de la Carpe, dont
l'invention est absurde d'elle-même, mais dont il
a caché l'absurdité par l'enjouement de sa narration, et par la manière plaisante dont il dit toutes
choses? C'est ce que M. de La Fontaine a observé
dans sa nouvelle : il a cru que, dans un conte comme
celui de Joconde, il ne fallait pas badiner sérieusement. Il rapporte, à la vérité, des aventures extravagantes; mais il les donne pour telles; partout il
rit et il joue : et si le lecteur veut lui faire un procès sur le peu de vraisemblance qu'il y a aux choses qu'il raconte, il ne va pas, comme l'Arioste, les
appuyer par des raisons forcées et plus absurdes
encore que la chose même; mais il s'en sauve en
riant et en se jouant du lecteur, ce qui est la route
qu'on doit tenir en ces rencontres :

                      Ridiculum acri
  Fortius et melius magnas plerumque secat res[3].

Ainsi, lorsque Joconde, par exemple, trouve sa
femme couchée entre les bras d'un valet, il n'y a
pas d'apparence que, dans sa fureur, il n'éclate

---

1. *Orland. furios.*, cant. XXVIII, stan. IV.
2. HORAT., *de Arte poet.*, v. 89.
3. HORAT., lib. I, sat. X, v. 14.

contre elle, ou du moins contre ce valet. Comment est-ce donc que l'Arioste sauve cela? Il dit que la violence de l'amour ne lui permet pas de faire déplaisir à sa femme :

Ma dall' amor che porta, al suo dispetto,
All' ingrata moglie, gli fu interdetto.

Voilà, sans mentir, un amant bien parfait; et Céladon ni Silvandre ne sont jamais parvenus à ce haut degré de perfection. Si je ne me trompe, c'était bien plutôt là une raison, non-seulement pour obliger Joconde à éclater, mais c'en était assez pour lui faire poignarder, dans la rage, sa femme, son valet et soi-même, puisqu'il n'y a point de passion plus tragique et plus violente que la jalousie qui naît d'un extrême amour. Et certainement, si les hommes les plus sages et les plus modérés ne sont pas maîtres d'eux-mêmes dans la chaleur de cette passion, et ne peuvent s'empêcher quelquefois de s'emporter jusqu'à l'excès pour des sujets fort légers, que devait faire un jeune homme comme Joconde, dans le premier accès d'une jalousie aussi bien fondée que la sienne? Était-il en état de garder encore des mesures avec une perfide pour qui il ne pouvait plus avoir que des sentiments d'horreur et de mépris? M. de La Fontaine a bien vu l'absurdité qui s'ensuivait de là; il s'est donc bien gardé de faire Joconde amoureux d'un amour romanesque et extravagant : cela ne servirait de rien; et une passion comme celle-là n'a point de rapport avec le caractère dont Joconde nous est dépeint, ni avec ses aventures amoureuses. Il l'a donc représenté seulement comme un homme persuadé au fond de la vertu et de l'honnêteté de sa femme. Ainsi, quand il vient à reconnaître l'infidélité de cette femme, il peut fort bien, par un sentiment d'honneur, ne rien témoigner, puisqu'il n'y a rien qui fasse plus de tort à un homme d'honneur, en ces sortes de rencontres, que l'éclat :

Tous deux dormaient : dans cet abord Joconde
Voulut les envoyer dormir en l'autre monde ;
Mais cependant il n'en fit rien,
Et mon avis est qu'il fit bien.
Le moins de bruit que l'on peut faire
En telle affaire,
Est le plus sûr de la moitié.
Soit par prudence, ou par pitié,
Le Romain ne tua personne.

Que si l'Arioste n'a supposé l'extrême amour de Joconde que pour fonder la maladie et la maigreur qui lui vient ensuite, cela n'était point nécessaire, puisque la seule pensée d'un affront n'est que trop suffisante pour faire tomber malade un homme de cœur. Ajoutez à toutes ces raisons que l'image d'un honnête homme, lâchement trahi par une ingrate qu'il aime, tel que Joconde nous est représenté dans l'Arioste, a quelque chose de tragique, qui ne vaut rien dans un conte pour rire : au lieu que la peinture d'un mari qui se résout à souffrir discrètement les plaisirs de sa femme, comme l'a dépeint M. de La Fontaine, n'a rien que de plaisant et d'agréable; et c'est le sujet ordinaire de nos comédies.

L'Arioste n'a pas mieux réussi dans cet autre endroit où Joconde apprend au roi l'abandonnement de sa femme avec le plus laid monstre de la cour. Il n'est pas vraisemblable que le roi n'en témoigne rien. Que fait donc l'Arioste pour fonder cela? Il dit que Jocondo, avant que de découvrir ce secret au roi, le fit jurer sur le Saint-Sacrement ou l'*Agnus Dei* (ce sont ses termes) qu'il ne s'en ressentirait point. Ne voilà-t-il pas une invention bien agréable? Et le Saint-Sacrement n'est-il pas là bien placé? Il n'y a que la licence italienne qui puisse mettre une semblable impertinence à couvert; et de pareilles sottises ne se souffrent point en latin ni en français. Mais comment est-ce que l'Arioste sauvera toutes les autres absurdités qui s'ensuivent de là? Où est-ce que Joconde trouve si vite une hostie sacrée pour faire jurer le roi? Et quelle apparence qu'un roi s'engage ainsi légèrement à un simple gentilhomme, par un serment si exécrable? Avouons que M. de La Fontaine s'est bien plus sagement tiré de ce pas par la plaisanterie de Joconde, qui propose au roi, pour le consoler de cet accident, l'exemple des rois et des césars qui avaient souffert un semblable malheur avec une constance tout héroïque; et peut-on en sortir plus agréablement qu'il ne fait par ce vers :

Mais bientôt il le prit en homme de courage,
En galant homme; et, pour le faire court,
En véritable homme de cour?

Ce trait ne vaut-il pas mieux lui seul, que tout le sérieux de l'Arioste? Ce n'est pourtant pas que l'Arioste n'ait cherché le plaisant qu'il a pu; et on peut dire de lui ce que Quintilien dit de Démosthène : *Non displicuisse illi jocos, sed non contigisse;* qu'il ne fuyait pas les bons mots, mais qu'il ne les trouvait pas : car quelquefois, de la plus haute gravité de son style, il tombe dans des bassesses à peine dignes du burlesque. En effet, qu'y a-t-il de plus ridicule que cette longue généalogie qu'il fait du reliquaire que Joconde reçut, en partant, de sa femme? Cette raillerie contre la religion n'est-elle pas bien en son lieu? Que peut-on voir de plus sale que cette métaphore ennuyeuse, prise de l'exercice des chevaux, de laquelle Astolfe et Joconde se servent pour se reprocher l'un à l'autre leur lubricité? Que peut-on imaginer de plus froid que cette équivoque qu'il emploie, à propos du retour de Joconde à Rome? On croyait, dit-il, qu'il était allé à Rome; et il était allé à Corneto :

Credeano, che da lor si fosse tolto
Per gire a Roma; e gito era a Corneto.

Si M. de La Fontaine avait mis une semblable

sottise dans toute sa pièce, trouverait-il grâce auprès de ses censeurs? et une impertinence de cette force n'aurait-elle pas été capable de décrier tout son ouvrage, quelques beautés qu'il eût eues d'ailleurs? Mais certes il ne fallait pas appréhender cela de lui. Un homme formé, comme je vois bien qu'il l'est, au goût de Térence et de Virgile, ne se laisse pas emporter à ces extravagances italiennes, et ne s'écarte pas ainsi de la route du bon sens. Tout ce qu'il dit est simple et naturel; et ce que j'estime surtout en lui, c'est une certaine naïveté de langage que peu de gens connaissent, et qui fait pourtant tout l'agrément du discours; c'est cette naïveté inimitable qui a été tant estimée dans les écrits d'Horace et de Térence, à laquelle ils se sont étudiés particulièrement, jusqu'à rompre pour cela la mesure de leurs vers, comme a fait M. de La Fontaine en beaucoup d'endroits. En effet, c'est ce *molle* et ce *facetum* qu'Horace a attribué à Virgile, et qu'Apollon ne donne qu'à ses favoris. En voulez-vous des exemples:

> Marié depuis peu; content, je n'en sais rien :
> Sa femme avait de la jeunesse,
> De la beauté, de la délicatesse ;
> Il ne tenait qu'à lui qu'il ne s'en trouvât bien.

S'il eut dit simplement que Joconde vivait content avec sa femme, son discours aurait été assez froid; mais par ce doute où il s'embarrasse lui-même, et qui ne veut pourtant dire que la même chose, il enjoue[1] sa narration, et occupe agréablement le lecteur. C'est ainsi qu'il faut juger de ces vers de Virgile dans une de ses églogues, à propos de Médée à qui une fureur d'amour et de jalousie avait fait tuer ses enfants:

> Crudelis mater magis, an puer improbus ille?
> Improbus ille puer, crudelis tu quoque mater[2].

Il en est de même encore de cette réflexion que fait M. de La Fontaine, à propos de la désolation que fait paraître la femme de Joconde quand son mari est prêt à partir:

> Vous autres bonnes gens auriez cru que la dame
> Une heure après eût rendu l'âme;
> Moi qui sais ce que c'est que l'esprit d'une femme, etc.

Je pourrais vous montrer beaucoup d'endroits de la même force, mais cela ne servirait de rien pour convaincre votre ami. Ces sortes de beautés sont de celles qu'il faut sentir, et qui ne se prouvent point. C'est ce je ne sais quoi qui nous charme, et sans lequel la beauté même n'aurait ni grâce ni beauté; mais, après tout, c'est un *je ne sais quoi*: si votre ami est aveugle, je ne m'engage pas à lui faire voir clair; et c'est aussi pourquoi vous me dispenserez, s'il vous plaît, de répondre à toutes les vaines objections qu'il vous a faites. Ce serait combattre des fantômes qui s'évanouissent d'eux-mêmes; et je n'ai pas entrepris de dissiper toutes les chimères qu'il est d'humeur à se former dans l'esprit.

Mais il y a deux difficultés, dites-vous, qui vous ont été proposées par un fort galant homme, et qui sont capables de vous embarrasser. La première regarde l'endroit où ce valet d'hôtellerie trouve le moyen de coucher avec la commune maîtresse d'Astolfe et de Joconde, au milieu de ces deux galants. Cette aventure, dit-on, paraît mieux fondée dans l'original, parce qu'elle se passe dans une hôtellerie où Astolfe et Joconde viennent d'arriver fraîchement, et d'où ils doivent partir le lendemain : ce qui est une raison suffisante pour obliger ce valet à ne point perdre de temps, et à tenter ce moyen, quelque dangereux qu'il puisse être, pour jouir de sa maîtresse, parce que, s'il laisse échapper cette occasion, il ne pourra plus la recouvrer; au lieu que, dans la nouvelle de M. de La Fontaine, tout ce mystère arrive chez un hôte où Astolfe et Joconde font un assez long séjour. Ainsi, ce valet logeant avec celle qu'il aime, et étant avec elle tous les jours, vraisemblablement il pouvait trouver d'autres voies plus sûres pour coucher avec elle que celle dont il se sert.

A cela je réponds que, si ce valet a recours à celle-ci, c'est qu'il n'en peut imaginer de meilleure; et qu'un gros brutal, tel qu'il nous est représenté par M. de La Fontaine, et tel qu'il devait être en effet pour faire une entreprise comme celle-là, est fort capable de hasarder tout pour se satisfaire, et n'a pas toute la prudence que pourrait avoir un honnête homme. Il y aurait quelque chose à dire si M. de La Fontaine nous l'avait représenté comme un amoureux de roman, tel qu'il est dépeint dans l'Arioste, qui n'a pas pris garde que ces paroles de tendresse et de passion qu'il lui met dans la bouche sont fort bonnes pour un Tircis, mais ne conviennent pas très-bien à un muletier. Je soutiens, en second lieu, que la même raison qui, dans l'Arioste, empêche tout un jour ce valet et cette fille de pouvoir exécuter leur volonté, cette même raison, dis-je, a pu subsister plusieurs jours, et qu'ainsi, étant continuellement observés l'un et l'autre, par les gens d'Astolfe et de Joconde, et par les autres valets de l'hôtellerie, il n'est pas dans leur pouvoir d'accomplir leur dessein, si ce n'est la nuit. Pourquoi donc, me direz-vous, M. de La Fontaine n'a-t-il point exprimé cela? Je soutiens qu'il n'était point obligé de le faire, parce que cela se suppose aisément de soi-même, et que tout l'article de la narration consiste à ne marquer que les circonstances qui sont absolument nécessaires. Ainsi, par exemple, quand je dis qu'un tel est de retour de Rome, je n'ai que faire de dire qu'il y était allé, puisque cela s'ensuit de là nécessaire-

---

1. *Enjouer* n'a pas conservé cette signification active; nous dirions : *il égaye*.
2. *Ecl.* VIII, v. 49.

ment. De même, lorsque dans la nouvelle de M. de La Fontaine, la fille dit au valet qu'elle ne lui peut pas accorder sa demande, parce que, si elle le faisait, elle perdrait infailliblement l'anneau qu'Astolfe et Joconde lui avaient promis, il s'en suit de là infailliblement qu'elle ne lui pouvait accorder cette demande sans être découverte; autrement, l'anneau n'aurait couru aucun risque.

Qu'était-il donc besoin que M. de La Fontaine allât perdre en paroles inutiles le temps qui est si cher dans une narration? On me dira peut-être que M. de La Fontaine, après tout, n'avait que faire de changer ici l'Arioste. Mais qui ne voit, au contraire, que par là il a évité une absurdité manifeste? c'est à savoir, ce marché qu'Astolfe et Joconde font avec leur hôte, par lequel ce père vend sa fille à beaux deniers comptants. En effet, ce marché n'a-t-il pas quelque chose de choquant, ou plutôt d'horrible? Ajoutez que, dans la nouvelle de M. de La Fontaine, Astolfe et Joconde sont trompés bien plus plaisamment, parce qu'ils regardent tous deux cette fille qu'ils ont abusée comme une jeune innocente à qui ils ont donné, comme il dit :

La première leçon du plaisir amoureux ;

au lieu que, dans l'Arioste, c'est une infâme qui va courir le pays avec eux, et qu'ils ne sauraient regarder que comme une abandonnée.

Je viens à la seconde objection. Il n'est pas vraisemblable, vous a-t-on dit, que, quand Astolfe et Joconde prennent résolution de courir ensemble le pays, le roi, dans la douleur où il est, soit le premier qui s'avise d'en faire la proposition ; et il semble que l'Arioste ait mieux réussi de la faire faire par Joconde. Je dis que c'est tout le contraire, et qu'il n'y a point d'apparence qu'un simple gentilhomme fasse à un roi une proposition si étrange, que celle d'abandonner son royaume, et d'aller exposer sa personne en des pays éloignés, puisque même la seule pensée en est coupable; au lieu qu'il peut fort bien tomber dans l'esprit d'un roi, qui se voit sensiblement outragé en son honneur, et qui ne saurait plus voir sa femme qu'avec chagrin, d'abandonner sa cour pour quelque temps, afin de s'ôter de devant les yeux un objet qui ne lui peut causer que de l'ennui.

Si je ne me trompe, monsieur, voilà vos doutes assez bien résolus. Ce n'est pourtant que de là je veuille inférer que M. de La Fontaine ait sauvé toutes les absurdités qui sont dans l'histoire de Joconde; il y aurait eu de l'absurdité à lui-même d'y penser. Ce serait vouloir extravaguer sagement, puisqu'en effet toute cette histoire n'est autre chose qu'une extravagance assez ingénieuse, continuée depuis un bout jusqu'à l'autre. Ce que j'en dis n'est seulement que pour vous faire voir qu'aux endroits où il s'est écarté de l'Arioste, bien loin d'avoir fait de nouvelles fautes, il a rectifié celles de cet auteur. Après tout, néanmoins, il faut avouer que c'est à l'Arioste qu'il doit sa principale invention. Ce n'est pas que les choses qu'il a ajoutées de lui-même ne puissent entrer en parallèle avec tout ce qu'il y a de plus ingénieux dans l'histoire de Joconde. Telle est l'invention du livre blanc que nos deux aventuriers emportèrent pour mettre les noms de celles qui ne seraient pas rebelles à leurs vœux; car cette badinerie me semble bien aussi agréable que tout le reste du conte. Il n'en faut pas moins dire de cette plaisante contestation qui s'émeut entre Astolfe et Joconde, pour le pucelage de leur commune maîtresse, qui n'était pourtant que les restes d'un valet; mais, monsieur, je ne veux point chicaner mal à propos : donnons, si vous voulez, à l'Arioste toute la gloire de l'invention ; ne lui dénions pas le prix qui lui est justement dû pour l'élégance, la netteté, et la brièveté inimitables avec laquelle il dit tant de choses en si peu de mots; ne rabaissons point malicieusement, en faveur de notre nation, le plus ingénieux auteur des derniers siècles : mais que les grâces et les charmes de son esprit ne nous enchantent pas de telle sorte, qu'elles nous empêchent de voir les fautes de jugement qu'il a faites en plusieurs endroits; et quelque harmonie de vers dont il nous frappe l'oreille, confessons que M. de La Fontaine ayant conté plus plaisamment une chose très-plaisante, il a mieux compris l'idée et le caractère de la narration.

Après cela, monsieur, je ne pense pas que vous voulussiez exiger de moi de vous marquer ici exactement tous les défauts qui sont dans la pièce de M. Bouillon. J'aimerais autant être condamné à faire l'analyse exacte d'une chanson du Pont-Neuf par les règles de la poétique d'Aristote. Jamais style ne fut plus vicieux que le sien, et jamais style ne fut plus éloigné de celui de M. de La Fontaine. Ce n'est pas, monsieur, que je veuille faire passer ici l'ouvrage de M. de La Fontaine pour un ouvrage sans défauts; je le tiens assez galant homme pour tomber d'accord lui-même des négligences qui s'y peuvent rencontrer : et où ne s'en rencontre-t-il point? Il suffit, pour moi, que le bon y passe infiniment le mauvais, et c'est assez pour faire un ouvrage excellent :

Verùm ubi plura nitent in carmine, non ego paucis
Offendar maculis [1].

Il n'en est pas ainsi de M. Bouillon : c'est un auteur sec et aride; toutes ses expressions sont rudes et forcées; il ne dit jamais rien qui ne puisse être mieux dit : et bien qu'il bronche à chaque ligne, son ouvrage est moins à blâmer pour les fautes qui y sont que pour l'esprit et le génie qui n'y sont pas. Je ne doute point que vos sentiments en cela ne soient d'accord avec les miens. Mais, s'il vous sem-

---

[1] Horat., *de Arte poet.*, v. 351.

ble que j'aille trop avant, je veux bien, pour l'amour de vous, faire un effort, et en examiner seulement une page.

> Astolfe, roi de Lombardie,
> A qui son frère plein de vie
> Laissa l'empire glorieux,
> Pour se faire religieux,
> Naquit d'une forme si belle,
> Que Zeuxis et le grand Apelle
> De leur docte et fameux pinceau
> N'ont jamais rien fait de si beau.

Que dites-vous de cette longue période? N'est-ce pas bien entendre la manière de conter, qui doit être simple et coupée, que de commencer une narration en vers par un enchaînement de paroles à peine supportable dans l'exorde d'une oraison?

A qui son frère plein de vie...

Plein de vie est une cheville, d'autant plus qu'il n'est pas du texte. M. Bouillon l'a ajouté de sa grâce; car il n'y a point en cela de beauté qui l'y ait contraint.

Laissa l'empire glorieux...

Ne semble-t-il pas que, selon M. Bouillon, il y a un empire particulier *des glorieux*, comme il y a un empire des Ottomans et des Romains; et qu'il a dit l'empire glorieux, comme un autre dirait l'empire ottoman? Ou bien il faut tomber d'accord que le mot de *glorieux* en cet endroit-là est une cheville, et une cheville grossière et ridicule.

Pour se faire religieux...

Cette manière de parler est basse, et nullement poétique.

Naquit d'une forme si belle...

Pourquoi *naquit?* N'y a-t-il pas des gens qui naissent fort beaux, et qui deviennent fort laids dans la suite du temps? Et au contraire n'en voit-on pas qui viennent fort laids au monde, et que l'âge ensuite embellit?

Que Zeuxis et le grand Apelle...

On peut bien dire qu'Apelle était un grand peintre; mais qui a jamais dit *le grand Apelle?* Cette épithète de *grand* tout simple ne se donne jamais qu'à des conquérants et à nos saints. On peut bien appeler Cicéron le grand orateur; mais il serait ridicule de dire *le grand Cicéron*, et cela aurait quelque chose d'enflé et de puéril. Mais qu'a fait ici le pauvre Zeuxis pour demeurer sans épithète, tandis qu'Apelle est *le grand Apelle?* Sans mentir, il est bien malheureux que la mesure du vers ne l'ait pas permis, car il aurait été du moins *le brave* Zeuxis.

> De leur docte et fameux pinceau
> N'ont jamais rien fait de si beau.

Il a voulu exprimer ici la pensée de l'Arioste, que quand Zeuxis et Apelle auraient épuisé tous leurs efforts pour peindre une beauté, douée de toutes les perfections, cette beauté n'aurait pas égalé celle d'Astolfe. Mais qu'il y a mal réussi! et que cette façon de parler est grossière : « N'ont jamais rien « fait de si beau de leur pinceau »!

Mais si sa grâce sans pareille...

Sans pareille est là une cheville; et le poëte n'a pas pu dire cela d'Astolfe, puisqu'il déclare dans la suite qu'il y avait un homme au monde plus beau que lui : c'est à savoir, Joconde.

Était du monde la merveille...

Cette transposition ne se peut souffrir.

> Ni les avantages que donne
> Le royal éclat de son sang...

Ne diriez-vous pas que *le sang* des Astolfe de Lombardie est ce qui donne ordinairement de l'éclat? Il fallait dire, « ni les avantages que lui donnait le « royal éclat de son sang ».

Dans les italiques provinces...

Cette manière de parler sent le poëme épique, où même elle ne serait pas fort bonne, et ne vaut rien du tout dans un conte, où les façons de parler doivent être simples et naturelles.

Élevaient au-dessus des anges...

Pour parler français, il fallait dire, « Élevaient au-« dessus de ceux des anges ».

Au prix des charmes de son corps.

De son corps est dit bassement pour rimer. Il fallait dire *de sa beauté.*

Si jamais il avait vu naître...

Naître est maintenant aussi peu nécessaire qu'il l'était tantôt.

Rien qui fût comparable à lui...

Ne voilà-t-il pas un joli vers?

> Sire, je crois que le soleil
> Ne voit rien qui vous soit pareil,
> Si ce n'est mon frère Joconde,
> Qui n'a point de pareil au monde.

Le pauvre Bouillon s'est terriblement embarrassé dans ces termes de *pareil* et de *sans pareil*. Il a dit là-bas que la beauté d'Astolfe n'a point de pareille: ici il dit que c'est la beauté de Joconde qui est sans pareille : de là il conclut que la beauté *sans pareille* du roi n'a de *pareille* que la beauté *sans pareille* de Joconde. Mais, sauf l'honneur de l'Arioste, que M. Bouillon a suivi en cet endroit, je trouve ce compliment fort impertinent, puisqu'il n'est pas vraisemblable qu'un courtisan aille de but en blanc dire à un roi qui se pique d'être le plus bel homme de son siècle : « J'ai un frère plus beau que vous ». M. de La Fontaine a bien fait d'éviter cela, et de dire simplement que ce courtisan prit occasion de louer la beauté de son frère, sans l'élever néanmoins au-dessus de celle du roi.

Comme vous voyez, monsieur, il n'y a pas un vers où il n'y ait quelque chose à reprendre, et que Quintilius[1] n'envoyât rebattre sur l'enclume.

Mais en voilà assez; et quelque résolution que j'aie prise d'examiner la page entière, vous trouverez bon que je me fasse grâce à moi-même, et que je ne passe pas plus avant. Et que serait-ce, bon Dieu! si j'allais rechercher toutes les impertinences de cet ouvrage, les mauvaises façons de parler, les choses froides et platement dites, qui s'y rencontrent partout? Que dirions-nous de ces *murailles* dont les ouvertures *bâillent*; de ces *errements* qu'Astolfe et Joconde suivent *dans les pays flamands*? Suivre des errements! juste ciel! quelle langue est-ce là? Sans mentir, je suis honteux pour M. de La Fontaine de voir qu'il ait pu être mis en parallèle avec un tel auteur; mais je suis encore plus honteux pour votre ami. Je le trouve bien hardi sans doute d'oser ainsi hasarder cent pistoles, sur la foi de son jugement. S'il n'a point de meilleure caution, et qu'il fasse souvent de semblables gageures, il est au hasard de se ruiner.

Voilà, monsieur, la manière d'agir ordinaire des demi-critiques, de ces gens, dis-je, qui, sous l'ombre d'un sens commun tourné pourtant à leur mode, prétendent avoir droit de juger souverainement de toutes choses, corrigent, disposent, réforment, louent, approuvent, condamnent tout au hasard. J'ai peur que votre ami ne soit un peu de ce nombre. Je lui pardonne cette haute estime qu'il fait de la pièce de M. Bouillon ; je lui pardonne même d'avoir chargé sa mémoire de toutes les sottises de cet ouvrage : mais je ne lui pardonne pas la confiance avec laquelle il se persuade que tout le monde confirmera son sentiment. Pense-t-il donc que trois des plus galants hommes de France aillent, de gaieté de cœur, se perdre d'estime dans l'esprit des habiles gens, pour lui faire gagner cent pistoles? Et depuis Midas, d'impertinente mémoire, s'est-il trouvé personne qui ait rendu un jugement aussi absurde que celui qu'il attend d'eux?

Mais, monsieur, il me semble qu'il y a assez longtemps que je vous entretiens, et ma lettre pourrait enfin passer pour une dissertation préméditée. Que voulez-vous? C'est que votre gageure me tient au cœur, et j'ai été bien aise de vous justifier à vous-même le droit que vous avez sur les cent pistoles de votre ami. J'espère que cela servira à vous faire voir avec combien de passion je suis, etc.

[1]. HORAT., *de Arte poet.*, v. 438.

AVERTISSEMENT

Mis à la tête des œuvres posthumes de M. B. (Gilles Boileau), de l'Académie française, contrôleur de l'argenterie du roi. Paris, Barbin, 1670, in-12[1].

Je ne doute point que le lecteur ne m'ait quelque obligation du présent que je lui fais des derniers ouvrages d'un homme illustre, que la mort a mis hors d'état de les pouvoir donner lui-même au public. Bien qu'ils n'aient point encore vu le jour, ils ne laissent pas d'être fort connus. La traduction du quatrième livre de l'Énéide a déjà charmé une bonne partie de la cour, par la lecture que l'auteur, de son vivant, a été comme forcé d'en faire en plusieurs réduits célèbres. Elle a mérité l'approbation d'une des plus spirituelles princesses de la terre, et elle a fait dire à un des plus fameux prédicateurs de notre siècle, qu'à ce coup la copie avait surpassé l'original. Cependant il est certain que l'auteur ne s'était pas encore satisfait sur cette traduction, à laquelle il n'avait pas mis la dernière main, non plus qu'à ces autres ouvrages qu'il n'avait pas faits la plupart pour être imprimés, et qui ne l'auraient jamais été, si je n'en eusse fait une espèce de larcin à ceux entre les mains de qui ils étaient tombés. C'est un avis que je suis bien aise de donner en passant à ceux qui y trouveront peut-être des choses plus faibles les unes que les autres. Je crois que le nombre de ces critiques sera fort petit : et j'espère qu'il en sera de ces ouvrages comme de l'Énéide de Virgile, dont Virgile seul est mort mécontent. Voilà tout l'avertissement que j'ai à donner au lecteur. S'il profite comme il doit du don que je lui fais, et s'il sait m'en faire profiter, je me promets de lui donner bientôt une seconde édition de ce livre, plus ample et plus correcte que celle-ci ; et je lui réponds que je n'épargnerai point mes soins et ma diligence pour lui donner une entière satisfaction.

ARRÊT BURLESQUE

Donné en la grand'chambre du Parnasse, en faveur des maîtres ès arts, médecins et professeurs de l'université de Stagire[2], au pays des Chimères, pour le maintien de la doctrine d'Aristote.

1671—1675.

Vu par la cour la requête[3] présentée par les régents, maîtres ès arts, docteurs et professeurs de

1. Nicolas Boileau-Despréaux prit soin de cette édition des œuvres de son frère, et composa cet avertissement au nom du libraire Barbin.
2. Ville de Macédoine, sur la mer Égée, et patrie d'Aristote. (BOIL.)
3. L'université de Paris avait présenté requête au parlement pour

l'université, tant en leurs noms, que comme tuteurs et défenseurs de la doctrine de maître.... Aristote, ancien professeur royal en grec dans le collége du Lycée, et précepteur du feu roi de querelleuse mémoire, Alexandre dit le Grand, acquéreur de l'Asie, Europe, Afrique, et autres lieux; contenant que, depuis quelques années, une inconnue, nommée la Raison, aurait entrepris d'entrer par force dans les écoles de ladite université; et pour cet effet, à l'aide de certains quidams factieux, prenant les surnoms de Gassendistes, Cartésiens, Malbranchistes, et Pourchotistes, gens sans aveu, se serait mise en état d'en expulser ledit Aristote, ancien et paisible possesseur desdites écoles, contre lequel elle et ses consorts auraient déjà publié plusieurs livres, traités, dissertations et raisonnements diffamatoires, voulant assujétir ledit Aristote à subir devant elle l'examen de sa doctrine, ce qui serait directement opposé aux lois, us et coutumes de ladite université, où ledit Aristote aurait toujours été reconnu pour juge, sans appel et non comptable de ses opinions. Que même, sans l'aveu d'icelui, elle aurait changé et innové plusieurs choses en et au dedans de la nature, ayant ôté au cœur la prérogative d'être le principe des nerfs, que ce philosophe lui avait accordée libéralement et de son bon gré, et laquelle elle aurait cédée et transportée au cerveau. Et ensuite, par une procédure nulle de toute nullité, aurait attribué audit cœur la charge de recevoir le chyle, appartenant ci-devant au foie; comme aussi de faire voiturer le sang partout le corps, avec plein pouvoir audit sang d'y vaguer, errer et circuler impunément par les veines et artères, n'ayant autre droit ni titre pour faire lesdites vexations, que la seule expérience, dont le témoignage n'a jamais été reçu dans lesdites écoles. Aurait aussi attenté ladite Raison, par une entreprise inouïe, de déloger le feu de la plus haute région du ciel, et prétendu qu'il n'avait là aucun domicile, nonobstant les certificats dudit philosophe, et les visites et descentes faites par lui sur les lieux. Plus, par un attentat et voie de fait énorme contre la faculté de médecine, se serait ingérée de guérir, et aurait, réellement et de fait, guéri quantité de fièvres intermittentes, comme tierces, double-tierces, quartes, triple-quartes, et même continues, avec vin pur, poudre, écorce de quinquina, et autres drogues inconnues audit Aristote et à Hippocrate son devancier, et ce sans saignée, purgation ni évacuation précédentes : ce qui est non-seulement irrégulier, mais tortionnaire et abusif; ladite Raison n'ayant jamais été admise ni agrégée au corps de ladite faculté, et ne pouvant par conséquent consulter avec les docteurs d'icelle, ni être consultée par eux, comme elle ne

l'a en effet jamais été. Nonobstant quoi, et malgré les plaintes et oppositions réitérées des sieurs Blondel, Courtois, Denyau [1], et autres défenseurs de la bonne doctrine, elle n'aurait pas laissé de se servir toujours desdites drogues, ayant eu la hardiesse de les employer sur les médecins mêmes de ladite faculté, dont plusieurs, au grand scandale des règles, ont été guéris par lesdits remèdes : ce qui est un exemple très-dangereux, et ne peut avoir été fait que par mauvaises voies, sortiléges et pactes avec le diable. Et, non contente de ce, aurait entrepris de diffamer et de bannir des écoles de philosophie les *formalités*, *matérialités*, *entités*, *identités*, *virtualités*, *eccéités*, *pétréités*, *polycarpéités*, et autres êtres imaginaires, tous enfants et ayants cause de défunt maître Jean Scot leur père; ce qui porterait un préjudice notable, et causerait la totale subversion de la philosophie scolastique, dont elles font tout le mystère, et qui tire d'elles toute sa subsistance, s'il n'y était par la cour pourvu. Vu les libelles intitulés : Physique de Rohault, Logique de Port-Royal, Traités du Quinquina, même l'ADVERSUS ARISTOTELEOS de Gassendi, et autres pièces attachées à ladite requête signée CHICANEAU, procureur de ladite université. Ouï le rapport du conseiller commis : tout considéré,

LA COUR, ayant égard à la dite requête, a maintenu et gardé, maintient et garde ledit Aristote en la pleine et paisible possession et jouissance desdites écoles. Ordonne qu'il sera toujours suivi et enseigné par les régents, docteurs, maîtres ès arts et professeurs de ladite université, sans que pour ce ils soient obligés de le lire, ni de savoir sa langue et ses sentiments. Et, sur le fond de sa doctrine, les renvoie à leurs cahiers. Enjoint au cœur de continuer d'être le principe des nerfs; et à toutes personnes, de quelque condition et profession qu'elles soient, de le croire tel, nonobstant toute expérience à ce contraire. Ordonne pareillement au chyle d'aller droit au foie, sans plus passer par le cœur, et au foie de le recevoir. Fait défense au sang d'être plus vagabond, errer ni circuler dans le corps, sous peine d'être entièrement livré et abandonné à la faculté de médecine. Défend à la Raison et à ses adhérents de s'ingérer plus à l'avenir de guérir les fièvres tierces, double-tierces, quartes, triple-quartes, ni continues, par mauvais moyens et voies de sortiléges, comme vin pur, poudre, écorce de quinquina, et autres drogues non approuvées ni connues des anciens. Et en cas de guérisons irrégulières par icelles drogues, permet aux médecins de ladite faculté de rendre, suivant leur méthode ordinaire, la fièvre aux malades, avec casse, séné, sirops, juleps, et autres remèdes propres à ce, et de remettre lesdits malades en tel ét

---

empêcher qu'on enseignât la philosophie de Descartes. La requête fut supprimée et Bernier en fit imprimer une de sa façon. (BOIL.)

1. Blondel a écrit que le bon effet du quinquina venait des pactes que les Américains avaient faits avec le diable. Courtois, médecin, aimait fort la saignée. Denyau, autre médecin, niait la circulation du sang. (BOIL.)

semblable état qu'ils étaient auparavant, pour être ensuite traités selon les règles; et, s'ils n'en réchappent, conduits du moins en l'autre monde, suffisamment purgés et évacués. Remet les *entités*, *identités*, *virtualités*, *eccéités*, et autres pareilles formules scotistes, en leur bonne fame et renommée. A donné acte aux sieurs Blondel, Courtois et Denyau, de leur opposition au bon sens. A réintégré le feu dans la plus haute région du ciel, suivant et conformément aux descentes faites sur les lieux. Enjoint à tous régents, maîtres ès arts et professeurs, d'enseigner comme ils ont accoutumé, et de se servir, pour raison de ce, de tels raisonnements qu'ils aviseront bon être, et aux répétiteurs hibernois, et autres leurs suppôts, de leur prêter main-forte, et de courir sus aux contrevenants, à peine d'être privés du droit de disputer sur les prolégomènes de la logique. Et à fin qu'à l'avenir il n'y soit contrevenu, a banni à perpétuité la Raison des écoles de ladite université; lui fait défense d'y entrer, troubler, ni inquiéter ledit Aristote en la possession et jouissance d'icelles, à peine d'être déclarée janséniste et amie des nouveautés. Et à cet effet sera le présent arrêt lu et publié aux Mathurins[1] de Stagire, à la première assemblée qui sera faite pour la procession du rhéteur, et affiché aux portes de tous les collèges du Parnasse, et partout où besoin sera. Fait ce trente-huitième jour d'août mil six cent soixante-quinze.

COLLATIONNÉ AVEC PARAPHE.

REMERCIMENT
A MESSIEURS
DE L'ACADÉMIE FRANÇAISE
3 JUILLET 1684 [2]

MESSIEURS,

L'honneur que je reçois aujourd'hui est quelque chose pour moi de si grand, de si extraordinaire, de si peu attendu, et tant de fortes raisons semblaient devoir pour jamais m'en exclure[3], que, dans le moment même où je vous en fais mes remerciments, je ne sais encore ce que je dois croire. Est-il possible, est-il bien vrai que vous m'ayez en effet jugé digne d'être admis dans cette illustre compagnie, dont le fameux établissement ne fait guère moins d'honneur à la mémoire du cardinal de Richelieu, que tant de choses merveilleuses qui ont été exécutées sous son ministère? Et que penserait ce grand homme, que penserait ce sage chancelier qui a possédé après lui la dignité de votre protecteur, et après lequel vous avez jugé ne pouvoir choisir d'autre protecteur que le roi même; que penseraient-ils, dis-je, s'ils me voyaient aujourd'hui entrer dans ce corps si célèbre, l'objet de leurs soins et de leur estime, et où, par les lois qu'ils ont établies, par les maximes qu'ils ont maintenues, personne ne doit être reçu qu'il ne soit d'un mérite sans reproche, d'un esprit hors du commun; en un mot, semblable à vous? Mais à qui est-ce encore que je succède dans la place que vous m'y donnez? N'est-ce pas à un homme[1] également considérable et par ses grands emplois et par sa profonde capacité dans les affaires; qui tenait une des premières places dans le conseil, et qui en tant d'importantes occasions a été honoré de la plus étroite confiance de son prince; à un magistrat non moins sage qu'éclairé, vigilant, laborieux, et avec lequel, plus je m'examine, moins je me trouve de proportion?

Je sais bien, messieurs, et personne ne l'ignore, que, dans le choix que vous faites des hommes propres à remplir les places vacantes de votre savante assemblée, vous n'avez égard ni au rang ni à la dignité; que la politesse, le savoir, la connaissance des belles-lettres, ouvrent chez vous l'entrée aux honnêtes gens, et que vous ne croyez pas remplacer indignement un magistrat du premier ordre, un ministre de la plus haute élévation, en lui substituant un poète célèbre, un écrivain illustre par ses ouvrages, et qui n'a souvent d'autre dignité que celle que son mérite lui donne sur le Parnasse. Mais, en qualité même d'homme de lettres, que puis-je vous offrir qui soit digne de la grâce dont vous m'honorez? Serait-ce un faible recueil de poésies, qu'une témérité heureuse, et quelque adroite imitation des anciens, ont fait valoir, plutôt que la beauté des pensées, ni la richesse des expressions. Serait-ce une traduction si éloignée de ces grands chefs-d'œuvre que vous nous donnez tous les jours, et où vous faites si glorieusement revivre les Thucydide, les Xénophon, les Tacite, et tous ces autres célèbres héros de la savante antiquité? Non, messieurs, vous connaissez trop bien la juste valeur des choses, pour payer d'un si grand prix des ouvrages aussi médiocres que les miens, et pour m'offrir de vous-mêmes, s'il faut ainsi dire, sur un si léger fondement, un honneur que la connaissance de mon peu de mérite ne m'a pas laissé seulement la hardiesse de demander.

---

[1]. Quand le recteur faisait ses processions, l'université s'assemblait aux Mathurins.
[2]. La mort de Colbert, arrivée le 6 septembre 1683, laissait une place vacante à l'Académie française. Mais Boileau ne voulant pas faire les démarches requises pour les candidats en pareille circonstance, La Fontaine lui fut préféré. Le roi, qui désirait y voir Boileau, offensé de cette préférence, refusa de sanctionner la nomination de La Fontaine, et partit pour faire la campagne de Luxembourg. Cependant M. de Bezons, un des membres de l'Académie, étant mort peu de temps après, Boileau fut nommé, sans l'avoir demandé; et le roi, en approuvant cette nomination, confirma celle de La Fontaine.
[3]. L'auteur avait écrit contre plusieurs académiciens. (BOIL.)

[1]. M. de Bezons, conseiller d'état. (BOIL.) — Il a laissé quelques ouvrages dont on trouve le catalogue dans l'Histoire de l'Académie française.

Quelle est donc la raison qui vous a pu inspirer si heureusement pour moi en cette rencontre? Je commence à l'entrevoir, et j'ose me flatter que je ne vous ferai point souffrir en la publiant. La bonté qu'a eue le plus grand prince du monde, en voulant bien que je m'employasse avec un de vos plus illustres écrivains à ramasser en un corps le nombre infini de ses actions immortelles; cette permission, dis-je, qu'il m'a donnée, m'a tenu lieu auprès de vous de toutes les qualités qui me manquent. Elle vous a entièrement déterminés en ma faveur. Oui, messieurs, quelque juste sujet qui dût pour jamais m'interdire l'entrée de votre académie, vous n'avez pas cru qu'il fût de votre équité de souffrir qu'un homme destiné à parler de si grandes choses fût privé de l'utilité de vos leçons, ni instruit en d'autre école qu'en la vôtre. Et en cela vous avez bien fait voir que, lorsqu'il s'agit de votre auguste protecteur, quelque autre considération qui vous pût retenir d'ailleurs, votre zèle ne vous laisse plus voir que le seul intérêt de sa gloire.

Permettez pourtant que je vous désabuse, si vous vous êtes persuadés que ce grand prince, en m'accordant cette grâce, ait cru rencontrer en moi un écrivain capable de soutenir en quelque sorte, par la beauté du style et par la magnificence des paroles, la grandeur de ses exploits. C'est à vous, messieurs, c'est à des plumes comme les vôtres, qu'il appartient de faire de tels chefs-d'œuvre; et il n'a jamais conçu de moi une si avantageuse pensée. Mais comme tout ce qui s'est fait sous son règne tient beaucoup du miracle et du prodige, il n'a pas trouvé mauvais qu'au milieu de tant d'écrivains célèbres, qui s'apprêtent à l'envi à peindre ses actions dans tout leur éclat et avec tous les ornements de l'éloquence la plus sublime, un homme sans fard, accusé plutôt de trop de sincérité que de flatterie, contribuât de son travail et de ses conseils à bien mettre en jour, et dans toute la naïveté du style le plus simple, la vérité de ses actions, qui, étant si peu vraisemblables d'elles-mêmes, ont bien plus besoin d'être fidèlement écrites, que fortement exprimées.

En effet, messieurs, lorsque des orateurs et des poëtes, ou des historiens même aussi entreprenants quelquefois que les poëtes et les orateurs, viendront à déployer sur une matière si heureuse toutes les hardiesses de leur art, toute la force de leurs expressions; quand ils diront de Louis le Grand, à meilleur titre qu'on ne l'a dit d'un fameux capitaine de l'antiquité, qu'il a lui seul fait plus d'exploits que les autres n'en ont lu[1]; qu'il a pris plus de villes que les autres rois n'ont souhaité d'en prendre; quand ils assureront qu'il n'y a point de potentat sur la terre, quelque ambitieux qu'il puisse être, qui, dans les vœux secrets qu'il fait au ciel, ose lui demander autant de prospérités et de gloire que le ciel en a accordé libéralement à ce prince; quand ils écriront que sa conduite est maîtresse des événements; que la Fortune n'oserait contredire ses desseins; quand ils le peindront à la tête de ses armées, marchant à pas de géant au travers des fleuves et des montagnes, foudroyant les remparts, brisant les rocs, terrassant tout ce qui s'oppose à sa rencontre : ces expressions paraîtront sans doute grandes, riches, nobles, accommodées au sujet; mais, en les admirant, on ne se croira pas obligé d'y ajouter foi; et la vérité, sous ces ornements pompeux, pourra aisément être désavouée ou méconnue.

Mais lorsque des écrivains sans artifice, se contentant de rapporter fidèlement les choses, et avec toute la simplicité de témoins qui déposent, plutôt même que des historiens qui racontent, exposeront bien tout ce qui s'est passé en France depuis la fameuse paix des Pyrénées; quand ils verront le roi a fait pour rétablir dans ses États l'ordre, les lois, la discipline; quand ils compteront bien toutes les provinces que dans les guerres suivantes il a ajoutées à son royaume, toutes les villes qu'il a conquises, tous les avantages qu'il a eus, toutes les victoires qu'il a remportées sur ses ennemis : l'Espagne, la Hollande, l'Allemagne, l'Europe entière trop faible contre lui seul; une guerre toujours féconde en prospérités, une paix encore plus glorieuse; quand, dis-je, des plumes sincères et plus soigneuses de dire vrai que de se faire admirer, articuleront bien tous ces faits dans l'ordre des temps, et accompagnés de leurs véritables circonstances : qui est-ce qui en pourra disconvenir, je ne dis pas de nos voisins, je ne dis pas de nos alliés, je dis de nos ennemis mêmes? Et quand ils n'en voudraient pas tomber d'accord, leurs puissances diminuées, leurs États resserrés dans les bornes les plus étroites; leurs plaintes, leurs jalousies, leurs fureurs, leurs invectives même, ne les en convaincront-ils pas malgré eux? Pourront-ils nier que, l'année même où je parle, ce prince voulant les contraindre d'accepter la paix, qu'il leur offrait pour le bien de la chrétienté, il a tout à coup, et lorsqu'ils le publiaient entièrement épuisé d'argent et de forces: il a, dis-je, tout à coup fait sortir comme de terre, dans les Pays-Bas, deux armées de quarante mille hommes chacune, et les y a fait subsister abondamment, malgré la disette des fourrages et la sécheresse de la saison? Pourront-ils nier que, tandis qu'avec une de ses armées il faisait assiéger Luxembourg, lui-même avec l'autre, tenant toutes les villes du Hainaut et du Brabant comme bloquées, par cette conduite toute merveilleuse, ou plutôt par une espèce d'enchantement semblable à celui de cette tête si célèbre dans les fables, dont l'aspect convertissait les hommes en rochers, il a rendu les Espagnols immobiles spectateurs de la prise de cette place si importante, où ils avaient mis leur dernière ressource; que, par un effet non moins

---

1. Mot fameux de Cicéron en parlant de Pompée : « Plura bella gessit, quam cæteri legerunt. » (*Pro lege Manilia.*) (BOIL.)

admirable d'un enchantement si prodigieux, cet opiniâtre ennemi de sa gloire, cet industrieux artisan de ligues et de querelles, qui travaillait depuis si longtemps à remuer contre lui toute l'Europe, s'est trouvé lui-même dans l'impuissance, pour ainsi dire, de se mouvoir, lié de tous côtés, et réduit pour toute vengeance à semer des libelles, à pousser des cris et des injures? Nos ennemis, je le répète, pourront-ils nier toutes ces choses? Pourront-ils ne pas avouer qu'au temps même que ces merveilles s'exécutaient dans les Pays-Bas, notre armée navale sur la mer Méditerranée, après avoir forcé Alger à demander la paix, faisait sentir à Gênes, par un exemple à jamais terrible, la juste punition de ses insolences et de ses perfidies; ensevelissait sous les ruines de ses palais et de ses maisons cette superbe ville, plus aisée à détruire qu'à humilier? Non, sans doute, nos ennemis n'oseraient démentir des vérités si reconnues, surtout lorsqu'ils les verront écrites avec cet air simple et naïf, et dans ce caractère de sincérité et de vraisemblance, qu'au défaut des autres choses, je ne désespère pas absolument de pouvoir, au moins en partie, fournir à l'histoire.

Mais comme cette simplicité même, tout ennemie qu'elle est de l'ostentation et du faste, a pourtant son art, sa méthode, ses agréments, où pourrais-je mieux puiser cet art et ces agréments que dans la source même de toutes les délicatesses; dans cette académie qui tient depuis si longtemps en sa possession tous les trésors, toutes les richesses de notre langue? C'est donc, messieurs, ce que j'espère aujourd'hui trouver parmi vous, c'est ce que j'y viens étudier, c'est ce que j'y viens apprendre. Heureux si, par mon assiduité à vous cultiver, par mon adresse à vous faire parler sur ces matières, je puis vous engager à ne me rien cacher de vos connaissances et de vos secrets! Plus heureux encore, si, par mes respects et par mes sincères soumissions, je puis parfaitement vous convaincre de l'extrême reconnaissance que j'aurai toute ma vie de l'honneur inespéré que vous m'avez fait!

DISCOURS

SUR LE STYLE DES INSCRIPTIONS[1].

Les inscriptions doivent être simples, courtes et familières. La pompe ni la multitude des paroles n'y valent rien, et ne sont point propres au style grave, qui est le vrai style des inscriptions. Il est absurde de faire une déclamation autour d'une médaille ou au bas d'un tableau, surtout lorsqu'il s'agit d'actions comme celles du roi, qui, étant d'elles-mêmes toutes grandes et toutes merveilleuses, n'ont pas besoin d'être exagérées.

Il suffit d'énoncer simplement les choses, pour les faire admirer. « Le passage du Rhin » dit beaucoup plus que « le merveilleux passage du Rhin ». L'épithète de *merveilleux* en cet endroit, bien loin d'augmenter l'action, la diminue, et sent son déclamateur qui veut grossir de petites choses. C'est à l'inscription à dire : « Voilà le passage du Rhin », et celui qui lit saura bien dire sans elle : « Le passage du Rhin est une des plus merveilleuses ac-« tions qui aient jamais été faites dans la guerre ». Il le dira même d'autant plus volontiers, que l'inscription ne l'aura pas dit avant lui, les hommes naturellement ne pouvant souffrir qu'on prévienne leur jugement, ni qu'on leur impose la nécessité d'admirer ce qu'ils admireront assez d'eux-mêmes.

D'ailleurs, comme les tableaux de la galerie de Versailles sont des espèces d'emblèmes héroïques des actions du roi, il ne faut dans les règles que mettre au bas du tableau le fait historique qui a donné occasion à l'emblème. Le tableau doit dire le reste, et s'expliquer tout seul. Ainsi, par exemple, lorsqu'on aura mis au bas du premier tableau: « Le roi prend lui-même la conduite de son « royaume et se donne tout entier aux affaires, « 1661 »; il sera aisé de concevoir le dessein du tableau, où l'on voit le roi fort jeune, qui s'éveille au milieu d'une foule de Plaisirs dont il est environné, et qui, tenant de la main un timon, s'apprête à suivre la Gloire qui l'appelle, etc.

Au reste, cette simplicité d'inscription est extrêmement du goût des anciens, comme on le peut voir dans les médailles, où ils se contentaient souvent de mettre pour toute explication la date de l'action qui y est figurée, ou le consulat sous lequel elle a été faite, ou tout au plus deux mots qui apprennent le sujet de la médaille.

Il est vrai que la langue latine dans cette simplicité a une noblesse et une énergie[1] qu'il est difficile d'attraper en notre langue : mais si l'on n'y peut atteindre, il faut s'efforcer d'en approcher, et tout au moins ne pas charger nos inscriptions d'un verbiage et d'une enflure de paroles, qui, étant fort mauvaise partout ailleurs, devient surtout insupportable en ces endroits.

Ajoutez à tout cela que ces tableaux étant dans

---

[1]. M. Charpentier, de l'Académie française, ayant composé des inscriptions pleines d'emphase qui furent mises par ordre du roi au bas des tableaux des victoires de ce prince, peints dans la grande galerie de Versailles par M. Le Brun, M. de Louvois, qui succéda à Sa Majesté dans la charge de surintendant des bâtiments, fit entendre à Sa Majesté que ces inscriptions déplaisaient fort à tout le monde, et, pour mieux lui montrer que c'était avec raison, me pria de faire sur cela un mot d'écrit qu'il pût montrer au roi; ce que je fis aussitôt. Sa Majesté lut cet écrit avec plaisir, et l'approuva : de sorte que, la saison l'appelant à Fontainebleau, il ordonna qu'on son absence on ôtât toutes ces pompeuses déclamations de M. Charpentier, et qu'on y mît les inscriptions simples qui y sont, que nous composâmes presque sur-le-champ, M. Racine et moi, et qui furent approuvées de tout le monde. C'est cet écrit, fait à la prière de M. de Louvois, que je donne ici au public. (BOIL.)

[1]. Voyez la lettre de Boileau à Brossette du 15 mai 1705.

l'appartement du roi, et ayant été faits par son ordre, c'est en quelque sorte le roi lui-même qui parle à ceux qui viennent voir sa galerie. C'est pour ces raisons qu'on a cherché une grande simplicité dans les nouvelles inscriptions, où l'on ne met proprement que le titre et la date, et où l'on a surtout évité le faste et l'ostentation.

ÉPITAPHE DE RACINE [1]

1699.

D. O. M.

Hic jacet vir nobilis Joannes Racine, Franciæ thesauris præfectus, regi a secretis atque a cubiculo, nec non unus e quadraginta gallicanæ academiæ viris : qui postquam profana tragœdiarum argumenta diu cum ingenti hominum admiratione tractasset, musas tandem suas uni Deo consecravit; omnemque ingenii vim in eo laudando contulit, qui solus laude dignus est. Quum eum vitæ negotiorumque rationes multis nobilibus aulæ tenerent addictum, tamen in frequenti hominum consortio omnia pietatis ac religionis officia coluit. A christiano rege Ludovico magno selectus una cum familiari ipsius amico fuerat, qui res, eo regnante, præclare ac mirabiliter gestas præscriberet. Huic intentus operi, repente in gravem atque diuturnum morbum implicitus est; tandemque ab hac sede miseriarum in melius domicilium translatus anno ætatis suæ LIX. Qui mortem longiori adhuc intervallo remotam valde horruerat, ejusdem præsentis adspectum placida fronte sustinuit; obiitque spe multo magis et pia in Deum fiducia erectus, quam fractus metu. Ea jactura omnes illius amicos, è quibus nonnulli inter regni primores eminebant, acerbissimo dolore perculit. Manavit etiam ad ipsum regem tanti viri desiderium. Fecit modestia ejus singularis, et præcipua in hanc Portus-Regii domum benevolentia, ut in isto cœmeterio pie magis quam magnifice sepeliri vellet, adeoque testamento cavit, ut corpus suum, juxta piorum hominum, qui hic jacent, corpora humaretur.

Tu vero, quicumque es, quem in hanc domum pietas adducit, tuæ ipse mortalitatis ad hunc adspectum recordare, et clarissimam tanti viri memoriam precibus potius quam elogiis prosequere.

D. O. M.

« Ici repose le corps de messire JEAN RACINE,
« trésorier de France, secrétaire du roi, gentil-
« homme ordinaire de sa chambre, et un des qua-
« rante de l'Académie française : qui, après avoir
« longtemps charmé la France par ses excellentes
« poésies profanes, consacra ses muses à Dieu, et

« les employa uniquement à louer le seul objet di-
« gne de louange. Les raisons indispensables qui
« l'attachaient à la cour l'empêchèrent de quitter
« le monde; mais elles ne l'empêchèrent pas de
« s'acquitter, au milieu du monde, de tous les de-
« voirs de la piété et de la religion. Il fut choisi
« avec un de ses amis [1] par le roi Louis le Grand
« pour rassembler en un corps d'histoire les mer-
« veilles de son règne, et il était occupé à ce grand
« ouvrage, lorsque tout à coup il fut attaqué d'une
« longue et cruelle maladie, qui à la fin l'enleva
« de ce séjour de misères, en sa cinquante-neu-
« vième année. Bien qu'il eût extrêmement redouté
« la mort lorsqu'elle était encore loin de lui,
« il la vit de près sans s'étonner, et mourut beau-
« coup plus rempli d'espérance que de crainte,
« dans une entière résignation à la volonté de
« Dieu. Sa perte toucha sensiblement ses amis,
« entre lesquels il pouvait compter les premières
« personnes du royaume, et il fut regretté du roi
« même [2]. Son humilité, et l'affection particulière
« qu'il eut toujours pour cette maison de Port-
« Royal des Champs, lui firent souhaiter d'être
« enterré sans aucune pompe dans ce cimetière
« avec les humbles serviteurs de Dieu qui y re-
« posent, et auprès desquels il a été mis, selon
« qu'il l'avait ordonné par son testament.

« O toi, qui que tu sois, que la piété attire en
« ce saint lieu, plains dans un si excellent homme
« la triste destinée de tous les mortels; et, quelque
« grande idée que puisse te donner de lui sa ré-
« putation, souviens-toi que ce sont des prières
« et non pas des éloges qu'il te demande. »

LES HÉROS DE ROMAN

DIALOGUE A LA MANIÈRE DE LUCIEN.

DISCOURS SUR CE DIALOGUE

1710

Le dialogue qu'on donne ici au public a été composé à l'occasion de cette prodigieuse multitude de romans qui parurent vers le milieu du siècle précédent, et dont voici en peu de mots l'origine. Honoré d'Urfé [3], homme de fort grande qualité dans le Lyonnais, et très-enclin à l'a-

---

1. Boileau Despréaux.
2. Voyez la lettre de Boileau du 9 mai 1699.
3. Comte de Château-Neuf et marquis de Valromey, était le cinquième des fils de Jacques Ier du nom, seigneur d'Urfé, de la Bastie, etc., et de Renée de Savoie, marquise de Beaugé. Il fut d'abord chevalier de Malte, et fit même ses vœux. Ensuite il épousa Diane de Château-Morand, séparée d'avec son frère pour cause d'impuissance, de laquelle il était amoureux depuis longtemps, et qu'il a désignée dans son roman sous les noms d'*Astrée* et de *Diane*, comme il s'y est caché sous ceux de *Céladon* et de *Sylvandre*. Il mourut vers l'an 1624, âgé d'environ cinquante-deux ans.

2. Voyez les mémoires de Louis Racine sur la vie de son père. *In fine.*

mour, voulant faire valoir un grand nombre de vers qu'il avait composés pour ses maîtresses, et rassembler en un corps plusieurs aventures amoureuses qui lui étaient arrivées, s'avisa d'une invention très-agréable. Il feignit que dans le Forez, petit pays contigu à la Limagne d'Auvergne, il y avait eu, du temps de nos premiers rois[1], une troupe de bergers et de bergères qui habitaient sur les bords de la rivière du Lignon, et qui, assez accommodés des biens de la fortune, ne laissaient pas néanmoins, par un simple amusement, et pour leur seul plaisir, de mener paître eux-mêmes leurs troupeaux. Tous ces bergers et toutes ces bergères étant d'un fort grand loisir, l'Amour, comme on le peut penser, et comme il le raconte lui-même, ne tarda guère à les y venir troubler, et produisit quantité d'événements considérables. D'Urfé y fit arriver toutes ses aventures, parmi lesquelles il en mêla beaucoup d'autres, et enchâssa les vers dont j'ai parlé, qui, tout méchants qu'ils étaient, ne laissèrent pas d'être soufferts, et de passer, à la faveur de l'art avec lequel il les mit en œuvre. Car il soutint tout cela d'une narration également vive et fleurie, de fictions très-ingénieuses, et de caractères aussi finement imaginés qu'agréablement variés et bien suivis. Il composa ainsi un roman qui lui acquit beaucoup de réputation, et qui fut fort estimé, même des gens du goût le plus exquis, bien que la morale en fût fort vicieuse, ne prêchant que l'amour et la mollesse, et allant quelquefois jusqu'à blesser un peu la pudeur. Il en fit quatre volumes[2], qu'il intitula *Astrée*, du nom de la plus belle de ses bergères : et sur ces entrefaites étant mort, Baro son ami[3], et, selon quelques-uns, son domestique, en composa, sur ses mémoires, un cinquième tome, qui en formait la conclusion, et qui ne fut guère moins bien reçu que les quatre autres volumes. Le grand succès de ce roman échauffa si bien les beaux esprits d'alors, qu'ils en firent à son imitation quantité de semblables, dont il y en avait même de dix et douze volumes : et ce fut quelque temps comme une espèce de débordement sur le Parnasse. On vantait surtout ceux de Gomberville[4], de la Calprenède, de Desmarets et de Scudéri; mais ces imitateurs, s'efforçant mal à propos d'enchérir sur leur original, et prétendant ennoblir ses caractères, tombèrent, à mon avis, dans une très-grande puérilité. Car, au lieu de prendre comme lui pour leurs héros des bergers occupés du seul soin de gagner le cœur de leurs maîtresses, ils prirent, pour leur donner cette étrange occupation, non-seulement des princes et des rois, mais les plus fameux capitaines de l'antiquité, qu'ils peignirent également pleins du même esprit que ces bergers, ayant, à leur exemple, fait comme une espèce de vœu de ne parler jamais et de n'entendre jamais parler que d'amour. De sorte qu'au lieu que d'Urfé, dans son *Astrée*, de bergers très-frivoles avait fait des héros de roman considérables, ces auteurs, au contraire, des héros les plus considérables de l'histoire firent des bergers très-frivoles, et quelquefois même des bourgeois[5], encore plus frivoles que ces bergers. Leurs ouvrages néanmoins ne laissèrent pas de trouver un nombre infini d'admirateurs, et eurent long-temps une fort grande vogue. Mais ceux qui s'attirèrent le plus d'applaudissements, ce furent le CYRUS et la CLÉLIE de mademoiselle de Scudéri, sœur de l'auteur du même nom. Cependant non-seulement elle tomba dans la même puérilité, mais elle la poussa encore à un plus grand excès. Si bien qu'au lieu de représenter, comme elle devait, dans la personne de Cyrus, un roi promis par les prophètes, tel qu'il est exprimé dans la Bible; ou, comme le peint Hérodote, le plus grand conquérant que l'on eût encore vu; ou enfin tel qu'il est figuré dans Xénophon, qui a fait, aussi bien qu'elle, un roman de la vie de ce prince; au lieu, dis-je, d'en faire un modèle de toute perfection, elle en composa un *Artamène*, plus fou que tous les *Céladon* et tous les *Sylvandres*[1]; qui n'est occupé que du seul soin de sa *Mandane*, qui ne fait du matin au soir que lamenter, gémir, et filer le parfait amour. Elle a encore fait pis dans son autre roman, intitulé *Clélie*, où elle représente tous les héros de la république romaine naissante, les Horatius Coclès, les Mutius Scévola, les Clélie, les Lucrèce, les Brutus, encore plus amoureux qu'Artamène, ne s'occupant qu'à tracer des cartes géographiques d'amour[2]; qu'à se proposer les uns aux autres des questions et des énigmes galantes; en un mot, qu'à faire tout ce qui paraît le plus opposé au caractère et à la gravité héroïque de ces premiers Romains. Comme j'étais fort jeune dans le temps que tous ces romans, tant ceux de mademoiselle de Scudéri que ceux de la Calprenède, et de tous les autres, faisaient le plus d'éclat, je les lus, ainsi que les lisait tout le monde, avec beaucoup d'admiration, et je les regardai comme des chefs-d'œuvre de notre langue. Mais enfin mes années étant accrues, et la raison m'ayant ouvert les yeux, je reconnus la puérilité de ces ouvrages. Si bien que l'esprit satirique commençant à dominer en moi, je ne me donnai point de repos que je n'eusse fait contre ces romans un dialogue à la manière de Lucien, où j'attaquais non-seulement leur peu de solidité, mais leur afféterie précieuse de langage, leurs conversations vagues et frivoles; les portraits avantageux faits, à chaque bout de champ, de personnes de très-médiocre beauté, et quelquefois même laides par excès; et tout ce long verbiage d'amour, qui n'a point de fin. Cependant, comme mademoiselle de Scudéri était alors vivante, je me contentai de composer ce dialogue dans ma tête; et, bien loin de le faire imprimer, je gagnai même sur moi de ne point l'écrire, et de ne le point laisser voir sur le papier, ne voulant pas donner de chagrin à une fille qui, après tout, avait beaucoup de mérite, et qui, s'il en faut croire tous ceux qui l'ont connue, montrait la mauvaise morale enseignée dans ses romans, avait encore plus de probité et d'honneur que d'esprit. Mais aujourd'hui qu'enfin la mort *l'a rayée du nombre des humains*[3], elle et tous les autres compositeurs de romans, je crois qu'on ne trouvera pas mauvais que je donne au public mon *dialogue*, tel que je l'ai retrouvé dans ma mémoire. Cela me paraît d'autant plus nécessaire, qu'en ma jeunesse, l'ayant récité plusieurs fois dans des compagnies où il se trouvait des gens qui avaient beaucoup de mémoire, ces personnes en ont retenu plusieurs lambeaux dont elles ont ensuite composé un ouvrage qu'on a depuis distribué sous le nom de *Dialogue de M. Despréaux*[4], et qui a été imprimé plusieurs fois dans les pays étrangers; mais enfin le voici donné de ma main. Je ne sais s'il s'attirera les mêmes applaudissements qu'il s'attirait autrefois dans les fréquents récits que j'étais obligé d'en

---

1. À la fin du cinquième siècle et au commencement du sixième.
2. Le premier parut en 1610; le second, dix ans après; le troisième, quatre ou cinq ans après le second. La quatrième partie était achevée lorsque l'auteur mourut.
3. Balthazar Baro, qui avait été son secrétaire, et qui publia la cinquième partie de l'*Astrée*, en 1627, était de Valence en Dauphiné. Il se maria à Paris, et fut gentilhomme de mademoiselle Anne-Marie-Louise d'Orléans, fille de Gaston. Outre le cinquième tome de l'*Astrée*, nous avons de lui plusieurs pièces de théâtre.
4. Marin le Roi, sieur de Gomberville, auteur du *Polexandre* de la *Cythérée*, et d'*Alcidiane*, mourut le 14 juin 1674, âgé d'environ soixante-quatorze ans.
5. Les auteurs de romans, sous le nom de ces héros, peignaient quelquefois le caractère de leurs amis particuliers, gens de peu de conséquence. (BOIL.)

---

1. Berger du roman de l'*Astrée*.
2. La carte du pays de Tendre, dans la première partie du roman de *Clélie*.
3. Madeleine de Scudéri mourut à Paris, le 2 juin 1701, âgée de quatre-vingt-quinze ans.
4. Voyez la lettre de Boileau à Brossette du 27 mars 1704.

faire. Car, outre qu'en le récitant je donnais à tous les personnages que j'y introduisais le ton qui leur convenait, ces romans étant alors lus de tout le monde, on concevait aisément la finesse des railleries qui y sont : mais maintenant que les voilà tombés dans l'oubli, et qu'on ne les lit presque plus, je doute que mon Dialogue fasse le même effet. Ce que je sais pourtant à n'en point douter, c'est que tous les gens d'esprit et de véritable vertu me rendront justice, et reconnaîtront sans peine que, sous le voile d'une fiction en apparence extrêmement badine, folle, outrée, où il n'arrive rien qui soit dans la vérité et dans la vraisemblance, je leur donne peut-être ici le moins frivole ouvrage qui soit encore sorti de ma plume.

LES HÉROS DE ROMAN

MINOS, *sortant du lieu où il rend la justice, proche le palais de Pluton.*

Maudit soit l'impertinent harangueur qui m'a tenu toute la matinée! Il s'agissait d'un méchant drap qu'on a dérobé à un savetier en passant le fleuve, et jamais je n'ai tant ouï parler d'Aristote. Il n'y a point de loi qu'il ne m'ait citée.

PLUTON.

Vous voilà bien en colère, Minos!

MINOS.

Ah! c'est vous, roi des enfers? Qui vous amène?

PLUTON.

Je viens ici pour vous en instruire; mais auparavant, peut-on savoir quel est cet avocat qui vous a si doctement ennuyé ce matin : est-ce que Huot et Martinet sont morts?

MINOS.

Non, grâce au ciel : mais c'est un jeune mort, qui a été sans doute à leur école. Bien qu'il n'ait dit que des sottises, il n'en a avancé pas une qu'il n'ait appuyée de l'autorité de tous les anciens; et, quoiqu'il les fît parler de la plus mauvaise grâce du monde, il leur a donné à tous en les citant de la galanterie, de la gentillesse et de la bonne grâce : *Platon dit galamment*[1] *dans son Timée, Sénèque est joli dans son Traité des bienfaits, Ésope a bonne grâce dans un de ses apologues...*

PLUTON.

Vous me peignez là un maître impertinent; mais pourquoi le laissiez-vous parler si longtemps? Que ne lui imposiez-vous silence?

MINOS.

Silence, lui? C'est bien un homme qu'on puisse faire taire, quand il a commencé à parler! J'ai eu beau faire semblant vingt fois de me vouloir lever de mon siège; j'ai eu beau lui crier : Avocat, concluez, de grâce; concluez, avocat! Il a été jusqu'au bout, et a tenu à lui seul toute l'audience. Pour moi, je ne vis jamais une telle fureur de parler; et si ce désordre-là continue, je crois que je serai obligé de quitter la charge.

PLUTON.

Il est vrai que les morts n'ont jamais été si sots qu'aujourd'hui. Il n'est pas venu ici depuis longtemps une ombre qui eût le sens commun; et sans parler des gens de palais, je ne vois rien de si impertinent que ceux qu'ils nomment gens du monde. Ils parlent tous un certain langage qu'ils appellent galanterie; et quand nous leur témoignons, Proserpine et moi, que cela nous choque, ils nous traitent de bourgeois, et disent que nous ne sommes pas galants. On m'a assuré même que cette pestilente galanterie avait infecté tous les pays infernaux, et même les Champs Élysées; de sorte que les héros, et surtout les héroïnes qui les habitent, sont aujourd'hui les plus sottes gens du monde, grâce à certains auteurs qui leur ont appris, dit-on, ce beau langage, et qui en ont fait des amoureux transis. A vous dire le vrai, j'ai bien de la peine à le croire; j'ai bien de la peine, dis-je, à m'imaginer que les Cyrus et les Alexandre soient devenus tout à coup, comme on me le veut faire entendre, des Tyrsis et des Céladon. Pour m'en éclaircir donc moi-même par mes propres yeux, j'ai donné ordre qu'on fît venir ici aujourd'hui des Champs Élysées, et de toutes les autres régions de l'enfer, les plus célèbres d'entre ces héros; et j'ai fait préparer, pour les recevoir, ce grand salon, où vous voyez que sont postés mes gardes : mais où est Rhadamanthe?

MINOS.

Qui, Rhadamanthe? Il est allé dans le Tartare pour y voir entrer un lieutenant criminel[1], nouvellement arrivé de l'autre monde, où il a, dit-on, été, tant qu'il a vécu, aussi célèbre par sa grande capacité dans les affaires de judicature que diffamé par son excessive avarice.

PLUTON.

N'est-ce pas celui qui pensa se faire tuer une seconde fois pour une obole qu'il ne voulut pas payer à Caron en passant le fleuve?

MINOS.

C'est celui-là même. Avez-vous vu sa femme? C'était une chose à peindre que l'entrée qu'elle fit ici. Elle était couverte d'un linceul de satin.

PLUTON.

Comment! de satin! Voilà une grande magnificence!

MINOS.

Au contraire, c'est une épargne; car tout cet accoutrement n'était autre chose que trois thèses cousues ensemble, dont on avait fait présent à son mari en l'autre monde[2]. O la vilaine ombre! Je crains qu'elle n'empeste tout l'enfer. J'ai tous les

---

1. Manière de parler de ce temps-là, fort commune au barreau. (BOIL.)

1. Le lieutenant criminel Tardieu et sa femme avaient été assassinés à Paris la même année que je fis ce dialogue, c'est à savoir, en 1664. (BOIL.). — (Voyez la sat. X.)
2. Satire X, v. 324.

jours les oreilles rebattues de ses larcins. Elle vola avant-hier la quenouille de Clothon; et c'est elle qui avait dérobé ce drap, dont on m'a tant étourdi ce matin, à un savetier qu'elle attendait au passage. De quoi vous êtes-vous avisé de charger les enfers d'une si dangereuse créature?

PLUTON.

Il fallait bien qu'elle suivît son mari. Il n'aurait pas été bien damné sans elle. Mais à propos de Rhadamanthe, le voici lui-même, si je ne me trompe, qui vient à nous. Qu'a-t-il? Il paraît tout effrayé.

RHADAMANTHE.

Puissant roi des enfers, je viens vous avertir qu'il faut songer tout de bon à vous défendre, vous et votre royaume. Il y a un grand parti formé contre vous dans le Tartare. Tous les criminels, résolus de ne vous plus obéir, ont pris les armes. J'ai rencontré là-bas Prométhée avec son vautour sur le poing; Tantale est ivre comme une soupe; Ixion a violé une furie; et Sisyphe, assis sur son rocher, exhorte tous ses voisins à secouer le joug de votre domination.

MINOS.

O les scélérats! Il y a longtemps que je prévoyais ce malheur.

PLUTON.

Ne craignez rien, Minos. Je sais bien le moyen de les réduire; mais ne perdons point de temps. Qu'on fortifie les avenues; qu'on redouble la garde de mes furies; qu'on arme toutes les milices de l'enfer; qu'on lâche Cerbère. Vous, Rhadamanthe, allez-vous-en dire à Mercure qu'il nous fasse venir l'artillerie de mon frère Jupiter. Cependant vous, Minos, demeurez avec moi. Voyons nos héros, s'ils sont en état de nous aider: j'ai été bien inspiré de les mander aujourd'hui. Mais quel est cet homme qui vient à nous avec son bâton et sa besace? Ah! c'est ce fou de Diogène. Que viens-tu chercher ici?

DIOGÈNE.

J'ai appris la nécessité de vos affaires; et comme votre fidèle sujet, je viens vous offrir mon bâton.

PLUTON.

Nous voilà bien forts avec ton bâton!

DIOGÈNE.

Ne pensez pas vous moquer. Je ne serai peut-être pas le plus inutile de tous ceux que vous avez envoyé chercher.

PLUTON.

Hé! quoi! Nos héros ne viennent-ils pas?

DIOGÈNE.

Oui, je viens de rencontrer une troupe de fous là-bas: je crois que ce sont eux. Est-ce que vous avez envie de donner le bal?

PLUTON.

Pourquoi le bal?

DIOGÈNE.

C'est qu'ils sont en fort bon équipage pour danser. Ils sont jolis, ma foi; je n'ai jamais rien vu de si damerot, ni de si galant.

PLUTON.

Tout beau, Diogène: tu te mêles toujours de railler. Je n'aime point les satiriques; et puis ce sont des héros pour lesquels on doit avoir du respect.

DIOGÈNE.

Vous en allez juger vous-même tout à l'heure; car je les vois déjà qui paraissent. Approchez, fameux héros; et vous aussi, héroïnes encore plus fameuses, autrefois l'admiration de toute la terre. Voici une belle occasion de vous signaler: venez ici tous en foule.

PLUTON.

Tais-toi. Je veux que chacun vienne l'un après l'autre, accompagné tout au plus de quelqu'un de ses confidents. Mais, avant tout, Minos, passons, vous et moi, dans ce salon que j'ai fait, comme je vous ai dit, préparer pour les recevoir, et où j'ai ordonné qu'on mît nos sièges, avec une balustrade qui nous sépare du reste de l'assemblée. Entrons; bon: voilà tout disposé, ainsi que je le souhaitais. Suis-nous, Diogène: j'ai besoin de toi pour nous dire le nom des héros qui vont arriver; car, de la manière dont je vois que tu as fait connaissance avec eux, personne ne me peut rendre ce service que toi.

DIOGÈNE.

Je ferai de mon mieux.

PLUTON.

Tiens-toi donc ici près de moi. Vous, gardes, au moment que j'aurai interrogé ceux qui seront entrés, qu'on les fasse passer dans les longues et ténébreuses galeries qui sont adossées à ce salon, et qu'on leur dise d'y aller attendre mes ordres. Asseyons-nous. Qui est celui qui vient le premier de tous, nonchalamment appuyé sur son écuyer?

DIOGÈNE.

C'est le grand Cyrus.

PLUTON.

Quoi! ce grand roi qui transféra l'empire de Mèdes aux Perses, qui a tant gagné de batailles? De son temps les hommes venaient ici tous les jours par trente et quarante mille: jamais personne n'y en a tant envoyé.

DIOGÈNE.

Au moins ne l'allez pas appeler Cyrus.

PLUTON.

Pourquoi?

DIOGÈNE.

Ce n'est plus son nom. Il s'appelle maintenant Artamène.

PLUTON.

Artamène! Et où a-t-il pêché ce nom-là? Je ne me souviens point de l'avoir jamais lu.

DIOGÈNE.

Je vois bien que vous ne savez pas son histoire.

PLUTON.

Qui? moi? Je sais aussi bien mon Hérodote qu'un autre.

DIOGÈNE.

Oui : mais, avec tout cela, diriez-vous bien pourquoi Cyrus a tant conquis de provinces, traversé l'Asie, la Médie, l'Hyrcanie, la Perse, et enfin plus de la moitié du monde?

PLUTON.

Belle demande! C'est que c'était un prince ambitieux, qui voulait que toute la terre lui fût soumise.

DIOGÈNE.

Point du tout: c'est qu'il voulait délivrer sa princesse, qui avait été enlevée.

PLUTON.

Quelle princesse?

DIOGÈNE.

Mandane.

PLUTON.

Mandane?

DIOGÈNE.

Oui. Et savez-vous combien elle a été enlevée de fois?

PLUTON.

Où veux-tu que je l'aille chercher?

DIOGÈNE.

Huit fois.

MINOS.

Voilà une beauté qui a passé par bien des mains!

DIOGÈNE.

Cela est vrai; mais tous ses ravisseurs étaient les scélérats du monde les plus vertueux. Assurément ils n'ont pas osé lui toucher.

PLUTON.

J'en doute. Mais laissons là ce fou de Diogène; il faut parler à Cyrus lui-même. Eh bien! Cyrus, il faut combattre: je vous ai envoyé chercher pour vous donner le commandement de mes troupes. Il ne répond rien! Qu'a-t-il? Vous diriez qu'il ne sait où il est.

CYRUS.

Eh! divine princesse!

PLUTON.

Quoi?

CYRUS.

Ah! injuste Mandane!

PLUTON.

Plaît-il?

CYRUS.

Tu me flattes, trop complaisant Feraulas : es-tu si peu sage que de penser que Mandane, l'illustre Mandane, puisse jamais tourner les yeux sur l'infortuné Artamène? Aimons-la toutefois... Mais aimerons-nous une cruelle? servirons-nous une insensible? adorerons-nous une inexorable? Oui, Cyrus, il faut aimer une cruelle; oui, Artamène, il faut servir une insensible; oui, fils de Cambyse, il faut adorer l'inexorable fille de Cyaxare.

PLUTON.

Il est fou. Je crois que Diogène a dit vrai.

DIOGÈNE.

Vous voyez bien que vous ne saviez pas son histoire: mais faites approcher son écuyer Feraulas; il ne demande pas mieux que de vous la conter. Il sait par cœur tout ce qui s'est passé dans l'esprit de son maître, et a tenu un registre exact de toutes les paroles que son maître a dites en lui-même depuis qu'il est au monde, avec un rouleau de ses lettres, qu'il a toujours dans sa poche. A la vérité, vous êtes en danger de bâiller un peu; car ses narrations ne sont pas fort courtes.

PLUTON.

Oh! j'ai bien le temps de cela!

CYRUS.

Mais, trop engageante personne...

PLUTON.

Quel langage! A-t-on jamais parlé de la sorte? Mais, dites-moi, vous, trop pleurant Artamène, est-ce que vous n'avez pas envie de combattre?

CYRUS.

Eh! de grâce, généreux Pluton, souffrez que j'aille entendre l'histoire d'Aglatidas et d'Amestris qu'on me va conter. Rendons ce devoir à deux illustres malheureux. Cependant voici le fidèle Feraulas que je vous laisse, qui vous instruira positivement de l'histoire de ma vie et de l'impossibilité de mon bonheur.

PLUTON.

Je n'en veux point être instruit, moi. Qu'on me chasse ce grand pleureux.

CYRUS.

Eh! de grâce.

PLUTON.

Si tu ne sors...

CYRUS.

En effet...

PLUTON.

Si tu ne t'en vas...

CYRUS.

En mon particulier...

PLUTON.

Si tu ne te retires... A la fin le voilà dehors. A-t-on jamais vu tant pleurer?

DIOGÈNE.

Vraiment! il n'est pas au bout, puisqu'il n'en est qu'à l'histoire d'Aglatidas et d'Amestris. Il a encore neuf gros tomes à faire ce joli métier.

PLUTON.

Eh bien! qu'il remplisse, s'il veut, cent volumes de ses folies. J'ai d'autres affaires présentement qu'à l'entendre. — Mais quelle est cette femme que je vois qui arrive?

DIOGÈNE.

Ne reconnaissez-vous pas Thomyris?

PLUTON.

Quoi! cette reine sauvage des Massagètes, qui fit plonger la tête de Cyrus dans un vaisseau de sang humain. Celle-ci ne pleurera pas, j'en réponds. Qu'est-ce qu'elle cherche?

THOMYRIS.

Que l'on cherche partout mes tablettes perdues;
Mais que, sans les ouvrir, elles me soient rendues[1].

DIOGÈNE.

Des tablettes! je ne les ai pas, au moins. Ce n'est pas un meuble pour moi que des tablettes; et l'on prend assez de soin de retenir mes bons mots, sans que j'aie besoin de les recueillir moi-même dans des tablettes.

PLUTON.

Je pense qu'elle ne fera que chercher. Elle a tantôt visité tous les coins et recoins de cette salle. Qu'y avait-il donc de si précieux dans vos tablettes, grande reine?

THOMYRIS.

Un madrigal, que j'ai fait ce matin pour le charmant ennemi que j'aime.

MINOS.

Hélas! qu'elle est doucereuse!

DIOGÈNE.

Je suis fâché que ces tablettes soient perdues. Je serais curieux de voir un madrigal massagète.

PLUTON.

Mais qui est donc ce charmant ennemi qu'elle aime?

DIOGÈNE.

C'est ce même Cyrus qui vient de sortir tout à l'heure.

PLUTON.

Bon! aurait-elle fait égorger l'objet de sa passion?

DIOGÈNE.

Égorger! C'est une erreur dont on a été abusé seulement durant vingt-cinq siècles; et cela par la faute du gazetier de Scythie, qui répandit mal à propos la nouvelle de sa mort sur un faux bruit. On est détrompé depuis quatorze ou quinze ans.

PLUTON.

Vraiment, je le crois encore. Cependant, soit que le gazetier de Scythie se soit trompé ou non, qu'elle s'en aille dans les galeries chercher, si elle veut, son charmant ennemi, et qu'elle ne s'opiniâtre pas davantage à retrouver des tablettes que vraisemblablement elle a perdues par sa négligence, et que sûrement aucun de nous n'a volées. — Mais quelle est cette voix robuste que j'entends là-bas qui fredonne un air?

DIOGÈNE.

C'est ce grand borgne d'Horatius Coclès, qui chante ici proche, comme m'a dit un de vos gardes, à un écho qu'il y a trouvé, une chanson qu'il a faite pour Clélie.

PLUTON.

Qu'a donc ce fou de Minos qu'il crève de rire?

MINOS.

Et qui ne rirait? Horatius Coclès chantant à l'écho!

[1]. Ce sont les deux premiers vers de la tragédie de *Cyrus*, faite par M. Quinault; et c'est Thomyris qui ouvre le théâtre par ces deux vers. (Boit.)

PLUTON.

Il est vrai que la chose est assez nouvelle. Cela est à voir. Qu'on le fasse entrer, et qu'il n'interrompe point pour cela sa chanson, que Minos vraisemblablement sera bien aise d'entendre de plus près.

MINOS.

Assurément.

HORATIUS COCLÈS, *chantant la reprise de la chanson qu'il chante dans Clélie*.

Et Phénisse même publie
Qu'il n'est rien si beau que Clélie.

DIOGÈNE.

Je pense reconnaître l'air. C'est sur le chant de Toinon la belle jardinière[1].

HORATIUS COCLÈS.

Et Phénisse même publie
Qu'il n'est rien si beau que Clélie.

PLUTON.

Quelle est donc cette Phénisse?

DIOGÈNE.

C'est une dame des plus galantes et des plus spirituelles de la ville de Capoue, mais qui a une trop grande opinion de sa beauté, et qu'Horatius Coclès raille, dans cet impromptu de sa façon, dont il a composé aussi le chant, en lui faisant avouer à elle-même que tout cède en beauté à Clélie.

MINOS.

Je n'eusse jamais cru que cet illustre Romain fût si excellent musicien et si habile faiseur d'impromptus. Cependant je vois bien par celui-ci qu'il est maître passé.

PLUTON.

Et moi, je vois bien que, pour s'amuser à de semblables petitesses, il faut qu'il ait entièrement perdu le sens. Hé! Horatius Coclès, vous qui étiez autrefois si déterminé soldat, et qui avez défendu vous seul un pont contre une armée[2], de quoi vous êtes-vous avisé de vous faire berger après votre mort, et qui est le fou ou la folle qui vous ont appris à chanter?

HORATIUS COCLÈS.

Et Phénisse même publie
Qu'il n'est rien si beau que Clélie.

MINOS.

Il se ravit dans son chant.

PLUTON.

Oh! qu'il s'en aille dans mes galeries chercher, s'il veut, un nouvel écho : qu'on l'emmène.

HORATIUS COCLÈS, *s'en allant, et toujours chantant*.

Et Phénisse même publie
Qu'il n'est rien si beau que Clélie.

PLUTON.

Le fou! le fou! Ne viendra-t-il point à la fin une personne raisonnable?

[1]. Chanson du *Savoyard*, alors à la mode. (Boit.)
[2]. Tite-Live, liv. II, c. x.

DIOGÈNE.

Vous allez avoir bien de la satisfaction ; car je vois entrer la plus illustre de toutes les dames romaines, cette Clélie qui passa le Tibre à la nage pour se dérober du camp de Porsenna, et dont Horatius Coclès, comme vous venez de le voir, est amoureux.

PLUTON.

J'ai cent fois admiré l'audace de cette fille dans Tite-Live[1] ; mais je meurs de peur que Tite-Live n'ait encore menti : qu'en dis-tu, Diogène?

DIOGÈNE.

Écoutez ce qu'elle va vous dire.

CLÉLIE.

Est-il vrai, sage roi des enfers, qu'une troupe de mutins ait osé se soulever contre Pluton, le vertueux Pluton?

PLUTON.

Ah! à la fin nous avons trouvé une personne raisonnable! Oui, ma fille, il est vrai que les criminels dans le Tartare ont pris les armes, et que nous avons envoyé chercher les héros dans les Champs Élysées et ailleurs, pour nous secourir.

CLÉLIE.

Mais de grâce, seigneur, les rebelles ne songent-ils point à exciter quelque trouble dans le royaume de *Tendre?* Car je serais au désespoir, s'ils étaient seulement postés dans le village de *Petits-Soins*. N'ont-ils point pris *Billets-Doux* ou *Billets-Galants?*

PLUTON.

De quel pays parle-t-elle là? Je ne me souviens point de l'avoir vu dans la carte.

DIOGÈNE.

Il est vrai que Ptolémée n'en a point parlé : mais on a fait depuis peu de nouvelles découvertes. Et puis ne voyez-vous point que c'est du pays de *Galanterie* qu'elle vous parle?

PLUTON.

C'est un pays que je ne connais point.

CLÉLIE.

En effet, l'illustre Diogène raisonne tout à fait juste. Car il y a trois sortes de Tendres : *Tendre sur Estime, Tendre sur Inclination,* et *Tendre sur Reconnaissance.* Lorsqu'on veut arriver à *Tendre sur Estime,* il faut aller d'abord au village de *Petits-Soins,* etc....

PLUTON.

Je vois bien, la belle fille, que vous savez parfaitement la géographie du royaume de *Tendre* ; et qu'à un homme qui vous aimera, vous lui ferez voir bien du pays dans ce royaume. Mais pour moi, qui ne le connais point, et qui ne le veux point connaître, je vous dirai franchement que je ne sais si ces trois villages et ces trois fleuves mènent à *Tendre,* mais qu'il me paraît que c'est le grand chemin des Petites-Maisons.

[1]. Liv. II, c. XIII.

MINOS.

Ce ne serait pas trop mal fait, non, d'ajouter ce village-là dans la carte de *Tendre.* Je crois que ce sont ces terres inconnues dont on y veut parler.

PLUTON.

Mais vous, tendre mignonne, vous êtes donc aussi amoureuse, à ce que je vois?

CLÉLIE.

Oui, seigneur, *je vous concède* que j'ai pour Aronce une amitié qui tient de l'amour véritable : aussi faut-il avouer que cet admirable fils du roi de Clusium a en toute sa personne je ne sais quoi de si extraordinaire et de si peu imaginable, qu'à moins que d'avoir une dureté de cœur inconcevable, on ne peut pas s'empêcher d'avoir pour lui une passion tout à fait raisonnable. Car enfin...

PLUTON.

Car enfin, car enfin... je vous dis, moi, que j'ai pour toutes les folles une aversion inexplicable, et que quand le fils du roi de Clusium aurait *un charme inimaginable,* avec votre langage *inconcevable,* vous me feriez plaisir de vous en aller, vous et votre galant, au diable. A la fin, la voilà partie! Quoi! toujours des amoureux? Personne ne s'en sauvera : et un de ces jours nous verrons Lucrèce galante.

DIOGÈNE.

Vous en allez avoir le plaisir tout à l'heure ; car voici Lucrèce en personne.

PLUTON.

Ce que j'en disais n'est que pour rire. A Dieu ne plaise que j'aie une aussi basse pensée de la plus vertueuse personne du monde.

DIOGÈNE.

Ne vous y fiez pas! Je lui trouve l'air bien coquet. Elle a, ma foi, les yeux fripons.

PLUTON.

Je vois bien, Diogène, que tu ne connais pas Lucrèce. Je voudrais que tu l'eusses vue la première fois qu'elle entra ici toute sanglante, et tout échevelée! Elle tenait un poignard à la main ; elle avait le regard farouche, et la colère était encore peinte sur son visage, malgré les pâleurs de la mort. Jamais personne n'a porté la chasteté plus loin qu'elle[1]. Mais, pour t'en convaincre, il ne faut que lui demander à elle-même ce qu'elle pense de l'amour. Tu verras. Dites-nous donc, Lucrèce, mais expliquez-vous clairement, croyez-vous qu'on doive aimer?

LUCRÈCE, *tenant des tablettes à la main.*

Faut-il absolument sur cela vous rendre une réponse exacte et décisive?

PLUTON.

Oui.

LUCRÈCE.

Tenez : la voilà clairement énoncée dans ces tablettes. Lisez.

[1]. Tite-Live, liv. I, c. LVIII.

PLUTON, *lisant.*

Toujours. l'on. si. Mais. aimait. d'éternelles. hélas. amours. d'aimer. doux. il. point. serait. n'est. Qu'il.
Que veut dire ce galimatias?

LUCRÈCE.

Je vous assure, Pluton, que je n'ai jamais rien dit de mieux, ni de plus clair.

PLUTON.

Je vois bien que vous avez accoutumé de parler fort clairement. Peste soit de la folle! Où a-t-on jamais parlé comme cela? *Point. si. éternelles.* Et où veut-elle que j'aille chercher un Œdipe pour m'expliquer cette énigme?

DIOGÈNE.

Il ne faut pas aller fort loin. En voici un qui entre, et qui est fort propre à vous rendre cet office.

PLUTON.

Qui est-il?

DIOGÈNE.

C'est Brutus; celui qui délivra Rome de la tyrannie des Tarquins.

PLUTON.

Quoi! cet austère Romain, qui fit mourir ses enfants pour avoir conspiré contre leur patrie [1], lui, expliquer des énigmes? Tu es bien fou, Diogène.

DIOGÈNE.

Je ne suis point fou. Mais Brutus n'est pas non plus cet austère personnage que vous vous imaginez; c'est un esprit naturellement tendre et passionné, qui fait de fort jolis vers, et les billets du monde les plus galants.

MINOS.

Il faudrait donc que les paroles de l'énigme fussent écrites, pour les lui montrer.

DIOGÈNE.

Que cela ne vous embarrasse point; il y a longtemps que ces paroles sont écrites sur les tablettes de Brutus. Des héros comme lui sont toujours fournis de tablettes.

PLUTON.

Eh bien, Brutus, donnerez-vous l'explication des paroles qui sont sur vos tablettes?

BRUTUS.

Volontiers. Regardez bien. Ne les sont-ce pas là? *Toujours. l'on. si. Mais.* etc.

PLUTON.

Ce les sont là elles-mêmes.

BRUTUS.

Continuez donc de lire. Les paroles suivantes non-seulement vous feront voir que j'ai d'abord conçu la finesse des paroles embrouillées de Lucrèce, mais elles contiennent la réponse précise que j'y ai faite. *Moi. nos. verrez. vous. de. permettez. d'éternelles. jours. qu'on. merveille. peut. amours. d'aimer. voir.*

[1]. TITE-LIVE, liv. II, c. V.

PLUTON.

Je ne sais pas si ces paroles se répondent juste les unes aux autres; mais je sais bien que ni les unes ni les autres ne s'entendent, et que je ne suis pas d'humeur à faire le moindre effort d'esprit pour les concevoir.

DIOGÈNE.

Je vois bien que c'est à moi de vous expliquer tout ce mystère. Le mystère est que ce sont des paroles transposées; Lucrèce, qui est amoureuse et aimée de Brutus, lui dit, en mots transposés :

Qu'il serait doux d'aimer, si l'on aimait toujours !
Mais, hélas ! il n'est point d'éternelles amours;

et Brutus, pour la rassurer, lui dit, en d'autres termes transposés :

Permettez-moi d'aimer, merveille de nos jours :
Vous verrez qu'on peut voir d'éternelles amours.

PLUTON.

Voilà une grosse finesse! Il s'ensuit de là que ce qui se peut dire de beau est dans les dictionnaires : il n'y a que les paroles qui sont transposées! Mais est-il possible que des personnes du mérite de Brutus et de Lucrèce en soient venues à cet excès d'extravagance, de composer de semblables bagatelles!

DIOGÈNE.

C'est pourtant par ces bagatelles qu'ils ont fait connaître l'un et l'autre qu'ils avaient infiniment d'esprit.

PLUTON.

Et c'est par ces bagatelles, moi, que je connais qu'ils ont infiniment de folie. Qu'on les chasse. Pour moi, je ne sais tantôt plus où j'en suis. Lucrèce amoureuse! Lucrèce coquette! et Brutus son galant! Je ne désespère pas un de ces jours de voir Diogène lui-même galant!

DIOGÈNE.

Pourquoi non? Pythagore l'était bien.

PLUTON.

Pythagore était galant?

DIOGÈNE.

Oui, et ce fut de Théano sa fille, formée par lui à la galanterie, ainsi que le raconte le généreux Herminius dans l'histoire de la vie de Brutus; ce fut, dis-je, de Théano que cet illustre Romain apprit ce beau symbole, qu'on a oublié d'ajouter aux autres symboles de Pythagore : *Que c'est à pousser les beaux sentiments pour une maîtresse, et à faire l'amour, que se perfectionne le grand philosophe.*

PLUTON.

J'entends : ce fut de Théano qu'il sut que c'est la folie qui fait la perfection de la sagesse! O l'admirable précepte! Mais laissons là Théano. Quelle est cette précieuse renforcée que je vois qui vient à nous?

DIOGÈNE.

C'est Sapho [1], cette fameuse Lesbienne qui a inventé les vers saphiques.

PLUTON.

On me l'avait dépeinte si belle! Je la trouve bien laide.

DIOGÈNE.

Il est vrai qu'elle n'a pas le teint fort uni, ni les traits du monde les plus réguliers; mais prenez garde qu'il y a une grande opposition du blanc et du noir de ses yeux, comme elle le dit elle-même dans l'histoire de sa vie.

PLUTON.

Elle se donne là un bizarre agrément, et Cerbère, selon elle, doit donc passer pour beau, puisqu'il a dans les yeux la même opposition.

DIOGÈNE.

Je crois qu'elle vient à vous. Elle a sûrement quelque question à vous faire.

SAPHO.

Je vous supplie, sage Pluton, de m'expliquer fort au long ce que vous pensez de l'amitié, et si vous croyez qu'elle soit capable de tendresse aussi bien que l'amour. Car ce fut le sujet d'une généreuse conversation que nous eûmes l'autre jour avec le sage Démocède et l'agréable Phaon. De grâce, oubliez donc pour quelque temps le soin de votre personne et de votre État; et, au lieu de cela, songez à me bien définir ce que c'est que cœur tendre, tendresse d'amitié, tendresse d'amour, tendresse d'inclination, et tendresse de passion.

MINOS.

Oh! celle-ci est la plus folle de toutes: elle a la mine d'avoir gâté toutes les autres.

PLUTON.

Mais regardez cette impertinente! C'est bien le temps de résoudre des questions d'amour, que le jour d'une révolte!

DIOGÈNE.

Vous avez pourtant autorité pour le faire; et tous les jours, les héros que vous venez de voir, sur le point de donner une bataille où il s'agit du tout pour eux, au lieu d'employer le temps à encourager les soldats et à ranger leurs armées, s'occupent à entendre l'histoire de Timarète ou de Bérélise, dont la plus haute aventure est quelquefois un billet perdu, ou un bracelet égaré.

PLUTON.

Ho bien! s'ils sont fous, je ne veux pas leur ressembler, et principalement à cette *précieuse ridicule*.

SAPHO.

Eh! de grâce, seigneur, défaites-vous de cet air grossier et provincial de l'enfer, et songez à prendre l'air de la belle galanterie de Carthage et de Capoue. A vous dire le vrai, pour décider un point aussi important que celui que je vous propose, je souhaiterais fort que toutes nos généreuses amies et nos illustres amis fussent ici; mais en leur absence le sage Minos représentera le discret Phaon, et l'enjoué Diogène le galant Ésope.

PLUTON.

Attends, attends, je m'en vais te faire venir ici une personne avec qui lier conversation. Qu'on m'appelle Tisiphone.

SAPHO.

Qui? Tisiphone? Je la connais, et vous ne serez peut-être pas fâché que je vous en fasse voir le portrait que j'ai déjà composé par précaution, dans le dessein où je suis de l'insérer dans quelqu'une des histoires que nous autres faiseurs et faiseuses de romans sommes obligés de raconter à chaque livre de notre roman.

PLUTON.

Le portrait d'une furie! voilà un étrange projet.

DIOGÈNE.

Il n'est pas si étrange que vous pensez. En effet, cette même Sapho que vous voyez a peint dans ses ouvrages beaucoup de ses généreuses amies, qui ne surpassent guère en beauté Tisiphone, et qui néanmoins, à la faveur des mots galants, et des façons de parler élégantes et précieuses qu'elle jette dans leurs peintures, ne laissent pas de passer pour de dignes héroïnes de roman.

MINOS.

Je ne sais si c'est curiosité ou folie, mais je vous avoue que je meurs d'envie de voir un si bizarre portrait.

PLUTON.

Eh bien donc! qu'elle vous le montre, j'y consens. Il faut bien vous contenter. Nous allons voir comment elle s'y prendra pour rendre la plus effroyable des Euménides agréable et gracieuse.

DIOGÈNE.

Ce n'est pas une affaire pour elle, et elle a déjà fait un pareil chef-d'œuvre, en peignant la vertueuse Arricidie. Écoutons donc: car je la vois qui tire le portrait de sa poche.

SAPHO, *lisant*.

[1] L'illustre fille dont j'ai à vous entretenir a eu toute sa personne je ne sais quoi de *furieusement extraordinaire*, et de si *terriblement merveilleux*, que je ne suis pas *médiocrement embarrassée*, quand je songe à vous en tracer le portrait.

MINOS.

Voilà les adverbes *furieusement* et *terriblement* qui sont, à mon avis, bien placés, et tout à fait en leur lieu!

SAPHO *continue de lire*.

Tisiphone a naturellement la taille fort haute, et passant beaucoup la mesure des personnes de son sexe; mais pourtant si dégagée, si libre, et si bien proportionnée en toutes ses parties, que son énor-

---

[1] Mademoiselle de Scudéri paraît ici sous le nom de *Sapho*, qui lui avait été donné par les poëtes de son temps.

[1] Portrait de mademoiselle de Scudéri elle-même.

mité même lui sied admirablement bien. Elle a les yeux petits, mais pleins de feu; vifs, perçants, et bordés d'un certain vermillon qui en relève prodigieusement l'éclat. Ses cheveux sont naturellement bouclés et annelés; et l'on peut dire que ce sont autant de serpents qui s'entortillent les uns dans les autres et se jouent nonchalamment autour de son visage. Son teint n'a point cette couleur fade et blanchâtre des femmes de Scythie; mais il tient beaucoup de ce brun mâle et noble que donne le soleil aux Africaines, qu'il favorise le plus près de ses regards. Son sein est composé de deux demi-globes, brûlés par le bout, comme ceux des Amazones, et qui, s'éloignant le plus qu'ils peuvent de sa gorge, se vont négligemment et languissamment perdre sous ses deux bras. Tout le reste de son corps est presque composé de la même sorte. Sa démarche est extrêmement noble et fière. Quand il faut se hâter, elle vole plutôt qu'elle ne marche; et je doute qu'Atalante la pût devancer à la course. Au reste, cette vertueuse fille est naturellement ennemie du vice, surtout des grands crimes, qu'elle poursuit partout, un flambeau à la main, qu'elle ne laisse jamais en repos; secondée en cela par ses deux illustres sœurs, Alecto et Mégère, qui n'en sont pas moins ennemies qu'elle : et l'on peut dire de toutes ces trois sœurs que c'est une *morale vivante*.

DIOGÈNE.

Eh bien ! n'est-ce pas là un portrait merveilleux ?

PLUTON.

Sans doute; et la laideur y est peinte dans toute sa perfection, pour ne pas dire dans toute sa beauté. Mais c'est assez écouter cette extravagante. Continuons la revue de nos héros; et, sans nous plus donner la peine, comme nous avons fait jusqu'ici, de les interroger l'un après l'autre, puisque les voilà tous reconnus véritablement insensés, contentons-nous de les voir passer devant cette balustrade, et de les conduire exactement de l'œil dans mes galeries, afin que je sois sûr qu'ils y sont. Car je défends d'en laisser sortir aucun, que je n'aie précisément déterminé ce que je veux qu'on en fasse. Qu'on les laisse donc entrer, et qu'ils viennent maintenant tous en foule. En voilà bien, Diogène! Tous ces héros sont-ils connus dans l'histoire?

DIOGÈNE.

Non; il y en a beaucoup de chimériques, mêlés parmi eux.

PLUTON.

Des héros chimériques! et sont-ce des héros?

DIOGÈNE.

Comment! si ce sont des héros! ce sont eux qui ont toujours le haut bout dans les livres, et qui battent infailliblement les autres.

PLUTON.

Nomme-m'en par plaisir quelques-uns.

DIOGÈNE.

Volontiers. Orondate, Spitridate, Alcamène, Mélinte, Britomare, Mérindor, Artaxandre[1], etc.

PLUTON.

Et tous ces héros-là ont-ils fait vœu, comme les autres, de ne jamais s'entretenir que d'amour?

DIOGÈNE.

Cela serait beau qu'ils ne l'eussent pas fait ! Et de quel droit se diraient-ils héros, s'ils n'étaient point amoureux? N'est-ce pas l'amour qui fait aujourd'hui la vertu héroïque?

PLUTON.

Quel est ce grand innocent, qui va des derniers, et qui a la mollesse peinte sur le visage? Comment t'appelles-tu?

ASTRATE.

Je m'appelle Astrate[2].

PLUTON.

Que viens-tu chercher ici?

ASTRATE.

Je veux voir la reine.

PLUTON.

Mais admirez cet impertinent ! Ne diriez-vous pas que j'ai une reine que je garde ici dans une boîte, et que je montre à tous ceux qui la veulent voir? Qu'es-tu, toi? As-tu jamais été?

ASTRATE.

Oui-dà, j'ai été; et il y a un historien latin qui dit de moi en propres termes : *Astratus rixit*; Astrate a vécu.

PLUTON.

Est-ce là tout ce qu'on trouve de toi dans l'histoire?

ASTRATE.

Oui, et c'est sur ce bel argument qu'on a composé une *tragédie* intitulée du nom d'*Astrate*, où les passions tragiques sont maniées si adroitement, que les spectateurs y rient à gorge déployée depuis le commencement jusqu'à la fin, tandis que moi j'y pleure toujours, ne pouvant obtenir que l'on m'y montre une reine dont je suis passionnément épris.

PLUTON.

Ho bien ! va-t'en dans ces galeries voir si cette reine y est. — Mais quel est ce grand mal bâti de Romain, qui vient après ce chaud amoureux? Peut-on savoir son nom?

OSTORIUS.

Mon nom est Ostorius.

PLUTON.

Je ne me souviens point d'avoir jamais nulle part lu ce nom-là dans l'histoire.

OSTORIUS.

Il y est pourtant : l'abbé de Pure assure qu'il l'y a lu.

1. Personnages des romans de la Calprenède et de mademoiselle de Scudéri.
2. On jouait à l'hôtel de Bourgogne, dans le temps que je fis ce dialogue, l'*Astrate*, de Quinault, et l'*Ostorius*, de l'abbé de Pure. (Boil.)

PLUTON.

Voilà un merveilleux garant! Mais, dis-moi, appuyé de l'abbé de Pure, comme tu es, as-tu fait quelque figure dans le monde? T'y a-t-on jamais vu?

OSTORIUS.

Oui-dà; et à la faveur d'une pièce de théâtre que cet abbé a faite de moi, on m'a vu à l'hôtel de Bourgogne[1].

PLUTON.

Combien de fois?

OSTORIUS.

Eh! une fois.

PLUTON.

Retourne-t'y-en.

OSTORIUS.

Les comédiens ne veulent plus de moi.

PLUTON.

Crois-tu que je m'accommode mieux de toi qu'eux? Allons, déloge d'ici au plus vite, et va te confiner dans mes galeries. Voici encore une héroïne, qui ne se hâte pas trop, ce me semble, de s'en aller : mais je lui pardonne; car elle me paraît si lourde de sa personne, et si pesamment armée, que je vois bien que c'est la difficulté de marcher, plutôt que la répugnance à m'obéir, qui l'empêche d'aller plus vite. Qui est-elle?

DIOGÈNE.

Pouvez-vous ne pas reconnaître la Pucelle d'Orléans?

PLUTON.

C'est donc là cette vaillante fille qui délivra la France du joug des Anglais?

DIOGÈNE.

C'est elle-même.

PLUTON.

Je lui trouve la physionomie bien plate, et bien peu digne de tout ce qu'on dit d'elle.

DIOGÈNE.

Elle tousse, et s'approche de la balustrade. Écoutons. C'est assurément une harangue qu'elle vous vient faire, et une harangue en vers. Car elle ne parle plus qu'en vers.

PLUTON.

A-t-elle du talent pour la poésie?

DIOGÈNE.

Vous l'allez voir.

LA PUCELLE.

O grand prince, que grand dès cette heure j'appelle,
Il est vrai, le respect sert de bride à mon zèle :
Mais ton illustre aspect me redouble le cœur ;
Et, me le redoublant, me redouble la peur.
A ton illustre aspect mon cœur se sollicite,
Et, grimpant contre mont, la dure terre quitte.
Oh ! que n'ai-je le ton désormais assez fort
Pour aspirer à toi sans te faire de tort !
Pour toi puissé-je avoir une mortelle pointe,
Vers où l'épaule gauche à la gorge est conjointe ;

1. Théâtre où l'on jouait autrefois. (BOIL.)

Que le coup brisât l'os, et fît pleuvoir le sang
De la tempe, du dos, de l'épaule et du flanc[1] !

PLUTON.

Quelle langue vient-elle de parler?

DIOGÈNE.

Belle demande! française.

PLUTON.

Quoi! c'est du français qu'elle a dit! Je croyais que ce fût du bas-breton, ou de l'allemand. Qui lui a appris cet étrange français-là?

DIOGÈNE.

C'est un poëte[2], chez qui elle a été en pension quarante ans durant.

PLUTON.

Voilà un poëte qui l'a bien mal élevée.

DIOGÈNE.

Ce n'est pas manque d'avoir été bien payé, et d'avoir exactement touché ses pensions.

PLUTON.

Voilà de l'argent bien mal employé. Hó, Pucelle d'Orléans, pourquoi vous êtes-vous chargé la mémoire de ces grands vilains mots, vous qui ne songiez autrefois qu'à délivrer votre patrie, et qui n'aviez d'objet que la gloire?

LA PUCELLE.

La gloire?

Un seul endroit y mène ; et de ce seul endroit
Droite et roide[3]...

PLUTON.

Ah ! elle m'écorche les oreilles.

LA PUCELLE.

Droite et roide est la côte et le sentier étroit.

PLUTON.

Quels vers, juste ciel ! je n'en puis pas entendre prononcer un, que ma tête ne soit prête à se fendre.

LA PUCELLE.

De flèches toutefois aucune ne l'atteint,
Ou, pourtant l'atteignant, de son sang ne se teint.

PLUTON.

Encore ! J'avoue que de toutes les héroïnes qui ont paru en ce lieu, celle-ci me paraît de beaucoup la plus insupportable. Vraiment, elle ne prêche pas la tendresse ! Tout en elle n'est que dureté et que sécheresse; et elle me paraît plus propre à glacer l'âme qu'à inspirer l'amour.

DIOGÈNE.

Elle en a pourtant inspiré au vaillant Dunois.

PLUTON.

Elle, inspirer de l'amour au cœur de Dunois !

DIOGÈNE.

Oui, assurément.

Au grand cœur de Dunois, le plus grand de la terre,
Grand cœur, qui dans lui seul deux grands amours enserre,

1. Vers extraits de la *Pucelle*. (BOIL.)
2. Chapelain.
3. La *Pucelle*, liv. V.

Mais il faut savoir quel amour. Dunois s'en explique ainsi lui-même, en un endroit du poëme fait pour cette merveilleuse fille :

Pour ces célestes yeux, pour ce front magnanime,
Je n'ai que du respect, je n'ai que de l'estime :
Je n'en souhaite rien; et si j'en suis amant,
D'un amour sans désir je l'aime seulement.
Et soit, consumons-nous d'une flamme si belle :
Brûlons en holocauste aux yeux de la Pucelle[1].

Ne voilà-t-il pas une passion bien exprimée, et le mot d'*holocauste* n'est-il pas tout à fait bien placé dans la bouche d'un guerrier comme Dunois?

PLUTON.

Sans doute ; et cette vertueuse guerrière peut innocemment, avec de tels vers, aller tout de ce pas, si elle veut, inspirer un pareil amour à tous les héros qui sont dans ces galeries. Je ne crains pas que cela leur amollisse l'âme. Mais, du reste, qu'elle s'en aille; car je tremble qu'elle ne me veuille encore réciter quelques-uns de ses vers, et je ne suis pas résolu de les entendre. La voilà enfin partie! Je ne vois plus ici aucun héros, ce me semble? — Mais non : je me trompe. En voici encore un qui demeure immobile derrière cette porte. Vraisemblablement il n'a pas entendu que je voulais que tout le monde sortît. Le connais-tu, Diogène?

DIOGÈNE.

C'est Pharamond, le premier roi des Français[2].

PLUTON.

Que dit-il? Il parle en lui-même.

PHARAMOND.

Vous le savez bien, divine Rosemonde, que pour vous aimer je n'attendis pas que j'eusse le bonheur de vous connaître; et que c'est sur le seul récit de vos charmes, fait par un de mes rivaux, que je devins si ardemment épris de vous.

PLUTON.

Il semble que celui-ci soit devenu amoureux avant que de voir sa maîtresse.

DIOGÈNE.

Assurément; il ne l'avait point vue.

PLUTON.

Quoi! il est devenu amoureux d'elle sur son portrait?

DIOGÈNE.

Il n'avait pas même vu son portrait.

PLUTON.

Si ce n'est là une vraie folie, je ne sais pas ce qui peut l'être. Mais dites-moi, vous, amoureux Pharamond, n'êtes-vous pas content d'avoir fondé le plus florissant royaume de l'Europe, et de pouvoir compter au rang de vos successeurs le roi qui y règne aujourd'hui? Pourquoi vous êtes-vous allé mal à propos embarrasser l'esprit de la princesse Rosemonde?

[1]. La *Pucelle*, liv. II.
[2]. *Faramond, ou l'Histoire de France*, roman de la Calprenède, 1 vol. in-8o, continué et achevé en 3 vol., par Pierre Dortigue de Faumorière.

PHARAMOND.

Il est vrai, seigneur. Mais l'amour...

PLUTON.

Ho! l'amour! l'amour! Va exagérer, si tu veux, les injustices de l'amour dans mes galeries. Mais pour moi, le premier qui m'en viendra encore parler, je lui donnerai de mon sceptre tout au travers du visage. En voilà un qui entre. Il faut que je lui casse la tête.

MINOS.

Prenez garde à ce que vous allez faire! Ne voyez-vous pas que c'est Mercure?

PLUTON.

Ah! Mercure! je vous demande pardon. Mais ne venez-vous point aussi me parler d'amour?

MERCURE.

Vous savez bien que je n'ai jamais fait l'amour pour moi-même. La vérité est que je l'ai fait quelquefois pour mon père Jupiter, et qu'en sa faveur autrefois j'endormis si bien le bon Argus, qu'il ne s'est jamais réveillé. Mais je viens vous apporter une bonne nouvelle : c'est qu'à peine l'artillerie que je vous amène a paru, que vos ennemis se sont rangés dans le devoir. Vous n'avez jamais été roi plus paisible de l'enfer que vous l'êtes.

PLUTON.

Divin messager de Jupiter, vous m'avez rendu la vie. Mais, au nom de notre proche parenté, dites-moi, vous qui êtes le dieu de l'éloquence, comment vous avez souffert qu'il se soit glissé dans l'un et dans l'autre monde une si impertinente manière de parler que celle qui règne aujourd'hui, surtout en ces livres qu'on appelle romans, et comment vous avez permis que les plus grands héros de l'antiquité parlassent ce langage?

MERCURE.

Hélas! Apollon et moi, nous sommes des dieux qu'on n'invoque presque plus, et la plupart des écrivains d'aujourd'hui ne connaissent pour leur véritable patron qu'un certain *Phébus*, qui est bien le plus impertinent personnage qu'on puisse voir. Du reste, je viens vous avertir qu'on vous a joué une pièce.

PLUTON.

Une pièce à moi! Comment?

MERCURE.

Vous croyez que les vrais héros sont venus ici?

PLUTON.

Assurément je le crois, et j'en ai de bonnes preuves, puisque je les tiens encore ici tous renfermés dans les galeries de mon palais.

MERCURE.

Vous sortirez d'erreur, quand je vous dirai que c'est une troupe de faquins, ou plutôt de fantômes chimériques, qui, n'étant que de fades copies de beaucoup de personnages modernes, ont eu pourtant l'audace de prendre le nom des plus grands héros de l'antiquité; mais dont la vie a été fort courte, et qui errent maintenant sur les bords du

Cocyte et du Styx. Je m'étonne que vous y ayez été trompé. Ne voyez-vous pas que ces gens-là n'ont nul caractère du héros? Tout ce qui les soutient aux yeux des hommes, c'est un certain oripeau et un faux clinquant de paroles, dont les ont habillés ceux qui ont écrit leur vie, et qu'il n'y a qu'à leur ôter pour les faire paraître tels qu'ils sont. J'ai même amené des Champs Élysées, en venant ici, un Français pour les reconnaître quand ils seront dépouillés. Car je me persuade que vous consentirez sans peine qu'il le soient.

PLUTON.

J'y consens si bien, que je veux que sur-le-champ la chose soit ici exécutée. Et pour ne point perdre de temps, gardes, qu'on les fasse de ce pas sortir tous de mes galeries par les portes dérobées, et qu'on les amène tous dans la grande place. Pour nous, allons nous mettre sur le balcon de cette fenêtre basse, d'où nous pourrons les contempler, et leur parler tout à notre aise. Qu'on y porte nos sièges. Mercure, mettez-vous à ma droite; et vous, Minos, à ma gauche: et que Diogène se tienne derrière nous.

MINOS.

Les voilà qui arrivent en foule.

PLUTON.

Y sont-ils tous?

UN GARDE.

On n'en a laissé aucun dans les galeries.

PLUTON.

Accourez donc, vous tous, fidèles exécuteurs de mes volontés, spectres, larves, démons, furies, milices infernales que j'ai fait assembler! Qu'on m'entoure tous ces prétendus héros, et qu'on me les dépouille.

CYRUS.

Quoi! vous ferez dépouiller un conquérant comme moi?

PLUTON.

Hé! de grâce, généreux Cyrus, il faut que vous passiez le pas.

HORATIUS COCLÈS.

Quoi! un Romain comme moi, qui a défendu lui seul un pont contre toutes les forces de Porsenna, vous ne le considérez pas plus qu'un coupeur de bourses?

PLUTON.

Je m'en vais te faire chanter.

ASTRATE.

Quoi! un galant aussi tendre et aussi passionné que moi, vous le ferez maltraiter?

PLUTON.

Je m'en vais te faire voir la reine. Ah! les voilà dépouillés.

MERCURE.

Où est le Français que j'ai amené?

LE FRANÇAIS.

Me voilà, seigneur. Que souhaitez-vous?

MERCURE.

Tiens, regarde bien tous ces gens-là : les connais-tu?

LE FRANÇAIS.

Si je les connais! Hé! ce sont tous des bourgeois de mon quartier. Bonjour, madame Lucrèce; bonjour, monsieur Brutus; bonjour, mademoiselle Clélie; bonjour, monsieur Horatius Coclès.

PLUTON.

Tu vas voir accommoder tes bourgeois de toutes pièces. Allons, qu'on ne les épargne point, et qu'après qu'ils auront été abondamment fustigés, on me les conduise tous sans différer droit aux bords du fleuve de Léthé [1]. Puis, lorsqu'ils y seront arrivés, qu'on me les jette tous, la tête la première, dans l'endroit du fleuve le plus profond, eux, leurs billets doux, leurs lettres galantes, leurs vers passionnés, avec tous les nombreux volumes, ou, pour mieux dire, les monceaux de ridicule papier où sont écrites leurs histoires. Marchez donc, faquins, autrefois si grands héros! Vous voilà arrivés à votre fin, ou, pour mieux dire, au dernier acte de la comédie que vous avez jouée si peu de temps.

CHŒUR DE HÉROS, *s'en allant chargés d'escourgées.*

Ah! la Calprenède! Ah! Scudéri!

PLUTON.

Hé! que ne les tiens-je! que ne les tiens-je! Ce n'est pas tout, Minos : il faut que vous vous en alliez tout de ce pas donner ordre que la même justice se fasse sur tous leurs pareils dans les autres provinces de mon royaume.

MINOS.

Je me charge avec plaisir de cette commission.

MERCURE.

Mais voici les véritables héros qui arrivent et qui demandent à vous entretenir: ne voulez-vous pas qu'on les introduise?

PLUTON.

Je serai ravi de les voir; mais je suis si fatigué des sottises que m'ont dites tous ces impertinents usurpateurs de leurs noms, que vous trouverez bon qu'avant tout j'aille faire un somme.

FRAGMENT
D'UN AUTRE DIALOGUE [2]

APOLLON, HORACE, DES MUSES, DES POÈTES

HORACE.

Tout le monde est surpris, grand Apollon, des abus que vous laissez régner sur le Parnasse.

1. Fleuve de l'oubli. (BOIL.)
2. M. Despréaux, dans la préface de son édition de 1664, après avoir parlé de ce qu'il y avait ajouté, dit : « J'avois dessein d'y joindre aussi quelques dialogues en prose que j'ai composés. » Il n'a donné dans la suite que le dialogue sur les romans. (C'est celui

APOLLON.

Et depuis quand, Horace, vous avisez-vous de parler français !

HORACE.

Les Français se mêlent bien de parler latin. Ils estropient quelques-uns de mes vers: ils en font de même à mon ami Virgile; et quand ils ont accroché, je ne sais comment, *disjecti membra poetæ*, ainsi que je parlais autrefois, ils veulent figurer avec nous.

APOLLON.

Je ne comprends rien à vos plaintes: de qui donc me parlez-vous?

HORACE.

Leurs noms me sont inconnus : c'est aux muses de nous les apprendre.

APOLLON.

Calliope, dites-moi, qui sont ces gens-là? C'est une chose étrange que vous les inspiriez, et que je n'en sache rien.

CALLIOPE.

Je vous jure que je n'en ai aucune connaissance. Ma sœur Érato sera peut-être mieux instruite que moi.

ÉRATO.

Toutes les nouvelles que j'en ai, c'est par un pauvre libraire qui faisait dernièrement retentir notre vallon de cris affreux. Il s'était ruiné à imprimer quelques ouvrages de ces plagiaires, et il venait se plaindre ici de vous et de nous, comme si nous devions répondre de leurs actions, sous prétexte qu'ils se tiennent au pied du Parnasse.

APOLLON.

Le bonhomme croit-il que nous sachions ce qui se passe hors de notre enceinte? Mais nous voilà bien embarrassés pour savoir leurs noms. Puisqu'ils ne sont pas loin de nous, faisons-les monter pour un moment. Horace, allez leur ouvrir une des portes.

CALLIOPE.

Si je ne me trompe, leur figure sera réjouissante; ils nous donneront la comédie.

HORACE.

Quelle troupe! Nous allons être accablés, s'ils entrent tous. Messieurs, doucement : les uns après les autres.

UN POÈTE, *s'adressant à Apollon*.

Da, Thymbræe, loqui...

AUTRE POÈTE, *à Calliope*.

Dic mihi, musa, virum...

TROISIÈME POÈTE, *à Érato*.

Nunc age, qui reges, Erato...

qu'on vient de lire.) Il en avait composé un autre, pour montrer qu'on ne saurait bien parler, ou du moins s'assurer qu'on parle bien une langue morte. Mais il ne l'a jamais voulu publier, de peur d'offenser plusieurs de nos poètes latins, qui étaient ses amis et ses traducteurs. Il ne l'a pas même confié au papier. Cependant il m'en récita un jour ce que sa mémoire lui put fournir, et j'allai sur-le-champ écrire ce que j'en avais retenu. Quoique je n'aie conservé ni les grâces de sa diction, ni toute la suite de ses pensées, peut-être ne sera-t-on pas fâché de voir mon extrait, pour juger du tour qu'il avait imaginé. (BAESS.)

APOLLON.

Laissez vos compliments, et dites-nous d'abord vos noms.

UN POÈTE.

Menagius.

AUTRE POÈTE.

Pererius.

TROISIÈME POÈTE.

Santolius.

APOLLON.

Et ce vieux bouquin que je vois parmi vous, comment s'appelle-t-il?

TEXTOR.

Je me nomme Ravisius Textor [1]. Quoique je sois en la compagnie de ces messieurs, je n'ai pas l'honneur d'être poëte; mais ils veulent m'avoir avec eux, pour leur fournir des épithètes au besoin.

UN POÈTE.

Latonæ proles divina, Jovisque... Jovisque... Jovisque... Heus tu, Textor! Jovisque..

TEXTOR.

Magni...

LE POÈTE.

Non.

TEXTOR.

Omnipotentis...

LE POÈTE.

Non, non.

TEXTOR.

Bicornis.

LE POÈTE.

*Bicornis! optime. — Jovisque bicornis.
Latonæ proles divina, Jovisque bicornis.*

APOLLON.

Vous avez donc perdu l'esprit? Vous donnez des cornes à mon père.

LE POÈTE.

C'est pour finir le vers. J'ai pris la première épithète que Textor m'a donnée.

APOLLON.

Pour finir le vers, fallait-il dire une énorme sottise? Mais vous, Horace, faites aussi des vers français.

HORACE.

C'est-à-dire qu'il faut que je vous donne aussi une scène à mes dépens, et aux dépens du sens commun?

APOLLON.

Ce ne sera qu'aux dépens de ces étrangers. Rimez toujours.

HORACE.

Sur quel sujet? Qu'importe? Rimons, puisque Apollon l'ordonne. Le sujet viendra après.

Sur la rive du fleuve amassant de l'arène...

---

[1]. Jean Tessier, seigneur de Ravisi, dans le Nivernois, et professeur de l'université de Paris, a fait un livre intitulé : *Delectus Epithetorum*.

UN POÈTE.

Halte-là, on ne dit point en notre langue sur *la rive* du fleuve, mais sur *le bord* de la rivière; amasser *de l'arène* ne se dit pas non plus; il faut dire *du sable*.

HORACE.

Vous êtes plaisant! Est-ce que *rive* et *bord* ne sont pas des mots synonymes, aussi bien que *fleuve* et *rivière?* Comme si je ne savais pas que dans votre cité de Paris la Seine passe sous le Pont-Nouveau! Je sais tout cela sur l'extrémité du doigt.

UN POÈTE.

Quelle pitié! je ne conteste pas que toutes vos expressions ne soient françaises; mais je dis que vous les employez mal. Par exemple, quoique le mot de *cité* soit bon en soi, il ne vaut rien où vous le placez : on dit *la ville de Paris*; de même on dit *le Pont-Neuf*, et non pas le *Pont-Nouveau; savoir une chose sur le bout du doigt*, et non pas *sur l'extrémité du doigt*.

HORACE.

Puisque je parle si mal votre langue, croyez-vous, messieurs les faiseurs de vers latins, que vous soyez plus habiles dans la nôtre? Pour vous dire nettement ma pensée, Apollon devrait vous défendre aujourd'hui pour jamais de toucher plume ni papier.

APOLLON.

Comme ils ont fait des vers sans ma permission, ils en feraient encore malgré ma défense. Mais, puisque dans les grands abus il faut des remèdes violents, punissons-les de la manière la plus terrible. Je crois l'avoir trouvée : c'est qu'ils soient obligés désormais à lire exactement les vers les uns des autres. Horace, faites-leur savoir ma volonté.

HORACE.

De la part d'Apollon, il est ordonné, etc.

SANTEUL.

Que je lise le galimatias de du Perrier? Moi! je n'en ferai rien : c'est à lui de lire mes vers.

DU PERRIER.

Je veux que Santeul [1] commence par me reconnaître pour son maître; et après cela je verrai si je puis me résoudre à lire quelque chose de son Phébus.

Ces poëtes continuent à se quereller. Ils s'accablent réciproquement d'injures; et Apollon les fait chasser honteusement du Parnasse.

1. On écrivait alors indifféremment *Santeul* et *Santeuil*.

FIN DES PIÈCES DIVERSES.

TRAITÉ DU SUBLIME

OU

DU MERVEILLEUX DANS LE DISCOURS

TRADUIT DU GREC DE LONGIN

PRÉFACE

Ce petit traité, dont je donne la traduction au public[1], est une pièce échappée du naufrage de plusieurs autres livres que Longin avait composés. Encore n'est-elle pas venue à nous tout entière : car, bien que le volume ne soit pas fort gros, il y a plusieurs endroits défectueux ; et nous avons perdu le Traité des Passions, dont l'auteur avait fait un livre à part, qui était comme une suite naturelle de celui-ci. Néanmoins, tout défiguré qu'il est, il nous en reste encore assez pour nous faire concevoir une fort grande idée de son auteur, et pour nous donner un véritable regret de la perte de ses autres ouvrages. Le nombre n'en était pas médiocre. Suidas en compte jusqu'à neuf, dont il ne nous reste plus que des titres assez confus. C'étaient tous ouvrages de critique. Et certainement on ne saurait assez plaindre la perte de ces excellents originaux, qui, à en juger par celui-ci, doivent être autant de chefs-d'œuvre de bon sens, d'érudition et d'éloquence. Je dis d'éloquence, parce que Longin ne s'est pas contenté, comme Aristote et Hermogène[2], de nous donner des préceptes tout secs et dépouillés d'ornements. Il n'a pas voulu tomber dans le défaut qu'il reproche à Cécilius, qui avait, dit-il, écrit du sublime en style bas. En traitant des beautés de l'élocution, il a employé toutes les finesses de l'élocution. Souvent il fait la figure qu'il enseigne, et, en parlant du sublime, il est lui-même très-sublime. Cependant il fait cela si à propos et avec tant d'art, qu'on ne saurait l'accuser en pas un endroit de sortir du style didactique. C'est ce qui a donné à son livre cette haute réputation qu'il s'est acquise parmi les savants, qui l'ont tous regardé comme un des plus précieux restes de l'antiquité sur les matières de rhétorique. Casaubon l'appelle un livre d'or, voulant marquer par là le poids de ce petit ouvrage, qui, malgré sa petitesse, peut être mis en balance avec les plus gros volumes.

Ainsi jamais homme, de son temps même, n'a été plus estimé que Longin. Le philosophe Porphyre, qui avait été son disciple, parle de lui comme d'un prodige. Si on l'en croit, son jugement était la règle du bon sens ; ses décisions en matière d'ouvrages passaient pour des arrêts souverains, et rien n'était bon ou mauvais qu'autant que Longin l'avait approuvé ou blâmé. Eunapius, dans la Vie des Sophistes, passe encore plus avant. Pour exprimer l'estime qu'il fait de Longin, il se laisse emporter à des hyperboles extravagantes, et ne saurait se résoudre à parler en style raisonnable d'un mérite aussi extraordinaire que celui de cet auteur. Mais Longin ne fut pas simplement un critique habile, ce fut un ministre d'État considérable ; et il suffit, pour faire son éloge, de dire qu'il fut considéré de Zénobie, cette fameuse reine des Palmyréniens, qui osa bien se déclarer reine de l'Orient après la mort de son mari Odenat. Elle avait appelé d'abord Longin auprès d'elle pour s'instruire dans la langue grecque : mais de son maître en grec elle fit un de ses principaux ministres. Ce fut lui qui encouragea cette reine à soutenir la qualité de reine de l'Orient, qui lui rehaussa le cœur dans l'adversité, et qui lui fournit les paroles altières qu'elle écrivit à Aurélian, quand cet empereur la somma de se rendre. Il en coûta la vie à notre auteur ; mais sa mort fut également glorieuse pour lui et honteuse pour Aurélian, dont on peut dire qu'elle a pour jamais flétri la mémoire. Comme cette mort est un des plus fameux incidents de l'histoire de ce temps-là, le lecteur ne sera peut-être pas fâché que je lui rapporte ici ce que Flavius Vopiscus en a écrit. Cet auteur raconte que l'armée de Zénobie et de ses alliés ayant été mise en fuite près de la ville d'Émesse, Aurélian alla mettre le siége devant Palmyre, où cette princesse s'était retirée. Il y trouva plus de résistance qu'il ne s'était imaginé, et qu'il n'en devait attendre vraisemblablement de la résolution d'une femme. Ennuyé de la longueur du siége, il essaya de l'avoir par composition. Il écrivit donc une lettre à Zénobie, dans laquelle il lui offrait la vie et un lieu de retraite, pourvu qu'elle se rendît dans un certain temps. Zénobie, ajoute Vopiscus, répondit à cette lettre avec une fierté plus grande que l'état de ses affaires ne lui permet-

---

1. L'auteur la donna en 1674, dans sa trente-huitième année.
2. Rhéteur célèbre, de Tarse, en Cilicie. Il prononçait, dès l'âge de quinze ans, des discours improvisés avec une si étonnante facilité, que l'empereur Marc-Aurèle voulut aller l'entendre. A seize ans, il publia son excellent ouvrage sur la rhétorique ; mais, à vingt-cinq, il perdit tout à coup la mémoire et tomba dans un état de stupidité où il végéta jusqu'à un âge fort avancé, n'étant plus que l'ombre de lui-même. (Voyez Belin de Ballu, Hist. crit. de l'Éloq., t. II, p. 219.)

tait. Elle croyait par là donner de la terreur à Aurélian. Voici sa réponse :

Zénobie, reine de l'Orient, à l'empereur Aurélian.

« Personne jusqu'ici n'a fait une demande pareille à la
« tienne. C'est la vertu, Aurélian, qui doit tout faire dans
« la guerre. Tu me commandes de me remettre entre tes
« mains, comme si tu ne savais pas que Cléopâtre aima
« mieux mourir avec le titre de reine, que de vivre dans
« toute autre dignité. Nous attendons le secours des Perses ;
« les Sarrasins arment pour nous ; les Arméniens se sont
« déclarés en notre faveur ; une troupe de voleurs dans
« la Syrie a défait ton armée : juge de ce que tu dois at-
« tendre, quand ces forces seront jointes. Tu rabattras de
« cet orgueil avec lequel, comme maître absolu de toutes
« choses, tu m'ordonnes de me rendre. »

Cette lettre, ajoute Vopiscus, donna encore plus de colère que de honte à Aurélian. La ville de Palmyre fut prise
peu de jours après, et Zénobie arrêtée comme elle s'en-
fuyait chez les Perses. Toute l'armée demandait sa mort ;
mais Aurélian ne voulut pas déshonorer sa victoire par la
mort d'une femme. Il se réserva donc Zénobie pour le
triomphe, et se contenta de faire mourir ceux qui l'avaient
assistée de leurs conseils. Entre ceux-là, continue cet historien, le philosophe Longin fut extrêmement regretté. Il
avait été appelé auprès de cette princesse pour lui enseigner le grec. Aurélian le fit mourir pour avoir écrit la
lettre précédente ; car, bien qu'elle fût écrite en langue
syriaque, on le soupçonnait d'en être l'auteur. L'historien
Zosime témoigne que ce fut Zénobie elle-même qui l'en
accusa. « Zénobie, dit-il, se voyant arrêtée, rejeta toute
« sa faute sur ses ministres, qui avaient, dit-elle, abusé
« de la faiblesse de son esprit. Elle nomma entre autres
« Longin, celui dont nous avons encore plusieurs écrits
« si utiles. Aurélian ordonna qu'on l'envoyât au supplice.
« Ce grand personnage, poursuit Zosime, souffrit la mort
« avec une constance admirable, jusqu'à consoler en
« mourant ceux que son malheur touchait de pitié et
« d'indignation. »

Par là on peut voir que Longin n'était pas seulement
un habile rhéteur, comme Quintilien et comme Hermogène, mais un philosophe digne d'être mis en parallèle
avec les Socrate et avec les Caton. Son livre n'a rien qui
démente ce que je dis. Le caractère d'honnête homme y
paraît partout : et ses sentiments ont je ne sais quoi qui
marque non-seulement un esprit sublime, mais une âme
fort élevée au-dessus du commun. Je n'ai donc point de
regret d'avoir employé quelques-unes de mes veilles à débrouiller un si excellent ouvrage, que je puis dire n'avoir
été entendu jusqu'ici que d'un très-petit nombre de savants. Muret fut le premier qui entreprit de le traduire
en latin, à la sollicitation de Manuce ; mais il n'acheva pas
cet ouvrage, soit parce que les difficultés l'en rebutèrent,
ou que la mort le surprit auparavant. Gabriel de Pétra[1],
à quelque temps de là, fut plus courageux ; et c'est à lui
qu'on doit la traduction latine que nous en avons. Il y en
a encore deux autres ; mais elles sont si informes et si
grossières que ce serait faire trop d'honneur à leurs auteurs que de les nommer. Et même celle de Pétra, qui est
infiniment la meilleure, n'est pas fort achevée ; car, outre
que souvent il parle grec en latin, il y a plusieurs endroits où l'on peut dire qu'il n'a pas fort bien entendu
son auteur. Ce n'est pas que je veuille accuser un si savant homme d'ignorance, ni établir ma réputation sur les
ruines de la sienne. Je sais ce que c'est que de débrouiller

le premier un auteur : et j'avoue d'ailleurs que son ouvrage m'a beaucoup servi, aussi bien que les petites notes
de Langbaine[1] et de M. Lefebvre ; mais je suis bien aise
d'excuser, par les fautes de la traduction latine, celles
qui pourront m'être échappées dans la française. J'ai pourtant fait tous mes efforts pour la rendre aussi exacte
qu'elle pouvait l'être. A dire vrai, je n'y ai pas trouvé de
petites difficultés. Il est aisé à un traducteur latin de se
tirer d'affaire aux endroits mêmes qu'il n'entend pas. Il
n'a qu'à traduire le grec mot pour mot, et à débiter des
paroles qu'on peut au moins soupçonner d'être inintelli-
gibles. En effet, le lecteur, qui bien souvent n'y conçoit
rien, s'en prend plutôt à soi-même qu'à l'ignorance du
traducteur. Il n'en est pas ainsi des traductions en
langue vulgaire. Tout ce que le lecteur n'entend point
s'appelle un galimatias, dont le traducteur tout seul est
responsable. On lui impute jusqu'aux fautes de son auteur ;
et il faut en bien des endroits qu'il les rectifie, sans néanmoins qu'il ose s'en écarter.

Quelque petit donc que soit le volume de Longin, je ne
croirais pas avoir fait un médiocre présent au public, si
je lui en avais donné une bonne traduction en notre langue. Je n'y ai point épargné mes soins ni mes peines. Qu'on
ne s'attende pas pourtant de trouver ici une version timide et scrupuleuse des paroles de Longin. Bien que je
me sois efforcé de ne me point écarter en pas un endroit
des règles de la véritable traduction, je me suis pourtant
donné une honnête liberté, surtout dans les passages qu'il
rapporte. J'ai songé qu'il ne s'agissait pas simplement ici
de traduire Longin, mais de donner au public un traité
du sublime qui pût être utile. Avec tout cela néanmoins il
se trouvera peut-être des gens qui non-seulement n'approuveront pas ma traduction, mais qui n'épargneront pas
même l'original. Je m'attends bien qu'il y en aura plusieurs qui déclineront la juridiction de Longin, qui con-
damneront ce qu'il approuve, et qui loueront ce qu'il
blâme. C'est le traitement qu'on doit attendre de la plupart des juges de notre siècle. Ces hommes accoutumés
aux débauches et aux excès des poëtes modernes, et qui
n'admirant que ce qu'ils n'entendent point, ne pensent
pas qu'un auteur se soit élevé, s'ils ne l'ont entièrement
perdu de vue ; ces petits esprits, dis-je, ne seront pas sans
doute fort frappés des hardiesses judicieuses des Homère,
des Platon et des Démosthène. Ils chercheront souvent le
sublime dans le sublime, et peut-être se moqueront-ils des
exclamations que Longin fait quelquefois sur des passages
qui, bien que très-sublimes, ne laissent pas que d'être
simples et naturels, et qui saisissent plutôt l'âme qu'ils
n'éclatent aux yeux. Quelque assurance pourtant que ces
messieurs aient de la netteté de leurs lumières, je les prie
de considérer que ce n'est pas ici l'ouvrage d'un apprenti
que je leur offre, mais le chef-d'œuvre d'un des plus savants critiques de l'antiquité. Que s'ils ne voient pas la
beauté de ces passages, cela peut aussi bien venir de la faiblesse de leur vue que du peu d'éclat dont ils brillent. Au
pis aller, je leur conseille d'en accuser la traduction, puisqu'il n'est que trop vrai que je n'ai ni atteint ni pu atteindre à la perfection de ces excellents originaux ; et je
leur déclare par avance que, s'il y a quelques défauts, ils
ne sauraient venir que de moi.

Il ne reste plus, pour finir cette préface, que de dire
ce que Longin entend par sublime ; car, comme il écrit de
cette matière après Cécilius, qui avait presque employé
tout son livre à montrer ce que c'est que le sublime, il
n'a pas cru devoir rebattre une chose qui n'avait été déjà
que trop discutée par un autre. Il faut donc savoir que

---

1. Il professait le grec à Lausanne, et vivait au commencement du dix-septième siècle.

1. Gérard Langbaine, savant anglais, né à Bartonkirke, dans le Westmoreland, en 1608, publia en 1633, à Oxford, une édition de Longin, avec des notes estimées. Il mourut le 10 février 1658.

par sublime, Longin n'entend pas ce que les orateurs appellent le style sublime, mais cet extraordinaire et ce merveilleux qui frappe dans le discours, et qui fait qu'un ouvrage enlève, ravit, transporte. Le style sublime veut toujours de grands mots; mais le sublime se peut trouver dans une seule pensée, dans une seule figure, dans un seul tour de paroles. Une chose peut être dans le style sublime et n'être pourtant pas sublime, c'est-à-dire n'avoir rien d'extraordinaire ni de surprenant. Par exemple : *Le souverain arbitre de la nature d'une seule parole forma la lumière* : voilà qui est dans le style sublime. Cela n'est pas néanmoins sublime, parce qu'il n'y a rien là de fort merveilleux, et qu'on ne pût aisément trouver. Mais, *Dieu dit : que la lumière se fasse, et la lumière se fit* : ce tour extraordinaire d'expression, qui marque si bien l'obéissance de la créature aux ordres du créateur, est véritablement sublime et a quelque chose de divin. Il faut donc entendre par sublime, dans Longin, l'extraordinaire, le surprenant, et, comme je l'ai traduit, le merveilleux dans le discours[1].

J'ai rapporté ces paroles de la Genèse, comme l'expression la plus propre à mettre ma pensée en son jour, et je m'en suis servi d'autant plus volontiers que cette expression est citée avec éloge par Longin même, qui, au milieu des ténèbres du paganisme, n'a pas laissé de reconnaître le divin qu'il y avait dans ces paroles de l'Écriture. Mais que dirons-nous d'un des plus savants hommes de notre siècle[2], qui, éclairé des lumières de l'Évangile, ne s'est pas aperçu de la beauté de cet endroit; qui a osé, dis-je, avancer, dans un livre qu'il a fait pour démontrer la religion chrétienne, que Longin s'était trompé lorsqu'il avait cru que ces paroles étaient sublimes? J'ai la satisfaction au moins que des personnes non moins considérables par leur piété que par leur profonde érudition, qui nous ont donné depuis peu la traduction du livre de la Genèse[3], n'ont pas été de l'avis de ce savant homme, et, dans leur préface, entre plusieurs preuves excellentes qu'ils ont apportées pour faire voir que c'est l'Esprit saint qui a dicté ce livre, ont allégué le passage de Longin, pour montrer combien les chrétiens doivent être persuadés d'une vérité si claire, et qu'un païen même a sentie par les seules lumières de la raison.

Au reste, dans le temps qu'on travaillait à cette dernière édition de mon livre, M. Dacier, celui qui nous a depuis peu donné les Odes d'Horace en français, m'a communiqué de petites notes très-savantes qu'il a faites sur Longin, où il a cherché de nouveaux sens inconnus jusqu'ici aux interprètes. J'en ai suivi quelques-unes; mais comme dans celles où je ne suis pas de son sentiment je puis m'être trompé, il est bon d'en faire les lecteurs juges. C'est dans cette vue que je les ai mises à la suite de mes remarques ; M. Dacier n'étant pas seulement un homme de très-grande érudition et d'une critique très-fine, mais d'une politesse d'autant plus estimable, qu'elle accompagne naturellement un grand savoir. Il a été disciple du célèbre M. Lefèbvre, père de cette savante fille[4] à qui nous devons la première traduction qui ait encore paru d'Anacréon en français, et qui travaille maintenant à nous faire voir Aristophane, Sophocle et Euripide, en la même langue.

J'ai laissé[1] dans toutes mes autres éditions cette préface telle qu'elle était lorsque je la fis imprimer pour la première fois, il y a plus de vingt ans, et je n'y ai rien ajouté : mais aujourd'hui, comme j'en revoyais les épreuves, et que je les allais renvoyer à l'imprimeur, il m'a paru qu'il ne serait peut-être pas mauvais, pour mieux faire connaître ce que Longin entend par ce mot de sublime, de joindre encore ici, au passage que j'ai rapporté de la Bible, quelque autre exemple pris d'ailleurs. En voici un est tiré de l'Horace de M. Corneille. Dans cette tragédie, dont les trois premiers actes sont, à mon avis, le chef-d'œuvre de cet illustre écrivain, une femme qui avait été présente au combat des trois Horaces, mais qui s'était retirée un peu trop tôt, et n'en avait pas vu la fin, vient mal à propos annoncer au vieil Horace, leur père, que deux de ses fils ont été tués, et que le troisième, ne se voyant plus en état de résister, s'est enfui. Alors ce vieux Romain, possédé de l'amour de sa patrie, sans s'amuser à pleurer la perte de ses deux fils, morts si glorieusement, ne s'afflige que de la fuite honteuse du dernier, qui a, dit-il, par une si lâche action, imprimé un opprobre éternel au nom d'Horace. Et leur sœur, qui était là présente, lui ayant dit :

Que vouliez-vous qu'il fit contre trois ?

Il répond brusquement :

Qu'il mourût.

Voilà de fort petites paroles ; cependant il n'y a personne qui ne sente la grandeur héroïque qui est renfermée dans ce mot *qu'il mourût*, qui est d'autant plus sublime, qu'il est simple et naturel, et que par là on voit que c'est du fond du cœur que parle ce vieux héros, et dans les transports d'une colère vraiment romaine. De fait, la chose aurait beaucoup perdu de sa force, si, au lieu de *Qu'il mourût*, il avait dit : *Qu'il suivît l'exemple de ses deux frères*; ou : *Qu'il sacrifiât sa vie à l'intérêt et à la gloire de son pays*. Ainsi c'est la simplicité même de ce mot qui en fait la grandeur. Ce sont là de ces choses que Longin appelle sublimes, et qu'il aurait beaucoup plus admirées dans Corneille, s'il avait vécu du temps de Corneille, que ces grands mots dont Ptolémée remplit sa bouche au commencement de *la Mort de Pompée*, pour exagérer les vaines circonstances d'une déroute qu'il n'a point vue[2].

CHAPITRE I

Servant de préface à tout l'ouvrage.

Vous savez bien, mon cher Térentianus[3], que, lorsque nous lûmes ensemble le petit traité que Cécilius[4] a fait du sublime, nous trouvâmes que la bassesse de son style[5] répondait assez mal à la di-

---

1. Ici se terminait la préface de la première édition, publiée en 1674. Ce qui suit fut ajouté en 1683.
2. Le célèbre Huet.
3. Le Maître de Saci, et autres écrivains de Port-Royal.
4. Mademoiselle Lefèbvre, depuis madame Dacier. Elle avait déjà publié, à cette époque, *Callimaque*, *Florus*, *Dictys de Crète*, *Darès*, *le Phrygien*, *Aurélius Victor*, avec de savants commentaires, et sa traduction des poésies d'*Anacréon* et de *Sapho*. Elle s'occupait de celle des *Nuées* et du *Plutus d'Aristophane* qu'elle donna en 1684 : mais il ne paraît pas qu'elle ait jamais songé à rien traduire d'Euripide et de Sophocle.

1. Ceci fut ajouté dans l'édition de 1701.
2. Voyez les Remarques de Voltaire sur cette première scène de la tragédie de *Pompée*.
3. Le grec porte : « mon cher Posthumius Térentianus »; mais j'ai retranché Posthumius, le nom de Térentianus n'étant déjà que trop long. Au reste, on ne sait pas trop quel était ce Térentianus. Ce qu'il y a de constant, c'est que c'était un Latin, comme son nom le fait assez connaître, et comme Longin le témoigne lui-même dans le chapitre x. (BOIL.)
4. C'était un rhéteur sicilien. Il vivait sous Auguste, et était contemporain de Denys d'Halicarnasse, avec qui il fut lié même d'une amitié assez étroite. (BOIL.)
5. C'est ainsi qu'il faut entendre ταπεινότης. Je ne me souviens

gnité de son sujet; que les principaux points de cette matière n'y étaient pas touchés, et qu'en un mot cet ouvrage ne pouvait pas apporter un grand profit aux lecteurs, qui est néanmoins le but où doit tendre tout homme qui veut écrire. D'ailleurs, quand on traite d'un art, il y a deux choses à quoi il se faut toujours étudier : la première est de bien faire entendre son sujet; la seconde, que je tiens au fond la principale, consiste à montrer comment et par quels moyens ce que nous enseignons se peut acquérir. Cécilius s'est fort attaché à l'une de ces deux choses : car il s'efforce de montrer par une infinité de paroles ce que c'est que le grand et le sublime, comme si c'était un point fort ignoré; mais il ne dit rien des moyens qui peuvent porter l'esprit à ce grand et à ce sublime. Il passe cela, je ne sais pourquoi, comme une chose absolument inutile. Après tout, cet auteur peut-être n'est-il pas tant à reprendre pour ses fautes, qu'à louer pour son travail et pour le dessein qu'il a eu de bien faire[1]. Toutefois, puisque vous voulez que j'écrive aussi du sublime, voyons, pour l'amour de vous, si nous n'avons point fait sur cette matière quelque observation raisonnable, et dont les orateurs[2] puissent tirer quelque sorte d'utilité.

Mais c'est à la charge, mon cher Térentianus, que nous reverrons ensemble exactement mon ouvrage, et que vous m'en direz votre sentiment avec cette sincérité que nous devons naturellement à nos amis; car, comme un sage[3] dit fort bien : Si nous avons quelque voie pour nous rendre semblables aux dieux, c'est de faire du bien et de dire la vérité.

Au reste, comme c'est à vous que j'écris, c'est-à-dire à un homme instruit de toutes les belles connaissances[4], je ne m'arrêterai point sur beaucoup de choses qu'il m'eût fallu établir avant que d'entrer en matière, pour montrer que le sublime est en effet ce qui forme l'excellence et la souveraine perfection du discours; que c'est par lui que les grands poètes et les écrivains les plus fameux ont remporté le prix, et rempli toute la postérité du bruit de leur gloire[1].

Car il ne persuade pas proprement; mais il ravit, il transporte, et produit en nous une certaine admiration, mêlée d'étonnement et de surprise, qui est tout autre chose que de plaire seulement ou de persuader. Nous pouvons dire à l'égard de la persuasion, que, pour l'ordinaire, elle n'a sur nous qu'autant de puissance que nous voulons. Il n'en est pas ainsi du sublime. Il donne au discours une certaine vigueur noble[2], une force invincible qui enlève l'âme de quiconque nous écoute. Il ne suffit pas d'un endroit ou deux dans un ouvrage, pour vous faire remarquer la finesse de l'invention, la beauté de l'économie et de la disposition; c'est avec peine que cette justesse se fait remarquer par toute la suite même du discours. Mais quand le sublime vient à éclater où il faut, il renverse tout, comme un foudre, et présente d'abord toutes les forces de l'orateur ramassées ensemble. Mais ce que je dis ici, et tout ce que je pourrais dire de semblable, serait inutile pour vous, qui savez ces choses par expérience, et qui m'en feriez, au besoin, à moi-même des leçons.

CHAPITRE II

S'il y a un art particulier du sublime; et des trois vices qui lui sont opposés.

Il faut voir d'abord s'il y a un art particulier du sublime; car il se trouve des gens qui s'imaginent que c'est une erreur de le vouloir réduire en art et d'en donner des préceptes. Le sublime, disent-ils, naît avec nous, et ne s'apprend point. Le seul art pour y parvenir, c'est d'y être né; et même, à ce qu'ils prétendent, il y a des ouvrages que la nature doit produire toute seule : la contrainte des préceptes ne fait que les affaiblir, et leur donner une certaine sécheresse qui les rend maigres et décharnés; mais je soutiens qu'à bien prendre les choses, on verra clairement tout le contraire.

Et, à dire vrai, quoique la nature ne se montre jamais plus libre que dans les discours sublimes et pathétiques, il est pourtant aisé de reconnaître qu'elle ne se laisse pas conduire au hasard, et qu'elle

---

point d'avoir vu ce mot employé dans le sens que veut donner M. Dacier ; et quand il s'en trouverait quelque exemple, il faudrait toujours, à mon avis, revenir au sens le plus naturel, qui est celui que je lui ai donné. Car, pour ce qui est des paroles qui suivent; τῆς ὅλης ὑποθέσεως, cela veut dire que *son style est partout inférieur à son sujet*, y ayant beaucoup d'exemples en grec de ces adjectifs mis pour l'adverbe. (Boil.)

1. Il faut prendre le mot d'ἐπίνοια, comme il est pris en beaucoup d'endroits, pour une simple pensée. *Cécilius n'est pas tant à blâmer pour ses propres défauts, qu'à louer pour la pensée qu'il a eue, pour le dessein qu'il a eu de bien faire*. Il se prend aussi quelquefois pour *invention*; mais il ne s'agit pas d'invention dans un traité de rhétorique : c'est de la raison et du bon sens dont il est besoin. (Boil.)

2. Le grec porte, ἀνδράσι πολιτικοῖς, *viris politicis*, c'est-à-dire, les orateurs, en tant qu'ils sont opposés aux déclamateurs, et à ceux qui font des discours de simple ostentation. Ceux qui ont lu Hermogène savent ce que c'est que πολιτικὸς λόγος, qui veut proprement dire un style d'usage, et propre aux affaires, à la différence du style des déclamateurs, qui n'est qu'un style d'apparat, où souvent on sort de la nature pour éblouir les yeux. L'auteur donc, par *viros politicos*, entend ceux qui mettent en pratique *sermonem politicum*. (Boil.)

3. Pythagore. (Boil.)

4. Je n'ai point exprimé φίλτατε, parce qu'il me semble tout à fait inutile en cet endroit. (Boil.)

---

1. Gérard Langbaine, qui a fait de petites notes très-savantes sur Longin, prétend qu'il y a ici une faute, et qu'au lieu de περιβάλε εὐκλείαις τὸν αἰῶνα, il faut mettre ὑπερβάλλον εὐκλείαις. Ainsi, dans son sens, il faudrait traduire : *on porte leur gloire au delà de leurs siècles*. Mais il se trompe; περιβάλλον veut dire *ont embrassé, ont rempli toute la postérité de l'étendue de leur gloire*. Et quand on voudrait même entendre ce passage à sa manière, il ne faudrait point faire pour cela de correction, puisque περιβάλλον signifie quelquefois ὑπερβάλλον comme on le voit dans ce vers d'Homère :

Ἴστω γὰρ ὅσσον ἐμοὶ ἀρετῇ περιβάλλετον ἵπποι.

Il. XXIII, v. 276.
(Boil.)

2. Je ne sais pourquoi M. Lefèbvre veut changer cet endroit, qui, à mon avis, s'entend fort bien, sans mettre πάντως au lieu de παντός, *surmonte tous ceux qui l'écoutent, se mette au-dessus de tous ceux qui l'écoutent*. (Boil.)

n'est pas absolument ennemie de l'art et des règles. J'avoue que, dans toutes nos productions, il la faut toujours supposer comme la base, le principe et le premier fondement. Mais aussi il est certain que notre esprit a besoin d'une méthode pour lui enseigner à ne dire que ce qu'il faut, et à le dire en son lieu; et que cette méthode peut beaucoup contribuer à nous acquérir la parfaite habitude du sublime : car, comme les vaisseaux[1] sont en danger de périr lorsqu'on les abandonne à leur seule légèreté, et qu'on ne sait pas leur donner la charge et le poids qu'ils doivent avoir, il en est ainsi du sublime, si on l'abandonne à la seule impétuosité d'une nature ignorante et téméraire. Notre esprit assez souvent n'a pas moins besoin de bride que d'éperon. Démosthène dit en quelque endroit que le plus grand bien qui puisse nous arriver dans la vie, c'est d'être heureux; mais qu'il y en a encore un autre qui n'est pas moindre, et sans lequel ce premier ne saurait subsister, qui est de savoir se conduire avec prudence. « Nous en pouvons dire autant[2] à l'égard du discours. La nature est ce qu'il y a de plus nécessaire pour arriver au grand : cependant, si l'art ne prend soin de la conduire, c'est une aveugle qui ne sait où elle va... ».

Telles sont ces pensées : *Les torrents entortillés de flammes*; *Vomir contre le ciel*; *Faire de Borée son joueur de flûte* : et toutes les autres façons de parler dont cette pièce est pleine; car elles ne sont pas grandes et tragiques, mais enflées et extravagantes. Toutes ces phrases ainsi embarrassées de vaines imaginations troublent et gâtent plus un discours, qu'elles ne servent à l'élever; de sorte qu'à les regarder de près et au grand jour, ce qui paraissait d'abord si terrible devient tout à coup sot et ridicule. Que si c'est un défaut insupportable dans la tragédie, qui est naturellement pompeuse et magnifique, que de s'enfler mal à propos, à plus forte raison doit-il être condamné dans le discours ordinaire. De là vient qu'on s'est raillé de Gorgias,

pour avoir appelé Xerxès le Jupiter des Perses, et les vautours, des sépulcres animés[1]. On n'a pas été plus indulgent pour Callisthène, qui, en certains endroits de ses écrits, ne s'élève pas proprement, mais se guinde si haut qu'on le perd de vue. De tous ceux-là pourtant je n'en vois point de si enflé que Clitarque. Cet auteur n'a que du vent et de l'écorce; il ressemble à un homme qui, pour me servir des termes de Sophocle, « ouvre une grande « bouche pour souffler dans une petite flûte[2] ». Il faut faire le même jugement d'Amphicrate, d'Hégésias, et de Matris. Ceux-ci quelquefois s'imaginant qu'ils sont épris d'un enthousiasme et d'une fureur divine, au lieu de tonner, comme ils pensent, ne font que niaiser et badiner comme des enfants.

Et certainement, en matière d'éloquence, il n'y a rien de plus difficile à éviter que l'enflure : car, comme en toutes choses naturellement nous cherchons le grand, et que nous craignons surtout d'être accusés de sécheresse ou de peu de force, il arrive, je ne sais comment, que la plupart tombent dans ce vice, fondés sur cette maxime commune :

Dans un noble projet on tombe noblement.

Cependant il est certain que l'enflure n'est pas moins vicieuse dans le discours que dans les corps. Elle n'a que de faux dehors et une apparence trompeuse; mais au dedans elle est creuse et vide, et fait quelquefois un effet tout contraire au grand: car, comme on dit fort bien, « il n'y a rien de plus « sec qu'un hydropique ».

Au reste, le défaut du style enflé, c'est de vouloir aller au delà du grand. Il en est tout au contraire du puéril; car il n'y a rien de si bas, de si petit, ni de si opposé à la noblesse du discours.

Qu'est-ce donc que puérilité? Ce n'est visiblement autre chose qu'une pensée d'écolier, qui, pour être trop recherchée, devient froide. C'est le

---

1. Il faut suppléer au grec, ou sous-entendre πλοῖα, qui veut dire *des vaisseaux de charge*, καὶ ὡς ἱκανοδοτέρων αὐτὰ πλοῖα, etc., et expliquer ἀναρπάσαντα dans le sens de M. Lefebvre et de Suidas, *des vaisseaux qui flottent, manquent de sable et de gravier, dans le fond, qui les soutienne, et leur donne le poids qu'ils doivent avoir; auxquels on n'a pas donné le lest*; autrement, il n'y a point de sens. (BOIL.)

2. J'ai suppléé la reddition de la comparaison, qui manque en cet endroit dans l'original.... *Telles sont ces pensées*, etc. Il y a ici une lacune considérable. L'auteur, après avoir montré qu'on peut donner des règles du sublime, commençait à traiter des vices qui lui sont opposés, entre autres, du style enflé, qui n'est autre chose que le style trop poussé. Il en faisait voir l'extravagance par le passage d'un je ne sais quel poëte tragique, dont il reste encore ici quatre vers. Mais comme ces vers étaient déjà fort galimatias d'eux-mêmes, au rapport de Longin, ils le sont devenus encore bien davantage par la perte de ceux qui les précédaient. J'ai donc cru que le plus court était de les passer, n'y ayant dans ces quatre vers qu'un des trois mots que l'auteur raille dans la suite. En voilà pourtant le sens confusément (c'est quelque Capanée qui parle dans une tragédie) : *Et qu'ils arrêtent la flamme qui sort à longs flots de la fournaise. Car si je trouve le maître de la maison seul, alors, d'un seul torrent de flamme entortillé, j'embraserai la maison, et la réduirai tout en cendre; mais cette noble musique ne s'est pas encore fait ouïr.* J'ai suivi ici l'interprétation de Langbaine. Comme cette tragédie est perdue, on peut donner à ce passage tel sens qu'on voudra ; mais je doute qu'on attrape le vrai sens. Voyez les notes de M. Dacier. (BOIL.)

1. Hermogène va plus loin, et trouve celui qui a dit cette pensée digne des sépulcres dont il parle. Cependant je doute qu'elle déplût aux poëtes de notre siècle, et elle ne serait pas en effet si condamnable dans les vers. (BOIL.)

2. J'ai traduit ainsi φορβειᾶς δ' ἄτερ, afin de rendre la chose intelligible. Pour expliquer ce que veut dire φορβειά, il faut savoir que la flûte, chez les anciens, était fort différente de la flûte d'aujourd'hui ; car on en tirait un son bien éclatant, et pareil au son de la trompette : *tubæque æmula*, dit Horace. Il fallait donc, pour en jouer, employer une plus grande force d'haleine, et par conséquent s'enfler extrêmement les joues, qui était une chose désagréable à la vue. Ce fut en effet ce qui en dégoûta Minerve et Alcibiade. Pour obvier à cette difformité, ils imaginèrent une espèce de lanière ou courroie qui s'appliquait sur la bouche, et se liait derrière la tête, ayant au milieu un petit trou, par où l'on embouchait la flûte. Plutarque prétend que Marsyas en fut l'inventeur. Ils appelaient cette lanière φορβειά, et elle faisait deux différents effets; car, outre qu'en serrant les joues elle les empêchait de s'enfler, elle donnait bien plus de force à l'haleine, qui, étant repoussée, sortait avec plus d'impétuosité et d'agrément. L'auteur donc, pour exprimer un poëte enflé, qui souffle et se démène sans faire de bruit, le compare à un homme qui joue de la flûte sans cette lanière. Mais comme cela n'a point de rapport à la flûte d'aujourd'hui, puisqu'à peine on serre les lèvres quand on en joue, j'ai cru qu'il valait mieux mettre une pensée équivalente, pourvu qu'elle ne s'éloignât point trop de la chose, afin que le lecteur, qui ne se soucie pas fort des antiquailles, puisse passer, sans être obligé, pour m'entendre, d'avoir recours aux remarques. (BOIL.)

vice où tombent ceux qui veulent toujours dire quelque chose d'extraordinaire et de brillant, mais surtout ceux qui cherchent avec tant de soin le plaisant et l'agréable; parce qu'à la fin, pour s'attacher trop au style figuré, ils tombent dans une sotte affectation.

Il y a encore un troisième défaut opposé au grand, qui regarde le pathétique. Théodore l'appelle une fureur hors de saison, lorsqu'on s'échauffe mal à propos, ou qu'on s'emporte avec excès, quand le sujet ne permet que de s'échauffer médiocrement. En effet, on voit très-souvent des orateurs qui, comme s'ils étaient ivres, se laissent emporter à des passions qui ne conviennent point à leur sujet, mais qui leur sont propres, et qu'ils ont apportées de l'école; si bien que, comme on n'est point touché de ce qu'ils disent, ils se rendent à la fin odieux et insupportables; c'est ce qui arrive nécessairement à ceux qui s'emportent et se débattent mal à propos devant des gens qui ne sont point du tout émus. Mais nous parlerons en un autre endroit de ce qui concerne les passions.

CHAPITRE III

Du style froid.

Pour ce qui est de ce froid ou puéril dont nous parlions, Timée en est tout plein. Cet auteur est assez habile homme d'ailleurs; il ne manque pas quelquefois par le grand et le sublime : il sait beaucoup, et dit même les choses d'assez bon sens[1] : si ce n'est qu'il est enclin naturellement à reprendre les vices des autres, quoique aveugle pour ses propres défauts, et si curieux au reste d'étaler de nouvelles pensées, que cela le fait tomber assez souvent dans la dernière puérilité. Je me contenterai d'en donner ici un ou deux exemples, parce que Cécilius en a déjà rapporté un assez grand nombre. En voulant louer Alexandre le Grand : « Il a, dit-il, « conquis toute l'Asie en moins de temps qu'Iso- « crate n'en a employé à composer son panégyri- « que[2] ». Voilà, sans mentir, une comparaison admirable d'Alexandre le Grand avec un rhéteur[3] ! Par cette raison, Timée, il s'ensuivra que les Lacédémoniens le doivent céder à Isocrate, puisqu'ils furent trente ans à prendre la ville de Messène, et que celui-ci n'en mit que dix à faire son panégyrique.

Mais à propos des Athéniens qui étaient prisonniers de guerre dans la Sicile, de quelle exclamation penseriez-vous qu'il se serve? Il dit « que c'était « une punition du Ciel, à cause de leur impiété « envers le dieu Hermès, autrement Mercure, et « pour avoir mutilé ses statues : vu principalement « qu'il y avait un des chefs de l'armée ennemie qui « tirait son nom d'Hermès[1] de père en fils, savoir, « Hermocrate, fils d'Hermon ». Sans mentir, mon cher Térentianus, je m'étonne qu'il n'ait dit aussi de Denys le Tyran, que les dieux permirent qu'il fût chassé de son royaume par Dion et par Héraclide, à cause de son peu de respect à l'égard de Dion et d'Héraclès, c'est-à-dire de Jupiter et d'Hercule.

Mais pourquoi m'arrêter après Timée? Ces héros de l'antiquité, je veux dire Xénophon et Platon, sortis de l'école de Socrate, s'oublient bien quelquefois eux-mêmes, jusqu'à laisser échapper dans leurs écrits des choses basses et puériles. Par exemple, ce premier, dans le livre qu'il a écrit de la république des Lacédémoniens : « On ne les entend, « dit-il, non plus parler que si c'étaient des pierres. « Ils ne tournent non plus les yeux que s'ils étaient « de bronze. Enfin vous diriez qu'ils ont plus de « pudeur que ces parties de l'œil[2] que nous appe- « lons en grec du nom de vierge ». C'était à Amphicrate, et non pas à Xénophon, d'appeler les prunelles, des vierges pleines de pudeur. Quelle pensée, bon Dieu ! parce que le mot de coré, qui signifie en grec la prunelle de l'œil, signifie une vierge, de vouloir que toutes les prunelles universellement soient des vierges pleines de modestie; vu qu'il n'y a peut-être point d'endroit sur nous où l'impudence éclate plus que dans les yeux ! Et c'est pourquoi Homère, pour exprimer un impudent: « Homme « chargé de vin, dit-il, qui a l'impudence d'un chien « dans les yeux[3]... ». Cependant Timée n'a pu voir une si froide pensée dans Xénophon sans la revendiquer comme un vol[4] qui lui avait été fait par cet auteur. Voici donc comme il l'emploie dans la Vie d'Agathocle. « N'est-ce pas une chose étrange qu'il « ait ravi sa propre cousine qui venait d'être mariée « à un autre; qu'il l'ait, dis-je, ravie le lendemain « même de ses noces? car qui est-ce qui eût voulu « faire cela, s'il eût eu des vierges aux yeux, et non « pas des prunelles impudiques » ? Mais que dirons-

---

1. Ἐπινοητικός veut dire un homme qui imagine, qui pense sur toutes choses ce qu'il faut penser; et c'est proprement ce qu'on appelle un homme de bon sens. (BOIL.)

2. Le grec porte : « à composer son panégyrique pour la guerre contre les Perses ». Mais si je l'avais traduit de la sorte, on croirait qu'il s'agirait ici d'un autre panégyrique, que du *panégyrique d'Isocrate*, qui est un mot consacré en notre langue. (BOIL.)

3. Il y a dans le grec « du Macédonien avec un sophiste ». A l'égard du Macédonien, il fallait que ce mot eût quelque grâce en grec, et qu'on appelât ainsi Alexandre par excellence, comme nous appelons Cicéron l'*orateur romain*; mais *le Macédonien*, en français, pour *Alexandre*, serait ridicule. Pour le mot de sophiste, il signifie bien plutôt en grec un rhéteur qu'un sophiste, qui en français ne peut jamais être pris en bonne part, et signifie toujours un homme qui trompe par de fausses raisons, qui fait des sophismes, *cavillatorem*; au lieu qu'en grec c'est souvent un nom honorable. (BOIL.)

---

1. Le grec porte qu'il *tirait son nom du dieu qu'on avait offensé*; mais j'ai mis *d'Hermès*, afin qu'on vît mieux le jeu des mots. Quoi que puisse dire M. Dacier, je suis de l'avis de Langbaine, et ne crois point que ὡς ἀπὸ τοῦ παρωνυμηθέντος ᾖ veuille dire autre chose que *qui tirait son nom de père en fils du dieu qu'on avait offensé*. (BOIL.)

2. Ce passage est corrompu dans tous les exemplaires que nous avons de Xénophon, où l'on a mis θαλάμοις pour θαλάμαις, faute d'avoir entendu l'équivoque de κόρη. Cela fait voir qu'il ne faut pas aisément changer le texte d'un auteur. (BOIL.)

3. *Iliad.*, liv. I, v. 225.

4. C'est ainsi qu'il faut entendre ὡς φωρίου τινὸς ἐξαπτόμενος, et non *sans lui en faire une espèce de vol, tanquam furtum quoddam attingens*, car cela aurait bien moins de sel. (BOIL.)

nous de Platon, quoique divin d'ailleurs, qui voulant parler de ces tablettes de bois de cyprès où l'on devait écrire les actes publics, use de cette pensée : « Ayant écrit toutes ces choses, ils poseront dans les « temples ces monuments de cyprès[1] » ? Et ailleurs, à propos des murs : « Pour ce qui est des murs, « dit-il, Mégillus, je suis de l'avis de Sparte[2], de « les laisser dormir à terre, et de ne les point « faire lever » ? Il y a donc quelque chose d'aussi ridicule dans Hérodote, quand il appelle les belles femmes *le mal des yeux*[3]. Ceci néanmoins semble en quelque façon pardonnable à l'endroit où il est, parce que ce sont des barbares qui le disent dans le vin et dans la débauche ; mais ces personnes n'excusent pas la bassesse de la chose, et il ne fallait pas, pour rapporter un méchant mot, se mettre au hasard de déplaire à toute la postérité.

CHAPITRE IV

De l'origine du style froid.

Toutes ces affectations cependant, si basses et si puériles, ne viennent que d'une seule cause, c'est à savoir de ce qu'on cherche trop la nouveauté dans les pensées, qui est la manie surtout des écrivains d'aujourd'hui. Car, du même endroit que vient le bien, assez souvent vient aussi le mal. Ainsi voyons-nous que ce qui contribue le plus en de certaines occasions à embellir nos ouvrages ; ce qui fait, dis-je, la beauté, la grandeur, les grâces de l'élocution, cela même en d'autres rencontres est quelquefois cause du contraire, comme on le peut aisément reconnaître dans les *Hyperboles*, et dans ces autres figures qu'on appelle *Pluriels*. En effet, nous montrerons dans la suite combien il est dangereux de s'en servir. Il faut donc voir maintenant comment nous pourrons éviter ces vices qui se glissent quelquefois dans le sublime. Or nous en viendrons à bout sans doute, si nous acquérons d'abord une connaissance nette et distincte du véritable sublime, et si nous apprenons à en bien juger, ce qui n'est pas une chose peu difficile ; puisque enfin, de savoir bien juger du fort et du faible d'un discours, ce ne peut être que l'effet d'un long usage, et le dernier fruit, pour ainsi dire, d'une étude consommée. Mais, par avance, voici peut-être un chemin pour y parvenir.

CHAPITRE V

Des moyens en général pour connaître le sublime.

Il faut savoir, mon cher Térentianus, que, dans la vie ordinaire, on ne peut point dire qu'une chose ait rien de grand, quand le mépris qu'on fait de cette chose tient lui-même du grand. Telles sont les richesses, les dignités, les honneurs, les empires, et tous ces autres biens en apparence, qui n'ont qu'un certain faste au dehors, et qui ne passeront jamais pour de véritables biens dans l'esprit d'un sage : puisqu'au contraire ce n'est pas un petit avantage que de les pouvoir mépriser. D'où vient aussi qu'on admire beaucoup moins ceux qui les possèdent que ceux qui, les pouvant posséder, les rejettent par une pure grandeur d'âme.

Nous devons faire le même jugement à l'égard des ouvrages des poëtes et des orateurs. Je veux dire qu'il faut bien se donner de garde d'y prendre pour sublime une certaine apparence de grandeur bâtie ordinairement sur de grands mots assemblés au hasard, et qui n'est, à la bien examiner, qu'une vaine enflure de paroles, plus digne en effet de mépris que d'admiration. Car tout ce qui est véritablement sublime a cela de propre, quand on l'écoute, qu'il élève l'âme, et lui fait concevoir une plus haute opinion d'elle-même, la remplissant de joie et de je ne sais quel noble orgueil, comme si c'était elle qui eût produit les choses qu'elle vient simplement d'entendre[1].

Quand donc un homme de bon sens et habile en ces matières nous récitera quelque endroit d'un ouvrage, si, après avoir ouï cet endroit plusieurs fois, nous ne sentons point qu'il nous élève l'âme et nous laisse dans l'esprit une idée qui soit même au-dessus de ce que nous venons d'entendre ; mais si au contraire, en le regardant avec attention, nous trouvons qu'il tombe et ne se soutienne pas, il n'y a point là de grand, puisque enfin ce n'est qu'un son de paroles, qui frappe simplement l'oreille, et dont il ne demeure rien dans l'esprit. La marque infaillible du sublime, c'est quand nous sentons qu'un discours nous laisse beaucoup à penser[2], qu'il fait d'abord un effet sur nous, auquel il est bien difficile, pour ne pas dire impossible, de résister ; et qu'ensuite le souvenir nous en dure et ne s'efface qu'avec peine. En un mot, figurez-vous qu'une chose est véritablement sublime, quand vous voyez qu'elle plaît universellement et dans toutes ses parties. Car, lorsqu'en un grand nombre de personnes différentes de profession et d'âge, et qui n'ont aucun rapport ni d'humeurs,

---

1. Le froid de ce mot consiste dans le terme de *monument*, mis avec *cyprès*. C'est comme si on disait, à propos des registres du parlement : « Ils poseront dans le greffe *ces monuments de parchemin* ». M. Dacier se trompe fort sur cet endroit. (BOIL.)
2. Il n'y avait point de murailles à Sparte. (BOIL.)
3. Ce sont des ambassadeurs persans qui le disent dans Hérodote, liv. V, c. 18), chez le roi de Macédoine Amyntas. Cependant Plutarque l'attribue à Alexandre le Grand, et le met au rang des Apophthegmes de ce prince. Si cela est, il fallait qu'Alexandre l'eût pris à Hérodote. Je suis pourtant du sentiment de Longin, et je trouve le mot froid, dans la bouche même d'Alexandre. (BOIL.)

---

1. Le prince de Condé, entendant lire cet endroit, s'écria : « Voilà le sublime ! voilà son véritable caractère ! »
2. Οὗ πολλὴ μὲν ἀνατέωρησις, dont la contemplation est fort étendue, qui nous remplit d'une grande idée. À l'égard de κατέχοντος ἀγεπί, il est vrai que ce mot ne se rencontre nulle part dans les auteurs grecs ; mais le sens que je lui donne est celui, à mon avis, qui lui convient le mieux ; et lorsque je puis trouver un sens au mot d'un auteur, je n'aime point à corriger le texte. (BOIL.)

ni d'inclinations, tout le monde vient à être frappé également de quelque endroit d'un discours[1], ce jugement et cette approbation uniforme de tant d'esprits si discordants d'ailleurs est une preuve certaine et indubitable qu'il y a là du merveilleux et du grand.

CHAPITRE VI

Des cinq sources du grand.

Il y a, pour ainsi dire, cinq sources principales du sublime : mais ces cinq sources présupposent, comme pour fondement commun, *une faculté de bien parler;* sans quoi tout le reste n'est rien.

Cela posé, la première et la plus considérable est *une certaine élévation d'esprit, qui nous fait penser heureusement les choses,* comme nous l'avons déjà montré dans nos commentaires sur Xénophon.

La seconde consiste dans le *pathétique :* j'entends par *pathétique* cet enthousiasme et cette véhémence naturelle qui touche et qui émeut. Au reste, à l'égard de ces deux premières, elles doivent presque tout à la nature; il faut qu'elles naissent en nous, au lieu que les autres dépendent de l'art en partie.

La troisième n'est autre chose que les *figures tournées d'une certaine manière.* Or les figures sont de deux sortes : les figures de pensée, et les figures de diction.

Nous mettons pour la quatrième *la noblesse de l'expression,* qui a deux parties : le choix des mots, et la diction élégante et figurée.

Pour la cinquième, qui est celle, à proprement parler, qui produit le grand, et qui renferme en soi toutes les autres, c'est *la composition et l'arrangement des paroles dans toute leur magnificence et leur dignité.*

Examinons maintenant ce qu'il y a de remarquable dans chacune de ces espèces en particulier; mais nous avertirons en passant que Cécilius en a oublié quelques-unes, et entre autres le pathétique. Et certainement, s'il l'a fait pour avoir cru que le sublime et le pathétique naturellement n'allaient jamais l'un sans l'autre, et ne faisaient qu'un, il se trompe, puisqu'il y a des passions qui n'ont rien de grand, et qui ont même quelque chose de bas, comme l'affliction, la peur, la tristesse; et qu'au contraire il se rencontre quantité de choses grandes et sublimes, où il n'entre point de passion. Tel est entre autres ce que dit Homère avec tant de hardiesse, en parlant des Aloïdes[2] :

> Pour détrôner les dieux, leur vaste ambition
> Entreprit d'entasser Ossa sur Pélion.

Ce qui suit est encore bien plus fort.

> Ils l'eussent fait sans doute, etc.

Et dans la prose, les panégyriques et tous ces discours qui ne se font que pour l'ostentation ont partout du grand et du sublime, bien qu'il n'y entre point de passion pour l'ordinaire. De sorte que, même entre les orateurs, ceux-là communément sont les moins propres pour le panégyrique, qui sont les plus pathétiques; et, au contraire, ceux qui réussissent le mieux dans le panégyrique s'entendent assez mal à toucher les passions.

Que si Cécilius s'est imaginé que le pathétique en général ne contribuait point au grand, et qu'il était par conséquent inutile d'en parler, il ne s'abuse pas moins. Car j'ose dire qu'il n'y a peut-être rien qui relève davantage un discours qu'un beau mouvement, et une passion poussée à propos. En effet, c'est comme une espèce d'enthousiasme et de fureur noble, qui anime l'oraison, et qui lui donne un feu et une vigueur toute divine.

CHAPITRE VII

De la sublimité dans les pensées.

Bien que, des cinq parties dont j'ai parlé, la première et la plus considérable, je veux dire cette *élévation d'esprit naturelle,* soit plutôt un présent du ciel qu'une qualité qui se puisse acquérir, nous devons, autant qu'il nous est possible, nourrir notre esprit au grand, et le tenir toujours plein et enflé, pour ainsi dire, d'une certaine fierté noble et généreuse.

Que si on demande comme il s'y faut prendre, j'ai déjà écrit ailleurs que cette élévation d'esprit était une image de la grandeur d'âme : et c'est pourquoi nous admirons quelquefois la seule pensée d'un homme, encore qu'il ne parle point, à cause de cette grandeur de courage que nous voyons. Par exemple, le silence d'Ajax aux enfers, dans l'Odyssée[1]; car ce silence a je ne sais quoi de plus grand que tout ce qu'il aurait pu dire.

La première qualité donc qu'il faut supposer en un véritable orateur, c'est qu'il n'ait point l'esprit rampant. En effet, il n'est pas possible qu'un homme qui n'a toute sa vie que des sentiments et des inclinations basses et serviles puisse jamais rien produire qui soit merveilleux, ni digne de la postérité. Il n'y a vraisemblablement que ceux qui ont de

---

[1]. Λόγου ἕν τι, c'est ainsi que les interprètes de Longin ont joint ces mots. M. Dacier les arrange d'une autre sorte : mais je doute qu'il ait raison. (BOIL.)

[2]. C'étaient des géants qui croissaient tous les ans d'une coudée en largeur, et d'une aune en longueur. Ils n'avaient pas encore quinze ans, lorsqu'ils se mirent en état d'escalader le ciel. Ils se tuèrent l'un l'autre, par l'adresse de Diane. *Odyss.*, l. XI, v. 310. Aloeus était fils de Titan et de la Terre. Sa femme s'appelait Iphimédie; elle fut violée par Neptune, dont elle eut deux enfants, Otus et Ephialte, qui furent appelés Aloïdes à cause qu'ils furent nourris et élevés chez Aloeus, comme ses enfants. Virgile en a parlé dans le livre sixième de l'*Énéide,* v. 582 :

> Hic et Aloïdas geminos immania vidi
> Corpora. (BOIL.)

[1]. C'est dans le onzième livre de l'*Odyssée,* v. 511, où Ulysse fait des soumissions à Ajax; mais Ajax ne daigne pas lui répondre. (BOIL.)

hautes et de solides pensées, qui puissent faire des discours élevés; et c'est particulièrement aux grands hommes qu'il échappe de dire des choses extraordinaires. Voyez, par exemple[1], ce que répondit Alexandre, quand Darius lui offrit la moitié de l'Asie avec sa fille en mariage. *Pour moi*, lui disait Parménion, *si j'étais Alexandre, j'accepterais ces offres. Et moi aussi*, répliqua ce prince, *si j'étais Parménion*. N'est-il pas vrai qu'il fallait être Alexandre pour faire cette réponse?

Et c'est en cette partie qu'a principalement excellé Homère, dont les pensées sont toutes sublimes: comme on le peut voir dans la description de la déesse Discorde, qui a, dit-il:

La tête dans les cieux, et les pieds sur la terre[2].

Car on peut dire que cette grandeur qu'il lui donne est moins la mesure de la Discorde que de la capacité et de l'élévation de l'esprit d'Homère. Hésiode a mis un vers bien différent de celui-ci dans son *Bouclier*, s'il est vrai que ce poëme soit de lui, quand il dit, à propos de la déesse des ténèbres:

Une puante humeur lui coulait des narines[3].

En effet, il ne rend pas proprement cette déesse terrible, mais odieuse et dégoûtante. Au contraire, voyez quelle majesté Homère donne aux *dieux*:

Autant qu'un homme, assis au rivage des mers[4],
Voit d'un roc élevé d'espace dans les airs;
Autant des immortels les coursiers intrépides
En franchissent d'un saut, etc.

Il mesure l'étendue de leur saut à celle de l'univers. Qui est-ce donc qui ne s'écrierait avec raison, en voyant la magnificence de cette hyperbole, que si les chevaux des dieux voulaient faire un second saut, ils ne trouveraient pas assez d'espace dans le monde? Ces peintures aussi, qu'il fait du combat des dieux, ont quelque chose de fort grand, quand il dit:

Le ciel en retentit, et l'Olympe en tremble[5].

Et ailleurs:

L'enfer s'émeut au bruit de Neptune en furie[6].
Pluton sort de son trône, il pâlit, il s'écrie;
Il a peur que ce dieu, dans cet affreux séjour,
D'un coup de son trident ne fasse entrer le jour,
Et, par le centre ouvert de la terre ébranlée,
Ne fasse voir du Styx la rive désolée;
Ne découvre aux vivants cet empire odieux,
Abhorré des mortels, et craint même des dieux.

Voyez-vous, mon cher Térentianus, la terre ouverte jusqu'en son centre, l'enfer prêt à paraître,

1. Tout ceci jusqu'à « cette grandeur qu'il lui donne », etc., est suppléé au texte grec, qui est défectueux en cet endroit. (Boil.)
2. *Iliad.*, liv. IV, v. 443.
3. Vers 267.
4. *Iliad.*, liv. V, v. 770. (Boil.)
5. *Ibid.*, liv. XXI, v. 388.
6. *Ibid.*, liv. XX, v. 61. (Boil.)

et toute la machine du monde sur le point d'être détruite et renversée, pour montrer que, dans ce combat, le ciel, les enfers, les choses mortelles et immortelles, tout enfin combattait avec les dieux, et qu'il n'y avait rien dans la nature qui ne fût en danger? Mais il faut prendre toutes ces pensées dans un sens allégorique; autrement elles ont je ne sais quoi d'affreux, d'impie et de peu convenable à la majesté des dieux. Et pour moi, lorsque je vois dans Homère les plaies, les ligues, les supplices, les larmes, les emprisonnements des dieux, et tous ces autres accidents où *ils* tombent sans cesse, il me semble qu'il s'est efforcé, autant qu'il a pu, de faire des dieux de ces hommes qui furent au siége de Troie; et qu'au contraire, des dieux mêmes il en a fait des hommes. Encore les fait-il de pire condition; car, à l'égard de nous, quand nous sommes malheureux, au moins avons-nous la mort, qui est comme un port assuré pour sortir de nos misères: au lieu qu'en représentant les dieux de cette sorte, il ne les rend pas proprement immortels, mais éternellement misérables.

Il a donc bien mieux réussi, lorsqu'il nous a peint un dieu tel qu'il est dans toute sa majesté et sa grandeur, et sans mélange des choses terrestres comme dans cet endroit qui a été remarqué par plusieurs avant moi, où il dit, en parlant de Neptune:

Neptune, ainsi marchant dans ces vastes campagnes[1],
Fait trembler sous ses pieds et forêts et montagnes.

Et dans un autre endroit:

Il attèle son char et, montant fièrement[2],
Lui fait fendre les flots de l'humide élément.
Dès qu'on le voit marcher sur ces liquides plaines,
D'aise on entend sauter les pesantes baleines.
L'eau frémit sous le dieu qui lui donne la loi[3],
Et semble avec plaisir reconnaître son roi.
Cependant le char vole, etc.

Ainsi le législateur des Juifs, qui n'était pas un homme ordinaire, ayant fort bien conçu la grandeur et la puissance de Dieu, l'a exprimée dans toute sa dignité, au commencement de ses *lois*, par ces paroles: *Dieu dit: Que la lumière se fasse, et la lumière se fit; Que la terre se fasse, la terre fut faite.*

Je pense, mon cher Térentianus, que vous ne serez pas fâché que je vous rapporte encore ici un passage de ce poëte, quand il parle des hommes, afin de vous faire voir combien Homère est héroïque lui-même en peignant le caractère d'un héros. Une épaisse obscurité avait couvert tout d'un coup l'ar-

1. *Iliad.*, liv. XIII, v. 18. (Boil.)
2. *Ibid.*, liv. V, v. 25. (Boil.)
3. Il y a dans le grec, que « l'eau, en voyant Neptune, se ridait, « et semblait sourire de joie ». Mais cela serait trop dur en notre langue. Au reste, j'ai cru que « l'eau reconnaît son roi » serait quelque chose de plus sublime que de mettre, comme il y a dans le grec, que les baleines reconnaissent leur roi. J'ai tâché, dans les passages qui sont rapportés d'Homère, à enchérir sur lui, plutôt que de le suivre trop scrupuleusement à la piste. (Boil.)

mée des Grecs, et les empêchait de combattre. En cet endroit, Ajax, ne sachant plus quelle résolution prendre, s'écrie :

> Grand dieu, chasse la nuit qui nous couvre les yeux,
> Et combats contre nous à la clarté des cieux[1].

Voilà les véritables sentiments d'un guerrier tel qu'Ajax. Il ne demande pas la vie : un héros n'était pas capable de cette bassesse ; mais comme il ne voit point d'occasion de signaler son courage au milieu de l'obscurité, il se fâche de ne point combattre : il demande donc en hâte que le jour paraisse, pour faire au moins une fin digne de son grand cœur, quand il devrait avoir à combattre Jupiter même. En effet, Homère, en cet endroit, est comme un vent favorable qui seconde l'ardeur des combattants. Car il ne se remue pas avec moins de violence, que s'il était épris aussi de fureur.

> Tel que Mars en courroux au milieu des batailles[2] ;
> Ou comme on voit un feu, jetant partout l'horreur,
> Au travers des forêts promener sa fureur.
> De colère il écume, etc.

Mais je vous prie de remarquer, pour plusieurs raisons, combien il est affaibli dans son Odyssée, où il fait voir en effet que c'est le propre d'un grand esprit, lorsqu'il commence à vieillir et à décliner, de se plaire aux contes et aux fables. Car, qu'il ait composé l'Odyssée depuis l'Iliade, j'en pourrais donner plusieurs preuves. Et premièrement il est certain qu'il y a quantité de choses dans l'Odyssée, qui ne sont que la suite des malheurs qu'on lit dans l'Iliade, et qu'il a transportées dans ce dernier ouvrage, comme autant d'épisodes de la guerre de Troie. Ajoutez que les accidents[3] qui arrivent dans l'Iliade sont déplorés souvent par les héros de l'Odyssée, comme des malheurs connus et arrivés il y a déjà longtemps. Et c'est pourquoi l'Odyssée n'est, à proprement parler, que l'épilogue de l'Iliade.

> Là gît le grand Ajax, et l'invincible Achille ;
> Là de ses ans Patrocle a vu borner le cours ;
> Là mon fils, mon cher fils a terminé ses jours[4].

De là vient, à mon avis, que comme Homère a composé son Iliade durant que son esprit était en sa plus grande vigueur, tout le corps de son ouvrage est dramatique et plein d'action ; au lieu que la meilleure partie de l'Odyssée se passe en narrations, qui est le génie de la vieillesse : tellement qu'on le peut comparer, dans ce dernier ouvrage, au soleil quand il se couche, qui a toujours sa même grandeur, mais qui n'a plus tant d'ardeur ni de force. En effet, il ne parle plus du même ton ; on n'y voit plus ce sublime de l'Iliade, qui marche partout d'un pas égal, sans que jamais il s'arrête ni se repose. On n'y remarque point cette foule de mouvements et de passions entassées les unes sur les autres. Il n'a plus cette même force ; et, s'il faut ainsi parler, cette même volubilité de discours, si propre pour l'action, et mêlée de tant d'images naïves des choses. Nous pouvons dire que c'est le reflux de son esprit, qui, comme un grand océan, se retire et déserte ses rivages. A tout propos il s'égare dans des imaginations[1] et des fables incroyables. Je n'ai pas oublié pourtant les descriptions des tempêtes qu'il fait, les aventures qui arrivent à Ulysse chez Polyphème, et quelques autres endroits qui sont sans doute fort beaux. Mais cette vieillesse dans Homère, après tout, c'est la vieillesse d'Homère : joint qu'en tous ces endroits-là il y a beaucoup plus de fable et de narration que d'action.

Je me suis étendu là-dessus, comme j'ai déjà dit, afin de vous faire voir que les génies naturellement les plus élevés tombent quelquefois dans la baderie, quand la force de leur esprit vient à s'éteindre. Dans ce rang on doit mettre ce qu'il dit du sac où Éole enferma les vents, et des compagnons d'Ulysse changés par Circé en pourceaux, que Zoïle appelle de *petits cochons larmoyants*. Il en est de même des colombes qui nourrirent Jupiter comme un pigeon, de la disette d'Ulysse, qui fut dix jours sans manger après son naufrage, et de toutes ces absurdités qu'il conte du meurtre des amants de Pénélope. Car tout ce qu'on peut dire à l'avantage de ces fictions, c'est que ce sont d'assez beaux songes, et, si vous voulez, des songes de Jupiter même. Ce qui m'a encore obligé à parler de l'Odyssée, c'est pour vous montrer que les grands poëtes et les écrivains célèbres, quand leur esprit manque de vigueur pour le pathétique, s'amusent ordinairement à peindre les mœurs. C'est ce que fait Homère quand il décrit la vie que menaient les amants de Pénélope dans la maison d'Ulysse. En effet, toute cette description est proprement une espèce de comédie, où les différents caractères des hommes sont peints.

CHAPITRE VIII

De la sublimité qui se tire des circonstances.

Voyons si nous n'avons point encore quelque autre moyen par où nous puissions rendre un discours

---

1. *Iliad.*, liv. XVII, v. 645. — Il y a dans Homère : « Et après cela, fais-nous périr si tu veux à la clarté des cieux ». Mais cela aurait été faible en notre langue, et n'aurait pas si bien mis en jour la remarque de Longin, que, *et combats contre nous*, etc. Ajoutez que de dire à Jupiter : *Combats contre nous*, c'est presque la même chose que *fais-nous périr*, puisque dans un combat contre Jupiter, on ne saurait éviter de périr. (Boil.)
2. *Iliad.*, liv. XV, v. 580. (Boil.)
3. La remarque de M. Dacier sur cet endroit est fort savante et fort subtile ; mais je m'en tiens toujours à mon sens. (Boil.) — Voyez ci-après les notes de M. Dacier.
4. Ce sont des paroles de Nestor dans l'*Odyssée*, liv. III, v. 109. (Boil.)

---

1. Voilà, à mon avis, le véritable sens de πλάσος. Car, pour ce qui est de dire qu'il n'y a pas d'apparence que Longin ait accusé Homère de tant d'absurdités, cela n'est pas vrai, puisque, à quelques lignes de là, il entre même dans le détail de ces absurdités. Au reste, quand il dit, *des fables incroyables*, il n'entend point des fables qui se sont point vraisemblables ; mais des fables qui ne sont point vraisemblablement contées, comme la disette d'Ulysse, qui fut dix jours sans manger. (Boil.)

sublime. Je dis donc que, comme naturellement rien n'arrive au monde qui ne soit toujours accompagné de certaines circonstances, ce sera un secret infaillible pour arriver au grand, si nous savons faire à propos le choix des plus considérables, et si en les liant bien ensemble nous en formons comme un corps. Car d'un côté ce choix, et de l'autre cet amas de circonstances choisies, attachent fortement l'esprit.

Ainsi, quand Sapho veut exprimer les fureurs de l'amour, elle ramasse de tous côtés les accidents qui suivent et qui accompagnent en effet cette passion. Mais où son adresse paraît principalement, c'est à choisir de tous ces accidents ceux qui marquent davantage l'excès et la violence de l'amour, et à bien lier tout cela ensemble.

Heureux qui, près de toi, pour toi seule soupire :
Qui jouit du plaisir de t'entendre parler ;
Qui te voit quelquefois doucement lui sourire !
Les dieux dans son bonheur peuvent-ils l'égaler?

Je sens de veine en veine une subtile flamme
Courir par tout mon corps sitôt que je te vois ;
Et dans les doux transports où s'égare mon âme,
Je ne saurais trouver de langue ni de voix.

Un nuage confus se répand sur ma vue :
Je n'entends plus ; je tombe en de douces langueurs,
Et, pâle[1], sans haleine, interdite, éperdue,
Un frisson me saisit[2], je tombe, je me meurs.

Mais quand on n'a plus rien, il faut tout hasarder, etc.

N'admirez-vous point comment elle ramasse toutes ces choses, l'âme, le corps, l'ouïe, la langue, la vue, la couleur, comme si c'étaient autant de personnes différentes et prêtes à expirer? Voyez de combien de mouvements contraires elle est agitée. Elle gèle, elle brûle, elle est folle, elle est sage ; ou elle est entièrement hors d'elle-même[3], ou elle va mourir. En un mot, on dirait qu'elle n'est pas éprise d'une simple passion, mais que son âme est un rendez-vous de toutes les passions. Et c'est en effet ce qui arrive à ceux qui aiment. Vous voyez donc bien, comme j'ai déjà dit, que ce qui fait la principale beauté de son discours, ce sont toutes ces grandes circonstances marquées à propos et ramassées avec choix. Ainsi, quand Homère veut faire la description d'une tempête, il a soin d'exprimer tout ce qui peut arriver de plus affreux dans une tempête ; car, par exemple, l'auteur[4] du poëme des

Arimaspiens[1] pense dire des choses fort étonnantes, quand il s'écrie :

Ô prodige étonnant ! ô fureur incroyable !
Des hommes insensés, sur de frêles vaisseaux,
S'en vont loin de la terre habiter sur les eaux ;
Et suivant sur la mer une route incertaine,
Courent chercher bien loin le travail et la peine :
Ils ne goûtent jamais de paisible repos ;
Ils ont les yeux au ciel, et l'esprit sur les flots ;
Et les bras étendus, les entrailles émues,
Ils font souvent aux dieux des prières perdues.

Cependant il n'y a personne, comme je pense, qui ne voie bien que ce discours est en effet plus fardé et plus fleuri que grand et sublime. Voyons donc comment fait Homère, et considérons cet endroit entre plusieurs autres :

Comme l'on voit les flots soulevés par l'orage[2],
Fondre sur un vaisseau qui s'oppose à leur rage ;
Le vent avec fureur dans les voiles frémit ;
La mer blanchit d'écume, et l'air au loin gémit ;
Le matelot troublé, que son art abandonne,
Croit voir dans chaque flot la mort qui l'environne.

Aratus a tâché d'enchérir sur ce dernier vers, en disant :

Un bois mince et léger les défend de la mort.

Mais en fardant ainsi cette pensée, il l'a rendue basse et fleurie, de terrible qu'elle était. Et puis renfermant tout le péril dans ces mots,

Un bois mince et léger les défend de la mort,

il l'éloigne et le diminue plutôt qu'il ne l'augmente. Mais Homère ne met pas pour une seule fois devant les yeux le danger où se trouvent les matelots ; il les représente, comme en un tableau, sur le point d'être submergés à tous les flots qui s'élèvent, et imprime jusque dans ses mots[3] et ses syllabes l'image du péril. Archiloque ne s'est point servi d'autre artifice dans la description de son naufrage, non plus que Démosthène dans cet endroit où il décrit le trouble des Athéniens, à la nouvelle de la prise d'Élatée, quand il dit : *Il était déjà fort tard*, etc.[4]. Car ils n'ont fait tous deux que trier,

---

1. Le grec ajoute, *comme l'heroë* ; mais cela ne se dit point en français. (Boil.)
2. Il y a dans le grec, *une sueur froide*, mais le mot de *sueur* en français ne peut jamais être agréable, et laisse une vilaine idée à l'esprit. (Boil.)
3. C'est ainsi que j'ai traduit ϕοβεῖται, et c'est ainsi qu'il le faut entendre, comme je le prouverai aisément, s'il est nécessaire. Horace, qui est amoureux des hellénismes, emploie le mot de *metus* en ce même sens dans l'ode *Bacchum in remotis*, quand il dit : *Ecoe recenti mens trepidat metu* ; car cela veut dire : « Je suis encore plein de la sainte horreur du dieu qui m'a transporté ». (Boil.)
4. Aristée. (Boil.)

1. C'étaient des peuples de Scythie. (Boil.)
2. *Iliade* liv. XV, v. 624. (Boil.)
3. Il y a dans le grec : « Et joignant par force ensemble des prépositions qui naturellement n'entrent point dans une même composition, ὑπ' ἐκ θανάτοιο, par cette violence qu'il leur fait, il donne à son vers le mouvement même de la tempête, et exprime admirablement la passion ; car, par la rudesse de ces syllabes qui se heurtent l'une l'autre, il imprime jusque dans ses mots l'image du péril, ὑπ' ἐκ θανάτοιο φέρονται. Mais j'ai passé tout cela, parce qu'il est entièrement attaché à la langue grecque ». (Boil.)
4. L'auteur n'a pas rapporté tout le passage, parce qu'il est un peu long. Il est tiré de l'oraison pour Ctésiphon. Le voici : « Il était déjà fort tard, lorsqu'un courrier vint apporter au Prytanée la nouvelle que la ville d'Élatée était prise. Les magistrats, qui soupaient dans ce moment, quittent aussitôt la table. Les uns vont dans la place publique ; ils en chassent les marchands, et pour les obliger de se retirer, ils brûlent les pieux des boutiques où ils étalent. Les autres envoient avertir les officiers de l'armée ; on fait venir le héraut public. Toute la ville est pleine de tumulte. Le lendemain, dès le point du jour, les magistrats assemblent le

pour ainsi dire, et ramasser soigneusement les grandes circonstances, prenant garde à ne point insérer dans leurs discours des particularités basses et superflues, ou qui sentissent l'école. En effet, de trop s'arrêter aux petites choses, cela gâte tout : et c'est comme du moellon ou des plâtres qu'on aurait arrangés et comme entassés les uns sur les autres, pour élever un bâtiment.

CHAPITRE IX

De l'Amplification.

Entre les moyens dont nous avons parlé, qui contribuent au sublime, il faut aussi donner rang à ce qu'ils appellent *amplification*. Car, quand la nature des sujets qu'on traite, ou des causes qu'on plaide, demande des périodes plus étendues et composées de plus de membres, on peut s'élever par degrés, de telle sorte qu'un mot enchérisse toujours sur l'autre. Et cette adresse peut beaucoup servir, ou pour traiter quelque lieu d'un discours, ou pour exagérer, ou pour confirmer, ou pour mettre en jour un fait, ou pour manier une passion. En effet, l'amplification se peut diviser en un nombre infini d'espèces : mais l'orateur doit savoir, que pas une de ces espèces n'est parfaite de soi, s'il n'y a du grand et du sublime, si ce n'est lorsqu'on cherche à émouvoir la pitié, ou que l'on veut ravaler le prix de quelque chose. Partout ailleurs, si vous ôtez à l'amplification ce qu'il y a de grand, vous lui arrachez, pour ainsi dire, l'âme du corps. En un mot, dès que cet appui vient à lui manquer, elle languit, et n'a plus ni force ni mouvement. Maintenant, pour plus grande netteté, disons en peu de mots la différence qu'il y a de cette partie à celle dont nous avons parlé dans le chapitre précédent, et qui, comme j'ai dit, n'est autre chose qu'un amas de circonstances choisies, que l'on réunit ensemble : et voyons par où l'amplification en général diffère du grand et du sublime.

CHAPITRE X

Ce que c'est qu'Amplification.

Je ne saurais approuver la définition que lui donnent les maîtres de l'art. L'amplification, disent-ils, est un *Discours qui augmente et qui agrandit les choses*. Car cette définition peut convenir tout de même au sublime, au pathétique et aux figures, puisqu'elles donnent toutes au discours je ne sais quel caractère de grandeur. Il y a pourtant bien de la différence. Et premièrement, le sublime consiste dans la hauteur et l'élévation ; au lieu que l'amplification consiste aussi dans la multitude des paroles. C'est pourquoi le sublime se trouve quelquefois dans une simple pensée : mais l'amplification ne subsiste que dans la pompe et dans l'abondance. L'amplification donc, pour en donner ici une idée générale, « est un accroissement de paroles, que « l'on peut tirer de toutes les circonstances parti- « culières des choses, et de tous les lieux de l'orai- « son, qui remplit le discours et le fortifie, en ap- « puyant sur ce qu'on a déjà dit ». Ainsi elle diffère de la preuve, en ce qu'on emploie celle-ci pour prouver la question, au lieu que l'amplification ne sert qu'à étendre et à exagérer[1]...

La même différence, à mon avis, est entre Démosthène et Cicéron pour le grand et le sublime, autant que nous autres Grecs pouvons juger des ouvrages d'un auteur latin. En effet, Démosthène est grand en ce qu'il est serré et concis ; et Cicéron au contraire en ce qu'il est diffus et étendu. On peut comparer ce premier, à cause de la violence, de la rapidité, de la force et de la véhémence avec laquelle il ravage, pour ainsi dire, et emporte tout, à une tempête, et à un foudre. Pour Cicéron, on peut dire, à mon avis, que, comme un grand embrasement, il dévore et consume tout ce qu'il rencontre, avec un feu qui ne s'éteint point, qui se répand diversement dans ses ouvrages, et qui, à mesure qu'il s'avance, prend toujours de nouvelles forces. Mais vous pouvez mieux juger de cela que moi. Au reste, le sublime de Démosthène vaut sans doute bien mieux dans les exagérations fortes et dans les violentes passions, quand il faut, pour ainsi dire, étonner l'auditeur. Au contraire, l'abondance est meilleure, lorsqu'on veut, si j'ose me servir de ces termes, répandre une rosée agréable[2] dans les esprits. Et certainement un discours diffus est bien plus propre pour les lieux communs, les péroraisons, les digressions, et généralement pour tous ces discours qui se font dans le genre démonstratif. Il en est de même pour les histoires, les traités de

---

« sénat. Cependant, Messieurs, vous couriez de toutes parts dans la
« place publique ; et le sénat n'avait encore rien ordonné, que tout le
« peuple était déjà assis. Dès que les sénateurs furent entrés, les
« magistrats firent leur rapport. On entend le courrier. Il confirme
« la nouvelle. Alors le héraut commence à crier : Quelqu'un veut-
« il haranguer le peuple ? mais personne ne lui répond. Il a beau
« répéter la même chose plusieurs fois, aucun ne se lève ; tous les
« officiers, tous les orateurs étant présents aux yeux de la commune
« patrie, dont on entendait la voix crier : N'y a-t-il personne qui ait
« un conseil à me donner pour mon salut » ? (Boil.)

1. Cet endroit est fort défectueux. L'auteur, après avoir fait quelques remarques encore sur l'*Amplification*, venait ensuite à comparer deux orateurs dont on ne peut pas deviner les noms : il reste même dans le texte trois ou quatre lignes de cette comparaison, que j'ai supprimées dans la traduction, parce que cela aurait embarrassé le lecteur, et aurait été inutile, puisqu'on ne sait point qui sont ceux dont l'auteur parle. Voici pourtant les paroles qui en restent : « Celui-ci est plus abondant et plus riche. On peut comparer son « éloquence à une grande mer qui occupe beaucoup d'espace et se « répand en plusieurs endroits. L'un, à mon avis, est bien plus pa-
« thétique, et a bien plus de feu et d'éclat. L'autre, demeurant tou-
« jours dans une certaine gravité pompeuse, n'est pas froid à la
« vérité, mais n'a pas aussi tant d'activité ni de mouvement ». Le traducteur latin a cru que ces paroles regardaient Cicéron et Démosthène ; mais, à mon avis, il se trompe. (Boil.)

2. M. Lefebvre et M. Dacier donnent à ce passage une interprétation fort subtile : mais je ne suis point de leur avis, et je rends ici le mot de κατακλύζειν dans son sens le plus naturel, *arroser*, *rafraîchir*, qui est le propre du *style abondant* opposé au *style sec*. (Boil.)

physique, et plusieurs autres semblables matières.

CHAPITRE XI
De l'Imitation.

Pour retourner à notre discours, Platon, dont le style ne laisse pas d'être fort élevé, bien qu'il coule sans être rapide et sans faire de bruit, nous a donné une idée de ce style, que vous ne pouvez ignorer, si vous avez lu les livres de sa *République*. « Ces « hommes malheureux, *dit-il quelque part*[1], qui ne « savent ce que c'est que de sagesse ni de vertu, et « qui sont continuellement plongés dans les festins « et dans la débauche, vont toujours de pis en pis, « et errent enfin toute leur vie. La vérité n'a point « pour eux d'attraits ni de charmes : ils n'ont ja« mais levé les yeux pour la regarder ; en un mot, « ils n'ont jamais goûté de pur ni de solide plaisir. « Ils sont comme des bêtes qui regardent toujours « en bas, et qui sont courbées vers la terre. Ils ne « songent qu'à manger et à repaître, qu'à satisfaire « leurs passions brutales ; et, dans l'ardeur de les « rassasier, ils regimbent, ils égratignent, ils se « battent à coups d'ongles et de cornes de fer, et « périssent à la fin par leur gourmandise insa« tiable ».

Au reste, ce philosophe nous a encore enseigné un autre chemin, si nous ne voulons point le négliger, qui nous peut conduire au sublime. Quel est ce chemin ? C'est l'imitation et l'émulation des poëtes et des écrivains illustres qui ont vécu avant nous. Car c'est le but que nous devons toujours nous mettre devant les yeux.

Et certainement il s'en voit beaucoup que l'esprit d'autrui ravit hors d'eux-mêmes, comme on dit qu'une sainte fureur saisit la prêtresse d'Apollon sur le sacré trépied. Car on tient qu'il y a une ouverture en terre, d'où sort un souffle, une vapeur toute céleste, qui la remplit sur-le-champ d'une vertu divine, et lui fait prononcer des oracles. De même, ces grandes beautés que nous remarquons dans les ouvrages des anciens sont comme autant de sources sacrées, d'où il s'élève des vapeurs heureuses qui se répandent dans l'âme de leurs imitateurs, et animent les esprits même naturellement les moins échauffés : si bien que dans ce moment ils sont comme ravis et emportés de l'enthousiasme d'autrui. Ainsi voyons-nous qu'Hérodote, et avant lui Stésichore et Archiloque, ont été grands imitateurs d'Homère. Platon néanmoins est celui de tous qui l'a le plus imité ; car il a puisé dans ce poëte, comme dans une vive source, dont il a détourné un nombre infini de ruisseaux, et j'en donnerais des exemples, si Ammonius n'en avait déjà rapporté plusieurs[2].

Au reste, on ne doit point regarder cela comme un larcin, mais comme une belle idée qu'il a eue, et qu'il s'est formée sur les mœurs, l'invention et les ouvrages d'autrui. En effet, jamais, à mon avis, il n'eût mêlé tant de si grandes choses dans ses traités de philosophie, passant, comme il fait, du simple discours à des expressions et à des matières poétiques, s'il ne fût venu, pour ainsi dire, comme un nouvel athlète, disputer de toute sa force le prix d'Homère, c'est-à-dire à celui qui avait déjà reçu les applaudissements de tout le monde. Car, bien qu'il ne le fasse peut-être qu'avec un peu trop d'ardeur, et, comme on dit, les armes à la main, cela ne laisse pas néanmoins de lui servir beaucoup, puisqu'enfin, selon Hésiode,

La noble jalousie est utile aux mortels.

Et n'est-ce pas en effet quelque chose de bien glorieux et bien digne d'une âme noble, que de combattre pour l'honneur et le prix de la victoire, avec ceux qui nous ont précédés, puisque dans ces sortes de combat on peut même être vaincu sans honte ?

CHAPITRE XII
De la manière d'imiter.

Toutes les fois donc que nous voulons travailler à un ouvrage qui demande du grand et du sublime, il est bon de faire cette réflexion : Comment est-ce qu'Homère aurait fait cela ? Qu'auraient fait Platon, Démosthène, ou Thucydide même, s'il est question d'histoire, pour écrire ceci en style sublime ? Car ces grands hommes que nous nous proposons à imiter, se présentant de la sorte à notre imagination, nous servent comme de flambeaux, et nous élèvent l'âme presque aussi haut que l'idée que nous avons conçue de leur génie, surtout si nous nous imprimons bien ceci en nous-mêmes : Que penseraient Homère ou Démosthène de ce que je dis, s'ils m'écoutaient, et quel jugement feraient-ils de moi ? En effet, nous ne croirons pas avoir un médiocre prix à disputer, si nous pouvons nous figurer que nous allons, mais sérieusement, rendre compte de nos écrits devant un si célèbre tribunal, et sur un théâtre où nous avons de tels héros pour juges et pour témoins. Mais un motif encore plus puissant pour nous exciter, c'est de songer au jugement que toute la postérité fera de nos écrits. Car si un homme, dans la défiance de ce jugement[1], a peur, pour ainsi dire, d'avoir dit quelque chose qui vive plus

---

1. *Dialogue* IX, p. 585, édition de H. Estienne. (BOIL.)
2. Il y a dans le grec, ἀ μὴ νέ ὑπ᾽ Ἰνδους καὶ οἱ περὶ Ἀμμώ-

vion. Mais cet endroit vraisemblablement est corrompu. Car quel rapport peuvent avoir les Indiens au sujet dont il s'agit ici ?
1. C'est ainsi qu'il faut entendre ce passage. Le sens que lui donne M. Dacier s'accommode assez bien au grec : mais il fait dire une chose de mauvais sens à Longin, puisqu'il n'est point vrai qu'un homme qui se défie que ses ouvrages aillent à la postérité ne produise jamais rien qui en soit digne, et qu'au contraire cette défiance même lui fera faire des efforts pour mettre ses ouvrages en état d'y passer avec éloge. (BOIL.)

que lui, son esprit ne saurait jamais rien produire que des avortons aveugles et imparfaits, et il ne se donnera jamais la peine d'achever des ouvrages qu'il ne fait point pour passer jusqu'à la dernière postérité.

CHAPITRE XIII

Des Images.

Ces *images*, que d'autres appellent *peintures*, ou *fictions*, sont aussi d'un grand artifice pour donner du poids, de la magnificence et de la force au discours. Ce mot d'*image* se prend en général pour toute pensée propre à produire une expression, et qui fait une peinture à l'esprit de quelque manière que ce soit. Mais il se prend encore dans un sens plus particulier et plus resserré, pour ces discours que l'on fait, « lorsque par un enthousiasme et un « mouvement extraordinaire de l'âme, il semble « que nous voyons les choses dont nous parlons, et « quand nous les mettons devant les yeux de ceux « qui écoutent ».

Au reste, vous devez savoir que les *images*, dans la rhétorique, ont tout un autre usage que parmi les poëtes. En effet, le but qu'on s'y propose dans la poésie, c'est l'étonnement et la surprise ; au lieu que dans la prose, c'est de bien peindre les choses et de les faire voir clairement. Il y a pourtant cela de commun, qu'on tend à émouvoir en l'une et en l'autre rencontre.

> Mère cruelle, arrête, éloigne de mes yeux
> Ces filles de l'enfer, ces spectres odieux !
> Ils viennent : je les vois : mon supplice s'apprête.
> Quels horribles serpents leur sifflent sur la tête[1] !

Et ailleurs :

> Où fuirai-je ? Elle vient. Je la vois. Je suis mort[2].

Le poëte en cet endroit ne voyait pas les furies; cependant il en fait une image si naïve, qu'il les fait presque voir aux auditeurs. Et véritablement je ne saurais pas bien dire si Euripide est aussi heureux à exprimer les autres passions : mais pour ce qui regarde l'amour et la fureur, c'est à quoi il s'est étudié particulièrement, et il y a fort bien réussi. Et même en d'autres rencontres il ne manque pas quelquefois de hardiesse à peindre les choses. Car, bien que son esprit de lui-même ne soit pas porté au grand, il corrige son naturel, et le force d'être tragique et relevé, principalement dans les grands sujets ; de sorte qu'on lui peut appliquer ces vers du poëte :

> A l'aspect du péril, au combat il s'anime ;
> Et le poil hérissé, les yeux étincelants[3],
> De sa queue il se bat les côtés et les flancs[4].

Comme on peut le remarquer dans cet endroit, où le soleil parle ainsi à Phaéton, en lui mettant entre les mains les rênes de ses chevaux :

> Prends garde qu'une ardeur trop funeste à ta vie
> Ne t'emporte au-dessus de l'aride Lybie.
> Là, jamais d'aucune eau le sillon arrosé
> Ne rafraîchit mon char dans sa course embrasé[1].

Et dans ces vers suivants :

> Aussitôt devant toi s'offriront sept étoiles :
> Dresse par là ta course, et suis le droit chemin.
> Phaéton, à ces mots, prend les rênes en main ;
> De ses chevaux ailés il bat les flancs agiles :
> Les coursiers du soleil à sa voix sont dociles.
> Ils vont : le char s'éloigne, et, plus prompt qu'un éclair,
> Pénètre en un moment les vastes champs de l'air.
> Le père cependant, plein d'un trouble funeste,
> Le voit rouler de loin sur la plaine céleste ;
> Lui montre encor sa route, et, du plus haut des cieux,
> Le suit, autant qu'il peut, de la voix et des yeux :
> Va par là, lui dit-il ; reviens, détourne, arrête.

Ne diriez-vous pas que l'âme du poëte monte sur le char avec Phaéton, qu'elle partage tous ses périls, et qu'elle vole dans l'air avec les chevaux? Car, s'il ne les suivait pas dans les cieux, s'il n'assistait à tout ce qui s'y passe, pourrait-il peindre la chose comme il fait? Il en est de même de l'endroit de sa Cassandre[3] qui commence par

> Mais, ô braves Troyens, etc.

Eschyle a quelquefois aussi des hardiesses et des imaginations tout à fait nobles et héroïques, comme on le peut voir dans sa tragédie intitulée *Les Sept devant Thèbes*[4], où un courrier venant apporter à Étéocle la nouvelle de ces sept chefs, qui avaient tous impitoyablement juré, pour ainsi dire, leur propre mort, s'explique ainsi :

> Sur un bouclier noir sept chefs impitoyables
> Épouvantent les dieux de serments effroyables.
> Près d'un taureau mourant qu'ils viennent d'égorger,
> Tous, la main dans le sang, jurent de se venger.
> Ils en jurent la Peur, le dieu Mars et Bellone.

Au reste, bien que ce poëte, pour vouloir trop s'élever, tombe assez souvent dans des pensées rudes, grossières et mal polies, Euripide néanmoins, par une noble émulation, s'expose quelquefois aux mêmes périls. Par exemple, dans Eschyle, le palais de

---

1. Paroles d'Euripide, dans son *Oreste*, v. 255. (BOIL.)
2. Euripide, *Iphigénie en Tauride*, v. 290. (BOIL.)
3. J'ai ajouté ce vers, que j'ai pris dans le texte d'Homère. (BOIL.)
4. *Iliad.*, liv. XX, v. 170. (BOIL.)

1. Euripide, dans son *Phaéton*, tragédie perdue. (BOIL.)
2. Le grec porte : « au-dessus de la Canicule : ἔσωθεν ὑπὲρ Σείριον » ; le Soleil à cheval monta au-dessus de la Canicule ». Je ne vois pas pourquoi Rutgersius, ni M. Lefebvre, veulent changer cet endroit, puisqu'il est fort clair, et ne veut dire autre chose, sinon que le soleil monta au-dessus de la Canicule, c'est-à-dire dans le centre du ciel, où les astrologues tiennent que cet astre est placé, et comme j'ai mis, « au plus haut des cieux », pour voir marcher Phaéton, et que de là il lui criait encore : « Va par là, reviens, détourne, etc. ». (BOIL.)
3. Pièce perdue. (BOIL.)
4. Vers 42. (BOIL.)

Lycurgue est ému, et entre en fureur à la vue de Bacchus :

Le palais en fureur mugit à son aspect[1].

Euripide emploie cette même pensée d'une autre manière, en l'adoucissant néanmoins :

La montagne à leurs cris répond en mugissant.

Sophocle n'est pas moins excellent à peindre les choses, comme on le peut voir dans la description qu'il nous a laissée d'Œdipe mourant, et s'ensevelissant lui-même au milieu d'une tempête prodigieuse : et dans cet autre endroit, où il dépeint l'apparition d'Achille sur son tombeau, dans le moment que les Grecs allaient lever l'ancre. Je doute néanmoins, pour cette apparition, que jamais personne en ait fait une description plus vive que Simonide. Mais nous n'aurions jamais fait, si nous voulions étaler ici tous les exemples que nous pourrions rapporter à ce propos.

Pour retourner à ce que nous disions, les *images* dans la poésie sont pleines ordinairement d'accidents fabuleux et qui passent toute sorte de croyance ; au lieu que dans la rhétorique le beau des *images* c'est de représenter la chose comme elle s'est passée, et telle qu'elle est dans la vérité. Car une invention poétique et fabuleuse, dans une oraison, traîne nécessairement avec soi des digressions grossières et hors de propos, et tombe dans une extrême absurdité. C'est pourtant ce que cherchent aujourd'hui nos orateurs ; ils voient quelquefois les furies, ces grands orateurs, aussi bien que les poëtes tragiques ; et les bonnes gens ne prennent pas garde que lorsque Oreste dit dans Euripide :

Toi, qui dans les enfers me veux précipiter[2],
Déesse, cesse enfin de me persécuter,

il ne s'imagine voir toutes ces choses, que parce qu'il n'est pas dans son bon sens. Quel est donc l'effet des *images* dans la rhétorique ? C'est qu'outre plusieurs autres propriétés, elles ont cela, qu'elles animent et échauffent le discours, si bien qu'étant mêlées avec art dans les preuves, elles ne persuadent pas seulement, mais elles domptent, pour ainsi dire, elles soumettent l'auditeur. « Si un homme, « dit un orateur, a entendu un grand bruit de- « vant le palais, et qu'un autre en même temps « vienne annoncer que les prisons sont ouvertes et « que les prisonniers de guerre se sauvent, il n'y a « point de vieillard si chargé d'années, ni de jeune « homme si indifférent, qui ne coure de toute sa « force au secours. Que si quelqu'un, sur ces entre- « faites, leur montre l'auteur de ce désordre, c'est « fait de ce malheureux : il faut qu'il périsse sur- « le-champ, et on ne lui donne pas le temps de « parler ».

---

1. *Lycurgue*, tragédie perdue. (Boil.)
2. *Oreste*, tragédie, v. 264. (Boil.)

Hypéride s'est servi de cet artifice dans l'oraison où il rend compte de l'ordonnance qu'il fit faire, après la défaite de Chéronée, qu'on donnerait la liberté aux esclaves. « Ce n'est point, dit-il, un ora- « teur qui a fait passer cette loi : c'est la bataille, « c'est la défaite de Chéronée ». Au même temps qu'il prouve la chose par raison, il fait une *image*, et, par cette proposition qu'il avance, *il fait plus que persuader et que prouver*. Car, comme en toutes choses on s'arrête naturellement à ce qui brille et éclate davantage, l'esprit de l'auditeur est aisément entraîné par cette image qu'on lui présente au milieu d'un raisonnement, et qui, lui frappant l'imagination, l'empêche d'examiner de si près la force des preuves, à cause de ce grand éclat dont elle couvre et environne le discours. Au reste, il n'est pas extraordinaire que cela fasse cet effet en nous, puisqu'il est certain que de deux corps mêlés ensemble, celui qui a le plus de force attire toujours à soi la vertu et la puissance de l'autre. Mais c'est assez parlé de cette sublimité qui consiste dans les pensées, et qui vient, comme j'ai dit, ou *de la grandeur d'âme*, ou de *l'imitation*, ou de *l'imagination*.

CHAPITRE XIV

Des Figures, et premièrement de l'Apostrophe.

Il faut maintenant parler des figures, pour suivre l'ordre que nous nous sommes prescrit. Car, comme j'ai dit, elles ne font pas une des moindres parties du sublime, lorsqu'on leur donne le tour qu'elles doivent avoir. Mais ce serait un ouvrage de trop longue haleine, pour ne pas dire infini, *nous voulions faire ici une exacte recherche de toutes les figures qui peuvent avoir place dans le discours*. C'est pourquoi nous nous contenterons d'en parcourir quelques-unes des principales, je veux dire celles qui contribuent le plus au sublime, seulement afin de faire voir que nous n'avançons rien que de vrai. Démosthène veut justifier sa conduite, et prouver aux Athéniens qu'ils n'ont point failli en livrant bataille à Philippe. Quel était l'air naturel d'énoncer la chose ? « Vous n'avez point failli, « pouvait-il dire, messieurs, en combattant au pé- « ril de vos vies pour la liberté et le salut de toute « la Grèce : et vous en avez des exemples qu'on ne « saurait démentir. Car on ne peut pas dire que « ces grands hommes aient failli, qui ont combattu « pour la même cause dans les plaines de Marathon, « à Salamine, et devant Platée ». Mais il en use bien d'une autre sorte, et tout d'un coup, comme s'il était inspiré d'un dieu, et possédé de l'esprit d'Apollon même, il s'écrie[1] en jurant par ces vaillants défenseurs de la Grèce : « Non, messieurs, non, vous « n'avez point failli : j'en jure par les mânes de ces

---

1. *De Coronâ*, p. 343, édit. de Bâle. (Boil.)

« grands hommes qui ont combattu pour la même « cause dans les plaines de Marathon ». Par cette seule forme de serment, que j'appellerai ici *Apostrophe*, il déifie ces anciens citoyens dont il parle, et montre en effet qu'il faut regarder tous ceux qui meurent de la sorte comme autant de dieux, par le nom desquels on doit jurer. Il inspire à ses juges l'esprit et les sentiments de ces illustres morts; et changeant l'air naturel de la preuve en cette grande et pathétique manière d'affirmer par des serments si extraordinaires, si nouveaux et si dignes de foi, il fait entrer dans l'âme de ses auditeurs comme une espèce de contre-poison et d'antidote, qui en chasse toutes les mauvaises impressions. Il leur élève le courage par des louanges. En un mot, il leur fait concevoir qu'ils ne doivent pas moins s'estimer de la bataille qu'ils ont perdue contre Philippe que des victoires qu'ils ont remportées à Marathon et à Salamine; et par tous ces différents moyens, renfermés dans une seule figure, il les entraîne dans son parti. Il y en a pourtant qui prétendent que l'original de ce serment se trouve dans Eupolis, quand il dit :

On ne me verra plus affligé de leur joie : .
J'en jure mon combat aux champs de Marathon.

Mais il n'y a pas grande finesse à jurer simplement. Il faut voir où, comment, en quelle occasion, et pourquoi on le fait. Or, dans le passage de ce poëte, il n'y a rien autre chose qu'un simple serment. Car il parle aux Athéniens heureux, et dans un temps où ils n'avaient pas besoin de consolation. Ajoutez que dans ce serment il ne jure pas, comme Démosthène, par des hommes qu'il rende immortels, et ne songe point à faire naître dans l'âme des Athéniens des sentiments dignes de la vertu de leurs ancêtres : vu qu'au lieu de jurer par le nom de ceux qui avaient combattu, il s'amuse à jurer par une chose inanimée, telle qu'est un combat. Au contraire, dans Démosthène ce serment est fait directement pour rendre le courage aux Athéniens vaincus, et pour empêcher qu'ils ne regardassent dorénavant comme un malheur la bataille de Chéronée. De sorte que, comme j'ai déjà dit, dans cette seule figure il leur prouve par raison qu'ils n'ont point failli; il leur en fournit un exemple, il le leur confirme par des serments; il fait leur éloge, il les exhorte à la guerre.

Mais comme on pouvait répondre à notre orateur : il s'agit de la bataille que nous avons perdue contre Philippe, durant que vous maniez les affaires de la république, et vous jurez par les victoires que nos ancêtres ont remportées. Afin donc de marcher sûrement, il a soin de régler ses paroles, et n'emploie que celles qui lui sont avantageuses, faisant voir que même dans les plus grands emportements il faut être sobre et retenu. En parlant donc de ces victoires de leurs ancêtres, il dit : « Ceux qui ont combattu par terre à Marathon, et « par mer à Salamine; ceux qui ont donné bataille « près d'Artémise et de Platée ». Il se garde bien de dire, *ceux qui ont vaincu*. Il a soin de taire l'événement, qui avait été aussi heureux en toutes ces batailles que funeste à Chéronée, et prévient même l'auditeur, en poursuivant ainsi : « Tous ceux, « ô Eschine! qui ont péri en ces rencontres ont « été enterrés aux dépens de la république, et non « pas seulement ceux dont la fortune a secondé la « valeur ».

CHAPITRE XV

Que les figures ont besoin de sublime pour les soutenir.

Il ne faut pas oublier ici une réflexion que j'ai faite, et que je vais vous expliquer en peu de mots. C'est que, si les figures naturellement soutiennent le sublime, le sublime de son côté soutient merveilleusement les figures; mais où et comment? c'est ce qu'il faut dire.

En premier lieu, il est certain qu'un discours où les figures sont employées toutes seules est de soi-même suspect d'adresse, d'artifice, et de tromperie, principalement lorsqu'on parle devant un juge souverain, et surtout si ce juge est un grand seigneur, comme un tyran, un roi ou un général d'armée. Car il conçoit en lui-même une certaine indignation contre l'orateur, et ne saurait souffrir qu'un chétif rhétoricien entreprenne de le tromper, comme un enfant, par de grossières finesses. Il est même à craindre quelquefois que, prenant tout cet artifice pour une espèce de mépris, il ne s'effarouche entièrement : et bien qu'il retienne sa colère, et se laisse un peu amollir aux charmes du discours, il a toujours une forte répugnance à croire ce qu'on lui dit. C'est pourquoi il n'y a point de figure plus excellente que celle qui est tout à fait cachée, et lorsqu'on ne reconnaît point que c'est une figure. Or il n'y a point de secours ni de remède plus merveilleux pour l'empêcher de paraître que le sublime et le pathétique; parce que l'art, ainsi renfermé au milieu de quelque chose de grand et d'éclatant, a tout ce qui lui manquait, et n'est plus suspect d'aucune tromperie. Je ne vous en saurais donner un meilleur exemple que celui que j'ai déjà rapporté : « J'en jure par les mânes de ces « grands hommes », etc. Comment est-ce que l'orateur a caché la figure dont il se sert? N'est-il pas aisé de reconnaître que c'est par l'éclat même de sa pensée? Car comme les moindres lumières s'évanouissent quand le soleil vient à éclairer, de même toutes ces subtilités de rhétorique disparaissent à la vue de cette grandeur qui les environne de tous côtés. La même chose, à peu près, arrive dans la peinture. En effet, que l'on colore plusieurs choses, également tracées sur un même plan, et qu'on y mette le jour et les ombres, il est certain que ce qui se présentera d'abord à la vue, ce sera le lumineux, à cause de son grand éclat, qui fait qu'il semble sortir hors du tableau, et s'approcher en quelque façon de nous. Ainsi le sublime et le pathétique, soit par une affinité naturelle qu'ils ont avec les mouvements de notre âme, soit à cause de leur brillant, paraissent davantage, et semblent toucher de plus près notre esprit que les figures dont ils cachent l'art, et qu'ils mettent comme à couvert.

CHAPITRE XVI

Des Interrogations.

Que dirai-je des demandes et des interrogations? car qui peut nier que ces sortes de figures ne donnent beaucoup plus de mouvement, d'action et de force au discours? « Ne voulez-vous jamais faire « autre chose, dit Démosthène[1] aux Athéniens, « qu'aller par la ville vous demander les uns aux « autres : Que dit-on de nouveau? Eh! que peut-on « vous apprendre de plus nouveau que ce que « vous voyez? Un homme de Macédoine se rend « maître des Athéniens, et fait la loi à toute la « Grèce. Philippe est-il mort? dira l'un. Non, ré-« pondra l'autre, il n'est que malade. Hé que vous « importe, messieurs, qu'il vive ou qu'il meure? « Quand le Ciel vous en aurait délivrés, vous vous « feriez bientôt vous-mêmes un autre Philippe ». Et ailleurs : « Embarquons-nous pour la Macé-« doine. Mais où aborderons-nous, dira quelqu'un, « malgré Philippe? La guerre même, messieurs, « nous découvrira par où Philippe est facile à « vaincre ». S'il eût dit la chose simplement, son discours n'eût point répondu à la majesté de l'affaire dont il parlait : au lieu que par cette divine et violente manière de se faire des interrogations et de se répondre sur-le-champ à soi-même, comme si c'était une autre personne, non-seulement il rend ce qu'il dit plus grand et plus fort, mais plus plausible et plus vraisemblable. Le pathétique ne fait jamais plus d'effet que lorsqu'il semble que l'orateur ne le cherche pas, mais que c'est l'occasion qui le fait naître. Or il n'y a rien qui imite mieux la passion que ces sortes d'interrogations et de réponses. Car ceux qu'on interroge sentent naturellement une certaine émotion, qui fait que sur-le-champ ils se précipitent de répondre, et de dire ce qu'ils savent de vrai, avant même qu'on ait achevé de les interroger. Si bien que par cette figure l'auditeur est adroitement trompé, et prend les discours les plus médités pour des choses dites sur l'heure et dans la chaleur[2].....

Il n'y a rien encore qui donne plus de mouvement au discours que d'en ôter les liaisons[1]. En effet, un discours que rien ne lie et n'embarrasse marche et coule de soi-même, et il s'en faut peu qu'il n'aille quelquefois plus vite que la pensée même de l'orateur. « Ayant approché leurs bou-« cliers les uns des autres, dit Xénophon[2], ils re-« culaient, ils combattaient, ils tuaient, ils mou-« raient ensemble ». Il en est de même de ces paroles d'Euryloque à Ulysse dans Homère[3].

Nous avons, par ton ordre, à pas précipités,
Parcouru de ce bois les sentiers écartés ;
Nous avons, dans le fond d'une sombre vallée,
Découvert de Circé la maison reculée[4].

Car ces périodes ainsi coupées, et prononcées néanmoins avec précipitation, sont les marques d'une vive douleur, qui l'empêche en même temps et le force de parler[5]. C'est ainsi qu'Homère sait ôter où il faut les liaisons du discours.

CHAPITRE XVII

Du mélange des figures.

Il n'y a encore rien de plus fort pour émouvoir que de ramasser ensemble plusieurs figures. Car deux ou trois figures ainsi mêlées entrent par ce moyen dans une espèce de société, se communiquent les unes aux autres de la force, des grâces et de l'ornement, comme on le peut voir dans ce passage de l'oraison de Démosthène contre Midias, où en même temps il ôte les liaisons de son discours et mêle ensemble les figures de répétition et de description. « Car tout homme, dit cet orateur[6], « qui en outrage un autre fait beaucoup de choses « du geste, des yeux, de la voix, que celui qui a « été outragé ne saurait peindre dans un récit ». Et de peur que dans la suite son discours ne vînt à se relâcher, sachant bien que l'ordre appartient à un esprit rassis, et qu'au contraire le désordre est la marque de la passion, qui n'est en effet elle-même qu'un trouble et une émotion de l'âme, il poursuit dans la même diversité de figures : « Tantôt il le frappe comme ennemi, tantôt pour « lui faire insulte, tantôt avec les poings, tantôt « au visage[7] ». Par cette violence de paroles ainsi entassées les unes sur les autres, l'orateur ne touche et ne remue pas moins puissamment ses

---

1. *Première Philippique*, p. 15, édit. de Bâle. (BOIL.)
2. Le grec ajoute : Il y a encore un autre moyen : car on le peut voir dans ce passage d'Hérodote, qui est extrêmement sublime ». Mais je n'ai pas cru devoir mettre ces paroles en cet endroit, qui est fort défectueux, puisqu'elles ne forment aucun sens, et ne serviraient qu'à embarrasser le lecteur. (BOIL.)

1. J'ai suppléé cela au texte, parce que le sens y conduit de lui-même. (BOIL.)
2. Xénophon, *Hist. gr.*, liv. IV, p. 518, édition de Leunclav. (BOIL.)
3. Tous les exemplaires de Longin mettent ici des étoiles, comme si l'endroit était défectueux ; mais ils se trompent. La remarque de Longin est fort juste, et ne regarde que ces deux périodes sans conjonction : « Nous avons par ton ordre », etc. Et ensuite : « Nous avons, dans le fond », etc. (BOIL.)
4. *Odyss.*, liv. X, v. 251. (BOIL.)
5. La restitution de M. Lefebvre est fort bonne, ενδιακόπτουσα, et non pas ενδιακόπτουσι. J'en avais fait la remarque avant lui. (BOIL.)
6. *Contre Midias*, p. 395, édit. de Bâle. (BOIL.)
7. *Ibid.* (BOIL.)

juges que s'ils le voyaient frapper en leur présence. Il revient à la charge et poursuit, comme une tempête : « Ces affronts émeuvent, ces affronts « transportent un homme de cœur, et qui n'est « point accoutumé aux injures. On ne saurait « exprimer par des paroles l'énormité d'une telle « action ! ». Par ce changement continuel, il conserve partout le caractère de ces figures turbulentes : tellement que dans son ordre il y a un désordre ; et, au contraire, dans son désordre il y a un ordre merveilleux. Pour preuve de ce que je dis, mettez, par plaisir, les conjonctions à ce passage, comme font les disciples d'Isocrate : « Et « certainement il ne faut pas oublier que celui qui « en outrage un autre fait beaucoup de choses, « premièrement par le geste, ensuite par les yeux, « et enfin par la voix même », etc.... Car en égalant et aplanissant ainsi toutes choses par le moyen des liaisons, vous verrez que, d'un pathétique fort et violent, vous tomberez dans une petite afféterie de langage qui n'aura ni pointe ni aiguillon ; et que toute la force de votre discours s'éteindra aussitôt d'elle-même. Et comme il est certain que si on liait le corps d'un homme qui court, on lui ferait perdre toute sa force, de même si vous allez embarrasser une passion de ces liaisons et de ces particules inutiles, elle les souffre avec peine ; vous lui ôtez la liberté de sa course, et cette impétuosité qui la faisait marcher avec la même violence qu'un trait lancé par une machine.

CHAPITRE XVIII

Des Hyperbates.

Il faut donc donner rang aux hyperbates. L'hyperbate n'est autre chose que « la transposition des « pensées ou des paroles dans l'ordre et la suite « d'un discours. » Et cette figure porte avec soi le caractère véritable d'une passion forte et violente. En effet, voyez tous ceux qui sont émus de colère, de frayeur, de dépit, de jalousie, ou de quelque autre passion que ce soit, car il y en a tant que l'on n'en sait pas le nombre : leur esprit est dans une agitation continuelle. A peine ont-ils formé un dessein, qu'ils en conçoivent aussitôt un autre ; et au milieu de celui-ci, s'en proposant encore de nouveaux, où il n'y a ni raison ni rapport, ils reviennent souvent à leur première résolution. La passion en eux est comme un vent léger et inconstant, qui les entraîne et les fait tourner sans cesse de côté et d'autre ; si bien que, dans ce flux et ce reflux perpétuel de sentiments opposés, ils changent à tous moments de pensée et de langage, et ne gardent ni ordre ni suite dans leurs discours.

Les habiles écrivains, pour imiter ces mouvements de la nature, se servent des hyperbates. Et, à dire vrai, l'art n'est jamais dans un plus haut degré de perfection que lorsqu'il ressemble si fort à la nature qu'on le prend pour la nature même : et au contraire la nature ne réussit jamais mieux que quand l'art est caché.

Nous voyons un bel exemple de cette transposition dans Hérodote [1], où Denis Phocéen parle ainsi aux Ioniens : « En effet, nos affaires sont réduites à la dernière extrémité, messieurs. Il faut « nécessairement que nous soyons libres, ou esclaves, et esclaves misérables. Si donc vous « voulez éviter les malheurs qui vous menacent, il « faut, sans différer, embrasser le travail et la fatigue, et acheter votre liberté par la défaite de « vos ennemis ». S'il eût voulu suivre l'ordre naturel, voici comment il eût parlé : « Messieurs, il « est maintenant temps d'embrasser le travail et la « fatigue. Car enfin nos affaires sont réduites à la « dernière extrémité », etc. Premièrement donc, il transpose ce mot *messieurs*, et ne l'insère qu'immédiatement après leur avoir jeté la frayeur dans l'âme, comme si la grandeur du péril lui avait fait oublier la civilité qu'on doit à ceux à qui l'on parle en commençant un discours. Ensuite il renverse l'ordre des pensées. Car, avant que de les exhorter au travail, qui est pourtant son but, il leur donne la raison qui les y doit porter : *En effet, nos affaires sont réduites à la dernière extrémité*, afin qu'il ne semble pas que ce soit un discours étudié qu'il leur apporte, mais que c'est la passion qui le force à parler sur-le-champ. Thucydide a aussi des hyperbates fort remarquables, et s'entend admirablement à transporter les choses qui semblent unies du lien le plus naturel, et qu'on dirait ne pouvoir être séparées.

Démosthène est en cela bien plus retenu que lui. Eh effet, pour Thucydide jamais personne ne les a répandues avec plus de profusion, et on peut dire qu'il en soûle ses lecteurs. Car, dans la passion qu'il a de faire paraître que tout ce qu'il dit est dit sur-le-champ, il traîne sans cesse l'auditeur par les dangereux détours de ses longues transpositions. Assez souvent donc il suspend sa première pensée, comme s'il affectait tout exprès le désordre : et, entremêlant au milieu de son discours plusieurs choses différentes, qu'il va quelquefois chercher même hors de son sujet, il met la frayeur dans l'âme de l'auditeur, qui croit que tout ce discours va tomber, et l'intéresse malgré lui dans le péril où il pense voir l'orateur. Puis tout d'un coup, et lorsqu'on ne s'y attendait plus, disant à propos ce qu'il y avait si longtemps qu'on cherchait, par cette transposition également hardie et dangereuse, il touche bien davantage que s'il eût gardé un ordre dans ses paroles. Il y a tant d'exemples de ce que je dis, que je me dispenserai d'en rapporter.

---

[1]. *Contre Midias*, p. 385, édit. de Bâle. (Boil.)

[1]. *Hérodote*, liv. VI, p. 330, édit. de Francfort. (Boil.)

CHAPITRE XIX

Du changement de nombre.

Il ne faut pas moins dire de ce qu'on appelle *diversité de cas, collections, renversements, gradations*, et de toutes ces autres figures, qui, étant, comme vous savez, extrêmement fortes et véhémentes, peuvent beaucoup servir par conséquent à orner le discours, et contribuer en toutes manières au grand et au pathétique. Que dirai-je des changements de cas, de temps, de personnes, de nombre et de genre ? En effet, qui ne voit combien toutes ces choses sont propres à diversifier et à ranimer l'expression ? Par exemple, pour ce qui regarde le changement de nombre, ces singuliers, dont la terminaison est singulière, mais qui ont pourtant, à les bien prendre, la force et la vertu des pluriels :

Aussitôt un grand peuple accourant sur le port,
Ils firent de leurs cris retentir le rivage[1].

Et ces singuliers sont d'autant plus dignes de remarque, qu'il n'y a rien quelquefois de plus magnifique que les pluriels. Car la multitude qu'ils renferment leur donne du son et de l'emphase. Tels sont ces pluriels qui sortent de la bouche d'Œdipe dans Sophocle[2] :

Hymen, funeste hymen, tu m'as donné la vie;
Mais dans ces mêmes flancs, où je fus enfermé,
Tu fais rentrer ce sang dont tu m'avais formé.
Et par là tu produis et des fils et des pères,
Des frères, des maris, des femmes et des mères,
Et tout ce que du sort la maligne fureur
Fit jamais voir au jour et de honte et d'horreur.

Tous ces différents noms ne veulent dire qu'une seule personne, c'est à savoir Œdipe d'une part, et sa mère Jocaste de l'autre. Cependant, par le moyen de ce nombre ainsi répandu et multiplié en divers pluriels, il multiplie en quelque façon les infortunes d'Œdipe. C'est par un même pléonasme qu'un poëte a dit :

On voit les Sarpédons et les Hectors paraître.

Il en faut dire autant de ce passage de Platon[3], à propos des Athéniens, que j'ai rapporté ailleurs : « Ce ne sont point des Pélops, des Cadmus, des « Égyptes, des Danaüs, ni des hommes nés barbares, qui demeurent avec nous. Nous sommes « tous Grecs, éloignés du commerce et de la fréquentation des nations étrangères, qui habitons « une même ville », etc.

En effet, tous ces pluriels, ainsi ramassés ensemble, nous font concevoir une bien plus grande idée des choses. Mais il faut prendre garde à ne faire cela que bien à propos, dans les endroits où il faut amplifier, ou multiplier, ou exagérer ; et dans la passion, c'est-à-dire quand le sujet est susceptible d'une de ces choses, ou de plusieurs. Car d'attacher partout ces cymbales et ces sonnettes, cela sentirait trop son sophiste.

CHAPITRE XX

Des pluriels réduits en singuliers.

On peut aussi tout au contraire réduire les pluriels en singuliers ; et cela a quelque chose de fort grand : *Tout le Péloponèse*, dit Démosthène[1], *était alors divisé en factions*. Il en est de même de ce passage d'Hérodote[2] : *Phrynicus faisant représenter sa tragédie intitulée* la Prise de Milet, *tout le théâtre se fondit en larmes*[3]. Car, de ramasser ainsi plusieurs choses en une, cela donne plus de corps au discours. Au reste, je tiens que, pour l'ordinaire, c'est une même raison qui fait valoir ces deux différentes figures. En effet, soit qu'en changeant les singuliers en pluriels, d'une seule chose vous en fassiez plusieurs ; soit qu'en ramassant des pluriels dans un seul nom singulier qui sonne agréablement à l'oreille, de plusieurs choses vous n'en fassiez qu'une, ce changement imprévu marque la passion.

CHAPITRE XXI

Du changement de temps.

Il en est de même du changement de temps, lorsqu'on parle d'une chose passée, comme si elle se faisait présentement, parce qu'alors ce n'est plus une narration que vous faites, c'est une action qui se passe à l'heure même. « Un soldat, dit « Xénophon[4], étant tombé sous le cheval de Cyrus, « et étant foulé aux pieds de ce cheval, il lui « donne un coup d'épée dans le ventre. Le cheval « blessé se démène et secoue son maître. Cyrus « tombe ». Cette figure est fort fréquente dans Thucydide.

---

1. *De Coron*), p. 315, édit. de l'Ald. (BOIL.)
2. *Hérodote*, liv. VI, p. 341, édit. de Francfort. (BOIL.)
3. Il y a dans le grec ἐδάκρυε. C'est une faute. Il faut mettre, comme il y a dans Hérodote, ἐδάκρυε; autrement Longin n'aurait su ce qu'il voulait dire.
4. *Inst. de Cyrus*, liv. VII, p. 178, édit. de Leunel. (BOIL.)

---

1. Quoi qu'en veuille dire M. Lefebvre, il y a ici deux vers ; et la remarque de Langbaine me paraît juste. Car je ne vois pas pourquoi, en mettant ὅσον, il est absolument nécessaire de mettre καὶ. (BOIL.)
2. *Œdipe tyran*, v. 1417. (BOIL.)
3. PLATON, *Menexenus*, t. II, p. 245, édit. de H. Estienne. (BOIL.)

CHAPITRE XXII

Du changement de personnes.

Le changement de personnes n'est pas moins pathétique. Car il fait que l'auditeur assez souvent se croit voir lui-même au milieu du péril :

> Vous diriez, à les voir pleins d'une ardeur si belle,
> Qu'ils retrouvent toujours une vigueur nouvelle ;
> Que rien ne les saurait ni vaincre ni lasser,
> Et que leur long combat ne fait que commencer[1].

Et dans Aratus :

> Ne t'embarque jamais durant ce triste mois.

Cela se voit encore dans Hérodote[2] : « A la sortie « de la ville d'Éléphantine, dit cet historien, du « côté qui va en montant, vous rencontrez d'abord « une colline... De là vous descendez dans une « plaine. Quand vous l'avez traversée, vous pouvez « vous embarquer tout de nouveau, et en douze « jours arriver à une grande ville qu'on appelle « Méroé ». Voyez-vous, mon cher Térentianus, comme il prend votre esprit avec lui, et le conduit dans tous ces différents pays, vous faisant plutôt voir qu'entendre ? Toutes ces choses, ainsi pratiquées à propos, arrêtent l'auditeur, et lui tiennent l'esprit attaché sur l'action présente, principalement lorsqu'on ne s'adresse pas à plusieurs en général, mais à un seul en particulier :

> Tu ne saurais connaître au fort de la mêlée,
> Quel parti suit le fils du courageux Tydée[3].

Car en réveillant ainsi l'auditeur par ces apostrophes, vous le rendez plus ému, plus attentif, et plus plein de la chose dont vous parlez.

CHAPITRE XXIII

Des transitions imprévues.

Il arrive aussi quelquefois qu'un écrivain, parlant de quelqu'un, tout d'un coup se met à sa place, et joue son personnage. Et cette figure marque l'impétuosité de la passion.

> Mais Hector, qui les voit épars sur le rivage,
> Leur commande à grands cris de quitter le pillage,
> D'aller droit aux vaisseaux sur les Grecs se jeter :
> Car quiconque mes yeux verront s'en écarter,
> Aussitôt dans son sang je cours laver sa honte[4].

Le poëte retient la narration pour soi, comme celle qui lui est propre, et met tout d'un coup, et sans en avertir, cette menace précipitée dans la bouche de ce guerrier bouillant et furieux. En effet, son discours aurait langui, s'il y eût entremêlé : *Hector dit alors de telles ou semblables paroles*. Au lieu que, par cette transition imprévue, il prévient le lecteur, et la transition est faite avant que le poëte même ait songé qu'il la faisait. Le véritable lieu donc où l'on doit user de cette figure, c'est quand le temps presse, et que l'occasion qui se présente ne permet pas de différer ; lorsque sur-le-champ il faut passer d'une personne à une autre, comme dans Hécatée[1] : « Ce héraut ayant « assez pesé[2] la conséquence de toutes ces choses, « il commande aux descendants des Héraclides de « se retirer : Je ne puis plus rien pour vous, non « plus que si je n'étais plus au monde. Vous êtes « perdus, et vous me forcerez bientôt moi-même « d'aller chercher une retraite chez quelque autre « peuple. » Démosthène[3], dans son oraison contre Aristogiton, a encore employé cette figure d'une manière différente de celle-ci, mais extrêmement forte et pathétique. « Et il ne se touvera personne « entre vous, dit cet orateur, qui ait du ressenti-« ment et de l'indignation de voir un impudent, « un infâme, violer insolemment les choses les plus « saintes ! Un scélérat, dis-je, qui... O le plus mé-« chant de tous les hommes ! rien n'aura pu arrêter « ton audace effrénée ? Je ne dis pas ces portes, je « ne dis pas ces barreaux, qu'un autre pouvait « rompre comme toi. » Il laisse là sa pensée imparfaite, la colère le tenant comme suspendu et partagé sur un mot entre deux différentes personnes ; *qui.... O le plus méchant de tous les hommes !* Et ensuite tournant tout d'un coup contre Aristogiton ce même discours, qu'il semblait avoir laissé là, il touche bien davantage, et fait une bien plus forte impression. Il en est de même de cet emportement de Pénélope, dans Homère, quand elle voit entrer chez elle un héraut de la part de ses amants.

> De mes fâcheux amants ministre injurieux,
> Héraut, que cherches-tu ? qui t'amène en ces lieux ?
> Y viens tu, de la part de cette troupe avare,
> Ordonner qu'à l'instant le festin se prépare ?
> Fasse le juste ciel, avançant leur trépas,
> Que ce repas pour eux soit le dernier repas !
> Lâches, qui pleins d'orgueil et faibles de courage,
> Consumez de son fils le fertile héritage,
> Vos pères autrefois ne vous ont-ils point dit
> Quel homme était Ulysse[4] ? etc.

---

1. *Iliad.*, liv. XV, v. 697. (BOIL.)
2. Liv. II, p. 100, édit. de Francfort. (BOIL.)
3. *Iliad.*, liv. V, v. 85. (BOIL.)
4. *Ibid.*, liv. XV, v. 346. (BOIL.)

1. Livre perdu. (BOIL.)
2. M. Lefebvre et M. Dacier donnent un autre sens à ce passage d'Hécatée, et font même une restitution sur ὡς μὴ ὤν, dont ils changent ainsi l'accent ὡς μὴ ὤ ; prétendant que c'est un ionisme, pour ὡς μὴ οὖν. Peut-être ont-ils raison, mais peut-être qu'ils se trompent, puisqu'on ne sait de quoi il s'agit en cet endroit, le livre d'Hécatée étant perdu. En attendant donc que ce livre soit retrouvé, j'ai cru que le plus sûr était de suivre le sens de Gabriel de Pétra et des autres interprètes, sans y changer ni accent ni virgule. (BOIL.)
3. Page 494, édit. de Bâle. (BOIL.)
4. *Odyss.*, liv. IV, v. 681. (BOIL.)

CHAPITRE XXIV

De la Périphrase.

Il n'y a personne, comme je crois, qui puisse douter que la périphrase ne soit encore d'un grand usage dans le sublime. Car, comme dans la musique le son principal devient plus agréable à l'oreille lorsqu'il est accompagné des différentes parties qui lui répondent[1], de même la périphrase, tournant autour du mot propre, forme souvent, par rapport avec lui, une consonnance et une harmonie fort belle dans le discours, surtout lorsqu'elle n'a rien de discordant ou d'enflé, mais que toutes choses y sont dans un juste tempérament. Platon[2] nous en forme un bel exemple au commencement de son oraison funèbre : « Enfin, dit-il, nous « leur avons rendu les derniers devoirs, et mainte- « nant ils achèvent ce fatal voyage, et ils s'en vont « tout glorieux de la magnificence avec laquelle « toute la ville en général, et leurs parents en par- « ticulier, les ont conduits hors de ce monde ». Premièrement, il appelle la mort *ce fatal voyage*. Ensuite il parle des derniers devoirs qu'on avait rendus aux morts, comme d'une pompe publique, que leur pays leur avait préparée exprès pour les conduire hors de cette vie. Dirons-nous que toutes ces choses ne contribuent que médiocrement à relever cette pensée? Avouons plutôt que, par le moyen de cette périphrase, mélodieusement répandue dans le discours, d'une diction toute simple, il a fait une espèce de concert et d'harmonie. De même Xénophon[3] : « Vous regardez le travail comme le « seul guide qui vous peut conduire à une vie heu- « reuse et plaisante. Au reste, votre âme est ornée « de la plus belle qualité que puissent jamais pos- « séder des hommes nés pour la guerre; c'est qu'il « n'y a rien qui vous touche plus sensiblement que « la louange ». Au lieu de dire : « Vous vous adon- « nez au travail », il use de cette circonlocution : « Vous regardez le travail comme le seul guide qui « vous peut conduire à une vie heureuse ». Et, étendant ainsi toutes choses, il rend sa pensée plus grande, et relève beaucoup cet éloge. Cette périphrase d'Hérodote[4] me semble encore inimitable : « La déesse Vénus, pour châtier l'insolence des « Scythes qui avaient pillé son temple, leur envoya « une maladie qui les rendait femmes[1] ».

Au reste, il n'y a rien dont l'usage s'étende plus loin que la périphrase, pourvu qu'on ne la répande pas partout sans choix et sans mesure. Car aussitôt elle languit, et a je ne sais quoi de niais et de grossier. Et c'est pourquoi Platon, qui est toujours figuré dans ses expressions, et quelquefois même un peu mal à propos au jugement de quelques-uns, a été raillé pour avoir dit dans ses Lois[2] : « Il ne faut point souffrir que les richesses d'or « et d'argent prennent pied, ni habitent dans « une ville ». S'il eût voulu, poursuivent-ils, interdire la possession du bétail, assurément qu'il aurait dit par la même raison *les richesses de bœufs et de moutons*.

Mais ce que nous avons dit en général suffit pour faire voir l'usage des figures, à l'égard du grand et du sublime. Car il est certain qu'elles rendent toutes le discours plus animé et plus pathétique. Or le pathétique participe du sublime autant que le sublime[3] participe du beau et de l'agréable.

CHAPITRE XXV

Du choix des mots.

Puisque la pensée et la phrase s'expliquent ordinairement l'une par l'autre, voyons si nous n'avons point encore quelque chose à remarquer dans cette partie du discours qui regarde l'expression. Or, que le choix des grands mots et des termes propres soit d'une merveilleuse vertu pour attacher et pour émouvoir, c'est ce que personne n'ignore, et sur quoi par conséquent il serait inutile de s'arrêter. En effet, il n'y a peut-être rien d'où les orateurs, et tous les écrivains en général qui s'étudient au sublime, tirent plus de grandeur, d'élégance, de netteté, de poids, de force et de vigueur pour leurs ouvrages, que du choix des paroles. C'est par elles que toutes ces beautés éclatent dans le discours, comme dans un riche tableau, et elles donnent aux choses une espèce d'âme et de vie. Enfin les beaux mots sont, à vrai dire, la lumière propre et naturelle de nos pensées. Il faut prendre garde néanmoins à ne pas faire parade partout d'une vaine enflure de paroles. Car d'exprimer une chose basse en termes grands et magnifiques, c'est tout de même que si vous appliquiez un grand masque de

---

1. C'est ainsi qu'il faut entendre περιφέρειν, ces mots φθόγγοι παραχοῦσι ne voulant dire autre chose que les parties faites sur le sujet; et il n'y a rien qui convienne mieux à la périphrase, qui n'est autre chose qu'un assemblage de mots qui répondent différemment au mot propre, et par le moyen desquels (comme l'auteur le dit dans la suite d'une diction toute simple) on fait une espèce de concert et d'harmonie. Voilà le sens le plus naturel qu'on puisse donner à ce passage. Car je ne suis pas de l'avis de ces modernes, qui ne veulent pas que dans la musique des anciens, dont on nous raconte des effets si prodigieux, il y ait eu des parties, puisque sans parties il ne peut y avoir d'harmonie. Je m'en rapporte pourtant aux savants en musique, et je n'ai pas assez de connaissance de cet art pour décider souverainement là-dessus. (BOIL.)
2. *Menexenus*, p. 236, édit. de H. Estienne. (BOIL.)
3. *Inst. de Cyrus*, liv. I, p. 24, édit. de Leuncl. (BOIL.)
4. Liv. I, p. 46, sect. 105, édit. de Francfort. (BOIL.)

1. Les fit devenir impuissants. — Ce passage a fort exercé jusques ici les savants, et entre autres M. Costar et M. de Girac : l'un prétendant que θήλεια νοῦσος signifiait une maladie qui rendit les Scythes efféminés; l'autre, que cela voulait dire que Vénus leur envoya des hémorroïdes. Mais il paraît incontestablement, par un passage d'Hippocrate, que le vrai sens est qu'elle les rendit impuissants; puisqu'en l'expliquant des deux autres manières, la périphrase d'Hérodote serait plutôt une obscure énigme qu'une agréable circonlocution. (BOIL.)
2. Liv. V, p. 741 et 742, édit. de H. Estienne. (BOIL.)
3. *Le moral*, selon l'ancien manuscrit. (BOIL.)

théâtre sur le visage d'un petit enfant : si ce n'est à la vérité dans la poésie[1].... Cela se peut voir encore[2] dans un passage de Théopompus, que Cécilius blâme, je ne sais pourquoi, et qui me semble, au contraire, fort à louer pour sa justesse, et parce qu'il dit beaucoup. « Philippe, dit cet historien, « boit sans peine les affronts que la nécessité de ses « affaires l'oblige de souffrir ». En effet, un discours tout simple exprimera quelquefois mieux la chose que toute la pompe et tout l'ornement, comme on le voit tous les jours dans les affaires de la vie. Ajoutez qu'une chose énoncée d'une façon ordinaire se fait aussi plus aisément croire. Ainsi, en parlant d'un homme qui, pour s'agrandir, souffre sans peine, et même avec plaisir, des indignités, ces termes *boire des affronts* me semblent signifier beaucoup. Il en est de même de cette expression d'Hérodote[3] : « Cléomène étant devenu « furieux, il prit un couteau dont il se hacha la « chair en petits morceaux : et, s'étant ainsi déchi- « queté lui-même, il mourut ». Et ailleurs[4] : « Py- « thès, demeurant toujours dans le vaisseau, ne « cessa point de combattre qu'il n'eût été haché en « pièces ». Car ces expressions marquent un homme qui dit bonnement les choses, et qui n'y entend point de finesse, et renferment néanmoins en elles un sens qui n'a rien de grossier ni de trivial.

CHAPITRE XXVI

Des Métaphores.

Pour ce qui est du nombre des métaphores, Cécilius semble être de l'avis de ceux qui n'en souffrent pas plus de deux ou trois au plus, pour exprimer une seule chose. Mais Démosthène[5] nous doit encore ici de servir de règle. Cet orateur nous fait voir qu'il y a des occasions où l'on en peut employer plusieurs à la fois, quand les passions, comme un torrent rapide, les entraînent avec elles nécessairement et en foule. « Ces hommes mal- « heureux, dit-il quelque part, ces lâches flatteurs, « ces furies de la république, ont cruellement dé- « chiré leur patrie. Ce sont eux qui dans la dé- « bauche ont autrefois vendu à Philippe notre li- « berté[6], et qui la vendent encore aujourd'hui à « Alexandre; qui, mesurant, dis-je, tout leur bon-

1. L'auteur, après avoir montré combien les grands mots sont impertinents dans le style simple, faisait voir que les termes simples avaient place quelquefois dans le style noble. (Boil.)
2. Il y a avant ceci dans le grec, ὑπεράνω καὶ γόνυσιν τόδ' Ἀνακρέοντος; οὐκέτι Θρηϊκίης ἐπιστρέφομαι; mais je n'ai point exprimé ces paroles, où il y a assurément de l'erreur, le mot ὑπεράνω n'étant point grec; et, du reste, que peuvent dire ces mots : « Cette fécon- « dité d'Anacréon? Je ne me soucie plus de la Thracienne »? (Boil.)
3. Liv. VI, p. 358, édit. de Francfort. (Boil.)
4. Liv. VII, p. 444. (Boil.)
5. *De Coronâ*, p. 351, édit. de Bâle. (Boil.)
6. Il y a dans le grec προπεπωκότες, comme qui dirait « ont bu notre liberté à la santé de Philippe ». Chacun sait ce que veut dire προπίνειν en grec, mais on ne le peut pas exprimer par un mot français. (Boil.)

« heur aux sales plaisirs de leur ventre, à leurs « infâmes débordements, ont renversé toutes les « bornes de l'honneur, et détruit parmi nous cette « règle, où les anciens Grecs faisaient consister « toute leur félicité, de ne souffrir point de maître ». Par cette foule de métaphores prononcées dans la colère, l'orateur ferme entièrement la bouche à ces traîtres. Néanmoins Aristote et Théophraste, pour excuser l'audace de ces figures, pensent qu'il est bon d'y apporter ces adoucissements : « Pour ainsi « dire, pour parler ainsi, si j'ose me servir de ces « termes, pour m'expliquer un peu plus hardi- « ment ». En effet, ajoutent-ils, l'excuse est un remède contre les hardiesses du discours, et je suis bien de leur avis. Mais je soutiens pourtant toujours ce que j'ai déjà dit, que le remède le plus naturel contre l'abondance et la hardiesse, soit des métaphores, soit des autres figures, c'est de ne les employer qu'à propos, je veux dire dans les grandes passions et dans le sublime. Car, comme le sublime et le pathétique, par leur violence et leur impétuosité, emportent naturellement et entraînent tout avec eux, ils demandent nécessairement des expressions fortes, et ne laissent pas le temps à l'auditeur de s'amuser à chicaner le nombre des métaphores, parce qu'en ce moment il est épris d'une commune fureur avec celui qui parle.

Et même pour les lieux communs et les descriptions, il n'y a rien quelquefois qui exprime mieux les choses qu'une foule de métaphores continuées. C'est par elles que nous voyons dans Xénophon une description si pompeuse de l'édifice du corps humain. Platon[1] néanmoins en a fait la peinture d'une manière encore plus divine. Ce dernier appelle la tête *une citadelle*. Il dit que le cou est *un isthme, qui a été mis entre elle et la poitrine*. Que les vertèbres sont *comme des gonds sur lesquels elle tourne*. Que la volupté est *l'amorce de tous les malheurs qui arrivent aux hommes*. Que la langue est *le juge des saveurs*. Que le cœur est *la source des veines, la fontaine du sang qui de là se porte avec rapidité dans toutes les autres parties; et qu'il est disposé comme une forteresse gardée de tous côtés*. Il appelle les pores *des rues étroites*. « Les dieux, poursuit-il, « voulant soutenir le battement du cœur, que la « vue inopinée des choses terribles, ou le mouve- « ment de la colère, qui est du feu, lui causent or- « dinairement, ils ont mis sous lui le poumon, dont « la substance est molle et n'a point de sang : « mais ayant par dedans de petits trous en forme « d'éponge, il sert au cœur comme d'oreiller, afin « que, quand la colère est enflammée, il ne soit « point troublé dans ses fonctions ». Il appelle la partie concupiscible, *l'appartement de la femme*; et la partie irascible, *l'appartement de l'homme*. Il dit que « la rate est la cuisine des intestins ; et qu'é-

1. Dans le *Timée*, p. 69 et suivantes, édit. de H. Estienne. (Boil.)

« tant pleine des ordures du foie, elle s'enfle, « et devient bouffie. Ensuite, continue-t-il, les « dieux couvrirent toutes ces parties de chair, qui « leur sert comme de rempart et de défense contre « les injures du chaud et du froid, et contre tous « les autres accidents. Elle est, ajoute-t-il, comme « une laine molle et ramassée, qui entoure douce- « ment le corps ». Il dit que « le sang est la pâture « de la chair. Et afin, poursuit-il, que toutes les « parties pussent recevoir l'aliment, ils y ont creusé, « comme dans un jardin, plusieurs canaux, afin que « les ruisseaux des veines, sortant du cœur comme « de leur source, pussent couler dans ces étroits « conduits du corps humain ». Au reste, quand la mort arrive, il dit que « les organes se dénouent « comme les cordages d'un vaisseau, et qu'ils lais- « sent l'âme en liberté ». Il y en a encore une infinité d'autres ensuite de la même force; mais ce que nous avons dit suffit pour faire voir combien toutes ces figures sont sublimes d'elles-mêmes; combien, dis-je, les métaphores servent au grand, et de quel usage elles peuvent être dans les endroits pathétiques et dans les descriptions.

Or, que ces figures, ainsi que toutes les autres élégances du discours, portent toujours les choses dans l'excès, c'est ce que l'on remarque assez sans que je le dise. Et c'est pourquoi Platon même n'a pas été peu blâmé de ce que souvent, comme par une fureur de discours, il se laisse emporter à des métaphores dures et excessives, et à une vaine pompe allégorique. « On ne concevra pas aisément, « dit-il en un endroit, qu'il en doit être de même « d'une ville comme d'un vase, où le vin qu'on « verse, et qui est d'abord bouillant et furieux, « tout d'un coup entrant en société avec une autre « divinité sobre où le châtie, devient doux et bon « à boire ». D'appeler l'eau une divinité sobre, et de se servir du terme châtier pour tempérer : en un mot, de s'étudier si fort à ces petites finesses, cela sent, disent-ils, son poëte, qui n'est pas lui-même trop sobre. Et c'est peut-être ce qui a donné sujet à Cécilius de décider si hardiment, dans ses commentaires sur Lysias, que Lysias valait mieux en tout que Platon, poussé par deux sentiments aussi peu raisonnables l'un que l'autre : car bien qu'il aimât Lysias plus que soi-même, il haïssait encore plus Platon qu'il n'aimait Lysias; si bien que porté de ces deux mouvements, et par un esprit de contradiction, il a avancé plusieurs choses de ces deux auteurs, qui ne sont pas des décisions si souveraines qu'il s'imagine. De fait, accusant Platon d'être tombé en plusieurs endroits, il parle de l'autre comme d'un auteur achevé, et qui n'a point de défauts, ce qui, bien loin d'être vrai, n'a pas même une ombre de vraisemblance. Et, en effet, où trouverons-nous un écrivain qui ne pèche jamais, et où il n'y ait rien à reprendre?

1. *Des Lois*, liv. XI, p. 773, édit. de H. Estienne. (BOIL.)

CHAPITRE XXVII
Si l'on doit préférer le médiocre parfait au sublime qui a quelques défauts.

Peut-être ne sera-t-il pas hors de propos d'examiner ici cette question en général, savoir : lequel vaut mieux, soit dans la prose, soit dans la poésie, d'un sublime qui a quelques défauts, ou d'une médiocrité parfaite et saine en toutes ses parties, qui ne tombe et ne se dément point; et ensuite lequel, à juger équitablement des choses, doit emporter le prix de deux ouvrages dont l'un a un plus grand nombre de beautés, mais l'autre va plus au grand et au sublime : car ces questions étant naturelles à notre sujet, il faut nécessairement les résoudre. Premièrement donc je tiens pour moi qu'une grandeur au-dessus de l'ordinaire n'a point naturellement la pureté du médiocre. En effet, dans un discours si poli et si limé, il faut craindre la bassesse; et il en est de même du sublime que d'une richesse immense, où l'on ne peut pas prendre garde à tout de si près, et où il faut, malgré qu'on en ait, négliger quelque chose. Au contraire, il est presque impossible, pour l'ordinaire, qu'un esprit bas et médiocre fasse des fautes : car, comme il ne se hasarde et ne s'élève jamais, il demeure toujours en sûreté; au lieu que le grand, de soi-même et par sa propre grandeur, est glissant et dangereux. Je n'ignore pas pourtant qu'on me peut objecter d'ailleurs que naturellement nous jugeons des ouvrages des hommes par ce qu'ils ont de pire, et que le souvenir des fautes qu'on y remarque dure toujours, et ne s'efface jamais : au lieu que ce qui est beau passe vite, et s'écoule bientôt de notre esprit. Mais bien que j'aie remarqué plusieurs fautes dans Homère et dans tous les plus célèbres auteurs, et que je sois peut-être l'homme du monde à qui elles plaisent le moins, j'estime, après tout, que ce sont des fautes dont ils ne se sont pas souciés, et qu'on ne peut appeler proprement fautes, mais qu'on doit simplement regarder comme des méprises et de petites négligences qui leur sont échappées, parce que leur esprit, qui ne s'étudiait qu'au grand, ne pouvait pas s'arrêter aux petites choses. En un mot, je maintiens que le sublime, bien qu'il ne se soutienne pas également partout, quand ce ne serait qu'à cause de sa grandeur, l'emporte sur tout le reste. En effet, Apollonius, par exemple, celui qui a composé le poëme des Argonautes, ne tombe jamais; et dans Théocrite, ôtez quelques endroits où il sort un peu du caractère de l'églogue, il n'y a rien qui ne soit heureusement imaginé. Cependant aimeriez-vous mieux être Apollonius ou Théocrite, qu'Homère ? L'Érigone d'Ératosthène est un poëme où il n'y a rien à reprendre. Direz-vous pour cela qu'Ératosthène est plus grand poëte qu'Archiloque, qui se brouille, à la vérité, et manque d'ordre et d'économie en plusieurs endroits de ses écrits, mais qui ne tombe dans ce défaut qu'à cause de cet esprit divin dont il est entraîné, et qu'il ne saurait régler comme il veut? Et même, pour le lyrique, choisiriez-vous plutôt d'être Bacchylide que Pindare; ou pour la tragédie, Ion, ce poëte de Chio, que Sophocle? En effet, ceux-là ne font jamais de faux pas, et n'ont rien qui ne soit écrit avec beaucoup d'élégance et d'agrément. Il n'en est pas ainsi de Pindare et de Sophocle; car, au milieu de leur plus grande violence, durant qu'ils tonnent et foudroient, pour ainsi dire, souvent leur ardeur vient mal à propos à s'éteindre, et ils tombent malheureusement. Et toutefois y a-t-il homme de bon sens qui daignât comparer tous les ouvrages d'Ion ensemble au seul Œdipe de Sophocle?

CHAPITRE XXVIII

Comparaison d'Hypéride et de Démosthène.

Que si, au reste, l'on doit juger du mérite d'un ouvrage par le nombre plutôt que par la qualité et l'excellence de ses beautés, il s'ensuivra qu'Hypéride doit être entièrement préféré à Démosthène. En effet, outre qu'il est plus harmonieux, il a bien plus de parties d'orateur, qu'il possède presque toutes en un degré éminent : semblable à ces athlètes qui réussissent aux cinq sortes d'exercices, et qui, n'étant les premiers en pas un de ces exercices, passent en tous l'ordinaire et le commun. En effet, il a imité Démosthène en tout ce que Démosthène a de beau, excepté pourtant dans la composition et l'arrangement des paroles. Il joint à cela les douceurs et les grâces de Lysias. Il sait adoucir où il faut la rudesse et la simplicité du discours, et ne dit pas toutes les choses d'un même air comme Démosthène. Il excelle à peindre les mœurs. Son style a, dans sa naïveté, une certaine douceur agréable et fleurie. Il y a dans ses ouvrages un nombre infini de choses plaisamment dites. Sa manière de rire et de se moquer est fine, et a quelque chose de noble. Il a une facilité merveilleuse à manier l'ironie. Ses railleries ne sont point froides ni recherchées, comme celles de ces faux imitateurs du style attique, mais vives et pressantes. Il est adroit à éluder les objections qu'on lui fait, et à les rendre ridicules en les amplifiant. Il a beaucoup de plaisant et de comique, et est tout plein de jeux et de certaines pointes d'esprit qui frappent toujours où il vise. Au reste, il assaisonne toutes ces choses d'un tour et d'une grâce inimitables. Il est né pour toucher et émouvoir la pitié. Il est étendu dans ses narrations fabuleuses. Il a une flexibilité admirable pour les digressions ; il se détourne, il reprend haleine où il veut, comme on le peut voir dans ces fables qu'il conte de Latone. Il a fait une oraison funèbre qui est écrite avec tant de pompe et d'ornement, que je ne sais si pas un autre l'a jamais égalé en cela.

Au contraire, Démosthène ne s'entend pas fort bien à peindre les mœurs. Il n'est point étendu dans son style. Il a quelque chose de dur, et n'a ni pompe ni ostentation. En un mot, il n'a presque aucune des parties dont nous venons de parler. S'il s'efforce d'être plaisant, il se rend ridicule plutôt qu'il ne fait rire, et s'éloigne d'autant plus du plaisant, qu'il tâche d'en approcher. Cependant, parce qu'à mon avis toutes ces beautés, qui sont en foule dans Hypéride, n'ont rien de grand ; qu'on y voit. pour ainsi dire, un orateur toujours à jeun, et une langueur d'esprit qui n'échauffe, qui ne remue point l'âme, personne n'a jamais été fort transporté de la lecture de ses ouvrages: au lieu que Démosthène[1] ayant ramassé en soi toutes les qualités d'un orateur véritablement né au sublime, et entièrement perfectionné par l'étude, ce ton de majesté et de grandeur, ces mouvements animés, cette fertilité, cette adresse, cette promptitude, et, ce qu'on doit surtout estimer en lui, cette force et cette véhémence dont jamais personne n'a su approcher; par toutes ces divines qualités, que je regarde en effet comme autant de rares présents qu'il avait reçus des dieux, et qu'il ne m'est pas permis d'appeler des qualités humaines, il a effacé tout ce qu'il y a eu d'orateurs célèbres dans tous les siècles, les laissant comme abattus et éblouis, pour ainsi dire, de ses tonnerres et de ses éclairs; car dans les parties où il excelle il est tellement élevé au-dessus d'eux, qu'il répare entièrement par là celles qui lui manquent. Et certainement il est plus aisé d'envisager fixement, et les yeux ouverts, les foudres qui tombent du ciel, que de n'être point ému des violentes passions qui règnent en foule dans ses ouvrages.

CHAPITRE XXIX

De Platon et de Lysias, et de l'excellence de l'esprit humain.

Pour ce qui est de Platon, comme j'ai dit, il y a bien de la différence; car il surpasse Lysias, non-seulement par l'excellence, mais aussi par le nombre de ses beautés. Je dis plus : c'est que Platon n'est pas tant au-dessus de Lysias par un plus grand nombre de beautés, que Lysias est au-dessous de Platon par un plus grand nombre de fautes.

Qu'est-ce donc qui a porté ces esprits divins à mépriser cette exacte et scrupuleuse délicatesse, pour ne chercher que le sublime dans leurs écrits?

---

1. Je n'ai point exprimé ὑθὰ et ὑθυὰ, de peur de trop embarrasser la période. (Boil.)

En voici une raison : c'est que la nature n'a point regardé l'homme comme un animal de basse et de vile condition ; mais elle lui a donné la vie et l'a fait venir au monde comme dans une grande assemblée, pour être spectateur de toutes les choses qui s'y passent ; elle l'a, dis-je, introduit dans cette lice comme un courageux athlète qui ne doit respirer que la gloire. C'est pourquoi elle a engendré d'abord en nos âmes une passion invincible pour tout ce qui nous paraît de plus grand et de plus divin. Aussi voyons-nous que le monde entier ne suffit pas à la vaste étendue de l'esprit de l'homme. Nos pensées vont souvent plus loin que les cieux, et pénètrent au delà de ces bornes qui environnent et qui terminent toutes choses.

Et certainement, si quelqu'un fait un peu de réflexion sur un homme dont la vie n'ait rien eu dans tout son cours que de grand et d'illustre, il peut connaître par là à quoi nous sommes nés. Ainsi nous n'admirons pas naturellement de petits ruisseaux, bien que l'eau en soit claire et transparente, et utile même pour notre usage ; mais nous sommes véritablement surpris quand nous regardons le Danube, le Nil, le Rhin et l'Océan surtout. Nous ne sommes pas fort étonnés de voir une petite flamme, que nous avons allumée, conserver longtemps sa lumière pure ; mais nous sommes frappés d'admiration quand nous contemplons ces feux qui s'allument quelquefois dans le ciel, bien que pour l'ordinaire ils s'évanouissent en naissant ; et nous ne trouvons rien de plus étonnant dans la nature que ces fournaises du mont Etna, qui quelquefois jettent du profond de ses abîmes

Des pierres, des rochers et des fleuves de flammes[1].

De tout cela il faut conclure que ce qui est utile et même nécessaire aux hommes souvent n'a rien de merveilleux, comme étant aisé à acquérir ; mais que tout ce qui est extraordinaire est admirable et surprenant.

CHAPITRE XXX

Que les fautes dans le sublime se peuvent excuser.

A l'égard donc des grands orateurs en qui le sublime et le merveilleux se rencontrent joints avec l'utile et le nécessaire, il faut avouer que, encore que ceux dont nous parlions n'aient point été exempts de fautes, ils avaient néanmoins quelque chose de surnaturel et de divin. En effet, d'exceller dans toutes les autres parties, cela n'a rien qui passe la portée de l'homme ; mais le sublime nous élève presque aussi haut que Dieu. Tout ce qu'on gagne à ne point faire de fautes,

1. Pind., *Pyth.* I, p. 281, édit. de Benoist. (Boil.)

c'est qu'on ne peut être repris, mais le grand se fait admirer. Que vous dirai-je enfin ? un seul de ces beaux traits et de ces pensées sublimes qui sont dans les ouvrages de ces excellents auteurs peut payer tous leurs défauts. Je dis bien plus : c'est que si quelqu'un ramassait ensemble toutes les fautes qui sont dans Homère, dans Démosthène, dans Platon, et dans tous ces célèbres héros, elles ne feraient pas la moindre ni la millième partie des bonnes choses qu'ils ont dites. C'est pourquoi l'envie n'a pas empêché qu'on ne leur ait donné le prix dans tous les siècles, et personne jusqu'ici n'a été en état de leur enlever ce prix, qu'ils conservent encore aujourd'hui, et que vraisemblablement ils conserveront toujours,

Tant qu'on verra les eaux dans les plaines courir,
Et les bois dépouillés au printemps refleurir[1].

On me dira peut-être qu'un colosse qui a quelques défauts n'est pas plus à estimer qu'une petite statue achevée, comme, par exemple, le soldat de Polyclète[2]. A cela je réponds que, dans les ouvrages de l'art, c'est le travail et l'achèvement que l'on considère ; au lieu que, dans les ouvrages de la nature, c'est le sublime et le prodigieux. Or, discourir, c'est une opération naturelle à l'homme. Ajoutez que, dans une statue, on ne cherche que le rapport et la ressemblance ; mais dans le discours on veut, comme j'ai dit, le surnaturel et le divin. Cependant, pour ne nous point éloigner de ce que nous avons établi d'abord, comme c'est le devoir de l'art d'empêcher que l'on ne tombe, et qu'il est bien difficile qu'une haute élévation à la longue se soutienne, et garde toujours un ton égal, il faut que l'art vienne au secours de la nature, parce qu'en effet c'est leur parfaite alliance *qui fait la souveraine perfection.* Voilà ce que nous avons cru être obligé de dire sur les questions qui se sont présentées. Nous laissons pourtant à chacun son jugement libre et entier.

CHAPITRE XXXI

Des Paraboles, des Comparaisons et des Hyperboles.

Pour retourner à notre discours, les paraboles et les comparaisons approchent fort des métaphores, et ne diffèrent d'elles qu'en un seul point[3]...

Telle est cette hyperbole : *Supposé que votre esprit soit dans votre tête, et que vous ne le fouliez pas sous vos talons*[4]. C'est pourquoi il faut bien prendre

1. Épitaphe pour Midas, p. 334, IIe vol. d'Hom., édit., des Elzevirs. (Boil.)
2. Le Doryphore, petite statue. (Boil.)
3. Cet endroit est fort défectueux, et ce que l'auteur avait dit de ces figures manque tout entier. (Boil.)
4. Démosthène ou Hégésippe, de Halonèse, p. 21, édit. de Bâle. (Boil.)

garde jusqu'où toutes ces figures peuvent être poussées, parce que assez souvent, pour vouloir porter trop haut une hyperbole, on la détruit. C'est comme une corde d'arc, qui, pour être trop tendue, se relâche, et cela fait quelquefois un effet tout contraire à ce que nous cherchons.

Ainsi Isocrate dans son panégyrique[1], par une sotte ambition de ne vouloir rien dire qu'avec emphase, est tombé, je ne sais comment, dans une faute de petit écolier. Son dessein, dans ce panégyrique, c'est de faire voir que les Athéniens ont rendu plus de services à la Grèce que ceux de Lacédémone; et voici par où il débute : « Puisque « le discours a naturellement la vertu de rendre « les choses grandes petites, et les petites grandes; « qu'il sait donner les grâces de la nouveauté aux « choses les plus vieilles, et qu'il fait paraître « vieilles celles qui sont nouvellement faites ». Est-ce ainsi, dira quelqu'un, ô Isocrate! que vous allez changer toutes choses à l'égard des Lacédémoniens et des Athéniens ? En faisant de cette sorte l'éloge du discours, il fait proprement un exorde pour exhorter ses auditeurs à ne rien croire de ce qu'il leur va dire.

C'est pourquoi il faut supposer, à l'égard des hyperboles, ce que nous avons dit pour toutes les figures en général, que celles-là sont les meilleures qui sont entièrement cachées, et qu'on ne prend point pour des hyperboles. Pour cela donc, il faut avoir soin que ce soit toujours la passion qui les fasse produire au milieu de quelque grande circonstance, comme, par exemple, l'hyperbole de Thucydide[2] à propos des Athéniens qui périrent dans la Sicile : « Les Siciliens étant descendus en ce « lieu, ils y firent un grand carnage, de ceux sur- « tout qui s'étaient jetés dans le fleuve. L'eau fut « en un moment corrompue du sang de ces misé- « rables, et néanmoins, toute bourbeuse et toute « sanglante qu'elle était, ils se battaient pour en « boire ».

Il est assez peu croyable que des hommes boivent du sang et de la boue, et se battent même pour en boire, et toutefois la grandeur de la passion, au milieu de cette étrange circonstance, ne laisse pas de donner une apparence de raison à la chose. Il en est de même de ce que dit Hérodote[3] de ces Lacédémoniens qui combattirent au pas des Thermopyles : « Ils se défendirent encore quelque « temps[4] en ce lieu avec les armes qui leur res- « taient, et avec les mains et les dents, jusqu'à ce « que les barbares, tirant toujours, les eussent « comme ensevelis sous leurs traits ». Que dites-vous de cette hyperbole ? Quelle apparence que des hommes se défendent avec les mains et les dents contre des gens armés, et que tant de personnes soient ensevelies sous les traits de leurs ennemis? Cela ne laisse pas néanmoins d'avoir de la vraisemblance, parce que la chose ne semble pas recherchée pour l'hyperbole, mais que l'hyperbole semble naître du sujet même. En effet, pour ne me point départir de ce que j'ai dit, un remède infaillible pour empêcher que les hardiesses ne choquent, c'est de ne les employer que dans la passion et aux endroits à peu près qui semblent les demander. Cela est si vrai que, dans le comique, on dit des choses qui sont absurdes d'elles-mêmes, et qui ne laissent pas toutefois de passer pour vraisemblables à cause qu'elles émeuvent la passion, je veux dire qu'elles excitent à rire. En effet, le rire est une passion de l'âme, causée par le plaisir. Tel est ce trait d'un poète comique[1] : « Il possédait une « terre à la campagne, qui n'était pas plus grande « qu'une épître de Lacédémonien[2] ».

Au reste, on se peut servir de l'hyperbole, aussi bien pour diminuer les choses que pour les agrandir : car l'exagération est propre à ces deux différents effets, et le *diasyrme*[3], qui est une espèce d'hyperbole, n'est, à le bien prendre, que l'exagération d'une chose basse et ridicule.

CHAPITRE XXXII

De l'arrangement des paroles.

Des cinq parties qui produisent le grand, comme nous avons supposé d'abord, il reste encore la cinquième à examiner : c'est à savoir la composition et l'arrangement des paroles. Mais, comme nous avons déjà donné deux volumes de cette matière, où nous avons suffisamment expliqué tout ce qu'une longue spéculation nous en a pu apprendre, nous nous contenterons de dire ici ce que nous jugeons absolument nécessaire à notre sujet : comme, par exemple, que l'harmonie n'est pas simplement un agrément que la nature a mis dans la voix de l'homme[4], pour persuader et pour inspirer le plaisir; mais que, dans les instruments

---

1. Page 42, édit. de H. Estienne. (BOIL.)
2. Liv. VII, p. 65, édit. de H. Estienne. (BOIL.)
3. Liv. VII, p. 458, édit. de Francfort. (BOIL.)
4. Ce passage est fort clair. Cependant c'est une chose surprenante qu'il n'ait été entendu ni de Laurent Valle, qui a traduit Hérodote, ni des traducteurs de Longin, ni de ceux qui ont fait des notes sur cet auteur : tout cela, faute d'avoir pris garde que le verbe κατα- χόω veut quelquefois dire *enterrer*. Il faut voir les peines que se donne M. Lefèbvre pour restituer ce passage, auquel, bien du changement, il ne saurait trouver de sens qui s'accommode à Longin, prétendant que le texte d'Hérodote était corrompu dès le temps de notre rhéteur, et que cette beauté qu'un si savant critique y remarque est l'ouvrage d'un mauvais copiste qui a mêlé des paroles qui n'y étaient point. Je ne m'arrêterai point à réfuter un discours si peu vraisemblable. Le sens que j'ai trouvé est si clair et si infaillible, qu'il dit tout; et l'on ne saurait excuser le savant M. Dacier de ce qu'il dit contre Longin et contre moi dans sa note sur ce passage, que par le zèle, plus pieux que raisonnable, qu'il a eu de défendre le père de son illustre épouse. (BOIL.)

1. Voyez *Strabon*, liv. I, p 36, édit. de Paris. (BOIL.)
2. J'ai suivi la restitution de Casaubon. (BOIL.)
3. Διασυρμός. (BOIL.)
4. Les traducteurs n'ont point, à mon avis, conçu ce passage, qui sûrement doit être entendu dans mon sens, comme la suite du chapitre le fait assez connaître. Ἐνέργημα veut dire *un effet*, et non pas *un moyen* : n'est pas simplement un effet de la nature de l'homme. (BOIL.)

même inanimés, c'est un moyen merveilleux pour élever le courage, et pour émouvoir les passions[1].

Et de vrai, ne voyons-nous pas que le son des flûtes émeut l'âme de ceux qui l'écoutent, et les remplit de fureur, comme s'ils étaient hors d'eux-mêmes; que, leur imprimant dans l'oreille le mouvement de sa cadence, il les contraint de la suivre, et d'y conformer en quelque sorte le mouvement de leur corps? Et non-seulement le son des flûtes, mais presque tout ce qu'il y a de différents sons au monde, comme, par exemple, ceux de la lyre, font cet effet: car, bien qu'ils ne signifient rien d'eux-mêmes, néanmoins, par ces changements de tons qui s'entrechoquent les uns les autres, et par le mélange de leurs accords, souvent, comme nous voyons, ils causent à l'âme un transport et un ravissement admirable. Cependant ce ne sont que des images et de simples imitations de la voix, qui ne disent et ne persuadent rien; n'étant, s'il faut parler ainsi, que des sons bâtards, et non point, comme j'ai dit, des effets de la nature de l'homme. Que ne dirons-nous donc point de la composition, qui est, en effet, comme l'harmonie du discours, dont l'usage est naturel à l'homme, qui ne frappe pas simplement l'oreille, mais l'esprit; qui remue tout à la fois tant de différentes sortes de noms, de pensées, de choses, tant de beautés et d'élégances, avec lesquelles notre âme a une espèce de liaison et d'affinité; qui, par le mélange et la diversité des sons, insinue dans les esprits, inspire à ceux qui écoutent, les passions même de l'orateur, et qui bâtit, sur ce sublime amas de paroles, ce grand et ce merveilleux que nous cherchons? Pouvons-nous, dis-je, nier qu'elle ne contribue beaucoup à la grandeur, à la majesté, à la magnificence du discours, et à toutes ces autres beautés qu'elle renferme en soi; et qu'ayant un empire absolu sur les esprits, elle ne puisse en tout temps les ravir et les enlever? Il y aurait de la folie à douter d'une vérité si universellement reconnue, et l'expérience en fait foi[2].

Au reste il en est de même des discours que des corps, qui doivent ordinairement leur principale excellence à l'assemblage et à la juste proportion de leurs membres: de sorte même qu'encore qu'un membre séparé de l'autre n'ait rien en soi de remarquable, tous ensemble ne laissent pas de faire un corps parfait. Ainsi les parties du sublime étant divisées, le sublime se dissipe entièrement: au lieu que venant à ne former qu'un corps par l'assemblage qu'on en fait, et par cette liaison harmonieuse qui les joint, le seul tour de la période leur donne du son et de l'emphase. C'est pourquoi on peut comparer le sublime dans les périodes à un festin par écot, auquel plusieurs ont contribué. Jusque-là qu'on voit beaucoup de poëtes et d'écrivains qui, n'étant point nés au sublime, n'en ont jamais manqué néanmoins; bien que pour l'ordinaire ils se servissent de façons de parler basses, communes et fort peu élégantes. En effet, ils se soutiennent par ce seul arrangement de paroles, qui leur enfle et grossit en quelque sorte la voix: si bien qu'on ne remarque point leur bassesse. Philiste est de ce nombre. Tel est aussi Aristophane en quelques endroits, et Euripide en plusieurs, comme nous l'avons déjà suffisamment montré. Ainsi, quand Hercule dans cet auteur, après avoir tué ses enfants, dit:

Tant de maux à la fois sont entrés dans mon âme,
Que je n'y puis loger de nouvelles douleurs[1],

cette pensée est fort triviale. Cependant il la rend noble par le moyen de ce tour, qui a quelque chose de musical et d'harmonieux. Et certainement, pour peu que vous renversiez l'ordre de sa période, vous verrez manifestement combien Euripide est plus heureux dans l'arrangement de ses paroles que dans le sens de ses pensées. De même, dans sa tragédie intitulée *Dircé traînée par un taureau*:

Il tourne aux environs dans sa route incertaine;
Et, courant en tous lieux où sa rage le mène,
Traîne après soi la femme, et l'arbre et le rocher[2].

Cette pensée est fort noble à la vérité; mais il faut avouer que ce qui lui donne plus de force, c'est cette harmonie qui n'est point précipitée, ni emportée comme une masse pesante, mais dont les paroles se soutiennent les unes les autres, et où il y a plusieurs pauses. En effet, ces pauses sont comme au-

---

1. Il y a dans le grec μετ' ἐμψύχων καταλόγου : c'est ainsi qu'il faut lire; et non point ἐν ἐμψύχοις, etc. Ces paroles veulent dire : « qu'il est merveilleux de voir des instruments inanimés avoir en eux un charme pour émouvoir les passions, et pour inspirer la noblesse du courage ». Car c'est ainsi qu'il faut entendre ἐμψύχοις. En effet, il est certain que la trompette, qui est un instrument, sert à réveiller le courage dans la guerre. J'ai ajouté le mot d'*inanimés* pour éclaircir la pensée de l'auteur, qui est un peu obscure en cet endroit. Ἐμψύχων, absolument pris, veut dire *toutes sortes d'instruments musicaux et inanimés*, comme le prouve fort bien Henri Estienne. (Boil.)

2. L'auteur justifie ici sa pensée par une période de Démosthène, dont il fait voir l'harmonie et la beauté. Mais, comme ce qu'il en dit est entièrement attaché à la langue grecque, j'ai cru qu'il valait mieux le passer dans la traduction, et le renvoyer aux remarques, pour ne point effrayer ceux qui ne savent point le grec. En voici donc l'explication : « Ainsi cette pensée que Démosthène ajoute après la lecture de son décret paraît fort sublime, et est en effet merveilleuse. Ce décret, dit-il, a fait évanouir le péril qui environnait cette ville, comme un nuage qui se dissipe lui-même. Τοῦτο τὸ ψήφισμα τὸν τότε τῇ πόλει περιστάντα κίνδυνον παρελθεῖν ἐποίησεν, ὥσπερ νέφος. Mais il faut avouer que l'harmonie de la période ne cède point à la beauté de la pensée; car elle va toujours de trois en trois temps, comme si c'étaient tous dactyles, qui sont les pieds les plus nobles et les plus propres au sublime : et c'est pourquoi

* De Coronâ p. 340, édit. de Bâle.

le vers héroïque, qui est le plus beau de tous les vers, en est composé. En effet, si vous ôtez un mot de sa place, comme si vous mettiez Τοῦτο τὸ ψήφισμα ὥσπερ νέφος ἐποίησε τὸν τότε κίνδυνον παρελθεῖν, ou si vous en retranchez une seule syllabe, comme, ἐποίησε παρελθεῖν. Μετὰ δὲ ἠχοῦς, vous connaîtrez aisément combien l'harmonie contribue au sublime; car ces paroles, ὥσπερ νέφος, s'appuyant sur la première syllabe qui est longue, se prononcent à quatre reprises. De sorte que, si vous en ôtez une syllabe, ce retranchement fait que la période est tronquée. Que si au contraire vous en ajoutez une, comme παρελθεῖν ἐποίησεν ὥσπερ νέφος, c'est bien le même sens; mais ce n'est pas la même cadence, parce que la période s'arrêtant trop longtemps sur les dernières syllabes, le sublime, qui était auparavant serré, se relâche et s'affaiblit ». (Boil.)

1. *Hercule furieux*, v. 1245. (Boil.)
2. *Dircé*, ou *Antiope*, tragédie perdue. Voyez les *Fragments* de M. Barnès, p. 519. (Boil.)

tant de fondements solides sur lesquels son discours s'appuie et s'élève.

CHAPITRE XXXIII

De la mesure des périodes.

Au contraire, il n'y a rien qui rabaisse davantage le sublime que ces nombres rompus, et qui se prononcent vite, tels que sont les pyrrhiques, les trochées et les dichorées, qui ne sont bons que pour la danse. En effet, toutes ces sortes de pieds et de mesures n'ont qu'une certaine mignardise et un petit agrément, qui a toujours le même tour, et qui n'émeut point l'âme. Ce que j'y trouve de pire, c'est que, comme nous voyons que naturellement ceux à qui l'on chante un air ne s'arrêtent point au sens des paroles, et sont entraînés par le chant, de même ces paroles mesurées n'inspirent point à l'esprit les passions qui doivent naître du discours, et impriment simplement dans l'oreille le mouvement de la cadence. Si bien que, comme l'auditeur prévoit d'ordinaire cette chute qui doit arriver, il va au-devant de celui qui parle, et le prévient, marquant, comme en une danse, la chute avant qu'elle arrive.

C'est encore un vice qui affaiblit beaucoup le discours, quand les périodes sont arrangées avec trop de soin, ou quand les membres en sont trop courts, et ont trop de syllabes brèves, étant d'ailleurs comme joints et attachés ensemble avec des clous aux endroits où ils se désunissent. Il n'en faut pas moins dire des périodes qui sont trop coupées. Car il n'y a rien qui estropie davantage le sublime que de le vouloir comprendre dans un trop petit espace. Quand je défends néanmoins de trop couper les périodes, je n'entends pas parler de celles qui ont leur juste étendue, mais de celles qui sont trop petites, et comme mutilées. En effet, de trop couper son style, cela arrête l'esprit; au lieu que de le diviser en périodes, cela conduit le lecteur. Mais le contraire en même temps apparaît des périodes trop longues. Et toutes ces paroles recherchées pour allonger mal à propos un discours sont mortes et languissantes.

CHAPITRE XXXIV

De la bassesse des termes.

Une des choses encore qui avilit autant le discours, c'est la bassesse des termes. Ainsi nous voyons dans Hérodote[1] une description de tempête, qui est divine pour le sens; mais il y a mêlé des mots extrêmement bas, comme quand il dit : « La « mer commençant à bruire[1] ». Le mauvais son de ce mot *bruire* fait perdre à sa pensée une partie de ce qu'elle avait de grand. « Le vent, dit-il en un au- « tre endroit, les ballotta fort; et ceux qui furent « dispersés par la tempête firent une fin peu agréa- « ble ». Ce mot *ballotter* est bas, et l'épithète de *peu agréable* n'est point propre pour exprimer un accident comme celui-là.

De même l'historien Théopompus a fait une peinture de la descente du roi de Perse dans l'Égypte, qui est miraculeuse d'ailleurs[2] : mais il a tout gâté par la bassesse des mots qu'il y mêle. « Y a-t-il une « ville, dit cet historien, et une nation dans l'Asie, « qui n'ait envoyé des ambassadeurs au roi? Y a- « t-il rien de beau et de précieux qui croisse ou qui « se fabrique en ces pays, dont on ne lui ait fait « des présents? Combien de tapis et de vestes ma- « gnifiques, les unes rouges, les autres blanches, et « les autres historiées de couleurs? Combien de « tentes dorées et garnies de toutes les choses né- « cessaires pour la vie? Combien de robes et de lits « somptueux? Combien de vases d'or et d'argent « enrichis de pierres précieuses, ou artistement « travaillés? Ajoutez à cela un nombre infini d'ar- « mes étrangères et à la grecque; une foule incroya- « ble de bêtes de voiture, et d'animaux destinés « pour les sacrifices; des boisseaux remplis de tou- « tes les choses propres pour réjouir le goût[3]; des « armoires et des sacs pleins de papier, et de plu- « sieurs ustensiles; et une si grande quantité de « viandes salées de toutes sortes d'animaux, que « ceux qui les voyaient de loin pensaient que ce « fussent des collines qui s'élevassent de terre ».

De la plus haute élévation, il tombe dans la dernière bassesse, à l'endroit justement où il devait le plus s'élever. Car, mêlant mal à propos, dans la pompeuse description de cet appareil, des boisseaux, des ragoûts et des sacs, il semble qu'il fasse la peinture d'une cuisine. Et comme si quelqu'un avait toutes ces choses à arranger, et que parmi des tentes et des vases d'or, au milieu de l'argent et des diamants, il mît en parade des sacs et des boisseaux, cela ferait un vilain effet à la vue : il en est de même des mots bas dans le discours; et ce sont comme autant de taches et de marques honteuses qui flétrissent l'expression. Il n'avait qu'à détourner un peu la chose, et dire en général, à propos de ces montagnes de viandes salées, et du reste de cet appareil : Qu'on envoya au roi des chameaux et plusieurs bêtes de voiture chargées de toutes les choses nécessaires pour la bonne chère et pour le plaisir; ou des monceaux de viandes les plus exquises, et tout ce qu'on saurait imaginer de plus ragoûtant

---

1. Liv. VII, p. 446 et 448, édit. de Francfort. (BOIL.)

1. Il y a dans le grec *commençant à bouillonner*, κυδόντος; mais le mot de *bouillonner* n'a point de mauvais son en notre langue, et est au contraire agréable à l'oreille. Je me suis donc servi du mot *bruire*, qui est bas, et qui exprime le bruit que fait l'eau quand elle commence à bouillonner. (BOIL.)
2. Livre perdu. (BOIL.)
3. Voyez *Athénée*, liv. II, p. 67, édit. de Lyon. (BOIL.)

et de plus délicieux : ou, si vous voulez, tout ce que les officiers de table et de cuisine pouvaient souhaiter de meilleur pour la bouche de leur maître. Car il ne faut pas d'un discours fort élevé passer à des choses basses et de nulle considération, à moins qu'on n'y soit forcé par une nécessité bien pressante. Il faut que les paroles répondent à la majesté des choses dont on traite; et il est bon en cela d'imiter la nature, qui, en formant l'homme, n'a point exposé à la vue ces parties qu'il n'est pas honnête de nommer, et par où le corps se purge : mais, pour me servir des termes de Xénophon[1], « a caché et « détourné ces égouts le plus loin qu'il lui a été « possible, de peur que la beauté de l'animal n'en « fût souillée ». Mais il n'est pas besoin d'examiner de si près toutes les choses qui rabaissent le discours. En effet, puisque nous avons montré ce qui sert à l'élever et l'ennoblir, il est aisé de juger qu'ordinairement le contraire est ce qui l'avilit et le fait ramper.

CHAPITRE XXXV

Des causes de la décadence des esprits.

Il ne reste plus, mon cher Térentianus, qu'une chose à examiner. C'est la question que fit il y a quelques jours un philosophe. Car il est bon de l'éclaircir; et je veux bien, pour votre satisfaction particulière, l'ajouter encore à ce traité.

Je ne saurais assez m'étonner, me disait ce philosophe, non plus que beaucoup d'autres, d'où vient que, dans notre siècle, il se trouve assez d'orateurs qui savent manier un raisonnement, et qui ont même le style oratoire; qu'il s'en voit, dis-je, plusieurs qui ont de la vivacité, de la netteté, et surtout de l'agrément dans leurs discours; mais qu'il s'en rencontre si peu qui puissent s'élever fort haut dans le sublime : tant la stérilité maintenant est grande parmi les esprits! N'est-ce point, poursuivait-il, ce qu'on dit ordinairement, que c'est le gouvernement populaire qui nourrit et forme les grands génies, puisque enfin jusqu'ici tout ce qu'il y a presque eu d'orateurs habiles ont fleuri et sont morts avec lui ? En effet, ajoutait-il, il n'y a peut-être rien qui élève davantage l'âme des grands hommes que la liberté, ni qui excite et réveille plus puissamment en nous ce sentiment naturel qui nous porte à l'émulation, et cette noble ardeur de se voir élevé au-dessus des autres. Ajoutez que les prix qui se proposent dans les républiques aiguisent, pour ainsi dire, et achèvent de polir l'esprit des orateurs, leur faisant cultiver avec soin les talents qu'ils ont reçus de la nature. Tellement qu'on voit briller dans leurs discours la liberté de leur pays.

[1]. Liv. I des *Mémorables*, p. 726, édit. de Leuncl. (Boil.)

Mais nous, continuait-il, qui avons appris dès nos premières années à souffrir le joug d'une domination légitime, qui avons été comme enveloppés par les coutumes et les façons de faire de la monarchie, lorsque nous avions encore l'imagination tendre et capable de toutes sortes d'impressions ; en un mot, qui n'avons jamais goûté de cette vive et féconde source de l'éloquence, je veux dire de la liberté : ce qui arrive ordinairement de nous, c'est que nous nous rendons de grands et magnifiques flatteurs. C'est pourquoi il estimait, disait-il, qu'un homme même né dans la servitude était capable des autres sciences : mais que nul esclave ne pouvait jamais être orateur. Car un esprit, continuait-il, abattu et comme dompté par l'accoutumance au joug, n'oserait plus s'enhardir à rien. Tout ce qu'il avait de vigueur s'évapore de soi-même, et il demeure toujours comme en prison. En un mot, pour me servir des termes d'Homère[1]

Le même jour qui met un homme libre aux fers
Lui ravit la moitié de sa vertu première.

De même donc que, si ce qu'on dit est vrai, ces boîtes où l'on renferme les Pygmées, vulgairement appelés Nains, les empêchent non-seulement de croître, mais les rendent même plus petits, par le moyen de cette bande dont on leur entoure le corps : ainsi la servitude, je dis la servitude la plus justement établie, est une espèce de prison où l'âme décroît et se rapetisse en quelque sorte. Je sais bien qu'il est fort aisé à l'homme, et que c'est son naturel, de blâmer toujours les choses présentes : mais prenez garde que [2]... Et certainement, poursuivis-je, si les délices d'une trop longue paix sont capables de corrompre les plus belles âmes, cette guerre sans fin, qui trouble depuis si longtemps toute la terre, n'est pas un moindre obstacle à nos désirs.

Ajoutez à cela ces passions qui assiègent continuellement notre vie, et qui portent dans notre âme la confusion et le désordre. En effet, continuai-je, c'est le désir des richesses dont nous sommes tous malades par excès ; c'est l'amour des plaisirs, qui, à bien parler, nous jette dans la servitude, et, pour mieux dire, nous traîne dans le précipice où tous nos talents sont comme engloutis. Il n'y a point de passion plus basse que l'avarice ; il n'y a point de vice plus infâme que la volupté. Je ne vois donc pas comment ceux qui font si grand cas des richesses, et qui s'en font comme une espèce de divinité, pourraient être atteints de cette maladie sans recevoir en même temps avec elle tous les maux dont elle est naturel-

[1]. *Odyss.*, liv. XVII, v. 322. (Boil.)
[2]. Il y a beaucoup de choses qui manquent en cet endroit : après plusieurs autres raisons de la décadence des esprits qu'apportait ce philosophe introduit ici par Longin, notre auteur vraisemblablement reprenait la parole, et en établissait de nouvelles causes : c'est à savoir la guerre, qui était alors par toute la terre, et l'amour du luxe, comme la suite le fait assez connaître. (Boil.)

lement accompagnée. Et certainement la profusion, et les autres mauvaises habitudes, suivent de près les richesses excessives : elles marchent, pour ainsi dire, sur leurs pas, et, par leur moyen, elles ouvrent les portes des villes et des maisons; elles y entrent, et elles s'y établissent. Mais à peine y ont-elles séjourné quelque temps, qu'elles y *font leur nid,* suivant la pensée des sages, et travaillent à se multiplier. Voyez donc ce qu'elles y produisent. Elles y engendrent le faste et la mollesse, qui ne sont point des enfants bâtards, mais leurs vraies et légitimes productions. Que si nous laissons une fois croître en nous ces dignes enfants des richesses, ils y auront bientôt fait éclore l'insolence, le déréglement, l'effronterie, et tous ces autres impitoyables tyrans de l'âme.

Sitôt donc qu'un homme, oubliant le soin de la vertu, n'a plus d'admiration que pour les choses frivoles et périssables, il faut de nécessité que tout ce que nous avons dit arrive en lui : il ne saurait plus lever les yeux pour regarder au-dessus de soi, ni rien dire qui passe le commun : il se fait en peu de temps une corruption générale dans toute son âme. Tout ce qu'il avait de noble et de grand se flétrit et se sèche de soi-même, et n'attire plus que le mépris.

Et comme il n'est pas possible qu'un juge qu'on a corrompu juge sainement et sans passion de ce qui est juste et honnête, parce qu'un esprit qui s'est laissé gagner aux présents ne connaît de juste et d'honnête que ce qui lui est utile, comment voudrions-nous que dans ce temps, où la corruption règne sur les mœurs et sur les esprits de tous les hommes, où nous ne songeons qu'à attraper la succession de celui-ci, qu'à tendre des piéges à cet autre pour nous faire écrire dans son testament, qu'à tirer un infâme gain de toutes choses, vendant pour cela jusqu'à notre âme, misérables esclaves de nos propres passions; comment, dis-je, se pourrait-il faire que, dans cette contagion générale, il se trouvât un homme sain de jugement et libre de passion, qui, n'étant point aveuglé ni séduit par l'amour du gain, pût discerner ce qui est véritablement grand et digne de la postérité ? En un mot, étant tous faits de la manière que j'ai dit, ne vaut-il pas mieux qu'un autre nous commande, que de demeurer en notre propre puissance, de peur que cette rage insatiable d'acquérir, comme un furieux qui a rompu ses fers, et qui se jette sur ceux qui l'environnent, n'aille porter le feu aux quatre coins de la terre? Enfin, lui dis-je, c'est l'amour du luxe qui est cause de cette fainéantise où tous les esprits, excepté un petit nombre, croupissent aujourd'hui. En effet, si nous étudions quelquefois, on peut dire que c'est comme des gens qui relèvent de maladie, pour le plaisir, et pour avoir lieu de nous vanter, et non point par une noble émulation, et pour en tirer quelque profit louable et solide. Mais c'est assez parlé là-dessus. Venons maintenant aux passions, dont nous avons promis de faire un traité à part. Car, à mon avis, elles ne sont pas un des moindres ornements du discours, surtout pour ce qui regarde le sublime.

RÉFLEXIONS CRITIQUES [1]

SUR QUELQUES PASSAGES

DU RHÉTEUR LONGIN

Où, par occasion, on répond à plusieurs objections de M. P****[2], contre Homère et contre Pindare, et, tout nouvellement, à la dissertation de M. Leclerc contre Longin, et à quelques critiques faites contre M. Racine.

RÉFLEXION I

« Mais c'est à la charge, mon cher Térentianus, que nous reverrons ensemble exactement mon ouvrage, et que vous m'en direz votre sentiment avec cette sincérité que nous devons naturellement à nos amis. »

Paroles de Longin, chap. I.

Longin nous donne ici, par son exemple, un des plus importants préceptes de la rhétorique qui est de consulter nos amis sur nos ouvrages, et de les accoutumer de bonne heure à ne nous point flatter. Horace et Quintilien nous donnent le même conseil en plusieurs endroits; et Vaugelas [3], le plus sage, à mon avis, des écrivains de notre langue, confesse que c'est à cette salutaire pratique qu'il doit ce qu'il y a de meilleur dans ses écrits. Nous avons beau être éclairés par nous-mêmes : les yeux d'autrui voient toujours plus loin que nous dans nos défauts; et un esprit médiocre fera quelquefois apercevoir le plus habile homme d'une méprise qu'il ne voyait pas. On dit

---

1. Dans l'édition de 1713 ces *Réflexions* précèdent le *Traité du Sublime,* et sont accompagnées de l'*Avis aux lecteurs* suivant :
« On a jugé à propos de mettre ces *Réflexions* avant la traduction du *Sublime* de Longin, parce qu'elles n'en sont point une suite, faisant elles-mêmes un corps de critique à part, qui n'a aucun rapport avec cette traduction, et que d'ailleurs, si on les avait mises à la suite de Longin, on les aurait pu confondre avec les notes grammaticales qui y sont, et qu'il n'y a ordinairement que les savants qui lisent; au lieu que ces *Réflexions* sont propres à être lues de tout le monde, et même des femmes; témoin plusieurs dames de mérite qui les ont lues avec un très-grand plaisir, ainsi qu'elles me l'ont assuré elles-mêmes ».
2. Perrault.
3. *Claude Favre,* seigneur de *Vaugelas,* baron de *Péroges,* et l'un des premiers membres de l'Académie française, était de Bourg en Bresse, aussi bien que son père Antoine Favre, premier président du sénat de Chambéri, mort en 1637. Vaugelas fut longtemps gentilhomme ordinaire, et puis chambellan de M. Gaston. Sur la fin de sa vie, il fut gouverneur des enfants du prince Thomas de Savoie. Il a conservé un rang distingué parmi nos grammairiens; et l'on ne peut nier qu'il n'ait rendu de grands services à notre langue, quoiqu'il se soit souvent trompé dans ses *Remarques.* Sa traduction de Quinte-Curce a longtemps passé pour la plus parfaite des traductions françaises. Vaugelas mourut à la fin de 1649, ou au commencement de 1650, âgé d'environ soixante-cinq ans.

que Malherbe consultait sur ses vers jusqu'à l'oreille de sa servante; et je me souviens que Molière m'a montré aussi plusieurs fois une vieille servante [1] qu'il avait chez lui, à qui il lisait, disait-il, quelquefois ses comédies; et il m'assurait que, lorsque des endroits de plaisanterie ne l'avaient point frappée, il les corrigeait, parce qu'il avait plusieurs fois éprouvé sur son théâtre que ces endroits n'y réussissaient point. Ces exemples sont un peu singuliers, et je ne voudrais pas conseiller à tout le monde de les imiter. Ce qui est de certain, c'est que nous ne saurions trop consulter nos amis.

Il paraît néanmoins que M. P*** n'est pas de ce sentiment. S'il croyait ses amis, on ne les verrait pas tous les jours dans le monde nous dire, comme ils font : « M. P*** est de mes amis, et c'est un fort
« honnête homme ; je ne sais pas comment il s'est
« allé mettre en tête de heurter si lourdement la
« raison, en attaquant dans ses Parallèles tout ce
« qu'il y a de livres anciens estimés et estimables.
« Veut-il persuader à tous les hommes que depuis
« deux mille ans ils n'ont pas eu le sens commun ?
« Cela fait pitié. Aussi se garde-t-il bien de nous
« montrer ses ouvrages. Je souhaiterais qu'il se
« trouvât quelque honnête homme qui lui voulût
« sur cela charitablement ouvrir les yeux ».

Je veux bien être cet homme charitable. M. P*** m'a prié de si bonne grâce lui-même de lui montrer ses erreurs, qu'en vérité je ferais conscience de ne lui pas donner sur cela quelque satisfaction. J'espère donc de lui en faire voir plus d'une dans le cours de ces remarques. C'est la moindre chose que je lui dois, pour reconnaître les grands services que feu monsieur son frère le médecin [2] m'a, dit-il, rendus, en me guérissant de deux grandes maladies. Il est certain pourtant que monsieur son frère ne fut jamais mon médecin. Il est vrai que, lorsque j'étais encore tout jeune, étant tombé malade d'une fièvre assez peu dangereuse, une de mes parentes, chez qui je logeais, et dont il était médecin, me l'amena, et qu'il fut appelé deux ou trois fois en consultation par le médecin qui avait soin de moi. Depuis, c'est-à-dire trois ans après, cette même parente me l'amena une seconde fois, et me força de le consulter sur une difficulté de respirer que j'avais alors, et que j'ai encore. Il me tâta le pouls, et me trouva la fièvre, que sûrement je n'avais point. Cependant il me conseilla de me faire saigner du pied, remède assez bizarre pour l'asthme dont j'étais menacé. Je fus toutefois assez fou pour faire son ordonnance dès le soir même. Ce qui arriva de cela, c'est que ma difficulté de respirer ne diminua point ; et que, le lendemain, ayant marché mal à propos, le pied m'enfla de telle sorte, que j'en fus trois semaines dans le lit. C'est là toute la cure qu'il m'a jamais faite, que je prie Dieu de lui pardonner en l'autre monde [1].

Je n'entendis plus parler de lui depuis cette belle consultation, sinon lorsque mes Satires parurent, qu'il me revint de tous côtés que, sans que j'en aie jamais pu savoir la raison, il se déchaînait à outrance contre moi, ne m'accusant pas simplement d'avoir écrit contre des auteurs, mais d'avoir glissé dans mes ouvrages des choses dangereuses, et qui regardaient l'État. Je n'appréhendais guère ces calomnies, mes satires n'attaquant que les méchants livres, et étant toutes pleines des louanges du roi, et ces louanges mêmes en faisant le plus bel ornement. Je fis néanmoins avertir monsieur le médecin qu'il prît garde à parler avec un peu plus de retenue; mais cela ne servit qu'à l'aigrir encore davantage. Je m'en plaignis même alors à monsieur son frère l'académicien, qui ne me jugea pas digne de réponse. J'avoue que c'est ce qui me fit faire dans mon Art poétique [2] la métamorphose du médecin de Florence en architecte; vengeance assez médiocre de toutes les infamies que ce médecin avait dites de moi. Je ne nierai pas cependant qu'il ne fût homme de très-grand mérite, et fort savant, surtout dans les matières de physique. Messieurs de l'Académie des sciences néanmoins ne conviennent pas tous de l'excellence de sa traduction de Vitruve, ni de toutes les choses avantageuses que monsieur son frère rapporte de lui. Je puis même nommer un des plus célèbres de l'Académie d'architecture [3], qui s'offre de lui faire voir, quand il voudra, papier sur table, que c'est le dessin du fameux monsieur Le Vau [4] qu'on a suivi dans la façade du Louvre; et qu'il n'est point vrai que ni ce grand ouvrage d'architecture, ni l'Observatoire, ni l'arc de triomphe, soient des ouvrages d'un médecin de la faculté. C'est une querelle que je leur laisse démêler entre eux, et où je déclare que je ne prends aucun intérêt; mes vœux même, si j'en fais quelques-uns, étant pour le médecin. Ce qu'il y a de vrai, c'est que ce médecin était du même goût que monsieur son frère sur les anciens, et qu'il avait pris en haine, aussi bien que lui, tout ce qu'il y a de grands personnages dans l'antiquité. On assure que ce fut lui qui composa cette belle défense de l'opéra d'Alceste, où, voulant tourner Euripide en ridicule, il fit ces étranges bévues que monsieur Racine a si bien relevées dans la préface de son Iphigénie. C'est donc de lui, et d'un autre frère [5] encore qu'ils avaient,

---

1. Nommée *la Forêt*. Un jour Molière, pour éprouver le goût de cette servante, lui lut quelques scènes d'une pièce qu'il disait être de lui, mais qui était du comédien Brécourt. La servante ne prit point le change, et après avoir ouï quelques unes, elle soutint que son maître n'avait pas fait cet ouvrage. (BROSSETTE.)
2. Claude Perrault, de l'Académie des sciences.

1. Claude Perrault était mort en 1688, cinq ans avant la publication des premières *Réflexions*.
2. Chant IV, v. 1 et suiv.
3. M. d'Orbay. (DOCT.) — Il était Parisien, élève de Le Vau, et mourut en 1689.
4. Louis Le Vau, premier architecte du roi, a eu la direction des bâtiments royaux depuis l'année 1653 jusqu'en 1670.
5. Pierre Perrault.

grand onnemi comme eux de Platon, d'Euripide et de tous autres bons auteurs, que j'ai voulu parler quand j'ai dit qu'il y avait de la bizarrerie d'esprit dans leur famille [1], que je reconnais d'ailleurs pour une famille pleine d'honnêtes gens, et où il y en a même plusieurs, je crois, qui souffrent Homère et Virgile.

On me pardonnera si je prends encore ici l'occasion de désabuser le public d'une autre fausseté que M. P*** a avancée dans la lettre bourgeoise qu'il m'a écrite, et qu'il a fait imprimer, où il prétend qu'il a autrefois beaucoup servi à un de mes frères [2] auprès de monsieur Colbert, pour lui faire avoir l'agrément de la charge de contrôleur de l'argenterie. Il allègue pour preuve que mon frère, depuis qu'il eut cette charge, venait tous les ans lui rendre une visite, qu'il appelait de devoir, et non pas d'amitié. C'est une vanité dont il est aisé de faire voir le mensonge, puisque mon frère mourut dans l'année qu'il obtint cette charge, qu'il n'a possédée, comme tout le monde le sait, que quatre mois ; et que même, en considération de ce qu'il n'en avait point joui, mon autre frère [3], pour qui nous obtînmes l'agrément de la même charge, ne paya point le marc d'or, qui montait à une somme assez considérable. Je suis honteux de conter de si petites choses au public ; mais mes amis m'ont fait entendre que, ces reproches de M. P*** regardant l'honneur, j'étais obligé d'en faire voir la fausseté.

RÉFLEXION II

« Notre esprit, même dans le sublime, a besoin d'une méthode « pour lui enseigner à ne dire que ce qu'il faut et à le dire en « son lieu. »

Paroles de Longin, chap. II.

Cela est si vrai, que le sublime hors de son lieu non-seulement n'est pas une belle chose, mais devient quelquefois une grande puérilité. C'est ce qui est arrivé à Scudéri [4] dès le commencement de son poëme d'Alaric, lorsqu'il dit :

Je chante le vainqueur des vainqueurs de la terre.

Ce vers est assez noble, et est peut-être le mieux tourné de tout son ouvrage ; mais il est ridicule de crier si haut, et de promettre de si grandes choses dès le premier vers. Virgile aurait bien pu dire, en commençant son Énéide : « Je chante ce fameux « héros fondateur d'un empire qui s'est rendu « maître de toute la terre. » On peut croire qu'un aussi grand maître que lui aurait aisément trouvé des expressions pour mettre cette pensée en son jour ; mais cela aurait senti son déclamateur. Il s'est contenté de dire : « Je chante cet homme « rempli de piété, qui, après bien des travaux, « aborda en Italie ». Un exorde doit être simple et sans affectation. Cela est aussi vrai dans la poésie que dans les discours oratoires, parce que c'est une règle fondée sur la nature, qui est la même partout ; et la comparaison du frontispice d'un palais, que M. P*** allègue pour [1] défendre ce vers d'Alaric, n'est point juste. Le frontispice d'un palais doit être orné, je l'avoue ; mais l'exorde n'est point le frontispice d'un poëme. C'est plutôt une avenue, une avant-cour, qui y conduit, et d'où on le découvre. Le frontispice fait une partie essentielle du palais, et on ne le saurait ôter qu'on n'en détruise toute la symétrie. Mais un poëme subsistera fort bien sans exorde ; et même nos romans, qui sont des espèces de poëmes, n'ont point d'exorde.

Il est donc certain qu'un exorde ne doit point trop promettre, et c'est sur quoi j'ai attaqué le vers d'Alaric, à l'exemple d'Horace, qui a aussi attaqué dans le même sens le début du poëme d'un Scudéri de son temps qui commençait par :

Fortunam Priami cantabo, et nobile bellum.

« Je chanterai les diverses fortunes de Priam, et toute « la noble Guerre de Troie ».

Car le poëte, par ce début, promettait plus que l'Iliade et l'Odyssée ensemble. Il est vrai que, par occasion, Horace se moque aussi fort plaisamment de l'épouvantable ouverture de bouche qui se fait en prononçant ce futur *cantabo* ; mais au fond, c'est de trop promettre qu'il accuse ce vers. On voit donc où se réduit la critique de M. P***, qui suppose que j'ai accusé le vers d'Alaric d'être mal tourné, et qui n'a entendu ni Horace, ni moi. Au reste, avant que de finir cette remarque il trouvera bon que je lui apprenne qu'il n'est pas vrai que l'*e* de *cano*, dans *arma virumque cano*, se doive prononcer comme l'*a* de *cantabo* ; et que c'est une erreur qu'il a sucée dans le collége, où l'on a cette mauvaise méthode de prononcer les brèves, dans les dyssyllabes latins, comme si c'étaient des longues. Mais c'est un abus qui n'empêche pas le bon mot d'Horace : car il a écrit pour des Latins, qui savaient prononcer leur langue, et non pas pour des Français.

RÉFLEXION III

« Il était enclin naturellement à reprendre les vices des autres, « quoique aveugle pour ses propres défauts. »
Paroles de Longin, chap. III.

Il n'y a rien de plus insupportable qu'un auteur médiocre qui, ne voyant point ses propres défauts,

---

1. Voyez le *Discours sur l'Ode*.
2. Gilles Boileau.
3. Pierre Boileau de Puimorin.
4. Voyez l'*Art poétique*, ch. III.

1. *Parallèles des Anciens et des Modernes*, t. III, p. 207.

veut trouver des défauts dans tous les plus habiles écrivains : mais c'est encore bien pis, lorsque, accusant ces écrivains de fautes qu'ils n'ont point faites, *il fait lui-même des fautes, et tombe dans des ignorances grossières*. C'est ce qui était arrivé quelquefois à Timée et ce qui arrive toujours à M. P***.

Il commence la censure qu'il fait d'Homère par la chose du monde la plus fausse [1], qui est que beaucoup d'excellents critiques soutiennent qu'il n'y a jamais eu au monde un homme nommé Homère, qui ait composé l'Iliade et l'Odyssée ; et que ces deux poëmes ne sont qu'une collection de plusieurs petits poëmes de différents auteurs, qu'on a joints ensemble. Il n'est point vrai que jamais personne ait avancé, au moins sur le papier, une pareille extravagance ; et Élien, que M. P*** cite pour son garant, dit positivement le contraire, comme nous le ferons voir dans la suite de cette remarque.

Tous ces *excellents critiques* donc se réduisent à feu M. l'abbé d'Aubignac, qui avait, à ce que prétend M. P***, préparé des mémoires pour prouver ce beau paradoxe. J'ai connu M. l'abbé d'Aubignac : il était homme de beaucoup de mérite, et fort habile en matière de poétique, bien qu'il sût médiocrement le grec. Je suis sûr qu'il n'a jamais conçu un si étrange dessein, à moins qu'il ne l'ait conçu les dernières années de sa vie, où l'on sait qu'il était tombé en une espèce d'enfance. Il savait trop qu'il n'y eut jamais deux poëmes si bien suivis et si bien liés que l'Iliade et l'Odyssée, ni où le même génie éclate davantage partout, comme tous ceux qui les ont lus en conviennent. M. P*** prétend néanmoins qu'il y a de fortes conjectures pour appuyer le prétendu paradoxe de cet abbé ; et ces *fortes conjectures* se réduisent à deux, dont l'une est qu'on ne sait point la ville qui a donné naissance à Homère; l'autre est que ses ouvrages s'appellent rhapsodies, mot qui veut dire un amas de chansons cousues ensemble : d'où il conclut que les ouvrages d'Homère sont des pièces ramassées de différents auteurs, bien qu'on ne sache point le temps où ils vivaient ! témoins Quinte-Curce, Pétrone, etc. A l'égard du mot de rhapsodies, on étonnerait peut-être bien M. P***, si on lui faisait voir que ce mot ne vient point de ῥάπτειν, qui signifie *joindre, coudre ensemble*; mais de ῥάβδος, qui veut dire une branche ; et que les livres de l'Iliade et de l'Odyssée ont été ainsi appelés parce qu'il y avait autrefois des gens qui les chantaient, une branche de laurier à la main, et qu'on appelait, à cause de cela, les *chantres de la branche*, ῥαβδῳδούς.

La plus commune opinion pourtant est que ce mot vient de ῥάπτειν ᾠδάς, et que *rhapsodie* veut dire un amas de vers d'Homère qu'on chantait, y ayant des gens qui gagnaient leur vie à les chanter, et non pas à les composer, comme notre censeur se le veut bizarrement persuader. Il n'y a qu'à lire sur cela Eustathius. Il n'est donc pas surprenant qu'aucun autre poëte qu'Homère n'ait intitulé ses vers rhapsodies, parce qu'il n'y a jamais eu proprement que les vers d'Homère qu'on ait chantés de la sorte. Il paraît néanmoins que ceux qui, dans la suite, ont fait de ces parodies qu'on nommait *centons* d'Homère [1], ont aussi nommé ces centons *rhapsodies*; et c'est peut-être ce qui a rendu le mot de rhapsodie odieux en français, où il veut dire un amas de méchantes pièces recousues. Je viens maintenant au passage d'Élien, que cite M. P***; et, afin qu'en faisant voir sa méprise et sa mauvaise foi sur ce passage, il ne m'accuse pas, à son ordinaire, de lui imposer, je vais rapporter ses propres mots. Les voici [2] : « Élien, dont le témoignage n'est pas fri-
« vole, dit formellement [3] que l'opinion des anciens
« critiques était qu'Homère n'avait jamais composé
« l'Iliade et l'Odyssée que par morceaux, sans unité
« de dessein ; et qu'il n'avait point donné d'autres
« noms à ces diverses parties, qu'il avait composées
« sans ordre et sans arrangement dans la chaleur
« de son imagination, que les noms des matières
« dont il traitait : qu'il avait intitulé la Colère d'A-
« chille, le chant qui a été le premier livre de l'I-
« liade ; le Dénombrement des vaisseaux, celui qui
« est devenu le second livre ; le Combat de Pâris et
« de Ménélas, celui dont on a fait le troisième ; et
« ainsi des autres. Il ajoute que Lycurgue de Lacé-
« démone fut le premier qui apporta d'Ionie dans
« la Grèce ces diverses parties séparées les unes
« des autres ; et que ce fut Pisistrate qui les arran-
« gea comme je viens de dire, et qui fit les deux
« poëmes de l'Iliade et de l'Odyssée, en la manière
« que nous les voyons aujourd'hui, de vingt-quatre
« livres chacun, en l'honneur des vingt-quatre let-
« tres de l'alphabet ».

A en juger par la hauteur dont M. P*** étale ici toute cette belle érudition, pourrait-on soupçonner qu'il n'y a rien de tout cela dans Élien ? Cependant il est très-véritable qu'il n'y en a pas un mot, Élien ne disant autre chose, sinon que les œuvres d'Homère, qu'on avait complétées en Ionie, ayant couru d'abord par pièces détachées dans la Grèce, où on les chantait sous différents titres, elles furent enfin apportées tout entières d'Ionie par Lycurgue, et données au public par Pisistrate, qui les revit. Mais, pour faire voir que je dis vrai, il faut rapporter ici les propres termes d'Élien : « Les poésies d'Homère,
« dit cet auteur [4], courant d'abord en Grèce par

---

1. *Parallèles*, t. III, p. 2 et suiv. (BOIL.)

1. Ὁμηρόκεντρα. (BOIL.)
2. *Parallèles* de M. P***, t. III. (BOIL.)
3. Voyez Élien, V. H. XIII, ch. XIV.
4. Livre XIII des *Histoires diverses*, chap. XIV. (BOIL.)

« pièces détachées, étaient chantées chez les an-
« ciens Grecs sous de certains titres qu'ils leur don-
« naient. L'une s'appelait *le Combat proche des*
« *vaisseaux*; l'autre, *Dolon surpris*; l'autre, *la Va-*
« *leur d'Agamemnon*; l'autre, *le Dénombrement des*
« *vaisseaux*; l'autre, *la Patroclée*; l'autre, *le corps*
« *d'Hector racheté*; l'autre, *les Combats faits en l'hon-*
« *neur de Patrocle*; l'autre, *les Serments violés*. C'est
« ainsi à peu près que se distribuait l'Iliade. Il en
« était de même des parties de l'Odyssée : l'une s'ap-
« pelait *le Voyage à Pyle*; l'autre, *le Passage à Lacé-*
« *démone*; *l'antre de Calypso*; *le Vaisseau*; *la Fable*
« *d'Alcinoüs*; *le Cyclope*; *la Descente aux Enfers*; *les*
« *Bains de Circé*; *le Meurtre des amants de Pénélope*;
« *la visite rendue à Laërte dans son champ*, etc. Ly-
« curgue, Lacédémonien, fut le premier qui,
« venant d'Ionie, apporta assez tard en Grèce
« toutes les œuvres complètes d'Homère; et Pisis-
« trate, les ayant ramassées ensemble dans un vo-
« lume, fut celui qui donna au public l'Iliade et
« l'Odyssée, en l'état où nous les avons ». Y a-t-il
là un seul mot dans le sens que lui donne M. P***?
Où Élien dit-il formellement que l'opinion des anciens critiques était qu'Homère n'avait composé
l'Iliade et l'Odyssée que par morceaux, et qu'il n'a-
vait point donné d'autres noms à ces diverses parties, qu'il avait composées sans ordre et sans arrangement dans la chaleur de son imagination, que
les noms des matières dont il traitait? Est-il seulement là parlé de ce qu'a fait ou pensé Homère en
composant ses ouvrages? Et tout ce qu'Élien avance
ne regarde-t-il pas simplement ceux qui chantaient
en Grèce les poésies de ce divin poëte, et qui en
savaient par cœur beaucoup de pièces détachées,
auxquelles ils donnaient les noms qu'il leur plaisait,
ces pièces y étant toutes longtemps même avant
l'arrivée de Lycurgue? Où est-il parlé que Pisistrate
fit l'Iliade et l'Odyssée? Il est vrai que le traducteur latin a mis *confecit*. Mais, outre que *confecit* en
cet endroit ne veut point dire *fit*, mais *ramassa*, cela
est fort mal traduit; il y a dans le grec ἀπέφηνε, qui
signifie « les montra, les fit voir au public ». Enfin, bien loin de faire tort à la gloire d'Homère, y
a-t-il rien de plus honorable pour lui que ce passage d'Élien, où l'on voit que les ouvrages de ce
grand poëte avaient déjà couru en Grèce dans
la bouche de tous les hommes, qui en faisaient leurs
délices, et se les apprenaient les uns aux autres; et
qu'ensuite ils furent donnés complets au public par
un des plus galants hommes de son siècle, je veux
dire par Pisistrate, celui qui se rendit maître d'A-
thènes? Eustathius cite encore, outre Pisistrate,
deux des plus fameux grammairiens d'alors[1], qui
contribuèrent, dit-il, à ce travail; de sorte qu'il n'y
a peut-être point d'ouvrages de l'antiquité qu'on
soit si sûr d'avoir complets et en bon ordre que l'I-
liade et l'Odyssée. Ainsi voilà plus de vingt bévues
que M. P*** a faites sur le seul passage d'Élien. Cependant c'est sur ce passage qu'il fonde toutes les
absurdités qu'il dit d'Homère. Prenant de là occasion de traiter de haut en bas l'un des meilleurs livres de poétique qui, du consentement de tous les
honnêtes gens, aient été faits en notre langue,
c'est à savoir le Traité du poëme épique du père le
Bossu, et où ce savant religieux fait si bien voir l'u-
nité, la beauté et l'admirable construction des poëmes de l'Iliade, de l'Odyssée et de l'Énéide, M. P***
sans se donner la peine de réfuter toutes les choses solides que ce père a écrites sur ce sujet, se contente de le traiter d'homme à chimères et à visions
creuses. On me permettra d'interrompre ici ma remarque pour lui demander de quel droit il parle
avec ce mépris d'un auteur approuvé de tout le
monde, lui qui trouve si mauvais que je me sois
moqué de Chapelain et de Cotin, c'est-à-dire de
deux auteurs universellement décriés. Ne se souvient-il point que le père le Bossu est un auteur
moderne, et un auteur moderne excellent? Assurément il s'en souvient, et c'est vraisemblablement
ce qui le lui rend insupportable; car ce n'est pas
simplement aux anciens qu'en veut M. P***, c'est à
tout ce qu'il y a jamais eu d'écrivains d'un mérite
élevé dans tous les siècles, et même dans le nôtre;
n'ayant d'autre but que de placer, s'il lui était possible, sur le trône des belles-lettres ses chers amis,
les auteurs médiocres, afin d'y trouver sa place
avec eux. C'est dans cette vue qu'en son dernier
dialogue il a fait cette belle apologie de Chapelain,
poëte à la vérité un peu dur dans ses expressions,
et dont il ne fait point, dit-il, son héros, mais qu'il
trouve pourtant beaucoup plus sensé qu'Homère et
que Virgile, et qu'il met du moins au même rang
que le Tasse, affectant de parler de la *Jérusalem
délivrée* et de *la Pucelle* comme de deux ouvrages
modernes qui ont la même cause à soutenir
contre les poëmes anciens.

Que s'il loue en quelques endroits Malherbe, Racine, Molière et Corneille, et s'il les met au-dessus
de tous les anciens, qui ne voit que ce n'est qu'afin
de les mieux avilir dans la suite, et pour rendre
plus complet le triomphe de M. Quinault, qu'il met
beaucoup au-dessus d'eux, et « qui est, dit-il en
« propres termes, le plus grand poëte pour la
« France ait jamais eu, pour le lyrique et pour le
« dramatique »? Je ne veux point ici offenser la mémoire de monsieur Quinault, qui, malgré tous nos
démêlés poétiques, est mort mon ami. Il avait, je
l'avoue, beaucoup d'esprit, et un talent tout particulier pour faire des vers bons à mettre en chant:
mais ces vers n'étaient pas d'une grande force, ni
d'une grande élévation, et c'était leur faiblesse
même qui les rendait d'autant plus propres pour
le musicien, auquel ils doivent leur principale
gloire, puisqu'il n'y a en effet, de tous ses ouvrages, que les opéras qui soient recherchés. Encore est-il bon que les notes de musique les ac-

---

1. Aristarque et Zénodote, *Eustath*., préf., p. 5. (Boil.)

compagnent, car pour les autres pièces de théâtre, qu'il a faites en fort grand nombre, il y a longtemps qu'on ne les joue plus, et on ne se souvient pas même qu'elles aient été faites.

Du reste, il est certain que monsieur Quinault était un très-honnête homme, et si modeste, que je suis persuadé que, s'il était encore en vie, il ne serait guère moins choqué des louanges outrées que lui donne ici M. P***, que des traits qui sont contre lui dans mes satires. Mais, pour revenir à Homère, on trouvera bon, puisque je suis en train, qu'avant que de finir cette remarque je fasse encore voir ici cinq énormes bévues que notre censeur a faites en sept ou huit pages, voulant reprendre ce grand poëte.

La première est à la page 72, où il le raille d'avoir, par une ridicule observation anatomique, écrit, dit-il, dans le quatrième livre de l'Iliade, que Ménélas avait les talons à l'extrémité des jambes. C'est ainsi qu'avec son agrément ordinaire il traduit un endroit très-sensé et très-naturel d'Homère, où le poëte, à propos du sang qui sortait de la blessure de Ménélas, ayant apporté la comparaison de l'ivoire qu'une femme de Carie a teint en couleur de pourpre : « De même, dit-il, Méné- « las, ta cuisse et ta jambe, jusqu'à l'extrémité du « talon, furent alors teintes de ton sang ».

Τοῖοί τοι, Μενέλαε, μιάνθην αἵματι μηροὶ
Εὐφυέες, κνῆμαί τ' ἠδὲ σφυρὰ χάλ'ὑπένερθεν [1].

Talia tibi, Menelae, fœdata sunt cruore femora
Solida, tibiæ, taliqne pulchri, infrà.

Est-ce là dire anatomiquement que Ménélas avait les talons à l'*extrémité des jambes*? et le censeur est-il excusable de n'avoir pas au moins vu, dans la version latine, que l'adverbe *infrà* ne se construisait pas avec *talus*, mais avec *fœdata sunt*? Si M. P*** veut voir de ces ridicules observations anatomiques, il ne faut pas qu'il aille feuilleter l'Iliade; il faut qu'il relise la *Pucelle*. C'est là qu'il en pourra trouver un bon nombre, et, entre autres, celle-ci, où son cher M. Chapelain met au rang des agréments de la belle Agnès, qu'elle avait les doigts inégaux ; ce qu'il exprime en ces jolis termes :

On voit hors des deux bouts de ses deux courtes manches
Sortir à découvert deux mains longues et blanches,
Dont les doigts inégaux, mais tout ronds et menus,
Imitent l'embonpoint des bras ronds et charnus.

La seconde bévue est à la page suivante, où notre censeur accuse Homère de n'avoir point su les arts; et cela pour avoir dit, dans le troisième livre de l'Odyssée [2], que le fondeur, que Nestor fit venir pour dorer les cornes du taureau qu'il voulait sacrifier, vint avec son enclume, son marteau et ses tenailles. A-t-on besoin, dit M. P***, d'enclume ni

1. Vers 146. (BOIL.)
2. Vers 425 et suiv. (BOIL.)

de marteau pour dorer? Il est bon premièrement de lui apprendre qu'il n'est point parlé là d'un fondeur, mais d'un forgeron [1]; et que ce forgeron, qui était en même temps et le fondeur et le batteur d'or de la ville de Pyle, ne venait pas seulement pour dorer les cornes du taureau, mais pour battre l'or dont il les devait dorer, et que c'est pour cela qu'il avait apporté ses instruments, comme le poëte le dit en propres termes : Οἷσίν τε χρυσὸν εἰργάζετο, *instrumenta quibus aurum elaborabat*. Il paraît même que ce fut Nestor qui lui fournit l'or qu'il battit. Il est vrai qu'il n'avait pas besoin pour cela d'une fort grosse enclume : aussi celle qu'il apporta était-elle si petite qu'Homère assure qu'il la tenait entre ses mains. Ainsi on voit qu'Homère a parfaitement entendu l'art dont il parlait. Mais comment justifierons-nous M. P***, cet homme d'un si grand goût, et si habile en toutes sortes d'arts, ainsi qu'il s'en vante lui-même dans la lettre qu'il m'a écrite ; comment, dis-je, l'excuserons-nous d'être encore à apprendre que les feuilles d'or dont on se sert pour dorer ne sont que de l'or extrêmement battu?

La troisième bévue est encore plus ridicule. Elle est à la même page 24, où il traite notre poëte de grossier d'avoir fait dire à Ulysse par la princesse Nausicaa, dans l'Odyssée [2], qu'elle « n'approuvait « point qu'une fille couchât avec un homme avant « que de l'avoir épousé ». Si le mot grec qu'il explique de la sorte voulait dire en cet endroit *coucher*, la chose serait encore bien plus ridicule que ne dit notre critique, puisque ce mot est joint en cet endroit à un pluriel, et qu'ainsi la princesse Nausicaa dirait qu'elle « n'approuve point qu'une « fille couche avec plusieurs hommes avant que « d'être mariée ». Cependant c'est une chose très-honnête et pleine de pudeur qu'elle dit ici à Ulysse : car, dans le dessein qu'elle a de l'introduire à la cour du roi son père, elle lui fait entendre qu'elle va devant préparer toutes choses; mais qu'il ne faut pas qu'on la voie entrer avec lui dans la ville, à cause des Phéaques, peuple fort médisant, qui ne manqueraient pas d'en faire de mauvais discours ; ajoutant qu'elle n'approuverait pas elle-même la conduite d'une fille qui, sans le congé de son père et de sa mère, fréquenterait des hommes avant que d'être mariée. C'est ainsi que tous les interprètes ont expliqué en cet endroit les mots ἀνδράσι μίσγεσθαι, *viris misceatur*, y en ayant même qui ont mis à la marge du texte grec, pour prévenir les p*** : « Gardez-vous bien de croire que μίγνυσθαι en « cet endroit veuille dire coucher ». En effet, ce mot est presque employé partout, dans l'Iliade et dans l'Odyssée, pour dire fréquenter ; et il ne veut dire coucher avec quelqu'un, que lorsque la suite naturelle du discours, quelque autre mot qu'on y

1. Χαλκεύς. (BOIL.)
2. Livre VI, v. 288. (BOIL.)

joint, et la qualité de la personne qui parle ou dont on parle, le déterminent infailliblement à cette signification, qu'il ne peut jamais avoir dans la bouche d'une princesse aussi sage et aussi honnête qu'est représentée Nausicaa.

Ajoutez l'étrange absurdité qui s'ensuivrait de son discours, s'il pouvait être pris ici dans ce sens, puisqu'elle conviendrait en quelque sorte, par son raisonnement, qu'une femme mariée peut coucher honnêtement avec tous les hommes qu'il lui plaira. Il en est de même δαμίσγεσθαι en grec que des mots *cognoscere* et *commisceri* dans le langage de l'Écriture, qui ne signifient d'eux-mêmes que *connaître* et *se mêler*, et qui ne veulent dire figurément *coucher* que selon l'endroit où on les applique; si bien que toute la grossièreté prétendue du mot d'Homère appartient entièrement à notre censeur, qui salit tout ce qu'il touche, et qui n'attaque les auteurs anciens que sur des interprétations fausses, qu'il se forge à sa fantaisie, sans savoir leur langue, et que personne ne leur a jamais données.

La quatrième bévue est aussi sur un passage de l'Odyssée[1]. Eumée, dans le quinzième livre de ce poëme, raconte qu'il est né dans une petite île appelée Syros[2], qui est au couchant de l'île d'Ortygie[3]. Ce qu'il explique par ces mots :

Ὀρτυγίας καθύπερθεν, ὅθι τροπαὶ ἠελίοιο.

Ortygiā desuper, quā parte sunt conversiones solis.

« Petite île située au-dessus d'Ortygie, du côté que le « soleil se couche ».

Il n'y a jamais eu de difficulté sur ce passage : tous les interprètes l'expliquent de la sorte ; et Eustathius même apporte des exemples où il fait voir que le verbe τρέπεσται, d'où vient τροπαί, est employé dans Homère pour dire que le soleil se couche. Cela est confirmé par Hesychius, qui explique le terme de τροπαί par celui de δύσις, mot qui signifie incontestablement le couchant. Il est vrai qu'il y a un vieux commentateur qui a mis dans une petite note qu'Homère, par ces mots, a voulu aussi marquer « qu'il y avait dans cette île un antre « où l'on faisait voir les tours ou conversions du « soleil ». On ne sait pas trop bien ce qu'a voulu dire par là ce commentateur, aussi obscur qu'Homère est clair. Mais ce qu'il y a de certain, c'est que ni lui ni pas un autre n'ont jamais prétendu qu'Homère ait voulu dire que l'île de Syros était située sous le tropique ; et que l'on n'a jamais attaqué ni défendu ce grand poëte sur cette erreur, parce qu'on ne la lui a jamais imputée. Le seul M. P***, qui, comme je l'ai montré par tant de preuves, ne sait point de grec, et qui sait si peu la géographie que, dans un de ses ouvrages, il a mis le fleuve de Méandre[1], et par conséquent la Phrygie et Troie, dans la Grèce ; le seul M. P***, dis-je, vient, sur l'idée chimérique qu'il s'est mise dans l'esprit, et peut-être sur quelque misérable note d'un pédant, accuser un poëte regardé par tous les anciens géographes comme le père de la géographie, d'avoir mis l'île de Syros et la mer Méditerranée sous le tropique, faute qu'un petit écolier n'aurait pas faite : et non-seulement il l'en accuse, mais il suppose que c'est une chose reconnue de tout le monde, et que les interprètes ont tâché en vain de sauver en expliquant, dit-il, ce passage du cadran que Phérécyde, qui vivait trois cents ans depuis Homère, avait fait dans l'île de Syros ; quoique Eustathius, le seul commentateur qui a bien entendu Homère, ne dise rien de cette interprétation, qui ne peut avoir été donnée à Homère que par quelque commentateur de Diogène Laërce[2], lequel commentateur je ne connais point. Voilà les belles preuves par où notre censeur prétend faire voir qu'Homère ne savait point les arts ; et qui ne font voir autre chose, sinon que M. P*** ne sait point de grec, qu'il entend médiocrement le latin, et ne connaît lui-même en aucune sorte les arts.

Il a fait les autres bévues pour n'avoir pas entendu le grec ; mais il est tombé dans la cinquième erreur, pour n'avoir pas entendu le latin ; la voici : « Ulysse, dans l'Odyssée[3], est, dit-il, reconnu par « son chien, qui ne l'avait point vu depuis vingt « ans. Cependant Pline assure que les chiens ne « passent jamais quinze ans ». M. P*** sur cela fait le procès à Homère, comme ayant infailliblement tort d'avoir fait vivre un chien vingt ans, Pline assurant que les chiens n'en peuvent vivre que quinze. Il me permettra de lui dire que c'est condamner un peu légèrement Homère, puisque non-seulement Aristote, ainsi qu'il l'avoue lui-même, mais tous les naturalistes modernes, comme Jonston, Aldrovande, etc., assurent qu'il y a des chiens qui vivent vingt années ; que même je pourrais lui citer des exemples, dans notre siècle[4], de chiens qui en ont vécu jusqu'à vingt-deux ; et qu'enfin Pline, quoique écrivain admirable, a été convaincu, comme chacun sait, de s'être trompé plus d'une fois sur les choses de la nature : au lieu qu'Homère, avant les dialogues de M. P***, n'a jamais été même accusé sur ce point d'aucune erreur. Mais quoi ! M. P*** est résolu de ne croire aujourd'hui que Pline, pour lequel il est, dit-il, prêt à parier. Il faut donc le satisfaire, et lui apporter l'au-

---

1. Livre XV, v. 403. (Boil.)
2. Ile de l'Archipel, du nombre des Cyclades.
3. Cyclade, nommée depuis *Délos*. (Boil.)

---

1. Fleuve de la Phrygie. (Boil.)
2. *Diogène Laërce* de l'édition de M. Ménage, p. 76 du texte et p. 68 des observations. (Boil.)
3. Livre XVII, v. 300 et suiv. (Boil.)
4. C'est le roi lui-même qui fournit cet exemple à notre auteur. Sa Majesté s'informant du sujet de la dispute de M. Despréaux avec Perrault, M. le marquis de Termes en expliqua les principaux chefs au roi, et lui dit, entre autres choses, que M. Perrault soutenait, contre le témoignage d'Homère, que les chiens ne vivaient pas jusqu'à vingt ans : « Perrault se trompe, dit le roi ; j'ai eu un chien « qui a vécu vingt-trois ans ». (Brossette.)

torité de Pline lui-même, qu'il n'a point lu ou qu'il n'a point entendu, et qui dit positivement la même chose qu'Aristote et tous les autres naturalistes : c'est à savoir que les chiens ne vivent ordinairement que quinze ans, mais qu'il y en a quelquefois qui vont jusqu'à vingt. Voici ses termes[1] :

> « Vivunt Laconici (canes) annis denis... cætera genera, quindecim annos, aliquando viginti.
>
> « Cette espèce de chiens, qu'on appelle *chiens de La-conie*, ne vivent que dix ans... toutes les autres espèces de chiens vivent ordinairement quinze ans, et vont quelquefois jusqu'à vingt ».

Qui pourrait croire que notre censeur, voulant, sur l'autorité de Pline, accuser d'erreur un aussi grand personnage qu'Homère, ne se donne pas la peine de lire le passage de Pline, ou do se le faire expliquer; et qu'ensuite de tout ce grand nombre de bévues, entassées les unes sur les autres dans un si petit nombre de pages, il ait la hardiesse de conclure comme il a fait, « qu'il ne trouve point d'inconvénient, ce sont ses termes, qu'Homère, qui est mauvais astronome et mauvais géographe, ne soit pas bon naturaliste »? Y a-t-il un homme sensé qui, lisant ces absurdités, dites avec tant de hauteur dans les dialogues de M. P***, puisse s'empêcher de jeter de colère le livre, et de dire comme Démiphon dans Térence[2] :

> Ipsum gestio
> Dari mi in conspectum ?

Je ferais un gros volume, si je voulais lui montrer toutes les autres bévues qui sont dans les sept ou huit pages que je viens d'examiner, y en ayant presque encore un aussi grand nombre que je passe, et que peut-être je lui ferai voir dans la première édition de mon livre, si je vois que les hommes daignent jeter les yeux sur ces éruditions grecques, et lire des remarques faites sur un livre que personne ne lit.

RÉFLEXION IV

> « C'est ce qu'on peut voir dans la description de la déesse Discorde, qui a, dit-il,
>
> « La tête dans les cieux et les pieds sur la terre[3]. »
>
> *Paroles de Longin*, chap. VII.

Virgile a traduit ce vers presque mot pour mot dans le quatrième livre de l'Énéide, appliquant à la Renommée ce qu'Homère dit de la Discorde :

> Ingrediturque solo et caput inter nubila condit.

Un si beau vers imité par Virgile, et admiré par Longin, n'a pas été néanmoins à couvert de la critique de M. P***, qui trouve cette hyperbole outrée[1], et la met au rang des contes de Peau-d'Ane. Il n'a pas pris garde que, même dans le discours ordinaire, il nous échappe tous les jours des hyperboles plus fortes que celle-là, qui ne dit au fond ce qui est très-véritable : c'est à savoir que la Discorde règne partout sur la terre, et même dans le ciel entre les dieux, c'est-à-dire entre les dieux d'Homère. Ce n'est donc point la description d'un géant, comme le prétend notre censeur, que fait ici Homère : c'est une allégorie très-juste ; et, bien qu'il fasse de la Discorde un personnage, c'est un personnage allégorique qui ne choque point, de quelque taille qu'il le fasse, parce qu'on le regarde comme une idée et une imagination de l'esprit, et non point comme un être matériel subsistant dans la nature. Ainsi cette expression du psaume : « J'ai vu l'impie élevé comme un cèdre « du Liban[2] », ne veut pas dire que l'impie était un géant grand comme un cèdre du Liban. Cela signifie que l'impie était au faîte des grandeurs humaines ; et M. Racine est fort bien entré dans la pensée du Psalmiste par ces deux vers de son Esther qui ont du rapport au vers d'Homère :

> Pareil au cèdre, il cachait dans les cieux
> Son front audacieux.

Il est donc aisé de justifier les paroles avantageuses que Longin dit du vers d'Homère sur la Discorde. La vérité est pourtant que ces paroles ne sont point de Longin, puisque c'est moi qui, à l'imitation de Gabriel de Pétra, les lui ai en partie prêtées, le grec en cet endroit étant fort défectueux, et même le vers d'Homère n'y étant point rapporté. C'est ce que M. P*** n'a eu garde de voir, parce qu'il n'a jamais lu Longin, selon toutes les apparences, que dans ma traduction. Ainsi, pensant contredire Longin, il a fait mieux qu'il ne pensait, puisque c'est moi qu'il a contredit. Mais, en m'attaquant, il ne saurait nier qu'il n'ait aussi attaqué Homère, et surtout Virgile, qu'il avait tellement dans l'esprit, quand il a blâmé ce vers sur la Discorde, que, dans son discours, au lieu de *la Discorde*, il a écrit, sans y penser, *la Renommée*.

C'est donc d'elle qu'il fait cette belle critique[3] : « Que l'exagération du poëte en cet endroit ne sau-« rait faire une idée bien nette. Pourquoi ? C'est, « ajoute-t-il, que, tant qu'on pourra voir la tête « de la Renommée, sa tête ne sera point dans le « ciel ; et que si sa tête est dans le ciel, on ne sait « pas trop bien ce que l'on voit ». O l'admirable raisonnement ! mais où est-ce qu'Homère et Virgile disent qu'on voit la tête de la Discorde ou de la Renommée ? Et afin qu'elle ait la tête dans le ciel,

---

[1]. PLINE, *Histor. nat.*, lib. X. (BOIL.)
[2]. *Phorm.*, acte I, sc. VI, v. 30. (BOIL.)
[3]. *Iliad.*, liv. IV, v. 443. (BOIL.)

[1]. *Parallèles*, t. III, p. 119. (BOIL.)
[2]. Psal. XXXVI, v. 35. « Vidi impium superexaltatum, et ele-« vatum sicut cedros Libani ». (BOIL.)
[3]. *Parallèles*, t. III, p. 118. (BOIL.)

qu'importe que l'on l'y voie, ou qu'on ne l'y voie pas? N'est-ce pas ici le poëte qui parle, et qui est supposé voir tout ce qui se passe, même dans le ciel, sans que pour cela les yeux des autres hommes le découvrent? En vérité, j'ai peur que les lecteurs ne rougissent pour moi de me voir réfuter de si étranges raisonnements. Notre censeur attaque ensuite une autre hyperbole d'Homère, à propos des chevaux des dieux; mais, comme ce qu'il dit contre cette hyperbole n'est qu'une fade plaisanterie, le peu que je viens de dire contre l'objection précédente suffira, je crois, pour répondre à toutes les deux.

RÉFLEXION V

« Il en est de même de ces compagnons d'Ulysse changés en
« pourceaux [1], que Zoïle appelle de petits cochons larmoyants. »
Paroles de Longin, chap. VIII.

Il paraît, par ce passage de Longin, que Zoïle, aussi bien que M. P***, s'était égayé à faire des railleries sur Homère; car cette plaisanterie des petits cochons larmoyants a assez de rapport avec les comparaisons à longue queue que notre critique moderne reproche à ce grand poëte. Et puisque, dans notre siècle, la liberté que Zoïle s'était donnée de parler sans respect des plus grands écrivains de l'antiquité se met aujourd'hui à la mode parmi beaucoup de petits esprits, aussi ignorants qu'orgueilleux et pleins d'eux-mêmes, il ne sera pas hors de propos de leur faire voir ici de quelle manière cette liberté a réussi autrefois à ce rhéteur, homme fort savant, ainsi que le témoigne Denys d'Halicarnasse, et à qui je ne vois pas qu'on puisse rien reprocher sur les mœurs, puisqu'il fut toute sa vie très-pauvre, et que, malgré l'animosité que ses critiques sur Homère et sur Platon avaient excitées contre lui, on ne l'a jamais accusé d'autre crime que de ces critiques mêmes, et d'un peu de misanthropie.

Il faut donc premièrement voir ce que dit de lui Vitruve, le célèbre architecte : car c'est lui qui en parle le plus au long; et, afin que M. P*** ne m'accuse pas d'altérer le texte de cet auteur, je mettrai ici les mots mêmes de M. son frère le médecin, qui nous a donné Vitruve en français. « Quel-
« ques années après (c'est Vitruve qui parle dans
« la traduction de ce médecin), Zoïle, qui se faisait
« appeler le fléau d'Homère, vint de Macédoine à
« Alexandrie et présenta au roi les livres qu'il avait
« composés contre l'Iliade et contre l'Odyssée.
« Ptolémée, indigné que l'on attaquât si insolem-
« ment le père de tous les poëtes, et que l'on mal-
« traitât ainsi celui que tous les savants reconnais-
« sent pour leur maître, dont toute la terre admi-
« rait les écrits, et qui n'était pas là présent pour

« se défendre, ne fît point de réponse. Cependant
« Zoïle ayant longtemps attendu, et étant pressé
« de la nécessité, fit supplier le roi de lui donner
« quelque chose. A quoi l'on dit qu'il fit cette ré-
« ponse : Que, puisque Homère, depuis mille ans
« qu'il y avait qu'il était mort, avait nourri plu-
« sieurs milliers de personnes, Zoïle devait bien
« avoir l'industrie de se nourrir, non-seulement
« lui, mais plusieurs autres encore, lui qui faisait
« profession d'être beaucoup plus savant qu'Ho-
« mère. Sa mort se raconte diversement. Les uns
« disent que Ptolémée le fit mettre en croix ; d'au-
« tres, qu'il fut lapidé ; et d'autres, qu'il fut brûlé
« tout vif à Smyrne. Mais, de quelque façon que
« cela soit, il est certain qu'il a bien mérité cette
« punition, puisqu'on ne la peut pas mériter pour
« un crime plus odieux qu'est celui de reprendre
« un écrivain qui n'est pas en état de rendre rai-
« son de ce qu'il a écrit ».

Je ne conçois pas comment M. P*** le médecin, qui pensait d'Homère et de Platon à peu près les mêmes choses que M. son frère et que Zoïle, a pu aller jusqu'au bout en traduisant ce passage. La vérité est qu'il l'a adouci autant qu'il lui a été possible, tâchant d'insinuer que ce n'étaient que les savants, c'est-à-dire, au langage de MM. P***, les *pédants*, qui admiraient les ouvrages d'Homère : car, dans le texte latin, il n'y a pas un seul mot qui revienne au mot de savant ; et, à l'endroit où M. le médecin traduit, « celui que tous les savants « reconnaissent pour leur maître », il y a, « celui « que tous ceux qui aiment les belles lettres re- « connaissent pour leur chef ». En effet, bien qu'Homère ait su beaucoup de choses, il n'a jamais passé pour le maître des savants [1]. Ptolémée ne dit point non plus à Zoïle dans le texte latin, « qu'il devait bien avoir l'industrie de se nourrir, « lui qui faisait profession d'être beaucoup plus « savant qu'Homère ». Il y a, « lui qui se vantait « d'avoir plus d'esprit qu'Homère [2] ». D'ailleurs Vitruve ne dit pas simplement « que Zoïle pré- « senta ses livres contre Homère à Ptolémée, mais « qu'il les lui récita [3] » : ce qui est bien plus fort, et qui fait voir que ce prince les blâmait avec connaissance de cause.

M. le médecin ne s'est pas contenté de ces adoucissements ; il a fait une note, où il s'efforce d'insinuer qu'on a prêté ici beaucoup de choses à Vitruve : et cela fondé sur ce que c'est un raisonnement indigne de Vitruve, de dire qu'on ne puisse reprendre un écrivain qui n'est pas en état de rendre raison de ce qu'il a écrit ; et que, par cette raison, ce serait un crime digne du feu que de reprendre quelque chose dans les écrits que Zoïle a faits contre Homère, si on les avait à présent. Je réponds premièrement que, dans le latin, il n'y a

---

1. *Odyss.*, liv. X, v. 239 et suiv. (BOIL.)

1. « Philologiæ omnis ducem ». (BOIL.)
2. « Qui meliori ingenio se profiteretur ». (BOIL.)
3. « Regi recitavit ». (BOIL.)

pas simplement, *reprendre un écrivain*, mais *citer* [1], *appeler en jugement des écrivains*, c'est-à-dire les attaquer dans les formes sur tous leurs ouvrages; que, d'ailleurs, par ces écrivains, Vitruve n'entend pas des écrivains ordinaires, mais des écrivains qui ont été l'admiration de tous les siècles, tels que Platon et Homère, dont nous devons présumer, quand nous trouvons quelque chose à redire dans leurs écrits, que, s'ils étaient là présents pour se défendre, nous serions tout étonnés que c'est nous qui nous trompons; qu'ainsi il n'y a point de parité avec Zoïle, homme décrié dans tous les siècles, et dont les ouvrages n'ont pas même eu la gloire que, grâce à mes remarques, vont avoir les écrits de M. P***, qui est qu'on leur ait répondu quelque chose.

Mais, pour achever le portrait de cet homme, il est bon de mettre aussi en cet endroit ce qu'en a écrit l'auteur que M. P*** cite le plus volontiers; c'est à savoir Élien. C'est au livre XI de ses *Histoires diverses*, chapitre x: « Zoïle, celui qui a écrit
« contre Homère, contre Platon et contre plusieurs
« autres grands personnages, était d'Amphipolis [2],
« et fut disciple de ce Polycrate qui a fait un dis-
« cours en forme d'accusation contre Socrate. Il
« fut appelé le chien de la rhétorique. Voici à peu
« près sa figure: il avait une grande barbe qui
« lui descendait sur le menton, mais nul poil à la
« tête, qu'il se rasait jusqu'au cuir. Son manteau
« lui pendait ordinairement sur ses genoux. Il ai-
« mait à mal parler de tout, et ne se plaisait qu'à
« contredire. En un mot, il n'y eut jamais d'homme
« si hargneux que ce misérable. Un très-savant
« homme lui ayant demandé un jour pourquoi il
« s'acharnait de la sorte à dire du mal de tous les
« grands écrivains: C'est, répliqua-t-il, *que je vou-*
« *drais bien leur en faire, mais je n'en puis venir à*
« *bout* ».

Je n'aurais jamais fait, si je voulais ramasser ici toutes les injures qui lui ont été dites dans l'antiquité, où il était partout connu sous le nom du vil esclave de Thrace. On prétend que ce fut l'envie qui l'engagea à écrire contre Homère, et que c'est ce qui a fait que tous les envieux ont été depuis appelés du nom de zoïles, témoin ces deux vers d'Ovide [3]:

Ingenium magni livor detrectat Homeri :
Quisquis es, ex illo, Zoïle, nomen habes.

Je rapporte ici tout exprès ce passage, afin de faire voir à M. P*** qu'il peut fort bien arriver, quoi qu'il en puisse dire, qu'un auteur vivant soit jaloux d'un écrivain mort plusieurs siècles avant lui. Et, en effet, je connais plus d'un demi-savant qui rougit lorsqu'on loue devant lui avec un peu d'excès ou Cicéron ou Démosthène, prétendant qu'on lui fait tort.

Mais, pour ne me point écarter de Zoïle, j'ai cherché plusieurs fois en moi-même ce qui a pu attirer contre lui cette animosité et ce déluge d'injures; car il n'est pas le seul qui ait fait des critiques sur Homère et sur Platon. Longin, dans ce traité même, comme nous le voyons, en a fait plusieurs; et Denys d'Halicarnasse n'a pas plus épargné Platon que lui. Cependant on ne voit point que ces critiques aient excité contre eux l'indignation des hommes. D'où vient cela? En voici la raison, si je ne me trompe. C'est qu'outre que leurs critiques sont fort sensées, il paraît visiblement qu'ils ne les font point pour rabaisser la gloire de ces grands hommes, mais pour établir la vérité de quelque précepte important; qu'au fond, bien loin de disconvenir du mérite de ces héros (c'est ainsi qu'ils les appellent), ils nous font partout comprendre, même en les critiquant, qu'ils les reconnaissent pour leurs maîtres en l'art de parler, et pour les seuls modèles que doit suivre tout homme qui veut écrire; que, s'ils nous y découvrent quelques taches, ils nous y font voir en même temps un nombre infini de beautés: tellement qu'on sort de la lecture de leurs critiques convaincu de la justesse d'esprit du censeur, et encore plus de la grandeur du génie de l'écrivain censuré. Ajoutez qu'en faisant ces critiques ils s'énoncent toujours avec tant d'égards, de modestie et de circonspection, qu'il n'est pas possible de leur en vouloir du mal.

Il n'en était pas ainsi de Zoïle, homme fort atrabilaire, et extrêmement rempli de la bonne opinion de lui-même; car, autant que nous en pouvons juger par quelques fragments qui nous restent de ses critiques, et par ce que les auteurs nous en disent, il avait directement entrepris de rabaisser les ouvrages d'Homère et de Platon, en les mettant l'un et l'autre au-dessous des plus vulgaires écrivains. Il traitait les fables de l'Iliade et de l'Odyssée de contes de vieille, appelant Homère un diseur de sornettes [1]. Il faisait de fades plaisanteries des plus beaux endroits de ces deux poëmes; et tout cela avec une hauteur si pédantesque, qu'elle révoltait tout le monde contre lui. Ce fut, à mon avis, ce qui lui attira cette horrible diffamation, et qui lui fit faire une fin si tragique.

Mais, à propos de hauteur pédantesque, peut-être ne sera-t-il pas mauvais d'expliquer ici ce que j'ai voulu dire par là, et ce que c'est proprement qu'un pédant; car il me semble que M. P*** ne conçoit pas trop bien toute l'étendue de ce mot. En effet, si l'on en doit juger par tout ce qu'il insinue dans ses dialogues, un pédant, selon lui, est un savant nourri dans un collége, et rempli de grec

---

[1]. « Qui citat eos quorum », etc. (Boil.)
[2]. Ville de Thrace. (Boil.) — Suidas la place dans la Macédoine.
[3]. *Remed. amor.*, v. 365.

[1]. Φιλόμυθον. (Boil.)

et de latin; qui admire aveuglément tous les auteurs anciens; qui ne croit pas qu'on puisse faire de nouvelles découvertes dans la nature, ni aller plus loin qu'Aristote, Épicure, Hippocrate, Pline; qui croirait faire une espèce d'impiété s'il avait trouvé quelque chose à redire dans Virgile; qui ne trouve pas simplement Térence un joli auteur, mais le comble de toute perfection; qui ne se pique point de politesse; qui non-seulement ne blâme jamais aucun auteur ancien, mais qui respecte surtout les auteurs que peu de gens lisent, comme Jason, Barthole, Lycophron, Macrobe, etc. Voilà l'idée du pédant qu'il paraît que M. P*** s'est formée. Il serait donc bien surpris si on lui disait qu'un pédant est presque tout le contraire de ce tableau; qu'un pédant est un homme plein de lui-même; qui, avec un médiocre savoir, décide hardiment de toutes choses; qui se vante sans cesse d'avoir fait de nouvelles découvertes; qui traite de haut en bas Aristote, Épicure, Hippocrate, Pline; qui blâme tous les auteurs anciens; qui publie que Jason et Barthole étaient deux ignorants; Macrobe, un écolier; qui trouve, à la vérité, quelques endroits passables dans Virgile, mais qui y trouve aussi beaucoup d'endroits *dignes d'être sifflés*; qui croit à peine Térence digne du nom de *joli*; qui, au milieu de tout cela, se pique surtout de politesse; qui tient que la plupart des anciens n'ont *ni ordre ni économie* dans leurs discours; en un mot, qui compte pour rien de heurter sur cela le sentiment de tous les hommes.

M. P*** me dira peut-être que ce n'est point là le véritable caractère d'un pédant. Il faut pourtant lui montrer que c'est le portrait qu'en fait le célèbre Régnier, c'est-à-dire le poète français qui, du consentement de tout le monde, a le mieux connu, avant Molière, les mœurs et le caractère des hommes. C'est dans sa dixième satire, où décrivant cet énorme pédant qui, dit-il,

> Faisait par son savoir, comme il faisait entendre,
> La figue sur le nez au pédant d'Alexandre,

il lui donne ensuite ces sentiments :

> Qu'il a, pour enseigner, une belle manière :
> Qu'en son globe il a vu la matière première :
> Qu'Épicure est ivrogne; Hippocrate un bourreau ;
> Que Barthole et Jason ignorent le barreau :
> Que Virgile est passable, encor qu'en quelques pages
> Il méritât au Louvre être sifflé des pages :
> Que Pline est inégal; Térence un peu joli :
> Mais surtout il estime un langage poli.
> Ainsi sur chaque auteur il trouve de quoi mordre.
> L'un n'a point de raison, et l'autre n'a point d'ordre ;
> L'un avorte avant temps des œuvres qu'il conçoit.
> Souvent il prend Macrobe et lui donne le fouet, etc.

Je laisse à M. P*** le soin de faire l'application de cette peinture, et de juger qui Régnier a décrit par ces vers : ou un homme de l'université, qui a un sincère respect pour tous les grands écrivains de l'antiquité, et qui en inspire autant qu'il peut l'estime à la jeunesse qu'il instruit; ou un auteur présomptueux, qui traite tous les anciens d'ignorants, de grossiers, de visionnaires, d'insensés, et qui, étant déjà avancé en âge, emploie le reste de ses jours et s'occupe uniquement à contredire le sentiment de tous les hommes.

RÉFLEXION VI

« En effet, de trop s'arrêter aux petites choses, cela gâte tout.
Paroles de Longin, chap. VIII.

Il n'y a rien de plus vrai, surtout dans les vers; et c'est un des grands défauts de Saint-Amant. Ce poète avait assez de génie pour les ouvrages de débauche et de satire outrée; et il a même quelquefois des boutades assez heureuses dans le sérieux : mais il gâte tout par les basses circonstances qu'il y mêle. C'est ce qu'on peut voir dans son ode intitulée *la Solitude*, qui est son meilleur ouvrage, où, parmi un fort grand nombre d'images très-agréables, il vient présenter mal à propos aux yeux les choses du monde les plus affreuses : des crapauds et des limaçons qui bavent, le squelette d'un pendu, etc.

> Là branle le squelette horrible
> D'un pauvre amant qui se pendit.

Il est surtout bizarrement tombé dans ce défaut en son *Moïse sauvé*, à l'endroit du passage de la mer Rouge : au lieu de s'étendre sur tant de grandes circonstances qu'un sujet si majestueux lui présentait, il perd le temps à peindre le petit enfant qui *va, saute, revient*, et, ramassant une coquille, la va montrer à sa mère; et met en quelque sorte, comme j'ai dit dans ma poétique, les poissons aux fenêtres, par ces deux vers :

> Et là, près des remparts que l'œil peut transpercer.
> Les poissons ébahis les regardent passer.

Il n'y a que M. P*** au monde qui puisse ne pas sentir le comique qu'il y a dans ces deux vers, où il semble en effet que les poissons aient loué des fenêtres pour voir passer le peuple hébreu. Cela est d'autant plus ridicule que les poissons ne voient presque rien au travers de l'eau, et ont les yeux placés d'une telle manière, qu'il était bien difficile, quand ils auraient eu la tête hors de ces remparts, qu'ils pussent bien découvrir cette marche. M. P*** prétend néanmoins justifier ces deux vers; mais c'est par des raisons si peu sensées, qu'en vérité je croirais abuser du papier si je l'employais à y répondre. Je me contenterai donc de le renvoyer à la comparaison que Longin rapporte ici d'Homère. Il y pourra voir l'adresse de ce grand poète à choisir et à ramasser les grandes circonstances. Je doute pourtant qu'il convienne de cette vérité;

car il en veut surtout aux comparaisons d'Homère, et il en fait le principal objet de ses plaisanteries dans son dernier dialogue. On me demandera peut-être ce que c'est que ces plaisanteries, M. P*** n'étant pas en réputation d'être fort plaisant : et, comme vraisemblablement on n'ira pas chercher dans l'original, je veux bien, pour la curiosité des lecteurs, en rapporter ici quelques traits. Mais pour cela il faut commencer par faire entendre ce que c'est que les dialogues de M. P***.

C'est une conversation qui se passe entre trois personnages dont le premier, grand ennemi des anciens, et surtout de Platon, est M. P*** lui-même, comme il le déclare dans sa préface. Il s'y donne le nom d'*abbé* : et je ne sais pas trop pourquoi il a pris ce titre d'ecclésiastique, puisqu'il n'est parlé dans ce dialogue que de choses très-profanes, que les romans y sont loués par excès, et que l'opéra y est regardé comme le comble de la perfection où la poésie pouvait arriver en notre langue. Le second de ces personnages est un *chevalier* admirateur de M. l'abbé, qui est là comme son Tabarin pour appuyer ses décisions, et qui le contredit même quelquefois à dessein, pour le mieux faire valoir. M. P*** ne s'offensera pas sans doute de ce nom de Tabarin que je donne ici à son chevalier, puisque ce chevalier lui-même déclare en un endroit qu'il estime plus les dialogues de Mondor et de Tabarin que ceux de Platon. Enfin, le troisième de ces personnages, qui est beaucoup le plus sot des trois, est un *président* protecteur des anciens, qui les entend encore moins que l'*abbé* ni que le *chevalier*, qui ne saurait souvent répondre aux objections du monde les plus frivoles, et qui défend quelquefois si sottement la raison, qu'elle devient plus ridicule dans sa bouche que le mauvais sens. En un mot, il est là comme le faquin de la comédie, pour recevoir toutes les nasardes. Ce sont là les acteurs de la pièce. Il faut maintenant les voir en action.

M. l'abbé, par exemple, déclare en un endroit qu'il n'approuve point ces comparaisons d'Homère où le poëte, non content de dire précisément ce qui sert à la comparaison, s'étend sur quelque circonstance historique de la chose dont il est parlé; comme lorsqu'il compare la cuisse de Ménélas blessé à de l'ivoire teint en pourpre par une femme de Méonie ou de Carie, etc. Cette femme de Méonie ou de Carie déplaît à M. l'abbé, et il ne saurait souffrir ces sortes de comparaisons *à longue queue*; mot agréable qui est d'abord admiré par M. le chevalier, lequel prend de là occasion de raconter quantité de jolies choses qu'il dit aussi à la campagne, l'année dernière, à propos de ces comparaisons à longue queue.

Ces plaisanteries étonnent un peu M. le président, qui sent bien la finesse qu'il y a dans ce mot de longue queue. Il se met pourtant à la fin en devoir de répondre. La chose n'étant pas sans doute fort malaisée, puisqu'il n'avait qu'à dire ce que tout homme qui sait les éléments de la rhétorique aurait dit d'abord : que les comparaisons, dans les odes et dans les poëmes épiques, ne sont pas simplement mises pour éclairer et pour orner le discours, mais pour amuser et pour délasser l'esprit du lecteur, en le détachant de temps en temps du principal sujet, et le promenant sur d'autres images agréables à l'esprit; que c'est en cela qu'a principalement excellé Homère, dont non-seulement toutes les comparaisons, mais tous les discours sont pleins d'images de la nature si vraies et si variées, qu'étant toujours le même il est néanmoins toujours différent, instruisant sans cesse le lecteur, et lui faisant observer, dans les objets mêmes qu'il a tous les jours devant les yeux, des choses qu'il ne s'avisait pas d'y remarquer : que c'est une vérité universellement reconnue qu'il n'est point nécessaire, en matière de poésie, que les points de la comparaison se répondent si juste les uns aux autres; qu'il suffit d'un rapport général, et qu'une trop grande exactitude sentirait son rhéteur.

C'est ce qu'un homme sensé aurait pu dire sans peine à M. l'abbé et à M. le chevalier; mais ce n'est pas ainsi que raisonne M. le président. Il commence par avouer sincèrement que nos poëtes se feraient moquer d'eux s'ils mettaient dans leurs poëmes de ces comparaisons étendues, et n'excuse Homère que parce qu'il avait le goût oriental, qui était, dit-il, le goût de sa nation. Là-dessus il explique ce que c'est que le goût des Orientaux, qui, à cause du feu de leur imagination et de la vivacité de leur esprit, veulent toujours, poursuit-il, qu'on leur dise deux choses à la fois, et ne sauraient souffrir un seul sens dans un discours; au lieu que, nous autres Européens, nous nous contentons d'un seul sens, et sommes bien aises qu'on ne nous dise qu'une seule chose à la fois. Belles observations que M. le président a faites dans la nature, et qu'il a faites tout seul ! puisqu'il est très-faux que les Orientaux aient plus de vivacité que les Européens et surtout que les Français, qui sont fameux par tout pays pour leur conception vive et prompte; le style figuré qui règne aujourd'hui dans l'Asie Mineure et dans les pays voisins, et qui n'y régnait point autrefois, ne venant que de l'irruption des Arabes et des autres nations barbares qui, peu de temps après Héraclius, inondèrent ces pays et y portèrent, avec leur langue et avec leur religion, ces manières de parler ampoulées. En effet, on ne voit point que les Pères grecs de l'Orient, comme saint Justin, saint Basile, saint Chrysostôme, saint Grégoire de Nazianze, et tant d'autres, aient jamais pris ce style dans leurs écrits; et ni Hérodote, ni Denys d'Halicarnasse, ni Lucien, ni Josèphe, ni Philon le Juif, ni aucun auteur grec, n'a jamais parlé ce langage.

Mais pour revenir aux comparaisons à longue

queue, M. le président rappelle toutes ses forces pour renverser ce mot, qui fait tout le fort de l'argument de M. l'abbé, et répond enfin que, comme dans les cérémonies on trouverait à redire aux queues des princesses si elles ne traînaient jusqu'à terre, de même les comparaisons, dans le poëme épique, seraient blâmables si elles n'avaient des queues fort traînantes. Voilà peut-être une des plus extravagantes réponses qui aient jamais été faites; car quel rapport ont les comparaisons à des princesses! Cependant M. le chevalier, qui jusqu'alors n'avait rien approuvé de tout ce que le président avait dit, est ébloui de la solidité de cette réponse, et commence à avoir peur pour M. l'abbé, qui, frappé aussi du grand sens de ce discours, s'en tire pourtant avec assez de peine, en avouant, contre son premier sentiment, qu'à la vérité on peut donner de longues queues aux comparaisons, mais soutenant qu'il faut, ainsi qu'aux robes des princesses, que ces queues soient de même étoffe que la robe, ce qui manque, dit-il, aux comparaisons d'Homère, où les queues sont de deux étoffes différentes : de sorte que, s'il arrivait qu'en France, comme cela peut fort bien arriver, la mode vînt de coudre des queues de différentes étoffes aux robes des princesses, voilà le président qui aurait entièrement cause gagnée sur les comparaisons. C'est ainsi que ces trois messieurs manient entre eux la raison humaine : l'un faisant toujours l'objection qu'il ne doit point faire; l'autre approuvant ce qu'il ne doit point approuver; et l'autre répondant ce qu'il ne doit point répondre.

Que si le président a eu ici quelque avantage sur l'abbé, celui-ci a bientôt sa revanche, à propos d'un autre endroit d'Homère. Cet endroit est dans le douzième livre de l'Odyssée [1], où Homère, selon la traduction de M. P***, raconte « qu'Ulysse étant « porté sur son mât brisé vers la Charybde, juste- « ment dans le temps que l'eau s'élevait, et crai- « gnant de fondre quand l'eau viendrait « à redescendre, il se prit à un figuier sauvage qui « sortait du haut du rocher, où il s'attacha « comme une chauve-souris, et où il attendit, « ainsi suspendu, que son mât, qui était allé à « fond, revînt sur l'eau »; ajoutant que, lorsqu'il le vit revenir, « il fut aussi aise qu'un juge qui se « lève de dessus son siége pour aller dîner après « avoir jugé plusieurs procès ». M. l'abbé insulte fort à M. le chevalier sur cette comparaison bizarre du juge qui va dîner; et voyant le président embarrassé : « Est-ce, ajoute-t-il, que je ne traduis « pas fidèlement le texte d'Homère »? ce que ce grand défenseur des anciens n'oserait nier. Aussitôt M. le chevalier revient à la charge; et sur ce que le président répond que le poëte donne à tout cela un tour si agréable qu'on ne peut pas n'en être point charmé : « Vous vous moquez, poursuit « le chevalier; dès le moment qu'Homère, tout Ho- « mère qu'il est, veut trouver de la ressemblance « entre un homme qui se réjouit de voir son mât « revenir sur l'eau, et un juge qui se lève pour « aller dîner après avoir jugé plusieurs procès, il « ne saurait dire qu'une impertinence ».

Voilà donc le pauvre président fort accablé; et cela faute d'avoir su que M. l'abbé fait ici une des plus énormes bévues qui aient jamais été faites, prenant une date pour une comparaison. Car il n'y a en effet aucune comparaison en cet endroit d'Homère. Ulysse raconte que, « voyant le mât et la « quille de son vaisseau, sur lesquels il s'était « sauvé, qui s'engloutissaient dans la Charybde, il « s'accrocha, comme un oiseau de nuit, à un grand « figuier qui pendait là d'un rocher, et qu'il y de- « meura longtemps attaché, dans l'espérance que « le reflux venant, la Charybde pourrait enfin re- « vomir les débris de son vaisseau ; qu'en effet ce « qu'il avait prévu arriva, et qu'environ vers « l'heure qu'un magistrat, ayant rendu la justice, « quitte sa séance pour aller prendre sa réfection, « c'est-à-dire environ sur les trois heures après « midi, ces débris parurent hors de la Charybde, « et qu'il se remit dessus ». Cette date est d'autant plus juste, qu'Eustathius assure que c'est le temps d'un des reflux de la Charybde, qui en a trois en vingt-quatre heures; et qu'autrefois en Grèce on datait ordinairement les heures de la journée par le temps où les magistrats entraient au conseil, par celui où ils y demeuraient et par celui où ils en sortaient. Cet endroit n'a jamais été entendu autrement par aucun interprète, et le traducteur latin l'a fort bien rendu. Par là on peut voir à qui appartient l'impertinence de la comparaison prétendue, ou à Homère qui ne l'a point faite, ou à M. l'abbé, qui la lui fait faire si mal à propos.

Mais, avant que de quitter la conversation de ces trois messieurs, M. l'abbé trouvera bon que je ne donne pas les mains à la réponse décisive qu'il fait à M. le chevalier, qui lui avait dit : « Mais, à propos « de comparaisons, on dit qu'Homère compare « Ulysse qui se tourne dans son lit, au boudin « qu'on rôtit sur le gril ». A quoi M. l'abbé répond : « Cela est vrai » ; et à quoi je réponds! Cela est si faux que même le mot grec qui veut dire *boudin* n'était point encore inventé du temps d'Homère, où il n'y avait ni boudins ni ragoûts. La vérité est que, dans le vingtième livre de l'Odyssée [1], il compare Ulysse qui se tourne çà et là dans son lit, brûlant d'impatience de *se soûler*, comme dit Eustathius, *du sang des amants de Pénélope*, à un homme affamé qui s'agite pour faire cuire sur un grand feu le ventre sanglant et plein de graisse d'un animal dont il brûle de se rassasier, le tournant sans cesse de côté et d'autre.

En effet, tout le monde sait que le ventre de cer-

---

1. Vers 420 et suiv. (BOIL.)

1. Vers 25 et suiv. (BOIL.)

tains animaux, chez les anciens, était un de leurs plus délicieux mets; que le *sumen*, c'est-à-dire le ventre de la truie, parmi les Romains, était vanté par excellence, et défendu même, par une ancienne loi censorienne, comme trop voluptueux. Ces mots, *plein de sang et de graisse*, qu'Homère a mis en parlant du ventre des animaux, et qui sont si vrais de cette partie du corps, ont donné occasion à un misérable traducteur, qui a mis autrefois l'Odyssée en français, de se figurer qu'Homère parlait là de *boudin*, parce que le boudin de pourceau se fait communément avec du sang et de la graisse; et il l'a ainsi sottement rendu dans la traduction. C'est sur la foi de ce traducteur que quelques ignorants, et M. l'abbé du dialogue, ont cru qu'Homère comparait Ulysse à un boudin, quoique ni le grec ni le latin n'en disent rien, et que jamais aucun commentateur n'ait fait cette ridicule bévue. Cela montre bien les étranges inconvénients qui arrivent à ceux qui veulent parler d'une langue qu'ils ne savent point.

RÉFLEXION VII

« Il faut songer au jugement que toute la postérité fera de nos
« écrits. »
Paroles de Longin, chap. xii.

Il n'y a en effet que l'approbation de la postérité qui puisse établir le vrai mérite des ouvrages. Quelque éclat qu'ait fait un écrivain durant sa vie, quelques éloges qu'il ait reçus, on ne peut pas pour cela infailliblement conclure que ses ouvrages soient excellents. De faux brillants, la nouveauté du style, un tour d'esprit qui était à la mode, peuvent les avoir fait valoir; et il arrivera peut-être que, dans le siècle suivant, on ouvrira les yeux, et que l'on méprisera ce que l'on a admiré. Nous en avons un bel exemple dans Ronsard et dans ses imitateurs, comme du Bellay, du Bartas, Desportes, qui, dans le siècle précédent, ont été l'admiration de tout le monde, et qui aujourd'hui ne trouvent pas même de lecteurs.

La même chose était arrivée, chez les Romains, à Nævius, à Livius et à Ennius, qui, du temps d'Horace, comme nous l'apprenons de ce poëte, trouvaient encore beaucoup de gens qui les admiraient, mais qui à la fin furent entièrement décriés. Et il ne faut point s'imaginer que la chute de ces auteurs, tant les français que les latins, soit venue de ce que les langues de leur pays ont changé : elle n'est venue que de ce qu'ils n'avaient point attrapé dans ces langues le point de solidité et de perfection qui est nécessaire pour faire durer et pour faire à jamais priser des ouvrages. En effet, la langue latine, par exemple, qu'ont écrite Cicéron et Virgile, était déjà fort changée du temps de Quintilien, et encore plus du temps d'Aulu-Gelle : cependant Cicéron et Virgile y étaient encore plus estimés que de leur temps même, parce qu'ils avaient comme fixé la langue par leurs écrits, ayant atteint le point de perfection que j'ai dit.

Ce n'est donc point la vieillesse des mots et des expressions, dans Ronsard, qui a décrié Ronsard; c'est qu'on s'est aperçu tout d'un coup que les beautés qu'on y croyait voir n'étaient point des beautés, ce que Bertaut, Malherbe, de Lingendes [1] et Racan, qui vinrent après lui, contribuèrent beaucoup à faire connaître, ayant attrapé dans le genre sérieux le vrai *génie* de la langue française, qui, bien loin d'être en son point de maturité du temps de Ronsard, comme Pasquier se l'était persuadé faussement, n'était pas même encore sortie de sa première enfance. Au contraire, le vrai tour de l'épigramme, du rondeau et des épîtres naïves, ayant été trouvé, même avant Ronsard, par Marot, par Saint-Gelais [2] et par d'autres, non-seulement leurs ouvrages en ce genre ne sont point tombés dans le mépris, mais ils sont encore aujourd'hui généralement estimés : jusque-là même que, pour trouver l'air naïf en français, on a encore quelquefois recours à leur style; et c'est ce qui a si bien réussi au célèbre M. de La Fontaine. Concluons donc qu'il n'y a qu'une longue suite d'années qui puisse établir la valeur et le vrai mérite d'un ouvrage.

Mais lorsque des écrivains ont été admirés durant un fort grand nombre de siècles, et n'ont été méprisés que par quelques gens de goût bizarre (car il se trouve toujours des goûts dépravés), alors non-seulement il y a de la témérité, mais il y a de la folie, à vouloir douter du mérite de ces écrivains. Que si vous ne voyez point les beautés de leurs écrits, il ne faut pas conclure qu'elles n'y sont point, mais que vous êtes aveugle, et que vous n'avez point de goût. Le gros des hommes, à la longue, ne se trompe point sur les ouvrages d'esprit. Il n'est plus question, à l'heure qu'il est, de savoir si Homère, Platon, Cicéron, Virgile, sont des hommes merveilleux; c'est une chose sans contestation, puisque vingt siècles en sont convenus : il s'agit de savoir en quoi consiste ce merveilleux qui les a fait admirer de tant de siècles; et il faut trouver moyen de le voir, ou renoncer aux belles-lettres, auxquelles vous devez croire que vous n'avez ni goût ni génie, puisque vous ne sentez point ce qu'ont senti tous les hommes.

Quand je dis cela néanmoins, je suppose que vous sachiez la langue de ces auteurs; car si vous ne la savez point, et si vous ne vous l'êtes point

---

1. Jean de Lingendes, proche parent du P. Claude de Lingendes, jésuite, et de Jean de Lingendes, évêque de Mâcon, l'un et l'autre célèbres prédicateurs, était né, comme eux, à Moulins. Il se fit un nom par ses poésies, dont le mérite consiste principalement dans la douceur et la facilité. Le plus estimé de ses ouvrages est son élégie sur l'œil d'Ovide, imitation libre de l'élégie latine d'Ange Politien sur le même sujet. Il mourut en 1616.
2. Mellin de Saint-Gelais, natif d'Angoulême, était, dit-on, fils naturel d'Octavien de Saint-Gelais, évêque de cette ville, et poëte célèbre au quinzième siècle.

familiarisée, je ne vous blâmerai pas de n'en point voir les beautés : je vous blâmerai seulement d'en parler. Et c'est en quoi on ne saurait trop condamner M. P***, qui, ne sachant point la langue d'Homère, vient hardiment lui faire son procès sur les bassesses de ses traducteurs, et dire au genre humain, qui a admiré les ouvrages de ce grand poëte durant tant de siècles : Vous avez admiré des sottises. C'est à peu près la même chose qu'un aveugle-né qui s'en irait crier par toutes les rues : Messieurs, je sais que le soleil que vous voyez vous paraît fort beau ; mais moi, qui ne l'ai jamais vu, je vous déclare qu'il est fort laid.

Mais, pour revenir à ce que je disais, puisque c'est la postérité seule qui met le véritable prix aux ouvrages, il ne faut pas, quelque admirable que vous paraisse un écrivain moderne, le mettre aisément en parallèle avec ces écrivains admirés durant un si grand nombre de siècles, puisqu'il n'est pas même sûr que ses ouvrages passent avec gloire au siècle suivant. En effet, sans aller chercher des exemples éloignés, combien n'avons-nous point vu d'auteurs admirés dans notre siècle, dont la gloire est déchue en très-peu d'années! Dans quelle estime n'ont point été, il y a trente ans, les ouvrages de Balzac! on ne parlait pas de lui simplement comme du plus éloquent homme de son siècle, mais comme du seul éloquent. Il a effectivement des qualités merveilleuses. On peut dire que jamais personne n'a mieux su sa langue que lui, et n'a mieux entendu la propriété des mots et la juste mesure des périodes : c'est une louange que tout le monde lui donne encore. Mais on s'est aperçu tout d'un coup que l'art où il s'est employé toute sa vie était l'art qu'il savait le moins, je veux dire l'art de faire une lettre ; car, bien que les siennes soient toutes pleines d'esprit et de choses admirablement dites, on y remarque partout les deux vices les plus opposés au genre épistolaire, c'est à savoir l'affectation et l'enflure ; et on ne peut plus lui pardonner ce soin vicieux qu'il a de dire toutes choses autrement que ne le disent les autres hommes. De sorte que tous les jours on retorque contre lui ce même vers que Maynar a fait autrefois à sa louange :

Il n'est point de mortel qui parle comme lui.

Il y a pourtant encore des gens qui le lisent ; mais il n'y a plus personne qui ose imiter son style, ceux qui l'ont fait s'étant rendus la risée de tout le monde.

Mais pour chercher un exemple encore plus illustre que celui de Balzac, Corneille est celui de tous nos poëtes qui a fait le plus d'éclat en notre temps ; et on ne croyait pas qu'il pût jamais y avoir en France un poëte digne de lui être égalé. Il n'y en a point, en effet, qui ait plus d'élévation de génie, ni qui ait plus composé. Tout son mérite pourtant, à l'heure qu'il est, ayant été mis par le temps comme dans un creuset, se réduit à huit ou neuf pièces de théâtre qu'on admire, et qui sont, s'il faut ainsi parler, comme le midi de sa poésie, dont l'orient et l'occident n'ont rien valu. Encore, dans ce petit nombre de bonnes pièces, outre les fautes de langue qui y sont assez fréquentes, on commence à s'apercevoir de beaucoup d'endroits de déclamation qu'on n'y voyait point autrefois. Ainsi, non-seulement on ne trouve point mauvais qu'on lui compare aujourd'hui M. Racine, mais il se trouve même quantité de gens qui le lui préfèrent. La postérité jugera qui vaut le mieux des deux ; car je suis persuadé que les écrits de l'un et de l'autre passeront aux siècles suivants. Mais jusque-là ni l'un ni l'autre ne doit être mis en parallèle avec Euripide et avec Sophocle, puisque leurs ouvrages n'ont point encore le sceau qu'ont les ouvrages d'Euripide et de Sophocle, je veux dire l'approbation de plusieurs siècles.

Au reste, il ne faut pas s'imaginer que, dans ce nombre d'écrivains approuvés de tous les siècles, je veuille ici comprendre ces auteurs, à la vérité anciens, mais qui ne se sont acquis qu'une médiocre estime, comme Lycophron, Nonnus, Silius Italicus, l'auteur des tragédies attribuées à Sénèque, et plusieurs autres, à qui on peut non-seulement comparer, mais à qui on peut, à mon avis, justement préférer beaucoup d'écrivains modernes. Je n'admets dans ce haut rang que ce petit nombre d'écrivains merveilleux dont le nom seul fait l'éloge, comme Homère, Platon, Cicéron, Virgile, etc. Et je ne règle point l'estime que je fais d'eux par le temps qu'il y a que leurs ouvrages durent, mais par le temps qu'il y a qu'on les admire. C'est de quoi il est bon d'avertir beaucoup de gens, qui pourraient mal à propos croire ce que veut insinuer notre censeur, qu'on ne loue les anciens que parce qu'ils sont anciens, et qu'on ne blâme les modernes que parce qu'ils sont modernes ; ce qui n'est point du tout véritable, y ayant beaucoup d'anciens qu'on n'admire point, et beaucoup de modernes que tout le monde loue. L'antiquité d'un écrivain n'est pas un titre certain de son mérite ; mais l'antique et constante admiration qu'on a toujours eue pour ses ouvrages est une preuve sûre et infaillible qu'on les doit admirer.

RÉFLEXION VIII

« Il n'en est pas ainsi de Pindare et de Sophocle ; car, au milieu
« de leur plus grande violence, durant qu'ils tonnent et foudroient pour ainsi dire, souvent leur ardeur vient à s'éteindre,
« et ils tombent malheureusement. »

Paroles de Longin, chap. XXVII.

Longin donne ici assez à entendre qu'il avait trouvé des choses à redire dans Pindare. Et dans quel auteur n'en trouve-t-on point ? Mais en même temps il déclare que ces fautes qu'il y a remarquées ne peuvent point être appelées proprement fautes, et que ce ne sont que de petites négligences où Pindare est tombé à cause de cet esprit divin dont il est entraîné, et qu'il n'était pas en sa puissance de régler comme il voulait. C'est ainsi que le plus grand et le plus sévère de tous les critiques grecs parle de Pindare, même en le censurant.

Ce n'est pas là le langage de M. P***, homme qui sûrement ne sait point de grec. Selon lui[1], Pindare non-seulement est plein de véritables fautes, mais c'est un auteur qui n'a aucune beauté, un diseur de galimatias impénétrable, que jamais personne n'a pu comprendre, et dont Horace s'est moqué quand il a dit que c'était un poëte inimitable. En un mot, c'est un écrivain sans mérite, qui n'est estimé que d'un certain nombre de savants, qui le lisent sans le concevoir, et qui ne s'attachent qu'à recueillir quelques misérables sentences dont il a semé ses ouvrages. Voilà ce qu'il juge à propos d'avancer sans preuve dans le dernier de ses dialogues. Il est vrai que, dans un autre de ses dialogues, il vient à la preuve devant madame la présidente Morinet, et prétend montrer que le commencement de la première ode de ce grand poëte ne s'entend point. C'est ce qu'il prouve admirablement par la traduction qu'il en a faite; car il faut avouer que si Pindare s'était énoncé comme lui, La Serre ni Richesource[2] ne l'emporteraient pas sur Pindare pour le galimatias et pour la bassesse.

On sera donc assez surpris ici de voir que cette bassesse et ce galimatias appartiennent entièrement à M. P***, qui, en traduisant Pindare, n'a entendu ni le grec, ni le latin, ni le français. C'est ce qu'il est aisé de prouver. Mais pour cela, il faut savoir que Pindare vivait peu de temps après Pythagore, Thalès et Anaxagore, fameux philosophes naturalistes, et qui avaient enseigné la physique avec un fort grand succès. L'opinion de Thalès, qui mettait l'eau pour le principe des choses, était surtout célèbre. Empédocle, sicilien, qui vivait du temps de Pindare même, et qui avait été disciple d'Anaxagore, avait encore poussé la chose plus loin qu'eux, et non-seulement avait pénétré fort avant dans la connaissance de la nature, mais il avait fait ce que Lucrèce a fait depuis à son imitation, je veux dire qu'il avait mis toute la physique en vers. On a perdu son poëme. On sait pourtant que ce poëme commençait par l'éloge des quatre éléments, et vraisemblablement il n'y avait pas oublié la formation de l'or et des autres métaux. Cet ouvrage s'était rendu si fameux dans la Grèce, qu'il y avait fait regarder son auteur comme une espèce de divinité.

Pindare, venant donc à composer sa première ode olympique à la louange d'Hiéron, roi de Sicile, qui avait remporté le prix de la course des chevaux, débute par la chose du monde la plus simple et la plus naturelle, qui est que, s'il voulait chanter les merveilles de la nature, il chanterait, à l'imitation d'Empédocle, sicilien, l'eau et l'or, comme les deux plus excellentes choses du monde : mais que, s'étant consacré à chanter les actions des hommes, il va chanter le combat olympique, puisque c'est en effet ce que les hommes font de plus grand; et que de dire qu'il y ait quelque autre combat aussi excellent que le combat olympique, c'est prétendre qu'il y a dans le ciel quelque autre astre aussi lumineux que le soleil. Voilà la pensée de Pindare mise dans son ordre naturel, et tel qu'un rhéteur le pourrait dire dans une exacte prose. Voici comme Pindare l'énonce en poëte : « Il n'y a rien de si ex-
« cellent que l'eau; il n'y a rien de plus éclatant
« que l'or, et il se distingue entre toutes les autres
« superbes richesses, comme un feu qui brille dans
« la nuit! Mais, ô mon esprit! puisque[1] c'est des
« combats que tu veux chanter, ne va point te fi-
« gurer ni que dans les vastes déserts du ciel, quand
« il fait jour[2], on puisse voir quelque autre astre
« aussi lumineux que le soleil, ni que sur la terre
« nous puissions dire qu'il y ait quelque autre com-
« bat aussi excellent que le combat olympique ».

Pindare est presque ici traduit mot pour mot, et je ne lui ai prêté que le mot de *sur la terre*, que le sens amène si naturellement, qu'en vérité il n'y a qu'un homme qui ne sait ce que c'est que traduire qui puisse me chicaner là-dessus. Je ne prétends donc pas, dans une traduction si littérale, avoir fait sentir toute la force de l'original, dont la beauté consiste principalement dans le nombre, l'arrangement et la magnificence des paroles. Cependant quelle majesté et quelle noblesse un homme de bon sens n'y peut-il pas remarquer, même dans la sécheresse de ma traduction! Que de grandes images présentées d'abord, l'eau, l'or, le feu, le soleil! Que de sublimes figures ensemble, la métaphore, l'apostrophe, la métonymie! Quel tour et quelle agréable circonduction de paroles! Cette expression, « les vastes déserts du ciel, quand il fait jour », est peut-être une des plus grandes choses qui aient jamais été dites en poésie. En effet, qui n'a point remarqué de quel nombre infini d'étoiles le ciel paraît peuplé durant la nuit, et quelle vaste solitude c'est, au contraire, dès que le soleil vient se montrer? De sorte que, par le seul début de cette ode, on commence à concevoir tout ce qu'Horace a voulu faire entendre quand il a dit (liv. IV,

---

1. *Parallèles*, t. I et III. (Boil.)
2. Jean de Soudier, sieur de Richesource, était un misérable déchamateur, qui prenait la qualité de *Modérateur de l'Académie des Orateurs*, parce qu'il faisait des leçons publiques d'éloquence dans une chambre qu'il occupait à la place Dauphine. Il avait composé quelques ouvrages, parmi lesquels il en a un de critique, intitulé *le Camouflet des auteurs*, et chaque critique est une *camouflade*.

1. La particule δ veut aussi bien dire en cet endroit PUISQUE et COMME, que SI; et c'est ce que Benoît a fort bien montré dans l'ode III, où ces mots ἄριστον, etc., sont répétés. (Boil.)
2. Le traducteur latin n'a pas bien rendu cet endroit, μηκέτι σκόπει ἄλλο θαλπνὸν ἄστρον; *ne contempleris aliud visibile astrum*, qui doivent s'expliquer dans mon sens : *Ne puta quod videatur aliud astrum*; « Ne te figure point qu'on puisse voir un autre astre », etc. (Boil.)

od. II) que « Pindare est comme un grand fleuve « qui marche à flots bouillonnants; et que de sa « bouche, comme d'une source profonde, il sort « une immensité de richesses et de belles choses ».

> Fervet, immensusque ruit profundo
> Pindarus ore.

Examinons maintenant la traduction de M. P***. La voici : « L'eau est très-bonne, à la vérité; et l'or, « qui brille comme le feu durant la nuit, éclate « merveilleusement parmi les richesses qui rendent « l'homme superbe. Mais, mon esprit, si tu désires « chanter des combats, ne *contemples* point d'autre « astre plus lumineux que le soleil pendant le jour, « dans le vague de l'air : car nous ne saurions chan- « ter des combats plus illustres que les combats « olympiques ». Peut-on jamais voir un plus plat galimatias? « L'eau est très-bonne, à la vérité, » est une manière de parler familière et comique, qui ne répond point à la majesté de Pindare. Le mot d'ἄριστον ne veut pas simplement dire en grec *bon, mais merveilleux, divin, excellent entre les choses excellentes*. On dira fort bien en grec qu'Alexandre et Jules César étaient ἄριστοι: traduira-t-on qu'ils étaient de *bonnes gens?* D'ailleurs le nom de *bonne eau* en français tombe dans le bas, à cause que cette façon de parler s'emploie dans des usages bas et populaires : *à l'enseigne de la bonne eau, à la bonne eau-de-vie*. Le mot d'*à la vérité* en cet endroit est encore plus familier et plus ridicule, et n'est point dans le grec, où le μὲν et le δὲ sont comme des espèces d'enclitiques qui ne servent qu'à soutenir la versification. « Et l'or qui brille[1] ». Il n'y a point d'*et* dans le grec, et *qui* n'y est point non plus. « Éclate merveilleusement parmi les richesses ». *Morveilleusement* est burlesque en cet endroit. Il n'est point dans le grec, et se sent de l'ironie que M. P*** a dans l'esprit, et qu'il tâche de prêter même au paroles de Pindare en le traduisant. « Qui rendent l'homme superbe ». Cela n'est point dans Pindare, qui donne l'épithète de *superbe* aux richesses mêmes, ce qui est une figure très-belle; au lieu que dans la traduction, n'y ayant point de figure, il n'y a plus par conséquent de poésie. « Mais, mon esprit, etc. » C'est ici où M. P*** achève de perdre la tramontane; et, comme il n'a entendu aucun mot de cet endroit où j'ai fait voir un sens si noble, si majestueux et si clair, on me dispensera d'en faire l'analyse.

Je me contenterai de lui demander dans quel lexicon, dans quel dictionnaire ancien ou moderne, il a jamais trouvé que μηδὲ en grec, ou *ne* en latin, voulût dire *car*. Cependant c'est ce *car* qui fait ici toute la confusion du raisonnement qu'il veut attribuer à Pindare. Ne sait-il pas qu'en toute langue, mettez un *car* mal à propos, il n'y a point de raisonnement qui ne devienne absurde. Que je dise, par exemple : « Il n'y a rien de si clair que le « commencement de la première ode de Pindare, « et M. P*** ne l'a point entendu », voilà parler très-juste; mais si je dis : « Il n'y a rien de si clair « que le commencement de la première ode de « Pindare, *car* M. P*** ne l'a point entendu », c'est fort mal argumenté, parce que d'un fait très-véritable je fais une raison très-fausse, et qu'il est fort indifférent, pour faire qu'une chose soit claire ou obscure, que M. P*** l'entende ou ne l'entende point.

Je ne m'étendrai pas davantage à lui faire connaître une faute qu'il n'est pas possible que lui-même ne sente. J'oserai seulement l'avertir que, lorsqu'on veut critiquer d'aussi grands hommes qu'Homère et que Pindare, il faut avoir du moins les premières teintures de la grammaire; et qu'il peut fort bien arriver que l'auteur le plus habile devienne un auteur de mauvais sens entre les mains d'un traducteur ignorant, qui ne l'entend point, et qui ne sait pas même quelquefois que ne veut point dire *car*.

Après avoir ainsi convaincu M. P*** sur le grec et le latin, il trouvera bon que je l'avertisse aussi qu'il y a une grossière faute de français dans ces mots de sa traduction : « Mais, mon esprit, ne con- « temples point, etc. » et que *contemple*, à l'impératif, n'a point d's. Je lui conseille donc de renvoyer cet s au mot de *casuite*, qu'il écrit toujours ainsi, quoiqu'on doive toujours écrire et prononcer *casuiste*. Cet s, je l'avoue, y est un peu plus nécessaire qu'au pluriel du mot d'*opéra*; car bien que j'aie toujours entendu prononcer des *opéras*, comme on dit des *factums* et des *totons*, je ne voudrais pas assurer qu'on le doive écrire, et je pourrais bien m'être trompé en l'écrivant de la sorte.

RÉFLEXION IX

> *Les mots bas sont comme autant de marques honteuses qui flétrissent l'expression.*
>
> *Paroles de Longin*, chap. XXXV.

Cette remarque est vraie dans toutes les langues. Il n'y a rien qui avilisse davantage un discours que les mots bas. On souffrira plutôt, généralement parlant, une pensée basse exprimée en termes nobles, que la pensée la plus noble exprimée en termes bas. La raison de cela est que tout le monde ne peut pas juger de la justesse et de la force d'une pensée; mais qu'il n'y a presque personne, surtout dans les langues vivantes, qui ne sente la bassesse des mots. Cependant il y a peu d'écrivains qui ne tombent quelquefois dans ce vice. Longin, comme nous voyons ici, accuse Hérodote, c'est-à-dire le plus poli de tous les historiens grecs, d'avoir laissé échapper des mots bas dans son histoire. On en reproche à Tite-Live, à Salluste et à Virgile.

---

1. S'il y avait *l'or qui brille* dans le grec, cela ferait un solécisme, car il faudrait que αἰθόμενον fût l'adjectif de χρυσός. (BOIL.)

N'est-ce donc pas une chose fort surprenante, qu'on n'ait jamais fait sur cela aucun reproche à Homère, bien qu'il ait composé deux poëmes, chacun plus gros que l'Énéide, et qu'il n'y ait point d'écrivain qui descende quelquefois dans un plus grand détail que lui, ni qui dise si volontiers les petites choses, ne se servant jamais que de termes nobles, ou employant les termes les moins relevés avec tant d'art et d'industrie, comme remarque Denys d'Halicarnasse, qu'il les rend nobles et harmonieux? Et certainement s'il y avait eu quelque reproche à lui faire sur la bassesse des mots, Longin ne l'aurait pas vraisemblablement plus épargné ici qu'Hérodote. On voit donc par là le peu de sens de ces critiques modernes qui veulent juger du grec sans savoir de grec, et qui, ne lisant Homère que dans des traductions latines très-basses, ou dans des traductions françaises encore plus rampantes, imputent à Homère les bassesses de ses traducteurs, et l'accusent de ce qu'en parlant grec il n'a pas assez noblement parlé latin ou français. Ces messieurs doivent savoir que les mots des langues ne répondent pas toujours juste les uns aux autres, et qu'un terme grec très-noble ne peut souvent être exprimé en français que par un terme très-bas. Cela se voit par le mot d'*asinus* en latin, et d'*âne* en français, qui sont de la dernière bassesse dans l'une et dans l'autre de ces langues, quoique le mot qui signifie cet animal n'ait rien de bas en grec ni en hébreu, où on le voit employé dans des endroits même les plus magnifiques. Il en est de même du mot de *mulet* et de plusieurs autres.

En effet, les langues ont chacune leur bizarrerie : mais la française est principalement capricieuse sur les mots; et, bien qu'elle soit riche en beaux termes sur de certains sujets, il y en a beaucoup où elle est fort pauvre, et il y a un très-grand nombre de petites choses qu'elle ne saurait dire noblement. Ainsi, par exemple, bien que dans les endroits les plus sublimes elle nomme, sans s'avilir, un mouton, une chèvre, une brebis, elle ne saurait, sans se diffamer, dans un style un peu élevé, nommer un veau, une truie, un cochon. Le mot de *génisse* en français est fort beau, surtout dans une églogue; *vache* ne s'y peut pas souffrir. *Pasteur* et *berger* y sont du plus bel usage; *gardeur de pourceaux* ou *gardeur de bœufs* y seraient horribles. Cependant il n'y a peut-être pas dans le grec deux plus beaux mots que συβώτης et βουκόλος, qui répondent à ces deux mots français; et c'est pourquoi Virgile a intitulé ses églogues de ce doux nom de *Bucoliques*, qui veut pourtant dire en notre langue, à la lettre, les *entretiens des bouviers* ou *des gardeurs de bœufs*.

Je pourrais rapporter encore ici un nombre infini de pareils exemples; mais, au lieu de plaindre en cela le malheur de notre langue, prendrons-nous le parti d'accuser Homère et Virgile de bassesse, pour n'avoir pas prévu que ces termes, quoique si nobles et si doux à l'oreille en leur langue, seraient bas et grossiers, étant traduits un jour en français? Voilà en effet le principe sur lequel M. P*** fait le procès à Homère : il ne se contente pas de le condamner sur les basses traductions qu'on a faites en latin; pour plus grande sûreté, il traduit lui-même ce latin en français, et, avec ce beau talent qu'il a de dire bassement toutes choses, il fait si bien, que, racontant le sujet de l'Odyssée, il fait, d'un des plus nobles sujets qui aient été jamais traités, un ouvrage aussi burlesque que l'*Ovide en belle humeur*[1].

Il change ce sage vieillard qui avait soin des troupeaux d'Ulysse en un vilain *porcher*. Aux endroits où Homère dit que « la nuit couvrait la terre de « son ombre et cachait le chemin aux voyageurs », il traduit que « l'on commençait *à ne voir goutte* « *dans les rues* ». Au lieu de la magnifique chaussure dont Télémaque lie ses pieds délicats, il lui fait mettre ses *beaux souliers* de parade. A l'endroit où Homère, pour marquer la propreté de la maison de Nestor, dit que « ce fameux vieillard s'assit de- « vant sa porte sur des pierres fort polies, et qui « reluisaient comme si on les avait frottées de « quelque huile précieuse », il met que « Nestor « s'alla asseoir sur des pierres luisantes *comme de* « *l'onguent* ». Il explique partout le mot de *sus*, qui est fort noble en grec, par le mot de *cochon* ou de *pourceau*, qui est de la dernière bassesse en français. Au lieu qu'Agamemnon dit « qu'Égisthe « le fit assassiner dans son palais comme un tau- « reau qu'on égorge dans une étable », il fait dans la bouche d'Agamemnon cette manière de parler basse, « Égisthe me fit *assommer comme un bœuf* ». Au lieu de dire, comme porte le grec, « qu'Ulysse, « voyant son vaisseau fracassé et son mât renversé « d'un coup de tonnerre, il lia ensemble, du mieux « qu'il put, ce mât avec son reste de vaisseau, et « s'assit dessus », il fait dire à Ulysse « qu'il se mit « *à cheval sur son mât* ». C'est en cet endroit qu'il fait cette énorme bévue que nous avons remarquée ailleurs dans nos observations.

Il dit encore sur ce sujet cent autres bassesses de la même force, exprimant en style rampant et bourgeois les mœurs des hommes de cet ancien siècle qu'Hésiode appelle le siècle des héros, où l'on ne connaissait point la mollesse et les délices, où l'on se servait, où l'on s'habillait soi-même, et qui se sentait encore par là du siècle d'or. M. P*** triomphe à nous faire voir combien cette simplicité est éloignée de notre mollesse et de notre luxe, qu'il regarde comme un des grands présents que Dieu ait faits aux hommes, et qui sont pourtant l'origine de tous les vices, ainsi que Longin le fait voir dans son dernier chapitre, où il traite de la décadence des esprits, qu'il attribue principalement à ce luxe et à cette mollesse.

---

1. Version burlesque des Métamorphoses d'Ovide, par d'Assouci.

M. P*** ne fait pas réflexion que les dieux et les déesses, dans les fables, n'en sont pas moins agréables, quoiqu'ils n'aient ni estafiers, ni valets de chambre, ni dames d'atours, et qu'ils aillent souvent tout nus; qu'enfin le luxe est venu d'Asie en Europe, et que c'est des nations barbares qu'il est descendu chez des nations polies, où il a tout perdu, et où, plus dangereux fléau que la peste ni que la guerre, il a, comme dit Juvénal[1], vengé l'univers vaincu, en pervertissant les vainqueurs :

Sævior armis
Luxuria incubuit, victumque ulciscitur orbem.

J'aurais beaucoup de choses à dire sur ce sujet; mais il faut les réserver pour un autre endroit, et je ne veux parler ici que de la bassesse des mots. M. P*** en trouve beaucoup dans les épithètes d'Homère, qu'il accuse d'être souvent superflues. Il ne sait pas sans doute ce que sait tout homme un peu versé dans le grec, que, comme en Grèce autrefois le fils ne portait point le nom du père, il est rare, même dans la prose, qu'on y nomme un homme sans lui donner une épithète qui le distingue, en disant ou le nom de son père, ou son pays, ou son talent, ou son défaut : Alexandre fils de Philippe, Alcibiade fils de Clinias, Hérodote d'Halicarnasse, Clément Alexandrin, Polyclète le sculpteur, Diogène le Cynique, Denys le Tyran, etc. Homère donc, écrivant dans le génie de sa langue, ne s'est pas contenté de donner à ses dieux et à ses héros ces noms de distinction qu'on leur donnait dans la prose, mais il leur en a composé de doux et d'harmonieux, qui marquent leur principal caractère. Ainsi par l'épithète de *léger à la course*[2], qu'il donne à Achille, il a marqué l'impétuosité d'un jeune homme. Voulant exprimer la prudence dans Minerve, il l'appelle la *déesse aux yeux fins*[3]. Au contraire, pour peindre la majesté dans Junon, il la nomme la *déesse aux yeux grands et ouverts*[4]; et ainsi des autres.

Il ne faut donc pas regarder ces épithètes qu'il leur donne comme de simples épithètes, mais comme des espèces de surnoms qui les font connaître. Et on n'a jamais trouvé mauvais qu'on répétât ces épithètes, parce que ce sont, comme je viens de dire, des espèces de surnoms. Virgile est entré dans ce goût grec, quand il a répété tant de fois dans l'Énéide *pius Æneas* et *pater Æneas*, qui sont comme les surnoms d'Énée. Et c'est pourquoi on lui a objecté fort mal à propos qu'Énée se loue lui-même, quand il dit : *Sum pius Æneas*, « Je suis le pieux Énée », parce qu'il ne fait proprement que dire son nom. Il ne faut donc pas trouver étrange qu'Homère donne de ces sortes d'épithètes à ses héros, en des occasions qui n'ont aucun rapport à ces épithètes, puisque cela se fait souvent même en français, où nous donnons le nom de saint à nos saints, en des rencontres où il s'agit de toute autre chose que de leur sainteté : comme quand nous disons que saint Paul gardait les manteaux de ceux qui lapidaient saint Étienne.

Tous les plus habiles critiques avouent que ces épithètes sont admirables dans Homère, et que c'est une des principales richesses de sa poésie. Notre censeur cependant les trouve basses, et, afin de prouver ce qu'il dit, non-seulement il les traduit bassement, mais il les traduit selon leur racine et leur étymologie; et au lieu, par exemple, de traduire Junon aux yeux *grands et ouverts*, qui est ce que porte le mot Βοῶπις, il le traduit, selon sa racine, « Junon *aux yeux de bœuf* ». Il ne sait pas qu'en français même il y a des dérivés et des composés qui sont fort beaux, dont le nom primitif est fort bas, comme on le voit dans les mots de *petiller* et *reculer*. Je ne saurais m'empêcher de rapporter, à propos de cela, l'exemple d'un maître de rhétorique sous lequel j'ai étudié[1], et qui sûrement ne m'a pas inspiré l'admiration d'Homère, puisqu'il en était presque aussi grand ennemi que M. P***. Il nous faisait traduire l'oraison pour Milon; et à un endroit où Cicéron dit, *Obduruerat et percalluerat respublica*, « la république s'était en- « durcie et était devenue comme insensible », les écoliers étant un peu embarrassés sur *percalluerat*, qui dit presque la même chose qu'*obduruerat*, notre régent nous fit attendre quelque temps son explication; et enfin, ayant défié plusieurs fois messieurs de l'Académie, et surtout M. d'Ablancourt[2], à qui il en voulait, de venir traduire ce mot : *Percallere*, dit-il gravement, vient du *cal* et du *durillon* que les hommes contractent aux pieds; et de là il conclut qu'il fallait traduire, *Obduruerat et percalluerat respublica*, « La république s'était en- « durcie et avait *contracté un durillon* ». Voilà à peu près la manière de traduire de M. P***, et c'est sur de pareilles traductions qu'il veut qu'on juge de tous les poëtes et de tous les orateurs de l'antiquité; jusque-là qu'il nous avertit qu'il doit donner un de ces jours un nouveau volume de parallèles, où il a, dit-il, mis en prose française les plus beaux endroits des poëtes grecs et latins, afin de les opposer à d'autres beaux endroits des poëtes modernes qu'il met aussi en prose; secret admirable qu'il a trouvé pour les rendre ridicules les uns et les autres, et surtout les anciens, quand il les aura habillés des impropriétés et des bassesses de sa traduction !

---

1. La Place, professeur de rhétorique au collége de Beauvais, recteur de l'université en 1650.
2. Nicolas Perrot, sieur d'Ablancourt, né le 5 avril 1606, prêta le serment d'avocat en 1625; abjura en 1629 la religion calviniste, dans laquelle son père l'avait fait élever; y rentra cinq ou six ans après; fut reçu, n'étant âgé que de trente et un ans, à l'Académie française, et se laissa mourir de faim au château d'Ablancourt, près de Vitry-le-Français, en Champagne, le 17 novembre 1664.

---

1. Satire VI, v. 292.
2. Πόδας ὠκύς.
3. Γλαυκῶπις.
4. Βοῶπις.

CONCLUSION

Voilà un léger échantillon du nombre infini de fautes que M. P*** a commises en voulant attaquer les défauts des anciens. Je n'ai mis ici que celles qui regardent Homère et Pindare : encore n'y en ai-je mis qu'une très-petite partie et selon que les paroles de Longin m'en ont donné l'occasion ; car, si je voulais ramasser toutes celles qu'il a faites sur le seul Homère, il faudrait un très-gros volume. Et que serait-ce donc, si j'allais lui faire voir ses puérilités sur la langue grecque et sur la langue latine, ses ignorances sur Platon, sur Démosthène, sur Cicéron, sur Horace, sur Térence, sur Virgile, etc. ; les fausses interprétations qu'il leur donne, les solécismes qu'il leur fait faire, la bassesse et le galimatias qu'il leur prête? J'aurais besoin pour cela d'un loisir qui me manque.

Je ne réponds pas néanmoins, comme j'ai déjà dit, que, dans les éditions de mon livre qui pourront suivre celle-ci, je ne lui découvre encore quelques-unes de ses erreurs, et que je ne le fasse peut-être repentir de n'avoir pas mieux profité du passage de Quintilien[1] qu'on a allégué autrefois si à propos à un de ses frères[2], sur un pareil sujet. Le voici :

Modeste tamen et circumspecto judicio de tantis viris pronunciandum est, ne, quod plerisque accidit, damnent quæ non intelligunt.

« Il faut parler avec beaucoup de modestie et de cir-
« conspection de ces grands hommes, de peur qu'il ne
« vous arrive ce qui est arrivé à plusieurs, de blâmer ce
« que vous n'entendez pas ».

M. P*** me répondra peut-être ce qu'il m'a déjà répondu, qu'il a gardé cette modestie, et qu'il n'est point vrai qu'il ait parlé de ces grands hommes avec le mépris que je lui reproche ; mais il n'avance si hardiment cette fausseté que parce qu'il suppose, et avec raison, que personne ne lit ses dialogues : car de quel front pourrait-il a soutenir à des gens qui auraient seulement lu ce qu'il dit d'Homère ?

Il est vrai pourtant que, comme il ne se soucie point de se contredire, il commence ses invectives contre ce grand poëte par avouer qu'Homère est peut-être le plus vaste et le plus bel esprit qui ait jamais été. Mais on peut dire que ces louanges forcées qu'il lui donne sont comme les fleurs dont il couronne la victime qu'il va immoler à son mauvais sens, n'y ayant point d'infamies qu'il ne lui dise dans la suite, l'accusant d'avoir fait ses deux poëmes sans dessein, sans vue, sans conduite. Il va même jusqu'à cet excès d'absurdité de soutenir qu'il n'y a jamais eu d'Homère ; que ce n'est point

[1]. Liv. X, chap. 1.
[2]. Pierre Perrault. — Voyez Racine, dans la préface de son *Iphigénie*.

un seul homme qui a fait l'Iliade et l'Odyssée, mais plusieurs pauvres aveugles qui allaient, dit-il, de maison en maison réciter pour de l'argent de petits poëmes qu'ils composaient au hasard, et que c'est de ces poëmes qu'on a fait ce qu'on appelle les ouvrages d'Homère. C'est ainsi que, de son autorité privée, il métamorphose tout à coup ce vaste et bel esprit en une multitude de misérables gueux. Ensuite il emploie la moitié de son livre à prouver, Dieu sait comment, qu'il n'y a dans les ouvrages de ce grand homme ni ordre, ni raison, ni économie, ni suite, ni bienséance, ni noblesse de mœurs ; que tout y est plein de bassesses, de chevilles, d'expressions grossières, qu'il est mauvais géographe, mauvais astronome, mauvais naturaliste : finissant enfin toute cette critique par ces belles paroles qu'il fait dire à son chevalier : « Il faut que Dieu ne fasse pas grand cas de la ré-
« putation de bel esprit, puisqu'il permet que ces
« titres soient donnés, préférablement au reste du
« genre humain, à deux hommes comme Platon et
« Homère : à un philosophe qui a des visions si bi-
« zarres, et à un poëte qui dit tant de choses si
« peu sensées ». A quoi monsieur l'abbé du dialogue donne les mains en ne contredisant point, et se contentant de passer à la critique de Virgile.

C'est là ce que M. P*** appelle parler avec retenue d'Homère, et trouver, comme Horace, que ce grand poëte s'endort quelquefois. Cependant, comment peut-il se plaindre que je l'accuse à faux d'avoir dit qu'Homère était de mauvais sens ? Que signifient donc ces paroles : « Un poëte qui dit « tant de choses *si peu sensées* »? Croit-il s'être suffisamment justifié de toutes ses absurdités, en soutenant hardiment, comme il a fait, qu'Érasme et le chancelier Bacon ont parlé avec aussi peu de respect que lui des anciens ? ce qui est absolument faux de l'un et de l'autre, et surtout d'Érasme, l'un des plus grands admirateurs de l'antiquité : car, bien que cet excellent homme se soit moqué avec raison de ces scrupuleux grammairiens qui n'admettent d'autre latinité que celle de Cicéron, et qui ne croient pas qu'un mot soit latin s'il n'est dans cet orateur, jamais homme, au fond, n'a rendu plus de justice aux bons écrivains de l'antiquité, et à Cicéron même, qu'Érasme.

M. P*** ne saurait donc plus s'appuyer que sur le seul exemple de Jules Scaliger, et il faut avouer qu'il l'allègue avec un peu plus de fondement. En effet, dans le dessein que cet orgueilleux savant s'était proposé, comme il le déclare lui-même, de dresser des autels à Virgile, il a parlé d'Homère d'une manière un peu profane. Mais, outre que ce n'est que par rapport à Virgile, et dans un livre qu'il appelle *hypercritique*, voulant témoigner par là qu'il y passe toutes les bornes de la critique ordinaire, il est certain que ce livre n'a pas fait d'honneur à son auteur, Dieu ayant permis que ce savant homme soit devenu alors un M. P***, et soit tombé dans des ignorances si grossières, qu'elles lui ont attiré la risée de tous les gens de lettres, et de son propre fils même.

Au reste, afin que notre censeur ne s'imagine pas que je sois le seul qui aie trouvé ses dialogues si étranges et qui aie paru si sérieusement choqué de l'ignorante audace avec laquelle il y décide de tout ce qu'il y a de plus révéré dans les lettres, je ne saurais, ce me semble, mieux finir ces remarques sur les anciens, qu'en rapportant le mot d'un très-grand prince[1] d'aujourd'hui, non moins admirable par les lumières de son esprit et par l'étendue de ses connaissances dans les lettres, que par son extrême valeur et par sa prodigieuse capacité dans la guerre, où il s'est rendu le charme des officiers et des soldats, et où, quoique encore fort jeune, il s'est déjà signalé par quantité d'actions dignes des plus expérimentés capitaines. Ce prince, qui, à l'exemple du fameux prince de Condé, son oncle paternel, lit tout, jusqu'aux ouvrages de M. P***, ayant en effet lu son dernier dialogue, et en paraissant fort indigné, comme quelqu'un eut pris la liberté de lui demander ce que c'était donc que cet ouvrage pour lequel il témoignait un si grand mépris : « C'est un livre, dit-il, où tout ce « que vous avez jamais ouï louer au monde est « blâmé, et où tout ce que vous avez jamais en- « tendu blâmer est loué ».

RÉFLEXION X

OU RÉFUTATION D'UNE DISSERTATION DE M. LE CLERC CONTRE LONGIN.

« Ainsi le législateur des Juifs, qui n'était pas un homme ordi- « naire, ayant fort bien conçu la puissance et la grandeur de « Dieu, l'a exprimée dans toute sa dignité au commencement de « ses lois, par ces paroles : *Dieu dit : Que la lumière se fasse*; « *et elle se fit : Que la terre se fasse; et la terre fut faite.* »
Paroles de Longin, chap. vi.

Lorsque je fis imprimer pour la première fois, il y a environ trente-six ans, la traduction que j'avais faite du *Traité du Sublime* de Longin, je crus qu'il serait bon, pour empêcher qu'on ne se méprît sur ce mot de *sublime*, de mettre dans ma préface ces mots qui y sont encore, et qui, par la suite du temps, ne s'y sont trouvés que trop nécessaires : « Il faut savoir que, par *sublime*, Longin « n'entend pas ce que les orateurs appellent le « style sublime, mais cet extraordinaire et ce mer- « veilleux qui fait qu'un ouvrage enlève, ravit, « transporte. Le style sublime veut toujours de « grands mots, mais le sublime se peut trouver « dans une seule pensée, dans une seule figure « dans un seul tour de paroles. Une chose peut « être dans le style sublime, et n'être pour- « tant pas sublime. Par exemple : le souverain

[1]. Le prince de Conti, François-Louis de Bourbon, né le 30 avril 1664, et mort à Paris le 22 février 1709.

« Arbitre de la nature d'une seule parole forma « la lumière. Voilà qui est dans le style sublime; « cela n'est pas néanmoins sublime, parce qu'il n'y « a rien là de fort merveilleux, et qu'on ne pût ai- « sément trouver. Mais *Dieu dit : Que la lumière se* « *fasse; et la lumière se fit*. Ce tour extraordinaire « d'expression, qui marque si bien l'obéissance de « la créature aux ordres du Créateur, est vérita- « blement sublime, et a quelque chose de divin. « Il faut donc entendre par sublime, dans Longin, « l'extraordinaire, le surprenant, et, comme je l'ai « traduit, le merveilleux dans le discours ».

Cette précaution, prise si à propos, fut approuvée de tout le monde, mais principalement des hommes vraiment remplis de l'amour de l'Écriture sainte; et je ne croyais pas que je dusse avoir jamais besoin d'en faire l'apologie. A quelque temps de là, ma surprise ne fut pas médiocre, lorsqu'on me montra dans un livre qui avait pour titre : DÉMONSTRATION ÉVANGÉLIQUE, composée par le célèbre M. Huet, alors sous-précepteur de monseigneur le Dauphin, un endroit où non-seulement il n'était pas de mon avis, mais où il soutenait hautement que Longin s'était trompé, lorsqu'il s'était persuadé qu'il y avait du sublime dans ces paroles : *Dieu dit*, etc. J'avoue que j'eus de la peine à digérer que l'on traitât avec cette hauteur le plus fameux et le plus savant critique de l'antiquité; de sorte qu'en une nouvelle édition qui se fit quelques mois après de mes ouvrages, je ne pus m'empêcher d'ajouter dans ma préface ces mots : « J'ai rapporté « ces paroles de la Genèse, comme l'expression la « plus propre à mettre ma pensée en jour; et je « m'en suis servi d'autant plus volontiers, que « cette expression est citée avec éloge par Longin « même, qui, au milieu des ténèbres du paga- « nisme, n'a pas laissé de reconnaître le divin « qu'il y avait dans ces paroles de l'Écriture. Mais « que dirons-nous d'un des plus savants hommes « de notre siècle, qui, éclairé des lumières de l'É- « vangile, ne s'est pas aperçu de la beauté de cet « endroit; qui a osé, dis-je, avancer, dans un livre « qu'il a fait pour démontrer la religion chré- « tienne, que Longin s'était trompé lorsqu'il avait « cru que ces paroles étaient sublimes » ?

Comme ce reproche était un peu fort, et, je l'avoue même, un peu trop fort, je m'attendais à voir bientôt paraître une réplique très-vive de la part de M. Huet, nommé environ dans ce temps-là à l'évêché d'Avranches; et je me préparais à y répondre le moins mal et le plus modestement qu'il me serait possible. Mais, soit que ce savant prélat eût changé d'avis, soit qu'il dédaignât d'entrer en lice avec un aussi vulgaire antagoniste que moi, il se tint dans le silence. Notre démêlé parut éteint, et je n'entendis parler de rien jusqu'en 1709, qu'un de mes amis me fit voir dans un dixième tome de la *Bibliothèque choisie* de M. Le Clerc, fameux protestant de Genève réfugié en Hollande, un chapitre de plus de vingt-cinq pages où ce protestant nous réfute très-impérieusement, Longin et moi, et nous traite tous deux d'aveugles et de petits esprits, d'avoir cru qu'il y avait là quelque sublimité. L'occasion qu'il prend pour nous faire après coup cette insulte, c'est une prétendue lettre du savant M. Huet, aujourd'hui ancien évêque d'Avranches, qui lui est, dit-il, tombée entre les mains, et que, pour mieux nous foudroyer, il transcrit tout entière; y joignant néanmoins, afin de la mieux faire valoir, plusieurs remarques de sa façon, presque aussi longues que la lettre même : de sorte que ce sont comme deux espèces de dissertations ramassées ensemble, dont il fait un seul ouvrage.

Bien que ces deux dissertations soient écrites avec assez d'amertume et d'aigreur, je fus médiocrement ému en les lisant, parce que les raisons m'en parurent extrêmement faibles; que M. Le Clerc, dans ce long verbiage qu'il étale, n'entame pas, pour ainsi dire, la question; et que tout ce qu'il y avance ne vient que d'une équivoque sur le mot de sublime, qu'il confond avec le style sublime, et qu'il croit entièrement opposé au style simple. J'étais en quelque sorte résolu de n'y rien répondre; cependant mes libraires depuis quelque temps, à force d'importunités, m'ayant enfin fait consentir à une nouvelle édition de mes ouvrages, il m'a semblé que cette édition serait défectueuse si je n'y donnais quelque signe de vie sur les attaques d'un si célèbre adversaire. Je me suis donc enfin déterminé à y répondre; et il m'a paru que le meilleur parti que je pouvais prendre, c'était d'ajouter aux neuf réflexions que j'ai déjà faites sur Longin, et où je crois avoir assez bien confondu M. P***, une dixième réflexion où je répondrais à ces deux dissertations nouvellement publiées contre moi. C'est ce que je vais exécuter ici; mais, comme ce n'est point M. Huet qui a fait imprimer lui-même la lettre qu'on lui attribue, et que cet illustre prélat ne m'en a point parlé dans l'Académie française, où j'ai l'honneur d'être son confrère, et où je le vois quelquefois, M. Le Clerc permettra que je ne me propose d'adversaire que M. Le Clerc; et que par là je m'épargne le chagrin d'avoir à écrire contre un aussi grand prélat que M. Huet, dont, en qualité de chrétien, je respecte fort la dignité; et dont, en qualité d'homme de lettres, j'honore extrêmement le mérite et le grand savoir. Ainsi c'est au seul M. Le Clerc que je vais parler, et il trouvera bon que je le fasse en ces termes :

Vous croyez donc, monsieur, et vous le croyez de bonne foi, qu'il n'y a point de sublime dans ces paroles de la Genèse : *Dieu dit : Que la lumière se fasse; et la lumière se fit.* A cela je pourrais vous répondre en général, sans entrer dans une plus grande discussion, que le sublime n'est pas proprement une chose qui se prouve et qui se démontre; mais que c'est un merveilleux qui saisit, qui frappe et qui se fait sentir. Ainsi personne ne pouvant entendre prononcer un peu majestueusement ces paroles : *Que la lumière se fasse*, etc., sans que cela excite en lui une certaine élévation d'âme qui lui fait plaisir, il n'est plus question de savoir s'il y a du sublime dans ces paroles, puisqu'il y en a indubitablement. S'il se trouve quelque homme bizarre qui n'y en trouve point, il ne faut pas chercher des raisons pour lui montrer qu'il y en a, mais se borner à le plaindre de son peu de conception et de son peu de goût, qui l'empêche de sentir ce que tout le monde sent d'abord. C'est là, monsieur, ce que je pourrais me contenter de vous dire; et je suis persuadé que tout ce qu'il y a de gens sensés avoueraient que, par ce peu de mots, je vous aurais répondu tout ce qu'il fallait vous répondre.

Mais puisque l'honnêteté nous oblige de ne pas refuser nos lumières à notre prochain, pour le tirer d'une erreur où il est tombé, je veux bien descendre dans un plus grand détail, et ne point épargner le peu de connaissance que je puis avoir du sublime, pour vous tirer de l'aveuglement où vous vous êtes jeté vous-même par trop de confiance en votre grande et hautaine érudition.

Avant que d'aller plus loin, souffrez, monsieur, que je vous demande comment il se peut faire qu'un aussi habile homme que vous, voulant écrire contre un endroit de ma préface aussi considérable que l'est celui que vous attaquez, ne se soit pas donné la peine de lire cet endroit, auquel il ne paraît pas même que vous ayez fait aucune attention; car, si vous l'aviez lu, si vous l'aviez examiné un peu de près, me diriez-vous, comme vous faites, pour montrer que ces paroles : *Dieu dit*, etc., n'ont rien de sublime, qu'elles ne sont point dans le style sublime, sur ce qu'il n'y a point de grands mots, et qu'elles sont énoncées avec une très-grande simplicité? N'avais-je pas prévenu votre objection, en assurant, comme je l'assure dans cette même préface, que par sublime, en cet endroit, Longin n'entend pas ce que nous appelons le style sublime, mais cet extraordinaire et ce merveilleux qui se trouve souvent dans les paroles les plus simples, et dont la simplicité même fait quelquefois la sublimité? ce que vous avez si peu compris, que même, à quelques pages de là, bien loin de convenir qu'il y a du sublime dans les paroles que Moïse fait prononcer à Dieu au commencement de la Genèse, vous prétendez que si Moïse avait mis là du sublime, il aurait péché contre toutes les règles de l'art, qui veut qu'un commencement soit simple et sans affectation. Ce qui est très-véritable, mais ce qui ne dit nullement qu'il ne doit point y avoir de sublime, le sublime n'étant point opposé au simple, et n'y ayant rien quelquefois de plus sublime que le simple même, ainsi que je vous l'ai déjà fait voir, et dont, si vous doutez encore, je m'en vais vous convaincre par quatre ou cinq exemples auxquels je vous défie de répondre.

Je ne les chercherai pas loin. Longin m'en fournit lui-même d'abord un admirable dans le chapitre d'où j'ai tiré cette dixième réflexion; car y traitant du sublime qui vient de la grandeur de la pensée, après avoir établi qu'il n'y a proprement que les grands hommes à qui il échappe de dire des choses grandes et extraordinaires : « Voyez, « par exemple, ajoute-t-il, ce que répondit Alexan-« dre quand Darius lui fit offrir la moitié de l'Asie « avec sa fille en mariage. Pour moi, lui disait « Parménion, si j'étais Alexandre, j'accepterais « ces offres. Et moi aussi, répliqua ce prince, si « j'étais Parménion ». Sont-ce là de grandes paroles? Peut-on rien dire de plus naturel, de plus simple et de moins affecté que ce mot? Alexandre ouvre-t-il une grande bouche pour le dire? Et cependant ne faut-il pas tomber d'accord que toute la grandeur de l'âme d'Alexandre s'y fait voir? Il faut à cet exemple en joindre un autre de même nature, que j'ai allégué dans la préface de ma dernière édition de Longin, et je le vais rapporter dans les mêmes termes qu'il y est énoncé, afin que l'on voie mieux que je n'ai point parlé en l'air quand j'ai dit que M. le Clerc, voulant combattre ma préface, ne s'est pas donné la peine de la lire. Voici en effet mes paroles : Dans la tragédie d'Horace du fameux Pierre Corneille[1], une femme qui avait été présente au combat des trois Horaces contre les trois Curiaces, mais qui s'était retirée trop tôt et qui n'en avait pas vu la fin, vient mal à propos annoncer au vieil Horace leur père que deux de ses fils ont été tués, et que le troisième, ne se voyant plus en état de résister, s'est enfui. Alors ce vieux Romain, possédé de l'amour de sa patrie, sans s'amuser à pleurer la perte de ses deux fils morts si glorieusement, ne s'afflige que de la fuite honteuse du dernier, qui a, dit-il, par une si lâche action, imprimé un opprobre éternel au nom d'Horace : et sa sœur qui était là présente, lui ayant dit :

Que voulez-vous qu'il fît contre trois?

il répond brusquement :

Qu'il mourût.

Voilà des termes fort simples; cependant il n'y a personne qui ne sente la grandeur qu'il y a dans ces trois syllabes, *qu'il mourût*: sentiment d'autant plus sublime qu'il est simple et naturel, et que par là on voit que ce héros parle du fond du cœur, et dans les transports d'une colère vraiment romaine. La chose, effectivement, aurait perdu de sa force si au lieu de dire *qu'il mourût*, il avait dit : « Qu'il suivît l'exemple de ses *deux frères* »; ou, « qu'il sacrifiât sa vie à l'intérêt et à la gloire « de son pays ». Ainsi c'est la simplicité même de ce mot qui en fait voir la grandeur. N'avais-je pas,

monsieur, en faisant cette remarque, battu en ruine votre objection, même avant que vous l'eussiez faite? et ne prouvais-je pas visiblement que le sublime se trouve quelquefois dans la manière de parler la plus simple? Vous me répondrez peut-être que cet exemple est singulier, et qu'on n'en peut pas montrer beaucoup de pareils. En voici pourtant un que je trouve à l'ouverture du livre, dans la Médée[1] du même Corneille, où cette fameuse enchanteresse, se vantant que, seule et abandonnée comme elle est de tout le monde, elle trouvera pourtant bien moyen de se venger de tous ses ennemis, Nérine, sa confidente, lui dit :

Perdez l'aveugle erreur dont vous êtes séduite,
Pour voir en quel état le sort vous a réduite :
Votre pays vous hait, votre époux est sans foi.
Contre tant d'ennemis que vous reste-t-il?

A quoi Médée répond :

Moi.

Moi, dis-je, et c'est assez.

Peut-on nier qu'il n'y ait du sublime, et du sublime le plus relevé, dans ce monosyllabe *moi*? Qu'est-ce donc qui frappe dans ce passage, sinon la fierté audacieuse de cette magicienne, et la confiance qu'elle a dans son art? Vous voyez, monsieur, que ce n'est point le style sublime, ni par conséquent les grands mots qui font toujours le sublime dans le discours, et que ni Longin ni moi ne l'avons jamais prétendu. Ce qui est si vrai par rapport à lui, qu'en son Traité du Sublime, parmi beaucoup de passages qu'il rapporte pour montrer ce que c'est qu'il entend par sublime, il ne s'en trouve pas plus de cinq ou six où les grands mots fassent partie du sublime. Au contraire, il y en a un nombre considérable où tout est composé de paroles fort simples et fort ordinaires : comme, par exemple, cet endroit de Démosthène, si estimé et si admiré de tout le monde, où cet orateur gourmande ainsi les Athéniens : « Ne voulez-vous ja-« mais faire autre chose qu'aller par la ville vous « demander les uns aux autres : Que dit-on de « nouveau ? Eh que peut-on vous apprendre de « plus nouveau que ce que vous voyez? Un homme « de Macédoine se rend maître des Athéniens, et « fait la loi à toute la Grèce. Philippe est-il mort? « dira l'un. Non, répondra l'autre, il n'est que ma-« lade. Hé! que vous importe, messieurs, qu'il « vive ou qu'il meure? Quand le ciel vous en aurait « délivrés, vous vous feriez bientôt vous-même un « autre Philippe ». Y a-t-il rien de plus simple et de moins enflé que ces demandes et ces interrogations? Cependant qui est-ce qui n'en sent point le sublime? Vous, peut-être, monsieur, parce que vous n'y voyez point de grands mots, ni de ces *ambitiosa ornamenta* en quoi vous le faites consister,

---

[1]. Acte III, sc. vi. (BOIL.)

[1]. Acte I, sc. iv. (BOIL.)

et en quoi il consiste si peu, qu'il n'y a rien même qui rende le discours plus froid et plus languissant que les grands mots mis hors de leur place. Ne dites donc plus, comme vous faites en plusieurs endroits de votre dissertation, que la preuve qu'il n'y a point de sublime dans le style de la Bible, c'est que tout y est dit sans exagération et avec beaucoup de simplicité, puisque c'est cette simplicité même qui en fait la sublimité. Les grands mots, selon les habiles connaisseurs, font en effet si peu l'essence entière du sublime, qu'il y a même dans les bons écrivains des endroits sublimes dont la grandeur vient de la petitesse énergique des paroles, comme on peut le voir dans ce passage d'Hérodote, qui est cité par Longin : « Cléomène étant devenu furieux, il prit un couteau « dont il se hacha la chair en petits morceaux ; et « s'étant ainsi déchiqueté lui-même, il mourut ». Car on ne peut guère assembler de mots plus bas et plus petits que ceux-ci : « se hacher la chair en morceaux, et se déchiqueter soi-même. » On y sent toutefois une certaine force énergique qui, marquant l'horreur de la chose qui y est énoncée, a je ne sais quoi de sublime.

Mais voilà assez d'exemples cités pour vous montrer que le simple et le sublime dans le discours ne sont nullement opposés. Examinons maintenant les paroles qui font le sujet de notre contestation, et, pour en mieux juger, considérons-les jointes et liées avec celles qui les précèdent. Les voici : « Au « commencement, dit Moïse, Dieu créa le ciel et la « terre. La terre était informe et toute nue. Les « ténèbres couvraient la face de l'abîme, et l'esprit « de Dieu était porté sur les eaux ». Peut-on rien voir, dites-vous, de plus simple que ce début? Il est fort simple, je l'avoue, à la réserve pourtant de ces mots : « Et l'esprit de Dieu était porté sur les « eaux, » qui ont quelque chose de magnifique, et dont l'obscurité élégante et majestueuse nous fait concevoir beaucoup de choses au delà de ce qu'elles semblent dire. Mais ce n'est pas de quoi il s'agit ici. Passons aux paroles suivantes, puisque ce sont celles dont il est question. Moïse, ayant ainsi expliqué dans une narration également courte, simple et noble, les merveilles de la création, songe aussitôt à faire connaître aux hommes l'auteur de ces merveilles. Pour cela donc, ce grand prophète n'ignorant pas que le meilleur moyen de faire connaître les personnages qu'on introduit, c'est de les faire agir, il met d'abord Dieu en action, et le fait parler. Et que lui fait-il dire? Une chose ordinaire, peut-être? Non ; mais ce qui s'est jamais dit de plus grand, ce qui se peut dire de plus grand, et ce qu'il n'y a jamais eu que Dieu seul qui ait pu dire : *Que la lumière se fasse*. Puis tout à coup, pour montrer qu'afin qu'une chose soit faite il suffit que Dieu veuille qu'elle se fasse, il ajoute avec une rapidité qui donne à ses paroles mêmes une âme et une vie : *et la lumière se fit*, montrant par là qu'au moment que Dieu parle tout s'agite, tout s'émeut, tout obéit. Vous me répondrez peut-être ce que vous me répondez dans la prétendue lettre de M. Huet, que vous ne voyez pas ce qu'il y a de sublime dans cette manière de parler : *Que la lumière se fasse*, etc., puisqu'elle est, dites-vous, très-familière et très-commune dans la langue hébraïque, qui la rebat à chaque bout de champ. En effet, ajoutez-vous, si je disais : « Quand je sortis, je dis à mes gens : « Suivez-moi, et ils me suivirent. Je priai mon ami « de me prêter son cheval, et il me le prêta », pourrait-on soutenir que j'ai dit là quelque chose de sublime? Non, sans doute, parce que cela serait dit dans une occasion très-frivole, à propos de choses très-petites. Mais est-il possible, monsieur, qu'avec tout le savoir que vous avez, vous soyez encore à apprendre ce que n'ignore pas le moindre apprenti rhétoricien, que, pour bien juger du beau, du sublime, du merveilleux dans le discours, il ne faut pas simplement regarder la chose qu'on dit, mais la personne qui la dit, la manière dont on la dit, et l'occasion où on la dit ; enfin, qu'il faut regarder, *non quid sit, sed quo loco sit?* Qui est-ce, en effet, qui peut nier qu'une chose dite en un endroit paraîtra basse et petite ; et que la même chose, dite en un autre endroit, deviendra grande, noble, sublime, et plus que sublime? Qu'un homme, par exemple, qui montre à danser, dise à un jeune garçon qu'il instruit : Allez par là, revenez, détournez, arrêtez : cela est très-puéril, et paraît même ridicule à raconter. Mais que le soleil, voyant son fils Phaéton qui s'égare dans les cieux sur un char qu'il a eu la folle témérité de vouloir conduire, crie de loin à ce fils à peu près les mêmes ou de semblables paroles, cela devient très-noble et très-sublime, comme on le peut reconnaître dans ces vers d'Euripide, rapportés par Longin :

Le père cependant, plein d'un trouble funeste,
Le voit rouler de loin sur la plaine céleste ;
Lui montre encor sa route, et du plus haut des cieux
Le suit autant qu'il peut de la voix et des yeux :
Va par là, lui dit-il, reviens, détourne, arrête.

Je pourrais vous citer encore cent autres exemples pareils, et il s'en présente à moi de tous les côtés. Je ne saurais pourtant, à mon avis, vous en alléguer un plus convaincant ni plus démonstratif que celui même sur lequel nous sommes en dispute. En effet, qu'un maître dise à son valet : « Apportez-moi mon manteau » ; puis qu'on ajoute : « et son valet lui apporta son manteau » : cela est très-petit, je ne dis pas seulement en langue hébraïque, où vous prétendez que ces manières de parler sont ordinaires, mais encore en toute langue. Au contraire, que, dans une occasion aussi grande qu'est la création du monde, Dieu dise : *Que la lumière se fasse* ; puis qu'on ajoute : *et la lumière fut faite* : cela est non-seulement sublime, mais d'autant plus sublime que les termes en étant fort simples et pris du langage ordinaire, ils nous font comprendre admirablement, et mieux que tous les plus grands mots, qu'il ne coûte pas plus à Dieu de faire la lumière, le ciel et la terre, qu'à un maître de dire à son valet : « Apportez-moi mon man-« teau ». D'où vient donc que cela ne vous frappe point? Je vais vous le dire : c'est que n'y voyant point de grands mots ni d'ornements pompeux, et, prévenu comme vous l'êtes que le style simple n'est point susceptible de sublime, vous croyez qu'il ne peut y avoir là de vraie sublimité.

Mais c'est assez vous pousser sur cette méprise, qu'il n'est pas possible, à l'heure qu'il est, que vous ne reconnaissiez. Venons maintenant à vos autres preuves; car tout à coup retournant à la charge comme maître passé en l'art oratoire, pour mieux nous confondre, Longin et moi, et nous accabler sans ressource, vous vous mettez en devoir de nous apprendre à l'un et à l'autre ce que c'est que sublime. Il y en a, dites-vous, quatre sortes : le sublime des termes, le sublime du tour de l'expression, le sublime des pensées et le sublime des choses. Je pourrais aisément vous embarrasser sur cette division, et sur les définitions qu'ensuite vous nous donnez de vos quatre sublimes, ces divisions et ces définitions n'étant pas si correctes ni si exactes que vous vous le figurez. Je veux bien néanmoins aujourd'hui, pour ne point perdre de temps, les admettre toutes sans aucune restriction. Permettez-moi seulement de vous dire qu'après celle du sublime des choses, vous avancez la proposition du monde la moins soutenable et la plus grossière. Car après avoir supposé, comme vous le supposez très-solidement, et comme il n'y a personne qui n'en convienne avec vous, que les grandes choses sont grandes en elles-mêmes et par elles-mêmes, et qu'elles se font admirer indépendamment de l'art oratoire; tout d'un coup, prenant le change, vous soutenez que, pour être mises en œuvre dans un discours, elles n'ont besoin d'aucun génie ni d'aucune adresse; et qu'un homme, quelque ignorant et quelque grossier qu'il soit (ce sont vos termes), s'il rapporte une grande chose sans en rien dérober à la connaissance de l'auditeur, pourra avec justice être estimé éloquent et sublime. Il est vrai que vous ajoutez : « Non pas « de ce sublime dont parle ici Longin ». Je ne sais pas ce que vous voulez dire par ces mots, que vous nous expliquerez quand il vous plaira.

Quoi qu'il en soit, il s'ensuit de votre raisonnement que, pour être bon historien (ô la belle découverte!) il ne faut point d'autre talent que celui que Démétrius Phaléréus attribue au peintre Nicias, qui était de choisir toujours de grands sujets. Cependant ne paraît-il pas, au contraire, que, pour bien raconter une grande chose, il faut beaucoup plus d'esprit et de talent que pour en raconter une médiocre? En effet, monsieur, de quelque bonne foi que soit votre homme ignorant et grossier, trouvera-t-il pour cela aisément des paroles dignes de son sujet? saura-t-il même les construire? Je dis construire, car cela n'est pas si aisé qu'on s'imagine.

Cet homme enfin, fût-il bon grammairien, saura-t-il pour cela, racontant un fait merveilleux, jeter dans son discours toute la netteté, la délicatesse, la majesté, et, ce qui est encore plus considérable, toute la simplicité nécessaire à une bonne narration? Saura-t-il choisir les grandes circonstances? saura-t-il rejeter les superflues? En décrivant le passage de la mer Rouge, ne s'amusera-t-il point, comme le poëte dont je parle dans mon Art poétique, à peindre le petit enfant

Qui va, saute, revient,
Et, joyeux, à sa mère offre un caillou qu'il tient?

— En un mot, saura-t-il, comme Moïse, dire tout ce qu'il faut, et ne dire que ce qu'il faut? Je vois que cette objection vous embarrasse. Avec tout cela, néanmoins, répondrez-vous : On ne me persuadera jamais que Moïse, en écrivant la Bible, ait songé à tous ces agréments et à toutes ces petites finesses de l'école : car c'est ainsi que vous appelez toutes les grandes figures de l'art oratoire. Assurément Moïse n'y a point pensé; mais l'esprit divin qui l'inspirait y a pensé pour lui, et les y a mises en œuvre avec d'autant plus d'art qu'on ne s'aperçoit point qu'il y ait aucun art ; car on n'y remarque point de faux ornements, et rien ne s'y sent de l'enflure et de la vaine pompe des déclamateurs, plus opposée quelquefois au vrai sublime, que la bassesse même des mots les plus abjects; mais tout y est plein de sens, de raison et de majesté. De sorte que le livre de Moïse est en même temps le plus éloquent, le plus sublime et le plus simple de tous les livres. Il faut convenir pourtant que ce fut cette simplicité, quoique si admirable, jointe à quelques mots latins un peu barbares de la Vulgate, qui dégoûtèrent saint Augustin, avant sa conversion, de la lecture de ce divin livre, dont néanmoins depuis, l'ayant regardé de plus près et avec des yeux plus éclairés, il fit le plus grand objet de son admiration, et sa perpétuelle lecture.

Mais c'est assez nous arrêter sur la considération de votre nouvel orateur. Reprenons le fil de notre discours, et voyons où vous en voulez venir par la supposition de vos quatre sublimes. Auquel de ces quatre genres, dites-vous, prétend-on attribuer le sublime que Longin a cru voir dans le passage de la Genèse? Est-ce au sublime des mots? mais sur quoi fonder cette prétention, puisqu'il n'y a pas dans ce passage un seul grand mot? Sera-ce au sublime de l'expression? l'expression en est très-ordinaire, et d'un usage très-commun et très-familier, surtout dans la langue hébraïque, qui la répète sans cesse. Le donnera-t-on au sublime des pensées? mais, bien loin d'y avoir là aucune sublimité de pensée, il n'y a pas même de pensée. On ne peut, concluez-vous, l'attribuer qu'au sublime des choses, auquel Longin ne trouvera pas son compte, puisque l'art ni le discours n'ont aucune part à ce sublime. Voilà donc, par votre belle et savante démonstration, les premières paroles de Dieu, dans la Genèse, entièrement dépossédées du sublime que tous les hommes jusqu'ici avaient cru y voir; et le commencement de la Bible reconnu froid, sec et sans nulle grandeur! Regardez pourtant comme les manières de juger sont différentes; puisque, si l'on me fait les mêmes interrogations que vous vous faites à vous-même, et si l'on me demande quel genre de sublime se trouve dans le passage dont nous disputons, je ne répondrai pas qu'il y en a un des quatre que vous rapportez : je dirai que tous les quatre y sont dans leur plus haut degré de perfection.

En effet, pour en venir à la preuve, et pour commencer par le premier genre, bien qu'il n'y ait pas dans le passage de la Genèse des mots grands ni ampoulés, les termes que le prophète y emploie, quoique simples, étant nobles, majestueux, convenables au sujet, ils ne laissent pas d'être sublimes, et si sublimes, que vous n'en sauriez suppléer d'autres, que le discours n'en soit considérablement affaibli : comme si, par exemple, au lieu de ces mots : *Dieu dit : Que la lumière se fasse, et la lumière se fit*, vous mettiez : « Le souverain Maître « de toutes choses commanda à la lumière de se « former; et en même temps ce merveilleux ou« vrage qu'on appelle lumière se trouva formé » : quelle petitesse ne sentira-t-on point dans ces grands mots, vis-à-vis de ceux-ci : *Dieu dit : Que la lumière se fasse?* etc. A l'égard du second genre, je veux dire du sublime du tour de l'expression, où peut-on voir un tour d'expression plus sublime que celui de ces paroles : *Dieu dit : Que la lumière se fasse; et la lumière se fit*, dont la douceur majestueuse, même dans les traductions grecques, latines et françaises, frappe si agréablement l'oreille de tout homme qui a quelque délicatesse et quelque goût? Quel effet donc ne feraient-elles point si elles étaient prononcées dans leur langue originale, par une bouche qui les pût prononcer, et écoutées par des oreilles qui les sussent entendre? Pour ce qui est de ce que vous avancez, au sujet du sublime des pensées, que, bien loin qu'il y ait dans le passage qu'admire Longin aucune sublimité de pensée, il n'y a pas même de pensée, il faut que votre bon sens vous ait abandonné, quand vous avez parlé de cette manière. Quoi! monsieur, le dessein que Dieu prend, immédiatement après avoir créé le ciel et la terre, car c'est Dieu qui parle en cet endroit; la pensée, dis-je, où il conçoit de faire la lumière, ne vous paraît pas une pensée? Et qu'est-ce donc que pensée, si ce n'en est là une des plus sublimes qui pouvaient, si en parlant de Dieu il est permis de se servir de ces termes, qui pouvaient, dis-je, venir à Dieu lui-même? pensée qui était d'autant plus nécessaire, que, si elle ne fût venue à Dieu, l'ouvrage de la création restait imparfait, et la terre demeurait informe et vide, *terra autem erat inanis et vacua*. Confessez donc, monsieur, que les trois premiers genres de votre sublime sont excellemment renfermés dans le passage de Moïse. Pour le sublime des choses, je ne vous en dis rien, puisque vous reconnaissez vous-même qu'il s'agit dans ce passage de la plus grande chose qui puisse être faite, et qui ait jamais été faite. Je ne sais si je me trompe, mais il me semble que j'ai assez exactement répondu à toutes vos objections, tirées des quatre sublimes.

N'attendez pas, monsieur, que je réponde ic avec la même exactitude à tous les vagues raisonnements et à toutes les vaines déclamations que vous me faites dans la suite de votre long discours, et principalement dans le dernier article de la lettre attribuée à M. l'évêque d'Avranches, où, vous expliquant d'une manière embarrassée, vous donnez lieu aux lecteurs de penser que vous êtes persuadé que Moïse et tous les prophètes, en publiant les louanges de Dieu, au lieu de relever sa grandeur, l'ont, ce sont vos propres termes, en quelque sorte avili et déshonoré : tout cela faute d'avoir assez bien démêlé une équivoque très-grossière, et dont, pour être parfaitement éclairci, il ne faut que se ressouvenir d'un principe avoué de tout le monde, qui est qu'une chose sublime aux yeux des hommes n'est pas pour cela sublime aux yeux de Dieu, devant lequel il n'y a de vraiment sublime que Dieu lui-même; qu'ainsi toutes ces manières figurées que les prophètes et les écrivains sacrés emploient pour l'exalter, lorsqu'ils lui donnent un visage, des yeux, des oreilles; lorsqu'ils le font marcher, courir, s'asseoir; lorsqu'ils le représentent porté sur l'aile des vents, lorsqu'ils lui donnent à lui-même des ailes; lorsqu'ils lui prêtent leurs expressions, leurs actions, leurs passions, et mille autres choses semblables, toutes ces choses sont fort petites devant Dieu, qui les souffre néanmoins et les agrée, parce qu'il sait bien que la faiblesse humaine ne le saurait louer autrement. En même temps, il faut reconnaître que ces mêmes choses, présentées aux yeux des hommes avec des figures et des paroles telles que celles de Moïse et des autres prophètes, non-seulement ne sont pas basses, mais encore qu'elles deviennent nobles, grandes, merveilleuses, et dignes en quelque façon de la majesté divine. D'où il s'ensuit que vos réflexions sur la petitesse de nos idées devant Dieu sont ici très-mal placées, et que votre critique sur les paroles de la Genèse est fort peu raisonnable, puisque c'est de ce sublime, présenté aux yeux des hommes, que Longin a voulu et dû parler lorsqu'il a dit que Moïse a parfaitement conçu la puissance de Dieu au commencement de ses lois, et qu'il l'a exprimée dans toute sa dignité par ces paroles : *Dieu dit*, etc.

Croyez-moi donc, monsieur, ouvrez les yeux. Ne vous opiniâtrez pas davantage à défendre contre Moïse, contre Longin et contre toute la terre, une cause aussi odieuse que la vôtre, et qui ne saurait se soutenir que par des équivoques et par de fausses subtilités. Lisez l'Écriture sainte avec un peu moins de confiance en vos propres lumières, et défaites-vous de cette hauteur calviniste et socinienne qui vous fait croire qu'il y va de votre honneur d'empêcher qu'on admire trop légèrement le début d'un livre dont vous êtes obligé d'avouer vous-même qu'on doit adorer tous les mots et toutes les syllabes ; et qu'on peut bien ne pas assez admirer, mais qu'on ne saurait trop admirer. Je ne vous en dirai pas davantage. Aussi bien il est temps de finir cette dixième réflexion, déjà même un peu trop longue, et que je ne croyais pas devoir pousser si loin.

Avant que de la terminer, néanmoins, il me semble que je ne dois pas laisser sans réplique une objection assez raisonnable que vous me faites au commencement de votre dissertation, et que j'ai laissée à part pour y répondre à la fin de mon discours. Vous me demandez, dans cette objection, d'où vient que, dans ma traduction du passage de la Genèse, cité par Longin, je n'ai point exprimé ce monosyllabe *η, quoi?* puisqu'il est dans le texte de Longin, où il n'y a pas seulement : *Dieu dit : Que la lumière se fasse*; mais *Dieu dit : Quoi? Que la lumière se fasse.* A cela je réponds, en premier lieu, que sûrement ce monosyllabe n'est point de Moïse, et appartient entièrement à Longin, qui, pour préparer la grandeur de la chose que Dieu va exprimer, après ces paroles, *Dieu dit*, se fait à soi-même cette interrogation : *Quoi?* puis ajoute tout d'un coup : *Que la lumière se fasse.* Je dis, en second lieu, que je n'ai point exprimé ce *Quoi?* parce qu'à mon avis il n'aurait point eu de grâce en français, et que non-seulement il aurait pu gâter les paroles de l'Écriture, mais qu'il aurait pu donner occasion à quelques savants comme vous de prétendre mal à propos, comme cela est effectivement arrivé, que Longin n'avait pas lu le passage de la Genèse dans ce qu'on appelle la Bible des Septante, mais dans quelque autre version où le texte était corrompu. Je n'ai pas eu le même scrupule pour ces autres paroles que le même Longin insère encore dans le texte, lorsqu'à ces termes, *Que la lumière se fasse*, il ajoute : *Que la terre se fasse; et la terre fut faite* : parce que cela ne gâte rien, et qu'il est dit par une surabondance d'admiration que tout le monde sent. Ce qu'il y a de vrai pourtant, c'est que, dans les règles, je devais avoir fait il y a longtemps cette note que je fais aujourd'hui, qui manque, je l'avoue, à ma traduction. Mais enfin la voilà faite.

RÉFLEXION XI

« Néanmoins Aristote et Théophraste, afin d'excuser l'audace de ces figures, pensent qu'il est bon d'y apporter ces adoucissements : *Pour ainsi dire; si j'ose me servir de ces termes; pour m'expliquer plus hardiment*, etc. »
Paroles de Longin, chap. XXVI.

Le conseil de ces deux philosophes est excellent, mais il n'a d'usage que dans la prose; car ces excuses sont rarement souffertes dans la poésie, où elles auraient quelque chose de sec et de languissant, parce que la poésie porte son excuse avec soi. De sorte qu'à mon avis, pour bien juger si une figure dans les vers n'est point trop hardie, il est bon de la mettre en prose avec quelqu'un de ces adoucissements; puisque en effet si, à la faveur de cet adoucissement, elle n'a plus rien qui choque, elle ne doit point choquer dans les vers, destituée même de cet adoucissement.

M. de La Motte, mon confrère à l'Académie française, n'a donc pas raison en son Traité de l'Ode[1], lorsqu'il accuse l'illustre M. Racine de s'être exprimé avec trop de hardiesse dans sa tragédie de Phèdre, où le gouverneur d'Hippolyte, faisant la peinture du monstre effroyable que Neptune avait envoyé pour effrayer les chevaux de ce jeune et malheureux prince, se sert de cette hyperbole :

Le flot qui l'apporta recule épouvanté,

puisqu'il n'y a personne qui ne soit obligé de tomber d'accord que cette hyperbole passerait même dans la prose, à la faveur d'un *pour ainsi dire*, où d'un *si j'ose ainsi parler*.

D'ailleurs Longin, en suite du passage que je viens de rapporter ici, ajoute des paroles qui justifient, encore mieux que tout ce que j'ai dit, les vers dont il est question. Les voici : « L'excuse, « selon le sentiment de ces deux célèbres philo« sophes, est un remède infaillible contre les trop « grandes hardiesses du discours; et je suis bien « de leur avis : mais je soutiens portant toujours « ce que j'ai déjà avancé, que le remède le plus « naturel contre l'abondance et l'audace des mé« taphores, c'est de ne les employer que bien à « propos, je veux dire dans le sublime et dans les « grandes passions ». En effet, si ce que dit là Longin est vrai, M. Racine a entièrement cause gagnée : pouvait-il employer la hardiesse de sa métaphore dans une circonstance plus considérable et plus sublime que dans l'effroyable arrivée de ce monstre, ni au milieu d'une passion plus vive que celle qu'il donne à cet infortuné gouverneur d'Hippolyte, qu'il représente plein d'une horreur et d'une consternation que, par son récit, il communique en quelque sorte aux spectateurs mêmes;

---
1. Voyez ce traité imprimé à la tête de différentes éditions des odes de La Motte, sous le titre de *Discours sur la poésie en général, et sur l'ode en particulier*.

de sorte que, par l'émotion qu'il leur cause, il ne les laisse pas en état de songer à le chicaner sur l'audace de sa figure ? Aussi a-t-on remarqué que, toutes les fois qu'on joue la tragédie de Phèdre, bien loin qu'on paraisse choqué de ce vers :

Le flot qui l'apporta recule épouvanté ;

on y fait une espèce d'acclamation: marque incontestable qu'il y a là du vrai sublime, au moins si l'on doit croire ce qu'atteste Longin en plusieurs endroits, et surtout à la fin de son cinquième chapitre par ces paroles : « Car, lorsque en « un grand nombre de personnes différentes de « profession et d'âge, et qui n'ont aucun rapport « ni d'humeurs ni d'inclinations, tout le monde « vient à être frappé également de quelqu'endroit « d'un discours, ce jugement et cette approbation « uniforme de tant d'esprits si discordants d'ail« leurs est une preuve certaine et indubitable « qu'il y a là du merveilleux et du grand ».
M. de La Motte, néanmoins, paraît fort éloigné de ces sentiments, puisque, oubliant les acclamations que je suis sûr qu'il a plusieurs fois lui-même, aussi bien que moi, entendu faire dans les représentations de Phèdre, au vers qu'il attaque, il ose avancer qu'on ne peut souffrir ce vers, alléguant, pour une des raisons qui empêchent qu'on ne l'approuve, la raison même qui le fait le plus approuver, je veux dire l'accablement de douleur où est Théramène. On est choqué, dit-il, de voir un homme accablé de douleur, comme est Théramène, si attentif à sa description et si recherché dans ses termes. M. de La Motte nous expliquera, quand il le jugera à propos, ce que veulent dire ces mots, « si attentif à sa description, et si re« cherché dans ses termes; » puisqu'il n'y a en effet dans le vers de M. Racine aucun terme qui ne soit fort commun et fort usité. Que s'il a voulu par là simplement accuser d'affectation et de trop de hardiesse la figure par laquelle Théramène donne un sentiment de frayeur au flot même qui a jeté sur le rivage le monstre envoyé par Neptune, son objection est encore bien moins raisonnable, puisqu'il n'y a point de figure plus ordinaire dans la poésie que de personnifier les choses inanimées, et de leur donner du sentiment, de la vie et des passions. M. de La Motte me répondra peut-être que cela est vrai quand c'est le poëte qui parle, parce qu'il est supposé épris de fureur; mais qu'il n'en est pas de même des personnages qu'on fait parler. J'avoue que ces personnages ne sont pas d'ordinaire supposés épris de fureur; mais ils peuvent l'être d'une autre passion, telle qu'est celle de Théramène, qui ne leur fera pas dire des choses moins fortes et moins exagérées que celles que pourrait dire un poëte en fureur. Ainsi Énée, dans l'accablement de douleur où il est au commencement du second livre de l'Énéide, lorsqu'il raconte la misérable fin de sa patrie, ne cède pas en audace d'expression à Virgile même ; jusque-là que, se comparant à un grand arbre que des laboureurs s'efforcent d'abattre à coups de cognée, il ne se contente pas de prêter de la colère à cet arbre, mais il lui fait faire des menaces à ces laboureurs. « L'arbre indigné, dit-il, les menace, « en branlant sa tête chevelue. »

Illa usque minatur,
Et tremefacta comam concusso vertice nutat.

Je pourrais rapporter ici un nombre infini d'exemples, et dire encore mille choses de semblable force sur ce sujet ; mais en voilà assez, ce me semble, pour dessiller les yeux de M. de La Motte, et pour le faire ressouvenir que, lorsqu'un endroit d'un discours frappe tout le monde, il ne faut pas chercher des raisons, ou plutôt de vaines subtilités, pour s'empêcher d'en être frappé, mais faire si bien que nous trouvions nous-mêmes les raisons pourquoi il nous frappe. Je n'en dirai pas davantage pour cette fois. Cependant, afin qu'on puisse mieux prononcer sur tout ce que j'ai avancé ici en faveur de M. Racine, je crois qu'il ne sera pas mauvais, avant que de finir cette onzième réflexion, de rapporter l'endroit tout entier du récit dont il s'agit. Le voici :

Cependant sur le dos de la plaine liquide
S'élève à gros bouillons une montagne humide :
L'onde approche, se brise, et vomit à nos yeux,
Parmi des flots d'écume, un monstre furieux.
Son front large est armé de cornes menaçantes,
Tout son corps est couvert d'écailles jaunissantes ;
Indomptable taureau, dragon impétueux,
Sa croupe se recourbe en replis tortueux :
Ses longs mugissements font trembler le rivage ;
Le ciel avec horreur voit ce monstre sauvage ;
La terre s'en émeut, l'air en est infecté :
Le flot qui l'apporta recule épouvanté.
Etc.

Refluitque exterritus amnis[1].

RÉFLEXION XII

« Car tout ce qui est véritablement sublime a cela de propre
« quand on l'écoute, qu'il élève l'âme, et lui fait concevoir une
« plus haute opinion d'elle-même, la remplissant de joie et de
« je ne sais quel noble orgueil, comme si c'était elle qui eût
« produit les choses qu'elle vient simplement d'entendre. »
Paroles de Longin, chap. v.

Voilà une très-belle description du sublime, et d'autant plus belle qu'elle est elle-même très-sublime. Mais ce n'est qu'une description, et il ne paraît pas que Longin ait songé dans tout son traité à en donner une définition exacte. La raison est qu'il écrivait après Cécilius, qui, comme il le dit lui-même, avait employé tout son livre à définir et à montrer ce que c'est que le sublime. Mais le

---

1. *Æneid.*, liv. VIII, v. 240. (Boil.)

livre de Cécilius étant perdu, je crois qu'on ne trouvera pas mauvais qu'au défaut de Longin j'en hasarde ici une de ma façon, qui au moins en donne une imparfaite idée. Voici donc comme je crois qu'on le peut définir : « Le sublime est une « certaine forme de discours propre à élever et à « ravir l'âme, et qui provient ou de la grandeur « de la pensée et de la noblesse du sentiment, ou « de la magnificence des paroles, ou du tour har- « monieux, vif et animé de l'expression; c'est-à- « dire d'une de ces choses, regardée séparément, « ou, ce qui fait le parfait sublime, de ces trois « choses jointes ensemble ».

Il semble que, dans les règles, je devrais donner des exemples de chacune de ces trois choses ; mais il y en a un si grand nombre de rapportés dans le traité de Longin et dans ma dixième Réflexion, que je crois que je ferai mieux d'y renvoyer le lecteur afin qu'il choisisse lui-même ceux qui lui plairont davantage. Je ne crois pas cependant que je puisse me dispenser d'en proposer quelqu'un où toutes ces trois choses se trouvent parfaitement ramassées; car il n'y en a pas un fort grand nombre. M. Racine pourtant m'en offre un admirable dans la première scène de son *Athalie*, où Abner, un des principaux officiers de la cour de Juda, représente à Joad, le grand prêtre, la fureur où est Athalie contre lui et contre tous les lévites, ajoutant qu'il ne croit pas que cette orgueilleuse princesse diffère encore longtemps à venir *attaquer Dieu jusqu'en son sanctuaire*. A quoi ce grand prêtre, sans s'émouvoir, répond :

> Celui qui met un frein à la fureur des flots
> Sait aussi des méchants arrêter les complots.
> Soumis avec respect à sa volonté sainte,
> Je crains Dieu, cher Abner, et n'ai point d'autre crainte.

En effet, tout ce qu'il peut y avoir de sublime paraît rassemblé dans ces quatre vers : la grandeur de la pensée, la noblesse du sentiment, la magnificence des paroles et l'harmonie de l'expression, si heureusement terminée par ce dernier vers :

> Je crains Dieu, cher Abner, etc.

D'où je conclus que c'est avec très-peu de fondement que les admirateurs outrés de M. Corneille veulent insinuer que M. Racine lui est beaucoup inférieur pour le sublime, puisque, sans apporter ici quantité d'autres preuves que je pourrais donner du contraire, il ne me paraît pas que toute cette grandeur de vertu romaine, tant vantée, que ce premier a si bien exprimée dans plusieurs de ses pièces, et qui a fait son excessive réputation, soit au-dessus de l'intrépidité plus qu'héroïque et de la parfaite confiance en Dieu de ce véritablement pieux, grand, sage et courageux Israélite.

LETTRE A M. PERRAULT

DE L'ACADÉMIE FRANÇAISE

Monsieur,

Puisque le public a été instruit de notre démêlé, il est bon de lui apprendre aussi notre réconciliation, et de ne lui pas laisser ignorer qu'il en a été de notre querelle sur le Parnasse comme de ces duels d'autrefois, que la prudence du roi a si sagement réprimés, où, après s'être battu à outrance, et s'être quelquefois cruellement blessé l'un l'autre, on s'embrassait et on devenait sincèrement amis. Notre duel grammatical s'est même terminé encore plus noblement; et je puis dire, si j'ose vous citer Homère, que nous avons fait comme Ajax et Hector dans l'Iliade, qui, aussitôt après leur long combat, en présence des Grecs et des Troyens, se comblent d'honnêtetés et se font des présents. En effet, monsieur, notre dispute n'était pas encore bien finie, que vous m'avez fait l'honneur de m'envoyer vos ouvrages, et que j'ai eu soin qu'on vous portât les miens. Nous avons d'autant mieux imité ces héros du poème qui vous plait si peu, qu'en nous faisant ces civilités nous sommes demeurés, comme eux, chacun dans notre même parti et dans nos mêmes sentiments, c'est-à-dire vous toujours bien résolu de ne point trop estimer Homère ni Virgile, et moi toujours leur passionné admirateur. Voilà de quoi il est bon que le public soit informé; et c'était pour commencer à le lui faire entendre que, peu de temps après notre réconciliation, je composai une épigramme qui a couru, et que vraisemblablement vous avez lue. La voici :

> Tout le trouble poétique
> A Paris s'en va cesser :
> Perrault l'anti-pindarique
> Et Despréaux l'homérique
> Consentent de s'embrasser.
> Quelque aigreur qui les anime,
> Quand, malgré l'emportement,
> Comme eux l'un l'autre on s'estime,
> L'accord se fait aisément.
> Mon embarras est comment
> On pourra finir la guerre
> De Pradon et du parterre.

Vous pouvez reconnaître, monsieur, par ces vers où j'ai exprimé sincèrement ma pensée, la différence que j'ai toujours faite de vous et de ce poëte de théâtre, dont j'ai mis le nom en œuvre pour égayer la fin de mon épigramme. Aussi était-ce l'homme du monde qui vous ressemblait le moins.

---

1. Cette lettre, écrite en 1700, et insérée dans l'édition que l'auteur donna l'année suivante, fixe le véritable point de la controverse sur les anciens et les modernes.

Mais maintenant que nous voilà bien remis, et qu'il ne reste plus entre nous aucun levain d'animosité ni d'aigreur, oserais-je, comme votre ami, vous demander ce qui a pu, depuis si longtemps, vous irriter et vous porter à écrire contre tous les plus célèbres écrivains de l'antiquité? Est-ce le peu de cas qu'il y vous a paru que l'on faisait parmi nous des bons auteurs modernes? Mais où avez-vous vu qu'on les méprisât? Dans quel siècle a-t-on plus volontiers applaudi aux bons livres naissants que dans le nôtre? Quels éloges n'y a-t-on point donnés aux ouvrages de M. Descartes, de M. Arnauld, de M. Nicole, et de tant d'autres admirables philosophes et théologiens que la France a produits depuis soixante ans, et qui sont en si grand nombre, qu'on pourrait faire un petit volume de la seule liste de leurs écrits? Mais pour ne nous arrêter ici qu'aux seuls auteurs qui nous touchent vous et moi de plus près, je veux dire aux poëtes, quelle gloire ne s'y sont point acquise les Malherbe, les Racan, les Maynard? Avec quels battements de mains n'y a-t-on point reçu les ouvrages de Voiture, de Sarrazin et de La Fontaine? Quels honneurs n'y a-t-on point, pour ainsi dire, rendus à M. de Corneille et à M. Racine? et qui est-ce qui n'a point admiré les comédies de Molière? Vous-même, monsieur, pouvez-vous vous plaindre qu'on n'y ait pas rendu justice à votre Dialogue de l'Amour et de l'Amitié; à votre Poëme sur la Peinture, à votre Epître sur M. de la Quintinie, et à tant d'autres excellentes pièces de votre façon? On n'y a pas véritablement fort estimé nos poëmes héroïques: mais a-t-on eu tort? et ne confessez-vous pas vous-même, en quelque endroit de vos Parallèles, que le meilleur de ces poëmes [1] est si dur et si forcé, qu'il n'est pas possible de le lire?

Quel est donc le motif qui vous a tant fait crier contre les anciens? Est-ce pour qu'on ne se gâtât en les imitant? Mais pouvez-vous nier que ce ne soit au contraire à cette imitation-là même que nos plus grands poëtes sont redevables du succès de leurs écrits? Pouvez-vous nier que ce ne soit dans Tite-Live, dans Dion Cassius, dans Plutarque, dans Lucain et dans Sénèque, que M. de Corneille a pris ses plus beaux traits, a puisé ces grandes idées qui lui ont fait inventer un nouveau genre de tragédie, inconnu à Aristote? Car c'est sur ce pied, à mon avis, qu'on doit regarder quantité de ses plus belles pièces de théâtre, où, se mettant au-dessus des règles de ce philosophe, il n'a point songé, comme les poëtes de l'ancienne tragédie, à émouvoir la pitié et la terreur, mais à exciter dans l'âme des spectateurs, par la sublimité des pensées, et par la beauté des sentiments, une certaine admiration, dont plusieurs personnes, et les jeunes gens surtout, s'accommodent souvent beaucoup mieux que des véritables passions tragiques.

Enfin, monsieur, pour finir cette période un peu longue, et pour ne me point écarter de mon sujet, pouvez-vous ne pas convenir que ce sont Sophocle et Euripide qui ont formé M. Racine? Pouvez-vous ne pas avouer que c'est dans Plaute et dans Térence que Molière a appris les plus grandes finesses de son art?

D'où a pu donc venir votre chaleur contre les anciens? Je commence, si je ne m'abuse, à l'apercevoir. Vous avez vraisemblablement rencontré, il y a longtemps, dans le monde, quelques-uns de ces faux savants, tels que le président de vos dialogues, qui ne s'étudient qu'à enrichir leur mémoire, et qui, n'ayant d'ailleurs ni esprit, ni jugement, ni goût, n'estiment les anciens que parce qu'ils sont anciens; ne pensent pas que la raison puisse parler une autre langue que la grecque ou la latine, et condamnent d'abord tout ouvrage en langue vulgaire, sur ce fondement seul qu'il est en langue vulgaire. Ces ridicules admirateurs de l'antiquité vous ont révolté contre tout ce que l'antiquité a de plus merveilleux: vous n'avez pu vous résoudre d'être du sentiment de gens si déraisonnables, dans la chose même où ils avaient raison. Voilà, selon toutes les apparences, ce qui vous a fait faire vos Parallèles. Vous vous êtes persuadé qu'avec l'esprit que vous avez, et que ces gens-là n'ont point; avec quelques arguments spécieux, vous déconcerteriez aisément la vaine habileté de ces faibles antagonistes; et vous y avez si bien réussi, que, si je ne me fusse mis de la partie, le champ de bataille, s'il faut ainsi parler, vous demeurait, ces faux savants n'ayant pu, et les vrais savants, par une hauteur un peu trop affectée, n'ayant pas daigné vous répondre. Permettez-moi cependant de vous faire ressouvenir que ce n'est point à l'approbation des faux ni des vrais savants que les grands écrivains de l'antiquité doivent leur gloire, mais à la constante et unanime admiration de ce qu'il y a eu dans tous les siècles d'hommes sensés et délicats, entre lesquels on compte plus d'un Alexandre et plus d'un César. Permettez-moi de vous représenter qu'aujourd'hui même encore ce ne sont point, comme vous vous le figurez, les Schrevelius, les Peraredus, les Menagius, ni, pour me servir des termes de Molière, les savants en us, qui goûtent davantage Homère, Horace, Cicéron, Virgile. Ceux que j'ai toujours vus les plus frappés de la lecture des écrits de ces grands personnages, ce sont des esprits du premier ordre; ce sont des hommes de la plus haute élévation. Que s'il fallait nécessairement vous en citer ici quelques-uns, je vous étonnerais peut-être par les noms illustres que je mettrais sur le papier; et vous y trouveriez non-seulement des Lamoignon, des d'Aguesseau, des Troisville [1], mais des Condé, des Conti et des Turenne.

1. La Pucelle.

1. Henri-Joseph de Pyre, comte de Troisville ou Téville, ayant quitté la profession des armes en 1667, vécut ensuite dans la re-

Ne pourrait-on point donc, monsieur, aussi galant homme que vous l'êtes, vous réunir de sentiments avec tant de si galants hommes? Oui, sans doute, on le peut; et nous ne sommes pas même, vous et moi, si éloignés d'opinion que vous pensez. En effet, qu'est-ce que vous avez voulu établir par tant de poëmes, de dialogues et de dissertations sur les anciens et sur les modernes? Je ne sais si j'ai bien pris votre pensée; mais la voici, ce me semble : Votre dessein est de montrer que pour la connaissance surtout des beaux-arts, et pour le mérite des belles-lettres, notre siècle, ou, pour mieux parler, le siècle de Louis le Grand, est non-seulement comparable, mais supérieur à tous les plus fameux siècles de l'antiquité, et même au siècle d'Auguste. Vous allez donc être bien étonné, quand je vous dirai que je suis sur cela entièrement de votre avis; et que même, si mes infirmités et mes emplois m'en laissaient le loisir, je m'offrirais volontiers de prouver comme vous cette proposition, la plume à la main. A la vérité, j'emploierais beaucoup d'autres raisons que les vôtres, car chacun a sa manière de raisonner; et je prendrais des précautions et des mesures que vous n'avez point prises.

Je n'opposerais donc pas, comme vous avez fait, notre nation et notre siècle seuls à toutes les autres nations et à tous les autres siècles joints ensemble; l'entreprise, à mon sens, n'est pas soutenable. J'examinerais chaque nation et chaque siècle l'un après l'autre; et après avoir mûrement pesé en quoi ils sont au-dessus de nous, et en quoi nous les surpassons, je suis fort trompé si je ne prouvais invinciblement que l'avantage est de notre côté. Ainsi, quand je viendrais au siècle d'Auguste, je commencerais par avouer sincèrement que nous n'avons point de poëtes héroïques ni d'orateurs que nous puissions comparer aux Virgile et aux Cicéron. Je conviendrais que nos plus habiles historiens sont petits devant les Tite-Live et les Salluste. Je passerais condamnation sur la satire et sur l'élégie; quoiqu'il y ait des satires de Régnier admirables, et des élégies de Voiture, de Sarrazin et de la comtesse de la Suze[1], d'un agrément infini. Mais en même temps je ferais voir que, pour la tragédie, nous sommes beaucoup supérieurs aux Latins, qui ne sauraient opposer à tant d'excellentes pièces tragiques, que nous avons en notre langue, que quelques déclamations plus pompeuses que raisonnables d'un prétendu Sénèque, et un peu de bruit qu'ont fait en leur temps le Thyeste de Varius et la Médée d'Ovide. Je ferais voir que, bien loin qu'ils aient ou dans ce siècle-là des poëtes comiques meilleurs que les nôtres, ils n'en ont pas eu un seul dont le nom ait mérité qu'on s'en souvînt : les Plaute, les Cécilius et les Térence étant morts dans le siècle précédent. Je montrerais que, si pour l'ode nous n'avons point d'auteurs si parfaits qu'Horace, qui est leur seul poëte lyrique, nous en avons néanmoins un assez grand nombre qui ne lui sont guère inférieurs en délicatesse de langue et en justesse d'expression, et dont tous les ouvrages mis ensemble ne feraient peut-être pas dans la balance un poids de mérite moins considérable que les cinq livres d'odes qui nous restent de ce grand poëte. Je montrerais qu'il y a des genres de poésie où non-seulement les Latins ne nous ont point surpassés, mais qu'ils n'ont pas même connus : comme, par exemple, ces poëmes en prose que nous appelons *romans*, et dont nous avons chez nous des modèles qu'on ne saurait trop estimer : à la morale près, qui y est fort vicieuse et qui en rend la lecture dangereuse aux jeunes personnes. Je soutiendrais hardiment qu'à prendre le siècle d'Auguste dans sa plus grande étendue, c'est-à-dire depuis Cicéron jusqu'à Corneille Tacite, on ne saurait pas trouver parmi les Latins un seul philosophe qu'on puisse mettre pour la physique en parallèle avec Descartes, ni même avec Gassendi. Je prouverais que, pour le grand savoir et la multiplicité de connaissances, leur Varron et leur Pline, qui sont leurs plus doctes écrivains, paraîtraient de médiocres savants devant nos Bignon, nos Scaliger, nos Saumaise, nos père Sirmond, et nos père Petau[1]. Je triompherais avec vous du peu d'étendue de leurs lumières sur l'astronomie, sur la géographie et sur la navigation. Je les défierais de me citer, à l'exception du seul Vitruve, qui est même plutôt un bon docteur d'architecture qu'un excellent architecte; je les défierais, dis-je, de me nommer un seul habile architecte, un seul habile sculpteur, un seul habile peintre latin, ceux qui ont fait du bruit à Rome dans tous ces arts étant des Grecs d'Europe et d'Asie, qui venaient pratiquer chez les Latins des arts que les Latins, pour ainsi dire, ne connaissaient point, au lieu que toute la terre aujourd'hui est pleine de la réputation des ouvrages de nos Poussin[2], de nos Lebrun, de nos Girardon et de nos Mansard. Je pourrais ajouter encore à cela beaucoup d'autres choses; mais ce que j'ai dit est suffisant, je crois, pour vous faire

---

traite, et s'y appliqua uniquement à l'étude et à la piété. Il mourut à Paris, au mois d'août 1708, âgé de soixante-six ans.

1. Henriette de Coligny, comtesse de la Suze, célèbre dans son temps par son esprit et par ses élégies, se fit catholique parce que son mari était huguenot, et s'en sépara, afin, disait la reine Christine, de ne voir son mari dans ce monde-ci, ni dans l'autre. Elle mourut en 1673.

1. Jérôme Bignon, enfant d'honneur du dauphin, depuis Louis XIII, fut successivement avocat au parlement, avocat général au grand conseil, enfin avocat général au parlement, conseiller d'État et grand maître de la Bibliothèque du Roi, mourut en 1556, âgé de soixante-six ans.

Les deux Scaliger, Claude Saumaise, le P. Sirmond et le P. Petau, ont rendu de grands services aux lettres, et fait preuve d'une érudition immense dans les nombreux ouvrages qu'ils ont publiés.

2. Nicolas Poussin, né aux Andelys en 1594, mourut à Rome en 1665. — Charles Lebrun, premier peintre du roi, naquit à Paris en 1618; il y mourut le 12 de janvier 1690. — François Girardon, excellent sculpteur, né à Troyes en 1627, mourut à Paris le 1er septembre 1715.

entendre comment je me tirerais d'affaire à l'égard du siècle d'Auguste. Que si de la comparaison des gens de lettres et des illustres artisans, il fallait passer à celle des héros et des grands princes, peut-être en sortirais-je avec encore plus de succès. Je suis bien sûr au moins que je ne serais pas fort embarrassé à montrer que l'Auguste des Latins ne l'emporte pas sur l'Auguste des Français. Par tout ce que je viens de dire, vous voyez, monsieur, qu'à proprement parler nous ne sommes point d'avis différent sur l'estime qu'on doit faire de notre nation et de notre siècle, mais que nous sommes différemment de même avis. Aussi n'est-ce point votre sentiment que j'ai attaqué dans vos Parallèles, mais la manière hautaine et méprisante dont votre abbé et votre chevalier y traitent des écrivains pour qui, même en les blâmant, on ne saurait, à mon avis, marquer trop d'estime, de respect et d'admiration. Il ne reste donc plus maintenant, pour assurer notre accord, et pour étouffer entre nous toute semence de dispute, que de nous guérir l'un et l'autre, vous, d'un penchant un peu trop fort à rabaisser les bons écrivains de l'antiquité; et moi, d'une inclination un peu trop violente à blâmer les méchants et même les médiocres auteurs de notre siècle. C'est à quoi nous devons sérieusement nous appliquer; mais quand nous n'en pourrions venir à bout, je vous réponds que, de mon côté, cela ne troublera point notre réconciliation; et que, pourvu que vous ne me forciez point à lire le CLOVIS ni LA PUCELLE, je vous laisserai tout à votre aise critiquer l'Iliade et l'Énéide; me contentant de les admirer, sans vous demander pour elles cette espèce de culte tendant à l'adoration, que vous vous plaignez, en quelqu'un de vos poëmes [1], qu'on veut exiger de vous, et que Stace semble en effet avoir eu pour l'Énéide, quand il se dit à lui-même :

Nec tu divinam Æneida tenta :
Sed longe sequere, et vestigia semper adora [2].

Voilà, monsieur, ce que je suis bien aise que le public sache; et c'est pour l'en instruire à fond que je me donne l'honneur de vous écrire aujourd'hui cette lettre, que j'aurai soin de faire imprimer dans la nouvelle édition qu'on fait en grand et en petit de mes ouvrages. J'aurais bien voulu pouvoir adoucir en cette nouvelle édition quelques railleries un peu fortes qui me sont échappées dans mes réflexions sur Longin; mais il m'a paru que cela serait inutile, à cause des deux éditions qui l'ont précédée, auxquelles on ne manquerait pas de recourir, aussi bien qu'aux fausses éditions qu'on pourra faire dans les pays étrangers, où il y a de l'apparence qu'on prendra soin de mettre les choses en l'état qu'elles étaient d'abord. J'ai cru donc que le meilleur moyen d'en corriger la petite malignité, c'était de vous marquer ici, comme je viens de le faire, mes vrais sentiments pour vous. J'espère que vous serez content de mon procédé, et que vous ne vous choquerez pas même de la liberté que je me suis donnée de faire imprimer dans cette dernière édition la lettre que l'illustre M. Arnauld vous a écrite au sujet de ma dixième satire.

Car, outre que cette lettre a déjà été rendue publique dans deux recueils des ouvrages de ce grand homme, je vous prie, monsieur, de faire réflexion que, dans la préface de votre Apologie des femmes, contre laquelle cet ouvrage me défend, vous ne me reprochez pas seulement des fautes de raisonnement et de grammaire; mais que vous m'accusez d'avoir dit des mots sales, d'avoir glissé beaucoup d'impuretés, et d'avoir fait des médisances. Je vous supplie, dis-je, de considérer que ces reproches regardant l'honneur, ce serait en quelque sorte reconnaître qu'ils sont vrais que de les passer sous silence; qu'ainsi je ne pouvais pas honnêtement me dispenser de m'en disculper moi-même dans ma nouvelle édition, ou d'y insérer une lettre qui m'en disculpe si honorablement. Ajoutez que cette lettre est écrite avec tant d'honnêteté et d'égards, pour celui même contre qui elle est écrite, qu'un honnête homme, à mon avis, ne saurait s'en offenser. J'ose donc me flatter, je le répète, que vous le verrez sans chagrin; et que, comme j'avoue franchement que le dépit de me voir critiqué dans vos dialogues m'a fait dire des choses qu'il serait mieux de n'avoir point dites, vous confesserez aussi que le déplaisir d'être attaqué dans ma dixième satire vous y a fait voir des médisances et des saletés qui n'y sont point. Du reste, je vous prie de croire que je vous estime comme je dois, et que je ne vous regarde pas simplement comme un très-bel esprit, mais comme un des hommes de France qui a le plus de probité et d'honneur.

Je suis, monsieur,

Votre, etc.

REMARQUES DE M. DACIER

SUR LE TRAITÉ DU SUBLIME

PRÉFACE

De tous les auteurs grecs, il n'y en a point de plus difficiles à traduire que les rhéteurs, surtout quand on débrouille le premier leurs ouvrages. Cela n'a pas empêché que M. Despréaux, en nous donnant Longin en français, ne nous ait donné une des plus belles traductions que nous ayons en notre langue. Il a non-seulement pris la naïveté

---

[1]. Dans son poëme intitulé *le Siècle de Louis le Grand*.
[2]. *Thébaïd.* XII, v. 826.

et la simplicité du style didactique de cet excellent auteur, il en a même si bien attrapé le sublime, qu'il fait valoir aussi heureusement que lui toutes les grandes figures dont il traite, et qu'il emploie en les expliquant. Comme j'avais étudié ce rhéteur avec soin, je fis quelques découvertes en le relisant sur la traduction, et je trouvai de nouveaux sens dont les interprètes ne s'étaient point avisés. Je me crus obligé de les communiquer à M. Despréaux. J'allai donc chez lui, quoique je n'eusse pas l'avantage de le connaître. Il ne reçut pas mes critiques en auteur, mais en homme d'esprit et en galant homme : il convint de quelques endroits, nous disputâmes longtemps sur d'autres ; mais, dans ces endroits mêmes dont il ne tombait pas d'accord, il ne laissa pas de faire quelque estime de mes remarques, et il me témoigna que, si je voulais, il les ferait imprimer avec les siennes dans une seconde édition. C'est ce qu'il fait aujourd'hui. Mais, de peur de grossir son livre, j'ai abrégé le plus qu'il m'a été possible, et j'ai tâché de m'expliquer en peu de mots. Il ne s'agit ici que de trouver la vérité ; et comme M. Despréaux consent que, si j'ai raison, l'on suive mes remarques, je serai ravi que, s'il a mieux trouvé le sens de Longin, on laisse mes remarques pour s'attacher à sa traduction, que je prendrais moi-même pour modèle, si j'avais entrepris de traduire un ancien rhéteur.

CHAPITRE I

(Quand nous lûmes ensemble le petit traité que Cécilius a fait du sublime, nous trouvâmes que la bassesse de son style répondait assez mal à la dignité de son sujet.) C'est le sens que tous les interprètes ont donné à ce passage : mais, comme le sublime n'est point nécessaire à un rhéteur pour nous donner des règles de cet art, il me semble que Longin n'a pu parler ici de cette prétendue bassesse du style de Cécilius. Il lui reproche seulement deux choses : la première, que son livre est beaucoup plus petit que son sujet, que ce livre ne contient pas toute sa matière ; et la seconde, qu'il n'en a pas même touché les principaux points : συγγραμμάτιον ταπεινότερον ἐφάνη τῆς ὅλης ὑποθέσεως ne peut pas signifier, à mon avis, « le style de ce livre est trop bas », mais « ce livre est plus petit que son sujet », ou « trop petit pour tout son sujet ». Le seul mot ὅλης le détermine entièrement : et d'ailleurs on trouvera des exemples de ταπεινότερον pris dans ce même sens. Longin, en disant que Cécilius n'avait exécuté qu'une partie de ce grand dessein, fait voir ce qui l'oblige d'écrire après lui sur le même sujet.

(Cet auteur peut-être n'est-il pas tant à reprendre pour ses fautes qu'à louer pour son travail, et pour le dessein qu'il a eu de bien faire.) Dans le texte il y a deux mots, ἐπίνοια et σπουδή. M. Despréaux ne s'est attaché qu'à exprimer toute la force du dernier ; mais il semble que cela n'explique pas assez la pensée de Longin, qui dit que « Cécilius n'est « peut-être pas tant à blâmer pour ses défauts qu'il « est à louer pour son invention, et pour le dessein « qu'il a eu de bien faire » : ἐπίνοια signifie dessein,

invention ; et par ce seul mot Longin a voulu nous apprendre que Cécilius était le premier qui eût entrepris d'écrire du sublime.

(Il donne au discours une certaine vigueur noble, une force invincible qui enlève l'âme de quiconque nous écoute.) Tous les interprètes ont traduit de même ; mais je crois qu'ils se sont éloignés de la pensée de Longin, et qu'ils n'ont point du tout suivi la figure qu'il emploie si heureusement. Τὰ ὑπερφυᾶ προσφέροντα βίαν est ce qu'Horace dirait adhibere vim ; au lieu de παντὸς, il faut πάντως avec un oméga, comme M. Lefèbvre l'a remarqué. Πάντως ἐπάνω τοῦ ἀκροωμένου καθίσταται est une métaphore prise du mariage, et pareille à celle dont Anacréon s'est servi, οὐ δ' οὐκ ἄγεις οὐκ εἰδὼς ὅτι τῆς ἐμῆς ψυχῆς ἡνιοχεύεις, « mais tu n'as point d'oreilles, et tu ne « sais point que tu es le maître de mon cœur ». Longin dit donc : « Il n'en est pas ainsi du sublime : « par un effort auquel on ne peut résister, il se « rend entièrement maître de l'auditeur ».

(Quand le sublime vient à éclater.) Notre langue n'a que ce mot éclater pour exprimer le mot ἐξαναχθὲν, qui est emprunté de la tempête, et qui donne une idée merveilleuse, à peu près comme ce mot de Virgile, abrupti nubibus ignes. Longin a voulu donner une image de la foudre, que l'on voit plutôt tomber que partir.

CHAPITRE II

(Telles sont ces pensées, etc.) Dans la lacune suivante, Longin rapportait un passage d'un poëte tragique dont il ne reste que cinq vers. M. Despréaux les a rejetés dans ses Remarques, et il les a expliqués comme tous les autres interprètes ; mais je crois que le dernier vers aurait dû être traduit ainsi : « Ne viens-je pas de vous donner maintenant une agréable musique » ? Ce n'est pas quelque Capanée, mais Borée qui parle et qui s'applaudit pour les grands vers qu'il a récités.

(Toutes ces phrases ainsi embarrassées de vaines imaginations troublent et gâtent plus un discours.) M. Despréaux a suivi ici tous les exemplaires, où il y a τεθόλωται γὰρ τῇ φράσει, du verbe θολόω, qui signifie gâter, barbouiller, obscurcir ; mais cela ne me paraît pas assez fort pour la pensée de Longin, qui avait écrit sans doute τετύλωται, comme je l'ai vu ailleurs. De cette manière le mot gâter me semble trop général, et ne détermine point assez le vice que ces phrases ainsi embarrassées causent ou apportent au discours : au lieu que Longin, en se servant de ce mot, nous marque précisément ce défaut : car il dit que « ces phrases et ces imaginations vaines, bien loin d'élever et d'agrandir un discours, « le troublent et le rendent dur ». Et c'est ce que j'aurais voulu faire entendre, puisque l'on ne saurait être trop scrupuleux ni trop exact lorsqu'il s'a-

git de donner une idée nette et distincte des vices
en des vertus du discours.

(Je n'en vois pas de si enflé que Clitarque.) Ce jugement de Longin est fort juste; et, pour le confirmer, il ne faut que rapporter un passage de ce Clitarque, qui dit d'une guêpe : κατανέμεται τὴν ὀρεινήν, ἱσιπταται δὲ εἰς τὰς κοίλας δρῦς, « elle paît sur les montagnes, et vole dans les creux des chênes ». Car en parlant ainsi de ce petit animal, comme s'il parlait du lion de Némée, ou du sanglier d'Érymanthe, il donne une image qui est en même temps et désagréable et froide; et il tombe manifestement dans le vice que Longin lui a reproché.

(Elle n'a que de faux dehors.) Tous les interprètes ont suivi ici la leçon corrompue de ἀναληθεῖς, faux, pour ἀναλθεῖς, comme M. Lefèbvre a corrigé, qui se dit proprement de ceux qui ne peuvent croître; et, dans ce dernier sens, le passage est très-difficile à traduire en notre langue. Longin dit : « Cependant il est certain que l'enflure dans le dis- « cours, aussi bien que dans le corps, n'est qu'une « tumeur vide et un défaut de force pour s'élever, « qui fait quelquefois », etc. Dans les anciens, on trouvera plusieurs passages où ἀναλθεῖς a été mal pris pour ἀναλθεῖς.

(Pour s'attacher trop au style figuré, ils tombent dans une sotte affectation.) Longin dit d'une manière plus forte, et par une figure : « Ils échouent « dans le style figuré, et se perdent dans une affec- « tation ridicule ».

CHAPITRE III

(Il fait beaucoup, et dit même les choses d'assez bon sens.) Longin dit de Timée, πολύστωρ καὶ ἐπινοητικός. Mais ce dernier mot ne me paraît pas pouvoir signifier un homme qui dit les choses d'assez bon sens; et il me semble qu'il veut bien plutôt dire un homme « qui a de l'imagination », etc. Et c'est le caractère de Timée. Dans ces deux mots, Longin n'a fait que traduire ce que Cicéron a dit de cet auteur dans le second livre de son ORATEUR, *rerum copia et sententiarum varietate abundantissimus*. Πολύστωρ répond à *rerum copia*, et ἐπινοητικὸς à *sententiarum varietate*.

(Qu'Isocrate n'en a employé à composer son Panégyrique.) J'aurais mieux aimé traduire « qu'Iso- « crate n'en a employé à composer le Panégyrique ». Car le mot *son* m'a semblé faire ici une équivoque, comme si c'était le Panégyrique d'Alexandre. Ce Panégyrique fut fait pour exhorter Philippe à faire la guerre aux Perses; cependant les interprètes latins s'y sont trompés, et ils ont expliqué ce passage comme si le discours d'Isocrate avait été l'éloge de Philippe pour avoir déjà vaincu les Perses.

(Puisqu'ils furent trente ans à prendre la ville de Messène.) Longin parle ici de cette expédition des Lacédémoniens qui fut la cause de la naissance des Parthéniens, dont j'ai expliqué l'histoire dans Horace. Cette guerre ne dura que vingt ans; c'est pourquoi, comme M. Lefèbvre l'a fort bien remarqué, il faut nécessairement corriger le texte de Longin, où les copistes ont mis un λ qui signifie *trente*, pour un κ qui ne marque que *vingt*. M. Lefèbvre ne s'est pas amusé à le prouver : mais voici un passage de Tyrtée qui confirme la chose fort clairement :

Ἀμφ' αὐτῷ δ' ἐμάχοντ' ἐννεακαίδεκα δ' ἔτη
Νωλεμέως αἰεὶ ταλασίφρονα θυμὸν ἔχοντες·
Αἰχμηταὶ πατέρων ἡμετέρων πατέρες·
Εἰκοστῷ δ' οἱ μὲν κατὰ πίονα ἔργα λιπόντες,
Φεῦγον Ἰθωμαίων ἐκ μεγάλων ὀρέων.

« Nos braves aïeux assiégèrent pendant dix-neuf « ans, sans aucun relâche, la ville de Messène, et « à la vingtième année les Messéniens quittèrent « leur citadelle d'Ithome ». Les Lacédémoniens eurent encore d'autres guerres avec les Messéniens; mais elles ne furent pas si longues.

(Parce qu'il y avait un des chefs de l'armée ennemie, qui tirait son nom d'Hermès de père en fils, savoir Hermocrate, fils d'Hermon.) Cela n'explique point, à mon avis, la pensée de Timée, qui dit : « Parce qu'il y avait un des chefs de l'armée enne- « mie, savoir, Hermocrate, fils d'Hermon, qui des- « cendait en ligne droite de celui qu'ils avaient si « maltraité ». Timée avait pris la généalogie de ce général des Syracusains dans les Tables qui étaient gardées dans le temple de Jupiter Olympien, près de Syracuse, et qui furent surprises par les Athéniens au commencement de cette guerre, comme cela est expliqué au long par Plutarque dans la Vie de Nicias. Thucydide parle de cette mutilation des statues de Mercure; et il dit qu'elles furent toutes mutilées, tant celles qui étaient dans les temples, que celles qui étaient à l'entrée des maisons des particuliers.

(S'il n'eût eu des vierges aux yeux, et non pas des prunelles impudiques.) L'opposition qui est dans le texte entre κόρας et πόρνας n'est pas dans la traduction entre *vierges* et *prunelles impudiques* : cependant comme c'est l'opposition qui fait le ridicule que Longin a trouvé dans ce passage de Timée, j'aurais voulu la conserver et traduire, « s'il « eût eu des vierges aux yeux, et non pas des cour- « tisanes ».

(Ayant écrit toutes ces choses, ils poseront dans les temples ces monuments de cyprès.) De la manière dont M. Despréaux a traduit ce passage, je n'y trouve plus le ridicule que Longin a voulu nous y faire remarquer : car pourquoi *des tablettes de cyprès* ne pourraient-elles pas être appelées *des monuments de cyprès*? Platon dit : « Ils poseront dans « les temples ces mémoires de cyprès ». Et ce sont ces mémoires de cyprès que Longin blâme avec raison : car en grec comme en notre langue on dit fort bien *des mémoires*; mais le ridicule est d'y joindre la matière, et de dire *des mémoires de cyprès*.

(Il y a quelque chose d'aussi ridicule dans Hérodote, quand il appelle les belles femmes le mal des yeux. Ce passage d'Hérodote est dans le cinquième livre; et si l'on prend la peine de le lire, je m'assure que l'on trouvera ce jugement de Longin un peu trop sévère : car les Perses, dont Hérodote rapporte ce mot, n'appelaient point en général les belles femmes *le mal des yeux*; ils parlaient de ces femmes qu'Amyntas avait fait entrer dans la chambre du festin, et qu'il avait placées vis-à-vis d'eux, de manière qu'ils ne pouvaient que les regarder. Ces barbares, qui n'étaient pas gens à se contenter de cela, se plaignirent à Amyntas, et lui dirent qu'il ne fallait point faire venir ces femmes, où qu'après les avoir fait venir il devait les faire asseoir à leurs côtés, et non pas vis-à-vis pour leur faire mal aux yeux. Il me semble que cela change un peu l'espèce. Dans le reste, il est certain que Longin a eu raison de condamner cette figure. Beaucoup de Grecs déclineront pourtant ici sa juridiction, sur ce que de fort bons auteurs ont dit beaucoup de choses semblables. Ovide en est plein. Dans Plutarque, un homme appelle un beau garçon « la fièvre de son fils ». Térence a dit : *tuos more morbum illi esse scio*. Et pour donner des exemples plus conformes à celui dont il s'agit, un Grec a appelé les fleurs ἑορτὴν ὄψεως, *la fête de la vue*, et la verdure πανήγυριν ὀφθαλμῶν.

(Parce que ce sont des barbares qui le disent dans le vin et la débauche.) Longin rapporte deux choses qui peuvent en quelque façon excuser Hérodote d'avoir appelé les belles femmes *le mal des yeux* : la première, que ce sont des barbares qui le disent; et la seconde, qu'ils le disent dans le vin et dans la débauche. En les joignant, on n'en fait qu'une, et il me semble que cela affaiblit en quelque manière la pensée de Longin, qui a écrit « parce que ce sont des barbares qui le disent, et « qui le disent même dans le vin et dans la débauche ».

CHAPITRE V

(La marque infaillible du sublime, c'est quand nous sentons qu'un discours laisse beaucoup à penser, etc.) Si Longin avait défini de cette manière le sublime, il me semble que la définition serait vicieuse, parce qu'elle pourrait convenir aussi à d'autres choses qui sont fort éloignées du sublime. M. Despréaux a traduit ce passage comme tous les autres interprètes. Mais je crois qu'ils ont confondu le mot κατεξανάστασις avec κατεξανάστασις. Il y a pourtant bien de la différence entre l'un et l'autre. Il est vrai que le κατεξανάστασις de Longin ne se trouve point ailleurs. Hésychius marque seulement ἀνάστημα, ὕψωμα. Or ἀνάστημα est la même chose qu'ἀνάστασις, d'où ἐξανάστασις et κατεξανάστασις ont été formés. Κατεξανάστασις n'est donc ici qu'αὔξησις, *augmentum*; ce passage est très-important, et il me paraît que Longin a voulu dire : « Le véritable sublime est celui auquel, quoi que l'on « médite, il est difficile ou plutôt impossible de « rien ajouter, qui se conserve dans notre mémoire, et qui n'en peut être qu'à peine effacé ».

(Car, lorsqu'en un grand nombre de personnes différentes de profession et d'âge, et qui n'ont aucun rapport, etc.) C'est l'explication que tous les interprètes ont donnée à ce passage; mais il me semble qu'ils ont beaucoup ôté de la force et du raisonnement de Longin, pour avoir joint λόγων ἡ τι, qui doivent être séparés. Λόγων n'est point ici *le discours*, mais *le langage*. Longin dit : « Car « lorsqu'un grand nombre de personnes dont les « inclinations, l'âge, l'humeur, la profession et le « langage sont différents, tout le monde vient à « être frappé également d'un même endroit, ce « jugement », etc. Je ne doute pas que ce ne soit le véritable sens. En effet, comme chaque nation dans sa langue a une manière de dire les choses, et même de les imaginer, qui lui est propre, il est constant qu'en ce genre ce qui plaira en même temps à des personnes de langage différent aura véritablement ce merveilleux et ce sublime.

CHAPITRE VI

(Mais ces cinq sources présupposent comme pour fondement commun.) Longin dit : « Mais ces « cinq sources présupposent comme pour fond, « comme pour lit commun, la faculté de bien parler ». M. Despréaux n'a pas voulu suivre la figure, sans doute de peur de tomber dans l'affectation.

CHAPITRE VII

(Et le tenir toujours plein, pour ainsi dire, d'une certaine fierté noble, etc.) Il me semble que le mot *plein* et le mot *enflé* ne demandent pas cette modification, *pour ainsi dire* : nous disons tous les jours, « c'est un esprit plein de fierté, cet homme « est enflé d'orgueil ». Mais la figure dont Longin s'est servi la demandait nécessairement. J'aurais voulu la conserver et traduire, « et le tenir toujours, pour ainsi dire, gros d'une fierté noble « et généreuse ».

(Quand il a dit à propos de la déesse des ténèbres.) Je ne sais pas pourquoi les interprètes d'Hésiode et de Longin ont voulu que Ἀχλύς soit ici la déesse des ténèbres. C'est sans doute la Tristesse, comme M. Lefèbvre l'a remarqué. Voici le portrait qu'Hésiode en fait dans le Bouclier, au vers

294 : « La Tristesse se tenait près de là toute bai-
« gnée de pleurs, pâle, sèche, défaite, les genoux
« fort gros et les ongles fort longs. Ses narines
« étaient une fontaine d'humeurs, le sang coulait
« de ses joues, elle grinçait des dents, et couvrait
« ses épaules de poussière ». Il serait bien difficile
que cela pût convenir à la déesse des ténèbres.
Lorsque Hésychius a marqué ἀχλύμενος, λυπούμενος, il
a fait assez voir que ἀχλὺς peut fort bien être prise
pour λύπη, tristesse. Dans ce même chapitre, Longin s'est servi de ἀχλὺς pour dire les ténèbres, une
épaisse obscurité; et c'est peut-être ce qui a trompé
les interprètes.

(Ajoutez que les accidents qui arrivent dans l'I-
liade sont déplorés souvent par les héros de l'Odyssée.) Je ne crois point que Longin ait voulu dire
que les accidents qui arrivent dans l'Iliade sont
déplorés par les héros de l'Odyssée. Mais il dit :
« Ajoutez qu'Homère rapporte dans l'Odyssée des
« plaintes et des lamentations, comme connues
« dès longtemps à ses héros ». Longin a égard ici
à ces chansons qu'Homère fait chanter dans l'Odyssée sur les malheurs des Grecs et sur toutes les
peines qu'ils avaient eues dans ce long siège. On
n'a qu'à lire le livre VIII.

(Nous pouvons dire que c'est le reflux de son esprit, etc.) Les interprètes n'ont point rendu toute
la pensée de Longin, qui, à mon avis, n'aura eu
garde de dire d'Homère qu'il s'égare dans des
imaginations et des fables incroyables. M. Lefèbvre
est le premier qui ait connu la beauté de ce passage; car c'est lui qui a découvert que le grec était
défectueux, et qu'après ἐμπεσόντος il fallait suppléer
οὕτω ὁ παρ' Ὁμήρῳ. Dans ce sens-là, on peut traduire ainsi ce passage : « Mais, comme l'Océan est
« toujours grand, quoiqu'il se soit retiré de ses ri-
« vages, et qu'il se soit resserré dans ses bornes,
« Homère aussi, après avoir quitté l'Iliade, ne
« laisse pas d'être grand dans les narrations même
« incroyables et fabuleuses de l'Odyssée ».

(Je n'ai pas oublié pourtant les descriptions de
tempêtes.) De la manière dont M. Despréaux a traduit ce passage, il semble que Longin, en parlant de ces narrations incroyables et fabuleuses
de l'Odyssée, n'y comprenne point ces tempêtes et
ces aventures d'Ulysse avec le Cyclope : et c'est tout
le contraire, si je ne me trompe; car Longin dit :
« Quand je vous parle de ces narrations incroya-
« bles et fabuleuses, vous pouvez bien croire que
« je n'ai pas oublié ces tempêtes de l'Odyssée, ni
« tout ce qu'on y lit du Cyclope, ni quelques au-
« tres endroits », etc. Et ce sont ces endroits mêmes
qu'Horace appelle *Speciosa miracula*.

(Il en est de même des colombes qui nourrirent
Jupiter.) Le passage d'Homère est dans le douzième
livre de l'Odyssée, vers 62:

. . . . οὐ δὲ πέλειαι
Τρήρωνες, καί τ' ἀμβροσίην Διὶ πατρὶ φέρουσιν.

« Ni les timides colombes qui portent l'ambroisie
« à Jupiter ». Les anciens ont fort parlé de cette
fiction d'Homère, sur laquelle Alexandre consulta
Aristote et Chiron. On peut voir Athénée, livre II,
page 490. Longin la traite de songe; mais peut-
être Longin n'était-il pas si savant dans l'antiquité
qu'il était bon critique. Homère avait pris ceci des
Phéniciens, qui appelaient presque de la même
manière une colombe et une prêtresse ; ainsi,
quand ils disaient que les colombes nourrissaient
Jupiter, ils parlaient des prêtres et des prêtresses
qui lui offraient des sacrifices que l'on a toujours
appelés *la viande des dieux*. On doit expliquer de
la même manière la fable des colombes de Dodone
et de Jupiter Ammon.

CHAPITRE VIII

(Mais que son âme est un rendez-vous de toutes
les passions.) Notre langue ne saurait bien dire
cela d'une autre manière : cependant il est certain que le mot *rendez-vous* n'exprime pas toute
la force du mot grec σύνοδος qui ne signifie pas seulement *assemblée*, mais *choc, combat*; et Longin lui
donne ici toute cette étendue, car il dit que « Sa-
« pho a ramassé et uni toutes ces circonstances,
« pour faire paraître, non pas une seule passion,
« mais une assemblée de toutes les passions qui
« s'entrechoquent, » etc.

(Archiloque ne s'est point servi d'autre artifice
dans la description de son naufrage.) Je sais bien
que, par *naufrage*, M. Despréaux a entendu le
naufrage qu'Archiloque avait décrit, etc.; néanmoins comme le mot *son* fait une équivoque, et
que l'on pourrait croire qu'Archiloque lui-même
aurait fait le naufrage dont il a parlé, j'aurais
voulu traduire *dans la description du naufrage*.
Archiloque avait décrit le naufrage de son beau-
frère.

CHAPITRE X

(Pour Cicéron, etc.) Longin, en conservant l'i-
dée des embrasements qui semblent quelquefois
ne se ralentir que pour éclater avec plus de violence, définit très-bien le caractère de Cicéron, qui
conserve toujours un certain feu, mais qui le ranime en certains endroits, et lorsqu'il semble qu'il
va s'éteindre.

(Au contraire, l'abondance est meilleure lorsqu'on veut, si j'ose me servir de ces termes, répandre une rosée agréable dans les esprits.) Outre
que cette expression, *répandre une rosée*, ne répond
pas bien à l'abondance dont il est ici question, il
me semble qu'elle obscurcit la pensée de Longin,
qui oppose ici καταντλῆσαι à ἐκπλῆξαι, et qui, après
avoir dit que « le sublime concis de Démosthène

« doit être employé lorsqu'il faut entièrement éton-
« ner l'auditeur », ajoute « qu'on doit se servir de
« cette riche abondance de Cicéron, lorsqu'il faut
« l'adoucir ». Ce καταντλῆσαι est emprunté de la médecine ; il signifie proprement *fovere, fomenter,
adoucir*; et cette idée est venue à Longin du mot
ἐκπλῆξαι. Le sublime concis est pour frapper : mais
cette heureuse abondance est pour guérir les coups
que ce sublime a portés. De cette manière, Longin explique fort bien les deux genres de discours
que les anciens rhéteurs ont établis, dont l'un, qui
est pour toucher et pour frapper, est appelé proprement *oratio vehemens*; et l'autre, qui est pour
adoucir, *oratio lenis*.

CHAPITRE XI

(Et j'en donnerais des exemples, si Ammonius
n'en avait déjà rapportés de singuliers.) Τὰ ἐπ' εἴ-
δους, comme M. Lefèbvre a corrigé.

(En effet, jamais à mon avis.) Il me semble que
cette période n'exprime pas toutes les beautés de
l'original, et qu'elle s'éloigne de l'idée de Longin,
qui dit : « En effet, Platon semble n'avoir entassé
« de si grandes choses dans ses traités de philoso-
« phie, et ne s'être jeté si souvent dans des ex-
« pressions et dans des matières poétiques, que
« pour disputer de toute sa force le prix à Homère,
« comme un nouvel athlète à celui qui a déjà reçu
« toutes les acclamations, et qui a été l'admiration
« de tout le monde ». Cela conserve l'image que
Longin a voulu donner des combats des athlètes;
et c'est cette image qui fait la plus grande beauté
de ce passage.

CHAPITRE XII

(En effet, nous ne croirons pas avoir un médiocre prix à disputer). Le mot grec ἀγώνισμα ne
signifie point ici, à mon avis, *prix*, mais *spectacle*.
Longin dit : « En effet, de nous figurer que nous
« allons rendre compte de tous nos écrits devant
« un si célèbre tribunal, et sur un théâtre où nous
« avons de tels héros pour juges ou pour témoins,
« ce sera un spectacle bien propre à nous animer ».
Thucydide s'est servi plus d'une fois de ce mot dans
le même sens. Je ne rapporterai que ce passage du
livre VII : Ὁ γὰρ Γύλιππος καλὸν τὸ ἀγώνισμα ἐνόμιζεν
οἱ εἶναι, ἐπὶ τοῖς ἄλλοις καὶ τοὺς ἀντιστρατήγους κομίσαι
Λακεδαιμονίοις : « Gylippe estimait que ce serait un
« spectacle bien glorieux pour lui, de mener
« comme en triomphe les deux généraux des en-
« nemis qu'il avait pris dans le combat ». Il parle
de Nicias et de Démosthène, chefs des Athéniens.

(Car si un homme, dans la défiance de ce jugement, a peur, pour ainsi dire, d'avoir dit quelque
chose qui vive plus que lui, etc.) A mon avis, aucun interprète n'est entré ici dans le sens de Longin, qui n'a jamais eu cette pensée qu'un homme,
dans la défiance de ce jugement, pourra avoir
peur d'avoir dit quelque chose qui vive plus que
lui, ni même qu'il ne se donnera pas la peine
d'achever ses ouvrages ; au contraire, il veut faire
entendre que cette crainte ou ce découragement
le mettra en état de ne pouvoir rien faire de beau,
ni qui lui survive, quand il travaillerait sans cesse,
et qu'il ferait les plus grands efforts : « Car si un
« homme, dit-il, après avoir envisagé ce jugement,
« tombe d'abord dans la crainte de ne pouvoir
« rien produire qui lui survive, il est impossible
« que les conceptions de son esprit ne soient pas
« aveugles et imparfaites, et qu'elles n'avortent,
« pour ainsi dire, sans pouvoir jamais parvenir à
« la dernière postérité ». Un homme qui écrit doit
avoir une noble hardiesse, ne se contenter pas d'é-
crire pour son siècle, mais envisager toute la postérité. Cette idée lui élèvera l'âme, et animera ses
conceptions ; au lieu que si, dès le moment que
cette postérité se présentera à son esprit, il tombe
dans la crainte de ne pouvoir rien faire qui soit
digne d'elle, ce découragement et ce désespoir lui
feront perdre toute sa force, et, quelque peine qu'il
se donne, ses écrits ne seront jamais que des avortons. C'est manifestement la doctrine de Longin,
qui n'a garde pourtant d'autoriser par là une
confiance aveugle et téméraire, comme il serait
serait facile de le prouver.

CHAPITRE XIII

(Prends garde qu'une ardeur trop funeste à ta
vie.) Je trouve quelque chose de noble et de beau
dans le tour de ces quatre vers ; il me semble pourtant que lorsque le Soleil dit : « au-dessus de la
« Libye, le sillon, n'étant point arrosé d'eau, n'a
« jamais rafraîchi mon char » ; il parle plutôt
comme un homme qui pousse son char à travers
champs, que comme un dieu qui éclaire la terre.
M. Despréaux a suivi ici tous les autres interprètes
qui ont expliqué ce passage de la même manière;
mais je crois qu'ils se sont fort éloignés de la pensée d'Euripide, qui dit : « Marche, et ne te laisse
« point emporter dans l'air de Libye, qui, n'ayant
« aucun mélange d'humidité, laissera tomber ton
« char ». C'était l'opinion des anciens, qu'un mélange humide fait la force et la solidité de l'air :
mais ce n'est pas ici le lieu de parler de leurs principes de physique.

(Le palais en fureur mugit à son aspect.) Le mot
mugir ne me paraît pas assez fort pour exprimer
seul le ἐντυσιᾶν et le βακχεύειν d'Eschyle ; car ils ne
signifient pas seulement *mugir*, mais *se remuer avec
agitation, avec violence*. Quoique ce soit une folie
de vouloir faire un vers après M. Despréaux, je ne

laisserai pas de dire que celui d'Eschyle serait peut-être mieux de cette manière pour le sens :

Du palais en fureur les combles ébranlés
Tremblent en mugissant.

Et celui d'Euripide,

La montagne s'ébranle, et répond à leurs cris.

(Les images dans la poésie sont pleines ordinairement d'accidents fabuleux.) C'est le sens que tous les interprètes ont donné à ce passage ; mais je ne crois pas que ç'ait été la pensée de Longin : car il n'est pas vrai que dans la poésie les images soient ordinairement pleines d'accidents; elles n'ont en cela rien qui ne leur soit commun avec les images de la rhétorique. Longin dit simplement que, « dans la poésie, les images sont poussées à « un excès fabuleux, et qui passe toute sorte de « de créance ».

(Ce n'est point, dit-il, un orateur qui a fait passer cette loi, c'est la bataille, c'est la défaite de Chéronée.) Pour conserver l'image que Longin a voulu faire remarquer dans ce passage d'Hypéride, je crois qu'il aurait fallu traduire : « Ce n'est « point, dit-il, un orateur qui a écrit cette loi, c'est « la bataille, c'est la défaite de Chéronée ». Car c'est en cela que consiste l'image : « La bataille a « écrit cette loi ». Au lieu qu'en disant, « la bataille a fait passer cette loi », on ne conserve plus l'image, ou elle est au moins fort peu sensible : c'était même chez les Grecs le terme propre, « écrire une loi, une ordonnance, un « édit », etc. M. Despréaux a évité cette expression, « écrire une loi », parce qu'elle n'est pas française dans ce sens là ; mais il aurait pu mettre, « ce n'est pas un orateur qui a fait cette loi », etc. Hypéride avait ordonné qu'on donnerait le droit de bourgeoisie à tous les habitants d'Athènes indifféremment, la liberté aux esclaves, et qu'on enverrait au Pyrée les femmes et les enfants. Plutarque parle de cette ordonnance dans la Vie d'Hypéride ; et il cite même un passage qui n'est pourtant pas celui dont il est question. Il est vrai que le même passage, rapporté par Longin, est cité fort différemment par Démétrius Phaléréus : « Ce n'est pas « moi, dit-il, qui ai écrit cette loi, c'est la guerre « qui l'a écrite avec l'épée d'Alexandre ». Mais, pour moi, je suis persuadé que ces derniers mots, « qui l'a écrite avec la javeline d'Alexandre », Ἀλεξάνδρῳ δόρατι γράφων, ne sont point d'Hypéride ; ils sont apparemment de quelqu'un qui aura cru ajouter quelque chose à la pensée de cet orateur, et l'embellir même en expliquant par une espèce de pointe le mot πόλεμος ἔγραψεν, « la guerre qui a « écrit » ; et je m'assure que tout cela paraîtra à tous ceux qui ne se laissent point éblouir par de faux brillants.

CHAPITRE XIV

(Mais il n'y a pas grande finesse à jurer simplement : il faut voir où, comment, en quelle occasion, et pourquoi on le fait.) Ce jugement est admirable, et Longin dit plus lui seul que tous les autres rhéteurs qui ont examiné le passage de Démosthène. Quintilien avait pourtant bien vu que les serments sont ridicules, si l'on n'a l'adresse de les employer aussi heureusement que cet orateur ; mais il n'avait point fait sentir tous les défauts que Longin nous explique si clairement dans le seul examen qu'il fait de ce serment d'Eupolis. On peut voir deux endroits de Quintilien dans le chapitre II du livre IX.

CHAPITRE XV

(Et ne saurait souffrir qu'un chétif rhétoricien entreprenne de le tromper comme un enfant par de grossières finesses.) Il me semble que ces deux expressions, « chétif rhétoricien, et finesses grossières », ne peuvent s'accorder avec ces charmes du discours dont il est parlé six lignes plus bas. Longin dit : « Et ne saurait souffrir qu'un simple « rhétoricien », τεχνίτης ῥήτωρ, « entreprenne de le « tromper comme un enfant par de petites fi- « nesses », σχηματίαις.

CHAPITRE XVIII

(Si donc vous voulez éviter les malheurs qui vous menacent.) Tous les interprètes d'Hérodote et ceux de Longin ont expliqué ce passage comme M. Despréaux, mais ils n'ont pas pris garde que le verbe grec ἐνδέκεσθαι ne peut pas signifier éviter, mais prendre ; et que ταλαιπωρία n'est pas plus souvent employé pour misère, calamité, que pour travail, peine. Hérodote oppose manifestement ταλαιπωρίας ἐνδέκεσθαι, prendre de la peine, n'appréhender point la fatigue, à μαλακίη διαχρᾶσθαι, être lâche, paresseux ; et il dit : « Si donc vous voulez ne point appré- « hender la peine et la fatigue, commencez dès ce « moment à travailler, et après la défaite de vos « ennemis vous serez libres ». Ce que je dis paraîtra plus clairement, si on prend la peine de lire le passage dans le VIe livre d'Hérodote, à la section II.

CHAPITRE XIX

(Car, d'attacher partout ces cymbales et ces sonnettes, cela sentirait trop son sophiste.) Les anciens avaient accoutumé de mettre des sonnettes aux harnais de leurs chevaux dans les occasions extraordinaires, c'est-à-dire les jours où l'on faisait des revues et des tournois; il paraît même, par un passage d'Eschyle, qu'on en garnissait les boucliers tout autour : c'est de cette coutume que dépend l'intelligence de ce passage de Longin, qui veut dire que, comme un homme qui mettrait ces sonnettes tous les jours serait pris pour un charlatan, un orateur qui emploierait partout ces pluriels passerait pour un sophiste.

CHAPITRE XXIII

(Ce héraut ayant assez pesé la conséquence de toutes ces choses, il commande aux descendants des Héraclides de se retirer.) Ce passage d'Hécatée a été expliqué de la même manière par tous les interprètes; mais ce n'est guère la coutume qu'un héraut pèse la conséquence des ordres qu'il a reçus; ce n'est point aussi la pensée de cet historien. M. Lefèbvre avait fort bien vu que ταῦτα δεινὰ ποιούμενος ne signifie point du tout *pesant la conséquence de ces choses*, mais *étant bien fâché de ces choses*, comme mille exemples en font foi, ὤν n'est point ici un participe, mais ὤν pour οὖ dans le style d'Ionie, qui était celui de cet auteur; c'est-à-dire que ὡς μὴ ὤν ne signifie point *comme si je n'étais point au monde*, mais *afin donc*; et cela dépend de la suite. Voici le passage en entier : « Le héraut, « bien fâché de l'ordre qu'il avait reçu, fait commandement aux descendants des Héraclides de « se retirer. Je ne saurais vous aider; afin donc « que vous ne périssiez entièrement, et que vous « ne m'enveloppiez point dans votre ruine en me « faisant exiler, partez, retirez-vous chez quelque « autre peuple ».

CHAPITRE XXIV

(La déesse Vénus, pour châtier l'insolence des Scythes, qui avaient pillé son temple, leur envoya la maladie des femmes.) Par cette maladie des femmes, tous les interprètes ont entendu les hémorrhoïdes; mais il me semble qu'Hérodote aurait eu tort de n'attribuer qu'aux femmes ce qui est aussi commun aux hommes, et que la périphrase dont il s'est servi ne serait pas fort juste. Ce passage a embarrassé beaucoup de gens, et Voiture n'en a pas été seul en peine. Pour moi, je suis persuadé que la plupart, pour avoir voulu trop finasser, ne sont point entrés dans la pensée d'Hérodote, qui n'entend point d'autre maladie que celle qui est particulière aux femmes. C'est en cela aussi que sa périphrase paraît admirable à Longin, parce que cet auteur avait plusieurs autres manières de circonlocution, mais qui auraient été toutes ou rudes ou malhonnêtes; au lieu que celle qu'il a choisie est très-propre, et ne choque point. En effet, le mot νοῦσος, *maladie*, n'a rien de grossier, et ne donne aucune idée sale : on peut encore ajouter, pour faire paraître davantage la délicatesse d'Hérodote en cet endroit, qu'il n'a pas dit νοῦσον γυναικῶν, *la maladie des femmes*, mais par l'adjectif θήλειαν νοῦσον, *la maladie féminine*, ce qui est beaucoup plus doux dans le grec, et n'a point du tout de grâce dans notre langue, où il ne peut être souffert.

CHAPITRE XXVI

(Le remède le plus naturel contre l'abondance et la hardiesse, soit des métaphores, soit des autres figures, c'est de ne les employer qu'à propos, etc.) J'aimerais mieux traduire : « Mais je soutiens tou« jours que l'abondance et la hardiesse des méta« phores, comme je l'ai déjà dit, les figures em« ployées à propos, les passions véhémentes, et le « grand, sont les plus naturels adoucissements « du sublime ». Longin veut dire que, pour excuser la hardiesse du discours dans le sublime, on n'a pas besoin de ces conditions, *pour ainsi dire, si je l'ose dire*, etc.; et qu'il suffit que les métaphores soient fréquentes et hardies, que les figures soient employées à propos, que les passions soient fortes, et que tout enfin soit noble et grand.

(Il dit que la rate est la cuisine des intestins.) Le passage de Longin est corrompu, et ceux qui le liront avec attention en tomberont sans doute d'accord; car la rate ne peut jamais être appelée raisonnablement *la cuisine des intestins*, et ce qui suit détruit manifestement cette métaphore. Longin avait écrit comme Platon, ἐκμαγεῖον, et non pas μαγειρεῖον. On peut voir le passage tout du long dans le Timée, à la page 72 du tome III de l'édition de Serranus. Ἐκμαγεῖον signifie proprement χειρόμακτρον, *une serviette à essuyer les mains*. Platon dit que « Dieu a placé la rate au voisinage du foie, « afin qu'elle lui serve comme de torchon, *si j'ose « me servir de ce terme*, et qu'elle le tienne toujours « propre et net ; c'est pourquoi, lorsque, dans « une maladie, le foie est environné d'ordures, la « rate, qui est une substance creuse, molle, et qui « n'a point de sang, le nettoie, et prend elle-même « toutes ces ordures : d'où vient qu'elle s'enfle et « devient bouffie; comme, au contraire, après que « le corps est purgé, elle se désenfle, et retourne « à son premier état ». Je m'étonne que personne ne se soit aperçu de cette faute dans Longin, et qu'on ne l'ait corrigée sur le texte même de Platon, et sur le témoignage de Pollux, qui cite ce passage dans le chapitre IV du livre II.

(De fait, accusant Platon d'être tombé en plusieurs endroits, il parle de l'autre comme d'un auteur achevé, etc.) Il me semble que cela n'ex-

plique pas assez la pensée de Longin, qui dit : « En
« effet, il préfère à Platon, qui est tombé en beau-
« coup d'endroits; il lui préfère, dis-je, Lysias,
« comme un orateur achevé, et qui n'a point de
« défauts », etc.

CHAPITRE XXVII

(Et dans Théocrite, ôtez quelques endroits où il sort un peu du caractère de l'églogue, il n'y a rien qui ne soit heureusement imaginé.) Les anciens ont remarqué que la simplicité de Théocrite était très-heureuse dans les Bucoliques; cependant il est certain, comme Longin l'a fort bien vu, qu'il y a quelques endroits qui ne suivent pas bien la même idée, et qui s'éloignent fort de cette simplicité. On verra un jour, dans les commentaires que j'ai faits sur ce poëte, les endroits que Longin me paraît avoir entendus.

(Mais qui ne tombe dans ce défaut qu'à cause de cet esprit divin dont il est entraîné, et qu'il ne saurait régler comme il veut.) Longin dit en général : « mais qui ne tombe dans ce défaut qu'à cause
« de cet esprit divin dont il est entraîné, et qu'il
« est bien difficile de régler ».

CHAPITRE XXVIII

(Outre qu'il est plus harmonieux, il a bien plus de parties d'orateur, qu'il possède presque toutes en un degré éminent.) Longin, à mon avis, n'a garde de dire d'Hypéride qu'il possède presque toutes les parties d'orateur en un degré éminent : il dit seulement qu'il a plus de parties d'orateur que Démosthène, et que dans toutes ces parties « il est presque éminent ; qu'il les possède toutes « en un degré presque éminent », καὶ σχεδὸν ὕπαρχος ἐν πᾶσιν.

(Semblable à ces athlètes qui réussissent aux cinq sortes d'exercices, et qui, n'étant les premiers en pas un de ces exercices, passent en tous l'ordinaire et le commun.) De la manière que ce passage est traduit, Longin ne place Hypéride qu'au-dessus de l'ordinaire et du commun, ce qui est fort éloigné de sa pensée. A mon avis, M. Despréaux et les autres interprètes n'ont pas bien pris ni le sens ni les paroles de ce rhéteur; ἰδιῶται ne signifie point ici *des gens du vulgaire et du commun*, comme ils l'ont cru, mais des gens qui se mêlent des mêmes exercices : d'où vient qu'Hésychius a fort bien marqué ἰδιῶτας ὁπλίτας ; je traduirais : « semblable à un athlète que l'on appelle *pentathle*, « qui véritablement est vaincu par tous les autres « athlètes dans tous les combats qu'il entreprend, « mais qui est au-dessus de tous ceux qui s'atta-« chent comme lui à cinq sortes d'exercices ». Ainsi la pensée de Longin est fort belle, de dire que si

l'on doit juger du mérite par le nombre des vertus, plutôt que par leur excellence, et que l'on commette Hypéride avec Démosthène comme deux pentathles qui combattent dans cinq sortes d'exercices, le premier sera beaucoup au-dessus de l'autre; au lieu que si l'on juge des deux par un seul endroit, celui-ci l'emportera de bien loin sur le premier : comme un athlète, qui ne se mêle que de la course ou de la lutte, vient facilement à bout d'un pentathle qui a quitté ses compagnons pour courir ou pour lutter contre lui. C'est tout ce que je puis dire sur ce passage, qui était assurément très-difficile, et qui n'avait peut-être point encore été entendu. M. Lefèbvre avait bien vu que c'était une imitation d'un passage de Platon dans le dialogue intitulé Ἐρασταί; mais il ne s'était pas donné la peine de l'expliquer.

(Il joint à cela les douceurs et les grâces de Lysias.) Pour ne se tromper pas à ce passage, il faut savoir qu'il y a deux sortes de grâces : les unes majestueuses et graves, qui sont propres aux poëtes, et les autres simples et semblables aux railleries de la comédie. Ces dernières entrent dans la composition du style poli, que les rhéteurs ont appelé γλαφυρὸν λόγον ; et c'était là les grâces de Lysias, qui, au jugement de Denys d'Halicarnasse, excellait dans ce style poli : c'est pourquoi Cicéron l'appelle *venustissimum oratorem*. Voici un exemple des grâces de ce charmant orateur. En parlant un jour contre Eschino, qui était amoureux d'une vieille : « Il « aime, dit-il, une femme dont il est plus facile de « compter les dents que les doigts ». C'est par cette raison que Démétrius a mis les grâces de Lysias dans le même rang que celles de Sophron, qui faisait des mimes.

(On y voit, pour ainsi dire, un orateur toujours à jeun.) Je ne sais si cette expression exprime bien la pensée de Longin. Il y a dans le grec καρδίας νήφοντος, et par là ce rhéteur a entendu un orateur *toujours égal et modéré* ; car νήφειν est opposé à μαίνεσθαι, *être furieux*. M. Despréaux a cru conserver la même idée, parce qu'un orateur véritablement sublime ressemble en quelque manière à un homme qui est échauffé par le vin.

CHAPITRE XXIX

(Que Lysias est au-dessous de Platon par un plus grand nombre de fautes.) Le jugement que Longin fait ici de Lysias s'accorde fort bien avec ce qu'il a dit à la fin du chapitre XXVI, pour faire voir que Cécilius avait eu tort de croire que Lysias fût sans défaut; mais il s'accorde fort bien aussi avec tout ce que les anciens ont écrit de cet orateur. On n'a qu'à voir un passage remarquable dans le livre DE OPTIMO GENERE ORATORUM, où Cicéron parle et juge en même temps des orateurs qu'on doit se proposer pour modèle.

CHAPITRE XXX

(A l'égard donc des grands orateurs en qui le sublime et le merveilleux se rencontre joint avec l'utile et le nécessaire, etc.) Le texte grec est entièrement corrompu en cet endroit, comme M. Lefèbvre l'a fort bien remarqué : il me semble pourtant que le sens que M. Despréaux en a tiré ne s'accorde pas bien avec celui de Longin. En effet, ce rhéteur venant de dire, à la fin du chapitre précédent, qu'il est aisé d'acquérir l'utile et le nécessaire, qui n'ont rien de grand ni de merveilleux, il ne me paraît pas possible qu'il joigne ici ce merveilleux avec ce nécessaire et cet utile. Cela étant, je crois que la restitution de ce passage n'est pas si difficile que l'a cru M. Lefèbvre ; et, quoique ce savant homme ait désespéré d'y arriver sans le secours de quelque manuscrit, je ne laisserai pas de dire ici ma pensée. Il y a dans le texte ἐφ' ὧν οὐκ ἔτ' ἔξω τῆς χρείας, etc. ; je ne doute point que Longin n'eût écrit, ἐφ' ὧν οὐ δεῖ ἔσω τῆς χρείας καὶ ὠφελείας πίπτει τὸ μέγεθος, etc., c'est-à-dire : « A l'é- « gard donc des grands orateurs en qui se trouve « ce sublime et ce merveilleux, qui n'est point res- « serré dans les bornes de l'utile et du nécessaire, « il faut avouer », etc. Si l'on prend la peine de lire ce chapitre et le précédent, j'espère que l'on trouvera cette restitution très-vraisemblable et très-bien fondée.

CHAPITRE XXXI

(Les paraboles et les comparaisons approchent fort des métaphores, et ne diffèrent d'elles qu'en un seul point...) Ce que Longin disait ici de la différence qu'il y a des paraboles et des comparaisons aux métaphores est entièrement perdu ; mais on en peut fort bien suppléer le sens par Aristote, qui dit, comme Longin, qu'elles ne diffèrent qu'en une chose : c'est en la seule énonciation : par exemple, quand Platon dit que « la tête est une citadelle », c'est une métaphore dont on fera aisément une comparaison en disant que « la tête est comme une citadelle ». Il manque encore après cela quelque chose de ce que Longin disait de la juste borne des hyperboles, et jusqu'où il est permis de les pousser. La suite et le passage de Démosthène, ou plutôt d'Hégésippe son collègue, font assez comprendre quelle était sa pensée. Il est certain que les hyperboles sont dangereuses ; et, comme Aristote l'a fort bien remarqué, elles ne sont presque jamais supportables que dans la colère et dans la passion.

(Telle est cette hyperbole : Supposé que votre esprit soit dans votre tête, et que vous ne le fouliez pas sous vos talons.) C'est dans l'oraison de Halo eso, que l'on attribue vulgairement à Démosthène, quoiqu'elle soit d'Hégésippe son collègue. Longin cite ce passage sans doute pour en condamner l'hyperbole, qui est en effet très-vicieuse ; car *un esprit foulé sous les talons* est une chose bien étrange. Cependant Hermogène n'a pas laissé de la louer. Mais ce n'est pas seulement par ce passage que l'on peut voir que le jugement de Longin est souvent plus sûr que celui d'Hermogène et de tous les autres rhéteurs.

(Les Siciliens étant descendus en ce lieu, etc.) Ce passage est pris du septième livre. Thucydide parle ici des Athéniens, qui, en se retirant sous la conduite de Nicias, furent attrapés par l'armée de Gylippe et par les troupes des Siciliens près du fleuve Asinarus, aux environs de la ville *Nectum* ; mais dans le texte, au lieu de dire *les Siciliens étant descendus*, il faut, *les Lacédémoniens étant descendus*. Thucydide écrit αἵ τε Πελοποννήσιοι ἐπικαταβάντες, et non pas αἵ τε γὰρ Συρακούσιοι, comme il y a dans Longin. Par ces *Péloponésiens*, Thucydide entend les troupes de Lacédémone conduites par Gylippe ; et il est certain que, dans cette occasion, les Siciliens tiraient sur Nicias de dessus les bords du fleuve, qui étaient hauts et escarpés : les seules troupes de Gylippe descendirent dans le fleuve, et y firent tout ce carnage des Athéniens.

(Ils se défendirent encore quelque temps en ce lieu avec les armes qui leur restaient, et avec les mains et les dents, jusqu'à ce que les barbares, tirant toujours, les eussent comme ensevelis sous leurs traits.) M. Despréaux a expliqué ce passage au pied de la lettre, comme il est dans Longin ; et il assure, dans sa remarque, qu'il n'a point été entendu ni par les interprètes d'Hérodote, ni par ceux de Longin, et que M. Lefèbvre, après bien du changement, n'y a su trouver de sens. Nous allons voir si l'explication qu'il lui a donnée lui-même est aussi sûre et aussi infaillible qu'il l'a cru. Hérodote parle de ceux qui, au détroit des Thermopyles, après s'être retranchés sur un petit poste élevé, soutinrent tout l'effort des Perses, jusqu'à ce qu'ils furent accablés et comme ensevelis sous leurs traits. Comment peut-on donc concevoir que des gens postés et retranchés sur une hauteur se défendent avec les dents contre des ennemis qui tirent toujours, et qui ne les attaquent que de loin ? M. Lefèbvre, à qui cela n'a pas paru possible, a mieux aimé suivre toutes les éditions de cet historien, où ce passage est ponctué d'une autre manière, et comme je le mets ici : ἐν τούτῳ σφέας τῷ χώρῳ ἀλεξομένους μαχαίρῃσι τῇσιν αὐτέων, τοῖς ἐτύγχανον ἔτι περιεοῦσαι, καὶ χερσὶ καὶ στόμασι κατέχωσαν οἱ βάρβαροι βάλλοντες ; et au lieu de χερσὶ καὶ στόμασι, il a cru qu'il fallait corriger χερμαδίοις καὶ δύρασι, en le rapportant à κατέχωσαν ; « comme ils se défen- « daient encore dans le même lieu avec les épées « qui leur restaient, les barbares les accablèrent « de pierres et de traits ». Je trouve pourtant plus vraisemblable qu'Hérodote avait écrit, λίθοι καὶ βέρεσι; il avait sans doute en vue ce vers d'Homère, du III° livre de l'Iliade :

Ἰοῖσίν τε τιτυσκόμενοι λάεσσι τ' ἔβαλλον

« Ils les chargeaient à coups de pierres et de traits »; la corruption de λάεσι en χερσί étant très-facile. Quoi qu'il en soit, on ne peut pas douter que ce ne soit le véritable sens : et ce qu'Hérodote ajoute le prouve visiblement. On peut voir l'endroit dans la section 225 du livre VII. D'ailleurs Diodore, qui a décrit ce combat, dit que les Perses environnèrent les Lacédémoniens, et qu'en les attaquant de loin, ils les percèrent tous à coups de flèches et de traits. A toutes ces raisons, M. Despréaux ne saurait opposer que l'autorité de Longin, qui a écrit et entendu ce passage de la même manière dont il l'a traduit. Mais je réponds, comme M. Lefèbvre, que, dès le temps même de Longin, ce passage pouvait être corrompu; que Longin était homme, et que par conséquent il a pu faillir aussi bien que Démosthène, Platon et tous ces grands héros de l'antiquité, qui ne nous ont donné des marques qu'ils étaient hommes, que par quelques fautes et par leur mort. Si on veut encore se donner la peine d'examiner ce passage, on cherchera, si je l'ose dire, Longin dans Longin même. En effet, il ne rapporte ce passage que pour faire voir la beauté de cette hyperbole : « des hommes se défendent avec les dents contre des gens armés »; et cependant cette hyperbole est puérile, puisque lorsqu'un homme a approché son ennemi, et qu'il l'a saisi au corps, comme il faut nécessairement en venir aux prises pour employer les dents, il lui a rendu ses armes inutiles, ou même plutôt incommodes. De plus, ceci : « des hommes se défendent avec des dents contre des gens armés », ne présuppose pas que les uns ne puissent être armés comme les autres; et ainsi la pensée de Longin est froide, parce qu'il n'y a point d'opposition sensible entre des gens qui se défendent avec les dents, et des hommes qui combattent armés. Je n'ajouterai plus que cette seule raison : c'est que, si l'on suit la pensée de Longin, il y aura encore une fausseté dans Hérodote, puisque les historiens remarquent que les barbares étaient armés à la légère avec de petits boucliers, et qu'ils étaient par conséquent exposés aux coups des Lacédémoniens, quand ils approchaient des retranchements, au lieu que ceux-ci étaient bien armés, serrés en peloton et tout couverts de leurs larges boucliers.

(Et que tant de personnes soient ensevelies sous les traits de leurs ennemis.) Les Grecs dont parle ici Hérodote étaient en fort petit nombre : Longin n'a donc pu écrire, *et que tant de personnes*, etc. D'ailleurs, de la manière que cela est écrit, il semble que Longin trouve cette métaphore excessive, plutôt à cause du nombre des personnes qui sont ensevelies sous les traits, qu'à cause de la chose même; et cela n'est point, car au contraire Longin dit clairement : « Quelle hyperbole, combattre avec les dents contre des gens armés! et celle-ci encore, être accablé sous les traits! Cela ne laisse pas néanmoins », etc.

CHAPITRE XXXII

(Que l'harmonie n'est pas simplement un agrément que la nature a mis dans la voix de l'homme pour persuader et pour inspirer le plaisir, mais que, dans les instruments même inanimés, etc.) M. Despréaux assure, dans ses remarques, que ce passage doit être entendu comme il l'a expliqué; mais je ne suis pas de son avis, et je trouve qu'il s'est éloigné de Longin en prenant le mot grec *organum* pour un instrument, comme une flûte, une lyre, au lieu de le prendre pour un *organe*, comme nous disons, pour *une cause, un moyen*. Longin dit clairement : « L'harmonie n'est pas seulement un « moyen naturel à l'homme pour persuader et « pour inspirer le plaisir, mais encore un organe, « un instrument merveilleux, pour élever le cou« rage et pour émouvoir les passions ». C'est, à mon avis, le véritable sens de ce passage; Longin vient ensuite aux exemples de l'harmonie de la flûte et de la lyre, quoique ces organes, pour émouvoir et pour persuader, n'approchent point des moyens qui sont propres et naturels à l'homme, etc.

(Cependant ce ne sont que des images et de simples imitations de la voix, qui ne disent et ne persuadent rien.) Longin, à mon sens, n'a garde de dire que les instruments, comme la trompette, la lyre, la flûte, *ne disent et ne persuadent rien*. Il dit : « Cependant ces images et ces imitations ne sont « que des organes bâtards pour persuader, et « n'approchent point du tout de ces moyens qui, « comme j'ai déjà dit, sont propres et naturels à « l'homme ». Longin veut dire que l'harmonie qui se tire des différents sons d'un instrument, comme de la lyre ou de la flûte, n'est qu'une faible image de celle qui se forme par les différents sons et par la différente flexion de la voix; et que cette dernière harmonie, qui est naturelle à l'homme, a beaucoup plus de force que l'autre pour persuader et pour émouvoir. C'est ce qu'il serait fort aisé de prouver par des exemples.

(Et l'expérience en fait foi...) Longin rapporte, après ceci, un passage de Démosthène, que M. Despréaux a rejeté dans ses remarques, parce qu'il est entièrement attaché à la langue grecque; le voici : Τοῦτο τὸ ψήφισμα τὸν τότε τῇ πόλει περιστάντα κίνδυνον παρελθεῖν ἐποίησεν ὥσπερ νέφος. Comme ce rhéteur assure que l'harmonie de la période ne cède point à la beauté de la pensée, parce qu'elle est toute composée de nombre dactyliques, je crois qu'il ne sera pas inutile d'expliquer ici cette harmonie et ces nombres, vu même que le passage de Longin est un de ceux que l'on peut traduire fort bien au pied de la lettre, sans entendre la pensée de Longin, et sans connaître la beauté du passage de Démosthène. Je vais donc tâcher d'en donner au lecteur une intelligence nette et distincte, et, pour cet effet, je distribuerai d'abord la période de Démosthène dans ses nombres dactyliques, comme Longin les a entendus.

[Τοῦτο τὸ] ψήφισμα] τὸν τότε] τῇ πόλει] περιστὰν]
τα] Κίνδυνον] παρελθεῖν] ἐποίη] σεν] ὥσπερ νέφος.]

Voilà neuf nombres dactyliques en tout. Avant que de passer plus avant, il est bon de remarquer que beaucoup de gens ont fort mal entendu ces nombres dactyliques pour les avoir confondus avec les mètres ou les pieds que l'on appelle dactyles. Il y a pourtant bien de la différence. Pour le nombre dactylique, on n'a égard qu'au temps et à la prononciation; et pour le dactyle, on a égard à l'ordre et à la position des lettres : de sorte qu'un même mot peut être un nombre dactylique sans être pourtant un dactyle, comme cela paraît par [ψήφισμα] τῇ πόλει] παρελθεῖν]. Mais revenons à notre passage. Il n'y a plus que trois difficultés qui se présentent : la première, que ces nombres devant être de quatre temps, d'un long qui en vaut deux, et de deux courts, le second nombre de période ψήφισμα, le quatrième, le cinquième, et quelques autres, paraissent en avoir cinq, parce que dans ψήφισμα la première syllabe, étant longue, en vaut deux; la seconde, étant aussi longue, en vaut deux autres; et la troisième brève, un, etc. A cela je réponds que, dans les rhythmes ou nombres, comme je l'ai déjà dit, on n'a égard qu'au temps et à la voyelle, et qu'ainsi φις est aussi bref que μα. C'est ce qui paraîtra clairement par ce seul exemple de Quintilien, qui dit que la seconde syllabe d'*agrestis* est brève. La seconde difficulté naît de ce précepte de Quintilien, qui dit, dans le chapitre IV du livre IX, que « quand la période commence par une sorte de « rhythme ou de nombre, elle doit continuer dans « le même rhythme jusqu'à la fin. » Or, dans cette période de Démosthène, le nombre semble changer, puisque tantôt les longues et tantôt les brèves sont les premières; mais le même Quintilien ne laisse aucun doute là-dessus, si l'on prend garde à ce qu'il a dit auparavant, qu'il « est indifférent « au rhythme dactylique d'avoir les deux premières « ou les deux dernières brèves, parce que l'on n'a « égard qu'aux temps, et à ce que son élévation « soit de même nombre que sa position. » Enfin, la troisième et dernière difficulté vient du dernier rhythme ὥσπερ νέφος que Longin fait de quatre syllabes, et par conséquent de cinq temps, quoique Longin assure qu'il se mesure par quatre. Je réponds que ce nombre ne laisse pas d'être dactylique comme les autres, parce que le temps de la dernière syllabe est superflu et compté pour rien, comme les syllabes qu'on trouve de trop dans les vers qui de là sont appelés *hypermètres*. On n'a qu'à écouter Quintilien : « Les rhythmes reçoivent plus « facilement des temps superflus; quoique la même « chose arrive aussi quelquefois aux mètres. » Cela suffit pour éclaircir la période de Démosthène et la pensée de Longin. J'ajouterai pourtant encore que Démétrius Phaléréus cite ce même passage de Démosthène, et qu'au lieu de περιστάντα il a lu ἐπιόντα; ce qui fait le même effet pour le nombre.

(Philiste est de ce nombre.) Le nom de ce poëte est corrompu dans Longin; il faut lire *Philiscus*, et non pas *Philistus*. C'était un poëte comique; mais on ne saurait dire précisément en quel temps il a vécu.

CHAPITRE XXXIII

(De même, ces paroles mesurées n'inspirent point à l'esprit les passions qui doivent naître du discours, etc.) Longin dit : « De même, quand les pé- « riodes sont si mesurées, l'auditeur n'est point tou- « ché du discours; il n'est attentif qu'au nombre et à « l'harmonie; jusque-là que, prévoyant les cadences « qui doivent suivre, et battant toujours la mesure « comme en une danse, il prévient même l'orateur, « et marque la chute avant qu'elle arrive ». Au reste, ce que Longin dit ici est pris tout entier de la rhétorique d'Aristote; et il peut nous servir fort utilement à corriger l'endroit même d'où il a été tiré. Aristote, après avoir parlé des périodes mesurées, ajoute : τὸ μὲν γὰρ ἀπίθανον, πεπλάσται γὰρ δοκεῖ καὶ ἅμα... ἐξίστησι, προσέχειν γὰρ ποιεῖ τῷ ὁμοίῳ πότε πάλιν ἕξει... ὥσπερ εὖ τῶν κηρύκων προλαμβάνουσι τὰ παιδία. τὸ, τίνα αἱρεῖται ἐπὶ τρόπον ὁ ἀπελευθερούμενος, Κλέωνα. Dans la première lacune, il faut suppléer assurément καὶ ἅμα τοὺς ἀκούοντας ἐξίστησι; et dans la seconde, après ἕξει, ajouter ὁ καὶ φθάνοντες προκαταδίδουσιν ὥσπερ οὖν, etc; et après ἀπελευθερούμενος il faut un point interrogatif. Mais c'est ce qui paraîtra beaucoup mieux par cette traduction : « Ces périodes mesu- « rées ne persuadent point; car, outre qu'elles pa- « raissent étudiées, elles détournent l'auditeur et « le rendent attentif seulement au nombre et aux « chutes, qu'il marque même par avance, comme « on voit les enfants se hâter de répondre Cléon, « avant que les huissiers aient achevé de crier : « Qui est le patron que veut prendre l'affranchi ? » Le savant Victorius est le seul qui ait soupçonné que ce passage d'Aristote était corrompu; mais il n'a pas voulu chercher les moyens de le corriger.

CHAPITRE XXXIV

(Des armoires et des sacs pleins de papier.) Théopompus n'a point dit « des sacs pleins de papier »; car ce papier n'était point dans les sacs; mais il dit « des armoires, des sacs, des rames de papier », etc.; et, par ce papier, il entend du gros papier pour envelopper les drogues et les épiceries dont il a parlé.

(La nature a caché et détourné ces égouts le plus loin qu'il lui a été possible, de peur que la beauté de l'animal n'en fût souillée.) La nature savait fort bien que si elle exposait en vue ces parties qu'il n'est pas honnête de nommer, la beauté de l'homme en serait souillée; mais de la manière que M. Despréaux a traduit ce passage, il semble que la nature ait eu quelque espèce de doute si cette beauté en serait souillée, ou si elle ne le serait point; car c'est, à mon avis, l'idée que donnent ces mots *de peur que*, etc.; cela déguise en quelque manière la pensée de Xénophon, qui dit : « La nature a caché et « détourné ces égouts le plus loin qu'il lui a été pos- « sible, pour ne point souiller la beauté de l'animal».

CHAPITRE XXXV

(Tellement qu'on voit briller dans leurs discours la liberté de leur pays.) Longin dit : « Tellement « qu'on voit briller dans leurs discours la même « liberté que dans leurs actions ». Il veut dire que, comme ces gens-là sont les maîtres d'eux-mêmes, leur esprit, accoutumé à cet empire et à cette indépendance, ne produit rien qui ne porte des marques de cette liberté, qui est le but principal de toutes leurs actions, et qui les entretient toujours dans le mouvement. Cela méritait d'être bien éclairci : car c'est ce qui fonde en partie la réponse de Longin, comme nous l'allons voir dans la seconde remarque, après celle-ci.

(Qui avons été comme enveloppés par les coutumes, et par les façons de faire de la monarchie.) « Être enveloppé par les coutumes » me paraît obscur : il semble même que cette expression dit tout autre chose que ce que Longin a prétendu. Il y a dans le grec : « qui avons été comme emmail- « lotés », etc.; mais comme cela n'est pas français, j'aurais voulu traduire, pour approcher de l'idée de Longin, « qui avons comme sucé avec le lait les « coutumes », etc.

(Les rendent même plus petits par le moyen de cette bande dont on leur entoure le corps.) Par cette bande, Longin entend sans doute des bandelettes dont on emmaillotait les pygmées depuis la tête jusques aux pieds. Ces bandelettes étaient à peu près comme celles dont les filles se servaient pour empêcher leur gorge de croître. C'est pourquoi Térence appelle ces filles *vincto pectore*, ce qui répond fort bien au mot grec δεσμὸς que Longin emploie ici, et qui signifie *bande, ligature*. Encore aujourd'hui, en beaucoup d'endroits de l'Europe, les femmes mettent en usage ces bandes pour avoir les pieds petits.

(Je sais bien qu'il est fort aisé à l'homme, et que c'est son naturel, etc.) M. Despréaux suit ici tous les interprètes qui attribuent encore ceci au philosophe qui parle à Longin. Mais je suis persuadé que ce sont les paroles de Longin, qui interrompt en cet endroit le philosophe, et commence à lui répondre. Je crois même que, dans la lacune suivante, il ne manque pas tant de choses qu'on a cru; et peut-être n'est-il pas si difficile d'en suppléer le sens. Je ne doute pas que Longin n'ait écrit : « Je « sais bien, lui répondis-je alors, qu'il est fort aisé « à l'homme, et que c'est même son naturel, de « blâmer les choses présentes. Mais prenez-y bien « garde, ce n'est point la monarchie qui est cause « de la décadence des esprits; et les délices d'une « longue paix ne contribuent pas tant à corrompre « les grandes âmes que cette guerre sans fin qui « trouble depuis si longtemps toute la terre, et qui « oppose des obstacles insurmontables à nos plus « généreuses inclinations ». C'est assurément le véritable sens de ce passage, et il serait aisé de le prouver par l'histoire même du siècle de Longin. De cette manière, ce rhéteur répond fort bien aux deux objections du philosophe, dont l'une est, que le gouvernement monarchique causait la grande stérilité qui était alors dans les esprits; et l'autre, que, dans les républiques, l'émulation et l'amour de la liberté entretenaient les républicains dans un mouvement continuel qui élevait leur courage, qui aiguisait leur esprit, et qui leur inspirait cette grandeur et cette noblesse dont les hommes véritablement libres sont seuls capables.

(Où nous ne songeons qu'à attraper la succession de celui-ci.) Le grec dit quelque chose de plus atroce : « où l'on ne songe qu'à hâter la mort de celui-ci », etc. ἀλλότριαι θῆραι θανάτων. Il a égard aux moyens dont on se servait alors pour avancer la mort de ceux dont on attendait la succession ; on voit assez d'exemples de cette horrible coutume dans les satires des anciens.

REMARQUES DE M. BOIVIN

SUR LE TRAITÉ DU SUBLIME

Le roi a dans sa bibliothèque un manuscrit[1] de sept à huit cents ans, où le Traité du Sublime de Longin se trouve à la suite des problèmes d'Aristote. Il me serait aisé de prouver que cet exemplaire est original par rapport à tous ceux qui nous restent aujourd'hui. Mais je n'entre point présentement dans un détail que je réserve pour une remarque particulière sur le chapitre VII. J'avertis seulement ceux qui voudront se donner

1. N° 3083.

la peine de lire les notes suivantes, qu'elles sont pour la plupart appuyées sur l'ancien manuscrit. Il fournit lui seul un grand nombre de leçons, que Vossius a autrefois recueillies, et que Tollius a publiées. Il ne me reste à remarquer qu'un petit nombre de choses, auxquelles il me semble qu'on n'a pas encore fait attention.

CHAPITRE I

Le partage des chapitres n'est point de Longin. Les chiffres qui en sont la distinction ont été ajoutés d'une main récente dans l'ancien manuscrit. A l'égard des arguments ou sommaires, il n'y en a qu'un très-petit nombre, qui même ne conviennent pas avec ceux que nous avons dans les imprimés. Après cela il ne faut pas s'étonner si les imprimés ne s'accordent pas entre eux, en ce qui regarde la division et les arguments des chapitres.

(La bassesse de son style.) Longin se sert partout du mot ταπεινὸς dans le sens que lui donne M. Despréaux. Ce qu'il dit dans le chapitre VII, en parlant d'Ajax, οὐ γὰρ ζῆν εὔχεται. Ἦν γὰρ τὸ αἴτημα τοῦ ἥρωος ταπεινότερον [1], est fort semblable pour la construction à ce qu'il dit ici, τὸ συγγραμάτιον ταπεινότερον ἐφάνη τῆς ὅλης ὑποθέσεως. Voyez aussi les chapitres II, VI, XXVII, XXIX, XXXII, XXXIV, etc.

CHAPITRE II

(Car comme les vaisseaux sont en danger.) Les conjonctions ὡς et οὕτω, usitées dans les comparaisons, le mot ἀνερμάτιστα, et quelques autres termes métaphoriques, ont fait croire aux interprètes qu'il y avait une comparaison en cet endroit. M. Despréaux a bien senti qu'elle était défectueuse. « Il faut, dit-il, suppléer au grec ou sous-entendre « πλοῖα, qui veut dire des vaisseaux de charge..... « Autrement il n'y a point de sens ». Pour moi, je crois qu'il ne faut point chercher ici de comparaison. La conjonction οὕτω, qui en était pour ainsi dire le caractère, ne se trouve ni dans l'ancien manuscrit, ni dans l'édition de Robortellus. L'autre conjonction, qui est ὡς, ne signifie pas *comme*, en cet endroit, mais *que*. Cela posé, le raisonnement de Longin est très-clair, si on veut se donner la peine de le suivre. En voici toute la suite : « Quel« ques-uns s'imaginent que c'est une erreur de « croire que le sublime puisse être réduit en art. « Mais je soutiens que l'on sera convaincu du con« traire, si on considère que la nature, quelque « liberté qu'elle se donne ordinairement dans les « passions et dans les grands mouvements, ne « marche pas tout à fait au hasard ; que, dans « toutes nos productions, il la faut supposer comme

« la base, le principe et le premier fondement ; « mais que notre esprit a besoin d'une méthode, « pour lui enseigner à ne dire que ce qu'il faut, et « à le dire en son lieu ; et qu'enfin (c'est ici qu'il « y a dans le grec καὶ ὡς, pour καὶ ὅτι, dont Longin « s'est servi plus haut, et qu'il n'a pas voulu ré« péter) le grand, de soi-même et par sa propre « grandeur, est glissant et dangereux lorsqu'il « n'est pas soutenu et affermi par les règles de l'art, « et qu'on l'abandonne à l'impétuosité d'une na« ture ignorante et téméraire ». On se passe très-bien de sa comparaison, qui ne servait qu'à embrouiller la phrase. Il faut seulement sous-entendre εἰ ἐπισκέψαιτό τις, qui est six ou sept lignes plus haut, et faire ainsi la construction, καὶ (εἰ ἐπισκέψαιτό τις) ὡς ἐπικινδυνότερα ; et si l'on considère, « que le grand », etc. Ἐπικινδυνότερα αὐτά ἐφ' ἑαυτῶν τὰ μεγάλα est précisément la même chose que τὰ μεγάλα ἐπισφαλῆ δι' αὐτὸ τὸ μέγεθος qu'on lit dans le chapitre XXVII, et que M. Despréaux a traduit ainsi : « Le grand, de « soi-même et par sa propre grandeur, est glissant « et dangereux ».

Ἀνερμάτιστα et ἀστήρικτα sont des termes métaphoriques, qui, dans le sens propre, conviennent à de grands bâtiments, mais qui, pris figurément, peuvent très-bien s'appliquer à tout ce qui est grand, même aux ouvrages d'esprit.

(Nous en pouvons dire autant à l'égard du discours. La nature, etc.) Il manque en cet endroit deux feuillets entiers dans l'ancien manuscrit : c'est ce qui a fait la lacune suivante. Je ne sais par quel hasard les cinq ou six lignes que Tollius a eues d'un manuscrit du Vatican, et qui se trouvent aussi dans un manuscrit [1] du roi, transposées et confondues avec un fragment des problèmes d'Aristote, ont pu être conservées. Il y a apparence que quelqu'un ayant rencontré un morceau des deux feuillets égarés de l'ancien manuscrit, ou les deux feuillets entiers, mais gâtés, n'aura pu copier que ces cinq ou six lignes.

A la fin de ce petit supplément, dont le public est redevable à Tollius, je crois qu'il faut lire ἡγήσαιτο, et non pas κομίσαιτο, qui ne me paraît à faire un sens raisonnable. Le manuscrit du roi, où se trouve ce même supplément, n'a que σαιτο de la première main : κομί est d'une main plus récente. Cela me fait soupçonner que, dans l'ancien manuscrit, le mot était à demi effacé, et que quelques-uns ont cru mal à propos qu'il devait y avoir κομίσαιτο.

(Dans un noble projet on tombe noblement.) Il y a dans l'ancien manuscrit, μεγάλῳ ἀπολισθαίνειν, ὅμως εὐγενὲς ἁμάρτημα. Les copistes ont voulu faire un vers, mais ce vers n'a ni césure, ni quantité. On ne trouvera point dans les poëtes grecs d'exemple d'un ïambe qui commence par deux anapestes. Il y a donc apparence que ce qu'on a pris jusqu'ici

---

[1]. C'est-à-dire : « Il ne demande pas la vie ; un héros n'était pas capable de cette bassesse. »

[1]. N° 3171.

pour un vers est plutôt un proverbe, ou une sentence tirée des écrits de quelque philosophe. Μεγάλῳ ἀπολισθαίνειν, ὅμως εὐγενὲς ἁμάρτημα, est la même chose que s'il y avait, μεγάλῳ ἀπολισθαίνειν ἁμάρτημα μέν, ὅμως δὲ εὐγενὲς ἁμάρτημα, « tomber en une faute, « mais en une faute noble, à celui qui est grand », c'est-à-dire « qui se montre grand dans la chute « même, ou qui ne tombe que parce qu'il est « grand ». C'est à peu près dans ce sens que M. Corneille a dit :

Il est beau de mourir maître de l'univers.

CHAPITRE III

(Enfin vous diriez qu'ils ont plus de pudeur.) Isidore de Peluse dit dans une de ses lettres : αἱ κόραι, αἱ εἴσω τῶν ὀφθαλμῶν, καθάπερ παρθένοι ἐν θαλάμοις, ἱδρυμέναι, καὶ τοῖς βλεφάροις καθάπερ παραπετάσμασι κικαλυμμέναι : « les prunelles placées au dedans des « yeux comme des vierges dans la chambre nup- « tiale, et cachées sous les paupières comme sous « des voiles ». Ces paroles mettent la pensée de Xénophon dans tout son jour.

CHAPITRE VII

(Voyez, par exemple, ce que répondit Alexandre, quand Darius.....) Il manque en cet endroit plusieurs feuillets. Cependant Gabriel de Pétra a cru qu'il n'y manquait que trois ou quatre lignes. Il les a suppléées. M. Lefebvre de Saumur approuve fort sa restitution, qui, en effet, est très-ingénieuse, mais fausse en ce qu'elle suppose que la réponse d'Alexandre à Parménion doit précéder immédiatement l'endroit d'Homère, dont elle était éloignée de douze pages raisonnablement grandes.

Il est donc important de savoir précisément combien il manque dans tous les endroits défectueux, pour ne pas faire à l'avenir de pareilles suppositions.

Il y a six grandes lacunes dans le Traité du Sublime[1]. Les chapitres où elles se trouvent sont le II, le VII, le X, le XVI, le XXV et le XXXI. Elles sont non-seulement dans tous les imprimés, mais aussi dans tous les manuscrits. Les copistes ont eu soin, pour la plupart, d'avertir combien il manque dans chaque endroit : mais, jusqu'ici, les commentateurs n'ont eu égard à ces sortes d'avertissements qu'autant qu'ils l'ont jugé à propos; l'autorité des copistes n'étant pas d'un grand poids auprès de ceux qui la trouvent opposée à d'heureuses conjectures.

L'ancien manuscrit de la Bibliothèque du roi a cela de singulier, qu'il nous apprend la mesure juste de ce que nous avons perdu. Les cahiers en sont cotés jusqu'au nombre de trente. Les cotes,

ou signatures, sont de même antiquité que le texte. Les vingt-trois premiers cahiers, qui contiennent les problèmes d'Aristote, sont tous de huit feuillets chacun. A l'égard des sept derniers, qui appartiennent au Sublime de Longin, le premier, le troisième, le quatrième et le sixième, cotés[1] 24, 26, 27 et 29, sont de six feuillets, ayant perdu chacun les deux feuillets du milieu. C'est ce qui a fait la première, la troisième, la quatrième et la sixième lacune des imprimés et des autres manuscrits. Le second cahier manque entièrement : mais, comme il en restait encore deux feuillets dans le temps que les premières copies ont été faites, il ne manque en cet endroit, dans les autres manuscrits et dans les imprimés, que la valeur de six feuillets. C'est ce qui a fait la seconde lacune, que Gabriel de Pétra a prétendu remplir de trois ou quatre lignes. Le cinquième cahier, coté 28[2], n'est que de quatre feuillets; les quatre du milieu sont perdus : c'est la cinquième lacune. La septième n'est que de trois feuillets continus, et remplis jusqu'à la dernière ligne de la dernière page. On examinera ailleurs s'il y a quelque chose de perdu en cet endroit.

De tout cela il s'ensuit qu'entre les six lacunes spécifiées, les moindres sont de quatre pages, dont le vide ne pourra jamais être rempli de simples conjectures. Il s'ensuit de plus que le manuscrit du roi est original par rapport à tous ceux qui nous restent aujourd'hui, puisqu'on y découvre l'origine et la véritable cause de leur imperfection.

CHAPITRE VIII

ODE DE SAPHO

Cette ode, dont Catulle a traduit les trois premières strophes, et que Longin nous a conservée, était sans doute une des plus belles de Sapho; mais comme elle a passé par les mains des copistes et des critiques, elle a beaucoup souffert des uns et des autres. Il est vrai qu'elle est très-mal conçue dans l'ancien manuscrit du roi; il n'y a ni distinction de vers, ni ponctuation, ni orthographe : cependant on aurait peut-être mieux fait de la laisser telle qu'on l'y avait trouvée, que de la changer entièrement, comme l'on a fait. On en a ôté presque tous les éolismes; on a retranché, ajouté, changé, transposé; enfin on s'est donné toute sorte de libertés. Isaac Vossius, qui avait vu les manuscrits, s'est aperçu le premier du peu d'exactitude de ceux qui avaient avant lui corrigé cette pièce. Voici comme il en parle dans ses notes sur Catulle : *Sed ipsam nunc Lesbiam Musam loquentem audiamus; cujus Odum relictam nobis Longini beneficio, emendatam adscribemus. Nam certè in hâc corrigendâ viri*

---

[1]. Selon l'édition de M. Despréaux.

[1]. Κδ. κστ. κζ. κθ.
[2]. Κη.

docti operam lusére. Après cela, il donne l'ode telle qu'il l'a rétablie. Vossius pouvait lui-même s'écarter moins qu'il n'a fait de l'ancien manuscrit. Examinons ses corrections vers pour vers.

Vers 1. Il y a dans l'ancien manuscrit μοι. Vossius a préféré *Foi*, parce qu'il l'a trouvé dans la grammaire d'Apollonius [1].

(Ἁδὺ φωνεύσας. Voss.) ἀδύφων Σαίς. Manuscr. Peut-être doit-on lire ἀδὺ φωνείσας, éoliquement; ou plutôt, ἀδὺ φωνῆσαι σ', *dulce loqui te* : d'autant plus que γελαίς, qui suit, est aussi à l'infinitif.

Vers 5. ἱμερόεν. Voss.) ἱμερόεν avec un esprit doux, éoliquement. Manuscr.

(Τό μοι τάν. Voss.) τὸ μὴ ἐμάν. Manuscr. Je crois qu'il faut lire, τό μοι ἐμάν, en ne faisant qu'une syllabe de μοι ἐ, comme on le peut [2]; si l'on n'aime mieux, τό μοι 'μάν, qui est la même chose.

(Vers 7. βροχέας. Voss.) βροχέως. Manuscr. Si l'on dit bien βροχέας éoliquement, pour βραχέας, on pourra dire aussi βροχέως pour βραχέως. Le sens n'en sera pas moins beau.

(Vers 8. οὐδὲν ἔθ' ἥκει. Voss.) οὐδὲν ἔτ' εἴκει. Manuscr. Les Éoliens changent l'esprit âpre en l'esprit doux. Εἴκει est pour ἵκει, autrefois usité.

(Vers 9. ἀλλὰ καμμεῦ γλῶσσα σέσιγε. Voss.) ἀλλὰ κὰν μὲν γλῶσσα ἔαγε. Manuscr. Il ne fallait rien changer que κὰν μέν. Car γλῶσσα ἔκαγε se dit fort bien pour signifier *lingua fracta est*, et s'accorde avec la mesure du vers. A l'égard d'ἀλλὰ κὰν μέν, peut-être faut-il lire, ἀλλ' ἀκὰν μέν, *sed tacité quidem*, ou ἀλλὰ καμμέν, pour ἀλλὰ κατὰ μέν.

(Vers 11 et 12. οὐδὲν ὄρκμη, βομβεῦ —σιν δ' ἀκοαί *Foi*. Voss.) οὐδὲν ὄρκμη ἐπιρομβεῖσιν δ' ἀκουε. Manuscr. Je crois qu'il faut lire οὐδὲν[3] ὄρεμ' ἐπιῤῥόμ—βευσι δ' ἀκουαί. On appelait ῥόμβος un instrument d'airain dont se servaient les enchanteurs et les prêtres de Cybèle.

Ῥόμβῳ καὶ τυπάνῳ Ῥείην Φρύγες ἱλάσκονται.

« Les Phrygiens se rendent propice la déesse

---
1. Qui cite l'ode.
2. Par la figure nommée ψωίτζησις.
3. On ὄῤῥμ'.

« Rhéa par le son du tambour et du rhombe », dit Apollon le Rhodien. Théocrite en parle aussi dans la Pharmaceutrie [1]. De ce mot ῥόμβος s'est formé le verbe ἐπιῤῥομβεῖν, qui signifie *résonner, rendre un son semblable à celui du rhombe*. Ce verbe, ainsi que beaucoup d'autres, ne se trouve point dans les dictionnaires.

Ἀκουαί est la même chose qu'ἀκοαί. Ἀκουή pour ἀκοή se trouve plus d'une fois dans Homère.

(Vers 14. χλωροτέρη δὲ πούας. Voss.) χλωροτέρα δὲ ποίας. Manuscr.

(Vers 15 et 16. τεθνάκην δ' ὀλίγω πιδεῦσα Φαίνομαι ἀλλά. Voss.) τεθνάκην δ' ὀλίγω πιδεύσην Φαίνομαι. Ἀλλά. Manuscr. C'est ainsi qu'il faut lire, à ce qu'il me paraît, en ajoutant seulement une apostrophe après ὀλίγω, et un accent aigu sur la pénultième de πιδεύσην. Le sens est *à moriendo parùm abfore ideor*. ὀλίγω 'πιδεύσην pour ὀλίγου ἐπιδεύσειν, ou ἐπιδηθεῖν.

Vossius fait finir l'ode par φαίνομαι ἀλλά. L'ancien manuscrit, après φαίνομαι, ajoute ἀλλὰ παντόλματα ἐπεὶ καὶ πενήτα οὐ[2] θαυμάζεις : par où il paraît que l'ode, telle que nous l'avons, n'est pas entière. Tollius, qui a inséré dans le texte de son édition presque toutes les corrections de Vossius, n'a pas omis, comme lui, le commencement de la cinquième strophe. Mais, pour en faire un vers correct, il lit ἀλλὰ πᾶν τολματὸν, ἐπεὶ πένητα. De cette manière il emploie le mot Ἀλλά deux fois de suite, et retranche καὶ après ἐπεί. Pour ce qui est de οὐ θαυμάζεις, il l'ôte à Sapho, et le donne à Longin, en lisant θαυμάζεις, au lieu de θαυμάζοις. Il propose, dans ses notes, beaucoup d'autres leçons. Pour moi, je crois qu'il est bon de s'en tenir, le plus qu'on pourra, à l'ancien manuscrit, qui est original par rapport à tous les autres, comme on l'a fait voir dans la note précédente.

Au reste, il faut avouer que toutes ces diversités de leçons ne changent pas beaucoup au sens, que M. Despréaux a admirablement bien exprimé.

---
1. Τὸ χαλκίον ὡς τάχος ἄχει et χ' ὡς θυαλθ' ὦδε ῥόμβος ὁ χάλκεος.
2. Peut-être pour οὐ τι θαυμάζοις.

FIN DU TRAITÉ DU SUBLIME.

LETTRES DE BOILEAU

1. — A M. DE BRIENNE [1].

C'est très-philosophiquement, et non point chrétiennement, que les vers me paraissent une folie; je ne l'ai point entendu d'une autre manière. Ainsi c'est vainement que votre berger en soutane, je veux dire M. de Maucroix, déplore la perte du *Lutrin* dans l'églogue dont vous me parlez. Je le récitai encore hier chez M. le premier président[2]; et si quelque raison me le fait jamais déchirer, ce ne sera point la dévotion, qu'il ne choque en aucune manière; mais le peu d'estime que j'en fais, aussi bien que de tous mes autres ouvrages, qui me semblent des bagatelles assez inutiles. Vous me direz peut-être que je suis donc maintenant dans un grand excès d'humilité. Point du tout : jamais je ne fus plus orgueilleux; car si je fais peu de cas de mes ouvrages, j'en fais encore bien moins de ceux de tous nos poëtes d'aujourd'hui, dont je ne puis plus lire ni entendre pas un, fût-il à ma louange. Voulez-vous que je vous parle franchement? c'est cette raison qui a en partie suspendu l'ardeur que j'avais de vous voir et de jouir de votre agréable conversation, parce que je sentais bien qu'il la faudrait acheter par une longue audience de vers, très-beaux sans doute, mais dont je ne me soucie point. Jugez donc si c'est une raison pour m'engager à vous aller voir, que le récit que vous demandez. J'irai pourtant, si je puis, aujourd'hui, mais à la charge que nous ne réciterons point de vers ni l'un ni l'autre, que vous ne m'ayez dit auparavant toutes les raisons que vous avez pour la poésie, et moi toutes celles que j'ai contre.

Je suis avec toutes sortes de respect et de soumission, monsieur, votre, etc.

DESPRÉAUX.

2. — AU COMTE DE BUSSY-RABUTIN.

Paris, 25 mai 1673.

MONSIEUR,

J'avoue que j'ai été inquiet du bruit qui a couru que vous aviez écrit une lettre par laquelle vous me déchiriez, moi et l'épître que j'ai écrite au roi sur la campagne de Hollande; car, outre le juste chagrin que j'avais de me voir maltraiter par l'homme du monde que j'estime et que j'admire le plus, j'avais de la peine à digérer le plaisir que cela allait faire à mes ennemis. Je n'en ai pourtant jamais été bien persuadé. Eh! le moyen de croire que l'homme de la cour qui a le plus d'esprit pût entrer dans les intérêts de l'abbé Cotin, et se résoudre à avoir raison même avec lui? La lettre que vous avez écrite à M. le comte de Limoges a achevé de me désabuser; et je vois bien que tout ce bruit n'a été qu'un artifice très-ridicule de mes très-ridicules ennemis. Mais, quelque mauvais dessein qu'ils aient eu contre moi, je leur en ai de l'obligation, puisque c'est ce qui m'a attiré les paroles obligeantes que vous avez écrites sur mon sujet. Je vous supplie de croire que je sens cet honneur comme je dois, et que je suis, etc.

3. — RÉPONSE DE BUSSY-RABUTIN.

Chaseu, 30 mai 1673.

Je ne saurais assez dignement répondre à votre lettre, monsieur : elle est si pleine d'honnêtetés et de louanges, que j'en suis confus. Je vous dirai seulement que je n'ai rien vu de votre façon que je n'aie trouvé très-beau et très-naturel, et que j'ai remarqué dans vos ouvrages un air d'honnête homme que j'ai encore estimé plus que tout le reste. C'est ce qui m'a fait souhaiter d'avoir commerce avec vous; et puisque l'occasion s'en présente aujourd'hui, je vous en demande la continuation et votre amitié, vous assurant de la mienne. Pour mon estime, vous n'en devez pas douter, puisque vos ennemis mêmes vous l'accordent dans leur cœur, s'ils ne sont pas les plus sottes gens du monde.

BILLET ÉCRIT DE LA MAIN DE COLBERT.

Le roi m'a ordonné, monsieur, de vous accorder un privilége pour votre *Art poétique*, aussitôt que je l'aurai lu. Ne manquez donc pas de me l'apporter au plus tôt.

COLBERT.

---

1. Louis-Henri de Loménie, comte de Brienne.
2. M. de Lamoignon.

4. — REMERCIEMENT DE BOILEAU.

Monseigneur,

Je vois bien que c'est à vos bons offices que je suis redevable du privilége que Sa Majesté veut bien avoir la bonté de m'accorder. J'étais tout consolé du refus[1] qu'on en avait fait à mon libraire; car c'était lui seul qui l'avait sollicité, étant très-éveillé pour ses intérêts, et sachant fort bien que je n'étais point homme à tirer tribut de mes ouvrages. C'était donc à lui de s'affliger d'être déchu d'une petite espérance de gain, quoique assez incertaine à mon avis, dès qu'il la fondait sur le grand débit d'ouvrages tels que les miens. Pour moi, je me trouvais fort content qu'on m'eût soulagé du fardeau de l'impression et de l'incertitude des jugements du public, n'ayant garde de murmurer du refus d'un privilége qui me laissait celui de jouir paisiblement de toute ma paresse. Cependant, monseigneur, puisque vous daignez vous intéresser si obligeamment pour moi, j'aurai l'honneur de vous porter mon *Art poétique* aussitôt qu'il sera achevé, non point pour obtenir un privilége dont je ne me soucie point, mais pour soumettre mon ouvrage aux lumières d'un aussi grand personnage que vous êtes. Je suis, etc.

5. — AU DUC DE VIVONNE,

SUR SON ENTRÉE DANS LE PHARE DE MESSINE[2].

Paris, 4 juin 1675.

Monseigneur,

Savez-vous bien qu'un des plus sûrs moyens pour empêcher un homme d'être plaisant, c'est de lui dire : Je veux que vous le soyez? Depuis que vous m'avez défendu le sérieux, je ne me suis jamais senti si grave, et je ne parle plus que par sentences. Et d'ailleurs votre dernière action a quelque chose de si grand, qu'en vérité je ferais conscience de vous en écrire autrement qu'en style héroïque. Cependant je ne saurais me résoudre à ne vous pas obéir en tout ce que vous m'ordonnez. Ainsi, dans l'humeur où je me trouve, je tremble également de vous fatiguer par un sérieux fade, ou de vous ennuyer par une méchante plaisanterie. Enfin mon Apollon m'a secouru ce matin, et, dans le temps que j'y pensais le moins, m'a fait trouver sur mon chevet deux lettres qui, au défaut de la mienne, pourront peut-être vous amuser agréablement. Elles sont datées des Champs-Élysées : l'une est de Balzac, et l'autre de Voiture, qui, tous deux, charmés du récit de votre dernier combat, vous écrivent de l'autre monde pour vous en féliciter.

Voici celle de Balzac; vous la reconnaîtrez aisément à son style qui ne saurait dire simplement les choses, ni descendre de sa hauteur.

Aux Champs-Élysées, le 2 juin[1] 1675.

Monseigneur,

« Le bruit de vos actions ressuscite les morts. Il
« réveille des gens endormis depuis trente années,
« et condamnés à un sommeil éternel. Il fait parler
« le silence même. La belle, l'éclatante, la glorieuse
« conquête que vous avez faite sur les ennemis de
« la France! Vous avez redonné le pain à une ville
« qui a accoutumé de le fournir à toutes les au-
« tres. Vous avez nourri la mère nourrice de l'Italie.
« Les tonnerres de cette flotte qui vous fermait les
« avenues de son port n'ont fait que saluer votre
« entrée. Sa résistance ne vous a pas arrêté plus
« longtemps qu'une réception un peu trop civile.
« Bien loin d'empêcher la rapidité de votre course,
« elle n'a pas seulement interrompu l'ordre de vo-
« tre marche. Vous avez contraint à sa vue le Sud
« et le Nord de vous obéir. Sans châtier la mer
« comme Xerxès[2], vous l'avez rendue disciplinable.
« Vous avez plus fait encore : vous avez rendu l'Es-
« pagnol humble. Après cela, que ne peut-on point
« dire de vous? Non, la nature, je dis la nature
« encore jeune, et du temps qu'elle produisait les
« Alexandre et les César, n'a rien produit de si
« grand que sous le règne de Louis quatorzième.
« Elle a donné aux Français, sur son déclin, ce que
« Rome n'a pas obtenu d'elle dans sa plus grande
« maturité. Elle a fait voir au monde dans votre
« siècle, en corps et en âme, cette valeur parfaite
« dont on avait à peine entrevu l'idée dans les romans
« et dans les poëmes héroïques. N'en déplaise à un
« de vos poëtes[3], il n'a pas raison d'écrire qu'au
« delà du Cocyte le mérite n'est plus connu. Le vô-
« tre, monseigneur, est vanté ici d'une commune
« voix des deux côtés du Styx. Il fait sans cesse res-
« souvenir de vous dans le séjour même de l'oubli.
« Il trouve des partisans zélés dans le pays de l'In-
« différence. Il met l'Achéron dans les intérêts de
« la Seine. Disons plus, il n'y a point d'ombre parmi
« nous, si prévenue des principes du Portique, si
« endurcie dans l'école de Zénon, si fortifiée con-
« tre la joie et contre la douleur, qui n'entende vos
« louanges avec plaisir, et qui ne batte des mains,
« qui ne crie miracle au moment que l'on vous

---

1. Le privilége n'avait point été *refusé* ; au contraire, il avait été scellé à l'instant, sur la seule demande du libraire Barbin : mais quelques intrigues de Pellisson et de Montausier en avaient suspendu l'expédition. (*Boleana*, n° xi.)
2. M. le duc de Vivonne, qui commandait alors l'armée navale, manda à l'auteur qu'il le priait de lui écrire quelque chose qui le consolât des mauvaises harangues qu'il était obligé d'entendre. C'est ce qui donna lieu à l'auteur de composer ces lettres. (Boil.)

1. Le 9 février 1675, le duc de Vivonne, avec une flotte de douze vaisseaux, attaqua celle des Espagnols, forte de vingt vaisseaux et de seize galères, la dispersa, et rouvrit ainsi le port de Messine. Ce brillant succès lui valut le bâton de maréchal de France.
2. Hérodote, liv. VII. Juvénal, sat. x, v. 173.
3. Voiture avait dit, dans son épître au grand Condé :

Au delà des bords du Cocyte
Il n'est plus parlé de mérite

« nomme, et qui ne soit prête de dire avec votre
« Malherbe :

A la fin c'est trop de silence
En si beau sujet de parler[1].

« Pour moi, monseigneur, qui vous conçois en-
« core beaucoup mieux, je vous médite sans cesse
« dans mon repos; je m'occupe tout entier de votre
« idée dans les longues heures de notre loisir; je
« crie continuellement : le grand personnage! et
« si je souhaite de revivre, c'est moins pour revoir
« la lumière, que pour jouir de la souveraine féli-
« cité de vous entretenir, et de vous dire de bouche
« avec combien de respect je suis, de toute l'éten-
« due de mon âme, monseigneur, votre très-
« humble et très-obéissant serviteur,

« BALZAC. »

Je ne sais, monseigneur, si ces violentes exagérations vous plairont, et si vous ne trouverez point
que le style de Balzac s'est un peu corrompu dans
l'autre monde. Quoi qu'il en soit, jamais, à mon
avis, il n'a prodigué ses hyperboles plus à propos.
C'est à vous d'en juger; mais auparavant lisez, je
vous prie, la lettre de Voiture.

Aux Champs-Elysées, le 2 juin.

MONSEIGNEUR,

« Bien que nous autres morts ne prenions pas
« grand intérêt aux affaires des vivants, et ne
« soyons pas trop portés à rire, je ne saurais pour-
« tant m'empêcher de me réjouir des grandes
« choses que vous faites au-dessus de notre tête.
« Sérieusement, votre dernier combat fait un bruit
« de diable aux enfers : il s'est fait entendre dans
« un lieu où l'on n'entend pas Dieu tonner, et a
« fait connaître votre gloire dans un pays où l'on
« ne connaît point le soleil. Il est venu ici un bon
« nombre d'Espagnols qui y étaient, et qui nous en
« ont appris le détail. Je ne sais pas pourquoi on
« veut faire passer les gens de leur nation pour
« fanfarons : ce sont, je vous assure, de fort bonnes
« gens; et le roi, depuis quelque temps, nous les
« envoie ici fort humbles et fort honnêtes. Sans
« mentir, monseigneur, vous avez bien fait des
« vôtres depuis peu! A voir de quel air vous cou-
« rez la mer Méditerranée, il semble qu'elle vous
« appartienne tout entière. Il n'y a pas à l'heure
« qu'il est, dans toute son étendue, un seul cor-
« saire en sûreté; et, pour peu que cela dure, je
« ne vois pas de quoi vous voulez que Tunis et
« Alger subsistent. Nous avons ici les César, les
« Pompée et les Alexandre : ils trouvent tous que
« vous avez assez attrapé leur air dans votre manière
« de combattre; surtout César vous trouve très-
« César. Il n'y a pas jusqu'aux Alaric, aux Gensé-
« ric, aux Théodoric, et à tous ces autres conqué-
« rants en ic, qui ne parlent fort bien de votre
« action ; et, dans le Tartare même, je ne sais si
« ce lieu vous est connu, il n'y a point de diable,
« monseigneur, qui ne confesse ingénument qu'à
« la tête d'une armée vous êtes beaucoup plus
« diable que lui. C'est une vérité dont vos ennemis
« tombent d'accord. Néanmoins, à voir le bien que
« vous avez fait à Messine, j'estime, pour moi, que
« vous tenez plus de l'ange que du diable, hors
« que les anges ont la taille un peu plus légère
« que vous[1], et n'ont point le bras en écharpe[2].
» Raillerie à part, l'enfer est extrêmement dé-
« chaîné en votre faveur. On ne trouve qu'une
« chose à redire à votre conduite : c'est le peu de
« soin que vous prenez quelquefois de votre vie.
« On vous aime assez en ce pays-ci pour souhaiter
« de ne vous y point voir. Croyez-moi, monsei-
« gneur; je l'ai déjà dit en l'autre monde :

..... C'est fort peu de chose
Qu'un demi-dieu quand il est mort[3].

« Il n'est rien tel que d'être vivant. Et pour moi
« qui sais maintenant par expérience ce que c'est
« que de ne plus être, je fais ici la meilleure conte-
« nance que je puis; mais, à ne vous rien celer,
« je meurs d'envie de retourner au monde, ne fût-
« ce que pour avoir le plaisir de vous y voir. Dans
« le dessein même que j'ai de faire ce voyage, j'ai
« déjà envoyé plusieurs fois chercher les parties
« de mon corps pour les rassembler; mais je n'ai
« jamais pu ravoir mon cœur que j'avais laissé en
« partant à ces sept maîtresses que je servais,
« comme vous savez, si fidèlement toutes sept à la
« fois. Pour mon esprit, à moins que vous ne l'ayez,
« on m'a assuré qu'il n'était plus dans le monde.
« A vous dire le vrai, je vous soupçonne un peu
« d'en avoir au moins l'enjouement; car on m'a
« rapporté ici quatre ou cinq mots de votre façon
« que je voudrais de tout mon cœur avoir dits, et
« pour lesquels je donnerais volontiers le panégy-
« rique de Pline et deux de mes meilleures lettres.
« Supposez donc que vous l'ayez, je vous prie de
« me le renvoyer au plus tôt; car, en vérité, vous
« ne sauriez croire quelle incommodité c'est que
« de n'avoir pas tout son esprit; surtout lorsqu'on
« écrit à un homme comme vous. C'est ce qui fait
« que mon style aujourd'hui est tout changé. Sans
« cela vous me verriez encore rire, comme autre-
« fois, avec mon compère le Brochet; et je ne se-
« rais pas réduit à finir ma lettre trivialement,

---

1. C'est le début d'une ode adressée par Malherbe au duc de Bellegarde, grand écuyer de France.

1. Le roi disait un jour au duc de Vivonne : « Vous grossissez à vue d'œil; vous ne faites point d'exercice. — Ah! Sire, répondit-il, c'est une médisance ; il n'y a pas de jour que je ne fasse au moins trois fois le tour de monsieur, » en montrant le duc d'Aumont, qui n'était pas moins gros que lui.
2. Dans l'action qui suivit le passage du Rhin, il reçut une blessure grave à l'épaule gauche, et depuis il eut toujours le bras en écharpe.
3. Voiture, dans l'épître citée.

« comme je fais, en vous disant que je suis, mon-
« seigneur, votre très-humble et très-obéissant
« serviteur,
                           « VOITURE. »

Voilà les deux lettres telles que je les ai reçues.
Je vous les envoie écrites de ma main, parce que
vous auriez eu trop de peine à lire les caractères
de l'autre monde, si je vous les avais envoyées en
original. N'allez donc pas vous figurer, monseigneur, que ce soit ici un pur jeu d'esprit et une
imitation du style de ces deux écrivains. Vous savez bien que Balzac et Voiture sont deux hommes
inimitables. Quand il serait vrai pourtant que j'aurais eu recours à cette invention pour vous divertir,
aurais-je si grand tort? et ne devrait-on pas au
contraire m'estimer d'avoir trouvé cette adresse,
pour vous faire lire des louanges que vous n'auriez
jamais souffertes autrement? En un mot, pourrais-
je mieux faire voir avec quelle sincérité et quel
respect je suis, etc.

6. — AU MÊME, A MESSINE.

.... 1676.

MONSEIGNEUR,

Sans une maladie très-violente qui m'a tourmenté pendant quatre mois, et qui m'a mis très-
longtemps dans un état moins glorieux à la vérité,
mais presque aussi périlleux que celui où vous êtes
tous les jours, vous ne vous plaindriez pas de ma
paresse.

Avant ce temps-là je me suis donné l'honneur
de vous écrire plusieurs fois; et si vous n'avez pas
reçu mes lettres, c'est la faute de vos courriers,
et non pas la mienne. Quoi qu'il en soit, me voilà
guéri; je suis en état de réparer mes fautes, si
j'en ai commis quelques-unes; et j'espère que cette
lettre-ci prendra une route plus sûre que les autres.
Mais dites-moi, monseigneur, sur quel ton faut-il
maintenant vous parler? Je savais assez bien autrefois de quel air il fallait écrire à MONSEIGNEUR
DE VIVONNE, GÉNÉRAL DES GALÈRES DE FRANCE; mais
oserait-on se familiariser de même avec le libéra-
teur de Messine, le vainqueur de Ruyter, le des-
tructeur de la flotte espagnole? Seriez-vous le
premier héros qu'une extrême prospérité ne pût
enorgueillir? Êtes-vous encore ce même grand
seigneur qui venait souper chez un misérable
poëte : et y porteriez-vous sans honte vos nouveaux lauriers au second et au troisième étage?
Non, non, monseigneur, je n'oserais plus me flatter de cet honneur. Ce serait assez pour moi que
vous fussiez de retour à Paris; et je me tiendrais
trop heureux de pouvoir grossir les pelotons de
peuple qui s'amasseraient dans les rues pour vous
voir passer. Mais je n'oserais pas même espérer
cette joie : vous vous êtes si fort habitué à gagner
des batailles, que vous ne voulez plus faire d'autre
métier; il n'y a pas moyen de vous tirer de la
Sicile. Cela accommode fort toute la France; mais
cela ne m'accommode point du tout. Quelque belles
que soient vos victoires, je n'en saurais être content, puisqu'elles vous rendent d'autant plus nécessaire au pays où vous êtes, et qu'en avançant
vos conquêtes elles reculent votre retour. Tout
passionné que je suis pour votre gloire, je chéris
encore plus votre personne et j'aimerais encore
mieux vous entendre parler ici de Chapelain et de
Quinault, que d'entendre la Renommée parler si
avantageusement de vous. Et puis, monseigneur,
combien pensez-vous que votre protection m'est
nécessaire en ce pays, dans les démêlés que j'ai
incessamment sur le Parnasse? Il faut que je vous
en conte un, pour vous faire voir que je ne mens
pas. Vous saurez donc, monseigneur, qu'il y a un
médecin à Paris, nommé M. P***[1], très-grand ennemi de la santé et du bon sens, mais en récompense fort grand ami de M. Quinault. Un mouvement de pitié pour son pays, ou plutôt le peu de
gain qu'il faisait dans son métier, lui en a fait à la
fin embrasser un autre. Il a lu Vitruve, il a fréquenté M. Le Vau et M. Ratabon [2], et s'est enfin
jeté dans l'architecture, où l'on prétend qu'en peu
d'années il a autant élevé de mauvais bâtiments,
qu'étant médecin il avait ruiné de bonnes santés.
Ce nouvel architecte, qui veut se mêler aussi de
poésie, m'a pris en haine sur le peu d'estime que
je faisais des ouvrages de son cher Quinault. Sur
cela, il s'est déchaîné contre moi dans le monde;
je l'ai souffert quelque temps avec assez de modération, mais enfin la bile satirique n'a pu se contenir; si bien que, dans le quatrième chant de ma
poétique, à quelque temps de là, j'ai inséré la métamorphose d'un médecin en architecte. Vous l'y
avez peut-être vue : elle finit ainsi :

Notre assassin renonce à son art inhumain [3];
Et, désormais la règle et l'équerre à la main,
Laissant de Galien la science suspecte,
De méchant médecin devient bon architecte.

Il n'avait pourtant pas sujet de s'offenser, puisque je parle d'un médecin de Florence, et que
d'ailleurs il n'est pas le premier médecin qui, dans
Paris, ait quitté sa robe pour la truelle [4]. Ajoutez
que, si en qualité de médecin il avait raison de se
fâcher, vous m'avouerez qu'en qualité d'architecte
il me devait des remercîments. Il ne me remercia
pas pourtant; au contraire, comme il a un frère [5]
chez M. Colbert, et qu'il est lui-même employé
dans les bâtiments du roi, il cria fort hautement
contre ma hardiesse; jusque-là que mes amis eurent

1. Claude Perrault.
2. Architectes célèbres.
3. *Art poétique*, chant IV, v. 21.
4. Louis Savot, médecin du roi, mort à Paris en 1640, traducteur du traité de Galien sur la saignée, négligea aussi sa profession pour se livrer à l'architecture.
5. Charles Perrault.

pour que cela ne me fît une affaire auprès de cet illustre ministre. Je me rendis donc à leurs remontrances ; et, pour raccommoder toutes choses, je fis une réparation sincère au médecin par l'épigramme que vous allez voir :

Oui, j'ai dit dans mes vers qu'un célèbre assassin,
Laissant de Galien la science infertile,
D'ignorant médecin devint maçon habile.
Mais de parler de vous je n'eus jamais dessein :
Lubin, ma muse est trop correcte.
Vous êtes, je l'avoue, ignorant médecin,
Mais non pas habile architecte.

Cependant regardez, monseigneur, comme les esprits des hommes sont faits ; cette réparation, bien loin d'apaiser l'architecte, l'irrita encore davantage. Il gronda, il se plaignit, il me menaça de me faire ôter ma pension. A tout cela je répondis que je craignais ses remèdes et non ses menaces. Le dénoûment de l'affaire est que j'ai touché ma pension ; que l'architecte s'est brouillé avec M. Colbert ; et que si Dieu ne regarde en pitié son peuple, notre homme va se rejeter dans la médecine. Mais, monseigneur, je vous entretiens là d'étranges bagatelles. Il est temps, ce me semble, de vous dire que je suis, avec toute sorte de zèle et de respect, monseigneur, votre, etc.

7. — AU BARON DE WALEF.

Monsieur,

Si l'histoire ne m'avait point tiré du métier de la poésie, je ne me sens point si épuisé que je ne trouvasse des rimes pour répondre à une aussi obligeante épître que celle que vous m'avez adressée : ce serait par des vers que j'aurais répondu à d'aussi excellents vers que les vôtres ; je vous aurais rendu figure pour figure, exagération pour exagération ; et en vous mettant peut-être au-dessus d'Apollon et des Muses, je vous aurais fait voir que l'on ne me met pas impunément au-dessus des Orphée et des Amphion. Mais, puisque la poésie m'est en quelque sorte interdite, trouvez bon, monsieur, que je vous assure, en prose très-simple, mais très-sincère, que vos vers m'ont paru merveilleux ; que j'y trouve de la force et de l'élégance, et que je ne conçois pas comment un homme nourri dans le pays de Liége a pu deviner tous les mystères de notre langue.

Vous me faites entendre, monsieur, que c'est moi qui vous ai inspiré : si cela est, je suis dans mes inspirations beaucoup plus heureux pour vous que pour moi-même, puisque je vous ai donné ce que je n'ai jamais eu. Je ne sais si Horace et Juvénal ont eu des disciples pareils à vous ; mais quelque mérite qu'ils aient d'ailleurs, voilà un endroit où je les surpasse.

J'aurai toute ma vie une obligation très-sensible à M. le marquis de Dangeau de m'avoir procuré l'honneur de votre connaissance ; il ne tiendra qu'à vous que cette connaissance se convertisse en une étroite amitié, puisque personne n'est plus parfaitement que moi, monsieur, votre, etc.

8. — RACINE A BOILEAU.

18 décembre...

Puisque vous allez demain à la cour, je vous prie d'y porter les papiers ci-joints : vous savez ce que c'est. J'avais eu dessein de faire, comme on me le demandait, des remarques sur les endroits qui me paraîtraient en avoir besoin ; mais comme il fallait les raisonner, ce qui aurait rendu l'ouvrage un peu long, je n'ai pas eu la résolution d'achever ce que j'avais commencé ; et j'ai cru que j'aurais plus tôt fait d'entreprendre une traduction nouvelle. J'ai traduit jusqu'au discours du médecin exclusivement. Il dit à la vérité de très-belles choses, mais il ne les explique point assez ; et notre siècle, qui n'est pas si philosophe que celui de Platon, demanderait que l'on mît ces mêmes choses dans un plus grand jour. Quoi qu'il en soit, mon essai suffira pour montrer à madame de Fontevrault que j'avais à cœur de lui obéir. Il est vrai que le mois où nous sommes m'a fait souvenir de l'ancienne fête des Saturnales, pendant laquelle les serviteurs prenaient avec leurs maîtres des libertés qu'ils n'auraient pas prises dans un autre temps. Ma conduite ne ressemble pas trop mal à celle-là. Je me mets sans façon à côté de madame de Fontevrault ; je prends des airs de maître, je m'accommode sans scrupule de ses termes et de ses phrases ; je les rejette quand bon me semble. Mais, monsieur, la fête ne durera pas toujours : les Saturnales passeront, et l'illustre dame reprendra sur son serviteur l'autorité qui lui est acquise. J'y aurai peu de mérite en tout sens : car il faut convenir que son style est admirable ; il a une douceur que nous autres hommes n'attrapons point ; et si j'avais continué à refondre son ouvrage, vraisemblablement je l'aurais gâté. Elle a traduit le discours d'Alcibiade, par où finit le Banquet de Platon ; elle l'a rectifié, je l'avoue, par le choix d'expressions fines et délicates qui sauvent en partie la grossièreté des idées. Mais avec tout cela, je crois que le mieux est de le supprimer ; outre qu'il est scandaleux, il est inutile : car ce sont les louanges non de l'amour, dont il s'agit dans ce dialogue, mais de Socrate, qui n'y est introduit que comme un des interlocuteurs. Voilà, monsieur, le canevas de ce que je vous supplie de vouloir dire pour moi à madame de Fontevrault. Assurez-la qu'enrhumé au point où je le suis depuis trois semaines, je suis au désespoir de ne point aller moi-même lui rendre ces papiers ; et si par hasard elle demande que j'achève de traduire l'ouvrage, n'oubliez rien pour me délivrer de cette corvée. Adieu, bon voyage, et donnez-moi de vos nouvelles, dès que vous serez de retour.

9. — A RACINE.

Auteuil, le 19 mai 1687.

Je voudrais bien vous pouvoir mander que ma voix est revenue, mais la vérité est qu'elle est au même état que vous l'avez laissée, et qu'elle n'est haussée ni baissée d'un ton. Rien ne la peut faire revenir; mon ânesse y a perdu son latin, aussi bien que tous les médecins. La différence qu'il y a entre eux et elle, c'est que son lait m'a engraissé, et que leurs remèdes me dessèchent. Ainsi, mon cher monsieur, me voilà aussi muet et aussi chagrin que jamais. J'aurais bon besoin de votre vertu, et surtout de votre vertu chrétienne, pour me consoler; mais je n'ai pas été élevé, comme vous, dans le sanctuaire de la piété[1]; et, à mon avis, une vertu ordinaire ne saurait que blanchir contre un aussi juste sujet de s'affliger qu'est le mien. Il me faut de la grâce, et de la grâce *augustinienne* la plus *efficace*, pour m'empêcher de me désespérer; car je doute que la grâce *molinienne* la plus *suffisante* suffise pour me soutenir dans l'abattement où je suis. Vous ne sauriez vous imaginer à quel excès va cet abattement, et quel mépris il m'inspire pour toutes les choses de la terre, sans néanmoins (ce qui est de fâcheux) m'inspirer un assez grand goût des choses du ciel. Quelque insensible pourtant qu'il m'ait rendu pour tout ce qui se passe ici-bas, je ne suis pas encore indifférent pour la gloire du roi. Vous me ferez donc plaisir de me mander quelques particularités de son voyage[2], puisque tous ses pas sont historiques, et qu'il ne fait rien qui ne soit digne, pour ainsi dire, d'être raconté à tous les siècles. Je vous aurai aussi beaucoup d'obligation si vous voulez en même temps m'écrire des nouvelles de votre santé. Je meurs de peur que votre mal de gorge ne soit aussi persévérant que mon mal de poitrine. Si cela est, je n'ai plus d'espérance d'être heureux, ni par autrui ni par moi-même. On me vient de dire que Furetière a été à l'extrémité, et que, par l'avis de son confesseur, il a envoyé quérir tous les académiciens offensés dans son factum, et qu'il leur a fait une amende honorable dans les formes, mais qu'il se porte mieux maintenant[3]. J'aurai soin de m'éclaircir de la chose, et je vous en manderai le détail. Le père Souvenin[4] a dîné aujourd'hui chez moi, et m'a fort prié de vous faire ses recommandations. Je vous les fais donc; et, en récompense, je vous conjure de bien faire les miennes au cher M. Félix[1]. Pourquoi faut-il que je ne sois pas avec lui et avec vous, et que je n'aie pas du moins une voix pour crier encore contre la fortune, qui m'a envié ce bonheur? Dites bien aussi à M. le marquis de Termes, que je songe à lui dans mon infortune; et qu'encore que je sache assez combien les gens de la cour sont peu touchés des malheurs d'autrui, je le tiens assez galant homme pour me plaindre. Maximilien[2] m'est venu voir à Auteuil, et m'a lu quelque chose de son Théophraste. C'est un fort honnête homme, et à qui il ne manquerait rien, si la nature l'avait fait aussi agréable qu'il a envie de l'être. Du reste, il a de l'esprit, du savoir et du mérite. Je vous donne le bonsoir et suis tout à vous.

10. — RACINE A BOILEAU.

Luxembourg, 21 mai 1687.

Votre lettre m'aurait fait beaucoup plus de plaisir si les nouvelles de votre santé eussent été un peu meilleures. Je vis M. Dodart[3] comme je venais de la recevoir, et la lui montrai. Il m'assura que vous n'aviez aucun lieu de vous mettre dans l'esprit que votre voix ne reviendra point, et me cita même quantité de gens qui sont sortis fort heureusement d'un semblable accident. Mais, sur toutes choses, il vous recommande de ne point faire d'effort pour parler, et, s'il se peut, de n'avoir commerce qu'avec des gens d'une oreille fort subtile, ou qui vous entendent à demi-mot. Il croit que le sirop d'abricot vous est fort bon, et qu'il en faut prendre quelquefois de pur, et très-souvent mêlé avec de l'eau, en l'avalant lentement et goutte à goutte; ne point boire trop frais, ni de vin que fort trempé; du reste vous tenir l'esprit toujours gai. Voilà à peu près le conseil que M. Menjot me donnait autrefois[4]. M. Dodart approuve beaucoup votre lait d'ânesse, mais beaucoup plus encore ce que vous dites de la vertu moliniste. Il ne la croit nullement propre à votre mal, et assure même qu'elle y serait très-nuisible. Il m'ordonne presque toujours les mêmes choses pour mon mal de gorge, qui va toujours son même train; et il me conseille un régime qui peut-être me pourra guérir dans deux ans, mais qui infailliblement me rendra dans deux mois de la taille dont vous voyez qu'est M. Dodart lui-même[5]. M. Félix était présent à toutes ces ordonnances, qu'il a fort approuvées; et il a aussi demandé des remèdes pour sa santé, se croyant le plus malade de nous trois. Je vous ai

---

1. A Port-Royal.
2. Louis XIV était parti le 10 mai 1687, avec un nombreux cortége, pour aller visiter les fortifications de Luxembourg, qui s'était rendu trois ans auparavant, le 4 juin 1684, au maréchal de Créqui, après vingt-quatre jours de tranchée ouverte.
3. Il mourut le 14 mai de l'année suivante.
4. Chanoine régulier de Sainte-Geneviève, parent de Racine.

1. Charles-François Félix de Tassy avait succédé à son père dans la charge de premier chirurgien du roi, en 1676.
2. La Bruyère.
3. Denis Dodart, professeur de pharmacie, conseiller médecin de Louis XIV, et membre de l'Académie des sciences; né à Paris en 1634, et mort dans la même ville, le 5 novembre 1707.
4. Racine aimait à raconter le trait de ce médecin, qui, lui ayant défendu de boire du vin, de manger de la viande, de lire et de s'appliquer à la moindre chose, ajouta : « Du reste, réjouissez-vous. »
5. Il était d'une maigreur extrême.

mandé qu'il avait visité la boucherie de Châlons. Il est, à l'heure que je vous parle, au marché, où il m'a dit qu'il avait rencontré ce matin des écrevisses de fort bonne mine.

Le voyage est prolongé de trois jours, et on demeurera ici jusqu'à lundi prochain. Le prétexte est la rougeole de M. le comte de Toulouse [1]; mais le vrai est apparemment que le roi a pris goût à sa conquête, et qu'il n'est pas fâché de l'examiner tout à loisir. Il a déjà considéré toutes les fortifications l'une après l'autre, est entré jusque dans les contremines du chemin couvert, qui sont fort belles, et surtout a été fort aise de voir ces fameuses redoutes entre les deux chemins couverts, lesquelles ont tant donné de peine à M. de Vauban. Aujourd'hui le roi va examiner la circonvallation, c'est-à-dire faire un tour de sept ou huit lieues. Je ne vous fais point le détail de tout ce qui m'a paru ici de merveilleux; qu'il vous suffise que je vous en rendrai bon compte quand nous nous verrons, et que je vous ferai peut-être concevoir les choses comme si vous y aviez été. M. de Vauban a été ravi de me voir, et, ne pouvant pas venir avec moi, m'a donné un ingénieur qui m'a mené partout. Il m'a aussi abouché avec M. d'Espagne, gouverneur de Thionville, qui se signala tant à Saint-Godard [2], et qui m'a fait souvenir qu'il avait souvent bu avec moi à l'auberge de M. Poignant [3]; et que nous étions, Poignant et moi, fort agréables avec feu M. de Bernage, évêque de Grasse. Sérieusement, ce M. d'Espagne est un fort galant homme, et il m'a paru un grand air de vérité dans tout ce qu'il m'a dit de ce combat de Saint-Godard. Mais, mon cher monsieur, cela ne s'accorde ni avec M. de Montecuculli, ni avec M. de Bissy, ni avec M. de la Feuillade, et je vois bien que la vérité qu'on nous demande tant est bien plus difficile à trouver qu'à écrire. J'ai vu aussi M. de Charvil qui était intendant à Gigeri [4]. Celui-ci sait apparemment la vérité, mais il se serre les lèvres tant qu'il peut de peur de la dire; et j'ai eu à peu près la même peine à lui tirer quelques mots de la bouche, que Trivelin en avait à en tirer de Scaramouche, *musicien bègue*. M. de Gourville [5] arriva hier, et tout en arrivant me demanda de vos nouvelles. Je ne finirais point si je vous nommais tous les gens qui m'en demandent tous les jours avec amitié. M. de Chevreuse [6], entre autres, M. de Noailles [7], monseigneur le Prince [8], que je devrais nommer le premier; surtout M. Moreau notre ami [1], et M. Roze [2]; ce dernier avec des expressions fortes, vigoureuses, et qu'on voit bien en vérité qui partent du cœur. Je fis hier grand plaisir à M. de Termes [3] de lui dire le souvenir que vous aviez de lui. M. l'archevêque d'Embrun [4] est ici, toujours mettant le roi en bonne humeur; M. de Reims [5], M. le président de Mesmes [6], M. le cardinal de Furstemberg [7]; enfin plus de gens trois fois qu'à Versailles, la presse dans les rues comme à Bouguenon [8], une infinité d'Allemands et d'Allemandes qui veulent... (voir le roi).

11. — A RACINE.

Auteuil, le 26 mai 1687.

Je ne me suis point hâté de vous répondre, parce que je n'avais rien à vous mander que ce que je vous avais déjà écrit dans ma dernière lettre. Les choses sont changées depuis. J'ai quitté au bout de cinq semaines le lait d'ânesse, parce que non-seulement il ne me rendait point la voix, mais qu'il commençait à m'ôter la santé, en me donnant des dégoûts et des espèces d'émotions tirant à fièvre. Tout ce que vous a dit M. Dodart est fort raisonnable, et je veux croire sur sa parole que tout ira bien; mais, entre nous, je doute que ni lui, ni personne, connaisse bien ma maladie, ni mon tempérament. Quand je fus attaqué de la difficulté de respirer, il y a vingt-cinq ans, tous les médecins m'assuraient que cela s'en irait, et se moquaient de moi quand je témoignais douter du contraire. Cependant cela ne s'est point en allé, et j'en fus encore hier incommodé considérablement. Je sens que cette difficulté de respirer est au même endroit que ma difficulté de parler, et que c'est un poids fort extérieur que j'ai sur la poitrine, qui les cause l'une et l'autre. Dieu veuille qu'elles n'aient pas fait une société inséparable ! Je ne vois que des gens qui prétendent avoir eu le même mal que moi, et qui en ont été guéris ; mais, outre que je ne sais au fond s'ils disent vrai, ce sont pour la plupart des femmes ou de jeunes gens qui n'ont point de rapport avec un homme de cinquante ans; et d'ailleurs, si je suis original en quelque chose, c'est en infirmités, puisque mes maladies ne ressemblent jamais à celles des autres.

---

1. Louis-Alexandre de Bourbon, comte de Toulouse, né le 6 juin 1678, mort en 1737; troisième enfant mâle de Louis XIV et de madame de Montespan.
2. Saint-Gothard.
3. Ancien capitaine de dragons. La Fontaine passe pour avoir voulu se battre en duel avec lui.
4. Les Français s'étaient, le 22 juillet 1664, emparés de la ville de Gigeri, près d'Alger, sous la conduite du chevalier de Charvil.
5. Jean Hérault de Gourville, dont on a des mémoires, mort en 1703.
6. Charles-Honoré d'Albert, fils du duc de Luynes et gendre de Colbert.
7. Anne-Jules, duc de Noailles, qui depuis fut maréchal de France.
8. Il avait pris ce nom depuis la mort de son père, le grand Condé, arrivée l'année précédente.

1. Chirurgien ordinaire du roi. Il mourut en 1693.
2. Toussaint Roze, président au parlement, secrétaire de la chambre et du cabinet du roi, l'un des quarante de l'Académie française.
3. Roger de Pardaillan de Gondrin, marquis de Termes, ami particulier de Boileau.
4. Charles Brulart de Genlis, qui a occupé ce siège pendant quarante-six ans.
5. Charles-Maurice le Tellier, frère de Louvois.
6. Jean-Jacques de Mesmes, de l'Académie française. Il mourut l'année suivante.
7. Guillaume Egon, prince de Furstemberg, évêque de Strasbourg. Il avait été fait cardinal l'année précédente.
8. Ou Saar-Bockenheim, petite ville du comté de Saar-Werden, dans ce qu'on appelle aujourd'hui la Lorraine allemande, et qui était autrefois comprise dans le département de la Moselle.

Avec tout ce que je vous dis, je ne me couche point que je n'espère le lendemain m'éveiller avec une voix sonore ; et quelquefois même, après mon réveil, je demeure longtemps sans parler pour m'entretenir dans mon espérance. Ce qui est de vrai, c'est qu'il n'y a point de nuit que je ne recouvre la voix en songe ; mais je reconnais bien ensuite que tous les songes, quoi qu'en dise Homère, ne viennent pas de Jupiter, ou il faut que Jupiter soit un grand menteur. Cependant je mène une vie fort chagrine et fort peu propre aux conseils de M. Dodart, d'autant plus que je n'oserais m'appliquer fortement à aucune chose, et qu'il ne me sort rien du cerveau qui ne me tombe sur la poitrine, et qui ne me ruine encore plus la voix. Je suis bien aise que votre mal de gorge vous laisse au moins plus de liberté, et ne vous empêche pas de contempler les merveilles qui se font à Luxembourg[1]. Vous avez raison d'estimer comme vous faites M. de Vauban[2]. C'est un des hommes de notre siècle, à mon avis, qui a le plus prodigieux mérite, et pour vous dire en un mot ce que je pense de lui, je crois qu'il y a plus d'un maréchal de France qui, quand il le rencontre, rougit de se voir maréchal de France. Vous avez fait une grande acquisition en l'amitié de M. d'Espagne, et c'est ce qui me fait encore plus déplorer la perte de ma voix, puisque c'est vraisemblablement ce qui m'a fait aussi manquer cette acquisition. J'écris à M. de Flamarens. Je veux croire que notre cher Félix est le plus malade de nous trois ; mais, si ce que vous me mandez est véritable, l'affliction qu'il en a est une affliction à *la puimorine*[3], je veux dire fort dévorante, et qui ne lui a pas fait perdre la mémoire des soles et des longes de veau. Faites-lui bien mes baisemains, aussi bien qu'à M. de Termes, à M. de Nyert[4] et à M. Moreau. Adieu, mon cher monsieur, aimez-moi toujours et croyez que je vous rendrai bien la pareille.

12. — AU MÊME.

Bourbon, le 21 juillet 1687.

Depuis ma dernière lettre, j'ai été saigné, purgé, etc. Il ne me manque plus aucune des formalités prétendues nécessaires pour prendre les eaux. La médecine que j'ai prise aujourd'hui m'a fait, à ce qu'on dit, tous les biens du monde ; car elle m'a fait tomber quatre ou cinq fois en faiblesse, et m'a mis en tel état qu'à peine je puis me soutenir. C'est demain que se doit commencer le grand chef-d'œuvre ; je veux dire que demain je dois commencer à prendre des eaux. M. Bourdier, mon médecin, me remplit toujours de grandes espérances ; il n'est pas de l'avis de M. Fagon[1] pour le bain, et cite même des exemples de gens, non-seulement qui n'ont pas recouvré la voix, mais qui l'ont même perdue pour s'être baignés. Du reste on ne peut pas faire plus d'estime de M. Fagon qu'il en fait, et il le regarde comme l'Esculape de ce temps. J'ai fait connaissance avec deux ou trois malades qui valent bien des gens en santé. J'en ai trouvé un même avec qui j'ai étudié autrefois, et qui est fort galant homme. Ce ne sera pas une petite affaire pour moi que la prise des eaux, qui sont, dit-on, fort endormantes, et avec lesquelles néanmoins il faut absolument s'empêcher de dormir : ce sera un noviciat terrible ; mais que ne fait-on pas pour contredire M. Charpentier ?

Je n'ai point encore eu de temps pour me remettre à l'étude, parce que j'ai été assez occupé des remèdes, pendant lesquels on m'a défendu surtout l'application. Les eaux, dit-on, me donneront plus de loisir ; et, pourvu que je ne m'endorme point, on me laisse toute liberté de lire, et même de composer. Il y a ici un trésorier de la Sainte-Chapelle, grand ami de M. de Lamoignon, qui me vient voir fort souvent : il est homme de beaucoup d'esprit ; et s'il n'a pas la main si prompte à répandre les bénédictions que le fameux M. de Coutances[2], il a en récompense beaucoup plus de lettres et de solidité. Je suis toujours fort affligé de ne vous point voir : mais franchement le séjour de Bourbon ne m'a point paru, jusqu'à présent, si horrible que je me l'étais imaginé : j'ai un jardin pour me promener ; et je m'étais préparé à une si grande inquiétude, que je n'en ai pas la moitié de ce que j'en croyais avoir. Celui qui doit porter cette lettre à Moulins me presse fort : c'est ce qui fait que je me hâte de vous dire que je n'ai pas mieux conçu combien je vous aime que depuis notre triste séparation. Mes recommandations au cher M. Félix ; et je vous supplie, quand même je l'aurais oublié dans quelqu'une de mes lettres, de supposer toujours que je vous ai parlé de lui, parce que mon cœur l'a fait, si ma main ne l'a pas écrit. Je vous embrasse de tout mon cœur.

13. — RACINE A BOILEAU.

Paris, 25 juillet 1687.

Je commençais à m'ennuyer beaucoup de ne point recevoir de vos nouvelles, et je ne savais même que répondre à quantité de gens qui m'en

---

1. On fortifiait alors cette place, dont le roi s'était rendu maître en 1684.
2. Sébastien le Prestre, seigneur de Vauban, maréchal de France en 1703, mort en 1707. Fontenelle a dit de lui : « C'était un « Romain qu'il semblait que notre siècle eût dérobé aux plus heu- « reux temps de la république ».
3. Pierre Boileau de Puimorin, frère de Despréaux, aimait les plaisirs de la table.
4. Premier valet de chambre du roi. C'est à lui que La Fontaine adressa son *épître sur l'opéra*.

---

1. Gui Crescent Fagon, médecin des enfants de France. Le roi le nomma son premier médecin en 1693.
2. Claude Auvry, ancien évêque de Coutances, était trésorier de la Sainte-Chapelle lors de la querelle qui fut l'occasion du poème du Lutrin.

demandaient. Le roi, il y a trois jours, me demanda à son dîner comment allait votre extinction de voix : je lui dis que vous étiez à Bourbon. Monsieur prit aussitôt la parole, et me fit là-dessus force questions, aussi bien que Madame[1]; et vous fîtes l'entretien de plus de la moitié du dîner. Je me trouvai le lendemain sur le chemin de M. de Louvois, qui me parla aussi de vous, mais avec beaucoup de bonté, et me disant en propres mots qu'il était très-fâché que cela durât si longtemps. Je ne vous dis rien de mille autres qui me parlent tous les jours de vous : et quoique j'espère que vous retrouverez bientôt votre voix tout entière, vous n'en aurez jamais assez pour suffire à tous les remercîments que vous aurez à faire.

Je me suis laissé débaucher par M. Félix pour aller demain avec le roi à Maintenon ; c'est un voyage de quatre jours. M. de Termes nous mène dans son carrosse; et j'ai aussi débauché M. Hessein pour faire le quatrième. Il se plaint toujours beaucoup de ses vapeurs, et je vois bien qu'il espère se soulager par quelque dispute de longue haleine[2]; mais je ne suis guère en état de lui donner contentement, me trouvant assez incommodé de ma gorge dès que j'ai parlé un peu de suite. Cela va pourtant mieux que quand vous êtes parti, mais je ne suis pas encore hors d'affaire : ce qui m'embarrasse, c'est que M. Fagon et plusieurs autres médecins très-habiles m'avaient ordonné, comme vous savez, de boire beaucoup d'eau de Sainte-Reine et des tisanes de chicorée; et j'ai trouvé chez M. Nicole un médecin qui me paraît fort sensé, qui m'a dit qu'il connaissait mon mal à fond; qu'il en a guéri plusieurs gens en sa vie, et que je ne guérirais jamais tant que je boirais de l'eau ou de la tisane; que le seul moyen de sortir d'affaire était de ne boire que pour la seule nécessité, et tout au plus pour détremper les aliments dans l'estomac. Il a appuyé cela de quelques raisonnements qui m'ont paru assez solides. Ce qui est arrivé de là, c'est que présentement je n'exécute ni son ordonnance ni celle de M. Fagon : je ne me noie plus d'eau comme je faisais, je bois à ma soif; et vous jugez bien que par le temps qu'il fait on a toujours soif : c'est-à-dire, à vous parler franchement, que je me suis remis dans mon train de vie ordinaire, et je m'en trouve assez bien. Le même médecin m'a assuré que, si les eaux de Bourbon ne vous guérissaient pas, il vous guérirait infailliblement. Il m'a cité l'exemple d'un chantre de Notre-Dame (je crois que c'était une basse) à qui un rhume avait fait perdre entièrement la voix depuis six mois, et il était sur le point de se retirer; le médecin que je vous dis l'entreprit, et avec une tisane d'une herbe qu'on appelle,

je crois, *erysimum*, il le tira d'affaire en trois semaines ; en telle sorte que, non-seulement il parle, mais il chante très-bien, et a la voix aussi forte qu'il l'ait jamais eue. Ce chantre a, dit-il, plus de quarante ans. J'ai conté la chose aux médecins de la cour : ils avouent que cette plante d'*erysimum* est très-bonne pour la poitrine; mais ils disent qu'ils ne lui croient pas la vertu que dit mon médecin. C'est le même qui a deviné le mal de M. Nicole : il s'appelle M. Morin[1], et il est à mademoiselle de Guise[2]. M. Fagon en fait un fort grand cas. J'espère que vous n'aurez pas besoin de lui; mais cela est toujours bon à savoir; et si le malheur voulait que les eaux ne fissent pas tout l'effet que vous souhaitez, voilà encore une assez bonne consolation que je vous donne. Je ne vous manderai point cette fois-ci d'autres nouvelles que celles qui regardent votre santé et la mienne. Je vous dirai seulement que j'ai encore mes deux chevaux sur la litière. J'ai[3]...

14. — A RACINE.

Bourbon, le 29 juillet 1687.

Votre lettre m'a tiré d'un fort grand embarras ; car je doutais que vous eussiez reçu celle que je vous avais écrite, et dont la réponse est arrivée fort tard à Bourbon. Si la perte de ma voix ne m'avait fort guéri de la vanité, j'aurais été très-sensible à tout ce que vous m'avez mandé de l'honneur que m'a fait le plus grand prince de la terre, en vous demandant des nouvelles de ma santé; mais l'impuissance où ma maladie me met de répondre par mon travail à toutes les bontés qu'il me témoigne me fait un sujet de chagrin de ce qui devrait faire toute ma joie. Les eaux jusqu'ici m'ont fait un fort grand bien, suivant toutes les règles, puisque je les rends de reste, et qu'elles m'ont, pour ainsi dire, tout fait sortir du corps, excepté la maladie pour laquelle je les prends. M. Bourdier, mon médecin, soutient pourtant que j'ai la voix plus forte que quand je suis arrivé ; et M. Baudière, mon apothicaire, qui est encore meilleur juge que lui, puisqu'il est sourd, prétend aussi la même chose; mais pour moi je suis persuadé qu'ils me flattent, ou plutôt qu'ils se flattent eux-mêmes, et, à ce que je puis reconnaître en moi, je tiens que les eaux me soulageront plutôt la difficulté de respirer que la difficulté de parler. Quoi qu'il en soit, j'irai jusqu'au bout, et je ne donnerai point occasion à M. Fagon et à M. Félix de dire que je me suis impatienté. Au pis aller, nous essayerons cet hiver l'*erysimum* : mon médecin et mon apothicaire, à qui j'ai montré l'endroit de votre lettre

---

1. Elisabeth-Charlotte de Bavière, seconde femme de Monsieur, et mère du duc d'Orléans.
2. M. Hessein (secrétaire du roi), leur ami commun et frère de madame de la Sablière, avait beaucoup d'esprit et de lettres ; mais il aimait à disputer et à contredire. (L. R.)

1. Il était de l'Académie des sciences, et son éloge est un des premiers de ceux qu'a faits M. de Fontenelle. (L. R.)
2. Marie de Lorraine.
3. Le reste du manuscrit est supprimé.

où vous parlez de cette plante, ont témoigné tous deux en faire grand cas ; mais M. Bourdier prétend qu'elle ne peut rendre la voix qu'à des gens qui ont le gosier attaqué, et non pas à un homme comme moi, qui a tous les muscles embarrassés. Peut-être que si j'avais le gosier malade, prétendrait-il que l'*erysimum* ne saurait guérir que ceux qui ont la poitrine attaquée. Le bon de l'affaire est qu'il persiste toujours dans la pensée que les eaux de Bourbon me rendront bientôt la voix ; si cela arrive, ce sera à moi, mon cher monsieur, à vous consoler, puisque, de la manière dont vous me parlez de votre mal de gorge, je doute qu'il puisse être guéri sitôt, surtout si vous vous engagez en de longs voyages avec M. Hessein. Mais laissez-moi faire : si la voix me revient, j'espère vous soulager dans les disputes que vous aurez avec lui, sauf à la perdre encore une seconde fois pour vous rendre cet office. Je vous prie pourtant de lui faire bien des amitiés de ma part, et de lui faire entendre que ses contradictions me seront toujours beaucoup plus agréables que les complaisances et les applaudissements fades des amateurs de beaux esprits. Il s'est trouvé ici parmi les capucins un de ces amateurs qui a fait des vers à ma louange. J'admire ce que c'est que des hommes : *Vanitas et omnia vanitas*[1]. Cette sentence ne m'a jamais paru si vraie qu'en fréquentant ces bons et crasseux pères. Je suis bien fâché que vous ne soyez point encore habitué à Auteuil, où

Ipsi te fontes, ipsa hæc arbusta vocabant[2] ;

c'est-à-dire où mes deux puits[3] et mes abricotiers vous appellent.

Vous faites très-bien d'aller à Maintenon avec une compagnie aussi agréable que celle dont vous me parlez, puisque vous y trouverez votre *utilité* et votre *plaisir*.

Omne tulit punctum[4].....

Je n'ai pu deviner la critique que vous peut faire M. l'abbé Tallemant[5] sur l'endroit de l'épitaphe que vous m'avez marqué. N'est-ce point qu'il prétend que ces termes, *il fut nommé*, semblent dire que le roi Louis XIII a tenu M. Le Tellier sur les fonts de baptême ; ou bien que c'est mal dit, que le roi le choisit pour remplir la charge, etc., parce que c'est la charge qui a rempli M. Le Tellier, non pas M. Le Tellier qui a rempli la charge ; par la même raison que c'est la ville qui entoure les fossés, et non pas les fossés qui entourent la ville ? C'est à vous à m'expliquer cette énigme.

Faites bien, je vous prie, nos baisemains au père Bouhours et à tous mes amis, quand vous les rencontrerez ; mais surtout témoignez bien à M. Nicole la profonde vénération que j'ai pour son mérite et pour la simplicité de ses mœurs, encore plus admirable que son mérite. Vous ne me parlez point de l'épitaphe de mademoiselle de Lamoignon[1].

Voilà, ce me semble, une assez longue lettre pour un homme à qui on défend les longues applications, et qu'on presse d'ailleurs de donner cette lettre pour la porter à Moulins. J'ai appris par la gazette que M. l'abbé de Choisy était agréé à l'Académie. Voici encore une voix que je vous envoie pour lui, si les trente-neuf ne suffisaient pas. Adieu ; aimez-moi toujours, et croyez que je n'aime rien plus que vous. Je passe ici le temps, *sic ut quimus, quando, ut volumus, non possum*. Adieu, encore une fois ; dites à ma sœur et à M. Manchon[2] que je ne manquerai pas de leur écrire par la première commodité. J'ai écrit à M. Marchand.

15. — A Mme MANCHON, SA SŒUR.

Bourbon, 31 juillet 1687.

C'est aujourd'hui le dixième jour que je prends les eaux, et pour vous dire l'effet qu'elles ont produit en moi, elles m'ont causé de fort grandes lassitudes dans les jambes, excité des envies de dormir, et produit beaucoup d'effets qui ont contenté de reste les médecins, mais qui ont jusqu'ici très-peu satisfait le malade, puisque je demeure toujours sans voix, avec très-peu d'appétit, et une assez grande faiblesse de corps, quoiqu'on m'eût dit d'abord qu'à peine j'aurais goûté des eaux, que je me trouverais tout renouvelé, et avec plus de force et de vigueur qu'à l'âge de vingt-cinq ans. Voilà au vrai, ma chère sœur, l'état où je me trouve, et si je n'avais fait provision, en partant, d'un peu de piété et de vertu, je vous avoue que je serais fort désolé ; mais je vois bien que c'est Dieu qui m'éprouve, et je ne sais même si je lui dois demander de me rendre la voix, puisqu'il ne me l'a peut-être ôtée que pour mon bien, et pour m'empêcher d'en abuser. Ainsi je m'en vais regarder dorénavant les eaux et les médecines que j'avalerai comme des pénitences qui me sont imposées, plutôt que comme des remèdes qui doivent produire ma santé corporelle ; et certainement je doute que je puisse mieux faire voir que je suis résigné à la volonté de Dieu qu'en me soumettant au joug de

---

1. *Eccles.*, cap. I, v. 2.
2. Virg., *Eglog.* I, v. 40.
3. Il n'avait pas d'autres eaux dans cette petite maison, dont il faisait ses délices. (L. R.)
4. Horace, *Art poét.*, v. 343.
5. Il s'agit ici de Paul Tallemant : il ne faut point le confondre avec François Tallemant son cousin, auteur d'une traduction des Vies de Plutarque, et que Boileau a désigné dans ce vers :

Ou le sec traducteur du français d'Amyot.
ÉPIT. VII, v. 90.

1. Morte le 14 avril précédent, dans sa soixante-dix-huitième année.
2. M. Manchon, beau-frère de Despréaux, était commissaire des guerres.

la médecine, qui est ici toute la même qu'à Paris, excepté que les médecins y sont un peu plus appliqués à leurs malades, et pensent au moins à leurs maladies dans le temps qu'ils sont avec eux. Je ne nierai pas pourtant que les eaux ne m'aient déjà fait du bien, puisque ayant eu cette nuit la respiration fort embarrassée, ce matin, aussitôt après avoir pris mes eaux, je me suis trouvé fort dégagé. Il faut donc aller jusqu'au bout; et, si je ne puis guérir, ne pas donner du moins occasion aux hommes de dire que je n'ai pas fait ce qu'il fallait pour me guérir. J'ai lié, depuis que je suis ici, une très-étroite connaissance avec monsieur l'abbé de Sales, trésorier de la Sainte-Chapelle de Bourbon. Je ne sais comment je pourrai reconnaître les bontés qu'il a pour moi. Il me tient lieu ici de frères, de parents et d'amis, par les soins qu'il prend de tout ce qui me regarde. C'est un ami intime de M. de Lamoignon (*fils du premier président*)¹, et qui serait assurément digne trésorier de la Sainte-Chapelle de Paris.

Il est arrivé ici depuis cinq ou six jours un pauvre homme paralytique de la moitié du corps, avec une recommandation de madame de Montespan pour être reçu à la charité qu'on y a établie. La recommandation était écrite et signée par madame de Jussac², et j'ai attesté aux maîtres et aux dames de la charité qu'il ne venait point à fausses enseignes; mais ni cette recommandation ni toutes mes prières ne les ont pu obliger à le recevoir. Ils ont pris pour prétexte que la charité ne devait s'ouvrir qu'à la fin du mois prochain. Je me suis réduit à leur demander seulement qu'ils le logeassent, et que du reste je ferais toute la dépense qu'il faudrait pour le nourrir et pour le faire panser; mais ils m'ont encore impitoyablement refusé cela. De sorte qu'à la fin, ne pouvant me résoudre à le voir peut-être mourir sur le pavé, je lui ai fait donner une chambre dans la maison que j'occupe, où il est traité et servi comme moi. Il y a peut-être dans ce que je vous dis là une petite vanité parisienne. Je vous prie de le faire savoir à M. Racine, afin que, dans l'occasion, il témoigne à M. et à madame de Jussac que leur nom n'a pas peu contribué en cette rencontre à exciter ma pitié. Je suis tout à vous.

16. — RACINE A BOILEAU.

Paris, 4 août 1687.

Je suis ravi des bonnes espérances que l'on continue de vous donner et du soulagement que vous ressentez déjà à votre poitrine. Je ne doute pas que la difficulté de parler ne soit encore plus aisée à guérir que la difficulté de respirer. Je n'ai point

encore vu M. Fagon depuis que j'ai reçu de vos nouvelles; oui bien M. Daquin¹, qui trouve fort étrange que vous ne vous soyez pas mis entre les mains de M. des Trapières; il est même bien en peine qui peut vous avoir adressé à M. Bourdier. Je jugeai à propos, tant il était en colère, de ne lui pas dire un mot de M. Fagon.

J'ai fait le voyage de Maintenon, et je suis fort content des ouvrages que j'y ai vus; ils sont prodigieux, et dignes, en vérité, de la magnificence du roi. Il y a encore, dit-on, pour deux ans. Les arcades qui doivent joindre les deux montagnes vis-à-vis Maintenon sont presque faites. Il y en a quarante-huit; elles sont bâties pour l'éternité. Je voudrais qu'on eût autant d'eau à faire passer dessus qu'elles sont capables d'en porter. Il y a là plus de trente mille hommes qui travaillent, tous gens bien faits, et qui, si la guerre recommence, remueront plus volontiers la terre devant quelque place sur la frontière que dans les plaines de Beauce.

J'eus l'honneur de voir madame de Maintenon, avec qui je fus une bonne partie d'une après-dînée; et elle me témoigna même que ce temps-là ne lui avait pas duré. Elle est toujours la même que vous l'avez vue, pleine d'esprit, de raison, de piété et de beaucoup de bonté pour nous. Elle me demanda des nouvelles de notre travail; je lui dis que votre indisposition et la mienne, mon voyage à Luxembourg et votre voyage à Bourbon, nous avaient un peu reculés, mais que nous ne perdions cependant pas notre temps².

A propos de Luxembourg, je viens de recevoir un plan et de la place et des attaques, et cela dans la dernière exactitude. Je viens aussi tout à l'heure de recevoir une lettre de Versailles, où l'on me mande une nouvelle fort surprenante et fort affligeante pour vous et pour moi: c'est la mort de notre ami M. de Saint-Laurent³, qui a été emporté d'un seul accès de colique néphrétique, à quoi il n'avait jamais été sujet en sa vie. Je ne crois pas qu'excepté MADAME on en soit fort affligé au Palais-Royal: les voilà débarrassés d'un homme de bien.

Je laisse volontiers à la gazette à vous parler de M. l'abbé de Choisy. Il fut reçu sans opposition⁴; il avait pris tous les devants qu'il fallait auprès des gens qui auraient pu lui faire de la peine. Il fera, le jour de Saint-Louis, sa harangue qu'il m'a montrée; il y a quelques endroits d'esprit. Je lui ai fait ôter quelques fautes de jugement. M. Bergeret

---

1. Il était alors avocat général au parlement de Paris.
2. Dame attachée à madame de Montespan.

1. Premier médecin du roi. Fagon lui succéda dans cette charge en 1693.
2. Ils ne le perdaient pas; mais les grands morceaux qu'ils avaient faits ont été brûlés dans l'incendie arrivé chez M. de Valincourt. (L. R.)
3. Homme d'une grande piété, précepteur du jeune duc de Chartres, depuis M. le duc d'Orléans (1701), régent (1715). Une lettre suivante fera connaître les regrets du jeune prince et sa douleur de cette mort. (L. R.)
4. Le 25 août 1687, à la place du duc de Saint-Aignan.

fera la réponse. Je crois qu'il y aura plus de jugement[1].

Je suis bien aise que vous n'ayez pas conçu la critique de M. l'abbé Tallemant : c'est signe qu'elle ne vaut rien. La critique tombait sur ces mots : *Il en commença les fonctions*. Il prétendait qu'il fallait dire nécessairement : *Il commença à en faire les fonctions*. Le père Bouhours ne les devina point, non plus que vous; et quand je lui dis la difficulté, il s'en moqua. Je donnai l'épitaphe de mademoiselle de Lamoignon à M. de La Chapelle[2], en l'état que nous étions convenus à Montgeron; je n'en ai pas ouï parler depuis.

M. Hessein n'a point changé; nous fûmes cinq jours ensemble. Il fut fort doux dans les quatre premiers jours, et eut beaucoup de complaisance pour M. de Termes, qui ne l'avait jamais vu, et qui était charmé de sa douceur. Le dernier jour, M. Hessein ne lui laissa pas passer un mot sans le contredire ; et même quand il nous voyait fatigués et endormis, il avançait malicieusement quelque paradoxe qu'il savait bien qu'on ne lui laisserait point passer. En un mot, il eut contentement : non-seulement on disputa, mais on se querella, et on se sépara sans avoir trop d'envie de se revoir de plus de huit jours. Il me sembla que M. de Termes avait toujours raison; il lui sembla aussi la même chose de moi. M. Félix témoigna un peu plus de bonté pour M. Hessein, et aima mieux nous gronder tous que de se résoudre à le condamner. Voilà comment s'est passé le voyage. Mon mal de gorge est beaucoup diminué, Dieu merci ; mais il n'est pas encore fini; il me reste de temps en temps quelques âcretés vers la luette, mais cela ne dure point; quoi qu'il en soit, je n'y fais plus rien. Mes chevaux marcheront demain pour la première fois depuis votre départ. Celui qui avait le farcin est, dit-on, entièrement guéri; je n'ose encore trop vous l'assurer. M. Marchand me vint voir il y a trois jours, un peu fâché de ce que vous n'avez pas pris à Bourbon le logis qu'il vous avait dit. Il doit mener à Auteuil sa fille, qui est sortie de religion, pour lui faire prendre l'air. Cela ne m'empêchera pas d'y aller passer des après-dînées, et même d'y aller dîner une fois avec lui. Adieu, mon cher monsieur; mandez-moi au plus tôt que vous parlez : c'est la meilleure nouvelle que je puisse recevoir en ma vie.

17. — RACINE A BOILEAU.

Paris, 6 août 1687.

Madame Manchon vint avant-hier me chercher, fort alarmée d'une lettre que vous lui avez écrite,

[1]. Jean-Louis Bergeret, ancien avocat général au parlement de Metz, secrétaire de la chambre et du cabinet du roi, et premier commis des affaires étrangères, sous M. Colbert de Croissy.
[2]. Henri de Bessé ou Besset, sieur de La Chapelle-Milon, avait épousé Charlotte Dongois, fille d'une sœur de Despréaux.

et qui est en effet bien différente de celle que j'ai reçue de vous. J'aurais déjà été à Versailles pour entretenir M. Fagon ; mais le roi est à Marly depuis quatre jours, et n'en reviendra que demain au soir : ainsi je n'irai qu'après-demain matin, et je vous manderai exactement tout ce qu'il m'aura dit. Cependant je me flatte que ce dégoût et cette lassitude dont vous vous plaignez n'auront point de suite, et que c'est seulement un effet que les eaux doivent produire quand l'estomac n'y est pas encore accoutumé; que si elles continuent à vous faire mal, vous savez que tout le monde vous dit en partant, qu'il fallait les quitter en ce cas, ou tout au moins les interrompre. Si par malheur elles ne vous guérissent pas, il n'y a point lieu encore de vous décourager, et vous ne seriez pas le premier qui, n'ayant pas été guéri sur les lieux, s'est trouvé guéri étant de retour chez lui. En tout cas, le sirop d'*erysimum* n'est point assurément une vision. M. Dodart, à qui j'en parlai il y a trois jours, me dit et m'assura en conscience que ce M. Morin, qui m'a parlé de ce remède, est sans doute le plus habile médecin qui soit dans Paris, et le moins charlatan. Il est constant que, pour moi, je me trouve infiniment mieux depuis que, par son conseil, j'ai renoncé à tout ce lavage d'eaux qu'on m'avait ordonnées, et qui m'avaient presque gâté entièrement l'estomac sans me guérir de mon mal de gorge. Je prierai aussi M. de Jussac d'écrire à madame sa femme, à Fontevrault, et de lui mander l'embarras de ce pauvre paralytique, qui était sans vous sur le pavé.

M. de Saint-Laurent est mort d'une colique de *miserere*, et non point d'un accès de néphrétique, comme je vous avais mandé. Sa mort a été fort chrétienne, et même aussi singulière que le reste de sa vie. Il ne confia qu'à M. de Chartres qu'il se trouvait mal, et qu'il allait s'enfermer dans une chambre pour se reposer, conjurant instamment ce jeune prince de ne point dire où il était, parce qu'il ne voulait voir personne. En le quittant il alla faire ses dévotions : c'était un dimanche, et on dit qu'il les faisait tous les dimanches; puis il s'enferma dans une chambre jusqu'à trois heures après midi, que M. de Chartres, étant en inquiétude de sa santé, déclara où il était. Tancret y fut, qui le trouva tout habillé sur un lit, souffrant apparemment beaucoup, et néanmoins fort tranquille. Tancret ne lui trouva point de pouls; mais M. de Saint-Laurent lui dit que cela ne le devait point; qu'il était vieux, et qu'il n'avait pas naturellement le pouls fort élevé. Il voulut être saigné, et il ne vint point de sang. Peu de temps après, il se mit sur son séant, puis dit à son valet de le pencher un peu sur son chevet; et aussitôt ses pieds se mirent à trépigner contre le plancher, et il expira dans le moment même. On trouva dans sa bourse un billet par lequel il déclarait où l'on trouverait son testament. Je crois qu'il donne tout son bien aux pauvres. Voilà comme il est mort; et voici ce qui fait, ce me semble, assez bien son éloge : vous savez qu'il n'avait presque point d'autres soins auprès de M. de Chartres[1] que de l'empêcher de manger des friandises; qu'il l'empêchait le plus qu'il pouvait d'aller aux comédies et aux opéras; et il vous a conté lui-même toutes les rebuffades qu'il lui a fallu essuyer pour cela, et comment toute la maison de MONSIEUR était déchaînée contre lui : gouverneur[2], sous-précepteur[3], valets de chambre. Cependant on a été plus de deux jours sans oser apprendre sa mort à ce même M. de Chartres; et quand MONSIEUR enfin la lui a annoncée, il a jeté des cris effroyables, se jetant, non point sur son lit, mais sur le lit de M. de Saint-Laurent, qui était encore dans sa chambre, et l'appelant à haute voix comme s'il eût encore été en vie : tant la vertu, quand elle est vraie, a de force pour se faire aimer! Je suis assuré que cela vous fera plaisir, non-seulement pour la mémoire de M. de Saint-Laurent, mais même pour M. de Chartres. Dieu veuille qu'il persiste longtemps dans de pareils sentiments! Il me semble que je n'ai point d'autres nouvelles à vous mander.

M. le duc de Roannès[4] est venu ce matin pour me parler de sa rivière, et pour me prier d'en parler. Je lui ai demandé s'il ne savait rien de nouveau; il m'a dit que non; et il faut bien, puisqu'il ne sait point de nouvelles, qu'il n'y en ait point, car il en sait toujours plus qu'il n'y en a. On dit seulement que M. de Lorraine a passé la Drave, et les Turcs la Save : ainsi il n'y a point de rivière qui les sépare; tant pis apparemment pour les Turcs; je les trouve merveilleusement accoutumés à être battus[5]. La nouvelle qui fait ici le plus de bruit, c'est l'embarras des comédiens, qui sont obligés de déloger de la rue Guénégaud, à cause que messieurs de Sorbonne, en acceptant le collége des Quatre-Nations, ont demandé, pour première condition, qu'on les éloignât de ce collége. Ils ont déjà marchandé des places dans cinq ou six endroits; mais, partout où ils vont, c'est merveille d'entendre comme les curés crient. Le curé de Saint-Germain-l'Auxerrois a déjà obtenu qu'ils ne seraient point à l'hôtel de Sourdis, parce que, de leur théâtre, on aurait entendu tout à plein les orgues, et de l'église on aurait parfaitement bien entendu les violons; enfin ils en sont à la rue de Savoie, dans la paroisse de Saint-André. Le curé a été aussi au roi lui représenter qu'il n'y a tantôt plus dans la paroisse que des auberges et des coquetiers; si les comédiens y viennent, que son église sera déserte. Les Grands-Augustins ont aussi été au roi, et le Père Lembrochons, provincial, a porté la parole; mais on prétend que les comédiens ont dit à Sa Majesté que ces mêmes Augustins, qui ne veulent point les avoir pour voisins, sont fort assidus spectateurs de la comédie, et qu'ils ont voulu même vendre à la troupe des maisons qui leur appartiennent dans la rue d'Anjou, pour y bâtir un théâtre, et que le marché serait déjà conclu, si le lieu eût été plus commode. M. de Louvois a ordonné à M. de la Chapelle de lui envoyer le plan du lieu où ils veulent bâtir dans la rue de Savoie. Ainsi on attend ce que M. de Louvois décidera. Cependant l'alarme est grande dans le quartier : tous les bourgeois, qui sont gens de palais, trouvent fort étrange qu'on vienne leur embarrasser leurs rues. M. Billard surtout[1], qui se trouvera vis-à-vis de la porte du parterre, crie fort haut; et quand on lui a voulu dire qu'il en aurait plus de commodité pour s'aller divertir quelquefois, il a répondu fort tragiquement : *Je ne veux point me divertir*. Adieu, monsieur; je fais moi-même ce que je puis pour vous divertir, quoique j'aie le cœur fort triste depuis la lettre que vous avez écrite à madame votre sœur. Si vous croyez que je puisse vous être bon à quelque chose à Bourbon, n'en faites point de façon; mandez-le-moi : je volerai pour vous aller voir.

18. — A RACINE.

Bourbon, le 9 août 1687.

Je vous demande pardon du gros paquet que je vous envoie; mais M. Bourdier, mon médecin, a cru qu'il était de son devoir d'écrire à M. Fagon sur ma maladie. Je lui ai dit qu'il fallait que M. Dodart vît aussi la chose : ainsi nous sommes convenus de vous adresser sa relation. Je vous envoie un compliment pour M. de La Bruyère.

J'ai été sensiblement affligé de la mort de M. de Saint-Laurent. Franchement, notre siècle se dégarnit fort de gens de mérite et de vertu; et sans ceux qu'on a étouffés sous prétexte de jansénisme, en voilà un grand nombre que la mort a enlevés depuis peu. Je plains fort le pauvre M. de Sainctot[2]. Je ne vous dirai point en quel état est ma poitrine, puisque mon médecin vous en écrit tout le détail; ce que je puis vous dire, c'est que ma maladie est de ces sortes de choses *quæ non recipiunt magis et minus*, puisque je suis environ au même état que j'étais lorsque je suis arrivé. On me dit cependant toujours, comme à Paris, que cela reviendra; et

---

1. Depuis duc d'Orléans et régent du royaume: alors âgé de douze ans.
2. Le duc de Chartres eut successivement quatre gouverneurs dans l'espace de six années: les maréchaux de Navailles et d'Estrades, le duc de la Vieuville et le marquis d'Arcy, chevalier des ordres.
3. Le gouverneur était alors le duc de la Vieuville, et le sous-précepteur, le trop fameux abbé Dubois.
4. François d'Aubusson, duc de Roannès, second maréchal de la Feuillade, élevé à ce grade éminent le 2 février 1724, mourut à Marly le 29 janvier 1725.
5. Ils le furent de nouveau le 12 août de cette même année.

---

1. Germain Billard, avocat renommé. Il avait marié une de ses filles à Jérôme Bignon, qui fut prévôt des marchands de la ville de Paris en 1708; l'autre à Louis Chauvelin, père du garde des sceaux.
2. Maître des cérémonies.

c'est ce qui me désespère, cela ne revenant point. Si je savais que je dusse être sans voix toute ma vie, je m'affligerais sans doute; mais je prendrais ma résolution, et je serais peut-être moins malheureux que dans un état d'incertitude qui ne me permet pas de me fixer, et qui me laisse toujours comme un coupable qui attend le jugement de son procès. Je m'efforce cependant de traîner ici ma misérable vie du mieux que je puis, avec un abbé, très-honnête homme, qui est trésorier d'une sainte chapelle; mon médecin et mon apothicaire. Je passe le temps avec eux à peu près comme D. Quixotte le passait, *en un lugar de la Mancha*, avec son curé, son barbier, et le bachelier Samson Carrasco. J'ai aussi une servante : il me manque une nièce; mais de tous ces gens-là, celui qui joue le mieux son personnage, c'est moi, qui suis presque aussi fou que lui, et qui ne dirais guère moins de sottises, si je pouvais me faire entendre.

Je n'ai point été surpris de ce que vous m'avez mandé de M. Hessein :

Naturam expelles furca, tamen usque recurret[1].

Il a d'ailleurs de très-bonnes qualités; mais, à mon avis, puisque je suis sur la citation de D. Quixotte, il n'est pas mauvais de garder avec lui les mêmes mesures qu'avec Cardenio. Comme il veut toujours contredire, il ne serait pas mauvais de le mettre avec cet homme que vous savez de notre assemblée, qui ne dit jamais rien qu'on ne doive contredire[2]; ils seraient merveilleux ensemble.

J'ai déjà formé mon plan pour l'année 1667[3], où je vois de quoi ouvrir un beau champ à l'esprit; mais, à ne vous rien déguiser, il ne faut pas que vous fassiez un grand fond sur moi, tant que j'aurai tous les matins à prendre douze verres d'eau, qu'il coûte encore plus à rendre qu'à avaler, et qui vous laissent tout étourdi le reste du jour, sans qu'il vous soit permis de sommeiller un moment. Je ferai pourtant du mieux que je pourrai, et j'espère que Dieu m'aidera.

Vous faites bien de cultiver madame de Maintenon; jamais personne ne fut si digne qu'elle du poste qu'elle occupe, et c'est la seule vertu où je n'aie point encore remarqué de défaut. L'estime qu'elle a pour vous est une marque de son bon goût. Pour moi, je ne me compte pas au rang des choses vivantes.

Vox quoque Mœrim
Jam fugit ipsa : lupi Mœrim videre priores[4].

1. Horace, liv. I, *épît.* x, v. 24.
2. Charpentier.
3. Il parle de l'histoire du roi, dont ils étaient tous deux continuellement occupés. (L. R.)
4. Virgile, *Égl.* ix, v. 53.

19. — RACINE A BOILEAU.

Paris, 13 août 1687.

Je ne vous écrirai aujourd'hui que deux mots; car, outre qu'il est extrêmement tard, je reviens chez moi pénétré de frayeur et de déplaisir. Je sors de chez le pauvre M. Hessein, que j'ai laissé à l'extrémité; je doute qu'à moins d'un miracle, je le retrouve demain en vie. Je vous conterai sa maladie une autre fois, et je ne vous parlerai maintenant que de ce qui vous regarde. Vous êtes un peu cruel à mon égard, de me laisser si longtemps dans l'horrible inquiétude où vous avez bien dû juger que votre lettre à madame votre sœur me pouvait jeter. J'ai vu M. Fagon, qui, sur le récit que je lui ai fait de ce qui est dans cette lettre, a jugé qu'il fallait sur-le-champ quitter vos eaux. Il dit que leur effet naturel est d'ouvrir l'appétit, bien loin de l'ôter; il croit même qu'à l'heure qu'il est vous les aurez interrompues, parce qu'on n'en prend jamais plus de vingt jours de suite. Si vous vous en êtes trouvé considérablement bien, il est d'avis qu'après les avoir laissées pour quelque temps, vous les recommenciez; si elles ne vous ont fait aucun bien, il croit qu'il les faut quitter entièrement. Le roi me demanda hier au soir si vous étiez revenu; je lui ai répondu que non, et que les eaux jusqu'ici ne vous avaient pas fort soulagé. Il me dit ces propres mots : « Il fera mieux de se remettre à « son train de vie ordinaire, la voix lui reviendra « lorsqu'il y pensera le moins ». Tout le monde est charmé de la bonté que Sa Majesté a témoignée pour vous en parlant ainsi, et tout le monde est d'avis que, pour votre santé, vous feriez bien de revenir. M. Félix est de cet avis; le premier médecin et M. Moreau en sont entièrement. M. du Tartre[1] croit qu'absolument les eaux de Bourbon ne sont pas bonnes pour votre poitrine, et que vos lassitudes en sont une marque. Tout cela, mon cher monsieur, m'a donné une furieuse envie de vous voir de retour. On dit que vous trouverez de petits remèdes innocents qui vous rendront infailliblement la voix, et qu'elle reviendra d'elle-même quand vous ne feriez rien. M. le maréchal de Bellefonds m'enseigna hier un remède dont il dit qu'il a vu plusieurs gens guéris d'une extinction de voix : c'est de laisser fondre dans sa bouche un peu de myrrhe, la plus transparente qu'on puisse trouver; d'autres se sont guéris avec la simple eau de poulet; sans compter l'*erysimum* : enfin, tout d'une voix, tout le monde vous conseille de revenir. Je n'ai jamais vu une santé plus généralement souhaitée que la vôtre. Venez donc, je vous en conjure, et, à moins que vous n'ayez déjà un commencement de voix qui vous donne des assurances que

1. Chirurgien juré du parlement de Paris; dans la suite, chirurgien ordinaire du roi.

vous achèverez de guérir à Bourbon, ne perdez pas un moment de temps pour vous redonner à vos amis, et à moi surtout, qui suis inconsolable de vous voir si loin de moi, et d'être des semaines entières sans savoir si vous êtes en santé ou non. Plus je vois décroître le nombre de mes amis, plus je deviens sensible au peu qui m'en reste; et il me semble, à vous parler franchement, qu'il ne me reste presque plus que vous. Adieu; je crains de m'attendrir follement en m'arrêtant trop sur cette réflexion. Madame Manchon pense toutes les mêmes choses que moi, et est véritablement inquiète sur votre santé.

20. — A RACINE.

Moulins, le 13 août 1687.

Mon médecin a jugé à propos de me laisser reposer deux jours, et j'ai pris ce temps pour venir voir Moulins, où j'arrivai hier au matin, et d'où je m'en dois retourner aujourd'hui au soir. C'est une ville très-marchande et très-peuplée, et qui n'est pas indigne d'avoir un trésorier de France comme vous[1]. Un M. de Chamblain, ami de M. l'abbé de Sales, qui y est venu avec moi, m'y donna hier à souper fort magnifiquement. Il se dit grand ami de M. de Poignant, et connaît fort votre nom, aussi bien que tout le monde de cette ville, qui s'honore fort d'avoir un magistrat de votre force, et qui lui est si peu à charge[2]. Je vous ai envoyé par le dernier ordinaire une très-longue déduction de ma maladie, que M. Bourdier, mon médecin, écrit à M. Fagon: ainsi, vous en devez être instruit à l'heure qu'il est parfaitement. Je vous dirai pourtant que dans cette relation il ne parle point de la lassitude de jambes et du peu d'appétit; si bien que tout le profit que j'ai fait jusqu'ici à boire des eaux, selon lui, *consiste à un éclaircissement de teint*, que le hâle du voyage m'avait jauni plutôt que la maladie, car vous savez bien qu'en partant de Paris je n'avais pas le visage très-mauvais: et je ne vois pas qu'à Moulins, où je suis, on me félicite fort présentement de mon embonpoint. Si j'ai écrit une lettre si triste à ma sœur, cela ne vient point de ce que je me *sente* beaucoup plus mal qu'à Paris, puisqu'à vous dire le vrai, tout le bien et tout le mal mis ensemble, je suis environ au même état que quand je partis: mais dans le chagrin de ne point guérir, on a quelquefois des moments où la mélancolie redouble, et je lui ai écrit dans un de ces moments. Peut-être dans une autre lettre verra-t-elle que je ris. Le chagrin est comme une fièvre qui a ses redoublements et ses suspensions.

La mort de M. de Saint-Laurent est tout à fait édifiante; il me paraît qu'il a fini avec toute l'audace d'un philosophe et toute l'humilité d'un chrétien. Je suis persuadé qu'il y a des saints canonisés qui n'étaient pas plus saints que lui; on le verra un jour, selon toutes les apparences, dans les litanies. Mon embarras est seulement comment on l'appellera, et si on lui dira simplement saint Laurent, ou saint Saint-Laurent. Je n'admire pas seulement M. de Chartres, mais je l'aime, j'en suis fou. Je ne sais pas ce qu'il sera dans la suite; mais je sais bien que l'enfance d'Alexandre ni de Constantin n'a jamais promis de si grandes choses que la sienne; et on pourrait beaucoup plus justement faire de lui les prophéties que Virgile, à mon avis, avait faites assez à la légère du fils de Pollion.

Dans le temps que je vous écris ceci, M. Amiot[1] vient d'entrer dans ma chambre; il a précipité, dit-il, son retour à Bourbon pour me venir rendre service. Il m'a dit qu'il avait vu, avant que de partir, M. Fagon, et qu'ils persistaient l'un et l'autre dans la pensée du demi-bain, quoi qu'en puissent dire MM. Bourdier et Baudière : c'est une affaire qui se décidera demain à Bourbon. A vous dire le vrai, mon cher monsieur, c'est quelque chose d'assez fâcheux, que de se voir ainsi le jouet d'une science très-conjecturale, et où l'un dit blanc* et l'autre noir: car les deux derniers ne soutiennent pas seulement que le bain n'est pas bon à mon mal ; mais ils prétendent qu'il y va de la vie, et citent sur cela des exemples funestes. Mais enfin me voilà livré à la médecine, et il n'est plus temps de reculer. Ainsi, ce que je demande à Dieu, ce n'est pas qu'il me rende la voix, mais qu'il me donne la vertu et la piété de M. de Saint-Laurent, ou de M. Nicole, ou même la vôtre, puisque avec cela on se moque des périls. S'il y a quelque malheur dont on puisse se réjouir, c'est, à mon avis, de celui des comédiens; si on continue à les traiter comme on fait, il faudra qu'ils s'aillent établir entre la Villette et la porte Saint-Martin; encore ne sais-je s'ils n'auront point sur les bras le curé de Saint-Laurent. Je vous ai une obligation infinie du soin que vous prenez d'entretenir un misérable comme moi. L'offre que vous me faites de venir à Bourbon est tout à fait héroïque et obligeante; mais il n'est pas nécessaire que vous veniez vous enterrer inutilement dans le plus vilain lieu du monde; et le chagrin que vous auriez infailliblement de vous y voir ne ferait qu'augmenter celui que j'ai d'y être. Vous m'êtes plus nécessaire à Paris qu'ici, et j'aime encore mieux ne vous point voir, que de vous voir triste et affligé. Adieu, mon cher monsieur; mes recommandations à M. Félix, à M. de Termes, et à tous nos autres amis.

---

1. « M. de Colbert, dit Louis Racine, le fit favoriser d'une charge que trésorier de France au bureau des finances de Moulins, « qui était tombée aux parties casuelles ». (*Mémoires sur la vie de Jean Racine*.)
2. Parce qu'il n'y allait jamais. (L. R.)

1. Médecin de Bourbon, qui, un mois après, donna ses soins à madame de Sévigné.

21. — RACINE A BOILEAU.

Paris, 17 août 1687.

J'allai hier au soir à Versailles, et j'y allai tout exprès pour voir M. Fagon et lui donner la consultation de M. Bourdier. Je la lus auparavant avec M. Félix, et je la trouvai très-savante, dépeignant votre tempérament et votre mal en termes très-énergiques, j'y croyais trouver en quelque page :

Numero deus impare gaudet[1].

M. Fagon me dit que, du moment qu'il s'agissait de la vie, et qu'elle pouvait être en compromis, il s'étonnait qu'on mît en question si vous prendriez le demi-bain. Il en écrira à M. Bourdier; et cependant il m'a chargé de vous écrire au plus vite de ne point vous baigner, et même, si les eaux vous ont incommodé, de les quitter entièrement, et de vous en revenir. Je vous avais déjà mandé son avis là-dessus, et il y persiste toujours. Tout le monde crie que vous devriez revenir : médecins, chirurgiens, hommes, femmes. Je vous avais mandé qu'il fallait un miracle pour sauver M. Hessein : il est sauvé, et c'est votre bon ami le quinquina qui a fait ce miracle. L'émétique l'avait mis à la mort : M. Fagon arriva fort à propos, qui, le croyant à demi-mort, ordonna au plus vite le quinquina. Il est présentement sans fièvre ; je l'ai même tantôt fait rire jusqu'à la convulsion, en lui montrant l'endroit de votre lettre où vous parlez en bachelier du curé et du barbier. Vous dites qu'il vous manque une nièce ; voudriez-vous qu'on vous envoyât mademoiselle Despréaux[2] ? Je m'en vais ce soir à Marly. M. Félix a demandé permission au roi pour moi, et j'y demeurerai jusqu'à mercredi prochain.

M. le duc de Charost[3] m'a tantôt demandé de vos nouvelles, d'un ton de voix que je vous souhaiterais de tout mon cœur. Quantité de gens de nos amis sont malades, entre autres M. le duc de Chevreuse et M. de Chamlai[4] : tous deux ont la fièvre double-tierce. M. de Chamlai a déjà pris le quinquina ; M. de Chevreuse le prendra au premier jour. On ne voit à la cour que des gens qui ont le ventre plein de quinquina. Si cela ne vous excite pas à y revenir, je ne sais plus ce qui vous peut en donner envie. M. Hessein ne l'a point voulu prendre des apothicaires, mais de la propre main de Smith. J'ai vu ce Smith chez lui ; il a le visage vermeil et boutonné, et a bien plus l'air d'un maître cabaretier que d'un médecin. M. Hessein dit qu'il n'a jamais rien bu de plus agréable, et qu'à chaque fois qu'il en prend, il sent la vie descendre dans son estomac. Adieu, mon cher monsieur ; je commencerai et finirai toutes mes lettres en vous disant de vous hâter de revenir.

---

1. VIRGILE, *Egl.* VIII, v. 75.
2. Fille de Jérôme Boileau, le greffier, mort en 1679. Sa femme était de l'humeur la plus bizarre, et la fille ressemblait à la mère, qui a fourni au poëte plusieurs traits de sa satire contre les femmes.
3. Armand de Béthune, duc de Charost, gendre du surintendant Fouquet.
4. « Chamlai avait toujours passé pour le meilleur maréchal des « logis d'une armée. »

22. — A RACINE.

Bourbon, ce 19 août 1687.

Vous pouvez juger, monsieur, combien j'ai été frappé de la funeste nouvelle que vous m'avez mandée de notre pauvre ami[1]. En quelque état pitoyable néanmoins que vous l'ayez laissé, je ne saurais m'empêcher d'avoir quelque rayon d'espérance, tant que vous ne m'aurez point écrit : *Il est mort*; et je me flatte même qu'au premier ordinaire j'apprendrai qu'il est hors de danger. A dire le vrai, j'ai bon besoin de me flatter ainsi, surtout aujourd'hui que j'ai pris une médecine qui m'a fait tomber quatre fois en faiblesse, et qui m'a jeté dans un abattement dont même les plus agréables nouvelles ne seraient pas capables de me relever. Je vous avoue pourtant que si quelque chose pouvait me rendre la santé et la joie, ce serait la bonté qu'a Sa Majesté de s'enquérir de moi toutes les fois que vous vous présentez devant lui. Il ne saurait guère rien arriver de plus glorieux, je ne dis pas à un misérable comme moi, mais à tout ce qu'il y a de gens plus considérables à la cour ; et je gage qu'il y en a plus de vingt d'entre eux qui, à l'heure qu'il est, envient ma bonne fortune, et qui voudraient avoir perdu la voix, et même la parole, à ce prix. Je ne manquerai pas, avant qu'il soit peu, de profiter du bon avis qu'un si grand prince me donne, sauf à désobliger M. Bourdier, mon médecin, et M. Baudière mon apothicaire, qui prétendent maintenir, contre lui, que les eaux de Bourbon sont admirables pour rendre la voix ; mais je m'imagine qu'ils réussiront dans cette entreprise à peu près comme toutes les puissances de l'Europe ont réussi à *lui empêcher* de prendre Luxembourg et tant d'autres villes. Pour moi, je suis persuadé qu'il fait bon suivre ses ordonnances, en fait même de médecine. J'accepte l'augure qu'il ma donné, en vous disant que la voix me reviendrait lorsque j'y penserais le moins. Un prince qui a exécuté tant de choses miraculeuses est vraisemblablement inspiré du ciel, et toutes les choses qu'il dit sont des oracles. D'ailleurs j'ai encore un remède à essayer, où j'ai grande espérance, qui est de me présenter à son passage dès que je serai de retour ; car je crois que l'envie que j'aurai de lui témoigner ma joie et ma reconnaissance me fera trouver de la voix, et peut-être même des paroles éloquentes. Cependant

---

1. M. Hessein.

je vous dirai que je suis aussi muet que jamais, quoique inondé d'eaux et de remèdes. Nous attendons la réponse de M. Fagon sur la relation que M. Bourdier lui a envoyée. Jusque-là, je ne puis rien vous dire sur mon départ. On me fait toujours espérer ici une guérison prochaine, et nous devons tenter le demi-bain, supposé que M. Fagon persiste toujours dans l'opinion qu'il me peut être utile. Après cela, je prendrai mon parti.

Vous ne sauriez croire combien je vous suis obligé de la tendresse que vous m'avez témoignée dans votre dernière lettre : les larmes m'en sont presque venues aux yeux; et, quelque résolution que j'eusse faite de quitter le monde, supposé que la voix ne me revînt point, cela m'a entièrement fait changer d'avis; c'est-à-dire, en un mot, que je me sens capable de quitter toutes choses, hormis vous. Adieu, mon cher monsieur : excusez si je ne vous écris pas une plus longue lettre; franchement je suis fort abattu. Je n'ai point d'appétit; je traîne les jambes plutôt que je ne marche, je n'oserais dormir, et je suis toujours accablé de sommeil. Je me flatte pourtant encore de l'espérance que les eaux de Bourbon me guériront. M. Amiot est homme d'esprit, et me rassure fort. Il se fait une affaire très-sérieuse de me guérir, aussi bien que les autres médecins. Je n'ai jamais vu de gens si affectionnés à leur malade, et je crois qu'il n'y en a pas un d'entre eux qui ne donnât quelque chose de sa santé pour me rendre la mienne. Outre leur affection, il y va de leur intérêt, parce que ma maladie fait grand bruit dans Bourbon. Cependant ils ne sont point d'accord, et M. Bourdier lève toujours des yeux très-tristes au ciel quand on parle de bain. Quoi qu'il en soit, je leur suis obligé de leurs soins et de leur bonne volonté; et quand vous m'écrirez, je vous prie de me dire quelque chose qui marque que je parle bien d'eux.

M. de la Chapelle m'a écrit une lettre fort obligeante, et m'envoie plusieurs inscriptions sur lesquelles il me prie de dire mon avis. Elles me paraissent toutes fort spirituelles; mais je ne saurais pas lui mander, pour cette fois, ce que j'y trouve à redire : ce sera pour le premier ordinaire. M. Boursault[1], que je croyais mort, me vint voir il y a cinq à six jours, et m'apparut le soir assez subitement. Il me dit qu'il s'était détourné de trois grandes lieues du chemin de Mont-Luçon, où il allait, et où il est habitué, pour avoir le bonheur de me saluer. Il me fit offre de toutes choses, d'argent, de commodités, de chevaux. Je lui répondis avec les mêmes honnêtetés, et voulus le retenir pour le lendemain à dîner; mais il me dit qu'il était obligé de s'en aller dès le grand matin : ainsi nous nous séparâmes amis à outrance. A propos d'amis, mes baisemains, je vous prie, à tous nos amis communs. Dites bien à M. Quinault[1] que je lui suis infiniment obligé de son souvenir, et des choses obligeantes qu'il a écrites de moi à M. l'abbé de Sales. Vous pouvez l'assurer que je le compte présentement au rang de mes meilleurs amis, et de ceux dont j'estime le plus le cœur et l'esprit. Ne vous étonnez pas si vous recevez quelquefois mes lettres un peu tard, parce que la poste n'est point à Bourbon, et que souvent, faute de gens pour envoyer à Moulins, on perd un ordinaire. Au nom de Dieu, mandez-moi avant toutes choses des nouvelles de M. Hessein.

23. — A RACINE.

Bourbon, le 23 août 1687.

On me vient avertir que la poste est de ce soir à Bourbon; c'est ce qui fait que je prends la plume à l'heure qu'il est, c'est-à-dire à dix heures du soir, qui est une heure fort extraordinaire aux malades de Bourbon, pour vous dire que, malgré les tragiques remontrances de M. Bourdier, je me suis mis aujourd'hui dans le demi-bain, par le conseil de M. Amiot, et même de M. des Trapières, que j'ai appelé au conseil. Je n'y ai été qu'une heure; cependant j'en suis sorti beaucoup en meilleur état que je n'y étais entré, c'est-à-dire la poitrine beaucoup plus dégagée, les jambes plus légères, l'esprit plus gai : et même mon laquais m'ayant demandé quelque chose, je lui ai répondu un *non* à pleine voix, qui l'a surpris lui-même, aussi bien qu'une servante qui était dans la chambre; et pour moi, j'ai cru l'avoir prononcé par enchantement. Il est vrai que je n'ai pu depuis rattraper ce ton-là; mais, comme vous voyez, monsieur, c'en est assez pour me remettre le cœur au ventre, puisque c'est une preuve que ma voix n'est pas entièrement perdue, et que le bain m'est très-bon. Je m'en vais piquer de ce côté-là, et je vous manderai le succès. Je ne sais pas pourquoi M. Fagon a molli si aisément sur les objections très-superstitieuses de M. Bourdier. Il y a tantôt six mois que je n'ai eu de véritable joie que ce soir. Adieu, mon cher monsieur; je dors en vous écrivant. Conservez-moi votre amitié, et croyez que si je recouvre la voix, je l'emploierai à publier à toute la terre la reconnaissance que j'ai des bontés que vous avez pour moi, et qui ont encore accru de beaucoup la véritable estime et la sincère amitié que j'avais pour vous. J'ai été ravi, charmé, enchanté du succès du quinquina; et ce qu'il a fait sur notre ami Hessein m'engage encore plus dans

---

[1]. Boursault était alors receveur des fermes à Mont-Luçon, d'où, à l'occasion de son emploi, il écrivit une lettre assez connue. Boileau l'avait attaqué dans ses satires. Boursault, pour s'en venger, fit imprimer contre lui une comédie intitulée *Satire des satires*. Cependant, quand il sut Boileau malade à Bourbon, il alla le voir, et lui offrit sa bourse. Boileau, sensible à ce trait de générosité, ôta dans la suite, de ses satires, le nom de Boursault. (L. R.)

[1]. Cet endroit doit détromper ceux qui croient que Boileau a toujours été l'ennemi de Quinault. (L. R.)

ses intérêts que la guérison de ma fièvre doubletierce.

24. — RACINE A BOILEAU.

Paris, 24 août 1687.

Je vous dirai, avant toute chose, que M. Hessein, excepté quelque petit reste de faiblesse, est entièrement hors d'affaire, et ne prendra plus que huit jours du quinquina, à moins qu'il n'en prenne pour son plaisir; car la chose devient à la mode, et on commencera bientôt, à la fin des repas, à le servir comme le café et le chocolat. L'autre jour, à Marly, MONSEIGNEUR, après un fort grand déjeuner avec madame la princesse de Conti[1] et d'autres dames, en envoya quérir deux bouteilles chez les apothicaires du roi, et en but le premier un grand verre; ce qui fut suivi par toute la compagnie, qui, trois heures après, n'en dîna que mieux. Il me semble que cela leur avait donné un plus grand air de gaieté ce jour-là; et, à ce même dîner, je contai au roi votre embarras entre vos deux médecins, et la consultation très-savante de M. Bourdier. Le roi eut la bonté de me demander ce qu'on vous répondait là-dessus, et s'il y avait à délibérer. « Oh ! pour moi, s'écria naturellement ma« dame la princesse de Conti, qui était à la table « à côté de Sa Majesté, j'aimerais mieux ne parler « de trente ans, que d'exposer ainsi ma vie pour « recouvrer la parole ». Le roi, qui voulut de faire la guerre à MONSEIGNEUR sur sa débauche de quinquina, lui demanda s'il ne voudrait point aussi tâter des eaux de Bourbon. Vous ne sauriez croire combien cette maison de Marly est agréable; la cour y est, ce me semble, tout autre qu'à Versailles. Il y a peu de gens, et le roi nomme tous ceux qui l'y doivent suivre. Ainsi tous ceux qui y sont, se trouvant fort honorés d'y être, y sont aussi de fort bonne humeur. Le roi même y est fort libre et fort caressant. On dirait à Versailles il est tout entier aux affaires, et qu'à Marly il est tout à lui et à son plaisir. Il m'a fait l'honneur plusieurs fois de me parler, et j'en suis sorti à mon ordinaire, c'est-à-dire fort charmé de lui, et au désespoir contre moi : car je ne me trouve jamais si peu d'esprit que dans ces moments où j'aurais le plus d'envie d'en avoir.

Du reste, je suis devenu riche de bons mémoires[2]. J'y ai entretenu tout à mon aise les gens qui pouvaient me dire le plus de choses de la campagne de Lille. J'eus même l'honneur de demander cinq ou six éclaircissements à M. de Louvois, qui me parla avec beaucoup de bonté. Vous savez sa manière, et comme toutes ses paroles sont pleines de droit sens et vont au fait. En un mot, j'en sortis très-savant et très-content. Il me dit que, tout autant de difficultés que nous aurions, il nous écouterait avec plaisir. Les questions que je lui fis regardaient Charleroi et Douai. J'étais en peine pourquoi on alla d'abord à Charleroi, et si on avait déjà nouvelle que les Espagnols l'eussent rasé ; car, en voulant écrire, je me suis trouvé arrêté tout à coup, et par cette difficulté, et par beaucoup d'autres que je vous dirai. Vous ne me trouverez peut-être, à cause de cela, guère plus avancé que vous, c'est-à-dire beaucoup d'idées et peu d'écriture. Franchement, je vous trouve fort à dire et dans mon travail et dans mes plaisirs. Une heure de conversation m'était d'un grand secours pour l'un et d'un grand accroissement pour les autres.

Je viens de recevoir une lettre de vous. Je ne doute pas que vous n'ayez présentement reçu celle où je vous mandais l'avis de M. Fagon ; et que M. Bourdier n'ait reçu des nouvelles de M. Fagon même, qui ne serviront pas peu à le confirmer dans son avis. Tout ce que vous m'écrivez de votre peu d'appétit et de votre abattement est très-considérable, et marque toujours, de plus en plus, que les eaux ne vous conviennent point. M. Fagon ne manquera pas de me répéter encore qu'il les faut quitter, et les quitter au plus vite; car, je vous l'ai mandé, il prétend que leur effet naturel est d'ouvrir l'appétit et de rendre les forces. Quand elles font le contraire, il y faut renoncer.

Je ne doute pas que vous ne vous remettiez bientôt en chemin pour revenir. Je suis persuadé comme vous que la joie de revoir un prince qui témoigne tant de bonté pour vous fera plus de bien que tous les remèdes. M. Roze m'avait déjà dit de vous mander de sa part qu'après Dieu le roi était le plus grand médecin du monde; et je fus même fort édifié que M. Roze voulût bien mettre Dieu avant le roi. Je commence à soupçonner qu'il pourrait bien être en effet dans la dévotion. M. Nicole a donné depuis deux jours au public deux tomes de *Réflexions sur les épîtres et sur les évangiles*, qui me semblent encore plus forts et plus édifiants que tout ce qu'il a fait. Je ne vous les envoie pas, parce que j'espère que vous serez bientôt de retour, et vous les trouverez infailliblement chez vous. Il n'a encore travaillé que sur la moitié des épîtres et des évangiles de l'année; j'espère qu'il achèvera le reste, pourvu qu'il plaise à Dieu et au révérend père de la Chaise de lui laisser encore un an de vie.

Il n'y a point de nouvelles de Hongrie que celles qui sont dans la gazette. M. de Lorraine, en passant la Drave, a fait, ce me semble, une entreprise de fort grand éclat et fort inutile. Cette expédition a bien l'air de celle qu'on fit pour secourir Philisbourg. Il a trouvé au delà de la rivière un bois, et

---

1. Anne Marie de Bourbon, dite mademoiselle de Blois, fille de Louis XIV et de madame de la Vallière, avait épousé le prince de Conti. Elle eut la douleur de voir mourir son époux, le 9 novembre 1685, des suites de la petite vérole, qu'elle lui avait communiquée.
2. Il ne perdait aucune occasion de rassembler des mémoires pour l'histoire du roi. (L. R.)

au delà de ce bois des ennemis retranchés jusqu'aux dents. M. de Termes est du nombre de ceux que je vous ai mandé qui avaient l'estomac farci de quinquina. Croyez-vous que le quinquina, qui vous a sauvé la vie, ne vous rendrait point la voix? Il devrait du moins vous être plus favorable qu'à un autre, vous qui vous êtes enroué tant de fois à le louer. Les comédiens, qui vous font si peu de pitié, sont pourtant toujours sur le pavé; et je crains, comme vous, qu'ils ne soient obligés de s'aller établir auprès des vignes de feu monsieur votre père[1] : ce serait un digne théâtre pour les œuvres de M. Pradon, j'allais ajouter de M. Boursault; mais je suis trop touché des honnêtetés que vous avez tout nouvellement reçues de lui. Je ferai tantôt à M. Quinault celles que vous me mandez de lui faire. Il me semble que vous avancez furieusement dans le chemin de la perfection. Voilà bien des gens à qui vous avez pardonné!

On m'a dit, chez madame votre sœur, que M. Marchand partait lundi prochain pour Bourbon :

Hei! vereor ne quid Andria adportet mali[2].

Franchement, j'appréhende un peu qu'il ne vous retienne. Il aime fort son plaisir. Cependant je suis assuré que M. Bourdier même vous dira de vous en aller. Le bien que les eaux vous pourraient faire est peut-être fait : elles auront mis votre poitrine en bon train. Les remèdes ne font pas toujours sur-le-champ leur plein effet; et mille gens, qui étaient allés à Bourbon pour des faiblesses de jambes, n'ont commencé à bien marcher que lorsqu'ils ont été de retour chez eux. Adieu, mon cher monsieur, vous me demandez pardon de m'avoir écrit une lettre trop courte, et vous avez raison de le demander; et moi, je vous le demande d'en avoir écrit une trop longue, et j'ai peut-être aussi raison.

25. — À RACINE.

Bourbon, le 28 août 1687.

Je ne m'étonne point, monsieur, que madame la princesse de Conti soit dans le sentiment où elle est. Quand elle aurait perdu la voix, il lui resterait encore un million de charmes pour se consoler de cette perte; elle serait encore la plus parfaite chose que la nature ait produite depuis longtemps. Il n'en est pas ainsi d'un misérable qui a besoin de sa voix pour être souffert des hommes, et qui a quelquefois à disputer contre M. Charpentier. Quand ce ne serait que cette dernière raison, il doit risquer quelque chose; et la vie n'est pas d'un si grand prix qu'il ne la puisse hasarder pour se mettre en état d'interrompre un tel parleur. J'ai

[1]. Le père de Boileau possédait des vignes du côté de Pantin, près du lieu où l'on transportait les immondices de Paris.
[2]. TÉRENCE, Andrienne, act. I, sc. 1, v. 45.

donc tenté l'aventure du demi-bain avec toute l'audace imaginable; mes valets faisant lire leur frayeur sur leurs visages, et M. Bourdier s'étant retiré pour n'être point témoin d'une entreprise si téméraire. A vous dire vrai, cette aventure a été un peu semblable à celle des *maillotins* dans Don Quichotte : je veux dire qu'après bien des alarmes, il s'est trouvé qu'il n'y avait qu'à rire, puisque non-seulement le bain ne m'a point augmenté la fluxion sur la poitrine, mais qu'il me l'a même fort soulagée; et que, s'il ne m'a rendu la voix, il m'a du moins en partie rendu la santé. Je ne l'ai encore essayé que quatre fois, et M. Amiot prétend le pousser jusqu'à dix; après quoi, si la voix ne me revient, il m'assure qu'il me donnera mon congé. Je conçois un fort grand plaisir à vous revoir et à vous embrasser; mais vous ne sauriez croire pourtant tout ce qui se présente d'affreux à mon esprit, quand je songe qu'il me faudra peut-être repasser muet par ces hôtelleries, et revenir sans voix dans ces mêmes lieux où l'on m'avait tant de fois assuré que les eaux de Bourbon me guériraient infailliblement. Il n'y a que Dieu et vos consolations qui me puissent soutenir dans une si juste occasion de désespoir.

J'ai été fort frappé de l'agréable débauche de Monseigneur chez madame la princesse de Conti : mais ne songe-t-il point à l'insulte qu'il a faite par là à tous messieurs de la faculté? Passe pour avaler le quinquina sans avoir la fièvre; mais de le prendre sans s'être préalablement fait saigner et purger, c'est une chose qui crie vengeance, et il y a une espèce d'effronterie à ne se point trouver mal après un tel attentat contre toutes les règles de la médecine. Si Monseigneur et toute sa compagnie avaient, avant tout, pris une dose de séné dans quelque sirop convenable, cela lui aurait à la vérité coûté quelques tranchées, et l'aurait mis, lui et tous les autres, hors d'état de dîner : mais il y aurait eu au moins quelques formes gardées; et M. Bachot[1] aurait trouvé le trait galant. Au lieu que de la manière dont la chose s'est faite, cela ne saurait jamais être approuvé que des gens de cour et du monde, et non point des véritables disciples d'Hippocrate, gens à barbe vénérable, et qui ne verront point assurément ce qu'il peut y avoir eu de plaisant à tout cela. Que si personne n'en a été malade, ils vous répondront qu'il y a eu du sortilége; et en effet, monsieur, de la manière dont vous me peignez Marly, c'est un véritable lieu d'enchantement. Je ne doute point que les fées n'y habitent. En un mot, tout ce qui s'y dit et tout ce qui s'y fait me paraît enchanté; mais surtout les discours du maître du château ont quelque chose de fort ensorcelant, et ont un charme qui se fait sentir jusqu'à Bourbon. De quelque pitoyable manière que vous m'ayez conté la disgrâce des comédiens, je n'ai pu

[1]. Apothicaire.

m'empêcher d'en rire. Mais dites-moi, monsieur, supposé qu'ils aillent habiter où je vous ai dit, croyez-vous qu'ils boivent du vin du cru? Ce ne serait pas une mauvaise pénitence à proposer à M. de Champmeslé, pour tant de bouteilles de vin de Champagne qu'il a bues, vous savez aux dépens de qui. Vous avez raison de dire qu'ils auront là un merveilleux théâtre pour jouer les pièces de M. Pradon; et d'ailleurs ils y auront une commodité : c'est que quand le souffleur aura oublié d'apporter la copie de ses ouvrages, il en retrouvera infailliblement une bonne partie dans les précieux dépôts qu'on apporte tous les matins en cet endroit. M. Fagon n'a point écrit à M. Bourdier. Faites bien des compliments pour moi à M. Roze. Les gens de son tempérament sont de fort dangereux ennemis; mais il n'y a point aussi de plus chauds amis, et je sais qu'il a de l'amitié pour moi. Je vous félicite des conversations fructueuses que vous avez eues avec M. de Louvois, d'autant plus que j'aurai part à votre récolte. Ne craignez point que M. Marchand m'arrête à Bourbon. Quelque amitié que j'aie pour lui, il n'entre point en balance avec vous, et *l'Andrienne n'apportera aucun mal*[1]. Je meurs d'envie de voir les Réflexions de M. Nicole, et je m'imagine que c'est Dieu qui me prépare ce livre à Paris, pour me consoler de mon infortune. J'ai fort ri de la raillerie que vous me faites sur les gens à qui j'ai pardonné. Cependant savez-vous bien qu'il y a à cela plus de mérite que vous ne croyez, si le proverbe italien est vrai, que *Chi offende non perdona*[2]?

L'action de M. de Lorraine ne me paraît point si inutile qu'on se veut imaginer, puisque rien ne peut mieux confirmer l'assurance de ses troupes que de voir que les Turcs n'ont osé sortir de leurs retranchements, ni même donner sur son arrière-garde dans sa retraite : et il faut en effet que ce soient de grands coquins, pour l'avoir ainsi laissé repasser la Drave. Croyez-moi, ils seront battus; et la retraite de M. de Lorraine a plus de rapport à la retraite de César, quand il décampa devant Pompée, qu'à l'affaire de Philisbourg. Quand vous verrez M. Hessein, faites-le ressouvenir que nous sommes frères en quinquina, puisqu'il nous a sauvé la vie à l'un et à l'autre. Vous pensez vous moquer, mais je ne sais pas si je n'en essayerai point pour le recouvrement de ma voix. Adieu, mon cher monsieur; aimez-moi toujours, et croyez qu'il n'y a rien au monde que j'aime plus que vous. Je ne sais où vous êtes mis en tête que vous m'aviez écrit une longue lettre, car je n'en ai jamais trouvé une si courte.

1. Allusion au vers de Térence cité par Racine dans la lettre précédente.
2. Il avoue qu'il les a offensés. (L. R.)

26. — AU MÊME.

Bourbon, le 2 septembre 1687.

Ne vous étonnez pas, monsieur, si vous ne recevez pas des réponses à vos lettres aussi promptement que peut-être vous souhaitez, parce que la poste est fort irrégulière à Bourbon, et qu'on ne sait pas trop bien quand il faut écrire. Je commence à songer à ma retraite. Voilà tantôt la dixième fois que je me baigne; et, à ne vous rien celer, ma voix est tout au même état que quand je suis arrivé. Le monosyllabe que j'ai prononcé n'a été qu'un effet de ces petits tons que vous savez qui m'échappent quelquefois quand j'ai beaucoup parlé, et mes valets ont été un peu trop prompts à crier miracle. La vérité est pourtant que le bain m'a renforcé les jambes et fortifié la poitrine; mais pour ma voix, ni le bain, ni la boisson des eaux, ne m'ont de rien servi. Il faut donc s'en aller de Bourbon aussi muet que j'y suis arrivé. Je ne saurais vous dire quand je partirai; je prendrai brusquement mon parti, et Dieu veuille que le déplaisir ne me tue pas en chemin! Tout ce que je vous puis dire, c'est que jamais exilé n'a quitté son pays avec tant d'affliction que je retournerai au mien. Je vous dirai encore plus : c'est que, sans votre considération, je ne crois pas que j'eusse jamais revu Paris, où je ne connais aucun autre plaisir que celui de vous revoir. Je suis bien fâché de la juste inquiétude que vous donne la fièvre de monsieur votre jeune fils[1]. J'espère que cela ne sera rien; mais si quelque chose me fait craindre pour lui, c'est le nombre des bonnes qualités qu'il a, puisque je n'ai jamais vu d'enfant de son âge si accompli en toutes choses. M. Marchand est arrivé ici samedi. J'ai été fort aise de le voir; mais je ne tarderai guère à le quitter. Nous faisons notre ménage ensemble. Il est toujours aussi bon et aussi méchant que jamais. J'ai su par lui tout ce qu'il y a de mal à Bourbon, dont je ne savais pas un mot à son arrivée. Votre relation de l'affaire de Hongrie m'a fait un très-grand plaisir, et m'a fait comprendre en très-peu de mots ce que les plus longues relations ne m'auraient peut-être pas appris. Je l'ai débitée à tout Bourbon, où il n'y avait qu'une relation d'un commis de M. Jacques[2], où, après avoir parlé du grand vizir, on ajoutait, entre autres choses, que *ledit vizir voulant réparer le grief qui lui avait été fait*, etc. Tout le reste était de ce style. Adieu, mon cher monsieur; aimez-moi toujours, et croyez que vous seul êtes ma consolation.

Je vous écrirai en partant de Bourbon, et vous aurez de mes nouvelles en chemin. Je ne sais pas trop le parti que je prendrai à Paris. Tous mes livres sont à Auteuil, où je ne puis plus désormais

1. J. B. Racine, fils aîné; il était alors âgé de neuf ans.
2. Entrepreneur de la fourniture des vivres dans l'armée du duc de Lorraine.

aller les hivers. J'ai résolu de prendre un logement pour moi seul[1]. Je suis las franchement d'entendre le tintamare des nourrices et des servantes. Je n'ai qu'une chambre et point de meubles au cloître[2]. Tout ceci soit dit entre nous; mais cependant je vous prie de me mander votre avis. N'ayant point de voix, il me faut du moins de la tranquillité. Je suis las de me sacrifier au plaisir et à la commodité d'autrui. Il n'est pas vrai que je ne puisse bien vivre et tenir seul ménage : ceux qui le croient se trompent grossièrement. D'ailleurs je prétends désormais mener un genre de vie dont tout le monde ne s'accommodera pas. J'avais pris des mesures que j'aurais exécutées, si ma voix ne s'était point éteinte. Dieu ne l'a pas voulu. J'ai honte de moi-même, et je rougis des larmes que je répands en vous écrivant ces derniers mots.

27. — RACINE A BOILEAU.

Paris, 5 septembre 1687.

J'avais destiné cette après-dînée à vous écrire fort au long; mais

Un cousin, abusant d'un fâcheux parentage[3],

est venu malheureusement me voir, et il ne fait que de sortir de chez moi. Je ne vous écris donc que pour vous dire que je reçus avant-hier une lettre de vous. Le P. Bouhours et le P. Rapin étaient dans mon cabinet quand je la reçus. Je leur en fis la lecture en la décachetant, et je leur fis un fort grand plaisir. Je regardais pourtant de loin, à mesure que je la lisais, s'il n'y avait rien dedans qui fût trop janséniste. Je vis vers la fin le nom de M. Nicole, et je sautai bravement, ou, pour mieux dire, lâchement, par-dessus. Je n'osai m'exposer à troubler la grande joie et même les éclats de rire que leur causèrent plusieurs choses fort plaisantes que vous me mandiez. Nous aurions été tous trois les plus contents du monde, si nous eussions trouvé à la fin de votre lettre que vous parliez à votre ordinaire, comme nous trouvions que vous écriviez avec le même esprit que vous avez toujours eu. Ils sont, je vous assure, tous deux fort de vos amis, et même de fort bonnes gens. Nous avions été le matin entendre le P. de Villiers, qui faisait l'oraison funèbre de monsieur le Prince, grand-père de monsieur le Prince d'aujourd'hui. Il y a joint les louanges du dernier mort, et il s'est enfoncé jusqu'au cou dans le combat de Saint-Antoine; Dieu sait combien judicieusement! En vérité, il a beaucoup d'esprit, mais il aurait bien besoin de se laisser conduire. J'annonçai au P. Bouhours un nouveau livre qui excita fort sa curiosité : ce sont les *Remarques de M. de Vaugelas, avec les notes de Thomas Corneille*. Cela est ainsi affiché dans Paris depuis quatre jours. Auriez-vous jamais cru voir ensemble M. de Vaugelas et M. de Corneille le jeune, donnant des règles sur la langue[1]?

J'eusse bien voulu vous pouvoir mander que M. de Louvois est guéri, en vous mandant qu'il a été malade; mais ma femme, qui vient de voir madame de La Chapelle[2], m'apprend qu'il a encore de la fièvre. Elle était d'abord comme continue, et même assez grande, elle n'est présentement qu'intermittente; et c'est encore une des obligations que nous avons au quinquina. J'espère que je vous manderai lundi qu'il est absolument guéri. Outre l'intérêt du roi et celui du public, nous avons, vous et moi, un intérêt très-particulier à lui souhaiter une longue santé. On ne peut pas nous témoigner plus de bonté qu'il nous en témoigne; et vous ne sauriez croire avec quelle amitié il m'a toujours demandé de vos nouvelles. Bonsoir, mon cher monsieur; je salue de tout mon cœur M. Marchand. Je vous écrirai plus au long lundi. Mon fils est guéri.

BILLET A M. DE LAMOIGNON
AVOCAT GÉNÉRAL.

A Paris, lundi[3].

M. Racine est présentement tout occupé à finir sa pièce, qui sera vraisemblablement achevée cette semaine. Il vous prie donc, monsieur, de remettre à la semaine qui vient le récit que vous souhaitez qu'il fasse à madame de Lamoignon et au P. de La Rue. Pour Auteuil, il ne tiendra qu'à vous de l'honorer, quand il vous plaira, de votre présence. Je serais bien aise néanmoins que vous le vissiez dans tout son éclat, c'est-à-dire avec un soleil digne du mois de juin, et non pas dans une journée de pluies et de frimas, comme celle d'aujourd'hui. Je suis votre très-humble et très-obéissant serviteur.

DESPRÉAUX.

28. RACINE ET BOILEAU
AU MARÉCHAL DUC DE LUXEMBOURG
FÉLICITATION SUR LA VICTOIRE DE FLEURUS[4].

A Paris, 8 juillet 1690.

Au milieu des louanges et des compliments que vous recevez de tous côtés pour le grand service

---

1. Il demeurait alors chez M. Dongois, son neveu, et avait envie de vivre seul. (L. R.)
2. Au Cloître Notre-Dame, chez l'abbé de Dreux, conseiller au parlement et chanoine de l'église de Paris.
3. Épître VI.

1. Vaugelas était mort en 1649.
2. Nièce de Boileau; c'est d'elle qu'il s'agit dans la lettre de Racine, du 4 août 1687.
3. Ce billet paraît avoir été écrit en 1688 au sujet d'*Esther*, ou en 1690 au sujet d'*Athalie*. Il possédait depuis 1685 sa maison d'Auteuil, où il désirait recevoir M. de Lamoignon.
4. Remportée le 1er juillet 1690 par le maréchal de Luxembourg, sur le prince de Valdeck.

que vous venez de rendre à la France, trouvez bon, monseigneur, qu'on vous remercie aussi du grand bien que vous avez fait à l'histoire, et du soin que vous prenez de l'enrichir. Personne jusqu'ici n'y a travaillé avec plus de succès que vous, et la bataille que vous venez de gagner fera sans doute un de ses plus magnifiques ornements. Jamais il n'y en eut de si propre à être racontée, et tout s'y rencontre à la fois, la grandeur de la querelle, l'animosité des deux partis, l'audace et la multitude des combattants, une résistance de plus de six heures, un carnage horrible, et enfin une déroute entière des ennemis. Jugez donc quel agrément c'est, pour des historiens, d'avoir de telles choses à écrire, surtout quand ces historiens peuvent espérer d'en apprendre de votre bouche même le détail. C'est de quoi nous osons nous flatter; mais laissant là l'histoire à part, sérieusement, monseigneur, il n'y a point de gens qui soient si véritablement touchés que nous de l'heureuse victoire que vous avez remportée. Car, sans compter l'intérêt général que nous y prenons avec tout le royaume, figurez-vous quelle est notre joie d'entendre publier partout que nos affaires sont rétablies, toutes les mesures des ennemis rompues, la France, pour ainsi dire, sauvée; et de songer que le héros qui a fait tous ces miracles est ce même homme d'un commerce si agréable, qui nous honore de son amitié, et qui nous donna à dîner le jour que le roi lui donna le commandement de ses armées. Nous sommes avec un profond respect, monseigneur, vos très-humbles et très-obéissants serviteurs.

RACINE, DESPRÉAUX.

29. — A RACINE.

Paris, 25 mars 1691.

Je ne voyais proprement que vous pendant que vous étiez à Paris, et depuis que vous n'y êtes plus, je ne vois plus, pour ainsi dire, personne. N'attendez donc pas que je vous rende nouvelles pour nouvelles, puisque je n'en sais aucune. D'ailleurs, il n'est guère fait mention à Paris présentement que du siége de Mons, dont je ne crois pas vous devoir instruire. Les particularités que vous m'en avez mandées m'ont fait un fort grand plaisir. Je vous avoue pourtant que je ne saurais digérer que le roi s'expose comme il le fait. C'est une mauvaise habitude qu'il a prise, dont il devrait se guérir; et cela ne s'accorde pas avec cette haute prudence qu'il fait paraître dans toutes ses autres actions. Est-il possible qu'un prince qui prend si bien ses mesures pour assiéger Mons en prenne si peu pour la conservation de sa propre personne? Je sais bien qu'il a pour lui l'exemple des Alexandre et des César, qui s'exposaient de la sorte; mais avaient-ils raison de le faire? Je doute qu'il ait lu ce vers d'Horace:

Decipit exemplar vitiis imitabile[1].

Je suis ravi d'apprendre que vous êtes dans un couvent, en même cellule que M. de Cavoie[2]; car, bien que le logement soit un peu étroit, je m'imagine qu'on n'y garde pas trop étroitement les règles, et qu'on n'y fait pas la lecture pendant le dîner, si ce n'est peut-être de lettres pareilles à la mienne. Je vous dis bien en partant que je ne vous plaignais plus, puisque vous faisiez le voyage avec un homme tel que lui, auprès duquel on trouve toutes sortes de commodités, et dont la compagnie pourrait consoler de toutes sortes d'incommodités. Et puis, je vois bien qu'à l'heure qu'il est, vous êtes un soldat parfaitement aguerri contre les périls et contre la fatigue. Je vois bien, dis-je, que vous allez recouvrer votre honneur à Mons; et que toutes les mauvaises plaisanteries du voyage de Gand ne tomberont plus que sur moi[3]. M. de Cavoie a déjà assez bien commencé à m'y préparer. Dieu veuille seulement que je les puisse entendre, au hasard même d'y mal répondre! Mais, à ne vous rien celer, non-seulement mon mal ne finit point, mais je doute même qu'il guérisse. En récompense, me voilà fort bien guéri d'ambition et de vanité. Et, en vérité, je ne sais si cette guérison-là ne vaut pas bien l'autre, puisqu'à mesure que les honneurs et les biens me fuient, il me semble que la tranquillité me vient. J'ai été une fois à notre assemblée depuis votre départ. M. de La Chapelle ne manqua pas, comme vous vous le figurez bien, de proposer d'abord une médaille sur le siége de Mons: et j'en imaginai une sur...

30. — RACINE A BOILEAU.

Au camp devant Mons, 8 avril 1691.

On nous avait trop tôt mandé la prise de l'ouvrage à cornes: il ne fut attaqué pour la première fois qu'avant-hier. Encore fut-il abandonné un moment après par les grenadiers du régiment des Gardes, qui s'épouvantèrent mal à propos, et que leurs officiers ne purent retenir, même en leur présentant l'épée nue, comme pour les percer. Le lendemain, qui était hier, sur les neuf heures du matin, on recommença une autre attaque avec beaucoup plus de précaution que la précédente. On choisit pour cela huit compagnies de grenadiers, tant du régiment du Roi, que d'autres régiments, qui tous méprisent fort les soldats des Gardes, qu'ils appellent des *Pierrots*. On commanda aussi cent

---

1. Liv. I, ép. XIX, v. 17.
2. Louis d'Oger, marquis de Cavoie, était originaire de Picardie, grand maréchal des logis de la maison du roi, et très-lié avec Racine.
3. Voyez les *Mémoires* de Louis Racine.

cinquante mousquetaires des deux compagnies pour soutenir les grenadiers. L'attaque se fit avec une vigueur extraordinaire, et dura trois bons quarts d'heure; car les ennemis se défendirent en fort braves gens, et quelques-uns d'entre eux se colletèrent même avec quelques-uns de nos officiers. Mais comment auraient-ils pu faire? Pendant qu'ils étaient aux mains, tout notre canon tirait sans discontinuer sur les deux demi-lunes qui devaient les couvrir, et d'où, malgré cette tempête de canon, on ne laissa pourtant pas de faire un feu épouvantable. Nos bombes tombaient aussi à tous moments sur ces demi-lunes, et semblaient les renverser sens dessus dessous. Enfin, nos gens demeurèrent les maîtres, et s'établirent de manière qu'on n'a pas même osé les inquiéter. Nous y avons bien perdu deux cents hommes, entre autres huit ou dix mousquetaires, du nombre desquels était le fils de M. le prince de Courtenai[1], qui a été trouvé mort dans la palissade de la demi-lune; car quelques mousquetaires poussèrent jusque dans cette demi-lune, malgré la défense expresse de M. de Vauban et de M. de Maupertuis[2], croyant faire sans doute la même chose qu'à Valenciennes. Ils furent obligés de revenir fort vite sur leurs pas; et c'est là que la plupart furent tués ou blessés. Les grenadiers, à ce que dit M. de Maupertuis lui-même, ont été aussi braves que les mousquetaires. De huit capitaines, il y en a eu sept tués ou blessés. J'ai retenu cinq ou six actions ou paroles de simples grenadiers, dignes d'avoir place dans l'histoire; et je vous les dirai quand nous nous reverrons. M. de Châteauvillain, fils de M. le grand trésorier de Pologne[3], était à tout, et est un des hommes de l'armée le plus estimé. La Chesnaye[4] a aussi fort bien fait. Je vous les nomme tous deux, parce que vous les connaissez particulièrement; mais je ne puis vous dire assez de bien du premier, qui joint beaucoup d'esprit à une fort grande valeur. Je voyais toute l'attaque fort à mon aise, d'un peu loin à la vérité; mais j'avais de fort bonnes lunettes, que je ne pouvais presque tenir fermes, tant le cœur me battait à voir tant de si braves gens dans le péril. On fit une suspension pour retirer les morts de part et d'autre. On trouva de nos mousquetaires morts dans le chemin couvert de la demi-lune. Deux mousquetaires blessés s'étaient couchés parmi ces morts, de peur d'être achevés: ils se levèrent tout à coup sur leurs pieds, pour s'en revenir avec les morts qu'on remportait; mais les nôtres prétendirent qu'ayant été trouvés sur le terrain, ils devaient demeurer prisonniers. Notre officier ne put pas en

disconvenir, mais il voulut au moins donner de l'argent aux Espagnols, afin de faire traiter ces deux mousquetaires. Les Espagnols répondirent : « Ils « seront mieux traités parmi nous que parmi vous, « et nous avons de l'argent plus qu'il n'en faut pour « nous et pour eux ». Le gouverneur fut un peu plus incivil; car M. de Luxembourg lui ayant envoyé une lettre par un tambour pour s'informer si le chevalier d'Estrades[1], qui s'est trouvé perdu, n'était point du nombre des prisonniers qui ont été faits dans ces deux actions, le gouverneur ne voulut lui lire la lettre, ni voir le tambour.

On a pris aujourd'hui deux manières de paysans, qui étaient sortis de la ville avec des lettres pour M. de Castanaga[2]. Ces lettres portaient que la place ne pouvait plus tenir que cinq ou six jours. En récompense, comme le roi regardait de la tranchée tirer nos batteries cette après-dînée, un homme, qui apparemment était quelque officier ennemi, déguisé en soldat avec un simple habit gris, est sorti, à la vue du roi, de notre tranchée; et, traversant jusqu'à une demi-lune des ennemis, s'est jeté dedans, et on a vu deux des ennemis venir au-devant de lui pour le recevoir. J'étais aussi dans la tranchée dans ce temps-là, et je l'ai conduit de l'œil jusque dans la demi-lune. Tout le monde a été surpris au dernier point de son impudence; mais vraisemblablement il n'empêchera pas la place d'être prise dans cinq ou six jours[3]. Toute la demi-lune est presque éboulée, et les remparts de ce côté-là ne tiennent plus à rien : on n'a jamais vu un tel feu d'artillerie. Quoique je vous dise que j'ai été dans la tranchée, n'allez pas croire que j'aie été dans aucun péril : les ennemis ne tiraient plus de ce côté-là, et nous étions tous, ou appuyés sur le parapet, ou debout sur le revers de la tranchée; mais j'ai couru d'autres périls, que je vous conterai en riant quand nous serons de retour.

Je suis, comme vous, tout consolé de la réception de Fontenelle. M. Roze partit, fâché de voir, dit-il, l'Académie *in pejus ruere*. Il vous fait ses baisemains avec des expressions très-fortes, à son ordinaire. M. de Cavoie, et quantité de nos communs amis, m'ont chargé aussi de vous en faire. Voilà, ce me semble, une assez longue lettre; mais j'ai les pieds chauds, et je n'ai guère de plus grand plaisir que de causer avec vous. Je crois que le nez a saigné au prince d'Orange, et il n'est tantôt plus fait mention de lui. Vous me ferez un extrême plaisir de m'écrire, quand cela vous sera aussi quelque plaisir. Je vous prie de faire mes baisemains à M. de La Chapelle. Ayez la bonté de mander à ma femme que vous avez reçu de mes nouvelles.

---

1. Louis Gaston, fils aîné de Louis-Charles, prince de Courtenai, n'avait guère que vingt ans lorsqu'il fut tué.
2. Louis de Melun, marquis de Maupertuis, capitaine de la première compagnie de mousquetaires, mort en 1721, sans postérité, à l'âge de quatre-vingt-six ans.
3. Le comte de Morstein, grand trésorier de Pologne, s'était établi en France, où il avait acquis le comté de Châteauvillain.
4. On lit dans le *Journal de Dangeau*, que la Chesnaye eut un cheval tué sous lui, entre le roi et le comte de Toulouse.

---

1. Gabriel-Joseph, second fils du maréchal d'Estrades, fut tué le 3 août de l'année suivante, au combat de Steinkerque.
2. Gouverneur de Bruxelles.
3. Elle le fut en effet le 9 avril 1691, six jours après la date de cette lettre.

J'ai oublié de vous dire que, pendant que j'étais sur le mont Pagnotte à regarder l'attaque, le R. P. de la Chaise était dans la tranchée, et même fort près de l'attaque, pour la voir plus distinctement. J'en parlais hier au soir à son frère[1], qui me dit tout naturellement : « Il se fera tuer un de ces « jours ». Ne dites rien de cela à personne; car on croirait la chose inventée, et elle est très-vraie et très-sérieuse.

31. — ANTOINE ARNAULD, DOCTEUR DE SORBONNE
A BOILEAU,
QUI LUI AVAIT ENVOYÉ LA TRAGÉDIE D'ATHALIE.

De Bruxelles, ce 10 avril 1691.

Ce ne sont pas les scrupules du P. Massillon qui ont été cause que j'ai tant différé à vous écrire de l'Athalie, pour remercier l'auteur du présent qu'il m'en a fait. Je l'ai reçue tard, et l'ai lue aussitôt deux ou trois fois avec une grande satisfaction; mais j'ai depuis été si fort occupé, que je n'ai pas cru me pouvoir détourner pour quoi que ce soit; à quoi ont succédé des empêchements d'écrire qui venaient d'autres causes. Si j'avais plus de loisir, je vous marquerais plus au long ce que j'ai trouvé dans cette pièce qui me la fait admirer. Le sujet y est traité avec un art merveilleux, les caractères bien soutenus, les vers nobles et naturels. Ce qu'on y fait dire aux gens de bien inspire du respect pour la religion et pour la vertu; et ce que l'on fait dire aux méchants n'empêche point qu'on n'ait de l'horreur de leur malice : en quoi je trouve que beaucoup de poëtes sont blâmables, mettant tout leur esprit à faire parler leurs personnages d'une manière qui peut rendre leur cause si bonne, qu'on est plus porté à approuver ou à excuser les plus méchantes actions, qu'à en avoir de la haine. Mais comme il est bien difficile que deux enfants du même père soient si également parfaits, qu'il n'ait pas plus d'inclination pour l'un que pour l'autre, je voudrais bien savoir laquelle de ses deux pièces votre voisin aime davantage. Mais, pour moi, je vous dirai franchement que les charmes de la cadette n'ont pu m'empêcher de donner la préférence à l'aînée[2]. J'en ai beaucoup de raisons, dont la principale est que j'y trouve beaucoup plus de choses très-édifiantes et très-capables d'inspirer de la piété. Je suis tout à vous.

32. — RACINE A BOILEAU.

Versailles, ce mardi 8 avril 1692.

Madame de Maintenon m'a dit ce matin que le roi avait réglé notre pension[3] à quatre mille francs pour moi, et à deux mille francs pour vous : cela s'entend, sans y comprendre notre pension de gens de lettres. Je l'ai fort remerciée pour vous et pour moi. Je viens aussi tout à l'heure de remercier le roi. Il m'a paru qu'il avait quelque peine qu'il y eût de la diminution; mais je lui ai dit que nous étions trop contents. J'ai plus appuyé encore sur vous que sur moi, et j'ai dit au roi que vous prendriez la liberté de lui écrire pour le remercier, n'osant pas lui venir donner la peine d'élever sa voix[1] pour vous parler. J'ai dit en propres paroles : « Sire, il a plus d'esprit que jamais, plus « de zèle pour Votre Majesté, et plus d'envie de « travailler pour votre gloire ». Vous voyez enfin que les choses ont été réglées comme vous l'avez souhaité vous-même. Je ne laisse pas d'avoir une vraie peine de ce qu'il semble que je gagne à cela plus que vous[2]; mais outre les dépenses et les fatigues des voyages, dont je suis assez aise que vous soyez délivré, je vous connais si noble et si plein d'amitié, que je suis assuré que vous souhaiteriez de bon cœur que je fusse encore mieux traité. Je serai très-content si vous l'êtes en effet. J'espère vous revoir bientôt. Je demeure ici pour voir de quelle manière la chose doit tourner; car on ne m'a point encore dit si c'est par un brevet, ou si c'est à l'ordinaire sur la cassette. Je suis entièrement à vous. Il n'y a rien de nouveau ici. On ne parle que du voyage[3], et tout le monde n'est occupé que de ses équipages.

Je vous conseille d'écrire quatre lignes au roi, et autant à madame de Maintenon, qui assurément s'intéresse toujours avec beaucoup d'amitié à tout ce qui vous touche. Envoyez-moi vos lettres par la poste, ou par votre jardinier, comme vous le jugerez à propos.

33. — A RACINE.

Paris, 9 avril 1692.

Êtes-vous fou avec vos compliments? Ne savez-vous pas bien que c'est moi qui ai, pour ainsi dire, prescrit la chose de la manière qu'elle s'est faite. Et pouvez-vous douter que je ne sois parfaitement content d'une affaire où l'on m'accorde tout ce que je demande? Tout va le mieux du monde, et je suis encore plus réjoui pour vous que pour moi-même.

Je vous envoie deux lettres, que j'écris, suivant vos conseils, l'une au roi, l'autre à madame de Maintenon. Je les ai écrites sans faire de brouillon, et je n'ai point ici de conseil : ainsi, je vous prie d'examiner si elles sont en état d'être données,

---

1. Le comte de la Chaise, capitaine de la porte du roi.
2. *Esther*.
3. D'historiographes.

1. Boileau commençait à devenir un peu sourd. (L. R.)
2. Que ce scrupule est devenu rare parmi les gens de lettres! (ID.)
3. Le voyage de Flandre : il eut lieu le mois suivant, et le roi y fut suivi de toute sa cour. Le siége et la prise de Namur en présence de cent mille hommes, commandés par le prince d'Orange et l'électeur de Bavière, furent les événements les plus remarquables de cette campagne.

afin que je les réforme, si vous ne les trouvez pas bien. Je vous les envoie pour cela toutes décachetées ; et, supposé que vous trouviez à propos de les présenter, prenez la peine d'y mettre votre cachet. Je verrai aujourd'hui madame Racine pour la féliciter. Je vous donne le bonjour, et suis tout à vous. Je ne reçus votre lettre qu'hier tout au soir, et je vous envoie mes trois lettres à huit heures par la poste. Voilà, ce me semble, une assez grande diligence pour le plus paresseux de tous les hommes.

34. — RACINE A BOILEAU.

Versailles, 11 avril 1692.

Je vous renvoie vos deux lettres avec mes remarques, dont vous ferez tel usage qu'il vous plaira. Tâchez de me les renvoyer avant six heures, ou, pour mieux dire, avant cinq heures et demie du soir, afin que je les puisse donner avant que le roi entre chez madame de Maintenon. J'ai trouvé que *la trompette et les sourds* étaient trop joués [1], et qu'il ne fallait point trop appuyer sur cette incommodité, moins encore chercher de l'esprit sur ce sujet. Du reste les lettres seront fort bien, et il n'en faut pas davantage. Je m'assure que vous donnerez un meilleur tour aux choses que j'ai ajoutées. Je ne veux point faire attendre votre jardinier.

Je n'ai point encore de nouvelles de la manière dont notre affaire sera tournée. M. de Chevreuse veut que je le laisse achever ce qu'il a commencé, et dit que nous nous en trouverons bien. Je vous conseille de lui écrire un mot à votre loisir. On ne peut pas avoir plus d'amitié qu'il en a pour vous.

35. — RACINE AU MÊME.

Versailles, 11 avril 1692.

Vos deux lettres sont à merveille, et je les donnerai tantôt. M. de Pontchartrain oublia de parler hier, et ne peut parler que dimanche ; mais j'en fus bien aise, parce que M. de Chevreuse aura le temps de le voir. M. de Pontchartrain me parla de notre autre pension, et de la *petite académie*, mais avec une bonté incroyable, en me disant que, dans un autre temps, il prétend bien faire d'autres choses pour vous et pour moi.

Je ne crois pas aller à Auteuil : ainsi, ne m'y attendez point. Je ne crois pas même aller à Paris encore demain ; et, en ce cas, je vous prie de tout mon cœur de faire bien mes excuses à M. de Pontchartrain [2] que j'ai une extrême impatience de revoir. Madame sa mère me demanda hier fort obligeamment si nous n'allions pas toujours chez lui ; je lui dis que c'était bien notre dessein de recommencer à y aller.

J'envoie à Paris pour un volume de M. de Noailles, que mon laquais prétend avoir rapporté chez lui, et qu'on n'y trouve point. Cela me désole. Je vous prie de lui dire si vous ne croyez point l'avoir chez vous. Je vous donne le bonjour.

36. — RACINE AU MÊME.

Au camp de Gévries, 21 mai 1692.

Il faut que j'aime M. Vigan [1] autant que je fais pour ne lui pas vouloir beaucoup de mal du contre-temps dont il a été cause. Si je n'avais pas eu des embarras, tels que vous pouvez vous imaginer, je vous aurais été chercher à Auteuil. Je ne vous ai pas écrit pendant le chemin, parce que j'étais chagrin au dernier point d'un vilain clou qui m'est venu au menton, qui m'a fait de fort grandes douleurs, jusqu'à me donner la fièvre deux jours et deux nuits. Il est percé, Dieu merci, et il ne me reste plus qu'un emplâtre qui me défigure, et dont je me consolerais volontiers, sans toutes les questions importunes que cela m'attire à tout moment.

Le roi fit hier la revue de son armée et de celle de M. de Luxembourg. C'était assurément le plus grand spectacle qu'on ait vu depuis plusieurs siècles. Je ne me souviens point que les Romains en aient vu un tel ; car leurs armées n'ont guère passé, ce me semble, quarante, ou tout au plus cinquante mille hommes, et il y avait hier six vingt mille hommes ensemble sur quatre lignes. Comptez qu'à la rigueur il n'y avait pas là-dessus trois mille hommes à rabattre. Je commençai à onze heures du matin à marcher ; j'allai toujours au grand pas de mon cheval, et je ne finis qu'à huit heures du soir ; enfin on était deux heures à aller du bout d'une ligne à l'autre. Mais, si on n'a jamais vu tant de troupes ensemble, assurez-vous que jamais on n'en a vu de si belles. Je vous rendrais un fort bon compte des deux lignes de l'armée du roi et de la première de M. de Luxembourg ; mais quant à la seconde ligne, je ne vous en puis parler que sur la foi d'autrui. J'étais si las, si ébloui de voir briller des épées et des mousquets ; si étourdi d'entendre des tambours, des trompettes et des timbales, qu'en vérité je me laissais conduire par mon cheval, sans plus avoir d'attention à rien ; et j'eusse voulu de tout mon cœur que tous les gens que je voyais eussent été chacun dans leur chaumière ou dans leur maison, avec leurs femmes et leurs enfants, et moi, dans ma rue des Maçons avec ma famille [2]. Vous

---

[1]. Boileau avait apparemment fait sur sa surdité quelque plaisanterie, qui ne plut pas à l'ami dont il faisait son juge. (L. R.)

[2]. C'est le fils du précédent, reçu en survivance de son père au mois de décembre 1693.

[1]. Il habitait Versailles ; c'est chez lui que Racine plaça son fils aîné lorsqu'il travaillait dans les bureaux de M. de Torcé, ministre des affaires étrangères.

[2]. Racine, lors de son mariage, demeurait rue Saint-André-des-Arts, au coin de la rue de l'Éperon. En 1686, il prit un logement rue des Maçons, près la Sorbonne ; et, en 1693, il occupa la mai-

avez peut-être trouvé dans les poëmes épiques les revues d'armées fort longues et fort ennuyeuses; mais celle-ci m'a paru tout autrement longue, et même, pardonnez-moi cette espèce de blasphème, plus lassante que celle de la Pucelle. J'étais, au retour, à peu près dans le même état que nous étions, vous et moi, dans la cour de l'abbaye de Saint-Amand[1]. A cela près, je ne fus jamais si charmé et si étonné que je fus de voir une puissance si formidable. Vous jugez bien que tout cela nous prépare de belles matières. On m'a donné un ordre de bataille des deux armées. Je vous l'aurais volontiers envoyé, mais il y en a ici mille copies; et je ne doute pas qu'il n'y en ait bientôt autant à Paris. Nous sommes ici campés le long de la Trouille, à deux lieues de Mons. M. de Luxembourg est campé près de Binche, partie sur le ruisseau qui passe aux Estives, et partie sur la Haisne, où ce ruisseau tombe. Son armée est de soixante-six bataillons et de deux cent neuf escadrons; celle du roi, de quarante-six bataillons et de quatre-vingt-dix escadrons. Vous voyez par là que celle de M. de Luxembourg occupait bien plus de terrain que celle du roi. Son quartier général, j'entends celui de M. de Luxembourg, est à Thieusies. Vous trouverez tous ces villages dans la carte. L'une et l'autre se mettent en marche demain. Je pourrai bien n'être pas en état de vous écrire de cinq ou six jours: c'est pourquoi je vous écris aujourd'hui une si longue lettre. Ne trouvez point étrange le peu d'ordre que vous y trouverez: je vous écris au bout d'une table environnée de gens qui raisonnent de nouvelles, et qui veulent à tous moments que j'entre dans la conversation. Il vint hier de Bruxelles un rendu, qui dit que le prince d'Orange assemblait quelques troupes à Anderleck, qui en est à trois quarts de lieue. On demanda au rendu ce qu'on disait à Bruxelles. Il répondit qu'on y était fort en repos, parce qu'on était persuadé qu'il n'y avait à Mons qu'un camp volant, que le roi n'était point en Flandre, et que M. de Luxembourg était en Italie.

Je ne vous dis rien de la marine; vous êtes à la source, et nous ne savons qu'après vous. Vraisemblablement j'aurai bientôt de plus grandes choses à vous mander qu'une revue, quelque grande et quelque magnifique qu'elle ait été. M. de Cavoie vous baise les mains. Je ne sais ce que je ferais sans lui, il faudrait en vérité que je renonçasse aux voyages, et au plaisir de voir tout ce que je vois. M. de Luxembourg, dès le premier jour que nous arrivâmes, envoya dans notre écurie un des plus commodes chevaux de la sienne, pour m'en servir pendant la campagne. Vous n'avez jamais vu un homme de cette bonté et de cette magnificence: il est encore plus à ses amis, et plus aimable à la tête de sa formidable armée, qu'il n'est à Paris et à

son rue des Marais, faubourg Saint-Germain, dans laquelle il est mort.
1. Près de Tournai, pendant la campagne de 1678.

Versailles. Je vous nommerais au contraire certaines gens qui ne sont pas reconnaissables dans ce pays-ci, et qui, tout embarrassés de la figure qu'ils y font, sont à peu près comme vous dépeigniez le pauvre M. Jannart[1], quand il commençait une courante[2]. Adieu, mon cher monsieur; voilà bien du verbiage, mais je vous écris au courant de ma plume, et me laisse entraîner au plaisir que j'ai de causer avec vous comme si j'étais dans vos allées d'Auteuil. Je vous prie de vous souvenir de moi dans la *petite académie*, et d'assurer M. de Pontchartrain[3] de mes très-humbles respects. Faites aussi mille compliments pour moi à M. de La Chapelle. Je prévois qu'il y aura bientôt matière à des types plus magnifiques qu'il n'en a encore imaginé. Écrivez-moi le plus souvent que vous pourrez, et forcez votre paresse. Pendant que j'essuie de longues marches et des campements fort incommodes, serez-vous fort à plaindre quand vous n'aurez que la fatigue d'écrire des lettres bien à votre aise dans votre cabinet?

37. — RACINE AU MÊME.

Du camp de Gévries, 22 mai 1692.

Comme j'étais fort interrompu hier en vous écrivant, je fis une grande faute dans ma lettre, dont je ne m'aperçus que lorsqu'on l'eut portée à la poste. Au lieu de vous dire que le quartier principal de M. de Luxembourg était aux hautes Estives, je vous marquai qu'il était à Thieusies, qui est un village à plus de trois ou quatre lieues de là, et où il devait aller camper en partant des Estives, ce qu'on m'avait dit: on parlait même de cela autour de moi pendant que j'écrivais. J'ai donc cru que je vous ferais plaisir de vous détromper, et qu'il valait mieux qu'il vous en coûtât un petit port de lettre, que quelque grosse gageure où vous pourriez vous engager mal à propos, ou contre M. de La Chapelle, ou contre M. Hesseln. J'ai surtout pâli, quand j'ai songé au terrible inconvénient qui arriverait si ce dernier avait quelque avantage sur vous; car je me souviens du bois qu'il mettait à la droite opiniâtrement, malgré tous les serments et toute la raison de M. de Guilleragues[4], qui en pensa devenir fou. Dieu vous garde d'avoir jamais tort contre un tel homme! Je monte en carrosse pour aller à Mons, où M. de Vauban m'a promis de me faire voir les nouveaux ouvrages qu'il y a faits. J'y allai l'autre jour dans ce même dessein : mais je

1. Oncle de madame de La Fontaine, enveloppé dans la disgrâce du surintendant Fouquet, dont il était le substitut dans la charge de procureur général, et exilé à Limoges en 1663.
2. Boileau était fort bon mime, et savait parfaitement imiter la démarche, le geste et même la voix de ceux qu'il voulait contrefaire.
3. Louis Phelypeaux, comte de Pontchartrain, fut nommé ministre et secrétaire d'État en 1690, et chancelier en 1699. Il mourut en 1727, âgé de quatre-vingt-cinq ans.
4. C'est à lui que Boileau a adressé sa V[e] épître.

souffrais alors tant de mal, que je ne songeai qu'à m'en revenir au plus vite.

38. — RACINE AU MÊME.

Au camp devant Namur, 3 juin 1692.

J'ai été si troublé depuis huit jours de la petite vérole de mon fils, que j'appréhendais qui ne fût fort dangereuse, que je n'ai pas eu le courage de vous mander aucunes nouvelles. Le siége a bien avancé durant ce temps-là, et nous sommes à l'heure qu'il est au corps de la place. Il n'a point fallu pour cela détourner la Meuse, comme vous m'écrivez qu'on le disait à Paris, ce qui serait une étrange entreprise; on n'a pas même eu besoin d'appeler les mousquetaires, ni d'exposer beaucoup de braves gens. M. de Vauban, avec son canon et ses bombes, a fait lui seul toute l'expédition. Il a trouvé des hauteurs en deçà et au delà de la Meuse, où il a placé ses batteries. Il a conduit sa principale tranchée dans un terrain assez resserré, entre des hauteurs et une espèce d'étang d'un côté, et la Meuse de l'autre. En trois jours il a poussé son travail jusqu'à un petit ruisseau qui coule au pied de la contrescarpe, et s'est rendu maître d'une petite contre-garde revêtue qui était en deçà de la contrescarpe; et de là, en moins de seize heures, a emporté tout le chemin couvert, qui était garni de plusieurs rangs de palissades, a comblé un fossé large de dix toises et profond de huit pieds, et s'est logé dans une demi-lune qui était au-devant de la courtine, entre un demi-bastion qui est sur le bord de la Meuse à la gauche des assiégeants, et un bastion qui est à leur droite: en telle sorte que cette place si terrible, en un mot, Namur, a vu tous ses dehors emportés dans le peu de temps que je vous ai dit, sans qu'il en ait coûté au roi plus de trente hommes. Ne croyez pas pour cela qu'on ait eu affaire à des poltrons: tous ceux de nos gens qui ont été à ces attaques sont étonnés du courage des assiégés. Mais vous jugerez de l'effet terrible du canon et des bombes, quand je vous dirai, sur le rapport d'un officier espagnol qui fut pris hier dans les dehors, que notre artillerie leur a tué en deux jours douze cents hommes. Imaginez-vous trois batteries qui se croisent et tirent continuellement sur des pauvres gens qui sont vus d'en haut et de revers, et qui ne peuvent pas trouver un seul coin où ils soient en sûreté. On dit qu'on a trouvé les dehors tout pleins de corps dont le canon a emporté les têtes comme si on les avait coupées avec des sabres.

Cela n'empêche pas que plusieurs de nos gens n'aient fait des actions de grande valeur. Les grenadiers du régiment des gardes-françaises et ceux des gardes-suisses se sont entre autres extrêmement distingués. On raconte plusieurs actions particulières, que je vous redirai quelque jour, et que vous entendrez avec plaisir; mais en voici une que je ne puis différer de vous dire, et que j'ai ouï conter au roi même. Un soldat du régiment des fusiliers, qui travaillait à la tranchée, y avait apporté un gabion; un coup de canon vint qui emporta son gabion; aussitôt il en alla poser à la même place un autre, qui fut sur-le-champ emporté par un autre coup de canon. Le soldat, sans rien dire, en prit un troisième, et l'alla poser; un troisième coup de canon emporta ce troisième gabion. Alors le soldat rebuté se tint en repos; mais son officier lui commanda de ne point laisser cet endroit sans gabion. Le soldat dit : « J'irai, mais j'y serai tué ». Il y alla, et, en posant son quatrième gabion, eut le bras fracassé d'un coup de canon. Il revint soutenant son bras avec l'autre bras, et se contenta de dire à son officier: « je l'avais bien dit ». Il fallut lui couper le bras, qui ne tenait presque à rien. Il souffrit cela sans desserrer les dents; et, après l'opération, dit froidement: « Je suis donc hors d'état de travailler; c'est maintenant au roi à me nourrir ». Je crois que vous me pardonnerez le peu d'ordre de cette narration; mais assurez-vous qu'elle est fort vraie. M. de Cavoie me presse d'achever ma lettre. Je vous dirai donc en deux mots, pour l'achever, qu'apparemment la ville sera prise en deux jours. Il y a déjà une grande brèche au bastion, et même un officier vient, dit-on, d'y monter avec deux ou trois soldats, et s'en est revenu, parce qu'il n'était point suivi, et qu'il n'y avait encore aucun ordre pour cela. Vous jugez bien que ce bastion ne tiendra guère; après quoi il n'y a plus que la vieille enceinte de la ville, où les assiégés ne nous attendront pas ; mais vraisemblablement la garnison laissera faire la capitulation aux bourgeois, et se retirera dans le château, qui ne fait pas plus de peur à M. de Vauban que la ville. M. le prince d'Orange n'a point encore marché, et pourra bien marcher trop tard. Nous attendons avec impatience des nouvelles de la mer.

Je ne suis point surpris de tout ce que vous me mandez du gouverneur, qui a fait déserter votre assemblée à son pupille[1]. J'ai ri de bon cœur de l'embarras où vous êtes sur le rang où vous devez placer M. de Richesource[2]. Ce que vous dites des esprits médiocres est fort vrai, et m'a frappé, il y a longtemps, dans votre Poétique[3]. M. de Cavoie vous fait mille baisemains, et M. Roze aussi, qui m'a confié les grands dégoûts qu'il avait de l'Académie, jusqu'à méditer même d'y faire retrancher

---

1. Le duc de Chartres était fort assidu aux assemblées de l'Académie. Le marquis d'Arcy, son gouverneur, qui voulait lui donner une éducation toute militaire, ne lui permit plus d'assister à ces assemblées. (L. R.)

2. Jean de Sourdière de Richesource donnait des leçons publiques sur l'éloquence, dans une chambre qu'il occupait place Dauphine. Il a publié ses leçons, sous le titre de *Conférences oratoires*, et a fait un ouvrage critique, intitulé *le Camouflet des auteurs*. Ce Richesource avait été le maître d'éloquence de Fléchier (L. R.)

3. Chant IV, v. 111.

les jetons, s'il n'était, dit-il, retenu par la charité. Croyez-vous que les jetons durent beaucoup, s'il ne tient qu'à la charité de M. Roze qu'ils ne soient retranchés? Adieu, monsieur; je vous conseille d'écrire un mot à monsieur le contrôleur général lui-même (M. de Pontchartrain), pour le prier de vous faire mettre sur l'état de distribution; et cela sera fait aussitôt. Vous êtes pourtant en fort bonnes mains, puisque M. de Bie a promis de vous faire payer. C'est le plus honnête homme qui se soit jamais mêlé des finances. Mes compliments à M. de La Chapelle.

39. — RACINE AU MÊME.

Au camp près de Namur, 15 juin 1692.

Je ne vous ai point écrit sur l'attaque d'avanthier; je suis accablé de lettres qu'il me faut écrire à des gens beaucoup moins raisonnables que vous, et à qui il faut faire des réponses bien malgré moi. Je crois que vous n'aurez pas manqué de relations. Ainsi, sans entrer dans des détails ennuyeux, je vous manderai succinctement ce qui m'a le plus frappé dans cette action. Comme la garnison est au moins de six mille hommes, le roi avait pris de fort grandes précautions pour ne pas manquer son entreprise. Il s'agissait de leur enlever une redoute et un retranchement de plus de quatre cents toises de long, d'où il sera fort facile de foudroyer le reste de leurs ouvrages, cette redoute étant au plus haut de la montagne, et par conséquent pouvant commander aux ouvrages à cornes qui couvrent le château de ce côté-là. Ainsi le roi, outre les sept bataillons de tranchée, avait commandé deux cents de ses mousquetaires, cent cinquante grenadiers à cheval et quatorze compagnies d'autres grenadiers, avec mille ou douze cents travailleurs, pour le logement qu'on voulait faire; et, pour mieux intimider les ennemis, il fit paraître tout à coup sur la hauteur de la brigade de son régiment, qui est encore composée de six bataillons. Il était là en personne à la tête de son régiment, et donnait ses ordres à la demi-portée du mousquet. Il avait seulement devant lui trois gabions que le comte de Fiesque¹, qui était son aide de camp de jour, avait fait poser pour le couvrir; mais ces gabions, presque tous pleins de pierres, étaient la plus dangereuse défense du monde: car un coup de canon qui eût donné dedans aurait fait un beau massacre de tous ceux qui étaient derrière. Néanmoins un de ces gabions sauva peut-être la vie au roi, ou à Monseigneur, ou à Monsieur, qui tous deux étaient à ses côtés; car il rompit le coup d'une balle de mousquet qui venait droit au roi, et qui, en se détournant un peu, ne fit qu'une contusion au bras de M. le comte de Toulouse¹, qui était pour ainsi dire dans les jambes du roi.

Mais, pour revenir à l'attaque, elle se fit dans un ordre merveilleux. Il n'y eut pas jusqu'aux mousquetaires qui ne firent pas un pas de plus qu'on ne leur avait commandé. A la vérité, M. de Maupertuis, qui marchait à leur tête, leur avait déclaré que, si quelqu'un osait passer devant lui, il le tuerait. Il n'y en eut qu'un seul qui, ayant osé désobéir et passer devant lui, il le porta par terre de deux coups de sa pertuisane, qui ne le blessèrent pourtant point. On a fort loué la sagesse de M. de Maupertuis; mais il faut dire aussi deux traits de M. de Vauban, que je suis assuré qui vous plairont. Comme il connaît la chaleur du soldat dans ces sortes d'attaques, il leur avait dit: « Mes enfants, on ne vous défend pas de poursui-« vre les ennemis quand ils s'enfuiront; mais je « ne veux pas que vous alliez vous faire échiner « mal à propos sur la contrescarpe de leurs autres « ouvrages. Je retiens donc à mes côtés cinq tam-« bours pour vous rappeler quand il sera temps. « Dès que vous les entendrez, ne manquez pas de « revenir chacun à vos postes ». Cela fut fait comme il l'avait concerté. Voilà pour la première précaution. Voici la seconde. Comme le retranchement qu'on attaquait avait un fort grand front, il fit mettre sur notre tranchée des espèces de jalons, vis-à-vis desquels chaque corps devait attaquer et se loger pour éviter la confusion; et la chose réussit à merveille. Les ennemis ne soutinrent point, et n'attendirent pas même nos gens : ils s'enfuirent après qu'ils eurent fait une seule décharge, et ne tirèrent plus que de leurs ouvrages à cornes. On en tua bien quatre ou cinq cents; entre autres un capitaine espagnol fils d'un grand d'Espagne, qu'on nomme le comte de Lémos. Celui qui le tua était un des grenadiers à cheval, nommé *Sans-Raison*. Voilà un vrai nom de grenadier. L'Espagnol lui demanda quartier, et lui promit cent pistoles, lui montrant même sa bourse, où il y en avait trente-cinq. Le grenadier, qui venait de voir tuer le lieutenant de sa compagnie, qui était un fort brave homme, ne voulut point faire de quartier, et tua son Espagnol. Les ennemis envoyèrent demander le corps, qui leur fut rendu; et le grenadier *Sans-Raison* rendit aussitôt les trente-cinq pistoles qu'il avait prises au mort, en disant: « Tenez, voilà son argent, dont je ne veux point; « les grenadiers ne mettent la main sur les gens « que pour les tuer ». Vous ne trouverez point peut-être ces détails dans les relations que vous lirez, et je m'assure que vous les aimerez bien autant qu'une supputation exacte du nom des bataillons et de chaque compagnie des gens détachés, ce que M. l'abbé de Dangeau ne manquera pas de rechercher très-curieusement.

---

1. Jean-Louis, comte de Lavagne et de Fiesque.

1. Ce prince venait d'atteindre sa quatorzième année.

Je vous ai parlé du lieutenant de la compagnie des grenadiers qui fut tué, et dont *Sans-Raison* vengea la mort. Vous ne serez peut-être pas fâché de savoir qu'on lui trouva un cilice sur le corps. Il était d'une piété singulière, et avait même fait ses dévotions le jour d'auparavant. Respecté de toute l'armée pour sa valeur, accompagnée d'une douceur et d'une sagesse merveilleuse, le roi l'estimait beaucoup, et a dit, après sa mort, que c'était un homme qui pouvait prétendre à tout. Il s'appelait Roquevert. Croyez-vous que frère Roquevert ne valait pas bien frère Mucé? Et si M. de la Trappe l'avait connu, aurait-il mis dans la vie de frère Mucé que les grenadiers font profession d'être les plus grands scélérats du monde? Effectivement, on dit que, dans cette compagnie, il y a des gens fort réglés. Pour moi, je n'entends guère de messe dans le camp qui ne soit servie par quelque mousquetaire, et où il n'y en ait quelqu'un qui communie, et cela de la manière du monde la plus édifiante.

Je ne vous dis rien de la quantité de gens qui reçurent des coups de mousquet ou des contusions tout auprès du roi : tout le monde le sait, et je crois que tout le monde en frémit. M. le Duc[1] était lieutenant général du jour, et y fit à la Condé, c'est tout dire. M. le Prince, dès qu'il vit que l'action allait commencer, ne put s'empêcher de courir à la tranchée et de se mettre à la tête de tout. En voilà bien assez pour un jour.

Je ne puis pourtant finir sans vous dire un mot de M. de Luxembourg. Il est toujours vis-à-vis des ennemis, la Méhaigne entre deux, qu'on ne croit pas qu'ils osent passer. On lui amena avant-hier un officier espagnol, qu'un de nos partis avait pris, et qui s'était fort bien battu. M. de Luxembourg, lui trouvant de l'esprit, lui dit : « Vous autres Es-«pagnols, je sais que vous faites la guerre en hon-«nêtes gens, et je la veux faire avec vous de «même ». Ensuite il le fit dîner avec lui, puis lui fit voir toute son armée. Après quoi il le congédia, en lui disant : « Je vous rends votre liberté; allez «trouver M. le prince d'Orange, et dites-lui ce que «vous avez vu ». On a su aussi, par un rendu, qu'un de nos soldats s'étant allé rendre aux ennemis, le prince d'Orange lui demanda pourquoi il avait quitté l'armée de M. de Luxembourg: «C'est, «lui dit le soldat, qu'on y meurt de faim; mais, «avec tout cela, ne passez pas la rivière, car as-«surément ils vous battront ».

Le roi envoya hier six mille sacs d'avoine et cinq cents bœufs à l'armée de M. de Luxembourg; et, quoi qu'ait dit le déserteur, je puis vous assurer qu'on y est fort gai, et qu'il s'en faut bien qu'on y meure de faim. Le général a été trois jours sans monter à cheval, passant le jour à jouer dans sa tente.

Le roi a eu nouvelle aujourd'hui que le baron de Serclas, avec cinq ou six mille chevaux de l'armée du prince d'Orange, avait passé la Meuse à Huy, comme pour venir inquiéter le quartier de M. de Boufflers. Le roi prend ses mesures pour le bien recevoir.

Adieu, monsieur. Je vous manderai une autre fois des nouvelles de la vie que je mène, puisque vous en voulez savoir. Faites, je vous prie, part de cette lettre à M. de La Chapelle, si vous trouvez qu'elle en vaille la peine. Vous me ferez même beaucoup de plaisir de l'envoyer à ma femme, quand vous l'aurez lue; car je n'ai pas le temps de lui écrire, et cela pourra la réjouir elle et mon fils.

On est fort content de M. de Bonrepaux[1]. J'ai écrit à M. de Pontchartrain le fils par le conseil de M. de La Chapelle. Une page de compliments m'a plus coûté cinq cents fois que les huit pages que je vous viens d'écrire. Adieu, monsieur. Je vous envie bien votre beau temps d'Auteuil, car il fait ici le plus horrible temps du monde.

Je vous ai vu rire assez volontiers de ce que le vin fait quelquefois faire aux ivrognes. Hier un boulet de canon emporta la tête d'un de nos Suisses dans la tranchée. Un autre Suisse, son camarade, qui était auprès, se mit à rire de toute sa force, en disant : « Oh! oh! cela est plaisant; il revien-«dra sans tête dans le camp ».

On a fait aujourd'hui trente prisonniers de l'armée du prince d'Orange, et ils ont été pris par un parti de M. de Luxembourg. Voici la disposition de l'armée des ennemis : M. de Bavière à la droite avec des Brandebourgs et autres Allemands; M. de Valdeck est au corps de bataille avec les Hollandais; et le prince d'Orange, avec les Anglais, est à la gauche.

J'oubliais de vous dire que, quand M. le comte de Toulouse reçut le coup de mousquet, on entendit le bruit de la balle; et le roi demanda si quelqu'un était blessé. « Il me semble, dit en souriant « le jeune prince, que quelque chose m'a touché ». Cependant la contusion était assez grosse, et j'ai vu la balle sur le galon de la manche, qui était tout noirci comme si le feu y avait passé. Adieu, monsieur. Je ne saurais me résoudre à finir quand je suis avec vous.

En fermant ma lettre, j'apprends que la présidente Barentin, qui avait épousé M. de Cormaillon, ingénieur, a été pillée par un parti de Charleroi. Ils lui ont pris ses chevaux de carrosse et sa cassette, et l'ont laissée dans le chemin à pied[2]. Elle venait pour être auprès de son mari, qui avait été blessé. Il est mort.

---

1. François Dusson de Bonrepaux servait alors en qualité de lieutenant général des armées navales.
2. La présidente de Barentin, remariée à M. de Damas de Cormaillon, aïeule de la marquise de Louvois (Anne de Souvré), avait alors soixante-cinq ans.

---

[1]. Louis III de Bourbon, fils de monsieur le Prince et petit-fils du grand Condé.

40. — RACINE AU MÊME.

Au camp près de Namur, 24 juin 1692.

Je laisse à M. de Valincour[1] le soin de vous écrire la prise du château neuf. Voici seulement quelques circonstances qu'il oubliera peut-être dans sa relation.

Ce château neuf est appelé autrement le *Fort-Guillaume*, parce que c'est le prince d'Orange qui ordonna l'année passée de le faire construire, et qui avança pour cela dix mille écus de son argent. C'est un grand ouvrage à cornes, avec quelques redans dans le milieu de la courtine, selon que le terrain le demandait. Il est situé de telle sorte que, plus on en approche, moins on le découvre; et depuis huit ou dix jours que notre canon le battait, il n'y avait fait qu'une très-petite brèche à passer deux hommes, et il n'y avait pas une palissade du chemin couvert qui fût rompue. M. de Vauban a admiré lui-même la beauté de cet ouvrage. L'ingénieur qui l'a tracé, et qui a conduit tout ce qu'on y a fait, est un Hollandais nommé Cohorn. Il s'était enfermé dedans pour le défendre, et y avait même fait creuser sa fosse, disant qu'il s'y voulait enterrer. Il en sortit hier, avec la garnison, blessé d'un éclat de bombe. M. de Vauban a eu la curiosité de le voir, et, après lui avoir donné beaucoup de louanges, lui a demandé s'il jugeait qu'on eût pu l'attaquer mieux qu'on n'a fait. L'autre fit réponse que, si on l'eût attaqué dans les formes ordinaires, et en conduisant une tranchée devant la courtine et les demi-bastions, il se serait encore défendu plus de quinze jours, et qu'il nous en aurait coûté bien du monde; mais que, de la manière dont on l'avait embrassé de toutes parts, il avait fallu se rendre. La vérité est que notre tranchée est quelque chose de prodigieux, embrassant à la fois plusieurs montagnes et plusieurs vallées avec une infinité de détours et de retours, autant presque qu'il y a de rues à Paris.

Les gens de la cour commençaient déjà à s'ennuyer de voir si longtemps remuer la terre; mais enfin il s'est trouvé que, dès que nous avons attaqué la contrescarpe, les ennemis, qui craignaient d'être coupés, ont abandonné dans l'instant tout le chemin couvert; et, voyant dans leur ouvrage vingt de nos grenadiers, qui avaient grimpé par un petit endroit où on ne pouvait monter qu'un à un, ils ont aussitôt battu la chamade. Ils étaient encore quinze cents hommes, tous gens bien faits s'il y en a au monde. Le principal officier qui les commandait, nommé M. de Vimbergue, est âgé de près de quatre-vingts ans. Comme il était d'ailleurs fort incommodé des fatigues qu'il a souffertes depuis quinze jours, et qu'il ne pouvait plus marcher, il s'était fait porter sur la petite brèche que notre canon avait faite, résolu d'y mourir l'épée à la main. C'est lui qui a fait la capitulation; il y a fait mettre qu'il lui serait permis d'entrer dans le vieux château, pour s'y défendre encore jusqu'à la fin du siége. Vous voyez par là à quelles gens nous avons affaire, et que l'art et les précautions de M. de Vauban ne sont pas inutiles pour épargner bien des braves gens qui s'iraient faire tuer mal à propos. C'était encore M. le Duc qui était lieutenant général de jour; et voici la troisième affaire qui passe par ses mains. Je voudrais que vous eussiez pu entendre de quelle manière aisée, et même avec quel esprit, il m'a bien voulu raconter une partie de ce que je vous mande; les réponses qu'il fit aux officiers qui le vinrent trouver pour capituler; et comme, en leur faisant mille honnêtetés, il ne laissait pas de les intimider. On a trouvé le chemin couvert tout plein de corps morts, sans tous ceux qui étaient à demi enterrés dans l'ouvrage. Nos bombes ne les laissaient pas respirer: ils voyaient sauter à tout moment en l'air leurs camarades, leurs valets, leur pain, leur vin; ils étaient si las de se jeter par terre, comme on fait quand il tombe une bombe, que les uns se tenaient debout, au hasard de ce qui en pourrait arriver; les autres avaient creusé de petites niches dans des retranchements qu'ils avaient faits dans le milieu de l'ouvrage, et s'y tenaient plaqués tout le jour. Ils n'avaient d'eau que celle d'un petit trou qu'ils avaient creusé en terre, et ont passé ainsi quinze jours entiers.

Le vieux château est composé de quatre autres forts, l'un derrière l'autre, et va toujours en s'étrécissant, en telle sorte que celui des forts qui est à l'extrémité de la montagne ne paraît pas pouvoir contenir trois cents hommes. Vous jugez bien quel fracas y feront nos bombes. Heureusement nous ne craignons pas d'en manquer sitôt. On en trouva hier chez les révérends pères jésuites de Namur douze cent soixante toutes chargées, avec leurs amorces. Les bons pères gardaient précieusement ce beau dépôt, sans en rien dire, espérant vraisemblablement de les rendre aux Espagnols, au cas qu'on nous fit lever le siége[1]. Ils paraissaient pourtant les plus contents du monde d'être au roi; et ils me dirent à moi-même, d'un air riant et ouvert, qu'ils lui étaient trop obligés de les avoir délivrés de ces maudits protestants qui étaient en garnison à Namur, et qui avaient fait un prôche de leurs écoles. Le roi a envoyé le père recteur à Dôle; mais le père de la Chaise dit lui-même que le roi est trop bon, et que les supérieurs de leur compagnie seront plus sévères que lui. Adieu, monsieur, ne me citez point. J'écrirai demain à M. de Milon[2], qui m'a mandé, comme vous, le cra-

---

[1]. Boileau lui a adressé sa XIe satire.

[1]. Saint-Simon, après avoir rapporté ce fait avec toutes ses circonstances, ajoute: « Comme c'étaient des jésuites, il n'en fut rien. »
[2]. Frère aîné de M. de la Chapelle, qui mourut l'année suivante.

chement de sang de M. de La Chapelle. J'espère que cela n'aura point de suites; je vous assure que j'en suis sensiblement affligé.

J'oubliais de vous dire que je vis passer les deux otages que ceux du dedans de l'ouvrage à cornes envoyaient au roi. L'un avait le bras en écharpe; l'autre la mâchoire à demi emportée, avec la tête bandée d'une écharpe noire. Le dernier est un chevalier de Malte. Je vis aussi huit prisonniers qu'on amenait du chemin couvert; ils faisaient horreur. L'un avait un coup de baïonnette dans le côté; un autre, un coup de mousquet dans la bouche; les six autres avaient le visage et les mains toutes brûlées du feu qui avait pris à la poudre qu'ils avaient dans leurs havresacs.

41. — RACINE AU MÊME.

Fontainebleau, 3 octobre 1692.

Votre ancien laquais, dont j'ai oublié le nom, m'a fait grand plaisir ce matin en m'apprenant de vos nouvelles. A ce que je vois, vous êtes dans une fort grande solitude à Auteuil, et vous n'en partez point. Est-il possible que vous puissiez être si longtemps seul, et ne point faire du tout de vers? Je m'attends qu'à mon retour je trouverai votre *Satire des femmes* entièrement achevée. Pour moi, il s'en faut bien que je sois aussi solitaire que vous. M. de Cavoie a voulu encore à toute force que je logeasse chez lui, et il ne m'a pas été possible d'obtenir de lui que je fisse tendre un lit dans votre maison, où je n'aurais pas été si magnifiquement que chez lui, mais j'y aurais été plus tranquillement et avec plus de liberté.

Cependant elle n'a été marquée pour personne, au grand déplaisir des gens qui s'en étaient emparés les autres années. Notre ami M. Félix y a mis son carrosse et ses chevaux, et les miens n'y ont pas même trouvé place; mais tout cela s'est passé avec mon agrément et sous mon bon plaisir. J'ai mis mes chevaux à l'hôtel de Cavoie, qui en est tout proche. M. de Cavoie a permis aussi à M. de Bonrepaux de faire sa cuisine chez vous. Votre concierge, voyant que les chambres demeuraient vides, en a meublé *quelqu'une*, et l'a louée. On a mis sur la porte qu'elle était à vendre, et j'ai dit qu'on m'adressât ceux qui la viendraient voir; mais on ne m'a encore envoyé personne. Je soupçonne que le concierge, se trouvant fort bien d'y louer des chambres, serait assez aise que la maison ne se vendît point. J'ai conseillé à M. Félix de l'acheter, et je vois bien que je le ferai aller jusqu'à 4,000 fr. Je crois que vous ne feriez pas trop mal d'en tirer cet argent; et je crains que, si le voyage se passe sans que le marché soit conclu, M. Félix, ni personne, n'y songe plus jusqu'à l'autre année. Mandez-moi là-dessus vos sentiments; je ferai le reste.

On reçut hier de bonnes nouvelles d'Allemagne. M. le maréchal de Lorges ayant fait assiéger par un détachement de son armée une petite ville nommée Pforzheim[1], entre Philisbourg et Dourlach, les Allemands ont voulu s'avancer pour la secourir. Il a eu avis qu'un corps de quarante escadrons avait pris les devants, et n'était qu'à une lieue et demie de lui, ayant devant eux un ruisseau assez difficile à passer. La ville a été prise dès le premier jour, et cinq cents hommes qui étaient dedans ont été faits prisonniers de guerre.

Le lendemain M. de Lorges a marché avec toute son armée sur ces quarante escadrons que je vous ai dits, et a fait d'abord passer le ruisseau à seize de ses escadrons, soutenus du reste de la cavalerie. Les ennemis, voyant qu'on allait à eux avec cette vigueur, s'en sont fuis à vau-de-route[2], abandonnant leurs tentes et leur bagage, qui a été pillé. On a pris leurs deux pièces de canon, deux paires de timbales et neuf étendards, quantité d'officiers, entre autres leur général, qui est oncle de M. de Wirtemberg et administrateur de ce duché; un général major de Bavière et plus de treize cents cavaliers. Ils en ont eu près de neuf cents tués sur la place. Il ne nous en a coûté qu'un maréchal des logis, un cavalier et six dragons. M. de Lorges a abandonné au pillage la ville de Pforzheim et une autre petite ville auprès de laquelle étaient campés les ennemis. Ç'a été, comme vous voyez, une déroute; et il n'y a pas eu, à proprement parler, aucun coup de tiré de leur part: tout ce qu'on a pris et tué, ç'a été en les poursuivant.

Le prince d'Orange est parti pour la Hollande. Son armée s'est rapprochée de Gand, et apparemment se séparera bientôt. M. de Luxembourg me mande qu'il est en parfaite santé. Le roi se porte à merveille.

42. — RACINE AU MÊME.

Fontainebleau, 6 octobre 1692.

J'ai parlé à M. de Pontchartrain, le conseiller, du garçon qui vous a servi; et M. le comte de Fiesque, à ma prière, lui en a parlé aussi. Il m'a dit qu'il ferait son possible pour le placer, mais qu'il prétendait que vous lui en écrivissiez vous-même, au lieu de lui faire écrire par un autre. Ainsi je vous conseille de forcer votre paresse, et de m'envoyer une lettre pour lui, ou bien de lui écrire par la poste.

J'ai déjà fait naître à madame de Maintenon une grande envie de voir de quelle manière vous parlez de Saint-Cyr[3]. Elle a paru fort touchée de ce que vous aviez eu même la pensée d'en parler; et cela

---

1. M. de Lorges prit Pforzheim le 16 septembre 1692, et défit les Allemands le 17.
2. Vieille expression. On dirait aujourd'hui: « Se sont enfuis en « désordre ».
3. Satire x, v. 364.

lui donne occasion de dire mille biens de vous. Pour moi, j'ai une extrême impatience de voir ce que vous me dites que vous m'enverrez. Je n'en ferai part qu'à ceux que vous voudrez, à personne même si vous le souhaitez. Je crois pourtant qu'il sera très-bon que madame de Maintenon voie ce que vous avez imaginé pour sa maison. Ne vous mettez pas en peine : je le lirai du ton qu'il faut, et je ne ferai point de tort à vos vers.

Je n'ai point vu M. Félix depuis que j'ai reçu votre lettre. Au cas que vous ne trouviez point les 5,000 francs, ce que je crois très-difficile, je vous conseille de louer votre maison; mais il faudra pour cela que je vous trouve des gens qui prennent soin de vous trouver des locataires : car je doute que ceux qui y logent soient bien propres à vous trouver des marchands, leur intérêt étant de demeurer seuls dans cette maison, et d'empêcher qu'on ne les en vienne déposséder.

Il n'y a ici aucune nouvelle. L'armée de M. de Luxembourg commence à se séparer, et la cavalerie entre dans des quartiers de fourrages. Quelques gens voulaient hier que le duc de Savoie pensât à assiéger Nice, à l'aide des galères d'Espagne; mais le comte d'Estrées ne tardera guère à donner la chasse aux galères et aux vaisseaux espagnols, et doit arriver incessamment vers les côtes d'Italie. Le roi grossit de quarante bataillons son armée de Piémont pour l'année prochaine, et je ne doute pas qu'il ne tire une rude vengeance des pays de M. de Savoie.

Mon fils m'a écrit une assez jolie lettre sur le plaisir qu'il a eu de vous aller voir, et sur une conversation qu'il a eue avec vous. Je vous suis plus obligé que vous ne le sauriez dire de vouloir bien vous amuser avec lui. Le plaisir qu'il prend d'être avec vous me donne assez bonne opinion de lui; et, s'il est jamais assez heureux pour vous entendre parler de temps en temps, je suis persuadé qu'avec l'admiration dont il est prévenu cela lui fera le plus grand bien du monde. J'espère que cet hiver vous voudrez bien faire chez moi de petits dîners dont je prétends tirer tant d'avantages. M. de Cavoie vous fait ses compliments. J'appris hier la mort du pauvre abbé de Saint-Réal[1].

43. — A RACINE.

Auteuil, le 7 octobre 1692.

Je vous écrivis avant-hier si à la hâte, que je ne sais si vous aurez bien conçu ce que je vous écrivais : c'est ce qui m'oblige à vous récrire aujourd'hui. Madame Racine vient d'arriver chez moi, qui s'engage à vous faire tenir ma lettre. L'action de M. de Lorges est très-grande et très-belle, et j'ai déjà reçu une lettre de M. l'abbé Renaudot[1], qui me mande que M. de Pontchartrain veut qu'on travaille au plus tôt à faire une médaille pour cette action. Je crois que cela occupe déjà fort M. de La Chapelle; mais, pour moi, je crois qu'il sera assez temps d'y penser vers la Saint-Martin.

Je ne saurais assez vous remercier du soin que vous prenez de notre maison de Fontainebleau. Je n'ai point encore vu sur cela personne de notre famille; mais, autant que j'en puis juger, tout le monde trouvera assez mauvais que celui qui l'habite prétende en profiter à nos dépens. C'est une étrange chose qu'un bien en commun : chacun en laisse le soin à son compagnon; ainsi personne n'y soigne, et il demeure au pillage.

Je vous mandais, le dernier jour, que j'ai travaillé à la *Satire des femmes* pendant huit jours : cela est véritable; mais il est vrai aussi que ma fougue poétique est passée presque aussi vite qu'elle est venue, et que je n'y pense plus à l'heure qu'il est. Je crois que, lorsque j'aurai tout amassé, il y aura bien cent vers nouveaux d'ajoutés; mais je ne sais si je n'en ôterai pas bien vingt-cinq ou trente de la description du lieutenant et de la lieutenante criminelle. C'est un ouvrage qui me tue par la multitude des transitions, qui sont, à mon sens, le plus difficile chef-d'œuvre de la poésie. Comme je m'imagine que vous avez quelque impatience d'en voir quelque chose, je veux bien vous en transcrire ici vingt ou trente vers : mais c'est à la charge que, foi d'honnête homme, vous ne les montrerez à âme vivante, parce que je veux être absolument maître d'en faire ce que je voudrai; et que, d'ailleurs, je ne sais s'ils sont en l'état où ils demeureront. Mais, afin que vous en puissiez voir la suite, je vais vous mettre la fin de l'histoire de la lieutenante, de la manière que je l'ai achevée :

Mais peut-être j'invente une fable frivole.
Soutiens donc tout Paris, qui, prenant la parole,
Sur ce sujet encor de bons témoins pourvu,
Tout prêt à le prouver, te dira : Je l'ai vu.
Vingt ans j'ai vu ce couple uni d'un même vice
A tous mes habitants montrer que l'avarice
Peut faire dans les biens trouver la pauvreté,
Et nous réduire à pis que la mendicité.
Deux voleurs qui, chez eux, pleins d'espérance entrèrent
Enfin un beau matin tous deux les massacrèrent;
Digne et funeste fruit du nœud le plus affreux
Dont l'hymen ait jamais uni deux malheureux !
 Ce récit passe un peu l'ordinaire mesure ;
Mais un exemple enfin si digne de censure
Peut-il dans la satire occuper moins de mots?
Chacun sait son métier; suivons notre propos.
Nouveau prédicateur aujourd'hui, je l'avoue,
Vrai disciple ou plutôt singe de Bourdaloue,
Je me plais à remplir mes sermons de portraits.
En voilà déjà trois, peints d'assez heureux traits :
La louve, la coquette et la parfaite avare.
Il y faut joindre encor la revêche bizarre,
Qui sans cesse, d'un ton par la colère aigri,

---

1. César Vichard, abbé de Saint-Réal, auteur de la *Conjuration de Venise* et de celle des *Gracques*, fut un de nos plus habiles prosateurs. Il mourut en 1692.

1. Boileau lui a adressé son épître XII

Gronde, choque, dément, contredit un mari;
Qui dans tous ses discours par quolibets s'exprime,
A toujours dans la bouche un proverbe, une rime;
Et d'un roulement d'yeux aussitôt applaudit
Au mot aigrement fou qu'au hasard elle a dit.
Il n'est point de repos ni de paix avec elle :
Son mariage n'est qu'une longue querelle.
Laisse-t-elle un moment respirer son époux,
Ses valets sont d'abord l'objet de son courroux;
Et, sur le ton grondeur lorsqu'elle les harangue,
Il faut voir de quels mots elle enrichit la langue.
Ma plume, ici traçant ces mots par alphabet,
Pourrait d'un nouveau tome augmenter Richelet.
Tu crains peu d'essuyer cette étrange furie :
En trop bon lieu, dis-tu, ton épouse nourrie
Jamais de tels discours ne te rendra martyr.
Mais, eût-elle sucé la raison dans Saint-Cyr,
Crois-tu que d'une fille humble, honnête, charmante,
L'hymen n'ait jamais fait de femme extravagante?
Combien n'a-t-on pas vu de *Phllis* aux doux yeux,
Avant le mariage anges si gracieux,
Tout à coup se changeant en bourgeoises sauvages,
Vrais démons, apporter l'enfer dans leurs ménages,
Et, découvrant l'orgueil de leurs rudes esprits,
Sous leur fontange altière asservir leurs maris ! !

En voilà plus que je ne vous avais promis. Mandez-moi ce que vous y aurez trouvé de fautes plus grossières.

J'ai envoyé des pêches à madame de Caylus[2], qui les a reçues, dit-on, avec de grandes marques de joie. Je vous donne le bonsoir, et suis tout à vous.

44. — RACINE A BOILEAU.

Au Quesnoy, 30 mai 1693.

Le roi fait demain ses dévotions. Je parlai hier de monsieur le doyen[3] au père de la Chaise; il me dit qu'il avait reçu votre lettre, me demanda des nouvelles de votre santé, et m'assura qu'il était fort de vos amis et de toute la famille. J'ai parlé ce matin à madame de Maintenon, et je lui ai même donné une lettre que je lui avais écrite sur ce sujet, la mieux tournée que j'ai pu, afin qu'elle la pût lire au roi. M. de Chamlai, de son côté, proteste qu'il a déjà fait merveilles, et qu'il a parlé de monsieur le doyen comme de l'homme du monde qu'il estimait le plus, et qui méritait le mieux les grâces de Sa Majesté. Il promet qu'il reviendra encore ce soir à la charge. Je l'ai échauffé de tout mon possible, et l'ai assuré de votre reconnaissance et de celle de monsieur le doyen et de MM. Dongois[4]. Voilà, mon cher monsieur, où la chose en est. Le reste est entre les mains du bon Dieu, qui peut-être inspirera le roi en notre faveur. Nous en saurons demain davantage.

1. Tout ce qui est en caractères italiques a depuis été changé par l'auteur. (Voyez sa satire x.)
2. Nièce de madame de Maintenon.
3. Jacques Boileau, frère de Despréaux, doyen de la cathédrale de Sens.
4. L'abbé Dongois, et Antoine Dongois, greffier de la grand'-chambre du parlement de Paris, neveux de Despréaux et frères de madame de la Chapelle.

Quant à nos ordonnances, M. de Pontchartrain me promit qu'il nous les ferait payer aussitôt après le départ du roi. C'est à vous de faire vos sollicitations, soit par M. de Pontchartrain le fils, soit par M. l'abbé Bignon[1]. Croyez-vous que vous fissiez mal d'aller vous-même une fois chez lui? Il est bien intentionné; la somme est petite; enfin, on m'assure qu'il faut presser, et qu'il n'y a pas un moment à perdre. Quand vous aurez arraché cela de lui, il ne vous en voudra que plus de bien. Il faudrait aussi voir ou faire voir M. de Bie, qui est le meilleur homme du monde, et qui le ferait souvenir de vous quand il ferait l'état de distribution.

Au reste, j'ai été obligé de dire ici, le mieux que j'ai pu, quelques-uns des vers de votre satire à monsieur le Prince : *nosti hominem.* Il ne parle plus d'autre chose, et il me les a redemandés plus de dix fois. M. le prince de Conti voudrait bien que vous m'envoyassiez l'histoire du lieutenant criminel, dont il est surtout charmé. Monsieur le Prince et lui ne font que redire les deux vers :

La mule et les chevaux au marché s'envolèrent ;
Deux grands laquais, à jeun, sur le soir s'en allèrent.

Je vous conseille de m'envoyer tout cet endroit, et quelques autres morceaux détachés, si vous pouvez : assurez-vous qu'ils ne sortiront point de mes mains. Monsieur le Prince n'est pas moins touché de ce que j'ai pu retenir de votre ode. Je ne suis point surpris de la prière que M. de Pontchartrain le fils vous a faite en faveur de Fontenelle. Je savais bien qu'il avait beaucoup d'inclination pour lui : et c'est pour cela même que M. de La Loubère[2] n'en a guère : mais enfin vous avez très-bien répondu; et pour peu que Fontenelle se reconnaisse, je vous conseillerais aussi de lui faire grâce. Mais, à dire vrai, il est bien tard, et la stance a fait un furieux progrès.

Je n'ai pas le temps d'écrire ce matin à M. de La Chapelle. Ayez la bonté de lui dire que tout ce qu'il a imaginé, et vous aussi, sur l'ordre de Saint-Louis, me paraît fort beau; mais que, pour moi, je voudrais simplement mettre pour type la croix même de Saint-Louis, et la légende *Ordo militaris*[3], etc. Chercherons-nous toujours de l'esprit dans les choses qui en demandent le moins? Je vous écris tout ceci avec une rapidité épouvantable, de peur que la poste ne soit partie.

Il fait le plus beau temps du monde. Le roi, qui a eu une fluxion sur la gorge, se porte bien : aussi nous serons bientôt en campagne. Je vous écrirai plus à loisir, avant que de sortir du Quesnoy.

1. Jean-Paul Bignon, neveu de M. de Pontchartrain.
2. L'Académie le reçut pour plaire à M. de Pontchartrain; ce qui fit dire à Chaulieu :

C'est un impôt que Pontchartrain
Veut mettre sur l'Académie.

3. L'ordre militaire de Saint-Louis fut institué le 10 mai 1693.

45. — RACINE AU MÊME.

Au Quesnoy, le 31 mai au soir 1693.

Vous verrez, par la lettre que j'écrivis à M. l'abbé Dongois, les obligations que vous avez à Sa Majesté. Monsieur le doyen est chanoine de la Sainte-Chapelle, et est bien mieux encore que je n'avais demandé. Madame de Maintenon m'a chargé de vous faire ses baisemains. Elle mérite bien que vous lui fassiez quelque remercîment, ou du moins que vous fassiez d'elle une mention honorable qui la distingue de tout son sexe, comme en effet elle en est distinguée de toute manière.

Je suis content au dernier point de M. de Chamlai; et il faut absolument que vous lui écriviez, aussi bien qu'au père de La Chaise, qui a très-bien servi monsieur le doyen.

Tout le monde m'a chargé ici de vous faire ses complimonts, entre autres M. de Cavoie et M. de Sérignan. M. le prince de Conti même m'a témoigné prendre beaucoup de part à votre joie.

Nous partons mardi pour aller camper sous Mons. Le roi se mettra à la tête de l'armée de M. de Boufflers; M. de Luxembourg, avec la sienne, nous côtoiera de fort près. Le roi envoie les dames à Maubeuge : ainsi nous voilà à la veille de grandes nouvelles. Je vous donne le bonsoir, et suis entièrement à vous.

Songez à nos ordonnances. Prenez aussi la peine de recommander à M. Dongois le petit Mercier, valet de chambre de madame de Maintenon. Il voudrait avoir pour commissaire, pour la conclusion de son affaire, M. l'abbé Brunet ou M. l'abbé Petit[1]. Si cela se peut faire dans les règles, et sans blesser la conscience, il faudrait tâcher de lui faire avoir ce qu'il demande.

46. — A RACINE.

Juin 1693.

Je sors de notre assemblée des inscriptions, où j'ai été principalement pour parler à M. de Tourreil[2]; mais il ne s'y est point trouvé : il s'était chargé de parler de nos ordonnances à M. de Pontchartrain le père, et il m'en devait rendre compte aujourd'hui. J'enverrai demain savoir s'il est malade, et pourquoi il n'est pas venu. Cependant M. l'abbé Renaudot m'a promis aussi d'agir très-fortement auprès du même ministre. Cet abbé doit venir dîner jeudi avec moi à Auteuil, et me raconter tout ce qu'il aura fait : ainsi il ne se perdra point de temps.

Madame Racine me fit l'honneur de souper dimanche chez moi, avec toute votre petite et agréable famille. Cela se passa fort gaiement, mon rhume étant presque entièrement guéri. Je n'ai jamais vu une si belle journée. J'entretins fort monsieur votre fils, qui, à mon sens, croît toujours en mérite et en esprit. Il me montra une traduction qu'il a faite d'une harangue de Tite-Live, et j'en fus fort content. Je crois non-seulement qu'il sera habile pour les lettres, mais qu'il aura la conversation agréable, parce qu'en effet il pense beaucoup, et qu'il conçoit fort vivement tout ce qu'on lui dit. Je ne saurais trouver de termes assez forts pour vous remercier des mouvements que vous vous donnez pour monsieur le doyen de Sens; et, quand l'affaire ne réussirait point, je vous puis assurer que je n'oublierai jamais la sensible obligation que je vous ai.

Vous m'avez fort surpris en me mandant l'empressement qu'ont deux des plus grands princes de la terre pour voir des ouvrages que je n'ai pas achevés[1]. En vérité, mon cher monsieur, je tremble qu'ils ne se soient trop aisément laissé prévenir en ma faveur : car, pour vous dire sincèrement ce qui se passe en moi au sujet de ces derniers ouvrages, il y a des moments où je crois n'avoir rien fait de mieux; mais il y en a aussi beaucoup où je n'en suis point du tout content, et où je fais résolution de ne les jamais laisser imprimer. Oh! qu'heureux est M. Charpentier, qui, raillé, et mettons quelquefois bafoué, sur les siens, se maintient toujours parfaitement tranquille, et demeure invinciblement persuadé de l'excellence de son esprit! Il a tantôt apporté à l'Académie une médaille de très-mauvais goût; et avant que de la laisser lire, il a commencé par en faire l'éloge. Il s'est mis par avance en colère sur ce qu'on y trouverait à redire, déclarant pourtant que, quelques critiques qu'on y pût faire, il saurait bien ce qu'il devait penser là-dessus, et qu'il n'en resterait pas moins convaincu qu'elle était parfaitement bonne. Il a en effet tenu parole, et, tout le monde l'ayant généralement désapprouvée, il a querellé tout le monde, il a rougi et s'est emporté; mais il s'est en allé satisfait de lui-même. Je n'ai point, je l'avoue, cette force d'âme : et si des gens un peu sensés s'opiniâtraient de dessein formé à blâmer la meilleure chose que j'aie écrite, je leur résisterais d'abord avec assez de chaleur; mais je sens bien que peu de temps après je conclurais contre moi, et que je me dégoûterais de mon ouvrage. Ne vous étonnez donc point si je ne vous envoie point encore par cet ordinaire les vers que vous me demandez, puisque je n'oserais presque me les présenter à moi-même sur le papier. Je vous dirai

---

1. Conseillers clercs.
2. Jacques de Tourreil, de l'Académie française et de celle des inscriptions et belles-lettres, né à Toulouse en 1656, mort en 1714. Ce fut lui qui présenta au roi la première édition du Dictionnaire de l'Académie. Il composa à cette occasion *trente-deux compliments,* « tous convenables, dit l'abbé Fleury, et tous différents les uns des « autres, prononcés avec une liberté et une grâce merveilleuses ». (Disc. prononcé le 29 décembre 1714, à la réception de l'abbé Massieu.)

1. La satire x *contre les femmes,* et *l'ode sur la prise de Namur.*

pourtant que j'ai en quelque sorte achevé l'*ode sur Namur*, à quelques vers près, où je n'ai point encore attrapé l'expression que je cherche. Je vous l'enverrai un de ces jours; mais c'est à la charge que vous la tiendrez secrète, et que vous n'en lirez rien à personne que je ne l'aie entièrement corrigée sur vos avis.

Il n'est bruit ici que des grandes choses que le roi va faire; et, à vous dire le vrai, jamais commencement de campagne n'eut un meilleur air. J'ai bien vu dans les livres des exemples de grandes félicités; mais au prix de la fortune du roi, à mon sens, tout est malheur. Ce qui m'embarrasse, c'est qu'ayant épuisé pour Namur toutes les hyperboles et toutes les hardiesses de notre langue, où trouverai-je des expressions pour le louer, s'il vient à faire quelque chose de plus grand que la prise de cette ville? Je sais bien ce que je ferai : je garderai le silence et vous laisserai parler. C'est le meilleur parti que je puisse prendre :

Spectatus satis, et donatus jam rude.....[1]

Je vous prie de bien témoigner à M. de Chamlai combien je lui suis obligé des offices qu'il rend à mon frère[2]; je vois bien que la fortune n'est pas capable de l'aveugler et qu'il voit toujours ses amis avec les mêmes yeux qu'auparavant. Adieu, mon cher monsieur; soyez bien persuadé que je vous aime et que je vous estime infiniment. Dans le temps que j'allais finir cette lettre, M. l'abbé Dongois est entré dans ma chambre avec le petit mot de lettre que vous écrivez à madame Racine, et où vous mandez l'heureux, surprenant, incroyable succès de votre négociation. Que vous dirai-je là-dessus? Cela demande une lettre tout entière, que je vous écrirai demain. Cependant souvenez-vous de l'état de Pamphile, à la fin de l'Andrienne :

Nunc est, quum me interficī patīar[3].

Voilà à peu près mon état. Adieu, encore un coup, mon cher, illustrissime, effectif, ou puisque la passion permet quelquefois d'inventer des mots, mon *effectissime* ami.

47. — AU MÊME.

Paris, ce 4 juin 1693.

Je vous écrivis hier au soir une assez longue lettre, et qui était toute remplie du chagrin que j'avais alors, causé par un tempérament sombre qui me dominait, et par un reste de maladie; mais je vous en écris une aujourd'hui toute pleine de la joie que m'a causée l'agréable nouvelle que j'ai reçue. Je ne saurais exprimer l'allégresse qu'elle a excitée dans toute ma famille : elle a fait changer de caractère à tout le monde. M. Dongois, le greffier, est présentement un homme jovial et folâtre; M. l'abbé Dongois, un bouffon et un badin. Enfin il n'y a personne qui ne se signale par des témoignages extraordinaires de plaisir et de satisfaction, et par des louanges et des exclamations sans fin sur votre bonté, votre générosité, votre amitié, etc. A mon sens néanmoins, celui qui doit être le plus satisfait, c'est vous, et le contentement que vous devez avoir en vous-même d'avoir obligé si efficacement dans cette affaire tant de personnes qui vous estiment et qui vous honorent depuis si longtemps est un plaisir d'autant plus agréable, qu'il ne procède que de la vertu, et que les âmes du commun ne sauraient ni se l'attirer ni le sentir. Tout ce que j'ai à vous prier maintenant, c'est de me mander les démarches que vous croyez qu'il faut que je fasse à l'égard du roi et du P. de la Chaise; et non-seulement s'il faut, mais à peu près ce qu'il faut que je leur écrive. M. le doyen de Sens ne sait encore rien de ce qu'on a fait pour lui. Jugez de sa surprise, quand il apprendra d'un coup le bien imprévu et excessif que vous lui avez fait! Ce que j'admire le plus, c'est la félicité de la circonstance, qui a fait que, demandant pour lui la moindre de toutes les chanoinies de la Sainte-Chapelle, nous lui avons obtenu la meilleure, après celle de M. l'abbé d'Ense. *O factum bene !* Vous pouvez compter que vous aurez désormais en lui un homme qui disputera avec moi de zèle et d'amitié pour vous.

J'avais résolu de ne vous envoyer la suite de mon *ode sur Namur*, que quand je l'aurais mise en état de n'avoir plus besoin que de vos corrections; mais, en vérité, vous m'avez fait trop de plaisir, pour ne pas satisfaire sur-le-champ la curiosité que vous avez peut-être conçue de la voir. Ce que je vous prie, c'est de ne la montrer à personne, et de ne la point épargner. J'y ai hasardé des choses fort neuves, jusqu'à parler de la plume blanche que le roi a sur son chapeau; mais, à mon avis, pour trouver des expressions nouvelles en vers, il faut parler de choses qui n'aient point été dites en vers. Vous en jugerez, sauf à tout changer, si cela vous déplaît[1]. L'ode sera de dix-huit stances[2]. Cela fait cent quatre-vingts vers. Je ne croyais pas aller si loin. Voici ce que vous n'avez point vu. Je vais le mettre sur l'autre feuillet :

IX.

Déployez toutes vos rages,
Princes, vents, peuples, frimas;

---

1. Horace, liv. I, épît. I, v. 2.
2. Jacques Boileau désirait obtenir un canonicat de la Sainte-Chapelle de Paris.
3. Boileau confond ici *l'Eunuque* avec *l'Andrienne*, et *Pamphile* avec *Chérée*. (Voyez la première pièce, acte III, sc. VI.)

1. On apprend par ces lettres, et par celle dans laquelle mon père lui demande son avis sur un de ses cantiques spirituels, de quelle manière ces deux amis se consultaient mutuellement sur leurs ouvrages. (L. R.)
2. Elle se trouve réduite à dix-sept, par la suppression de celle contre Fontenelle.

Ramassez tous vos nuages,
Rassemblez tous vos soldats.
Malgré vous, Namur en poudre
S'en va tomber sous la foudre
Qui dompta Lille, Courtrai,
Gand, la *constante* Espagnole,
Luxembourg, Besançon, Dôle,
Ypres, Mastricht et Cambrai.

X.

Mes présages s'accomplissent,
Il commence à chanceler.
Je vois ses murs qui frémissent,
Déjà prêts à s'écrouler.
Mars en feu, qui les domine,
De loin souffle leur ruine ;
Et les bombes dans les airs,
Allant chercher le tonnerre,
Semblent, tombant sur la terre,
Vouloir s'ouvrir les enfers.

XI.

Approchez, troupes altières,
Qu'unit un même devoir :
A couvert *de ces rivières,*
Venez, vous pouvez tout voir.
Contemplez bien ces approches ;
Voyez *détacher* ces roches,
Voyez ouvrir ce terrain ;
Et dans les eaux, dans la flamme,
Louis à tout donnant l'âme,
Marcher tranquille et serein.

XII.

Voyez, dans cette tempête,
Partout se montrer aux yeux
La plume qui ceint sa tête
D'un cercle si glorieux.
A sa blancheur remarquable
Toujours un sort favorable
S'attache dans les combats ;
Et toujours avec la gloire
Mars *et sa sœur* la Victoire
Suivent cet astre à grands pas.

XIII.

Grands défenseurs de l'Espagne,
Accourez tous, il est temps.
Mais déjà vers la Méhagne
Je vois vos drapeaux flottants.
Jamais ses ondes craintives
N'ont vu sur leurs faibles rives
Tant de guerriers s'amasser.
Marchez donc, *troupe héroïque*
Au delà de ce Granique
Que tardez-vous d'avancer ?

XIV.

Loin de fermer le passage
A vos nombreux bataillons,
Luxembourg a du rivage
Reculé ses pavillons.
Eh quoi ! son aspect vous glace !
Où sont ces chefs pleins d'audace,

Jadis si prompts à marcher,
Qui devaient, de la Tamise
Et de la Drave soumise,
Jusqu'à Paris nous chercher ?

XV.

Cependant l'effroi redouble
Sur les remparts de Namur :
Son gouverneur qui se trouble
S'enfuit sous son dernier mur.
Déjà jusques à ses portes
Je vois *nos fières* cohortes
S'ouvrir un large chemin !
Et sur *des* monceaux de piques,
De corps morts, de rocs, de briques,
Monter le sabre à la main.

XVI.

C'en est fait, je viens d'entendre,
Sur *les remparts* éperdus,
Battre un signal pour se rendre :
Le feu cesse ; ils sont rendus.
Rappelez votre constance,
Fiers ennemis de la France ;
Et désormais gracieux,
Allez à Liége, à Bruxelles,
Porter les humbles nouvelles
De Namur pris à vos yeux.

XVII.

Pour moi, que Phébus anime
De ses transports les plus doux,
Rempli de ce dieu sublime,
Je vais, plus hardi que vous,
Montrer que sur le Parnasse,
Des bois fréquentés d'Horace
Ma muse, *sur son* déclin,
Sait encor les avenues,
Et des sources inconnues
A l'auteur de Saint-Paulin[1].

Je vous demande pardon de la peine que vous aurez peut-être à déchiffrer tout ceci, que je vous ai écrit sur un papier qui boit. Je vous le récrirais bien ; mais il est près de midi, et j'ai peur que la poste ne parte. Ce sera pour une autre fois. Je vous embrasse de tout mon cœur.

48. — AU MÊME.

Paris, le 9 juin 1693.

Je vous écrivis hier, avec toute la chaleur qu'inspire une méchante nouvelle, le refus que fait l'abbé de Paris de se démettre de sa chanoinie. Ainsi, vous jugerez bien par ma lettre que ce ne sont pas, à l'heure qu'il est, des remercîments que je médite, puisque je suis même honteux de ceux que j'ai déjà faits. A vous dire le vrai, le contre-temps est fâ-

---

[1]. Tout ce qui est en caractères italiques a été depuis changé par l'auteur.

cheux : et quand je songe aux chagrins qu'il m'a déjà causés, je voudrais presque n'avoir jamais pensé à ce bénéfice pour mon frère. Je n'aurais pas la douleur de voir que vous vous soyez peut-être donné tant de peine si inutilement. Ne croyez pas toutefois, quoi qu'il puisse arriver, que cela diminue en moi le sentiment des obligations que je vous ai. Je sens bien qu'il n'y a qu'une étoile bizarre et infortunée qui pût empêcher le succès d'une affaire si bien conduite, et où vous avez également signalé votre prudence et votre amitié.

Je vous ai mandé, par ma dernière lettre, ce que M. de Pontchartrain avait répondu à M. l'abbé Renaudot touchant nos ordonnances. Comme il a fait de la distinction entre les raisons que vous aviez de le presser, et celles que j'avais d'attendre, je m'en vais ce matin chez madame Racine, et je lui conseillerai de porter votre ordonnance à M. de Bie à part; je ne doute point qu'elle ne touche au plus tôt son argent. Pour moi, j'attendrai sans peine la commodité de M. de Pontchartrain : je n'ai rien qui me presse, et je vois bien que cela viendra. J'oubliai hier de vous mander que M. de Pontchartrain, en même temps qu'il parla de nos ordonnances à M. l'abbé Renaudot, le chargea de me féliciter sur la chanoinie de mon frère.

Je ne doute point, monsieur, que vous ne soyez à la veille de quelque grand et heureux événement; et, si je ne me trompe, le roi va faire la plus triomphante campagne qu'il ait jamais faite. Il fera grand plaisir à M. de La Chapelle, qui, si nous l'en voulions croire, nous engagerait déjà à imaginer une médaille sur la prise de Bruxelles, dont je suis persuadé qu'il a déjà fait le type en lui-même. Vous m'avez fort réjoui de me mander la part qu'a madame de Maintenon dans notre affaire. Je ne manquerai pas de me donner l'honneur de lui écrire; mais il faut auparavant que notre embarras soit éclairci, et que je sache s'il faut parler sur le ton gai ou sur le ton triste. Voici la quatrième lettre que vous devez avoir reçue de moi depuis six jours.

Trouvez bon que je vous prie encore ici de ne rien montrer à personne du fragment informe que je vous ai envoyé, et qui est tout plein de négligences, d'un ouvrage qui n'est point digéré. Le mot de *voir* y est répété partout jusqu'au dégoût. La stance

Grands défenseurs de l'Espagne, etc.

rebat celle qui dit :

Approchez, troupes altières, etc.

Celle sur la plume blanche du roi est encore un peu en maillot; et je ne sais si je la laisserai, avec

Mars et sa sœur la Victoire.

J'ai déjà retouché à tout cela ; mais je ne veux

point l'achever que je n'aie reçu vos remarques, qui sûrement m'éclaireront encore l'esprit : après quoi je vous enverrai l'ouvrage complet. Mandez-moi si vous croyez que je doive parler de M. de Luxembourg. Vous n'ignorez pas combien notre maître est chatouilleux sur les gens qu'on associe à ses louanges. Cependant j'ai suivi mon inclination. Adieu, mon cher monsieur, croyez qu'heureux ou malheureux, gratifié ou non gratifié, payé ou non payé, je serai toujours tout à vous.

49. — RACINE A BOILEAU.

Gembloux[1], 9 juin 1693.

J'avais commencé une grande lettre où je prétendais vous dire mon sentiment sur quelques endroits des stances que vous m'avez envoyées ; mais comme j'aurai le plaisir de vous revoir bientôt, puisque nous nous en retournons à Paris, j'aime mieux attendre à vous dire de vive voix tout ce que j'avais à vous mander. Je vous dirai seulement, en un mot, que les stances m'ont paru très-belles et très-dignes de celles qui les précèdent, à quelque peu de répétitions près, dont vous vous êtes aperçu vous-même.

Le roi fait un grand détachement de ses armées, et l'envoie en Allemagne avec MONSEIGNEUR. Il a jugé qu'il fallait profiter de ce côté-là d'un commencement de campagne qui paraît si favorable, d'autant plus que le prince d'Orange s'opiniâtrant à demeurer sous de grosses places et derrière des canaux et des rivières, la guerre aurait pu devenir ici fort lente, et peut-être moins utile que ce qu'on peut faire au delà du Rhin.

Nous allons demain coucher à Namur. M. de Luxembourg demeure en ce pays-ci avec une armée capable non-seulement de faire tête aux ennemis, mais même de leur donner beaucoup d'embarras. Adieu, mon cher monsieur ; je me fais grand plaisir de vous embrasser bientôt.

M. de Chamlai a parlé depuis moi au père de la Chaise, qui lui a dit les mêmes choses qu'il m'a dites : que tout ira bien, et qu'il n'y a qu'à le laisser faire. M. de Chamlai n'a point encore reçu de vos nouvelles ; mais il compte sur votre amitié. Tous les gens de mes amis qui connaissent le père de la Chaise, et la manière dont s'est passée l'affaire de monsieur le doyen, m'assurent tous que nous devons avoir l'esprit en repos.

50. — A RACINE.

Paris, 13 juin 1693.

Je ne suis revenu que ce matin d'Auteuil, où j'ai été passer durant quatre jours la mauvaise humeur

---

1. Petite ville du Brabant.

que m'avait donnée le bizarre contre-temps qui nous est arrivé dans l'affaire de la chanoinie. J'ai reçu, en arrivant à Paris, votre dernière lettre, qui m'a fort consolé, aussi bien que celle que vous avez écrite à M. l'abbé Dongois.

J'ai été fort surpris d'apprendre que M. de Chamlai n'avait point encore reçu le compliment que je lui ai envoyé sur-le-champ, et qui a été porté à la poste en même temps que la lettre que j'ai écrite au R. P. de la Chaise. Je lui en écris un nouveau, afin qu'il ne me soupçonne pas de paresse dans une occasion où il m'a si bien marqué et sa bonté pour moi, et sa diligence à obliger mon frère; mais de peur d'une nouvelle méprise, je vous l'envoie, ce compliment, empaqueté dans ma lettre, afin que vous le lui rendiez en main propre.

Je ne saurais vous exprimer la joie que j'ai du retour du roi. La nouvelle bonté que Sa Majesté m'a témoignée, en accordant à mon frère le bénéfice que nous demandions, a encore augmenté le zèle et la passion très-sincère que j'ai pour elle. Je suis ravi de voir que sa sacrée personne ne sera point en danger cette campagne; et, gloire pour gloire, il me semble que les lauriers sont aussi bons à cueillir sur le Rhin et sur le Danube, que sur l'Escaut et sur la Meuse. Je ne vous parle point du plaisir que j'aurai à vous embrasser plutôt que je ne croyais : car cela s'en va sans dire.

Vous avez bien fait de ne point envoyer par écrit vos remarques sur mes stances, et d'attendre à m'en entretenir que vous soyez de retour, puisque, pour en bien juger, il faut que je vous aie communiqué auparavant les différentes manières dont je les puis tourner, et les retranchements ou les augmentations que j'y puis faire.

Je vous prie de bien témoigner au R. P. de la Chaise l'extrême reconnaissance que j'ai de toutes ses bontés. Nous devons encore aller lundi prochain, M. Dongois et moi, prendre madame Racine, pour la mener avec nous chez M. de Bie, qui ne doit être revenu de la campagne que ce jour-là. J'ai fait ma sollicitation pour vous à M. l'abbé Bignon. Il m'a dit que c'était une chose un peu difficile, à l'heure qu'il est, d'être payé au trésor royal. Je lui ai représenté que vous étiez actuellement dans le service, et que vous étiez au même droit que les soldats et les autres officiers du roi. Il m'a avoué que je disais vrai, et s'est chargé d'en parler très-fortement à M. de Pontchartrain. Il me doit rendre réponse aujourd'hui à notre assemblée.

Adieu le type de M. de La Chapelle sur Bruxelles[1]. Il était pourtant imaginé fort heureusement et fort à propos; mais, à mon sens, les médailles prophétiques dépendent un peu du hasard, et ne sont pas toujours sûres de réussir. Nous voilà revenus à Heidelberg[2]. Je propose pour mot : *Heidelberga deleta*;

et nous verrons ce soir si on l'acceptera, ou les deux vers latins que propose M. Charpentier, et qu'il trouve d'un goût merveilleux pour la médaille. Les voici :

Servare potui : perdere an possim rogas[1]?

Or, comment cela vient à Heidelberg, c'est à vous à le deviner; car ni moi, ni même je crois M. Charpentier, n'en savons rien.

Je ne vous parle presque point, comme vous voyez, de notre chagrin sur la chanoinie, parce que vos lettres m'ont rassuré, et que d'ailleurs il n'y a point de chagrin qui tienne contre le bonheur que vous me faites espérer de vous revoir bientôt ici de retour. Adieu, mon cher monsieur : aimez-moi toujours, et croyez qu'il n'y a personne qui vous honore et vous révère plus que moi.

51. — AU MÊME.

Paris, jeudi au soir, 18 juin 1693.

Je ne saurais, mon cher monsieur, vous exprimer ma surprise, et quoique j'eusse les plus grandes espérances du monde, je ne laissais pas encore de me défier de la fortune de monsieur le doyen. C'est vous qui avez tout fait, puisque c'est à vous que nous devons l'heureuse protection de madame de Maintenon. Tout mon embarras maintenant est de savoir comment je m'acquitterai de tant d'obligations que je vous ai. Je vous écris ceci de chez M. Dongois le greffier, qui est sincèrement transporté de joie, aussi bien que toute notre famille; et de l'humeur dont je vous connais, je suis sûr que vous seriez ravi vous-même de voir combien d'un seul coup vous avez fait d'heureux[2]. Adieu, mon cher monsieur, croyez qu'il n'y a personne qui vous aime plus sincèrement, ni par plus de raisons que moi. Témoignez bien à M. de Cavoie la joie que j'ai de sa joie[3], et à M. de Luxembourg mes profonds respects. Je vous donne le bonsoir, et suis, autant que je le dois, tout à vous.

Je viens d'envoyer chez madame Racine.

52. — RACINE A BOILEAU.

Versailles, 9 juillet 1693.

Je vais aujourd'hui à Marly, où le roi demeurera près d'un mois : mais je ferai de temps en temps quelques voyages à Paris, et je choisirai les jours

---

1. Cette ville n'avait point été prise.
2. Le maréchal de Lorges s'en était emparé le 21 mai précédent.

1. Vers de la *Médée* d'Ovide, conservé par Quintilien, liv. VIII, c. v. Boileau ne rapporte que l'un des deux vers proposés par Charpentier.
2. Lorsque l'abbé Boileau alla remercier Louis XIV du canonicat qu'il lui avait accordé, ce prince lui dit : « Monsieur, c'est une place qui était due à votre mérite aussi bien qu'aux prières de votre frère, qui nous a tant réjouis ». (*Boloeana*, n° CXII.)
3. Le marquis de Cavoie se flattait alors de l'espoir d'obtenir le cordon bleu.

de la *petite académie*. Cependant je suis bien fâché que vous ne m'ayez pas donné votre ode : j'aurais peut-être trouvé quelque occasion de la lire au roi. Je vous conseille même de me l'envoyer. Il n'y a pas plus de deux lieues d'Auteuil à Marly. Votre laquais n'aura qu'à me demander et me chercher dans l'appartement de M. Félix. Je vous prie de renvoyer mon fils à sa mère : j'appréhende que votre grande bonté ne vous coûte un peu trop d'incommodité. Je suis entièrement à vous.

53. — RACINE AU MÊME.

Marly, 6 août au matin 1693.

Je ferai vos présents ce matin [1]. Je ne sais pas bien encore quand je vous reverrai, parce qu'on attend à toute heure des nouvelles d'Allemagne. La victoire de M. de Luxembourg est bien plus grande que nous ne pensions, et nous n'en savions pas la moitié [2]. Le roi reçoit tous les jours des lettres de Bruxelles et de mille autres endroits, par où il apprend que les ennemis n'avaient pas une troupe ensemble le lendemain de la bataille ; presque toute l'infanterie qui restait avait jeté ses armes. Les troupes hollandaises se sont la plupart enfuies jusqu'en Hollande. Le prince d'Orange, qui pensa être pris après avoir fait des merveilles, coucha le soir, lui huitième, avec M. de Bavière [3], chez un curé près de Loo. Nous avons pris vingt-cinq ou trente drapeaux, cinquante-cinq étendards, soixante-seize pièces de canon, huit mortiers, neuf pontons, sans tout ce qui est tombé dans la rivière. Si nos chevaux, qui n'avaient point mangé depuis deux fois vingt-quatre heures, eussent pu marcher, il ne resterait pas un corps de troupes aux ennemis.

Tout en vous écrivant, il me vient en pensée de vous envoyer deux lettres, une de Bruxelles, l'autre de Vilvorde, et un récit du combat général, qui me fut dicté hier au soir par M. d'Albergotti [4]. Croyez que c'est comme si M. de Luxembourg l'avait dicté lui-même. Je ne sais si vous le pourrez lire ; car en écrivant j'étais accablé de sommeil, à peu près comme était M. de Puimorin en écrivant ce bel arrêt sous M. Dongois [5]. Le roi est transporté de joie, et tous les ministres, de la grandeur de cette action.

Vous me feriez un fort grand plaisir, quand vous aurez lu tout cela, de l'envoyer bien cacheté, avec cette même lettre que je vous écris, à M. l'abbé Re-

1. L'ode *sur la prise de Namur* venait d'être imprimée ; et Racine s'était chargé d'en distribuer des exemplaires à la cour.
2. La victoire de Nerwinde, remportée le 29 juillet 1693.
3. Maximilien-Emmanuel, frère de la dauphine morte en 1690.
4. Alors colonel du régiment de Royal-Italien.
5. M. Dongois étant obligé de passer la nuit à dresser le dispositif d'un arrêt d'ordre le dictait à M. de Puimorin, frère de Boileau, et M. de Puimorin écrivait si promptement, que M. Dongois était étonné que ce jeune homme eût tant de dispositions pour la pratique. Après avoir dicté pendant deux heures, il voulut lire l'arrêt, et trouva que le jeune Puimorin n'avait écrit que le dernier mot de chaque phrase. (*Mém. de Louis Racine sur la vie de son père*.)

naudot [1], afin qu'il ne tombe point dans l'inconvénient de l'année passée. Je suis assuré qu'il vous en aura obligation. Il pourra distribuer une partie des choses que je vous envoie en plusieurs articles, tantôt sous celui de Bruxelles, tantôt sous celui de Landeferme, où M. de Luxembourg campa le 31 juillet, à demi-lieue du champ de bataille ; tantôt même sous l'article de Malines ou de Vilvorde.

Il saura d'ailleurs les actions des principaux particuliers, comme, que M. de Chartres chargea trois ou quatre fois à la tête de divers escadrons, et fut débarrassé des ennemis, ayant blessé de sa main l'un d'eux qui le voulait emmener ; le pauvre Vacoigne, tué à son côté ; M. d'Arcy, son gouverneur, tombé aux pieds de ses chevaux, le sien ayant été blessé ; La Bertière, son sous-gouverneur, aussi blessé. M. le prince de Conti chargea aussi plusieurs fois, tantôt avec la cavalerie, tantôt avec l'infanterie, et regagna pour la troisième fois le fameux village de Nerwinde, qui donne le nom à la bataille, et reçut sur la tête un coup de sabre d'un des ennemis, qu'il tua sur-le-champ. M. le Duc chargea de même, regagna une seconde fois le village à la tête de l'infanterie, et combattit encore à la tête de plusieurs escadrons. M. de Luxembourg était, dit-on, quelque chose de plus qu'humain, volant partout, et même s'opiniâtrant à continuer les attaques dans le temps que les plus braves étaient rebutés ; menant en personne les bataillons et les escadrons à la charge. M. de Montmorency, son fils aîné, après avoir combattu plusieurs fois à la tête de sa brigade de cavalerie, reçut un coup de mousquet, dans le temps qu'il se mettait au-devant de son père pour le couvrir d'une décharge horrible que les ennemis firent sur lui. Monsieur le comte [2] son frère a été blessé à la jambe, M. de La Roche-Guyon [3] au pied ; et tous autres que sait M. l'abbé : M. le maréchal de Joyeuse blessé aussi à la cuisse, et retournant au combat après sa blessure. M. le maréchal de Villeroi entra dans les lignes ou retranchements, à la tête de la maison du roi.

Nous avons quatorze cents prisonniers, entre lesquels cent soixante-cinq officiers, plusieurs officiers généraux, dont on aura sans doute donné les noms. On croit le pauvre Ruvigny tué, on a ses étendards ; et ce fut à la tête de son régiment de Français que le prince d'Orange chargea nos escadrons, en renversa quelques-uns, et enfin fut renversé lui-même. Le lieutenant colonel de ce régiment, qui fut pris, dit à ceux qui le prenaient, en leur montrant de loin le prince d'Orange : « Tenez, messieurs, voilà celui qu'il vous fallait prendre ». Je conjure M. l'abbé Renaudot, quand il aura fait son usage de tout ceci, de bien recache-

1. Directeur de la *Gazette*.
2. Le comte de Luxe, Paul-Sigismond, troisième fils du maréchal de Luxembourg. Cette blessure le força de renoncer à l'état militaire.
3. François de la Rochefoucauld, duc de La Roche-Guyon, petit-fils de l'auteur des *Maximes*, et gendre du ministre Louvois.

ter et cette lettre et mes mémoires, et de les renvoyer chez moi.

Voici encore quelques particularités. Plusieurs généraux des ennemis étaient d'avis de repasser d'abord la rivière. Le prince d'Orange ne voulut pas ; l'électeur de Bavière dit qu'il fallait au contraire rompre tous les ponts, et qu'ils tenaient à ce coup les Français. Le lendemain du combat, M. de Luxembourg a envoyé à Tirlemont, où il était resté plusieurs officiers ennemis blessés, entre autres le comte de Solms, général de l'infanterie, qui s'est fait couper la jambe. M. de Luxembourg, au lieu de les faire transporter en cet état, s'est contenté de leur parole, et leur a fait offrir toutes sortes de rafraîchissements : « Quelle nation est la vôtre ! » s'écria le comte de Solms, en parlant au chevalier de Rozel ; « vous vous battez comme des « lions, et vous traitez les vaincus comme s'ils « étaient vos meilleurs amis ». Les ennemis commencent à publier que la poudre leur manqua tout à coup, voulant par là excuser leur défaite. Ils ont tiré plus de neuf mille coups de canon, et nous quelque cinq ou six mille.

Je fais mille compliments à M. l'abbé Renaudot ; et j'exciterai ce matin M. de Croissy à empêcher, s'il peut, le malheureux *Mercure galant*[1] de défigurer notre victoire.

Il y avait sept lieues du camp d'où M. de Luxembourg partit jusqu'à Nerwinde. Les ennemis avaient cinquante-cinq bataillons et cent soixante escadrons.

54. — RACINE AU MÊME.

1693.

Denys d'Halicarnasse, pour montrer que la beauté du style consiste principalement dans l'arrangement des mots, cite un endroit de l'Odyssée, où, Ulysse et Eumée étant sur le point de se mettre à table pour déjeuner, Télémaque arrive tout à coup dans la maison d'Eumée. Les chiens qui le sentent approcher n'aboient point, mais remuent la queue ; ce qui fait voir à Ulysse que c'est quelqu'un de connaissance qui est sur le point d'arriver. Denys d'Halicarnasse, ayant rapporté tout cet endroit, fait cette réflexion : Que ce n'est point le choix des mots qui en fait l'agrément, la plupart de ceux qui y sont employés étant, dit-il, très-vils et très-bas, εὐτελεστάτων τε καὶ ταπεινοτάτων, mots qui sont toujours dans la bouche des moindres laboureurs et des moindres artisans, et qui ne laissent pas de charmer par la manière dont le poète a eu soin de les arranger. En lisant cet endroit, je me suis souvenu que, dans une de vos nouvelles remarques[2], vous avancez que jamais on n'a dit qu'Homère ait employé un seul mot bas. C'est à vous de voir si cette remarque de Denys d'Halicarnasse n'est point contraire à la vôtre, et s'il n'est point à craindre qu'on ne vienne vous chicaner là-dessus. Prenez la peine de lire toute la réflexion de Denys d'Halicarnasse, qui m'a paru très-belle et merveilleusement exprimée ; c'est dans son traité περὶ συντάξεως ὀνομάτων, à la troisième page.

J'ai fait réflexion aussi qu'au lieu de dire que le mot d'*âne* est en grec un mot très-noble, vous pourriez vous contenter de dire que c'est un mot *qui n'a rien de bas*[1], et qui est comme celui de cerf, de cheval, de brebis, etc. ; le *très-noble* me paraît un peu trop fort.

Tout ce traité de Denys d'Halicarnasse, dont je viens de vous parler, et que je relus hier tout entier avec un grand plaisir, me fit souvenir de l'extrême impertinence de M. Perrault, qui avance que le tour des paroles ne fait rien pour l'éloquence, et qu'on ne doit regarder qu'au sens ; et c'est pourquoi il prétend qu'on peut mieux juger d'un auteur par son traducteur, quelque mauvais qu'il soit, que par la lecture de l'auteur même. Je ne me souviens point que vous ayez relevé cette extravagance, qui vous donnerait pourtant beau jeu pour le tourner en ridicule.

Pour le mot de μίγεσθαι, qui signifie quelquefois cohabiter avec une femme ou avec un homme, et souvent converser simplement, voici des exemples tirés de l'Écriture. Dieu dit à Jérusalem, dans Ézéchiel : *Congregabo tibi amatores tuos, cum quibus commista es*, etc.[2] Dans le prophète Daniel, les deux vieillards, racontant comme ils ont surpris Suzanne en adultère, disent, parlant d'elle et du jeune homme qu'ils prétendent qui était avec elle : *Vidimus eos pariter commisceri*[3]. Ils disent aussi à Suzanne : *Assentire nobis, et commiscere nobiscum*[4]. Voilà *commisceri* dans le premier sens. Voici des exemples du second sens. Saint Paul dit aux Corinthiens : *Ne commisceamini fornicariis* ; « N'ayez point de commerce avec les fornicateurs ». Et, expliquant ce qu'il a voulu dire par là, il dit qu'il n'entend point parler des fornicateurs qui sont parmi les gentils : « autrement, ajoute-t-il, il fau« drait renoncer à vivre avec les hommes ; mais « quand je vous ai mandé de n'avoir point de com« merce avec les fornicateurs, *non commisceri*, j'ai « entendu parler de ceux qui se pourraient trouver « parmi les fidèles ; et non-seulement avec les for« nicateurs, mais encore avec les avares et les usur« pateurs du bien d'autrui, etc.[5] ». Il en est de même du mot *cognoscere*, qui se trouve dans ces deux sens en mille endroits de l'Écriture.

Encore un coup, je me passerais de la fausse

---

1. Dirigé alors par de Visé et Thomas Corneille.
2. Voyez la *Réflexion* IX sur Longin.

1. Boileau adopta cette correction.
2. Chapitre XVI, v. 37.
3. Chapitre XIII, v. 38.
4. Chapitre XIII, v. 20.
5. *Épître* I *aux Corinth.*, chap. v, v. 9 et 10.

érudition de Tussanus[1], qui est trop clairement démentie par l'endroit des servantes de Pénélope. M. Perrault ne peut-il pas avoir quelque ami grec, qui lui fournisse des mémoires?

55. — ANTOINE ARNAULD, DOCTEUR DE SORBONNE

A CHARLES PERRAULT.

De Bruxelles, 5 mai 1694.

Vous pouvez être surpris, monsieur, de ce que j'ai tant différé à vous faire réponse, ayant à vous remercier de votre présent, et de la manière honnête dont vous me faites souvenir de l'affection que vous m'avez toujours témoignée, vous et messieurs vos frères, depuis que j'ai le bien de vous connaître. Je n'ai pu lire votre lettre sans m'y trouver obligé; mais, pour vous parler franchement, la lecture que je fis ensuite de la préface de votre Apologie des femmes me jeta dans un grand embarras, et me fit trouver cette réponse plus difficile que je ne pensais. En voici la raison.

Tout le monde sait que M. Despréaux est de mes meilleurs amis, et qu'il m'a rendu des témoignages d'estime et d'amitié en toutes sortes de temps. Un de mes amis m'avait envoyé sa dernière satire. Je témoignai à cet ami la satisfaction que j'en avais eue, et lui marquai en particulier que ce que j'en estimais le plus, par rapport à la morale, c'était la manière si ingénieuse et si vive dont il avait représenté les mauvais effets que pouvaient produire dans les jeunes personnes les opéras et les romans. Mais comme je ne puis m'empêcher de parler à cœur ouvert à mes amis, je ne lui dissimulai pas que j'aurais souhaité qu'il n'y eût point parlé de l'auteur de Saint-Paulin[2]. Cela a été écrit avant que j'eusse rien su de l'*Apologie des femmes*, que je n'ai reçue qu'un mois après. J'ai fort approuvé ce que vous dites en faveur des pères et mères qui portent leurs enfants à embrasser l'état du mariage par des motifs honnêtes et chrétiens; et j'y ai trouvé beaucoup de douceur et d'agrément dans les vers. Mais ayant rencontré dans la préface diverses choses que je ne pouvais approuver sans blesser ma conscience, cela me jeta dans l'inquiétude de ce que j'avais à faire. Enfin, je me suis déterminé à vous marquer à vous-même quatre ou cinq points qui m'y ont fait le plus de peine, dans l'espérance que vous ne trouverez pas mauvais que j'agisse à votre égard avec cette naïve et cordiale sincérité que les chrétiens doivent pratiquer avec leurs amis.

La première chose que je n'ai pu approuver, c'est que vous ayez attribué à votre adversaire cette proposition générale : « que l'on ne peut manquer en suivant l'exemple des anciens », et que vous ayez conclu « que, parce que Horace et Juvé-« nal ont déclamé contre les femmes d'une ma-« nière scandaleuse, il avait pensé qu'il était en « droit de faire la même chose ». Vous l'accusez donc d'avoir déclamé contre les femmes d'une manière scandaleuse, et en des termes qui blessent la pudeur, et de s'être cru en droit de le faire à l'exemple d'Horace et de Juvénal; mais, bien loin de cela, il déclare positivement le contraire : car, après avoir dit dans sa préface « qu'il n'appré-« hende pas que les femmes s'offensent de sa sa-« tire », il ajoute « qu'une chose au moins dont il « est certain qu'elles le loueront, c'est d'avoir trouvé « moyen, dans une matière aussi délicate que celle « qu'il y traitait, de ne pas laisser échapper un « seul mot qui pût blesser le moins du monde la « pudeur ». C'est ce que vous-même, monsieur, avez rapporté de lui dans votre préface et ce que vous prétendez avoir réfuté par ces paroles : « Quelle « erreur ! Est-ce que des héros à *voix luxurieuse*, « des *morales lubriques*, des *rendez-vous chez la Cornu*, « et les *plaisirs de l'enfer* qu'on goûte *en paradis*, « peuvent se présenter à l'esprit sans y faire des « images dont la pudeur est offensée »?

Je vous avoue, monsieur, que j'ai été extrêmement surpris de vous voir soutenir une accusation de cette nature contre l'auteur de la satire, avec si peu de fondement : car il n'est point vrai que les termes que vous rapportez soient des termes déshonnêtes et qui blessent la pudeur; et la raison que vous en donnez ne le prouve point. S'il était vrai que la pudeur fût offensée de tous les termes qui peuvent présenter à notre esprit certaines choses dans la matière de la pureté, vous l'auriez bien offensée vous-même, quand vous avez dit que « les anciens poëtes enseignaient divers moyens « pour se passer du mariage, qui sont des crimes « parmi les chrétiens et des crimes abominables ». Car y a-t-il rien de plus horrible et de plus infâme, que ce que ces mots de *crimes abominables* présentent à l'esprit? Ce n'est donc point par là qu'on doit juger si un mot est déshonnête ou non.

On peut voir sur cela une lettre de Cicéron à Papyrius Pætus[1], qui commence par ces mots : *Amo verecundiam, tu potiùs libertatem loquendi* (car c'est ainsi qu'il faut lire, et non pas *amo verecundiam, vel potiùs libertatem loquendi*, qui est une faute visible qui se trouve presque dans toutes les éditions de Cicéron). Il y traite fort au long cette question, sur laquelle les philosophes étaient partagés : s'il y a des paroles qu'on doive regarder comme malhonnêtes et dont la modestie ne permette pas qu'on s'en serve. Il dit que les stoïciens niaient qu'il y en eût; il rapporte leurs raisons. Ils disaient que l'obscénité, pour parler ainsi, ne pouvait être que dans les mots ou dans les choses; qu'elle n'était point dans les mots, puisque plu-

---

[1]. Jacques Toussaint, nommé par François Ier à la chaire de langue grecque au Collége Royal, en 1532, a publié, sous le nom de *Tussanus*, un *Lexicon græco-latinum*.
[2]. Poëme héroïque publié par Charles Perrault en 1686.

[1]. Livre IX, épît. XXII.

sieurs mots étant équivoques, et ayant diverses significations, ils ne passaient point pour déshonnêtes selon une de leurs significations, dont il apporte plusieurs exemples; qu'elle n'était point aussi dans les choses, parce que la même chose pouvant être signifiée par plusieurs façons de parler, il y en avait quelques-unes dont les personnes les plus modestes ne faisaient point de difficulté de se servir : comme, dit-il, personne ne se blessait d'entendre dire *virginem me quondam invitam is per vim violat*, au lieu que si on se fût servi d'un autre mot que Cicéron laisse sous-entendre, et qu'il n'a eu garde d'écrire : *nemo*, dit-il, *tulisset;* personne ne l'aurait pu souffrir.

Il est donc constant, selon tous les philosophes et les stoïciens mêmes, que les hommes sont convenus que la même chose étant exprimée par de certains mots, elle ne blesserait pas la pudeur, et qu'étant exprimée par d'autres, elle la blesserait. Car les stoïciens mêmes demeuraient d'accord de cette sorte de convention; mais la croyant déraisonnable, ils soutenaient qu'on n'était point obligé de la suivre. Ce qui leur faisait dire : *Nihil esse obscœnum nec in verbo nec in re*, et que le sage appelait chaque chose par son nom.

Mais, comme cette opinion des stoïciens est insoutenable, et qu'elle est contraire à saint Paul, qui met entre les vices *turpiloquium*, les mots sales, il faut nécessairement reconnaître que la même chose peut être exprimée par de certains termes qui seraient fort déshonnêtes; mais qu'elle peut aussi être exprimée par de certains termes qui ne le sont point du tout, au jugement de toutes les personnes raisonnables. Que si on veut en savoir la raison, que Cicéron n'a point donnée, on peut voir ce qui en a été écrit dans l'*Art de penser*, première partie, chapitre 13.

Mais, sans nous arrêter à cette raison, il est certain que, dans toutes les langues policées, car je ne sais pas s'il en est de même des langues sauvages, il y a de certains termes que l'usage a voulu qui fussent regardés comme déshonnêtes, et dont on ne pourrait se servir sans blesser la pudeur, et qu'il y en a d'autres qui, signifiant la même chose ou les mêmes actions, mais d'une manière moins grossière, et pour ainsi dire plus voilée, n'étaient point censés déshonnêtes. Et il fallait bien que cela fût ainsi : car, si certaines choses qui font rougir, quand on les exprime trop grossièrement, ne pouvoient être signifiées par d'autres termes dont la pudeur n'est point offensée, il y a de certains vices dont on n'aurait point pu parler, quelque nécessité qu'on en eût, pour en donner de l'horreur, et pour les faire éviter.

Cela étant donc certain, comment n'avez-vous point vu que les termes que vous avez repris ne passeront jamais pour déshonnêtes? Les premiers sont les *voix luxurieuses et la morale lubrique* de l'opéra. Ce que l'on peut dire de ces mots, *luxu-rieuse* et *lubrique*, est qu'ils sont un peu vieux : ce qui n'empêche pas qu'ils ne puissent trouver place dans une satire; mais il est inouï qu'ils aient jamais été pris pour des mots déshonnêtes et qui blessent la pudeur. Si cela était, aurait-on laissé le mot de *luxurieux* dans les commandements de Dieu que l'on apprend aux enfants? Les *rendez-vous chez la Cornu* sont assurément de vilaines choses pour les personnes qui les donnent. C'est aussi dans cette vue que l'auteur de la satire en a parlé, pour les faire détester. Mais quelle raison aurait-on de vouloir que cette expression soit malhonnête? Est-ce qu'il aurait mieux valu nommer le métier de la Cornu par son propre nom? C'est au contraire ce qu'on n'aurait pu faire sans blesser un peu la pudeur. Il en est de même des *plaisirs de l'enfer goûtés en paradis*; et je ne vois pas que ce que vous en dites soit bien fondé. *C'est*, dites-vous, *une expression fort obscure*. Un peu d'obscurité ne sied pas mal dans ces matières ; mais il n'y en a point ici que les gens d'esprit ne développent sans peine. Il ne faut que lire ce qui précède dans la satire, qui est la fin de la fausse dévote :

Voilà le digne fruit des soins de son docteur.
Encore est-ce beaucoup, si ce guide imposteur,
Par les chemins fleuris d'un charmant quiétisme
Tout à coup l'amenant au vrai molinosisme,
Il ne lui fait bientôt, aidé de Lucifer,
Goûter en paradis les plaisirs de l'enfer.

N'est-il pas louable d'avoir cherché les plus noires couleurs qu'il a pu pour donner de l'horreur d'un si détestable abus, dont on a vu depuis peu de si terribles exemples? On voit assez que ce qu'il a entendu par ce que nous venons de rapporter est le crime d'un directeur hypocrite qui, aidé du démon, fait goûter des plaisirs criminels, dignes de l'enfer, à une malheureuse qu'il aurait feint de conduire en paradis. « Mais, dites-vous, on ne peut « creuser cette pensée, que l'imagination ne sa- « lisse effroyablement ». Si creuser une pensée de cette nature, c'est s'en former dans l'imagination une image sale, quoi qu'on n'en eût donné aucun sujet, tant pis pour ceux qui, comme vous dites, creuseraient celle-ci. Car ces sortes de pensées revêtues de termes honnêtes, comme elles le sont dans la satire, ne présentent rien proprement à l'imagination, mais seulement à l'esprit, afin d'inspirer l'aversion pour la chose dont on parle; ce qui, bien loin de porter au vice, est un puissant moyen d'en détourner. Il n'est donc pas vrai qu'on ne puisse lire cet endroit de la satire sans que l'imagination en soit salie, à moins qu'on ne l'ait fort gâtée par une habitude vicieuse d'imaginer ce que l'on doit seulement connaître pour le fuir, selon cette belle parole de Tertullien, si ma mémoire ne me trompe : *Spiritualia nequitiæ non amicâ conscientiâ, sed inimicâ scientiâ novimus*.

Cela me fait souvenir de la scrupuleuse pudeur du P. Bouhours, qui s'est avisé de condamner tous les traducteurs du Nouveau Testament, pour avoir traduit *Abraham genuit Isaac*, Abraham engendra *Isaac*; parce, dit-il, que ce mot *engendra* salit l'imagination. Comme si le mot latin *genuit* donnait une autre idée que le mot *engendrer* en français. Les personnes sages et modestes ne font point de ces sortes de réflexions, qui banniraient de notre langue une infinité de mots, comme celui de *concevoir*, d'*user du mariage, de consommer le mariage*, et plusieurs autres. Et ce serait aussi en vain que les Hébreux loueraient la chasteté de la langue sainte dans ces façons de parler : *Adam connut sa femme, et elle enfanta Caïn*. Car, ne peut-on pas dire qu'on ne peut creuser ce mot, *connaître sa femme*, que l'imagination n'en soit salie? Saint Paul a-t-il eu cette crainte, quand il a parlé en ces termes, dans la première épître aux Corinthiens, chap. VI : « Ne savez-vous pas, dit-il, que vos corps « sont les membres de Jésus-Christ? Arracherai-je « donc à Jésus-Christ ses propres membres pour « en faire les membres d'une prostituée? A Dieu « ne plaise! Ne savez-vous pas que celui qui se « joint à une prostituée devient un même corps avec « elle? Car ceux qui étaient mariés ne seront plus « qu'une même chair, dit l'Écriture; mais celui qui « demeure attaché au Seigneur est un même esprit « avec lui. Fuyez la fornication ». Qui peut douter que ces paroles ne présentent à l'esprit des choses qui feraient rougir, si elles étaient exprimées en certains termes que l'honnêteté ne souffre point? Mais outre que les termes dont l'Apôtre se sert sont d'une nature à ne point blesser la pudeur, l'idée qu'on en peut prendre est accompagnée d'une idée d'exécration, qui non-seulement empêche que la pudeur n'en soit offensée, mais qui fait de plus que les chrétiens conçoivent une grande horreur du vice dont cet apôtre a voulu détourner les fidèles. Mais veut-on savoir ce qui peut être un sujet de scandale aux faibles? C'est quand un faux délicat leur fait appréhender une saleté d'imagination, où personne avant lui n'en avait trouvé; car il est cause par là qu'ils pensent à quoi ils n'auraient point pensé, si on les avait laissés dans leur simplicité. Vous voyez donc, monsieur, que vous n'avez pas eu sujet de reprocher à votre adversaire qu'il avait eu tort de se vanter « qu'il ne lui était pas échappé « un seul mot qui pût blesser le moins du monde « la pudeur ».

La seconde chose qui m'a fait beaucoup de peine, monsieur, c'est que vous blâmez dans votre préface les endroits de la satire qui m'avaient paru les plus beaux, les plus édifiants, et les plus capables de contribuer aux bonnes mœurs et à l'honnêteté publique. J'en rapporterai deux ou trois exemples. J'ai été charmé, je vous l'avoue, de ces vers de la page sixième :

L'épouse que tu prends, sans tache en sa conduite,
Aux vertus, m'a-t-on dit, dans Port-Royal instruite,
Aux lois de son devoir règle tous ses désirs ;
Mais qui peut t'assurer qu'invincible aux plaisirs,
Chez toi, dans une vie ouverte à la licence,
Elle conservera sa première innocence?
Par toi-même bientôt conduite à l'Opéra,
De quel air penses-tu que ta sainte verra
D'un spectacle enchanteur la pompe harmonieuse,
Ces danses, ces héros à voix luxurieuse ;
Entendra ces discours sur l'amour seul roulants,
Ces doucereux Renauds, ces insensés Rolands ;
Saura d'eux qu'à l'amour, comme au seul Dieu suprême,
On doit immoler tout, jusqu'à la vertu même ;
Qu'on ne saurait trop tôt se laisser enflammer ;
Qu'on n'a reçu du ciel un cœur que pour aimer ;
Et tous ces lieux communs de morale lubrique,
Que Lully réchauffa des sons de sa musique?
Mais de quels mouvements dans son cœur excités
Sentira-t-elle alors tous ses sens agités!

On trouvera quelque chose de semblable dans un livre imprimé il y a dix ans : car on y fait voir, par l'autorité des païens mêmes, combien c'est une chose pernicieuse de faire un dieu de l'amour, et d'inspirer aux jeunes personnes qu'il n'y a rien de plus doux que d'aimer. Permettez-moi, monsieur, de rapporter ici ce qui est dit dans ce livre qui est assez rare : « Peut-on avoir un peu de zèle « pour le salut des âmes, qu'on ne déplore le mal « que font, dans l'esprit d'une infinité de personnes, « les romans, les comédies et les opéras? Ce n'est « pas qu'on n'ait soin présentement de n'y rien « mettre qui soit grossièrement déshonnête ; mais « c'est qu'on s'y étudie à faire paraître l'amour « comme la chose du monde la plus charmante et « la plus douce. Il n'en faut pas davantage pour « donner une grande pente à cette malheureuse « passion. Ce qui fait souvent de si grandes plaies, « qu'il faut une grâce bien extraordinaire pour en « guérir. Les païens mêmes ont reconnu combien « cela pouvait causer de désordre dans les mœurs. « Car Cicéron ayant rapporté les vers d'une comé- « die où il est dit que l'amour est le plus grand « des dieux (ce qui ne se dit que trop dans celles « de ce temps-ci), il s'écrie avec raison : « O la belle « réformatrice des mœurs que la poésie, qui nous « fait une divinité de l'amour, qui est une source « de tant de folies et de dérèglements honteux! « Mais il n'est pas étonnant de lire telles choses « dans une comédie, puisque nous n'en aurions « aucune si nous n'approuvions ces désordres : *de « comœdia loquor, quæ, si hæc flagitia non approba- « remus, nulla esset omnino* [1] ».

Mais ce qu'il y a de particulier dans l'auteur de la satire, et en quoi il est le plus louable, c'est d'avoir représenté avec tant d'esprit et de force le ravage que peuvent faire dans les bonnes mœurs les vers de l'Opéra, qui roulent tous sur l'amour, chantés sur des airs qu'il a eu grande raison d'appeler *luxurieux*, puisqu'on ne saurait s'en imaginer de plus propres à enflammer les passions,

---

1. *Tusculanes*, liv. IV, § XXXII.

et à faire entrer dans les cœurs la *morale lubrique* des vers; et, ce qu'il y a de pis, c'est que le poison de ces chansons lascives ne se termine pas au lieu où se jouent ces pièces, mais se répand par toute la France, où une infinité de gens s'appliquent à les apprendre par cœur, et se font un plaisir de les chanter partout où ils se trouvent.

Cependant, monsieur, bien loin de reconnaître le service que l'auteur de la satire a rendu par là au public, vous voudriez faire croire que c'est pour donner un coup de dent à M. Quinault, auteur de ces vers d'opéra, qu'il en a parlé si mal, et c'est dans cet endroit-là même que vous avez cru avoir trouvé des mots déshonnêtes dont la pudeur est offensée.

Ce qui m'a aussi beaucoup plu dans la satire, c'est ce qu'il dit contre les mauvais effets de la lecture des romans. Trouvez bon, monsieur, que je le rapporte encore ici :

> Supposons toutefois qu'encor fidèle et pure
> Sa vertu de ce choc revienne sans blessure :
> Bientôt dans ce grand monde où tu vas l'entraîner,
> Au milieu des écueils qui vont l'environner,
> Crois-tu que, toujours ferme aux bords du précipice,
> Elle pourra marcher sans que le pied lui glisse ;
> Que, toujours insensible aux discours enchanteurs
> D'un idolâtre amas de jeunes séducteurs,
> Sa sagesse jamais ne deviendra folle ?
> D'abord tu la verras, ainsi que dans Clélie,
> Recevant ses amants sous le doux nom d'amis,
> S'en tenir avec eux aux petits soins permis ;
> Puis bientôt, en grande eau sur le fleuve de Tendre,
> Naviguer à souhait, tout dire et tout entendre.
> Et ne présume pas que Vénus ou Satan
> Souffre qu'elle en demeure aux termes du roman :
> Dans le crime il suffit qu'une fois on débute,
> Une chute toujours attire une autre chute.
> L'honneur est comme une île escarpée et sans bords ;
> On n'y peut plus rentrer dès qu'on en est dehors.

Peut-on mieux représenter le mal que sont capables de faire les romans les plus estimés, et par quels degrés insensibles ils peuvent mener les jeunes gens qui s'en laissent empoisonner, bien loin au delà *des termes du roman*, et jusqu'aux derniers désordres? Mais parce qu'on y a nommé la CLÉLIE, il n'y a presque rien dont vous fassiez un plus grand crime à l'auteur de la satire. « Combien, « dites-vous, a-t-on été indigné de voir continuer « son acharnement sur la Clélie! L'estime qu'on a « toujours faite de cet ouvrage, et l'extrême vé- « nération qu'on a toujours eue pour l'illustre per- « sonne[1] qui l'a composé, ont fait soulever tout le « monde contre une attaque si souvent et si inu- « tilement répétée. Il paraît bien que le vrai mérite « est bien plutôt une raison pour avoir place dans « ses satires, qu'une raison d'en être exempt ».

Il ne s'agit point, monsieur, du mérite de la personne qui a composé la Clélie, ni de l'estime qu'on a faite de cet ouvrage. Il en a pu mériter pour l'esprit, pour la politesse, pour l'agrément des inventions, pour les caractères bien suivis, et pour les autres choses qui rendent agréable à tant de personnes la lecture des romans. Que ce soit, si vous voulez, le plus beau de tous les romans; mais enfin c'est un roman : c'est tout dire. Le caractère de ces pièces est de rouler sur l'amour, et d'en donner des leçons d'une manière ingénieuse, et qui soit d'autant mieux reçue, qu'on en écarte plus en apparence tout ce qui pourrait paraître de trop grossièrement contraire à la pureté. C'est par là qu'on va insensiblement jusqu'au bord du précipice, s'imaginant qu'on n'y tombera pas, quoiqu'on y soit déjà à demi tombé par le plaisir qu'on a pris à se remplir l'esprit et le cœur de la doucereuse morale qui s'enseigne au *pays de Tendre*. Vous pouvez dire, tant qu'il vous plaira, que cet ouvrage est en vénération à tout le monde; mais voici deux faits dont je suis très-bien informé. Le premier est que feu madame la princesse de Conti et madame de Longueville, ayant su que M. Despréaux avait fait une pièce en prose[1] contre les romans, où la Clélie n'était pas épargnée, comme ces princesses connaissaient mieux que personne combien ces lectures sont dangereuses, elles lui firent dire qu'elles seraient bien aises de la voir. Il la leur récita; et elles en furent tellement satisfaites, qu'elles témoignèrent souhaiter beaucoup qu'elle fût imprimée; mais il s'en excusa, pour ne pas s'attirer sur les bras de nouveaux ennemis.

L'autre fait est qu'un abbé de grand mérite, et qui n'avait pas moins de piété que de lumières, se résolut de lire la Clélie, pour en juger avec connaissance de cause; et le jugement qu'il en porta fut le même que celui de ces deux princesses. Plus on estime l'illustre personne à qui on attribue cet ouvrage, plus on est porté à croire qu'elle n'est pas à cette heure d'un autre sentiment que ces princesses, et qu'elle a un vrai repentir de ce qu'elle a fait autrefois, lorsqu'elle était moins éclairée. Tous les amis de M. de Gomberville, qui avait aussi beaucoup de mérite, et qui a été un des premiers académiciens, savent que ç'a été sa disposition à l'égard de son Polexandre ; et qu'il eût voulu, si cela eût été possible, l'avoir effacé de ses larmes. Supposé que Dieu ait fait la même grâce à la personne que l'on dit auteur de la Clélie, c'est lui faire peu d'honneur que de la représenter comme tellement attachée à ce qu'elle a écrit autrefois, qu'elle n'en puisse souffrir qu'on y reprenne ce que les règles de la piété chrétienne y font trouver de répréhensible.

Enfin, monsieur, j'ai fort estimé, je vous l'avoue, ce qui est dit dans la satire contre un misérable directeur qui ferait passer sa dévote du quiétisme au vrai molinosisme; et nous avons déjà

---

[1]. Madeleine de Scudéri.

[1]. *Les Héros de roman.*

vu que c'est un des endroits où vous avez trouvé le plus à redire. Je vous supplie, monsieur, de faire sur cela de sérieuses réflexions.

Vous dites à l'entrée de votre préface que, dans cette dispute entre vous et M. Despréaux, « il s'agit « non-seulement de la défense de la vérité, mais « encore des bonnes mœurs et de l'honnêteté pu- « blique ». Permettez-moi, monsieur, de vous demander si vous n'avez pas sujet de craindre que ceux qui compareront ces trois endroits de la satire avec ceux que vous y opposez, ne soient portés à juger que c'est plutôt de son côté que du vôtre qu'est la défense des bonnes mœurs et de l'honnêteté publique. Car ils voient du côté de la satire : 1° une très-juste et très-chrétienne condamnation des vers de l'Opéra, soutenus par les airs efféminés de Lully; 2° les pernicieux effets des romans, représentés avec une force capable de porter les pères et les mères qui ont un peu quelque crainte de Dieu à ne les pas laisser entre les mains de leurs enfants; 3° le paradis, le démon et l'enfer, mis en œuvre pour faire avoir plus d'horreur d'une abominable profanation des choses saintes. Voilà, diront-ils, comme la satire de M. Despréaux est contraire aux bonnes mœurs et à l'honnêteté publique.

Ils verront d'autre part dans votre préface : 1° ces mêmes vers de l'Opéra jugés si bons, ou au moins si innocents, qu'il y a selon vous, monsieur, sujet de croire qu'ils n'ont été blâmés par M. Despréaux que pour donner un coup de dent à M. Quinault, qui en est l'auteur; 2° un si grand zèle pour la défense de la Clélie, qu'il n'y a guère de chose que vous blâmiez plus fortement dans l'auteur de la satire, que de n'avoir pas eu pour cet ouvrage assez de respect et de vénération; 3° un injuste reproche que vous lui faites d'avoir offensé la pudeur, pour avoir eu soin de bien faire sentir l'énormité du crime d'un faux directeur. En vérité, monsieur, je ne sais si vous avez lieu de croire que ce qu'on jugerait sur cela pût vous être favorable.

Ce que vous dites de plus fort contre M. Despréaux paraît appuyé sur un fondement bien faible. Vous prétendez que sa satire est contraire aux bonnes mœurs; et vous n'en donnez pour preuve que ces deux endroits. Le premier est ce qu'il dit en badinant avec son ami :

Quelle joie..........................
....
De voir autour de soi croître dans sa maison
De petits citoyens dont on croit être père !

L'autre est dans la page suivante, où il ne fait encore que rire :

On peut trouver encor quelques femmes fidèles,
Sans doute ; et dans Paris, si je sais bien compter,
Il en est jusqu'à trois que je pourrais citer.

Vous dites sur le premier : « qu'il faut entendre « par là qu'un homme n'est guère fin ni guère « instruit des choses du monde quand il croit que « ses enfants sont ses enfants » ; et vous dites sur le second, « qu'il fait aussi entendre que, selon son « calcul et le raisonnement qui en résulte, nous « sommes presque tous des enfants illégitimes ».

Plus une accusation est atroce, plus on doit éviter de s'y engager, à moins qu'on n'ait de bonnes preuves. Or, c'en est une assurément fort atroce, d'imputer à l'auteur de la satire d'avoir fait entendre « qu'un homme n'est guère fin quand il « croit que les enfants de sa femme sont ses en- « fants, et qu'il n'y a que trois femmes de bien « dans une ville où il y en a plus de deux cent « mille ». Cependant, monsieur, vous ne donnez pour preuve de ces étranges accusations que les deux endroits que j'ai rapportés. Mais il vous était aisé de remarquer que l'auteur de la satire a clairement fait entendre qu'il n'a parlé qu'en riant dans ces endroits, et surtout dans le dernier; car il n'entre dans le sérieux qu'à l'endroit où il fait parler Alcippe en faveur du mariage, qui commence par ces vers :

Jeune, autrefois par vous dans le monde conduit,
J'ai trop bien profité, pour n'être pas instruit
A quels discours malins le mariage expose ;
....

et finit par ceux-ci, qui contiennent une vérité que les païens n'ont point connue, et que saint Paul nous a enseignée, *qui se non continet nubat, melius est nubere quam uri* :

L'hyménée est un joug, et c'est ce qui m'en plaît.
L'homme en ses passions, toujours errant sans guide,
A besoin qu'on lui mette et le mors et la bride ;
Son pouvoir malheureux ne sert qu'à le gêner ;
Et, pour le rendre libre, il le faut enchaîner.

Que répond le poëte à cela ? Le contredit-il ? le réfute-t-il ? Il l'approuve au contraire en ces termes :

Ha, bon ! voilà parler en docte janséniste,
Alcippe ; et sur ce point, si savamment touché,
Desmares, dans Saint-Roch, n'aurait pas mieux prêché.

Et c'est ensuite qu'il témoigne qu'il va parler sérieusement et sans raillerie :

Mais, c'est trop t'insulter ; quittons la raillerie ;
Parlons sans hyperbole et sans plaisanterie.

Peut-on plus expressément marquer que ce qu'il avait dit auparavant de ces trois femmes fidèles dans Paris n'était que pour rire ? Des hyperboles si outrées ne se disent qu'en badinant. Et vous-même, monsieur, voudriez-vous qu'on vous crût, quand vous dites « que, pour deux ou trois femmes « dont le crime est avéré, on ne doit pas les con- « damner toutes » ?

De bonne foi, croyez-vous qu'il n'y en ait guère davantage dans Paris qui soient diffamées par leur mauvaise vie? Mais une preuve évidente que l'auteur de la satire n'a pas cru qu'il y eût si peu de femmes fidèles, c'est que, dans une vingtaine de portraits qu'il en fait, il n'y a que les deux premiers qui aient pour leur caractère l'infidélité; si ce n'est que, dans celui de la fausse dévote, il dit seulement que son directeur pourrait l'y précipiter.

Pour ce qui est de ces termes :

............dont on croit être père,

il n'est pas vrai qu'ils fassent entendre « qu'un mari « n'est guère fin ni guère instruit des choses du « monde, quand il croit que ses enfants sont ses en- « fants »; car, outre que l'auteur parle là en badinant, ils ne disent au fond que ce qui est marqué par cette règle de droit : *pater est, quem nuptiæ demonstrant;* c'est-à-dire que le mari doit être regardé comme le père des enfants nés dans son mariage, quoique cela ne soit pas toujours vrai. Mais cela fait-il qu'un mari doive croire, à moins que de passer pour *peu fin*, et pour *peu instruit des choses du monde*, qu'il n'est pas le père des enfants de sa femme? C'est tout le contraire; car, à moins qu'il n'en eût des preuves certaines, il ne pourrait croire qu'il ne l'est pas, sans faire un jugement téméraire très-criminel contre son épouse.

Cependant, monsieur, comme c'est de ces deux endroits que vous avez pris sujet de faire passer la satire de M. Despréaux pour une déclamation contre le mariage, et qui blessait l'honnêteté et les bonnes mœurs, jugez si vous l'avez pu faire sans blesser vous-même la justice et la charité.

Je trouve dans votre préface deux endroits très-propres à justifier la satire, quoique ce soit en la blâmant. L'un est ce que vous dites en la page 5 : « que tout homme qui compose une satire doit « avoir pour but d'inspirer une bonne morale, et « qu'on ne peut, sans faire tort à M. Despréaux, « présumer qu'il n'a pas eu ce dessein ». L'autre est la réponse que vous faites à ce qu'il avait dit à la fin de la préface de sa satire, « que les femmes « ne seront pas plus choquées des prédications « qu'il leur fait dans cette satire contre leurs dé- « fauts, que des satires que les prédicateurs font « tous les jours en chaire contre ces mêmes dé- « fauts ».

Vous avouez qu'on peut comparer les satires avec les prédications, et qu'il est de la nature de toutes les deux de combattre les vices; mais que ce ne doit être qu'en général, sans nommer les personnes. Or, M. Despréaux n'a point nommé les personnes en qui les vices qu'il décrit se rencontraient; et on ne peut nier que les vices qu'il a combattus ne soient de véritables vices. On le peut donc louer avec raison d'avoir travaillé à inspirer une bonne morale, puisque c'en est une partie de donner de l'horreur des vices, et d'en faire voir le ridicule; ce qui souvent est plus capable que les discours sérieux d'en détourner plusieurs personnes, selon cette parole d'un ancien :

..........................Ridiculum acri
Fortius et melius magnas plerumque secat res [1].

Et ce serait en vain qu'on objecterait qu'il ne s'est point contenté, dans son quatrième portrait, de combattre l'avarice en général, l'ayant appliquée à deux personnes connues : car, ne les ayant point nommées, il n'a rien appris au public qu'il ne sût déjà. Or, comme ce serait porter trop loin cette prétendue règle de ne point nommer les personnes, que de vouloir qu'il fût interdit aux prédicateurs de se servir quelquefois d'histoires connues de tout le monde, pour porter plus efficacement leurs auditeurs à fuir de certains vices; ce serait aussi en abuser, que d'étendre cette interdiction jusqu'aux auteurs des satires.

Ce n'est point aussi comme vous le prenez. Vous prétendez que M. Despréaux a encore nommé les personnes dans cette dernière satire, et d'une manière qui a déplu aux plus enclins à la médisance; et toute la preuve que vous en donnez est qu'il a fait revenir sur les rangs Chapelain, Cotin, Pradon, Coras, et plusieurs autres : « ce qui est, dites- « vous, la chose du monde la plus ennuyeuse et la « plus dégoûtante ». Pardonnez-moi, si je vous dis que vous ne prouvez point du tout par là ce que vous aviez à prouver. Car il s'agissait de savoir si M. Despréaux n'avait pas contribué à inspirer une bonne morale, en blâmant dans sa satire les mêmes défauts que les prédicateurs blâment dans leurs sermons. Vous aviez répondu que, pour inspirer une bonne morale, soit par les satires, soit par les sermons, on doit combattre les vices en général, sans nommer les personnes. Il fallait donc montrer que l'auteur de la satire avait nommé les femmes dont il combattait les défauts. Or, Chapelain, Cotin, Pradon, Coras, ne sont pas des noms de femmes, mais de poëtes. Ils ne sont donc pas propres à montrer que M. Despréaux, combattant différents vices de femmes, ce que vous avouez lui avoir été permis, se serait rendu coupable de médisance, en nommant des femmes particulières à qui il les aurait attribués.

Voilà donc M. Despréaux justifié, selon vous-même, sur le sujet des femmes, qui est le capital de sa satire. Je veux bien cependant examiner avec vous s'il est coupable de médisance à l'égard des poëtes.

C'est ce que je vous avoue ne pouvoir comprendre. Car tout le monde a cru jusqu'ici qu'un auteur pouvait écrire contre un auteur, remarquant les défauts qu'il croyait avoir trouvés dans ses ouvrages, sans passer pour médisant, pourvu qu'il agisse de bonne foi, sans lui imposer et sans le chi-

1. Hor., liv. I, sat. X, v. 14.

caner, lors surtout qu'il ne reprend que de véritables défauts.

Quand, par exemple, le P. Goulu, général des Feuillants, publia, il y a plus de soixante ans, deux volumes, contre les lettres de M. de Balzac, qui faisaient grand bruit dans le monde, le public s'en divertit. Les uns prenaient parti pour Balzac, les autres pour le Feuillant; mais personne ne s'avisa de l'accuser de médisance; et on ne fit point non plus de reproche à Javersac, qui avait écrit contre l'un et contre l'autre. Les guerres entre les auteurs passent pour innocentes, quand elles ne s'attachent qu'à la critique de ce qui regarde la littérature, la grammaire, la poésie, l'éloquence, et que l'on n'y mêle point de calomnies et d'injures personnelles. Or, que fait autre chose M. Despréaux, à l'égard de tous les poëtes qu'il a nommés dans ses satires, Chapelain, Cotin, Pradon, Coras et autres, sinon d'en dire son jugement, et d'avertir le public que ce ne sont pas des modèles à imiter? Ce qui peut être de quelque utilité pour faire éviter leurs défauts, et peut contribuer même à la gloire de la nation, à qui les ouvrages d'esprit font honneur, quand ils sont bien faits; comme, au contraire, ç'a été un déshonneur à la France d'avoir fait tant d'estime des pitoyables poésies de Ronsard.

Celui dont M. Despréaux a le plus parlé, c'est M. Chapelain; mais qu'en a-t-il dit? Il en rend lui-même compte au public dans sa neuvième satire :

« Il a tort, dira l'un ; pourquoi faut-il qu'il nomme ?
« Attaquer Chapelain ! ah ! c'est un si bon homme !
« Balzac en fait l'éloge en cent endroits divers.
« Il est vrai, s'il m'eût cru, qu'il n'eût point fait de vers.
« Il se tue à rimer : que n'écrit-il en prose ? »
Voilà ce que l'on dit ; et que dis-je autre chose ?
En blâmant ses écrits, ai-je d'un style affreux
Distillé sur sa vie un venin dangereux ?
Ma muse, en l'attaquant, charitable et discrète,
Sait de l'homme d'honneur distinguer le poëte,
Qu'on vante en lui la foi, l'honneur, la probité ;
Qu'on prise sa candeur et sa civilité ;
Qu'il soit doux, complaisant, officieux, sincère :
On le veut, j'y souscris, et suis prêt de me taire.
Mais que pour un modèle on montre ses écrits ;
Qu'il soit le mieux renté de tous les beaux esprits ;
Comme roi des auteurs qu'on l'élève à l'empire,
Ma bile alors s'échauffe, et je brûle d'écrire.

Cependant, monsieur, vous ne pouvez pas douter que ce ne soit être médisant, que de taxer de médisance celui qui n'en serait pas coupable. Or, si on prétendait que M. Despréaux s'en fût rendu coupable, en disant que M. Chapelain, quoique d'ailleurs honnête, civil et officieux, n'était pas un fort bon poëte, il lui serait bien aisé de confondre ceux qui lui feraient ce reproche; il n'aurait qu'à leur faire lire ces vers de ce grand poëte sur la belle Agnès :

On voit hors des deux bouts de ses deux courtes manches
Sortir à découvert deux mains longues et blanches,
Dont les doigts inégaux, mais tout ronds et menus,
Imitent l'embonpoint des bras ronds et charnus.

Enfin, monsieur, je ne comprends pas comment vous n'avez point appréhendé qu'on ne vous appliquât ce que vous dites de M. Despréaux dans vos vers[1] : « qu'il croit avoir droit de maltraiter « dans ses satires ce qu'il lui plaît, et que la rai- « son a beau lui crier sans cesse que l'équité na- « turelle nous défend de faire à autrui ce que nous « ne voudrions pas qui nous soit fait à nous-mêmes : « cette voix ne l'émeut point ». Car si vous le trouvez blâmable d'avoir fait passer la Pucelle et le Jonas pour de méchants poëmes, pourquoi ne le seriez-vous pas d'avoir parlé avec tant de mépris de son ode pindarique, qui paraît avoir été si estimée, que trois des meilleurs poëtes[2] latins de ce temps ont bien voulu prendre la peine d'en faire chacun une ode latine ? Je ne vous en dis pas davantage. Vous ne voudriez pas sans doute, contre la défense que Dieu en fait, avoir deux poids et deux mesures.

Je vous supplie, monsieur, de ne pas trouver mauvais qu'un homme de mon âge vous donne ce dernier avis en vrai ami.

On doit avoir du respect pour le jugement du public ; et quand il s'est déclaré hautement pour un auteur ou pour un ouvrage, on ne peut guère le combattre de front et le contredire ouvertement, qu'on ne s'expose à en être maltraité. Les vains efforts du cardinal de Richelieu contre le Cid en sont un grand exemple ; et on ne peut rien voir de plus heureusement exprimé que ce qu'en dit votre adversaire :

En vain contre le Cid un ministre se ligue,
Tout Paris pour Chimène a les yeux de Rodrigue ;
L'Académie en corps a beau le censurer,
Le public révolté s'obstine à l'admirer.

Jugez par là, monsieur, de ce que vous devez espérer du mépris que vous tâchez d'inspirer pour les ouvrages de M. Despréaux, dans votre préface. Vous n'ignorez pas combien ce qu'il a mis au jour a été bien reçu dans le monde, à la cour, à Paris, dans les provinces, et même dans tous les pays étrangers où l'on entend le français. Il n'est pas moins certain que tous les bons connaisseurs trouvent le même esprit, le même art et les mêmes agréments dans ses autres pièces que dans ses satires. Je ne sais donc, monsieur, comment vous vous êtes pu promettre qu'on ne serait point choqué de vous en voir parler d'une manière si opposée au jugement du public. Avez-vous cru que, supposant sans raison que tout ce que l'on dit librement des défauts de quelque poëte doit être pris pour médisance, on applaudirait à ce que vous

---

1. Arnauld a voulu dire : « dans votre préface. »
2. Rollin, Lenglet et Saint-Remy.

dites : « que ce ne sont que ces médisances qui ont « fait rechercher ses ouvrages avec tant d'empres- « sement; qu'il va toujours terre à terre, comme « un corbeau qui va de charogne en charogne; « que tant qu'il ne fera que des satires comme « celles qu'il nous a données, Horace et Juvénal « viendront toujours revendiquer plus de la moi- « tié des bonnes choses qu'il y aura mises; que « Chapelain, Quinault, Cassagne, et les autres qu'il « y aura nommés, prétendront aussi qu'une partie « de l'agrément qu'on y trouve viendra de la cé- « lébrité de leurs noms qu'on se plaît d'y voir « tourner en ridicule; que la malignité du cœur « humain, qui aime tant la médisance et la ca- « lomnie, parce qu'elles élèvent secrètement celui « qui lit au-dessus de ceux qu'elles rabaissent, « dira toujours que c'est elle qui fait trouver tant « de plaisir dans les Œuvres de M. Despréaux, « etc. »?

Vous reconnaissez donc, monsieur, que tant de gens qui lisent les ouvrages de M. Despréaux les lisent avec grand plaisir. Comment n'avez-vous donc pas vu que de dire, comme vous faites, que ce qui fait trouver ce plaisir est la malignité du cœur humain, qui aime la médisance et la calomnie, c'est attribuer cette méchante disposition à tout ce qu'il y a de gens d'esprit à la cour et à Paris?

Enfin, vous devez attendre qu'ils ne seront pas moins choqués du peu de cas que vous faites de leur jugement, lorsque vous prétendez que M. Despréaux a si peu réussi, quand il a voulu traiter des sujets d'un autre genre que ceux de la satire, qu'il pourrait y avoir de la malice à lui conseiller de travailler à d'autres ouvrages.

Il y a d'autres choses dans votre préface que je voudrais que vous n'eussiez point écrites; mais celles-là suffisent pour m'acquitter de la promesse que je vous ai faite, d'abord de vous parler avec la sincérité d'un ami chrétien, qui est sensiblement touché de voir cette division entre deux personnes qui font tous deux profession de l'aimer. Que ne donnerais-je pas pour être en état de travailler à leur réconciliation plus heureusement que les gens d'honneur que vous m'apprenez n'y avoir pas réussi! Mais mon éloignement ne m'en laisse guère le moyen. Tout ce que je puis faire, monsieur, est de demander à Dieu qu'il vous donne à l'un et à l'autre cet esprit de charité et de paix, qui est la marque la plus assurée des vrais chrétiens. Il est bien difficile que, dans ces contestations, on ne commette de part et d'autre des fautes, dont on est obligé de demander pardon à Dieu. Mais le moyen le plus efficace que nous avons de l'obtenir, c'est de pratiquer ce que l'Apôtre nous recommande : « de nous supporter les uns les au- « tres, chacun remettant à son frère le sujet de « plainte qu'il pourrait avoir contre lui, et nous « entre-pardonnant, comme le Seigneur nous a « pardonnés ». On ne trouve point d'obstacles à entrer dans des sentiments d'union et de paix, lorsqu'on est dans cette disposition : car l'amour-propre ne règne point où règne la charité; et il n'y a que l'amour-propre qui nous rende pénible la connaissance de nos fautes, quand la raison nous les fait apercevoir. Que chacun de vous s'applique cela à soi-même, et vous serez bientôt bons amis. J'en prie Dieu de tout mon cœur, et suis très-sincèrement, monsieur, etc.[1].

56.
AU DOCTEUR DE SORBONNE

ANTOINE ARNAULD.

Juin 1694.

Je ne saurais, monsieur, assez vous témoigner ma reconnaissance de la bonté que vous avez eue de vouloir bien permettre qu'on me montrât la lettre que vous avez écrite à M. Perrault sur ma dernière satire. Je n'ai jamais rien lu qui m'ait fait un si grand plaisir; et, quelques injures que ce galant homme m'ait dites, je ne saurais plus lui en vouloir de mal, puisqu'elles m'ont attiré une si honorable apologie. Jamais cause ne fut si bien défendue que la mienne. Tout m'a charmé, ravi, édifié dans votre lettre; mais ce qui m'y a touché davantage, c'est cette confiance si bien fondée avec laquelle vous y déclarez que vous me croyez sincèrement votre ami. N'en doutez point, monsieur, je le suis; et c'est une qualité dont je me glorifie tous les jours en présence de vos plus grands ennemis. Il y a des jésuites qui me font l'honneur de m'estimer, et que j'estime et honore aussi beaucoup. Ils me viennent voir dans ma solitude d'Auteuil, et ils y séjournent même quelquefois. Je les reçois du mieux que je puis; mais la première convention que je fais avec eux, c'est qu'il me sera permis dans nos entretiens de vous louer à outrance. J'abuse souvent de cette permission, et l'écho des murailles de mon jardin a retenti plus d'une fois de nos contestations sur votre sujet. La vérité est pourtant qu'ils tombent sans peine d'accord de la grandeur de votre génie et de l'étendue de vos connaissances; mais je leur soutiens, moi, que ce sont là vos moindres qualités; et que ce qu'il y a de plus estimable en vous, c'est la droiture de votre esprit, la candeur de votre âme et la pureté de vos intentions. C'est alors que se font les grands cris; car je ne démords point sur cet article, non plus que sur celui des Lettres au Provincial, que, sans examiner qui des deux partis au fond a droit ou tort, je leur vante toujours comme le plus parfait ouvrage de prose qui soit en notre

---

1. Boileau, fier d'une pareille lettre, s'écriait dans l'enthousiasme de sa reconnaissance :

Arnauld, le grand Arnauld, fit mon apologie.

langue. Nous en venons quelquefois à des paroles assez aigres. A la fin, néanmoins, tout se tourne en plaisanterie : *ridendo dicere verum quid vetat?* Ou, quand je les vois trop fâchés, je me jette sur les louanges du R. P. de la Chaise, que je révère de bonne foi, et à qui j'ai en effet tout récemment encore une très-grande obligation, puisque c'est en partie à ses bons offices que je dois la chanoinie de la Sainte-Chapelle de Paris que j'ai obtenue de Sa Majesté pour mon frère le doyen de Sens. Mais, monsieur, pour revenir à votre lettre, je ne sais pas pourquoi les amis de M. Perrault refusent de la lui montrer. Jamais ouvrage ne fut plus propre à lui ouvrir les yeux et à lui inspirer l'esprit de paix et d'humilité, dont il a besoin aussi bien que moi. Une preuve de ce que je dis, c'est qu'à mon égard, à peine en ai-je eu fait la lecture, que, frappé des salutaires leçons que vous nous y faites à l'un et à l'autre, je lui ai envoyé dire qu'il ne tiendrait qu'à lui que nous ne fussions bons amis; que, s'il voulait demeurer en paix sur mon sujet, je m'engageais à ne plus rien écrire dont il pût se moquer, et lui ai même fait entendre que je le laisserais tout à son aise faire, s'il voulait, un monde renversé du Parnasse, en y plaçant les Chapelains et les Cotins au-dessus des Horaces et des Virgiles. Ce sont les paroles que M. Racine et M. l'abbé Tallemant lui ont portées de ma part. Il n'a point voulu entendre à cet accord, et a exigé de moi, avant toutes choses, pour ses ouvrages une estime et une admiration que franchement je ne lui saurais promettre, sans trahir la raison et ma conscience. Ainsi, nous voilà plus brouillés que jamais, au grand contentement des rieurs, qui étaient déjà fort affligés du bruit qui courait de notre réconciliation. Je ne doute point que cela ne vous fasse beaucoup de peine; mais pour vous montrer que ce n'est pas de moi que la rupture est venue, c'est qu'en quelque lieu que vous soyez, je vous déclare, monsieur, que vous n'avez qu'à me mander ce que vous souhaitez que je fasse pour parvenir à un accord, et je l'exécuterai ponctuellement, sachant bien que vous ne me prescrirez rien que de juste et de raisonnable.

Je ne mets qu'une condition au traité que je ferai; mais c'est une condition *sine quâ non*. Cette condition est que votre lettre verra le jour, et qu'on ne me privera point, en la supprimant, du plus grand honneur que j'aie reçu en ma vie. Obtenez cela de vous et de lui, et je lui donne tout le reste la carte blanche : car pour tout ce qui regarde l'estime qu'il veut que je fasse de ses écrits, je vous prie, monsieur, d'examiner vous-même ce que je puis faire là-dessus. Voici une liste des principaux ouvrages qu'on veut que j'admire. Je suis fort trompé si vous en avez jamais lu aucun.

Le conte de Peau-d'Ane et l'Histoire de la femme au nez de boudin, mis en vers par M. Perrault, de l'Académie française.
La Métamorphose d'Orante en miroir.
L'Amour Godenot.
Le Labyrinthe de Versailles, ou les maximes d'amour et de galanterie, tirées des fables d'Ésope.
Élégie à Iris.
La procession de sainte Geneviève.
Parallèle des anciens et des modernes, où l'on voit la poésie portée à son plus haut point de perfection dans les opéras de M. Quinault.
Saint-Paulin, poëme héroïque.
Réflexions sur Pindare, où l'on enseigne l'art de ne point entendre ce grand poëte.

Je ris, monsieur, en vous écrivant cette liste, et je crois que vous aurez de la peine à vous empêcher aussi de rire en la lisant. Cependant, je vous supplie de croire que l'offre que je vous fais est très-sérieuse et que je tiendrai exactement ma parole. Mais, soit que l'accommodement se fasse ou non, je vous réponds, puisque vous prenez si grand intérêt à la mémoire de feu M. Perrault le médecin, qu'à la première édition qui paraîtra de mon livre, il y aura dans la préface un article exprès en faveur de ce médecin, qui sûrement n'a point fait la façade du Louvre, ni l'Observatoire, ni l'Arc de triomphe, comme on le prouvera dans peu démonstrativement; mais qui au fond était un homme de beaucoup de mérite, grand physicien, et, ce que j'estime encore plus que tout cela, qui avait l'honneur d'être votre ami[1].

Je doute même, quelque mine que je fasse du contraire, qu'il m'arrive jamais de prendre de nouveau la plume pour écrire contre M. Perrault l'académicien, puisque cela n'est pas nécessaire. En effet, pour ce qui est de ses écrits contre les anciens, beaucoup de ses amis sont persuadés que je n'ai déjà que trop employé de papier, dans mes Réflexions sur Longin, à réfuter des ouvrages si pleins d'ignorance et si indignes d'être réfutés. Et pour ce qui regarde ses critiques sur mes mœurs et sur mes ouvrages, le seul bruit, ajoutent-ils, qui a couru que vous aviez pris mon parti contre lui, est suffisant pour me mettre à couvert de ses invectives. J'avoue qu'ils ont raison. La vérité est pourtant que, pour rendre ma gloire complète, il faudrait que votre lettre fût publiée. Que ne ferais-je point pour en obtenir de vous le consentement? Faut-il se dédire de tout ce que j'ai écrit contre M. Perrault? Faut-il se mettre à genoux devant lui? Faut-il lire tout Saint-Paulin? Vous n'avez qu'à dire : rien ne me sera difficile. Je suis avec beaucoup de respect, etc.

[1] Ceci est relatif au passage suivant d'une lettre d'Arnauld, insérée dans les *Mémoires sur la vie de Jean Racine :* « On dit (première *réflexion critique sur Longin*), sur la foi d'un célèbre architecte, que la façade du Louvre n'est pas de lui (Claude Perrault), mais du sieur Le Vau; et que ni l'Arc de triomphe ni l'Observatoire ne sont pas l'ouvrage d'un médecin de la faculté. « Cela ne me paraît avoir aucune vraisemblance, bien loin d'être vrai.... Je ne crois pas, de plus, qu'il soit permis d'ôter à un « homme de mérite, sur un ouï-dire, l'honneur d'avoir fait ces ouvrages ». (*Œuvres de Louis Racine*, t. V, p. 150.)

57. — RACINE A BOILEAU.

Fontainebleau, 28 septembre 1694.

Je suppose que vous êtes de retour de votre voyage, afin que vous puissiez bientôt m'envoyer vos avis sur un nouveau cantique que j'ai fait depuis que je suis ici, et que je ne crois pas qui soit suivi d'aucun autre. Ceux que Moreau[1] a mis en musique ont extrêmement plu : il est ici, et le roi doit les lui entendre chanter au premier jour. Prenez la peine de lire le cinquième chapitre de la Sagesse, d'où ces derniers vers ont été tirés : je ne les donnerai point qu'ils n'aient passé par vos mains; mais vous me ferez plaisir de me les renvoyer le plus tôt que vous pourrez. Je voudrais bien qu'on ne m'eût point engagé dans un embarras de cette nature; mais j'espère m'en tirer, en substituant à ma place ce M. Bardou, que vous avez vu à Paris[2].

Vous savez bien, sans doute, que les Allemands ont repassé le Rhin, et même avec quelque espèce de honte. On dit qu'on leur a tué ou pris sept à huit cents hommes, et qu'ils ont abandonné trois pièces de canon.

Il est venu une lettre à MADAME, par laquelle on lui mande que le Rhin s'était débordé tout à coup, et que près de quatre mille Allemands ont été noyés; mais, au moment que je vous écris, le roi n'a point encore reçu de confirmation de cette nouvelle[3].

On dit que milord Barclay est devant Calais pour le bombarder. M. le maréchal de Villeroi s'est jeté dedans. Voilà toutes les nouvelles de la guerre. Si vous voulez, je vous en dirai d'autres de moindre conséquence.

M. de Tourreil est venu ici présenter le Dictionnaire de l'Académie au roi et à la reine d'Angleterre, à MONSEIGNEUR et aux ministres. Il a partout accompagné son présent d'un compliment, et on m'a assuré qu'il avait très-bien réussi partout. Pendant qu'on présentait ainsi le Dictionnaire de l'Académie, j'ai appris que Léers, libraire d'Amsterdam, avait aussi présenté au roi et aux ministres une nouvelle édition du Dictionnaire de Furetière, qui a été très-bien reçue. C'est M. de Croissy et M. de Pomponne qui ont présenté Léers au roi. Cela a paru un assez bizarre contre-temps pour le Dictionnaire de l'Académie, qui me paraît n'avoir pas tant de partisans que l'autre. J'avais dit plusieurs fois à M. Thierry[4] qu'il aurait dû faire quelques pas pour ce dernier dictionnaire; et il ne lui aurait pas été difficile d'en avoir le privilége : peut-être même il ne le serait pas encore. Ne parlez qu'à lui seul de ce que je vous mande là-dessus.

On commence à dire que le voyage de Fontainebleau pourra être abrégé de huit ou dix jours à cause que le roi y est fort incommodé de la goutte. Il en est au lit depuis trois ou quatre jours; il ne souffre pas pourtant beaucoup, Dieu merci, et il n'est arrêté au lit que par la faiblesse qu'il a encore aux jambes.

Il me paraît, par les lettres de ma femme, que mon fils a grande envie de vous aller voir à Auteuil. J'en serai fort aise, pourvu qu'il ne vous embarrasse point du tout. Je prendrai en même temps la liberté de vous prier de tout mon cœur de l'exhorter à travailler sérieusement, et à se mettre en état de vivre en honnête homme. Je voudrais bien qu'il n'eût pas l'esprit autant dissipé qu'il l'a, par l'envie démesurée qu'il témoigne de voir des opéras et des comédies. Je prendrai là-dessus vos avis, quand j'aurai l'honneur de vous voir; et cependant je vous supplie de ne pas lui témoigner le moins du monde que je vous aie fait aucune mention de lui. Je vous demande pardon de toutes les peines que je vous donne, et suis entièrement à vous.

58. — RACINE AU MÊME.

Fontainebleau, 3 octobre 1694.

Je vous suis bien obligé de la promptitude avec laquelle vous m'avez fait réponse. Comme je suppose que vous n'avez pas perdu les vers que je vous ai envoyés[1], je vais vous dire mon sentiment sur vos difficultés, et en même temps vous communiquer plusieurs changements que j'avais déjà faits de moi-même : car vous savez qu'un homme qui compose fait souvent son thème en plusieurs façons.

....
Quand, par une fin soudaine,
Détrompés d'une ombre vaine,
Qui passe et ne revient plus.....

J'ai choisi ce tour, parce qu'il est conforme au texte, qui parle de la fin imprévue des réprouvés; et je voudrais bien que cela fût bon, et que vous pussiez passer et approuver

...........par une fin soudaine,

qui dit précisément la même chose. Voici comme j'avais mis d'abord :

Quand, déchus d'un bien frivole,
Qui comme l'ombre s'envole,
Et ne revient jamais plus.....

Mais ce *jamais* me paraît un peu mis pour remplir le vers; au lieu que

Qui passe et ne revient plus,

---

1. L'auteur de la musique des chœurs d'*Esther* et d'*Athalie*. Racine le cite avec éloge dans la préface d'*Esther*.
2. Poëte fort médiocre, qui a inséré des poésies dans les recueils du temps.
3. Elle était fausse.
4. Libraire de La Fontaine, de Racine, et de Despréaux.

1. Le cantique II, *sur le bonheur des justes et sur le malheur des réprouvés*.

me semblait assez plein et assez vif. D'ailleurs, j'ai mis à la troisième stance[1] :

Pour trouver un bien fragile;

et c'est la même chose que

.... un bien frivole.

Ainsi, tâchez de vous accoutumer à la première manière, ou trouvez quelque autre chose qui vous satisfasse. Dans la seconde stance[2] :

Misérables que nous sommes,
Où s'égaraient nos esprits?

Infortunés m'était venu le premier; mais le mot de *misérables*, que j'ai employé dans Phèdre[3], à qui je l'ai mis dans la bouche, et que l'on a trouvé assez bien, m'a paru avoir de la force en le mettant aussi dans la bouche des réprouvés, qui s'humilient et se condamnent eux-mêmes[4]. Pour le second vers, j'avais mis :

Diront-ils avec des cris...

Mais j'ai cru qu'on pouvait leur faire tenir tout ce discours sans mettre *diront-ils*, et qu'il suffisait de mettre à la fin :

Ainsi, d'une voix plaintive;

et le reste, par où on fait entendre que tout ce qui précède est le discours des réprouvés. Je crois qu'il y en a des exemples dans les odes d'Horace.

Et voilà que triomphants.....

Je me suis laissé entraîner au texte : *Ecce quomodo computati sunt inter filios Dei!* et j'ai cru que ce tour marquait mieux la passion; car j'aurais pu mettre :

Et maintenant triomphants.....

Dans la troisième stance :

....
Qui nous montrait la carrière
De la bienheureuse paix.

On dit *la carrière de la gloire, la carrière de l'honneur*; c'est-à-dire *par où on court à la gloire, à l'honneur*. Voyez si l'on ne pourrait pas dire de même *la carrière de la bienheureuse paix*; on dit même *la carrière de la vertu*. Du reste, je ne devine pas comment je le pourrais mieux dire. Il reste la quatrième stance. J'avais d'abord mis le mot de *repentance*; mais, outre qu'on ne dirait pas bien les remords de la repentance, au lieu qu'on dit les remords de la pénitence, ce mot de *pénitence*, en le

1. Actuellement la quatrième.
2. Cette strophe est la troisième.
3. Acte IV, sc. VI.
4. Tous ces changements n'ont pas été définitivement adoptés par Racine. La disposition du texte a également subi quelques modifications.

joignant avec *tardive*, est assez consacré dans la langue de l'Écriture, *serò pœnitentiam agentes*. On dit *la pénitence d'Antiochus*, pour dire *une pénitence tardive et inutile*; on dit aussi dans ce sens *la pénitence des damnés*. Pour la fin de cette stance, je l'avais changée deux heures après que ma lettre fut partie. Voici la stance entière :

Ainsi, d'une voix plaintive,
Exprimera ses remords
La pénitence tardive
Des inconsolables morts.
Ce qui faisait leurs délices,
Seigneur, fera leurs supplices;
Et par une égale loi,
Les saints trouveront des charmes
Dans le souvenir des larmes
Qu'ils versent ici pour toi.

Je vous conjure de m'envoyer votre sentiment sur tout ceci. J'ai dit franchement que j'attendais votre critique, avant que de donner mes vers au musicien : et je l'ai dit à madame de Maintenon, qui a pris de là occasion de me parler de vous avec beaucoup d'amitié.

Le roi a entendu chanter les deux autres cantiques, et a été fort content de M. Moreau, à qui nous espérons que cela pourra faire du bien[1].

Il n'y a rien ici de nouveau. Le roi a toujours la goutte, et en est au lit. Une partie des princes sont revenus de l'armée; les autres arriveront demain ou après demain.

Je vous félicite du beau temps que nous avons ici : car je crois que vous l'avez aussi à Auteuil, et que vous en jouissez plus tranquillement que nous ne faisons ici. Je suis entièrement à vous.

La harangue de M. l'abbé Boileau[2] a été trouvée très-mauvaise en ce pays-ci. M. de Niert[3] prétend que Richesource en est mort de douleur. Je ne sais pas si la douleur est bien vraie, mais la mort est très-véritable.

59. — A MAUCROIX

29 avril 1695.

Les choses hors de vraisemblance qu'on m'a dites de M. de La Fontaine sont à peu près celles que vous avez devinées : je veux dire que ce sont ces haires, ces cilices et ces disciplines dont on m'a assuré qu'il affligeait fréquemment son corps, et qui m'ont paru d'autant plus incroyables de notre défunt ami[4], que jamais rien, à mon avis, ne fut plus éloigné de son caractère que ces mortifications. Mais quoi! la grâce de Dieu ne se borne pas

1. Louis XIV dit à cette occasion : « Racine, cela est beau, mais « bien terrible. »
2. Charles Boileau, abbé de Beaulieu, membre de l'Académie française, prédicateur. Il ne faut pas le confondre avec l'abbé Boileau, frère de Boileau Despréaux.
3. François de Niert, seigneur de Gambais, premier valet de chambre ordinaire du roi, mort en 1719.
4. La Fontaine était mort le 13 avril 1695.

à des changements ordinaires, et c'est quelquefois de véritables métamorphoses qu'elle a fait. Elle ne paraît pas s'être répandue de la même sorte sur le pauvre M. Cassandre, qui est mort tel qu'il a vécu, c'est à savoir très-misanthrope, et non-seulement haïssant les hommes, mais ayant même assez de peine à se réconcilier avec Dieu, à qui, disait-il, si le rapport qu'on m'a fait est véritable, il n'avait nulle obligation. Qui eût cru que, de ces deux hommes, c'était M. de La Fontaine qui était le vase d'élection? Voilà, monsieur, de quoi augmenter les réflexions sages et chrétiennes que vous me faites dans votre lettre, et qui me paraissent partir d'un cœur sincèrement persuadé de ce qu'il dit.

Pour venir à vos ouvrages, j'ai déjà commencé à conférer le dialogue des orateurs avec le latin[1]. Ce que j'en ai vu me paraît extrêmement bien. La langue y est parfaitement écrite. Il n'y a rien de gêné, et tout y paraît libre et original. Il y a pourtant des endroits où je ne conviens pas du sens que vous avez suivi. J'en ai marqué quelques-uns avec du crayon, et vous y trouverez ces marques quand on vous les renverra. Si j'ai le temps, je vous expliquerai mes objections; car je doute sans cela que vous les puissiez bien comprendre. En voici une que par avance je vais vous écrire, parce qu'elle me paraît plus de conséquence que les autres. C'est à la page 6 de votre manuscrit, où vous traduisez:

Minimum inter tot ac tanta locum obtinent imagines ac tituli et statuæ, quæ neque ipsa tamen negliguntur.

« Au prix de ces talents si estimables, qu'est-ce que la
« noblesse et la naissance, qui pourtant ne sont pas mé-
« prisées? »

Il ne s'agit point, à mon sens, dans cet endroit, de la noblesse ni de la naissance; mais des images, des inscriptions et des statues, qu'on faisait faire souvent à l'honneur des orateurs, et qu'on leur envoyait chez eux. Juvénal parle (sat. VII, v. 124) d'un avocat de son temps qui prenait beaucoup plus d'argent que les autres, à cause qu'il en avait une équestre[2]. Sans rapporter ici toutes les preuves que je vous pourrais alléguer, Maternus lui-même, dans votre dialogue, fait entendre clairement la même chose lorsqu'il dit que « ces statues et ces
« images se sont emparées malgré lui de sa mai-
« son ».

Æra et imagines, quæ, etiam me nolente, in domum meam irruperunt.

Excusez, monsieur, la liberté que je prends de vous dire si sincèrement mon avis. Mais ce serait dommage qu'un aussi bel ouvrage que le vôtre eût de ces taches où les savants s'arrêtent, et qui pourraient donner occasion de le ravaler. Et puis vous m'avez donné tout pouvoir de vous dire mon sentiment.

Je suis bien aise que mon goût se rencontre si conforme au vôtre dans tout ce que je vous ai dit de nos auteurs, et je suis persuadé aussi bien que vous que M. Godeau est un poëte fort estimable. Il me semble pourtant qu'on peut dire de lui ce que Longin dit d'Hypéride[1], qu'il est toujours à jeun, et qu'il n'a rien qui remue ni qui échauffe; en un mot, qu'il n'a point cette force de style et cette vivacité d'expression qu'on cherche dans les ouvrages, et qui les font durer. Je ne sais point s'il passera à la postérité: mais il faudra pour cela qu'il ressuscite, puisqu'on peut dire qu'il est déjà mort, n'étant presque plus maintenant lu de personne. Il n'en est pas ainsi de Malherbe, qui croît de réputation à mesure qu'il s'éloigne de son siècle. La vérité est pourtant, et c'était le sentiment de notre cher ami Patru, que la nature ne l'avait pas fait grand poëte; mais il corrige ce défaut par son esprit et par son travail: car personne n'a plus travaillé ses ouvrages que lui, comme il paraît assez par le petit nombre de pièces qu'il a faites. Notre langue veut être extrêmement travaillée. Racan avait plus de génie que lui; mais il est plus négligé, et songe trop à le copier. Il excelle surtout, à mon avis, à dire les petites choses; et c'est en quoi il ressemble mieux aux anciens, que j'admire surtout par cet endroit. Plus les choses sont sèches et malaisées à dire en vers, plus elles frappent quand elles sont dites noblement, et avec cette élégance qui fait proprement la poésie. Je me souviens que M. de La Fontaine m'a dit plus d'une fois que les deux vers de mes ouvrages qu'il estimait davantage, c'étaient ceux où je loue le roi d'avoir établi la manufacture des points de France, à la place des points de Venise. Les voici; c'est dans la première épître à Sa Majesté:

*Et nos voisins frustrés de ces tributs serviles
Que payait à leur art le luxe de nos villes.*

Virgile et Horace sont divins en cela, aussi bien qu'Homère. C'est tout le contraire de nos poëtes, qui ne disent que des choses vagues, que d'autres ont déjà dites avant eux, et dont les expressions sont trouvées. Quand ils sortent de là, ils ne sauraient plus s'exprimer, et ils tombent dans une sécheresse qui est encore pis que leurs larcins. Pour moi, je ne sais pas si j'y ai réussi; mais quand je fais des vers, je songe toujours à dire ce qui n'est point encore dit en notre langue.

C'est ce que j'ai principalement affecté dans une nouvelle épître[2], que j'ai faite à propos de toutes les critiques qu'on a imprimées contre ma dernière

---

1. Attribué par les uns à Tacite, par d'autres à Quintilien.
2. *Æmilio dabitur quantum petet...*
   ... Hujus enim stat currus æneus; alti
   Quadrijuges in vestibulis, etc.

---

1. *Traité du sublime*, chap. XXVIII.
2. La Xe.

satire. J'y compte tout ce que j'ai fait depuis que je suis au monde; j'y rapporte mes défauts, mon âge, mes inclinations, mes mœurs; j'y dis de quel père et de quelle mère je suis né; j'y marque les degrés de ma fortune, comment j'ai été à la cour, comment j'en suis sorti, les incommodités qui me sont survenues, les ouvrages que j'ai faits. Ce sont bien de petites choses dites en assez peu de mots, puisque la pièce n'a pas plus de cent trente vers. Elle n'a pas encore vu le jour, et je ne l'ai pas même encore écrite; mais il me paraît que tous ceux à qui je l'ai récitée en sont aussi frappés que d'aucun autre de mes ouvrages. Croiriez-vous, monsieur, qu'un des endroits où ils se récrient le plus, c'est un endroit qui ne dit autre chose, sinon qu'aujourd'hui que j'ai cinquante-sept ans, je ne dois plus prétendre à l'approbation publique? Cela est dit en quatre vers, que je veux bien vous écrire ici, afin que vous me mandiez si vous les approuvez :

> Mais aujourd'hui qu'enfin la vieillesse venue,
> Sous mes faux cheveux blonds déjà toute chenue,
> A jeté sur ma tête, avec ses doigts pesants,
> Onze lustres complets surchargés de deux[1] ans.

Il me semble que la perruque est assez heureusement frondée dans ces quatre vers. Mais monsieur, à propos des petites choses qu'on doit dire en vers, il me paraît qu'en voilà beaucoup que je vous dis en prose, et que le plaisir que j'ai à vous parler de moi me fait assez mal à propos oublier à vous parler de vous. J'espère que vous excuserez un poète nouvellement délivré d'un ouvrage. Il n'est pas possible qu'il s'empêche d'en parler, soit à droit, à tort.

Je reviens aux pièces que vous m'avez mises entre les mains. Il n'y en a pas une qui ne soit très-digne d'être imprimée. Je n'ai point vu les traductions des traités *de la Vieillesse* et *de l'Amitié*, qu'a faites aussi bien que vous le dévot dont vous vous plaignez[2] : tout ce que je sais, c'est qu'il a eu la hardiesse, pour ne pas dire l'impudence, de retraduire les Confessions de saint Augustin après messieurs de Port-Royal; et qu'étant autrefois leur humble et rampant écolier, il s'était tout à coup voulu ériger en maître. Il a fait une préface au-devant de sa traduction des sermons de saint Augustin, qui, quoique assez bien écrite, est un chef-d'œuvre d'impertinence et de mauvais sens. M. Arnauld, un peu avant que de mourir, a fait contre cette préface une dissertation qui est imprimée. Je ne sais si on vous l'a envoyée; mais je suis sûr que si vous l'avez lue, vous convenez avec moi qu'il ne s'est rien fait en notre langue de plus beau ni de plus fort sur les matières de rhétorique. C'est ainsi que toute la cour et toute la ville en ont jugé, et jamais ouvrage n'a été mieux réfuté que la préface du dévot. Tout le monde voudrait qu'il fût en vie, pour voir ce qu'il dirait en se voyant si bien foudroyé. Cette dissertation est le pénultième ouvrage de M. Arnauld, et j'ai l'honneur que c'est par mes louanges que ce grand personnage a fini, puisque la lettre qu'il a écrite sur mon sujet à M. Perrault est son dernier écrit. Vous savez sans doute ce que c'est que cette lettre qui me fait un si grand honneur; et M. Le Verrier en a une copie qu'il pourra vous faire tenir quand vous voudrez, supposé qu'il ne vous l'ait pas déjà envoyée. Il est surprenant qu'un homme dans l'extrême vieillesse ait conservé toute cette vigueur d'esprit et de mémoire qui paraît dans ces deux écrits, qu'il n'a fait pourtant que dicter, la faiblesse de sa vue ne lui permettant plus d'écrire lui-même.

Il me semble, monsieur, que voilà une longue lettre. Mais quoi? le loisir que je me suis trouvé aujourd'hui à Auteuil m'a comme transporté à Reims, où je me suis imaginé que je vous entretenais dans votre jardin, et que je vous revoyais encore, comme autrefois[1], avec tous ces chers amis que nous avons perdus, et qui ont disparu *velut somnium surgentis*[2]. Je n'espère plus de m'y revoir. Mais, vous, monsieur, est-ce que nous ne vous reverrons plus à Paris? et n'avez-vous point quelque curiosité de voir ma solitude d'Auteuil? Que j'aurais de plaisir à vous y embrasser, et à déposer entre vos mains le chagrin que me donne tous les jours le mauvais goût de la plupart de nos académiciens! gens assez comparables aux Hurons et aux Topinamboux, comme vous savez bien que je l'ai déjà avancé dans mon épigramme :

> Clio vint, l'autre jour, se plaindre au dieu des vers
> Qu'en certain lieu de l'univers
> On traitait d'auteurs froids, de poètes stériles,
> Les Homères et les Virgiles.
> Cela ne saurait être; on s'est moqué de vous,
> Reprit Apollon en courroux :
> Où peut-on avoir dit une telle infamie?
> Est-ce chez les Hurons, chez les Topinamboux?
> — C'est à Paris. — C'est donc dans l'hôpital des fous?
> — Non, c'est au Louvre, en pleine Académie !

J'ai supprimé cette épigramme, et ne l'ai point mise dans mes ouvrages, parce qu'au bout du compte je suis de l'Académie, et qu'il n'est pas honnête de diffamer un corps dont on est. Je n'ai même jamais montré à personne une badinerie que je fis ensuite, pour m'excuser de cette épigramme. Je vais la mettre ici pour vous divertir; mais c'est à la charge que vous me garderez le secret, et que ni vous ne la retiendrez par cœur, ni ne la montrerez à personne.

> J'ai traité de Topinamboux

---

1. L'auteur mit *de trois ans*, quand il fit imprimer l'épître x. (Bross.)
2. Philippe Goibaud Dubois, de l'Académie française, mort en 1694.

1. Quand Boileau accompagna Louis XIV en Alsace, il passa par Reims, en 1681.
2. Psaume LXXII, v. 20. *Somnium surgentium.*

Tous ces beaux censeurs, je l'avoue,
Qui, de l'antiquité si follement jaloux,
Aiment tout ce qu'on hait, blâment tout ce qu'on loue;
Et l'Académie, entre nous,
Souffrant chez soi de si grands fous,
Me semble un peu Topinamboue.

C'est une folie, comme vous voyez ; mais je vous la donne pour telle. Adieu, monsieur ; je vous embrasse de tout mon cœur, et suis entièrement à vous.

60. — RACINE A BOILEAU.

Compiègne, 4 mai 1693.

Monsieur Desgranges[1] m'a dit qu'il avait fait signer hier nos ordonnances, et qu'on les ferait viser par le roi après-demain ; qu'ensuite il les enverrait à M. Dongois, de qui vous les pourrez retirer. Je vous prie de me garder la mienne jusqu'à mon retour. Il n'y a point ici de nouvelles. Quelques gens veulent que le siége de Casal soit levé ; mais la chose est fort douteuse, et on n'en sait rien de certain[2].

Six armateurs de Saint-Malo ont pris dix-sept vaisseaux d'une flotte marchande des ennemis, et un vaisseau de guerre de soixante pièces de canon. Le roi est en parfaite santé, et ses troupes merveilleuses[3].

Quelque horreur que vous ayez pour les méchants vers, je vous exhorte à lire Judith, et surtout la préface, dont je vous prie de me mander votre sentiment. Jamais je n'ai rien vu de si méprisé que tout cela l'est en ce pays-ci ; et toutes vos prédictions sont accomplies[4]. Adieu, monsieur ; je suis entièrement à vous. Je crains de m'être trompé en vous disant qu'on enverrait nos ordonnances à M. Dongois, et je crois que c'est à M. de Bie, chez qui M. Desgranges m'a dit que M. Dongois n'aurait qu'à envoyer samedi prochain.

61. — RÉPONSE DE MAUCROIX A BOILEAU.

23 mai 1693.

J'ai différé quelque temps à vous répondre, monsieur. C'est moins par négligence que par discrétion : il ne faut pas sans cesse interrompre vos études ou votre repos.

Mais au lieu de commencer par les remerciments que je vous dois, souffrez que je vous fasse des reproches. Pourquoi me demander que j'excuse la liberté que vous prenez de me dire si sincèrement votre avis? Vous ne sauriez, je vous jure, me faire plus de plaisir. Autant de coups de crayon sur mes ouvrages, autant d'obligations que vous vous acquérez sur moi. Mais cela, monsieur, c'est la pure vérité. Je conviens de bonne foi que je ne suis point entré dans le sens de l'auteur sur ces mots : *imagines ac tituli et statuæ*. Au cas que ma traduction s'imprime, non-seulement je profiterai de votre correction, mais j'avertirai le public qu'elle vient de vous, si vous l'agréez ; et par là je me ferai honneur, car on verra du moins que je suis un peu de vos amis. Il y a encore dans ce dialogue beaucoup d'autres endroits que je n'ai pas rendus scrupuleusement en notre langue, parce qu'il aurait fallu des notes pour les faire entendre à la plupart des lecteurs, qui ne sont point instruits des coutumes de l'antiquité, et qui sont cependant bien aises qu'on leur épargne la peine de se rabattre sur des notes. Vous savez d'ailleurs que le texte de cet ouvrage est fort corrompu ; la lettre y est souvent défectueuse : comment donc le traduire si littéralement?

Venons à M. Godeau. Je tombe d'accord qu'il écrivait avec beaucoup de facilité, disons avec trop de facilité ; il faisait deux et trois cents vers, comme dit Horace, *stans pede in uno*. Ce n'est pas ainsi que se font les bons vers ; je m'en rapporte volontiers à votre expérience. Néanmoins, parmi les vers négligés de M. Godeau, il y en a de beaux qui lui échappent. Par exemple, lorsqu'il dit à Virgile, en lui parlant de ses Géorgiques :

Soit que d'un coutre d'or tu fendes les guérets ;

ne trouvez-vous pas que ce vers-là est heureux? Mais, pour vous dire la vérité, dès notre jeunesse même nous nous sommes aperçus que M. Godeau ne varie point assez. La plupart de ses ouvrages sont comme des logogriphes, car il commence toujours par exprimer les circonstances d'une chose, et puis il y joint le mot. On ne voit point d'autre figure dans son *benedicite*, dans son *laudate* et dans ses cantiques. A l'égard de Malherbe et de Racan, selon moi, vous en jugez très-bien, et comme toute ma vie j'en ai entendu juger aux plus habiles. Ce que notre ami La Fontaine vous a dit sur les deux vers qu'il estimait le plus dans vos ouvrages, il me l'a dit aussi ; et je ne sais pas même si je ne lui ai point dit cela le premier : je n'en voudrais pas répondre. Du reste, j'ai bien reconnu, il y a longtemps, que vous ne dites point les choses comme les autres. Vous ne vous laissez pas gourmander, s'il faut ainsi dire, par la rime. C'est, à mon avis, l'écueil de notre versification, et je suis persuadé que c'est par là que les Grecs et les Latins ont un si grand avantage sur nous. Quand ils avaient fait un vers, ce vers demeurait ; mais pour nous ce n'est rien que de faire un vers, il en faut faire deux, et que le second ne paraisse pas fait pour tenir compagnie au premier.

---

1. Premier commis au ministère des finances, et maître des cérémonies.
2. Casal fut rendu le 11 juillet au duc de Savoie, par M. de Crenan.
3. Duguay-Trouin faisait alors respecter le pavillon français.
4. Boileau disait à son ami Heissein, partisan de la tragédie de *Judith* : « Je l'attends sur le papier ». En effet, dès que Boyer l'eut fait imprimer, elle perdit toute la réputation qu'elle devait au jeu de la célèbre Champmeslé.

L'endroit de votre dernière épître, dont vous me régalez, me fait souhaiter le reste avec une extrême impatience. J'aime bien cette *vieillesse qui est venue sous vos cheveux blonds*; et, si tout le reste est de la sorte, vous pourrez dire comme Malherbe :
« Les puissantes faveurs, dont Parnasse m'honore,
« non loin de mon berceau, commencèrent leur
« cours ; je les possédai jeune, et les possède en-
« core à la fin de mes jours[1] ». Ne trouvez-vous pas plaisant que j'écrive des vers comme si c'était de la prose? Racan n'écrivait pas autrement ses poésies.

J'ai lu la dissertation de M. Arnauld sur la préface du dévot. Je suis fâché, en la lisant, de n'être pas un peu plus vindicatif que je ne suis; car j'aurais eu bien du plaisir à voir tirer de si belle force les oreilles à mon homme. Qu'aurait-il pu répondre à tant de bonnes raisons, qui détruisent son ridicule système d'éloquence? Faites-moi la grâce de m'envoyer cette lettre que M. Arnauld écrit à M. Perrault, et où il parle de vous comme toute la France en doit parler. M. Perrault est un galant homme, qui entend raison sur tout, excepté sur les modernes. Depuis qu'il a épousé leur parti, il s'aveugle même sur le mérite des modernes qui défendent les anciens. Notre siècle, il est vrai, a produit de très-grands hommes en toutes sortes d'arts et de sciences. La magnanimité des Romains se retrouve tout entière dans Corneille, et il y a beaucoup de scènes dans Molière qui déconcerteraient la gravité du plus sévère des stoïques; mais nous ne sommes pas contents de ces louanges, et, à moins de mettre les anciens sous nos pieds, nous ne croyons pas être assez élevés. Quand nous en serions nous-mêmes les juges, nous devrions avoir honte de prononcer en notre faveur. C'est de la postérité qu'il faut attendre un jugement décisif; et il y a certainement peu de nos écrivains qui, comme vous, monsieur, ne doivent pas craindre de paraître un jour devant son tribunal.

Pour moi et les traducteurs mes confrères, c'est inutilement que nous le craindrions. Vous m'avez dit plus d'une fois que la traduction n'a jamais mené personne à l'immortalité. Mettant la main à la conscience, je crois aussi que j'aurais tort d'y prétendre. Je ne m'en flatte point : *Oportet unumquemque de mortalitate aut de immortalitate sua cogitare*. Ce mot de Pline le Jeune me paraît une des meilleures choses qu'il ait dites. Pour écrire, il me faudrait un grand fonds de science et peu de paresse. Je suis fort paresseux et je ne sais pas beaucoup. La traduction répare tout cela : mon auteur est savant pour moi ; les matières sont toutes digérées ; l'invention et la disposition ne me regardent pas ; je n'ai qu'à m'énoncer. Un avantage que je trouve encore dans la traduction, et dont tout le monde ne s'avise point, c'est qu'elle nous fait connaître parfaitement un auteur; elle nous le fait voir tout nu, si j'ose parler ainsi; le traducteur découvre toutes ses beautés et tous ses défauts. Je n'ai jamais si bien connu Cicéron que je fais présentement; et si j'étais aussi hardi que les critiques de son siècle, j'oserais peut-être comme eux lui reprocher en quelques endroits un peu de verbiage; mais il ne m'appartient pas de parler avec si peu de respect d'un si grand orateur. Je vous avoue pourtant que si la fortune m'eût fixé à Paris, je me serais hasardé à composer une histoire de quelqu'un de nos rois; mais je me trouve dans un lieu où l'on manque de tous les secours nécessaires à un écrivain : ainsi, j'ai été contraint de me borner à la traduction. Je ne saurais m'en repentir, si j'ai le bonheur de vous plaire un peu. Aimez-moi toujours, je vous supplie; et assurez le très-cher M. Racine que je serai éternellement son humble serviteur, aussi bien que le vôtre.

62. — RACINE A BOILEAU.

Versailles, 4 avril 1696.

Je suis très-obligé au père Bouhours de toutes les honnêtetés qu'il vous a prié de me faire de sa part et de la part de sa compagnie. Je n'avais point encore entendu parler de la harangue de leur régent de troisième ; et, comme ma conscience ne me reproche rien à l'égard des jésuites, je vous avoue que j'ai été un peu surpris d'apprendre que l'on m'eût déclaré la guerre chez eux. Vraisemblablement ce bon régent est du nombre de ceux qui m'ont très-faussement attribué la traduction du *Santolius pœnitens*[1]; et il s'est cru engagé d'honneur à me rendre injures pour injures. Si j'étais capable de lui vouloir quelque mal, et de me réjouir de la forte réprimande que le père Bouhours dit qu'on lui a faite, ce serait sans doute pour m'avoir soupçonné d'être l'auteur d'un pareil ouvrage : car, pour mes tragédies, je les abandonne volontiers à sa critique. Il y a longtemps que Dieu m'a fait la grâce d'être assez peu sensible au bien et au mal que l'on en peut dire, et de ne me mettre en peine que du compte que j'aurai à lui en rendre quelque jour.

Ainsi, monsieur, vous pouvez assurer le père Bouhours et tous les jésuites de votre connaissance que, bien loin d'être fâché contre le régent qui a tant déclamé contre mes pièces de théâtre, peu s'en faut que je ne le remercie d'avoir prêché une si bonne morale dans leur collége, et d'avoir donné lieu à sa compagnie de marquer tant de chaleur

---

1. *Ode à Louis* XIII. Voyez les œuvres de Malherbe, liv. Ier, ode IX, sta. 36.

1. Elle était de Boivin le jeune, « qui fut si charmé de cette méprise, dit Louis Racine, qu'il adressa à mon père une petite pièce de vers fort ingénieuse, par laquelle il le priait de laisser quelque temps le public dans l'erreur ». (*Mémoire sur la vie de Jean Racine.*)

pour mes intérêts; et qu'enfin, quand l'offense qu'il m'a voulu faire serait plus grande, je l'oublierais avec la même facilité, en considération de tant d'autres pères dont j'honore le mérite, et surtout en considération du R. P. de La Chaise, qui me témoigne tous les jours mille bontés, et à qui je sacrifierais bien d'autres injures. Je suis, etc.

63.

Réponse à la lettre que S. Exc. M. le comte d'ÉRICEYRA m'a écrite de Lisbonne, en m'envoyant la traduction de mon *Art poétique*, faite par lui en vers portugais.

MONSIEUR,   1697.

Bien que mes ouvrages aient fait de l'éclat dans le monde, je n'en ai point conçu une trop haute opinion de moi-même; et, si les louanges qu'on m'a données m'ont flatté assez agréablement, elles ne m'ont pourtant point aveuglé. Mais j'avoue que la traduction que Votre Excellence a bien daigné faire de mon *Art poétique*, et les éloges dont elle l'a accompagnée en me l'envoyant, m'ont donné un véritable orgueil. Il ne m'a plus été possible de me croire un homme ordinaire, en me voyant si extraordinairement honoré; et il m'a paru que, d'avoir un traducteur de votre capacité et de votre élévation, était pour moi un titre de mérite, qui me distinguait de tous les écrivains de notre siècle. Je n'ai qu'une connaissance très-imparfaite de votre langue, et je n'en ai fait aucune étude particulière. J'ai pourtant assez bien entendu votre traduction pour m'y admirer moi-même, et pour me trouver beaucoup plus habile écrivain en portugais qu'en français. En effet, vous enrichissez toutes mes pensées en les exprimant. Tout ce que vous maniez se change en or, et les cailloux même, s'il faut ainsi parler, deviennent des pierres précieuses entre vos mains. Jugez, après cela, si vous devez exiger de moi que je vous marque les endroits où vous pouvez vous être un peu écarté de mon sens. Quand, à la place de mes pensées, vous m'auriez, sans y prendre garde, prêté quelques-unes des vôtres, bien loin de m'employer à les faire ôter, je songerais à profiter de votre méprise, et je les adopterais sur-le-champ pour me faire honneur; mais vous ne me mettez nulle part à cette épreuve. Tout est également juste, exact, fidèle dans votre traduction; et, bien que vous m'y ayez fort embelli, je ne laisse pas de m'y reconnaître partout. Ne dites donc plus, monsieur, que vous craignez de ne m'avoir pas assez bien entendu. Dites-moi plutôt comment vous avez fait pour m'entendre si bien, et pour apercevoir dans mon ouvrage jusqu'à des finesses que je croyais ne pouvoir être senties que par des gens nés en France et nourris à la cour de Louis le Grand. Je vois bien que vous n'êtes étranger en aucun pays, et que, par l'étendue de vos connaissances, vous êtes de toutes les cours et de toutes les nations. La lettre et les vers français que vous m'avez fait l'honneur de m'écrire en sont un bon témoignage. On n'y voit rien d'étranger que votre nom, et il n'y a point en France d'homme de bon goût qui ne voulût les avoir faits. Je les ai montrés à plusieurs de nos meilleurs écrivains. Il n'y en a pas un qui n'en ait été extrêmement frappé, et qui ne m'ait fait comprendre que, s'il avait reçu de vous de pareilles louanges, il vous aurait déjà récrit des volumes de prose et de vers. Que penserez-vous donc de moi, de me contenter d'y répondre par une simple lettre de compliment? Ne m'accuserez-vous point d'être ou méconnaissant ou grossier? Non, monsieur, je ne suis ni l'un ni l'autre; mais franchement, je ne fais pas des vers ni même de la prose quand je veux. Apollon est pour moi un dieu bizarre, qui ne me donne pas comme à vous audience à toutes les heures : il faut que j'attende les moments favorables. J'aurai soin d'en profiter dès que je les trouverai; et il y a bien du malheur, si je ne meurs enfin quitte d'une partie de vos éloges. Ce que je vous puis dire par avance, c'est qu'à la première édition de mes ouvrages, je ne manquerai pas d'y insérer votre traduction, et que je ne perdrai aucune occasion de faire savoir à toute la terre que c'est des extrémités de notre continent, et d'aussi loin que les colonnes d'Hercule, que me sont venues les louanges dont je m'applaudis davantage, et l'ouvrage dont je me sens le plus honoré. Je suis avec un très-grand respect, de Votre Excellence, le très-humble, etc.

64. — A RACINE.

Auteuil, mercredi, 1697.

Je crois que vous serez bien aise d'être instruit de ce qui s'est passé dans la visite que nous avons, suivant votre conseil, rendue ce matin, mon frère le docteur de Sorbonne et moi, au R. P. de la Chaise. Nous sommes arrivés chez lui sur les neuf heures; et sitôt qu'on lui a dit notre nom, il nous a fait entrer. Il nous a reçus avec beaucoup d'agrément, m'a interrogé fort obligeamment sur l'état de ma santé, et a paru fort content de ce que je lui ai dit que mon incommodité (*un asthme*) n'augmentait point. Ensuite il a fait apporter des chaises, s'est mis tout proche de moi, afin que je le pusse mieux entendre (*la voix du P. la Chaise était faible, et Despréaux entendait avec peine*); et aussitôt entrant en matière, m'a dit que vous lui aviez lu un ouvrage de ma façon, où il y avait beaucoup de bonnes choses; mais que la matière que j'y traitais était une matière fort délicate, et qui demandait beaucoup de savoir; qu'il avait autrefois enseigné la théologie (*à Lyon*), et qu'ainsi il devait être instruit de cette matière à fond; qu'il fallait faire une grande différence de l'amour *affectif*, d'avec l'amour *effectif*; que ce dernier était absolument nécessaire et entrait dans l'attrition ; au lieu que l'amour affectif venait de la contrition parfaite, et qu'ainsi il justifiait par lui-même le pécheur ; mais que l'amour effectif n'avait d'effet qu'avec l'absolution du prêtre. Enfin, il nous a débité en très-bons termes tout ce que beaucoup d'habiles auteurs scholastiques ont écrit sur ce sujet, sans pourtant dire, comme quelques-uns d'eux, que l'amour de Dieu, absolument parlant, n'est point nécessaire pour la justification du pécheur. Mon frère applaudissait à chaque mot qu'il disait, paraissant être enchanté de sa doctrine, et encore plus de sa manière de l'énoncer. Pour moi, je suis demeuré dans le silence. Enfin, lorsqu'il a cessé de parler, je lui ai dit que j'avais été fort surpris qu'on m'eût prêté des charités auprès de lui, et qu'on lui eût donné à entendre que j'avais fait un ouvrage contre les jésuites ; ajoutant que ce serait une chose bien étrange, si soutenir qu'on doit aimer Dieu s'appelait écrire contre les jésuites ; que mon frère avait apporté avec lui vingt passages de dix ou douze de leurs plus fameux écrivains, qui soutenaient, en termes beaucoup plus forts que ceux de mon épître, que, pour être justifié, il faut indispensablement aimer Dieu ; qu'enfin j'avais si peu songé à écrire contre les jésuites, que les premiers à qui j'avais lu mon ouvrage, c'était six jésuites des plus célèbres, qui m'avaient tous dit qu'un chrétien ne pouvait pas avoir d'autres sentiments sur l'amour de Dieu que ceux que j'énonçais dans mes vers. J'ai ajouté ensuite que depuis peu j'avais eu l'honneur de réciter mon ouvrage à monseigneur l'archevêque de Paris (M. de Noailles), et à monseigneur l'évêque de Meaux (Bossuet), qui en avaient tous deux paru, pour ainsi dire, transportés ; qu'avec tout cela, néanmoins, si Sa Révérence croyait mon ouvrage périlleux, je venais présentement pour le lui lire, afin qu'il m'instruisît de mes fautes. Enfin, je lui ai fait le même compliment que je fis à monseigneur l'archevêque, lorsque j'eus l'honneur de le lui réciter, qui était que je ne venais pas pour être loué, mais pour être jugé ; que je le priais donc de me prêter une vive attention, et de trouver bon même que je lui répétasse beaucoup d'endroits. Il a fort approuvé ma proposition, et je lui ai lu mon épître très-posément, jetant au reste dans ma lecture toute la force et tout l'agrément que j'ai pu. J'oubliais de vous avertir que je lui ai auparavant dit encore une particularité qui l'a assez agréablement surpris : c'est à savoir que je prétendais n'avoir proprement fait autre chose dans mon ouvrage que mettre en vers la doctrine qu'il venait de nous débiter ; et j'ai assuré que j'étais persuadé que lui-même n'en disconviendrait pas. Mais, pour en revenir au récit de ma pièce, croiriez-vous, monsieur, que la chose est arrivée comme je l'avais prophétisé, et qu'à la réserve de deux petits scrupules qu'il vous a dits, et

qu'il nous a répétés, qui lui étaient venus au sujet de ma hardiesse à traiter en vers une matière si délicate, il n'a fait d'ailleurs que s'écrier : « *Pulchré ! bené ! recté !* Cela est vrai, cela est indubitable ; voilà qui est merveilleux ; il faut lire cela au roi ; répétez-moi encore cet endroit. Est-ce là ce que M. Racine m'a lu ? » Il a été surtout extrêmement frappé de ces vers que vous lui aviez passés, et que je lui ai récités avec toute l'énergie dont je suis capable :

Cependant on ne voit que docteurs, même austères,
Qui, les semant partout, s'en vont pleusement
De toute piété saper le fondement, etc.

Il est vrai que je me suis heureusement avisé d'insérer dans mon épître huit vers que vous n'avez point approuvés, et que mon frère juge très à propos de rétablir. Les voici ; c'est en suite de ce vers :

Oui, dites-vous. Allez, vous l'aimez, croyez-moi.

« Qui fait exactement ce que ma loi commande
« A pour moi, dit ce Dieu, l'amour que je demande. »
Faites-le donc ; et, sûr qu'il nous veut sauver tous,
Ne vous alarmez point pour quelques vains dégoûts
Qu'en sa ferveur souvent la plus sainte âme éprouve.
Marchez, courez à lui ; qui le cherche le trouve ;
Et plus de votre cœur il paraît s'écarter,
Plus par vos actions songez à l'arrêter.

Il m'a fait redire trois fois ces huit vers. Mais je ne saurais vous exprimer avec quelle joie, quels éclats de rire, il a entendu la prosopopée de la fin. En un mot, j'ai si bien échauffé le révérend père, que, sans une visite que dans ce temps-là monsieur son frère lui est venu rendre, il ne nous laissait point partir que je ne lui eusse récité aussi les deux autres nouvelles épîtres [1] de ma façon que vous avez lues au roi. Encore ne nous a-t-il *laissé* partir qu'à la charge que nous l'irions voir à sa maison de campagne [2], et il s'est chargé de nous faire avertir du jour où nous l'y pourrions trouver seul. Vous voyez donc, monsieur, que, si je ne suis pas bon poëte, il faut que je sois bon récitateur.

Après avoir quitté le P. de la Chaise, nous avons été voir le P. Gaillard [3], à qui j'ai aussi, comme vous pouvez penser, récité l'épître. Je ne vous dirai point les louanges excessives qu'il m'a données. Il m'a traité d'homme inspiré de Dieu, et m'a dit qu'il n'y avait que des coquins qui pussent contredire mon opinion. Je l'ai fait ressouvenir du petit théologien avec qui j'eus une prise devant

---

1. L'épître à ses vers, et celle à son jardinier.
2. Mont-Louis, maison à une demi-lieue de Paris, appartenante aux jésuites de la rue Saint-Antoine. Le P. de la Chaise, qui l'avait fort embellie, y passait ordinairement toutes les semaines deux ou trois jours. (BROSS.) — Mont-Louis est aujourd'hui le cimetière du P. de la Chaise.
3. Honoré Gaillard, né à Aix en Provence, s'était fait une grande réputation par ses sermons. Il fut recteur du collège de Paris, puis supérieur de la maison professe. Il mourut à Paris, le 11 juin 1727, dans la quatre-vingt-seizième année de son âge, après soixante-neuf ans de profession religieuse.

lui chez M. de Lamoignon. Il m'a dit que ce théologien était le dernier des hommes; que si sa société avait à être fâchée, ce n'était pas de mon ouvrage, mais de ce que des gens osaient dire que cet ouvrage était fait contre les jésuites. Je vous écris tout ceci à dix heures du soir, au courant de la plume. Je vous prie de retirer la copie que vous avez mise entre les mains de madame de Maintenon, afin que je lui en donne une autre, où l'ouvrage soit dans l'état où il doit demeurer. Je vous embrasse de tout mon cœur, et suis tout à vous.

65. — RACINE A BOILEAU.

Fontainebleau, 8 octobre 1697.

Je vous demande pardon si j'ai été si longtemps sans vous faire réponse; mais j'ai voulu avant toutes choses prendre un temps favorable pour recommander M. Manchon [1] à M. de Barbezieux [2]. Je l'ai fait; et il m'a fort assuré qu'il ferait son possible pour me témoigner la considération qu'il avait pour vous et pour moi. Il m'a paru que le nom de M. Manchon lui était assez inconnu, et je me suis rappelé alors qu'il avait un autre nom dont je ne me ressouvenais point du tout. J'ai eu recours à M. de la Chappelle [3], qui m'a fait un mémoire que je présenterai à M. de Barbezieux, dès que je le verrai. Je lui ai dit que M. l'abbé de Louvois [4] voudrait bien joindre ses prières aux nôtres, et je crois qu'il n'y aura point de mal qu'il lui en écrive un mot.

Je suis bien aise que vous ayez donné votre épître [5] à M. de Meaux (*Bossuet*), et que M. de Paris [6] soit disposé à vous donner une approbation authentique. Vous serez surpris quand je vous dirai que je n'ai point encore rencontré M. de Meaux, quoiqu'il soit ici; mais je ne vais guère aux heures où il va chez le roi, c'est-à-dire au lever et au coucher: d'ailleurs la pluie presque continuelle empêche qu'on ne se promène dans les cours et dans les jardins, qui sont les endroits où l'on a coutume de se rencontrer. Je sais seulement qu'il a présenté au roi l'ordonnance de M. l'archevêque de Reims [7] contre les jésuites: elle m'a paru très-forte, et il y explique très-nettement la doctrine de Molina avant de la condamner. Voilà, ce me semble, un rude coup pour les jésuites. Il y a bien des gens qui commencent à croire que leur crédit est fort baissé,

puisqu'on les attaque si ouvertement. Au lieu que c'était à eux qu'on donnait autrefois les priviléges pour écrire tout ce qu'ils voulaient, ils sont maintenant réduits à ne se défendre que par de petits libelles anonymes, pendant que les censures des évêques pleuvent de tous côtés sur eux. Votre épître ne contribuera pas à les consoler, et il me semble que vous n'avez rien perdu pour attendre, et qu'elle paraîtra fort à propos.

On a eu nouvelle aujourd'hui que M. le prince de Conti [1] était arrivé en Pologne; mais on n'en sait pas davantage, n'y ayant point encore de courrier qui soit venu de sa part. M. l'abbé Renaudot vous en dira plus que je ne saurais vous en écrire.

Je n'ai pas fort avancé le mémoire [2] dont vous me parlez. Je crains même d'être entré dans des détails qui l'allongeront beaucoup plus que je ne croyais. D'ailleurs, vous savez la dissipation de ce pays-ci.

Pour m'achever, j'ai ma seconde fille à Melun, qui prendra l'habit dans huit jours. J'ai fait deux voyages pour essayer de la détourner de cette résolution, ou du moins pour obtenir d'elle qu'elle différât encore six mois; mais je l'ai trouvée inébranlable. Je souhaite qu'elle se trouve aussi heureuse dans ce nouvel état qu'elle a eu d'empressement pour y entrer. Monsieur l'archevêque de Sens [3] s'est offert de venir faire la cérémonie, et je n'ai pas osé refuser un tel honneur. J'ai écrit à M. l'abbé Boileau [4] pour le prier d'y prêcher, et il a l'honnêteté de vouloir bien partir exprès de Versailles en poste, pour me donner cette satisfaction. Vous jugez que tout cela cause assez d'embarras à un homme qui s'embarrasse aussi aisément que moi. Plaignez-moi un peu dans votre profond loisir d'Auteuil, et excusez si je n'ai pas été plus exact à vous mander des nouvelles. La paix en a fourni d'assez considérables, et qui nous donneront assez de matière pour nous entretenir, quand j'aurai l'honneur de vous revoir. Ce sera au plus tard dans quinze jours; car je partirai deux ou trois jours avant le départ du roi. Je suis entièrement à vous.

66. — RACINE AU MÊME.

Paris, lundi 20 janvier 1698.

J'ai reçu une lettre de la mère abbesse de Port-

---

1. Beau-frère de Boileau ; il était commissaire des guerres.
2. A l'âge de vingt-trois ans, le marquis de Barbezieux avait succédé à son père, le marquis de Louvois, ministre de la guerre.
3. Fils d'une nièce de Boileau : il était alors premier commis de la maison du roi.
4. Camille Le Tellier, né en 1675, frère du ministre Barbezieux, était bibliothécaire du roi. Lorsque le régent le nomma au siége de Clermont, ses infirmités ne lui permirent pas de l'accepter: Massillon, son ancien ami, lui succéda comme évêque et comme membre de l'Académie française.
5. *Sur l'amour de Dieu*.
6. Louis-Antoine de Noailles, archevêque de Paris.
7. Charles-Maurice Le Tellier, frère de Louvois, rendit son ordonnance le 15 juillet 1697.

1. François-Louis de Bourbon-Conti, né en 1664, mort en 1709. Massillon fit son oraison funèbre ; et J.-B. Rousseau déplora dans une belle ode (liv. II, ode x) cette mort prématurée, objet des regrets universels.
2. Racine rédigeait alors un mémoire dans les intérêts temporels des religieuses de Port-Royal des Champs, sur la demande de sa tante, qui était supérieure de cette maison.
3. Hardouin de la Hoguette, neveu de Péréfixe. Ce prélat avait eu la délicatesse, en 1685, de refuser le cordon bleu, parce qu'il lui manquait un degré. Il suivait l'exemple donné par Fabert en 1661, et fut imité par Catinat en 1703.
4. Prédicateur fort médiocre, s'il faut en juger par l'épigramme suivante : Comme quelqu'un s'étonnait devant Racine des applaudissements que la *Judith* de Boyer avait d'abord obtenus, « les sif-

Royal¹, qui me charge de vous faire mille remerciments de vos épîtres que je lui ai envoyées de votre part. On y est charmé et de l'épître de l'*Amour de Dieu*, et de la manière dont vous parlez de M. Arnauld; on voudrait même que ces épîtres fussent imprimées en plus petit volume². Ma fille aînée, à qui je les ai aussi envoyées, a été transportée de joie de ce que vous vous souvenez encore d'elle. Je pars en ce moment pour Versailles, d'où je ne reviendrai que samedi. J'ai laissé à ma femme ma quittance pour recevoir ma pension d'homme de lettres. Je vous prie de l'avertir du jour que vous irez chez M. Gruyn³; elle vous ira prendre, et vous mènera dans son carrosse. J'ai eu des nouvelles de mon fils par M. l'archevêque de Cambrai, qui me mande qu'il l'a vu à Cambrai jeudi dernier, et qu'il a été fort content de l'entretien qu'il a eu avec lui⁴. Je suis à vous de tout mon cœur.

67⁵.
LA MARQUISE DE VILLETTE AU MÊME.

..... 1698.

M. le marquis d'Aubeterre, qui a passé ici, m'a dit, monsieur, que vous lui aviez parlé de notre ancienne amitié; et il m'a rappelé des souvenirs qui vous vaudront un quarteau de fenouillette : c'est le présent le plus magnifique que je vous puisse faire d'un ermitage tel que celui-ci⁶. J'avais résolu, l'hiver passé, d'aller vous surprendre dans le vôtre, et d'y rendre M. de Villette témoin de notre tendresse. Ma mauvaise santé m'empêcha d'exécuter ce projet; j'espère qu'il ne sera que différé. En attendant, si vous nous jugiez dignes de lire vos derniers ouvrages, et que vous voulussiez nous les envoyer, je trouverais mon pauvre petit présent plus que payé. Notre ami M. Racine sait notre adresse, quoiqu'il ne s'en serve point; mais vous êtes tous si dévots, que je ne suis point étonnée de vous perdre de vue. Cependant je ne vous estime et ne vous honore pas moins. Je suis, monsieur, votre très-humble, etc.

MARSILLY DE VILLETTE.

68. — RÉPONSE DE BOILEAU.

..... 1698.

Je ne sais pas comment vous l'entendez, madame; mais pensez-vous qu'un homme qui, comme je vous l'ai déjà dit, a eu autrefois pour vous, sans que vous en sussiez rien, et du temps que vous n'étiez encore que mademoiselle de Marsilly¹, des sentiments qui allaient bien au delà de l'estime et de la simple admiration, puisse recevoir de vous une lettre pleine de douceurs, sans que ces sentiments se renouvellent? Cependant, non-seulement vous m'écrivez des paroles obligeantes, vous y joignez les effets. Vous me faites des présents magnifiques; et, comme si ce n'était pas assez de m'avoir ravi tous les autres sens, vous m'attaquez encore par le goût, et m'envoyez une caisse pleine des plus exquises liqueurs. En vérité, madame, j'aurais bon besoin de cette insensibilité chrétienne dont vous nous croyez remplis, M. Racine et moi, pour résister à ces douceurs; car, pour me soutenir contre vous, il ne faut pas moins que Dieu même. Ma raison toute seule a pourtant gagné le dessus. Elle m'a fait concevoir ce que vous êtes et ce que je suis, et m'a si bien fait rentrer dans mon néant qu'enfin toute ma passion s'est tournée en purs sentiments d'estime et de reconnaissance; de sorte qu'au lieu d'amant impertinent que je commençais à devenir, je me suis trouvé tout à coup ami très-sincère et très-respectueux. Permettez donc, madame, qu'en cette qualité je vous dise qu'on ne peut pas être plus touché que je le suis de toutes vos bontés et de votre somptueux présent; qu'à mon avis néanmoins, il fallait garder sur cela les mesures que j'avais prises avec M. le marquis d'Aubeterre²; et que de payer le port de la caisse est une galanterie plus que romanesque, et dont vous ne sauriez trouver d'autorité dans Cassandre, dans Cléopâtre, ni dans la Clélie. Tout ce que je puis donc faire, madame, pour répondre à votre magnifique galanterie, c'est de vous payer en monnaie poétique, en vous envoyant mes trois dernières épîtres et tous mes autres ouvrages bien reliés. Vous les recevrez peu de temps après l'arrivée de cette lettre. Je suis avec toute la reconnaissance et tout le respect que je dois, etc.

69. — A M. DE LA CHAPELLE.

Paris, 8 janvier 1699.

Je vous ai bien de l'obligation, mon cher neveu³, de votre souvenir; mais depuis quand avez-vous oublié notre ancienne familiarité, et de quel front venez-vous le prendre avec moi sur un ton si respectueux? Pensez-vous que j'aie oublié :

Sed si te colo, Sexte, non amabo⁴;

---

fiets, dit l'auteur d'*Athalie*, étaient à la cour aux sermons de l'abbé Boileau. »
1. La mère Agnès-Sainte-Thècle Racine, sa tante.
2. Ce sont les trois dernières.
3. L'un des trois trésoriers des deniers royaux.
4. Le fils aîné de Racine avait reçu de M. de Torcy, ministre des affaires étrangères, une mission près de M. de Bonrepaux, ambassadeur de France à la Haye.
5. Je rapporte cette lettre à cause du témoignage rendu à la piété des deux poètes. (*Louis Racine*.)
6. Marsilly, petit village près de Nogent-sur-Seine, département de l'Aube.

1. N. Deschamps de Marsilly, née en 1679. Elle était fille de M. de Marsilly, tué au combat de Leuze, et seconde femme de M. le marquis de Villette, neveu de madame de Maintenon. Après la mort de ce marquis, elle épousa le fameux vicomte de Bolingbroke, qu'elle suivit à Londres, où elle mourut en 1750; milord Bolingbroke mourut l'année suivante.
2. D'Esparbez de Lussan, marquis d'Aubeterre.
3. M. de la Chapelle était petit-neveu de Boileau, et fut un de ses légataires.
4. MART. liv. II, épît. LV.

et n'appréhendez-vous point que j'en conclue que vous êtes dans la même disposition d'esprit envers moi que Martial était envers Sextus? Au nom de Dieu, quand vous me ferez la faveur de m'écrire, soyez moins mon neveu, et soyez davantage mon ami. Gardons, vous et moi, nos respects pour l'illustre M. de Maurepas[1]. C'est en écrivant à des personnes de son élévation qu'il faut se servir des termes que vous me prodiguez. Je vous prie donc de lui bien témoigner que j'ai pour lui toute l'estime et tout le respect que je dois, et que c'est sur l'honneur de sa protection que je fonde une des plus sûres espérances de ma tranquillité en ce monde. J'ose me flatter de le voir encore une fois en ma vie à Auteuil; et c'est ce qui me fait attendre avec plus d'impatience le retour de mon ami le soleil. Adieu, mon cher neveu: aimez-moi toujours, et croyez que je suis encore plus cette année que l'autre...

70. — BROSSETTE A BOILEAU.

Lyon, 10 mars 1699.

Monsieur,

Je suis arrivé à Lyon depuis quinze jours. Si j'avais pu suivre mon inclination, je n'aurais pas tardé si longtemps à vous écrire; mais mon retour en cette ville a été suivi d'un si grand nombre d'occupations, qu'il m'a été impossible de faire ce que je souhaitais le plus, et dont je devais le moins me dispenser. D'ailleurs, je voulais avant toutes choses m'acquitter de la promesse que je vous avais faite, monsieur, de vous envoyer le procès-verbal des ordonnances; et comme je vous tiens parole aujourd'hui, je me trouve en état de paraître devant vous avec plus de confiance.

Vous trouverez dans le même paquet un livre d'une espèce bien différente : c'est l'ouvrage ridicule d'un auteur très-ridicule[2]. Son livre est chargé de tant d'impertinences, que je compte bien qu'il vous fera rire plutôt que de vous affliger. J'ai eu l'honneur de vous dire à Paris que, l'année dernière, un libraire de Lyon, à qui l'auteur avait envoyé son manuscrit, l'avait apporté pour savoir s'il ferait bien de l'imprimer; mais que je l'en avais détourné, en lui faisant voir que l'ouvrage ne valait rien. Il renvoya donc le manuscrit à Bonnecorse, qui a pris le parti, dit-on, de le faire imprimer à Marseille, et qui en a fait apporter à Lyon quelques exemplaires :

Mais son livre inconnu sèche dans la poussière[3];

et l'exemplaire que je vous envoie est infailliblement le seul qui aura le bonheur d'aller à Paris.

---

1. Phélippeaux, comte de Maurepas, secrétaire d'Etat, fils du chancelier de Pontchartrain.
2. Le *Lutrigot*, poëme héroï-comique du sieur Bonnecorse. Il avait été imprimé pour la première fois en 1686.
3. Le Jonas inconnu sèche dans la poussière.
Satire IX.

On vient de m'apporter la bordure que j'ai fait faire au portrait[1] dont vous m'avez fait présent, et vous voilà placé dans le plus bel endroit de mon cabinet. Je ne doute pas que vous n'en fussiez content si vous pouviez le voir; mais vous le seriez bien davantage si vous étiez témoin de l'empressement qu'ont tous les honnêtes gens de vous venir rendre visite chez moi. Chacun tâche de renchérir sur vos louanges; il n'est pas même jusqu'à nos poëtes qui n'aient travaillé sur ce sujet. Voici quatre vers de la façon d'un de nos amis :

> Vous qui voulez savoir quel est le personnage
>   Représenté dans ce tableau :
>   Approchez-en un sot ouvrage,
> Vous connaîtrez que c'est Boileau.

Enfin, monsieur, chacun veut avoir quelque part à l'honneur de vous louer. Pour moi qui ai sur eux l'avantage de vous connaître plus particulièrement, j'ai aussi celui de vous honorer avec plus de respect, et, si j'ose le dire, de vous aimer avec plus de tendresse. Je suis, monsieur, votre très-humble, etc.

71. — A BROSSETTE.

Paris, 25 mars 1699.

La maladie de M. Racine, qui est encore en fort grand danger, a été cause, monsieur, que j'ai tardé quelques jours à vous faire réponse. Je vous assure pourtant que j'ai reçu votre lettre avec fort grand plaisir. Mais pour le livre de M. de Bonnecorse, il ne m'a ni affligé ni réjoui. J'admire sa mauvaise humeur contre moi, mais que lui a fait la pauvre Terpsichore, pour la faire une muse de plus mauvais goût que ses autres sœurs? Je le trouve bien hardi d'envoyer un si mauvais ouvrage à Lyon; ne sait-il pas que c'est la ville où l'on obligeait les méchants écrivains à effacer eux-mêmes leurs écrits avec la langue[2]! n'a-t-il point peur que cette mode ne se renouvelle contre lui, et ne le fasse *pâlir* :

Ut Lugdunensem rhetor dicturus ad aram[3]?

Je suis bien aise que mon tableau y excite la curiosité de tant d'honnêtes gens; et je vois bien qu'il reste encore chez vous beaucoup de cet ancien esprit qui y faisait haïr les méchants auteurs, jusqu'à les punir du dernier supplice. C'est vrai-

---

1. Cizeron-Rival croit que ce portrait, peint par Santerre, était, en 1770, dans la bibliothèque des Augustins de Saint-Vincent, à Lyon.
2. Dans le temple, depuis l'abbaye d'*Aînay*, à Lyon. « C'est là « que les Grecs fugitifs établirent une école de sagesse, que, par at- « tachement pour leur patrie, ils appelèrent *Athenas*, nom que l'on « reconnaît encore dans *Athanacum* ou *Athenatum*, mal francisé « dans celui d'*Aînay*. C'est là que Caligula établit ensuite ces dis- « putes bizarres où les auteurs qui manquaient le prix étaient con- « damnés à effacer leurs écrits avec la langue, ou à être châtiés à « coups de verges, ou même jetés dans le Rhône. » Aimé Guillon, « *Lyon tel qu'il était*, etc., p. 23.
3. Juvénal, sat. I, v. 44.

semblablement ce qui a donné de moi une idée si avantageuse. L'épigramme qu'on a faite pour mettre au bas de ce tableau est fort jolie, je doute pourtant que mon portrait donnât signe de vie dès qu'on lui présenterait un sot ouvrage, et l'hyperbole est un peu forte. Ne serait-il point mieux de mettre, suivant ce qui est représenté dans cette peinture :

> Ne cherchez point comment s'appelle
> L'écrivain peint dans ce tableau :
> A l'air dont il regarde et montre la Pucelle,
> Qui ne reconnaîtrait Boileau ?

Je vous écris tout ceci, monsieur, au courant de la plume; mais si vous voulez que nous entretenions commerce ensemble, trouvez bon, s'il vous plaît, que je ne me fatigue point, *et hanc veniam petimusque damusque vicissim*; et surtout évitons les cérémonies, et ces grands espaces de papier vides d'écriture à toutes les pages, et ne me donnez point, par les termes respectueux dont vous m'accablez, occasion de vous dire :

> Vis te, Sexte, coli; volebam amare.

En un mot, monsieur, mettez-moi en droit, par la première lettre que vous me ferez l'honneur de m'écrire, de n'être plus obligé de dire si respectueusement que je suis....

72. — BROSSETTE A BOILEAU.

Lyon, 15 avril 1699.

MONSIEUR,

Je ne doute pas que la maladie de M. Racine ne vous ait fort occupé et fort affligé. La nouvelle que j'avais eue de cette maladie m'avait aussi donné de la crainte et de la douleur; car je ne puis manquer de prendre beaucoup d'intérêt à la santé de ce grand homme, avec qui vous êtes lié par une amitié si ancienne et si intime : d'ailleurs vous avez été témoin quelquefois des bontés qu'il m'a témoignage à votre considération. Je crois pouvoir à présent vous féliciter de son rétablissement, et je m'en réjouis avec vous, comme je ferai de tous les plaisirs qui vous arriveront.

L'épigramme que vous m'avez envoyée pour servir d'inscription à votre portrait est telle que je la pouvais souhaiter. J'en ai fait un bon usage, car je l'ai fait écrire en lettres d'or sur un cartouche, ménagé dans les ornements de sculpture qui sont au haut du cadre; et j'ai fait écrire au cartouche d'en bas ces six vers de votre épître x, accommodés au sujet :

> Tu peux voir dans ces traits qu'au fond cet homme horrible,
> Ce censeur, qu'on a cru si noir et si terrible,
> Fut un esprit doux, simple, ami de l'équité;
> Qui, cherchant dans ses vers la seule vérité,
> Fit, sans être malin, ses plus grandes malices ;
> Et sa candeur fit tous ses vices.

Nous avons vu ici des premiers la bulle de condamnation de M. de Cambrai[1]. Aussi ne vous en parlerai-je pas comme d'une chose nouvelle; c'est seulement pour vous envoyer ces petits vers[2], que sans doute vous ne savez pas :

> En vain pour son système un grand prélat s'obstine;
> Il le verra toujours contredit, traversé :
>   Un siècle où l'intérêt domine
>   Ne saurait goûter la doctrine
>   De l'amour désintéressé.

Vous voyez, monsieur, que je commence à me servir de la liberté que vous m'accordez d'entrer en commerce avec vous; mais je vous avoue que j'agirai bien contre mon intention, s'il arrivait que ce commerce vous causât le moindre embarras : *Tu poteris salve atque vale brevitate parata scribere sæpe mihi*. Voilà, monsieur, tout ce que j'ose vous demander. Je suis, avec la soumission la plus tendre et la plus respectueuse, monsieur, votre très-humble, etc.

73. — A M. DE PONTCHARTRAIN LE FILS,

COMTE DE MAUREPAS.

..... 1699.

Quelque affligé que je sois, monseigneur, la douleur ne m'a pas encore rendu si stupide que je ne sente, comme je dois, l'extrême honneur que vous m'avez fait en m'écrivant d'une manière si obligeante[3] sur la mort de mon illustre ami. Vous avez parfaitement tracé son éloge en très-peu de mots, et je doute que l'écrivain qui sera reçu en sa place à l'Académie le fasse mieux en beaucoup de périodes. N'attendez pas cependant, monseigneur, de moi sur cela une réponse digne de votre obligeante lettre. Il me reste assez de raison pour comprendre ce que je vous dois, mais non pas assez de liberté d'esprit pour vous exprimer ma reconnaissance ; et tout ce que je puis faire, c'est de vous assurer que je suis avec un très-grand zèle et un très-grand respect, monseigneur, etc.

Permettez pourtant que j'ajoute encore ce peu de mots, pour vous dire que c'est sur M. de Valincour qu'il m'a semblé que tous les académiciens tournent les yeux pour remplir la place de M. Racine; et j'espère que vous voudrez bien l'appuyer de votre crédit[4], puisque c'est l'homme du monde le plus digne de lui succéder, et le plus propre à ne lui point faire un fade panégyrique[5].

---

1. Le pape Innocent XII condamna, le 12 mars 1699, le livre de Fénelon, intitulé : *Explication des maximes des saints*; mais la soumission de ce prélat fut un véritable triomphe pour lui.
2. Ils sont de François Gacon, qui se faisait nommer le poëte *sans fard*.
3. Racine mourut le 21 avril 1699.
4. Il lui succéda, en effet, et fut reçu le 27 juin, à la grande satisfaction de Boileau, qui l'estimait infiniment.
5. M. de Pontchartrain le fils, secrétaire d'Etat en survivance, avait les académies dans son département.

74. — A BROSSETTE.

Paris, 9 mai 1699.

Vous vous figurez bien, monsieur, que, dans l'affliction et dans l'accablement d'affaires où je suis, je n'ai guère le temps d'écrire de longues lettres. J'espère donc que vous me pardonnerez si je ne vous écris qu'un mot, et seulement pour vous instruire de ce que vous me demandez. Je ne suis point encore à Auteuil, parce que mes affaires et ma santé, qui est fort altérée, ne me permettent pas d'y aller respirer l'air, qui est encore très-froid, malgré la saison avancée, et dont ma poitrine ne s'accommode pas. J'ai pourtant été à Versailles, où j'ai vu madame de Maintenon, et le roi ensuite, qui m'a comblé de bonnes paroles: ainsi me voilà plus historiographe que jamais. Sa Majesté m'a parlé de M. Racine d'une manière à donner envie aux courtisans de mourir, s'ils croyaient qu'elle parlât d'eux de la sorte après leur mort. Cependant cela m'a très-peu consolé de la perte de cet illustre ami, qui n'en est pas moins mort, quoique regretté du plus grand roi de l'univers[1].

Pour mon affaire de la noblesse, je l'ai gagnée avec éloge, du vivant même de M. Racine, et j'en ai l'arrêt en bonne forme, qui me déclare noble de quatre cents ans[2]. M. de Pommereu, président de l'assemblée, fit en ma présence, l'assemblée tenante, une réprimande à l'avocat des traitants, et lui dit ces propres mots: « Le roi veut bien que « vous poursuiviez les faux nobles de son royaume; « mais il ne vous a pas pour cela donné permis- « sion d'inquiéter des gens d'une noblesse aussi « avérée que sont ceux dont nous venons d'exami- « ner les titres. Que cela ne vous arrive plus. » Je ne sais si M. Perrachon[3] a de meilleures preuves de sa noblesse que cela; et je ne vois pas qu'il les ait rapportées dans son livre[4]. Adieu, monsieur; croyez que je suis affectueusement...

75. — BROSSETTE A BOILEAU.

Lyon, 6 juin 1699.

Monsieur,

La dernière lettre que vous m'avez fait l'honneur de m'écrire m'a enfin appris la confirmation de votre noblesse. La joie que m'a causée cette lettre obligeante ne pouvait être augmentée que par une nouvelle aussi agréable que celle que vous me donnez. Mais, monsieur, permettez-moi de vous dire que par là vous me mettez en droit de vous demander une copie de votre arrêt, et une suite de votre généalogie, depuis Jean Boileau, en 1372, jusqu'à nous. Vous avez eu la complaisance de me le promettre, et j'ose espérer que vous ne me le refuserez pas, parce que vous connaissez l'empressement que j'ai d'être instruit particulièrement de tout ce qui vous regarde. Quand ces titres ne serviraient pas à ma propre satisfaction, ils ne seraient pas inutiles pour l'usage que j'en veux faire; car enfin, monsieur, il faut que je vous fasse confidence de toutes mes folies. J'ai résolu de répondre à toutes les critiques qu'on a faites de vos ouvrages, suivant le plan, la manière, et, s'il se peut, le style dont M. Arnauld s'est servi pour défendre votre satire X, dans sa lettre à M. Perrault. Que direz-vous, monsieur, de mon entreprise? J'en connais toute la témérité, ou du moins l'inutilité. Je sais que vos ouvrages sont infiniment au-dessus des atteintes que la jalouse ignorance a essayé de leur donner: ils se soutiennent assez par eux-mêmes, et vous vous ferez toujours assez admirer sans le secours d'un apologiste tel que moi. Mais cependant, monsieur, la matière est si belle, et votre défense est si facile, que je sens bien que j'aurais toutes les peines du monde à résister à une tentation si glorieuse. C'est pour cela que je ramasse depuis longtemps, avec beaucoup de soin, tous les mémoires qui peuvent m'aider pour ce dessein; et les éclaircissements que vous avez eu la bonté de me donner sur vos ouvrages me serviront de principal ornement.

Je viens à votre dernière lettre, parce qu'elle a donné lieu à une rencontre dont je suis bien aise de vous informer. Quand je reçus votre lettre, M. Perrachon se trouva chez moi, où il vient quelquefois me débiter ses visions pédantesques. Comme je sais qu'il se déclare contre vous dans toutes les compagnies où il le peut faire, quand il ne craint pas les *releveurs*, je fus bien aise de lui lire l'endroit où vous me parlez de sa prétendue noblesse, qu'il nous réduit à croire simplement sur sa bonne foi. Il fut un peu surpris de se trouver dans votre lettre; mais il n'osa pas, en ma présence, faire paraître sa burlesque vivacité. Il se contenta de dire, qu'apparemment vous vouliez faire entendre que votre noblesse était aussi bien établie que la sienne, mais que peut-être l'on vous avait fait quelque grâce.

Vous jugez bien qu'étant instruit comme je l'étais, je ne demeurai pas sans réplique : je lui dis tout ce que j'avais vu de votre généalogie bien suivie et bien prouvée; je lui fis voir les *Mémoires de Miraulmont*[1], que je tiens, comme vous savez,

---

1. « Après la mort de M. Racine, M. Despréaux vint à la cour « proposer au roi M. de Valincour pour être son associé à l'histoire. « Du plus loin que le roi aperçut le satirique, il lui cria: Despréaux, « nous avons beaucoup perdu, vous et moi, à la mort de Racine. — « Tout ce qui me console, Sire, repartit M. Despréaux, c'est que « mon ami a fait une fin très-chrétienne et très-courageuse, quoiqu'il « craignit extrêmement la mort. — Oui, oui, répliqua le roi, je « m'en souviens: c'était vous qui étiez le brave au siége de Gand. » (*Bolœana*, n° XIII.)
2. Cet arrêt fut rendu le 10 avril 1699.
3. Avocat à Lyon.
4. Intitulé: *Le faux satirique puni*; dirigé contre Gacon.

1. *Sur l'origine du parlement*, Paris, 1612.

de M. l'abbé Dongois, dans les endroits où il est parlé de Jean Boileau, p. 38, et de Henri Boileau, p. 226. Je lui confirmai ce témoignage par un autre, que j'ai découvert depuis peu, dans l'*Histoire chronologique de la chancellerie*, par Taissereau, imprimée chez Lepetit, en 1676. Je lui fis lire dans cette histoire, p. 21, que « le roi Jean fit une ordon-
« nance pour la restriction de ses secrétaires et
« notaires », laquelle se trouve au mémorial D.,
qui est en la chambre des comptes; commençant en l'an 1359, et finissant en 1381, au fol. 25 v°, dont s'ensuit l'extrait : « Ci-dessous sont les noms
« des secrétaires et notaires ordenés et retenus
« pour nous servir, lesquels suivront continuelle-
« ment de présent, etc. Martin de Mellon, etc. Jean
« Boileau ». (C'est le même dont parle Miraulmont).
Et à la fin : « Et en signe que cette présente ordon-
« nance procède de notre propre conscience, nous
« avons fait sceller ce rôle de notre scel secret ; »
et dans la p. 16 de la même histoire, il paraît que
« le nommé Jean Boileau est des notaires du roi
« examinés et trouvés suffisants par le parlement,
« pour écrire et faire lettres en francais et en latin,
« le 26 jour d'août 1342. Extrait du registre du
« mémorial B., commençant en 1330, fol. 176, »
où l'on voit encore que lesdites lettres furent envoyées par le roi en la chambre des comptes, le 21 septembre 1343.

M. Perrachon ne put démentir des témoignages si authentiques ; mais il ne voulut pas céder l'ancienneté de la noblesse ; car il se retrancha dans *le torre de' Perrachoni*, qui, selon lui, sont plus anciennes que tout cela. Je lui répondis froidement que c'étaient là de grands titres à produire dans un procès ; et je lui citai en même temps un des couplets de la chanson dont je vous ai parlé autrefois, et qu'on avait faite ici dès que son livre parut :

Or, pour vous prouver ma noblesse,
Il ne faut que voir en Piémont
Deux tours qui, malgré leur vieillesse,
Y portent encore mon nom, etc.

Je vais vous dire un mot du livre que vous trouverez dans ce paquet ; il contient deux petits poëmes latins, l'un sur l'aimant (*magnes*), et l'autre sur le café (*faba arabica*)[1]. La versification en est douce et nombreuse, les descriptions en sont vives, et les peintures qu'il fait sont très-naturelles. Ce qui a donné lieu au poëme de l'aimant est le cabinet de M. de Puget[2], qui est un excellent philosophe, et le plus savant magnétiste que nous ayons. L'auteur de ces poëmes est le père Fellon, jésuite fort spirituel, et qui est bien de mes amis. Je suis, etc.

1. Ces deux poëmes se trouvent dans un recueil intitulé *Poemata didascalica*.
2. Louis de Puget, ou du Puget, né à Lyon en 1629, mort le 16 décembre 1709 ; l'un des plus savants physiciens de son temps. — Thomas-Bernard Fellon, jésuite, a été l'un des premiers membres de l'Académie de Lyon.

76. — A BROSSETTE.

Paris, 22 juillet 1699.

J'ai été, monsieur, si occupé depuis votre longue et pourtant trop courte lettre, que je n'ai pu vous faire plus tôt réponse. Plût à Dieu que je pusse aussi bien prouver à M. Perrachon le mérite de mes ouvrages, que la noblesse et l'antiquité de mes pères ! Je doute qu'alors il pût préférer même ses écrits aux miens. Je ne vous envoie point néanmoins, pour ce voyage, la copie de mon arrêt, parce qu'il est trop gros, le greffier qui l'a dressé ayant pris soin d'y énoncer toutes les preuves que j'alléguais, et cela fait plus de trente rôles en parchemin d'écriture assez minutée. Cependant, si vous persistez dans l'envie de l'avoir, je vous le ferai tenir au premier jour. Vous m'avez fort réjoui avec *le torre de' Perrachoni*. Je crois que M. Perrachon ne ferait pas mal de se tenir sur le haut d'une de ces tours, avec une lunette à longue vue, pour voir s'il ne découvrira point quelqu'un qui aille à Lyon ou à Paris acheter ses livres ; car je ne crois pas qu'il en ait vu jusqu'ici. Je suis bien aise qu'un homme comme vous entreprenne mon apologie ; mais les livres qu'on a faits contre moi sont si peu connus, qu'en vérité, je ne sais s'ils méritent aucune réponse. Oserais-je vous dire que le dessein que vous aviez pris de faire des remarques sur mes ouvrages est bien aussi bon, et que ce serait le moyen d'en faire une imperceptible apologie qui vaudrait bien une apologie en forme. Je vous laisse pourtant le maître de tout faire ce que vous jugerez à propos. Je sais assez bien donner conseil aux autres sur ce qui les concerne ; mais pour ce qui me regarde, je m'en rapporte toujours aux conseils d'autrui. Les vers latins que vous m'avez envoyés sont très-élégants et très-particuliers ; ils m'ont réconcilié avec les poëtes latins modernes, dont vous savez que je fais une médiocre estime, dans la prévention où je suis qu'on ne saurait bien écrire que sa propre langue. Vos couplets de chanson me paraissent fort jolis, et il paraît bien que vous parlez votre propre et naturelle langue ; car, comme vous savez bien, c'est au français qu'appartient le vaudeville, et c'est dans ce genre-là principalement que notre langue l'emporte sur la grecque et sur la latine. Voilà la quatrième lettre que j'écris ce matin ; c'est beaucoup pour un paresseux accablé d'un million d'affaires. Ainsi, trouvez bon que je vous dise tout court que je suis très-cordialement, monsieur, etc.

77. — AU MÊME.

Auteuil, 15 août 1699.

Si vous comprenez bien, monsieur, quel embarras c'est à un homme de lettres qui a des livres, des bijoux et des tableaux, que d'avoir à déménager, vous ne trouverez pas étrange que je sois demeuré si longtemps sans faire réponse à votre dernière lettre. Eh! le moyen de se ressouvenir de son devoir, au milieu d'une foule de maçons, de menuisiers et de crocheteurs, qu'il faut sans cesse gronder, réprimander, instruire, etc.? Il y a tantôt trois semaines que je fais cet importun métier, et je n'en suis pas encore dehors. Ainsi, bien loin de croire que vous ayez raison de vous plaindre, je prétends même que je dois être plaint, et qu'il faut que je vous aime beaucoup pour trouver, comme je fais aujourd'hui, le temps de vous faire mes remerciments sur toutes les douceurs que vous m'écrivez, et sur tous les présents que vous me faites. Vous me direz peut-être que ce discours n'est que l'artifice d'un homme qui a tort, et qui le premier fait un procès aux autres, afin qu'on n'ait pas le temps de lui faire le sien. Peut-être cela est-il véritable. Je vous assure pourtant qu'on ne peut pas être plus touché que je le suis de toutes vos bontés; et que, s'il y a en moi de la paresse, il n'y a assurément point de méconnaissance. D'ailleurs je m'attendais à vous écrire quand j'aurais reçu votre thé, qui n'est point encore venu, non plus que le livre dont vous me parlez dans une autre de vos lettres.

Mais est-ce une promesse ou une menace que vous me faites, quand vous me mandez qu'au premier jour vous m'enverrez le livre de M. Perrachon[1]?

Di magni, horribilem et sacrum libellum[2]?

Savez-vous que si vous vous y jouez, je cours sur-le champ chez Coignard ou chez Ribou, et que là, *Cotinos, Peraltos, Pradonos, et omnia colligam venena, atque hoc te munere remunerabo*, de la même manière que Catulle prétendait récompenser son ami, en lui envoyant *Metios, Suffenos, et Varios?* Voilà, monsieur, de quoi je vous régalerai, au lieu de la copie que je vous ai promise de mon arrêt sur la noblesse. La vérité est pourtant que j'ai donné ordre de la faire, et que vous l'aurez au premier ordinaire, supposé que vous ne m'exposiez pas à la lecture du livre de M. Perrachon.

Je suis bien aise que vous suiviez votre premier dessein sur l'ouvrage que vous méditez. L'apologie met un lecteur sur ses gardes, au lieu que le commentaire lui ôte toute défiance. Votre devise sur ma noblesse[3] et sur mes ouvrages est fort spirituelle, et il ne lui manque que d'être un peu plus vraie. Mais à quoi songez-vous de me proposer d'en faire une pour la ville de Lyon[4]?

1. Contre Gacon.
2. Catulle, à Calvus Licinius, qui avait choisi *les Saturnales* pour lui envoyer les vers des plus mauvais poëtes du temps. *Carm.* XIV, v. 12.
3. « *Dopo il fuoco, più bello.* » C'est ce qu'on dit de l'or éprouvé au creuset.
4. Brossette lui avait demandé une devise pour les jetons que la ville de Lyon faisait frapper tous les ans.

Ai-je le temps de cela? et de quoi m'aviserais-je d'aller sur le marché d'un aussi bon ouvrier que vous? Est-ce à un Béotien d'aller enseigner dans Lacédémone à dire des bons mots? C'est donc, monsieur, de cette proposition que je me plains, et non pas de vos lettres qui ne sauraient jamais que me divertir très-agréablement, pourvu que vous me laissiez la liberté, quand je déménage, de tarder quelquefois à y répondre. Je suis avec beaucoup de reconnaissance, etc.

78. — A M. DE PONTCHARTRAIN LE FILS,

COMTE DE MAUREPAS.

Paris.... 1699.

Puisque vous daignez bien prendre quelquefois part à mes afflictions, trouvez bon, monseigneur, que je prenne part à votre joie, et que je ne sois pas des derniers à vous féliciter sur la justice que le roi a rendue au mérite de monseigneur votre père, en le choisissant pour remplir la première dignité de son royaume. Jamais choix n'a été plus applaudi, ni n'a excité une réjouissance plus universelle, surtout parmi les honnêtes gens. Il n'y en a pas un qui ne se trouve gratifié en la personne de monseigneur de Pontchartrain, et qui, par son élévation, ne se croie en quelque sorte lui-même accru de considération et d'estime. Pour moi qui, outre les raisons du bien public, ai encore par rapport à vous des raisons particulières et si sensibles d'être charmé de ce choix, jugez quelle doit être ma satisfaction ! Mais, monseigneur, ce nouveau titre de grandeur qui entre dans votre maison, vous laissera-t-il le même que vous avez toujours été? Puis-je espérer de trouver dans le fils d'un chancelier ce même ami tendre et officieux que je trouvais dans le fils d'un contrôleur général des finances? Et Auteuil oserait-il se flatter de vous voir encore chez moi faire de ces repas

. . . . .Sino aulæis et ostro,

que Mécénas faisait avec le bon Horace[1]? Pourquoi non? Vous n'êtes pas moins galant homme que Mécénas, et je ne vous suis pas moins dévoué qu'Horace l'était à ce premier ministre d'Auguste. Je m'en vais donc tout préparer pour cela à votre retour de Fontainebleau. Ne craignez point pourtant, monseigneur, que je m'oublie : à quelque familiarité que vous descendiez avec moi, je me souviendrai toujours avec quel respect je suis et je dois être....

1. Liv. III, ode XXIX, v. 15.

79. — LE COMTE DE MAUREPAS A BOILEAU.

Paris,... 1699.

Vous avez grande raison, monsieur, de croire que vous trouverez dans le fils d'un chancelier le même ami que vous avez trouvé dans le fils d'un contrôleur général[1]; et je puis vous assurer que vous ne me verrez jamais changer de sentiment pour vous. Mais, le croiriez-vous, monsieur? ce n'est point ce génie sublime, cet auteur des satires, que je prise en vous; c'est cette candeur et cette simplicité heureuses que vous avez su joindre à tout l'esprit imaginable, et qui vous fait aimer de vos ennemis mêmes.

Quanquam urat fulgore suo, qui prægravat artes Infra se positas[2]......................

Je reçois avec beaucoup de sensibilité le compliment que vous me faites sur la nouvelle dignité de mon père, et j'attends avec impatience le moment fortuné où je pourrai me dérober pour aller à Auteuil,

Fastidiosam deserens copiam, etc.[3].

Je suis tout à vous du meilleur de mon cœur.

PONTCHARTRAIN.

80. — A M. DE LA CHAPELLE.

Paris, 9 novembre 1699.

Je crois, monsieur mon cher neveu, que je ne ferai plus que solliciter monseigneur de Pontchartrain et vous. Voici encore un placet que je vous envoie, et que je vous prie de lui présenter de ma part; et bien qu'il vienne le dernier, j'ose vous prier de l'appuyer encore plus fortement que l'autre, parce que j'y prends encore plus d'intérêt, et qu'il s'agit d'obliger un de mes meilleurs amis. Que si monseigneur de Pontchartrain vient à rire, comme il en aura raison sans doute, de ce que je prends ainsi les gens de marine sous ma protection, je vous supplie de lui dire que, m'étant fait un si grand nombre d'ennemis sur la terre, il ne doit pas trouver étrange que je songe à me faire des amis sur la mer, surtout puisqu'elle est de son département. Recevez bien celui qui vous présentera ce billet, qui a peut-être une meilleure recommandation que la mienne auprès de vous, puisqu'il vous porte une lettre de M. de Bâville[4]. Je suis, monsieur mon neveu....

1. Avant d'être chancelier, M. de Pontchartrain le père était contrôleur général des finances depuis 1689, et secrétaire d'État de la marine depuis 1690. Il eut pour successeur M. de Chamillard dans la première place; et son fils le remplaça dans la seconde, dont il avait la survivance.
2. HORACE, épître I, v. 13, liv. II.
3. *Id.*, ode XXIX, v. 9, liv. III.
4. Lamoignon de Bâville, intendant de Languedoc, fils du premier président.

81. — A BROSSETTE.

Paris, 10 novembre 1699.

Je suis fort honteux, monsieur, d'avoir été si longtemps à vous remercier de vos magnifiques présents et à répondre à vos lettres, plus agréables encore pour moi que vos présents; mais, si vous saviez le prodigieux accablement d'affaires que m'a laissé la mort de M. Racine, vous me pardonneriez sans peine, et vous verriez bien que je n'ai presque point de temps à donner à mon plaisir, c'est-à-dire à vous entretenir et à vous écrire. J'ai lu votre préface du livre des *Conférences*, et elle me semble très-bien, à quelque manière de parler près, que je vous y marquerai à mon premier loisir.

Vous m'avez fait un fort grand plaisir en m'envoyant le Télémaque de M. de Cambrai. Je l'avais pourtant déjà lu. Il y a de l'agrément dans ce livre, et une imitation de l'Odyssée que j'approuve fort. L'avidité avec laquelle on le lit fait bien voir que, si on traduisait Homère en beaux mots, *il ferait l'effet qu'il doit faire, et qu'il a toujours fait*. Je souhaiterais que M. de Cambrai eût rendu son Mentor un peu moins prédicateur, et que la morale fût répandue dans son ouvrage un peu plus imperceptiblement et avec plus d'art. Homère est plus instructif que lui; mais ses instructions ne paraissent point préceptes, et résultent de l'action du roman, plutôt que des discours qu'on y étale. Ulysse, par ce qu'il fait, nous enseigne mieux ce qu'il faut faire, que par tout ce que lui ni Minerve disent. La vérité est pourtant que le Mentor du Télémaque dit de fort bonnes choses, quoique un peu hardies, et qu'enfin M. de Cambrai me paraît beaucoup meilleur poëte que théologien. De sorte que si, par son livre des *Maximes*, il me semble très-peu comparable à saint Augustin, je le trouve, par son roman, digne d'être mis en parallèle avec Héliodore[1]. Je doute néanmoins qu'il fût d'humeur, comme ce dernier, à quitter sa mitre pour son roman. Aussi, vraisemblablement, le revenu de l'évêque Héliodore n'approchait guère du revenu de l'archevêque de Cambrai. Mais, monsieur, il me semble que, pour un paresseux aussi affairé que je suis, je vous entretiens là de choses assez peu nécessaires. Trouvez bon que je ne vous en dise pas davantage, et pardonnez-moi les ratures que je fais à chaque bout de champ dans mes lettres, qui m'embarrasseraient fort, s'il fallait que je les récrivisse. Je suis sincèrement, etc.

82. — A M. DE LA CHAPELLE.

Paris, 3 janvier 1700.

Je vous ai bien de l'obligation, mon très-cher neveu, de votre souvenir et de l'agréable flatterie

1. Évêque de Tricca en Thessalie, et auteur des *Éthiopiques* ou *les Amours de Théagène et de Chariclée*.

que vous m'avez écrite au commencement de l'année. On ne peut pas plus agréablement louer un oncle, que de lui dire que *l'on le* regarde comme une espèce de père; car il n'y a ordinairement rien de moins père qu'un oncle. Vous n'ignorez pas ce que veut dire en latin : *Ne sis patruus mihi, et patruus patruissimus.* Vous avez grande raison de ne me point mettre au rang de ces oncles trop oncles, et je n'ai pour vous que des sentiments qui tirent droit au paternel. Je suis bien aise de la bonne opinion que M. le Baron [1] a de moi; et j'ai trouvé son compliment à M. le comte d'Ayen [2] très-joli et très-spirituel. Il est dans le goût des compliments de Molière; c'est-à-dire que la satire y est adroitement mêlée à la flatterie, afin que l'une fasse passer l'autre. J'y ai trouvé seulement un peu à dire qu'il y mette les sots poëtes si proche d'Apollon. La racaille poétique dont il parle est logée au pied et dans les marais du mont *Parnassien*, où elle rampe avec les grenouilles et avec l'abbé de Pure ; et Apollon est logé tout en haut avec les Muses et avec Corneille, Racine, Molière, etc. Jamais méchant auteur n'y arriva, et quand quelqu'un en veut approcher, *musæ furcillis præcipitem ejiciunt.* Adieu, mon très-cher neveu; témoignez bien à M. le Baron que je fais de lui le cas que je dois, et croyez que je suis cette année, encore plus que les précédentes, entièrement à vous.

83. — A BROSSETTE.

Paris, 5 février 1700.

Il est arrivé, monsieur, ce que vous avez prévu, et vos présents sont arrivés deux jours devant vos lettres. Cela a causé quelque petite méprise, mais cela n'a pourtant fait aucun mal, et chacun a reçu ce qui lui appartenait. M. de Lamoignon m'a écrit une lettre pour me prier de vous faire ses remercîments, et M. Dongois et M. Gilbert [3] m'ont assuré qu'ils vous feraient au premier jour le leur. Je ne sais si cela pourra un peu distraire la juste affliction où vous êtes. Je la conçois telle qu'elle doit être, quoique je n'en aie jamais éprouvé une pareille; ma mère, comme mes vers vous l'ont vraisemblablement appris, étant morte que je n'étais encore qu'au berceau. Tout ce que j'ai à vous conseiller, c'est de vous rassasier de larmes. Je ne saurais approuver cette orgueilleuse indolence des stoïciens qui rejettent follement des secours innocents que la nature envoie aux affligés, je veux dire les cris et les pleurs. Ne point pleurer d'*une* mère ne s'appelle pas de la fermeté et du courage, cela s'appelle de la dureté et de la barbarie. Il y a bien de la différence entre se désespérer et se plaindre. Le désespoir brave et accuse Dieu; mais la plainte lui demande des consolations. Voilà, monsieur, de quelle manière je vous exhorte à vous affliger, c'est-à-dire en vous consolant, et en ne prétendant pas que Dieu fasse pour vous une loi particulière qui vous exempte de la nécessité à laquelle il a condamné tous les enfants, qui est de voir mourir leurs pères et mères. Cependant soyez bien persuadé que je vous estime infiniment, et que si je ne vous écris pas aussi souvent que je devrais, ce n'est pas manque de reconnaissance, mais manque de cet esprit de vigilance et d'exactitude que Dieu donne rarement aux poëtes, surtout lorsqu'ils sont historiographes. Je suis avec beaucoup de respect et de sincérité...

84. — BROSSETTE A BOILEAU.

Lyon, 6 mars 1700.

Monsieur,

Votre dernière lettre a suivi de si près celle que j'avais eu l'honneur de vous écrire, que vous avez tort, ce me semble, de vous reprocher votre peu d'exactitude. Quand vous dites que si vous n'écrivez pas souvent, c'est manque de cet esprit de vigilance et d'exactitude que Dieu accorde rarement aux poëtes, surtout quand ils sont historiographes, c'est rejeter la cause de votre paresse sur votre tempérament et sur vos occupations glorieuses. Néanmoins vous avez passé par-dessus ces raisons en ma faveur; et, pour cela seul, je vous devrais des remercîments très-sincères, quand votre lettre ne serait pas d'ailleurs aussi belle, et aussi obligeante, et aussi touchante qu'elle l'est. Je vous assure que je n'ai point trouvé d'adoucissement si efficace à la douleur que me cause la mort de M. de Lamoignon.

M. de Lamoignon ne s'est pas contenté des remercîments que vous m'avez faits de sa part : il a pris la peine de m'écrire lui-même, aussi bien que M. Dongois et M. Gilbert.

Il y a quelque temps que j'eus occasion de voir en cette ville M. de Bonnecorse, de Marseille. Je lui parlai de son *Lutrigot*, et il ne me put dire que de fort mauvaises raisons pour justifier la conduite qu'il a tenue à votre égard. Il me dit, entre autres choses, qu'étant à Paris, il pria M. Bernier, qu'il m'a cité comme votre ami, et qui a fait l'abrégé de Gassendi, d'apprendre de vous-même quel sujet vous avait obligé de mettre dans vos satires *la Montre*, qui est un ouvrage de Bonnecorse; et que, suivant le rapport que lui fit M. Bernier, vous aviez répondu, pour toute raison, que vous aviez été bien modéré de ne dire de *la Montre* que ce que vous en aviez dit. Bonnecorse me parut être encore sensible à la fierté de cette réponse, qui était en

---

1. Le célèbre comédien Baron. Boileau affecte de l'appeler ici *le Baron*, par allusion sans doute à l'importance risible qu'il se donnait dans le monde.
2. Depuis le maréchal duc de Noailles.
3. M. Gilbert, président aux enquêtes, avait épousé mademoiselle Dongois, petite-nièce de Boileau.

effet plus piquante que ce que vous aviez dit de cet ouvrage.

Je finirais ici ma lettre, si je ne voulais vous prier de me donner l'éclaircissement d'un fait qui est rapporté par M. Boursault, dans une de ses lettres. Il dit qu'un abbé, s'entretenant un jour avec vous, se déclara hautement contre la pluralité des bénéfices, et protesta que, s'il pouvait obtenir une abbaye, ne fût-elle que de mille écus, elle fixerait son ambition, sans qu'aucun autre bénéfice pût jamais le tenter. Cependant il obtint une abbaye de sept mille livres, et quelque temps après plusieurs autres bénéfices successivement; sur quoi vous dites un jour à cet abbé : « Qu'est « devenu ce temps de candeur et d'innocence, mon- « sieur l'abbé, où vous trouviez la multiplicité des « bénéfices si dangereuse? — Ah! monsieur, vous « répondit-il, si vous saviez que cela est bon pour « vivre! — Je ne doute point, lui répliquâtes-vous, « que cela ne soit bon pour vivre; mais pour mou- « rir, monsieur l'abbé, pour mourir! » Je voudrais bien savoir la vérité de ce fait et le nom de cet abbé, dans l'envie que j'ai de ne rien ignorer de tout ce qui vous regarde, supposé néanmoins que vous n'ayez aucune raison pour me le cacher.

Quelque résolution que je prenne de ne vous pas faire de si longues lettres, je l'oublie toujours quand j'ai la plume à la main. Je vous en demande pardon; mais c'est mon cœur qui m'entraîne vers vous, et qui me fait abandonner au plaisir de vous entretenir. L'on ne peut rien ajouter à la tendre et parfaite soumission avec laquelle je suis....

85. — A BROSSETTE.

1er avril 1700.

C'est une chose très-dangereuse, monsieur, d'être aussi facile que vous l'êtes à pardonner à vos amis leurs fautes. Cela leur en fait encore faire de nouvelles, et ce sont les louanges que vous avez données à ma négligence, dans votre dernière lettre, qui m'ont rendu encore plus négligent à vous faire réponse. Je vous assure pourtant que cela ne vient point en moi de manque d'amitié ni de reconnaissance; mais je suis paresseux. Tel j'ai vécu, et tel je mourrai; mais je n'en mourrai pas moins votre ami.

Ainsi, laissant là toutes les excuses bonnes ou mauvaises que je pourrais vous faire, je vous dirai que je n'ai aucun *mal-talent* contre M. de Bonnecorse du beau poëme qu'il a imaginé contre moi. Il semble qu'il ait pris à tâche, dans ce poëme, d'attaquer tous les traits les plus vifs de mes ouvrages; et le plaisant de l'affaire est que, sans montrer en quoi ces traits pèchent, il se figure qu'il suffit de les rapporter pour en dégoûter les hommes. Il m'accuse surtout d'avoir, dans le Lutrin, exagéré en grands mots de petites choses pour les rendre ridicules; et il fait lui-même, pour me rendre ridicule, la chose dont il m'accuse. Il ne voit pas que, par une conséquence infaillible, si le Lutrin est une impertinente imagination, le Lutrigot est encore plus impertinent, puisque ce n'est que la même chose plus mal exécutée. Du reste, on ne saurait m'élever plus haut qu'il ne le fait, puisqu'il me donne pour suivants et pour admirateurs passionnés les deux plus beaux esprits de notre siècle, je veux dire M. Racine et M. Chapelle[1]. Il n'a pas trop bien profité de la lecture de ma première préface, et de l'avis que j'y donne aux auteurs attaqués dans mon livre, d'attendre, pour écrire contre moi, que leur colère soit passée. S'il avait laissé passer la sienne, il aurait vu que de traiter de haut en bas un auteur approuvé du public, c'est traiter de haut en bas le public même; et que me mettre à califourchon sur le Lutrin, c'est y mettre tout ce qu'il y a de gens sensés; et M. Brossette lui-même, qui me fait l'honneur

Meas esse aliquid putare nugas[2].

Je ne me souviens pas d'avoir jamais parlé de M. de Bonnecorse à M. Bernier, et je ne connaissais point le nom de Bonnecorse, quand j'ai parlé de *la Montre* dans mon épître à M. de Seignelai. Je puis dire même que je ne connaissais point la *Montre d'amour*, que j'avais seulement entrevue chez M. Barbin, et dont le titre m'avait paru très-frivole, aussi bien que ceux de quantité d'autres ouvrages de galanterie moderne, dont je ne lis jamais que le premier feuillet.

Mais voilà, monsieur, assez parlé de M. de Bonnecorse; venons à M. Boursault, qui est, à mon sens, de tous les auteurs que j'ai critiqués, celui qui a le plus de mérite. Le livre dont il rapporte de moi le mot *dont est* question ne m'est point encore tombé entre les mains; la vérité est que j'ai en effet dit ce mot autrefois, et que c'est *à* M. l'abbé Dangeau[3], *à qui* je l'ai dit à Saint-Germain. Il en fut un peu confus; mais il n'en garda pas moins ses bénéfices, et je crois que même aujourd'hui il en accepterait volontiers encore d'autres, au hasard de mourir moins content qu'il n'aurait vécu. J'ai fait vos compliments à tous ces messieurs que vous avez honorés de vos présents, et ils m'ont paru aussi satisfaits de vos honnêtetés que de votre recueil, dont ils font pourtant beaucoup d'estime. Je suis très-sincèrement....

1. Boileau disait de Chapelle qu'il avait certainement beaucoup de feu et bien du goût, tant pour écrire que pour juger; mais qu'à son *Voyage* près, qu'il estimait une pièce excellente, rien de Chapelle n'avait frappé les véritables connaisseurs. (*Boloeana*, n° LXXIII.) C'était dicter d'avance le jugement de la postérité.
2. Catulle à Cornélius Nepos, en lui dédiant le recueil de ses poésies. (*Carm.* 1, v. 4.)
3. Louis de Courcillon de Dangeau, de l'Académie française, né en 1643, mort en 1723, frère de celui à qui la satire v est adressée. Son mérite personnel, et le nom qu'il s'était fait parmi les gens de lettres, et comme leur ami, et comme leur défenseur, lui ouvrirent les portes de l'Académie française.

86. — AU MÊME.

Auteuil, le 2 juin 1700.

Vous excusez, monsieur, si aisément mes fautes, que je ne crains presque plus de faillir, et que je ne me crois pas même obligé de vous faire des excuses d'avoir été si longtemps sans me donner l'honneur de vous écrire. J'en aurais pourtant d'assez bonnes à vous alléguer, puisqu'il est certain que j'ai été malade assez longtemps, et que j'ai eu plusieurs affaires plus *occupantes* mêmes que la maladie.

Enfin m'en voilà sorti, et je puis vous parler. Je vous dirai donc, monsieur, que j'ai reçu votre dernier présent avant votre dernière lettre, et que j'avais même lu votre livre avant que de l'avoir reçu. J'ai été pleinement convaincu de la noblesse de messieurs les avocats de Lyon, par les preuves qui y sont très-bien énoncées, et encore plus par la noblesse du cœur que je remarque en vos actions et en vos libéralités, qui sont sans fin.

Je suis ravi de l'académie qui se forme en votre ville. Elle n'aura pas grand'peine à surpasser en mérite celle de Paris, qui n'est maintenant composée, à deux ou trois hommes près, que de gens du plus vulgaire mérite, et qui ne sont grands que dans leur propre imagination. C'est tout dire qu'on y opine du bonnet contre Homère et Virgile, et surtout contre le bon sens, comme contre un ancien, beaucoup plus ancien qu'Homère et Virgile. Ces messieurs y examinent présentement l'*Aristippe* de Balzac; et tout cet examen se réduit à lui faire quelques misérables critiques sur la langue, qui est juste l'endroit par où cet auteur ne pèche point. Du reste, il n'y est parlé ni de ses bonnes ni de ses méchantes qualités. Ainsi, monsieur, si dans la vôtre il y a plusieurs gens de votre force, je suis persuadé que dans peu ce sera à l'Académie de Lyon qu'on appellera des jugements de l'Académie de Paris. Pardonnez-moi ce petit trait de satire, et croyez que c'est de la manière du monde la plus sincère que je suis....

87. — AU MÊME.

Paris, 3 juillet 1700.

Je sais bien, monsieur, que ma lettre devrait commencer à l'ordinaire par des excuses de ce que j'ai été si longtemps à vous écrire; mais depuis que nous sommes en commerce ensemble, vous m'avez si bien accoutumé à recevoir le pardon de mes négligences, que je crois même pouvoir aujourd'hui impunément négliger de vous le demander. Ainsi, laissant là tous les compliments, je vous dirai donc, avec la même confiance que si j'avais répondu sur-le-champ à votre dernière lettre, qu'on ne peut pas vous être plus obligé que je ne le suis de toutes vos bontés, et du soin que vous voulez bien prendre de m'enrichir, en m'admettant dans votre loterie; mais qu'ayant mis à plus de cent loteries depuis que je me connais, et n'ayant jamais eu aucun billet approchant du noir, je ne suis plus d'humeur à acheter de petits morceaux de papier blanc un louis d'or la pièce. Ce n'est pas que je me défie de la fidélité de messieurs les directeurs de l'hôpital de votre illustre ville, qui sont tous, à ce qu'on m'a dit, des gens de la trempe d'Aristide et de Phocion; mais je me défie fort de la fortune, qui ne m'a pas jusqu'ici paru trop bien intentionnée pour les gens de lettres, et à qui je demande maintenant, non pas qu'elle me donne, mais qu'elle ne m'ôte rien.

Croiriez-vous, monsieur, que vous ne m'avez pas fait plaisir en me mandant le pitoyable état où est à cette heure votre pauvre gentilhomme à la tour antique[1]? Après tout, quoique méchant auteur, c'est un fort bon homme, et qui n'a jamais fait de mal à personne, non pas même à ceux contre lesquels il a écrit.

Vous ne m'avez, ce me semble, rien dit dans votre dernière lettre de votre nouvelle académie. En quel état est-elle? Celle de Paris a enfin abandonné l'examen de l'Aristippe de Balzac, comme ne jugeant pas Balzac digne d'être examiné par une compagnie comme elle. Voilà une furieuse ignominie pour un auteur qui a été, il n'y a pas quarante ans, les délices de la France. A mon avis, pourtant, il n'est pas si méprisable que cette compagnie se l'imagine, et elle aurait peut-être de la peine à trouver, à l'heure qu'il est, des gens dans son assemblée qui le vaillent : car, quoique ses beautés soient vicieuses, ce sont néanmoins des beautés; au lieu que la plupart des auteurs de ce temps pèchent moins pour avoir des défauts, que pour n'avoir rien de bon. Mandez-moi ce que pense votre académie là-dessus. Excusez mes *putaraffes* et mes ratures, et croyez que je suis très-véritablement....

M. Chanut[2], avec qui j'ai dîné aujourd'hui chez moi, et bu à votre santé, me charge de vous faire ici ses recommandations. Ne vous lassez point d'être aussi diligent que je suis paresseux, et croyez que vos lettres me feront un très-grand plaisir.

88. — AU MÊME.

Auteuil, 12 juillet 1700.

Je vous écris d'Auteuil, où je suis résidant à l'heure qu'il est; ainsi, je ne puis pas revoir votre précédente lettre que j'ai laissée à Paris, et je ne me ressouviens pas trop bien de ce que vous me demandiez sur l'*Historia flagellantium*[3]. Je ne tar-

---

1. Perrachon.
2. Avocat, chargé à Paris des affaires de la ville de Lyon.
3. Ouvrage de l'abbé Boileau, frère de Despréaux.

derai pas à y aller, et aussitôt je m'acquitterai de ce que vous souhaitez.

Pour ce qui est de la loterie, je vous ai fait réponse par la lettre que vous devez avoir reçue de moi, et vous y ai marqué le peu d'inclination que j'ai maintenant à donner rien au hasard de la fortune qui, à mon avis, n'a déjà que trop de puissance sur nous, sans que nous allions encore lui donner de nouveaux avantages en lui portant notre argent. Si vous jugez néanmoins qu'on souhaite fort à Lyon que je mette à cette loterie, je suis trop obligé à votre ville pour lui refuser cette satisfaction; et vous pourrez y mettre quatre ou cinq pistoles pour moi, que je vous rendrai par la première voie que vous me marquerez. Je les regarderai comme données à Dieu et à l'hôpital.

Je voudrais bien pouvoir trouver de nouveaux termes pour vous remercier du nouveau présent que vous m'avez fait; mais vous m'en avez déjà fait tant d'autres, que je ne sais plus comment varier la phrase.

Il paraît ici une traduction en vers du premier livre de l'Iliade d'Homère, qui, je crois, va donner cause gagnée à M. Perrault.

Di magni, horribilem et sacrum libellum[1] !

Je crois qu'en la mettant dans les seaux pour rafraîchir le vin, elle pourra suppléer au manque de glace qu'il y a cette année. En voilà le troisième ou le quatrième vers; c'est au sujet de la colère d'Achille :

Et qui, funeste aux Grecs, fit périr par le fer
Tant de héros. Ainsi l'a voulu Jupiter.

Ne voilà-t-il pas Homère un joli garçon? Cette traduction est cependant de M. l'abbé Régnier-Desmarets, de l'Académie française, qui la donne au public, dit-il, pour faire voir Homère dans toute sa force [2]. Avant que de l'imprimer, il me l'apporta manuscrite pour l'examiner, et il m'en lut quelques vers. Comme je les trouvai extrêmement plats, je lui dis qu'il n'avait point rendu ce feu et ce sublime qu'Homère respirait partout, et que j'avais tâché d'exprimer dans tous les passages que j'ai traduits d'Homère. Je lui citai pour exemple ces vers qui sont cités par Longin :

L'enfer s'émeut au bruit de Neptune en furie ;
Pluton sort de son trône, il pâlit, il s'écrie, etc.

M. l'abbé Régnier me dit alors qu'il n'y avait point de page, dans sa traduction d'Homère, qui ne contînt plusieurs vers de la même force et de la même élévation que ceux-là, et qu'il me priait de corriger le reste. « Ah! monsieur, lui répondis-je, après

« cela je n'ai plus rien à vous dire. Corriger de « pareils vers! cela ne se peut corriger qu'avec la « bouteille à l'encre, etc. »

On me vient querir pour aller à un rendez-vous que j'ai donné. Ainsi vous trouverez bon que je me hâte de vous dire qu'on ne peut pas être plus que je le suis....

89. — AU MÊME.

Paris, 29 juillet 1700.

Vous permettrez, monsieur, qu'à mon ordinaire j'abuse de votre bonté, et que je me contente de répondre en Lacédémonien à vos longues, mais pourtant très-courtes et très-agréables lettres. Je suis bien aise que vous m'ayez associé à votre charitable et pécunieuse loterie; mais vous me ferez plaisir d'envoyer querir au plus tôt les cinq pistoles que vous y avez mises en mon nom, parce qu'au moment que je les aurai payées, j'oublierai même que je les ai eues dans ma bourse, et je dirai avec Catulle :

Et quod vides perisse, perditum ducas[1] ;

si l'on peut appeler perdu ce que l'on donne à Dieu.

Je suis charmé du récit que vous me faites de votre assemblée académique, et j'attends avec grande impatience le poëme sur la *Musique*[2], qui ne saurait être que merveilleux, s'il est de la force des deux que j'ai déjà lus[3]. Faites bien mes compliments à tous vos illustres confrères, et dites-leur que c'est à des lecteurs comme eux que j'offre mes écrits,

..........Doliturus, si placeant spe
Deterius nostra[4]..................

On travaille actuellement à une nouvelle édition de mes ouvrages; je ne manquerai pas de vous l'envoyer sitôt qu'elle sera faite. Adieu, mon cher monsieur; pardonnez mon laconisme à la multitude d'affaires dont je suis chargé, et croyez que c'est du meilleur de mon cœur que je suis.,.

90. — AU MÊME.

Paris, 8 septembre 1700.

Je souhaiterais que ce fût par oubli que vous eussiez tardé à me répondre, parce que votre négligence serait une autorité pour la mienne, et que je pourrais vous dire : *Tu igitur unus es ex nostris*.

---

1. CATULLE, *Carm.* XIV, v. 12.
2. Tout ce qui suit, jusqu'à la fin de l'alinéa, manque dans les éditions de Despréaux. Nous l'avons extrait des *Récréations littéraires*, par M. C. R. (Cizeron-Rival), 1765, p. 189.

1. CATULLE, *Carm.* VIII, v. 2.
2. Ce poëme latin du père Fellon n'a pas été publié; mais le recueil déjà cité (*Poemata didascalica*) en renferme un sur le même sujet, par P. Lefèbvre, t. I, p. 230.
3. Sur l'*Aimant* et sur le *Café*.
4. HORACE, liv. I, sat. X, v. 89.

J'ai reçu vos quatre billets de loterie. Vous m'avez fait grand plaisir d'associer mon nom avec le vôtre, et il me semble que c'est déjà un commencement de fortune qui vaut mon argent. On ne peut être plus touché que je le suis des bontés qu'on a pour moi dans votre illustre ville. Témoignez bien à vos messieurs la reconnaissance que j'en ai, et assurez-les que, bien qu'il n'y ait pas peut-être d'homme en France si Parisien que moi, je me regarde néanmoins comme un habitant de Lyon, et par la pension que j'y touche, et par les honnêtetés que j'en reçois.

L'édition dont vous me parlez dans votre lettre est déjà commencée, et j'en ai revu ce matin la sixième feuille. Toutes choses y seront dans l'ordre que vous souhaitez. L'édition en grand sera magnifique, et on fait présentement trois nouvelles planches pour mettre au Lutrin dans la petite, où il y aura une estampe à chaque chant. Le *Faux honneur* y fera la onzième satire, et j'espère qu'elle ne vous paraîtra pas plus mauvaise que lorsque je vous en récitai les premiers vers. J'y parle de mon procès sur la noblesse d'une manière assez noble et qui pourtant ne donnera aucune occasion de m'accuser d'orgueil. Pour les autres ouvrages que j'ajouterai, je ne puis vous en rendre compte présentement, parce que je ne le sais pas encore trop bien moi-même.

Vos remarques sur l'Iliade de M. l'abbé Régnier sont merveilleuses; et on ne peut pas avoir mieux conçu que vous avez fait toute la platitude de son style. Est-il possible qu'il ait pu ne point s'affadir lui-même en faisant une si fade traduction? Oh! que voilà Homère en bonnes mains. Les vers que vous m'en avez transcrits[1] m'ont fait ressouvenir de ces deux vers de M. Perrin qui commence ainsi sa traduction du second livre de l'Énéide, pour rendre :

« Conticuere omnes, intentique ora tenebant : »

Chacun se tut alors, et l'esprit rappelé
Tenait la bouche close et le regard collé.

Voilà, si je ne me trompe, le modèle sur lequel s'est formé M. l'abbé Régnier, aussi bien que sur ces deux vers de la Pucelle :

O grand cœur de Dunois, le plus grand de la terre,
Grand cœur, qui dans lui seul deux grands amours enserre.

1. Dans sa lettre du 1er septembre. Les voici :

L'arc et la trousse au dos, son mouvement rapide
Fait craqueler les traits dans sa trousse homicide.
. . . .
Consultons un devin, un prêtre, un interprète
Des songes. Car souvent. . . . .
. . . .
Car je ne prétends pas que nos travaux soufferts
Seul n'avoir aucun prix; et le mien je le perds.
. . . .
Par ses beaux cheveux blonds, la déesse guerrière,
Visible pour lui seul, le saisit par derrière.
. . . .
Il faudrait que je fusse, interrompit Achille,
Bien indigne, bien lâche et d'une âme bien vile,
Pour te céder. Commande aux autres à ton gré;
A moi, non : car jamais je ne t'obéirai. . . . .

Je suis bien fâché de la mort de M. Perrachon; mais je ne saurais lui faire d'autre épitaphe que ces quatre vers de Gombault :

Colas est mort de maladie ;
Tu veux que je plaigne son sort :
Que diable veux-tu que j'en die?
Colas vivait, Colas est mort.

Adieu, monsieur; aimez-moi toujours, et croyez que je suis parfaitement...

91. — BROSSETTE A BOILEAU.

Lyon, 20 septembre 1700.

Monsieur,

L'attention obligeante avec laquelle vous avez la bonté de m'écrire depuis quelque temps commence à me faire perdre tout le mérite de mon exactitude. Vous ne voulez rien me devoir en cette rencontre; et quoique vous ayez tant d'autres avantages sur moi, vous m'enviez encore celui d'être plus diligent que vous. Ne vous embarrassez point de me faire tenir l'argent que j'ai mis pour vous à notre loterie, parce que je compte beaucoup sur votre bonheur; et j'espère que nous y ferons fortune. En ce cas-là, ce sera moi qui vous enverrai de l'argent.

Nous attendons avec impatience l'édition de vos ouvrages, avec les pièces nouvelles que vous y ajouterez. Je m'en fais une grande idée sur l'ordre que vous y mettez, et sur les ornements de gravure dont vous la faites embellir. Puisque vous y faites graver des planches nouvelles, je voudrais bien que vous fissiez changer le dessin de celle qui est au Traité du Sublime, dans laquelle il me paraît que la figure de l'orateur (c'est sans doute Périclès) qui déclame devant tout ce peuple n'a pas un air assez grand ni assez majestueux pour donner une belle idée de cette éloquence sublime et victorieuse. La vivacité de cet orateur est très-bien marquée par la foudre dont il est armé; mais il faudrait, ce me semble, que ce feu parût un peu plus dans la disposition, dans l'attitude et dans les avantages qu'on devrait lui donner sur les personnes qui l'écoutent attentivement. L'effet surprenant de son discours doit aussi être exprimé sur le visage et dans le maintien des auditeurs. Enfin, il me paraît en général qu'il n'y a pas assez de feu, ni assez de vie, s'il est permis de parler ainsi, dans le dessin de cette estampe, non plus que dans la plupart des autres qui sont dans votre livre. J'en excepte pourtant les trois planches du Lutrin, et surtout celle du troisième chant, qui est mieux exécutée que les autres. Voilà mes réflexions, monsieur, et c'est à vous à les rectifier. Je ne saurais assez vous exprimer l'empressement que cette édition excite parmi ceux de nos citoyens qui ont du goût et de la délicatesse.

On se divertit ici de la traduction de l'Iliade par M. Régnier. Je ne mets aucune différence entre cette traduction et la Pucelle de Chapelain. Outre les deux vers que vous m'avez cités de ce dernier poëme, aviez-vous remarqué ceux-ci, qui sont au milieu du cinquième livre?

Du sourcilleux château la ceinture terrible
Borde un roc escarpé, hautain, inaccessible,
Où mène un endroit seul; et de ce seul endroit
Droite et roide est la côte, et le sentier étroit.

Dites-moi, je vous prie, monsieur, si ce ne sont pas ces quatre vers qui ont servi de modèle pour faire ceux-ci, qui sont si fameux?

Droits et roides rochers, dont peu tendre est la cime,
De mon flamboyant cœur l'âpre état vous savez
Savez aussi, durs bois, par les hivers lavés,
Qu'holocauste est mon cœur pour un front magnanime.

Après une si belle et si naturelle imitation, je n'oserais vous parler des vers de l'abbé Perrin, qui, pour tourner *procumbit humi bos*[1], dit brusquement: *Et tombe à bas le bœuf*; mais tous ces gens-là n'étaient que des apprentis en comparaison de l'auteur du poëme que je vous envoie avec cette lettre. Il n'y a pas à choisir dans le poëme de la *Magdeleine*[2]; tout y est égal, c'est un original incomparable. Je souhaiterais que vous ne l'eussiez pas encore vu, afin qu'il eût pour vous le charme de la nouveauté, outre celui du ridicule; c'est du vrai burlesque sérieux. En parcourant ce livre, avant que de vous l'envoyer, *dupliciter delectatus sum*, comme dit Cicéron, *et quòd ipse risi, et quòd intellexi te jam posse ridere*[3].

Aimez-moi toujours un peu, je vous prie, et croyez que j'ai pour vous la tendresse la plus respectueuse. Je suis, etc.

92. — A BROSSETTE.

Paris, 6 décembre 1700.

Je suis ressuscité, monsieur, mais je ne suis pas guéri; et il m'est resté une petite toux qui ne me promet rien de bon. La vérité est pourtant que je ne laisse pas de me remettre, et ce n'est pas tant la maladie qui m'a empêché de répondre sur-le-champ à vos deux lettres, que l'occupation que me donnent les deux éditions qu'on fait tout à la fois en grand et en petit de mes ouvrages, et qui seront achevées, je crois, avant le carême. J'ai envoyé sur-le-champ votre lettre cachetée à M. de Lamoignon; mais en la cachetant, je n'ai pas songé que vous me priiez de la lire, et je ne l'ai en effet point lue : ainsi je ne puis pas vous donner conseil sur votre préface. Cela est fort ridicule à moi; mais il faut que vous excusiez tout d'un poëte convalescent et employé à faire réimprimer ses poésies. Du reste, vous verrez mon exactitude par la prompte réponse qu'il vous a faite, et que vous trouverez dans le même paquet que celui de ma lettre.

Je ne suis pas fort en peine du temps où se tirera votre loterie, et je ne suis pas assez fou pour me persuader qu'en quatre coups j'amènerai rafle de six. Ce qui m'embarrasse, c'est comment je vous ferai tenir les quatre pistoles que je vous dois, et que j'aurais bien voulu vous donner avant que la loterie fût tirée, c'est-à-dire avant que je les eusse perdues; faites-moi donc la faveur de me mander ce qu'il faut faire pour cela. Adieu, monsieur; trouvez bon que, pour profiter de vos bons conseils grecs et français, je ne m'engage point dans une plus longue lettre, et que je me contente de vous dire très-laconiquement et très-sincèrement que je suis...

93. — AU MÊME.

Paris, 18 janvier 1701.

Un nombre infini de chagrins, des restes de maladies, beaucoup d'affaires, et ma nouvelle édition, sont causes que j'ai tardé si longtemps à faire réponse à votre dernière lettre. Je vous assure pourtant, monsieur, que ce n'est pas faute de l'avoir lue avec beaucoup de plaisir. J'admire la solidité que vous jetez dans vos conférences académiques, et je vois bien qu'il s'y agit d'autre chose que de savoir s'il faut dire : *Il a extrêmement d'esprit*, ou *il a extrêmement de l'esprit*. Il n'y a rien de plus joli que votre remarque sur le dieu Cneph, et je ne saurais assez vous remercier de cette autorité que vous me donnez pour la métamorphose de la plume du roi en astre.

Je me doute bien que votre loterie est tirée à l'heure qu'il est, et je ne doute point qu'elle n'ait été pour moi la même que toutes celles où j'ai mis jusqu'à cette heure, c'est-à-dire très-dénuée de bons billets, dont je ne me souviens point d'avoir jamais vu aucun. Ainsi, vous pouvez bien juger que je n'aurai pas grand'peine à me consoler d'une chose dont je me suis déjà consolé tant de fois. Prenez donc la peine de m'envoyer quérir les quatre pistoles perdues, et que je regarde pourtant comme mises à profit, puisqu'elles m'ont procuré l'honneur de recevoir de vos nouvelles. Je suis avec toute la reconnaissance que je dois, etc.

94. — AU MÊME.

Paris, 20 mars 1701.

Il me semble, monsieur, qu'il y a assez longtemps que nous sommes amis, pour n'être plus

---

1. VIRGILE, *Énéid.* v, v. 482.
2. *La Magdeleine au désert de la Sainte-Baume en Provence*, poème spirituel et chrétien, par le P. Pierre de Saint-Louis, religieux carme.
3. Épître xx. liv. IX, à Papirius Petus.

l'un avec l'autre à ces termes de respect que vous me prodiguez dans votre dernière lettre. Par quel procédé ridicule puis-je me les être attirés, et suis-je à votre égard ce *Sextus* de Martial, à qui il disait :

> Vis te, Sexte, coli; volebam amare?

Je serais bien fâché, monsieur, que vous en usassiez avec moi de la sorte, et je ne me consolerais pas aisément de la métamorphose d'un ami aussi commode et aussi obligeant que vous en un courtisan respectueux. Ainsi, monsieur, sans vous rendre compliments pour compliments, trouvez bon que je vous dise très-familièrement que si j'ai été si *longtemps à répondre à vos dernières lettres*, c'est que j'ai été malade et incommodé, et que je le suis encore; que c'est ce qui fait que je ne vous écris que ce mot, pour vous faire ressouvenir de la passion avec laquelle je suis, etc.

95. — L'ABBÉ TALLEMANT A BOILEAU[1].

Le 3 mai 1701.

J'ai reçu avec joie le beau présent que vous m'avez fait de vos ouvrages, et je l'ai d'abord regardé comme une marque de votre estime et de votre amitié. Je m'étais flatté de cet avantage de tout temps, ayant eu des amis illustres, communs avec vous, et ayant vécu ensemble en société académique depuis plus de vingt années; mais en relisant vos admirables écrits, j'ai été cruellement détrompé par des corrections et des additions qui ne peuvent avoir été faites sans que vous ayez songé à l'intérêt que j'y pouvais prendre. J'aurais passé sous silence le premier de ces endroits, dont je me sens blessé, s'il s'était trouvé seul, quoique en vérité la circonstance rende la chose un peu dure à digérer. Voici les vers de vos précédentes éditions :

> Les vers ne souffrent point de médiocre auteur ;
> Ses écrits en tous lieux sont l'effroi du lecteur :
> Contre eux dans le Palais les boutiques murmurent,
> Et les ais chez Billaine à regret les endurent.
> ART. POËT., chant IV.

Qui croirait que de si beaux vers eussent demandé quelque correction? cependant la voici :

> Qui dit froid écrivain dit détestable auteur :
> Boyer est à Pinchêne égal pour le lecteur.

....

Je vous laisse vous-même, monsieur, juge entre les vers que vous ôtez, et ceux que vous mettez en leur place. Voilà donc le pauvre Boyer, quatre ou cinq ans après sa mort, mis par vous au nombre des auteurs détestables, puisque, selon vous,

> Il n'est point de degré du médiocre au pire.

Cependant, sans vous contester son mérite, vous savez qu'il a toujours demeuré, et est mort dans notre maison ; maison assez aimée des gens de lettres. Je méritais peut-être bien tout seul que vous laissassiez son ombre en repos.

Venons à l'autre changement; voici les vers de vos précédentes éditions :

> Et qu'importe à nos vers que Perrin les admire,
> Que l'auteur du Jonas s'empresse pour les lire,
> Pourvu qu'ils sachent plaire au plus puissant des rois?
> Épître VII, à Racine.

Voici l'addition :

> Qu'ils charment de Senlis le poëte idiot,
> Ou le sec traducteur du français d'Amiot.

....

Qui ne voit que ces deux vers vous ont beaucoup coûté, et que vous ne les avez ajoutés que pour déshonorer un homme, en le notant d'une ignorance dont personne ne l'a accusé? je me souviens que sur ce vers que vous n'avez point voulu perdre et qu'un petit ressentiment mal fondé vous avait fait faire, feu madame de la Sablière, et quelques autres personnes vous prièrent de le supprimer, et que vous le promîtes. Il ne restait donc plus que moi, qu'il ne vous importait guère de fâcher. Car comment voulez-vous que j'explique cette addition? Je ne veux pas débattre les décisions de vos docteurs; mais je sais qu'en bonne loi de l'Évangile il n'est pas permis de fâcher personne, et moins encore un ami, pour un bon mot. Je ne soutiendrai pas non plus la traduction que vous blâmez, et qui est pourtant à la septième édition[1]. Je vous dirai seulement que ce traducteur porte un nom que vous pouviez épargner, quand ce n'eût été que pour l'amour de moi. Je ne me plaindrai à personne ; cette lettre est écrite à plume courante. J'ai voulu seulement vous décharger mon cœur ; et je ne veux pas d'autre vengeance de vous que le reproche secret que vous vous ferez, malgré que vous en ayez, d'avoir contristé de gaieté de cœur un homme avec qui vous avez toujours vécu en amitié, et qui n'en est peut-être pas indigne, non plus que de votre estime. Je vous prie cependant d'être persuadé que, malgré le déplaisir que vous m'avez fait, je suis très-chrétiennement, c'est-à-dire très-sincèrement et sans détour, votre très-humble, etc.

---

1. Je voudrais avoir pu trouver la réponse de Boileau à cette lettre, qui montre combien il est dangereux d'attaquer les auteurs. Un trait satirique sur Boyer et sur une très-mauvaise traduction de Plutarque ne paraît pas criminel. Voici cependant des plaintes faites amèrement et poliment. (LOUIS RACINE.)

1. Ce qui fait grand honneur à Plutarque. Cette traduction est de Paul Tallemant, proche parent de celui qui a écrit cette lettre, et qui était comme lui de l'Académie française. (L. R.) — Louis Racine, à qui l'on doit la publicité de cette lettre, se méprend ici. Le traducteur d'Amiot est François Tallemant, et celui qui a écrit à Despréaux est Paul Tallemant.

96. — A BROSSETTE.

Paris, 16 mai 1701.

Je me sens si coupable envers vous, monsieur, et j'ai tant de pardons à vous demander, que vous trouverez bon que je ne vous en demande aucun, et que je me contente de vous dire ce que disait le bonhomme Horace à son ami Lollius : « Vous « avez acheté en moi, par vos bontés et vos « présents, un serviteur très-imparfait et très-peu « propre à s'acquitter des devoirs de la vie civile; « mais enfin vous l'avez acheté, et il le faut gar- « der tel qu'il est. »

Prudens emisti vitiosum; dicta tibi est lex [1].

Mes excuses ainsi faites, je vous dirai, monsieur, que j'ai lu avec grand plaisir l'exacte relation que vous m'avez envoyée de la réception de nos deux jeunes princes [2] dans votre illustre ville, et que je ne l'aurais pas, à mon sens, mieux vue, cette réception, quand j'aurais été à la meilleure fenêtre de votre hôtel de ville. L'excessive dépense qu'on y a faite m'a paru d'autant plus belle, que j'ai bien reconnu par là qu'on ne sera pas fort embarrassé chez vous de payer la capitation [3]. J'en suis fort aise, et je crois qu'on n'en est pas moins joyeux à la cour.

Votre tableau des effets de l'aimant m'a été rendu fort fidèlement, et en très-bon état; et j'en ai fait un des plus beaux et des plus utiles ornements de mon cabinet :

Omne tulit punctum qui miscuit utile dulci [4].

Si votre académie produit souvent de pareils ouvrages, je doute fort que la nôtre, avec tout cet amas de proverbes qu'elle a entassés dans son dictionnaire, puisse lui être mise en parallèle, ni me fasse mieux concevoir à la lettre A, ce que c'est que la vertu de l'aimant, que je l'ai conçu par votre tableau [5].

Je suis bien aise que vous soyez content de ma dernière édition. Elle réussit assez bien ici, et, contre mon attente, elle trouve beaucoup plus d'acheteurs que de censeurs. Elle va bientôt paraître en petit, en deux volumes, que je me donnerai l'honneur de vous envoyer. J'espère, par ce présent, adoucir un peu le juste ressentiment que vous devez avoir de mes négligences, et vous faire concevoir à quel point, quoique très-paresseux, je suis, etc.

Faites-moi la faveur de m'écrire au plus tôt en quelles mains vous voulez que je remette les trois pistoles que vous savez. Elles m'importunent dans ma cassette, où je les ai mises à part, et où, en les voyant, je me dis sans peine tous les jours :

Quod vides perlisse, perditum ducas [1].

97. — AU MÊME.

Paris, 10 juillet 1701.

Je différais, monsieur, à vous écrire jusqu'à ce que l'édition de mes ouvrages fût faite en petit, afin de vous l'envoyer en même temps avec l'argent que je vous dois; mais comme cette édition est plus lente à achever que je ne croyais, et qu'elle ne saurait être encore prête de huit ou dix jours, j'ai cru que vous auriez sujet de vous plaindre si j'attendais qu'elle parût pour vous remercier des lettres obligeantes que vous m'avez fait l'honneur de m'écrire, et pour vous donner satisfaction sur la chose dont vous souhaitez d'être éclairci. Je vous dirai donc, monsieur, qu'il y a environ quatre ans que M. le comte d'Ériceyra [2] m'envoya la traduction en portugais de ma Poétique, avec une lettre très-obligeante, et des vers français à ma louange; que je sais assez bien l'espagnol, mais que je n'entends point le portugais, qui est fort différent du castillan, et qu'ainsi c'est sur le rapport d'autrui que j'ai loué sa traduction; mais que les gens instruits de cette langue, à qui j'ai montré cet ouvrage, m'ont assuré qu'il était merveilleux. Au reste, M. d'Ériceyra est un seigneur des plus qualifiés du Portugal, et a une mère qui est, dit-on, un prodige de mérite. On m'a montré des lettres françaises de sa façon, où il n'est pas possible de rien voir qui sente l'étranger. Ce qui m'a plu davantage et de la mère et du fils, c'est qu'ils ne me paraissent, ni l'un ni l'autre, entêtés des pointes et des faux brillants de leur pays, et qu'il ne paraît point que leur soleil leur ait trop échauffé la cervelle. Je vous en dirai davantage dans les lettres que je vous écrirai en vous envoyant ma petite édition, et peut-être vous enverrai-je aussi les vers français qu'il m'a écrits.

Mille remerciments à M. de Puget de ses présents et de ses honnêtetés. Cependant permettez-moi de vous dire que je romprai tout commerce avec vous, si je vois plus dans vos lettres ce grand vilain mot de Monsieur, au haut de la page, avec quatre grands doigts entre eux. Sommes-nous des ambassadeurs, pour nous traiter avec ces circonspections, et ne suffit-il pas entre nous de *si vales, bene est; ego quidem valeo*? Du reste, soyez bien persuadé qu'on ne peut être plus que je le suis, etc.

---

1. Horace, liv. II, épît. II, v. 18.
2. Les ducs de Bourgogne et de Berri, petits-fils de Louis XIV, venaient d'accompagner jusqu'aux limites de son royaume le duc d'Anjou leur frère, qui allait régner en Espagne sous le nom de Philippe V.
3. Créée sous Louis XIV, en 1695, supprimée quelque temps après, et rétablie en 1701, la capitation fut définitivement remplacée, vers la fin du dernier siècle, par l'impôt personnel.
4. Horace, Art. poét., v. 342.
5. L'estampe qui représentait la machine inventée par M. de Puget, pour les expériences magnétiques.

1. Vers de Catulle, déjà cité.
2. François-Xavier de Méudèse, comte d'Ériceyra, né en 1673, mort en 1713, âgé de soixante-dix ans. Il n'était pas grand seigneur avec les savants, dit Clzerou-Rival; il était qu'homme de lettres, aisé, poli et communicatif.

98. — A L'ABBÉ BIGNON.

CONSEILLER D'ÉTAT [1].

Il n'y a rien, monsieur, de plus poli ni de plus obligeant que la lettre que je viens de recevoir de votre part; et bien que je ne convienne en aucune sorte des éloges que vous m'y donnez, je n'ai pas laissé de les lire avec un plaisir très-sensible, n'y ayant rien de plus agréable que d'être loué, même sans fondement, par l'homme du monde le plus louable, et qui a le plus de mérite. Vous pouvez, monsieur, nommer pour mon élève[2] non-seulement un homme d'aussi grande capacité que M. Bourdelin[3], mais qui il vous plaira, et je me déterminerai toujours plutôt par votre choix que par le mien. Je suis bien aise, monsieur, que vous excusiez si facilement l'impuissance où me mettent mes infirmités d'assister à vos savantes assemblées. Tout ce que je vous demande pour mettre le comble à vos bontés, c'est de vouloir bien témoigner à tout le monde que si je suis si inutilement de l'Académie des médailles, il est bien vrai aussi que je n'en veux recevoir aucun profit pécuniaire. Du reste, monsieur, je vous prie d'être bien persuadé que c'est sincèrement et avec un très-grand respect que je suis....

99. — A M. DE PONTCHARTRAIN LE FILS,

COMTE DE MAUREPAS.

Paris, mardi, cinq heures du soir....

MONSEIGNEUR,

Mon neveu m'ayant écrit que vous seriez bien aise que je vous rendisse compte moi-même de ce qui se serait passé à l'Académie des médailles le jour de ma réception, j'ai saisi avec joie cette occasion de vous marquer mon obéissance. Je vous dirai donc, monseigneur, que j'y ai été reçu aujourd'hui avec un applaudissement général, et que l'on m'y a accablé d'honneurs, de caresses et de bonnes paroles. J'y ai renouvelé connaissance avec monseigneur le duc d'Aumont, que j'avais eu l'honneur de fréquenter autrefois à la cour. On a commencé par y lire un ouvrage fort savant, mais assez fastidieux, et on s'est fort doctement ennuyé; mais ensuite on en a examiné un autre beaucoup plus agréable, et dont la lecture a assez attiré d'attention. C'était une dissertation sur l'origine du mot de *médaille*. Comme on a fait approcher de moi celui qui la lisait, j'ai été en état de l'entendre et d'en parler[1] : c'est ce que j'ai fait jusqu'à l'affectation, sachant bien que cela vous plairait. D'autres en ont dit aussi leur sentiment avec beaucoup de politesse et d'érudition, et je n'ai plus vu aucune bouche s'ouvrir pour bâiller. On a reçu ensuite trois élèves, et j'ai nommé M. Bourdelin pour le mien. Voilà, monseigneur, ce qui s'est passé de plus mémorable dans cette célèbre cérémonie, *cujus pars magna fui*. Tout ce que je puis vous dire, c'est que je ne doute point que votre établissement ne réussisse dans la suite; et il ne faut point s'étonner s'il y a maintenant quelques gens qui le désapprouvent, car tout ce qui est nouveau, quoique excellent, ne manque jamais d'être contredit; et quelles sottises ne dit-on point de l'Académie française, lorsque le cardinal de Richelieu la fit fonder! Tout ce que je souhaiterais, monseigneur, c'est que tout le monde fût content dans la métallique. Cela tient à bien peu de chose, et si vous vouliez bien me permettre de négocier pour cela, je suis persuadé que tous vos pensionnaires seraient bientôt aussi satisfaits que moi. Je vous écris ceci, comme vous l'avez souhaité, très à la hâte, à la sortie de notre assemblée, et suis avec un très-grand respect, etc.

100. — A BROSSETTE,

Paris, 13 septembre 1701.

J'ai remis, monsieur, entre les mains de M. Robustel[2] les trois pistoles dont il est question entre nous, et il m'en a donné une quittance par laquelle il se charge de les faire tenir au sieur Boudet, libraire à Lyon. Il me reste un scrupule, c'est que je ne sais point si les trois pistoles que vous avez mises pour moi ne sont point trois pistoles d'or. Faites-moi la faveur de me le mander, parce que, si cela est, j'aurai soin de vous envoyer le supplément[3]. Je voudrais bien pouvoir vous envoyer aussi les vers français que M. le comte d'Éricoyra a faits à ma louange; mais je les ai égarés dans la multitude infinie de mes paperasses, et il faudra que le hasard me les fasse retrouver.

Je dois bien savoir que M. de Vittemant[4] porte mon livre au roi d'Espagne, puisque c'est moi qui

---

1. Jean-Paul Bignon, né à Paris le 19 septembre 1662, mort le 14 mars 1743, était petit-fils du célèbre Jérôme Bignon, et neveu de M. de Pontchartrain. Après la mort de l'abbé de Louvois, ayant obtenu la charge de bibliothécaire du roi, dont son père et son grand-père avaient été revêtus, il enrichit de plus de 60,000 volumes le dépôt qui lui était confié.
2. L'Académie des Inscriptions était alors composée de quarante académiciens, dix honoraires, dix pensionnaires, dix associés et dix élèves.
3. François Bourdelin, né en 1668, mort en 1717, fut successivement secrétaire d'ambassade en Danemark, conseiller au châtelet et gentilhomme ordinaire.
4. Premier gentilhomme de la chambre du roi. et ambassadeur extraordinaire en Angleterre.

---

1. Boileau commençait à entendre difficilement.
2. Ami de Brossette.
3. C'est-à-dire sept livres dix sous, la pistole d'or valant autant que le vieux louis, porté depuis quelques années à douze livres dix sous, au lieu de dix livres tournois.
4. L'abbé Vittemant, professeur de philosophie au collège de Beauvais, et recteur de l'université, avait été choisi par le roi pour lecteur des enfants de France, et spécialement attaché au duc d'Anjou. Ce prince, étant devenu roi d'Espagne, demanda l'abbé Vittemant au roi, qui lui permit d'aller rejoindre son auguste élève.

le lui ai fait remettre entre les mains, pour le présenter à Sa Majesté Catholique de ma part. On m'a dit que madame la duchesse de Bourgogne le lui a envoyé aussi en grand, et magnifiquement relié. Vous ne me parlez plus de votre académie de Lyon. On en a fait ici une nouvelle des inscriptions, dont on veut que je sois, et que je touche pension, quoique cela ne soit pas véritable. Mais c'est un mystère qui serait bien long à vous expliquer, et qui ne peut pas être compris dans une petite lettre d'affaire, laquelle commençant par une quittance, devrait finir par : *autre chose n'ai à vous mander, sinon que je suis*, etc.

101. — AU MÊME.

Paris, 6 octobre 1701.

Je ne vous ferai point d'excuses, monsieur, de ce que j'ai été si longtemps à vous faire réponse. Vous m'avez si bien autorisé dans mes négligences, par votre facilité à me les pardonner, que je ne crois pas même avoir besoin de les avouer. Ainsi, monsieur, je vous dirai, avec la même confiance que si je vous avais répondu sur-le-champ, que je suis bien fâché de ne pouvoir pas vous envoyer les vers français de M. le comte d'Ériceyra, parce qu'il me faudrait, pour les trouver, feuilleter tous mes papiers, qui ne sont pas en petit nombre, et que d'ailleurs je ne trouve pas ces vers assez bons pour permettre qu'on les rende publics. C'est une étrange entreprise que d'écrire une langue étrangère, quand nous n'avons point fréquenté avec les naturels du pays; et je suis assuré que si Térence et Cicéron revenaient au monde, ils riraient à gorge déployée des ouvrages latins des Fernel, des Sannazar et des Muret[1]. Il y a pourtant beaucoup d'esprit dans les vers français de l'illustre Portugais dont il est question; mais franchement il y a beaucoup de portugais, de même qu'il y a beaucoup de français dans tous les vers latins des poëtes français qui écrivent en latin aujourd'hui.

Vous me ferez plaisir de parler de cela dans votre académie, et d'y agiter cette question : *Si on peut bien écrire dans une langue morte*. J'ai commencé autrefois sur cette question un dialogue assez plaisant, et je ne sais si je vous en ai parlé à Paris dans les longs entretiens que nous avons eus ensemble. Ne croyez pas pourtant que je veuille par là blâmer les vers latins que vous m'avez envoyés d'un de vos illustres académiciens. Je les ai trouvés fort beaux, et dignes de Vida et de Sannazar, mais non pas d'Horace et de Virgile : et quel moyen d'égaler ces grands hommes dans une langue dont nous ne savons pas même la prononciation? Qui croirait, si Cicéron ne nous l'avait appris, que le mot de *videre* est d'un très-dangereux usage, et que ce serait une saleté horrible de dire *quum nos vidissemus*? Comment savoir en quelles occasions dans le latin le substantif doit passer devant l'adjectif, ou l'adjectif devant le substantif? Cependant imaginez-vous quelle absurdité ce serait en français de dire, *mon neuf habit*, au lieu de *mon habit neuf*, ou *mon blanc bonnet*, au lieu de *mon bonnet blanc*, quoique le proverbe dise que c'est la même chose. Je vous écris ceci afin de donner matière à votre académie de s'exercer. Faites-moi la faveur de m'écrire le résultat de sa conférence sur cet article, et croyez que c'est très-affectueusement que je suis...

102. — AU MÊME.

Paris, 10 décembre 1701.

Je pourrais, monsieur, vous alléguer d'assez bonnes excuses du long temps que j'ai été sans vous écrire, et vous dire que j'ai eu durant ce temps-là affaires, procès et maladies; mais je suis si sûr de mon pardon, que je ne crois pas même nécessaire de vous le demander. Ainsi, pour répondre à la dernière lettre que vous m'avez fait l'honneur de m'écrire, je vous dirai que je l'ai reçue avec les deux ouvrages qui y étaient enfermés. J'ai aussitôt examiné ces deux ouvrages, et je vous avoue que j'en ai été très-peu satisfait.

Celui qui porte le titre de l'*Esprit des cours* vient d'un auteur qui a, selon moi, plus de malin-vouloir que d'esprit, et qui parle souvent de ce qu'il ne sait point[1]. C'est un mauvais imitateur du gazetier de Hollande, et qui croit que c'est bien parler, que de parler mal des choses.

A l'égard du *Chapelain décoiffé*, c'est une pièce où je vous confesse que M. Racine et moi avons eu quelque part; mais nous n'y avons jamais travaillé qu'à table, et le verre à la main. Il n'a pas été proprement fait *currente calamo*, mais *currente lagena*, et nous n'en avons jamais écrit un seul mot. Il n'était point comme celui que vous m'avez envoyé, qui a été vraisemblablement composé après coup par des gens qui avaient retenu quelques-unes de nos pensées, mais qui y ont mêlé des bassesses insupportables. Je n'y ai reconnu de moi que ce trait :

Mille et mille papiers dont ta table est couverte
Semblent porter écrit le destin de ma perte.

Et celui-ci :

En cet affront la Serre est le tondeur,
Et le tondu, père de La Pucelle.

---

1. Trois célèbres écrivains latins des quinzième et seizième siècles. Muret, par l'élégante correction de sa prose, et Sannazar par son beau poëme *de Partu Virginis*, sont assez généralement connus : Fernel l'est beaucoup moins, parce qu'il n'a écrit que sur la médecine et les mathématiques.

1. Cet auteur méprisable, et justement méprisé, était Nicolas Gueudeville, moine français réfugié en Hollande. Il fit du *Télémaque* une critique plus méprisée encore que ses autres ouvrages.

Celui qui avait le plus de part à cette pièce, c'était Furetière, et c'est de lui :

O perruque ma mie !
N'as-tu donc tant vécu que pour cette infamie ?

Voilà, monsieur, toutes les lumières que je puis vous donner sur cet ouvrage, qui n'est ni de moi, ni digne de moi. Je vous prie donc de bien détromper ceux qui me l'attribuent. Je vous le renvoie par cet ordinaire.

J'attends la décision de vos messieurs sur la prononciation du latin, et je ne vous cacherai point qu'ayant proposé ma question à l'Académie des médailles, il a été décidé tout d'une voix que nous ne le savions point prononcer; et que, s'il revenait au monde un *civis latinus* du temps d'Auguste, il rirait à gorge déployée en entendant un Français parler latin; et lui demanderait peut-être : Quelle langue parlez-vous là ? Au reste, à propos de l'Académie des médailles, je suis bien aise de vous avertir qu'il n'est point vrai que j'en sois ni pensionnaire ni directeur; et que je suis tout au plus, quoi qu'en dise l'écrit que vous avez vu, un volontaire qui y va quand il veut, mais qui ne touche pour cela aucun argent. Je vous éclaircirai tout ce mystère, si j'ai jamais l'honneur de vous voir à Paris. Cependant faites-moi la faveur de m'aimer toujours, et de croire que, tout négligent que je suis, je ne laisse pas d'être très-cordialement...

103. — AU MÊME.

Paris, 29 décembre 1701.

Voici la première lettre où je ne vous ferai point d'excuses, monsieur, puisque je réponds à celle que vous m'avez fait l'honneur de m'écrire deux jours après que je l'ai reçue. Je ne vois pas sur quoi votre savant peut fonder l'explication forcée qu'il donne au vers d'Homère, puisque Phérécyde vivait près de deux cents ans après Homère, et qu'il n'y a pas d'apparence qu'Homère ait parlé d'un cadran qui n'était pas de son temps. Je n'ai jamais rien lu de Bochart; et s'il est vrai qu'il soutienne une explication si extravagante, cela ne me donne pas une grande envie de le lire. Je ne fais pas grande estime de tous ces savantasses qui croient se distinguer des autres interprètes en donnant un sens nouveau et recherché aux endroits les plus clairs et les plus faciles; et c'est d'eux qu'on peut dire :

Faciunt næ intelligendo ut nihil intelligant[1].

Pour ce qui est des chiens qui ont vécu plus de vingt-deux ans, je vous en citerai un garant dont je doute que M. Perrault lui-même ose contester le témoignage : c'est Louis le Grand, roi de France et de Navarre, qui en a eu un qui a vécu jusqu'à vingt-trois ans. Tout ce que M. Perrault peut dire, c'est que ce prince est accoutumé aux miracles et à des événements qui n'arrivent qu'à lui seul, et qu'ainsi ce qui lui est arrivé ne peut pas être tiré à conséquence pour les autres hommes; mais je n'aurai pas de peine à lui prouver que, dans notre famille même, j'ai eu un oncle, qui n'était pas un homme fort miraculeux, lequel a nourri vingt-quatre années une espèce de bichon qu'il avait.

Je ne vous parle point de ce que c'est que la place que j'occupe dans l'Académie des inscriptions. Il y a tant de choses à dire là-dessus, que j'aime mieux sur cela *silere, quam pauca dicere*. J'ai été fort fâché de la mort de M. Chanut. Je vous prie de bien faire ma cour à M. Bronod[1], que, sur votre récit, je brûle déjà de connaître. Je suis...

104. — AU MÊME.

Paris, 9 avril 1702.

Je réponds, monsieur, sur-le-champ à votre dernière lettre, de peur qu'il ne m'arrive ce qui m'est arrivé déjà plusieurs fois depuis six mois, qui est d'avoir toujours envie de vous écrire, et de ne vous écrire point pourtant, par une misérable indolence dont je ne saurais franchement vous dire la raison, sinon que, pour me servir des termes de saint Paul, je fais souvent le mal que je ne veux pas, et que je ne fais pas le bien que je veux. Mais sans perdre le temps en vaines excuses, puisque je trouve sous ma main deux de vos lettres, je m'en vais répondre à quelques interrogations que vous m'y faites.

Je vous dirai donc premièrement que les deux épigrammes latines dont vous désirez savoir le mystère ont été faites dans ma première jeunesse, et presque au sortir du collège, lorsque mon père me fit recevoir avocat, c'est-à-dire à l'âge de dix-neuf ans. Celui que j'attaque dans la première de ces épigrammes était un jeune avocat, fils d'un huissier, nommé Herbinot. Cet avocat qui est mort conseiller de la cour des aides. Son père était fort riche, et le fils assurément n'a pas mangé son bien, car il passait pour grand ménager. A l'égard de l'autre épigramme, elle regarde M. de Brienne, jadis secrétaire d'État, qui est mort fou et enfermé. Il était alors dans la folie de faire des vers latins, et surtout des vers phaleuces; et comme sa dignité dans ce temps-là le rendait considérable, je ne pus refuser à la prière de mon frère, aujourd'hui chanoine de la Sainte-Chapelle, qui était souvent visité de lui, et qui m'engagea à faire des vers phaleuces à la louange de ce fou qualifié, car il était déjà fou. J'en fis donc, et il les lui montra; mais comme c'était la première fois que je m'étais

---

1. TÉRENCE, prologue de l'Andrienne, v. 17.

1. Avocat au conseil, chargé à Paris des affaires de la ville de Lyon, après la mort de M. Chanut.

exercé dans ce genre de vers, ils ne furent pas trouvés fort bons, et ils ne l'étaient point en effet : si bien que, dans le dépit où j'étais d'avoir si mal réussi, je composai l'épigramme dont il est question, et montrai par là qu'il ne faut pas légèrement irriter *genus irritable vatum*[1]; et que, comme a fort bien dit Juvénal en latin, *facit indignatio versum*[2]; ou, comme je l'ai assez médiocrement dit en français :

La colère suffit, et vaut un Apollon[3].

Pour l'épigramme à la louange du roman allégorique, elle regarde feu M. l'abbé d'Aubignac, qui a composé *la Pratique du théâtre*, et qui avait alors beaucoup de réputation. Ce roman allégorique, qui était de son invention, s'appelait *Macarise*, et il prétendait que toute la philosophie stoïcienne y était renfermée. La vérité est qu'il n'eut aucun succès, et qu'il

Ne fit de chez Sercy qu'un saut chez l'épicier[4].

Je fis l'épigramme pour être mise au-devant de ce livre, avec quantité d'autres ouvrages que l'auteur avait, à l'ancienne mode, exigés de ses amis pour le faire valoir; mais heureusement je lui portai l'épigramme trop tard, et elle ne fut point mise : Dieu en soit loué ! Vous voilà, ce me semble, monsieur, bien éclairci de vos difficultés.

Pour ce qui est de votre M. Samuel Bochart, je n'ai jamais rien lu de lui, et ce que vous m'en dites ne me donne pas grande envie de le lire; car il me paraît que c'est un savantasse beaucoup plus plein de lecture que de raison; et je crois qu'il en est de son explication du vers d'Homère comme de celle de M. Dacier sur

Atavis edite regibus[5];

ou sur l'ode :

O navis, referent in mare te novi, etc.

ou sur le passage de Thucydide rapporté par Longin, à propos des Lacédémoniens qui combattaient au pas des Thermopyles[6]. Je ne saurais dire à propos de pareilles explications, que ce que dit Térence :

Faciunt næ intelligendo ut nihil intelligant.

Adieu, mon cher monsieur; excusez mes *pataraffes*, et croyez que je suis sincèrement...

J'oubliais de vous parler des vers latins. Ils sont très-bons et très-latins, à l'exception d'un *nequii* qui est au premier vers, et de la dureté duquel je ne saurais m'accommoder. Il me semble que je ne saurais mieux vous payer de votre présent qu'en vous envoyant ce petit compliment *catullien*, que m'a fait un régent de seconde du collége de Beauvais, qui avait déjà fait une ode latine très-jolie pour moi, et en considération de laquelle je lui avais fait présent de mon livre.

105. — AU COMTE DE REVEL[1],

LIEUTENANT GÉNÉRAL DES ARMÉES DU ROI.

Paris, 17 avril 1702.

Vous ne sauriez vous imaginer, monsieur, combien je vous suis obligé de la bonté que vous avez eue de m'envoyer votre relation du combat de Crémone[2]. Elle a éclairci toutes mes difficultés, et elle m'a confirmé dans la pensée où j'ai toujours été que les belles actions ne sont jamais mieux racontées que par ceux mêmes qui les ont faites. C'est proprement à César qu'il appartient d'écrire les exploits de César. Mais, à propos de votre action, que vous dirais-je, sinon que je n'en ai jamais vu de pareilles que dans les romans ? Encore faut-il que ce soit des romans de chevalerie, où l'auteur a beaucoup plus songé au merveilleux qu'au vraisemblable. Je ne suis point surpris du remercîment honorable que vous en a fait Sa Majesté Catholique. Eh ! quels remercîments ne vous doit point un prince à qui, en sauvant une seule ville, vous sauvez les deux plus riches diamants de sa couronne, je veux dire le Milanais et le royaume de Naples ! Mais si les rois et les princes publient si hautement vos louanges, le peuple ici n'est pas moins déclaré en votre faveur. Le roi vous a donné le cordon bleu; mais il n'y a point de petits bourgeois à Paris qui ne vous donne en son cœur le bâton de maréchal de France, et qui ne soit persuadé comme moi que vous ne tarderez guère à en être honoré.

Avant donc que vous l'ayez, et que nous soyons réduits par une indispensable bienséance à vous appeler MONSEIGNEUR, trouvez bon, monsieur, que je vous parle encore aujourd'hui sur ce ton familier auquel vous m'aviez autrefois accoutumé chez la célèbre Champmeslé. Vous étiez alors assez épris d'elle, et je doute que vous en fussiez rigoureusement traité. Permettez-moi cependant de vous dire que de toutes les maîtresses que vous avez aimées, celle, à mon avis, dont vous avez le plus sujet de vous

---

1. HORACE, liv. II, épît. II, v 102.
2. JUVÉNAL, sat. I, v. 79.
3. Satire I, v. 144.
4. *Art poétique*, chant II, v. 100.
5. HORACE, liv. I, od. I et XIV.
6. *Traité du sublime*, chap. XXXI. Le passage que cite Longin est tiré d'Hérodote, liv. VIII.

1. Charles-Amédée de Broglio, comte de Revel, est connu par des actions d'éclat, mais personne ne sut jamais moins les faire valoir. Madame de Sévigné lui rend ce témoignage dans plusieurs de ses lettres.
2. La campagne de 1701 s'ouvrit par la surprise de Crémone, le 1er février, au moyen de trois cents hommes que le prince Eugène y introduisait par un aqueduc. Le maréchal de Villeroi, qui s'était vanté de faire *danser le rigaudon* à ce prince, ainsi qu'aux princes de Commercy et de Vaudemont, pendant le carnaval de Venise, fut fait prisonnier. Le comte de Revel et le marquis de Praslin ayant fait brûler le pont par où devait passer le secours sans lequel le prince Eugène ne pouvait garder cette conquête, il fut obligé d'abandonner la ville le soir même du jour où il y était entré.

louer, c'est la gloire, puisqu'elle vous a toujours comblé de ses faveurs, et qu'elle ne vous a jamais trahi : car je ne voudrais pas jurer que les autres vous aient gardé la même fidélité. Continuez donc à la suivre, et soyez bien persuadé que je suis, avec toute l'estime et tout le respect que je vous dois, etc.

106. — A BROSSETTE.

Paris, 15 juillet 1702.

Vous êtes un homme merveilleux, monsieur ; c'est moi qui suis coupable, et coupable par excès, envers vous ; cependant c'est vous qui m'écrivez des excuses. J'ai manqué à répondre à trois de vos lettres, et, au lieu de me quereller, vous me dites des douceurs à outrance ; vous m'envoyez des présents, et, si je vous en crois, je suis en droit de me plaindre. Je vois bien ce que c'est ; vous lisez dans mon cœur, et comme vous y voyez bien les remords que j'ai d'avoir été si peu exact à votre égard, vous êtes bien aise de m'en délivrer, en me persuadant que vous avez été aussi très-négligent de votre côté. Vous ne songez pas néanmoins que par là vous m'autorisez à ne vous écrire que lorsque la fantaisie m'en prend, et à couronner mes fautes par de nouvelles fautes. Aujourd'hui pourtant je n'en commettrai pas une si lourde que de tarder à vous remercier du présent que vous m'avez fait du livre de votre illustre ami. Je vous réponds que je le lirai exactement, et que je vous en rendrai le compte que je dois. Il m'est fort honorable qu'un si savant homme souhaite d'avoir mon suffrage. Vous le pouvez assurer que je le lui donnerai dans peu avec grand plaisir, et que ce suffrage sera alors d'un bien plus grand poids qu'il n'est maintenant, puisque j'aurai lu son livre, et que je serai par conséquent beaucoup plus habile que je ne le suis.

Pour ce qui est des particularités dont vous me demandez l'éclaircissement, je vous dirai que le sonnet a été fait sur une de mes nièces qui était à peu près du même âge que moi, et que le charlatan était un fameux médecin de la faculté. Elle était sœur de M. Dongois, greffier, et avait beaucoup d'esprit. J'ai composé ce sonnet dans le temps de ma plus grande force poétique, en partie pour montrer qu'on peut faire d'amitié en vers aussi bien que d'amour ; et que les choses innocentes s'y peuvent aussi bien exprimer que toutes les maximes odieuses de la morale lubrique des opéras. A l'égard de l'épigramme à Climène, c'est un ouvrage de ma première jeunesse, et un caprice imaginé pour dire quelque chose de nouveau. Pour la chanson, elle a été effectivement faite à Bâville, dans le temps des noces de M. Bâville, aujourd'hui intendant de Languedoc. Les trois muses étaient madame de Chalucet, mère de madame de Bâville ; une madame Hélyot, espèce de bourgeoise renforcée qui avait acquis une assez grande familiarité avec monsieur le premier président, dont elle était voisine à Paris, et qui avait une terre assez proche de Bâville ; la troisième était une madame de la Ville, femme d'un fameux traitant, pour laquelle M. de Lamoignon, aujourd'hui président au mortier, avait alors quelque inclination. Celle-ci ayant chanté à table une chanson à boire dont l'air était fort joli, mais les paroles très-méchantes, tous les conviés, et le P. Bourdaloue entre autres, qui était de la noce aussi bien que le P. Rapin, m'exhortèrent à y faire de nouvelles paroles ; et je leur rapportai le lendemain les quatre couplets dont il était question. Ils réussirent fort, à la réserve des deux derniers, qui firent un peu refrogner le P. Bourdaloue. Pour le P. Rapin, il entendit raillerie, et obligea même le P. Bourdaloue à l'entendre aussi [1]. Voilà tous vos mystères débrouillés. Au lieu de

Trois muses en habit de ville,

il y avait :

Chalucet, Hélyot, la Ville.

M. d'Arbouville, qui vient après, était un gentilhomme parent de monsieur le premier président ; il buvait volontiers à plein verre.

On ne m'a pas fort accablé d'éloges sur le sonnet de ma parente ; cependant, monsieur, oserais-je vous dire que c'est une des choses de ma façon dont je m'applaudis le plus, et que je ne crois pas avoir rien dit de plus gracieux que :

A ses jeux innocents enfant associé,

et

Rompant de ses beaux jours le fil trop délié,

et

Fut le premier démon qui m'inspira des vers ?

C'est à vous à en juger. Je suis, etc.

107. — AU MÊME.

Paris, 7 janvier 1703.

J'attendais, monsieur, à vous remercier lorsque j'aurais reçu vos magnifiques présents, afin de vous répondre en des termes proportionnés à la grandeur de vos fromages : mais le messager ayant dit à Planson,[2] qu'ils ne pouvaient encore arriver de longtemps, je n'ai pas cru devoir différer davantage à vous en faire mes remercîments. Je vous dirai

---

[1] En effet, le P. Bourdaloue avait pris d'abord très-sérieusement cette plaisanterie, et dans sa colère il avait dit au P. Rapin : « Si M. Despréaux me chante, je le prêcherai. » — « Ce n'eût vraisemblablement pas été, ajoute d'Alembert, dans un sermon sur le pardon des injures. »
[2] Domestique de Boileau.

donc par avance, qu'en comblant ainsi de vos dons l'auteur que vous avez entrepris de commenter, vous ne jouez pas simplement le personnage de Servius et d'Asconius Pædianus [1], mais de Mécénas et du cardinal de Richelieu; et peut-être aurais-je refusé de les prendre, si heureusement je ne me fusse ressouvenu d'avoir lu dans un auteur ancien qu'il n'y a pas quelquefois moins de beauté d'âme à recevoir de bonne grâce des présents, qu'à en faire.

Cependant, pour commencer à vous payer dans la monnaie que vous souhaitez, je vous répondrai sur l'éclaircissement que vous me demandez au sujet de la *Clélie*, que c'est effectivement une très-grande absurdité à la demoiselle auteur de cet ouvrage [2], d'avoir choisi le plus grave siècle de la république romaine pour y peindre les caractères de nos Français; car on prétend qu'il n'y a pas dans ce livre un seul Romain ni une seule Romaine qui ne soit copié sur le modèle de quelque bourgeois ou de quelque bourgeoise de son quartier. On en donnait autrefois une clef qui a couru [3]; mais je ne me suis jamais soucié de l'avoir. Tout ce que je sais, c'est que le généreux *Herminius*, c'était M. Pellisson; l'agréable *Scaurus*, c'était Scarron; le galant *Amilcar*, Sarasin, etc... Le plaisant de l'affaire est que nos poëtes de théâtre, dans plusieurs pièces, ont imité cette folie, comme on le peut voir dans *la Mort de Cyrus* du célèbre M. Quinault, où Thomyris entre sur le théâtre cherchant de tous côtés, et dit ces deux beaux vers :

Que l'on cherche partout mes tablettes perdues,
Et que sans les ouvrir elles me soient rendues.

Voilà un étrange meuble, pour une reine des Massagettes [4], que des tablettes dans un temps où je ne sais si l'art d'écrire était inventé! Je vous en écrirai davantage sur ce sujet, dès que vos présents seront arrivés. Cependant croyez que c'est du fond du cœur que je suis, etc.

108. — AU MÊME.

......

Il y a huit jours, monsieur, que j'ai reçu votre magnifique présent, et j'ai été tout ce temps-là à chercher des paroles pour vous en remercier dignement, sans en pouvoir trouver. En effet, à un homme qui fait de tels présents, ce n'est point des lettres familières et de simples compliments un peu ornés, ce sont des épîtres *liminaires* du plus haut style qu'il faut écrire, et où les comparaisons du soleil étaient prodiguées. Balzac aurait été merveilleux pour cela, si vous lui en aviez envoyé de pareils; et il aurait peut-être égalé la grosseur de vos fromages par la hauteur de ses hyperboles. Il vous aurait dit que ces fromages avaient été faits du lait de la chèvre céleste, ou de celui de la vache Io; que votre jambon était un membre détaché du sanglier d'Érymante : mais pour moi qui vais un peu plus terre à terre, vous trouverez bon que je me contente de vous dire que vous vous moquez de m'envoyer tant de choses à la fois; que si honnêtement j'avais pu les refuser, vos présents seraient retournés à Lyon; que cependant je ne laisse pas d'en avoir toute la reconnaissance que je dois, et qu'on ne peut être plus que je le suis, etc.

P. S. Pour vos *Mémoires de la république des lettres*, franchement ils sont bien inférieurs au jambon et aux fromages; et l'auteur y est si grossièrement partial, que je ne saurais trouver aucun goût dans ses ouvrages, quoique bien écrits.

109. — L'ABBÉ BOILEAU,

FRÈRE DE DESPRÉAUX,

A BROSSETTE.

Paris, 12 février 1703.

MONSIEUR,

J'ai bien à vous demander pardon d'avoir été si longtemps à faire réponse à l'obligeante lettre que vous m'avez fait l'honneur de m'écrire, du 20 janvier dernier. Une maladie assez longue et assez fastidieuse m'a contraint de faire cette faute, que je vous prie d'oublier; et, pour satisfaire exactement aux demandes que vous me faites, je vous dirai, suivant la perquisition que j'ai faite de l'affaire dont vous me parlez :

1° Que ce fut en 1667 que le procès touchant le Lutrin commença entre le chantre et le trésorier de la Sainte-Chapelle. Le chantre se nommait M. l'abbé Barrin, homme de qualité distingué dans l'épée et dans la robe; et le trésorier se nommait Claude Auvri, évêque de Coutances en Normandie. Il avait été camérier du cardinal Mazarin, et c'est ce qui avait fait sa fortune. C'était un homme assez réglé dans ses mœurs, d'ailleurs fort ignorant, et d'un mérite au-dessous du médiocre. Le dernier de juillet 1667, il s'avisa de faire mettre un pupitre devant le stal [1] premier du côté gauche, que le chantre fit ôter à force ouverte, prétendant qu'il n'y avait jamais été. La cause fut retenue aux requêtes du Palais, et, après plusieurs procédures, elle fut assoupie par feu M. le premier président de Lamoignon.

2° Que Sidrac est un vrai nom d'un vieux chapelain-clerc de la Sainte-Chapelle, c'est-à-dire un

---

1. Deux commentateurs célèbres, l'un de Virgile, l'autre de Cicéron.
2. Magdeleine de Scudéri, morte le 2 juin 1701.
3. Cette clef se trouve dans le *grand Dictionnaire historique des précieuses*, par le sieur de Somaize, 2 vol. in-12, 1664. Il ne faut pas confondre cet écrivain avec le commentateur Saumaise.
4. Anciens peuples féroces de la Scythie asiatique, dont le pays s'appelle aujourd'hui le Turquestan.

1. *Stalle* était autrefois masculin.

chantre musicien dont la voix était une taille fort belle : son personnage n'est point feint;

3° L'abbaye de Saint-Nicaise de Reims, qui vaut 16,000 livres de revenu à la Sainte-Chapelle, ayant été unie par le roi Louis XIII, du temps du cardinal de Richelieu, chaque chanoine doit avoir tous les ans un muid de vin de Reims ; mais cela s'apprécie, et on emploie cet argent aux dépenses nécessaires de la Sainte-Chapelle. Cette abbaye fut unie à la Sainte-Chapelle les dernières années du ministère du cardinal de Richelieu, pour suppléer au revenu qu'on lui ôta des régales des évêchés, que le roi donna aux évêques nommés, et dont une partie est distraite pour de nouveaux convertis. Comme les vendanges font un des principaux revenus de cette abbaye, le capitulant avait raison de dire : « Je sais sur quelle vigne nous avons hypothè« que. »

Voilà, ce me semble, l'éclaircissement que je puis donner aux questions que vous avez pris la peine de me faire. Si vous en avez quelques autres, j'espère que j'y satisferai plus promptement qu'à celles-ci, profitant toujours avec plaisir des occasions que vous me ferez naître pour mériter l'honneur de votre amitié, et vous assurer que personne n'est avec plus d'estime, d'attachement et de passion que moi, monsieur, votre très-humble, etc.

BOILEAU.

110. — A BROSSETTE.

Paris, 4 mars 1703.

Je trouvai hier mon frère le chanoine de la Sainte-Chapelle, qui vous écrivait une lettre avec laquelle il prétendait vous envoyer la requête présentée par le chantre Barrin, au sujet du pupitre mis sur son banc. Cela me couvrit de confusion, en me faisant ressouvenir du long temps qu'il y a que je ne vous ai donné aucun signe de vie par mes lettres. En effet, c'est une chose étrange que tout le monde étant empressé à vous répondre, celui-là seul qui a plus de raison de l'être ne le soit point. Il me semble cependant que c'est votre faute, puisque c'est votre grande facilité à me pardonner mes négligences qui me rend négligent. Mais quoi ! bien loin de m'accuser de mon peu de soin, peu s'en faut que vous ne vous excusiez de votre trop d'exactitude. Encore ne vous bornez-vous pas aux seules excuses, mais vous les accompagnez de jambons, de fromages, qui feraient tout excuser, quand même vous auriez tort. Pour tâcher donc à réparer un peu mes fautes passées, voici les vers que vous demandez, faits sur ce vers de l'Anthologie, car il y est tout seul :

Ἤειδον μὲν ἐγών, ἐχάρασσε δὲ θεῖος Ὅμηρος;

Quand la dernière fois, dans le sacré vallon,
La troupe des neuf Sœurs, par l'ordre d'Apollon,
Lut l'Iliade et l'Odyssée,
Chacune à les louer se montrant empressée :
De leur auteur, dit-il, apprenez le vrai nom[1] :
Jadis avec Homère, aux rives du Permesse,
Dans ce bois de lauriers, où seul il me suivait,
Je les fis toutes deux : plein d'une douce ivresse,
Je chantais, Homère écrivait.

J'ai été obligé de mettre ainsi la chose, parce que autrement elle ne serait pas amenée. Charpentier l'a exprimée en ces termes :

Quand Apollon vit le volume
Qui sous le nom d'Homère enchantait l'univers :
Je me souviens, dit-il, que j'ai dicté ces vers,
Et qu'Homère tenait la plume.

Cela est assez concis et assez bien tourné ; mais, à mon sens, *le volume* est un mot fort bas en cet endroit ; et je n'aime point ce mot de palais : *tenait la plume.*

Pour ce qui est des lettres que vous me sollicitez de vous envoyer, je ne saurais encore sur cela vous donner satisfaction, parce qu'il faut que je les retouche avant que de les mettre entre les mains d'un homme aussi éclairé que vous. Je les ai écrites, la plupart, avec la même rapidité que je vous écris celle-ci, sans savoir souvent où j'allais. M. Racine me récrivait de même, et il faudrait aussi revoir les siennes. Cela demande beaucoup de temps. D'ailleurs, il y a dedans quelques secrets que je ne crois pas devoir être confiés à un tiers. Adieu, monsieur ; aimez-moi toujours, et soyez persuadé que je suis, avec toute l'affection que je dois, etc.

111. — A M. DE LA CHAPELLE,

A VERSAILLES.

Paris, 13 mars 1703.

Je vous renvoie, mon très-cher neveu, votre papier avec les changements bons ou mauvais que j'y ai faits. Vous n'avez qu'à vous en servir comme vous jugerez à propos. Il me semble surtout qu'il faut prendre garde à l'article de Vigo, qui est délicat à traiter. J'y ai mis ce qui m'est venu sur-le-champ. Le neveu de M. de Château-Renaud, qui m'a apporté votre lettre, me paraît un très-galant homme, et je vous prie de lui témoigner combien je suis plein de lui. C'est lui qui a mis à la marge les petits anachronismes de l'histoire de M. son oncle. Je ne sais si ce que j'ai changé se rectifie assez bien, parce que je ne suis pas fort dressé au style des lettres ou des ordonnances royales, ou plutôt *royaux* ; car tel est le plaisir de ces lettres et de ces ordonnances, de vouloir être *masculins*, dérogeant en cela à toutes les règles de la grammaire. Que si, en travaillant sur un sujet si peu

[1] Ce vers a été remplacé par ceux-ci :
Apprenez un secret qu'ignore l'univers,
Leur dit alors le dieu des vers.

de mon genre, je vous ai fait un petit plaisir, je vous supplie en récompense de m'en faire un fort grand : c'est de vouloir bien témoigner de ma part à monseigneur de Pontchartrain la part que je prends aux intérêts du fils de M. Cartigny, nouvel acquéreur d'une charge de commissaire de la marine. Je le prie de se ressouvenir que c'est le père de ce commissaire qui m'a donné le premier la connaissance de monseigneur de Pontchartrain; et que c'est lui qui a accompagné à Auteuil cet illustre ministre d'État, la première fois qu'il me fit l'honneur de m'y venir voir, et que je lui donnai ce fameux repas qui me coûta huit livres dix sous. Je vous conjure, mon très-cher neveu, de lui vouloir bien représenter tout cela, et que la sollicitation que je lui fais n'est point de ces sollicitations mendiées auxquelles il suffit de répondre. *Je verrai.* Du reste, soyez bien persuadé que c'est du fond du cœur que je suis, etc.

112. — BROSSETTE A BOILEAU.

Lyon, 4 avril 1703.

Monsieur,

Votre dernière lettre me fut remise avec celle que monsieur votre frère prit la peine de m'écrire, en m'envoyant la sentence des requêtes du Palais, rendue au sujet du fameux et immortel Lutrin. Cette sentence m'a fait beaucoup de plaisir, et elle ne me sera pas inutile dans le dessein que j'ai sur vos ouvrages. J'ai remercié monsieur votre frère de son attention obligeante, en lui faisant réponse au sujet d'un livre qu'il me demandait, et que j'ai eu bien de la peine à trouver. La paraphrase que vous avez faite du vers de l'Anthologie sur l'Iliade et l'Odyssée a toute la dignité et toute la grandeur qui lui convient :

Je chantais, Homère écrivait.

La brièveté et la noblesse de cette expression récompensent bien ce que le reste de l'épigramme peut avoir autant de prolixe. Ne pourrait-on point tourner ainsi en latin le vers grec de l'Anthologie :

Hæc ego dum canerem, socius scribebat Homerus?

A l'égard de vos lettres à M. Racine, et de celles que cet illustre ami vous a écrites, vous en userez comme il vous plaira. Vous savez bien que je ne voudrais pas vous faire une mauvaise demande; mais vous devez être persuadé que je recevrai toujours avec beaucoup de joie toutes les pièces que vous trouverez à propos de me confier, et je n'en ferai jamais que l'usage qu'il vous plaira me prescrire.

Une personne qui estime infiniment et vous et vos ouvrages m'a fait remarquer qu'en parlant du passage du Rhin par Jules César, vous dites :

Et depuis ce Romain, dont l'insolent passage,
Sur un pont, en deux jours, trompa tous tes efforts...

Cependant César employa *dix jours*, et non pas *deux jours*, à faire construire ce pont, sur lequel il fit passer son armée en Allemagne. C'est lui-même qui le dit dans ses Commentaires, liv. IV, chap. II. Plutarque appuie fort sur la même circonstance; et Jules César parle d'un autre passage qu'il fit environ deux années après, sans marquer le temps qu'il y employa, liv. IV. Cette différence ne fait aucun tort à votre vers, où vous pouvez mettre également *dix jours* au lieu de *deux*.

J'ai cru que vous ne seriez pas fâché de cette observation, qui dans le fond est assez indifférente, mais qui marque un peu plus d'exactitude dans le fait historique. Cette circonstance tourne même à la gloire du roi, qui a fait en un moment ce que le plus grand capitaine de l'empire romain n'a pu faire qu'en dix jours, et avec le secours d'un pont. Je suis, etc.

113. — A BROSSETTE.

Paris, 8 avril 1703.

Vous ne m'accuserez pas, monsieur, pour cette fois, d'avoir été peu diligent à vous répondre, puisque je vous écris sur-le-champ. Je suis ravi que mon frère vous ait si bien satisfait sur vos demandes, et vous ai si bien démontré que la fiction du Lutrin est fondée sur une chose très-véritable. On aurait de la peine à faire voir que l'Iliade est aussi bien appuyée, puisqu'il y a encore des gens aujourd'hui qui nient que jamais Troie ait été prise, et qui doutent que Darès ni Dictys de Crète en soient des témoins fort sûrs, puisque leurs ouvrages n'ont paru que du temps de Néron, et ne sont vraisemblablement que de nouvelles fictions imaginées sur la fiction d'Homère. Il faudrait, pour le bien attester, nous rapporter quelque sentence donnée en faveur de Neptune et d'Apollon, pour obliger Laomédon à payer à ses deux *compagnons de fortune* le prix qu'il leur avait promis pour la construction des murailles de Troie.

Je ne mérite pas les louanges que vous me donnez au sujet du vers de l'Anthologie. Permettez-moi pourtant de vous dire que vous vous abusez un peu quand vous croyez que j'aie fait ni voulu faire une paraphrase de ce vers, qui est même plus court dans ma copie que dans l'original, puisque j'en ai retranché l'épithète oisive de θεῖος, et que j'ai dit simplement Homère et non point *le divin* Homère. La vérité est que j'y ai joint une petite narration assez vive, sans quoi la pensée n'est point dans son jour; que, si cette narration vous paraît prolixe, il serait aisé d'y donner remède, puisqu'il n'y aurait qu'à mettre à la place de la narration les paroles qu'on trouve en prose dans le recueil de l'Anthologie, au-dessus du vers; les voici : *Paroles que disait Apollon au sujet des ouvrages d'Homère :*

Je chantais, Homère écrivait.

Il me paraît que c'est l'auteur même de ce vers qui les y a mises, n'ayant pu y joindre une narration qui l'amenât ; et c'est à quoi j'ai cru devoir suppléer dans ma traduction, sans aucun dessein de paraphraser un vers qui n'est excellent que par sa brièveté ; car il me semble que l'expédient dont s'est servi ce poète a un peu de rapport à ces vieilles tapisseries où l'on écrivait au-dessus de la tête des personnages : *C'est un homme, c'est un cheval*, etc. Du reste, pour la narration, que vous trouvez prolixe, je ne vois pas qu'on puisse accuser de prolixité une chose qui est dite en vers en aussi peu de paroles qu'on la pourrait dire en prose. Il est vrai que cette narration est de huit vers : mais ces huit vers ne disent que ce qu'il faut précisément dire ; et s'il y en a un qui s'étende sur quelque inutilité, vous n'avez qu'à me le marquer, parce que je le retrancherai sur-le-champ. Ce ne sont pas huit bons vers qui sont longs, ce sont deux méchants vers qui le sont quelquefois à outrance : *Sed tu disticha longa facis*, dit Martial [1].

J'ai bien de la joie que ce galant homme dont vous me parlez prenne goût à mes ouvrages :

C'est à de tels lecteurs que j'offre mes écrits [2].

Il me fait plaisir même de daigner bien prendre, en les lisant, *animum censoris honesti*. Oserais-je vous dire que vous ni lui n'avez point entendu ma pensée au sujet de Jules César ? Je n'ai jamais voulu dire que César n'ait mis que deux jours à ramasser et lier ensemble les matériaux dont il fit construire le pont sur lequel il passa le Rhin. Il n'est question dans mes vers que du temps qu'il mit à faire passer ses troupes sur ce pont ; et je ne sais même s'il y employa deux jours. Le roi, quand il passa le Rhin, fit amener un très-grand nombre de bateaux de cuivre qu'on avait été plus de deux mois à construire, et sur un desquels même monsieur le Prince et monsieur le Duc passèrent ; mais qu'est-ce que cela fait à la rapidité avec laquelle toutes ses troupes traversèrent le fleuve, puisqu'il est certain que toute son armée passa, comme celle de Jules César, avec tout son bagage, en moins de deux jours ? Voilà ce que veut dire le vers :

Sur un pont, en deux jours, trompa tous tes efforts...

En effet, quel sens autrement pourrait-on donner à ces mots : *trompa tous tes efforts* ? Le Rhin pouvait-il s'efforcer à détruire le pont que faisait construire Jules César, lorsque les bateaux étaient encore sur le chantier ? Il faudrait pour cela qu'il se fût débordé ; encore aurait-il été pris pour dupe, si César avait mis ses ateliers sur une hauteur. Vous voyez donc bien, monsieur, qu'il faut laisser *deux jours*, parce que, si je mettais *dix jours*, cela serait fort ridicule ; et je donnerais au lecteur une idée absurde de César, en disant comme une grande chose qu'il avait employé dix jours à faire passer une armée de 30,000 hommes, donnant ainsi par là tout le temps aux Allemands qu'il leur fallait pour s'opposer à son passage. Ajoutez que ces façons de parler, *en deux jours, en trois jours*, ne veulent dire que *très-promptement, en moins de rien*. Voilà, je crois, monsieur, de quoi contenter votre critique et celle de monsieur votre ami. Vous me ferez plaisir de m'en faire beaucoup de pareilles, parce que cela donne occasion, comme vous voyez, à écrire des dissertations assez curieuses. Faites-moi cependant la grâce d'excuser les ratures de celle-ci, parce que ce ne serait jamais fait s'il fallait récrire mes lettres. Je vous aurai bien de l'obligation si vous en usez de même dans les vôtres, et surtout si vous voulez bien rayer ces grands Monsieur que vous mettez à tous vos commencements : *volo amari, non coli*. Je suis avec beaucoup de respect, etc.

114. — BROSSETTE A BOILEAU.

Lyon, 13 mai 1703.

Monsieur,

Il y a quatre ou cinq jours que j'écrivis à monsieur votre frère, en lui envoyant un livre qu'il m'avait demandé. J'aurais eu l'honneur de vous écrire en même temps, s'il m'avait été possible ; mais je n'avais pas assez de temps pour cela, ni assez de résolution : car vous êtes un homme avec qui il faut prendre tous ses avantages ; encore n'est-on pas assuré de rien gagner. Je croyais vous avoir fait, dans ma précédente lettre, les objections les plus raisonnables, les plus judicieuses du monde ; cependant vous me faites voir que je me suis trompé, et je suis obligé d'en convenir. Franchement, monsieur, c'est une chose mortifiante que d'avoir affaire à un homme qui a toujours raison. Je conviens donc que j'ai eu tort de confondre votre petite narration avec le vers de l'Anthologie :

Je chantais, Homère écrivait ;

qui fait, pour ainsi dire, le corps de l'épigramme, tandis que les vers précédents n'en sont que le préambule, ou l'introduction qui prépare la pensée.

Pour ce qui est du passage de Jules César sur le Rhin, rien n'est plus juste ni plus convaincant que les réflexions dont vous me faites part ; il n'y a pas moyen d'y résister. Mais, puisque vous m'invitez, monsieur, à vous envoyer mes petites observations, et que vous me témoignez qu'elles vous font plaisir, je me hasarde encore à vous parler de la remarque que vous avez faite de ces deux vers du Lutrin, au sujet de la guêpe :

Tel qu'on voit un taureau, qu'une guêpe en furie
A piqué dans les flancs, aux dépens de sa vie...

Chant I.

---

1. Liv. VII, épigr. LXXVII.
2. Épître VII, à Racine, v. 101.

Vous savez, monsieur, que j'ai eu l'honneur de vous dire à Paris que je croyais que cette application ne pouvait convenir qu'à l'abeille, et non point à la guêpe. Tous les naturalistes conviennent que l'abeille meurt après avoir piqué. Aristote, *Histoire des animaux*, liv. III, chap. xii; et liv. IX, chap. lxiv. Virgile, au liv. IV des *Géorgiques*, v. 232 :

........Et spicula cæca relinquunt
Adfixæ venis, animasque in vulnere ponunt.

Pline, liv. XI de l'*Hist. Nat.* chap. xix : « Aculeum « apibus natura dedit ventri consortum : ad unum « ictum hoc infixo, quidam eas statim emori putant. « Aliqui non nisi in tantum adacto, ut intestini « quidpiam sequatur... est in exemplis equos ab iis « occisos ». Scaliger raconte, à ce sujet, qu'un soldat français étant dans la Calabre, et ayant courroucé des abeilles, pour avoir pris leur miel, elles tuèrent ce soldat et son cheval.

Je sais par mon expérience que l'aiguillon des abeilles demeure dans la piqûre, parce qu'il est recourbé et tourné en crochet vers la pointe, à peu près comme un hameçon, ou comme ces flèches barbelées de l'une desquelles Quinte-Curce dit qu'Alexandre fut blessé dans la ville des Oxydraques, liv. IX, chap. v; mais à l'égard des guêpes, leur aiguillon est tout droit et uni comme la pointe d'une aiguille; ce qui fait qu'il sort aussi facilement qu'il est entré. Il en est de même des autres insectes ailés et piquants, comme les bourdons et les frelons. Pline, en parlant des guêpes, dans le chap. xxiv du même livre, ne dit rien de leur aiguillon ni de la manière dont elles s'en servent; par où il semble les mettre à cet égard dans le rang des insectes volants qui peuvent piquer sans s'incommoder eux-mêmes. A moins qu'on ne dise de ceux-ci que le même auteur, liv. XXIX, chap. xxiii, dit des serpents et des autres reptiles venimeux, qu'ils ne peuvent nuire qu'une fois, et qu'ils meurent eux-mêmes après avoir jeté leur venin.

Voilà, mes observations, que je vous prie d'examiner et de corriger. Je les fais, non pas *animo censoris*, mais avec toute la docilité et la soumission d'un homme qui veut s'instruire de bonne foi; car je pense de vous ce qu'un de nos jurisconsultes, savant et poli, a dit d'un grand homme de son temps : « Familiare ejus colloquium nun- « quam advertenti inane otiosumque est. » Je l'ai éprouvé moi-même, en mettant toujours à profit les moments précieux que j'ai passés auprès de vous. Je suis, etc.

115. — A BROSSETTE.

Paris, 28 mai 1703.

J'arrive à Paris, d'Auteuil où je suis maintenant habitué, et où j'ai laissé votre dernière lettre que j'y ai reçue. Ainsi je vous écris, monsieur, sans l'avoir devant les yeux. Je me souviens bien pourtant que vous y attaquez fortement ce que je dis, dans mon Lutrin, de la guêpe qui meurt du coup dont elle pique son ennemi. Vous prétendez que je lui donne ce qui n'appartient qu'aux abeilles, qui *vitam in vulnere ponunt*; mais je ne vois pas pourquoi vous voulez qu'il n'en soit pas de même de la guêpe, qui est une espèce d'abeille bâtarde, que de la véritable abeille, puisque personne sur cela n'a jamais dit le contraire, et que jamais on n'a fait à mon vers l'objection que vous lui faites. Je ne vous cacherai point pourtant que je ne crois cette prétendue mort vraie ni de l'abeille ni de la guêpe, et que tout cela n'est, à mon avis, qu'un discours populaire dont il n'y a aucune certitude : mais il ne faut pas d'autre autorité à un poëte pour embellir son expression. Il en faut croire le bruit public sur les abeilles et sur les guêpes, comme sur le chant mélodieux des cygnes en mourant, et sur l'unité et la renaissance du phénix.

Je ne vous écris que ce mot, parce que je suis pressé de sortir pour une affaire de conséquence, et que d'ailleurs je suis dans une extrême affliction de la mort de M. Félix, premier chirurgien du roi, qui était, comme vous savez, un de mes meilleurs et de mes plus anciens amis. Je vous prie de bien témoigner à M. Perrichon combien je l'estime, et je l'honore, et de me ménager dans son cœur, aussi bien que dans le vôtre le remplacement d'une perte aussi considérable que celle que je viens de faire. Je vous donne le bonjour, et je suis avec un très-grand respect, etc.

P. S. Au nom de Dieu, ôtez de vos lettres ce Monsieur, haut exhaussé, ou j'en mettrai dans les miennes un encore plus haut.

116. — AU MÊME.

3 juillet 1703.

J'ai été, monsieur, si chargé d'affaires depuis quelque temps, et occupé de tant de chagrins étrangers et domestiques, que je n'ai pas eu le loisir de faire l'affaire qui m'est le plus agréable, je veux dire de vous écrire et de m'entretenir avec vous.

La mort de M. Félix m'a d'autant plus douloureusement touché, que c'est lui, pour ainsi dire, qui s'est tué lui-même en se voulant sonder pour une rétention d'urine qu'il avait. Nous nous étions connus dès nos plus jeunes ans. Il était un des premiers qui avait battu des mains à mes naissantes folies, et qui avait pris mon parti à la cour contre M. le duc de Montausier. Il a été universellement regretté, et avec raison, puisqu'il n'y a jamais eu d'homme plus obligeant, plus magnifique et plus noble de cœur.

Pour ce qui est de M. Perrault, je ne vous ai point parlé de sa mort, parce que franchement je n'y ai point pris d'autre intérêt que celui qu'on prend à la mort de tous les honnêtes gens. Il n'avait pas trop bien reçu la lettre que je lui ai adressée dans ma dernière édition, et je doute qu'il en fût content. J'ai pourtant été au service que lui a fait dire l'Académie, et monsieur son fils m'a assuré qu'en mourant il l'avait chargé de me faire de sa part de grandes honnêtetés, et de m'assurer qu'il mourait mon serviteur. Sa mort a fait recevoir un assez grand affront à l'Académie, qui avait élu, pour remplir sa place d'académicien, M. de Lamoignon votre ami; mais M. de Lamoignon a nettement refusé cet honneur. Je ne sais si ce n'est point par la peur d'avoir à louer l'ennemi de Cicéron et de Virgile. L'Académie, pour laver un peu sur cela son ignominie, a élu au lieu de lui, très-prudemment, monsieur le coadjuteur de Strasbourg, qui en a témoigné une fort grande reconnaissance, et qui se prépare à venir faire son compliment. Je n'ai pas l'honneur de le connaître; mais c'est un prince de beaucoup de réputation, et qui a déjà brillé dans la Sorbonne, dont il est docteur. J'espère qu'il tempérera ses paroles en faisant l'éloge de M. Perrault, et que les amateurs des bons livres n'auront point sujet de s'écrier :

O sæclum insipiens et inficetum[1] !

Je mets au rang de ces amateurs M. de Puget, et j'ose me flatter que Dieu n'enlèvera pas sitôt de la terre un homme de ce mérite et de cette capacité.

Je viens maintenant à vos critiques sur mes ouvrages. Je ne sais pas sur quoi se peuvent fonder ceux qui veulent conserver le solécisme qui est dans ce vers :

Que votre âme et vos mœurs peints dans tous vos ouvrages...

M. Gibert, du collége des Quatre-Nations, est le premier qui m'a fait apercevoir de cette faute depuis ma dernière édition. Dès qu'il me la montra, j'en convins sur-le-champ avec d'autant plus de facilité, qu'il n'y a, pour la réformer, qu'à mettre, comme vous dites fort bien :

Que votre âme et vos mœurs peintes dans vos ouvrages...

ou

Que votre esprit, vos mœurs, peints dans tous vos ouvrages...

Mais pourrez-vous bien concevoir ce que je vais vous dire, qui est pourtant très-véritable, que cette faute, si aisée à apercevoir, n'a pourtant été aperçue ni de moi ni de personne avant M. Gibert, depuis plus de trente ans qu'il y a que mes ouvrages ont été imprimés pour la première fois; que M. Patru, c'est-à-dire le Quintilius de notre siècle, qui revit exactement ma poétique, ne s'en avisa point; et que dans tout ce flot d'ennemis qui a écrit contre moi, et qui m'a chicané jusqu'aux points et aux virgules, il ne s'en est point rencontré un seul qui ne l'ait remarquée? cela vient, je crois, de ce que le mot de *mœurs* ayant une terminaison masculine, on ne fait point réflexion qu'il est féminin. Cela fait bien voir qu'il faut non-seulement montrer ses ouvrages à beaucoup de gens avant que de les faire imprimer, mais que même après qu'ils sont imprimés, il faut s'enquérir scrupuleusement des critiques qu'on y fait.

Oserais-je vous dire, monsieur, que, si vous avez été fort juste sur l'observation de ce solécisme, il n'en est pas de même de votre correction de l'épigramme de l'Anthologie? et avec qui, bon Dieu! y associez-vous mon style? Avec le style de Charpentier : *jungentur jam tigres equis*. Est-il possible que vous n'ayez pas vu que le sens de l'épigramme est, que c'est Apollon, c'est-à-dire le génie seul, qui, dans une espèce d'enthousiasme et d'ivresse, a produit l'Iliade et l'Odyssée; que c'est lui qui les a faits, et non pas simplement dictés; et que, lorsque Homère les écrivait, à peine Apollon savait qu'Homère était là? Ne concevez-vous pas, monsieur, que c'est le mot d'*ivresse* qui sauve tout, et qui fait voir pourquoi Apollon avait tant tardé à dire aux neuf Sœurs qu'il était l'auteur de ces deux ouvrages, qu'il se souvenait à peine d'avoir faits? d'ailleurs, quel air, dans l'épigramme, de la manière dont vous la tournez, donnez-vous à Apollon, qui est supposé lisant cet ouvrage dans son cabinet et se disant à lui-même : *C'est moi qui ai dicté ces vers?* Au lieu que, dans mon épigramme, il est au milieu des Muses, à qui il déclare qu'elles ne se trompent pas dans l'admiration qu'elles ont de ces deux grands chefs-d'œuvre, puisque c'est lui qui les a composés dans une chaleur qui ne lui permettait pas d'écrire, et qu'Homère les avait recueillis. Mais me voilà à la fin de la page, ainsi, monsieur, trouvez bon que je vous dise brusquement que je suis...

117. — AU MÊME.

Auteuil, 2 août 1703.

Feu M. Patru, mon illustre ami, était non-seulement un critique très-habile, mais un très-violent hypercritique, et en réputation de si grande rigidité, qu'il me souvient que, lorsque M. Racine me faisait sur des endroits de mes ouvrages quelque observation un peu trop subtile, comme cela lui arrivait quelquefois, au lieu de lui dire le proverbe latin : *Ne sis patruus mihi*, « n'ayez point pour moi la sévérité d'un oncle; » je lui disais : *Ne sis Patru mihi*, n'ayez point pour moi la sévérité de « Patru! » Je pourrais vous le dire à bien meilleur titre qu'à lui, puisque toutes vos lettres, depuis quelque temps, ne sont que des critiques de mes vers, où vous allez jusqu'à l'excès du raffinement. Vous avez reçu de moi une petite narration en

[1]. CATULLE, *Carm.* XLIII, v. 8.

rimes, que j'ai composée à la sollicitation de M. Le Verrier, pour amener un vers de l'Anthologie; et tous ceux, à commencer par lui, à qui je l'ai communiquée, en ont été très-satisfaits. Cependant, bien loin d'en être content, vous me faites concevoir qu'elle ne vaut rien; et, sans me dire ce que vous y trouvez de défectueux, vous allez chercher dans M. Charpentier, c'est-à-dire dans les étables d'Augias, de quoi la rectifier. Ensuite vous vous avisez de trouver une équivoque dans un vers où il n'y en a jamais eu. En effet, où peut-il y en avoir dans cette façon de parler :

Approuve l'escalier tourné d'autre façon ;

et qui est-ce qui n'entend pas d'abord que le médecin architecte approuve l'escalier, moyennant qu'il soit tourné d'une autre manière? Cela n'est-il pas préparé par le vers précédent :

Au vestibule obscur il marque une autre place ?

Il est vrai que, dans la rigueur et dans les étroites règles de la construction, il faudrait dire : *Au vestibule obscur il marque une autre place que celle qu'on lui veut donner, et approuve l'escalier tourné d'une autre manière qu'il n'est*. Mais cela se sous-entend sans peine; et où en serait un poëte si on ne lui passait, je ne dis pas une fois, mais vingt fois dans un ouvrage, ces *subaudi*? Où en serait M. Racine si on lui allait chicaner ce beau vers que dit Hermione à Pyrrhus, dans l'*Andromaque*[1] :

Je t'aimais inconstant, qu'eussé-je fait fidèle ?

qui dit si bien, et avec une vitesse heureuse : *Je t'aimais lorsque tu étais inconstant ; qu'eussé-je fait, si tu avais été fidèle ?* Ces sortes de petites licences de construction non-seulement ne sont pas des fautes, mais sont même assez souvent un des plus grands charmes de la poésie, principalement dans la narration, où il n'y a point de temps à perdre. Ce sont des espèces de latinismes dans la poésie française, qui n'ont pas moins d'agrément que les hellénismes dans la poésie latine. Jusqu'ici cependant, monsieur, vous n'avez été que trop scrupuleux et trop rigide ; mais où étaient vos lumières quand vous avez douté si ce temple fameux dont parle Thémis dans le Lutrin, est Notre-Dame, ou la Sainte-Chapelle? Est-il possible que vous n'ayez pas vu que ce temple qu'elle désigne est la Piété est ce même temple dont la Piété vient de lui parler quelques vers auparavant avec tant d'emphase, et où est arrivée la querelle du Lutrin?

J'apprends que dans ce temple où le plus saint des rois
Consacra tout le fruit de ses pieux exploits,
Et signala pour moi sa pompeuse largesse,
L'implacable Discorde, etc.
                                                Chant VI.

[1]. Acte V, sc. v.

Comment voulez-vous que le lecteur aille songer à Notre-Dame, qui n'a point été bâtie par saint Louis, et qui est si éloignée du Palais, y ayant entre elle et le Palais plus de douze fameuses églises, et principalement la célèbre paroisse de Saint-Barthélemy, qui en est beaucoup plus proche? Permettez-moi de vous dire que de se faire ces objections, c'est se chicaner soi-même mal à propos, et ne vouloir pas voir clair en plein midi. Je ne vous parle point de la difficulté que vous me faites sur ce vers :

Que votre esprit, vos mœurs, peints dans tous vos ouvrages...

puisqu'il m'est fort indifférent que vous mettiez celui-là, ou

Que votre âme et vos mœurs peintes dans vos ouvrages...

Il n'est pas vrai pourtant que la construction grammaticale ne soit pas dans le premier de ces deux vers, où la noblesse du genre masculin l'emporte, et qu'on ne puisse fort bien dire en français : *Murs et les Grâces étaient peints dans ce tableau*. On peut pourtant dire aussi *étaient peintes* ; mais *peints* est le plus régulier : et pour ce qui est de ce que vous prétendez qu'il s'agit là de l'*âme* et non de l'*esprit*, trouvez bon que je vous fasse ressouvenir que le mot d'*esprit*, joint avec le mot de *mœurs*, signifie aussi l'âme, et qu'un esprit bas, sordide, trigaud, etc., veut dire la même chose qu'une âme basse, sordide, etc... Avouez donc, monsieur, que dans toutes ces critiques vous vous montrez un peu trop subtil, et que vous êtes à mon égard en cela *Patru patruissimus*. Mais je commence à m'apercevoir que je suis moi-même bien peu subtil, de ne pas reconnaître que vous les avez faites pour m'exciter à parler, et qu'il n'était pas nécessaire d'y répondre sérieusement. Que voulez-vous? Un auteur est toujours un auteur, surtout quand on le blesse dans une partie aussi sensible que ses ouvrages imprimés : mais laissons-les là.

Je ne saurais bien vous dire pourquoi M. de Lamoignon n'a point accepté la place qu'on lui voulait donner dans l'Académie. Il m'a mandé qu'il ne pouvait pas se résoudre à louer M. Perrault, auquel on le faisait succéder, et dont, selon les règles, il aurait été obligé de faire l'éloge dans sa harangue ; mais c'est une plaisanterie. Quoi qu'il en soit, l'Académie, à mon avis, a suffisamment réparé cet affront, en élisant à sa place monsieur le coadjuteur de Strasbourg, prince d'un très-grand mérite et d'une très-grande condition, qui en a témoigné une très-grande reconnaissance, jusqu'à aller rendre exactement visite à ceux qui lui ont donné leur voix *solatia victis*. Je suis ravi qu'un petit mot dans ma dernière lettre ait un peu contribué au rétablissement de la santé de l'illustre M. de Puget. Si mes paroles ont cette vertu magique, je ne m'en applaudirai pas moins que si elles avaient le pouvoir de faire descendre la lune du ciel, et sortir du tombeau *manes responsa daturos*. Je vous conjure donc d'employer aussi mes paroles à me conserver toujours dans le souvenir de M. Perrichon. J'ai reçu une lettre de M. de Mervezin presque en même temps qu'on m'a rendu la vôtre. Il est homme de mérite, et m'a paru plus que content de votre bonne réception. Je suis, etc.

P. S. Comme vous ne sauriez goûter mon épigramme de l'Anthologie en français, j'ai cru vous devoir envoyer la traduction qu'en a faite en grec l'illustre et savant M. Boivin. Elle est écrite de sa main, avec quelques vers français qu'il a imités des vers grecs d'un ancien père de l'Église, et qui sont au dos de l'épigramme. Vous jugerez, monsieur, de son double mérite. Il prétend citer quelque jour cette épigramme dans quelques notes savantes, et la faire passer pour un original tiré d'un manuscrit de la bibliothèque du roi, dont il est gardien. Je ne sais s'il fera cette folie; mais combien pensez-vous que nous ayons peut-être d'ouvrages donnés de la sorte?

118. — AU MÊME.

Auteuil, 29 septembre 1703.

J'ai été, monsieur, si accablé d'affaires depuis quelque temps, que je n'ai pas eu le loisir de faire la chose qui m'est la plus agréable, je veux dire de m'entretenir avec vous. Je m'en serais même encore dispensé aujourd'hui, si tout d'un coup, en relisant votre dernière lettre que j'ai trouvée sur ma table, je n'eusse fait réflexion que vous imputeriez peut-être mon silence au chagrin que vous croyez que j'ai conçu de vos critiques. Je vous assure pourtant que je n'en ai eu aucun, et que j'ai été d'autant moins capable d'en avoir, que j'ai bien vu, comme je vous l'ai, ce me semble, témoigné, que vous ne me les faisiez qu'afin de vous divertir et de me faire parler. J'ai trouvé un peu étrange, je l'avoue, que vous me voulussiez mettre en société de style avec Charpentier, l'un des hommes du monde avec lequel je m'accordais le moins, et qui toute sa vie, à mon sens, et même en sa vieillesse, eut le style le plus écolier; mais cela n'a point fait que je vous aie voulu aucun mal. Et qu'ai-je fait effectivement, à propos de vos censures, autre chose que vous comparer à M. Patru et à M. Racine? Est-ce que la comparaison vous déplaît?

Pour vous montrer même combien je suis éloigné de me choquer de vos critiques, je m'en vais ici vous écrire une énigme que j'ai faite à l'âge de dix-sept ans, et qui est pour ainsi dire mon premier ouvrage. Je l'avais oubliée, et je m'en souvins le dernier jour en allant voir une maison que mon père avait au pied de Montmartre[1], où je com-

[1]. A Clignancourt.

posai ce bel ouvrage. Je vous l'envoie afin que vous l'examiniez à la rigueur; mais, pour me venger de votre sévérité, je ne vous dirai le mot de l'énigme que la première fois que je vous écrirai, afin de me venger de la peine que vous me ferez en la censurant, par la peine que vous aurez à la deviner. La voici :

> Du repos des humains implacable ennemie,
> J'ai rendu mille amants envieux de mon sort :
> Je me repais de sang, et je trouve ma vie
> Dans les bras de celui qui recherche ma mort.

Tout ce que je puis vous dire par avance, c'est que j'ai tâché de répondre par la magnificence de mes paroles à la grandeur du monstre que je voulais exprimer. Adieu, mon cher monsieur; aimez-moi toujours, et croyez que je suis, avec tout le respect et la sincérité que je dois...

119. — AU MÊME.

Paris, 7 novembre 1703.

Je ne vous ai point écrit, monsieur, depuis longtemps, parce que j'ai été un peu malade et fort accablé d'affaires. Vous êtes un véritable Œdipe pour deviner les énigmes; et si les couronnes se donnaient aujourd'hui à ceux qui en possèdent le sens, je suis sûr que vous ne tarderiez pas à vous voir roi de quelque bonne et grande ville. Mais, si vous avez très-bien reconnu que c'était la *puce* que j'ai voulu peindre dans mes quatre vers, vous n'avez pas moins bien deviné, quand vous avez cru que je ne digérerais pas fort aisément l'insulte ironique que m'ont fait de gaité de cœur, et sans que je leur en aie donné aucun sujet, messieurs les journalistes de Trévoux. Comme j'ai fait profession de ne me point plaindre de ceux qui m'attaquent, et que je les ai toujours rendus complaignants, j'ai cru te devoir encore user de même en cette occasion, et je les ai d'abord servis d'une épigramme, ou plutôt d'une petite épître en seize vers, où je leur ai marqué ma reconnaissance sur leur fade raillerie. Je ne saurais vous dire avec combien d'applaudissements cette épître a été reçue de tout le monde; et j'ai fort bien reconnu par là que non-seulement je ne suis pas haï du public, mais qu'ils lui sont fort odieux. Je m'imagine que vous avez grande envie de voir ce petit ouvrage, et il n'est pas juste de retarder votre curiosité. Le voici :

AUX RÉVÉRENDS PÈRES RÉDACTEURS DU JOURNAL DE TRÉVOUX.

> Mes révérends pères en Dieu,
> Et mes confrères en satire,
> Dans vos écrits, en plus d'un lieu,
> Je vois qu'à mes dépens vous affectez de rire ;
> Mais ne craignez-vous point que, pour rire de vous,

Relisant Juvénal, refeuilletant Horace,
Je ne ranime encor ma satirique audace?
  Grands aristarques de Trévoux,
N'allez point de nouveau faire courir aux armes
Un athlète tout prêt à prendre son congé,
Qui, par vos traits malins au combat rengagé,
Peut encore aux rieurs faire verser des larmes.
  Apprenez un mot de Régnier,
  Notre célèbre devancier :
  « Corsaires attaquant corsaires
  « Ne font pas, dit-il, leurs affaires. »

Au reste, comme ils ne m'ont pas attaqué seul, et qu'ils ont traité très-indignement mon frère, au sujet du livre des Flagellants, je me suis cru obligé de le défendre contre la mauvaise foi avec laquelle ils l'accusent, eux et M. Thiers[1], d'avoir attaqué la discipline en général, quoiqu'il n'en reprenne que le mauvais usage; c'est ce que je fais voir par l'épigramme suivante, qui court aussi déjà dans le monde.

AUX PÈRES JOURNALISTES DE TRÉVOUX.

Non, le livre des Flagellants
N'a jamais condamné, lisez-le bien, mes pères,
  Ces rigidités salutaires
Que, pour ravir le ciel saintement violents,
Exercent sur leurs corps tant de chrétiens austères.
Il blâme seulement cet abus odieux
  D'étaler et d'offrir aux yeux
Ce que leur doit toujours cacher la bienséance ;
Et combat vivement la fausse piété,
Qui, sous couleur d'éteindre en nous la volupté,
Par l'austérité même et par la pénitence
Sait allumer le feu de la lubricité.

Cette épigramme n'est pas si bonne que la précédente. Elle dit pourtant assez bien ce que je veux dire, et défend parfaitement mon frère de la chose dont on l'accuse. Je ne sais pas ce que messieurs les journalistes répondront à cela; mais, s'ils m'en croient, ils profiteront du bon avis que je leur donne, par la bouche de Régnier, notre commun ami. Je n'ai pas vu jusqu'ici que ceux qui ont pris à tâche de me décrier y aient réussi. Ainsi je leur puis dire avec Horace :

Nec quisquam noceat cupido mihi pacis ! at ille
Qui me commorit (melius non tangere, clamo),
Flebit, et insignis tota cantabitur urbe[2].

Ce qu'il y a de certain, c'est que tout le tort est de leur côté. La vérité est que je me déclare dans mes ouvrages ami de M. Arnauld, mais en même temps je me déclare aussi ami *des écrivains de l'école d'Ignace*, et partant je suis tout au plus un *molinojanséniste*. C'est ce que je vous prie de bien faire entendre à vos illustres amis les jésuites de Lyon, que je ne confondrai jamais avec ceux de Trévoux,

1. Jean-Baptiste Thiers, théologien, né à Chartres en 1636, mort en 1703, a composé, outre la critique dont parle Despréaux, les Traités des superstitions, des perruques, des cloches, etc.
2. Liv. II, sat. I, v. 44.

quoiqu'on me veuille faire entendre que tous les jésuites sont un corps homogène, et que qui remue une des parties de ce corps remue toutes les autres; mais c'est de quoi je ne suis point encore parfaitement convaincu. Quoi qu'il en soit, il ne s'agit point en notre querelle d'aucun point de théologie : et je ne sais point comment messieurs de Trévoux pourront me faire janséniste pour avoir soutenu qu'on ne doit point étaler aux yeux ce que leur doit toujours cacher la bienséance. Ce *que je* vous prie surtout, c'est de bien faire ressouvenir M. Perrichon de la sincère estime que j'ai pour lui. Je suis...

120. — A M. ***.

Comme je n'avais point eu de vos nouvelles, monsieur, je me suis engagé à une autre partie que celle que vous m'aviez proposée. Pour les épigrammes, il n'y a plus de mesures à garder, puisque, grâce à l'indiscrétion, ou plutôt à l'envie de me faire valoir, de notre illustre ami, elles sont maintenant dans les mains de tout le monde. D'ailleurs on n'y fait plus actuellement que des critiques que je ne sens point, et qui sont par conséquent mauvaises; car à quoi je reconnais une bonne critique, c'est quand je la sens, et qu'elle m'attaque par l'endroit dont je me défais. C'est alors que je songe tout de bon à corriger, regardant celui qui l'a faite comme un excellent connaisseur, et tel que le censeur que je propose dans mon Art poétique en ces termes :

Faites choix d'un censeur solide et salutaire,
Que la raison conduise et le savoir éclaire ;
Et dont le crayon sûr d'abord aille chercher
L'endroit que l'on sent faible, et qu'on se veut cacher.
                                  Chant IV.

Du reste, je m'inquiète peu de toutes ces frivoles objections qui se font contre les bons ouvrages naissants. Cela ne dure guère, et l'on est tout étonné souvent que l'endroit que l'on condamnait *devient* le plus estimé. Cela est arrivé sur ces deux vers de la satire des femmes :

Et tous ces lieux communs de morale lubrique
Que Lulli réchauffa des sons de sa musique...

contre lesquels on se déchaîna d'abord, et qui passent aujourd'hui pour les meilleurs de la pièce. Il en arrivera de même, croyez-moi, du mot de *lubricité* dans mon épigramme sur le livre des Flagellants; car je ne crois pas avoir jamais fait quatre vers plus sonores que ceux-ci :

Et ne saurait souffrir la fausse piété,
Qui, sous couleur d'éteindre en nous la volupté,
Par l'austérité même et par la pénitence
Sait allumer le feu de la lubricité.

Cependant M. de Termes ne s'accommode pas, dites-vous, du mot de lubricité. Eh bien! qu'il en cherche un autre. Mais moi, pourquoi ôterais-je un mot qui est dans tous les dictionnaires au rang des mots les plus usités? Où en serait-on si l'on voulait contenter tout le monde?

Quid dem? Quid non dem? Renuis tu quod jubet alter[1].

Tout le monde juge, et personne ne sait juger. Il en est de même que de la manière de lire. Il n'y a personne qui ne croie lire admirablement, et il n'y a presque point de bons lecteurs. Je suis votre très-humble, etc.

121. — A BROSSETTE.

Paris, 7 décembre 1703.

J'ai tardé jusqu'à l'heure qu'il est, monsieur, à vous écrire, parce que j'attendais pour le faire que messieurs de Trévoux eussent répondu à mes épigrammes dans leur nouveau volume, afin de voir et de vous mander si j'avais la guerre ou non avec ces bons pères; mais étant demeurés dans le silence à mon égard, voilà toutes nos querelles finies, et vous pouvez assurer messieurs les jésuites de Lyon que je ne dirai plus rien contre aucun de leur compagnie, dans laquelle, quoique extrêmement ami de la mémoire de M. Arnauld, j'ai encore d'illustres amis, et entre autres le P. de la Chaise, le P. Bourdaloue et le P. Gaillard; car, pour ce qui regarde le démêlé sur la grâce, c'est sur quoi je n'ai point pris parti, étant tantôt d'un sentiment, et tantôt d'un autre: de sorte que, m'étant quelquefois couché janséniste tirant au calviniste, je suis tout étonné que je me réveille moliniste approchant du pélagien. Ainsi, sans les condamner, ni les uns ni les autres, je m'écrie avec saint Augustin : *O altitudo sapientiæ!* mais, après avoir quelquefois en moi-même traduit ces paroles par : *Oh! que Dieu est sage!* j'ajoute aussi en même temps : *Oh! que les hommes sont fous!* Je m'imagine que vous entendez bien pourquoi cette dernière exclamation, et que vous n'y comprenez pas un petit nombre de volumes.

Mais pour répondre maintenant à la question que vous me faites sur la prononciation du mot de *Trévoux*, et s'il faut un accent sur la pénultième, je vous dirai que c'est vous qui avez entièrement raison, et que ma faute vient de ce que je n'avais jamais entendu prononcer le nom de cette ville, avant les journaux de messieurs de Trévoux. Trouvez bon que je ne vous écrive rien davantage cet ordinaire, parce que le retour de M. de Valincour de l'armée navale m'a surchargé d'occupations. Aimez-moi toujours, croyez que je vous rends la pareille, et soyez bien persuadé que je suis très-passionnément...

122. — A M. LE VERRIER [1].

.... 1703.

N'êtes-vous plus fâché, monsieur, du peu de complaisance que j'eus hier pour vous? Non sans doute, vous ne l'êtes plus; et je suis persuadé qu'à l'heure qu'il est vous goûtez toutes mes raisons. Supposé pourtant que votre colère dure encore, je m'offre d'aller aujourd'hui chez vous à midi et demi vous prouver, le verre à la main, par plus d'un argument en forme, qu'un homme comme moi n'est point obligé de préférer son plaisir à sa santé, ni de demeurer à souper, même avec la meilleure compagnie du monde, quand il sent que cela le pourrait incommoder, et quand il a pour s'en excuser soixante et six raisons aussi bonnes et aussi valables que celles que la vieillesse avec ses doigts pesants m'a jetées sur la tête. Et, pour commencer ma preuve, je vous dirai ces vers d'Horace à Mécénas :

Quam mihi das ægro, dabis ægrotare timenti,
Mæcenas, veniam[2].

En cas donc que vous vouliez que j'achève ma démonstration, mandez-moi

Si validus, si lætus eris, si denique posces[3].

Autrement, ordonnez qu'on ne m'ouvre point chez vous. J'aime encore mieux n'y point entrer que d'y être mal reçu. Au reste, j'ai soigneusement relu votre plainte contre les Tuileries, et j'y ai trouvé des vers si bien tournés, que, franchement, en les lisant je n'ai pu me défendre d'un moment de jalousie poétique contre vous; de sorte qu'en la remaniant j'ai plutôt songé à vous surpasser qu'à vous réformer. C'est cette jalousie qui m'a fait mettre la pièce en l'état où vous l'allez voir. Prenez la peine de la lire.

PLAINTE CONTRE LES TUILERIES.

Agréables jardins, où les Zéphyrs et Flore
Se trouvent tous les jours au lever de l'aurore;
Lieux charmants qui pouvez dans vos sombres réduits
Des plus tristes amants adoucir les ennuis,
Cessez de rappeler dans mon âme insensée
De mon premier bonheur la gloire enfin passée.
Ce fut, je m'en souviens, dans cet antique bois

---

1. HORACE, liv. II, ép. II, v. 63.

---

1. Le même qui acheta la maison de Boileau à Auteuil. « Vous » « serez toujours chez vous, lui disait le Verrier ; et j'exige que vous « y conserviez une chambre, et que vous veuiez souvent l'habiter ». Quelques jours après la vente, Boileau y retourne en effet, entre dans le jardin ; et n'y trouvant plus un berceau qu'il aimait, il appelle Antoine : « Qu'est devenu mon berceau ? — Abattu par l'ordre « de M. le Verrier. — Je ne suis plus le maître ici ; qu'y viens-je « faire ? » Et il remonta à l'instant même en voiture. Ce fut son dernier voyage à Auteuil.
2. Liv. I, ép. VII, v. 4.
3. Liv. I, ép. XIII, v. 3.

Que Phillis m'apparut pour la première fois ;
C'est ici que souvent, dissipant mes alarmes,
Elle arrêtait d'un mot mes soupirs et mes larmes ;
Et que, me regardant d'un œil si gracieux,
Elle m'offrait le ciel ouvert dans ses beaux yeux.
Aujourd'hui cependant, injustes que vous êtes,
Je sais qu'à mes rivaux vous prêtez vos retraites,
Et qu'avec elle assis sur vos tapis de fleurs,
Ils triomphent, contents de mes vaines douleurs.
Allez, jardins dressés par une main fatale,
Tristes enfants de l'art du malheureux Dédale :
Vos bois, jadis pour moi si charmants et si beaux,
Ne sont plus qu'un désert, refuge des corbeaux,
Qu'un séjour infernal, où cent mille vipères
Tous les jours en naissant assassinent leurs mères.

Je ne sais, monsieur, si dans tout cela vous reconnaîtrez votre ouvrage, et si vous vous accommoderez des nouvelles pensées que je vous prête. Quoi qu'il en soit, faites-en tel usage que vous jugerez à propos ; car, pour moi, je vous déclare que je n'y travaillerai pas davantage. Je ne vous cacherai pas même que j'ai une espèce de confusion d'avoir, par une molle complaisance pour vous, employé quelques heures à un ouvrage de cette nature, et d'être moi-même tombé dans le ridicule dont j'accuse les autres, et dont je me suis si bien moqué par ces vers de la satire à mon Esprit :

Faudra-t-il de sang-froid, et sans être amoureux,
Pour quelque Iris en l'air faire le langoureux,
Lui prodiguer les noms de Soleil et d'Aurore,
Et toujours bien mangeant, mourir par métaphore[1] ?

Ce qu'il y a de sûr, c'est que je ne retomberai plus dans une pareille faiblesse, et que c'est à ces vers d'amourettes, bien plus justement qu'à ceux de ma pénultième épître, qu'aujourd'hui je dis très-sérieusement :

Adieu, mes vers, adieu pour la dernière fois.

Du reste, je suis parfaitement votre, etc.

123. — A BROSSETTE.

Paris, 25 janvier 1704.

Ce n'est pas, monsieur, à un homme qui a tort à se plaindre d'un homme qui a raison. Cependant vous trouverez bon que je ne m'assujettisse pas aujourd'hui à cette règle, et que, tout coupable que je suis de négligence à votre égard, je ne laisse pas de me plaindre de votre peu de diligence depuis quelque temps à m'écrire. Quoi ! monsieur, laisser passer tout le mois de janvier sans me souhaiter, du moins par un billet, la bonne année ? Cela se peut-il souffrir ? Vous me direz que j'ai bien laissé passer le mois de novembre et celui de décembre pour répondre à deux lettres que j'ai reçues de vous ; mais doit-on se régler sur un paresseux de ma force, et pouvez-vous vous dire un homme exact, si vous ne l'êtes que deux fois plus que moi ? Sérieusement, je suis fort en peine de n'avoir point eu depuis très-longtemps de vos nouvelles. Auriez-vous été indisposé ? C'est ce que j'appréhenderais le plus. Faites-moi donc la grâce de me rassurer sur ce point, et de me dire pourquoi dans votre dernière lettre vous ne parlez point de mon accommodement avec messieurs de Trévoux. Cet accommodement est maintenant complet, et le P. Gaillard est venu, de la part de messieurs les jésuites de Paris, témoigner à mon frère le chanoine qu'on avait fort lavé la tête à ces aristarques indiscrets, qui assurément ne diraient plus rien contre moi.... Je suis avec beaucoup de sincérité et de reconnaissance....

124. — AU MÊME.

Auteuil.... 1704.

Vous êtes, monsieur, l'ami du monde le plus commode pour un paresseux comme moi, puisque, dans le temps même que je ne sais comment vous demander pardon de ma négligence, vous me faites vous-même des excuses, et vous déclarez le négligent de nous deux ; je n'ai pourtant pas oublié que c'est moi qui ai manqué à répondre à plusieurs de vos lettres, et, entre autres, à celles où vous m'assurez que vous avez vu à Lyon mon dialogue des romans imprimé. Je ne sais pas même comment j'ai pu tarder si longtemps à vous détromper de cette erreur, ce dialogue n'ayant jamais été écrit, et ce que vous avez lu ne pouvant sûrement être un ouvrage de moi. La vérité est que, l'ayant autrefois composé dans ma tête, je le récitai à plusieurs personnes qui en furent frappées, et qui en retinrent quantité de bons mots. C'est de quoi on a vraisemblablement fabriqué l'ouvrage dont vous me parlez ; et je soupçonne fort M. le marquis de Sévigné[1] d'en être le principal auteur, car c'est lui qui en a retenu le plus de choses. Mais tout cela, encore un coup, n'est point mon dialogue, et vous en conviendrez vous-même, si vous venez à Paris, quand je vous en réciterai des endroits. J'ai jugé à propos de ne les point donner au public pour des raisons très-légitimes, et que je suis persuadé que vous approuverez ; mais cela n'empêche pas que je ne le retrouve encore fort bien dans ma mémoire quand je voudrai un peu y rêver, et que je vous en dise assez pour enrichir votre commentaire sur mes ouvrages.

Je suis bien aise que mon frère vous ait écrit le détail de notre accommodement avec messieurs de Trévoux. Je n'ai pas eu de peine à donner les mains à cet accord.

Aujourd'hui vieux lion, je suis doux et traitable[2].

---

1. Satire IX.

1. Fils de la célèbre marquise de Sévigné.
2. Épître V.

Et d'ailleurs, quoique passionné admirateur de l'illustre M. Arnauld, je ne laisse pas d'estimer infiniment le corps des jésuites, regardant la querelle qu'ils ont eue avec lui sur Jansénius comme une vraie dispute de mots, où l'on ne se querelle que parce qu'on ne s'entend point, et où l'on est hérétique de part et d'autre. Adieu, mon cher monsieur; faites bien mes compliments à M. Perrichon et à tous nos autres illustres amis de l'hôtel de ville de Lyon, et croyez qu'on ne peut être avec plus de sincérité et de respect que je le suis....

125. — J.-B. ROUSSEAU A BOILEAU.

Vous me dites, monsieur, la dernière fois que j'eus l'honneur de vous voir, que vous n'aviez point l'édition qui a été faite en Hollande de votre dialogue sur les romans. J'en ai cherché un exemplaire, que j'ai fait copier par un homme véritablement qui serait excellent pour écrire sous un ministre les secrets de l'État. J'ai corrigé du mieux que j'ai pu les fautes de ce rare copiste, et je souhaite que vous persistiez dans le dessein de corriger celles qui appartiennent aux personnes qui ont fait imprimer l'ouvrage même. Tel qu'il est, je ne connais personne qui n'eût été frappé des plaisanteries ingénieuses qui y sont répandues. Il n'y a que vous au monde qui soyez capable de faire sentir, dans un aussi petit nombre de pages, tout le ridicule d'une infinité prodigieuse de gros volumes; et on ne croira jamais que vous ayez pu mieux faire, à moins que vous ne fassiez voir la pièce telle que vous l'avez composée[1]. Vous ne devez point refuser cette satisfaction au public. Je suis, etc.

126. — A BROSSETTE.

Auteuil, 15 juin 1704.

Je suis bien honteux, monsieur, d'avoir été si longtemps sans répondre à vos obligeantes lettres. Cependant je ne laisse pas d'être fâché d'avoir d'aussi bonnes excuses que celles que j'ai à vous en faire : car, outre que j'ai été extrêmement incommodé d'un mal de poitrine qui non-seulement ne me permettait pas d'écrire, mais qui ne me laissait pas même l'usage de la respiration, la suppression subite qui s'est faite des greffiers de la grand'chambre, qui ont va mettre une de mes nièces à l'hôpital, avec son mari et ses trois enfants, m'a jeté dans une consternation qui n'excuse que trop justement mon silence. Je ne vous entretiendrai point du détail de cette affaire. Tout ce que je puis vous dire, c'est que les prospérités de la France coûtent cher au greffe, et que, si cela continue, j'ai bien peur que les trois quarts du royaume ne s'en aillent à l'hôpital couronnés de lauriers. Il faut pourtant tout espérer de Dieu et de la prudence du roi.

Vous m'avez fait plaisir de me mander les miracles du jésuite Romeville. Je ne sais pas s'il a ressuscité des morts et fait marcher des paralytiques; mais le plus grand miracle, à mon avis, qu'il pourrait faire, ce serait de convenir que M. Arnauld était le plus grand personnage et le plus vénérable chrétien qui ait paru depuis longtemps dans l'Église, et de désavouer les exécrables maximes de tous les nouveaux casuistes. Alors je lui crierais: *Hosanna in excelsis! beatus qui venit in nomine Domini!*

J'ai bien de la joie que vous vous érigiez en auteur par un aussi bon et aussi utile ouvrage que celui dont vous m'avez envoyé le titre. J'ai naturellement peu d'inclination pour la science du droit civil, et il m'a paru, étant jeune et voulant l'étudier, que la raison qu'on y cultivait n'était point la raison humaine et celle qu'on appelle bon sens, mais une raison particulière, fondée sur une multitude de lois qui se contredisent les unes les autres, et où l'on se remplit la mémoire sans se perfectionner l'esprit. Je me souviens même que dans ce temps-là je fis sur ce sujet des vers latins qui commençaient par

O mille nexibus non desinentium
Fecunda rixarum parens !
Quid intricatis juribus jura impedis ?

J'ai oublié le reste. Il m'est pourtant encore demeuré dans la mémoire que j'y comparais les lois du Digeste aux dents du dragon que sema Cadmus, et dont il naissait des gens armés qui se tuaient les uns les autres. La lecture du livre de M. Domat[1] m'a fait changer d'avis, et m'a fait voir dans cette science une raison que je n'y avais point trouvée jusque-là. C'était un homme admirable. Je ne suis donc point surpris qu'il vous ait si bien distingué, tout jeune que vous étiez[2]. Vous me faites grand honneur de me comparer à lui, et de mettre en parallèle un misérable faiseur de satires avec le restaurateur de la raison dans la jurisprudence. On m'a dit qu'on le cite déjà tout haut dans les plaidoiries, comme Balde et Cujas[3], et on a raison : car, à mon sens, il vaut mieux qu'eux. Je vous en dirais davantage; mais permettez que, dans le chagrin où je suis, je me hâte de vous assurer que je suis, etc.

127. — A M. DE LA CHAPELLE.

Paris, 10 juillet 1704.

J'ai reçu, mon très-cher et très-exact neveu, mon

---

1. Ce fut ce qui l'obligea à donner lui-même ce dialogue. (L. R.)

1. Le *Traité sur les lois civiles, dans leur ordre naturel.*
2. Brossette étudiait en droit à Paris, en 1691, avec les deux fils de Domat.
3. Deux jurisconsultes célèbres.

ordonnance. Elle est en très-bonne forme; mais plût à Dieu que vous la pussiez aussi bien faire payer que vous la savez faire expédier! Il y a tantôt dix mois que je suis à solliciter le payement de la précédente, et qu'on répond au trésor royal : *Il n'y a point d'argent*, sans même me faire espérer qu'il y en aura. Si cela dure, je vois bien qu'au lieu de louis d'or je vais amasser dans mon coffre quantité de beaux modèles de lettres financières, et qui pourront être de quelque utilité à ceux à qui je voudrai les prêter pour les copier. Voilà les fruits de la guerre[1] :

Impius hæc tam culta novalia miles habebit?[2]

Je vous donne le bon jour et suis passionnément....

ÉPITRE
ADRESSÉE A DESPRÉAUX PAR HAMILTON[3],
QUI NE S'ÉTAIT POINT NOMMÉ.

De Maintenon, 1704.

Des bords de la rivière d'Eure,
Lieux où, pour orner la nature,
L'art fit jadis quelque fracas ;
De ces lieux, aujourd'hui brillants de mille appas,
 Gens qui n'estiment point Voiture
 M'ont engagé dans l'embarras
 D'un nouveau genre d'écriture
 Dont vous ferez fort peu de cas,
 Et que l'écrivain du *Mercure*,
Pour grossir le recueil de ses galants fatras,
 Trouverait d'un style trop bas:
 On veut que je vous prouve en rime,
 Moi qui n'en suis qu'à l'alphabet,
Que pour ces lieux charmants où chacun vous estime
Vous devez pour un temps et quitter le sublime,
 Et vous arracher à *Babet*[4].
En vain je m'en défends; on ne veut point d'excuse :
Écrivez, me dit-on; peut-on être en défaut,
Quand du gentil Voiture on révère la muse
 Et les prologues de Quinault?
 Révolté contre l'ironie,
Je soutiens par dépit, en termes absolus,
 Que j'aime l'auteur d'*Uranie*[5]

1. Louis XIV soutenait sur plusieurs points de l'Europe une guerre formidable pour maintenir sur le trône d'Espagne Philippe V, son petit-fils. Les craintes de Despréaux étaient loin d'être exagérées : la France n'eut pas seulement à regretter des succès ruineux, elle n'offrit bientôt qu'une longue suite de revers. Le poëte qui avait chanté ses conquêtes mourut avec la douleur de la voir épuisée, et réduite à proposer vainement les conditions d'une paix humiliante.
2. VIRGILE, égl. I, v. 71.
3. Connu dans les lettres par ses *Mémoires de Grammont*. « C'est « de tous les livres frivoles, dit la Harpe, le plus agréable et le plus « ingénieux ; c'est l'ouvrage d'un esprit léger et fin, accoutumé, « dans la corruption des cours, à ne connaître d'autre vice que le « ridicule; à couvrir les plus mauvaises mœurs d'un vernis d'élé- « gance ; à rapporter tout au plaisir et à la gaieté....... L'art de ra- « conter les choses de manière à les faire valoir beaucoup » et est dans « sa perfection. »
4. La gouvernante de Despréaux.
5. Le sonnet de Voiture pour *Uranie*.

Jusque dans ses *lanturelus*[1] ;
Que ses rondeaux sont au-dessus
De la taurique Iphigénie[2],
Et des vacarmes rebattus
Que vient faire dans sa manie
La belle-fille d'Égyptus[3].
Mais par ce discours inutile
Ayant attiré leur courroux,
D'une manière plus docile
Je leur dis: A quoi songez-vous ?
L'art de rimer, pour moi, fut toujours un mystère;
 Et, dans nos efforts superflus,
Inspirez-moi les vers que je ne sais point faire,
 Ou permettez-moi de me taire,
 Sans prendre, en dépit de Phébus,
 Une route si téméraire:
 Assez d'idylles, de rébus,
 De bouts-rimés et d'impromptus
 Excitent partout sa colère.
 Est-il pour vous si nécessaire
 De renchérir sur ces abus ?
 Ce n'est qu'aux lieux où l'indolence,
 Dans la retraite et dans l'aisance,
 Ignore jusqu'aux moindres maux ;
 Ce n'est qu'aux lieux où, dans un plein repos,
 Le jugement et l'élégance,
 Du bon goût tenant la balance,
 Pèsent le choix de tous les mots ;
 Ce n'est enfin que parmi ces coteaux
Où Phébus à longs traits répand son influence,
 Que l'harmonieuse cadence
 Fait naître la rime à propos ;
 Et cet art n'a de résidence
 Que chez l'illustre Despréaux.
Chez nous, chétifs rimeurs, le dieu des vers, de glace,
 N'échauffe qu'en pointe de vin,
 Ou bien quand un couplet malin
 Peint quelque Iris à triste face;
 Mais sur Auteuil, comme au Parnasse,
 Il épanche son feu divin.
C'est là que près de lui tient la première place
Cet élève fameux qui chanta le Lutrin,
Qui le premier ouvrit tous les trésors d'Horace,
Qui des replis obscurs du grec et du latin
Démêla Juvénal, développa Longin.
 Déguisé sous l'ignoble crasse
 Des traducteurs de chez Barbin.
 Tels chantres ont le goût trop fin
 Pour espérer qu'ils fassent grâce
 A des vers qui sont de la classe
 Des madrigaux de Trissotin.
 Nous donc qu'un même sort menace,
 Pour éviter même disgrâce,

1. *Lanturlu*, qui est le véritable mot, est un refrain de chanson. Voiture s'en est servi d'une manière assez heureuse dans des couplets sur les affaires du temps, pendant la régence d'Anne d'Autriche.
2. *Oreste et Pylade*, tragédie de Lagrange-Chancel, représentée le 11 décembre 1697.
3. L'*Hypermnestre* de Riupeirous, jouée pour la première fois le 1er avril 1704.

A nos sornettes mettons fin ; .
Notre Pégase est un roussin
Que la moindre traite embarrasse,
Et qui, bronchant dès la préface,
Est rétif à moitié chemin.

128. — AU COMTE DE GRAMMONT[1].

A Paris, ce 13 octobre 1704.

Je ne sais pas, monseigneur, comme vous l'entendez ; mais il me semble que c'est le poëte qui doit écrire de belles lettres au duc et pair, et non point le duc et pair au poëte. D'où vient donc que vous avez songé à m'en écrire une ? Est-ce que vous vouliez m'apprendre mon métier, et que vous pensiez savoir mieux que moi où il faut placer les belles figures et les comparaisons du soleil ? La vérité est cependant que votre plume a mieux fait que vous, et non-seulement ne s'est point guindée pour me dire de belles choses, mais, en me disant des choses très-badines, m'a autorisé à vous en dire de pareilles ; c'est de quoi je m'accommode fort, et dont je saurai très-bien user. Oserai-je néanmoins vous dire que votre lettre, en me réjouissant fort, m'a pourtant chagriné, puisque je vous croyais entièrement guéri, et que c'est par elle que j'ai appris que vous étiez encore sous la conduite d'Esculape ? Oh ! le fâcheux dieu ! Il ne parle jamais que de sobriété et d'abstinences ; et nous autres beaux esprits, quoique ses frères en Apollon, nous ne le pouvons plus souffrir, surtout depuis qu'il n'a plus voulu entreprendre de guérir messieurs de... de la folie de juger des ouvrages. Je le tiens de la faculté : je lui pardonne pourtant volontiers la défense qu'il vous a faite de m'écrire de belles lettres, mais non pas de m'écrire, comme vous faites, tout ce qui vient au bout de la plume, et surtout de m'assurer que madame de N.... et madame de Q.... me font l'honneur de se souvenir de moi. Cela ne s'appelle point *magno conatu magnas nugas*, puisque c'est au contraire une chose très-aisée à dire, et qui me fait un plaisir très-sérieux.

Mais, monseigneur, à propos de belles choses, quel est donc le nouvel habitant de Maintenon qui m'a écrit la lettre en vers que vous m'avez fait l'honneur de m'envoyer ?

Quis novus hic vestris successit sedibus hospes[2] ?

Je n'ai pas l'honneur de la connaître ; mais, supposé qu'il y ait chez vous beaucoup de pareils habitants, je ne doute point que les Muses n'abandonnent dans peu les rives du Permesse, pour s'aller habiter aux bords de la rivière d'Eure. Il a raison de soutenir le parti de Voiture, puisqu'il lui ressemble beaucoup, et qu'en le défendant il défend sa propre cause, aux pointes près, dont je ne le vois pas fort amoureux. J'ose vous prier, monseigneur, de lui bien témoigner l'estime que je fais de lui, et la reconnaissance que j'ai de l'estime qu'il fait de moi. Mais de quoi je vous conjure encore davantage, c'est de bien marquer à madame de N.... et à madame de Q.... la sincère vénération que j'ai pour elles, et de croire qu'il n'y a personne qui soit avec plus de sincérité et de respect que moi, monseigneur, votre très-humble, etc.

129. — A BROSSETTE.

Paris, 13 décembre 1704.

Je suis si coupable, monsieur, à votre égard, que je sens bien que, si je voulais faire mon apologie, il me faudrait plus d'une fois relire mon Aristote et mon Quintilien, et y chercher des figures propres à bien mettre en jour un procès et une maladie que j'ai eus, et qui m'ont empêché de répondre aux lettres obligeantes et judicieuses que vous m'avez fait l'honneur de m'écrire ; mais, comme je suis sûr de mon pardon, je crois que je ferai mieux de ne me point amuser à ces vains artifices, et de vous dire, comme si de rien n'était, après vous avoir avoué ma faute, que je suis confus des bontés que vous me marquez dans votre dernière lettre. J'admire la délicatesse de votre conscience, et le soin que vous prenez de m'y fournir des armes contre vous-même, au sujet de la critique que vous m'avez faite sur la piqûre de la guêpe. Je n'avais garde de me servir de ces armes, puisque franchement je ne savais rien, avant votre lettre, du fait que vous m'y apprenez. Je suis ravi que ce soit à M. de Pujet que je doive ma disculpation, et je vous prie de le bien marquer dans votre commentaire sur le Lutrin ; mais surtout je vous conjure de bien témoigner à cet excellent homme l'estime que je fais de lui et de ses découvertes dans la physique. Je vois bien qu'il a en vous un merveilleux disciple : mais dites-moi comment vous faites pour passer si aisément de l'étude de la nature à l'étude de la jurisprudence, et pour être en même temps si digne sectateur de M. de Puget et de M. Domat ?

Il n'y a rien de plus savant et de plus utile que votre livre sur *les titres du droit civil et du droit canonique* ; et bien que j'aie naturellement, comme je vous l'ai déjà dit, une répugnance à l'étude du droit, je n'ai pas laissé de lire plusieurs endroits de votre ouvrage avec beaucoup de satisfaction. Vous m'avez fait un grand plaisir de me l'envoyer, et je voudrais bien vous pouvoir faire un présent de ma façon qui pût, en quelque sorte, égaler le prix de votre livre ; mais cela n'étant pas possible, je crois que vous voudrez bien vous contenter de

---

1. Le héros des *Mémoires* dont nous venons de parler.
2. *Enéid.*, liv. IV, v. 10.

deux épigrammes nouvelles que j'ai composées dans quelques moments de loisir. Ne les regardez pas avec des yeux trop rigoureux, et songez qu'elles sont d'un homme de soixante-sept ans. Les voici :

ÉPIGRAMME

SUR UN HOMME QUI PASSAIT SA VIE A CONTEMPLER SES HORLOGES.

Sans cesse autour de six pendules,
De deux montres, de trois cadrans,
Lubin, depuis trente et quatre ans,
Occupe ses soins ridicules.
Mais à ce métier, s'il vous plaît,
A-t-il acquis quelque science ?
Sans doute; et c'est l'homme de France
Qui sait le mieux l'heure qu'il est.

AUTRE A. M. LE VERRIER

SUR LES VERS DE SA FAÇON QU'IL A FAIT METTRE AU BAS DE MON PORTRAIT, GRAVÉ PAR DREVET.

Oui, le Verrier, c'est là mon fidèle portrait,
Et l'on y voit à chaque trait
L'ennemi des Cotins tracé sur mon visage ;
Mais ces vers altiers qu'au bas de cet ouvrage,
Trop enclin à me rehausser,
Sur un ton si pompeux tu me fais prononcer,
Qui de l'ami du vrai reconnaîtra l'image ?

Voilà, monsieur, deux diamants du temple que je vous envoie pour un livre plein de solidité et de richesses. Vous en ferez tel usage que vous jugerez à propos, et même, si vous voulez, un très-indigne usage. Cependant je vous prie de croire que c'est du fond du cœur que je suis à outrance, etc.

130. — AU MÊME.

Paris, 12 janvier 1705.

Je vous envoie, monsieur, le portrait dont il est question. M. Le Verrier, qui vous en fait présent, voulait l'accompagner d'une lettre de compliment de sa main; mais dans le temps qu'il l'écrivait, on l'a envoyé chercher de la part de M. Desmarets[1], et je me suis chargé de l'excuser envers vous. Il m'a assuré pourtant qu'il vous écrirait au premier jour par la poste. Ainsi sa lettre arrivera peut-être avant celle-ci, que je vous envoie par la voie que vous m'avez marquée. Il y a des gens qui trouvent que le portrait me ressemble beaucoup ; mais il y en a bien aussi qui n'y trouvent point de ressemblance. Pour moi, je ne saurais qu'en dire : car je ne me connais pas trop bien, et je ne consulte pas trop souvent mon miroir. Il y a encore un autre portrait de moi, gravé par un ouvrier dont je ne sais pas le nom, et qui me ressemble moins qu'au grand Mogol. Il me fait extrêmement *rechigneux*[1] ; et comme il n'y a pas de vers au bas, j'ai fait ceux-ci pour y mettre :

Du célèbre Boileau tu vois ici l'image.
Quoi ! c'est là, diras-tu, ce critique achevé !
D'où vient le noir chagrin qu'on lit sur son visage ?
    C'est de se voir si mal gravé.

Je ne sais si le graveur sera content de ces vers ; mais je sais qu'il ne saurait en être plus mécontent que je le suis de sa gravure. Je vous donne le bonjour, et suis très-parfaitement, etc.

Témoignez bien à M. Perrichon à quel point je suis glorieux de son souvenir.

131. — AU COMTE HAMILTON.

Paris, le 8 février 1705.

Je ne devais dans les règles, monsieur, répondre à votre obligeante lettre qu'en vous renvoyant l'agréable manuscrit que vous m'avez fait remettre entre les mains ; mais ne me sentant pas disposé à m'en dessaisir, j'ai cru que je ne pouvais pas différer davantage à vous en faire mes remercîments, et à vous dire que je l'ai lu avec un plaisir extrême ; tout m'y ayant paru également fin, spirituel, agréable et ingénieux. Enfin, je n'y ai rien trouvé à redire que de n'être pas assez long ; cela ne me paraît pas un défaut dans un ouvrage de cette nature, où il faut montrer un air libre et affecter même quelquefois, à mon avis, un peu de négligence. Cependant, monsieur, comme dans l'endroit de ce manuscrit où vous parlez de moi magnifiquement vous prétendez que, si j'entreprenais de louer M. le comte de Grammont, je courrais risque en le flattant de le dévisager, trouvez bon que je transcrive ici huit vers qui me sont échappés ce matin, en faisant réflexion sur la vigueur d'esprit que cet illustre comte conserve toujours, et que j'admire d'autant plus qu'étant encore fort loin de son âge, je sens le peu de génie que j'ai pu avoir autrefois entièrement diminué et tirant à sa fin. C'est sur cela que je me suis récrié :

Fait d'un plus pur limon, Grammont à son printemps
N'a point vu succéder l'hiver de la vieillesse ;
La cour le voit encor brillant, plein de noblesse,
    Dire les plus fins mots du temps,
Effacer ses rivaux auprès d'une maîtresse.
Sa course n'est au fond qu'une longue jeunesse,
Qu'il a déjà poussée à deux fois quarante ans[2].

Je vous supplie, monsieur, de me mander s'il est *égratigné* dans ces vers, et de croire que je suis, avec toute la sincérité et le respect que je dois,

---

1. Élève et neveu de Colbert, Desmarets occupait alors l'une des deux charges de directeurs des finances, créées en 1701.

1. On dit aujourd'hui *rechigne*.
2. Le comte de Grammont mourut à quatre-vingt-six ans, le 10 janvier 1707.

132. — A BROSSETTE.

6 mars 1705.

Je ne m'étendrai point ici, monsieur, en longues excuses du long temps que j'ai été à répondre à vos obligeantes lettres, puisqu'il n'est que trop vrai qu'un très-fâcheux rhume que j'ai eu, accompagné même de quelque fièvre, m'a entièrement mis hors d'état, depuis trois semaines, de faire ce que j'aime le mieux à faire, je veux dire de vous écrire. Me voilà entièrement rétabli, et je vais m'acquitter d'une partie de mon devoir.

Je suis fort aise que votre illustre physicien, à l'aide de son microscope, ait trouvé de quoi justifier le vers du Lutrin que vous attaquiez, et qu'il ait rendu à la guêpe son honneur : car, bien qu'elle soit un peu décriée parmi les hommes, on doit rendre justice à ses ennemis, et reconnaître le mérite de ceux mêmes qui nous persécutent. Je vous prie donc de faire bien des remerciments de ma part à M. de Puget, et de lui bien marquer l'estime que je fais des excellentes qualités de son esprit, qui n'ont pas besoin, comme celles de la guêpe, du microscope pour être vues.

Vous faites, à mon avis, trop de cas des deux épigrammes que je vous ai envoyées, et *surtout* de celle à M. Le Verrier, qui n'est qu'un petit compliment très-simple, que je me suis cru obligé de lui faire pour empêcher qu'on ne me crût auteur des quatre vers qui sont au bas de mon portrait, et qui sont beaucoup meilleurs que mes épigrammes, n'y ayant rien surtout de plus juste que ces deux vers :

> J'ai su dans mes écrits, docte, enjoué, sublime,
> Rassembler en moi Perse, Horace et Juvénal.

Supposé que cela fût vrai ; *docte* répondant admirablement à Perse, *enjoué* à Horace et *sublime* à Juvénal. Il les avait faits d'abord indirects, et de la manière dont vous me faites voir que vous avez prétendu les rajuster ; mais cela les rendait froids, et c'est par le conseil de gens très-habiles qu'il les mit en style direct : la prosopopée ayant une grâce qui les anime, et une fanfaronnade même, pour ainsi dire, qui a son agrément.

Vous ne me dites rien des quatre vers que j'ai faits pour l'autre infâme gravure dont je vous ai parlé. Est-ce que vous les trouveriez mauvais ? Ils ont pourtant réjoui tous ceux à qui je les ai dits. Mais, pour vous satisfaire sur l'histoire que vous me demandez de l'épigramme de Lubin, je vous dirai que Lubin est un de mes parents qui est mort il y a plus de vingt ans et qui avait la folie que j'y attaque. Il était secrétaire du roi, et s'appelait M. Targas. J'avais dit, lui vivant, le mot dont j'ai composé le sel de mon épigramme, qui n'a été faite qu'environ depuis deux mois, chez moi, à Auteuil, où couchait l'abbé de Châteauneuf[1]. Je m'étais ressouvenu le soir, en conversant avec lui, du mot dont il est question ; il l'avait trouvé fort plaisant, et sur cela nous étions convenus l'un et l'autre qu'avant tout, pour faire une bonne épigramme, il fallait dire en conversation le mot qu'on y voulait mettre à la fin, et voir s'il frapperait. Celui-ci donc l'ayant frappé, je le lui rapportai le lendemain au matin construit en épigramme, telle que je vous l'ai envoyée. Voilà l'histoire.

Le monument antique que vous m'avez fait tenir est fort beau et fort vrai. Mon dessein était de le porter moi-même à l'Académie des inscriptions ; mais j'ai su qu'il y avait déjà longtemps qu'il y était, et que les académiciens mêmes s'étaient déjà fort exercés sur cette excellente relique de l'antiquité. Je ne sais pas pourquoi vous me faites une querelle d'Allemand sur la prééminence qu'a eue autrefois Lyon au-dessus de Paris. Est-ce que Paris a jamais nié que, du temps de César, non-seulement Lyon, mais Marseille, Sens, Melun, ne fussent beaucoup plus considérables que Paris ? Et qu'est-ce que de cela Lyon saurait conclure contre Paris, sinon ce vers du Cid :

> Vous êtes aujourd'hui ce qu'autrefois je fus [2] ?

Je vous conjure bien de marquer à M. de Mezzabarba[3], dans les lettres que vous lui écrirez, le cas que je fais de sa personne et de son mérite. Je ne sais si vous avez vu la traduction qu'il a faite de mon ode sur Namur. Je ne vous dirai pas qu'il y est plus moi-même que moi-même ; mais je vous dirai hardiment que, bien que j'aie surtout songé à y prendre l'esprit de Pindare, M. de Mezzabarba y est beaucoup plus Pindare que moi. Si vous n'avez pas encore reçu de lettre de M. Le Verrier, cela ne vient que de ma faute, et du peu de soin que j'ai eu de le faire ressouvenir, comme je devais, de vous écrire ; mais je vais dîner aujourd'hui chez lui, et je réparerai ma négligence. Vous pouvez vous assurer d'avoir, au premier jour, un compliment de sa façon. Adieu, mon illustre monsieur ; croyez que c'est très-sincèrement que je suis, etc.

Souffrez que je fasse ici en particulier, et hors d'œuvre, mon compliment à M. Perrichon.

133. — AU MÊME.

..... 1705.

Je suis si coupable envers vous, monsieur, que,

---

1. L'abbé de Châteauneuf, parrain de Voltaire, est assez connu par ses liaisons avec Ninon de Lenclos : il devrait l'être davantage par l'agréable dialogue qu'il composa pour elle sur la musique des anciens.
2. Acte I, sc. vi.
3. L'abbé de Mezzabarba, membre de la congrégation des Somasques, et professeur de rhétorique à Brescia, à Pavie et à Turin.

si je voulais me disculper de toutes mes négligences, il faudrait que j'y employasse toutes mes lettres, et je ne vous pourrais parler d'autre chose. Il me semble donc que le mieux est de vous renvoyer à mes excuses précédentes, puisque je n'en ai point de nouvelles à vous alléguer, et de vous prier de suppléer, par la violence de votre amitié, à la faiblesse de mes raisons. Cela étant, je vous dirai que j'ai été ravi d'apprendre, par votre dernière lettre, l'honorable distribution que vous avez faite des estampes de Drevet. La vérité est que vous devriez les avoir reçues de ma main; mais je crois vous avoir déjà écrit que je ne les donnais à personne, à cause des vers fastueux que M. Le Verrier a fait graver au bas, et dont je paraîtrais tacitement approuver l'ouverte flatterie, si j'en faisais des présents en mon nom. Cependant il n'est pas possible de n'être point bien aise qu'elles soient entre les mains de M. de Puget et de M. Perrichon, et qu'elles leur donnent occasion de se ressouvenir de l'homme du monde qui les estime et les honore le plus. Pour ce qui est de monsieur le prévôt des marchands de Lyon, je ne saurais croire qu'il souhaite de voir un portrait aussi peu digne de sa vue que le mien. La vérité est pourtant que je souhaite fort qu'il le souhaite, puisqu'il n'y a point d'homme dont j'aie entendu dire tant de bien que de cet illustre magistrat, et qu'on ne peut être honnête homme sans désirer d'être estimé d'un aussi excellent homme que lui. M. Le Verrier m'a assuré qu'il vous enverrait encore deux de mes portraits par la voie que vous m'avez mandé; et vous les pourrez donner à qui vous jugerez à propos. M. de Puget me fait bien de l'honneur de me mettre en regard, pour me servir de vos termes, avec M. Pascal. Rien ne me saurait être plus agréable que de me voir mis en parallèle avec un si merveilleux génie; mais tout ce que nous avons de semblable, comme l'a fort bien remarqué M. de Puget dans ses jolis vers, c'est l'inclination à la satire, si l'on doit donner le nom de satires à des lettres aussi instructives et aussi chrétiennes que celles de M. Pascal.

Je viens maintenant à l'extrême honneur que la ville de Lyon me fait en me demandant mon sentiment sur l'inscription nouvelle qu'elle veut qui soit mise dans son hôtel de ville, au sujet du passage de nos seigneurs les princes en 1701 : et je n'aurai pas grand'peine à me déterminer là-dessus, puisque je suis entièrement déclaré pour la langue latine, qui est extrêmement propre, à mon avis, pour les inscriptions, à cause de ses ablatifs absolus; au lieu que la langue française, en de pareilles occasions, traîne et languit par ses gérondifs incommodes, et par ses verbes auxiliaires, où elle est indispensablement assujettie, et qui sont toujours les mêmes. Ajoutez qu'ayant besoin pour plaire d'être soutenue, elle n'admet point cette simplicité majestueuse du latin, et, pour peu qu'on l'orne, donne dans un certain phébus qui la rend sotte et fade. En effet, monsieur, voyez, par exemple, quelle comparaison il y aurait entre ces mots qui viennent au bout de la plume : *Regiâ familiâ urbem invisente*, et ceux-ci : *La royale famille étant venue voir la ville*. Avec tout cela néanmoins peut-être que je me trompe, et je me rendrai volontiers sur cela à l'avis de ceux qui me demandent mon avis. Cependant je vous prie de bien témoigner mes respects à messieurs de la ville de Lyon, et de leur bien marquer que je ne perdrai jamais l'occasion de célébrer une ville qui a été pour ainsi dire, par ses pensions, la mère nourrice de mes muses naissantes, et chez qui autrefois, comme je l'ai déjà dit dans un endroit de mes ouvrages, on obligeait les méchants auteurs d'effacer eux-mêmes leurs écrits avec la langue. Du reste, croyez qu'on ne peut être plus que je le suis, etc.

Vous recevrez dans peu une recommandation de moi pour un valet de chambre que vous connaissez, et dont franchement j'ai été indispensablement obligé de me défaire.

134. — AU MÊME.

Paris, 20 novembre 1705.

Je suis si coupable envers vous, monsieur, que le mieux que je puisse faire, à mon avis, c'est d'avouer sincèrement ma faute, et de vous en demander un pardon que, grâce à votre aveugle bonté pour moi, je suis en quelque façon sûr d'obtenir. Je ne vous ferai donc point d'excuse de mon silence depuis six mois. J'en pourrais pourtant alléguer de très-mauvaises dont la principale est un misérable ouvrage[1] que je n'ai pu m'empêcher de composer de nouveau, et qui m'a emporté toutes les heures de mon plus agréable loisir, c'est-à-dire tout le temps que je pouvais m'entretenir par écrit avec vous. M'en voilà quitte enfin, et il est achevé.

Ainsi, monsieur, trouvez bon que je revienne à vous comme si de rien n'était, et que je vous dise avec la même confiance que si j'avais exactement répondu à toutes vos lettres, qu'il n'y a point de jeune homme dans mon esprit au-dessus de M. Dugas; que je le trouve également poli, spirituel, savant; et que si quelque chose peut me donner bonne opinion de moi-même, c'est l'estime, quoique assez mal fondée, qu'il témoigne, aussi bien que vous, faire de mes ouvrages. Il m'est venu voir deux fois à Auteuil; et bien que nos conversations aient été fort longues, elles m'ont paru fort courtes. Je lui ai donné un assez méchant dîner avec M. Bronod, et cela ne s'est point passé, comme vous pouvez bien vous l'imaginer, sans boire plus d'une fois à votre santé. Il m'a marqué une estime particulière pour vous; et j'ai encore mis cette estime au rang de

1. La satire XII, sur l'Équivoque.

ses grandes perfections. Mais que voulez-vous dire avec vos termes de *parfaite reconnaissance* et *d'attachement respectueux*, qu'il se pique, dites-vous, d'avoir pour moi? Au nom de Dieu, monsieur, qu'il change tous ces sentiments en sentiments de bonté et d'amitié. M. Dugas est un homme à qui on doit du respect, et non pas qui en doive aux autres; et d'ailleurs, vous vous souvenez bien de l'épigramme de Martial :

Sed si te colo, Sexte, non amabo.

Que serait-ce donc si M. Dugas en allait user de la sorte, et comment pourrais-je m'en consoler? Voilà, monsieur, tout ce que j'ai à vous dire cette fois pour vous marquer ma rentrée dans mon devoir. Je ne manquerai pas au premier jour de vous écrire une lettre dans les formes, où je vous dirai le sujet et les plus essentielles particularités de mon nouvel ouvrage, que je vous prierai pourtant de tenir secrètes. Cependant je vous supplie de demeurer bien persuadé que, tout nonchalant que je suis, je ne laisse pas d'être, plus que personne au monde, etc.

135. — AU MÊME.

Paris, 12 mars 1706.

Vous accusez à grand tort M. Dugas du peu de soin que j'ai eu depuis si longtemps à répondre à vos obligeantes lettres. Il est homme, au contraire, qui n'a rien oublié pour augmenter en moi l'estime particulière que j'ai toujours eue pour vous, et pour m'engager à vous écrire souvent. Ainsi je puis vous assurer que tout le mal ne vient que de ma négligence, qui est en moi comme une fièvre intermittente, qui dure quelquefois des années entières, et que le quinquina de l'amitié et du devoir ne saurait guérir. Que voulez-vous, monsieur? Je ne puis pas me rebâtir moi-même; et tout ce que je puis faire, c'est de convenir de mon crime.

Je vous dirai pourtant qu'il ne me serait pas difficile de trouver de méchantes raisons pour le pallier, puisqu'il n'est pas imaginable combien depuis très-longtemps je me suis trouvé occupé de la méchante affaire que je me suis faite par ma satire contre l'*Équivoque*, qui est l'ouvrage que je vous avais promis de vous communiquer. A peine a-t-elle été composée, que, l'ayant récitée dans quelques compagnies, elle a fait un bruit auquel je ne m'attendais point, la plupart de ceux qui l'ont entendue ayant publié et publiant encore, je ne sais pas sur quoi fondé, que c'est mon chef-d'œuvre. Mais ce qui a encore bien augmenté le bruit, c'est que dans le cours de l'ouvrage j'attaque cinq ou six des méchantes maximes que le pape Innocent XI a condamnées; car, bien que ces maximes soient horribles, et que, non plus que ce pape, je n'en désigne point les auteurs, messieurs les jésuites de Paris, à qui on a dit quelques endroits qu'on a retenus, ont pris cela pour eux, et ont fait concevoir que d'attaquer l'équivoque, c'était les attaquer dans la plus sensible partie de leur doctrine. J'ai eu beau crier que je n'en voulais à personne qu'à l'équivoque même, c'est-à-dire au démon, qui seul, comme je l'avoue dans ma pièce, a pu dire *qu'on n'est point obligé d'aimer Dieu; qu'on peut prêter sans usure son argent à tout denier; que tuer un homme pour une pomme n'est point un mal*, etc. : ces messieurs ont déclaré qu'ils étaient dans les intérêts du démon, et, sur cela, m'ont menacé de me perdre, moi, ma famille et tous mes amis. Leurs cris n'ont pourtant pas empêché que monseigneur le cardinal de Noailles, mon archevêque, et monseigneur le chancelier [1], à qui j'ai lu ma pièce, m'aient jeté tous deux à la tête leur approbation, et le privilége pour la faire imprimer si je voulais; mais vous savez bien que naturellement je ne me presse pas d'imprimer, et qu'ainsi je pourrai bien la garder dans mon cabinet jusqu'à ce qu'on fasse une nouvelle édition de mon livre. On en sait pourtant plusieurs lambeaux; mais ce sont des lambeaux, et j'ai résolu de ne la plus dire qu'à des gens qui ne la retiendront pas. La vérité est qu'à la fin de ma satire j'attaque directement messieurs les journalistes de Trévoux, qui, depuis mon accommodement, m'ont encore insulté en trois ou quatre endroits de leur journal; mais ce que je leur dis ne regarde ni les propositions, ni la religion; et d'ailleurs je prétends, au lieu de leur nom, ne mettre dans l'impression que des étoiles, quoiqu'ils n'aient pas eu la même circonspection à mon égard. Je vous dis tout ceci, monsieur, sous le sceau du secret que je vous prie de me garder. Mais, pour revenir à ce que je vous disais, vous voyez bien, monsieur, que j'ai eu assez d'affaires à Paris pour me faire oublier celles que j'ai à Lyon.

Parlons maintenant des choses que vous voulez savoir de moi. Ma réponse au P. Bourdaloue est très-juste et très-véritable; mais voici mes termes: « Je vous l'avoue, mon père; mais pourtant si « vous voulez venir avec moi aux Petites-Maisons, « je m'offre de vous y fournir dix prédicateurs « contre un poëte, et vous ne verrez à toutes les « loges que des mains qui sortent des fenêtres, « et qui divisent leurs discours en trois points ».

J'ai su autrefois le nom de l'auteur du rondeau dont vous me parlez, et j'ai vu l'auteur lui-même. C'était un homme qui, je crois, est mort, et qui n'était pas homme de lettres. Le rondeau pourtant est joli. Il accusait des gens du métier de se l'être attribué mal à propos, et de lui avoir fait un vol. Peut-être au premier jour je me ressouviendrai

---

1. M. de Pontchartrain le père.

de son nom, et je vous l'écrirai. Entendons-nous toutefois : dans le rondeau dont je vous parle, il n'y avait point : *Où s'entre Boileau.* Ainsi j'ai peur que nous ne prenions le change.

Pour ce qui est de *la Vie de Molière*, franchement ce n'est pas un ouvrage qui mérite qu'on en parle. Il est fait par un homme [1] qui ne savait rien de la vie de Molière, et il se trompe dans tout, ne sachant pas même les faits que tout le monde sait. Pour les odes de M. de La Motte, quelqu'un, ce me semble, me les a montrées; mais je ne m'en ressouviens pas assez pour en dire mon avis. Il me semble, monsieur, que cette fois vous ne vous plaindrez pas de moi, puisque je vous écris une assez longue lettre, et qu'il ne me reste guère que ce qu'il faut pour vous assurer que, tout négligent et tout paresseux que je suis, je ne laisse pas d'être un de vos plus affectionnés amis, et que je suis parfaitement....

Mes recommandations à M. Dugas, et à tous nos illustres amis et protecteurs.

136. — AU MÊME.

Paris, 15 juillet 1706.

Une des raisons, monsieur, qui m'empêche souvent de répondre à vos obligeantes lettres, c'est la nécessité où je me trouve, grâce à ma négligence ordinaire, de les commencer toujours par des excuses de ma négligence. Cette considération me fait tomber la plume des mains; et dans la confusion où je suis, je prends le parti de ne vous point écrire, plutôt que de vous écrire toujours la même chose. Je vous dirai pourtant qu'à l'égard de vos deux dernières lettres, à cette raison ordinaire que je pourrais vous alléguer, il s'en est encore joint une autre beaucoup plus valable et plus fâcheuse, je veux dire un rhume effroyable qui me tourmente depuis un mois, et pour lequel on me défend surtout les efforts d'esprit. Quelque défense pourtant qu'on m'ait faite, je ne saurais m'empêcher de m'acquitter aujourd'hui de mon devoir, et de vous dire, mais sans nul effort d'esprit, que l'illustre ami qui m'a apporté de votre part l'excellent livre de M. de Puget est un très-galant homme. J'ai eu le bonheur de l'entretenir une heure durant, et il m'a paru très-digne de l'estime et de l'amitié que vous avez pour lui. Pour M. de Puget, que vous saurais-je dire, sinon que jamais personne n'a fait mieux voir combien, dans les objets même les plus finis, les merveilles de Dieu sont infinies, et combien ses plus petits ouvrages sont grands? Je vous prie de lui témoigner de ma part à quel point je l'honore et le révère. J'ai lu son livre plus d'une fois. J'admire combien vous êtes d'hommes merveilleux dans Lyon. Je doute qu'il y en ait dans Paris de meilleur goût et de plus fin discernement. Faites-moi la faveur de leur bien marquer à tous mes respects, et la gloire que je me fais d'avoir quelque part à leur estime.

On dit que vous allez bientôt avoir dans votre ville le fameux maréchal de Villeroi. Il y a beaucoup de gens ici qui lui donnent à dos sur sa dernière action [1], et véritablement elle est malheureuse; mais je m'offre pourtant de faire voir, quand on voudra, que la bataille de Ramillies est en tout semblable à la bataille de Pharsale; et qu'ainsi quand M. de Villeroi ne serait pas un César, il peut pourtant fort bien demeurer un Pompée [2].

Parlons maintenant de votre mariage. A mon avis, vous ne pouviez rien faire de plus judicieux. Quoique j'aie composé, *animi gratiâ*, une satire contre les méchantes femmes, je suis pourtant du sentiment d'Alcippe, et je tiens comme lui :

... Que, pour être heureux sous ce joug salutaire,
Tout dépend, en un mot, du bon choix qu'on sait faire [3].

Il ne faut point prendre les poètes à la lettre. Aujourd'hui c'est chez eux la fête du célibat, demain c'est la fête du mariage. Aujourd'hui l'homme est le plus sot de tous les animaux; demain c'est le seul animal capable de justice, et en cela semblable à Dieu. Ainsi, monsieur, je vous conjure de bien marquer à madame votre épouse la part que je prends à l'heureux choix que vous avez fait.

Pardonnez à mon rhume si je ne vous écris pas une plus longue lettre, et croyez qu'on ne peu être avec plus de passion que je le suis....

137. — AU DUC DE NOAILLES.

A Paris, 30 juillet 1706.

Je ne *sçay* pas, monseigneur, sur quoi fondé vous *voulés* qu'il y *ayt* de l'*équivoque* dans le zèle et dans la sincère estime que *j'ay* toujours *faict* profession d'avoir pour vous. *Avés*-vous donc oublié que *vostre* cher poëte n'a jamais été accusé de dissimulation, *et qu'enfin sa candeur* (c'est lui-*mesme* qui le dit dans une de ses *épistres*) *seule a fait tous ses vices* [4]? Vous me faites concevoir que ce qui vous a donné cette mauvaise opinion de moi, c'est le peu de soin que *j'ay* eu depuis *vostre* départ de vous mander des nouvelles de mon dernier ouvrage. Mais, tout de bon, monseigneur, *croiés*-vous qu'au milieu des grandes choses dont vous *estiés* occupé devant Barcelone, parmi le bruit des ca-

---

1. Grimarest.

1. La bataille de Ramillies en Flandre, perdue le 23 mai 1706, jour de la Pentecôte.
2. Quand Villeroi reparut pour la première fois devant Louis XIV, après cette désastreuse journée qui rendit les alliés maîtres de toute la Flandre, le roi, au lieu de lui faire des reproches, lui dit seulement : « Monsieur le maréchal, on n'est pas heureux à « notre âge! »
3. Satire X.
4. Épître X, v. 86.

nons, des bombes et des carcasses, mes muses dussent vous aller demander audience pour vous entretenir de mon *démeslé* avec l'équivoque, et pour *sçavoir* de vous si je devais l'appeler maudit ou maudite? Je veux bien pourtant avoir failli; et puisque, *mesme* encore aujourd'hui, vous *voulés* résolûment que je vous rende compte de cette dernière pièce de ma façon, je vous dirai que je l'*ay* achevée immédiatement après *vostre* départ; que je l'*ay* ensuite récitée à plusieurs personnes de mérite, qui lui ont donné des éloges auxquels je ne m'attendais pas; que monseigneur le cardinal de Noailles surtout en a paru satisfait, et m'a *mesme* en quelque sorte offert son approbation pour la faire imprimer; mais que, comme j'ai attaqué à force ouverte la morale des méchants casuistes, et que j'*ay* bien prévu l'*éclat* que cela allait faire, je n'*ay* pas jugé à propos *meam senectutem horum sollicitare amentiâ*, et de m'attirer peut-*estre* avec eux sur les bras toutes les furies de l'enfer, et, ce qui est encore pis, toutes les calomnies de.... vous m'*entendés* bien, monseigneur. Ainsi j'*ay* pris le parti d'enfermer mon ouvrage, qui vraisemblablement ne verra le jour qu'après ma mort. Peut-*estre* que ce sera bientôt. Dieu veuille que ce soit fort tard! Cependant je ne manquerai pas, dès que vous serez à Paris, de vous le porter pour vous en faire la lecture. Voilà l'histoire au vrai de ce que vous désiriez *sçavoir*; mais c'est assez parler de moi.

Parlons maintenant de vous. C'est avec un extrême plaisir que j'entends tout le monde ici vous rendre justice sur l'affaire de Barcelone, où l'on prétend que tout aurait bien été, si on avait aussi bien fini que vous *avés* bien commencé. Il n'y a personne qui ne loue le roi de vous avoir *faict* lieutenant général; et des gens sensés *mesme* croient que, pour le bien des affaires, il n'*eust* pas été mauvais de vous élever encore à un plus haut rang. Au reste, c'est à qui vantera le plus l'audace avec laquelle vous *avés* monté la tranchée, à peine encore guéri de la petite vérole, et approché d'assez près les ennemis, pour leur communiquer *vostre* mal, qui, comme vous *savés*, s'excite souvent par la peur. Tout cela, monseigneur, me donnerait presque l'envie de faire ici *vostre* éloge dans les formes; mais comme il me reste très-peu de papier, et que le panégyrique n'est pas trop mon talent, *trouvés* bon que je me hâte *plustôt* de vous dire que je suis, avec un très-grand respect, monseigneur, votre très-humble et très-obéissant serviteur.

DESPRÉAUX.

138[1]. — M. LE VERRIER AU MÊME.

Paris, ce 30 juillet 1706.

J'ai été ravi, monseigneur, d'apprendre de vos nouvelles; et sans un courrier de M. Amelot, qui me dit qu'il vous avait vu partir de Madrid, et que vous aviez passé à Pampelune huit jours avant lui, j'aurais été dans une peine extrême. Il me semble, monseigneur, qu'il vaut mieux être en Roussillon qu'en Espagne.

M. de Berwick[1] envoya un courrier qui arriva avant-hier à Marly. Il a fort envie de livrer combat aux ennemis; mais il mande que son infanterie est très-faible. M. Orry me dit hier à l'Estang qu'il la rétablirait bientôt sur les lieux. Il est venu ici chercher de l'argent; le roi lui a donné deux millions en billets de monnaie. La question est de les convertir en espèces : ce change coûte 17 pour 100; en sorte que de mille francs de billets de monnaie, on n'en retire que huit cent trente francs en argent. On a déjà envoyé par des courriers une partie de ces deux millions.

Les ennemis se sont enfin déterminés, monseigneur, à faire le siége de Menin[2]; ils ont quinze mille paysans qui travaillent à faire leurs lignes. Je ne sais ce que deviendra le siége de Turin : car M. le prince Eugène a fait passer le Pô à dix mille hommes de ses troupes. Pour la flotte des Hollandais, elle est sortie de la Manche; on ne sait où elle va, ni quel incendie elle veut faire, mais on assure qu'elle porte quatre-vingt mille flambeaux. Je n'en dirai pas davantage, monseigneur, sur une matière dont je suis persuadé que vous savez d'ailleurs plus de nouvelles que je n'en puis savoir. Je vais donc me retrancher à vous entretenir d'une autre guerre dont je suis parfaitement instruit.

Il s'agissait, monseigneur, de remplir la place qui vaquait à l'Académie par la mort de M. l'abbé Testu. J'ai vu dix-huit voix assurées pour M. de Mimeure, qui n'a point fait la moindre démarche pour les avoir, et qui n'en sait encore rien. Deux dames, extrêmement de ses amies, l'ont empêché d'être élu : l'une, c'est madame Croissy, qui s'est mis en tête, à la prière de madame de Lambert, de faire élire M. le marquis de Saint-Aulaire; l'autre, c'est madame de Ferriol, que j'ai toujours vue soumise à madame de Croissy, comme une de

---

vait trouver place dans sa correspondance. On y apprend beaucoup de particularités sur l'élection du marquis de Saint-Aulaire à l'Académie française; élection qui est l'objet de la lettre suivante, l'une des principales du recueil.

1. Jacques Fitz-James, duc de Berwick, né le 21 août 1670. Il était fils de Jacques, duc d'York, depuis roi d'Angleterre, et d'Arabella Churchill, sœur du fameux duc de Marlborough; et telle fut, dit Montesquieu, l'étoile de cette maison de Churchill, qu'il en sortit deux hommes, dont l'un, dans le même temps, fut destiné à ébranler, et l'autre à soutenir les deux plus grandes monarchies de l'Europe. Berwick avait à peine dix-huit ans, lorsque le roi son père, réduit à se réfugier en France, le chargea d'aller demander un asile à la cour de Versailles. Après la mort de ce prince à Saint-Germain, il se fit naturaliser Français. En 1706, Louis XIV lui donna le bâton de maréchal, et l'envoya pour la seconde fois en Espagne, afin d'y rétablir les affaires de Philippe V, qui étaient dans un état déplorable. L'événement confirma les espérances que le monarque avait conçues de son génie militaire. Sa nouvelle patrie lui dut beaucoup d'autres succès, et le perdit au siége de Philisbourg, où il fut tué d'un coup de canon, le 12 juillet 1735.

2. Menin, l'une des places que nous perdîmes dans les Pays-Bas, à la suite de la bataille de Ramillies.

---

1. Quoique cette lettre ne soit pas adressée à Despréaux, elle de-

ses filles, et qui cependant n'a rien oublié pour faire tomber cette place à M. l'abbé Dubos, auteur du manifeste de M. de Bavière. Il n'eut hier que trois voix, et M. de Saint-Aulaire fut élu. Je vous laisse à penser, monseigneur, quel est le triomphe de madame de Croissy.

Pour M. de Mimeure, ses meilleurs amis ont été obligés de le sacrifier; d'autres se sont absentés de l'Académie, et de ce nombre sont M. d'Avranches[1], M. de Malezieu[2], M. l'abbé Geneste[3], et M. Dacier. Mais M. Despréaux, en vrai républicain, ne s'est point absenté : il est allé courageusement à l'Académie ; il a représenté avec beaucoup de chaleur que tout était perdu, puisqu'il n'y avait plus que la brigue des femmes qui mît des académiciens à la place de ceux qui mouraient. Enfin il a lu tout haut des vers de M. de Saint-Aulaire qu'on lui avait donnés de sa part; il a représenté que, dès sa première jeunesse, sa bile s'était échauffée contre les mauvais poëtes ; que c'était ce qui l'avait porté à écrire contre les Chapelains, les Cotins, les Pelletiers et tant d'autres qui étaient les héros du Parnasse, en comparaison de M. de Saint-Aulaire, à qui l'on ne devait pas donner le nom d'Anacréon, parce que c'est un vieillard qui invoque la Mollesse de le venir réchauffer sur la fin de ses jours. Ainsi M. Despréaux, à la vue de tout le monde, donna une boule noire à M. de Saint-Aulaire, et nomma lui seul M. de Mimeure. Voilà, monseigneur, des témoignages qu'il y a encore de vrais Romains sur la terre ; et à l'avenir vous prendrez la peine de ne plus appeler M. Despréaux votre cher poëte, mais votre cher Caton.

Puisque je vous ai tant dit sur cette matière, il faut, monseigneur, que je rende mon histoire complète, d'autant plus que les moindres circonstances ne laissent pas d'avoir leur agrément à deux cents lieues de Paris. Ce sont MM. de Dangeau qui étaient à la tête du parti de Dubos. M. le Duc était aussi d'abord pour lui, et M. le prince de Conti pour M. de Saint-Aulaire. Il y a quelques jours que, se promenant avec M. de Torci[4], M. de Dangeau les aborda. Le prince lui dit : « Je ne « vous connais plus ; car le Dangeau d'aujour- « d'hui n'est point le Dangeau d'autrefois. » Celui-ci, fort surpris, pria instamment qu'on lui expliquât cette énigme. « Comment, reprit le « prince, M. de Dangeau est pour un homme qui « a manqué à un ministre, contre un homme qui « a loué le roi! Encore un coup, je n'y connais « plus rien. » C'est que M. de Saint-Aulaire a fait

1. Huet, évêque d'Avranches.
2. Malezieu avait été précepteur du duc du Maine, et fut désigné au roi par Madame de Maintenon pour enseigner les mathématiques au duc de Bourgogne.
3. Auteur des tragédies de *Zélonide, Polymnestor, Joseph* et *Pénélope*. Cette dernière est restée longtemps au théâtre.
4. Jean-Baptiste Colbert, marquis de Torci, administra le département des affaires étrangères à la mort de son père, M. de Croissy.

un panégyrique du roi, et que M. Dubos avait promis à M. de Torci d'aller à Venise avec M. l'abbé de Pomponne.

Pour les gens ameutés par M. le prince de Conti, ils ne se sont point trouvés à l'élection ; et dès que M. le Duc a su qu'il s'agissait de M. de Mimeure, il a écrit une lettre à un académicien, avec ordre de la lire à l'Académie, par laquelle il mandait qu'il se désistait de ses premières sollicitations, pour les tourner tout entières en faveur de M. de Mimeure, qui était un des hommes du monde qu'il aimait et qu'il estimait le plus. Madame de Montespan, d'un autre côté, a tellement lavé la tête à M. d'Avranches, qui s'était engagé à M. de Dangeau pour M. Dubos, qu'il n'a osé se trouver à l'élection. Vous connaissez, monseigneur, son art de parler; elle lui demandait de quel front il irait porter son suffrage contre son élève[1], et comment il oserait après cela se présenter devant Monseigneur, quoiqu'il ne se fût point déclaré, parce que M. de Mimeure, à qui il offrait de faire parler de sa part à l'Académie, l'avait supplié de n'en rien faire. Je ne finirais point, si je voulais tout conter.

En voilà assez, et peut-être trop. Je vais donc parler d'autre chose. M. l'abbé de Polignac a fait un poëme qui contient six livres, et qui est intitulé *l'Anti-Lucrèce*. Je n'en ai entendu que le premier livre; mais je puis vous assurer que cela suffit pour voir que cet ouvrage est tout brillant d'esprit et de feu de poésie. C'est le sentiment de M. le procureur général[2], de MM. Despréaux, de Valincour, Boivin, de M. l'abbé de Châteauneuf et de M. et madame Dacier. Le poëme est écrit en latin.

Je suis, avec toute sorte d'attachement et de respect, monseigneur, votre très-humble, etc.

P. S. Je veux, monseigneur, être aussi fidèle que long historien : M. le duc de Coislin s'est aussi absenté.

139. — AU MARQUIS DE MIMEURE[3].

A Paris, 4 août 1706.

Ce n'est point, monsieur, un faux bruit, c'est une vérité très-constante, que, dans la dernière assemblée qui se tint au Louvre pour l'élection d'un académicien, je vous donnai ma voix, et je vous la donnai avec d'autant plus de raison, que vous ne l'aviez point briguée, et que c'était votre seul mérite qui m'avait engagé dans vos intérêts. Je n'étais pas pourtant le premier à qui la pensée de vous élire était venue ; il y avait un bon nom-

1. M. de Mimeure avait été admis aux leçons que Huet donnait au fils de Louis XIV.
2. D'Aguesseau.
3. Jacques-Louis Valon, marquis de Mimeure, lieutenant général des armées du roi, né à Dijon le 19 novembre 1659 ; mort le 3 mars 1719.

bre d'académiciens qui me paraissaient dans la même disposition que moi. Mais je fus fort surpris, en arrivant dans l'assemblée, de les trouver tous changés en faveur d'un M. de Saint-Aulaire[1], homme, disait-on, de fort grande réputation, mais dont le nom pourtant, avant cette affaire, n'était pas venu jusqu'à moi. Je leur témoignai mon étonnement avec assez d'amertume; mais ils me firent entendre, d'un air assez pitoyable, qu'ils étaient liés. Comme la brigue de M. de Saint-Aulaire n'était pas médiocre, plusieurs gens de conséquence m'avaient écrit en faveur de cet aspirant à la dignité académique; mais par malheur pour lui, dans l'intention de me faire mieux concevoir son mérite, on m'avait envoyé un poëme de sa façon, très-mal versifié, où, en termes assez confus, il conjure la Volupté de venir prendre soin de lui pendant sa vieillesse, et de réchauffer les restes glacés de sa concupiscence : voilà en effet le but où il tend dans ce beau poëme. Quelque bien qu'on m'eût dit de lui, j'avoue que je ne pus m'empêcher d'entrer dans une vraie colère contre son ouvrage. Je le portai à l'Académie, où je le laissai lire à qui voulut; et quelqu'un s'étant mis en devoir de le défendre, je jouai le vrai personnage du misanthrope dans Molière, ou plutôt j'y jouai mon propre personnage; le chagrin de ce misanthrope contre les méchants vers ayant été, comme Molière me l'a confessé plusieurs fois lui-même, copié sur mon modèle. Ensuite on procéda à l'élection par billets; et, bien que je fusse le seul qui écrivis votre nom dans mon billet, je puis dire que je fus le seul qui ne parus point honteux et déconcerté[2].

Voilà, monsieur, au vrai toute l'histoire de ce qui s'est passé à votre occasion à l'Académie. Je ne vous en fais pas un plus grand détail, parce que M. Le Verrier m'a dit qu'il vous en avait déjà écrit fort au long. Tout ce que je puis vous dire, c'est que dans tout ce que j'ai fait, je n'ai songé qu'à procurer l'avantage de la compagnie, et rendre justice au mérite. Cependant, je vois que par là je me suis fait une fort grande affaire, non-seulement avec M. de Saint-Aulaire, mais avec vous, et que je suis plutôt l'objet de vos reproches que de vos remercîments. Vous vous plaignez surtout du hasard où je vous exposais, en vous nommant académicien, à faire une mauvaise harangue. Je suis persuadé que vous ne la pouviez faire que fort bonne; mais quand même elle aurait été mauvaise, n'aviez-vous pas un nombre infini d'illustres exemples pour vous consoler? Et est-ce la première méchante affaire dont vous seriez sorti glorieusement? Vous dites qu'en vous j'ai prétendu donner un bretteur à l'Académie. Oui, sans doute; mais un bretteur à la manière de César et d'Alexandre. Hé quoi! avez-vous oublié que le bonhomme Horace avait été colonel d'une légion, et n'était pas revenu comme vous d'une grande défaite?

Cum fracta virtus, et minaces
Turpe solum tetigere mento[1].

Cependant dans quelle académie n'aurait-il point été reçu, supposé qu'il n'eût point eu pour concurrent M. de Saint-Aulaire? Enfin, monsieur, vous me faites concevoir que je vous ai en quelque sorte compromis par trop de zèle, puisque vous n'avez eu pour vous que ma seule voix. Mais si j'ose ici faire le fanfaron, prétendez-vous que ma seule voix non briguée ne vaille pas vingt voix mendiées bassement? Et de quel droit prétendez-vous qu'il ne soit pas permis à un censeur, soit à droit, soit à tort, installé depuis longtemps sur le Parnasse comme moi, de rendre sans votre congé justice à vos bonnes qualités, et de vous donner son suffrage sur une place qu'il croit que vous méritez? Ainsi, monsieur, demeurons bons amis, et surtout pardonnez-moi les ratures qui sont dans ma lettre, puisqu'elle me coûterait trop à récrire, et que je ne sais si je pourrais venir à bout de la mettre au net. Du reste, croyez qu'il n'y a personne qui vous estime plus que moi, et que je suis très-affectueusement votre très-humble, etc.

Nous avons déjà bu plusieurs fois à votre santé dans l'illustre auberge où l'on boit si souvent *gratis*[2], comme vous savez.

140. — A BROSSETTE.

30 septembre 1706.

Je suis à Auteuil, monsieur, où je n'ai pas votre première lettre. Ainsi vous trouverez bon que je me contente de répondre à votre seconde, que je viens de recevoir. Vous me faites un grand honneur de me consulter sur une question de physique, étant, comme je suis, assez ignorant physicien. Je veux croire que votre moine bénédictin est, au contraire, fort habile dans cette science; mais, si cela est, je vois bien qu'on peut être en même temps naturaliste très-pénétrant et très-mauvais dialecticien, car j'ai lu un livre de lui sur la rhétorique, où, à mon avis, tout ce qu'il peut y

---

1. François-Joseph de Beaupoil, marquis de Saint-Aulaire, lieutenant général au gouvernement de Limousin, mort le 17 décembre 1742, à près de cent ans; d'autres disent à cent deux.
2. Monchesnai raconte ainsi cette anecdote : « Le jour que l'élection devait être faite, il (Despréaux) se transporta exprès à l'Académie pour donner sa boule noire. Quelques académiciens lui ayant démontré que le marquis était un homme de qualité qui méritait qu'on eût pour lui des égards : — Je ne lui conteste pas, dit-il, ses titres de noblesse, mais ses titres du Parnasse; et je le soutiens non-seulement mauvais poëte, mais poëte de mauvaises mœurs. — Mais, reprit l'abbé Abeille, monsieur le marquis n'écrit pas comme un auteur de profession; il se borne à faire de petits vers comme Anacréon. — Comme Anacréon! repartit le satirique; et l'avez-vous lu, vous qui en parlez? Savez-vous bien, monsieur, qu'Horace, tout Horace qu'il était, se croyait un très-petit compagnon auprès d'Anacréon? Et bien donc, monsieur, si vous estimez tant les vers de votre monsieur le marquis, vous me ferez un très-grand honneur de mépriser les miens ». (*Bolœana*, n° LIII.)

1. HOR., liv. II, ode VII, v. 11-12.
2. Ce devait être la maison du financier Le Verrier, puisque Despréaux à cette époque n'en fréquentait point d'autre.

avoir au monde de mauvais sens est rassemblé[1]. Vous pouvez donc bien penser que, sur l'effet de la nature que vous vous me proposez, je penche à être bien plutôt de votre sentiment que du sien.

Mais laissons là le bénédictin, et parlons de M. de Puget. Quelque attaché qu'il soit à la recherche des choses naturelles, je suis ravi qu'il ne dédaigne pas entièrement le badinage de la poésie, et qu'il daigne bien quelquefois descendre jusqu'à jouer avec les Muses. Ses vers m'ont paru fort jolis et fort bien tournés. Oserais-je pourtant vous dire qu'il n'est pas entré parfaitement dans la pensée d'Horace, qui, dans la strophe dont il est question, ne parle point de la fermeté du sage des philosophes, mais d'un grand personnage, ami du bon droit et de la justice, à qui la chute du ciel même ne ferait pas faire un faux pas contre l'honneur et contre la vertu? Aussi est-ce Hercule et Pollux que le poëte cite en cet endroit, et non pas Socrate et Zénon. Il n'est donc pas vrai que ce vertueux soit si difficile à trouver que se le veut persuader M. de Puget, puisque, sans compter les martyrs du christianisme, il y a un nombre infini d'exemples, dans le paganisme même, de gens qui ont mieux aimé mourir que de faire une lâcheté. Enfin, je suis persuadé que M. de Puget lui-même, si on le voulait forcer, par exemple, à rendre un faux témoignage, se trouverait le *justus et tenax vir* d'Horace. Pardonnez-moi, monsieur, si je vous parle avec cette sincérité de l'ouvrage d'un homme que j'honore et j'estime infiniment, et faites-lui bien des amitiés de ma part.

Venons maintenant à votre *Homme à la baguette*[2]. En vérité, mon cher monsieur, je ne saurais vous cacher que je ne puis concevoir comment un aussi galant homme que vous a pu donner dans un panneau si grossier, que d'écouter un misérable dont la fourbe a été si entièrement découverte[3], et qui ne trouverait pas même présentement à Paris des enfants et des nourrices qui daignassent l'entendre. C'était du siècle de Dagobert et de Charles-Martel qu'on croyait de pareils imposteurs; mais sous le règne de Louis le Grand, peut-on prêter l'oreille à de pareilles chimères, et n'est-ce point que depuis quelque temps, avec nos victoires et nos conquêtes, notre bon sens s'est aussi en allé? Tout cela m'attriste; et, pour ne pas vous affliger aussi, trouvez bon que je me hâte de vous dire que je suis très-parfaitement, monsieur, etc.

P. S. Je ferai réponse, dès que je serai à Paris, à votre première lettre. Mes recommandations, s'il vous plaît, à tous vos illustres magistrats. Il n'est parlé ici que de méchantes nouvelles, et on avoue maintenant que bien d'autres généraux que M. le maréchal de Villeroi pouvaient être battus.

Je suis charmé de M. Osio[1], qui m'a fait l'honneur de me revenir voir.

141. — AU MÊME.

Paris, 2 décembre 1706.

Je ne vous ferai point, monsieur, d'excuses de ma négligence, parce que je n'en ai point de bonnes à vous faire, et je me contenterai de vous dire que j'ai vu avec beaucoup de reconnaissance, dans votre dernière lettre, la charité que vous avez pour mon misérable valet. Il m'a servi plus de quinze années, et c'est un assez bon homme. Je croyais qu'il dût me fermer les yeux; mais une malheureuse femme qu'il a épousée, sans m'en rien dire, a corrompu en lui toutes ses bonnes qualités, et m'a obligé, par des raisons indispensables, et que vous approuveriez vous-même, si vous les saviez, de m'en défaire. Vous me ferez plaisir de le servir en ce que vous pourrez; mais, au nom de Dieu, que ce soit sans vous incommoder, et ne le donnez pas pour impeccable.

Le mot qu'il vous a rapporté de moi est vrai; mais il ne vous en a pas dit un encore moins mauvais que je dis à Sa Majesté, en la quittant à la sortie de cette dispute; car tout le monde qui était là, paraissant étonné de ce que j'avais osé disputer contre le roi : « Cela est assez beau, lui dis-je, que « de toute l'Europe je sois le seul qui résiste à « Votre Majesté ». Il y a aussi quelque chose de véritable dans ce qu'on vous a raconté de notre conversation sur le mot de *gros*; mais on l'a gâtée, en voulant l'embellir. Tout ce qu'il y a de vrai, c'est que le roi parlant fort contre la folie de ceux qui suppléaient partout le mot de *gros* à celui de *grand* : « Je ne sais pas, lui dis-je, comment ces « messieurs l'entendent; mais il me semble pour-« tant qu'il y a bien de la différence entre Louis le « Gros et Louis le Grand ». Cela fit assez agréablement ma cour, aussi bien que les deux autres mots, qui furent dits dans un temps qui leur convenait, je veux dire dans le temps de nos triomphes, et qui ne seraient pas si bons aujourd'hui, où, à mon sens, on n'a que trop appris à nous résister. Vous voilà, monsieur, assez bien éclairci, je crois, sur vos deux questions, et je vous satisferais aussi sur celles que vous m'avez faites dans vos deux autres lettres précédentes, si je les avais ici; mais franchement je les ai laissées à Auteuil. Ainsi il faut attendre que je les aie rapportées pour vous donner pleine satisfaction. J'y ferai pour cela bientôt un tour; car l'hiver ni les pluies n'empê-

---

1. Boileau confond ici le bénédictin François Lamy avec le P. Bernard Lami, de l'Oratoire, auteur d'un traité de rhétorique justement estimé.
2. Jacques Aymard, paysan de Saint-Véran, en Dauphiné, département de l'Isère, où il mourut en 1709.
3. Frappé des récits qui lui venaient de toutes parts sur les nombreux prodiges opérés par Jacques Aymard, le prince Henri-Jules de Bourbon-Condé voulut voir l'auteur de tant de merveilles. Il fit venir Aymard à Paris, où la vertu de sa baguette fut aussitôt mise à l'épreuve : mais elle prit des pierres pour de l'argent, elle indiqua de l'argent dans un lieu où il n'y en avait pas; en un mot, elle opéra avec si peu de succès, qu'elle perdit en un moment tout son crédit. Cette espèce de charlatanisme s'est néanmoins renouvelé depuis.

---

1. Avocat de Lyon.

chent pas qu'on n'y puisse aller comme en plein été. Cependant je vous prie de croire qu'on ne peut être avec plus de sincérité et de reconnaissance que je le suis, etc.

Dans le temps que j'allais fermer cette lettre, je me suis ressouvenu que vous seriez peut-être bien aise de savoir le sujet de la dispute que j'eus avec Sa Majesté. Je vous dirai donc que c'était à propos du mot *rebrousser chemin*, que le roi prétendait mauvais, et que je maintenais bon par l'autorité de tous nos meilleurs auteurs qui s'en étaient servis, et entre autres Vaugelas et d'Ablancourt. Tous les courtisans qui étaient là m'abandonnèrent, et M. Racine tout le premier. Cependant je demeure encore dans mon sentiment, et je le soutiendrai encore hardiment contre vous, qui avez la mine de n'être pas de mon avis, et de m'abandonner comme tous les autres.

142. — AU MÊME.

Paris, 20 janvier 1707.

Il y a, monsieur, aujourd'hui près de deux mois que je fis sur mon propre escalier une chute que je puis appeler heureuse, puisque je suis en vie. Cela n'a pas empêché néanmoins que je n'aie été sur le grabat plus de six semaines, à cause d'une très-douloureuse entorse, jointe à plusieurs autres maux qu'elle m'avait causés, etc.

143. — AU MÊME.

Paris, 12 mars 1707.

Il n'y a point, monsieur, d'amitié plus commode que la vôtre. Dans le temps que je ne saurais trouver aucune bonne excuse d'avoir été si longtemps à répondre à vos obligeantes lettres, c'est vous qui me demandez pardon d'avoir manqué quelques ordinaires à m'écrire, et qui me mettez en droit de vous faire des reproches. Je ne vous en ferai pourtant point, et je me contenterai de vous dire, avec la même confiance que si je n'avais point tort, qu'on ne peut être plus touché que je le suis de la constance que vous témoignez à aimer un homme si peu digne de toutes vos bontés que moi; et que, s'il y a quelque chose qui me puisse faire corriger de mes négligences, c'est votre facilité à me les pardonner. Cela étant, je vous dirai, sans m'étendre en de plus longs compliments, que si l'ouvrage dont vous me parlez, qui a été fait à l'occasion de mon démêlé avec messieurs de Trévoux, est celui qu'on m'a montré, et où l'on m'a mis en jeu mon frère avec moi, c'est bien le plus sot, le plus impertinent et le plus ridicule ouvrage qui ait jamais été fait; et qu'il ne saurait sortir que de la main de quelque misérable cuistre de collége qui ne nous connaît ni l'un ni l'autre. Le misé-

rable m'y attribue une satire où il me fait rimer *épargner* avec *dernier*. Il nous donne à l'un et à l'autre pour confident un M. de La Ronville, qui ne nous a pas seulement vus, je crois, passer dans les rues. En un mot, le diable y est.

Pour ce qui est de l'épigramme contre M. et madame Dacier, je ne sais ce que c'est, et ils sont tous deux mes amis. Peut-être est-ce une épigramme où l'on veut faire entendre que madame Dacier est celle qui porte le grand chapeau dans les ouvrages qu'ils font ensemble, et qui y a la principale part. Supposé que cela soit, je vous dirai que je l'ai vue, et qu'elle m'a paru très-abominable. On l'attribue pourtant à M. l'abbé Tallemant.

> Quand Dacier et sa femme engendrent de leurs corps,
> Et que de ce beau couple il naît enfants, alors
>   Madame Dacier est la mère;
> Mais quand ils engendrent d'esprit,
> Et font des enfants par écrit,
>   Madame Dacier est le père.

Pour ce qui est de l'épigramme à l'occasion du petit de Beauchâteau, j'étais à peine sorti du collége quand elle fut composée par un frère aîné que j'avais[1], et qui a été de l'Académie française. Elle passa pour fort jolie, parce que c'était une raillerie assez ingénieuse de la mauvaise manière de réciter de Beauchâteau le père, qui était un exécrable comédien, et qui passait pour tel. Il fut pourtant assez sot pour la faire imprimer dans le prétendu recueil des ouvrages de son fils, qui n'était qu'un amas de misérables madrigaux qu'on attribuait à ce fils, et que de fades auteurs, qui fréquentaient le père, avaient composés. Tout ce que je puis vous dire de la destinée de ce célèbre enfant, c'est qu'il fut un fameux fripon, et que, ne pouvant subsister en France, il passa en Angleterre, où il abjura la religion catholique, et où il est mort il y a plus de vingt ans, ministre de la religion prétendue réformée. Trouvez bon, monsieur, qu'un convalescent, comme je suis encore, ne vous en dise pas davantage pour aujourd'hui, et que je me contente de vous assurer que je suis, etc.

144. — AU MÊME.

Paris, 14 mai 1707.

Je ne vous fais point d'excuses, monsieur, d'avoir été si longtemps sans vous écrire, parce que je suis las de commencer toujours mes lettres par le même compliment, et que d'ailleurs je suis si accoutumé à faillir, qu'il me semble qu'on ne me doit plus demander raison de mes fautes. Il y a pourtant quatre ou cinq jours que je me ressouvins de mon devoir, et que m'en allant à Auteuil pour m'y établir, je portai avec moi votre disserta-

---

1. Gilles Boileau.

tion sur le tombeau des deux *Amandus* ou Amants, à dessein d'y faire une exacte réponse, mais le froid m'en chassa dès le lendemain; et le pis est que j'y laissai cette dissertation. Cependant je ne saurais me résoudre à tarder davantage à vous dire au moins en général ce que j'en pense, qui est que j'ai trouvé vos réflexions fort justes. Le monument néanmoins ne me semble pas de fort grand goût, et a une pesanteur, à mon avis, tirant au gothique. Quoi qu'il en soit, messieurs de Lyon sont fort louables du soin qu'ils ont de conserver jusqu'aux médiocres ouvrages de la respectable antiquité. Pour votre inscription, elle est, à mon avis, très-bonne et très-latine, et je n'y ai trouvé à redire que le mot *reparari*, qui ne veut point dire, à mon sens, dans la bonne latinité, être *réparé*, mais être *racheté* :

Vina, Syra reparata merce[1].

Instaurari, selon moi, sera beaucoup meilleur, car *restaurari* ne vaut rien non plus. Ainsi, je mettrais *in alium locum transferri et instaurari[2] curaverunt*, etc. Je vous écris tout cela de mémoire, et peut-être, quand je serai de retour à Auteuil, et que j'aurai votre papier devant moi, vous manderai-je quelque chose de plus particulier.

Pour ma satire sur l'*Équivoque*, tout ce que je puis vous en dire maintenant, c'est qu'on va faire une nouvelle édition de mes ouvrages, où, selon toutes les apparences, je l'insérerai, et que, bien que j'y attaque à face ouverte tous les mauvais casuistes, je ne crains point que les jésuites s'en offensent, puisqu'ils y seront même loués, à messieurs de Trévoux près, que je n'y nommerai point, quoiqu'ils m'aient attaqué par mes propres noms et surnoms. Mais quoi!

Aujourd'hui, vieux lion, je suis doux et traitable[3].

Adieu, mon illustre monsieur; aimez-moi toujours, et croyez que je suis très-affectueusement, etc.

145. — AU MÊME.

Auteuil, 2 août 1707.

Je ne saurais, monsieur, assez vous marquer la honte que j'ai d'avoir été si longtemps à répondre à vos agréables lettres; mais, grâce à votre bonté, je suis si sûr de mon pardon, que je ne sais pas même si pour l'obtenir je suis obligé de le demander. La vérité est pourtant que j'ai été malade, et que je ne suis pas encore bien guéri de plusieurs infirmités que j'ai eues depuis six mois, et qui ne m'ont que trop bien prouvé que j'ai soixante et dix ans.

---

1. Horace, liv. I, ode xxxi, v. 12.
2. La ville de Lyon adopta la leçon proposée par Boileau; mais le projet n'eut pas de suite.
3. Épître v.

Mais venons à votre dernière lettre, ou plutôt à votre dernière dissertation. J'avoue que *restituere* est le vrai mot des médailles, pour dire qu'on a rétabli un ouvrage qui tombait en ruines; mais je ne sais si on peut se servir de ce mot pour un ouvrage qu'on transporte ailleurs, et c'est ce qui a fait que je vous ai proposé le mot d'*instaurare*, qui est un mot très-reçu dans la bonne latinité; car pour le mot de *restaurare*, il me paraît du Bas-Empire. A mon avis, néanmoins, *restituere* ne gâtera rien, et vous pouvez choisir.

Je suis ravi que messieurs de l'hôtel de ville de Lyon aient si bonne opinion de moi, et que mes ouvrages puissent paraître sans crainte *Lugdunensem ad aram*. Le public et mes libraires surtout me pressent fort d'en donner une nouvelle édition in-4°, et je vous réponds, si je me résous à leur complaire, qu'elle sera du caractère que vous souhaitez; mais franchement aujourd'hui je fuis autant le bruit que je l'ai cherché autrefois; et je sens bien que les additions que j'y mettrai ne sauraient manquer d'en exciter beaucoup. J'ai pourtant mis ma satire contre l'Équivoque, adressée à l'équivoque même, en état de paraître aux yeux même des plus relâchés jésuites, sans qu'ils s'en puissent le moins du monde offenser. Et pour vous en donner ici par avance une preuve, je vous dirai qu'après y avoir attaqué assez finement les plus affreuses propositions des mauvais casuistes, et celles surtout qui sont condamnées par le pape Innocent XI, voici comme je me reprends :

Enfin ce fut alors que, sans se corriger,
Tout pécheur... Mais où vais-je aujourd'hui m'engager?
Veux-je ici, rassemblant un corps de tes maximes,
Donner Soto, Bannez, Diana, mis en rimes;
Exprimer tes détours burlesquement pieux,
Pour disculper l'impur, le gourmand, l'envieux ;
Tes subtils faux-fuyants pour sauver la mollesse,
Le larcin, le duel, le luxe, la paresse ;
En un mot, faire voir, à fond développés,
Tous ces dogmes affreux d'anathèmes frappés,
Qu'en chaire tous les jours, combattant ton audace,
Blâment plus haut que moi les vrais enfants d'Ignace, etc.?

Je vous écris ce petit échantillon, afin de vous faire concevoir ce que c'est à peu près que la pièce. Je vous prie de ne le confier à personne, et de croire que je suis à outrance, etc.

146. — A M. DE LOSME DE MONCHESNAY,

SUR LA COMÉDIE.

Septembre 1707.

Puisque vous vous détachez de l'intérêt du ramoneur, je ne vois pas, monsieur, que vous ayez aucun sujet de vous plaindre de moi, pour avoir écrit que je ne pouvais juger à la hâte d'ouvrages comme les vôtres, et surtout à l'égard de la question que vous entamez sur la tragédie et sur la comédie, que je vous ai avoué néanmoins que vous traitiez avec beaucoup d'esprit ; car, puisqu'il faut vous dire le vrai, autant que je puis me ressouvenir de votre dernière pièce, vous prenez le change et vous y confondez la comédienne avec la comédie, que, dans mes raisonnements avec le P. Massillon, j'ai, comme vous savez, exactement séparées.

Du reste, vous y avancez une maxime qui n'est pas, ce me semble, soutenable : c'est à savoir qu'une chose qui peut produire quelquefois de mauvais effets dans des esprits vicieux, quoique non vicieuse d'elle-même, doit être absolument défendue, quoiqu'elle puisse d'ailleurs servir au délassement et à l'instruction des hommes. Si cela est, il ne sera plus permis de peindre dans les églises des vierges Maries, ni des Suzannes, ni des Madeleines agréables de visage, puisqu'il peut fort bien arriver que leur aspect excite la concupiscence d'un esprit corrompu. La vertu convertit tout en bien, et le vice tout en mal. Si votre maxime est reçue, il ne faudra plus non-seulement voir représenter ni comédie, ni tragédie, mais il n'en faudra plus lire aucune : il ne faudra plus lire ni Virgile, ni Théocrite, ni Térence, ni Sophocle, ni Homère ; et voilà ce que demandait Julien l'Apostat, et qui lui attira cette épouvantable diffamation de la part des Pères de l'Église. Croyez-moi, monsieur, attaquez nos tragédies et nos comédies, puisqu'elles sont ordinairement fort vicieuses ; mais n'attaquez point la tragédie et la comédie en général, puisqu'elles sont d'elles-mêmes indifférentes, comme le sonnet et les odes, et qu'elles ont quelquefois rectifié l'homme plus que les meilleures prédications : et, pour vous en donner un exemple admirable, je vous dirai qu'un grand prince, qui avait dansé à plusieurs ballets, ayant vu jouer le *Britannicus* de M. Racine, où la fureur de Néron à monter sur le théâtre est si bien attaquée, il ne dansa plus à aucun ballet, non pas même au temps du carnaval. Il n'est pas concevable de combien de mauvaises choses la comédie a guéri les hommes capables d'être guéris : car j'avoue qu'il y en a que tout rend malades. Enfin, monsieur, je vous soutiens, quoi qu'en dise le P. Massillon, que le poëme dramatique est une poésie indifférente de soi-même, et qui n'est mauvaise que par le mauvais usage qu'on en fait. Je soutiens que l'amour, exprimé chastement dans cette poésie, non-seulement n'inspire point l'amour, mais peut beaucoup contribuer à guérir de l'amour les esprits bien faits, pourvu qu'on n'y répande point d'images ni de sentiments voluptueux ; que s'il y a quelqu'un qui ne laisse pas, malgré cette précaution, de s'y corrompre, la faute vient de lui, et non pas de la comédie. Du reste, je vous abandonne le comédien et la plupart de nos poëtes, et même M. Racine en plusieurs de ses pièces. Enfin, monsieur, souvenez-vous que l'amour d'Hérode pour Mariamne, dans Josèphe, est peint avec tous les traits les plus sensibles de la vérité. Cependant quel est le fou qui a jamais, pour cela, défendu la lecture de Josèphe ? Je vous barbouille tout ce canevas de dissertation, afin de vous montrer que ce n'est pas sans raison que j'ai trouvé à redire à votre raisonnement. J'avoue cependant que votre satire est pleine de vers bien trouvés. Si vous voulez répondre à mes objections, prenez la peine de le faire de bouche, parce que autrement cela traînerait à l'infini : mais surtout trêve aux louanges ; je ne les mérite point, et n'en veux point. J'aime qu'on me lise, et non qu'on me loue. Je suis, etc.

147. — A BROSSETTE.

Paris, 24 novembre 1707.

Je ne vous cacherai point, monsieur, que j'ai été attaqué depuis plus de quatre mois d'un tournoiement de tête qui ne m'a pas permis de m'appliquer à rien, ni même à répondre à des lettres aussi obligeantes que les vôtres. J'avais prié M. Falconnet, qui me vint voir, il y a assez longtemps, de votre part, à Auteuil, de vous mander mon incommodité, et il s'en était chargé ; mais je vois bien qu'il n'a pas jugé la chose assez importante pour vous l'écrire, et j'en suis bien aise, puisqu'il est médecin et qu'il n'a pas mauvaise opinion de ma maladie. Il m'a paru homme de savoir et de beaucoup d'esprit. Grâces à Dieu, me voilà en quelque sorte guéri, et je ne me ressens plus de mon mal, si ce n'est en marchant qu'il me prend quelquefois de petits tournoiements que j'attribue plutôt à mes soixante-dix années que j'ai entendu sonner le jour de la Toussaint, qu'à aucune maladie. Je ne me sens pas encore si bien remis, que j'ose m'engager à vous écrire une longue lettre.

Permettez, monsieur, que je me contente de répondre très-succinctement à ce que vous me demandez. Je vous dirai donc que, pour le livre du P. Jean Barnès, je n'en ai point besoin, puisque je sais assez de mal de l'*équivoque*, sans qu'on m'en apprenne rien de nouveau, et que j'ai même peur d'en avoir déjà trop dit.

Pour ce qui est du prétendu bon mot qu'on m'attribue sur M. Racine, il est entièrement faux et sûrement de la fabrique de quelque provincial, qui ne sait pas même ce que nous avons fait, M. Racine et moi. Et où diable M. Racine a-t-il jamais rien composé qui regarde Atys, ni surtout Bertaud, dont je suis sûr qu'il n'avait jamais ouï parler?

Pour ce qui est du sonnet, la vérité est que je le fis presque à la sortie du collège, pour une de mes nièces, environ du même âge que moi, et qui mourut entre les mains d'un charlatan de la faculté de médecine, âgée de dix-huit ans. Je ne le donnai alors à personne, et je ne sais pas par quelle fatalité il vous est tombé entre les mains, après plus de cinquante ans que je le composai. Les vers en sont assez bien tournés, et je ne les désavouerais pas même encore aujourd'hui, n'était une certaine tendresse tirant à l'amour qui y est marquée, qui ne convient point à un oncle pour sa nièce, et qui y convient d'autant moins que jamais amitié ne fut plus pure ni plus innocente que la nôtre. Mais quoi ! je croyais alors que la poésie ne pouvait parler que d'amour. C'est pour réparer cette faute, et pour montrer qu'on peut parler en vers même de l'amitié enfantine, que j'ai composé, il y a environ quinze ou seize ans, le seul sonnet qui est dans mes ouvrages, et qui commence par :

Nourri dès le berceau près de la jeune Orante, etc.

Vous voilà, je crois, monsieur, bien éclairci. Il n'y a point de fautes dans la copie du sonnet, sinon qu'au lieu de :

Parmi les doux excès,

il faut :

Parmi les doux transports ;

et au lieu de :

Ha ! qu'un si rude coup...

il faut :

Ah ! qu'un si rude coup...

Pour ce qui est des traductions latines que vous voulez que je vous envoie, il y en a un si grand nombre, qu'il faudrait que la poste eût un cheval exprès pour les porter toutes ; et je ne saurais vous les faire tenir, que vous ne m'enseigniez un moyen. Adieu, mon cher monsieur ; croyez que je suis plus que jamais, etc.

148. — AU MÊME.

Paris, 6 décembre 1707.

Le croiriez-vous, monsieur ? Si j'ai tardé si longtemps à vous remercier de votre magnifique présent, cela ne vient ni de ma négligence, ni de mes tournoiements de tête dont je suis presque entièrement guéri. Tout le mal ne procède que de mon cocher, qui, ayant reçu en mon absence la lettre que vous me faisiez l'honneur de m'écrire, l'a gardée très-poétiquement douze jours entiers dans la poche de son justaucorps, et ne me l'a donnée qu'hier au soir ; de sorte que j'ai reçu votre présent sans savoir presque d'où il me venait. J'en ai pourtant goûté un grand plaisir, et je crois pouvoir vous dire, sans me tromper, qu'il ne s'est jamais mangé de meilleurs fromages à la table ni des Broussin ni des Bellenave ; et pour preuve de ce que je dis, c'est que je n'ai pu me défendre d'en donner trois à M. Le Verrier, qui en est amoureux, et qui les met au-dessus des parmesans. Jugez donc si vos souhaits sont accomplis ! Je ne le crois guère inférieur aux *Coteaux* pour la délicatesse du goût. Je ne lui ai point encore montré votre lettre, qui assurément le réjouira fort.

Je commence à être un peu en peine, connaissant votre exactitude, de ce que je n'ai point encore reçu de réponse à la lettre que je me suis donné l'honneur de vous écrire le mois passé. Auriez-vous aussi à Lyon quelque cocher ou quelque laquais poëte qui l'eût gardée dans sa poche ?

Je vous y marquais, je crois, ou plutôt je ne vous y marquais point, la joie que j'ai que vous ne désapprouviez point les traductions latines qu'on fait de mes ouvrages. Il y en a plus de six nouvellement imprimées, qui ont toutes leur mérite. En voici la liste : la satire du Festin, le premier chant du Lutrin, l'épître de l'Amour de Dieu, l'épître à M. de Lamoignon, la satire de l'Homme, le cinquième chant du Lutrin, et une infinité d'autres qui ne sont point imprimées, et qu'on m'a données écrites à la main. Ainsi, monsieur, me voilà poëte latin confirmé dans toute l'université.

Mais, à propos de latin, permettez-moi, monsieur, de vous dire que je ne saurais approuver ce que vous me mandez, ce me semble, dans une de vos lettres précédentes, « que vous ne sauriez souffrir « qu'Horace dans ses satires et dans ses épîtres « soit si négligé ». Jamais homme ne fut moins négligé qu'Horace ; et vous avez pris pour négligence vraisemblablement de certains traits où, pour attraper la naïveté de la nature, il paraît de dessein formé se rabaisser, mais qui sont d'une élégance qui vaut mieux quelquefois que toute la pompe de Juvénal. Je vous en dirais davantage, mais je sens que ma tête commence à s'engager. Permettez donc que je m'arrête, et que je me contente de vous dire que je suis....

149. — A DESTOUCHES,

SECRÉTAIRE DE MGR L'AMBASSADEUR DE FRANCE EN SUISSE [1],

A SOLEURE.

Paris, 26 décembre 1707.

Si j'étais en parfaite santé, vous n'auriez pas de moi, monsieur, une courte réplique. Je tâcherais, en répondant fort au long à vos magnifiques compliments, de vous faire voir que je sais rendre hyperboles pour hyperboles, et qu'on ne m'écrit pas impunément des lettres aussi spirituelles et aussi polies que la vôtre ; mais l'âge et mes infirmités ne permettent plus ces excès à ma plume. Trouvez

---

[1] M. le marquis de Puisieulx.

bon, monsieur, que, sans faire assaut d'esprit avec vous, je me contente de vous assurer que j'ai senti, comme je dois, vos honnêtetés, et que j'ai lu avec un fort grand plaisir l'ouvrage que vous m'avez fait l'honneur de m'envoyer. J'y ai trouvé en effet beaucoup de génie et de feu, et surtout des sentiments de religion, que je crois d'autant plus estimables, qu'ils sont sincères, et qu'il me paraît que vous écrivez ce que vous pensez. Cependant, monsieur, puisque vous souhaitez que je vous écrive avec cette liberté satirique que je me suis acquise, soit à droit, soit à tort, sur le Parnasse, depuis très-longtemps, je ne vous cacherai point que j'ai remarqué dans votre ouvrage de petites négligences, dont il y a apparence que vous vous êtes aperçu aussi bien que moi, mais que vous n'avez pas jugé à propos de réformer, et que pourtant je ne saurais vous passer. Car comment vous passer deux *hiatus* aussi insupportables que sont ceux qui paraissent dans les mots d'*essuient* et d'*envoie*, de la manière dont vous les employez? Comment souffrir qu'un aussi galant homme que vous fasse rimer *terre* à *colère*? Comment?... Mais je m'aperçois qu'au lieu des remercîments que je vous dois, je vais ici vous inonder de critiques très-mauvaises peut-être. Le mieux donc est de m'arrêter, et de finir en vous exhortant de continuer dans le bon dessein que vous avez de vous élever sur la montagne au double sommet, et d'y cueillir les infaillibles lauriers qui vous y attendent. Je suis avec beaucoup de reconnaissance....

150. — A BROSSETTE.

Paris, 27 avril 1708.

Je voudrais bien, monsieur, n'avoir que de mauvaises raisons à vous dire du long temps que j'ai été sans vous donner de mes nouvelles. Je n'aurais qu'à les habiller de termes obligeants, et je suis assuré que votre bonté pour moi vous les ferait trouver bonnes; mais la vérité est que j'ai été depuis trois mois attaqué d'une infinité de maux, qui ont enfin abouti à une espèce d'hydropisie, dont je ne me suis tiré que par le secours du *médecin hollandais*[1]. Enfin, me voilà, si je l'en crois, hors d'affaire; et le premier usage que j'ai cru devoir faire de ma santé, c'est de vous avertir, comme je fais, que je suis vivant, et que le ciel vous conserve encore en moi, dans Paris, l'homme du monde qui vous aime et vous honore le plus. Je suis avec toute sorte de reconnaissance....

[1]. Adrien Helvétius. Le trop célèbre auteur de *l'Esprit* était son petit-fils.

151. — AU MÊME.

Paris, 16 juin 1708.

Je ne vous ferai point d'excuses, monsieur, de ce que j'ai été si longtemps sans faire réponse à vos deux dernières lettres, puisque c'est par ordre du médecin que je me suis empêché d'écrire, et que c'est lui qui m'a défendu de faire aucun effort d'esprit (même agréable) jusqu'à ce que ma santé fût entièrement confirmée. Mais enfin me voilà presque tout à fait en état de réparer mes négligences, et il n'y a plus de traces en moi de l'*aquosus albo corpore languor*[1]. Quelquefois, même à l'heure qu'il est, je me persuade que je suis encore ce même ennemi des méchants vers qui a enrichi le libraire Thierry, et il me semble que soixante et dix ans n'ont pas encore tellement appesanti ma plume, que je ne fisse avec succès une satire contre l'hydropisie, aussi bien que contre l'équivoque. Je doute néanmoins que celle que j'ai composée contre ce dernier monstre voie le jour avant ma mort, parce que je fuis autant aujourd'hui de faire parler de moi, que j'en ai été avide autrefois. La vérité est pourtant que je l'ai mise par écrit, qu'elle ne sera point perdue, et que si vous venez à Paris, comme vous me le promettez, je vous la lirai autant de fois que vous le souhaiterez.

Mais, à propos de ce voyage, savez-vous bien que vous êtes obligé de le faire en conscience, puisque c'est un des meilleurs moyens de me rendre ma santé, qui ne saurait être mieux affermie que par le plaisir de voir un homme que j'estime et que j'honore autant que vous? Je vous prie donc de faire trouver bon à madame votre chère épouse que vous vous sépariez pour cela deux ou trois mois d'elle, sauf à racquitter, au retour de votre voyage, le temps perdu.

Je ne vous parle point ici de M. Vaginai, ni de tous vos autres célèbres magistrats, parce qu'il faudrait un volume pour vous dire tout le bien que je pense d'eux, et que je n'oserais encore vous écrire qu'un billet, que je cacherai même à Helvétius. Vous ne sauriez manquer de réussir auprès de M. Coustard, qui n'a fait graver mon portrait que pour le donner à des gens comme vous. Adieu, mon cher monsieur; aimez-moi toujours, et croyez que je suis très-sincèrement....

152. — BROSSETTE A BOILEAU.

Lyon, 26 juin 1708.

De toutes les lettres que vous m'avez fait l'honneur de m'écrire, monsieur, il n'en est aucune qui m'ait fait plus de plaisir que celle que je viens de recevoir. Non-seulement vous m'y donnez des

[1]. HORACE, liv. II, ode II, v. 15-16.

assurances du rétablissement de votre santé, mais encore vous m'en donnez des preuves sensibles par un certain air de gaieté et de contentement qui est répandu dans votre lettre, et qui s'est communiqué à mon cœur, par la conformité de mes sentiments avec les vôtres. Quand l'envie que j'ai de vous aller voir ne serait pas aussi forte qu'elle l'est, vous me l'auriez donnée par l'invitation que vous m'en faites. Si l'entier affermissement de votre santé dépendait de mon voyage, comme votre politesse vous le fait dire, soyez assuré, monsieur, que je l'entreprendrais dès ce moment, malgré quelques affaires indispensables qui me retiennent ici, mais je compte qu'elles seront finies dans peu de temps, et rien ne pourra m'empêcher d'aller jouir bientôt de votre présence et de votre entretien.

Je vous envoie une nouvelle traduction en vers latins de votre satire sixième. L'auteur de cette traduction est le P. du Treuil de l'Oratoire; il demeure à Soissons et est frère de M. du Treuil, qui a eu l'honneur de vous voir quelquefois de ma part. Cette traduction m'a paru exacte, à quelques endroits près; et pour la versification, elle n'est pas des plus mauvaises. Quand vous m'écrirez, vous aurez la bonté de m'en dire votre sentiment.

Toute la ville de Lyon a été depuis quelques jours dans un mouvement qui ne lui est pas ordinaire. Le duc de Savoie[1] nous menaçait de ses approches; et nous avons travaillé pour notre sûreté intérieure, tandis que M. le maréchal de Villars[2] travaillait au dehors pour notre défense. Ce maréchal nous envoya, il y a dix jours, M. de Dillon[3] et M. de Saint-Patern[4], pour reconnaître l'état et les forces de Lyon. Comme la garde de cette ville est confiée aux habitants, M. de Dillon les fit passer en revue dans notre grande et magnifique place de Bellecour; et il fut surpris de voir des bourgeois qui ne faisaient pas trop mal sous les armes. Aussi sont-ils accoutumés à les manier; car tous les soirs la bourgeoisie, divisée par quartier, fait la garde en plusieurs endroits de la ville.

Depuis ce temps-là on a doublé et triplé les gardes; on répare et l'on augmente les fortifications; on remplit les magasins; enfin, tout est mis en pratique pour nous garantir de surprise et d'insulte. Cependant il y a lieu de croire que toutes nos précautions nous ont moins servi que notre bonne fortune; car le duc de Savoie, qui voulait venir à nous par la Tarantaise et par la Savoie, s'en retourne sur ses pas, sans avoir même passé l'Isère. M. le maréchal de Villars le suit d'assez près. Il a mandé à M. de Dillon de s'en retourner, parce qu'il doit joindre le duc de Savoie; et peut-être sont-ils en présence dans le moment que je vous écris. Je suis, monsieur, votre très-humble, etc.

153. — A BROSSETTE.

Paris, 7 août 1708.

Vous avez raison, monsieur, je vous l'avoue, d'être surpris du peu de soin que j'ai de répondre à vos obligeantes lettres; mais je crois que votre étonnement cessera quand je vous dirai que je suis, depuis trois mois, malade d'un tournoiement de tête qui ne me permet pas les plus légères fonctions d'esprit; et que c'est par ordonnance du médecin, c'est-à-dire du *médecin hollandais*, que je ne vous écris point. Aujourd'hui pourtant il n'y a médecin qui tienne, et je vous dirai, sauf le respect qu'on doit à Hippocrate, que j'ai lu l'ouvrage que vous m'avez envoyé, et que j'y ai trouvé beaucoup de latinité et d'agrément. La satire qui y est traduite est la sixième en rang dans mes écrits; mais la vérité est que c'est mon premier ouvrage, puisque je l'avais originairement insérée dans l'A-dieu de Damon à Paris, et que c'est par le conseil de mes amis que j'en ai depuis fait une pièce à part contre les embarras des rues, qui m'ont paru une chose assez chagrinante pour mériter une satire entière.

Je voudrais bien vous pouvoir envoyer toutes les traductions qui ont été faites de mes autres ouvrages, et dont la plupart sont imprimées; mais je serais bien en peine à l'heure qu'il est de les trouver, parce que j'en ai fait présent, à mesure qu'on me les a données, à ceux qui me les demandaient. Je vois bien dans peu il n'y aura pas une de mes pièces qui ne soit traduite; car le feu y est dans l'université. J'aurai soin de les amasser pour vous; mais il faut pour cela que ma tête se fixe, et que j'aie permission d'Helvétius. En effet, je doute même qu'il me pardonne de vous avoir écrit aujourd'hui, sans son congé, ce long billet. J'y ajouterai encore que j'ai pâli à la lecture de ce que vous m'avez mandé du péril où s'est trouvée notre chère ville de Lyon. Vous savez bien l'intérêt que j'ai à sa conservation. Je vous dirai pourtant que, dans la frayeur que j'ai eue, j'ai beaucoup moins songé à moi qu'à vous et à tous nos illustres amis. Grâces à Dieu et à la bravoure de vos habitants, nous voilà en sûreté, et on ne verra point entrer dans la seconde ville du royaume l'*infidèle Savoyard*. Ce n'est point moi qui l'appelle ainsi, mais Horace, qui l'a baptisé de ce nom, il

---

1. Victor-Amédée II, né en 1666, mort en 1732; il était père de la duchesse de Bourgogne, mère de Louis XV.
2. Louis-Claude, duc de Villars, qui prit le nom d'Hector, maréchal en 1702, eut la gloire de conclure la paix avec le prince Eugène, à Rastadt, en 1714. Il fut président du conseil de guerre en 1715, représenta le connétable au sacre de Louis XV en 1722, et mourut à Turin, le 17 juin 1734, ne regrettant d'autre honneur que celui de périr sur un champ de bataille.
3. Arthur, comte de Dillon, né en Irlande, en 1670, suivit la fortune de Jacques II, et mourut en 1733, dans le château royal de Saint-Germain en Laye.
4. Le marquis de Saint-Patern, lieutenant général des armées du roi.

y a tantôt deux mille ans, dans l'ode *At ô Deorum*, etc. :

Rebusque novis infidelis Allobrox[1].

Mais voilà assez braver le médecin. Permettez, monsieur, que je finisse, et que je vous dise que je suis avec plus de reconnaissance que jamais...

154. — AU MÊME.

Paris, 9 octobre 1708.

Je suis surchargé, monsieur, d'incommodités et de maladies, et les médecins ne me défendent rien tant que l'application. O la sotte chose que la vieillesse ! Aujourd'hui cependant il n'y a défense qui tienne ; et dussé-je violer toutes les règles de la faculté, il faut que je réponde à votre dernière lettre.

Vous me demandez dans cette lettre comment je crois qu'on doit traduire *Meteora orationis*. A cela je vous répondrai que, pour vous bien satisfaire sur votre question, il faudrait avoir lu le livre de M. Samuel Werenfels[2], afin de bien concevoir ce qu'il entend par là lui-même, ce mot étant fort vague, et ne voulant dire autre chose qu'un galimatias à perte de vue. Pour moi, quand j'ai traduit de Longin ces mots, οὐχ ὑψηλὰ, ἀλλὰ μετέωρα, qu'il dit, ce me semble, de l'historien Callisthène, je me suis servi d'une circonlocution, et j'ai traduit que Callisthène ne s'élève pas proprement, mais se guinde si haut qu'on le perd de vue ; la langue française, à mon avis, n'ayant point de mot qui réponde juste au μετέωρα des Grecs, qui est à la vérité une espèce d'enflure, mais une espèce d'enflure particulière que le mot *enflure* n'exprime pas assez, et qui regarde plus la pensée que les mots. La Pharsale de Brébeuf, à mon avis, est le livre où vous pouvez le plus trouver d'exemples de ces μετέωρα. Je me souviens d'avoir lu dans un poëte italien[3], à propos de deux guerriers qui joutaient l'un contre l'autre, que les éclats de leurs lances volèrent si haut, qu'ils allèrent jusqu'à la région du feu, où ils s'allumèrent et tombèrent en cendre sur terre. Voilà un parfait modèle du style μετέωρα. Du reste, il peut y avoir de l'enflure qui ne soit point μετέωρα, comme par exemple ce que Démétrius Phalereus rapporte d'un historien qui, en parlant du ruisseau de Télèbe, rivière grande comme celle des Gobelins, se servait de ces termes : « Ce fleuve descend à grands « flots des monts Lauriciens, et de là va se préci- « piter dans la mer, proche, etc.... ». Ne diriez-vous pas, ajoute Démétrius, qu'il parle du Nil ou du Danube ? C'est là de la véritable enflure, mais il n'y a point là de μετέωρον. Je vous rapporterais cent exemples pareils ; mais, comme je vous viens de dire, il faut avoir lu l'ouvrage de M. Samuel Werenfels, pour vous parler juste sur ce point ; et vous n'en aurez pas davantage pour cette fois, parce que je sens qu'une chaleur effroyable de poitrine que j'ai, et qui est causée par les glaces de la vieillesse, commence à redoubler. Permettez donc que je me borne à ce court billet, et soyez bien persuadé que toutes vos lettres me font grand plaisir, quoique j'y réponde si peu exactement.

O mihi præteritos referat si Jupiter annos[1] !

quelles longues lettres n'auriez-vous pas à essuyer ! Je vous donne le bonjour, et suis parfaitement.....

155. — AU MÊME.

Paris, 7 janvier 1709.

Vous êtes, monsieur, l'ami du monde le plus commode, et avec lequel on peut le plus impunément faillir. Dans le temps que je m'épuise à chercher vainement dans mon esprit des raisons pour excuser ma négligence à votre égard, c'est vous-même qui vous déclarez le négligent ; et peu s'en faut que vous ne me demandiez pardon de tous mes crimes. Je vois bien ce que c'est : vous me regardez comme un malade qu'il ne faut point chagriner, et vous ne vous trompez pas, monsieur ; je suis malade, et vraiment malade. La vieillesse m'accable de tous côtés. L'ouïe me manque, ma vue s'éteint, je n'ai plus de jambes, et je ne saurais plus monter ni descendre qu'appuyé sur le bras d'autrui. Enfin, je ne suis plus rien de ce que j'étais : et, pour comble de misère, il me reste un malheureux souvenir de ce que j'ai été. Aujourd'hui pourtant il faut que je fasse encore le jeune, et que je réponde à deux objections que vous me faites dans quelques-unes des lettres que vous m'avez écrites l'année précédente. Je les ai relues ce matin, et il ne sera pas dit que je n'y aie rien répliqué.

La première est sur la musique, dont j'ai eu tort, dites-vous, de ne pas employer les termes dans la description que Longin fait de la périphrase[2]. Mais est-il possible que vous me fassiez cette objection, après ce que vous avez lu dans mes remarques, où je dis en propres termes que ce que dit Longin peut signifier *les parties faites sur le sujet*, mais que je ne décide pas néanmoins, parce qu'il n'est pas sûr que les anciens connussent dans la musique ce que nous appelons *les parties* ; que je

---

1. Ce vers n'est point dans l'ode v du livre V d'Horace : *At ô Deorum*, etc., dans laquelle il n'est pas question des Allobroges, mais de sortilèges. Il se trouve dans l'ode XVI, v. 8, du même livre, *Altera jam teritur*, etc.

Novisque rebus infidelis Allobrox.

2. Son principal ouvrage a pour titre *De Logomachiis eruditorum*.

3. Le Tassoni, dans la *Secchia rapita*, cant. IX, st. XVIII.

1. *Énéide*, VIII, v. 560.
2. *Traité du sublime*, chap. XXIV.

penchais cependant vers l'affirmative, mais que je laissais aux habiles en musique à décider si le *son principal* veut dire le *sujet*. Ajoutez que, par la manière dont j'ai traduit, tout le monde m'entend; au lieu que, si j'avais mis les termes de l'art, il n'y aurait que les musiciens proprement qui m'eussent bien entendu.

L'autre objection est sur ce vers de ma Poétique :

, De Styx et d'Achéron peindre les noirs torrents. .

Vous croyez que

Du Styx, de l'Achéron, peindre les noirs torrents

serait mieux. Permettez-moi de vous dire que vous avez en cela l'oreille un peu prosaïque, et qu'un homme vraiment poëte ne me fera jamais cette difficulté, parce que *de Styx et d'Achéron* est beaucoup plus soutenu que *du Styx et de l'Achéron*. *Sur les bords fameux de Seine et de Loire* sera bien plus noble dans un vers que *sur les bords fameux de la Seine et de la Loire*. Mais ces agréments sont des mystères qu'Apollon n'enseigne qu'à ceux qui sont véritablement initiés dans son art.

Je viens maintenant à votre dernière lettre. Vous m'y proposez une question qui a, dites-vous, agité beaucoup de gens habiles dans votre ville, et qui pourtant, à mon avis, ne souffre point de contestation; car, qu'est-ce que l'ouïe au prix de la vue? Vivre, et voir le jour, font deux synonymes. Les yeux au défaut des oreilles entendent; mais les oreilles ne voient point. J'ai vu un homme sourd de naissance, à qui par la vue on faisait entendre jusqu'aux mystères de la Trinité. Mais, monsieur, il me semble que, pour un vieillard malade, je m'engage dans de grands raisonnements.

Le meilleur est, je crois, de me borner ici à vous remercier de vos présents. Je les partagerai ce matin avec M. Le Verrier, chez qui je vais dîner; et je vous réponds que votre santé y sera célébrée. Mille remercîments à madame votre chère et illustre épouse, de la bonté qu'elle a de se souvenir de moi.

J'ai, sur le peu que vous m'en avez dit, une idée d'elle qui passe de beaucoup les Pénélope et les Lucrèce. Il ne me reste plus qu'à vous demander pardon de la précipitation avec laquelle je vous écris, et qui est cause d'un nombre infini de ratures, que je ne sais si vous pourrez débrouiller. Mais quoi! je serais perdu s'il fallait récrire mes lettres, et il arriverait fort bien que je ne vous écrirais plus. Le moindre travail me tue, et même, dans le moment que je vous parle, il me vient de prendre un tournoiement de tête qui ne me laisse que le temps de vous dire que je vous aime et vous respecte plus que jamais, et que je suis parfaitement, etc.

156. — AU MÊME.

Paris, 15 mai 1709.

Je voudrais bien, monsieur, n'avoir que de mauvaises excuses à vous faire du long temps que j'ai été sans répondre à vos obligeantes lettres, puisque, de l'humeur dont je vous vois, vous ne laisseriez pas de les trouver bonnes; mais la vérité est que mes tournoiements de tête continuent toujours; que je ne puis plus monter ni descendre que soutenu par un valet; que ma mémoire finit, que mon esprit m'abandonne; et qu'enfin j'ai quatre-vingts ans à soixante-onze. Cependant je vous supplie de croire que j'ai toujours pour vous la même estime, et que je reçois toujours vos lettres avec grand plaisir.

Je ne saurais assez vous admirer, vous et vos confrères académiciens, de la liberté d'esprit que vous conservez au milieu des malheurs publics; et je suis ravi que vous vous appliquiez plutôt à parler *des funérailles des anciens*, qu'à faire les funérailles de la félicité publique, morte en France depuis plus de quatre ans. Cela s'appelle être philosophe, et marcher sur les pas d'Archimède, qu'on trouva faisant une démonstration géométrique dans le temps qu'on prenait d'assaut la ville de Syracuse, où il était enfermé. Nous nous sentons à Paris de la famine[1], aussi bien que vous, et il n'y a point de jour de marché où la cherté du pain n'y excite quelque sédition; mais on peut dire qu'il n'y a pas moins de philosophie que chez vous, puisqu'il n'y a point de semaine où l'on ne joue trois fois l'opéra, avec une fort grande abondance de monde, et que jamais il n'y eut tant de plaisirs, de promenades et de divertissements.

Mais laissons là la joie et la misère publique, et venons aux questions que vous me faites dans votre dernière lettre.... Pour ce qui est du livre *de Meteoris orationis*, je vous dirai que je l'ai reçu et presque lu tout entier. Il est assez bien écrit. Ce que j'y ai trouvé à redire, c'est qu'il représente *Meteora orationis* comme un terme reçu chez les rhéteurs, pour dire *les excès du discours;* et cependant ce n'est qu'une figure, à mon avis, hasardée par Longin, pour exprimer *le style guindé*. Aussi ne l'ai-je pas rendu par un mot exprès; mais je me suis contenté de dire du rhéteur que Longin accuse : « ne s'élève pas proprement; mais « il se guinde si haut, qu'on le perd de vue ». Adieu, mon illustre monsieur; pardonnez mes ratures et la précipitation avec laquelle je vous écris, et prenez-vous-en à l'obligation où je me trouve de ne me point fatiguer l'esprit, et de ne pas irriter mes tournoiements de tête. Du reste, soyez bien persuadé que je suis avec plus de passion que jamais....

1. Le rigoureux hiver de 1709 causa une famine générale.

Je vous conjure instamment de faire de nouveau mes recommandations à tous vos illustres magistrats, et de leur bien marquer le respect que j'ai pour eux.

157. — AU MÊME.

Paris, 21 mai 1709.

Vous m'avez fait un plaisir infini, monsieur, de me mander avec quelle ardeur M. Perrichon prend mes intérêts vis-à-vis messieurs du consulat. Je vois bien qu'il ne compte pas pour un médiocre avantage un peu de mérite qu'il croit voir en moi, et qu'il ne regarde pas comme indigne d'être aimé des honnêtes gens l'ennemi déclaré des méchants auteurs. Je vous prie de le bien charger de remercîments de ma part, et de le bien assurer que si Dieu rallume encore en moi quelques étincelles de santé, je les emploierai à faire voir dans mes dernières poésies la reconnaissance que j'ai de toutes ses bontés, aussi bien que de celles de tous vos autres illustres magistrats, en qui je reconnais l'esprit de ces fameux ancêtres, devant qui pâlissait

Lugdunensem rhetor dicturus ad aram[1].

Mais à quoi je destine principalement ma poésie expirante, c'est à témoigner à toute la postérité les obligations particulières que je vous ai. J'espère que l'envie de m'acquitter en cela de mon devoir me tiendra lieu d'un nouvel Apollon; mais, en attendant, trouvez bon que je me repose, et que je ne vous en dise pas même davantage pour cette fois. Au surplus, croyez qu'on ne peut être plus sincèrement et plus fortement que je le suis, etc.

158. — BROSSETTE A BOILEAU.

Lyon, ce 24 juin 1709.

Je crois, monsieur, que vous ne faites pas mal d'accepter l'offre qui vous a été faite par M. Bronod, et d'attendre quelque temps pour recevoir l'entier payement de votre rente. Par ce moyen, vous êtes bien éloigné de l'inconvénient que vous aviez d'abord appréhendé, puisqu'au lieu d'être incertain si l'on vous payerait votre demi-année, vous voyez que la ville de Lyon, cette bonne mère, vous fait par avance le payement de l'année entière. C'est une distinction que vous méritez bien, vous, monsieur, qui êtes le plus illustre et le plus cher de tous ses nourrissons. Oserais-je m'applaudir d'avoir pu contribuer au succès d'une chose qui vous fait quelque plaisir? Les occasions me manqueront souvent, elles me manqueront peut-être toujours; mais le zèle et la bonne vo-

1. JUVÉNAL, sat. I, v. 44.

lonté ne me manqueront jamais. Les promesses flatteuses que vous me faites, pour marquer votre reconnaissance, valent mieux cent fois que mes services les plus signalés.

Souviens-toi qu'en mon cœur tes écrits firent naître
L'ambitieux désir de voir et de connaître
L'arbitre, le censeur du Parnasse françois,
Le digne historien du plus grand de nos rois.
Je te vis, je t'aimai. Mon heureuse jeunesse,
Boileau, ne déplut point à ta sage vieillesse.
Tu souffris que j'allasse écouter tes leçons ;
Tu daignas m'enrichir de tes doctes moissons ;
Tu m'instruisis à fond de tes divins ouvrages,
Et tes écrits pour moi n'eurent plus de nuages.
Tu fis plus : secondant ma curieuse ardeur,
Tu commis à ma foi les secrets de ton cœur.
Souvent tu m'entretins de tes mœurs, de ta vie,
Des puissants ennemis que t'opposa l'envie,
Des honneurs éclatants où tu fus appelé :
Tes chagrins, tes plaisirs tout me fut révélé.
Mon esprit, enchanté de toutes ces merveilles,
Occupait tout entier mes avides oreilles ;
Et, dans les traits naïfs de ce vivant tableau,
Je vis à découvert l'âme du grand Boileau.
Mais, dans quelque haut rang que ta muse te mette,
Je vis l'homme d'honneur au-dessus du poëte.
O toi ! qui peux transmettre à la postérité
Des vers marqués au coin de l'immortalité ;
Toi qui, dans tes écrits chantés sur le Parnasse,
Es moins l'imitateur que le rival d'Horace ;
Toi dont le dieu des vers prend le ton et la voix
Pour régler son empire et dispenser ses lois,
Vois le comble de gloire où mon esprit aspire !
Quand tu dis qu'Apollon en ma faveur t'inspire,
Boileau, tu me promets un honneur éternel :
Le moindre de tes vers peut me rendre immortel.
Fais qu'un long avenir de mon nom s'entretienne :
Qu'il connaisse ma gloire, en admirant la tienne ;
Et que ma renommée, emplissant l'univers,
Puisse aller aussi loin que le bruit de tes vers.

J'ai l'honneur d'être, monsieur, etc.

159. — LE RÉVÉREND PÈRE LE TELLIER[1],

CONFESSEUR DU ROI,

AU PÈRE THOULIER[2],

JÉSUITE.

Mont-Louis, ce 12 août 1709.

Paix en J.-C.

D'autres jésuites que vous, mon révérend père, m'ont dit aussi que M. Despréaux désavouait les vers que l'on fait courir sous son nom contre nous. Mais ces discours, tenus en particulier, n'empêchent point que le public ne continue à les lui attribuer; et nos ennemis, qui répandent ces vers avec empressement, lui en font honneur dans le monde. Ce n'est point nous qu'il est besoin de

1. Michel le Tellier, né auprès de Vire, en 1643, mort en 1719 à la Flèche, où l'avait relégué le régent, fut un des premiers collaborateurs des *Mémoires de Trévoux*.
2. Connu depuis sous le nom de l'abbé d'Olivet. Il était alors préfet au collège Louis-le-Grand. C'est un des hommes qui ont rendu les plus grands services à la langue française.

détromper, soit parce que M. Despréaux n'a point d'intérêt de ménager les jésuites, soit qu'ils croient qu'une telle pièce est plus capable de lui faire tort qu'à eux dans l'esprit des honnêtes gens. C'est le public et le roi qu'il a intérêt de détromper; et il sait bien les moyens de le faire quand il le voudra, s'il croit qu'il y aille de son honneur. S'il ne le faisait pas, il donnerait lieu à ceux qui ne l'aiment point de dire qu'il a bien voulu avoir auprès de nos ennemis le mérite d'avoir fait ces vers-là, sans avoir auprès de nous la témérité de les avoir faits. Je suis de tout mon cœur, mon cher père, votre, etc., en N. S.

Le TELLIER, J.

160. — LE PÈRE THOULIER A BOILEAU.

Le 15 août 1709.

Je vous ai promis, monsieur, de vous apprendre ce qui se passerait à l'occasion des vers qui couraient à Paris sous votre nom. Ils ont été montrés au R. P. le Tellier; et aussitôt que j'en ai été averti, je lui ai écrit que, non content de les désavouer, vous m'aviez fait paraître une estime très-sincère pour notre compagnie, et toute la vivacité imaginable contre l'imposteur qui a emprunté votre nom pour nous insulter.

Voici à quoi se réduit la réponse qu'il m'a faite, et dans les propres termes qu'il emploie : « Ce n'est « point nous, c'est le public et le roi même que « M. Despréaux a intérêt de détromper; et il sait « bien les moyens de le faire quand il le voudra. « Ses discours, tenus en particulier, n'empêchent « point que le public ne continue à lui attribuer « ces vers; et nos ennemis, qui les répandent avec « empressement, lui en font honneur dans le « monde ».

J'ai cru, monsieur, vous devoir fidèlement rapporter ce qu'il y a d'essentiel dans cette lettre du P. le Tellier, pour vous marquer en même temps et mon zèle et ma sincérité. J'irai demain à Versailles pour une affaire qui ne m'y retiendra qu'une heure ou deux; je lui répéterai plus au long ce que je lui ai écrit. Vous savez que les ignorants et nos ennemis ne sont pas en petit nombre : les uns croient que vous avez fait les vers dont il s'agit, et les autres voudraient le persuader. Jugeriez-vous à propos de faire sur ce sujet quelque lettre, ou quelque chose de semblable, qu'on pût rendre publique, si ces sortes de bruits continuent ? Au reste, cet expédient vient de moi seul, et je vous le propose sans façon, parce que je m'imagine que la droiture de mon intention excuse la liberté que je prends. Qu'on vous attribue de mauvaises pièces, et que les jésuites soient attaqués et calomniés, en tout cela il n'y a rien de nouveau ; mais il est fâcheux, et pour vous et pour les jésuites, qu'on emploie hautement votre nom pour flétrir avec plus de succès un corps où votre mérite est si bien reconnu, et où vous avez toujours eu tant d'amis. Je fais gloire d'en augmenter le nombre, et je suis avec un parfait dévouement, monsieur, votre très-humble, etc.

THOULIER, J.

161.
RÉPONSE AU RÉVÉREND PÈRE THOULIER.

Paris, 13 août 1709.

Je vous avoue, mon très-révérend père, que je suis fort scandalisé qu'il me faille une attestation par écrit pour désabuser le public, et surtout d'aussi bons connaisseurs que les révérends pères jésuites, que j'aie fait un ouvrage aussi impertinent que la fade épître en vers dont vous me parlez. Je m'en vais pourtant vous donner cette attestation, puisque vous le voulez, dans ce billet, où je vous déclare qu'il ne s'est jamais rien fait de plus mauvais, ni de plus sottement injurieux que cette grossière boutade de quelque cuistre de l'université, et que, si je l'avais faite, je me mettrais moi-même au-dessous des Coras, des Pelletier et des Cotin. J'ajouterai à cette déclaration que je n'aurai jamais aucune estime pour ceux qui, ayant lu mes ouvrages, m'ont pu soupçonner d'avoir fait cette puérile pièce, fussent-ils jésuites. Je vous en dirais bien davantage si je n'étais pas malade, et si j'en avais la permission de mon médecin. Je vous donne le bonjour, et suis parfaitement, mon révérend père, votre, etc.

RÉPONSE GÉNÉRALE
AUX RÉVÉRENDS PÈRES JÉSUITES,
FAUSSEMENT ATTRIBUÉE A BOILEAU.

Grands et fameux auteurs, dont la docte critique
Se donne sur mes vers un pouvoir despotique,
Vous tremblez que, lassé de suivre Juvénal,
Je ne devienne enfin le singe de Pascal ?
Non, sur un tel sujet, ne craignez rien, mes pères;
Mes veilles désormais me sont un peu trop chères,
Pour les perdre à montrer aux peuples abusés
Sous des peaux de brebis vos tigres déguisés :
Assez de votre estime on revient de soi-même.
Jadis à votre égard notre erreur fut extrême;
Mais on n'ignore plus les discours effrontés
Qu'à Sanchez Belzébut en personne a dictés;
Que Châtel, Ravaillac, gens dévoués aux crimes,
Avaient puisé chez vous ces damnables maximes:
« Qu'à qui veut simplement perdre ses ennemis,
« Tout, hormis la vengeance, est louable et permis ».
Mais pourquoi recourir aux histoires antiques ?
Nos jours n'offrent-ils pas mille faits tyranniques ?
Dans l'honneur, dans les biens des docteurs outragés,
Les Chinois dans l'erreur par vous seuls replongés;

De Brest par vos fureurs l'église profanée;
De prêtres une troupe éperdue, étonnée,
D'une plainte frivole attendant le succès,
Et déchue à la fin d'un trop juste procès;
Dans leurs pieux desseins des vierges traversées,
De leurs propres foyers comme infâmes chassées;
Arnaud, toujours en butte à votre ardent courroux;
Tout cela, sans mes vers, parle trop contre vous.
Sur un si beau sujet pour écrire avec grâce,
Ma muse n'a besoin de Pascal ni d'Horace;
Et, pour vous décrier chez la postérité,
Un auteur n'a besoin que de sincérité.
De la mienne déjà l'on commence à se plaindre;
Mais vous la connaissez, et vous deviez la craindre,
Sans me forcer à rompre un silence obstiné
Où par discrétion je m'étais condamné.
Que de lâches auteurs craignent vos injustices :
A couvert de ma foi, je ris de vos caprices;
Et sous ce boulevard, où j'ai su me placer,
Vos traits empoisonnés ne sauraient me percer.
Profitez, s'il se peut, d'un exemple fidèle;
Vous devez avoir su l'aventure d'Entelle [1].
Plus sages désormais, songez à *m'épargner* :
Ou sinon rira bien qui rira le *dernier*.

162. — A BROSSETTE.

Paris, 21 août 1709.

Deux jours après que j'eus reçu votre lettre du 24 juin, monsieur, je tombai malade d'une fluxion sur la poitrine et d'une fièvre continue assez violente, qui m'a tenu au lit tout le mois de juillet, et dont je ne suis relevé que depuis trois jours. Voilà ce qui m'a empêché de répondre à vos obligeantes lettres, et non point le peu de cas que j'aie fait de vos vers qui m'ont paru très-beaux, et où je n'ai trouvé à redire que l'excès des louanges que vous m'y donnez. Dès que je serai un peu rétabli, je ne manquerai pas de vous faire une ample réponse et un très-exact remerciment; mais en attendant, je vous prie de vous contenter de ce mot de lettre, que je vous écris malgré l'extrême défense de mon médecin.... Je suis avec une extrême reconnaissance....

163. — AU MÊME.

Paris, 6 octobre 1709.

Il faut, monsieur, que vous n'ayez pas reçu une lettre que je me suis donné l'honneur de vous écrire, il y a environ deux mois, où je vous mandais que je sortais d'une très-longue et très-fâcheuse maladie, qui m'avait tenu au lit plus de trois semaines, et dont il m'était resté des incommodités qui me mettaient hors d'état de répondre à vos précédentes lettres. Depuis ce temps-là, j'en ai encore reçu deux de votre part qui ne marquent pas même que vous ayez su que je fusse indisposé.

Ainsi je vois bien qu'il y a du malentendu dans notre commerce....

Ce qui me fâche le plus de cette méprise, c'est que dans ma lettre je vous parlais, comme je dois, des vers que vous avez faits en mon honneur, et sur lesquels vous devez être content, puisque je les ai trouvés fort obligeants et très-spirituels. La lettre dont je vous parle était fort courte, et vous trouverez bon que celle-ci le soit aussi, parce que je ne suis pas si bien guéri, qu'il ne me reste encore des pesanteurs et des tournoiements de tête, qui ne me permettent pas de faire des efforts d'esprit. O la triste chose que soixante-douze ans! A la première renaissance de santé qui me viendra, je ne manquerai pourtant de répondre à toutes vos curieuses questions, etc..... Je suis autant que jamais.

164. — AU PÈRE THOULIER [1].

Paris, 13 décembre 1709.

Vous m'avez fait un très-grand plaisir de m'envoyer la lettre que j'ai écrite à M. Maucroix; car, comme elle a été écrite fort à la hâte, et, comme on dit, *currente calamo*, il y a des négligences d'expression qu'il sera bon de corriger. Vous faites fort bien, au reste, de ne point insérer dans votre copie la fin de cette lettre, parce que cela me pourrait faire des affaires avec l'Académie, et qu'il est bon de ne point réveiller les anciennes querelles.

J'oubliais à [2] vous dire qu'il est vrai que mes libraires me pressent fort de donner une nouvelle édition de mes ouvrages; mais je n'y suis nullement disposé, évitant de faire parler de moi, et fuyant le bruit avec autant de soin que je l'ai cherché autrefois. Je vous en dirai davantage la première fois que j'aurai le bonheur de vous voir. Ce ne saurait être trop tôt. Faites-moi donc la grâce de me mander quand vous voulez que je vous envoie mon carrosse; il sera sans faute à la porte de votre collége à l'heure que vous me marquerez. Le droit du jeu pourtant serait que j'allasse moi-même vous dire tout cela chez vous; mais, comme je ne saurais presque plus marcher qu'on ne me soutienne, et qu'il faut monter les degrés de votre escalier pour avoir le plaisir de vous entretenir, je crois que le meilleur est de vous voir chez moi. Adieu, mon très-révérend père; croyez que je sens, comme je dois, les bontés que vous avez pour moi; et que je ne vous donne pas une petite place entre tant d'excellents hommes de votre société que j'ai eus pour amis, et qui m'ont fait l'honneur, comme vous, de m'aimer un peu, sans s'effrayer de l'estime très-bien fondée que j'avais pour M. Arnauld et pour quelques personnes de Port-Royal, ne m'étant jamais mêlé des querelles de la grâce.

---

1. *Énéide*, V, v. 392 et suiv.

---

1. L'abbé d'Olivet.
2. Malherbe n'a jamais parlé différemment; et cette façon de parler s'est longtemps conservée dans le style familier.

165. — AU MÊME.

Paris, 4 avril 1710.

Il n'y a point, mon révérend père, à se plaindre du hasard. Peut-être a-t-il bien fait; car j'avais répandu fort à la hâte sur le papier les corrections que je vous ai envoyées, et je suis persuadé que j'en aurais rétracté plusieurs dans les entretiens que je prétendais sur cela avoir avec vous. Ainsi, laissant toutes ces corrections, bonnes ou mauvaises, trouvez bon que je me contente de vous remercier de votre agréable présent. Je ne manquerai pas de porter à M. Le Verrier, chez qui je vais aujourd'hui dîner, le volume dont vous m'avez chargé pour lui. Il meurt d'envie de vous donner à dîner, et il faut que nous prenions jour pour cela. Adieu, mon illustre père. Aimez-moi toujours, et croyez que je ne perdrai jamais la mémoire du service considérable que vous m'avez rendu, en contribuant si bien à détromper les hommes de l'horrible affront qu'on voulait me faire, en m'attribuant le plus plat et le plus monstrueux libelle qui ait jamais été fait. Je vous embrasse de tout mon cœur, et suis très-parfaitement....

166. — A BROSSETTE.

Paris, 14 juin 1710.

Quelque coupable, monsieur, que je vous puisse paraître d'avoir été si longtemps sans répondre à vos fréquentes et obligeantes lettres, je n'aurais que trop de raisons à vous dire pour me disculper, si je voulais vous réciter le nombre infini d'infirmités et de maladies qui me sont venues accabler depuis quelque temps.

Quorum si nomina quæras,
Promptiûs expediam quot amaverit Hippia mœchos, etc.

Mais je me suis aperçu, dans une de vos lettres, que vous n'aimez point à entendre parler de maladies; et moi je sens bien, par l'abattement et par l'affliction où cela me jette, que je ne saurais parler d'autre chose; et pour vous montrer que cela est très-véritable, je vous dirai que je ne marche plus que soutenu par deux valets; qu'en me promenant, même dans ma chambre, je suis quelquefois au hasard de tomber, par des étourdissements qui me prennent; que je ne saurais m'appliquer le moins du monde à quelque chose d'important, qu'il ne me prenne un mal de cœur tirant à défaillance. Cependant je n'ai pas laissé de lire tout au long l'églogue que vous m'avez envoyée de votre excellent P. Bimet; je l'ai trouvée très-Virgilienne. Ainsi, quand je serais le personnage affreux qu'il s'est figuré de moi, vous pouvez l'assurer qu'il n'a rien à craindre de moi, qui ai toujours honoré les gens de mérite comme lui, et qui ai été et suis encore aujourd'hui ami de tant d'hommes illustres de sa société. En voilà assez, monsieur, et je sens déjà que le mal de cœur me veut reprendre. Permettez donc que je me hâte de vous dire que je suis, plus violemment que jamais, etc.

167. — L'ABBÉ BOILEAU AU MÊME.

..... Mars 1711.

Je ne suis nullement en état, monsieur, de faire une réponse aussi ample que je devrais à l'obligeante lettre qui vient de m'être rendue de votre part, du 24 de ce mois. L'affliction que j'ai dans le cœur de la perte que j'ai faite de mon frère, dont j'étais l'aîné de presque deux ans, ne me laisse pas la tête assez libre pour satisfaire, comme je voudrais, à ce devoir.

Permettez-moi donc, monsieur, de vous dire seulement que sa mort a été très-chrétienne, et qu'il a donné la plus grande partie de ses biens aux pauvres. Il est passé en l'autre vie à dix heures du soir, le 11 de ce mois, âgé de soixante-quatorze ans et quatre mois, étant né le premier de novembre 1636. Il avait été baptisé dans la Sainte-Chapelle royale du Palais, où il est enterré avec ses parents, dans le tombeau de notre famille; plusieurs desquels ont été chanoines et trésoriers de la Sainte-Chapelle.

Je vous en écrirai davantage, quand Dieu voudra que je sois plus en état de vous entretenir que je ne suis présentement. Je ferai tout ce qui dépendra de moi pour vous donner satisfaction sur les papiers que vous me faites l'honneur de me marquer que vous désirez; je ne crois pas que rien m'échappe; la volonté de mon frère ayant été de me faire l'exécuteur de son testament. Je mettrai à part tout ce qui pourra vous convenir, comme lettres et autres ouvrages que j'aurai soin de vous envoyer. Trouvez bon, monsieur, qu'en son nom et au mien je vous embrasse de tout mon cœur, étant avec toute la reconnaissance que je dois, et l'attachement possible, etc.

FIN DES ŒUVRES DE BOILEAU.

BOLÆANA

ou

ENTRETIENS DE M. DE LOSME DE MONCHESNAY AVEC BOILEAU

BOLÆANA

ou

ENTRETIENS DE M. DE LOSME DE MONCHESNAY AVEC BOILEAU

I

Lorsque les satires de M. Despréaux parurent pour la première fois, il y eut contre lui un déchaînement presque universel de la part de tout le haut et tout le bas Parnasse. M. Fourcroi [1], fameux avocat, qui, outre qu'il était extrêmement malin, en voulait d'ailleurs à M. Despréaux, fit courir par toute la ville un imprimé conçu en ces termes :

« On fait à savoir à tous ceux qui n'ont pas lieu d'être satisfaits des Satires nouvelles, qu'ils aient à se trouver, un tel jour, et à telle heure, chez le sieur Rollet, ancien procureur, où se tiendra le bureau des mécontens desdites satires, afin d'aviser aux intérêts des honnêtes gens mêlés dans icelles ».

II

Dans le temps où toute la cour avait la fureur de substituer le mot de *gros* à la place du mot de *grand*, le roi consulta M. Despréaux pour savoir si l'un ne revenait pas à l'autre. M. Despréaux décida, en disant à Sa Majesté : « Sire, quoi que votre cour en dise, je fais une grande différence entre Louis le Gros et Louis le Grand ».

III

Le père de M. Despréaux, quelques jours avant de mourir, disait de ses trois enfants : « Gilot est un glorieux, Jaco est un débauché, mais Colin est un bon garçon; il n'a point d'esprit, il ne dira mal de personne ». Or par ce Colin il entendait M. Despréaux, qui, dans ses premières années, paraissait assez taciturne. Le roi a demandé plusieurs fois au satirique s'il était bien vrai que son père eût porté ce jugement.

IV

M. Despréaux me disait, à propos du siége de Lille, « que cette ville était située dans un terrain acatique ». Je lui dis qu'il me semblait que M. de Vaugelas prononçait ce mot d'une autre façon et comme dérivé du latin. « L'abbé Regnier [1], dit-il, dans sa nouvelle grammaire, le prononce ainsi, et je crois que c'est ce qui m'a fait quitter le sentiment de Vaugelas ».

V

Le même M. Despréaux disait de l'abbé Regnier qu'il se croyait un grand homme, parce qu'il avait hérité de la grimace de Chapelain.

VI

M. Despréaux me disait, en parlant de *Philomèle*, opéra nouveau [2] : « Tous ces faiseurs d'opéra font le vœu de Quinault; Quinault est leur modèle : c'est le plus grand parleur d'amour qu'il y ait eu, mais il n'est point amoureux. Je pardonnerais, disait-il, toutes leurs dévotions à l'Amour dans un sacrifice qu'on serait forcé de faire à ce

---

1. Avocat très-bruyant, né à Lyon, mort fort âgé à Paris le 25 de juin 1691. On a de lui des poésies imprimées dans différents recueils, et le recueil de ses *Plaidoyers*. Il était ami de Molière, et le devint de Boileau. V. plus bas art. 37.

1. Regnier-Desmarais, secrétaire perpétuel de l'Académie française.
2. Joué en octobre 1705. Les paroles sont de Roy et la musique de La Coste.

dieu sur le théâtre, mais le chœur de l'opéra prêche toujours une morale lubrique : vous n'y entendez autre chose, sinon

> Il faut aimer,
> Il faut s'enflammer :
> La sagesse
> De la jeunesse,
> C'est de savoir jouir de ses appas.

Ce n'est pas là l'esprit des chœurs de l'antiquité, dans lesquels la vertu était toujours prêchée, malgré les ténèbres du paganisme. Voici comme parle Horace à propos des chœurs des tragédies :

> Ille bonis faveatque et consilietur amice,
> Et regat iratos, et amet pacare tumentes[1].

C'est un scandale public qu'il soit permis à des chrétiens de prostituer leur voix pour persuader aux filles qu'il est honteux de ne pas s'abandonner dans le bel âge ; ce n'est point là du tout le langage de la passion, c'est proprement le langage de la débauche. Je n'ai vu, dit-il, que dans *Bellérophon*[2] quelques traits qui marquent un peu de passion :

> L'amour trop heureux s'affaiblit,
> Mais l'amour malheureux s'augmente.

Encore, dit-il, Corneille ne se soutient pas longtemps sur ce ton-là : il serait trop honteux de tourner casaque à Quinault.

> Pourquoi n'avoir pas le cœur tendre?
> Rien n'est si doux que d'aimer.
> Peut-on si longtemps s'en défendre?
> Non, non ; l'amour doit tout charmer.

Ne le voilà-t-il pas revenu au même langage? Tout ce qui s'est trouvé de passable dans *Bellérophon*, c'est à moi qu'on le doit. Lulli était pressé par le roi de lui donner un spectacle; Corneille lui avait fait, disait-il, un opéra où il ne comprenait rien; il aurait mieux aimé mettre en musique un exploit. Il me pria de donner quelques avis à Corneille. Je lui dis, avec ma cordialité ordinaire : « Monsieur, « que voulez-vous dire par ces vers » ? Il m'expliqua sa pensée. « Et que ne dites-vous cela, lui « dis-je? A quoi bon ces paroles qui ne signifient « rien » ? Ainsi l'opéra fut réformé presque d'un bout à l'autre, et le roi se vit servi à point nommé. Lulli crut m'avoir tant d'obligation, qu'il s'en vint m'apporter la rétribution de Corneille; il voulut me compter trois cents louis. Je lui dis : « Mon« sieur, êtes-vous assez neuf dans le monde pour « ignorer que je n'ai jamais rien pris de mes ou« vrages? Comment donc voulez-vous que je tire « le tribut de ceux d'autrui » ? Là-dessus il m'offrit pour moi et pour toute ma postérité une loge annuelle et perpétuelle à l'Opéra; mais tout ce qu'il put obtenir de moi, c'est que je verrais son opéra pour mon argent[1] ».

VII

« La pièce de *Bellérophon* fut jouée quinze mois durant. M. de Seignelay[2], qui n'aimait point Quinault, ayant su que j'avais quelque part à la conduite de la pièce, voulut m'entreprendre sur un endroit où il prétendait que la vraisemblance était choquée. Nous avions dîné chez lui avec MM. les ducs de Chevreuse et de Beauvilliers[3]. Après m'avoir harcelé par plusieurs raisons qui n'étaient pas trébuchantes, croyant m'avoir mis au pied du mur, il me dit, avec un sourire amer et dédaigneux : « Répondez, répondez à cela ». Comme je vis que la chose était poussée avec une hauteur qui ne me convenait pas, j'eus le courage de lui dire : « Monsieur, j'ai toujours fait ma principale « étude de la poétique; tout le monde convient « même que j'en ai écrit avec assez de succès; si « vous voulez que je vous réponde, il faut que « vous consentiez que je vous instruise au moins « trois jours de suite ». Après cela je lui décochai six préceptes des plus importants d'Aristote. Il se sentit battu. Toute la compagnie riait dans l'âme, et M. Racine en sortant me dit : « Oh! le brave « homme que vous êtes! Achille en personne n'au« rait pas mieux combattu pour vous ».

VIII

Le vieux duc de La Feuillade[4], ayant rencontré M. Despréaux dans la galerie de Versailles, lui récita un sonnet de Charleval[5] adressé à une dame, et le sonnet finissait par ces vers :

> Ne regardez point mon visage,
> Regardez seulement à ma tendre amitié.

M. Despréaux lui dit qu'il n'y avait rien d'extraordinaire dans ce sonnet; que d'ailleurs il ne donnait pas une idée riante de son auteur, et que même à la rigueur la dernière pensée pourrait

---

1. *Art poétique*, vers 196-197.
2. Opéra de Thomas Corneille, musique de Lulli, représenté en 1679. V., sur cette anecdote, la *Lettre* de Fontenelle qui suit le *Bolæana*.

1. L'anecdote que de M. de Losme vient de mettre dans la bouche de M. Despréaux, au sujet de l'opéra de *Bellérophon*, est solennellement démentie par M. de Fontenelle, dans une lettre qu'il écrivit à ce sujet aux auteurs du *Journal des savants*. Saint-Marc. — Année 1741, p. 263-268.
2. Colbert, marquis de Seignelay, fils du grand ministre.
3. Charles d'Albert, duc de Luynes, de Chevreuse et de Chaulnes, né le 7 octobre 1646, mort le 7 novembre 1712. — Paul de Saint-Aignan, duc de Beauvilliers, pair de France, grand d'Espagne, grand maître de la garde-robe de Philippe V, roi d'Espagne, dont il avait été le gouverneur, ainsi que de ses deux frères, les ducs de Bourgogne et de Berri; né en 1648, mort le 31 d'août 1714. Saint-Marc.
4. François, vicomte d'Aubusson, duc de La Feuillade, pair et maréchal de France, colonel des gardes françaises, chevalier des ordres du roi, gouverneur du Dauphiné, mort subitement dans la nuit du 18 au 19 de septembre 1691. C'est à lui que Paris est redevable de la place des Victoires, dont il fit en partie la dépense.
5. Charles Faucon de Ris, seigneur de Charleval, d'une famille parlementaire de Normandie. On a fait un petit volume de ses vers publiés d'abord dans les Recueils.

passer pour un jeu de mots. Là-dessus, le maréchal ayant aperçu madame la Dauphine[1], qui passait par la galerie, s'élança vers la princesse, à laquelle il lut le sonnet dans l'espace de temps qu'elle mit à traverser la galerie. « Voilà un beau sonnet, monsieur le maréchal, répondit madame la Dauphine, qui ne l'avait peut-être pas écouté ». Le maréchal accourut sur-le-champ pour rapporter à M. Despréaux le jugement de la princesse, en lui disant d'un air moqueur, qu'il était bien délicat de ne pas approuver un sonnet que le roi avait trouvé bon, et dont la princesse avait confirmé l'approbation par son suffrage. « Je ne doute point, répliqua M. Despréaux, que le roi ne soit très-expert à prendre des villes et à gagner des batailles. Je doute encore aussi peu que madame la Dauphine ne soit une princesse pleine d'esprit et de lumière. Mais, avec votre permission, monsieur le maréchal, je crois me connaître en vers aussi bien qu'eux ». Là-dessus le maréchal accourt chez le roi, et lui dit d'un air vif et impérieux : « Sire, n'admirez-vous pas l'insolence de Despréaux, qui dit se connaître en vers un peu mieux que Votre Majesté? — Oh! pour cela, répondit le roi, je suis fâché d'être obligé de vous dire, monsieur le maréchal, que Despréaux a raison ».

IX

Peu après le passage du Rhin, le roi étant à Versailles, mille plumes célébrèrent l'heureuse campagne du prince; et l'épître de M. Despréaux sur ce fameux passage fut donnée à Sa Majesté toute des premières. Dans le même temps le roi reçut des vers de Boisset[2], surintendant de la musique. C'étaient des vers plats de la dernière platitude, comme disait M. Despréaux. Le roi voulut donner le change à mesdames de Montespan et de Thiange, comme si ces vers étaient de Despréaux; mais elles se récrièrent hautement : « Ce n'est point notre ami qui les a faits. — Or voyons, dit le roi, s'il n'aura point fait ceux que je vais vous lire ». Là-dessus Sa Majesté vint à lire l'épître de Despréaux, mais avec des tons si enchanteurs, que madame de Montespan lui arracha l'épître des mains en s'écriant qu'il y avait là quelque chose de surnaturel, et qu'elle n'avait jamais rien entendu de si bien prononcé. Elle trouva la pièce en effet digne de celui qui l'avait si bien récitée. M. Despréaux m'a dit que l'idée de son épître lui était venue d'une épigramme de Martial adressée à un certain Hippodamus, qui lui avait demandé des vers à sa louange; mais le poète s'excuse de lui en donner, sur ce qu'il porte un nom qui ferait peur aux Muses. Tels étaient les noms des villes que le roi avait prises dans la Hollande, et M. Despréaux n'avait garde de les faire entrer sérieusement en poésie; écueil où tomba Corneille dans les vers qu'il présenta au roi sur le succès de sa campagne [1]. L'abbé Cassagne présenta aussi les siens; mais au lieu de s'en tenir au passage du Rhin, comme avait fait prudemment M. Despréaux, il jetait un lugubre dans la pièce en parlant de la mort du comte de Saint-Pol, qu'il louait d'avoir enfin trouvé la mort qu'il avait tant de fois cherchée.

X

M. Despréaux se trouvant un jour avec des impies, qu'il voyait pour la première fois, n'eut pas de peine à les tourner en ridicule; car au lieu que ces sortes de gens ont toujours quelque sophisme éblouissant, et qu'au défaut de la raison ils soutiennent leur cause désespérée avec esprit, ceux-ci au contraire s'enferraient d'eux-mêmes par leurs arguments déplorables. « Je leur débauchai, disait M. Despréaux, tous les rieurs; et quand ils furent sortis, je dis à mon frère : Ah! mon frère! que Dieu a là deux forts ennemis! »

XI

M. Despréaux n'a jamais rien imprimé qu'à son corps défendant, les jugements du public lui ayant toujours fait peur; et c'est un scrupule qu'il a porté jusqu'à sa dernière vieillesse. La première édition qui parut de ses satires fut faite sans son aveu, et par la supercherie d'un libraire qui surprit un privilége. Barbin vint en second pour essayer d'en obtenir un de son côté. M. Despréaux ne s'y opposa point, mais lui fit entendre qu'il ne ferait aucune démarche pour l'impression, et que c'était assez qu'il ne s'y opposât point. Dans ce temps-là, M. le chancelier venait de mourir, et M. Despréaux avait commencé son *Art poétique*. Barbin vint au sceau que le roi tenait lui-même à Saint-Germain. D'abord on présenta à Sa Majesté le livre d'un moine, dont le titre était très-singulier, ce qui excita le roi à rire, en accordant le privilége pour douze ans, quoiqu'il ne fût demandé que pour six. Barbin se présenta ensuite tenant à la main une feuille de l'*Art poétique*, pour lequel il demandait le privilége au nom de M. Despréaux. « Oh! pour celui-là, reprit le roi, je le connais ». M. Despréaux n'avait point pourtant paru encore à la cour. Aussitôt le privilége fut scellé; mais le sceau fini, M. Pélisson, maître des requêtes, remontra au roi qu'il venait d'accorder un privilége à un homme qui avait attaqué toute l'Académie.

---

1. Marie-Anne-Christine-Victoire de Bavière, épouse du Dauphin, fils de Louis XIV, mourut le 20 d'avril 1690.
2. Surintendant de la musique de la chambre du roi, depuis le 10 de septembre 1667.

1. *Poëme latin sur les victoires du roi, et la traduction en vers français*, par Pierre Corneille, 1667, in-8°. Le poëme latin était du P. La Rue.

Le roi fit là-dessus quelque réflexion ! « Mais enfin, dit-il, le privilége est donné ». Pélisson ne s'en tint pas là! Il alla soulever contre le satirique M. le duc de Montausier, déjà très-indigné qu'on n'eût pas épargné dans les satires Chapelain et Cotin dont il faisait profession d'être l'ami particulier. Il s'en alla donc trouver le roi avec autant d'émotion que s'il se fût agi d'un malheur public, et fit tant par ses remontrances qu'il porta Sa Majesté, non pas à révoquer le privilége, mais seulement à le retenir. Cependant, à quelque temps de là, M. Despréaux reçut une lettre qui demeura deux jours égarée chez lui sans lui être rendue. Après qu'elle eut été retrouvée, il en fit lecture, et la trouva conçue en ces termes : « Le roi m'a ordonné, monsieur, de vous accorder un privilége pour votre *Art poétique* aussitôt que je l'aurai lu. Ne manquez donc pas à me l'apporter tout au plus tôt ». Le billet était signé *Colbert*, et écrit de la propre main du ministre. M. Despréaux y fit répondre en ces termes :

« Monseigneur, je vois bien que c'est à vos bons offices que je suis redevable du privilége que Sa Majesté veut bien avoir la bonté de m'accorder. J'étais tout consolé du refus qu'on en avait fait à mon libraire, car c'était lui seul qui l'avait sollicité, étant très-éveillé pour ses intérêts, et sachant fort bien que je n'étais point homme à tirer tribut de mes ouvrages. C'était donc à lui de s'affliger d'être déchu d'une petite espérance de gain, quoique assez incertaine à mon avis, dès qu'il la fondait sur le grand débit d'ouvrages tels que les miens. Pour moi, je me trouvais fort content qu'on m'eût soulagé du fardeau de l'impression, et de l'incertitude des jugements du public, n'ayant garde de murmurer du refus d'un privilége qui me laissait celui de jouir paisiblement de toute ma paresse. Cependant, Monseigneur, puisque vous daignez vous intéresser si obligeamment pour moi, j'aurai l'honneur de vous porter mon *Art poétique* aussitôt qu'il sera achevé, non point pour obtenir un privilége dont je ne me soucie point, mais pour soumettre mon ouvrage aux lumières d'un aussi grand personnage que vous êtes. Je suis », etc.)

M. Despréaux ne parla de sa réponse qu'après que sa lettre eut été remise au suisse de M. Colbert. Puymorin son frère, qui était contrôleur des Menus, le tança fort de s'en être tenu à une simple lettre de compliment avec un ministre, et de n'avoir pas pris la poste sur-le-champ pour aller faire ses remerciments. Mais à quelques jours de là, ayant eu occasion de parler à M. Colbert pour des fonds qui regardaient son emploi, il lui fit des excuses pour son frère que le commerce des Muses *écartait souvent de ses plus grands devoirs*. « Tout ce que je puis vous dire là-dessus, repartit le ministre, c'est que jamais lettre ne m'a fait plus de plaisir que la sienne ».

XII

Dans la campagne de Gand, MM. Despréaux et Racine eurent ordre de suivre le roi. Sa Majesté s'y exposa beaucoup, sur quoi plusieurs courtisans lui remontrèrent qu'il devait un peu plus ménager sa personne ; et son historien lui vint faire sa cour en le priant de ne lui pas donner sitôt occasion de finir son histoire, puisqu'il ne s'en était fallu que sept pas qu'un boulet de canon n'eût atteint Sa Majesté. « Et à combien de pas étiez-vous du canon? dit le roi à Despréaux. — A cent pas, répondit le satirique. — Mais n'aviez-vous point peur? repartit le roi. — Oui, sire, je tremblais beaucoup pour Votre Majesté, et encore plus pour moi ».

XIII

Après la mort de M. Racine[1], M. Despréaux vint à la cour proposer au roi M. de Valincour pour être son associé à l'histoire. Du plus loin que le roi eut aperçu le satirique, il lui cria : « Despréaux, nous avons beaucoup perdu, vous et moi, à la mort de Racine. — Tout ce qui me console, sire, repartit M. Despréaux, c'est que mon ami a fait une fin très-chrétienne et très-courageuse, quoiqu'il craignît extrêmement la mort. — Oui, oui, répliqua le roi, je m'en souviens; c'était vous qui étiez le brave au siége de Gand ».

XIV

Le P. de La Baune[2], jésuite fort célèbre, fit un discours où le Parlement fut invité : c'était un éloge du Parlement. Après avoir loué cet illustre corps en général, il passa aux éloges des particuliers ; et venant à parler des Bailleuls, *Baillolios*, M. le président de Bailleul[3] ôta son bonnet dont il se couvrit le visage, et l'eut toujours à la main tant que l'éloge dura. Les autres présidents apostrophés se découvrirent pareillement, et ne remirent leur bonnet qu'après qu'on eut fini sur leurs louanges. M. Despréaux, qui assista à la harangue, ne trouvait rien de si plaisant que de voir de graves personnages faire une manière de scène italienne, ne sachant quelle contenance tenir en se voyant louer en face, et ayant toujours leur bonnet à la main jusqu'à extinction d'éloge. « J'en riais, disait-il, avec M. le président Talon[4], quand il vint lui-même à être paranymphé, *Baillolios*,

---

1. 21 d'avril 1699.
2. Jacques de La Baune, né à Paris en 1649, mort le 21 d'octobre 1725, enseigna les humanités au collège de Louis-le-Grand, et eut pour élève M. le Duc, petit-fils de Condé.
3. Louis de Bailleul, marquis de Chateaugontier, président à mortier, mort en 1702, à soixante-dix-neuf ans.
4. Denis Talon, président à mortier, né à Paris en juin 1628, mort le 2 de mars 1698.

Memmios, Harlæos, Talonios[1]. Mais le discours fini, ces messieurs allèrent rendre au père la Baune les compliments qu'ils venaient de recevoir, ce qui fit une autre scène; et là-dessus je dis à M. Talon ces vers de Furetière, qui le firent bien rire :

> Comme un curé faisant sa ronde
> Encense à vêpres tout le monde,
> Puis se tient droit, ayant cessé,
> Pour être à son tour encensé.

XV

La querelle de M. Despréaux et de Perrault vint à l'occasion d'un poëme composé contre les anciens par ce dernier. Ce poëme avait pour titre : *Le siècle de Louis le Grand*, et commençait par deux vers des plus prosaïques :

> La docte antiquité fut toujours vénérable,
> Je ne la trouve pas cependant adorable [2].

Le reste du poëme était à peu près de la même tournure, et ne laissa pas d'être fort applaudi à la lecture qui en fut faite à l'Académie en présence de personnes très-illustres, entre autres de M. de Harlay[3], archevêque de Paris. « J'étais sur les charbons, disait M. Despréaux, pendant la lecture de ce misérable poëme, et, sans M. Racine qui me retint vingt fois, j'étais prêt à me lever pour confondre tant de graves approbateurs, qui, à la honte du bon sens, avaient la complaisance de souffrir qu'on traitât Homère comme un carabin, dans une compagnie surtout fondée pour être le plus ferme appui des lettres ».

M. Despréaux protesta en public et en particulier contre le bizarre système de Perrault qui voulait abaisser aux pieds des modernes les plus grands personnages de l'antiquité. Il fut néanmoins quelques années sans lui répondre; mais Perrault ayant fait imprimer ses *Parallèles*, où M. Despréaux était traité de médisant et d'envieux, celui-ci crut devoir se justifier par ces Réflexions judicieuses et démonstratives qui sont à la suite du *Traité du Sublime*. M. Despréaux nous disait que M. le prince de Conti lui avait fait dire par M. Racine : « Si Despréaux ne répond point à Perrault, j'irai moi-même à l'Académie, et j'écrirai à sa place : *Tu dors, Brutus?* »

Enfin la querelle s'accommoda après plusieurs écrits polémiques de part et d'autre; et Perrault, battu et content, en signe de réconciliation, envoya quelqu'un de ses ouvrages à son fameux antagoniste. Ce fut à cette occasion que M. Despréaux lui écrivit cette lettre ingénieuse, qui, à la bien prendre, pourrait bien passer pour une dixième Réflexion contre Perrault. Je marquai là-dessus mes scrupules à mon illustre ami, lui faisant entendre que sa lettre était poliment injurieuse, et que le serpent y était caché sous les fleurs. « Mais que voulez-vous, me répliqua-t-il, je ne voulais pas me raccommoder en coquin. Après tout, ne sont-ce pas ses sentiments que je lui reproche? Et pouvais-je le faire avec plus de circonspection et de bienséance » ? Comme j'insistais toujours à lui soutenir que la réparation me semblait très-équivoque : « Eh bien, me dit-il, voilà justement ce que me disait M. le premier président de Lamoignon : Monsieur Despréaux, je ne doute pas que nous ne soyons toujours bons amis, mais si jamais nous venions à nous raccommoder après une brouillerie, point de réparations, je vous prie, je crains plus vos réparations que vos injures ».

XVI

MM. Despréaux et Racine n'ont jamais fait beaucoup de cas de M. Dacier[1], qu'ils regardaient comme un savant bien différent de son beau-père M. Le Fèvre[2], qui entendait les auteurs en galant homme, et savait les traduire de sentiment; au lieu que toutes les traductions de M. Dacier sont sèches, et ne vont point au cœur. Il a trouvé le secret de morfondre Horace, qui est le plus vif des auteurs. « C'est un homme, disait M. Despréaux, qui fuit les Grâces, et les Grâces le fuient pareillement ». Ces messieurs lui reprochaient, entre autres choses, que dans toutes les remarques où il a prétendu trouver quelque explication nouvelle, il s'est toujours écarté du véritable sens : témoin l'ode d'Horace qui commence par

> Motum ex Metello consule civicum [3], etc.

dans laquelle il soutient que Pollion n'a jamais fait de tragédies; témoin encore la satire VIII du deuxième livre, où il prend le change sur le véritable caractère de Nasidienus, qu'il prétend faire passer pour un avare, au lieu que c'était un homme d'un goût faux, qui se croyait pourtant un docteur en bonne chère et voulait dogmatiser et raffiner sur les bons morceaux. Ils ne tarissaient point sur ses interprétations singulières, qu'ils appelaient les révélations de M. Dacier. Mais l'endroit sur lequel ces messieurs le raillaient sans pitié, c'est à l'occasion de sa préface sur les satires d'Horace, où il dit avec sa confiance ordinaire

---

1. « Il auroit fallu, dit Saint-Marc, mettre tous les noms au singulier et, au lieu de *Talonium*, dire *Talæum* ».
2. Ce vers n'est pas celui de Perrault. Le voici :
   Mais je ne crus jamais qu'elle fût adorable.
3. François de Harlay, fils d'Achille de Harlay, né à Paris en 1625, mort le 6 d'août 1695.

1. Mari de la célèbre traductrice d'Homère, secrétaire perpétuel de l'Académie française, pensionnaire de l'Académie des inscriptions, garde des livres du cabinet du roi, né à Castres, mort le 18 septembre 1722, âgé de soixante-onze ans.
2. Tannegui Le Fèvre, professeur d'humanités à l'Académie de Saumur, né à Caen en 1605, mort à Saumur en 1672, père de madame Dacier.
3. Liv. II, ode XVII.

que, lorsqu'il fait quelque ouvrage, il prend plaisir à s'imaginer qu'il a devant ses yeux les plus grands personnages de l'antiquité, auxquels il doit rendre compte de ses écrits; comme si une traduction pouvait s'appeler un ouvrage, et qu'un homme pût s'applaudir de sa démarche quand il ne marche qu'avec des béquilles. M. Despréaux dit un jour à M. Dacier et à sa femme, ennuyé de leurs rodomontades grammaticales : « Vous avez beau faire et beau dire, je n'appelle gens d'esprit que ceux qui ont de belles pensées et non pas ceux qui entendent les belles pensées d'autrui ».

XVII

Pour en revenir à Nasidienus, M. Despréaux lui comparait le fameux Le Broussin, homme qui en fait de repas se vantait d'avoir acquis la plénitude de la science. « Il faisait, disait-il, tous les jours de nouvelles découvertes dans le pays de la bonne chère, jusqu'à vouloir faire trouver aux mets ordinaires tout un autre goût que leur goût naturel. Quand il avait à donner quelque repas d'érudition (ce sont ses termes), comme, par exemple, au duc de Lesdiguières et au comte d'Olonne, il était sur pied dès quatre heures du matin et prenait un compas pour faire poser la table du festin, afin qu'elle ne penchât pas plus d'un côté que de l'autre. Il ne parlait pas moins que de condamner au fouet ou d'envoyer au carcan des valets qui se seraient mépris sur l'ordre des services. Un jour il s'avisa de dire à ses convives : « Sentez-vous, messieurs, le pied de mule dans cette omelette aux champignons » ? Chacun d'eux fut surpris de l'apostrophe. « Pauvres ignorants ! leur dit-il, faut-il que je vous apprenne que les champignons employés dans cette omelette ont été foulés par le pied d'une mule? Cela met un champignon au dernier période de la perfection ».

XVIII

Ce même comte du Broussin menaça un jour M. Despréaux d'aller dîner chez lui et lui prescrivit le jour du repas. « Mais, monsieur, lui répliqua le satirique, il faut donc que vous m'envoyiez une fée pour vous régaler selon la supériorité de votre goût. — Point, point, lui dit le comte; donnez-nous ce que vous voudrez, nous nous contenterons d'un repas de poëte ». M. le duc de Vitri et MM. de Gourville et de Barillon [1] furent de la fête, où tout se passa à merveille. C'était à qui ferait plus de remercîments et d'embrassades au seigneur Architriclin; et le comte du Broussin lui dit en sortant :

« Mon cher Despréaux, vous pouvez vous vanter de nous avoir donné un repas sans faute ».

XIX

M. Despréaux ne se lassait point d'admirer Molière, qu'il appelait toujours le contemplateur. Il disait que la nature semblait lui avoir révélé tous ses secrets, du moins pour ce qui regarde les mœurs et les caractères des hommes. Il regrettait fort qu'on eût perdu sa petite comédie du *Docteur amoureux*, parce qu'il y a toujours quelque chose de saillant et d'instructif dans ses moindres ouvrages. Selon lui, Molière pensait toujours juste; mais il n'écrivait pas toujours juste, parce qu'il suivait trop l'essor de son premier feu et qu'il lui était impossible de revenir sur ses ouvrages. Il avait cela de commun avec La Fontaine, chez qui l'on trouve beaucoup de négligences et de termes hasardés, qui auraient pu être réparés par une lime attentive et laborieuse; mais Molière fuyait la peine, et ce fut M. Despréaux qui lui corrigea ces deux vers de la première scène des *Femmes savantes*, que le poëte comique avait faits ainsi :

Quand sur une personne on prétend s'ajuster,
C'est par les beaux côtés qu'il lui faut imiter.

M. Despréaux trouva du jargon dans ces deux vers et les rétablit de cette façon :

Quand sur une personne on prétend se régler,
C'est par ses beaux endroits qu'il lui faut ressembler.

Il lui reprochait encore ce vers de la première scène du *Misanthrope* :

Et la plus haute estime a des régals peu chers.

Il n'était guère plus content de ceux-ci de l'*Amphitryon*, quoiqu'en dépit de leur irrégularité ils aient passé en proverbe :

Le véritable amphitryon
Est l'amphitryon où l'on dîne.

A l'égard de l'*Amphitryon* de Molière, qui s'est si fort acquis la faveur du peuple et même celle de beaucoup d'honnêtes gens, M. Despréaux ne le goûtait que médiocrement. Il prétendait que le prologue de Plaute vaut mieux que celui du comique français. Il ne pouvait souffrir les tendresses de Jupiter envers Alcmène, et surtout cette scène où ce dieu ne cesse de jouer sur le terme d'époux et d'amant. Plaute lui paraissait plus ingénieux que Molière dans la scène et dans le jeu du *Moi*. Il citait même un vers de Rotrou [1] dans sa pièce

---

[1]. François de l'Hôpital, duc de Vitri, etc.; mestre de camp du régiment de la Reine-Mère, mort le 9 de mai 1679. — Sur Gourville, V. les *Épigrammes*. — Barillon, ambassadeur en Angleterre et ami de La Fontaine, qu'il voulut y emmener.

[1]. Jean Rotrou, poëte tragique, né à Dreux le 19 d'août 1609, mort le 27 de juin 1650. V. sa notice dans le *Théâtre au XVIe et au XVIIe siècle*, Paris, Laplace, Sanchez et Cie, page 494.

des *Sosies*, qu'il prétendait plus naturel que ces deux de Molière :

> Et j'étais venu, je vous jure,
> Avant que je fusse arrivé.

Or voici le vers de Rotrou :

> J'étais chez nous longtemps avant que d'arriver.

Ce fut M. Despréaux qui fournit à Molière l'idée de la scène des *Femmes savantes* entre Trissotin et Vadius. La même scène s'était passée entre Gille Boileau, frère du satirique, et l'abbé Cotin. Molière était en peine de trouver un mauvais ouvrage pour exercer sa critique, et M. Despréaux lui apporta le propre sonnet de l'abbé Cotin, avec un madrigal du même auteur, dont Molière sut si bien faire son profit dans sa scène incomparable. Le latin macaronique qui fait tant rire à la fin du *Malade imaginaire* fut encore fourni à Molière par son ami Despréaux, en dînant ensemble avec mademoiselle Ninon de l'Enclos et madame de La Sablière[1].

XX

Molière récitait en comédien sur le théâtre et hors du théâtre ; *mais il parlait en honnête homme, riait en honnête homme, avait tous les sentiments d'un honnête homme* ; en un mot, il n'avait rien contre lui que sa profession, qu'il continuait plus pour le profit de ses camarades que pour le sien propre.

Deux mois avant la mort de Molière, M. Despréaux alla le voir, et le trouva fort incommodé de sa toux, et faisant des efforts de poitrine qui semblaient le menacer d'une fin prochaine. Molière, assez froid naturellement, fit plus d'amitié que jamais à M. Despréaux. Cela l'engagea à lui dire : « Mon pauvre monsieur Molière, vous voilà dans un pitoyable état. La contention continuelle de votre esprit, l'agitation continuelle de vos poumons sur votre théâtre, tout enfin devrait vous déterminer à renoncer à la représentation. N'y a-t-il que vous dans la troupe qui puisse exécuter les premiers rôles ? Contentez-vous de composer, et laissez l'action théâtrale à quelqu'un de vos camarades : cela vous fera plus d'honneur dans le public, qui regardera vos acteurs comme vos gagistes ; et vos acteurs d'ailleurs, qui ne sont pas des plus souples avec vous, sentiront mieux votre supériorité. — Ah ! monsieur ! répondit Molière, que me dites-vous là ? Il y a un honneur pour moi à ne point quitter ». Plaisant point d'honneur, disait en soi-même le satirique, à se noircir tous les jours le visage pour se faire une moustache de Sganarelle, et à dévouer son dos à toutes les bastonnades de la comédie ! Quoi ! cet homme, le premier de son temps pour l'esprit et pour les sentiments d'un vrai philosophe, cet ingénieux censeur de toutes les folies humaines, en avait une plus extraordinaire que celles dont il se moquait tous les jours ! Cela montre bien le peu que sont les hommes.

Au reste, M. Despréaux trouvait la prose de Molière plus parfaite que sa poésie, en ce qu'elle était plus régulière et plus châtiée, au lieu que la servitude des rimes l'obligeait souvent à donner de mauvais voisins à des vers admirables, voisins que les maîtres de l'art appellent des *frères chapeaux*[1].

XXI

M. Despréaux avait envoyé à M. Arnauld son épître à M. Racine. M. Arnauld la trouva admirablement écrite : mais il lui témoigna qu'il était trop prodigue de louanges envers Molière ; et qu'un homme comme lui devait prendre garde aux gens qu'il louait, et de quelle manière il louait ; que Molière, avec tout son esprit, avait bien des hauts et des bas, et que ses comédies étaient une école de mauvaises mœurs. « Je suis peut-être un peu trop critique, disait M. Arnauld, mais je ne veux point que mes véritables amis fassent rien que je ne puisse défendre ».

XXII

M. Despréaux m'a dit que, lisant à Molière sa satire qui commence par :

> Mais n'est-il point de fou qui, par bonnes raisons,
> Ne loge son voisin aux Petites-Maisons[2],

Molière lui fit entendre qu'il avait eu dessein de traiter ce sujet-là ; mais qu'il demandait à être traité avec la dernière délicatesse, qu'il ne fallait point surtout faire comme Desmarets dans ses *Visionnaires*, qui a justement mis sur le théâtre des fous dignes des Petites-Maisons. Car, qu'un homme s'imagine être Alexandre, et autres caractères de pareille nature, cela ne peut arriver que la cervelle ne soit tout à fait altérée ; mais le dessein du poëte comique était de peindre plusieurs fous de société, qui tous auraient des manies pour lesquelles on ne renferme point, et qui ne laisseraient pas de se faire le procès les uns aux autres, comme s'ils étaient moins fous pour avoir de différentes folies. Molière avait peut-être en vue cette dernière idée,

---

1. Allusion à des moines qui ont à leur suite quelque petit frère qui porte le chapeau. Note de Montchesnay.
2. C'est la IV⁕ :

> D'où vient, cher Le Vayer, que l'homme le moins sage
> Croit toujours seul avoir la sagesse en partage,
> Et qu'il n'est point de fou qui, par bonnes raisons,
> Ne loge son voisin aux Petites-Maisons ?

---

1. L'amie de La Fontaine, morte le 8 de janvier 1693.

quand, à la fin de la première scène de l'*École des femmes*, il fait dire d'Arnolphe par Chrysalde :

Ma foi, je le tiens fou de toutes les manières.

Arnolphe dit de son côté de Chrysalde :

Il est un peu blessé sur certaines matières.

XXIII

« Je commence toujours à déclarer la guerre par des épigrammes, disait M. Despréaux, c'est là mon premier acte d'hostilité ; je lâche d'abord ces enfants perdus sur mes ennemis. »

XXIV

Quelques gens ont reproché à M. Despréaux de s'être délassé de ses grands ouvrages par quelques petites poésies qui ne répondent pas toujours à sa haute réputation. On l'a surtout fort blâmé d'avoir laissé imprimer deux épigrammes très-laconiques qu'il fit contre l'*Agésilas* et contre l'*Attila* du grand Corneille, quoique Chapelain les eût fort vantées sans savoir qui en était l'auteur. Ces deux épigrammes finissent par *hélas*, et par *holà*. « Les faux critiques, disait-il, se sont fort révoltés contre cette petite badinerie, faute de savoir qu'il y a un sentiment renfermé dans ces deux mots ». Corneille s'y méprit lui-même, et les tourna à son avantage, comme si l'auteur avait voulu dire que la première de ces deux pièces excitait parfaitement la pitié, et que l'autre était le *non plus ultra* de la tragédie.

XXV

M. Despréaux me disait que dans sa jeunesse il avait eu dessein de travailler à la vie de Diogène le cynique, qui n'avait été qu'ébauchée et même défigurée par Diogène Laërce ; que c'était un historien trop sec et qui dégoûtait les lecteurs. « J'aurais, disait-il, donné un modèle de la plus parfaite gueuserie, et beaucoup plus plaisante et plus originale que celle de *Lazarille de Tormes*, et de *Gusman d'Alfarache*[1]. Jamais homme n'a eu tant d'esprit que ce cynique : il venait après Socrate, qui avait emporté le prix de la philosophie ; c'était un homme qui faisait par sagesse ce que fit depuis Diogène par vanité. Ce copiste ingénieux, sous son extravagance apparente, entreprit de se faire une réputation plus grande que celle de Socrate. Le premier avait une maison, et l'autre dit : « Un méchant tonneau me servira de maison. Socrate avait une femme, et même deux, qui pis est ; et moi je sais un bon secret pour m'en passer ». Il se roulait dans la canicule sur le sable le plus brûlant, et pendant l'hiver il se couchait sur la neige et s'en faisait une espèce de couverture. En un mot, c'était un Socrate outré ; aussi Platon disait de lui : « Quand je vois Diogène, il me semble voir Socrate devenu fou ». « J'aurais, disait-il, suivi toutes les actions de ce philosophe, et tellement varié sa vie, qu'elle aurait été du goût des lecteurs. Je n'aurais pas oublié que son père fit banqueroute, et que lui-même fit de la fausse monnaie. C'est, continuait-il, ce que n'aurait eu garde de dire M. Dacier ; il veut que tous les gens qu'il traduit soient des saints. N'ayez pas peur qu'il nous ait parlé des vers amoureux de Platon ni en quel honneur il les faisait. C'est un homme qui nous fait des saints de tout ce qui passe par sa plume ; elle a le don de canoniser les gens, saint Platon, saint Antonin, saint Hiéroclès ; je m'étonne qu'il n'ait pas fait une Vestale de Faustine, femme de Marc Antonin, qui était la première débauchée de son temps. Il n'a pas tenu à madame Dacier que Sapho n'ait été canonisée comme les autres. Quand on lui reproche qu'elle avait des inclinations très-libertines, et qu'elle ne se renfermait pas dans les passions ordinaires à son sexe, madame Dacier croit la bien défendre en disant que c'est qu'elle a eu des ennemis : que ne nous disait-elle que ses amies lui ont fait plus de tort que ses plus grands ennemis ? Pour moi, disait-il, je crois plus les historiens sur les vices des hommes que sur leurs vertus ; et quand on écrit la vie des gens, il ne faut point les ménager sur ce qu'ils ont de criminel : cela gagne créance pour le bien qu'on dira d'eux. J'admire M. Colbert, qui ne pouvait souffrir Suétone, parce que Suétone avait révélé la turpitude des empereurs ; c'est par là qu'il doit être recommandable aux gens qui aiment la vérité. Voulez-vous qu'on vous fasse des portraits de fantaisie, comme en ont tant fait la Scudéri et son frère ? Au reste, disait-il, dans la vie des hommes célèbres, il faut relever jusqu'à leurs minuties, comme a fait Plutarque ; il n'y a rien qui intéresse tant le lecteur, et cela vaut mieux que toutes ces réflexions vagues que nous font tous nos historiens. C'est par les faits que les hommes sont louables ou blâmables ; ainsi ce sont les faits qu'il faut soigneusement recueillir, et surtout ne point s'appesantir sur la morale, qui sent plus le prédicateur que le narrateur ».

XXVI

M. Le Verrier[1] donnait à dîner ; M. et madame Dacier étaient des convives. A la fin du repas, ce couple savant, et surtout la dame, se plaignirent assez aigrement que le satirique ne leur eût pas

---

[1]. Romans picaresques dont l'un est de Hurtado de Mendoça, l'autre de Mateo Aleman.

[1]. Voyez sur lui l'*Introduction*.

encore montré son *Équivoque*. M. Despréaux s'excusa sur ce que l'occasion ne s'en était pas présentée. La dame reprit avec un ton hautain et impérieux : « C'est peut-être qu'on ne nous croit pas capables d'en sentir toutes les beautés ». M. Despréaux répondit ironiquement qu'il avait lieu d'appréhender une critique aussi redoutable que la sienne. « Oui, dit-elle, monsieur, votre crainte est peut-être assez bien fondée ; car, à coup sûr, je ne vous aurais pas passé un vers où l'on dit que vous noircissez la réputation du plus saint personnage de la Grèce. Comment avez-vous osé avancer que Socrate était....

Très-équivoque ami du jeune Alcibiade?

Je vous prouverais par vingt autorités qu'il n'y eut jamais de plus noire calomnie. — Et moi, répliqua M. Despréaux, je vous prouverais le contraire par vingt autres autorités ». La querelle s'échauffant de plus en plus, M. Despréaux leur déclara qu'il ne leur réciterait jamais son *Équivoque*. Or il vint le lendemain chez M. Coustard[1], où il nous raconta la scène du jour précédent, paraissant encore piqué de la sortie qu'on lui avait faite. « Eh bien, lui dis-je, voulez-vous que je vous donne un juge de la sentence duquel je vous défie d'appeler » ? Il y consentit, et là-dessus je fis apporter la traduction des *Nuées d'Aristophane*, par madame Dacier, qui n'était encore si en ce temps-là que mademoiselle Le Fèvre, où nous lûmes, dans les remarques, page 297, qu'Aristophane reproche à Socrate qu'il faisait souvent des promenades dans la Palestre, pour voir les jeunes garçons qu'il avait la réputation de ne pas haïr. « C'en est assez, dit M. Despréaux; il ne faut pas battre son ennemi à terre, et je me contenterai de lui faire dire que la mémoire lui a manqué ».

Magnanimo satis est hostem prostrasse leoni.

XXVII

M. Despréaux n'approuvait point M. Bayle[2] d'avoir condamné Longin dans son *Dictionnaire critique*, sur ce que ce fameux rhéteur reprochait à Timée d'avoir employé une pensée froide et puérile à propos du conquérant de l'Asie. « Alexandre, disait cet historien, a pris toute l'Asie en moins de temps qu'Isocrate n'en a mis à composer son *Panégyrique*. » Non que cette pensée ne fût très-jolie, en tant que placée dans une lettre, ou dans tout autre ouvrage de galanterie; mais elle devient une affectation puérile dans une histoire, parce qu'elle sort de la majesté de l'histoire, où il faut être réservé à ne pas hasarder même les plus beaux traits d'esprit à contre-temps.

XXVIII

Une des lectures qui faisaient le plus de plaisir à M. Despréaux, c'était celle de Térence. « C'était un auteur, disait-il, dont toutes les expressions vont au cœur : il ne cherche point à faire rire, ce qu'affectent surtout les autres comiques; il ne s'étudie qu'à dire des choses raisonnables et tous ses termes sont dans la nature, qu'il peint toujours admirablement : les valets qu'il introduit sur la scène ne sont point comme les valets de Plaute, c'est-à-dire toujours sûrs de leur dénoûment, qu'ils conduisent par des stratagèmes à la fin qu'ils se sont proposée ; mais chez Térence une reconnaissance naturelle vient toujours au secours d'un valet dont la prudence avait été trompée. Enfin, disait-il, il est étonnant que ce poëte ayant écrit après Plaute, si estimé et si autorisé chez les Romains, quoique ses plaisanteries fussent outrées, il est étonnant que ce Plaute, si cher à la multitude, eût été effacé par un concurrent qui avait pris la route la moins sûre pour plaire : car la raison n'est faite que pour certains génies privilégiés; et ce peuple romain si estimable par tant d'autres endroits prenait souvent le change sur le vrai mérite du théâtre. Il voulait rire à quelque prix que ce fût ; et voilà ce qui rendait Térence plus merveilleux d'avoir accommodé le peuple à lui sans s'accommoder au peuple : et par là, disait M. Despréaux, Térence a l'avantage sur Molière, qui certainement est un peintre d'après nature, mais non pas si parfait que Térence, puisque Molière dérogeait souvent à son génie noble par des plaisanteries grossières qu'il hasardait en faveur de la multitude, au lieu qu'il ne faut avoir en vue que les honnêtes gens ». Il louait encore Térence de demeurer toujours où il en faut demeurer ; ce qui a manqué à Molière.

XXIX

C'est cette grande règle du *ne quid nimis* que M. Despréaux prescrivait aux poëtes, aux orateurs, aux historiens. Il ne pouvait souffrir qu'un homme d'esprit fît de trop longues écritures et semblât travailler au rôle comme un avocat ou un procureur. « C'est Horace, disait-il, qui m'a fourni ce vers de mon *Art poétique* :

Tout ce qu'on dit de trop est fade et rebutant[1].

---

[1]. Conseiller au parlement, ami de Despréaux, dont Rigaud fit à ses frais le portrait. V. les *Poésies diverses*.
[2]. Pierre Bayle, né au Carla en Languedoc, le 18 de novembre 1647, mort à Rotterdam le 28 de décembre 1706, auteur du célèbre *Dictionnaire historique et critique*.

[1]. C'est le 61 du Ier chant :
Omne supervacuum pleno de pectore manat.
HORACE, *Art poétique*, v. 337.

XXX

M. de Harlay[1] de Beaumont, fils du premier président, voulut un jour traiter Homère du haut en bas devant M. Despréaux : « Il faut, monsieur, que vous n'ayez jamais lu Homère pour parler ainsi : si vous l'aviez lu avec un peu d'attention, vous verriez que c'est un homme qui dit toujours tout ce qu'il faut dire sur un sujet, et qui ne dit jamais plus que ce qu'il faut dire ». Il citait à ce propos la harangue du père de Chryséis, qui, dans le premier livre de l'*Iliade*, vient demander sa fille à Agamemnon. « Je vous la propose, disait-il, comme le plus excellent modèle de harangues, en ce qu'en deux périodes tout au plus elle renferme une infinité de choses et de circonstances, et qu'il n'appartient qu'à Homère d'être si heureusement laconique. — Voilà donc, reprit M. de Harlay, une grande merveille de ne dire que ce qu'il faut dire ? — Comment donc, monsieur, vous appelez cela rien ? répliqua M. Despréaux ; c'est pourtant ce qui manque à toutes vos harangues du parlement ».

XXXI

Un homme de fort bon esprit, mais qui n'avait point de lettres, disait un jour devant M. Despréaux qu'il aimerait mieux savoir faire la barbe que de savoir faire un bon poëme. « Qu'est-ce que des vers, disait-il, et où est-ce que cela mène ? — C'est en cela, reprit M. Despréaux, que j'admire la poésie, que, n'étant bonne à rien, elle ne laisse pas de faire les délices des hommes intelligents ».

XXXII

M. Despréaux disait qu'il ne faut pas toujours juger du caractère des auteurs par leurs écrits ; que Balzac, par exemple, ferait peur à pratiquer par l'affectation de son style. *Votre abondance est la cause de ma disette* : c'est ainsi qu'il commence une lettre. Au lieu que Voiture donne une idée si riante de ses mœurs, qu'il fait regretter à ses lecteurs de n'avoir pas vécu avec lui. Cependant M. Despréaux assurait, comme l'ayant su de personnes de la vieille cour, que la société de Balzac, bien loin d'être épineuse comme ses lettres, était toute remplie de douceur et d'agrément ; Voiture, au contraire, faisait le petit souverain avec ses égaux, accoutumé qu'il était à fréquenter des altesses et ne se contraignant qu'avec les grands. La seule chose où se ressemblaient ces deux auteurs, c'est dans la composition de leurs lettres, dont la plus courte leur coûtait souvent quinze jours de travail.

XXXIII

Un parent de M. Despréaux, homme d'un esprit très-simple et très-borné, le pria de lui envoyer la dernière édition de ses ouvrages ; et l'en étant venu remercier, M. Despréaux lui demanda ce qu'il en pensait : « Tout en est admirable, répondit-il ; mais ayant un mérite acquis par vous-même, vous vous seriez bien passé d'y fourrer deux lettres qui ne sont pas de vous ». C'étaient celles adressées à M. de Vivonne sous le nom de Balzac et de Voiture.

XXXIV

M. Despréaux disait que La Fontaine avait beaucoup d'esprit, mais qu'il n'avait qu'une sorte d'esprit ; encore prétendait-il que cette manière si naïve de dire les choses, qui fait le caractère de La Fontaine, n'était pas originale en lui, puisqu'il la tenait de Marot, de Rabelais et autres qui ont écrit dans le vieux style ; qu'il y avait du mérite à s'en servir quelquefois, comme a si bien fait M. Racine dans quelques épigrammes qui nous restent de lui ; mais que cela fît le caractère principal d'un écrivain, c'était, à son avis, se rendre trop borné, d'autant plus, disait-il, qu'il y a une sorte d'affectation dans l'imitation marotique, à peu près comme qui voudrait imiter le style de Balzac et de Voiture. « C'est, continuait-il, ce que j'aurais pu faire fort aisément et donner plusieurs lettres comme celles que j'ai écrites à M. de Vivonne sous le nom de Balzac et de Voiture, et précisément dans leur style ». Il me disait encore qu'il avait dit un jour à M. le maréchal de Grammont[1], grand admirateur de Balzac, que ses hyperboles n'étaient pas si difficiles à imiter, quoique très-contraires à la simplicité du style épistolaire. Il était question d'un homme qui parlait fort lentement, et M. Despréaux le caractérisait ainsi : « Le *oui* et le *non* sont longs quand il les prononce, et ces deux monosyllabes deviennent des périodes dans sa bouche. — Eh bien, lui dit M. le maréchal, voilà ce que vous avez jamais écrit de mieux ». Il s'en fallait beaucoup que le satirique fût de cet avis. Au reste, il disait que La Fontaine avait quelquefois surpassé ses originaux, qu'il y avait des choses inimitables dans ses fables, et que ses contes, à la pudeur près qui y est toujours blessée, avaient des grâces et des délicatesses que lui seul était capable de répandre dans un pareil ouvrage.

XXXV

M. Despréaux s'applaudissait fort, à l'âge de soixante-et-onze ans, de n'avoir rien mis dans ses

---

1. Achille de Harlay IV, comte de Beaumont, etc., avocat général et conseiller d'État, mort le 29 de juillet 1717, à 89 ans.

1. Antoine III, duc de Grammont, maréchal de France, mort dans son gouvernement de Bayonne, le 12 de juillet 1678, à soixante-quatorze ans.

vers qui choquât les bonnes mœurs. « C'est une consolation, disait-il, pour les vieux poëtes qui doivent bientôt rendre compte à Dieu de leurs actions ». Il ne convenait pas que M. Arnauld eût eu raison de le chicaner sur ces vers de la huitième satire :

> Jamais la biche en rut n'a pour fait d'impuissance
> Traîné du fond des bois un cerf à l'audience.

« Je l'ai luc, disait-il, à plusieurs saints évêques, et même à M. le premier président de Lamoignon, homme très-ombrageux sur la pudeur, et pas un de ces messieurs ne s'en est scandalisé; j'ose même dire que le trait de ma satire a fait effet, puisqu'elle a donné lieu de bannir de la société une formalité très-indécente, et souvent très-équivoque ».

XXXVI

M. Despréaux disait que l'amour est un caractère affecté à la comédie, parce qu'au fond il n'y a rien de si ridicule que le caractère d'un amant, et que cette passion fait tomber les hommes dans une espèce d'enfance. Il en donnait pour exemple le personnage de Phædria dans Térence, qui niaise, pour ainsi dire, et fait l'enfant avec son valet, sur ce que sa maîtresse lui a fermé la porte. « *Non*, dit-il, *quand elle me rappellerait, non, je n'irai pas là* ». Il prononçait ces dernières paroles sur le ton enfantin, ce qui y donne encore un nouveau jeu. Il disait que les inégalités des amants, leurs fausses douleurs, leurs joies inquiètes, sont le plus beau champ du monde pour exercer un poëte comique; mais que l'amour pris à la lettre n'était point du caractère de la tragédie, à laquelle il ne pouvait convenir qu'en tant qu'il allait jusqu'à la fureur, et par conséquent devenait passion tragique. Il n'était point du tout satisfait du personnage que fait Pyrrhus dans l'*Andromaque*, qu'il traitait de héros à la Scudéri, au lieu qu'Oreste et Hermione sont de véritables caractères tragiques. Il frondait encore cette scène, où M. Racine fait dire par Pyrrhus à son confident :

> Crois tu, si je l'épouse,
> Qu'Andromaque en son cœur n'en sera pas jalouse ?

Sentiment puéril qui revient à celui de Perse :

> Censen' plorabit, Dave, relicta ?

car Perse n'a en vue que la comédie de Térence, où de pareils sentiments sont en place, au lieu qu'ils sont trop badins ailleurs, et dérogent à la gravité magnifique de la tragédie.

XXXVII

Molière était fort ami du célèbre avocat Fourcroi[1], homme très-redoutable par la capacité et la grande étendue de ses poumons. Ils eurent une dispute à table en présence de M. Despréaux; Molière se tourna du côté du satirique, et lui dit : « Qu'est-ce que la raison avec un filet de voix contre une gueule comme cela » ?

XXXVIII

M. Despréaux n'allait guère à l'Académie; mais, quand il s'y trouvait, s'il venait à ouvrir quelque avis, il y perdait toujours sa cause à la pluralité des voix. « Un jour, me racontait-il, je fus fort étonné qu'à la réserve de M. l'abbé de Clérambaut et de M. de Saci[1], tout le reste de l'Académie fût de mon parti sur ce vers de la satire de l'homme :

> Non, mais cent fois la bête a vu l'homme hypocondre.

Je m'attendais bien, disait-il, à être condamné : car, outre que j'avais raison, c'était moi ». Il disait ces mots avec un enthousiasme de satirique, qui relevait infiniment le bon mot. Desmarets lui avait déjà reproché qu'il fallait dire l'homme hypocondriaque, et non pas hypocondre; mais M. Patru avait assuré qu'on en pouvait fort bien faire un adjectif, à l'exemple du mot de parricide, colère, homicide. En effet tous nos bons auteurs ne parlent pas autrement.

XXXIX

Perrault le médecin avait voulu faire un crime d'État à M. Despréaux sur ce qu'il dit dans sa satire IX :

> Midas, le roi Midas a des oreilles d'âne.

Un jour donc que le satirique soupait chez M. Colbert, on vint à toucher cette corde. M. Despréaux dit à M. Colbert : « Ce sera toujours mal à propos que mes ennemis m'accuseront de parler contre les puissances; mais pour juger des satires, c'est un droit qui m'appartient, et quand il ne m'appartiendrait pas, je l'usurperais. J'étais audacieux, disait-il, dans ma jeunesse, et je parlais avec une courageuse liberté ».

XL

Dans l'épître adressée à M. de Seignelai par M. Despréaux, il entend parler de L***[2] par ces vers:

> En vain par sa grimace un bouffon odieux
> A table nous fait rire et divertit nos yeux ;

---

[1] V. plus haut, art. 1.

[1] Jules de Clérambaut, abbé de Saint-Thuriu d'Evreux, successeur de La Fontaine à l'Académie française en 1695, mort le 17 d'août 1714. — Louis de Saci, avocat au conseil, reçu en 1701 à l'Académie française, mort le 26 d'octobre 1727, âgé de soixante-treize ans. On a de lui une *traduction* de Pline le Jeune et un *Traité de l'amitié*.

[2] Lulli.

Ses bons mots ont besoin de farine et de plâtre.
Prenez-le tête à tête, ôtez-lui son théâtre,
Ce n'est plus qu'un cœur bas, un coquin ténébreux ;
Son visage essuyé n'a plus rien que d'affreux.

Voilà en effet le vrai caractère de L***, qui réussissait parfaitement dans des contes obscènes, et qui n'avait point de conversation hors des matières concernant l'ordure et l'intérêt. Molière était de tout un autre caractère ; il regardait L*** comme un excellent pantomime, et lui disait assez souvent : « L***, fais-nous rire ».

XLI

M. Despréaux soutenait que Lulli avait énervé la musique, que la sienne amollissait les âmes, et que, s'il excellait, c'était surtout dans le mode lydien.

XLII

Sur le bruit que Lulli traitait d'une charge de secrétaire du roi, M. de Louvois dit au musicien : « Nous voilà bien honorés, nous sommes menacés d'avoir pour confrère un maître Baladin ». Lulli répondit effrontément au ministre : « S'il fallait pour faire votre cour au roi faire pis que moi, vous seriez bientôt mon camarade ».
En effet, quelques jours avant sa réception, Lulli fit son ancien rôle de Muphti dans le *Bourgeois Gentilhomme*, et le roi qui ne s'y attendait point en rit beaucoup : l'on dit même que cela avança fort la réception de Lulli dans le corps des secrétaires du roi.

XLIII

M. Despréaux n'avait pas moins de droiture dans le cœur, qu'il avait de justesse dans l'esprit. Quelques seigneurs de la cour lui ayant raconté que dans une débauche ils avaient envoyé quérir un apothicaire, et qu'étant arrivé avec un remède presque bouillant, ils s'étaient saisis de l'apothicaire et lui avaient donné de force son remède, l'ayant fait danser ensuite et jouer à le faire crever : M. Despréaux s'emporta contre eux, et leur fit tant de honte de leur mauvaise plaisanterie, que sur l'heure le marquis de Manicamp[1] envoya trente pistoles à l'apothicaire.

LXIV

Dans la campagne de Franche-Comté, M. Despréaux eut ordre de suivre le roi. Il fit une chaleur extraordinaire pendant toute cette expédition. Cependant M. Despréaux ne laissait pas de porter une camisole fort épaisse sous un gros surtout. Les courtisans en voulurent faire une raillerie au roi ; mais le satirique détourna la querelle sur M. Fagon[1] qui était bien plus lourdement vêtu que lui. « Je n'étais point habillé, disait M. Despréaux, en comparaison de M. Fagon. — Mais, Despréaux, comment pouvez-vous durer avec de si grosses hardes, et par la saison qu'il fait ? lui disait le roi. — Sire, repartit le satirique, j'ai toujours ouï dire que le chaud était un ami incommode, mais que le froid était un ennemi mortel ».

XLV

M. Despréaux lisant au roi un endroit de l'histoire de sa vie en présence de quelques courtisans, Sa Majesté l'arrêta sur le mot de *rebrousser*, pour lequel le roi avait de la répugnance. Il était question du voyage que le roi avait feint de faire en Flandre, et puis tout d'un coup avait rebroussé chemin pour tourner du côté d'Allemagne. Tous les courtisans applaudirent à l'objection du prince, et même jusqu'à M. Racine qui faisait sa cour aux dépens de son ami ; mais M. Despréaux persista dans son sentiment avec une obstination respectueuse, insinuant au roi que lorsqu'il n'y avait qu'un mot dans une langue pour signifier une chose, il fallait le conserver, quelque rude et bizarre que parût ce mot.

XLVI

Le roi demandant à M. Despréaux ce qu'il pensait des sermons de M. Le Tourneux[2] si fameux par son *Année chrétienne*, M. Despréaux répondit à Sa Majesté : « Avant que ce prédicateur entre en chaire, sur sa mine on ne voudrait pas qu'il y entrât ; et, quand il y est, on ne voudrait pas qu'il en sortît ».

XLVII

Barbin le libraire avait une maison de campagne à Ivry, maison fort ornée et fort enjolivée, mais qui n'avait ni cour ni jardin. M. Despréaux fut invité d'y aller dîner, et, quelques moments après le repas, fit mettre les chevaux au carrosse : « Mais où allez-vous donc si vite ? lui dit Barbin. — Je m'en vais prendre l'air à Paris », répondit M. Despréaux.

XLVIII

A la mort de Furetière[3], il fut délibéré dans l'Académie si l'on ferait un service au défunt, selon

---

1. « Il est, dit Saint-Marc, beaucoup parlé de lui dans les histoires satiriques du comte de Bussy. »

1. Le célèbre médecin du roi.
2. Prédicateur, mort le 28 de novembre 1686, à quarante-huit ans.
3. Antoine Furetière, abbé de Chalivoy, reçu dans l'Académie

l'usage pratiqué depuis son établissement. M. Despréaux y alla exprès avec M. Racine le jour que la chose devait être décidée; mais, voyant que le gros de l'Académie prenait parti pour la négative, lui seul osa parler ainsi à cette compagnie :

« Messieurs, il y a trois choses à considérer ici : Dieu, le public et l'Académie. A l'égard de Dieu, il vous saura sans doute très-bon gré de lui sacrifier votre ressentiment, et de lui offrir des prières pour un mort qui en aurait besoin plus qu'un autre, quand il ne serait coupable que de l'animosité qu'il a montrée contre vous. Devant le public, il vous sera très-glorieux de ne pas poursuivre votre ennemi par delà le tombeau. Et pour ce qui regarde l'Académie, sa modération sera très-estimable, quand elle répondra à des injures par des prières, et qu'elle n'enviera pas à un chrétien les ressources qu'offre l'Église pour apaiser la colère de Dieu, d'autant mieux qu'outre l'obligation indispensable de prier Dieu pour vos ennemis, vous vous êtes fait une loi particulière de prier pour vos confrères ».

XLIX

Un laquais de M. Despréaux revenant de chez Boisrobert[1] lui apprit que sa goutte avait redoublé. « Il jure donc bien, dit M. Despréaux. — Hélas! monsieur, repartit le laquais, il n'a plus que cette consolation-là ».

L

Je demandais à M. Despréaux l'explication de ce vers de son épître à M. de Seignelai :

Qu'en plus d'un lieu le sens n'y gêne la mesure[2].

Je l'entendais, avant qu'il m'en eût donné l'explication, de cette manière : que souvent la mesure du vers rendait le sens trop gêné, étant assez difficile de bien renfermer sa pensée dans les bornes étroites d'un vers, comme l'a si bien exprimé M. Despréaux dans sa satire à Molière, par ces mots :

Maudit soit le premier dont la verve insensée
Dans les bornes d'un vers renferma sa pensée ;
Et donnant à ses mots une étroite prison,
Voulut avec la rime enchaîner la raison[3].

Mais M. Despréaux me fit comprendre que le sens de l'autre vers était bien différent de ces vers-ci ; que par le sens gênant la mesure, il avait voulu exprimer certaines transpositions forcées, dont les meilleurs auteurs ne sauraient se défendre, mais dont ils tâchent de sauver la dureté par toutes les souplesses de leur art. « Dans ces situations, disait-il, vous diriez que le vers grimace, ou fait certaines contorsions. Je vais vous en donner un exemple sensible dans un vers de Chapelain. Il est question d'y exprimer l'action du fameux Cynégire, qui, s'étant attaché à l'un des créneaux, se vit le bras emporté ; il y attache l'autre bras, et ce bras a le sort du premier, de manière qu'il s'attache aux créneaux avec les dents ; ce que Chapelain exprime ainsi :

Les dents, tout lui manquant, dans les pierres il plante.

Voilà, disait-il, le plus parfait modèle de la mesure gênée par le sens : car on ne saurait dire que le vers de Chapelain manque par le sens ; mais cette transposition bizarre, et, pour ainsi dire, dans toute sa crudité, révolte encore plus les yeux que les oreilles, au lieu qu'un grand poète en de pareilles extrémités, par toutes les finesses de son art, cherche à adoucir ce qui de soi-même est rude ».

LI

Je montrais à M. Despréaux un de mes ouvrages : il me fit quelques objections que je reçus avec beaucoup de docilité ; mais, voulant me louer d'être si traitable, il me fit comprendre qu'il y avait quelquefois autant d'entêtement de la part du critique que de la part de l'auteur ; que le dernier défendait ses vers avec trop de complaisance, et que l'autre, regardant la critique comme son propre ouvrage, la soutenait avec trop de chaleur. Il me disait qu'il fallait chamailler de part et d'autre avec cette exacte retenue dont ne sortent jamais les honnêtes gens, et que c'était ainsi qu'on parvenait à trouver la vérité ; c'est la raison pour laquelle il avait avancé dans sa Poétique :

Mais ne vous rendez pas, dès qu'un sot vous reprend.
Souvent dans son orgueil un subtil ignorant
Par d'injustes dégoûts combat tout une pièce[1].

Mais aussi ne faut-il pas être trop roide, ni vouloir ne point essuyer la moindre critique.

LII

M. Despréaux me disait que Régnier était bien plus poète que Malherbe ; mais que Malherbe avait plus de justesse que Régnier[2]. « Avant moi, pour-

---

française le 15 mai 1662, exclu en 1687 à cause de son *Dictionnaire* qui menaçait celui de l'Académie d'une rude concurrence et surtout à cause des *factums* injurieux par lesquels il se défendit. Il mourut le 14 mai 1688 à soixante-huit ans. Outre son *Dictionnaire*, ses *Factums* on a de lui le *Roman bourgeois*, des *Fables*, des *Satires*, etc.
1. François Le Metel de Boisrobert, abbé de Châtillon-sur-Seine, de l'Académie française ; né à Caen en 1592, mort le 30 mars 1662. V. sa notice dans le *Théâtre français du XVIe et du XVIIe siècle*, p. 551.
2. Epître IX, vers 51.
3. Satire II, vers 53-56.

1. *Art poétique*, ch. IV, v. 61-63.
2. « Le jugement, dit Saint-Marc, que M. Despréaux porte ici de ces deux poètes célèbres est de la dernière exactitude. On sent d'abord, en lisant les satires de l'un, qu'elles sont le fruit du génie, et l'on ne découvre dans les plus belles odes de l'autre que le travail de la

suivait-il, les poëtes ne pouvant mettre la poudre à canon en vers, mettaient à leurs héros des traits et des flèches à la main, ce qui était bon pour les Grecs et les Romains, mais qui ne caractérise point du tout notre nation ». Il s'applaudissait d'avoir trouvé le moyen d'exprimer les effets de la poudre à canon dans son ode de Namur:

> Dix mille vaillants Alcides
> Les bordant de toutes parts,
> D'éclairs au loin homicides
> Font pétiller leurs remparts[1].

« J'en avais déjà parlé, disait-il, dans mon épître au roi sur le passage du Rhin:

> Du salpêtre en fureur l'air s'échauffe et s'allume[2].

Et encore dans ma satire sur l'homme:

> Eût pétri le salpêtre, eût aiguisé le fer[3].

Par là, disait-il, un poëte peut comparer son héros à Jupiter, la poudre à canon étant une espèce de tonnerre; au lieu que nos anciens poëtes, et Malherbe tout le premier, croyaient avoir beaucoup fait en faisant un Mars uniforme de tous leurs guerriers ».

LIII

M. le marquis de ***[4], souhaitant d'être de l'Académie, fut prier M. le président de Lamoignon d'engager M. Despréaux à lui donner sa voix. J'étais dans son cabinet quand il reçut la lettre du président, qui lui envoyait un ouvrage de galanterie du postulant pour l'Académie; c'étaient de petits vers qui n'avaient ni force ni vertu. « Voilà, dit M. Despréaux après en avoir lu le début, voilà encore un plaisant titre pour entrer à l'Académie; il n'a que faire de compter sur ma voix. Je dirai tout net à M. de Lamoignon que je n'ai point de voix à donner à un homme qui fait d'aussi méchants vers à soixante ans, et des vers qui renferment une morale impudente ». Le jour que l'élection devait être faite, il se transporta exprès à l'Académie pour donner sa boule noire. Quelques académiciens lui ayant remontré que le marquis était un homme de qualité qui méritait qu'on eût pour lui des égards : « Je ne lui conteste pas, dit-il, ses titres de noblesse, mais ses titres de Parnasse; et je le soutiens non-seulement mauvais poëte, mais poëte de mauvaises mœurs. — Mais, reprit l'abbé Abeille[5], M. le marquis n'écrit pas comme un auteur de profession, il se borne à faire de pe-

tits vers comme Anacréon. — Comme Anacréon, repartit le satirique, et l'avez-vous lu, vous qui en parlez? Savez-vous bien, monsieur, qu'Horace, tout Horace qu'il était, se croyait un très-petit compagnon auprès d'Anacréon? Eh bien donc, monsieur, si vous estimez tant les vers de votre M. le marquis, vous me ferez un très-grand honneur de mépriser les miens ».

LIV

Jamais homme n'a parlé sur ses ouvrages avec plus de franchise que M. Despréaux. Sa neuvième satire, qui passe pour son chef-d'œuvre, ne fut goûtée que d'un petit nombre de gens avant l'impression. M. Despréaux n'ayant pas trouvé les auditeurs aussi favorables qu'il devait se les promettre, fit la *satire sur l'Homme*[1], qui eut un tout autre succès dans les récits; et, quoique dans l'ordre de l'impression elle soit la huitième, elle a pourtant été faite après celle adressée à son esprit. Toutes deux sont d'une si grande beauté, que c'est là proprement que s'est déclaré le grand génie du poëte, et ces deux ouvrages ont constaté sa pleine et entière réputation; aussi mettait-il à la tête de ses bons ouvrages la satire à son esprit, comme une pièce où il avait trouvé l'art de cacher son jeu en ne faisant semblant que de badiner. La *satire sur l'Homme* lui paraissait écrite avec plus de force et vraisemblablement plus remplie de traits sublimes. Après ces deux ouvrages, c'était son épître à ses vers[2] qu'il semblait le plus estimer. « Je n'ai point fait, disait-il, de belles ni de si justes rimes; d'un bout à l'autre je trouve le secret de me louer à outrance, mais pourtant avec bienséance. C'est un satirique qui fait pitié et qui intéresse tout le monde pour ses ouvrages et pour sa personne; après cela je donne à la postérité une image vraie de ma vie et de ma gloire, et je mets surtout en jour l'amitié ouverte que j'ai toujours eue pour M. Arnaud ». Son épître à M. de Lamoignon[3] ne lui paraissait pas inférieure aux précédentes pièces, après lesquelles il plaçait sa satire à Molière[4], qui était purement de son invention, et où il avait exprimé toutes les bizarreries de la rime et de la manière la plus heureuse. Ensuite c'était à son *Équivoque*[5] à laquelle il donnait le prix, peut-être parce que ce sont les derniers enfants pour qui l'on a le plus d'affection. Voilà les six ouvrages qui tenaient le premier rang dans son estime après son *Art poétique*, qui, de l'aveu du public et de son aveu particulier, passe pour le meilleur de ses ouvrages.

---

réflexion. Régnier est véritablement poëte; Malherbe paraît l'être : ce n'est pas un médiocre mérite ».
1. Strophe IV.
2. Épître IV, vers 121.
3. Satire VIII, vers 154.
4. Le marquis de Sainte-Aulaire.
5. Gaspard Abeille, de l'Académie française, né à Riez en Provence, mort assez âgé le 22 de mai 1718. Il avait fait des tragédies.

1. La VIIIe.
2. La Xe.
3. La VIe.
4. C'est la 2e *satire*.
5. Satire XII.

LV

Le roi, se bottant pour aller à la chasse, demandait à M. Despréaux, en présence de plusieurs seigneurs, quels auteurs avaient le mieux réussi pour la comédie. « Je n'en connais qu'un, reprit le satirique, et c'est Molière ; tous les autres n'ont fait que des farces proprement dites, comme ces vilaines pièces de Scarron ». Le roi demeura pensif[1], et M. Despréaux, s'apercevant qu'il avait fait une faute, se mit à baisser les yeux aussi bien que tous les autres courtisans. « Si bien donc, reprit le roi, que Despréaux n'estime que le seul Molière. — Il n'y a, Sire, aussi que lui qui soit estimable dans son genre d'écrire ». Je n'eus garde, disait M. Despréaux, de vouloir rhabiller mon incartade ; c'eût été faire sentir que j'avais été capable de la faire ». M. le duc de Chevreuse le tira à quartier en lui disant : « Oh ! pour le coup, votre prudence était endormie. — Et où est l'homme, répondit M. Despréaux, à qui il n'échappe jamais une sottise » ? Cependant le roi, qui voyait bien que c'était l'abondance du cœur qui avait fait parler le poète, ne lui en voulut point de mal.

LVI

M. Despréaux n'estimait point les vers de Scarron[2], qu'il trouvait bas et burlesques à outrance ; mais il admirait sa prose et la trouvait parfaite, surtout dans son *Roman comique* ; il n'y eut jamais de style plus plaisant ni plus varié que celui-là. « Scarron, disait-il, tirait les plus petites choses de leur bassesse par la manière noble dont il les contait. Je ne sais s'il ne m'a pas dit qu'il avait eu dessein de continuer le *Roman comique* ; mais je me souviens qu'il me proposa d'y travailler et m'offrit même de me donner des mémoires, ce que je n'eus garde d'accepter ».

LVII

Quelque temps après que les satires de M. Despréaux eurent paru, Fernando Nugnès, grand amiral d'Espagne, vint en France, et, quoique étranger, goûta parfaitement toutes les beautés d'un ouvrage qui faisait l'attention publique. Aussitôt qu'il fut de retour à Madrid, il envoya deux livres du meilleur tabac et une tabatière de prix à M. Despréaux, en reconnaissance du plaisir que ses satires lui avaient fait ; et M. Despréaux fit présent de la tabatière et du tabac à M. le chevalier de Vendôme[1].

LVIII

Lorsque le roi d'Espagne, Philippe V, fut arrivé pour la première fois à Madrid, il voulut se délasser par quelque lecture agréable, et demanda les satires de M. Despréaux ; mais, les ballots du prince étant encore en chemin, M. le comte d'Ayen, aujourd'hui maréchal de Noailles, proposa à Sa Majesté d'envoyer chez les libraires de Madrid, où l'on trouva deux éditions des ouvrages du satirique.

LIX

L'enfance de M. Despréaux fut des plus laborieuses. Il fallut le tailler à l'âge de huit ans et il se ressentit toute sa vie de cette opération. Ayant perdu sa mère de bonne heure et son père étant tout occupé de ses affaires, l'éducation de ce grand poète fut abandonnée à une vieille servante qui le traitait avec empire ; et il avait encore une autre domination à essuyer : c'était celle de Gilles Boileau, son frère aîné, grand ami de Cotin et de Chapelain, et de plus très jaloux du mérite naissant de son cadet, qui passa ses premières années dans une guérite au-dessus du grenier de sa maison, où il fut, pour ainsi dire, relégué jusqu'à quinze ans. Il nous disait souvent que, si on lui offrait de renaître aux conditions onéreuses de sa première jeunesse, il aimerait mieux renoncer à la vie ; cependant l'excellence de son naturel surmonta toutes les disgrâces de son éducation. Il n'était encore qu'en quatrième qu'il se sentit du talent pour la poésie ; et dès lors déjà tout plein de la lecture des anciens romans, il entreprit de faire une comédie. « Je faisais, disait-il, paraître sur la scène trois géants prêts à se battre pour la conquête d'une commune maîtresse, lorsqu'un quatrième géant les séparait par ces vers :

> Géants, arrêtez-vous,
> Gardez pour l'ennemi la fureur de vos coups. »

Il défiait Boyer[2] de lui montrer un seul vers de cette force dans les cent mille qu'il a faits. Au reste, à propos de la jalousie de son frère aîné, il me citait l'épigramme de Linière, dans laquelle tous ceux qui en ont parlé ont supprimé un vers essentiel, à l'exemple de Richelet, et c'est ce quatrième vers qui la rend plus vive et plus soutenue.

> Veut-on savoir pour quelle affaire
> Boileau le rentier aujourd'hui
> En veut à Despréaux son frère ?
> Qu'est-ce que Despréaux a fait pour lui déplaire ?
> Il a fait des vers mieux que lui.

---

1. On comprend pourquoi Louis XIV, mari secret de la veuve du poète burlesque, se troublait quand on parlait de lui.
2. « Les pièces de Scarron, dit Saint-Marc, avaient fait dans son temps les délices de la cour, et c'est à leur prodigieux succès qu'il faut imputer les bas comique dont Molière s'est vu forcé de faire usage dans quelques-unes de ses petites pièces. On ne peut amener les hommes au véritablement bon que par degrés. »

1. Philippe de Vendôme, qui fut depuis grand prieur de France.
2. De l'Académie française, auteur d'une *Judith* qui n'est connue que par une épigramme de Racine. V. plus bas, art. LXV.

LX

M. Despréaux ne feignait point de dire que c'était un poëte inconnu qui lui avait fourni l'idée de ces deux vers de sa première satire :

> Et que d'un bonnet vert le salutaire affront
> Flétrisse les lauriers qui lui couvrent le front [1].

LXI

C'est la fatale nécessité de la rime qui a attiré à l'abbé Cotin tous les brocards répandus contre lui dans les satires de M. Despréaux. Ce poëte récitait à Furetière la satire du repas, et se trouvait arrêté par un hémistiche qui lui manquait :

> Si l'on n'est plus à l'aise, assis dans un festin,
> Qu'aux sermons de Cassagne...

« Vous voilà bien embarrassé, lui dit Furetière ; et que ne placez-vous là l'abbé Cotin » ? Il ne fallut pas le dire deux fois; ce qui justifia la vérité des deux vers suivants :

> Et malheur à tout nom qui, propre à la censure,
> Peut entrer dans un vers sans rompre la mesure [2].

LXII

M. Bayle agite une assez plaisante question dans ses *Lettres* ou *Questions au Provincial* [3]. Il suppose que M. Despréaux eût été choisi pour remplir la place de Cotin à l'Académie, et paraît en peine de quelle manière le successeur se serait tiré de l'éloge de fondation dû à son prédécesseur, suivant les statuts académiques. Je rapportai la chose à M. Despréaux, qui me dit qu'à la vérité il aurait fallu marcher un peu sur la cendre chaude, mais qu'à la faveur des défilés de l'art oratoire il se serait échappé d'un pas si délicat. « Il n'y a rien, disait-il, dont la rhétorique ne vienne à bout. Un bon orateur est une espèce de charlatan, qui sait mettre a propos du baume dans les plaies. — C'est, lui répliquai-je, ce que vous avez bien prouvé par votre lettre de raccommodement à M. Perrault ».

LXIII

M. Despréaux, en distinguant la belle comédie des farces, qui font souvent plus rire que la pièce la mieux conduite et la plus remplie de caractères naturels, me disait qu'il y avait deux sortes de rire : l'un qui vient de surprise et l'autre qui réjouit l'âme intérieurement et fait rire plus efficacement, parce qu'il est fondé sur la raison. « Car, disait-il, l'effet naturel de la raison, c'est de plaire ; et quand vous voyez sur le théâtre une action qui se suit et des caractères heureusement représentés, vous ne sauriez vous défendre d'applaudir, si ce n'est par des éclats de rire violents, au moins par une satisfaction que vous sentez au dedans de vous-même. Or les bouffonneries qui excitent la risée ont véritablement quelque mérite ; mais, quand on les oppose au plaisir que produit un caractère naturel et bien touché, c'est un bâtard auprès d'un enfant légitime. Il n'y a que la belle nature et le véritable comique auxquels il appartienne de renvoyer l'esprit légitimement satisfait et plein d'une délectation sans reproche. Voilà, disait-il, le seul attrait que les honnêtes gens demandent à la comédie, et c'est aussi le seul qui peut attirer de la réputation à un auteur ».

LXIV

Ce fut moi qui raccommodai Regnard, poëte comique, avec M. Despréaux. Ils étaient prêts d'écrire l'un contre l'autre, et Regnard était l'agresseur [1]. Je lui fis entendre qu'il ne lui convenait pas de se jouer à son maître ; et depuis sa réconciliation il lui dédia ses *Menechmes*. M. Despréaux disait de Regnard qu'il n'était pas médiocrement plaisant.

LXV

La *Judith*, de Boyer, fut représentée à Paris dans le carême, en 1695; elle eut un très-grand succès, grâce à la Champmeslé, qui la fit valoir plus par le mérite de son jeu que par la bonté de la pièce. M. Essain, frère de madame de la Sablière, en fit de grands récits à M. Despréaux, qui lui répondait toujours : « Je l'attends sur le papier ». Enfin la pièce fut jouée à la cour, où elle perdit toute sa réputation, et personne ne la voulut plus revoir après Pâques. A quelque temps de là, M. Despréaux, rencontrant à Versailles M. Essain, lui cria de loin : « Monsieur Essain, n'avez-vous point là votre Boyer sur vous ? » comme s'il eût voulu dire : n'avez-vous point sur vous votre Corneille ou votre Racine ? C'est à propos de cette *Judith* que M. Racine disait qu'il ne fallait pas s'étonner qu'elle n'eût point été sifflée à Paris : « c'est, disait-il, que tous les siffleurs étaient à la cour aux sermons de l'abbé Boileau [2] ».

LXVI

M. Despréaux disait que M. Le Tellier, arche-

---

1. Vers 15-16.
2. *Art poétique*, chant II, vers 153-154, p. 97, colonne 1.
3. Le vrai titre est *Réponse aux questions d'un Provincial*, Rotterdam, Leers, 1704, 5 vol. in-12.

1. Regnard, en réponse à la *Satire des femmes*, avait fait la *Satire des maris*. Boileau, qu'il y piquait au vif, se plaignit, et une autre satire, le *Tombeau de Despréaux*, fut toute sa consolation.
2. Il n'avait de commun que le nom avec la famille de notre poëte.

vêque de Reims, l'avait une fois plus estimé, depuis qu'il savait qu'il était riche. M. Coustard lui répliqua : « Monsieur de Tonnerre, évêque de Noyon[1], vous aurait aussi plus estimé s'il vous eût cru gentilhomme. — J'avais, répondit M. Despréaux, de quoi les contenter tous deux ».

LXVII

Il y avait dans Sarrazin[2], disait M. Despréaux, la matière d'un excellent esprit, mais la forme n'y était pas. Il louait fort deux vers de ce poëte dans une ode adressée à M. de Montausier, où Sarrazin s'excuse de le louer :

> Car je n'ai qu'un filet de voix,
> Et ne chante que pour Silvie.

LXVIII

Homère était la belle passion de M. Despréaux; il en revenait toujours à lui. « C'est un poëte, disait-il, que les Grâces ne quittent point. Tout ce qu'il écrit est dans la nature, et d'un seul mot il vous fait connaître un homme. Ulysse arrive dans la caverne du Cyclope, Polyphème ne fait qu'une bouchée de deux de ses compagnons. Ulysse lui présente à boire : « Voilà de bon vin, dit le Cy-« clope; va, mon ami, je te mangerai le der-« nier ».

LXIX

Ce que M. Despréaux estimait le plus dans Homère, c'est le talent qu'il a d'exprimer noblement les plus petites choses. « C'est là, disait-il, où consiste l'art; car les grandes choses se soutiennent assez d'elles-mêmes ». Il citait à ce propos une chanson ancienne dont l'auteur lui était inconnu, mais dont il admirait le naturel :

> La charmante bergère,
> Écoutant ses discours,
> D'une main ménagère
> Allait filant toujours ;
> Et doucement atteinte
> D'une si tendre plainte,
> Fit tomber par trois fois
> Le fuseau de ses doigts.

LXX

M. Despréaux disait que Saint-Amant s'était formé du mauvais de Régnier, et Benserade du mauvais de Voiture. Le même Benserade était si fort accoutumé à la pointe, que, même en mourant, il en fit une. « C'est un homme mort, disaient les médecins à sa garde; cependant continuez à lui faire manger de la poule bouillie. — Pourquoi du bouilli, dit Benserade, puisque je suis frit » ?

LXXI

« On m'accuse, disait M. Despréaux, de ne rien louer de ce qu'a fait Scudéri; voici pourtant deux beaux vers que je suis étonné qui soient de lui :

> Il n'est rien de si doux pour des cœurs pleins de gloire
> Que la paisible nuit qui suit une victoire.

« Je loue, continuait-il, jusqu'à M. Perrault quand il est louable. Est-ce bien lui qui a fait ces six vers que je trouve à la fin d'une préface de ses *Parallèles* ?

> Ils devraient, ces auteurs, demeurer dans leur grec,
> Et se contenter du respect
> De la gent qui porte férule.
> D'un savant traducteur on a beau faire choix ;
> C'est les traduire en ridicule,
> Que de les traduire en françois.

« On voit bien qu'il vise un peu à M. Dacier, mais a-t-il tout le tort? Il s'en faut bien que M. Dacier écrive aussi agréablement que sa femme. M. Dacier est toujours sec et décisif. Il croit avoir raison dans l'explication qu'il donne à ce passage d'Horace : *Difficile est proprie communia dicere*[1] ; cependant c'est un passage qui se doit entendre naturellement. Il est difficile, dit Horace, de traiter des sujets qui sont à la portée de tout le monde d'une manière qui vous les rende propres, ce qui s'appelle s'approprier un sujet par le tour qu'on y donne ». M. Despréaux prétendait avoir trouvé la solution de ce passage dans Hermogène[2], et disait mille bonnes raisons pour l'appuyer qui ont échappé à ma mémoire.

LXXII

M. Despréaux disait que les vers les plus simples de ses ouvrages étaient ceux qui lui avaient le plus coûté; que ce n'est qu'à force de travail qu'on parvient à paraître aisé à ses lecteurs; qu'on leur ôte par là toute la peine qu'on s'est donnée. « Ce ne sont pas, continuait-il, les grands traits de pinceau, ni ces coups de maître, qui arrêtent un écrivain dans son progrès; ce sont quelquefois des niaiseries qui coûtent le plus à exprimer ». Il en donnait pour exemple ces quatre vers de la *satire de l'Homme*, qui ne renferment rien d'extraordi-

---

1. François de Clermont-Tonnerre, pair de France, etc., de l'Académie française, mort le 15 février 1701, à soixante-douze ans.
2. François Sarrazin, de Caen, poëte du monde, attaché longtemps, comme secrétaire, au prince de Conti, dont une brutalité le fit mourir de chagrin en 1654, à cinquante et un ans. On a un volume de ses *Œuvres*, vers et prose.

1. *Art poétique*, vers 128.
2. Rhéteur du temps de Marc-Aurèle. Il était de Cilicie. Les Aldes ont imprimé les premiers, en 1508, son *Ars rhetorica*.

naire; et dont pourtant il n'est venu à bout que très-difficilement :

> Lui seul vivant, dit-on, dans l'enceinte des villes,
> Fait voir d'honnêtes mœurs, des coutumes civiles,
> Se fait des gouverneurs, des magistrats, des rois,
> Observe une police, obéit à des lois [1].

LXXIII

Bien des gens ont cru que Chapelle, auteur du *Voyage de Bachaumont*, avait beaucoup aidé Molière dans ses comédies. Ils étaient certainement fort amis, mais je tiens de M. Despréaux, qui le savait de Molière, que jamais il ne s'est servi d'aucune scène qu'il eût empruntée de Chapelle. Il est bien vrai que, dans la comédie des *Fâcheux*, Molière, étant pressé par le roi, eut recours à Chapelle pour lui faire la scène de Caritidès, que Molière trouva si froide, qu'il n'en conserva pas un seul mot, et donna de son chef cette belle scène que nous admirons dans les *Fâcheux*. Et sur ce que Chapelle tirait vanité du bruit qui courut dans le monde, qu'il travaillait avec Molière, ce fameux auteur lui fit dire par M. Despréaux qu'il ne favorisât pas ces bruits-là; qu'autrement il l'obligerait à montrer sa misérable scène de Caritidès, où il n'avait pas trouvé la moindre lueur de plaisanterie. M. Despréaux disait de ce Chapelle, qu'il avait certainement beaucoup de feu et bien du goût tant pour écrire que pour juger; mais qu'à son voyage près, qu'il estimait une pièce excellente, rien de Chapelle n'avait frappé les véritables connaisseurs, toutes ses autres petites pièces de poésies étant informes et négligées, et tombant souvent dans le bas, témoin ses vers sur l'éclipse, où il finit par ce quolibet : *Gare le pot au noir*, et fait venir, comme par machines, *Juste Lipse*, afin de trouver une rime à *éclipse*.

Cependant c'était ce même Chapelle qui donnait le ton à tous les beaux esprits comme à tous les ivrognes du Marais; on prenait son attache pour débiter dans le beau monde des vers prétendus anacréontiques, où régnaient, disait-on, le plus beau naturel et les plus heureuses négligences.

LXXIV

M. Despréaux disait de La Bruyère, que c'était un homme qui avait beaucoup d'esprit et d'érudition, mais que son style était prophétique; qu'il fallait souvent le deviner; qu'un ouvrage comme le sien ne demandait que de l'esprit, puisqu'il délivrait de la servitude des transitions, qui est, disait-il, la pierre d'achoppement de presque tous les écrivains. « J'ai eu, continuait-il, le courage de lui soutenir que son discours à l'Académie était mauvais, quoique d'ailleurs très-ingénieux et parfaitement écrit, mais que l'éloquence ne consiste pas à dire simplement de belles choses, qu'elle tend à persuader, et que pour cela il faut dire des choses convenables aux temps, aux lieux et aux personnes. Il n'y a, poursuivait-il, que deux sortes d'éloquence, celle de Démosthène ou l'éloquence du Pont-Neuf. Des bateliers veulent noyer Démosthène, il les attendrit par ses figures; un charlatan veut vendre ses savonnettes, il les vend au bout de sa harangue. Un orateur fait toujours bien quand il persuade ».

LXXV

Chapelle avait manqué à se noyer et à s'égorger au sortir d'une grande débauche [1]. A quelques jours de là M. Despréaux l'ayant rencontré : « Vous voyez, lui dit Chapelle, un homme tout à fait converti sur la passion du vin; trouvez bon que j'en fasse mon abjuration entre vos mains ». Le satirique l'embrasse pour lui en marquer sa joie et lui dit mille choses touchantes à ce sujet. Chapelle fait mine d'être attendri par son discours jusqu'à l'entrée d'un certain cabaret, où il le fait entrer de force, « non pas pour boire, disait-il, mais pour mieux profiter de son sermon ».

LXXVI

M. Despréaux soutenait que l'églogue était un genre de poésie où notre langue ne pouvait réussir qu'à demi; que presque tous nos auteurs y avaient échoué et n'avaient pas seulement frappé à la porte de l'églogue; qu'on était fort heureux quand on pouvait attraper quelque chose de ce style, comme ont fait Racan et Ségrais. Il donnait pour exemple les vers de ce dernier :

> Ce berger, accablé de son mortel ennui,
> Ne se plaisait qu'aux lieux aussi tristes que lui.

Et Racan dans l'imitation d'une églogue de Virgile :

> Et les ombres déjà du faîte des montagnes
> Tombent dans les campagnes [2].

Il disait encore que la sublimité divine des psaumes était l'écueil de tous les traducteurs; que leur simplicité majestueuse ne pouvait être rendue par la plume des plus grands maîtres; qu'elle avait souvent désespéré M. Racine qui pourtant était venu à bout de traduire admirablement cet endroit du Psalmiste, à propos de l'impie : *Transivi, et ecce non erat*.

> Je n'ai fait que passer, il n'était déjà plus [3].

---

1. Satire VIII, vers 119-122.
2. Majoresque cadunt altis de montibus umbræ.
   VIRGILE, *Églogue* 1, v. 83.
3. Chœur d'*Esther*, acte III.

LXXVII

M. Despréaux était fort ami du père Ferrier[1], jésuite et confesseur du roi. « Il joignait, disait-il, les mains d'aise toutes les fois qu'il me voyait ». Un jour M. Despréaux s'étant fait annoncer chez ce père, qui avait une grosse cour, le jésuite vint ouvrir lui-même la porte de son cabinet pour le recevoir plus amiablement. « Eh bien, dit-il en l'embrassant tendrement, qu'est-ce qui vous amène ici? — Mon père, répliqua M. Despréaux, je viens vous montrer un spectacle assez nouveau pour vous, ce sont des yeux qui ne vous demandent rien ».

LXXVIII

Tout le monde allant faire compliment à M. Pelletier[2], qui avait succédé à M. Colbert dans la place de contrôleur général, M. Despréaux lui dit simplement: « Monseigneur, je n'envie de votre nouvelle dignité que l'occasion que vous allez avoir de faire plaisir à bien des gens. »

LXXIX

M. Racine était fort amer dans ses railleries et naturellement avait l'esprit malin et railleur, quoique cela fut raccommodé par un fonds de probité et par de grands principes de christianisme; ses amis mêmes ne trouvaient point grâce auprès de lui quand il leur échappait quelque chose qui pût lui donner prise. Un jour M. Despréaux ayant, par mégarde, avancé une proposition qui n'était pas juste à l'Académie des inscriptions, M. Racine ne s'en tint pas à une simple plaisanterie qui part souvent du premier feu de la dispute; mais tombant rudement sur son ami et allant même jusqu'à l'insulte, M. Despréaux fut obligé de lui dire : « Je conviens que j'ai tort; mais j'aime encore mieux l'avoir que d'avoir aussi orgueilleusement raison que vous l'avez ».

LXXX

Je disais une fois à M. Despréaux: « Savez-vous que M. Racine est aussi satirique que vous. — Dites, répondit-il, dites qu'il est plus malin que moi. »

---

1. Le Jésuite Jean Ferrier fut le confesseur tolérant de la jeunesse de Louis XIV. La veille de sa mort, arrivée le 29 octobre 1674, il avait donné au roi l'absolution de ses fautes les plus scandaleuses.
2. Claude Le Pelletier, prévôt des marchands, puis contrôleur général des finances et ministre d'État en 1683, président à mortier en 1686, mort à Villeneuve-le-Roi le 10 d'août 1711, âgé de quatre-vingts ans.

LXXXI

Lorsque l'*Andromaque* fut jouée, les plus grands seigneurs de la cour en disaient hautement leur sentiment selon l'étendue ou selon les bornes de leurs goûts et de leurs lumières. Il revint à M. Racine que sa pièce avait été frondée par deux de ces seigneurs, à propos de quoi il fit l'épigramme suivante qu'il s'adressait à lui-même:

> La vraisemblance est choquée en ta pièce,
> Si l'on en croit et d'Olonne et Créqui.
> Créqui dit que Pyrrhus aime trop sa maîtresse ;
> D'Olonne, qu'Andromaque aime trop son mari.

Le plaisant de l'épigramme, c'est que le maréchal de Créqui[1] n'avait pas la réputation d'aimer trop les femmes; et quant à M. d'Olonne, il n'avait pas lieu de se plaindre d'être trop aimé de la sienne.

M. Despréaux, de qui je tiens cette épigramme, en trouvait la malice digne de son auteur.

LXXXII

L'*Alexandre* de Racine fut joué d'abord par la troupe de Molière; mais ses acteurs jouant trop lâchement la pièce, l'auteur se rendit aux avis de ses amis qui lui conseillèrent de la retirer et de la donner aux grands comédiens de l'hôtel de Bourgogne. Elle eut en effet chez eux tout le succès qu'elle méritait, ce qui déplut fort à Molière; outre que Racine lui avait débauché la du Parc, qui était la plus fameuse de ses actrices et qui depuis joua à ravir dans le rôle d'Andromaque. De là vint la brouillerie de Molière et de Racine, qui s'étudiaient tous deux à soutenir leur théâtre avec une pareille émulation. Peu de temps après la désertion du poète tragique, Molière donna son *Avare* où M. Despréaux fut des plus assidus. « Je vous vis dernièrement, lui dit Racine, à la pièce de Molière, et vous riiez tout seul sur le théâtre. — Je vous estime trop, lui répondit son ami, pour croire que vous n'y ayez pas ri, du moins intérieurement ». M. Despréaux préférait l'*Avare* de Molière à celui de Plaute, qui est outré dans plusieurs endroits, et entre dans des détails bas et ridicules. Au contraire, celui du comique moderne est dans la nature et une des meilleures pièces de l'auteur. C'est ainsi qu'en jugeait M. Despréaux.

LXXXIII

Je vantais à M. Despréaux la pièce de *Britannicus*, en présence du fils de M. Racine. M. Des-

---

1. François de Créqui, fait maréchal de France en 1668, mort 4 de février 1687.

préaux disait que son ami n'avait jamais fait de vers plus sentencieux; mais il n'était pas content du dénoûment. Il disait qu'il était trop puéril; que Junie, voyant son amant mort, se fait tout d'un coup religieuse, comme si le couvent des vestales était un couvent d'ursulines, au lieu qu'il fallait des formalités infinies pour recevoir une vestale. Il disait encore que Britannicus est trop petit devant Néron. Mais il m'apprit une circonstance assez particulière sur cette pièce, qui n'eut pas d'abord un succès proportionné à son mérite. Le rôle de Néron y était joué par Floridor, le meilleur comédien de son siècle; mais comme c'était un acteur aimé du public, tout le monde souffrait de lui voir représenter Néron et d'être obligé de lui vouloir du mal. Cela fut cause que l'on donna le rôle à un acteur moins chéri, et la pièce s'en trouva mieux.

LXXXIV

M. Despréaux regardait le dénoûment de *Bajazet* comme un des meilleurs de Racine, et le caractère du vizir Acomat comme un des plus beaux qu'il ait mis sur la scène; mais il trouvait les vers de *Bajazet* trop négligés.

LXXXV

M. Racine, quelques années avant de mourir, avait une sorte d'indifférence pour ses ouvrages. Il ne voulut jamais corriger les épreuves d'une nouvelle édition, ni changer des endroits qui méritaient d'être réformés. M. Despréaux prit ce soin pour la gloire de son ami. Il nous disait que M. Racine était venu à la vertu par la religion, son tempérament le portant à être railleur, inquiet, jaloux et voluptueux.

LXXXVI

M. Despréaux entrait dans une espèce d'enthousiasme lorsqu'il parlait de Louis XIV. « C'est un prince, disait-il, qui ne parle jamais sans avoir pensé. Il construit admirablement tout ce qu'il dit; ses moindres reparties sentent le souverain; et, quand il est dans son domestique, il semble recevoir la loi plutôt que la donner ».

LXXXVII

La comédie de l'*Andrienne*, attribuée à Baron [1], ayant été fort estimée, quoique peu courue, M. Des-préaux disait qu'il trouvait Baron bien hardi de s'être exposé à montrer de la raison aux hommes en leur traduisant Térence.

LXXXVIII

Sur l'objection que je lui faisais que M. Vaugelas montrait assez peu d'estime pour les genres satirique et comique de son temps, quoique d'ailleurs Regnier y eût déjà assez bien réussi, il me répondait que c'était la faute de Regnier, qui s'était souffert de trop grandes licences, et un style quelquefois trop bas et trop outré de plaisanterie, comme ce vers, par exemple, pour exprimer un bossu :

Les Alpes en jurant lui grimpaient au collet.

Au reste, ce fut moi qui lui appris que Regnier avait une pension du roi de deux mille livres sur un bénéfice : ce que je lui fis voir dans une satire [1] du même auteur, qui commence par ce vers :

Perclus d'une jambe et d'un bras, etc.

LXXXIX

M. Despréaux soutenait que les monologues étaient d'une très-grande ressource dans les comédies, surtout depuis que les chœurs en avaient été bannis, contre l'opinion de ceux qui trouvent que rien n'est plus ennuyeux que de voir des gens qui parlent tout seuls sur le théâtre. « Dans le monologue, disait-il, on ne parle point tout seul, mais on pense tout seul. Il y a mille choses que les hommes les plus épanchés ne disent point à leurs confidents, parce que cela découvrirait trop le secret de leur cœur. Phocas, par exemple, dans *Héraclius*, fait un aveu des plus indiscrets à Crispe, son confident, en lui rappelant la bassesse de son origine, et lui avouant qu'il ne doit la couronne qu'à ses crimes qui l'ont fait empereur, de misérable soldat qu'il était. Cela aurait été supportable dans un monologue; mais il n'est pas naturel qu'un prince, quoique homme de fortune, aille se déclarer pour un coquin devant un de ses sujets, que l'exemple pourrait encourager au même crime. Auguste n'est point blâmable de s'être adressé ces vers à lui-même dans un monologue du *Cinna* :

Rentre en toi-même, Octave, et cesse de te plaindre,
Quoi! tu veux qu'on t'épargne, et n'as rien épargné?
Songe aux fleuves de sang où ton bras s'est baigné.

---

[1]. « On prétend, dit Saint-Marc, que cette comédie est du célèbre jésuite Charles La Rue. Les autres pièces imprimées sous le nom de Baron sont, à ce que l'on dit, de différents auteurs. Baron était ce-pendant lui-même fort capable de produire quelque chose de bon... Michel Boyron, dit Baron, naquit à Paris sur la paroisse Saint-Sauveur en 1653, et mourut dans cette ville le 22 de décembre 1729, n'étant retiré du théâtre que du mois de septembre précédent. »

[1]. Satire XIX, au commencement.

Mais sa bonne foi deviendrait outrée si cela se passait autrement qu'entre son cœur et lui ».

XC

M. Despréaux trouvait une autre petitesse dans la même tragédie d'*Héraclius*, où Pulchérie croit intimider l'empereur en le tutoyant, et lui faisant mille bravades. « Il fallait, disait-il, que cet homme si noir, que ce tyran si déclaré, fût devenu un homme bien commode pour écouter de sang-froid toutes les vaines menaces d'une folle : caractère tout des plus faux et vraiment digne d'une pièce que M. Despréaux appelait une espèce de *logogriphe* ».

Il disait encore que Cornélie, dans *Pompée*, était une fausse Romaine, puisque, ayant tant de sujets d'être animée contre César, elle vient lui découvrir une conjuration qui se tramait contre lui, pour se faire un faux mérite de générosité. « Il fallait, disait-il, qu'elle aimât bien les tyrans pour manquer une si belle occasion de laisser périr son ennemi ». Il est vrai qu'elle prend pour prétexte qu'elle veut se réserver la gloire de sa perte, et en avoir elle seule tout l'honneur. Plaisant aveu à faire, et qui n'est ni dans les règles de la nature, ni dans celles de la prudence. Par là Cornélie condamnait, par anticipation, l'action généreuse de Brutus, qui, tout ami qu'il était de César, ne balança pas un moment à le sacrifier à l'amour de la patrie.

XCI

M. Despréaux ne pouvait souffrir les sentiments qui n'avaient qu'un faux jour de noblesse et de grandeur d'âme. Il se déclarait l'ennemi de tout ce qui choquait la raison, la nature et la vérité. Voilà ce qui l'animait si fort contre les romans de mademoiselle Scudéri, qu'il appelait une boutique de verbiage. « C'est un auteur, disait-il, qui ne sait ce que c'est de finir ; ses héros et ceux de son frère n'entrent jamais dans un appartement que tous les meubles n'en soient inventoriés ; vous diriez d'un procès-verbal dressé par un sergent. Leur narration ne marche point ; c'est la puérilité même que toutes leurs descriptions : aussi ne les ai-je pas ménagés dans ma *Poétique* :

S'il parle d'un palais, il m'en dépeint la face,
Il me promène après de terrasse en terrasse :
Je saute vingt feuillets pour en trouver la fin,
Et je me sauve à peine au travers du jardin[1].

Cependant, ajoutait-il, combien n'a-t-on point crié contre mes critiques ? Le temps a fait voir que la Scudéri était un esprit faux ; c'est à elle qu'on doit l'institution des Précieuses. Le fameux hôtel de Rambouillet n'était pas tout à fait exempt de ce jargon, qui a, Dieu merci, trouvé sa fin aussi bien que le burlesque qui nous avait si longtemps tyrannisés. La belle nature et tous ses agréments ne se sont fait sentir que depuis que Molière et la Fontaine ont écrit ».

XCII

Le fameux prince de Condé était l'homme du monde le plus entier dans ses sentiments. Quand il avait la raison pour lui, ce qui arrivait fort souvent, il donnait une nouvelle dignité à la raison, et l'on eût cru entendre Démosthène ; mais il ne pouvait souffrir d'être vaincu sur quoi que ce fût, accoutumé qu'il était d'avoir presque toujours de son côté la raison et la victoire. Un jour, M. Despréaux, après avoir longtemps disputé contre lui sur une tragédie que le prince défendait, le satirique ayant vu dans les yeux de Son Altesse une amère impatience, qui commençait à passer dans ses discours, se retira prudemment et dit à M. de Gourville : « Je serai toujours de l'avis de M. le Prince, et même quand il aura tort ».

XCIII

M. Despréaux nous vantait les deux vaudevilles suivants, comme les plus parfaits qu'il eût jamais vus. Le premier est du grand Condé, qui le fit en chemin, lorsqu'il fut conduit au Havre par le comte d'Harcourt :

Cet homme gros et court,
Si fameux dans l'histoire,
Ce grand comte d'Harcourt
Tout couronné de gloire,
Qui secourut Cazal et qui reprit Turin,
Est devenu, est devenu recors
De Jules Mazarin.

Voici l'autre vaudeville ; il fut fait sur la levée du siége de Lérida, où le même grand prince commandait. C'est sur ce siége que Voiture plaisante, après le prince qui avait dit :

Que son dada
Demeura court à Lérida.

Ils sont revenus nos guerriers
Le front peu chargé de lauriers ;
La couronne en est trop chère,
Laire la, laire lan lere, laire la, à Lérida.

La victoire a demandé,
Est-ce le prince de Condé ?
Je le prenais pour son père ;
Laire la, laire lan lere, laire la, à Lérida.

---

1. *Art poétique*, chant I, vers 51.

XCIV

Les rondeaux de Benserade furent généralement sifflés. Ils ne trouvèrent à la cour qu'un défenseur, prince d'un très-grand esprit, mais qui n'usait pas de son discernement dans cette rencontre. Ce prince, qui était M. le duc d'Enghien, fils du grand Condé, ayant M. Despréaux dans son carrosse, ne cessait de plaindre le pauvre Benserade : « Car enfin, disait-il, ses rondeaux sont clairs, ils sont parfaitement rimés, et disent bien ce qu'ils veulent dire ». M. Despréaux répondit au prince : « Monseigneur, il y a quelque temps que je vis, sous les charniers Saints-Innocents, une estampe enluminée qui représentait un soldat poltron qui se laissait manger par les poules; au bas de l'estampe étaient ces vers :

> Le soldat qui craint le danger
> Aux poules se laisse manger.

Cela est clair, cela est bien rimé; cela dit ce que cela veut dire; cela ne laisse pas d'être le plus plat du monde ».

XCV

Un des plus grands admirateurs de Corneille, c'était . certainement M. Despréaux; mais il ne l'admirait pas sans restriction. Il l'eût regardé comme le premier poëte de son siècle, et peut-être de tous les siècles, si le jugement eût un peu plus réglé son esprit et sa prodigieuse fécondité. « Son génie, disait-il, semblait incliner d'abord vers le tendre, le touchant et le passionné, du moins si l'on en juge par le *Cid*, et par quelques vers de l'*Illusion comique*; mais sa vocation naturelle l'entraînait du côté du grand et du merveilleux, et l'amour qu'il regardait comme une passion frivole n'entrait guère que par surprise dans la plupart de ses tragédies. Il semblait dédaigner la tendresse, de peur qu'elle n'avilît son style accoutumé au plus éclatant sublime. De là vient qu'il semble chausser le cothurne dans les reproches que le père du *Menteur*, Dorante, fait à son fils; reste à savoir s'il n'abuse pas de la permission qu'Horace donne à la comédie d'élever quelquefois sa voix. Du reste, il paraît que Corneille faisait des vers moins par goût que par inspiration : il en a souvent retranché d'excellents, et manqué à corriger de très-médiocres. Cela paraîtra par ces deux vers supprimés dans *Théodore*. On vient menacer la sainte de la prostitution en lui disant :

> Comme dans les tourments vous trouvez des délices,
> On veut dans les plaisirs vous trouver des supplices.

A quelques actes de là, cette même menace est réitérée, jusqu'à donner à entendre que l'exécution en sera très-prochaine; à propos de quoi Théodore répond que si elle était poussée à cette extrémité,

> On la verrait offrir d'une âme résolue
> A l'époux sans macule une épouse impollue.

M. de F***[1], à qui je récitai ces vers sans lui dire ni le nom de la pièce ni celui de l'auteur, se récria : « Qui est donc le Ronsard qui a pu écrire ainsi? — C'est, lui répliquai-je, votre cher oncle, le grand Corneille ».

XCVI

M. Despréaux disait assez volontiers dans la conversation : « C'est un tel ouvrage, ou un tel auteur que j'ai eu en vue en faisant mes vers »; cependant il ne nous a jamais dit qu'il eût eu dessein d'attaquer Corneille dans sa première épître au roi, auquel il dit :

> Ce n'est pas qu'aisément, comme un autre, à ton char
> Je ne pusse attacher Alexandre et César[2].

Corneille avait pourtant donné une belle prise au satirique, par cette façon triviale de louer le roi, que le même Corneille employa dans un remerciment qu'il fit à ce prince en 1663, sur une pension qu'il en avait obtenue. C'est ainsi que ce grand poëte s'exprime en parlant au roi de son génie et de ses vers :

> Par eux de l'Andromède il sut ouvrir la scène,
> On y vit le Soleil instruire Melpomène,
> Et lui dire qu'un jour Alexandre et César
> Seraient comme vaincus attachés à ton char.

XCVII

M. Despréaux disait ordinairement que, pour être un bon louangeur, il fallait être un bon satirique. Sa raison était qu'il n'y a que la bonne critique qui puisse faire distinguer ce qui est véritablement louable ou blâmable. « Qu'est-ce qu'on risque, disait-il, à critiquer, même un peu trop légèrement? On risque tout au plus à passer pour trop difficile; mais, dès qu'on loue de travers ou mal à propos, il n'y a pas de milieu, on passe infailliblement pour un sot ».

XCVIII

Selon M. Despréaux, l'*Ode* était l'ouvrage de notre langue qui demandait les plus beaux mots:

---

1. Fontenelle.
2. Épître I, vers 7-8.

on y pardonnerait plutôt un mauvais sens qu'un mot bas. « C'est, disait-il, ce que n'entend point M. de la M***[1] qui nous vient faire des satires en odes, et qui y emploie les mots de *quatrain* et de *strophe*. J'avais un beau champ à mettre ces mots dans ma *Poétique* qui est un ouvrage de préceptes; je les ai pourtant évités, quoiqu'à la rigueur on ne dût pas m'en faire un crime. La M*** emploie encore des rimes de bouts-rimés, comme celles de *sirinx* et de *sphinx*; d'ailleurs il affecte souvent de parler à la manière des oracles, pour ne point se rendre trop commun par un langage clair et intelligible ».

XCIX

M. le maréchal de Vivonne était un homme de beaucoup d'esprit sans belles-lettres. Il aimait passionnément M. Despréaux, dont les ouvrages ne lui plaisaient pas moins qu'à mesdames de Montespan et de Thiange, sœurs du maréchal; c'était un seigneur qui faisait des vers, et qui, même au jugement du satirique, en eût pu faire d'excellents, s'il s'en fût donné la peine. Le marquis de Bellefonds[2] fut choisi pour porter la queue du roi dans une fameuse cérémonie; et M. Despréaux nous citait les vers que fit ce maréchal à cette occasion, et les trouvait admirables :

Bellefonds, porte-queue à casaque traînante,
Du plus grand des mortels suivait la marche lente,
Et montrant au public ce qu'il a de menton,
Faisoit dire aux passans : Pourquoi le choisit-on ?

C'était encore un seigneur fertile en bons mots. Au passage du Rhin, il montait un cheval blanc : son cheval passa des premiers; et, comme le fleuve était un peu rapide, le maréchal adressa ces paroles à son cheval, qu'il appelait Jean : « Jean le Blanc, disait-il, ne souffre pas qu'un général des galères soit noyé dans l'eau douce ».

C

A Messine, où commandait ce maréchal, un officier vint le réveiller, pour lui dire quelque chose, et commença son compliment par : « Monseigneur, je vous demande pardon si je vous viens réveiller. — Et moi je vous demande pardon si je me rendors, » repartit le maréchal en se retournant du côté de la ruelle.

CI

Ce qui attachait encore le plus M. Despréaux au maréchal, c'est qu'aux endroits qui le frappaient dans les satires, lui et mesdames ses sœurs jetaient de grosses larmes pour marquer l'excès de leur joie. M. Despréaux n'aimait point à lire à des bustes; il était attentif aux yeux de ses auditeurs, où il croyait découvrir ce que l'on pensait de ses ouvrages. Un jour, à Baville, M. le premier président le pria de lire la satire à son Esprit à un grand seigneur très-caustique; ce seigneur, après l'avoir écoutée sans donner aucun signe de vie, lui dit pour tout remerciment, et encore très-sèchement : « Voilà de beaux vers ». C'est de ce misanthrope dont M. Despréaux a dit dans sa satire à M. de Valincourt :

Le ris sur son visage est en mauvaise humeur[1].

CII

M. Despréaux n'était pas insensible aux louanges, mais il ne voulait être loué que par occasion. Quand on chargeait trop l'encensoir, il avait coutume de dire : « Vous ne me rendrez pas impertinent ». Son autre refrain était celui-ci : « J'aime qu'on me lise et non pas qu'on me loue ». Il avait la conversation traînante, et l'avait eue de même dès sa première jeunesse. Il gagnait à être vu et pratiqué; son entretien était doux, et n'avait ni ongles ni griffes, comme il le disait lui-même. Il n'était point avare de louanges avec ceux qui les méritaient; mais les esprits faux et les ignorants présomptueux n'avaient pas beau jeu avec lui : ç'a toujours été l'équité qui a dicté les jugements qu'il a portés, et son véritable caractère est exprimé dans ces deux vers de l'*Art poétique* :

L'ardeur de se montrer, et non pas de médire,
Arma la vérité du vers de la satire[2].

CIII

Parmi les personnes en qui il reconnaissait un esprit supérieur, il citait M. le prince de Conti, mort en 1709[3]; M. le marquis de Termes; feu Bossuet, évêque de Meaux; le P. Bourdaloue, l'abbé de Châteauneuf[4] et M. Daguesseau, alors procureur général, aujourd'hui chancelier.

CIV

Malgré le penchant que M. Despréaux avait pour la satire, il n'a jamais manqué à louer tout ce qui

---

1. La Mothe-Houdard, qui fit des odes en prose.
2. Bernardin Gigault, marquis de Bellefonds, etc., ambassadeur en Espagne en 1665, maréchal de France en 1668, ambassadeur en Angleterre en 1670, mort le 5 de décembre 1694, à soixante-quatre ans.
1. Satire xi, vers 39, p. 39, colonne 2.
2. Chant II, vers 145-146.
3. François-Louis de Bourbon, prince de Conti, mort le 22 de février 1709, à quarante-cinq ans.
4. L'abbé de Châteauneuf, mort à Paris en 1709, le premier guide de Voltaire. On a de lui un ouvrage posthume, *Traité de la musique des anciens*. Paris, 1725, in-8º.

était vraiment louable. Lorsqu'on lui faisait quelque lecture où il rencontrait des traits, la satisfaction qu'il en ressentait éclatait dans ses yeux et dans ses discours; mais aussi n'était-il pas maître de se contenir quand il trouvait quelque chose de choquant dans un ouvrage. Je l'ai vu se lever brusquement de son siége, au récit que nous fît l'abbé de Villiers d'une petite pièce de vers, où s'était glissé le terme de *mauvais vent* : « Ah ! monsieur, s'écria-t-il, voilà qui mettra en mauvaise odeur tout votre ouvrage ». Il avait coutume d'appeler cet abbé, auteur de l'*Art de prêcher*, le *Matamore de Cluny*, parce qu'il avait l'air audacieux et la parole impérieuse.

CV

Un jour que j'allais voir M. Despréaux, je le trouvai prêt à monter en carrosse : « Je vais, me dit-il, dîner avec des gens qui ont toujours la bouche cousue pour louer. Vous n'aurez pas de peine à croire que ce sont l'abbé Renaudot, M. Dacier et sa femme. En effet, ce couple savant s'imagine que les louanges n'ont été faites que pour lui. Je leur dis quelquefois en riant : Eh ! par charité, ne prenez pas tout pour vous; souffrez que les autres aient du mérite; allez, croyez-moi, le Parnasse est assez grand, il y a de la place pour tout le monde. *Est locus unicuique suus.* »

CVI

Je demandais à M. Despréaux ce qu'il pensait de Thomas Corneille, frère du fameux poëte de ce nom. « C'est un homme, disait-il, emporté de l'enthousiasme d'autrui, et qui n'a jamais pu rien faire de raisonnable. Vous diriez qu'il ne s'est étudié qu'à copier les défauts de son frère, *decipit exemplar vitiis imitabile*. J'ai vu représenter son *Comte d'Essex*, et le parterre faire de grands brouhahas sur ce vers qui a un sens louche et qui est une espèce de galimatias. On vient dire au comte d'Essex qu'il court risque d'être condamné, quoique innocent, et que toute son innocence ne l'empêchera pas de laisser sa tête sur l'échafaud. Or voici la réponse du comte :

Le crime fait la honte, et non pas l'échafaud.

On voit bien qu'il a eu en vue ce passage de Tertullien : *Martyrem facit causa, non pœna*. Mais ce passage est-il rendu de manière à être entendu des hommes? En voici un autre de son *Ariane*, qui n'est que trop intelligible. Thésée, dégoûté d'Ariane, en conte à Phèdre sa sœur, et lui propose de l'enlever. Phèdre, après quelques faibles résistances, se rend aux empressements de Thésée, en lui remontrant toutefois que son enlèvement va mettre le poignard dans le cœur de sa chère sœur. Or, c'est ainsi qu'elle s'exprime :

Je la tue, et c'est vous qui me le faites faire.

Voilà, disait-il, qui donne beau jeu à tous les plaisants du parterre. Ah! pauvre Thomas, continuait M. Despréaux, tes vers comparés avec ceux de ton frère aîné font bien voir que tu n'es qu'un cadet de Normandie ».

CVII

M. Despréaux n'a jamais prétendu préférer Racine à Corneille; il tenait entre eux la balance égale, jugeant de leurs vers à peu près comme Juvénal a jugé de ceux d'Homère et de Virgile : *Dubiam facientia carmina palmam*. *Polyeucte* lui paraissait le chef-d'œuvre du grand Corneille. Il ne connaissait rien au-dessus des trois premiers actes des *Horaces*; il n'avait point de termes assez forts pour exalter *Cinna*, à la réserve des vers qui ouvrent la pièce, dont il avouait s'être moqué dans son troisième chant de l'*Art poétique*[1]. La raison qu'il en donnait, c'est qu'ils ne signifient rien et sentent trop le déclamateur. Il était comme transporté d'admiration, lorsqu'il récitait l'imprécation de la reine Cléopâtre à son fils, dans la dernière scène de *Rodogune*. Tout ce que Corneille a fait de merveilleux était parcouru du satirique avec des profusions d'éloges; mais il ne convenait pas que la scène de Sertorius avec Pompée eût mérité d'être si fort applaudie : pleine d'esprit, si vous voulez, mais n'étant pas dans la raison, ni dans la nature; outre qu'il n'y avait point de comparaison à faire entre Sertorius, vieux et très-expérimenté capitaine, et Pompée qui avait à peine de la barbe au menton. Au reste, il n'était point du tout content de la tragédie d'*Othon*, qui se passait tout en raisonnements et où il n'y avait point d'action tragique. Corneille avait affecté d'y faire parler trois ministres d'État, dans le temps où Louis XIV n'en avait pas moins que Galba, c'est-à-dire MM. Le Tellier, Colbert et de Lionne. M. Despréaux ne se cachait point d'avoir attaqué directement *Othon* dans ces quatre vers de son *Art poétique* :

Vos froids raisonnemens ne feront qu'attiédir
Un spectateur toujours paresseux d'applaudir,
Et qui, des vains efforts de votre rhétorique
Justement fatigué, s'endort ou vous critique[2].

1. Vers 31-32.
Et qui, débrouillant mal une pénible intrigue,
D'un divertissement me fait une fatigue.
Et vers 139-140.
Tous les pompeux amas d'expressions frivoles
Sont d'un déclamateur amoureux de paroles.
2. Chant III, vers 21-24.

CVIII

Sur les remontrances de quelques connaisseurs, M. Despréaux changea ces deux vers de son épître VIII, où l'on lisait :

> Le Parnasse français, non exempt de tous crimes,
> Offre encore à mes vers des sujets et des rimes.

On lui fit entendre que le premier vers était durement exprimé, et que d'ailleurs il bornait trop la mission d'un satirique, en la restreignant à la censure des mauvais auteurs. Pour y substituer deux nouveaux vers, il en fit au moins quarante et s'en tint à ces deux derniers, dont il paraissait fort content :

> Sur ses nombreux défauts, merveilleux à décrire,
> Le siècle m'offre encor plus d'un bon mot à dire[1].

J'arrivai justement chez lui lorsqu'il venait de finir ces vers, et sur ce que je l'en félicitais : « N'est-ce pas une chose pitoyable, me disait-il, qu'étant presque à la veille de rendre compte de mes actions à Dieu, je m'occupe encore à des niaiseries de Parnasse? M. l'abbé de Châteauneuf me dit fort souvent : « Oh! que je vous plains, vous autres messieurs les beaux esprits, d'être toujours condamnés à la justesse! » Cela est plus vrai de moi que de tout autre, car lorsque j'ai bien dit quelque chose, je ne suis pas content, si je m'aperçois que je l'aurais pu dire mieux; aussi c'est ce qui me rend quelquefois fanfaron malgré moi. L'autre jour un homme de la cour vint me chicaner sur quelques-unes de mes expressions qu'il trouvait trop hardies. Je lui répliquai assez brusquement : « Monsieur, quand je fais tant que de vous réciter un ouvrage, ce ne sont pas vos critiques que je crains, ce sont celles que je me fais à moi-même ».

CIX

M. Racine était ami de Chapelain que M. Despréaux ne connaissait point du tout. Ces deux amis voulurent se donner le régal d'aller voir ce poète avare, et M. Despréaux devait passer pour le bailli de Chevreuse. Ils trouvèrent l'auteur de la *Pucelle* auprès de son feu, les deux pieds appuyés sur une bûche mal allumée. Leur arrivée ne lui fit point quitter sa posture, de manière qu'il s'emparait de tout le feu, les deux extrémités de la bûche qui ne brûlaient point se trouvant précisément aux pieds des deux fameux poëtes. La conversation tomba sur les comédies. Chapelain soutenant que les comédies de l'Arioste l'emportaient sur toutes les comédies anciennes et modernes : « Mais encore quel jugement faites-vous de Térence? reprit M. Despréaux. — Eh! repartit Chapelain, c'est un auteur dont le style est assez pur. — Mais, répliqua M. Despréaux, ne trouvez-vous pas qu'il représente les mœurs admirablement? » Chapelain en revenait toujours à son Arioste, quand M. Despréaux pensa éclater contre lui. « J'allais, disait-il, oublier que j'étais le bailli de Chevreuse et lui prouver par Aristote qu'il était éloigné de la droite raison, lorsque M. Racine se leva brusquement et fit cesser la dispute, en prenant congé de lui ». A peine avaient-ils fait trois pas dans la rue, qu'ils rencontrèrent Cotin qui allait visiter Chapelain, de manière qu'un petit moment plus tard les armées se seraient trouvées en présence; et Cotin, qui connaissait M. Despréaux, n'aurait pas manqué de démasquer le faux bailli de Chevreuse.

CX

M. Despréaux ne faisait aucun cas de Corbinelli[1], tant loué par madame la marquise de Sévigné et par le comte Bussi de Rabutin. Il disait que le marquis de Vardes[2] et Corbinelli s'étaient fait un tribunal, où ils prétendaient juger les écrivains, et entre autres Horace, dont ils n'avaient jamais su comprendre les délicatesses. Il les frondait, surtout à l'égard de ce passage d'Horace, que M. Dacier avait très-mal rendu sur leur interprétation :

> Notum si callida verbum
> Reddiderit junctura novum[3].

« Car, disait M. Despréaux, où est le grand artifice à rendre nouveau un mot déjà connu, par le moyen d'une adroite liaison? Il est bien plus naturel de hasarder si adroitement un mot nouveau, qu'on le fasse connaître tout d'un coup par l'adroite liaison qu'on y emploie, comme par exemple :

> Cette agréable raillerie
> Que l'on appelle urbanité.

Et c'est le sens d'Horace, d'autant qu'à trois vers de là ce poëte dit qu'une telle liberté est raisonnable, pourvu qu'on en use sobrement :

> . . . . . Dabitur licentia sumpta prudenter[4] ».

---

1. « Fils, dit Saint-Marc, de Raphaël Corbinelli, secrétaire des commandements de la reine Marie de Médicis, et petit-fils de Jacques Corbinelli, noble florentin, qui vint en France du temps de Catherine de Médicis, dont il avait l'honneur d'être allié. Le Corbinelli dont il s'agit ici mourut le 19 de juin 1716, âgé de plus de cent ans. Il est auteur de l'*Histoire généalogique de la maison de Gondi*; du recueil dont le titre est : *Extrait de tous les plus beaux endroits des ouvrages des plus célèbres auteurs de ce temps*, qui parut en 1681 ; du livre imprimé en 1694, sous ce titre : les *Anciens historiens latins réduits en maximes*. Il avait composé d'autres ouvrages qui n'ont point vu le jour, en sorte que nous n'avons rien de lui qui justifie la grande réputation dont il a joui.
2. François du Bec, marquis de Vardes, lieutenant général, mort en septembre 1688.
3. *Art poétique*, vers 47-48.
4. *Art poétique*, vers 51.

---

1. Épître VIII, vers 17 et 18.

CXI

Dans la campagne de Gand, M. Despréaux suivait le roi, et, s'étant trouvé en marche avec M. le duc, fils du grand Condé, ce prince lui dit : « En vérité, les hommes sont bien fous de courir après la gloire, qui, dans le fond, n'est qu'une chimère, et de laquelle on ne jouit proprement qu'après la mort. D'ailleurs, disait-il, qui est l'homme qui puisse se flatter d'arriver jusqu'à la renommée d'Alexandre? car c'est un nom qui a effacé et effacera toujours les plus grands noms. En connaissez-vous quelque autre qui ait fait autant d'éclat parmi les hommes? — Il n'est pas surprenant, répondit M. Despréaux, qu'Alexandre, jeune, guerrier, ambitieux, soutenu par une fortune toujours constante, ait étendu si loin sa réputation; mais qu'un petit bourgeois athénien, connu seulement par son bon sens et par ses deux méchantes femmes, que Socrate, en un mot, qui n'a jamais rien écrit, et qu'on ne connaîtrait point sans ses disciples; c'est une chose qui me passe, que le philosophe marche de pair avec le conquérant pour l'éclat de la réputation, la philosophie étant un métier paisible, qui n'impose pas aux hommes, à beaucoup près, autant que fait le fracas des armes, et cependant la réputation de Socrate est presque aussi étendue que celle du grand Alexandre ». Là-dessus M. le duc appelle malicieusement un laboureur et lui demande s'il connaissait bien Alexandre. « Oui-da, monseigneur, m'est avis que c'était un grand roi. — Et Socrate, quel homme était-ce? » Le paysan secoua la tête, sur quoi M. le duc croyait avoir gagné; mais M. Despréaux dit qu'il en appelait à un autre villageois.

CXII

M. Boileau, docteur de Sorbonne et doyen de Sens, ayant obtenu du roi un canonicat de la Sainte-Chapelle, alla remercier Sa Majesté qui lui dit obligeamment : « Monsieur, c'est une place qui était due à votre mérite, aussi bien qu'aux prières de votre frère qui nous a tant réjouis ».
Ce docteur était véritablement docte, mais il aimait à écrire sur des matières singulières, et peut-être un peu trop comiquement; son père l'appelait le petit discoureur. Comme il avait toujours le mot pour rire, même dans les occasions les plus graves, M. Despréaux disait de lui en plaisantant : « Mon frère ne pouvait pas manquer d'être docteur; car, s'il ne l'eût pas été de Sorbonne, il aurait pu l'être de la comédie italienne ».

CXIII

M. Despréaux disait du marquis de Termes qu'il était toujours à la pensée d'autrui, et que c'était là où consistait le savoir-vivre.

CXIV

M. Despréaux craignait les satires injurieuses, mais il était le premier à rire de ce qui s'écrivait d'ingénieux contre lui. Il se comparait d'ordinaire à un chevalier enchanté sur lequel tous les coups de ses ennemis n'avaient point porté, ou n'avaient porté que faiblement. « Avec toute leur malice, disait-il, ils n'ont jamais pu trouver l'endroit fatal d'Achille. — Et quel est cet endroit fatal? lui demandais-je. — C'est ce que je ne vous dirai point, me répondit-il; c'est à vous à le deviner ». J'ai toujours cru qu'il se reprochait de n'avoir pas assez varié le tour de ses ouvrages et surtout le style de ses préfaces, qui sont presque toutes sur le même ton.

CXV

Jamais brochures ne se sont plus vendues que celle de la satire de l'*Homme* et celle de la satire des *Femmes*. Le libraire avouait qu'il avait tiré plus de deux mille écus de celle-ci ; elle eut pourtant encore moins d'acheteurs que de censeurs. M. Despréaux était presque persuadé qu'il avait fait un mauvais ouvrage. Ce fut M. Racine qui le rassura, en lui disant qu'il fallait laisser passer l'orage. « Vous avez, dit-il, attaqué tout un corps qui n'est composé que de langues, sans compter celles des galants, qui prennent parti dans la querelle. Attendez que le beau sexe ait dormi sur sa colère, vous verrez qu'il se rendra à la raison, et votre satire reviendra à sa juste valeur ». Ce qui est effectivement arrivé, surtout depuis que MM. Arnauld, La Bruyère et Bayle se sont authentiquement déclarés pour cet ouvrage.

CXVI

La première et la seule fois que j'aie vu M. Brossette, je le tançai fort d'avoir inséré dans son *Commentaire* une très-jolie épigramme de M. de F*** [1] contre la satire des *Femmes*, à la réserve qu'il n'y manquait que la vérité : « Passe encore, monsieur, lui dis-je, d'avoir placé l'épigramme, mais il ne fallait pas ajouter dans une note que M. de F***

[1]. Fontenelle. — Voici l'épigramme :

Quand Despréaux fut sifflé sur son ode,
Ses partisans criaient dans tout Paris :
Pardon, messieurs, le pauvre s'est mépris;
Plus ne louera, ce n'est pas sa méthode.
Il va draper le sexe féminin :
A son grand nom vous verrez s'il déroge.
Il a paru cet ouvrage malin !
Pis ne vaudrait quand ce serait éloge.

CXVII

M. Despréaux s'était de bonne heure accoutumé à ne plus faire de visite; aussi disait-il qu'il était un solitaire fréquentant M. Le Verrier. Il y avait des gens assez malins pour publier qu'il ne fréquentait ce financier que pour s'entretenir dans l'esprit de satire, parce que Le Verrier donnait d'étranges prises sur lui, en affectant de passer pour savant, pour homme à bonnes fortunes et pour ami des grands seigneurs. Mais M. Despréaux y allait de bonne foi. Il fermait les yeux sur les travers d'un homme qu'il croyait sincèrement attaché à lui. Il avait assez d'affaires à l'excuser sur ce qu'on disait qu'il portait toujours un livre grec à la messe, et que la reliure en était bariolée pour se faire remarquer de plus loin : aussi l'appelait-on dans le monde le Traitant renouvelé des Grecs. On dit même qu'allant chez M. de Pontchartrain, depuis chancelier, pour s'intéresser dans quelque nouvel armement, ce ministre lui dit : « Mais, monsieur, on n'arme pas pour la Grèce ».

CXVIII

M. Despréaux ne mangeait nulle part, et même chez ses meilleurs amis, sans en être prié. Il disait que la fierté de cœur était l'attribut des honnêtes gens, mais que la fierté d'airs et de manières ne convenait qu'à des sots.

CXIX

M. Despréaux fut quelques mois à se voir dépérir de jour en jour, et, lorsque ses amis cherchaient à lui donner du courage, il leur répétait plusieurs fois ce vers de Malherbe :

Je suis vaincu du temps, je cède à son outrage.

Le Verrier s'avisa de lui aller lire une nouvelle tragédie, lorsqu'il était dans son lit, n'attendant plus que l'heure de la mort. Ce grand homme eut la patience d'en écouter jusqu'à deux scènes, après quoi il lui dit : « Quoi, monsieur, cherchez-vous à me hâter l'heure fatale? Voilà un auteur devant qui les Boyers et les Pradons sont de vrais soleils. Hélas! J'ai moins de regret à quitter la vie, puisque notre siècle enchérit chaque jour sur les sottises ».

CXX

MM. du Port-Royal ont un peu maltraité Montaigne dans leur *Logique* sur ce qu'il avouait trop franchement son humeur, ses penchants, ses inclinations; à la vérité, ce n'était pas dans la même vue que saint Augustin. Mais Balzac et M. Despréaux, quoique très-chastes tous les deux, n'étaient point effrayés de la grande liberté de Montaigne. Ils la regardaient moins comme une complaisance pour ses vices que comme un épanchement de cœur qui ne lui permettait pas de se donner pour autre qu'il n'était. Il eût été à souhaiter qu'il n'eût point donné de prise sur ses écrits aux intendants des mœurs et aux directeurs de conscience. Mais, à cela près, tout le monde convient qu'il a encore sur Sénèque l'avantage de n'être point hypocrite; qu'il s'était fait une étude du cœur humain, qui est fort embellie par ses expressions naturelles et courageuses. Voilà l'opinion qu'en avait M. Despréaux : « Qu'est-ce, disait-il, qu'un Saint-Évremont, que les sots osent comparer à Montaigne? Les écarts de l'un valent mieux que tout le concert et l'arrangement de l'autre, qui n'est qu'un charlatan de ruelles, qui se panade dans ses termes étudiés et ses maximes prétendues philosophiques. Passons-lui ce qu'il a écrit sur la guerre, dont il ne se démêle pas trop mal. Mais, pour le reste, c'est un faux Aristarque qui veut toujours juger comme Perrin Dandin, quoiqu'il prenne souvent l'ombre pour le corps. Admirez pourtant la folie d'un certain public particulier qui a longtemps été ébloui de ses décisions. Pour moi, j'estime plus un seul chapitre d'Aulu-Gelle que tous les *Miscellanea* de cet auteur ».

CXXI

Rien ne choquait plus M. Despréaux que des expressions basses, rampantes et triviales. Quoique élevé dans la poudre du greffe, ainsi qu'il s'exprime lui-même, son style se sentait toujours de la noblesse de son cœur. Son frère Puymorin, moins homme de lettres qu'homme du grand monde, avait retenu grand nombre de ses vers, dont il relevait la sublimité et la plaisanterie. « Qu'on ne croie pas, disait-il, que l'amour fraternel ait part aux éloges que je fais des nouvelles satires; mais qui est l'auteur qui pourrait s'exprimer avec plus de dignité dans ces deux vers qui regardent Chapelain :

Lui seul il s'applaudit, et, d'un esprit tranquille,
Prend le pas au Parnasse au-dessus de Virgile [1] ».

CXXII

Le style prosaïque déplaisait encore infiniment à M. Despréaux; mais surtout il était grand ennemi des pointes et des quolibets, aussi bien que des équivoques et des allusions froides, basses et ob-

---

1. Satire IV, vers 93-94.

scènes, comme, par exemple, de celle que fait Voiture à une abbesse en lui envoyant un chat. C'est là qu'il lui dit qu'il ne croit pas que les dames de son couvent laissent aller le chat au fromage.

CXXIII

« Chapelle, disait-il, tombe assez souvent dans le bas; témoin ce vers sur l'éclipse, où il croit avoir dit un beau mot en s'écriant: *Gare le pot au noir!* » Il eût voulu retrancher des pièces de Molière tout le jargon propre à divertir le menu peuple et surtout le langage paysan. « Vous ne voyez pas, disait-il, que dans ses pièces, ni Plaute, ni ses confrères estropient la langue en faisant parler les villageois; ils leur font tenir des discours proportionnés à leur état, sans qu'il en coûte rien à la pureté du langage. Otez cela à Molière, continuait-il, je ne lui connais point de supérieur pour l'esprit et pour le naturel: ce grand homme l'emporte de beaucoup sur Corneille, sur M. Racine et sur moi; car, ajoutait-il en riant, il faut que je me mette aussi de la partie ».

CXXIV

De toutes les épigrammes qui ont jamais été faites, M. Despréaux estimait le plus celle-ci:

> Cy gist ma femme, ah! qu'elle est bien
> Pour son repos et pour le mien[1].

CXXV

M. Despréaux étant prêt à donner ses satires, ses amis lui conseillèrent de n'y point fourrer Chapelain. « Ne vous y trompez pas, lui disait-on, le décri de la *Pucelle* ne l'a pas tout à fait décrié auprès des grands. M. de Montausier est son partisan déclaré, M. Colbert lui fait de fréquentes visites. — Eh bien, insistait M. Despréaux, quand il serait visité du pape, je soutiens ses vers détestables. Il n'y a point de police au Parnasse, si je ne vois ce poëte-là quelque jour attaché au mont fourchu ». Molière, qui était présent à cette saillie, la trouva digne d'être placée dans son *Misanthrope*, à l'occasion du sonnet d'Oronte:

> Je soutiendrai, morbleu, que ses vers sont mauvais,
> Et qu'un homme est pendable après les avoir faits.

CXXVI

M. Despréaux avait prêté neuf mille francs à un de ses neveux, qui en usa mal avec lui: il ne laissa pas de lui remettre deux mille francs sur la somme due. « Si j'eusse été content de lui, je lui eusse volontiers cédé la somme entière; car aussi bien, disait-il, il m'avait accoutumé à m'en passer ».

CXXVII

M. Despréaux disait que la plupart des épigrammes naissent dans la conversation. Il en citait pour exemple quelques-unes des siennes, qui n'avaient point eu d'autre origine. Quoique ami de Furetière, il le blâmait fort de s'être applaudi d'une épigramme qu'il avait réduite à quatre vers, après l'avoir faite et refaite à trente diverses reprises. Voici l'épigramme:

> Paul vend sa maison de Saint-Clou,
> A maints créanciers engagée;
> On dit partout qu'il en est soûl;
> Je le crois, car il l'a mangée.

La vieille cour était fort pour ces jeux de mots; mais depuis que Benserade eut du dessous, les pointes et les allusions furent enveloppées dans sa disgrâce. Il a pourtant laissé quelques héritiers; et, sans parler de l'Opéra-Comique, les autres théâtres ont assez fidèlement recueilli sa succession.

> Crescit occulto velut arbor ævo
> Fama Bolæi.
>
> Dans ses nobles écrits que respecte l'envie,
> Despréaux est plein de grandeur:
> Dans le commerce de la vie
> C'est un enfant pour la candeur.
> Tout lecteur doué d'un sens droit
> Nomme en vain Despréaux la gloire de notre âge;
> S'il ne connaît les mœurs d'un si grand personnage,
> Il manque à l'admirer par son plus bel endroit.

---

1. Cette épigramme est de Du Lorens qui fit des *Satires* sous Louis XIII. Il était Chartrain; Montchesnay, qui l'était aussi, ne pouvait oublier cet éloge de Boileau pour des vers d'un compatriote.

FIN DU BOLÆANA

TABLE DES MATIÈRES

		Pages
Introduction		1
Préfaces de Boileau		1
Discours au roi		9

SATIRES

			Pages
	Discours sur la Satire		13
I.	Damon, ce grand auteur dont la muse fertile.		15
II.	A Molière		20
III.	Quel sujet inconnu vous trouble et vous altère ?		22
IV.	A l'abbé Le Vayer		29
V.	Au marquis de Dangeau		32
VI.	Qui frappe l'air, bon Dieu ! de ces lugubres cris ?		36
VII.	Muse, changeons de style, et quittons la satire		39
VIII.	A M. M. (Morel), docteur de Sorbonne		42
IX.	A son Esprit		50
X.	Les Femmes		59
XI.	A M. de Valincour		78
	Avertissement sur la satire XII		83
XII.	Sur l'Équivoque		85

ÉPITRES

		Pages
	Avertissement sur l'épître I	94
I.	Au roi	id.
II.	A l'abbé des Roches	100
III.	A Antoine Arnauld	101
IV.	Au roi	104
V.	A M. de Guilleragues	109
VI.	A M. de Lamoignon	113
VII.	A Racine	117

		Pages
VIII.	Au roi	120
IX.	Au marquis de Seignelai	123
	Préface	128
X.	A mes vers	129
XI.	A mon jardinier	133
XII.	A l'abbé Renaudot	136
	L'Art poétique	143
	Le Lutrin	172
	Au Lecteur	id.
	Avis au Lecteur	id.

ODES

		Pages
Discours sur l'Ode		207
Ode sur la prise de Namur		208
Ode sur un bruit qui courut, en 1656, que Cromwell et les Anglais allaient faire la guerre à la France.		210

ÉPIGRAMMES

		Pages
I.	A Climène	211
II.	A une demoiselle	id.
III.	Sur madame Claude, et Jean, son époux.	id.
IV.	Sur Gilles Boileau, frère aîné de l'auteur.	id.
V.	Contre Saint-Sorlin	id.
VI.	Sur l'Agésilas de P. Corneille	id.
VII.	Sur l'Attila du même	212
VIII.	A Racine	id.
IX.	Contre Linière	id.
X.	Sur une satire de l'abbé Cotin	id.
XI.	Contre le même	id.
XII.	Contre un athée	id.
XIII.	Vers en style de Chapelain, pour mettre à la fin de son poëme de la Pucelle	id.

		Pages			Pages
XIV.	Vers de même style à mettre en chant.	212	XIII.	Vers pour mettre au bas du portrait de Tavernier.	219
XV.	Le Débiteur reconnaissant.	213	XIV.	Vers faits pour mettre au bas d'un portrait de monseigneur le duc du Maine.	220
XVI.	Parodie de quelques vers de Chapelle.	id.			
XVII.	A Pradon et Bonnecorse.	id.			
XVIII.	Sur la fontaine de Bourbon.	id.	XV.	Autres pour mettre sous le buste du roi, fait par Girardon.	id.
XIX.	Sur la manière de réciter du poëte Santeuil.	id.			
XX.	Imitée de Martial.	id.	XVI.	Autres pour mettre au bas du portrait de mademoiselle de Lamoignon.	id.
XXI.	A Perrault, sur les livres qu'il a faits contre les anciens.	id.	XVII.	Autres pour mettre au bas du portrait de M. Hamon, médecin.	id.
XXII.	Sur le même sujet.	id.			
XXIII.	A Perrault.	214	XVIII.	Autres pour mettre au bas du portrait de Racine.	id.
XXIV.	Au même.	id.			
XXV.	A un médecin.	id.	XIX.	Autres pour mettre sous le portrait de La Bruyère, au-devant de son livre des Caractères du temps.	id.
XXVI.	Sur ce qu'on avait lu à l'Académie des vers contre Homère et Virgile.	id.			
XXVII.	Même sujet.	id.	XX.	Épitaphe d'Arnauld.	id.
XXVIII.	Même sujet.	id.	XXI.	Épitaphe du cœur de M. Arnauld.	221
XXIX.	Parodie burlesque de la première ode de Pindare, à la louange de Perrault.	id.	XXII.	Vers pour une estampe de M. Arnauld.	id.
			XXIII.	Vers pour le portrait de P. d'Hozier.	id.
XXX.	Sur la réconciliation de l'auteur et de Perrault.	215	XXIV.	A madame la Présidente *** sur le portrait du P. Bourdaloue.	id.
XXXI.	Contre Boyer et La Chapelle.	id.	XXV.	Énigme.	id.
XXXII.	Sur une harangue d'un magistrat, dans laquelle les procureurs étaient fort maltraités.	id.	XXVI.	Quatrain sur un portrait de Rossinante, cheval de don Quichotte.	id.
			XXVII.	Vers pour mettre au bas de LA MACARISE de l'abbé d'Aubignac.	id.
XXXIII.	Épitaphe.	id.			
XXXIV.	Sur un portrait de l'auteur.	id.	XXVIII.	Sur le comte de Grammont.	222
XXXV.	Pour mettre au bas d'une gravure.	id.	XXIX.	Sur le même.	id.
XXXVI.	Aux révérends pères de Trévoux.	id.	XXX.	Le Bûcheron et la Mort, fable.	id.
XXXVII.	Aux mêmes.	216	XXXI.	Impromptu sur la prise de Mons.	id.
XXXVIII.	Aux mêmes, sur le livre des Flagellants.	id.	XXXII.	Sonnet impromptu sur Colbert.	id.
XXXIX.	L'Amateur d'horloges.	id.	XXXIII.	Sur Homère.	id.
XL.	Sur Maucroy.	id.	XXXIV.	Sur les Tuileries.	id.
XLI.	Épitaphe du P. Bouhours.	id.			
XLII.	A M. de Lamoignon, contre Chapelain.	id.		Fragment d'un prologue d'opéra.	223
				Chapelain décoiffé, parodie.	224
				La Métamorphose de la perruque de Chapelain en comète.	227
	POÉSIES DIVERSES			Vers latins.	228
I.	Chanson à boire.	217			
II.	Autre.	id.			
III.	Vers à mettre en chant.	id.		PIÈCES DIVERSES	
IV.	Chanson à boire, faite à Bâville, où était le Père Bourdaloue.	id.			
V.	Stances.	218		Dissertation sur Joconde.	229
VI.	Sonnet sur une des parentes de l'auteur, qui mourut toute jeune entre les mains d'un charlatan.	id.		Avertissement mis à la tête des œuvres posthumes de M. B. (Gilles Boileau).	235
				Arrêt burlesque.	id.
VII.	Même sujet.	id.		Remercîment à MM. de l'Académie française.	237
VIII.	Stances à Molière, sur sa comédie de l'École des Femmes.	id.		Discours sur le style des Inscriptions.	239
IX.	Épitaphe de la mère de l'auteur.	219		Épitaphe de Jean Racine.	240
X.	Vers pour mettre au bas du portrait du père de l'auteur.	id.		Discours sur le dialogue suivant.	id.
				Les Héros de roman, dialogue à la manière de Lucien.	242
XI.	Sur le portrait de l'auteur.	id.			
XII.	Sur son buste, fait par Girardon.	id.		Fragment de dialogue.	252

TABLE DES MATIÈRES.

TRAITÉ DU SUBLIME

		Pages
Préface		255
Chap. Ier.	Servant de préface à l'ouvrage	257
— II.	S'il y a un art particulier du sublime, et des trois vices qui lui sont opposés	258
— III.	Du style froid	260
— IV.	De l'origine du style froid	261
— V.	Des moyens en général pour connaître le sublime	id.
— VI.	Des cinq sources du grand	262
— VII.	De la sublimité dans les pensées	id.
— VIII.	De la sublimité qui se tire des circonstances	264
— IX.	De l'amplification	266
— X.	Ce que c'est qu'amplification	id.
— XI.	De l'imitation	267
— XII.	De la manière d'imiter	id.
— XIII.	Des images	268
— XIV.	Des figures, et premièrement de l'apostrophe	269
— XV.	Que les figures ont besoin du sublime pour les soutenir	270
— XVI.	Des interrogations	271
— XVII.	Du mélange des figures	id.
— XVIII.	Des hyperbates	272
— XIX.	Du changement de nombre	273
— XX.	Des pluriels réduits en singuliers	id.
— XXI.	Du changement de temps	id.
— XXII.	Du changement de personnes	274
— XXIII.	Des transitions imprévues	id.
— XXIV.	De la périphrase	275
— XXV.	Du choix des mots	id.
— XXVI.	Des métaphores	276
— XXVII.	Si l'on doit préférer le médiocre parfait au sublime qui a quelques défauts	277
— XXVIII.	Comparaison d'Hypéride et de Démosthène	278
— XXIX.	De Platon, de Lysias, et de l'excellence de l'esprit humain	id.
— XXX.	Que les fautes dans le sublime se peuvent excuser	279
— XXXI.	Des paraboles, des comparaisons, et des hyperboles	id.
— XXXII.	De l'arrangement des paroles	280
— XXXIII.	De la mesure des périodes	282
— XXXIV.	De la bassesse des termes	id.
— XXXV.	Des causes de la décadence des esprits	283
Réflexions critiques sur quelques passages de Longin.		284

REMARQUES DE MM. DACIER ET BOIVIN.

Remarques de M. Dacier	315
Remarques de M. Boivin	327

LETTRES

		Pages
1.	— De Boileau à M. de Brienne	331
2.	— Au comte de Bussy-Rabutin	id.
3.	— Réponse de Bussy-Rabutin	id.
	Billet écrit de la main de Colbert	id.
4.	— Remercîment de Boileau	332
5.	— Au duc de Vivonne, sur son entrée dans le phare de Messine	id.
6.	— Au même, à Messine	334
7.	— Au baron de Walef	335
8.	— Racine à Boileau	id.
9.	— A Racine	336
10.	— Racine à Boileau	id.
11.	— A Racine	337
12.	— Au même	338
13.	— Racine à Boileau	id.
14.	— A Racine	339
15.	— A madame Manchon, sa sœur	340
16.	— Racine à Boileau	341
17.	— Racine à Boileau	342
18.	— A Racine	343
19.	— Racine à Boileau	344
20.	— A Racine	345
21.	— Racine à Boileau	346
22.	— A Racine	id.
23.	— A Racine	347
24.	— Racine à Boileau	348
25.	— A Racine	349
26.	— Au même	350
27.	— Racine à Boileau	351
	Billet à M. de Lamoignon, avocat général	id.
28.	— Racine et Boileau au maréchal duc de Luxembourg	id.
29.	— A Racine	352
30.	— Racine à Boileau	id.
31.	— Antoine Arnauld, docteur de Sorbonne, à Boileau, qui lui avait envoyé la tragédie d'Athalie	354
32.	— Racine à Boileau	id.
33.	— A Racine	id.
34.	— Racine à Boileau	355
35.	— Racine au même	id.
36.	— Racine au même	id.
37.	— Racine au même	356
38.	— Racine au même	357
39.	— Racine au même	358
40.	— Racine au même	360
41.	— Racine au même	361
42.	— Racine au même	id.
43.	— A Racine	362
44.	— Racine à Boileau	363
45.	— Racine au même	364
46.	— A Racine	id.
47.	— Au même	365
48.	— Au même	366
49.	— Racine à Boileau	367

TABLE DES MATIÈRES.

		Pages
50.	— A Racine	367
51.	— Au même	368
52.	— Racine à Boileau	id.
53.	— Racine au même	369
54.	— Racine au même	370
55.	— Antoine Arnauld, docteur de Sorbonne, à Charles Perrault	371
56.	— Au docteur de Sorbonne Antoine Arnauld.	378
57.	— Racine à Boileau	380
58.	— Racine au même	id.
59.	— A Maucroix	381
60.	— Racine à Boileau	384
61.	— Réponse de Maucroix à Boileau	id.
62.	— Racine à Boileau	385
63.	— Réponse à la lettre que Son Excellence M. le comte d'Ériceyra m'a écrite de Lisbonne, en m'envoyant la traduction de mon Art poétique, faite par lui en vers portugais	386
64.	— A Racine	id.
65.	— Racine à Boileau	388
66.	— Racine au même	id.
67.	— La marquise de Villette au même	389
68.	— Réponse de Boileau	id.
69.	— A M. de La Chapelle	id.
70.	— Brossette à Boileau	390
71.	— A Brossette	id.
72.	— Brossette à Boileau	391
73.	— A M. de Pontchartrain le fils, comte de Maurepas	id.
74.	— A Brossette	392
75.	— Brossette à Boileau	id.
76.	— A Brossette	393
77.	— Au même	id.
78.	— A M. de Pontchartrain le fils, comte de Maurepas	394
79.	— Le comte de Maurepas à Boileau	395
80.	— A M. de La Chapelle	id.
81.	— A Brossette	id.
82.	— A M. de La Chapelle	id.
83.	— A Brossette	396
84.	— Brossette à Boileau	id.
85.	— A Brossette	397
86.	— Au même	398
87.	— Au même	id.
88.	— Au même	id.
89.	— Au même	399
90.	— Au même	id.
91.	— Brossette à Boileau	400
92.	— A Brossette	401
93.	— Au même	id.
94.	— Au même	id.
95.	— L'abbé Tallemant à Boileau	402
96.	— A Brossette	403
97.	— Au même	id.
98.	— A l'abbé Bignon, conseiller d'État	404
99.	— A M. de Pontchartrain le fils, comte de Maurepas	id.
100.	— A Brossette	404
101.	— Au même	405
102.	— Au même	id.
103.	— Au même	406
104.	— Au même	id.
105.	— Au comte de Revel, lieutenant général des armées du roi	407
106.	— A Brossette	408
107.	— Au même	id.
108.	— Au même	409
109.	— L'abbé Boileau, frère de Despréaux, à Brossette	id.
110.	— A Brossette	410
111.	— A M. de La Chapelle, à Versailles	id.
112.	— Brossette à Boileau	411
113.	— A Brossette	id.
114.	— Brossette à Boileau	412
115.	— A Brossette	413
116.	— Au même	id.
117.	— Au même	414
118.	— Au même	416
119.	— Au même	id.
120.	— A M. ***	417
121.	— A Brossette	418
122.	— A M. Le Verrier	id.
123.	— A Brossette	419
124.	— Au même	id.
125.	— Jean-Baptiste Rousseau à Boileau	420
126.	— A Brossette	id.
127.	— A M. de La Chapelle	id.
	Épître adressée à Despréaux par Hamilton, qui ne s'était point nommé	421
128.	— Au comte de Grammont	422
129.	— A Brossette	id.
130.	— Au même	423
131.	— Au comte Hamilton	id.
132.	— A Brossette	424
133.	— Au même	id.
134.	— Au même	425
135.	— Au même	426
136.	— Au même	427
137.	— Au duc de Noailles	id.
138.	— M. Le Verrier au même	428
139.	— Au marquis de Mimeure	429
140.	— A Brossette	430
141.	— Au même	431
142.	— Au même	432
143.	— Au même	id.
144.	— Au même	id.
145.	— Au même	433
146.	— A M. de Losme de Monchesnay, sur la comédie	id.
147.	— A Brossette	434
148.	— Au même	435
149.	— A Destouches	id.
150.	— A Brossette	436
151.	— Au même	id.
152.	— Brossette à Boileau	id.

TABLE DES MATIÈRES.

	Pages		Pages
153. — A Brossette	437	161. — Réponse générale aux R. P. Jésuites	441
154. — Au même	438	162. — A Brossette	442
155. — Au même	id.	163. — Au même	id.
156. — Au même	439	164. — Au père Thoulier	id.
157. — Au même	440	165. — Au même	443
158. — Brossette à Boileau	id.	166. — A Brossette	id.
159. — Le père Le Tellier au père Thoulier	id.	167. — L'abbé Boileau au même	id.
160. — Le père Thoulier à Boileau	441		
161. — Réponse de Boileau	id.	Le Bolæana, de M. de Losme de Monchesnay	447

FIN DE LA TABLE DES MATIÈRES.

Paris. — Imp. VIÉVILLE et CAPIOMONT, rue des Poitevins, 6.

www.ingramcontent.com/pod-product-compliance
Lightning Source LLC
Chambersburg PA
CBHW070824230426
43667CB00011B/1688